2017年

ACCOUNTING

全国会计专业技术资格考试

中级会计资格一本通

经济法+中级会计实务+财务管理

全国会计专业技术资格考试命题研究中心 编著

人民邮电出版社

北京

图书在版编目（CIP）数据

全国会计专业技术资格考试中级会计资格一本通. 经济法+中级会计实务+财务管理 / 全国会计专业技术资格考试命题研究中心编著. -- 北京 : 人民邮电出版社, 2017.5
ISBN 978-7-115-45227-6

Ⅰ. ①全… Ⅱ. ①全… Ⅲ. ①经济法－中国－资格考试－自学参考资料②会计实务－资格考试－自学参考资料③财务管理－资格考试－自学参考资料 Ⅳ. ①D922.29 ②F233③F275

中国版本图书馆CIP数据核字(2017)第056219号

内容提要

本书是以新版“全国会计专业技术资格统一考试大纲”为依据，在多年研究该考试命题特点及解题方法的基础上编写而成的。

本书的“考纲分析与应试策略”，对新版考试大纲做了深入的解读与分析，并总结、提炼了考试重点，同时提供全面的复习、应试策略。为了方便考生学习，本书按照中级会计资格考试科目分为 3 个部分进行讲解。“第一部分　经济法”共 9 章内容，其中前 8 章严格按照“经济法”科目的考试大纲，以“考点分析+考点精讲+典型例题”的模式对各考点进行讲解，每节最后还提供了“本节考点回顾与总结一览表”和“真题演练”板块，总结该节的相关考点，并提供近几年的考试真题，供考生实战演练；第 9 章为“经济法”科目跨章节的简答题和综合题讲解，并提供相应的简答题和综合题供考生进行自测练习。“第二部分　中级会计实务”共 23 章内容，其中前 22 章严格按照“中级会计实务”科目的考试大纲，对各考点进行细致讲解，其讲解方式与“第一部分　经济法”的完全相同；第 23 章为“中级会计实务”科目跨章节的计算分析题和综合题的讲解与练习。“第三部分　财务管理”共 11 章内容，其中前 10 章严格按照“财务管理”科目的考试大纲，对各考点进行细致讲解，其讲解方式也与“第一部分　经济法”的完全相同；第 11 章为“财务管理”科目跨章节的综合题讲解和练习。

本书配套的题库版全真模拟练习光盘提供“考试指南”“考试大纲”“章节练习”“题型精练”“历年真题”“模拟考场”“PPT 课件”和“错题重做”等内容。其中，“模拟考场”提供无纸化模拟考试系统，并具有随机组卷、限时答题的功能，帮助考生熟悉无纸化考试环境和命题类型，掌握命题规律，提高解题技能。

本书适用于报考全国会计专业技术资格考试中级资格的考生使用，也可作为中职、高职院校会计专业的教学辅导书或相关培训班教材。

◆ 编　　著　全国会计专业技术资格考试命题研究中心
责任编辑　牟桂玲
责任印制　彭志环
◆ 人民邮电出版社出版发行　　北京市丰台区成寿寺路 11 号
邮编　100164　　电子邮件　315@ptpress.com.cn
网址　http://www.ptpress.com.cn
三河市海波印务有限公司印刷
◆ 开本：880×1230　1/16
印张：40.25
字数：1204 千字　　2017 年 5 月第 1 版
印数：1 – 3 000 册　　2017 年 5 月河北第 1 次印刷

定价：79.00 元（附光盘）

读者服务热线：(010)81055410　印装质量热线：(010)81055316
反盗版热线：(010)81055315
广告经营许可证：京东工商广字第 8052 号

全国会计专业资格考试研究中心

前　言

○● 组织编写本书的初衷

会计专业技术资格考试（又称“会计职称考试”）是全国性统一考试，每年举行一次，由国家统一组织、统一大纲、统一命题、统一合格标准。通过会计专业初级、中级资格考试合格者，颁发由国家人力资源和社会保障部印制的会计专业技术资格证书，证书全国范围有效。用人单位可根据工作需要和德才兼备的原则，从获得会计专业技术资格的会计人员中择优聘任。

本书是为比较熟悉考试科目内容，有一定基础，但不熟悉考查重点、考试形式、出题方式和考试环境，以及需要进行高效复习的考生量身定制的。书中不但对中级会计职称考试涉及的“经济法”科目、“中级会计实务”科目、“财务管理”科目考试大纲要求的考点进行了讲解，还对与考点对应的典型例题进行精心剖析，而且在每节末尾对考点进行归纳总结，并通过近年真题进一步巩固练习，使考生一书在手，即可对中级会计职称考试的 3 个科目进行全方位的复习与练习。

○● 给考生的帮助

1. 紧扣考试大纲，明确复习要点

本书以新版考试大纲为依据，不仅全面覆盖考试大纲的考查知识点（以下简称“考点”），而且在各章的“知识结构一览表”栏目中对各考点按照考纲要求“掌握”“熟悉”“了解”的不同程度，用“★”号进行了标识。其中，“★★★”代表要求掌握的考点，“★★”代表要求熟悉的考点，“★”代表要求了解的考点，以帮助考生明确复习主次，判断出各考点的重要程度，提高复习效率。

2. 丰富的真题和例题讲解，揭示命题规律

在对各考点的讲解过程中结合不同类型的考试题型，配有丰富的历年考试真题和典型例题讲解，并同步给出答案和解析，考生不仅能通过题解巩固所学知识，而且能熟悉各种考试题型的解题思路与命题特点，提高应试能力。

3. 解析浅显易懂，完全掌握解题思路

本书尽量做到语言描述清楚、浅显，使考生一看就懂，并通过示意图、表格进行总结归纳，让考生通过看图、看表就能较好地掌握考查的知识体系，并进行加强记忆。为不熟悉考查重点、考试形式、出题方式和考试环境，以及需要进行高效复习的考生提供了很好的学习环境。

4. 提供特色小栏目，提高应试技能

书中提供“名师解读”和“误区提醒”两个小栏目。其中，“名师解读”栏目主要总结解题方法和对重点内容的归纳，并对一些难以理解的要点加以点拨；“误区提醒”用于点拨考生易犯的答题错误。

5. 丰富的过关练习题，考生可反复练习

在各章最后，按该章考点所涉及的不同题型提供了综合练习。这些练习题是根据各章对应考点在考试中的命题类型及方式精心设计的，并附有参考答案和详细的解析。考生通过做练习题，不仅可以巩固所学知识点，还可进一步掌握考试重点，并能对其他类似考题做到举一反三。

6. 配套无纸化模拟练习光盘，复习更高效

本书配套光盘主要提供章节练习、题型精练、模拟考场等板块。其中，“模拟考场”板块完全模拟真实无纸化考试环境，能将考生“提前”带入考场。所有考题均是精心挑选的历年真题和专家编制的预测题，全部提供了参考答案及详细解析，能有效地帮助考生在模拟演练中熟悉答题思路，明确考查重点，突破复习难点。

○● 怎样使复习效果更佳

为了您更好地使用本书进行考前复习，建议阅读以下几点小提示。

- ◆ 充分了解考试要求，明确复习思路。建议考生先仔细阅读“考纲分析与应试策略”的内容，充分了解考试科目考查的知识点，弄清考试重点，掌握复习方法以及考试过程中应注意的问题及解题技巧。
- ◆ 抓住考试重点，有的放矢。虽然无纸化考试是随机抽题，考点的覆盖面也较大，考题的要求也千变万化，但考查的重点与方式基本不变。因此，练习题不是做得越多就越好。考生在学习和练习解题时一定要注意对各种知识点进行归纳总结，并全面提高自己的记忆能力，这样在复习时才能抓住重点，掌握解题要领，以不变应万变，才能真正事半功倍。
- ◆ 将教材、辅导书与配套光盘结合使用，更利于复习。使用本书之前，建议考生先对教材的内容熟悉一至两遍，然后再将复习精力放在每章考试大纲中要求掌握和熟悉的考点上，通过本书的讲解先学习后练习，以巩固教材和考纲要求掌握的内容，最后通过配套光盘提供的无纸化模拟考试系统进行反复练习，不仅可以熟悉考试环境，还能检测自己的掌握情况，并可同步结合教材上的讲解查漏补缺。

○● 联系我们

除了本书编委会成员外，参与本书资料收集整理、部分章节编写、校对、排版、光盘制作等工作的人员还有：肖庆、李秋菊、黄晓宇、蔡长兵、牟春花、李凤、熊春、蔡飓、高志清、丘青云、高利水、曾勤、何晓琴、蔡雪梅、罗勤、张程程、龚琼、李星等。

在本书的编写与出版过程中，尽管编者精益求精，但由于水平有限，书中难免有错漏和不足之处，恳请广大读者批评指正。本书责任编辑的联系邮箱为：muguiling@ptpress.com.cn。

最后，我们相信一分耕耘，一分收获，没有过不了的考试。衷心祝愿所有的考生顺利通过考试！

编　者

光盘使用说明

将光盘放入光驱中，光盘会自动开始运行，并进入演示主界面。若不能自动运行，可在“我的电脑”窗口中双击光盘盘符，或在光盘的根目录下双击“autorun.exe”文件图标。

○● 主界面

启动光盘后将默认进入光盘的主界面，如图 1 所示。在其中单击相应的按钮，可以进入各科目的“首页”板块。

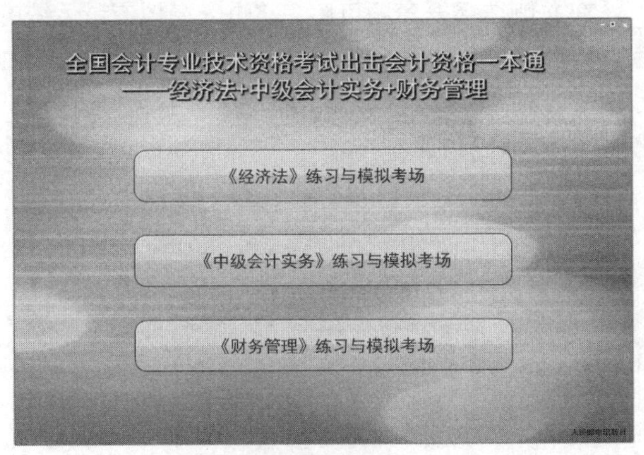

图 1 主界面

○● 各科目的板块功能

进入相应科目的界面后，在界面上方单击某个按钮，将进入对应板块。下面分别介绍各个板块的功能。

（1）“首页”板块

在该板块中显示了对应科目各个板块中题目的数量、用户完成的题目数、用户做错的题目数以及学习进度等信息，如图 2 所示。

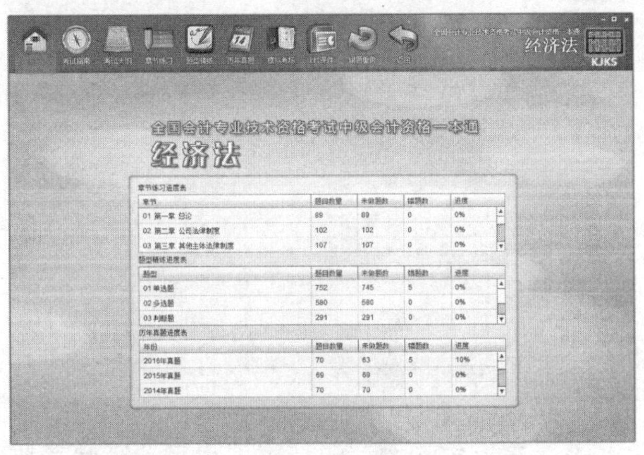

图 2 “首页”板块

（2）“考试指南”板块

该板块主要介绍会计从业资格考试的考试情况，以及当前科目的考纲分析、学习方法和应试技巧。单击左侧窗格中的按钮，即可查看相应内容，如图 3 所示。

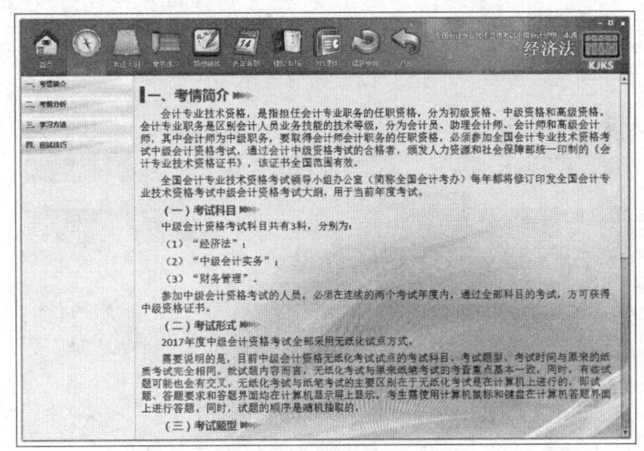

图 3 “考试指南”板块

（3）“考试大纲”板块

该板块主要介绍当前科目的考试大纲。单击左侧窗格中的各章节按钮，即可查看该章的考试大纲内容，如图 4 所示。

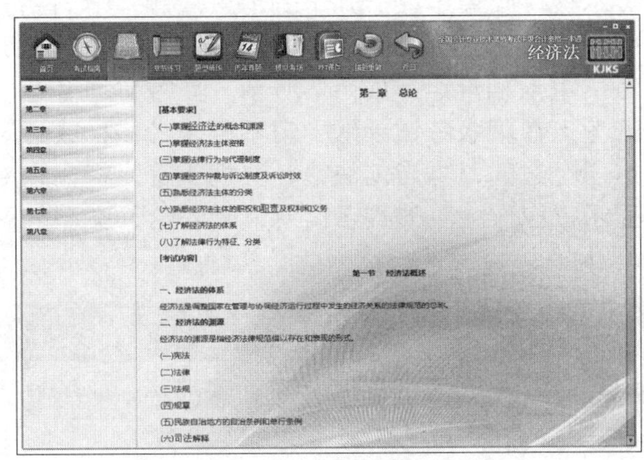

图 4 “考试大纲”板块

（4）“章节练习”板块

本板块将题库中的所有试题，按章节进行分类，便于针对不同的知识点进行专项练习，提高应试能力。每道试题均可通过单击界面下方的“显示答案”按钮，查看答案和解题剖析，以便在练习的同时巩固知识点，如图 5 所示。

（5）“题型精练”板块

本板块将题库中的所有试题，按考试题型进行分类，便于考生针对自己不擅长的题型进行专项练习，以提高应试能力，如图 6 所示。

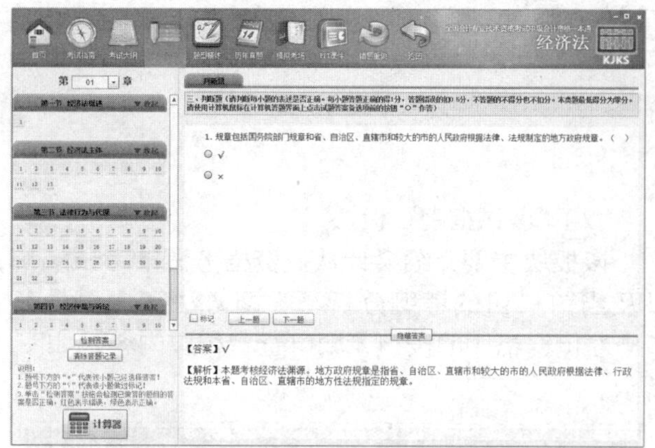

图 5 “章节练习”板块

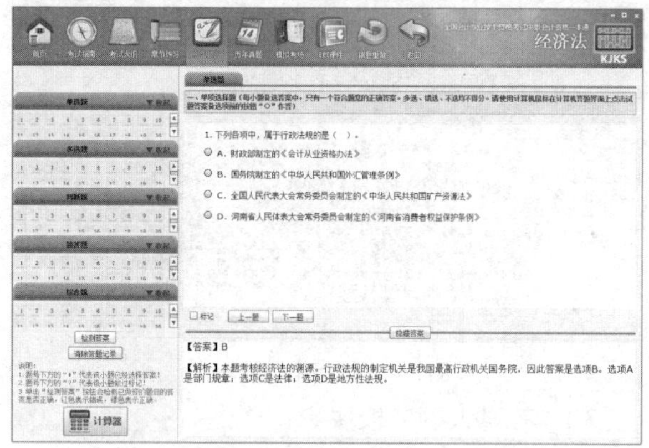

图 6 “题型精练”板块

（6）“历年真题”板块

本板块收集了最近几年的考试真题。学习完全书所有内容后，可以通过本板块的练习题来总结历年考试重点和难点，如图 7 所示。其中有的考题涉及的考点在新版考试大纲中已不要求考核，或者该考点已经过时，与当前法律、法规不符，将在题库中显示“已作废”的提示信息，碰到这种类型的题时可以直接跳过不做。

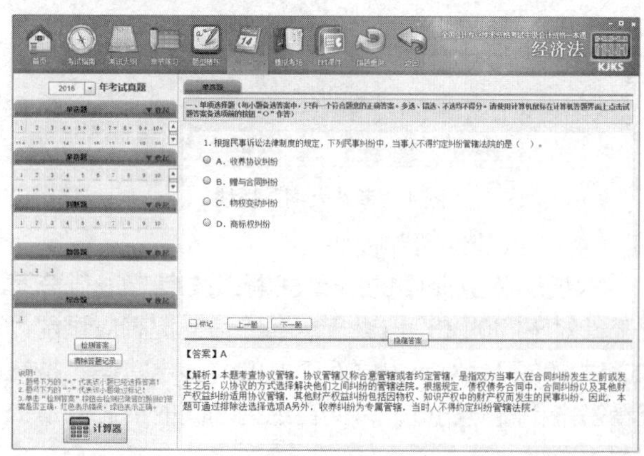

图 7 “历年真题”板块

（7）“模拟考场”板块

该板块提供无纸化模拟考试系统，不仅能帮助考生提前熟悉考试环境及命题类型，还能通过模拟考试检验学习效果，如图 8 所示。

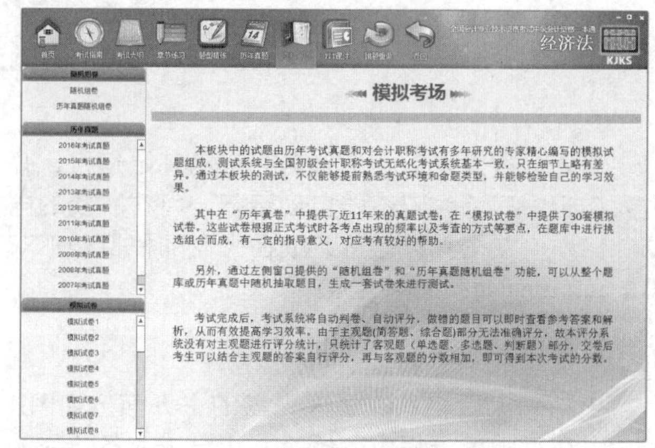

图 8 “模拟考场”板块

在左侧选择一套题目后，将进入模拟考试体统的登录界面，如图 9 所示。由于这里是模拟考试，“准考证号”和“证件号”可以填写任意内容，但在正式考试时需填入真实的内容。

图 9 “登录”界面

单击 按钮后将显示本考试的考务要求，考生要仔细查看，在正式考试时需遵守其中的规定，如图 10 所示。

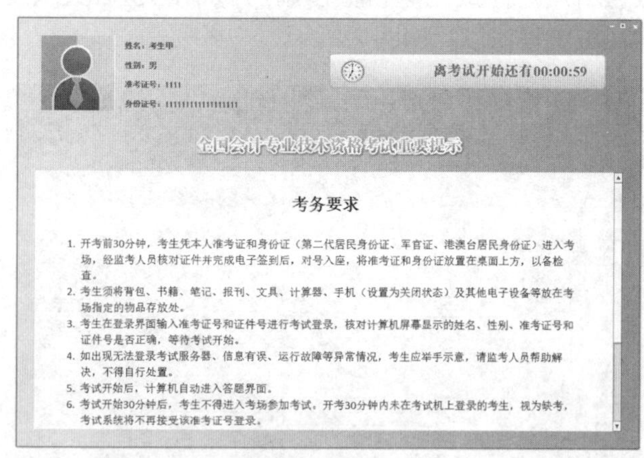

图 10 “考务要求”界面

等待右上角的倒计时结束后将自动开始考试，模拟考试界面如图 11 所示，其答题方法和“章节练习”等板块相同，只是不能直接查看答案和解析。

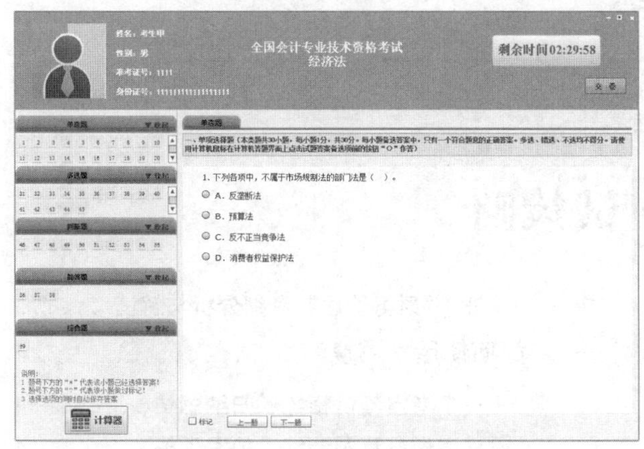

图 11 “模拟考试”界面

答题完成后单击右上角的交卷按钮或等考试时间结束后将进入评分界面，如图 12 所示。在其中将对考生的答题情况自动进行评分。单击某道题的按钮将显示该题的题目内容、答案以及解析等内容。

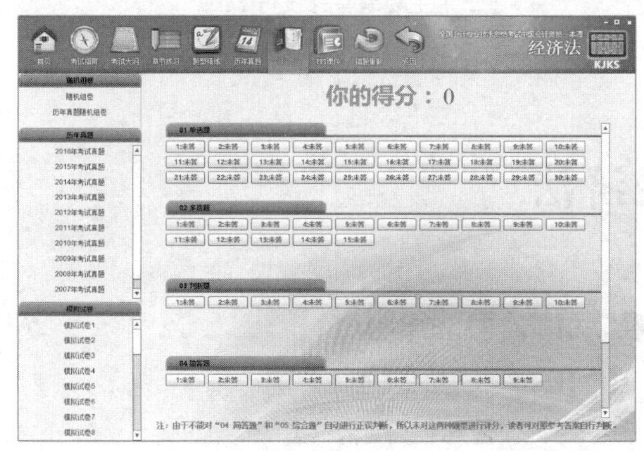

图 12 “评分”界面

（8）“PPT 课件”板块

单击“PPT 课件”按钮，在打开的对话框中可以查看配套教材的 PPT 课件，如图 13 所示。

图 13 查看 PPT 课件

（9）“错题重做”板块

凡是在“章节练习”“题型精练”“历年真题”和“模拟考场”等板块中答错的题目或在“模拟考场”板块中没有作答的题目，都会自动添加到“错题重做”板块中，如图 14 所示，考生可在其中反复练习这些题目，以便查漏补缺。

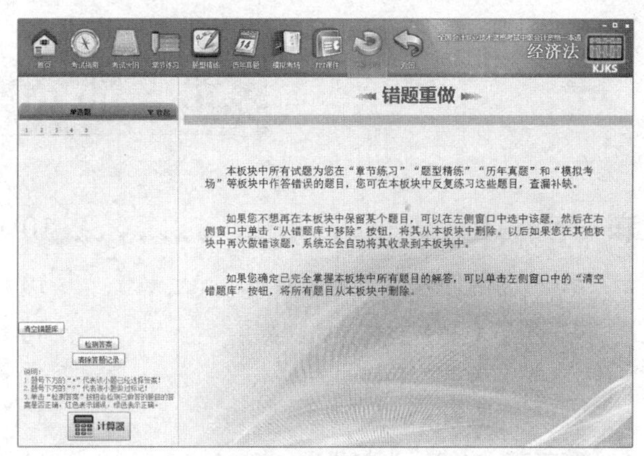

图 14 “错题重做”板块

目 录

考纲分析与应试策略

第一部分 经济法

第二部分 中级会计实务

第三部分 财务管理

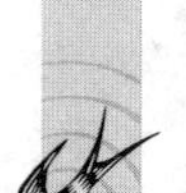

考纲分析与应试策略

一、考试简介

会计专业技术资格，是指担任会计专业职务的任职资格，分为初级资格、中级资格和高级资格。会计专业职务是区别会计人员业务技能的技术等级，分为会计员、助理会计师、会计师和高级会计师，其中会计师为中级职务，要取得会计师会计职务的任职资格，必须参加全国会计专业技术资格考试中级会计资格考试，通过会计中级资格考试的合格者，能够获得人力资源和社会保障部统一印制的《会计专业技术资格证书》，该证书全国范围有效。

全国会计专业技术资格考试领导小组办公室（简称全国会计考办）每年都将修订印发全国会计专业技术资格考试大纲，用于当前年度考试。

（一）报名条件

1. 报名参加会计专业技术资格考试的人员，应具备下列基本条件。

（1）坚持原则，具备良好的职业道德品质。

（2）认真执行《中华人民共和国会计法》和国家统一的会计制度，以及有关财经法律、法规、规章制度，无严重违反财经纪律的行为。

（3）履行岗位职责，热爱本职工作。

（4）具备会计从业资格，持有会计从业资格证书。

2. 报名参加会计专业技术中级资格考试的人员，除具备以上基本条件外，还必须具备下列条件之一。

（1）取得大学专科学历，从事会计工作满5年。

（2）取得大学本科学历，从事会计工作满4年。

（3）取得双学士学位或研究生班毕业，从事会计工作满两年。

（4）取得硕士学位，从事会计工作满1年。

（5）取得博士学位。

3. 对通过全国统一的考试，取得经济、统计、审计专业技术中、初级资格的人员，并具备以上基本条件，均可报名参加相应级别的会计专业技术资格考试。

4. 报名条件中所规定的从事会计工作年限是指取得规定学历前、后从事会计工作的合计年限，其截止日期为考试报名年度当年年底前。

（二）考试科目

中级会计资格考试科目共有3科，分别为：

（1）“经济法”。

（2）“中级会计实务”。

（3）“财务管理”。

参加中级会计资格考试的人员，必须在连续的两个考试年度内，通过全部科目的考试，方可获得中级资格证书。

（三）考试形式

2017年度中级会计资格考试全部采用无纸化试点方式。

目前中级会计资格无纸化考试试点的科目、题型、时间与原来的纸质考试完全相同。就试题内容而言，无纸化考试与原来纸笔考试的考查重点基本一致，同时，有些试题可能也会有交叉。无纸化考试与纸笔考试的主要区别在于无纸化考试是在计算机上进行的，即试题、答题要求和答题界面均在计算机显示屏上显示，考生需使用计算机鼠标和键盘在计算机答题界面上进行答题。同时，试题的顺序是随机抽取的。

（四）考试题型

“经济法”“中级会计实务”和“财务管理”3个科目考试题型具体如下。

（1）“经济法”科目包含5种题型，分别是单选题、多选题、判断题、简答题和综合题。

（2）“中级会计实务”科目包含5种题型，分别是单选题、多选题、判断题、计算分析题和综合题。

（3）“财务管理”科目包含5种题型，分别是单选题、多选题、判断题、计算分析题和综合题。

（五）考试时间

中级会计资格考试的报名时间一般为每年的4月，考试时间为每年的9月。

2017年中级会计师考试时间为2017年9月9日~10日，各科目的具体考试时间安排如下表所示。

考试日期	考试时间及科目	考试批次
2017年9月9日	8:30~11:30《中级会计实务》	第一批次
	13:30~16:00《财务管理》	
	18:00~20:00《经济法》	
2017年9月10日	8:30~11:30《中级会计实务》	第二批次
	13:30~16:00《财务管理》	
	18:00~20:00《经济法》	

（六）考试注意事项

针对中级会计资格考试，还有以下几点考试注意事项。

（1）中级会计资格考试采用全国统一考试考纲，统一试题和统一的考试时间。

（2）针对以往初级会计资格考试开展无纸化的情况来看，中级会计资格的无纸化考试方式未来抽题可能同样具有随机性，即各位考生考试时的试题不尽相同，其考查的重点与难点也存在一定的差异。因此，为了顺利通过考试，考生在复习时应尽量对考纲所要求的内容进行全面复习，做到不遗漏每一章节的内容。当然，任何一门知识都有主次、重难点之分，因此，考生若能正确把握各科目的重点与难点，对顺利通过考试也有一定的帮助。

（3）中级资格无纸化考试不仅有客观题，还有主观题。因此考生在中级资格考试过程中需要在考试系统中进行一些文字录入的操作，考生需要具有一定的计算机操作和汉字录入技能，可以通过考前训练方式来掌握。

（4）任何考试都具有一定时效性，本着对考试负责的态度，建议考生随时关注考试最新动态，以免造成不必要的失误。各地考生可登录自己所在地财政局官方网站查询报考通知。

二、新版考纲分析与专家解读

（一）“经济法”考纲分析与解读

“经济法”科目考试大纲规定的考试内容共 8 章，具体如下所示（考试大纲详细内容可参见本书配套光盘）。

第一章 总论
第二章 公司法律制度
第三章 其他主体法律制度
第四章 金融法律制度
第五章 合同法律制度
第六章 增值税法律制度
第七章 企业所得税法律制度
第八章 相关法律制度

1．重点难点分析

在考试大纲要求的 8 章内容中，第二、四、五章为考试重点，第六、七章也需要着重复习，近几年的考试大部分的分值都集中在这几章中，平均分值各章均在 16 分左右，第一、三、八章这 3 章的分值相对来说要少一些，平均分值各章在 7 分左右。除第八章内容外，其他 7 章内容均可能会出现在简答题或综合题中。

2．内容结构分析

从内容结构上来说，“经济法”就是讲解调整在国家协调本国经济运行过程中发生的社会公共性经济关系的法律规范。全书可概括为以下 3 个部分，各部分的主要内容如下。

（1）总论。对《经济法》的基本概念进行讲解，即第一章内容。

（2）主要法律制度。包括公司法律制度、其他主体法律制度、金融法律制度、合同法律制度、增值税法律制度、企业所得税法律制度，即第二章至第七章的内容。

（3）其他法律制度。包括预算法、国有资产法律制度、反垄断法律制度、反不正当竞争法律制度、知识产权法律制度、财政监督法律制度、财政违法行为处罚法律制度，即第八章的内容。

（二）“中级会计实务”考纲分析与解读

“中级会计实务”科目考试大纲规定的考试内容共 22 章，具体如下所示（考试大纲详细内容可参见本书配套光盘）。

第一章 总论
第二章 存货
第三章 固定资产
第四章 投资性房地产
第五章 长期股权投资
第六章 无形资产
第七章 非货币性资产交换
第八章 资产减值
第九章 金融资产
第十章 股份支付
第十一章 负债及借款费用
第十二章 债务重组
第十三章 或有事项
第十四章 收入
第十五章 政府补助
第十六章 所得税
第十七章 外币折算
第十八章 会计政策、会计估计变更和差错更正
第十九章 资产负债表日后事项

第二十章 财务报告
第二十一章 事业单位会计
第二十二章 民间非营利组织会计

1. 重点难点分析

在考试大纲要求的22章内容中，第五、九、十六、十八、十九、二十章为考试重点，约占本科目考试分值的50%，并且这几章出现在计算分析题或综合题中的可能性较大；第十八、十九章的内容较难理解，需多加练习；第一、十三章和最后两章的内容较少，主要是以客观题形式考查，且所占分值很小，考生了解基本知识即可，不必花太多时间和精力去深入研究。

2. 内容结构分析

从内容结构上来说，“中级会计实务”讲解的是企业或非企业组织常见会计事项的具体处理，主要分为以下6个部分。

（1）总论。总论为全书的理论依据，包括1个会计目标、4个基本假设、8个会计信息质量要求以及六大会计要素的确认与计量。

（2）资产要素的确认和计量。该部分包括第二章至第九章的内容，一般根据相关资产的来龙去脉（取得、使用、减值和处置）讲述各个阶段分别进行的会计处理。

（3）负债要素的确认、计量。该部分包括第十章至第十三章的内容，主要讲述相关负债的确认条件和计量方法（涉及实际利率法、最佳估计数等）。

（4）收入、费用要素的确认、计量。该部分包括第十四章至第十六章的内容，主要讲述不同销售形式下收入的确认时点与计量、取得政府补助的利得确认时点和金额、当期所得税与递延所得税的计算。

（5）报表及调整事项。该部分包括第十七章至第二十章的内容，主要讲述合并财务报表的编制，会计政策、会计估计变更和差错更正对会计报表的调整。

（6）非企业会计的基本核算。该部分包括第二十一章和第二十二章的内容，主要讲述事业单位会计、民间非营利组织的特定业务的会计核算。

（三）“财务管理”考纲分析与解读

“财务管理”科目考试大纲规定的考试内容共10章，具体如下所示（考试大纲详细内容可参见本书配套光盘）。

第一章 总论
第二章 财务管理基础
第三章 预算管理
第四章 筹资管理（上）
第五章 筹资管理（下）
第六章 投资管理
第七章 营运资金管理
第八章 成本管理
第九章 收入与分配管理
第十章 财务分析与评价

1. 重点难点分析

在考试大纲要求的10章内容中，第二章、第五章至第十章是考试的重点，涉及很多公式，计算量大，且注重实务情景，需要考生在理解理论知识的基础上进行判断，对文字和数字的“笔上功夫”要求较高。剩下的3章内容文字部分居多，在复习时着重进行记忆即可。

本科目涉及的考点覆盖面广，并且客观题和主观题的分值比重基本各占一半。除第一、二章内容外，其他各章内容均可能会出现在计算分析题或综合题中。

2. 内容结构分析

从内容结构上来说，“财务管理”科目主要围绕公司的筹资、运营、投资三大项目，从实务环境出发，以企业价值最大化为财务管理目标，介绍财务管理从计划与预算、决策与控制、分析与考核、利益分配等环节的具体处理流程，全部内容可分为以下5大部分。

（1）总论。该部分是全书的理论基础和计算依据，包括第一章和第二章的内容，其中涉及的货币时间价值、风险、现金流量是财务管理的三项基本原则，其是整本书的精髓所在。

（2）财务计划与预算。该部分包括第三章的内容，预算是连接财务决策和财务控制的中介，通过设计预算，可引导企业的实际经营活动，控制成本差异和保证实现经营目标，并为财务分析与评价提供参照和考核相关人员或责任中心的依据。

（3）财务决策。该部分包括第四章至第七章和第九章，企业所有的决策都是围绕企业价值最大化目标的，通过专门的方法比较筹资、投资、运营环节中各种备选方案的收益与成本，从中选出最佳方案。

（4）财务控制。该部分包括第八章的内容，成本是企业重点管理和控制的要素，成本管理是企业精细化运营的必然要求，是企业的软实力。

（5）财务分析与评价。该部分包括第十章的内容，根据企业财务报表等提供的会计基础数据，采用专门方法系统分析和评价企业财务状况、经营成果以及未来趋势。

三、如何使用本书复习

掌握一些合理的复习方法，可以有效提高复习效率，节约复习时间。对于复习时间有限的考生来说，找到适合自己的复习方法尤其重要。没有一种复习方法适合所有人，以下几种方法仅供参考，希望能对大家有所帮助。

（一）考点精讲精练，归纳总结

本书中对各考点的讲解都是在总结历年考试的基础上进行提炼的，各考点下的典型例题则是根据各考点在考试中的考查频率与考查形式筛选的。在学习时，可认真练习各考点下的典型例题，并同步归纳总结各考点的精讲知识。

（二）做好真题演练，加深理解

每节后的真题演练都是从全国各地真考题中精选出来的，其可以体现对每节内容各考点的考查重点和出题方式，在学习时做好每一道真题演练，可加深对知识的理解。

（三）做好过关练习，强化训练

利用各章末的练习题，可以检验自己的复习效果，查漏补缺。此外，要加强对各科目最后一种综合题型的强化练习，掌握案例分析、计算分析和软件的实务操作。

（四）使用光盘题库，轻松备考

本书配套光盘中提供了大量的试题资源，其中的试题来自于历年考试的真题以及由相关专家编写的模拟试题，并提供了章节练习和题型练习等多种练习模式，同时光盘题库中还根据最新无纸化试点考试的界面及操作指南开发了无纸化模拟考试系统，供考生在考前进行无纸化模拟考试练习，以便轻松应对机考方式。

四、应试技巧

（一）客观题答题方法与技巧

客观题包括单选题、多选题和判断题3类。具体而言，单选题只有一个正确答案，多选题有两个或两个以上答案，其评分标准一般是多选、少选、错选、不选均不得分，因此需要运用所掌握的知识推敲每一个答案，慎重选择。判断题的评分标准是判断正确可得分，判断错误的要扣分（扣0.5分），不作判断的，不得分也不扣分。

解答客观时，以下技巧可供参考。

1. 单选题和多选题答题技巧

（1）运用排除法

如果解题时不能一眼看出正确答案，应首先排除明显是荒诞、拙劣或不正确的答案。一般来说，对于选择题，尤其是单选题，题目与正确答案几乎都直接摘抄自指定教材或法规，其余的备选项需要命题者自己设计，即使是高明的命题专家，有时所出的备选项也有可能一眼就被看出是错误的答案。

例如，“经济法”科目中下面这道题：

甲、乙双方签订房屋租赁合同，有效期5年。但在合同中约定如甲在外地工作的儿子于该租赁合同有效期内调回本市工作的话，该租赁合同解除。该合同是（　）。

A. 附生效条件的合同

B. 附生效期限的合同

C. 附解除条件的合同

D. 附解除期限的合同

本题考查的是合同效力的解除，首先可以排除选项A、B，其次甲的儿子调回本市工作，在合同有效期内是有可能发生，也可能不发生，因此应当是附条件的合同，故可以排除选项D，剩下的选项C即为正确答案。

又如，“中级会计实务”科目中下面这道题：

下列各项中，属于非货币性资产的有（　）。

A. 应收账款

B. 无形资产

C. 在建工程

D. 长期股权投资

本题考核非货币性资产的核算范围。非货币性资产包括存货（如原材料、库存商品等）、长期股权投资、投资性房地产、固定资产、在建工程、无形资产等；而货币性资产包括银行存款、应收账款等。本题中，选项B、C、D均为非货币性资产；选项A为货币性资产，故排除。

（2）运用比较法

比较法是指直接将各备选答案加以比较，并分析它们之间的不同点，集中考虑正确答案和错误答案的关键所在。

例如，“经济法”科目中的下面这道题：

甲以实际价值为50万元的房屋作价100万元投入A有限责任公司，为了逃避补足出资的义务，甲与知情的乙私下达成协议，由乙购入甲在A有限责任公司的股权。根据公司法律制度的规定，下列表述中，正确的是（　）。

A. 公司可以要求甲继续履行出资义务，乙承担连带责任

B. 公司可以要求甲继续履行出资义务，乙承担补充责任

C. 公司不得要求甲继续履行出资义务，只能要求乙补足该差额

D. 公司既不得要求甲继续履行出资义务，也不得要求乙补足该差额

本题所有选项的答案乍一看比较相似，仔细一看可以发现选项A、B与选项C、D互斥。甲未履行或全面履行出资义务，应继续履行，因此只可能在选项A、B中选择，而本题乙是知情的，对此应当承担连带责任，因此选项A是正确的。

（3）运用猜测法

如果在考试过程中，想尽方法都不能得出确定的答案，那也一定不要放弃，要充分利用所学知识去猜测答案。不选答案肯定不能得分，选了答案就有可能得分。在猜测之前，尽量先排除掉干扰答案，一般来说，排除的选项越多，猜测出正确答案的可能性就越大。

2. 判断题答题技巧

（1）分清绝对和相对概念

判断题通常不是以问题出现，而是以陈述句出现，要求考生判断一条事实的准确性，或判断两条或两条以上的事实、事件和概念之间关系的正确性。判断题中常常会有绝对概念或相对概念的词，表示绝对概念的词有“总是”“绝不”等，表示相对概念的词有“通常”“一般来说”“多数情况下”等。了解这一点，将为确定正确答案提供帮助。

判断题中含有绝对概念的词，这道题很可能是错误的，如“财务管理”科目中的“利用存货模式确定最佳现金持有量，必须考虑机会成本、转换成本和短缺成本”。该题错误，存货模型下，与现金持有量相关的成本只有机会成本和交易成本，短缺成本不予考虑”。统计表明，大部分带有绝对概念词的问题，“对”的可能性小于“错”的可能性。当你对含有绝对概念词的问题没有把握作出判断时，想一想是否有什么理由来证明它是正确的，如果找不出任何理由，“错”就是最佳的答案。

判断题中含有相对概念的词，这道题很可能是正确的。如“财务管理”科目中的“股票分割会使股票的每股市价下降，可以提高股票的流动性”等题都含有相对概念。

（2）只要题目有一处错误，该题就可判断为错误的

例如，“经济法”科目中下面这道题：

现行《增值税法》规定，销售额没有达到起征点的，不征增值税；超过起征点的，应就超过起征点的部分销售额依法计算缴纳增值税。

本题包含两个问题：第一个问题是“销售额没有达到起征点的，不征增值税”，这是正确的；另一个是“超过起征点的，就超过起征点的部分销售额计算缴纳增值税”，法律规定，纳税人销售额未达到起征点的，免征增值税；但达到起征点的，全额计算缴纳增值税。这就和第二个问题不符合。如果这两个问题中有一个是错的，那么整个命题就是错的。本题答案应该是“×”，错就错在第二个问题。

（二）主观题答题技巧

1. 简答题答题技巧

简答题属于“经济法”科目的主观题题型之一，一般情况下，简答题会先给出一个案例资料，然后以问答题形式提出几个小问题，要求考生进行回答，如“公司章程中约定的首次出资额是否符合法律规定？简要说明理由”“A银行拒绝付款的理由是否成立？简要说明理由”等。

解答简答题时，需要注意下面几个问题。

（1）首先作出判断，即某某事项是合法还是不合法，如“设立有限责任公司应设置的股东人数符合法律规定”，然后简要说明理由，如“我国《公司法》规定，有限责任公司由50个以下股东出资设立”，最后结合当前题目中的案例给出具体的分析，如“在本案例中，该公司出资的股东为10人，符合‘50人以下’的规定”。

（2）解答一定要条理清楚，问什么答什么，不需要过多地展开。有的考生长篇大论，可是阅卷老师只会找几个得分点而已，得分点往往体现在几个关键词上。

2. 计算分析题答题技巧

“财务管理”和“中级会计实务”科目的主观题中均包括计算分析题，主要考查考生分析问题和

处理问题的能力，相对来说难度较大，涉及的概念、计算公式较多。这类题型的分数在一份试卷中所占的分量一般都较大，所以必须予以足够的重视。

解答计算分析题时，掌握以下几个方法，可以避免丢分，争取更多的得分。

（1）详细阅读试题

对于计算分析题，一般来说，建议对题目要求至少阅读两遍。一方面，这样可以准确理解题意，不至于忙中出错；另一方面，还可能从中获取解题信息。

例如，“财务管理”科目中下面这道题：

戊公司生产和销售E、F两种产品，每年产销平衡。为了加强产品成本管理，合理确定下年度经营计划和产品销售价格，该公司专门召开总经理办公会进行讨论。相关资料如下。

资料一：2014年E产品实际产销量为3 680件，生产实际用工为7 000小时，实际人工成本为16元/小时。标准成本资料如下表所示。

E产品单位标准成本

项目	直接材料	直接人工	制造费用
价格标准	35元/千克	15元/小时	10元/小时
用量标准	2千克/件	2小时/件	2小时/件

资料二：F产品年设计生产能力为15 000件，2015年计划生产12 000件，预计单位变动成本为200元，计划期的固定成本总额为720 000元。该产品适用的消费税税率为5%，成本利润率为20%。

资料三：戊公司接到F产品的一个额外订单，意向订购量为2 800件，订单价格为290元/件，要求2015年内完工。

要求：

（1）根据资料一，计算2014年E产品的下列指标：①单位标准成本；②直接人工成本差异；③直接人工效率差异；④直接人工工资率差异。

（2）根据资料二，运用全部成本费用加成定价法测算F产品的单价。

（3）根据资料三，运用变动成本费用加成定价法测算F产品的单价。

（4）根据资料二、资料三和上述测算结果，做出是否接受F产品额外订单的决策，并说明理由。

（5）根据资料二，如果2015年F产品的目标利润为150 000元，销售单价为350元，假设不考虑消费税的影响。计算F产品保本销售量和实现目标利润的销售量。（2016年）

解答此题时，首先应通读一遍试题，根据提供的表内的数据，套用相应的公式计算。然后，通过比较得出额外订单价格高于单位产品价格，所以戊公司应接受F产品这一额外订单。最后，计算出保本销售量和实现目标利润的销售量。

（2）题目要求算什么就算什么

解答计算分析题时，要弄清题目要求计算的是什么，与本题要求无关的问题不用去计算，计算多了，难免出错。有的考生把不要求计算的东西也写在答卷上，以为这样能显示自己的知识，寄希望阅卷老师能给高分。而事实上恰恰相反，大多数阅卷老师不喜欢这类“画蛇添足”的做法。

（3）注意解题步骤

计算分析题所占的分数一般较多，判卷时多数题都是按步骤给分的，解答时应尽量罗列出解题步骤，以争取得分。

（4）尽量写出计算公式

解答计算分析题时，很多时候涉及引用计算公式的情况，在评分标准中，是否写出计算公式会作为评分的一个点。

有的评分标准中可能只要求列出算式，计算出正确答案即可。如果算式正确，结果无误，是否有计算公式可能无关紧要；如果算式正确，但是由于代入的有关数字有误而导致结果不对，这时是否写出计算公式就会影响得分。

3. 综合题答题技巧

综合题是中级会计资格考试3个科目均有的主观题题型，主要考查考生分析问题和处理问题的能力，相对来说难度较大，涉及的概念和知识点较多，有时还会出现需要计算的内容，并且大多涉及两个及以上的章节的内容，故综合性很强，如“中级会计实务”科目中综合所得税、资产负债表日后事项、合并财务报表等知识点进行考查等。

解答综合题和简答题的思路是类似的，可以按照以下解题步骤进行。

第一步，先看题目要求解决的问题。

题目最后提出的要解决的问题一般比较简短，可先看问题，这样在阅读题目或案例时就能有较强的针对性，容易抓住重点，提高答题效率。同时审题要认真，要抓住问题中的关键词，弄清问题要求分析的到底是什么。

第二步，认真阅读题目或案例。

带着问题阅读题目或案例背景材料，找出题目涉及的法律法规、业务种类，然后根据这条线索回忆处理原则或具体的公式等，这是解题的关键，不能被具体细节问题所迷惑。

第三步，确立答题的整体框架。

阅读背景材料以后，不要急于动笔。应先花几分钟对问题进行系统分析和思考，套用解决问题所需运用的相关理论，确定答题思路和要点，先在头脑中或稿纸上构筑起答题框架，这样才能有一个清

晰的思路。

第三步可细化为以下 3 个步骤。

（1）作出判断。分析题目或案例所反映的问题，给出明确的说法，并用鲜明的语言表达出来，并针对所反映的问题，确定解决的方向。

（2）给出条文。针对第一步给出的判断结果，简要说明其理由或依据，一般需引述相关法律条文，即依据什么法律制度的规定，规定的具体内容是什么。为节省时间，可以写成“根据规定……”或“根据相关法律规定……”。给出条文时不需要一字不差地引用法律条文，只要表述的意思与标准答案中“关键词”的意思一致就可以得分。

（3）分析问题。在第二步的基础上，就题目或案例中具体的问题，给出本例的具体分析结果，涉及计算的给出相关计算分析过程和结果等。

上述 3 个步骤只是一个大框架，答题时可以针对出题的考核关键点，进行判断和具体分析。

第四步，问题解答。

另外，在答题时还要注意以下几点。

（1）综合题的题干较长，一般根据时间顺序、按数字编号叙述，问题一般也根据上述顺序提出，因此考生解答时也应如此，这样既可条理清楚地解答题目，也可稳定考试心态，不致于混淆相关数据或文字信息。

（2）要划分层次、段落和主次。答题时根据内容结构变化来划分段落，并标记（1）、①等编号顺序，以便于阅卷老师寻找得分点；题目分析部分的内容要结构合理、重点突出。

（3）控制字数。回答问题的字数不宜过多，一般问什么答什么。

（三）无纸化方式答题技巧

参加无纸化考试时，应仔细阅读开考前的“考务须知”，同时掌握以下几个答题操作提示与技巧。

（1）答题界面屏幕左上方为考生信息区，包括考生、姓名、证件号码和“详细信息”按钮。屏幕上方中间位置为当前考试科目名称，右上方为考试剩余时间及“交卷”按钮。屏幕左侧为考试科目对应题目列表，左侧下方有计算器按钮，单击按钮可调出计算器，屏幕右侧为答题区，如图 1 所示。

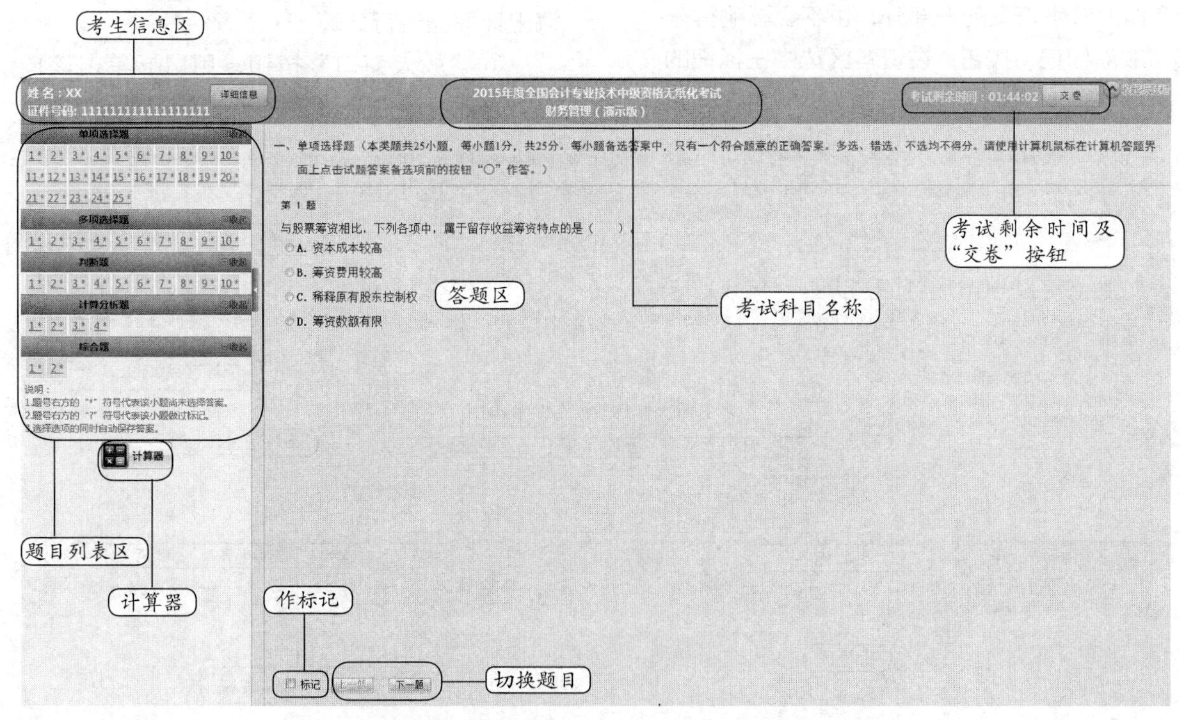

图 1　中级会计职称考试无纸化答题方式主界面（演示版效果）

（2）在左侧的试题列表部分，考生可以单击各题号按钮，直接进入该试题进行答题或检查，在该区域也可以一目了然地查看到本科目全套试卷的作答情况，包括每道试题的已答或未答状态、标记状态。

（3）在答题过程中，若遇到做不出来的题，或需要提醒自己稍后返回检查当前试题，可以用鼠标单击本题下方“标记”选择框进行标记，若用鼠标再次单击该选择框则可以取消本题标记。被标记的试题，会在左侧试题列表中题号右方以“？”进行显示。对试题所作的标记，不会被作为答题结果，也不会影响考生得分情况。合理使用试题标记功能，可以在大量的试题中快速查找到需要重点检查的试题。

（4）对于计算分析题、简答题、综合题这类主

观题，在无纸化考试方式下，考试系统采用上下分栏的设计，上栏为资料（题干）区，下栏为答题区。考生可根据需要上下拖动分栏条，调整资料区或答题区的可视区域，当资料区有多个资料时，系统会在资料最前面显示“资料一”“资料二”等索引目录，如需跳转至资料一的位置，单击“资料一”即可；如想返回资料索引目录，单击资料一结尾处“返回目录”即可。答题区根据考试题目要求分为“要求（1）”“要求（2）”等标签页，可在各自答题区域内进行答题。此外，在考试系统资料区辅助工具栏中，设计了“复制”“剪切”“粘贴”“公式和符号”的插入“输入法”的选择与切换等功能，帮助考生顺利完成考试。图 2 所示为综合题的答题界面。

资料区辅助工具栏中各按钮作用如下。

①“收起题型要求”按钮：单击可收起本类题型答题要求说明，以增大相应资料区和答题区。

②“标记题干”按钮：用鼠标在资料区选中数字、符号、算式、会计分录等文字后，单击该按钮，可对选中部分的文字加上高亮标记，从而将重要的信息突出显示，方便查看。同时，对资料文字所作的标记，不会作为考生答案的一部分，也不会影响得分。

③“取消标记”按钮：在资料区选中已标记的文字后单击该按钮，可清除选中部分文字的高亮标记。

④“放大窗口”按钮：单击可以将资料区窗口最大化显示，以方便阅读。

答题区辅助工具栏中各按钮的作用如下：

①“复制”和“粘贴”按钮：在资料区或答题区选中任意一段文字后单击该按钮，可以将选中的文字复制到剪切板中，然后在答题区中定位光标后单击“粘贴”按钮粘贴文字，从而可以减少文字录入量并提高文字的准确性，方便快速编辑或修改答案。

②“剪切”按钮：在答题区选中已录入的文字，单击该按钮，可以将选中的文字剪切到剪贴板中，然后在答题区中定位光标后单击“粘贴”按钮粘贴文字，从而可以快速调整文字在答案中的位置。

③“公式和符号”按钮：当需要在答案中录入复杂的公式、表达式或使用特殊符号时，可用单击该按钮，打开公式编辑菜单。

④“输入法”按钮：单击该按钮，可以查看可选输入法列表。在列表中，用鼠标单击需要使用的输入法即可完成输入法选择和切换。

⑤“计算器”按钮：用鼠标单击该按钮，可以调出计算器进行计算。

⑥“放大窗口”按钮：用鼠标单击该按钮，可以将答题区窗口最大化显示，方便输入答案。

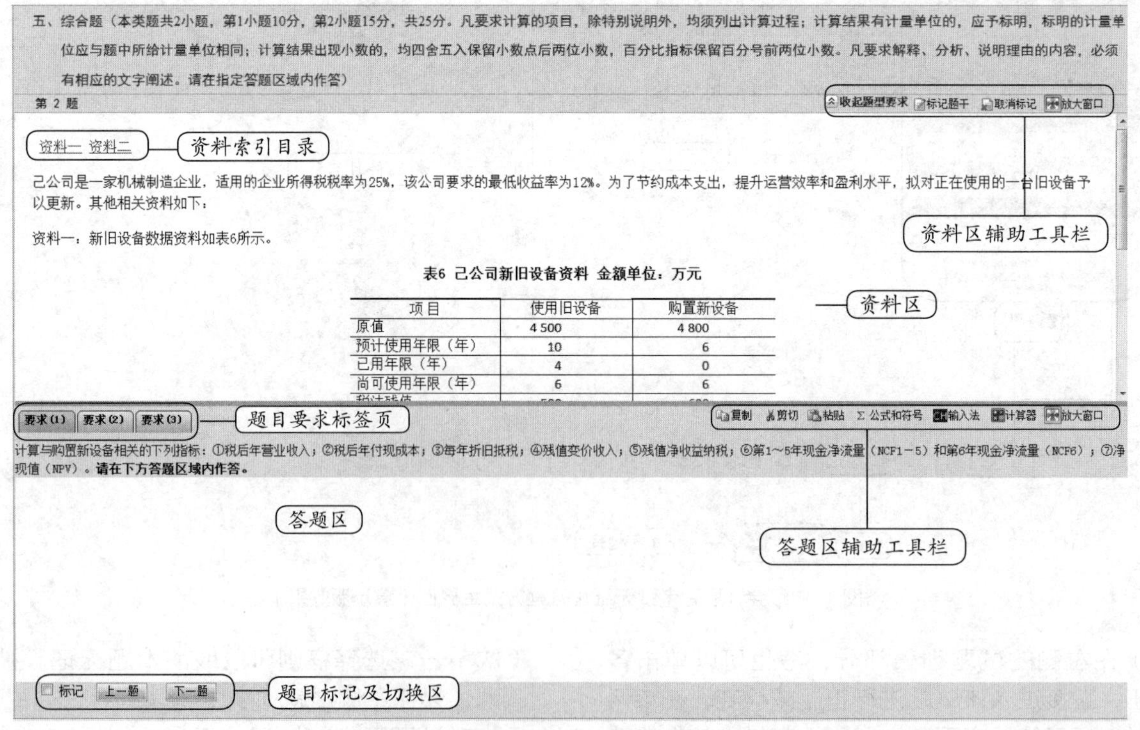

图 2 中级会计职称考试无纸化答题方式——综合题的答题界面（演示效果）

第一部分

经济法

第一章 总论

本章内容是中级职称考试中“经济法”科目的基础内容，考点较多，大部分需要准确理解，复习难度较大。在本章内容中，民事法律行为、代理、仲裁、诉讼及诉讼时效等考点属于考生复习的重点和难点，在近3年的考试中，常以客观题的形式进行考查。值得注意的是，本章内容还可能与后面合同法律制度的有关内容相结合，出现在简答题或综合题中，这类考题的知识覆盖较广，需要考生全面理解涉及的知识点。

▼本章主要考点的题型、估计题量和所占分值一览表

主要考点	题型	估计题量	所占分值
①民事法律行为；②经济法主体的权利与义务；③代理；④仲裁协议；⑤民事诉讼的地域管辖；⑥诉讼时效	单选题	2~4 题	2~4 分
①民事法律行为；②民事诉讼的地域管辖；③仲裁回避原则	多选题	1~2 题	2~4 分
①无权代理；②审判程序；③仲裁效力	判断题	1 题	1 分

▼本章知识结构一览表

总论	一、经济法的渊源和主体	（1）经济法的渊源（★★） （2）经济法主体（★）：经济法主体资格、经济法主体分类、经济法主体的权利和义务
	二、法律行为与代理	（1）法律行为（★★★） （2）代理（★★★）：代理的适用范围、委托代理和法定代理、无权代理
	三、经济仲裁与诉讼	（1）仲裁（★★★）：不适合仲裁的情形、无效仲裁协议、仲裁的程序、仲裁的效力 （2）诉讼（★★★）：地域管辖，第一、第二审判程序，审判监督程序 （3）诉讼时效（★★★）：诉讼时效的种类、诉讼时效的中止和中断

第一节 经济法的渊源和主体

考点1 经济法的渊源（★★）

考点分析

本考点属于考生应熟悉的内容，考查概率相对较小，若出现考题也多为客观题，如 2011 年曾以单选题的形式考查了行政法规的相关知识。考生在复习本考点内容时，应对宪法、法律、法规等经济法渊源的制定部门及法律效力有系统的认识，他们相对于其他法律渊源的考查概率更大。

考点精讲

经济法的渊源是指经济法律规范借以存在和表现的形式。经济法的渊源主要有如表 1-1 所示的几种类型。

表 1-1 经济法的渊源

类型		具体内容
宪法		①由全国人民代表大会制定 ②是国家的根本大法，具有最高的法律效力 ③是经济法的基本渊源，是经济立法的基础
法律		①由全国人民代表大会及其常务委员会制定 ②是经济法的主要渊源，地位和效力仅次于宪法
法规	行政法规	是国务院为执行法律规定及履行宪法规定的行政管理职权的需要而制定的规范性文件
	地方性法规	是省、自治区、直辖市等的人民代表大会及其常务委员会根据本行政区域的具体情况和实际需要，在不与宪法、法律、行政法规相抵触的前提下制定的规范性文件

续表

类型		具体内容
规章	部门规章	国务院各部、委员会、中国人民银行、审计署和具有行政管理职能的直属机构，根据法律和国务院的行政法规、决定、命令，在本部门的权限范围内制定的规章
	地方政府规章	省、自治区、直辖市和较大的市的人民政府根据法律、行政法规和本省、自治区、直辖市的地方性法规制定的规章，其种类繁多
民族自治地方的自治条例和单行条例		民族自治地方的人民代表大会依照当地民族的政治、经济和文化的特点，依法制定的自治条例和单行条例
司法解释		最高人民法院在总结审判实践经验的基础上发布的指导性文件和法律解释
国际条约、协定		我国作为国际法主体缔结或参加的国际条约、双边或多边协定及其他具有条约、协定性质的文件，在其生效后，对我国国家机关、公民、法人或者其他组织就具有法律上的约束力

典型例题

【例题1·单选题】下列法的形式中，属于国家的根本大法、具有最高法律效力的是（ ）。

A. 中华人民共和国全国人民代表大会组织法

B. 中华人民共和国立法法

C. 中华人民共和国宪法

D. 中华人民共和国刑法

【解析】宪法是国家的根本大法，由全国人民代表大会制定和修改，具有最高的法律效力。

【答案】C

【例题2·单选题】下列各项中，效力低于地方性法规的是（ ）。

A. 宪法　　B. 同级政府规章

C. 法律　　D. 行政法规

【解析】不同的法律其效力等级从高到低为：宪法＞法律＞行政法规＞地方性法规＞同级地方政府规章。

【答案】B

考点2 经济法主体（★）

考点分析

本考点内容较少，考查概率也相对较小，属于考生应了解的内容。对于本考点知识，考生只需掌握经济法主体的分类，特别是根据主体在经济运行中的客观形态进行的分类，对于其他知识作简单了解即可。

考点精讲

经济法主体是指在经济法律关系中享有权利、承担义务的当事人或参加者。

1. 经济法主体的分类

经济法主体可从不同角度进行分类，具体如图1-1所示。

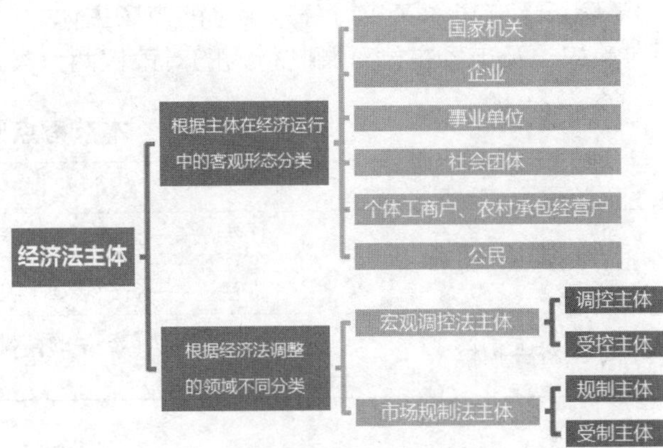

图1-1 经济法主体的分类

> **名师解读**
>
> 经济法主体必须具备一定的主体资格，主体资格即当事人参加经济法律关系，享受一定权利和承担一定义务的资格或能力。

2. 经济法主体的权利和义务

经济法主体的权利和义务如表1-2所示。

表1-2 经济法主体的权利和义务

类型	权利	义务
调控主体与规制主体	①宏观调控权 ②市场规制权 ③调制权的分配	①贯彻法定原则 ②依法调控和规制 ③不得弃权
接受调控与规制的主体（市场主体）	市场对策权	①接受调控和规制的义务 ②依法竞争的义务

> **名师解读**
>
> 市场对策权可以分为平等的市场主体之间的对策权和市场主体对调控行为的对策权。前者体现为相关企业的竞争权和消费者的知情权、选择权等；后者包括市场主体的拒绝摊派权等。

典型例题

【例题1·单选题】下列关于我国经济法律关系主体的表述，不正确的是（ ）。

A. 经济法律关系主体是依法享有权利、承担相应义务者

B. 农村承包经营户不能成为我国经济法律关系的主体

C. 国家可以成为经济法律关系的主体

D. 非法人团体可以成为经济法律关系的主体

【解析】选项B错误，农村承包经营户可以成为我国经济法律关系的主体。本题中选项D具有一定的干扰性，这里的“非法人团体”是指社会团体，因此其可成为经济法律关系的主体。

【答案】B

【例题2·判断题】市场对策权是指平等的市场

主体之间的对策权。（ ）

【解析】市场对策权可分为平等的市场主体之间的对策权，及市场主体对调制行为的对策权两大类，本题的说法不完整，故错误。

【答案】×

本节考点回顾与总结一览表

本节考点	知识总结
考点 1 经济法的渊源	①宪法——全国人民代表大会制定，具有最高法律效力 ②法律——全国人民代表大会及其常务委员会制定，效力次于宪法 ③法规——行政法规（国务院制定）、地方性法规（地方人民代表大会及其常委会）制定
考点 2 经济法主体	主体在经济运行中的客观形态的分类——国家机关、企业、事业单位、社会团体、个体工商户、农村承包经营户、公民

真题演练

1.【单选题】下列各项中，属于行政法规的是（ ）。（2011 年）

A. 财政部制定的《会计从业资格办法》

B. 国务院制定的《中华人民共和国外汇管理条例》

C. 全国人民代表大会常务委员会制定的《中华人民共和国矿产资源法》

D. 河南省人民代表大会常务委员会制定的《河南省消费者权益保护条例》

2.【多选题】下列各项中，可以成为经济法主体的有（ ）。（2010 年）

A. 政府　　B. 各类企业

C. 非营利组织　　D. 外国人

3.【单选题】下列各项中，不属于市场规制法的部门法是（ ）。（2010 年）

A. 反垄断法　　B. 预算法

C. 反不正当竞争法　　D. 消费者权益保护法

第二节 法律行为与代理

考点3 法律行为（★★★）

考点分析

本考点内容较多，属于考生应掌握的知识点，考生的复习难度相对较大。在复习本考点时，考生可针对民事法律行为、附条件（或附期限）法律行为，以及无效民事行为等知识点进行比较记忆，抓住各考点的关键字词。

考点精讲

1. 民事法律行为的特征

民事法律行为是指公民或法人以设立、变更、终止民事权利和民事义务为目的，以意思表示为要素，依法产生民事法律效力的合法行为。其具有以下特征。

（1）民事法律行为以达到一定的民事法律后果为目的。

（2）民事法律行为以意思表示为构成要素。

（3）民事法律行为是具有法律约束力的合法行为。

2. 民事法律行为的分类

法律行为从不同角度可进行不同的分类，具体如图 1-2 所示。

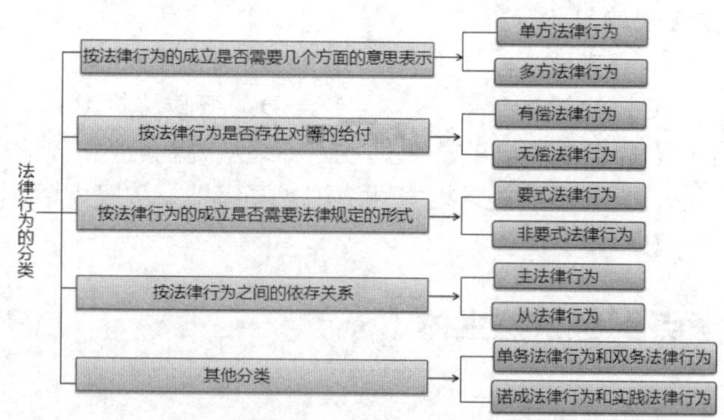

图 1-2 法律行为的分类

名师解读

在按法律行为成立需要几方面意思表示的分类中，单方法律行为指依一方当事人的意思表示即可成立的法律行为；多方法律行为指依照两个以上当事人意思表示一致方能成立的法律行为。

3. 民事法律行为的有效条件

（1）形式有效条件

形式有效条件即行为人的意思表示必须符合法律规定。具体又包括书面形式、口头形式或其他形式，如图 1-3 所示。

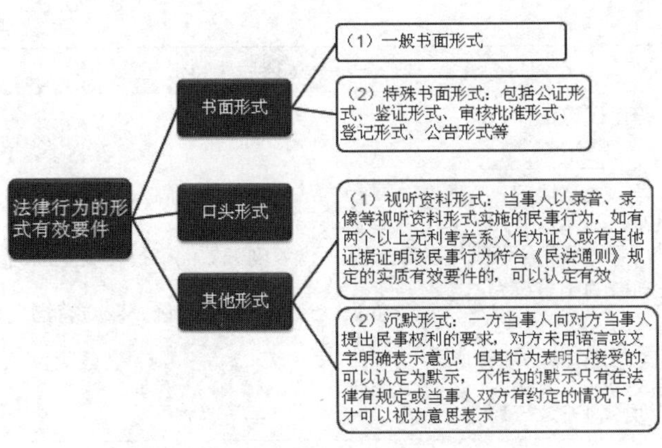

图 1–3 民事法律行为的形式有效要件

（2）实质有效条件

①行为人具有相应民事行为能力。具体规定如表 1–3 所示。

表 1–3 民事行为能力的规定

行为人		相应的行为能力	民事法律行为的效力
自然人	无民事行为能力人	不满 10 周岁的未成年人和“不能”辨认自己行为的精神病人	行为不具有法律效力
	限制民事行为能力人	10 周岁以上的未成年人和“不能完全”辨认自己行为的精神病人	进行的与其年龄、智力或精神健康状况相适应的民事活动具有法律效力；其他民事活动应当由其法定代理人代理，或征得其法定代理人同意
	完全民事行为能力人	18 周岁以上的成年人和 16 周岁以上不满 18 周岁但以自己的“劳动收入”为主要生活来源的公民	在其民事权利能力范围内进行的民事活动具有法律效力
法人		法人成立则民事行为能力产生；法人终止则民事行为能力消灭	与民事权利能力范围相适应，即与核准登记的生产经营和义务范围相适应，才能发生法律效力

②行为人意思表示真实。即该意思表示是其自觉自愿作出的，同时与其内心所表达的意思相一致。若表示不真实或有瑕疵，其行为不产生法律效力。

③不违反法律和社会公共利益。

4. 附条件和附期限法律行为

（1）附条件法律行为

附条件法律行为是指当事人在法律行为中约定一定条件，该条件发生、不发生即为法律行为生效和不生效的依据。

（2）附期限法律行为

附期限法律行为是指当事人在法律行为中约定一定的期限，以该期限到来作为法律行为生效或解除的根据。

误区提醒

注意附条件和附期限的法律行为的区分，附条件中的“条件”不一定会出现，而附期限中的“期限”一定会到来。

5. 可变更、可撤销的民事行为

可变更、可撤销的民事行为是指依照法律的规定，由当事人请求人民法院或仲裁机关予以变更或撤销而归于无效的民事行为。

可变更、可撤销民事行为的类型与特征如表 1–4 所示。

表 1–4 可变更、可撤销的民事行为

项目	内容
类型	①因重大误解而订立的合同 ②显失公平的合同 ③乘人之危订立的合同 ④受欺诈、胁迫而订立的不损害国家利益的合同 对于①、②，当事人请求变更，人民法院应予以变更，当事人请求撤销，人民法院可酌情予以撤销
特征	①该合同在被撤销之前已经发生效力的，撤销权人未行使撤销，其效力不消灭 ②该合同的撤销由享有撤销权的当事人行使，人民法院或仲裁机关不得主动干预 ③该合同的撤销权人拥有选择权，当事人可选择变更、撤销或不撤销 ④该合同的撤销权人自“知道或应当知道”撤销事由之日起 1 年内未行使撤销权，或明确表示（或以行为表示）放弃撤销权的，撤销权消灭，此时合同按有效合同履行 ⑤该合同被撤销后，视同无效合同

名师解读

被撤销的民事行为从行为开始起无效。如果享有撤销权的当事人未在法定期间内行使撤销权的，撤销权消失，可撤销民事行为视同法律行为，对当事人具有约束力。

6. 无效民事行为

无效民事行为是指因欠缺法律行为的有效要件，而不发生法律效力的行为。根据相关规定，行为人出现如表 1–5 所示的几种行为，应当认定为无效。

表 1–5 无效民事行为的内容和法律后果

项目		行为	法律后果及责任
不具有相应民事行为能力	无民事行为能力人	①接受赠与、奖励、获得报酬等纯获益的行为，为有效行为 ②实施的某些与其年龄相适应的日常生活方面的法律行为，为有效行为	行为有效
	限制民事行为能力人	订立的纯获益的合同或者与其年龄、智力相适应的合同，直接有效	

续表

项目		行为	法律后果及责任
不具有相应民事行为能力	间歇性精神病人	确能证明是其在没有发病期间实施的，并且符合民事法律行为应当具备条件的，应当认定有效	无效民事行为从行为开始起就没有法律约束力，具体法律后果如下： ①恢复原状：恢复到无效民事行为发生前的状态 ②赔偿损失：过错方进行赔偿，双方有错，则各自承担
使用非常手段使其作出违背真实意思的民事行为	欺诈	一方当事人故意告知对方虚假情况，或故意隐瞒真实情况，诱使对方当事人作出错误意思表示的民事行为，为无效行为	
	乘人之危	一方当事人乘对方处于危难之际，为牟取不正当利益，迫使对方作出不真实的意思表示，严重损害对方利益的民事行为，为无效行为	
	胁迫	以给公民及其亲友的生命健康、名誉、荣誉、财产等造成损害，或者以给法人的名誉、荣誉、财产等造成损害为要挟，迫使对方作出违背真实的意思表示的民事行为，为无效行为	
其他		恶意串通，损害国家、集体或第三人利益的行为	将相关所得收归国家、集体或返还第三人
		违反法律或社会公共利益和以合法形式掩盖非法目的的行为	追究行政责任或刑事责任

误区提醒

限制民事行为能力人依法不能独立实施的合同属于效力待定的合同，因此该民事行为并不是全部属于无效民事行为，即考生要注意限制民事行为能力人不能独立实施的合同以外的行为属于无效民事行为。

典型例题

【例题 1·多选题】根据我国《民法通则》的规定，下列行为中，属于可撤销的民事行为的有（　）。

A. 一方以欺诈、胁迫的手段或者乘人之危，使对方在违背真实意思的情况下所进行的民事行为

B. 显失公平的民事行为

C. 恶意串通，损害国家、集体或者第三人利益的民事行为

D. 重大误解的民事行为

【解析】选项 A，一方以欺诈、胁迫的手段或者乘人之危，使对方在违背真实意思的情况下所进行的民事行为，欠缺了意思表示真实的有效要件，属于无效民事行为；选项 C，恶意串通，损害国家、集体或者第三人利益的民事行为是无效的民事行为；选项 B、D 属于可变更、可撤销的行为，其具体应变更还是撤销，应根据当事人的请求而定。

【答案】BD

【例题 2·单选题】甲、乙签订房屋买卖合同，双方约定 6 个月后即 2017 年 10 月 1 日生效，该约定属于（　）。

A. 附生效条件的法律行为

B. 附解除条件的法律行为

C. 附生效期限的法律行为

D. 附解除期限的法律行为

【解析】甲、乙在签订房屋买卖合同时，约定 2017 年 10 月 1 日生效，该日期是必然会到来的，因此该房屋买卖合同为附生效期限的法律行为。

【答案】C

考点4 代理（★★★）

考点分析

本考点属于考生应掌握的内容，在近几年出现考题的概率较大，在 2015 年、2013 年均出现过单选题。本考点内容属于条例较清晰的知识点，考生应掌握可能出现考题的考点，正确把握解题的关键字词。

考点精讲

1. 代理的特征

代理是指代理人在代理权限内，以被代理人的名义与第三人实施法律行为，由此产生的法律后果由被代理人承担的一种法律制度。其具有以下特征。

（1）代理人以"被代理人"的名义实施法律行为。

（2）代理人在代理权限内独立地向第三人进行意思表示。

（3）代理行为的法律后果直接由被代理人承担。

名师解读

代理不是代理人自己的"独立"意见或不涉及第三人的，则该行为不属于代理；另外，如订立遗嘱、婚姻登记、收养子女等人身性质的，或约定必须由本人亲自实施的民事法律行为，不得代理。

2. 代理的种类

代理的种类如图 1-4 所示。

委托代理
- 指代理人依据被代理人的授权委托行为而发生的代理
- 可采用书面形式或口头形式
- 因授权不明产生的民事责任应由被代理人承担，代理人负连带责任

法定代理
- 指法律根据一定的社会关系的存在而设定的代理
- 一般适用于被代理人为无行为能力人或限制行为能力人

指定代理
- 只在没有法定代理人和委托代理人，或法定代理人互相推诿代理责任的情况下，由人民法院或有权机关依法为不能亲自处理自己事务的人指定代理人的代理行为

图 1-4 代理的种类

3. 无权代理

代理人在没有代理权的情况下以他人名义进行的代理行为，即为无权代理行为。

（1）无权代理包括没有代理权而实施的代理、超越代理权实施的代理和代理权终止后实施的代理。

（2）无权代理未经被代理人的追认，其民事责任由代理人承担。

（3）经被代理人追认，或被代理人知道他人以本人名义实施民事行为而不作否认，民事责任由被代理人承担。

（4）委托代理人为维护被代理人权益，在紧急情况下实施的超越代理权的民事法律行为，可以认定为有效，但因行为不当给被代理人造成损失的，可以酌情由委托代理人承担适当责任。

4. 表见代理

无权代理人的代理行为，客观上使善意相对人有理由相信其有代理权的，被代理人应当承担代理的法律后果。这种情况在法学理论上称为“表见代理”。可以从以下几方面理解表见代理。

（1）被代理人对第三人表示已将代理权授予他人，而实际并未授权。

（2）被代理人将某种有代理权的证明文件交给他人，他人以该种文件使第三人相信其有代理权并与之进行法律行为。

（3）代理授权不明。

（4）代理人违反被代理人的意思或者超越代理权，第三人无过失地相信其有代理权而与之进行法律行为。

（5）代理关系终止后未采取必要措施而使第三人仍然相信行为人有代理权，并与之进行法律行为。

名师解读

第三人知道行为人无权代理还与行为人实施民事行为给他人造成损害的，由第三人和行为人负连带责任。

5. 代理权行使

（1）代理人不得与他人恶意串通损害被代理人的利益，不得利用代理权牟取私利。代理人和第三人串通，损害被代理人的利益的，由代理人和第三人负连带责任。

（2）代理人不得滥用代理权，否则其行为无效，给被代理人及他人造成损失的，应当承担相应的赔偿责任。代理人滥用代理权的情形如下。

①以被代理人的名义与自己进行民事活动。

②同时代理双方当事人进行同一项民事活动。

③代理人与第三人恶意串通损害被代理人利益。

6. 代理终止

不同类型的代理形式，其代理关系终止的法定情形也有所不同，具体如表 1-6 所示。

表 1-6 代理关系终止的法定情形

类型	代理关系终止的法定情形
委托代理	①代理期间届满或者代理事务完成 ②被代理人取消委托或代理人辞去委托 ③代理人死亡或丧失民事行为能力 ④作为被代理人或代理人的法人终止
法定代理 / 指定代理	①被代理人取得或恢复民事行为能力 ②被代理人或代理人死亡 ③代理人丧失民事行为能力 ④指定代理的人民法院或指定单位取消指定 ⑤由其他原因引起的被代理人和代理人之间的监护关系消灭

误区提醒

本节中滥用代理权与无权代理是两个容易混淆的概念，应注意的是滥用代理权是代理人有代理权而滥用，而无权代理是代理人根本就没有代理权。下面将两者相关内容归纳为如表 1-7 所示，以便于考生理解。

表 1-7 滥用代理权与无权代理的区别

代理形式	代理情形	行为类型	区别
滥用代理权	①代理人拥有代理权	①自己代理	有代理权，损害被代理人利益
	②代理人实施了代理行为	②双方代理	
	③代理人损害了被代理人的利益	③代理人与相对人恶意串通，损害被代理人的利益	
无权代理	①没有代理权的代理行为		没有代理权，未必损害被代理人利益
	②超越代理权的代理行为		
	③代理权终止后的代理行为		

典型例题

【例题 1·单选题】在当事人没有约定的情况下，下列行为可由他人代理完成的是（ ）。（2015 年）

A. 订立遗嘱　　B. 登记结婚

C. 租赁房屋　　D. 收养子女

【解析】依照法律规定或按照双方当事人约定，应当由本人实施的民事法律行为，不得代理，如订立遗嘱、婚姻登记、收养子女等。

【答案】C

【例题 2·多选题】甲接受乙的委托，代理乙购买一批服装。期间甲与服装厂勾结，收取服装厂回扣款，购进一批劣质服装给乙。对此行为，下列表述中符合规定的有（ ）。

A. 甲的行为是代理权的滥用

B. 给乙造成的损失，仅由甲承担民事责任

C. 给乙造成的损失，仅由服装厂承担民事责任

D. 给乙造成的损失，甲与服装厂负连带责任

【解析】本题中的行为属于代理人滥用代理权，代理人和第三人串通，损害被代理人的利益的，由代理人和第三人负连带责任，所以选项 A、D 符合规定。

【答案】AD

本节考点回顾与总结一览表

本节考点	知识总结
考点 3 法律行为	①行为人民事行为能力：无民事行为能力人、限制民事行为能力人、完全民事行为能力人 ②附条件和附期限法律行为：附条件不一定会发生，附期限一定会发生 ③可变更、可撤销民事行为：对内容误解、显失公平、乘人之危的 ④无效民事行为：认定无效和有效的情形，及无效民事行为的法律后果
考点 4 代理	①特征：以被代理人名义行使、在代理权限内行使、涉及第三人、为代理人的独立意思表示 ②范围：订立遗嘱、婚姻登记、收养子女等应由本人实施的，不得代理，否则无效 ③无权代理：没有代理权、超越代理权、代理权终止——未追认由本人承担，追认由代理人承担 ④表见代理：善意第三人或相对人有理由相信代理人有代理权——被代理人承担责任 ⑤代理权的行使和代理关系终止

真题演练

1.【多选题】下列各项中，属于民事法律行为的有（　）。（2013 年）

A. 甲商场与某电视生产企业签订购买一批彩电的合同

B. 乙捡到一台电脑

C. 丙放弃一项债权

D. 丁完成一项发明创造

2.【单选题】甲、乙公司于 2012 年 2 月 4 日签订买卖合同，3 月 4 日甲公司发现自己对合同标的物存在重大误解，遂于 4 月 4 日向法院请求撤销该合同，法院于 5 月 4 日依法撤销了该合同，根据《合同法》的规定，下列关于该买卖合同被撤销后效力的表述中，正确的是（　）。（2012 年）

A. 该买卖合同自2月4日起归于无效

B. 该买卖合同自3月4日起归于无效

C. 该买卖合同自4月4日起归于无效

D. 该买卖合同自5月4日起归于无效

3.【单选题】下列各项中，不属于委托代理终止的法定情形是（　）。（2013 年）

A. 代理期间届满

B. 代理人辞去委托

C. 被代理人恢复民事行为能力

D. 被代理人撤销委托

第三节 经济仲裁与诉讼

考点5 仲裁（★★★）

考点分析

本考点属于考生应掌握的内容，考查的概率较大，在近 3 年的考试中均有涉及，考查形式包括单选题、多选题和判断题。本考点内容较少，但记忆的知识点较多，考生应梳理内容结构，合理进行复习。

考点精讲

1. 仲裁的基本原则

仲裁是指仲裁机构根据纠纷当事人之间自愿达成的协议，以第三者的身份对所发生的纠纷进行审理，并作出裁决。仲裁应遵循以下原则。

（1）自愿原则：自愿选择仲裁机构、仲裁员或自行和解。

（2）以事实为根据，以法律为准绳，公平合理地解决纠纷原则。

（3）仲裁组织依法独立行使仲裁权原则。

（4）一裁终局原则：同一纠纷不得再次申请仲裁或起诉，裁决被人民法院裁定撤销或不予执行的，可重新达成仲裁协议，申请仲裁或起诉。

2.《仲裁法》的适用范围

《仲裁法》的适用范围具体如图 1-5 所示。

适用范围	•合同纠纷 •财产权益纠纷
不适用范围	•与人身有关的婚姻、收养、监护、扶养、继承纠纷 •行政、劳动争议 •农业承包合同纠纷

图 1-5《仲裁法》的适用范围

名师解读

我国有专门的《继承法》调整继承纠纷。另外，对于不平等主体之间的行政争议，当事人可以申请行政复议或提起行政诉讼，但不能提请仲裁。

3. 仲裁协议

仲裁协议包括合同中订立的仲裁条款、合同书、信件、数据电文等，其应包括请求仲裁的意思表示、仲裁事项，以及选定的仲裁委员会。

（1）仲裁协议的效力

①仲裁协议设定的当事人义务，不得随意更改、终止或撤销。仲裁协议具有独立性，合同变更、解除、终止或无效的，不影响仲裁协议的效力。

②合法有效的仲裁协议对双方当事人诉权的行使产生一定的限制，在双方当事人发生约定争议时，任何一方只能将争议提交仲裁，不得向人民法院起诉。

③仲裁协议可排除诉讼管辖权。

④当事人达成仲裁协议，一方向人民法院起诉声明有仲裁协议，人民法院受理后，另一方在首次开庭前提交仲裁协议的，人民法院应当驳回起诉，但仲裁协议无效的除外；另一方在首次开庭前未对人民法院受理该起诉提出异议的，视为放弃仲裁协议，人民法院应继续审理。

（2）无效的仲裁协议

有下列情形之一的，仲裁协议无效。

①约定的仲裁事项超过法律规定的仲裁范围。

②无民事行为能力人或限制民事行为能力人订立的仲裁协议。

③一方采取胁迫手段迫使对方订立的仲裁协议。

④仲裁协议对仲裁事项或仲裁委员会没有约定或者约定不明确，且当事人不能达成补充协议的。

（3）对仲裁效力有异议的

双方当事人对仲裁协议效力有异议的，应在仲裁庭首次开庭前请求仲裁委员会作出决定或请求人民法院作出裁定，一方请求仲裁委员会作出决定，另一方请求人民法院作出裁决的，由人民法院裁定。

4. 仲裁程序

仲裁程序如表 1-8 所示。

表 1-8 仲裁程序

程序		相关规定
仲裁申请和受理		①当事人符合仲裁条件的，可递交仲裁协议、仲裁申请书及副本，向仲裁委员会申请仲裁 ②仲裁委员会收到仲裁申请书之日起 5 日内，认为符合受理条件的，应受理并通知当事人，被申请人未提交答辩书的，不影响仲裁的进行
组成仲裁庭		①仲裁庭可以由 1 名或 3 名仲裁员组成，由 3 名仲裁员组成的，设首席仲裁员 ②仲裁员属于本案当事人，当事人、代理人的近亲属或可能影响公正仲裁的其他关系人，与本案有利害关系，以及私自会见或接受当事人、代理人请客送礼的，应当在该仲裁中进行回避，当事人有权提出回避申请
仲裁裁决	开庭	①仲裁应开庭进行，但一般不公开进行 ②当事人协议不开庭的，仲裁庭可根据仲裁申请书、答辩书及其他材料作出裁决 ③当事人有正当理由的，可在仲裁规则规定的期限内请求延期开庭
	和解	①申请仲裁后，当事人可以自行和解 ②达成和解协议的，可以请求仲裁庭根据和解协议作出裁决书，也可以撤回仲裁申请 ③达成和解协议，撤回仲裁申请后反悔的，也可以根据仲裁协议申请仲裁

续表

程序		相关规定
仲裁裁决	调解	①仲裁庭在作出裁决前，可以先行调解，当事人自愿调解的，仲裁庭应当调解 ②调解达成协议的，应当制作调解书或根据协议的结果制作裁决书（具有法律效力）；调解不成的，应当及时作出裁决 ③当事人在调解书签收前反悔的，仲裁庭应当及时作出裁决
	裁决	①裁决应按多数仲裁员的意见作出 ②不能形成多数意见时，裁决应按首席仲裁员的意见作出
裁决效力		①裁决书效力：自作出之日起发生法律效力 ②强制执行：一方当事人不履行裁决，另一方可按照民事诉讼法的有关规定向人民法院申请执行 ③裁决撤销：当事人提出证据证明裁决有依法应撤销情形的，可在收到裁决书之日起 6 个月内向仲裁委员会所在地的中级人民法院申请撤销裁决

典型例题

【例题 1·判断题】当事人提出证据证明仲裁裁决有依法应撤销情形的，可在收到裁决书之日起 1 年内，向仲裁委员会所在地的基层人民法院申请撤销仲裁裁决。（　）（2016 年）

【解析】根据规定，当事人提出证据证明裁决有依法应撤销情形的，可在收到裁决书之日起“6 个月内”，向仲裁委员会所在地的“中级”人民法院申请撤销裁决。

【答案】×

【例题 2·单选题】根据仲裁法律制度的规定，当事人提出证据证明裁决有依法应撤销情形的，可以在收到裁决书之日起一定期间内，向仲裁委员会所在地的中级人民法院申请撤销裁决，该期间为（　）。（2015 年）

A. 10 日　　B. 15 日

C. 6 个月　　D. 2 年

【解析】当事人提出证据证明裁决有依法应撤销情形的，可自收到裁决书之日起 6 个月内，向仲裁委员会所在地的中级人民法院申请撤销裁决。

【答案】C

考点6 诉讼（★★★）

考点分析

本考点属于考生应掌握的内容，考查概率较大，在近 3 年的考试中均有涉及，考查形式包括所有题型。本考点内容较多，考生应掌握知识结构，有效进行复习。

考点精讲

诉讼是指人民法院根据纠纷当事人的请求，运

用审判权确认争议各方权利义务关系，解决经济纠纷的活动。

1. 诉讼管辖

诉讼管辖是指各级人民法院之间以及不同地区的同级人民法院之间，受理第一审经济案件的分工和权限。

（1）地域管辖

地域管辖是指确定同级人民法院之间在各自管辖的地域内审理第一审经济案件的分工和权限。地域管辖分为一般地域管辖和特殊地域管辖，具体内容如表 1-9 所示。

表 1-9 地域管辖

类别	提起诉讼的对象或原因		管辖范围
一般地域管辖（原告就被告）	公民、法人或其他组织		被告住所地人民法院管辖
	同一诉讼的几个被告住所地、经常居住地在两个以上人民法院辖区的		各人民法院都有管辖权
	没有办事机构的个人合伙、合伙型联营体		被告注册登记地人民法院管辖
	没有注册登记，几个被告又不在同一辖区的		被告住所地人民法院都有管辖权
	双方当事人被监禁或被采取强制性教育措施的		被告原住所地人民法院管辖
特殊地域管辖	因合同纠纷引起的		被告住所地或合同履行地人民法院管辖
	因保险合同纠纷提起的	财产保险（运输工具或货物）	运输工具登记注册地、运输目的地、保险事故发生地人民法院管辖
		人身保险	被保险人住所地人民法院管辖
	因票据纠纷提起的		由被告住所地或票据支付地人民法院管辖
	因铁路、公路、水上和航空事故请求损害赔偿提起的		由被告住所地或事故发生地或车辆、船舶最先到达地、航空器最先降落地人民法院管辖
	专利纠纷案件		由知识产权法院、最高人民法院确定的中级人民法院和基层人民法院管辖
	海事、海商案件		由海事法院管辖

名师解读

以上所有住所地与经常住所地不一致的，以经常住所地为标准。若涉及多个具有管辖权的人民法院，则以先立案的人民法院为准；先立案的人民法院不得移交管辖权；其他具有管辖权的人民法院发现已立案的，不得重复立案，若已重复立案，应将案件移送给先立案的人民法院进行。

（2）协议管辖

协议管辖是指双方当事人在合同纠纷发生之前或发生之后，以协议的方式选择解决他们之间纠纷的管辖法院。具体规定如下。

①债权纠纷中的合同纠纷、因物权及知识产权中的财产权而产生的民事纠纷，适用协议管辖。

②根据管辖协议，起诉时能够确定管辖法院的，从其约定；不能确定的，依照民事诉讼法的相关规定确定管辖。

③管辖协议约定两个以上与争议有实际联系的地点的人民法院管辖，原告可以向其中一个人民法院起诉。

（3）级别管辖

级别管辖是指根据案件的性质、影响范围来划分上下级人民法院受理第一审经济案件的分工和权限。我国人民法院分为表 1-10 所示的 4 级。

表 1-10 我国人民法院类别及其管辖条件范围

法院级别	管辖案件范围
基层人民法院	原则上管辖第一审案件
中级人民法院	在本辖区有重大影响的案件、重大涉外案件及由最高人民法院确定由中级人民法院管辖的案件
高级人民法院	在辖区有重大影响的第一审案件
最高人民法院	在全国有重大影响以及认为应当由其审理的案件

2. 审判程序

审判程序包括第一审程序、第二审程序和审判监督程序等。

（1）第一审程序

①普通程序：是经济案件审判中最基本的程序，它包括的内容如图 1-6 所示。

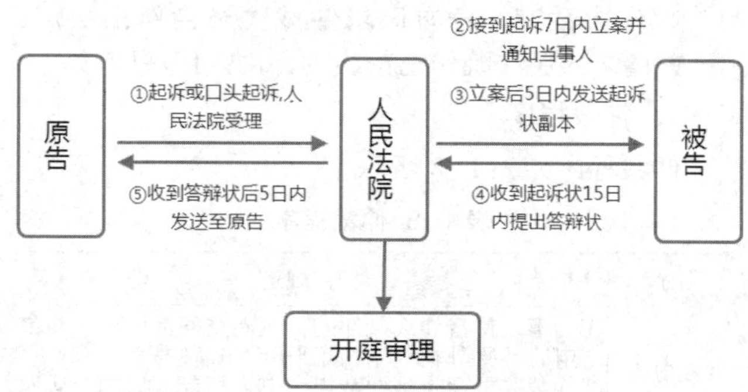

图 1-6 普通程序的内容

②简易程序：由审判员一人独任审理，可随时传唤当事人、证人，不受普通程序中的法庭调查、法庭辩论等程序的限制。

名师解读

起诉时被告下落不明的，发回重审的，当事人一方人数众多的，适用审判监督程序的，涉及国家利益、社会公共利益的，第三人起诉请求改变或者撤销生效判决、裁定、调解书的等，不适用简易程序。

（2）第二审程序

我国实行两审终审制，当事人不服第一审人民法院判决和裁定时，可在判决书送达之日起 15 日内，或裁定书送达之日起 10 日内，向上级人民法院提起

上诉。第二审人民法院对上诉请求相关事实进行审查，形成合议庭并审理案件，确定该案件是否应维持原判、改判或重审。

（3）审判监督程序

审判监督程序即再审程序，是指有审判监督权的人员或机关，发现已经发生法律效力的判决、裁定确有错误的，依法提出对原案重新审理的特别程序。

审判监督程序启动方式如图1-7所示。

各级人民法院院长发起	•对本院已经发生法律效力的判决、裁定，发现确有错误，认为需要再审的，提交审判委员会讨论决定
最高人民法院、上级人民法院发起	•对地方各级人民法院、上级对下级人民法院已经发生法律效力的判决、裁决，发现确有错误的，有权提审或指令下级人民法院再审
当事人申请	•当事人认为确有错误的，可向原审人民法院或上一级人民法院申请再审，但不停止判决、裁决的执行 •当事人对已经发生法律效力的调解书申请再审，应在调解书发生效力后六个月内提出

图1-7 审判监督程序启动方式

3. 执行程序

人民法院对已经发生法律效力的判决、裁定及其他法律文书的规定，可强制义务人履行义务。

（1）申请执行的期间为法律文书规定履行期间的最后一日起2年。

（2）申请执行人超过申请期间向人民法院申请强制执行的，人民法院应予受理。被执行人对申请执行时效期间提出异议，人民法院经审查异议成立的，裁定不予执行。

（3）被执行人履行全部或者部分义务后，又以不知道申请执行时效期间届满为由请求执行回转的，人民法院不予支持。

名师解读

民事诉讼与前面讲解的经济仲裁有一些相同的地方，考生应当比较起来记忆。下面对民事诉讼与经济仲裁作出比较，便于考生理解，具体如表1-11所示。

表1-11 民事诉讼与经济仲裁的区别

事项	经济仲裁	民事诉讼
是否采用级别管辖	否	是
是否采用地域管辖	否	是
是否公开进行	否	是
是否采用两审终审制	一裁终局	两审终审
决议不执行时由谁强制执行	人民法院	人民法院

典型例题

【例题1·单选题】根据民事诉讼法律制度的规定，下列民事纠纷中，当事人不得约定纠纷管辖法院的是（ ）。（2016年）

A. 收养协议纠纷　　B. 赠与合同纠纷

C. 物权变动纠纷　　D. 商标权纠纷

【解析】协议管辖是指双方当事人在合同纠纷发生之前或发生之后，以协议的方式选择解决他们之间纠纷的管辖法院。根据规定，债权债务合同中，合同纠纷以及其他财产权益纠纷适用协议管辖，其他财产权益纠纷包括因物权、知识产权中的财产权而发生的民事纠纷。收养纠纷为专属管辖，当事人不得约定纠纷管辖法院。

【答案】A

【例题2·单选题】下列关于适用简易程序审理民事案件具体方式的表述中，不符合民事诉讼法律制度规定的是（ ）。（2015年）

A. 双方当事人可以就开庭方式向人民法院提出申请

B. 人民法院可以电话传唤双方当事人

C. 审理案例时由审判员独任审判

D. 已经按普通程序审理的案件在开庭后可以转为简易程序审理

【答案】D

【解析】已按普通程序审理的案件，在开庭后不得转为简易程序审理，选项D不符合法律规定，其他3项表述正确。

考点7 诉讼时效（★★★）

考点分析

本考点的内容较多，属于考生应掌握的内容，但复习难度和考题难度一般不大，涉及的题型也多为客观题，考生在复习时可重点关注。

考点精讲

1. 诉讼时效的概念

诉讼时效是指权利人不在法定期间内（即诉讼时效期间内）行使权利而失去诉讼保护的制度。

（1）诉讼权和胜诉权：权利人应在诉讼时效内行使诉讼权；超过诉讼时效后行使诉讼权的，人民法院应当受理，但债务人可主张诉讼时效抗辩，人民法院可确认并驳回诉讼请求，债权人丧失胜诉权。

（2）债权：诉讼时效届满，权利人丧失诉讼权，但实体权利（债权）并不消灭，债务人自愿履行义务，不受诉讼时效的限制，且履行义务后不得以诉讼时效期间届满为由进行抗辩。

（3）普遍性和强制性：当事人违反法律规定，约定延长或者缩短诉讼时效期间、预先放弃诉讼时

效利益的，人民法院不予认可。

名师解读

债务人在一审期间未提出诉讼时效抗辩，二审提出的，人民法院不予支持；未按规定对诉讼时效进行抗辩，后又以时效届满为由申请再审或再审抗辩的，人民法院不予支持。

2. 诉讼时效的适用对象

诉讼时效只适用于权利人基于债权请求权而产生的、请求特定人为特定行为的权利。以下情形不适用诉讼时效。

（1）支付存款本金及利息请求权。

（2）兑付国债、金融债券以及不特定对象发行的企业债券本息请求权。

（3）基于投资关系发生的缴付出资请求权。

（4）其他依法不适用诉讼时效规定的债券请求权。

3. 诉讼时效的种类

诉讼时效分为一般诉讼时效和特殊诉讼时效两种，其中特殊诉讼时效又分为短期诉讼时效、长期诉讼时效和最长诉讼时效，具体如表 1–12 所示。

表 1–12 诉讼时效的种类

种类		诉讼时效	使用情况说明
一般诉讼时效		2 年	一般情况下普遍适用
特殊诉讼时效	短期诉讼时效	1 年	①身体受到伤害要求赔偿的 ②出售质量不合格的商品未声明的 ③延付或拒付租金的 ④寄存财物被丢失或被损坏的
	长期诉讼时效	2~20 年	①因环境污染损害赔偿提起诉讼的时效期间为 3 年，从当事人知道或者应当知道受到污染损害起时计算 ②有关船舶发生油污损害的请求权，时效期间为 3 年，自损害发生之日起计算，但是，在任何情况下时效期间不得超过从造成损害的事故发生之日起 6 年 ③国际货物买卖合同和技术进出口合同争议提起诉讼或者申请仲裁的期限为 4 年，自当事人知道或者应当知道其权利受到侵害之日起计算
	最长诉讼时效	20 年	超过 20 年，人民法院不予保护

4. 诉讼时效期限的起算

一般情况下，诉讼时效期间应当从权利人知道或应当知道权利被侵害时起算。除此之外的相关规定如表 1–13 所示。

表 1–13 诉讼时效期限的起算

事件		起算时间
侵权行为		自权利人知道或应当知道权利被侵害事实和加害人之时开始计算
	人身伤害	①伤势明显的，从受伤害之日起算 ②伤害当时未曾发现，后经检查确诊并能证明是由侵害引起的，从伤势确诊之日起算

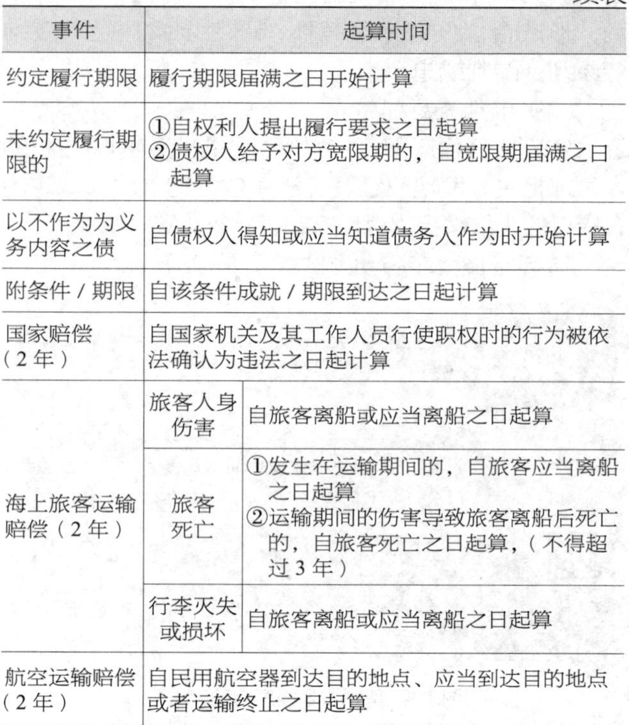

续表

事件		起算时间
约定履行期限		履行期限届满之日开始计算
未约定履行期限的		①自权利人提出履行要求之日起算 ②债权人给予对方宽限期的，自宽限期届满之日起算
以不作为为义务内容之债		自债权人得知或应当知道债务人作为时开始计算
附条件 / 期限		自该条件成就 / 期限到达之日起计算
国家赔偿（2 年）		自国家机关及其工作人员行使职权时的行为被依法确认为违法之日起计算
海上旅客运输赔偿（2 年）	旅客人身伤害	自旅客离船或应当离船之日起算
	旅客死亡	①发生在运输期间的，自旅客应当离船之日起算 ②运输期间的伤害导致旅客离船后死亡的，自旅客死亡之日起算，（不得超过 3 年）
	行李灭失或损坏	自旅客离船或应当离船之日起算
航空运输赔偿（2 年）		自民用航空器到达目的地点、应当到达目的地点或者运输终止之日起算

5. 诉讼时效的中止、中断和延长

（1）诉讼时效的中止

因不可抗力或权利人无法行使请求权的，可暂时停止计算诉讼时效期间，事由消失后再继续计算。

①只有在诉讼时效期间的最后 6 个月内发生诉讼时效中止的法定事由，才能中止诉讼时效。

②法定事由在诉讼时效期间的最后 6 个月前发生，且到最后 6 个月开始时已消除的，不能发生诉讼时效中止。

③法定事由到最后 6 个月开始时仍然继续存在，则应自最后 6 个月开始时中止诉讼时效。

（2）诉讼时效的中断

引起诉讼时效中断的法定事由如下。

①权利人提起诉讼。

②当事人一方向义务人提出请求履行义务要求。

③当事人一方以部分清偿、请求延期给付、支付利息、提供履行担保等方式同意履行义务。

（3）诉讼时效的延长

诉讼时效的延长是指人民法院根据权利人由于客观的障碍在法定诉讼时效期间不能行使请求权的情形，对已经完成的诉讼时效期间予以延长。诉讼时效延长发生在诉讼时效届满之后。

误区提醒

考生应区分诉讼时效中止和中断的区别：①诉讼时效的中止，相当于时间的暂停，中止事由清除后，中间暂停的时间往后顺延；②诉讼时效中断相当于计算器中的“清零键”，当时效中断事由清除后，诉讼时效期间重新计算。

典型例题

【例题1·多选题】根据诉讼时效法律制度的规定，当事人对下列债权请求权提出诉讼时效抗辩，人民法院不予支持的有（ ）。（2016年）

A. 支付存款本息请求权

B. 兑付国债本息请求权

C. 兑付金融债券本息请求权

D. 基于投资关系产生的缴付出资请求权

【解析】根据相关规定，当事人可以对债权请求权提出诉讼时效抗辩，但对下列债权请求权提出诉讼时效抗辩的，人民法院不予支持：①支付存款本金及利息请求权（选项A）；②兑付国债、金融债券以及向不特定对象发行的企业债券本息请求权（选项B、C）；③基于投资关系产生的缴付出资请求权（选项D）；④其他依法不适用诉讼时效规定的债权请求权。

【答案】ABCD

【例题2·单选题】根据民事法律制度的规定，在一定期间内，债权人因不可抗力不能行使请求权的，诉讼时效中止，该期间为（ ）。（2014年）

A. 诉讼时效期间的最后6个月

B. 诉讼时效期间的最后9个月

C. 诉讼时效期间届满后6个月

D. 诉讼时效期间届满后9个月

【解析】根据《民法通则》的规定，在诉讼时效进行期间的最后6个月，因不可抗力或其他障碍不能行使请求权的，诉讼时效中止。

【答案】A

本节考点回顾与总结一览表

本节考点	知识总结
考点5 仲裁	①仲裁的基本原则：自愿，公平合理，仲裁组织独立行使仲裁权，一裁终局 ②《仲裁法》的适用范围：婚姻、收养、监护、扶养、继承、行政争议、劳动争议等不适用 ③无效的仲裁协议：超出仲裁范围、无民事或限制民事行为能力人订立的，胁迫或约定不明确的 ④仲裁程序：收到仲裁申请5日内受理→形成1或3人的仲裁庭→裁决（开庭/和解/调解）
考点6 诉讼	①诉讼管辖：一般地域管辖——“原告就被告”原则，特殊地域管辖——具体事项具体分析 ②审判程序：一审→二审（终审），审判监督权人员或机关确认有错，可启动再审 ③执行：法律文书规定履行期间的最后一日起2年内，可申请执行
考点7 诉讼时效	①诉讼时效的特点：不管是否届满，权利人实体权利不消灭，届满后胜诉权消灭 ②诉讼时效的种类：一般诉讼时效（2年），短期诉讼时效（< 2年），长期诉讼时效（2~6年），最长诉讼时效（20年） ③诉讼时效期间的起算：一般以知道或应当知道权利被侵害时起算 ④诉讼时效的中止、中断和延长：诉讼时效期间最后6个月内发生中止的法定事由，可中止

真题演练

1.**【单选题】**下列各项中，属于《仲裁法》适用范围的是（ ）。（2014年）

A. 自然人之间因继承财产发生的纠纷

B. 农户之间因土地承包经营发生的纠纷

C. 纳税企业与税务机关因纳税发生的争议

D. 公司之间因买卖合同发生的纠纷

2.**【多选题】**根据《仲裁法》的规定，下列情形中，属于仲裁员审理案件时必须回避的有（ ）。（2014年）

A. 是本案的当事人

B. 与本案有利害关系

C. 是本案当事人的近亲属

D. 接受当事人的礼物

3.**【多选题】**根据《民事诉讼法》的规定，提起民事诉讼必须符合的法定条件有（ ）。（2014年）

A. 有书面诉状

B. 有明确的被告

C. 有具体的诉讼请求和事实、理由

D. 原告与本案有直接利害关系

4.**【多选题】**下列关于仲裁协议效力的表述中，符合仲裁法律制度规定的有（ ）。（2015年）

A. 仲裁协议具有独立性，合同的变更、解除，不影响仲裁协议的效力

B. 仲裁协议具有排除诉讼管辖权的效力

C. 当事人对仲裁协议的效力有异议的，只能请求人民法院裁定

D. 仲裁协议对仲裁事项没有约定且达不成补充协议的，仲裁协议无效

5.**【单选题】**根据民事诉讼法律制度的规定，下列当事人申请再审的情形中，人民法院可以受理的是（ ）。（2015年）

A. 再审申请被驳回后再次提出申请的

B. 对再审判决提出申请的

C. 对再审裁定提出申请的

D. 在调解书发生法律效力后6个月内提出申请的

6.【单选题】根据诉讼时效法律制度的规定，下列关于诉讼时效制度适用的表述中，不正确的是（　）。（2016 年）

A. 当事人不可以约定延长或缩短诉讼时效期间

B. 诉讼时效期间届满后，当事人自愿履行义务的，不受诉讼时效限制

C. 当事人未按照规定提出诉讼时效抗辩，却以诉讼时效期间届满为由申请再审，人民法院不予支持

D. 当事人未提出诉讼时效抗辩，人民法院可以主动适用诉讼时效规定进行审判

7.【单选题】根据诉讼时效法律制度的规定，在诉讼时效期间最后 6 个月内发生的下列情形中，能够引起诉讼时效中止的是（　）。（2016 年）

A. 权利人提起诉讼

B. 发生不可抗力致使权利人无法行使请求权

C. 义务人同意履行义务

D. 权利人向义务人提出履行义务的要求

8.【单选题】下列关于地域管辖的表述中，符合民事诉讼法律制度规定的是（　）。（2014 年）

A. 对被监禁的人提起的诉讼，可由监狱所在地人民法院管辖

B. 因公路事故请求损害赔偿提起的诉讼，可由事故发生地人民法院管辖

C. 因保险合同纠纷提起的诉讼，当事人对管辖法院未约定的，可由合同履行地人民法院管辖

D. 因票据纠纷提起的诉讼，当事人对管辖法院未约定的，可由出票地人民法院管辖

9.【判断题】原告向两个以上有管辖权的人民法院起诉的，其中一个人民法院立案后发现其他有管辖权的人民法院已先立案的，应当裁定将案件移送给先立案的人民法院。（　）（2015 年）

第四节 本章综合练习

（一）单选题

1. 法律规定必须采取一定的形式或者履行一定的程序才能成立的法律行为，属于（　）。

A. 要式法律行为

B. 主法律行为

C. 非要式法律行为

D. 附形式法律行为

2. 下列关于无效民事行为效力的论述中，正确的是（　）。

A. 无效民事行为从行为开始时没有法律约束力

B. 无效民事行为从行为结束时没有法律约束力

C. 无效民事行为从当事人察觉无效时没有法律约束力

D. 无效民事行为从行为被判决或裁定无效时没有法律约束力

3. 根据我国《民法通则》的规定，下列各种民事行为中，不属于无效民事行为的是（　）。

A. 不满十周岁的甲小孩决定将压岁钱800元捐赠给红十字会

B. 乙因认识上的错误为其儿子买回一双不能穿的鞋

C. 丙企业的业务员收取丁企业给予的回扣款1 000元而代理丙公司向丁公司购买了质量不合格的服装800套

D. 戊公司向己公司转让一辆无牌照的走私车

4. 下列关于自然人民事行为能力的表述中，错误的是（　）。

A. 十六周岁以上不满十八周岁的自然人，能够以自己的劳动收入为主要生活来源的，视为完全民事行为能力人

B. 十周岁以上的未成年人是限制民事行为能力人

C. 十周岁以下的未成年人是无民事行为能力人

D. 完全不能辨认自己行为的精神病人是无民事行为能力人

5. 根据我国《仲裁法》的规定，平等主体的公民、法人和其他组织之间发生的，当事人有权处分的合同纠纷和其他财产纠纷，可以仲裁解决。下列各项中，符合我国《仲裁法》规定，可以申请仲裁解决的是（　）。

A. 个体工商户与工商局吊销其营业执照的纠纷

B. 夫妇间的收养子女合同纠纷

C. 遗产继承纠纷

D. 企业与银行间的借款合同纠纷

6. 下列有关仲裁事项的表述中，不符合仲裁法律制度规定的是（　）。

A. 申请仲裁的当事人必须有仲裁协议

B. 仲裁庭由1名或3名仲裁员组成

C. 仲裁庭可以自行收集证据

D. 仲裁均公开进行

7. 甲、乙双方签订买卖合同，发生纠纷，双方根据仲裁协议申请仲裁后，又自行达成了和解。对此，下列说法正确的是（　）。

A. 申请仲裁后，当事人可以自行和解

B. 达成和解协议的，必须撤回仲裁申请

C. 达成和解协议，撤回仲裁申请后不得反悔

D. 达成和解协议的，仲裁庭不再受理

8. 甲租赁乙的房屋，到期不支付租金，乙在其后1年内也没有追讨。对此下列情形符合规定的是（　）。

A. 诉讼时效届满，乙没有丧失实体权利，但丧失胜诉权

B. 甲1年后向乙支付租金，后甲以诉讼时效届满为由请求乙返还租金，法院应予支持

C. 若乙向法院起诉，法院会主动审查诉讼时效是否届满，确认届满后会驳回乙的诉讼请求

D. 甲、乙可以协商将诉讼时效由1年变为2年

9. 关于下列期间的表述，正确的是（　）。

A. 国际货物买卖合同和技术进出口合同争议提起诉讼或申请仲裁的期限为3年

B. 寄存财物被丢失，诉讼时效期间为1年

C. 诉讼时效与除斥期间均可以中止、中断、延长

D. 身体受到伤害要求赔偿，诉讼时效期间为2年

10. 按照合同的约定，2016年1月1日发包方应该向承包方支付工程款，但没有支付。2016年7月1日至8月1日之间，当地发生了地震，导致承包方不能行使请求权。2016年12月3日，承包方向法院提起诉讼，请求发包方支付拖欠的工程款，2016年12月31日法院作出判决。则下面的说法正确的是（　）。

A. 2016年7月1日至8月1日之间诉讼时效中止

B. 2016年12月31日起诉讼时效中止

C. 2016年12月3日诉讼时效中断

D. 2016年7月1日至8月1日之间诉讼时效中断

（二）多选题

1. 我国的宏观调控部门主要有（　）。

A. 国家发改委　　B. 财政部

C. 中国人民银行　　D. 国家工商总局

2. 根据民法理论，民事法律行为生效的实质要件有（　）。

A. 行为人必须具有完全民事行为能力

B. 意思表示真实

C. 须采用书面形式作出

D. 不违反法律

3. 根据法律规定，下列行为中，属于无效民事行为的有（　）。

A. 代理人超越代理权限订立的合同

B. 违反法律、行政法规强制性规定的民事行为

C. 恶意串通损害第三人利益的民事行为

D. 因重大误解而订立的合同

4. 下列情形中，一般适用法定代理的有（　）。

A. 被代理人是身体有残疾的人

B. 被代理人是无行为能力的人

C. 被代理人是限制行为能力的人

D. 被代理人是不能亲自处理自己事务的人

5. 李某以某商贸公司的名义与他人订立的合同，下列方式中法律后果归属于某商贸公司的有（　）。

A. 李某使用偷盗的某商贸公司合同专用章，与善意的丙公司订立的合同

B. 李某使用伪造的某商贸公司合同专用章，与善意的丁公司订立的合同

C. 李某使用某商贸公司交给的合同专用章，超越某商贸公司授权范围与善意的戊公司订立的合同

D. 李某使用某商贸公司交给的合同专用章，在代理权终止后，与善意的庚公司订立的合同

6. 以下对可撤销的民事行为的表述，正确的有（　）。

A. 该行为的撤销，应由撤销权人提出并实施，其他人不能主张其效力的消灭

B. 被撤销的民事行为从行为开始起无效

C. 如果具有撤销权的当事人未在法定期限内行使撤销权，则该行为视同有效的法律行为，对当事人具有约束力

D. 该行为撤销前，其效力已经发生，未经撤销，其效力不消灭

7. 根据《仲裁法》的规定，下列情形中的仲裁协议，属于无效的有（　）。

A. 两建筑公司在建设工程合同中依法约定有仲裁条款，其后，该建设工程合同被确认无效

B. 甲、乙两人在仲裁协议中约定，将他们之间的抚养合同纠纷交由某仲裁委员会仲裁

C. 丙与丁企业在仲裁协议中对仲裁委员会约定不明确，且不能达成补充协议

D. 戊、己两人发生融资租赁合同纠纷后，口头约定由某仲裁委员会仲裁

8. 根据《民事诉讼法》的规定，下列法院中，对因保险合同纠纷引起的诉讼有管辖权的有（　）。

A. 标的物所在地法院

B. 被告住所地法院

C. 合同签订地法院

D. 合同履行地法院

9. 第二审法院对上诉案件经过审理后所作出的

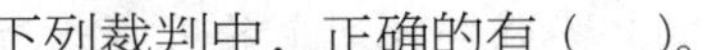

下列裁判中，正确的有（　）。

A. 原判决认定事实清楚，适用法律正确，判决驳回上诉，维持原判决

B. 原判决适用法律错误，裁定撤销原判决，发回原审法院重审

C. 原判决认定事实错误，裁定撤销原判决，发回原审法院重审

D. 原判决违反法定程序，可能影响案件正确判决，裁定撤销原判决，发回原审法院重审

10. 因票据纠纷提起的诉讼，应由特定地域的人民法院管辖。对该类纠纷享有管辖权的法院有（　）。

A. 原告住所地法院

B. 被告住所地法院

C. 票据出票地法院

D. 票据支付地法院

11. 2015 年 4 月 1 日 A 企业与 B 银行签订一份借款合同，期限 1 年。如 A 企业在 2016 年 4 月 1 日借款期限届满时不能履行偿还借款，则以下可引起诉讼时效中断的事由有（　）。

A. 2016年6月1日B银行对A企业提起诉讼

B. 2016年5月10日B银行向A企业提出偿还借款的要求

C. 2016年5月16日A企业同意偿还借款

D. 2016年6月5日发生强烈地震

（三）判断题

1. 规章包括国务院部门规章和省、自治区、直辖市和较大的市的人民政府根据法律、法规制定的地方政府规章。（　）

2. 在经济法主体中，调控主体与受控受体，以及规制主体与受制主体在地位上是完全平等的。（　）

3. 16 周岁以上不满 18 周岁但以自己的劳动收入为主要生活来源的公民，是完全民事行为能力人，可以独立地在其民事权利能力范围内进行民事活动。（　）

4. 甲委托乙以每套 300~400 元的价格购买服装一批，但在授权委托书中未明确服装的数量。后乙代表甲与丙服装公司签订了合同标的额为 50 000 元的服装买卖合同，丙服装公司向甲发货，如果甲拒绝付款，丙服装公司可以要求乙支付货款。（　）

5. 当事人对仲裁协议的效力有异议的，应当在仲裁庭作出裁决之前提出。（　）

6. 某公司为一合同案件的当事人，因不服地方人民法院对案件的一审判决，在一审判决书送达之日起的 15 日内，通过原审人民法院向上一级人民法院提起了上诉。该公司的做法符合我国的法律规定。（　）

7. 当事人提出证据证明裁决有依法应当撤销的情形的，可以在裁决书作出之日起 6 个月内申请撤销裁决。（　）

8. 当事人对已经发生法律效力的判决，认为有错误的，只要向原审人民法院申请再审，该判决就应停止执行。（　）

9. 甲对乙享有一货款债权，但诉讼时效已届满。乙向甲支付了货款，其后以不知诉讼时效届满为由请求甲返还，法院应支持乙的请求。（　）

第五节 本章真题演练及综合练习答案与解析

一、真题演练答案速查表

所在节	题号	答案	题号	答案	题号	答案
第一节	1	B	2	ABCD	3	B
第二节	1	AC	2	A	3	C
第三节	1	D	2	ABCD	3	BCD
	4	ABC	5	D	6	D
	7	B	8	B	9	√

二、本章综合练习答案与解析

（一）单选题

1. A【解析】要式法律行为指法律规定必须采取一定形式或履行一定的程序才能成立的法律行为。

2. A【解析】无效民事行为从行为开始起就没有法律约束力。

3. B【解析】选项 A，甲小孩不具有相应的民事行为能力，其捐赠行为属于无效的民事行为；选项 C，丙企业业务员与丁企业恶意串通，损害丙企业的利益，属于无效的民事行为；选项 D，转让走私车的行为违反了法律规定，属于无效的民事行为。

4. C【解析】不满十周岁的未成年人是无民事行为能力人，选项 C 中的“十周岁以下”包含了十周岁。

5. D【解析】与人身有关的婚姻、收养、监护、扶养、继承纠纷，由强制性法律规范调整的法律关系的争议、行政争议，不能仲裁。

6. D【解析】仲裁应开庭进行，但一般不公开。

7. A【解析】申请仲裁后，当事人可以自行和解。达成和解协议的可以请求仲裁庭根据和解协议作出裁决书，也可以撤回仲裁申请。达成和解协议，撤回仲裁申请后反悔的，也可以根据仲裁协议申请仲裁，因此只有选项 A 正确。

8. A【解析】超过诉讼时效期间，义务人履行了义务后，又以诉讼时效期间届满为由抗辩的，法院不予支持，选项 B 表述错误；权利人起诉后，若债务人主张诉讼时效的抗辩，法院在确认诉讼时效届满的情况下，应驳回其诉讼请求，但法院没有主动审查诉讼时效是否届满的义务，选项 C 表述错误；诉讼时效具有强制性，当事人不得协议变更或限制，选项 D 表述错误。

9. B【解析】国际货物买卖合同和技术进出口合同争议提起诉讼或申请仲裁的期限为 4 年；除斥期间是不变期间，不能中断、中止和延长；身体受到伤害要求赔偿的，诉讼时效期间为 1 年。

10. A【解析】诉讼时效期间从当事人知道或应当知道权利被侵害时计算。本题中的事项适用一般情况下的普遍适用的时效，因此诉讼时效为 2 年，即诉讼期间为 2016 年 1 月 1 日 ~2017 年 12 月 31 日。另外，根据规定，发生自然灾害、军事行动等当事人无法预见和克服的客观情况，且该事项发生在诉讼时效期间的最后 6 个月前，诉讼时效中止。本题中，发生地震属于“自然灾害”，2016 年 7 月 1 日至 8 月 1 日，属于“诉讼时效期间的最后 6 个月前”，因此，2016 年 7 月 1 日至 8 月 1 日之间诉讼时效中止，选项 A 正确。

（二）多选题

1. ABC【解析】宏观调控部门主要是国家发改委、财政部、国家税务总局、中国人民银行等，选项 A、B、C 正确。

2. BD【解析】民事法律行为成立的实质要件包括：①行为人具有相应的民事行为能力；②意思表示真实；③不违背法律或者社会公共利益。

3. BC【解析】选项 A 属于效力未定的合同，选项 D 属于可撤销合同。

4. BC【解析】法律根据一定的社会关系的存在而设定的代理为法定代理，一般适用于被代理人为无行为能力人或限制行为能力人。

5. CD【解析】选项 C、D 属于“表见代理”的范围，被代理人应当承担代理的法律后果。而选项 A、B 由于某商贸公司的合同专用章是被偷盗、伪造的，该公司没有过错，因此不承担责任。

6. ABCD【解析】题目的所有选项均正确。

7. BCD【解析】仲裁协议独立存在，合同的变更、解除、终止或无效，不影响仲裁协议的效力，所以选项 A 的仲裁协议有效。

8. AB【解析】根据规定，因保险合同纠纷提起的诉讼，由被告住所地或保险标的物所在地人民法院管辖。

9. ACD【解析】选项 A、C、D 是第二审对上诉案件经过审理后作出裁判的正确处理情况；选项 B，原判适用法律错误，应当依法改判。

10. BD【解析】因票据纠纷提起的诉讼，由票据支付地或者被告住所地的人民法院管辖。

11. ABC【解析】引起诉讼时效中断的事由有：当事人提起诉讼；当事人一方向义务人提出请求履行义务的要求；当事人一方同意履行义务。选项 D 因不可抗力，可引起诉讼时效的中止。

（三）判断题

1. √【解析】规章分为国务院部门规章和地方规章，其中部门规章是指国务院各组成部门以及具有行政管理职能的直属机构根据法律和国务院的行政法规、决定、命令，在本部门权限内按照规定程序制定的规范性文件的总称；地方规章是指省、自治区、直辖市及较大的市的人民政府根据法律、行政法规、地方性法规所制定的普遍适用于本地区行政管理工作的规范性文件的总称。题目的说法正确。

2. ×【解析】经济法中强调主体的差异性，调控主体与受控受体，规制主体与受制主体的地位不是平等的。

3. √【解析】根据《民法通则》的有关规定，18 周岁以上的成年人及 16 周岁以上不满 18 周岁但以自己的劳动收入为主要生活来源的公民，视为完全民事行为能力人。

4. √【解析】题目的说法正确。

5. ×【解析】当事人对仲裁协议的效力有异议的，应当在仲裁庭首次开庭前提出，本题中的“作出裁决之前”的说法错误。

6. √【解析】题目的说法正确。

7. ×【解析】当事人提出证据证明裁决有依法应当撤销的情形的，可在收到裁决书之日起 6 个月内申请撤销裁决。

8. ×【解析】当事人对已经发生法律效力的判决、裁定，认为有错误的，可以向原审人民法院或者上一级人民法院申请再审，但不停止判决、裁定的执行。

9. ×【解析】根据规定，时效届满后，当事人自愿履行义务的，不受诉讼时效限制。义务人履行了义务后，又以超过诉讼时效为由反悔的，法院不予支持。

公司法律制度

公司法律制度主要对公司的形成、经营过程中的相关知识，以及（一人）有限责任公司、股份有限公司、上市公司的组织机构和特别规定进行介绍，内容较多，复习难度较大。本章知识点在近几年考试中出现过单选题、多选题、判断题和简答题，所占分值约为总分的 20%，并且近几年分数呈上升趋势，是考生的备考重点。由于本章内容较繁杂，考生可以以公司从无到有、从有到无的发展过程为思路进行梳理，再将有限责任公司和股份有限公司的相关知识点进行比较学习，联系记忆，以理解《公司法》的法律制度，灵活掌握重要知识点。

▼ 本章主要考点的题型、估计题量和所占分值一览表

主要考点	题型	估计题量	所占分值
①股份有限公司的组织机构；②股东诉讼；③公司利润分配；④公司合并、分立、增资与减资；⑤股东的出资方式；⑥董事会的职权；⑦一人有限责任公司董事、监事和高级管理人员的资格与义务；⑧股份的发行与转让；⑨股东会的召开，有限责任公司的股权转让，国有独资公司的特别规定，公司债券的发行条件	单选题	4~7 题	4~7 分
①一人有限责任公司、有限责任公司的股东退股；②股份的发行、转让与回购；③独立董事制度；④有限责任公司的设立；⑤股份转让的限制	多选题	1~4 题	2~8 分
①有限责任公司的股东对外转让出资；②股东的出资方式；③名义股东与实际出资人；④一人有限责任公司的规定；⑤人民法院受理公司解散申请的范围；⑥股东滥用股东权的责任	判断题	1~2 题	1~2 分
国有独资公司的特殊规定	简答题	1 题	5 分

▼ 本章知识结构一览表

<table>
<tr><td rowspan="5">公司法律制度</td><td>一、公司的管理</td><td>（1）公司的种类（★）
（2）公司的登记事项（★★）：法定代表人、股东出资
（3）公司的设立、变更登记（★★）
（4）公司的合并和分立（★★）
（5）公司注册资本的减少和增加（★★）
（6）公司解散和清算（★★）：解散不需要清算、解散需要清算、清算组的组成和清算程序</td></tr>
<tr><td>二、公司的经营</td><td>（1）公司法人财产权（★）
（2）公司董事、监事、高级管理人员的资格和义务（★★★）：不得担任的人员、限制行为、公司诉讼
（3）公司的财务会计活动（★★★）：利润分配顺序、公积金</td></tr>
<tr><td>三、有限责任公司</td><td>（1）有限责任公司的设立条件（★★★）：股东人数、注册资本、制定公司章程
（2）有限责任公司的设立程序（★★★）：按规定缴纳出资、不得抽逃出资
（3）有限责任公司的组织机构（★★★）：股东会形式、股东会的召集和主持、股东会决议、董事会组成和召开、监事会组成和召开
（4）有限责任公司的股权转让（★★★）：实际出资人和名义股东、滥用股东权应承担的责任、转让股权、股东退出
（5）一人有限责任公司（★★★）
（6）国有独资公司（★★★）</td></tr>
<tr><td>四、股份有限公司</td><td>（1）股份有限公司的设立（★★★）：发起人、注册资本、发起设立和募集设立的设立程序
（2）股份有限公司的组织机构（★★★）：股东大会召开、上市公司对外担保、董事会组成和召开、监事会组成和召开
（3）上市公司的特别规定（★★★）：增股、设立独立董事</td></tr>
<tr><td>五、公司股票、债券和违反公司法的法律责任</td><td>（1）公司股票（★★★）：股票价格、股票转让限制、记名股票灭失的补救
（2）公司债券（★★★）：公司债券的转让
（3）违反公司法的法律责任（★）</td></tr>
</table>

第一节 公司的管理

考点1 公司的种类（★）

考点分析

本考点出现考题的概率非常小，属于需了解的范畴，如果出现考题，也是非常简单的客观题，主要围绕我国《公司法》规定的两种公司形式，或总公司与分公司的法人资格和民事责任承担等进行考查。考生只需对这些知识点进行了解即可。

考点精讲

公司是指依法设立的，以营利为目的的，由股东投资形成的企业法人。根据不同的标准，可将公司做不同的分类，具体如图 2-1 所示。

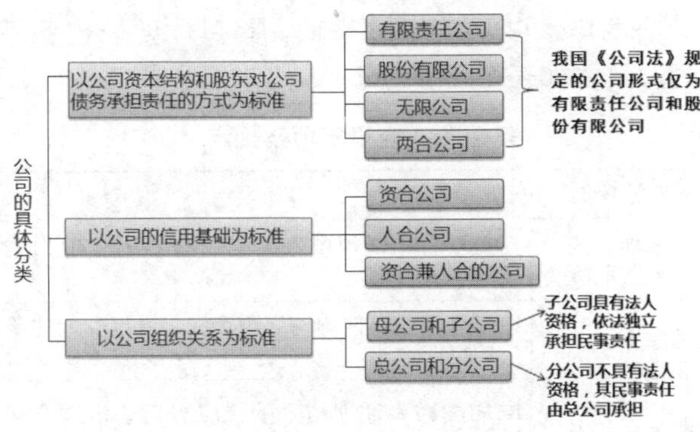

图 2-1 公司的具体分类

典型例题

【例题·多选题】下列关于分公司法律地位的描述中，正确的有（ ）。

A. 分公司具有独立的法人资格

B. 分公司独立承担民事责任

C. 分公司可以依法独立从事生产经营活动

D. 分公司从事经营活动的民事责任由其总公司承担

【解析】分公司只是总公司管理的分支机构，不具有法人资格，但分公司可以依法独立从事生产经营活动，其民事责任由设立分公司的总公司承担。因此，选项 C、D 正确，选项 A、B 错误。

【答案】CD

考点2 公司的登记事项（★★）

考点分析

本考点属于考生应熟悉的内容，其通常以客观题的形式出现，考查的概率不大。

考点精讲

公司的登记事项主要指成立公司时依法办理的公司营业执照上应登记的相关事项。

1. 法定代表人

法定代表人简称法人，是依照公司章程的规定，由董事长、执行董事或经理担任，并依法进行登记。

公司法人变更的，应办理变更登记。

> **名师解读**
>
> 公司章程可规定公司法人代表，但只能从董事长、执行董事和经理 3 种职位中进行选择，不能超出该职位范围。

2. 公司名称、住所、类型和经营范围

公司名称、住所和类型的登记规定如表 2-1 所示。

表 2-1 公司名称、住所和类型的登记规定

类型	内容	具体规定
公司名称	只能使用一个符合国家有关规定的名称	①有限责任公司：标明“有限责任公司”或“有限公司”字样 ②股份有限公司：标明“股份有限公司”或“股份公司”字样
公司住所	在登记机关登记，且存在于其管辖区内	①是公司主要办事机构所在地的唯一地址 ②公司经营活动场所
公司类型	有限责任公司、股份有限公司	一人有限责任公司应在登记中注明自然人独资或法人独资，并在公司营业执照中载明
经营范围	应当依法经过批准	包括股东选择的公司生产和经营的商品类别、品种服务项目（即经营范围）等

3. 股东出资

根据《公司法》的规定，股东可以货币、实物、知识产权、土地使用权等出资，不得以劳务、信用、自然人姓名、商誉、特许经营权或者设定担保的财产等作价出资。

若股东以货币、实物、知识产权、土地使用权以外的其他财产出资的，其登记办法由国家工商行政管理总局会同国务院有关部门规定。公司的注册资本和实收资本应当以人民币表示，法律、行政法规另有规定的除外。

典型例题

【例题 1·多选题】王某、陈某、刘某 3 个自然人欲在成都市青羊区设立一经销办公用品耗材的有限责任公司，根据《公司法》的规定，下列公司登记符合法律规定的有（ ）。

A. 该公司名称中应标明是自然人投资的

B. 该公司的住所登记为成都市新都区

C. 该公司不设立董事会，由执行董事担任公司

法定代表人

D. 该公司的公司类型为有限责任公司

【解析】一人有限责任公司才应在公司登记中注明自然人独资或者法人独资，选项A错误；公司的住所是公司主要办事机构所在地，公司的住所应当在其公司登记机关辖区内，选项B错误。

【答案】CD

【例题2·多选题】根据《公司登记管理条例》规定，以下选项中属于公司登记应记载事项的有( )。

A. 经营范围　　B. 经营期限

C. 公司法人　　D. 注册资本

【解析】公司名称、住所、法定代表人姓名、注册资本、公司类型、经营范围、营业期限、有限责任公司股东或者股份有限公司发起人的姓名或者名称等都为公司的登记事项。

【答案】ABCD

考点3 公司的设立、变更登记(★★)

考点分析

本考点的内容较多，包括公司设立登记、公司变更登记的时间范围，以及具体变更内容对应的相关知识点。本考点涉及的题型多为客观题，考生应对本考点内容有较为系统的理解。

考点精讲

1. 公司的设立登记

(1)公司的设立

公司的设立登记主要有公司名称预先核准和申请设立登记两个环节，具体如表2-2所示。

表2-2　有限责任公司和股份有限公司的设立登记

环节	有限责任公司	股份有限公司
申请名称预先核准	由全体股东指定的代表或者共同委托的代理人向公司登记机关申请名称预先核准	由全体发起人指定的代表或者共同委托的代理人向公司登记机关申请名称预先核准
申请设立登记	①由全体股东指定的代表或者共同委托的代理人向公司登记机关申请设立登记 ②相关规定设立有限责任公司必须报经批准的，应自批准之日起90日内申请设立登记	①发起设立股份有限公司的，由董事会向公司登记机关申请设立登记 ②募集设立股份有限公司的，于创立大会结束后30日内向公司登记机关申请设立登记

(2)分公司的设立

公司设立分公司，应自决定做出之日起30日内向分公司所在地的登记机关申请登记；法律、行政法规或国务院决定规定必须报经有关部门批准的，应自批准之日起30日内向公司登记机关申请登记。

2. 公司的变更登记

公司营业执照记载的事项发生变更，都应依法向原公司登记机关办理变更登记，以换发新的营业执照。

(1)变更登记所需文件

公司申请变更登记所需文件如图2-2所示。

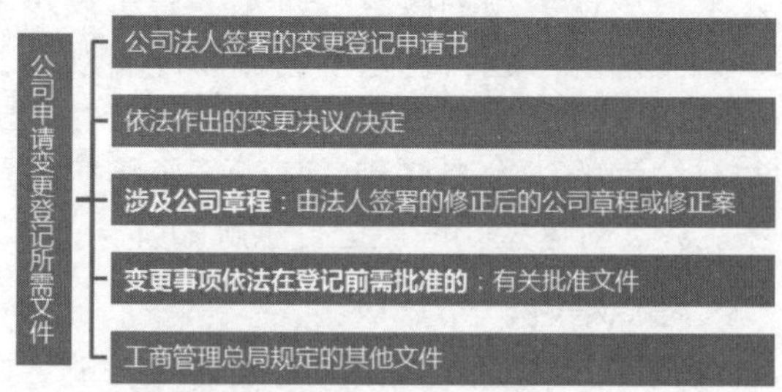

图2-2 公司变更登记所需文件

(2)登记事项及要求

公司申请变更不同的事项，其具体要求也各不相同，具体如表2-3所示。

表2-3　变更事项及规定

变更事项	具体规定
公司名称、法人、经营范围	自变更登记决议或者决定做出之日起30日内申请变更登记
公司住所	在迁入新住所前申请变更登记，并提交新住所使用证明
注册资本	增加或减少注册资本的，应当自公告之日起45日后申请变更登记
股东	①有限责任公司：自转让股权之日起30日内变更登记 ②有限责任公司的股东或股份有限公司的发起人改变姓名或者名称的，自改变之日起30日内申请变更登记
分公司	总公司变更涉及分公司的，应自公司变更登记之日起30日内申请分公司变更登记
合并、分立	①公司合并、分立的，应当自公告之日起45日后申请登记 ②提交决议并登报说明相关情况 ③合并、分立涉及《企业法人营业执照》登记内容的，应换发营业执照

名师解读

有限责任公司增加注册资本时，股东认缴新增资本的出资，依照《公司法》设立有限责任公司缴纳出资的有关规定执行；股份有限公司为增加注册资本发行新股时，股东认购新股，依照《公司法》设立股份有限公司缴纳股款的有关规定执行。

(3)备案事项

①公司章程修改未涉及登记事项的，公司应当将修改后的公司章程或者公司章程修正案送原公司登记机关备案。

②公司董事、监事、经理发生变动的，应当向原公司登记机关备案。

典型例题

【例题 1·单选题】法律、行政法规或者国务院规定设立有限责任公司必须报经批准，应当自批准之日起（ ）日内申请设立登记。

A. 30　　　　B. 60

C. 15　　　　D. 90

【解析】法律、行政法规或者国务院规定设立有限责任公司必须报经批准，应当自批准之日起 90 日内申请设立登记。

【答案】D

【例题 2·多选题】某有限责任公司拟变更一些登记项目，下列变更需要办理变更登记的有（ ）。

A. 总经理由甲变更为乙

B. 法定代表人由丙变更为丁

C. 注册资本由 700 万元变更为 500 万元

D. 公司名称由“A有限责任公司”变更为“B有限责任公司”

【解析】公司变更登记事项有：①公司名称、法定代表、经营范围变更；②住所变更；③注册资本变更；④股东变更；⑤分公司变更；⑥公司合并、分立变更。公司经理发生变动不需要变更登记，所以选项 A 不符合题意。

【答案】BCD

考点4 公司的合并和分立（★★）

考点分析

本考点属于考生应熟悉的内容，知识点较少，也相对较简单，其中公司合并和分立的基本程序都相同，所以考生只需对其中一个知识点进行理解，另一个知识点就能很好地掌握。本考点内容通常以客观题的形式进行考查。

考点精讲

1. 公司的合并

公司合并是指两个或两个以上的公司依照《公司法》规定的条件和程序，通过订立合并协议，共同组成一个公司的法律行为。公司的合并程序如图 2-3 所示。

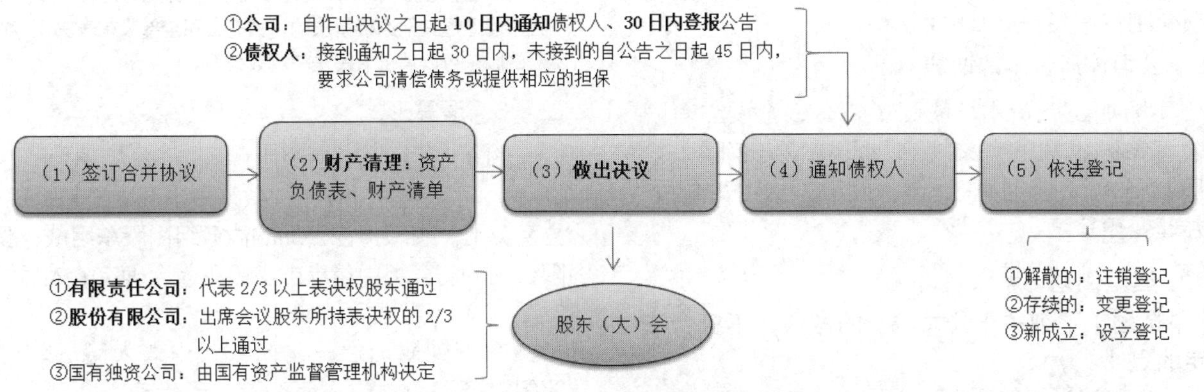

图 2-3 公司的合并程序

2. 公司的分立

公司的分立是指一个公司依照《公司法》有关规定，通过股东会决议分成两个以上的公司。

公司分立的程序与公司合并的程序基本相同，详情请参见图 2-3。

> **名师解读**
>
> 不管公司是合并还是分立，都面临公司债权债务问题：合并时，合并各方的债权债务都应由合并后继续存续的公司或新成立的公司继承；分立时，分立前的债务由分立后的公司承担连带责任，但分立前就债务清偿达成书面协议另有规定的除外。

典型例题

【例题 1·单选题】甲公司欠乙公司 300 万元货款。后甲公司将部分优良资产分享出去另成立丙公司，甲、丙公司在分立协议中约定，该笔债务由甲、丙公司按 3∶7 的比例分担，但甲、丙公司未与乙公司达成债务清偿协议。债务到期后，乙公司要求甲公司清偿 300 万元，遭到拒绝。根据合同法律制度的规定，下列关于该笔债务如何清偿的表述中，正确的是（ ）。（2015 年）

A. 乙公司只能向甲公司主张清偿

B. 乙公司只能向丙公司主张清偿

C. 应当由甲、丙公司按连带责任方式向乙公司清偿

D. 应当由甲、丙公司按分立协议约定的比例向乙公司清偿

【解析】公司分立前的债务由分立后的公司承担连带责任，但是公司在分立前与债权人就债务清偿达成的书面协议另有约定的除外。

【答案】C

【例题 2·判断题】甲股份有限公司欲与其他公司进行合并，对此召开股东会进行决议，该决议必

须经出席会议的股东所持表决权2/3以上通过。（　）

【解析】股份有限公司股东大会关于合并的决议，需由出席会议股东所持表决权的2/3以上通过。

【答案】√

考点5 公司注册资本的减少和增加（★★）

考点分析

关于注册资本的减少和增加，常以客观题的形式出现，其中注册资本的增加在有限责任公司和股份有限公司中有详细介绍，包括股东投资、增股等多个知识点，考生对"减少"的相关知识进行熟悉即可。

考点精讲

1. 公司注册资本的减少

公司减少注册资本时，应当自作出减少注册资本决议之日起10日内通知债权人，并于30日内公告。债权人自接到通知书之日起30日内，未接到通知书的自公告之日起45日内，有权要求公司清偿债务或者提供相应的担保。

公司减少注册资本，除了依法办理变更登记外，还必须编制资产负债表及财产清单。

2. 公司注册资本的增加

公司增加注册资本，依照《公司法》设立有限责任公司缴纳出资的有关规定及设立股份有限公司缴纳股款的有关规定执行。公司增加注册资本后，依法办理变更登记。

典型例题

【单选题】下列关于公司减资的做法，不符合法律规定的是（　）。

A. 公司减少注册资本，应依法办理变更登记

B. 股东会减少注册资本的方案的决议，须经股东所持表决权的2/3以上通过

C. 公司自作出减资决议之日起，除了在10日内通知债权人外，还应在60日内登报公告

D. 如果债权人在法定期限内要求公司清偿债务或者提供相应的担保，公司有义务予以满足

【解析】公司作出减资决议后，应自该决议作出之日起10日内通知债权人，30日内公告。

【答案】C

考点6 公司解散和清算（★★）

考点分析

本考点属于考生应熟悉的考点，难度较小，考生在复习本考点内容时，应熟悉公司解散的原因、公司清算的适用情形，了解清算组的组成、职权，以及清算工作程序。

考点精讲

1. 公司解散不需要清算

公司因合并、分立而解散的，其债权债务由合并、分立后继续存续的公司继承，不需要进行清算。

2. 公司解散需要清算

我国《公司法》规定的解散且需要清算的情形如下。

（1）公司章程规定的营业期限届满或者公司章程规定的其他解散事由出现。

（2）股东会或者股东大会决议解散。

（3）因公司合并或者分立需要解散。

（4）依法被吊销营业执照、责令关闭或者被撤销。

（5）人民法院依法予以解散。

公司有上述第（1）种情形的，可以通过修改公司章程而存续。公司依照规定修改公司章程的，有限责任公司须经持有2/3以上表决权的股东通过，股份有限公司须经出席股东大会会议的股东所持表决权的2/3以上通过。

> **名师解读**
>
> 公司发生严重困难，继续存续可能造成股东利益的重大损失，且不能通过其他途径解决的，持有公司全部股东表决权10%以上的股东可以请求人民法院解散公司。

3. 清算形式

（1）自行成立清算组

公司解散时，应在解散事由出现之日起15日内成立清算组。有限责任公司的清算组由股东组成；股份有限公司的清算组由董事或者股东大会确定的人员组成。

（2）指定成立清算组

有下列情形之一，债权人申请人民法院指定清算组进行清算时，人民法院应予受理。

①公司解散逾期不成立清算组进行清算的。

②虽然成立清算组，但故意拖延清算的。

③违法清算可能严重损害债权人或股东利益的。

> **名师解读**
>
> 在上述情形下若债权人未提起清算申请，公司股东申请人民法院指定清算组对公司进行清算的，人民法院应予受理。

4. 清算组的组成及其职权

清算组的组成及其职权如表2-4所示。

表2-4 清算组的组成及其职权

项目	具体规定
清算组的组成	①公司股东、董事、监事、高级管理人员 ②依法设立的律师事务所、会计师事务所、破产清算事务所等社会中介机构 ③依法设立的律师事务所、会计师事务所、破产清算事务所等社会中介机构中具备相关专业知识并取得执业资格的人员

续表

项目	具体规定
清算组的职权	①清理公司财产，编制资产负债表和财产清单 ②通知、公告债权人 ③处理与清算有关的公司未了结的业务 ④清缴所欠税款以及清算过程中产生的税款 ⑤清理债权、债务 ⑥处理公司清偿债务后的剩余财产 ⑦代表公司参与民事诉讼活动

5. 清算程序

清算工作的程序一般包括申报债权、制定方案、清偿债务以及公告公司终止 4 个阶段，具体如图 2-4 所示。

名师解读

债权人在规定的期限内未申报债权，在公司清算报告经股东会、股东大会或者人民法院确定完毕前补充申报的，清算组应予登记。清算方案未经股东会、股东大会或人民法院确认，即由清算组执行，由此给公司或债权人造成损失的，公司、股东或债权人有权请求清算组承担赔偿责任。

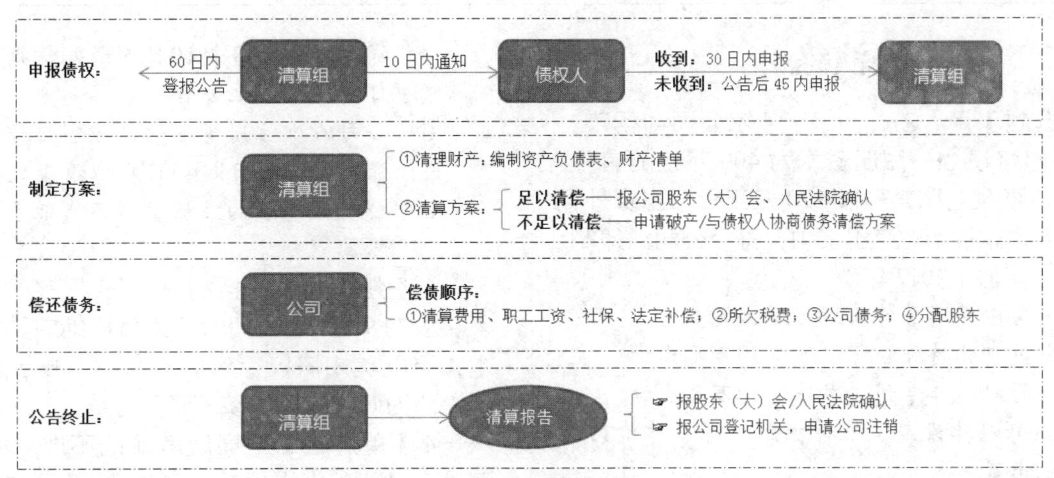

图 2-4 公司清算程序

典型例题

【例题·多选题】根据公司法律制度的规定，持有有限责任公司全部股东表决权 10% 以上的股东，在发生某些法定事由时，可以提起解散公司的诉讼，人民法院应予受理。下列各项中，属于该法定事由的有（　）。（2015 年）

A. 公司持续 2 年以上无法召开股东会，公司经营管理发生严重困难的

B. 股东表决时无法达到法定比例，持续 2 年以上不能作出有效股东会决议，公司经营管理发生严重困难的

C. 公司严重侵害股东知情权，股东会无法解决的

D. 公司严重侵害股东利润分配请求权，股东利益遭受重大损失的

【解析】公司有以下事由，单独或合计持有公司全部股东表决权 10% 以上的股东可以向人民法院提起解散公司诉讼，符合《公司法》有关规定的，人民法院应予受理。①公司持续 2 年以上无法召开股东会或者股东大会，公司经营管理发生严重困难的；②股东表决时无法达到法定或者公司章程规定的比例，持续 2 年以上不能作出有效的股东会或者股东大会决议，公司经营管理发生严重困难的；③公司董事长期冲突，且无法通过股东会或者股东大会解决，公司经营管理发生严重困难的；④经营管理发生其他严重困难，公司继续存续会使股东利益受到重大损失的。故选择选项 A、B。

【答案】AB

名师解读

本小节大部分知识点都有共性：①合并、分立决议，以及修改章程使公司存续的决议中，"2/3" 表决权的知识点是相同的；②涉及通知债权人的时间包括合并、减资和清算：公司 10 日内通知债权人，30 日内登报公告（清算为 60 日），债权人接到通知 30 日内、未接到通知的在公告后 45 日内要求公司偿还（申报债权）。考生可自己总结并联系记忆。

本节考点回顾与总结一览表

本节考点	知识总结
考点 1 公司的种类	①我国《公司法》规定的公司形式仅为有限责任公司和股份有限公司 ②子公司具有法人资格，承担民事责任；分公司不具有法人资格，由总公司承担民事责任
考点 2 公司的登记事项	①包括名称、住所、法定代表人姓名、注册资本、公司类型、经营范围、营业期限等 ②股东不得以劳务、信用、自然人姓名、商誉、特许经营权或设定担保的财产等作价出资

续表

本节考点	知识总结
考点 3 公司的设立、变更登记	①设立登记：有限责任公司自批准后 90 日内、股份有限公司自创立大会结束后 30 日内登记 ②决定后变更 30 日内登记的：公司名称、法人、经营范围、股东、涉及分公司的 ③决定后变更 45 日内登记的：减少注册资本、公司合并和分立
考点 4 公司的合并和分立	①流程：协议→清理财产→合并决议（2/3 表决权）→通知债权人（10 日内）→登记 ②因合并、分立而解散公司的，债权债务由合并、分立后继续存续的公司继承
考点 5 公司注册资本的减少和增加	①注册资本减少和增加，都应依法办理变更登记 ②减少的，10 日内通知债权人，30 日内登报；债权人（未）接到通知（45）30 日内要求偿还债务
考点 6 公司解散和清算	①解散且应当清算：破产、营业期满、决议解散、吊销执照、责令关闭、被撤销、依法解散等 ②清算组：自解散事由出现之日起 15 日内成立 ③清算流程：申报债权→清理财产→偿还债务→公司终止 ④偿债顺序：清算费用、工资社保补偿金→税款→债务→分配股东

真题演练

1.【单选题】甲、乙、丙、丁 4 家公司与杨某、张某拟共同出资设立一注册资本为 400 万元的有限责任公司。除杨某与张某拟以 120 万元货币出资外，4 家公司的下列非货币财产出资中，符合公司法律制度规定的是（　）。（2013 年）

A. 甲公司以其商誉作价50万元出资

B. 乙公司以其特许经营权作价50万元出资

C. 丙公司以其非专利技术作价60万元出资

D. 丁公司以其设定了抵押担保的房屋作价120万元出资

2.【单选题】下列关于公司减少注册资本的表述中，不符合公司法律制度规定的是（　）。（2012 年）

A. 公司需要减少注册资本时，必须编制资产负债表和财产清单

B. 公司减少注册资本时，应当自作出减少注册资本决议之日起10日内通知债权人，并于30日内在报纸上公告

C. 公司减少注册资本的，应当自作出减少注册资本决议之日起45日后申请变更登记

D. 公司减资后的注册资本不得低于法定的最低限额

3.【判断题】甲持有某有限责任公司全部股东表决权的 9%，因公司管理人员拒绝向其提供公司账本，甲以其知情权受到损害为由，提起解散公司的诉讼。为此，人民法院不予受理。（　）（2014 年）

4.【单选题】公司解散逾期不成立清算组进行清算，且债权人未提起清算申请的，根据《公司法》的规定，相关人员可以申请人民法院指定清算组对公司进行清算。下列各项中，属于该相关人员的是（　）。（2011 年）

A. 公司股东　　B. 公司董事

C. 公司监事　　D. 公司经理

第二节 公司的经营

考点7 公司法人财产权（★）

考点分析

本考点的内容较少，属于考生应了解的知识，考生在复习本考点时，只需了解公司行使财产权时需要受到的相应限制即可。

考点精讲

公司依法对股东投资的财产行使占有、使用、收益、处分的权利，公司作为企业法人享有法人财产权，但行使法人财产权必须受到《公司法》的相应限制，具体规定如表 2-5 所示。

表 2-5 公司行使财产权的限制

类型	决议机构	具体限制
对外担保	董事会或股东会、股东大会	不能超过公司章程对担保总额及单项担保的数额的限额规定
对内担保	股东会或股东大会	①接受担保的股东或受实际控制人支配的股东应回避，不得参与决议 ②出席会议的其他股东所持表决权（非人数）的过半数通过
对外投资	董事会或股东会、股东大会	不能超过公司章程对投资总额及单项投资的数额的限额规定

名师解读

对外担保和对外投资的限制规定相同，都是根据公司章程对相关数额的限制规定，而对内担保则需要不相关的人员过半数通过即可。

典型例题

【例题·单选题】甲、乙、丙 3 位股东发起设立“三人行股份有限公司”，公司经营一段时间后，甲欲向银

行贷款150万元，拟由该股份有限公司为其提供担保，关于该担保事项，下列说法正确的是（ ）。

A. 按照公司章程的规定由董事会或者股东大会进行决议

B. 由董事会作出决议

C. 无需经过会议讨论，甲股东可以安排公司经理办理担保事项

D. 必须经股东大会决议

【解析】根据规定，公司为公司股东或者实际控制人提供担保的，必须经股东会或者股东大会决议。

【答案】D

考点8 公司董事、监事、高级管理人员的资格和义务（★★★）

考点分析

本考点需要考生重点掌握，公司董事、监事、高级管理人员的资格和义务在近几年考试中出题的概率较大，近3年都曾出现过考题，要求考生根据具体的情形进行判断，或直接给出选项要求考生进行选择。本考点涉及的题型多为单选题、多选题和判断题，考查方式不会太复杂。考生复习本考点时，应对相关事项进行理解记忆，抓住重点，以应对各种考查方式。

考点精讲

1. 不得担任公司董事、监事、高级管理人员的情形

根据《公司法》规定，有如下情形之一的人员，不得担任公司董事、监事、高级管理人员。

（1）无民事行为能力或限制民事行为能力。

（2）因贪污、贿赂、侵占财产、挪用财产或破坏社会主义市场经济秩序而被判处刑罚，或因犯罪被剥夺政治权利，执行期满未逾5年。

（3）担任破产清算企业的董事、厂长或经理，对该企业的破产负有个人责任的，自该企业破产清算完结之日起未逾3年。

（4）担任因违法被吊销营业执照、责令关闭企业的法人，并负有个人责任的，自被吊销营业执照之日起未逾3年。

（5）个人所负数额较大的债务到期未清偿。

> **名师解读**
>
> 不能担任公司董事、监事、高级管理人员的情形中，有3年和5年的一个限制，考生容易混淆。记忆时上述情形(2)被判处刑罚，情节比较严重，因此是5年的限制，情形(3)、(4)情节相对较轻，适用3年的限制。同时应当注意期限的计算是期满未逾。

2. 公司董事、监事、高级管理人员的限制行为

公司董事、监事、高级管理人员应遵守法律、行政法规和公司章程，不得有以下行为。

（1）挪用公司资金。

（2）将公司资金以其个人名义或者以其他个人名义开立账户存储。

（3）违反公司章程的规定，未经股东会、股东大会或者董事会同意，将公司资金借贷给他人或者以公司财产为他人提供担保。

（4）违反公司章程的规定或者未经股东会、股东大会同意，与本公司订立合同或者进行交易。

（5）未经股东会或者股东大会同意，利用职务便利为自己或者他人谋取属于公司的商业机会，自营或者为他人经营与所任职公司同类的业务。

（6）将他人与公司交易的佣金归为己有。

（7）擅自披露公司秘密。

（8）违反对公司忠实义务的其他行为。

> **名师解读**
>
> 公司董事、监事、高级管理人员违反规定而取得的收入应归公司所有，给公司造成损失的，应承担赔偿责任。

3. 公司股东诉讼

公司董事、监事、高级管理人员或其他人员违反法律、行政法规或公司章程时，公司股东有权提起诉讼，具体如表2-6所示。

表2-6 公司股东诉讼的具体规定

类型	具体规定
股东代表诉讼（损害公司利益）	①股东书面请求监事会（监事）提起诉讼 ②监事出现违法等行为时，股东书面请求董事会（董事）向人民法院提起诉讼 ③收到股东请求后拒绝、或收到请求后30日内未提起诉讼，且不立即提起诉讼会造成公司利益受损，股东有权以自己名义向人民法院提起诉讼
股东直接诉讼（损害股东利益）	股东直接向人民法院提起诉讼

> **误区提醒**
>
> 股东代表诉讼是公司利益受损时，股东代表提起诉讼，股东直接诉讼是股东利益受损时，相关股东提起诉讼。股东代表诉讼是遵循一定的流程的：一般情况下向监事提起诉讼，监事违法则向董事提起诉讼，若所有人都拒绝或在规定时间未提起诉讼，股东才可以直接向人民法院提起诉讼，否则不能越级提起诉讼。

典型例题

【例题1·单选题】甲有限责任公司董事长张某拟自营与所任职公司同类的业务。根据公司法律制度的规定，张某自营该类业务须满足的条件是（ ）。（2015年）

A. 经股东会同意　　B. 经董事会同意

C. 经监事会同意　　D. 经总经理同意

【解析】若有限责任公司董事长自营与所任职公司同类的业务，必须经股东会同意。

【答案】A

【例题2·单选题】根据《公司法》规定，下列情形可以担任公司的董事、监事、高级管理人员的是（ ）。（2016年）

A. 张某，曾为甲大学教授，现已退休

B. 王某，曾为乙企业董事长，因其决策失误导致乙企业破产清算，自乙企业破产清算完结之日起未逾3年

C. 李某，曾为丙公司董事，因贷款炒股，个人负有到期债务1 000万元尚未偿还

D. 赵某，曾担任丁国有企业总会计师，因贪污罪被判处有期徒刑，执行期满未逾5年

【解析】根据《公司法》规定，有下列情形之一的，不得担任公司的董事、监事、高级管理人员。①无民事行为能力或者限制民事行为能力；②因贪污、贿赂、侵占财产、挪用财产或者破坏社会主义市场经济秩序，被判处刑罚，执行期满未逾5年，或者因犯罪被剥夺政治权利，执行期满未逾5年（选项D）；③担任破产清算的公司、企业的董事或者厂长、经理，对该公司、企业的破产负有个人责任的，自该公司、企业破产清算完结之日起未逾3年（选项B）；④担任因违法被吊销营业执照、责令关闭的公司、企业的法定代表人，并负有个人责任的，自该公司、企业被吊销营业执照之日起未逾3年；⑤个人所负数额较大的债务到期未清偿（选项C）。因此本题可通过排除法选择选项A。

【答案】A

考点9 公司的财务会计活动（★★★）

考点分析

本考点属于考生应掌握的内容，一般以单选题、多选题和判断题的形式进行考查，但公司利润分配也曾在简答题中出现过。本考点内容较少，且都属于较为基础的内容，所以考生掌握的难度不大。

考点精讲

1. 财务会计活动主体

公司财务、会计是公司日常经营活动的基础工作，其基本要求如下。

（1）依法建立财务、会计制度。

（2）依法编制财务会计报告。

（3）依法披露财务会计资料。

（4）依法建账、开立账户。

（5）依法聘用会计师事务所对会计报告审查验证。

2. 利润分配

公司利润应根据《公司法》的规定进行分配，顺序如下。

（1）弥补以前年度亏损，不得超过税法规定的弥补期限。

（2）缴纳所得税。

（3）弥补在税前利润弥补亏损后仍存在的亏损。

（4）提取法定公积金。

（5）提取任意公积金。

（6）向股东分配利润。

3. 公积金

按公积金的来源，可以将公积金分为盈余公积金和资本公积金两类，相关规定如表2-7所示。

表2-7 公积金的类别及相关规定

类别		相关规定
盈余公积金	法定公积金	①按照公司税后利润的10%提取，当累积额达到公司注册资本的50%以上时可以不再提取 ②转增资本时，转增留存的部分不得少于转增前注册资本的25%
	任意公积金	提取比例没有限制，根据公司股东会或股东大会决议，从公司税后利润中提取
资本公积金		①直接由资本本身及其他原因形成的，主要来源于股份有限公司股票发行的溢价收入、接受的赠与、资本增值、因合并而接受其他公司资产净额以及国务院财政部门规定列入资本公积金的其他收入 ②不得用于弥补亏损

典型例题

【例题·多选题】下列属于公司财务、会计的基本要求的有（ ）。

A. 公司应当依法建立财务、会计制度

B. 公司应当依法编制财务会计报告

C. 公司应当依法披露有关财务、会计资料

D. 公司应当依法建立账簿、开立账户

【解析】题目所有选项均属于公司财务、会计的基本要求。

【答案】ABCD

本节考点回顾与总结一览表

本节考点	知识总结
考点7 公司法人财产权	①对外担保、对外投资：根据公司章程对相关数额的限制规定 ②对内担保：需要与担保不相关的人员过半数通过
考点8 公司董事、监事、高级管理人员的资格和义务	①不得担任的情形：无（限制）民事行为能力、有刑罚或无政治权利未逾期、负有个人责任、负有未清偿的大额债务 ②不得具有的行为：未经股东同意，以任意行为将公司利益占为己有或该行为会造成公司利益受损、泄露公司机密等 ③股东诉讼：公司利益受损，股东代表诉讼；股东利益受损，股东直接诉讼

续表

本节考点	知识总结
考点9 公司的财务会计活动	①财务会计基本要求 ②利润分配：弥补亏损→纳税→继续弥补亏损→提取法定→任意公积金→向股东分配利润 ③公积金：法定公积金——税后的10%，≤注册资本的50%，转增资本≥转增前25% 任意公积金——根据决议提取；资本公积金——不得用于弥补公司亏损

真题演练

1.【单选题】甲股份有限公司2014年6月召开股东大会，选举公司董事。根据《公司法》的规定，下列人员中，不得担任该公司董事的是（　）。（2014年）

A. 张某，因挪用财产被判处刑罚，执行期满已逾6年

B. 吴某，原系乙有限责任公司董事长，因其个人责任导致该公司破产，清算完结已逾5年

C. 储某，系丙有限责任公司控股股东，该公司股东会决策失误，导致公司负有300万元到期不能清偿的债务

D. 杨某，原系丁有限责任公司法定代表人，因其个人责任导致该公司被吊销营业执照未逾2年

2.【单选题】甲有限责任公司董事陈某拟出售一辆轿车给本公司，公司章程对董事、高级管理人员与本公司交易事项未作规定，根据《公司法》的规定，陈某与本公司进行交易须满足的条件是（　）。（2013年）

A. 经股东会同意　　B. 经董事会同意

C. 经监事会同意　　D. 经经理同意

3.【单选题】甲公司、乙公司均为有限责任公司。甲公司经理张某违反公司章程规定将公司业务发包给不知情的乙公司，致使甲公司遭受损失。李某是甲公司股东，甲公司设董事会和监事会。下列关于李某保护甲公司利益和股东整体利益的途径的表述中，符合《公司法》规定的是（　）。（2012年）

A. 李某可以书面请求甲公司监事会起诉张某

B. 李某可以书面请求甲公司董事会起诉张某

C. 李某可以书面请求甲公司监事会起诉乙公司

D. 李某可以书面请求甲公司董事会起诉乙公司

4.【单选题】下列关于法定公积金的表述中，符合公司法律制度规定的是（　）。（2012年）

A. 法定公积金按照公司股东会或者股东大会决议，从公司税后利润中提取

B. 法定公积金按照公司税后利润的10%提取，当公司法定公积金累计额为公司注册资本的50%以上时可以不再提取

C. 股份有限公司以超过股票票面金额的发行价格发行股份所得的溢价款，应当列为公司法定公积金

D. 对用法定公积金转增资本的，法律没有限制

5.【多选题】根据公司法律制度规定，有限责任公司董事、高级管理人员执行公司职务时因违法给公司造成损失的，在一定情形下，股东可以为了公司利益，以自己的名义直接向人民法院提起诉讼。下列各项中，属于该情形的有（　）。（2015年）

A. 股东书面请求公司董事会向人民法院提起诉讼遭到拒绝

B. 股东书面请求公司董事会向人民法院提起诉讼，董事会自收到请求之日起30日内未提起诉讼

C. 股东书面请求公司监事会向人民法院提起诉讼遭到拒绝

D. 股东书面请求公司监事会向人民法院提起诉讼，监事会自收到请求30日内未提起诉讼

第三节 有限责任公司

考点10 有限责任公司的设立条件（★★★）

考点分析

本考点的内容较少，但属于考生应该掌握的内容，特别是有限责任公司的人数和股东认缴出资的方式等知识点，有极大可能会和后面的其他考点结合，出现在单选题、多选题和判断题当中，考生应合理安排复习本考点内容。

考点精讲

1. 股东符合法定人数

有限责任公司由50个以下股东出资设立，股东可以是自然人，也可以是法人。

2. 股东认缴的出资额符合公司章程

股东认缴出资额的相关规定如表2-8所示。

表 2-8　股东认缴出资额的规定

内容		规定
注册资本		在公司登记机关登记的全体股东认缴的出资额
出资方式	货币出资	股东以货币出资的，应当将货币出资足额存入为设立有限责任公司而在银行开设的账户
	非货币出资	股东可以用实物、知识产权、土地使用权等可以用货币估价并可以依法转让的非货币财产作价出资。以非货币财产出资的，应当依法办理其财产权的转移手续，该转移手续一般在6个月内办理完毕

名师解读

关于上述第③点中，若出资人在合理期间办理变更，人民法院应认定其已履行出资义务，同时，应支持出资人主张在交付财产的同时即享有相应的股东权利。若出资人已办理权属变更手续，但未交付公司使用，公司或其他股东主张交付且认定其在交付前不享有相应股东权利的，人民法院应予以支持。

3. 股东共同制定公司章程

股东应依法共同制定公司章程，并在公司章程上签名、盖章。有限责任公司章程应当载明以下事项。

（1）公司名称和住所。

（2）公司经营范围。

（3）公司注册资本。

（4）股东的姓名或名称。

（5）股东的出资方式、出资额和出资时间。

（6）公司的机构及其产生的办法、职权、议事规则。

（7）公司法定代表人。

（8）股东会会议认为需要规定的其他事项。

4. 其他相关规定

（1）公司住所

公司以其主要的办事机构所在地为住所，是法定的注册地址，不同于公司的生产经营场所。

（2）公司名称和机构

①公司应当设立符合法律、法规规定的并经公司登记管理机关预先核准登记的名称。

②公司应当建立符合有限责任公司的组织机构，按照要求的组织机构设立股东会、董事会或执行董事、监事会或监事等。

典型例题

【例题1·判断题】甲、乙、丙共同投资设立一家有限责任公司，甲以房屋作价100万元出资，并自公司设立时办理了产权转移手续，但直至公司成立半年后才将房屋实际交付给公司使用，乙、丙主张甲在实际交付房屋之前不享有相应的股东权利。乙、丙的主张是合法的。（　）（2013年）

【解析】出资人以房屋、土地使用权或需要办理权属登记的知识产权等财产出资，已经办理权属变更手续但未交付给公司使用的，公司或其他股东主张其向公司交付，并在实际交付之前不享有相应股东权利的，人民法院应予支持。

【答案】√

【例题2·单选题】下列关于有限责任公司股东出资方式的表述中，符合公司法律制度规定的是（　）。（2015年）

A. 以商誉作价出资

B. 以劳务作价出资

C. 以特许经营权作价出资

D. 以土地使用权作价出资

【解析】有限责任公司的股东可以用货币出资，也可以用实物、知识产权、土地使用权等可以用货币估价并可以依法转让的非货币财产作价出资，但不得以商誉、劳务、信用、自然人姓名、特许经营权或者设定担保的财产等作价出资。

【答案】D

考点11 有限责任公司的设立程序（★★★）

考点分析

本考点属于考生应掌握的知识点，需要记忆的内容较多。考生在复习本考点内容时，可利用比较和区分的方法进行复习。

考点精讲

1. 订立公司章程

公司章程对公司、股东、董事、监事、高级管理人员具有约束力，由全体发起人共同商议起草，将设立公司的基本情况以及各方面的权利义务加以明确，并经全体股东共同同意通过方可生效。全体股东应当在公司章程上签名、盖章。

2. 股东缴纳出资

股东应当在规定的期限内足额缴纳公司章程中规定的各自所认缴的出资额。股东以货币出资的，应当将货币出资足额存入为设立有限责任公司而在银行开设的账户；以非货币财产出资的，应当依法办理其财产权的转移手续，该转移手续一般在6个月内办理完毕。不按规定缴纳出资应承担的法律后果如表2-9所示。

表 2-9　不按规定缴纳出资应承担的法律后果

行为	责任
不按照规定缴纳出资	①足额补交 ②向已按期、足额缴纳的出资人承担违约责任

续表

行为	责任
设立时，未（全面）履行出资义务	①发起人与被告股东承担连带责任 ②发起人承担责任后，可向被告股东追偿
增资时，未（全面）履行出资义务	①未履行《公司法》规定的义务的公司董事、高级管理人员应承担相应责任 ②相应人员承担责任后，可向被告股东追偿
未（全面）履行出资义务即转让，受让人知道或应知道	①公司可主张股东履行出资义务，受让人承担连带责任 ②公司债权人依法向股东提起诉讼，受让人承担连带责任 ③受让人承担责任后，可向未（全面）履行出资义务的股东追偿
以贪污、受贿、侵占、挪用等违法犯罪所得的货币出资后取得股权	对违法犯罪行为予以追究、处罚时，应当采取拍卖或者变卖的方式处置其股权

误区提醒

需要考生注意的是，未履行或未全面履行出资义务的责任是在公司增资时，不包括公司成立环节。承担相应责任的人员仅限于公司董事、高级管理人员，不包括监事，并且是在董事、高级管理人员有过错（即未尽法定义务）时才承担责任，在公司设立时的发起人股东无论是否有过错，均应当承担连带责任。董事、高级管理人员对外承担责任后，对内可以向被告股东追偿。

3. 申请设立登记

（1）设立登记

股东认足公司章程规定的出资后，由全体股东指定的代表或共同委托的代理人向公司登记机关报送公司登记申请书、公司章程等文件，申请设立登记。

名师解读

有限责任公司成立后，应当向股东签发出资证明书，并记载以下事项：①公司名称；②公司成立日期；③公司注册资本；④股东的姓名或者名称、缴纳的出资额和出资日期；⑤出资证明书的编号和核发日期。

（2）关于股东抽逃出资

公司成立后，股东不得抽逃出资，抽逃出资的股东将承担相应的法律后果。具体如表 2-10 所示。

表 2-10 抽逃出资的相关规定

行为		相关规定
认定抽逃出资		有以下行为的，认定为抽逃出资： ①将出资款项转入公司账户验资后又转出 ②通过虚构债权债务关系将其出资转出 ③制作虚假财务会计报表虚增利润进行分配 ④利用关联交易将出资转出 ⑤其他未经法定程序将出资抽回的行为
法律后果	对于股东权利	根据公司章程或股东会决议对其利润分配请求权、新股优先认购权、剩余财产分配请求权等股东权利作出相应的合理限制，该股东请求认定该限制无效的，人民法院不予支持
	对于股东资格	经公司催告，其在合理期间内仍未返还出资，公司以股东会决议解除该股东的股东资格，该股东请求确认该解除行为无效的，人民法院不予支持
	对于协助人员	①股东抽逃出资，公司或其他股东请求其向公司返还出资本息、协助抽逃出资的其他股东、董事、高级管理人员或者实际控制人对此承担连带责任的，人民法院应予支持 ②公司债权人请求抽逃出资的股东在抽逃出资本息范围内对公司债务不能清偿的部分承担补充赔偿责任、协助抽逃出资的其他股东、董事、高级管理人员或者实际控制人对此承担连带责任的，人民法院应予支持；抽逃出资的股东已经承担上述责任，其他债权人提出相同请求的，人民法院不予支持
	对于第三人垫付出资、协议抽逃	第三人垫付资金协助发起人设立公司，约定验资或公司成立后发起人抽回偿还第三人的，发起人按约定抽回偿还第三人后，不能补足出资，相关权利人请求第三人连带承担因此而产生的责任的，人民法院应予支持
诉讼时效的抗辩		被告股东以以下理由进行抗辩的，人民法院不予支持： ①公司股东抽逃出资，公司或其他股东请求其向公司返还出资，被告股东以诉讼时效为由进行抗辩的 ②债权人债权未过诉讼时效期间，请求抽逃出资股东承担赔偿责任，被告股东以返还出资业务超过诉讼时效期间为由进行抗辩

误区提醒

考生应分清未尽出资义务和抽逃出资的区别：前者发生在公司设立环节，没有履行或未全面履行出资义务，此时所有发起人均应承担连带责任；后者发生在公司成立之后，也就是说该股东在公司设立时全面履行了出资义务，在成立之后又暗中撤回出资金额，此时只有协助抽逃出资的其他股东才承担连带责任。

名师解读

如果发起人及时补足了出资，则第三人不需承担连带责任。如果公司债权人的债权已过诉讼时效期限，被告股东可以债权人的债权超过诉讼时效期间为由进行抗辩。

典型例题

【例题 1·多选题】下列关于有限责任公司注册资本的表述中，不符合《公司法》规定的有（ ）。（2014 年）

A. 注册资本的最低限额为人民币 3 万元

B. 公司登记机关登记的全体股东认缴的出资额即为注册资本

C. 全体股东的货币出资额不得低于注册资本的 30%

D. 一人有限责任公司的注册资本最低限额为人民币 10 万元

【解析】2013 年 12 月 28 日修订通过的《中华人民共和国公司法》中，不对金额或比例作出限制，而如果法律、行政法规以及国务院决定对有限责任公司注册资本实缴、注册资本最低限额另有规定的，从其规定，选项 A、C、D 已不再适用；根据新《公

司法》的规定，有限责任公司的注册资本为在公司登记机关登记的全体股东认缴的出资额。

【答案】ACD

【例题 2·单选题】甲以实际价值为 50 万元的房屋作价 100 万元投入 A 有限责任公司，为了逃避补足出资的义务，甲与知情的乙私下达成协议，由乙购入甲在 A 有限责任公司的股权。根据公司法律制度的规定，下列表述中，正确的是（　）。

A. 公司可以要求甲继续履行出资义务，乙承担连带责任

B. 公司可以要求甲继续履行出资义务，乙承担补充责任

C. 公司不得要求甲继续履行出资义务，只能要求乙补足该差额

D. 公司既不得要求甲继续履行出资义务，也不得要求乙补足该差额

【解析】有限责任公司的股东未履行或未全面履行出资义务即转让股权，受让人对此"知道或者应当知道的"，公司请求该股东履行出资义务、受让人对此承担连带责任的，人民法院应予支持。

【答案】A

【例题 3·单选题】根据公司法律制度的规定，有限责任公司的成立日期为（　）。（2015 年）

A. 公司登记机关受理设立申请之日

B. 公司企业法人营业执照签发之日

C. 公司企业法人营业执照领取之日

D. 公司股东缴足出资之日

【解析】《公司法》规定，公司企业法人营业执照签发日期为公司成立日期。

【答案】B

考点12 有限责任公司的组织机构（★★★）

考点分析

本考点的内容较多，是本节知识的重点和难点，在近几年多次出现考题，多以客观题的形式进行考查，需要考生着重复习。考生可将股东会、董事会和监事会予以区分对比，理解记忆其组成、职权、（临时）会议召开、召集和主持，以及决议等各环节的内容。

考点精讲

1. 股东会

（1）股东会的职权

股东会应依法行使如下职权。

①决定公司的经营方针和投资计划。

②选举和更换非由职工代表担任的董事、监事，决定有关董事、监事的报酬事项。

③审议批准董事会的报告。

④审议批准监事会（监事）的报告。

⑤审议批准公司年度财务预算方案、决算方案。

⑥审议批准公司利润分配方案和弥补亏损方案。

⑦对公司增加或减少注册资本作出决议。

⑧对发行公司债券作出决议。

⑨对公司合并、分离、解散、清算或变更公司形式作出决议。

⑩修改公司章程。

⑪公司章程规定的其他职权。

（2）股东会的召开

股东会议分为定期会议和临时会议，召开会议提议人、召开时间和流程，以及会议决议都有相关规定，具体如表 2-11 所示。

表 2-11　有限责任公司股东会的相关规定

<table>
<tr><th colspan="2">内容</th><th>规定</th></tr>
<tr><td colspan="2">股东会形式</td><td>定期会议依公司章程按时召开，临时会议由以下人员提议召开：
①由代表 1/10 以上表决权的股东提议
②由 1/3 以上的董事提议
③由监事会或不设监事会的公司监事提议</td></tr>
<tr><td colspan="2">会议通知时间</td><td>除公司章程或全体股东另有约定外，应当提前 15 日通知全体股东</td></tr>
<tr><td rowspan="2">会议召集和主持</td><td>首次会议</td><td>首次股东会会议的召开，由出资最多的股东召集和主持，并由其依法行使职权</td></tr>
<tr><td>其他会议</td><td>①公司设立董事会的，由董事会召集，董事长主持
②董事长不能履行职务或不履行职务的，由副董事长主持
③副董事长不能履行职务或不履行职务的，由半数以上董事共同推举一名董事主持
④公司不设董事会的，由执行董事召集和主持
⑤董事会或执行董事不能履行或者不履行召集股东会会议职责的，由监事会或者不设监事会的公司的监事召集和主持
⑥监事会或监事不召集和主持的，代表 1/10 以上表决权的股东可以自行召集和主持</td></tr>
<tr><td rowspan="2">决议</td><td>按出资比表决</td><td>除另有规定的外，公司章程规定了股东会的议事方式和表决程序，并由股东按照出资比例行使表决权</td></tr>
<tr><td>2/3 以上表决权</td><td>经代表 2/3 以上表决权股东通过的决议事项：
①修改公司章程
②增加或者减少注册资本
③公司合并、分立、解散或变更公司形式</td></tr>
</table>

名师解读

首次股东会由出资最多的人召集和主持，其他时候股东会的召集和主持顺序则是从职位高低进行排序，上一职位不能履行或不履行时，就由下一职位履行，依次为：董事会→董事长→副董事长→推举董事→执行董事→监事会→监事→代表 1/10 以上表决权的股东自行召集和主持。

2. 董事会

（1）董事会的组成

关于董事会的组成规定如图 2-5 所示。

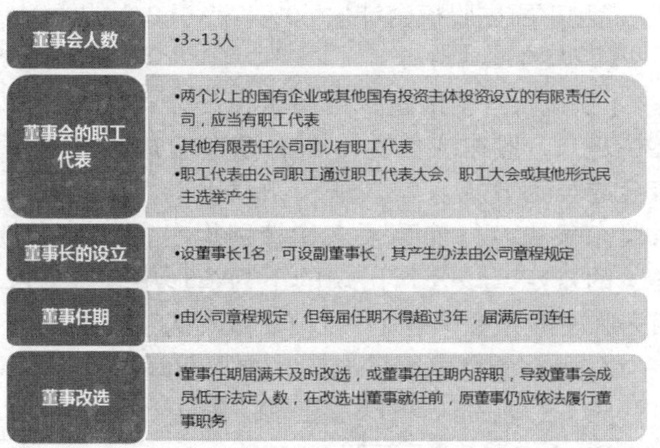

图 2-5 董事会的组成

名师解读

股东人数较少或规模较小的公司可以不设董事会，只设 1 名执行董事。执行董事可以兼任公司经理，其职权由公司章程规定。

（2）董事会的职权

董事会对股东会负责，行使下列职权。

①召集股东会会议，向股东会报告工作，并执行股东会的决议。

②决定公司的经营计划和投资方案。

③制订公司的年度财务预算方案、决算方案。

④制订公司的利润分配方案和弥补亏损方案。

⑤制订公司增加或者减少注册资本以及发行公司债券的方案。

⑥制订公司合并、分立、解散或者变更公司形式的方案。

⑦决定公司内部管理机构的设置。

⑧决定聘任或者解聘公司经理及其报酬事项，并根据经理的提名决定聘任或者解聘公司副经理、财务负责人及其报酬事项。

⑨制定公司的基本管理制度。

⑩公司章程规定的其他职权。

（3）董事会的召开

董事会的召开及决议的相关规定如表 2-12 所示。

表 2-12 有限责任公司董事会的相关规定

情形	相关规定
召集及主持	①董事长召集和主持董事会会议 ②董事长不能履行职务或者不履行职务时，由副董事长召集和主持董事会会议 ③副董事长不能履行职务或不履行职务的，由半数以上董事共同推举一名董事召集和主持
决议	①董事会的议事方式和表决程序由公司章程规定，董事会决议的表决实行一人一票 ②董事会应对所议事项的决定作成会议记录，出席会议的董事应在会议记录上签名

（4）公司经理

经理对董事会负责，并列席董事会会议，行使下列职权。

①主持公司的生产经营管理工作，组织实施董事会决议。

②组织实施公司年度经营计划和投资方案。

③拟订公司内部管理机构设置方案。

④拟订公司的基本管理制度。

⑤制定公司的具体规章。

⑥提请聘任或者解聘公司副经理、财务负责人。

⑦决定聘任或者解聘除应由董事会决定聘任或者解聘以外的负责管理人员。

⑧董事会授予的其他职权。

3. 监事会

（1）监事会的组成

监事会是公司的监督机构，其组成的相关规定如图 2-6 所示。

监事会人数
•不得少于3人
•股东人数较少、规模较小的有限责任公司可不设监事会，设1~2名监事

监事会的职工代表
•职工代表比例不少于监事会成员的1/3，具体由公司章程规定
•由公司职工通过职工代表大会、职工大会或其他形式民主选举产生

监事会主席
•设1名主席，由全体监事过半数选举产生

监事任期
•由公司章程规定，但每届任期不得超过3年，届满后可连任

监事改选
•监事任期届满未及时改选，或监事在任期内辞职，导致监事会成员低于法定人数，在改选出监事就任前，原监事仍应依法履行监事职责

监事的限制
•公司董事、高级管理人员不得兼任监事

图 2-6 监事会的组成

（2）监事会的职权

监事列席董事会会议，对董事会决议事项提出质询或者建议。监事会、不设监事会的公司的监事行使下列职权。

①检查公司财务。

②对董事、高级管理人员执行公司职务的行为进行监督，对违反法律、行政法规、公司章程或者股东会决议的董事、高级管理人员提出罢免的建议。

③当董事、高级管理人员的行为损害公司的利益时，要求董事、高级管理人员予以纠正。

④提议召开临时股东会会议，在董事会不履行规定的召集和主持股东会会议职责时召集和主持股东会会议。

⑤向股东会会议提出提案。

⑥依法对董事、高级管理人员提起诉讼。

⑦公司章程规定的其他职权。

（3）监事会的召开

监事会的召开及决议的相关规定如表 2-13 所示。

表 2-13　有限责任公司监事会的召开及决议的相关规定

情形	相关规定
召集及主持	①监事会会议每年度至少召开 1 次，由监事会主席召集和主持 ②监事会主席不能履行职务或者不履行职务的，由半数以上监事共同推举 1 名监事召集和主持监事会会议
决议	① 监事会的议事方式和表决程序同股东会、董事会一样，由公司章程规定 ②监事会决议应当经半数以上监事通过 ③监事会应对所议事项的决定作成会议记录，出席会议的监事应当在会议记录上签名

典型例题

【例题 1 · 单选题】某有限责任公司股东甲、乙、丙、丁分别持有公司 5%、20%、35%和 40%的股权，该公司章程未对股东行使表决权及股东会决议方式作出规定。下列关于该公司股东会会议召开及决议作出的表述中，符合《公司法》规定的是（　）。（2014 年）

A. 甲可以提议召开股东会临时会议

B. 只有丁可以提议召开股东会临时会议

C. 只要丙和丁表示同意，股东会即可作出增加公司注册资本的决议

D. 只要乙和丁表示同意，股东会即可作出变更公司形式的决议

【解析】根据《公司法》的规定，代表 1/10 以上表决权的股东、1/3 以上的董事、监事会或监事，有权提议召开临时股东会会议，选项 A，股东甲只占 5% 股权，未达到 1/10 的比例；选项 B，乙、丙、丁均有权提议召开临时股东会会议。有限责任公司股东会作出的下列决议必须经代表 2/3 以上表决权的股东通过：①修改公司章程；②增加或者减少注册资本；③公司合并、分立、解散；④变更公司形式，选项 C，丙和丁所占股权合计为 75%，大于 2/3 的比例；选项 D，乙和丁所占股权合计占 60%，小于 2/3 的比例。

【答案】C

【例题 2 · 多选题】甲有限责任公司注册资本为 120 万元，股东人数为 9 人，董事会成员 5 人，监事会成员为 5 人。股东一次缴清出资，该公司章程对股东表决权行使事项未作特别规定。根据《公司法》的规定，该公司出现的下列情形中，属于应当召开临时股东会的有（　）。（2013 年）

A. 出资 20 万元的某股东提议召开

B. 公司未弥补的亏损达到 40 万元

C. 2 名董事提议召开

D. 2 名监事提议召开

【解析】选项 A，由代表 1/10 以上表决权的股东提议，可召开临时股东会（$20 > 120 \times 10\%$）；选项 C，由 1/3 以上的董事提议，可召开临时股东会（$2 > 5 \times 1/3$）；选项 D，由于公司设有监事会，所以应由监事会提议召开，只有未设立监事会时，才由监事提议。

【答案】AC

考点13 有限责任公司的股权转让（★★★）

考点分析

本考点内容较多，是考生复习的重点和难点，在近几年多次出现考题。其中实际投资人和名义投资人的权利义务关系、滥用股东权的责任、转让股权和退出公司法定条件都是考生应掌握的内容。

考点精讲

1. 股东

股东是指出资人或持有公司股份的人，若出资人不符合股东条件，实际出资人可与名义出资人订立合同，约定权利和义务。

我国《公司法》对股东的相关规定如表 2-14 所示。

表 2-14　我国《公司法》对股东的相关规定

情形	规定	责任
名义股东与实际出资人的内部约定	实际出资人出资并享有权益，以名义出资人为名义股东，该约定合同有效	①实际出资人与名义股东因投资权益的归属发生争议，实际出资人以其实际履行了出资义务为由向名义股东主张权利的，人民法院应予支持 ②名义股东以公司股东名册记载、公司登记机关登记为由否认实际出资人权利的，人民法院不予支持
实际出资人变更为股东	须经其他股东过半数同意	实际出资人未经公司其他股东半数以上同意，请求公司变更股东、签发出资证明书、记载于股东名册、记载于公司章程并办理公司登记机关登记的，人民法院不予支持
名义股东处置名下股权	实际出资人以其股权享有实际权利为由，请求认定处分股权行为无效的，人民法院参照《物权法》的规定处理	给实际出资人造成损失的，实际出资人可以要求名义股东承担赔偿责任
股权转让后，原股东处置转让的股权	股权转让后尚未办理变更登记，原股东仍将登记于其名下的股权处置的，受让股东的股权不得对抗善意第三人	①原股东处分股权给受让股东造成损失的，受让股东可以要求原股东承担赔偿责任 ②未及时办理变更登记有过错的董事、高级管理人员或实际控制人，应承担相应责任的，人民法院应予支持 ③受让股东对于未及时办理变更登记也有过错的，可以适当减轻②中相关人员的责任

续表

情形	规定	责任
债权人对未履行出资义务的名义股东的抗辩	—	①公司债权人以股东未履行出资义务为由，请求其对公司债务不能清偿的部分在未出资本息范围内承担补充赔偿责任，股东以其仅有名义股东而非实际出资人为由进行抗辩的，人民法院不予支持 ②名义股东承担赔偿责任后，向实际出资人追偿的，人民法院应予支持
冒用他人名义出资	冒用他人名义出资并将该他人作为股东登记的，应承担由此产生的法律责任	公司、其他股东或公司债权人以未履行出资义务为由，请求被冒名登记为股东的人承担补足出资责任或对公司债务不能清偿部分的赔偿责任的，人民法院不予支持

2. 股东权

公司股东是持有公司股份或者出资的人，股东权则是股东基于股东资格而享有的权利。

根据不同的标准，可以将股东权做不同的分类。具体如图 2-7 所示。

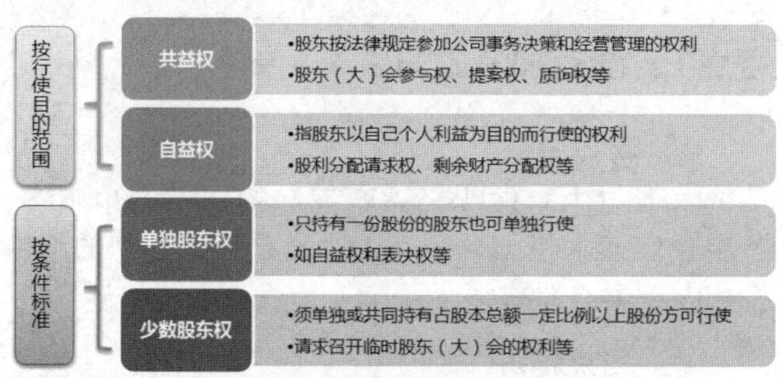

图 2-7 股东权的种类

3. 股东滥用股东权的责任

股东应依法行使股东权，不得滥用股东权损害公司及其他股东的利益，否则应承担以下责任。

（1）公司股东滥用股东权利给公司或其他股东造成损失的，应依法承担赔偿责任。

（2）公司股东滥用公司法人独立地位和股东有限责任，逃避债务，严重损害公司债权人利益的，应当对公司债务承担连带责任。

（3）下列人员不得利用关联关系损害公司利益，违反规定给公司造成损失的，应当承担赔偿责任。

①三个“50%”：出资额占有限责任公司资本总额 50% 以上；持有的股份占股份有限公司股本总额 50% 以上；出资额或者持有股份的比例虽然不足 50%，但依其出资额或持有的股份所享有的表决权已足以对股东会、股东大会的决议产生重大影响的控股股东。

②通过投资关系、协议或者其他安排，能够实际支配公司行为的实际控制人。

③公司董事、监事和高级管理人员。

4. 有限责任公司股东转让股权

有限责任公司股东转让股权分为股东间的转让、对外转让和人民法院强制转让 3 种方式，相关规定如表 2-15 所示。

表 2-15 股权的 3 种不同转让方式的相关规定

情形	规定
股东之间的转让	有限责任公司的股东之间可以相互转让其全部或者部分股权
对外转让	①对外转让股权应经其他股东过半数同意 ②应书面通知其他股东转让的相关事宜并征求其同意，其他股东自接到书面通知之日起满 30 日内未答复的，视为同意转让 ③其他股东过半数以上不同意转让的，应购买该转让股权，否则视为同意转让 ④经股东同意转让的股权，同等条件下，其他股东有优先购买权 ⑤两个以上股东行使优先购买权的，可协商购买比例，协商不成则按出资比例进行购买 ⑥公司章程另有规定的，从其规定
人民法院强制转让	①因民事诉讼程序强制执行转让公司股权的，应通知公司及全体股东 ②同等条件下，其他股东享有优先购买权 ③其他股东自人民法院通知之日起满 20 日不行使优先购买权的，视为放弃该权利

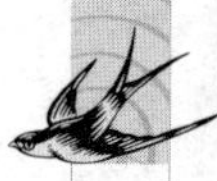

名师解读

转让股权后，原股东不再享有股东权益，所以有限责任公司对涉及出资和股东权益的相关文件（如公司章程等）应及时处理。

5. 有限责任公司股东退出公司

（1）股东退出公司的法定条件

公司出现以下情况，股东在该事项决议投出反对票，可请求公司按合理价格收购其股权，退出公司。

①公司连续 5 年盈利，符合《公司法》规定的分配利润条件，但在该 5 年内不向股东分配利润的。

②公司合并、分立、转让主要财产的。

③公司章程规定的营业期限届满或其他解散事由出现，股东会会议通过决议修改章程使公司存续的。

（2）股东退出公司的法定程序

股东退出公司的法定程序包括以下规定。

①请求公司收购其股权。股东要求退出公司时，股东应请求公司以合理的价格收购其股权。

②依法向人民法院提起诉讼。股东请求公司收购其股权，应尽量通过协商的方式解决。协商不成的，根据《公司法》规定，自股东会会议决议通过之日起 60 日内，股东与公司不能达成股权收购协议的，股东可以自股东会会议决议通过之日起向人民法院提起诉讼。

典型例题

【例题 1·多选题】根据公司法律制度的规定，有限责任公司股东对股东会特定事项作出的决议投反对票的，可以请求公司按照合理的价格收购其股权，退出公司。下列属于该特定事项的有（ ）。（2014 年）

A. 公司转让主要财产的

B. 公司合并、分立的

C. 公司增加注册资本的

D. 公司章程规定的营业期限届满，股东会通过决议修改章程使公司存续的

【解析】有限责任公司出现下列三种情形之一的，对股东会决议投反对票的股东，可以请求公司按照合理价格收购其股权，退出公司：①公司连续 5 年不向股东分配利润，而公司该 5 年连续盈利，并且符合法律规定的分配利润条件；②公司合并、分立，转让主要财产（选项 A、B）；③公司章程规定的营业期限届满或者章程规定的其他解散事由出现，股东会会议通过决议修改章程使公司存续（选项 D）。

【答案】ABD

【例题 2·判断题】公司股东滥用公司法人独立地位和股东有限责任，逃避债务，严重损害公司债权人利益的，应当对公司债务承担连带责任。（ ）（2016 年）

【解析】公司股东滥用公司法人独立地位和股东有限责任，逃避债务，严重损害公司债权人利益的，股东应当对公司债务承担连带责任。

【答案】√

考点14 一人有限责任公司（★★★）

考点分析

本考点的内容较少，复习难度不大，通常以客观题的形式进行考查。

考点精讲

一人有限责任公司是指只有一名股东（自然人或法人）的有限责任公司，一人有限责任公司的特殊规定如图 2-8 所示。

股东	•一个自然人只能投资设立一个有限责任公司
公司登记	•在公司登记时应注明自然人独资或法人独资，营业执照中也应载明
组织机构	•不设股东会，其职权由股东行使，股东采用书面形式行使相应职权
财务报告审计	•在每一会计年度终了编制财务会计报告，并经会计师事务所审计
公司债务承担	•股东不能证明公司财产独立于股东自己财产的，应对公司债务承担连带责任

图 2-8 一人有限责任公司的特殊规定

典型例题

【例题·单选题】下列关于一人有限责任公司的表述中，不符合公司法律制度规定的是（ ）。（2015 年）

A. 股东只能是一个自然人

B. 一个自然人只能投资设立一个一人有限责任公司

C. 财务会计报告应当经会计师事务所审计

D. 股东不能证明公司财产独立于自己财产的，应当对公司债务承担连带责任

【解析】根据规定，一人有限公司是指一个自然人股东或一个法人股东的有限责任公司，故选项 A 错误。

【答案】A

考点15 国有独资公司（★★★）

考点分析

本考点内容较少，需要记忆的知识点也不多，考生在复习本考点内容时，对国有独资公司的组织机构应当重点掌握。

考点精讲

国有独资公司是指国家单独出资、由国务院或者地方人民政府委托本级人民政府国有资产监督管理机构履行出资人职责的有限责任公司。

关于国有独资公司的规定如表 2-16 所示。

表 2-16 国有独资公司的相关规定

情形	规定
股东	有且只有 1 名——国有资产监督管理机构
公司章程	由国有资产监督管理机构制订，或由董事会制订报国有资产监督管理机构批准
组织机构	①不设股东会，由国有资产监督管理机构行使股东会职权 ②授权公司董事会行使股东会的部分职权，公司的合并、分立、解散、增减注册资本和发行公司债券除外 ③重要的国有独资公司的合并、分立、解散、申请破产，应由国有资产监督管理机构审核后，并报本级人民政府批准
董事会	①设立董事会，董事任期每届不超过 3 年，由国有资产监督管理机构委派 ②设董事长 1 名，可以设副董事长，董事长、副董事长由国有资产监督管理机构指定（而非董事会选举产生）
经理	①设经理，由董事会聘任或解聘 ②经国有资产监督管理机构同意，董事会成员可以兼任经理
监事会	①监事会，其成员不得少于 5 人，由国有资产监督管理机构委派 ②监事会主席由国有资产监督管理机构从监事会成员中指定
职工代表	①由公司职工代表大会选举产生 ②监事会成员中职工代表比例不得低于 1/3，具体比例由公司章程规定

名师解读

未经国有资产监督管理机构同意，国有独资公司的董事长、副董事长、董事、高级管理人员，不得在其他有限责任公司、股份有限公司或者其他经济组织兼职。

典型例题

【例题1·单选题】下列关于国有独资公司组织机构的表述中，符合公司法律制度规定的是（　）。（2016年）

A. 国有独资公司应当设股东会

B. 国有独资公司董事长由董事会选举产生

C. 经国有资产监督管理机构的同意，国有独资公司董事可以兼任经理

D. 国有独资公司监事会主席由董事会选举产生

【解析】选项A错误，国有独资公司不设股东会，由国有资产监督管理机构行使股东会职权；选项B错误，国有独资公司董事长由国有资产监督管理机构从董事会成员中指定；选项D错误，国有独资公司监事会主席由国有资产监督管理机构从监事会成员中指定。

【答案】C

【例题2·判断题】国家授权投资的机构投资设立的国有独资公司可以设立股东会，也可以不设立股东会。（　）

【解析】国有独资公司不设股东会，其唯一股东为国有资产监督管理机构，国有资产监督管理机构行使股东会职权。

【答案】×

【例题3·判断题】一人有限责任公司和国有独资公司都不设立股东会。（　）

【解析】一人有限责任公司不设股东会。

【答案】√

本节考点回顾与总结一览表

本节考点	知识总结
考点10 有限责任公司的设立条件	①股东人数：50人以下 ②注册资本：全体股东的认缴出资额 ③公司章程、公司名称、公司住所
考点11 有限责任公司的设立程序	①程序：订立公司章程→股东缴纳出资→申请设立登记 ②股东出资：股东应按时足额缴纳出资，未（全面）履行出资义务可追究其相应法律责任 ③抽逃出资：股东抽逃出资的，将对股东权利、股东资格、协助抽逃出资人员等追究相应法律责任
考点12 有限责任公司的组织机构	①股东会：股东会组成，定期、临时股东会召开，股东会召集和主持，股东会决议 ②董事会：董事会组成，董事任期和职责，董事会召集和主持，董事会决议 ③监事会：监事会组成，监事任期和职责，监事会召集和主持，监事会决议
考点13 有限责任公司的股权转让	①实际出资人和名义股东 ②股东不得滥用股东权，因滥用股东权给公司、其他股东或债权人造成损失的，应承担责任 ③股东转让股权：股东之间的转让、对外转让、人民法院强制转让 ④股东退出
考点14 一人有限责任公司	①由一名股东持有公司全部出资，其只能投资设立一个一人有限责任公司 ②不设股东会，决议以书面形式存放在公司，年度终了编制财务会计报告并经会计师事务所审核 ③股东不能证明公司财产独立于股东自己的，应对公司债务承担连带责任
考点15 国有独资公司	①一个股东——国有资产监督管理机构 ②不设股东会，设立董事会（1名董事长）和监事会（不少于5人），以及经理 ③国有资产监督管理机构职权

真题演练

1.**【多选题】**根据《公司法》的规定，下列属于上市公司高级管理人员的有（　）。（2013年）

A. 副经理　　B. 监事会主席

C. 董事　　D. 董事会秘书

2.**【单选题】**根据《公司法》的规定，下列各项中，不属于有限责任公司监事会职权的是（　）。（2013年）

A. 检查公司财务

B. 解聘公司财务负责人

C. 提议召开临时股东会议

D. 建议罢免违反公司章程的经理

3.**【单选题】**王某、刘某共同出资设立了甲有限责任公司，注册资本为10万元，下列关于甲公司组织机构设置的表述中，不符合公司法律制度规定的是（　）。（2012年）

A. 甲公司决定不设董事会，由王某担任执行董事

B. 甲公司决定不设监事会，由刘某担任监事

C. 甲公司决定由执行董事王某兼任经理

D. 甲公司决定由执行董事王某兼任监事

4.**【判断题】**公司债权人可以登记于公司登记机关的股东未履行出资义务为由，请求该股东对公司债务不能清偿的部分在未出资本息范围内承担连带

赔偿责任。（ ）（2013 年）

5.【单选题】陈某拟设立一家一人有限责任公司，在该公司章程拟定的下列内容中，不符合《公司法》规定的是（ ）。（2013 年）

A. 注册资本为人民币10万元，陈某一次足额缴纳

B. 陈某以货币和机器设备出资，其中货币出资占50%

C. 该公司不设股东会，由陈某行使股东会职权

D. 该公司设立董事会，董事会成员为陈某及其妻子2人

6.【判断题】一人有限责任公司股东不能证明公司财产独立于股东自己的财产的，应当对公司债务承担连带责任。（ ）（2014 年）

7.【单选题】下列关于国有独资公司组织机构的表述中，符合《公司法》规定的是（ ）。（2014 年）

A. 经理由国有资产监督管理机构聘任

B. 董事长、副董事长由董事会选举产生

C. 经国有资产监督管理机构同意，董事会成员可以兼任经理

D. 监事会成员不得少于3人

第四节 股份有限公司

考点16 股份有限公司的设立（★★★）

考点分析

本考点内容较多，属于考生复习的重点和难点。考生在复习股份有限公司的设立时，可将其与有限责任公司的设立进行比较，同时，由于股份有限公司设立方式有两种，又可以分别对比不同设立方式进行复习。本考点出现考题的概率较大，常以客观题的形式进行考查。

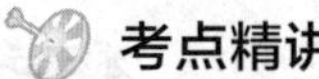

考点精讲

股份有限公司设立方式包括发起设立和募集设立两种，不同的设立方式之间有一定的区别，其相关规定如表 2-17 所示。

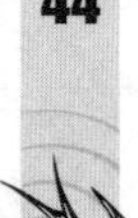

表 2-17　两种不同设立方式设立的股份有限公司的相关规定

项目	发起设立	募集设立
发起人	2 人以上 200 人以下，半数以上的发起人必须在中国境内有住所	
注册资本	货币，或实物、知识产权、土地使用权等估价或转让作价（不得高估和低估）进行出资	
	公司登记机关登记的全体发起人认购的股本总额，发起人认购股份缴足前不得向他人募集股份	公司登记机关登记的实收股本总额
制定公司章程	由全体发起人依法共同制定公司章程	全体发起人共同制定公司章程后，应召集认股人参加创立大会，并经出席会议的过半数表决权通过
	公司章程载明事项： ①公司名称、住所、经营范围、注册资本、设立方式、法定代表人 ②公司股份总数、每股金额，发起人姓名（名称）、认购股份数、出资方式和时间 ③董事会、监事会的组成、职权、任期和议事规则 ④利润分配办法，公司通知和公告办法，公司解散事由和清算办法，以及股东大会会议认为应规定的其他事项	
设立程序	①发起人书面认购股份 ②缴纳出资：书面认定公司章程规定的认购股份并缴纳出资，以非货币出资的，依法办理财产权转移手续，不按规定进行的，按协议约定承担责任 ③选举董事会和监事会 ④申请设立登记：董事会向公司登记机构提供相关文件，经核准后，予以登记并发给公司营业执照	①发起人认购股份：认购股份总额不得少于总股份的 35% ②向社会公开募集：发起人公告招股说明书，认购人填写并签名盖章；发起人委托依法设立的证券公司承销股份，委托银行代收股款 ③召开创立大会：股款缴足后应验资，并在缴足日期 30 日内召开公司创立大会，在会议召开 15 日前将会议日期通知认股人或予以公告 ④申请设立登记：创立大会结束后 30 日内，依法向公司登记机关申请设立登记，由其核准并发给公司营业执照
发起人应承担的责任	公司不能成立时的责任： ①发起人对设立行为所产生的债务和费用承担连带责任，约定责任比例的按比例承担，没有约定的按出资比例承担，否则平均承担 ②发起人对认股人已缴纳的股款，承担返还股款和银行同期利息的连带责任 ③因部分发起人过失导致公司未成立，根据过失情况确认责任范围，并承担设立行为产生的费用和债务 ④发起人因履行设立职责造成的他人损害，由成立的公司承担责任，若未成立，由全体发起人承担，公司或无过错，发起人可向过错发起人追偿	公司设立阶段的合同责任： ①发起人为设立公司而以自己名义对外签订合同，责任由发起人承担，公司成立后，合同予以确定或公司已享受合同权利、履行合同义务，责任由公司承担 ②发起人以设立中公司名义签订合同，责任由成立后的公司承担，公司成立后，有证据证明该合同为发起人以自己的利益签订的，公司不承担责任，但不得对抗善意第三人

典型例题

【例题1·单选题】股款缴足后，必须委托依法设立的验资机构验资并出具证明。发起人在股款缴足之日起（ ）日内主持召开有代表股份总额过半数的发起人和认股人出席的公司创立大会，并应在会议召开（ ）日前将会议日期通知各认股人或予以公告。

A. 30，15　　B. 15，30

C. 15，15　　D. 30，30

【解析】股款缴足后，必须委托依法设立的验资机构验资并出具证明。发起人在股款缴足之日起30日内主持召开有代表股份总额过半数的发起人和认股人出席的公司创立大会，并应在会议召开15日前将会议日期通知各认股人或予以公告。

【答案】A

【例题2·单选题】陈某等5人拟以发起设立方式共同出资设立一从事服装加工的股份有限公司。根据《公司法》规定，下列关于该公司设立事项的表述中，不正确的是（ ）。

A. 公司的注册资本数额符合法律规定

B. 可用货币，或实物、知识产权、土地使用权等估价或转让作价

C. 发起人中至少要有2人在中国境内有住所

D. 发起人对认股人已缴纳的股款，承担返还股款和银行同期利息的连带责任

【解析】设立股份有限公司，应当有2人以上200人以下为发起人，其中须有半数以上的发起人在中国境内有住所。本题中有5个发起人，应至少有3个人在中国境内有住所。

【答案】C

考点17 股份有限公司的组织机构（★★★）

考点分析

本考点属于考生应掌握的知识点，其内容和有限责任公司的相关内容大致相同，包括股东大会、董事会、监事会的职权、会议召开、召集和主持、决议等相关内容，除此之外还包括上市公司对外担保的规定，本考点涉及的题型多为客观题，考查方式较为简单，考生可轻松应对。

考点精讲

1. 股东大会

（1）股东大会的职权

股东大会由全体股东组成，依法行使职权，决定公司重大事项。股份有限公司的股东大会与有限责任公司的股东会职权基本相同，除此之外，还包括以下职权。

①对公司聘用、解聘会计师事务所作出决议。

②审议批准变更募集资金用途事项。

③审议股权激励计划。

④审议代表公司发行在外、有表决权股份总数5%以上的股东提案。

（2）股东大会的召开

股东大会召开的相关规定如表2-18所示。

表2-18 股东大会召开的相关规定

情形		规定
形式	年会	①股东大会应每年按时召开1次年会 ②上市公司应于上一会计年度结束后6个月内举行
	临时股东大会	以下事件发生2个月内应召开临时股东大会，并于会议召开15日前通知股东： ①董事人数不足《公司法》规定人数或者不足公司章程所定人数的2/3时 ②公司未弥补的亏损达实收股本总额的1/3时 ③单独或合计持有公司10%以上股份股东请求 ④董事会认为有必要召开、监事会提议召开时
召集和主持		①董事会召集，董事长主持 ②董事长不（能）履行主持职责的，依次由副董事长、半数以上董事推举一名董事履行主持职责 ③董事会不（能）履行召集职责的，由监事会及时召集和主持 ④监事会不召集和主持的，连续90日以上单独（或合计）持有公司10%股份的股东可自行召集和主持
股东临时提案权		①单独（或合计）持有公司3%以上股份的股东可提出临时提案，并在股东会召开10日前书面提交董事会 ②董事会在收到提案后2日内通知其他股东，并将该提案提交股东大会审议
决议	普通决议	经出席会议股东所持表决权的过半数通过
	特别决议	应经出席会议股东所持表决权的2/3以上通过的事项： ①修改公司章程 ②增减注册资本 ③公司合并、分立、解散决议 ④变更公司形式

（3）上市公司的对外担保

上市公司对外进行的以下担保，应通过股东大会审议批准。

①本公司及其控股子公司的对外担保总额，达到或超过最近一期经审计净资产的50%以后提供的任何担保。

②公司的对外担保总额，达到或超过最近一期经审计总资产的30%以后提供的任何担保。（出席股东表决权2/3以上通过）

③为资产负债率超过70%的担保对象提供的担保。

④单笔担保额超过最近一期经审计净资产10%的担保。

⑤对股东、实际控制人及其关联方提供的担保。（相关人员以外的其他表决权过半数通过）

2. 董事会和经理

（1）董事会

董事会是股东大会的执行机构，对股东大会负

责，其相关规定如表 2-19 所示。

表 2-19　股份有限公司董事会的相关规定

事项		规定
组成		①人数：5~19 人 ②成员：由全体董事过半数选举产生董事长（1 人）和副董事长（可设，非必须） ③任期：同有限责任公司 ④职工代表：可以有职工代表，由职工（代表）大会民主选举产生
职权		同有限责任公司
召开	董事会	①召集和主持：由董事长召集和主持，董事长不履行或不能履行时，依次由副董事长、过半数董事推举 1 名董事履行职责 ②召开：每年至少 2 次，由过半数董事出席，会议召开 10 日前通知全体董事和监事 ③出席：董事应亲自出席董事会，因故不能出席的，可书面委托其他董事代为出席并在委托书中载明授权范围
	临时董事会	①由代表 1/10 以上表决权的股东、1/3 以上董事或监事会提议召开 ②董事长自接到提议后 10 日内召集和主持 ③董事长召开临时会议，召集方法和通知时效另定
决议		①必须经全体董事过半数通过 ②董事对所作决议承担责任 ③出现以下情况，董事可免除责任：决议违反法律法规、公司章程，股东大会决议，决议致使公司遭受严重损失，董事对该项决议持相反意见并记载于会议记录

（2）经理

股份有限公司设经理，由董事会决定聘任或解聘，同时可以决定由董事会成员兼任经理。经理的职权，股份有限公司和有限责任公司基本相同。

3. 监事会

监事会为公司监督机构，其相关规定如表 2-20 所示。

表 2-20　股份有限公司监事会的相关规定

事项		规定
组成		①人数：不得少于 3 人 ②成员：股东代表和职工代表，并由全体监事过半数选举产生监事会主席、副主席（非必须） ③任期：监事每届任期为 3 年，任期届满，连选可连任 ④职工代表：职工比例不得低于 1/3，由职工（代表）大会民主选举产生 ⑤董事、高级管理人员不得兼任监事
职权		①有限责任公司监事会职权同样适用于股份有限公司监事会 ②可对董事会决议提出质疑或建议，发现公司经营情况异常，可进行调查或聘请会计师事务所协助工作 ③行使职权的必需费用，由公司承担
召开	时间	每 6 个月至少召开 1 次，监事可提议召开临时监事会议
	召集主持	①监事会主席召开和主持监事会 ②主席不（能）履行时，由副主席履行 ③副主席不（能）履行时，由过半数监事推举 1 名监事履行
决议		由公司章程规定，决定作成会议记录，出席会议的监事签名

典型例题

【例题 1 · 多选题】根据公司法律制度的规定，股份有限公司股东大会所议下列事项中，必须经出席会议的股东所持表决权 2/3 以上通过的有（　）。（2016 年）

A. 增加公司注册资本

B. 修改公司章程

C. 发行公司债券

D. 与其他公司合并

【解析】根据规定，股东大会作出决议，必须经出席会议的股东所持表决权过半数通过。但是，股东大会作出修改公司章程（选项 B）、增加或者减少注册资本（选项 A）的决议，以及公司合并（选项 D）、分立、解散或者变更公司形式的决议，必须经出席会议的股东所持表决权 2/3 以上通过。选项 C，发行公司债券属于一般决议，即须经出席会议的股东所持表决权过半数通过。

【答案】ABD

【例题 2 · 判断题】股份有限公司监事会应当包括股东代表和适当比例的公司职工代表，其中职工代表的比例不得低于 1/2，具体比例由公司章程规定。（　）

【解析】股份有限公司监事会的职工比例不得低于 1/3，题目的说法错误。

【答案】×

考点18　上市公司的特别规定（★★★）

考点分析

本考点属于考生应掌握的知识点，需要考生记忆的内容较多。考生在复习本考点时，可重点掌握担任独立董事的条件和不得担任上市公司独立董事的人员，其出现考题的概率更大。本考点涉及的题型多为客观题。

考点精讲

1. 增加股东大会特别决议事项

上市公司在 1 年内购买、出售重大资产或担保超过公司资产总额 30% 的，应由股东大会作出决议，并经出席会议的股东所持表决权的 2/3 以上通过。

2. 上市公司设立独立董事

（1）担任独立董事的基本条件

①根据法律、行政法规以及其他有关规定，具备担任上市公司董事的资格。

②具有由中国证券监督管理委员会发布的《指导意见》所要求的独立性。

③具备上市公司运作的基本知识，熟悉相关法律、行政法规、规章及规则。

④具有5年以上法律、经济或者其他履行独立董事职责所必需的工作经验。

⑤公司章程规定的其他条件。

不得担任上市公司独立董事的人员如下。

①在上市公司或其附属企业任职人员及其直系亲属、主要社会关系。

②直接或间接持有上市公司已发行股份1%以上或是上市公司前10名股东中自然人股东及其直系亲属。

③直接或间接持有上市公司已发行股份5%以上或在上市公司前5名股东单位任职的人员及其直系亲属。

④最近1年曾具有前3项任意情形的人员。

⑤为上市公司或其附属企业提供财务、法律、咨询服务的人员。

⑥公司章程规定的其他人员。

⑦中国证监会认定的其他人员。

（2）独立董事的职责和职权

独立董事的职责和职权的相关规定如表2-21所示。

表2-21 上市公司独立董事的职责和职权的相关规定

事项	规定
职责	①董事的一般职责 ②对控股股东及其选任的上市公司的董事、高级管理人员进行监督 ③对控股股东及其选任的上市公司的董事、高级管理人员与公司进行的关联交易进行监督
职权	独立董事除依法行使董事的一般职权外，还有以下特别职权： ①对公司关联交易、聘用或者解聘会计师事务所等重大事项进行审核并发表独立意见 ②就上市公司董事、高级管理人员的提名、任免、报酬、考核事项发表独立意见 ③就独立董事认为可能损害中小股东权益的事项发表独立意见

名师解读

上市公司董事与董事会会议决议事项所涉及企业有关联关系的，不得（代理）行使表决权，出席无关联关系的董事不足3人的，需提交上市公司股东大会审议，所作决议由无关联关系董事过半数通过。

典型例题

【例题1·多选题】甲上市公司拟聘请独立董事。根据公司法律制度的规定，下列候选人中，没有资格担任该公司独立董事的有（ ）。（2013年）

A. 王某，因侵占财产被判刑，3年前刑满释放

B. 张某，甲上市公司投资的某全资子公司的法律顾问

C. 赵某，个人负债100万元到期未清偿

D. 李某，甲上市公司某监事的弟弟

【解析】当事人丧失担任公司董事、监事、高级管理人员资格的，同时也丧失担任独立董事的资格。选项A、C属于不能担任公司董事、监事、高级管理人员的情形；选项B、D属于不能担任独立董事的情形。

【答案】ABCD

【例题2·多选题】根据公司法律制度的规定，下列事项中，属于上市公司股东大会决议应经出席会议的股东所持表决权2/3以上通过的有（ ）。（2011年）

A. 修改公司章程

B. 增加公司注册资本

C. 公司的内部管理机构设置

D. 公司在1年内担保金额超过公司资产总额30%的事项

【解析】须经出席会议的股东所持表决权的2/3以上通过的事项包括：①股东大会作出修改公司章程、增加或者减少注册资本的决议，以及公司合并、分立、解散或变更公司形式的决议；②上市公司在一年内购买、出售重大资产或者担保金额超过公司资产总额30%的。

【答案】ABD

本节考点回顾与总结一览表

本节考点	知识总结
考点16 股份有限公司的设立	①设立方式：发起设立、募集设立 ②注册资本：认购股本总额和实收股本总额 ③发起设立程序：发起人书面认购股份→缴纳出资→选举董事会、监事会成员→申请设立登记 ④募集设立程序：发起人认购股份→公开募集股份→召开创立大会→申请设立登记
考点17 股份有限公司的组织机构	①股东大会：召开形式和具体时间、年会和临时会议的召集和主持人、决议通过条件 ②董事会：5~19人组成，董事任职3年、可连任，设1名董事长，会议召集和主持人员，决议由全体董事过半数通过 ③监事会：不得少于3人，监事任职3年、可连任，设1名主席，负责召集和主持会议，每6个月应召开一次会议
考点18 上市公司的特别规定	①上市公司在1年内购买、出售重大资产或担保金额超过总资产30%的，应由股东大会作出决议，并经出席会议股东所持表决权2/3以上通过 ②担任独立董事的条件，以及不得担任独立董事的人员 ③独立董事的权利和义务

真题演练

1.【多选题】下列关于以募集方式设立的股份有限公司股份募集的表述中，符合《公司法》规定的有（　）。（2011 年）

A. 发起人向社会公开募集股份，必须报经国务院证券监督管理机构核准

B. 发起人向社会公开募集股份，必须公告招股说明书，并制作认股书

C. 发起人向社会公开募集股份，应当由依法设立的证券公司承销，签订承销协议

D. 发起人向社会公开募集股份，应当同银行签订代收股款协议

2.【判断题】上市公司董事与董事会会议决议事项所涉及的企业有关联关系的，不得对该项决议行使表决权，也不得代理其他董事行使表决权，并且该董事会会议所作决议须经无关联关系董事过半数通过。（　）（2011 年）

3.【多选题】某上市公司拟聘请独立董事。根据公司法律制度的规定，下列人员中，不得担任该上市公司独立董事的有（　）。（2011 年）

A. 该上市公司的分公司的经理

B. 该上市公司董事会秘书配偶的弟弟

C. 持有该上市公司已发行股份2%的股东郑某的岳父

D. 持有该上市公司已发行股份10%的该公司的某董事的配偶

第五节　公司股票、债券和违反公司法的法律责任

考点19　公司股票（★★★）

考点分析

本考点属于考生应掌握的知识点，主要介绍了股票的发行、转让等相关知识，其中股票价格、股票转让限制是本考点的重点和难点。考生要分别对发起人、高级管理人员、公司回购股票等限制规定有较深的理解，其出现考题的概率非常大，多以客观题的形式进行考查。

考点精讲

1. 股票的种类

依不同标准，可对股票进行如图 2-9 所示的分类。

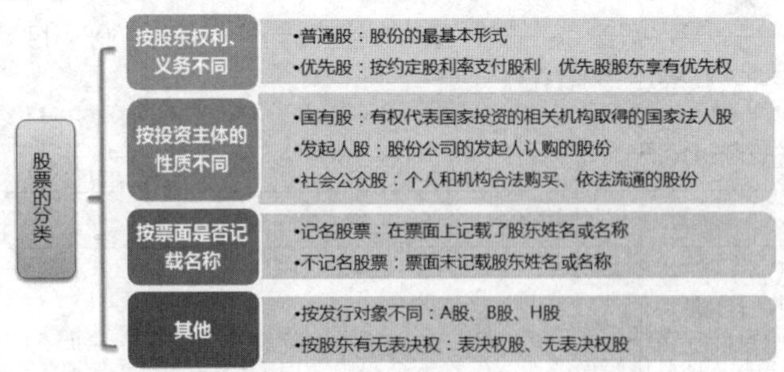

图 2-9　股票的分类

（1）普通股

普通股是指享有普通股权、承担普通义务的股份。持有普通股的股东依法享有公司决策参与权、利润分配权、优先认股权和剩余资产分配权。

（2）优先股

优先股是指享有优先权的股份，股份持有人优先于普通股股东分配公司利润和剩余财产。其相关规定如表 2-22 所示。

表 2-22　优先股的相关规定

情形	规定
优先股发行	①同一公司既发行强制分红优先股，又发行不含强制分红条款优先股的，不属于发行在股息分配上具有不同优先顺序的优先股 ②同次发行相同条款优先股，每股发行的条件、价格和票面股息率应当相同 ③相同条款的优先股应当具有同等权利
限制	①上市公司可采取公开或非公开方式发行优先股，非上市公众公司可非公开发行优先股 ②公司已发行的优先股不得超过公司普通股股份总数的 50%，且筹资金额不得超过发行前净资产的 50%，已回购、转换的优先股不纳入计算
参与股东大会	以下情况，优先股股东有权参加股东大会： ①修改公司章程中与优先股相关的内容 ②一次或累计减少公司注册资本超过 10% ③公司合并、分立、解散或变更公司形式 ④发行优先股 以上决议，须同时经出席会议的普通股股东、优先股股东各自所持表决权的 2/3 以上通过
支付股息	①公司股东大会可授权公司董事会按公司章程规定向优先股支付股息 ②公司累计 3 个会计年度或连续 2 个会计年度未按规定支付优先股股息的，股东大会批准当年不按规定分配利润的方案次日起，优先股股东有权出席股东大会与普通股股东共同表决，每股优先股股份享有公司章程规定的一定比例表决权 ③股息可累积到下一会计年度的优先股，表决权恢复直至公司全额支付所欠股息；股息不可累积的优先股，表决权恢复直至公司全额支付当年股息

2. 股票的发行

（1）股票的发行原则

股份有限公司发行股票，应遵循公平、公正，同股同价的原则。

（2）股票价格

股票发行价格可按票面金额或超出票面金额发行，股票的发行价格不得低于票面金额。

（3）发行新股

股份有限公司成立后，向社会募集股份时应由股东大会对新股种类、数额、发行价格、发行起止日期和向原有股东发行新股的种类及数额进行决议。

名师解读

公司发行新股须经国务院证券监督管理机构核准，公告新股招股说明书和财务会计报告，并制作认股书。新股募足股款后，应向公司登记机构办理变更登记，并公告。

3. 股份的转让

公司股东将其所持有的公司股份全部或部分转让给他人，使他人成为公司股东或增加股份数额的，应遵循以下规定。

（1）应在依法设立的证券交易场所进行。

（2）记名股票应背书或按法律规定的其他形式转让，转让后更改股东名称记载事项。

名师解读

股东大会召开前20日内或者公司决定分配股利的基准日前5日内，不得进行股东名册的变更登记。

（3）无记名股票的转让，由股东将该股票交付给受让人后即发生转让的效力。

4. 股份转让的限制

股份转让的限制如表2-23所示。

表2-23 股份转让的限制

限制	具体规定
对发起人	①发起人持有的本公司股份，自公司成立之日起1年内不得转让 ②公司公开发行股份前已发行的股份，自公司股票在证券交易所上市交易之日起1年内不得转让
对公司董事、监事、高级管理人员	①任职期间每年转让的股份不得超过其所持有本公司股份总数的25% ②所持本公司股份自公司股票上市交易之日起1年内不得转让 ③离职后半年内不得转让其持有的本公司股份
	上市公司该职位人员除了应遵循上述规定外，还应遵循以下规定： ①在任职期间，每年通过集中竞价、大宗交易、协议转让等方式转让的股份不得超过其所持本公司股份总数的25%（因司法强制执行、继承、遗赠、依法分割财产等导致股份变动的除外） ②所持股份不超过1 000股的，可一次全部转让，不受前款转让比例的限制 ③在下列期间不得买卖本公司股票： a. 上市公司定期报告公告前30日内 b. 上市公司业绩预告、业绩快报公告前10日内 c. 自可能对本公司股票交易价格产生重大影响的重大事项发生之日或在决策过程中，至依法披露后2个交易日内 d. 证券交易所规定的其他期间
对股票质押	公司不得接受本公司的股票作为质押权的标的
公司回购股票	可回购股票的情况： ①减少公司注册资本 ②与持有本公司股份的其他公司合并 ③将股份奖励给本公司职员 ④股东因对股东大会作出公司合并、分立决议持有异议，要求公司收购其股份的

5. 记名股票被盗、遗失或灭失的补救

记名股票被盗、遗失或者灭失，股东可以依照民事诉讼法规定的不少于60日公示催告程序，请求人民法院宣告该股票失效。人民法院依法宣告该股票失效后，股东可以向公司申请补发股票。公示催告期间，转让票据权利的行为无效。

典型例题

【例题1·多选题】根据公司法律制度的规定，下列情形中，属于股份有限公司可以收购本公司股份的有（ ）。（2016年）

A. 接受本公司股票作为质权标的

B. 减少公司注册资本

C. 将股份奖励给本公司职工

D. 与持有本公司股份的其他公司合并

【解析】根据《公司法》的规定，公司不得收购本公司股份。但是，有下列情形之一的除外：①减少公司注册资本（选项B）；②与持有本公司股份的其他公司合并（选项D）；③将股份奖励给本公司职工（选项C）；④股东因对股东大会作出的公司合并、分立决议持异议，要求公司收购其股份的。选项A，公司不得接受本公司的股票作为质押权标的。

【答案】BCD

【例题2·多选题】根据公司法律制度的规定，上市公司的优先股股东有权出席股东大会会议的，就相关事项与普通股股东分类表决。该相关事项有（ ）。（2015年）

A. 修改公司章程中与优先股相关的内容

B. 一次减少公司注册资本达5%

C. 变更公司形式

D. 发行优先股

【解析】选项B，一次减少公司注册资本达10%的，优先股股东有权出席股东大会会议。

【答案】ACD

【例题3·判断题】上市公司同次发行的相同条款优先股，每股发行的条件、价格和票面股息率应当相同。（ ）（2015年）

【解析】题干表述正确。

【答案】√

考点20 公司债券（★★★）

考点分析

本考点的内容较少，复习难度较小，考生在复习本考点时，应重点掌握记名公司债券和无记名公司债券的发行和转让规则，同时，可将本考点与公司股票考点结合，区分两种有价证券在每个环节中的异同。

考点精讲

1. 公司债券的种类

（1）公司债券按是否在债券上记载债权人姓名或名称进行分类，分为记名公司债券和无记名公司债券。

（2）公司债券按是否可转换为公司股票进行分类，分为可转换公司债券和不可转换公司债券。

2. 公司债券的转让

公司债券应按规则在证券交易所上市交易转让，其转让价格由转让人和受让人自行约定。

（1）记名公司债券：转让人应在债券上背书。

（2）无记名公司债券：直接交付受让人。

（3）可转换公司债券：公司应按转换办法向债券持有人换发股票，债券持有人对转换股票或者不转换股票有选择权。

3. 公司债券存根簿应记载的内容

公司应置备公司债券存根簿，以记载相关事项。

（1）记名公司债券

①发行时，应在公司债券存根簿上载明持有人姓名、住所，债券日期、编号，债券总额、票面金额、利率、还本付息期限和方式，及债券发行日期。

②转让时，应在公司债券存根簿上记载受让人的姓名或者名称及住所。

（2）无记名公司债券

发行时应在公司债券存根簿上载明债券总额、利率、偿还期限和方式、发行日期及债券的编号。

（3）可转换为股票的公司债券

发行时，应在公司债券存根簿载明可转换公司债券的数额，同时应在债券上标明“可转让公司债券”字样。

典型例题

【例题·单选题】下列关于公司债券的说法中，错误的是（ ）。

A. 可转换公司债券在发行时规定了转换为公司股票的条件与办法，一旦条件具备，债券持有人即拥有将公司债券转换为公司股票的选择权，在发行时未作出转换约定的为不可转换公司债券

B. 公司债券的发行应当符合《证券法》对公司发行债券规定的发行条件及程序

C. 发行无记名公司债券的，公司债券存根簿上应当载明债券总额、利率、偿还期限和方式、发行日期及债券的编号

D. 公司债券不能随意转让

【解析】公司债券可以转让，其转让价格由转让人和受让人自行约定，选项D错误。

【答案】D

考点21 违反公司法的法律责任（★）

考点分析

本考点属于需了解的知识，在考试中出现的概率较小，若涉及相关考题，多以单选题和判断题的形式出现。对于本考点内容，考生只需了解不同法律主体对于不同违法行为应承担的法律责任即可。

考点精讲

5类法律主体包括公司发起人、股东，公司，清算组，承担资产评估、验资或验证机构，以及其他法律主体，其具体违法行为和应承担的法律责任如表2-24所示。

表2-24 5类法律主体违反《公司法》应当承担的法律责任

法律主体	违法行为	法律责任
一、公司发起人、股东	虚报注册资本	（公司）虚报注册资本金额5%~15%的罚款
	虚报材料	（公司）5万~50万元的罚款
	情节严重	撤销公司登记或吊销营业执照
	构成犯罪	（当事人）3年以下有期徒刑或拘役，并处或单处虚报注册资本金额1%~5%罚款
	虚假出资	（责任人）虚假出资金额5%~15%的罚款；构成犯罪的，并处或单处5年以下有期徒刑或拘役，并处或单处虚假出资金额2%~10%的罚款
	抽逃出资	抽逃出资金额5%~15%的罚款（人）；构成犯罪的，处5年以下有期徒刑或拘役，并处或单处抽逃出资金额2%~10%的罚款
二、公司	另立会计账簿	5万~50万元罚款
	提供虚假会计资料	3万~30万元罚款（责任人）
	不按规定提取法定公积金	20万元以下罚款
	不按规定通知或公告债权人	1万~10万元罚款

续表

法律主体	违法行为	法律责任
二、公司	隐匿财产（清算）	隐匿财产或者未清偿债务前分配公司财产金额 5%~10% 的罚款；对直接负责的主管人员和其他直接责任人员处 1 万 ~10 万元罚款，构成犯罪的处 5 年以下有期徒刑或拘役，并处或单处 2 万 ~20 万元罚款
	开展与清算无关的经营活动	没收违法所得
	公司成立后无正当理由超过 6 个月未开业（或连续停业 6 个月以上）	吊销营业执照
	不按规定进行变更登记	处 1 万 ~10 万元罚款
	不按规定设立分支机构（外国公司）	处 5 万 ~20 万元罚款
三、清算组	非法侵占资产	违法所得 1~5 倍罚款
四、承担资产评估、验资或验证的机构	提供虚假材料	处违法所得 1~5 倍罚款，吊销证书、营业执照，犯罪的处 5 年以下或 5~10 年有期徒刑
	因过失有重大遗漏的	处违法所得 1~5 倍罚款，吊销证书、营业执照，后果严重的处 3 年以下有期徒刑
五、其他主体	冒用公司名义	10 万元以下罚款
	危害公共利益	吊销营业执照

典型例题

【例题·单选题】根据《中华人民共和国公司法》的规定，在法定账册以外另立会计账册的，应责令改正，处以（　）的罚款。

A. 1 万元以上 10 万元以下

B. 2 万元以上 20 万元以下

C. 3 万元以上 30 万元以下

D. 5 万元以上 50 万元以下

【解析】根据规定，违反《公司法》的规定在法定账册以外另立会计账册的，应责令改正，处以 5 万元以上 50 万元以下的罚款。

【答案】D

本节考点回顾与总结一览表

本节考点	知识总结
考点 19 公司股票	①发行股票：股票的发行价格不得低于票面金额 ②股份转让：应在依法设立的证券交易场所进行，记名股票背书转让，不记名股票交付转让 ③股份转让的限制：对发起人，公司董事、监事、高级管理人员、公司回购股份和上市公司限制
考点 20 公司债券	记名公司债券、无记名公司债券、可转换公司债券在发行和转换时应记载的事项
考点 21 违反公司法的法律责任	公司发起人，公司，清算组，承担资产评估、验资或验证机构，以及其他法律主体违反《公司法》时应承担的责任

真题演练

1.**【单选题】**某股份有限公司于 2013 年 8 月在上海证券交易所上市，公司章程对股份转让的限制未作特别规定，该公司有关人员的下列股份转让行为中，符合公司法律制度规定的是（　）。（2016 年）

A. 发起人王某于2014年4月转让了其所持本公司公开发行股份前已发行的股份总数的25%

B. 董事郑某于2014年9月将其所持本公司全部股份800股一次性转让

C. 董事张某共持有本公司股份10 000股，2014年9月通过协议转让了其中的2 600股

D. 总经理李某于2015年1月离职，2015年3月转让了其所持本公司股份总数的25%

2.**【单选题】**根据公司法律制度的规定，下列关于发起人转让其持有的本公司股份限制的表述中，正确的是（　）。（2015 年）

A. 自公司成立之日起1年内不得转让

B. 自公司成立之日起2年内不得转让

C. 自公司成立之日起3年内不得转让

D. 自公司成立之日起5年内不得转让

第六节 本章综合练习

（一）单选题

1. 下列有关有限责任公司股东出资的表述中，符合公司法律制度规定的是（　）。

A. 经全体股东同意，股东可以用劳务出资

B. 不按规定缴纳所认缴出资的股东，应对已足额缴纳出资的股东承担违约责任

C. 股东在认缴出资并经法定验资机构验资后，不得抽回出资

D. 股东向股东以外的人转让出资，须经全体股东2/3以上同意

2. 甲公司的分公司在其经营范围内以自己的名义对外签订一份货物买卖合同。根据《公司法》的规定，下列关于该合同的效力及其责任承担的表述中，正确的是（　）。

A. 该合同有效，其民事责任由甲公司承担

B. 该合同有效，其民事责任由分公司独立承担

C. 该合同有效，其民事责任由分公司承担，甲公司负补充责任

D. 该合同无效，甲公司和分公司均不承担民事责任

3. 甲、乙、丙、丁 4 人拟共同出资设立一贸易有限责任公司，注册资本为 100 万元。其草拟的公司章程记载的下列事项中，不符合公司法律制度规定的是（　）。

A. 公司由甲同时担任经理和法定代表人

B. 公司不设监事会，由乙担任监事

C. 股东向股东以外的人转让股权，应当经其他股东过半数同意

D. 董事会对所议事项的决定作成会议记录，由董事长在会议记录上签名

4. 根据公司法律制度的规定，下列各项中，属于有限责任公司股东会职权的是（　）。

A. 决定公司的经营计划和投资方案

B. 修改公司章程

C. 聘任或者解聘公司经理

D. 选举和更换全部的监事

5. 根据公司法律制度的规定，公司合并时，应当自合并决议作出之日起（　）内通知债权人，并于（　）内在报纸上公告。

A. 10日、30日　　B. 10日、45日

C. 30日、45日　　D. 45日、60日

6. 某股份有限公司，其股本总额为人民币 10 000 万元，董事会成员有 10 人。根据公司法律制度的规定，下列各项中，该股份有限公司应当在两个月内召开临时股东大会的情形是（　）。

A. 董事人数减至3人

B. 监事张某提议召开

C. 公司未弥补的亏损达人民币2 000万元

D. 持有该公司股份5%的股东提议召开

7. 甲有限责任公司欲与其他公司进行合并，对此召开股东会进行决议，该决议必须经（　）。

A. 代表2/3以上表决权的股东表决同意

B. 出席会议的2/3股东一致同意

C. 出席会议的全体股东一致同意

D. 代表1/2以上表决权的股东表决同意

8. 下列有关公司组织机构的表述中，符合公司法律制度规定的是（　）。

A. 股东人数较少或者规模较小的有限责任公司可以不设监事会，也可以不设监事

B. 一人有限责任公司不设股东会

C. 国有独资公司的董事长由董事会以全体董事的过半数选举产生

D. 股份有限公司的董事会成员中应当有公司职工代表

9. 根据公司法律制度的规定，下列关于有限责任公司董事会的表述中，正确的是（　）。

A. 董事会成员中应当有公司职工代表

B. 董事任期为4年

C. 董事长和副董事长由全体董事的过半数选举产生

D. 董事长和副董事长不召集和主持董事会的，由半数以上董事共同推举一名董事召集和主持

10. 下列关于股份有限公司股票发行的表述中。不符合《公司法》规定的是（　）。

A. 股票发行必须同股同价

B. 股票发行价格可以低于票面金额

C. 向发起人发行的股票，应当为记名股票

D. 向法人发行的股票，应当为记名股票

11. 某股份有限公司于 2013 年 6 月在上海证券交易所上市。该公司有关人员的下列股份转让行为中，不符合《公司法》规定的是（　）。

A. 监事张某2014年3月将其所持有的本公司股份总数的25％转让

B. 董事吴某2014年8月将其所持有的本公司全部股份500股一次性转让

C. 董事罗某2015年将其所持有的本公司股份总数的25％转让

D. 经理王某2016年1月离职，8月转让其所持有的本公司所有股份

12. 根据《公司法》的规定，国有独资公司的设立和组织机构适用特别规定，没有特别规定的，适用有限责任公司的相关规定。下列各项中，符合国有独资公司特别规定的是（ ）。

A. 国有独资公司的章程可由董事会制定并报国有资产监督管理机构批准

B. 国有独资公司合并事项由董事会决定

C. 董事会成员中可以有公司职工代表

D. 监事会主席由全体监事过半数选举产生

13. 下列关于股份有限公司公积金的表述中，不符合《公司法》规定的是（ ）。

A. 法定公积金按照公司税后利润的10%提取

B. 法定公积金累计额为公司注册资本的50%以上时，可以不再提取

C. 资本公积金可用于弥补公司的亏损

D. 公司以超过股票票面金额的发行价格发行股份所得的溢价款，应列为资本公积金

14. 根据公司法律制度的规定，公司的发起人、股东虚假出资，未交付或者未按期交付作为出资的货币或者财产的，由公司登记机关责令改正，并处以虚假出资金额（ ）的罚款。

A. 1%以上5%以下

B. 2%以上10%以下

C. 5%以上10%以下

D. 5%以上15%以下

（二）多选题

1. 根据《公司法》规定，规模较小、不设董事会的有限责任公司，其法定代表人为（ ）。

A. 总经理

B. 执行董事

C. 监事

D. 财务负责人

2. 苏某是甲公司股东，欲对公司提起解散诉讼，下列说法正确的有（ ）。

A. 苏某提起解散公司诉讼应当以公司为被告

B. 经人民法院调解公司收购原告股份的，公司应当自调解书生效之日6个月内将股份转让或者注销

C. 苏某以知情权受到损害为由，提起解散公司诉讼的，人民法院不予受理

D. 公司持续两年以上无法召开股东会或者股东大会，公司经营管理发生严重困难的，单独或者合计持有公司全部股份表决权10%以上的股东提起解散公司诉讼，人民法院应予受理

3. 根据相关规定，下列情形中，公司清算组应当自公司清算结束之日起30日内向原公司登记机关申请注销登记的有（ ）。

A. 公司被依法宣告破产

B. 股东大会决议解散

C. 依法被吊销营业执照

D. 有限责任公司变更为股份有限公司

4. 下列关于有限责任公司的表述中，符合《公司法》规定的有（ ）。

A. 公司登记机关登记的全体股东认缴的出资额即为注册资本

B. 有限责任公司由50个以下股东出资设立，股东可以是自然人，也可以是法人

C. 股东可以用货币出资，也可以用实物、知识产权、土地使用权等可以用货币估价并可以依法转让的非货币财产作价出资

D. 以非货币财产出资，未估价的可请求估价，若估价低于公司章程规定，应认定出资人未依法全面履行出资义务

5. 甲、乙、丙3个股东组建了A有限责任公司。后甲因为欠债，自身财产不足清偿其债务，在其债权人的请求下，法院决定强制执行甲在A公司的股权。下列说法正确的有（ ）。

A. 乙和丙在同等条件下有优先购买权

B. 法院可以直接拍卖甲在A公司的股份

C. 法院首先应该通知A公司及乙和丙两位股东

D. 如果乙和丙均不愿购买甲在A公司的股份，A公司以外的丁可以购买

6. 下列有关上市公司组织机构的特别规定，说法错误的有（ ）。

A. 上市公司一年内购买重大资产金额超过公司资产总额的20%的，应当由股东大会作出决议，并经出席会议的股东所持表决权的2/3以上通过

B. 上市公司应当设立独立董事

C. 上市公司应当设立董事会秘书，其主要职责在于对控股股东及其选任的上市公司的董事、高级管理人员，以及其与公司进行关联交易等进行监督

D. 董事会会议由过半数的无关联关系董事出席即可举行，董事会会议所作决议须经无关联关系董事过半数通过

7. 发起人、认股人缴纳股款或者交付抵作股款的出资后，不得抽回其股本，但（ ）情况除外。

A. 未按期募足股份

B. 发起人未按期召开创立大会

C. 创立大会决议不设立公司

D. 任何情况下均可以抽回

8. 根据公司法律制度的规定，有限责任公司股东会作出的下列决议中，必须经代表2/3以上表决权的股东通过的有（　）。

A. 对股东转让出资作出决议

B. 对发行公司债券作出决议

C. 对变更公司形式作出决议

D. 对修改公司章程作出决议

9. 下列关于公司利润分配的表述中，符合公司法律制度规定的有（　）。

A. 公司持有的本公司股份不得分配利润

B. 公司发生重大亏损，税后利润不足弥补的，可用公司的资本公积弥补

C. 公司的任意公积金可转增为公司资本

D. 公司章程可以规定股东对公司可分配利润的分配比例

10. 根据我国《公司法》的规定，具有发行公司债券资格的公司有（　）。

A. 国有独资公司

B. 两个以上国有企业投资设立的有限责任公司

C. 股份有限公司

D. 由一个国有企业和一个集体企业投资设立的有限责任公司

11. 下列关于有限责任公司和股份有限公司的设立的相同之处，其说法正确的有（　）。

A. 投资人均为2人以上

B. 投资人都可以用实物作价出资

C. 公司成立日期都是营业执照签发之日

D. 股权都可转让

12. 根据规定，单独或者合计持有公司全部股东表决权10%以上的股东，有一定事由时，公司继续存续会使股东利益受到损失，通过其他途径不能解决，提起解散公司诉讼，人民法院应予以受理。该事由包括（　）。

A. 公司持续2年以上无法召开股东会或者股东大会，公司经营管理发生严重困难的

B. 股东表决时无法达到法定或者公司章程规定的比例，持续2年以上不能作出有效的股东会或者股东大会决议，公司经营管理发生严重困难的

C. 经营管理发生严重困难，继续存续会使股东利益受到重大损失

D. 公司董事长期冲突，且无法通过股东会或者股东大会解决，公司经营管理发生严重困难的

13. 根据《关于在上市公司建立独立董事制度的指导意见》的规定，担任独立董事应当符合的基本条件包括（　）。

A. 必须为中国公民

B. 具备担任上市公司董事的资格

C. 具有本《指导意见》中所要求的独立性

D. 具有3年以上法律、经济或者其他履行独立董事职责所必需的工作经验

14. 某合伙企业，在与另一公司交易中冒用某有限责任公司的名义，则应当由公司登记机关（　）。

A. 责令改正或者予以取缔

B. 处以交易所得1倍以上5倍以下的罚款

C. 处10万元以下的罚款

D. 没收交易所得

（三）判断题

1. 分公司不具有法人资格，不是经济法律关系的主体，所以不可以依法独立从事生产经营活动，其民事责任由设立该分公司的总公司承担。（　）

2. 子公司有独立的公司名称、章程，有独立的财产，具有法人资格，依法独立承担民事责任。（　）

3. 董事、监事、高级管理人员不得同本公司订立合同或者进行交易，但公司章程规定或者董事会同意的除外。（　）

4. 高级管理人员包括公司的财务负责人，上市公司董事会秘书、经理等，但不包括公司的副经理。（　）

5. 公司董事、高级管理人员违反法律、行政法规或者公司章程的规定，给公司造成损失的，这属于股东间接诉讼的范围，股东不可以直接向人民法院提起诉讼。（　）

6. 有限责任公司监事会每年度至少召开1次会议，监事可以提议召开临时监事会会议。（　）

7. 不论是自然人还是法人，只能投资设立一个一人有限责任公司，且该一人有限责任公司不能投资设立新的一人有限责任公司。（　）

8. 除法律另有规定外，股东大会召开前20日内或者公司决定分配股利的基准日前5日内，不得进行股东名册的变更登记。（　）

9. 甲股东持有某股份有限公司全部股东表决权的15%。甲股东以该公司被吊销营业执照未进行清算为由，向人民法院提起解散公司的诉讼，人民法院应予受理。（　）

10. 有限责任公司的股东之间相互转让其全部或部分股权，应当经其他股东过半数通过。（　）

11. 甲持有某有限责任公司全部股东表决权的9%，因公司管理人员拒绝向其提供公司账本，甲以其知情权受到损害为由，提起解散公司的诉讼。为此，人民法院不予受理。（　）

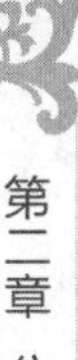

第七节 本章真题演练及综合练习答案与解析

一、真题演练答案速查表

所在节	题号	答案	题号	答案	题号	答案
第一节	1	C	2	C	3	√
	4	A				
第二节	1	D	2	A	3	A
	4	B	5	CD		
第三节	1	AD	2	B	3	D
	4	×	5	D	6	√
	7	C				
第四节	1	ABCD	2	√	3	ABD
第五节	1	B	2	A		

二、本章综合练习答案与解析

（一）单选题

1. B【解析】选项A，有限责任公司股东不得以劳务出资；选项C，任意情况下股东都不得抽逃出资；选项D，对外转让公司股份的，须经出席会议的股东所持表决权的2/3以上同意。

2. A【解析】分公司依法独立从事生产经营活动，其不具备法人资格，其民事责任由总公司承担，所以其以自己名义签订的合同有效，且民事责任由甲公司承担。

3. D【解析】选项D错误，会议记录应由出席会议的董事全体签名。

4. B【解析】选项A、C属于董事会的职权；选项D，股东会只能选举和更换“非职工代表”担任的董事、监事，职工代表担任的董事、监事由职工代表大会选举和更换。

5. A【解析】公司合并时，应当自合并决议作出之日起10内通知债权人，并于30日内在报纸上公告。

6. A【解析】选项A属于“董事人数不足《公司法》规定人数或公司章程所定人数的2/3”的情形，此情形下应召开临时股东大会。

7. A【解析】有限责任公司合并股东会议的决议须经代表2/3以上表决权的股东表决同意。

8. B【解析】选项A，此种情形下可不设监事会，但必须设1~2名监事；选项C，国有独资公司董事长由国有资产监督管理机构指定；选项D，股份有限公司董事会可以有公司职工代表，而非应当有。

9. D【解析】选项A，两个以上的国有企业投资设立的有限责任公司，董事会成员中“应当”包括职工代表；其他有限责任公司董事会成员中也可以有职工代表（也可以没有）；选项B，董事每届任期不得超过3年；选项C，有限责任公司董事长、副董事长的产生办法由公司章程规定。

10. B【解析】我国《公司法》规定，股票的发行价格可以按票面金额，也可以超过票面金额，但不得低于票面金额。选项B低于票面金额，不符合《公司法》规定。

11. A【解析】选项A不符合规定，董事、监事、高级管理人员所持本公司股份的，自公司股票上市交易之日起1年内不得转让，本题中2013年6月～2014年3月不满1年；选项B、C符合规定，董事、监事、高级管理人员在任职期间每年转让的股份不得超过其所持有本公司股份总数的25%，上市公司董事、监事和高级管理人员所持股份不超过1 000股的，可以一次性全部转让，不受25%转让比例的限制；选项D符合规定，董事、监事、高级管理人员离职后6个月内，不得转让其所持有的本公司股份。

12. A【解析】选项B中，国有独资公司的合并事项由国有资产监督管理机构决定，重要国有独资公司的合并事项，应当由国有资产监督管理机构审核后，报本级人民政府批准；选项C，国有独资公司的董事会成员中应当有公司职工代表；选项D，国有独资公司的监事会主席由国有资产监督管理机构从监事会成员中指定。

13. C【解析】选项C错误，资本公积金不得用于弥补公司的亏损。

14. D【解析】发起人虚假出资的，责任人应处以5%以上15%以下的罚款，构成犯罪的，并处或单处5年以下有期徒刑或拘役。

（二）多选题

1. AB【解析】公司的法定代表人依照公司章程的规定，由董事长、执行董事或者经理担任。

2. ABCD【解析】本题所有选项的描述均正确。

3. ABC【解析】选项D，有限责任公司变更为股份有限公司，属于变更登记的情形。

4. ABCD【解析】本题所有选项的描述均正确。

5. ACD【解析】选项B，法院拍卖甲在A公司的股份时，应当通知公司及全体股东。

6. AC【解析】选项A，上市公司一年内购买重大资产金额超过资产总额30%的，才行使2/3表决权通过；选项C，董事会秘书是服务于董事会的，监事会才是对董事会的各种事项进行监督。

7. ABC【解析】可抽回股本的情况包括：①

发行的股份超过招股说明书规定的截止期限尚未募足的；②发行股份的股款缴足后，发起人在30日内未召开创立大会的，或创立大会作出不设立公司决议的。

8. CD【解析】有限责任公司增加注册资本、减少注册资本、公司的合并与分立、公司的解散与清算或变更公司形式、修改公司章程等事项的，必须经代表2/3以上表决权的股东通过。

9. ACD【解析】本题考查公司利润分配。选项B错误，资本公积金不得用于弥补公司的亏损。

10. ABCD【解析】本题所有选项的表述均符合题意。

11. BCD【解析】一人有限责任公司投资人只有1名。

12. ABCD【解析】本题所有选项的表述均符合题意。

13. BC【解析】担任独立董事应当符合以下基本条件：①根据法律、行政法规及其他有关规定，具备担任上市公司董事的资格；②具有《指导意见》所要求的独立性；③具备上市公司运作的基本知识，熟悉相关法律、行政法规、规章及规则；④具有5年以上法律、经济或者其他履行独立董事职责所必需的工作经验；⑤公司章程规定的其他条件。因此，选项B、C符合题意。

14. AC【解析】未依法登记为有限责任公司或者股份有限公司，而冒用有限责任公司或者股份有限公司名义的，或者未依法登记为有限责任公司或者股份有限公司的分公司，而冒用有限责任公司或者股份有限公司的分公司名义的，由公司登记机关责令改正或者予以取缔，可以并处10万元以下的罚款。因此应当选择选项A、C。

（三）判断题

1. ×【解析】分公司不具有法人资格，可以依法独立从事生产经营活动，其民事责任由设立该分公司的总公司承担。

2. √【解析】本题考查子公司的法律地位。题干表述正确。

3. ×【解析】董事、监事、高级管理人员不得同本公司订立合同或者进行交易，但公司章程规定或者股东会、股东大会同意的除外。

4. ×【解析】高级管理人员指公司的经理、副经理、财务负责人，上市公司董事秘书和公司章程规定的其他人员。

5. √【解析】本题是对股东提起诉讼的正确描述。

6. √【解析】本题考查监事会的召开。题干表述正确。

7. ×【解析】一个自然人只能投资设立一个一人有限责任公司，且该一人有限责任公司不能投资设立新的一人有限责任公司；法人不受此限制。

8. √【解析】本题是对股东名册变更登记相关规定的正确描述。

9. ×【解析】根据规定，股东以公司被吊销营业执照未进行清算为由，提起解散公司诉讼，人民法院不予受理。

10. ×【解析】有限责任公司股东内部转让股权自由，无需经其他股东同意；有限责任公司股东对外转让股权的，应当书面征求其他股东过半数同意。

11. √【解析】本题是对股东提起诉讼的正确描述。

第三章 其他主体法律制度

本章内容包括个人独资企业法律制度、合伙企业法律制度两方面内容，考查概率相对较大，在近 3 年考试中所占平均分值约为 10 分，考生应全面掌握本章内容。本章内容主要涉及的题型包括单选题、多选题、判断题和简答题（有限合伙企业、合营企业等），考点较多，复习难度较大，特别是某些法律规定有一定的相似性，考生容易混淆。在复习时考生可采用比较式的方法学习，理解记忆、合理区分各相似知识。

▼本章主要考点的题型、估计题量和所占分值一览表

主要考点	题型	估计题量	所占分值
①个人独资企业的解散和清算；②普通合伙企业的事务执行；③有限合伙人的性质转变；④当然退伙；⑤个人独资企业的设立条件；⑥合伙企业和合伙人的债务清偿	单选题	1~3 题	1~3 分
①合伙人的出资方式；②有限合伙企业的设立条件；③有限合伙人财产份额转让；④有限合伙企业事务执行的特殊规定；⑤有限合伙企业设立的特殊规定	多选题	1~3 题	2~6 分
①特殊的普通合伙企业；②合伙企业的损益分配；③个人独资企业投资人的清偿责任；④有限合伙企业入伙的特殊规定	判断题	1~2 题	1~2 分
①有限合伙企业；②合伙企业的事务执行	简答题	1 题	1~6 分

▼本章知识结构一览表

其他主体法律制度	一、个人独资企业法律制度	（1）个人独资企业的性质（★★） （2）个人独资企业的设立（★★★）：设立条件、设立程序 （3）个人独资企业的投资人及事务管理（★★） （4）个人独资企业的解散和清算（★★★）
	二、合伙企业法律制度	（1）合伙企业的分类（★） （2）普通合伙企业（★★★）：普通合伙企业的设立、合伙企业财产、合伙企业事务执行、合伙企业与第三人的关系、入伙与退伙、特殊的普通合伙企业 （3）有限合伙企业（★★★）：有限合伙企业的设立、事务执行、财产份额的出质与转让、入伙与退伙、合伙人的性质转变 （4）合伙企业的解散和清算（★★★）

第一节 个人独资企业法律制度

考点1 个人独资企业的性质（★★）

考点分析

本考点属于考生了解的知识点，其考查概率不大。本考点为基础知识，主要为个人独资企业的设立、投资人及其事务等其他考点的学习打下基础。

考点精讲

个人独资企业是指依照《个人独资企业法》在中国境内由一个自然人，且只能是中国公民投资设立，财产为投资人个人所有，投资人以其个人财产对企业债务承担无限责任的经营实体。

个人独资企业的法律特征有以下几点。

（1）个人独资企业的投资人为一个自然人。

（2）个人独资企业的投资人对企业的债务承担无限责任。

（3）个人独资企业的内部机构设置简单，经营管理方式灵活。

（4）个人独资企业是非法人企业，无法独立承担民事责任，其以自己名义从事民事活动，为独立的民事主体。

典型例题

【例题·多选题】根据个人独资企业法律制度的规定，下列关于个人独资企业法律特征的表述中，正确的有（　）。

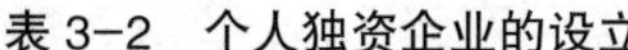

A. 个人独资企业虽然不具有法人资格，但具有独立承担民事责任的能力

B. 个人独资企业是由一个自然人投资的企业，并且自然人只能是中国公民

C. 个人独资企业的投资人对企业的债务承担无限责任

D. 个人独资企业是独立的民事主体，可以自己的名义从事民事活动

【解析】根据规定，个人独资企业是非法人企业，无独立承担民事责任的能力，选项 A 错误。

【答案】BCD

考点2 个人独资企业的设立（★★★）

考点分析

本考点内容较少，但属于考生应掌握的内容，主要包括个人独资企业的设立条件和程序。

考点精讲

1. 个人独资企业的设立条件

设立个人独资企业应具备以下条件。

（1）投资人为一个自然人，且只能是中国公民。

（2）有合法的企业名称。如“厂”“店”“部”“中心”“工作室”等，但不得使用“有限”“有限责任”和“公司”字样。

（3）有投资人申报的出资。投资人不能以劳务出资。另外，投资人可以个人财产出资，也可以家庭共有财产出资。

（4）有固定的生产经营场所和必要的生产经营条件。

（5）有必要的从业人员。

名师解读

需要考生注意的是，一人有限责任公司也是由一个投资人设立的，但它在法律地位、责任承担等方面与个人独资企业是有区别的，其区别内容如表 3-1 所示。

表 3-1 个人独资企业与一人有限责任公司的区别

项目	个人独资企业	一人有限责任公司
法律地位	非法人	独立法人
民事能力	是独立民事主体，但无独立承担民事责任能力	具有完全民事能力，独立承担民事责任
承担责任	无限责任	有限责任
投资人	一个中国自然人（不包括港、澳、台同胞）	一个自然人或法人
注册资本	申报的出资	实缴的资本

2. 个人独资企业的设立程序

个人独资企业的设立主要包括提出申请和工商登记两个环节，具体如表 3-2 所示。

表 3-2 个人独资企业的设立

环节	相关事项
提出申请	由投资人或委托代理人提交相关证明文件，委托代理的，应同时出具代理证明
工商登记	①符合条件的，登记机关在收到申请之日起 15 日内，予以登记并发给营业执照 ②不符合条件的，不予登记，同时书面答复原因 ③营业执照签发日期为个人独资企业成立日期 ④领取营业执照前，不得以个人独资企业名义从事经营活动 ⑤登记变更的，在变更决定之日起 15 日内办理

典型例题

【例题 1 · 多选题】根据《个人独资企业法》的规定，下列各项中，属于设立个人独资企业应当具备的条件的有（ ）。

A. 投资人须为具有完全民事行为能力的自然人

B. 有符合规定的法定最低注册资本

C. 有企业章程

D. 有固定的生产经营场所和必要的生产经营条件

【解析】设立个人独资企业，应当具备下列条件：①投资人为一个自然人，且只能是中国公民，因须承担无限偿债责任，要求具有完全民事行为能力；②有合法的企业名称；③有投资人申报的出资；④有固定的生产经营场所和必要的生产经营条件；⑤有必要的从业人员。

【答案】AD

【例题 2 · 判断题】个人独资企业投资人在申请企业设立登记时，未明确以其家庭共有财产作为个人出资的，在个人独资企业财产不足以清偿债务时，可不以其家庭共有财产对企业债务承担无限责任。（ ）

【解析】投资人在申请企业设立登记时未注明以家庭共有财产出资的，仅以“个人财产”对企业债务承担无限责任，即与家庭共有财产没有关系。本题说法正确。

【答案】√

考点3 个人独资企业的投资人及事务管理（★★）

考点分析

本考点内容较少，但属于考生应熟悉的内容，其中个人独资企业事务的内部限制和法定限制属于本考点的重点，可能出现的题型均为客观题。

考点精讲

1. 个人独资企业的投资人

个人独资企业的投资人为除国家公务员、党政机关领导干部、警官、法官、检察官、商业银行工作人员等以外的，具有中国国籍的自然人，但法律、行政法规禁止从事营利性活动的人不得作为投资人

申请设立个人独资企业。

2. 个人独资企业的事务管理

个人独资企业投资人可以自行管理或委托、聘用他人管理企业事务，受托人或被聘用人与投资人将受到所签合同的限制，具体包括内部限制和法定限制。

（1）内部限制

内部限制是指投资人对受托人职权的限制，具体内容如下。

①合同对受托人或被聘用人权利的限制不得对抗善意第三人。

②投资人委托或聘用人员管理个人独资企业事务时违反双方订立的合同，给投资人造成损失的，应承担民事赔偿责任。

（2）法定限制

法定限制是指《个人独资企业法》对委托或聘用的管理人员职权的限制，具体如下。

①不得利用职务之便，索取或者收受贿赂。

②不得利用职务之便，侵占企业财产。

③不得挪用企业资金或者借贷给他人。

④不得擅自将企业资金以个人名义或者以他人名义开立账户储存。

⑤不得擅自以企业财产提供担保。

⑥未经投资人同意，不得从事与本企业相竞争的业务。

⑦未经投资人同意，不得同本企业订立合同或者进行交易。

⑧未经投资人同意，不得擅自将企业商标或者其他知识产权转让给他人使用。

⑨不得泄露本企业的商业秘密。

⑩法律、行政法规禁止的其他行为。

典型例题

【例题1·单选题】下列中国公民中，依法可以投资设立个人独资企业的是（ ）。（2014年）

A. 某市中级法院法官李某

B. 某商业银行支行部门经理张某

C. 某大学在校本科生袁某

D. 某县政府办公室主任金某

【解析】国家公务员、党政机关领导干部、警官、法官、检察官、商业银行工作人员等，不得作为投资人申请设立个人独资企业。

【答案】C

【例题2·多选题】个人独资企业聘用的经营管理人员，未经投资人同意，不得从事的行为有（ ）。

A. 从事与本企业相竞争的业务

B. 同本企业订立合同或者进行交易

C. 将企业专利权转让给他人使用

D. 将企业商标权转让给他人使用

【解析】根据规定，个人独资企业投资人聘用的管理人员，未经投资人同意，不得从事与本企业相竞争的业务；不得同本企业订立合同或者进行交易；不得擅自将企业商标或者其他知识产权转让给他人使用。

【答案】ABCD

考点4 个人独资企业的解散和清算（★★★）

考点分析

本考点属于考生应掌握的内容，其内容较少，复习难度不大。本考点出现客观题的概率较大，所占分值为1~2分，考生应足够重视。

考点精讲

1. 个人独资企业的解散

个人独资企业有以下情形之一的，应当解散。

（1）投资人决定解散。

（2）投资人死亡或者被宣告死亡，无继承人或者继承人决定放弃继承。

（3）被依法吊销营业执照。

（4）法律、行政法规规定的其他情形。

2. 个人独资企业的清算

（1）个人独资企业的清算程序

个人独资企业解散时，应进行清算，具体程序如表3-3所示。

表3-3 个人独资企业清算程序

程序	相关规定
通知和公告	①投资人在清算前15日内书面通知债权人，无法通知的，应予以公告 ②债权人在接到通知之日起30日内，未接到通知的应在公告之日起60日内，向投资人申报债权
清偿（顺序）	①所欠职工工资和社会保险费用 ②所欠税款 ③其他债务
注销登记	清算结束后，投资人或人民法院指定清算人应编制清算报告，并于清算结束之日起15日内到登记机关办理注销登记并交回营业执照

（2）个人独资企业清算的其他规定

①在清算期间，个人独资企业不得开展与清算目的无关的经营活动，不得提前转移、隐匿财产。

②个人独资企业解散后，原投资人对个人独资企业存续期间的债务仍应承担偿还责任，但债权人在5年内未向债务人提出偿债请求的，该责任消灭。

典型例题

【例题1·单选题】下列关于个人独资企业解散后原投资人责任的表述中，符合《个人独资企业法》规定的是（ ）。（2012年）

A. 原投资人对个人独资企业存续期间的债务不再承担责任

B. 原投资人对个人独资企业存续期间的债务承担责任，但债权人在1年内未向债务人提出偿债请求的，该责任消灭

C. 原投资人对个人独资企业存续期间的债务承担责任，但债权人在2年内未向债务人提出偿债请求的，该责任消灭

D. 原投资人对个人独资企业存续期间的债务承担责任，但债权人在5年内未向债务人提出偿债请求的，该责任消灭

【解析】个人独资企业解散后，原投资人对个人独资企业存续期间的债务仍应承担偿还责任，但债权人在5年内未向债务人提出偿债请求的，该责任消灭。

【答案】D

【例题2·多选题】根据《个人独资企业法》的规定，下列各项中，属于个人独资企业应当解散的情形有（　）。

A. 投资人死亡，继承人决定继承

B. 投资人决定解散

C. 投资人被宣告死亡，无继承人

D. 被依法吊销营业执照

【解析】个人独资企业有下列情形之一时，应当解散：投资人决定解散；投资人死亡或者被宣告死亡，无继承人或者继承人决定放弃继承；被依法吊销营业执照；法律、行政法规规定的其他情形。

【答案】BCD

本节考点回顾与总结一览表

本节考点	知识总结
考点1 个人独资企业的性质	①投资人为一个自然人 ②投资人对企业的债务承担无限责任 ③内部机构设置简单，经营管理方式灵活 ④非法人企业，无法独立承担民事责任，为独立的民事主体
考点2 个人独资企业的设立	①条件：投资人为一个自然人、企业名称合法、申报出资、固定生产经营场所和条件、必要的从业人员 ②程序：提出申请、工商登记（提交申请、在收到申请后15日内按规定登记，不合格的不登记）
考点3 个人独资企业的投资人及事务管理	①投资人：符合法律、法规的相关规定 ②事务管理：内部限制、法定限制
考点4 个人独资企业的解散和清算	①解散情形：投资人决定、投资人死亡且无继承人（或继承人放弃继承）、依法吊销执照 ②清算：清算前15日内通知，债权人接到通知30日内申报债权（未接到则公告后60日内申报），解散后5年内未申报，责任消灭

真题演练

1.【判断题】个人独资企业解散后，其债权人在2年内未向原投资人提出偿债请求的，原投资人的偿还责任消失。（　）（2014年）

2.【多选题】根据《个人独资企业法》的规定，下列各项中，可以用作个人独资企业名称的有（　）。（2011年）

A. 云滇针织品有限公司

B. 昆海化妆品经销公司

C. 樱园服装设计中心

D. 霞光婚纱摄影工作室

第二节 合伙企业法律制度

考点5 合伙企业的分类（★）

考点分析

本考点属于考生应了解的内容。由于本考点中有关普通合伙企业和有限合伙企业的详细知识将在后面讲解，因此考生对此不需花费太多时间。

考点精讲

合伙企业分为普通合伙企业（包括特殊的普通合伙企业）和有限合伙企业，相关规定如表3-4所示。

表3-4 合伙企业的分类及相关规定

类型	相关规定
普通合伙企业	①组成：普通合伙人 ②责任：合伙人对合伙企业债务承担无限连带责任
有限合伙企业	①组成：普通合伙人、有限合伙人 ②责任：普通合伙人——承担无限连带责任 有限合伙人——认缴出资额为限承担责任

名师解读

普通合伙企业包括特殊的普通合伙企业，这类企业的债务按情况进行责任分配：一般债务，所有合伙人承担连带责任；因某一合伙人重大过失造成的债务，由该合伙人承担无限连带责任，其他合伙人承担有限责任。

典型例题

【例题·判断题】不管是普通合伙企业还是有限合伙企业，其合伙人对合伙企业债务都应承担无限连带责任。( )

【解析】普通合伙企业的合伙人对合伙企业债务承担无限连带责任；有限合伙企业的普通合伙人对合伙企业债务承担无限连带责任，有限合伙人只在认缴出资额的范围内承担责任。

【答案】×

考点6 普通合伙企业(★★★)

考点分析

本考点为考生应掌握的内容，其知识点几乎为每年的必考题，考生可结合历年真题，抓住考查重点和难点，并以此扩展进行复习。

考点精讲

1. 普通合伙企业的设立

普通合伙企业在设立时涉及的相关规定如表3-5所示。

表3-5 普通合伙企业的设立

对象	相关规定
合伙人	①至少为2人以上 ②具有完全民事行为能力的自然人、法人或组织 ③国有独资公司、国有企业、上市公司以及公益性的事业单位、社会团体不得成为普通合伙人
出资	可以货币、实物、知识产权、土地使用权、其他财产权利或劳务出资 ①以实物、知识产权、土地使用权或其他财产权利出资，需要估价的，可由全体合伙人协商确定，或委托法定评估机构评估 ②以劳务出资的，评估办法由全体合伙人协商确定，并在合伙协议中载明 ③以非货币财产出资的，需要办理财产权转移手续的，应依法办理
协议	①订立：由全体合伙人协商一致，以书面形式订立 ②修改：由全体合伙人一致同意，协议另定的除外 ③不明确事项：合伙人协商决议，协议不成的按规定申请仲裁，未规定的可提起诉讼 ④生效：经全体合伙人签名、盖章后生效
其他	按合伙企业类型，在企业名称中标明“普通合伙”“特殊普通合伙”和“有限合伙”等字样

2. 合伙企业财产

(1)合伙企业财产具有独立性和完整性，具体内容如图3-1所示。

独立性： 合伙企业的财产独立于合伙人。合伙人出资后便丧失了对该部分财产的所有权、持有权或占有权。	**完整性：** 合伙人对合伙企业的财产依照合伙协议所确定的财产收益份额或比例享有企业财产权利。

图3-1 合伙企业财产的性质

名师解读

合伙人在合伙企业清算前，不得请求分割合伙企业的财产，在清算前私自转移或处理合伙财产的，合伙企业不得以此对抗善意第三人。

(2)合伙人转让或出质抵押其在合伙企业的全部或部分财产份额的，应按表3-6所示规定进行。

表3-6 合伙人财产份额转让的规定

情形	相关规定
对内转让	合伙人之间转让其在合伙企业中的全部或部分财产份额时，应通知其他合伙人
对外转让	①向合伙人以外的第三人转让其在合伙企业中的全部或部分财产份额，须经其他合伙人一致同意 ②在同等条件下，其他合伙人有优先购买权
出质	①合伙人以其在合伙企业中的财产份额出质的，须经其他合伙人一致同意 ②未经其他合伙人一致同意，其行为无效，由此给善意第三人造成损失的，由行为人依法承担赔偿责任

名师解读

合伙人的出资、以合伙企业名义取得的收益和依法取得的其他财产，均为合伙企业的财产。合伙人对外转让财产份额，应遵循“先约定、后法定”的规律，即有约定的，按约定；无约定的，按法律规定经其他合伙人一致同意。

3. 合伙企业事务执行

(1)合伙企业事务可由全体合伙人共同执行，或协议约定、委托一个或多个合伙人执行，相关规定如表3-7所示。

表3-7 合伙事务执行及决议的相关规定

项目		相关规定
共同执行		全体合伙人共同执行合伙事务，直接参与经营，处理合伙企业事务，对外代表合伙企业
委托执行	协议执行	合伙人不愿意行使执行权利时，可协议约定或全体合伙人决定，委托一个或数个合伙人执行合伙事务，其他合伙人不执行合伙事务
	协议之外	协议之外的事务或没有委托时，可由全体合伙人共同执行或委托给某一特定的合伙人办理

合伙事务执行时，关于其决议有以下规定。

①法律有规定的，按其规定；法律未规定的，在不与法律抵触的前提下，按约定进行。

②未约定或约定不明确时，按全体合伙人一人一票过半数通过表决，各合伙人享有同等表决权。

名师解读

委托合伙人执行合伙事务时，除合伙协议另有约定外，下列事项应当经全体合伙人一致同意。

①改变合伙企业的名称。

②改变合伙企业的经营范围、主要场所的地点。

③处分合伙企业的不动产。

④转让或处分合伙企业的知识产权和其他财产权利。

⑤以合伙企业名义为他人提供担保。

⑥聘任合伙企业以外的人担任合伙企业的经营管理人员。

（2）合伙人在执行合伙事务中的权利和义务如表 3–8 所示。

表 3–8 合伙人在执行合伙事务中的权利和义务

类型	内容
权利	①平等执行事务权 ②对外代表权：执行合伙事务的合伙人对外代表合伙企业 ③监督检查权：不执行合伙事务的合伙人有权监督检查合伙事务 ④查阅账簿权 ⑤提出异议和撤销委托权
义务	①合伙事务执行人有义务向不参与执行事务的合伙人报告企业经营状况和财务状况 ②合伙人不得自营或同他人合作经营与本合伙企业相竞争的业务 ③合伙人不得同本合伙企业进行交易 ④合伙人不得从事损害本合伙企业利益的活动

（3）经全体合伙人一致同意，可聘用合伙人以外的人担任合伙企业的经营管理者，具体规定如下。

①被聘任的经营管理人员不对企业的债务承担无限连带责任，但应在合伙企业授权范围内履行职责。

②被聘任的合伙企业的经营管理人员，超越合伙企业授权范围履行职务，或在履行职务过程中因故意或重大过失给合伙企业造成损失的，依法承担赔偿责任。

（4）合伙企业的损益分配

①合伙企业按照合伙协议的约定分配利润、分担亏损。

②合伙协议未约定或者约定不明确的，由合伙人协商决定；协商不成的，由合伙人按照实缴出资比例分配、分担；无法确定出资比例的，由合伙人平均分配、分担。

③合伙协议不得约定将全部利润分配给部分合伙人或者由部分合伙人承担全部亏损。

4. 合伙企业与第三人的关系

（1）合伙企业对外代表权

合伙人共同执行合伙事务的，都有对外代表权；合伙人部分执行合伙事务的，执行合伙事务的合伙人拥有对外代表权；特别授权的人员，在授权范围内拥有对外代表权。

①合伙企业对合伙人执行合伙事务以及对外代表合伙企业权利的限制，不得对抗善意第三人。

②给善意第三人造成损失的，合伙企业不得以“对外代表权的限制”为由，拒绝承担责任。

（2）合伙企业和合伙人的债务清偿

合伙企业和合伙人债务清偿的具体规定如表 3–9 所示。

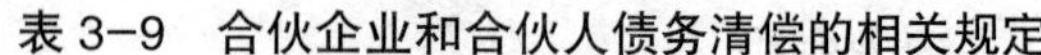

表 3–9 合伙企业和合伙人债务清偿的相关规定

类型		具体规定
债务清偿	合伙企业	先企业后个人： ①合伙企业存续期间产生的债务，先由合伙企业的财产来承担 ②合伙企业不能清偿到期债务的，合伙人承担无限连带责任 ③合伙人对外承担连带责任，对内应承担按份责任
	合伙人	①合伙人发生与合伙企业无关的债务，债权人不得抵销合伙企业的债务，同时不能代为行使合伙人在合伙企业的权利 ②合伙人的自有财产不足清偿其与合伙企业无关债务的，其从合伙企业中分取的收益可用于清偿；债权人也可依法请求人民法院强制执行该收益份额用于清偿（但债权人不得自行接管）

名师解读

人民法院强制执行合伙人的财产份额时，应通知全体合伙人，其他合伙人有优先购买权；其他合伙人未购买又不同意该财产份额转让的，应依法办理退伙结算，或办理削减该合伙人相应财产份额的结算。

5. 入伙与退伙

（1）新合伙人入伙的，需经全体合伙人一致同意，新合伙人的入伙流程如图 3–2 所示。

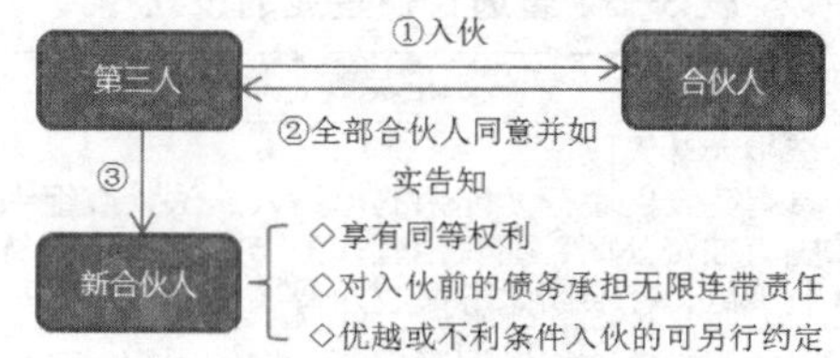

图 3–2 入伙流程

（2）退伙的合伙人丧失合伙人资格。退伙形式包括自愿退伙和法定退伙，相关规定如表 3–10 所示。

表 3–10 退伙的形式和规定

形式		规定
自愿退伙	协议退伙	①合伙协议约定的退伙事由出现 ②经全体合伙人一致同意 ③发生合伙人难以继续参加合伙的事由 ④其他合伙人严重违反合伙协议约定的义务
	通知退伙	合伙协议未约定合伙期限的，合伙人在不给合伙企业事务执行造成不利影响的情况下，可以退伙，但应提前 30 日通知其他合伙人
法定退伙	当然退伙	①作为合伙人的自然人死亡或者被依法宣告死亡 ②个人丧失偿债能力 ③作为合伙人的法人或者其他组织依法被吊销营业执照、责令关闭撤销，或者被宣告破产 ④法律规定或者合伙协议约定合伙人必须具有相关资格而丧失该资格 ⑤合伙人在合伙企业中的全部财产份额被人民法院强制执行
	除名	①未履行出资义务 ②因故意或者重大过失给合伙企业造成损失 ③执行合伙事务时有不正当行为 ④发生合伙协议约定的事由

退伙时退伙人在合伙企业中的财产份额和民事

责任的归属会发生变动，具体如下。

（1）财产继承时

①合伙人死亡或被依法宣告死亡，其合法继承人可继承其在合伙企业的财产份额，取得合伙人资格。继承人不愿成为合伙人，不具备法律规定或合伙人协议约定资格，以及协议约定的不能成为合伙人的除外。

②合伙人的继承人为无民事行为能力人或者限制民事行为能力人的，经全体合伙人一致同意，可以成为有限合伙人，普通合伙企业依法转为有限合伙企业；全体合伙人未能一致同意的，合伙企业应当将继承合伙人的财产份额退还该继承人。

（2）退伙结算时

①合伙人退伙，其他合伙人应按退伙时合伙企业财产状况，退还退伙人的财产份额。具体退还方法和财产形式可协议或由全体合伙人决定。

②合伙人退伙时，合伙企业财产少于合伙企业债务的，企业亏损按合伙协议约定分担；未约定或约定不明的，协商决定；协商不成的按出资比例分担，无法确定比例的平摊。

③退伙人对退伙前发生的合伙企业债务承担无限连带责任。

6. 特殊的普通合伙企业

特殊的普通合伙企业的特殊性主要表现在债务责任承担上。

（1）对内：一个或数个合伙人在执业活动中因故意或重大过失造成合伙企业债务，应承担无限责任或无限连带责任，其他合伙人以其在合伙企业中的财产份额为限承担责任。

（2）对外：合伙人在执业活动中非因故意或者重大过失造成的合伙企业债务以及合伙企业的其他债务，由全体合伙人承担无限连带责任。

典型例题

【例题1·单选题】根据合伙企业法律制度的规定，下列属于普通合伙企业合伙人当然退伙的情形是（　）。（2016年）

A. 合伙人执行合伙事务时有不当行为

B. 合伙人个人丧失偿债能力

C. 合伙人因故意或重大过失给合伙企业造成损失

D. 合伙人未履行出资义务

【解析】选项B，合伙人个人丧失偿债能力，属于普通合伙企业合伙人当然退伙的情形。选项A、C、D均属于除名退伙的情形。

【答案】B

【例题2·单选题】根据合伙企业法律制度的规定，下列各项中，不属于合伙企业财产的是（　）。（2015年）

A. 合伙人的出资

B. 合伙企业取得的专利权

C. 合伙企业接受的捐赠

D. 合伙企业承租的设备

【解析】因租赁占有的财产，所有权并没有发生转移，仍属于出租人，所以合伙企业承租的设备不属于合伙企业财产。

【答案】D

【例题3·判断题】普通合伙企业的合伙人发生的与合伙企业无关的债务，相关债权人可以以其债权抵销其对合伙企业的债务。（　）（2016年）

【解析】根据规定，合伙人发生与合伙企业无关的债务，相关债权人“不得”以其债权抵销其对合伙企业的债务；也“不得代位行使”合伙人在合伙企业中的权利。

【答案】×

考点7 有限合伙企业（★★★）

考点分析

本考点属于考生应掌握的内容，在近几年的考试中出现过多种考查形式。考生在复习本考点内容时，可将其与考点6的“普通合伙企业”进行联系，对比记忆。

考点精讲

1. 有限合伙企业的设立

有限合伙企业在设立时对相关事项的规定如表3-11所示。

表3-11 有限合伙企业设立的相关规定

对象	相关规定
合伙人	①有限合伙企业由2个以上50个以下合伙人设立，其中至少应当有1个普通合伙人 ②国有独资公司、国有企业、上市公司及公益性的事业单位、社会团体不得成为有限合伙企业的普通合伙人
企业名称	有限合伙企业名称中应当标明“有限合伙”字样，而不能标明“普通合伙”“特殊普通合伙”“有限公司”“有限责任公司”等字样
出资	有限合伙人可用货币出资，也可用实物、知识产权、土地使用权或其他财产权利作价出资，但不得以劳务出资；普通合伙人可以劳务出资

名师解读

有限合伙人应按合伙协议的约定足额缴纳出资，未按协议约定履行缴纳出资义务的，应当补缴出资，同时承担违约责任。

2. 有限合伙企业的事务执行

（1）有限合伙企业事务执行人

有限合伙企业的合伙事务由普通合伙人执行，若合伙协议中未约定合伙事务执行人，则全体普通合伙人是合伙事务的共同执行人。有限合伙人不执行合伙事务，不得对外代表有限合伙企业。

（2）不视为执行合伙事务的有限合伙人行为

有限合伙人的下列行为，不视为执行合伙事务。

①参与决定普通合伙人入伙、退伙。

②对企业的经营管理提出建议。

③参与选择承办有限合伙企业审计业务的会计师事务所。

④获取经审计的有限合伙企业财务会计报告。

⑤对涉及自身利益的情况，查阅有限合伙企业财务会计账簿等财务资料。

⑥在有限合伙企业中的利益受到侵害时，向有责任的合伙人主张权利或者提起诉讼。

⑦执行事务合伙人怠于行使权利时，督促其行使权利或者为了本企业的利益以自己的名义提起诉讼。

⑧依法为本企业提供担保。

（3）利润分配

除合伙协议另有约定外，有限合伙企业不得将全部利润分配给部分合伙人。

3. 有限合伙人的权利

有限合伙人的权利分为交易和竞争两方面，具体如图3-3所示。

交易	•除合伙协议另有规定外，有限合伙人可同本企业进行交易
竞争	•除合伙协议另有规定外，有限合伙人可经营与本企业相竞争的业务

图3-3 有限合伙人的权利

误区提醒

在有限合伙企业中，有限合伙人与普通合伙人的权利有所区别，应当比较记忆：①有限合伙人可以同本企业进行交易，普通合伙人经全体合伙人一致同意可以同本企业进行交易；②有限合伙人可以经营与本企业相竞争的业务，普通合伙人禁止经营与本企业相竞争的业务。

4. 有限合伙企业财产份额的出质和转让

有限合伙企业中，有限合伙人的财产份额可出质和转让，具体如图3-4所示。

出质	•除合伙协议另有约定外，有限合伙人可以将其在合伙企业中的财产份额对外进行权利质押
转让	•有限合伙人可以按合伙协议的约定向合伙人以外的人转让其在有限合伙企业中的财产份额，转让时应提前30日通知其他合伙人，其他合伙人有优先购买权

图3-4 有限合伙企业财产份额的出质和转让

5. 债务清偿

（1）有限合伙人的自有财产不足清偿其与合伙企业无关的债务时，合伙人可以以其从有限合伙企业中分取的收益用于清偿，债权人可依法请求人民法院强制执。

（2）人民法院强制执行有限合伙人的财产份额时，应通知全体合伙人，在同等条件下，其他合伙人有优先购买权。

6. 入伙与退伙

有限合伙企业关于入伙与退伙的相关规定如表3-12所示。

表3-12 有限合伙企业关于入伙与退伙的相关规定

事项		相关规定
入伙		新入伙的有限合伙人对入伙前有限合伙企业的债务，以其认缴的出资额（非实缴）为限承担责任
退伙	当然退伙	有限合伙人有下列情形发生时当然退伙： ①作为合伙人的自然人死亡或者被依法宣告死亡 ②作为合伙人的法人或者其他组织依法被吊销营业执照、责令关闭、撤销，或者被宣告破产 ③法律规定或者合伙协议约定合伙人必须具有相关资格而丧失该资格 ④合伙人在合伙企业中的全部财产份额被人民法院强制执行
	丧失民事行为能力	有限合伙人在有限合伙企业存续期间丧失民事行为能力的，其他合伙人不得因此要求其退伙
	继承	有限合伙人死亡、被依法宣告死亡或作为有限合伙人的法人及其他组织终止时，其继承人可依法取得该有限合伙人在有限合伙企业中的资格
	退伙责任	有限合伙人退伙后，对退伙前发生的有限合伙企业债务，以其退伙时从有限合伙企业中取回的财产为限承担责任

7. 有限合伙企业合伙人性质转变的特殊规定

（1）有限合伙人转变为普通合伙人的，对转变身份前有限合伙企业发生的债务承担无限连带责任。

（2）普通合伙人转变为有限合伙人的，对转变身份前有限合伙企业发生的债务承担无限连带责任。

典型例题

【例题1·多选题】根据合伙企业法律制度的规定，下列关于有限合伙企业设立的表述中，正确的有（　）。（2016年）

A. 有限合伙企业至少应当有一个普通合伙人

B. 有限合伙企业名称中应当标明“有限合伙”字样

C. 有限合伙人可以以劳务出资

D. 国有企业可以成为有限合伙人

【解析】选项C错误，有限合伙人可以用货币、实物、知识产权、土地使用权或者其他财产权利作价出资，但不得以劳务出资。

【答案】ABD

【例题2·判断题】新入伙的有限合伙人对入伙前的有限合伙企业的债务，承担无限连带责任。（　）（2016年）

【解析】根据规定，新入伙的有限合伙人对入伙

前有限合伙企业的债务，以其“认缴的出资额”为限承担责任。

【答案】×

【例题 3·单选题】甲为有限合伙企业的有限合伙人，经全体合伙人一致同意，甲转为普通合伙人，下列关于甲对其作为有限合伙人期间有限合伙企业发生的债务责任的表述中，符合合伙企业法律制度规定的是（　）。（2015 年）

A. 以其认缴的出资额为限承担责任

B. 以其实缴的出资额为限承担责任

C. 承担无限连带责任

D. 不承担责任

【解析】有限合伙人转变为普通合伙人的，对其作为有限合伙人期间的有限合伙企业发生的债务承担无限连带责任。

【答案】C

名师解读

为便于考生进行比较记忆，下面对普通合伙人和有限合伙人的相关知识进行总结，具体如表 3-13 所示。

表 3-13 普通合伙人与有限合伙人的比较

项目	普通合伙人	有限合伙人
出资	可以用劳务出资	不能用劳务出资
合伙人特殊规定	国有独资公司、国有企业、上市公司以及公益性的事业单位、社会团体不能成为普通合伙人	国有独资公司、国有企业、上市公司以及公益性的事业单位、社会团体可以成为有限合伙人
对外转让出资	除合伙协议另有约定外，须经其他合伙人一致同意	可以按照合伙协议的约定对外转让出资
出质	经其他合伙人一致同意，可以其在合伙企业中的财产份额出质；未经其他合伙人一致同意，其行为无效	除合伙协议另有约定外，可以将其在有限合伙企业中的财产份额出质
事务执行	合伙企业对合伙人执行合伙事务以及对外代表合伙企业权利的限制，不得对抗善意第三人	有限合伙人不执行合伙事务，不得对外代表有限合伙企业，第三人有理由相信有限合伙人为普通合伙人并与其交易的，该有限合伙人对该笔交易承担与普通合伙人同样的责任
交易	除合伙协议另有约定或者经全体合伙人一致同意外，普通合伙人不得同本合伙企业进行交易	有限合伙人可以同本有限合伙企业进行交易，但是，合伙协议另有约定的除外
竞争	普通合伙人不得自营或者同他人合作经营与本合伙企业相竞争的业务	有限合伙人可以自营或者同他人合作经营与本有限合伙企业相竞争的业务，但是，合伙协议另有约定的除外
利润分配	合伙协议不得约定将全部利润分配给部分合伙人或者由部分合伙人承担全部亏损	合伙企业不得将全部利润分配给部分合伙人，但是，合伙协议另有约定的除外
退伙	①丧失偿债能力当然退伙 ②丧失民事行为能力，经其他合伙人一致同意可转为有限合伙人	丧失偿债能力或民事行为能力无需退伙
继承	①继承人具备完全民事行为能力的，按照合伙协议的约定或者经全体合伙人一致同意，可以依法成为合伙人 ②继承人为无民事行为能力人或者限制民事行为能力人的，经全体合伙人一致同意，可以依法成为有限合伙人	无论继承人是否具备完全民事行为能力，都可以依法取得有限合伙人资格
新入伙、退伙的债务承担	①新入伙的普通合伙人对入伙前、入伙后合伙企业的债务承担无限连带责任 ②退伙的普通合伙人对基于其退伙前的原因发生的合伙企业债务，承担无限连带责任	①新入伙的有限合伙人对入伙前有限合伙企业的债务，以其认缴的出资额为限承担责任 ②有限合伙人退伙后，对基于其退伙前的原因发生的有限合伙企业债务，以其退伙时从有限合伙企业中取回的财产为限承担责任
风险承担	合伙人之间对合伙债务承担无限连带责任	有限合伙人以各自的出资额为限承担有限责任

考点8 合伙企业的解散和清算（★★★）

考点分析

本考点内容较少，在近几年进行考查的概率也相对较小，但本考点依然属于考生应掌握的内容，特别是合伙企业的清算中，对清算人、债权申报及财产清偿顺序应重点掌握。

考点精讲

1. 合伙企业的解散

合伙企业有下列情形之一的，应当解散。

（1）合伙期限届满，合伙人决定不再经营。

（2）合伙协议约定的解散事由出现。

（3）全体合伙人决定解散。

（4）合伙人已不具备法定人数满 30 天。

（5）合伙协议约定的合伙目的已经实现或者无法实现。

（6）依法被吊销营业执照、责令关闭或被撤销。

（7）法律、行政法规规定的其他原因。

2. 合伙企业的清算

合伙企业清算的相关规定如表 3-14 所示。

表 3-14 合伙企业清算的相关规定

事项	相关规定
清算人	①全体合伙人 ②经全体合伙人过半数同意，自解散事由出现后 15 日内指定一个或数个合伙人，或委托第三人担任 ③自解散事由出现之日起 15 日内未确定清算人的，合伙人或其他利害关系人可申请人民法院指定
债权申报期限	①清算人自被确定之日起 10 日内将合伙企业解散事项通知债权人，并于 60 日内在报纸上公告 ②债权人自接到通知书之日起 30 日内、未接到通知书的自公告之日起 45 日内，向清算人申报债权
财产清偿顺序	①支付清算费用 ②职工工资、社会保险费用、法定补偿金 ③缴纳所欠税款 ④清偿债务
注销	清算结束后 15 日内向企业登记机关报送经全体合伙人签名、盖章的清算报告，办理合伙企业注销登记

名师解读

合伙企业不能清偿到期债务的，债权人可以要求普通合伙人清偿，也可以依法向人民法院提出破产清算申请。合伙企业依法被宣告破产的，普通合伙人对合伙企业债务仍应承担无限连带责任。

典型例题

【例题 1 · 单选题】某普通合伙企业决定解散，经清算人确认：企业欠职工工资和社会保险费用 10 000 元，欠国家税款 8 000 元，另外发生清算费用 3 000 元。下列几种清偿顺序中，符合合伙企业法律制度规定的是（　）。

A. 先支付职工工资和社会保险费用，再缴纳税款，然后支付清算费用

B. 先缴纳税款，再支付职工工资和社会保险费用，然后支付清算费用

C. 先支付清算费用，再缴纳税款，然后支付职工工资和社会保险费用

D. 先支付清算费用，再支付职工工资和社会保险费用，然后缴纳税款

【解析】根据规定，合伙企业的财产支付合伙企业的清算费用后的清偿顺序如下：①支付合伙企业职工工资、社会保险费用和法定补偿金；②缴纳所欠税款；③清偿债务。

【答案】D

【例题 2 · 多选题】下列属于清算人职责的有（　）。

A. 处理与清算有关的合伙企业未了结事务

B. 清缴所欠税款

C. 清理债权、债务

D. 处理合伙企业清偿债务后的剩余财产

【解析】本题所有选项表述的内容均属于清算人职责，除此之外属于清算人职责的还有：清理合伙企业财产，分别编制资产负债表和财产清单；代表合伙企业参加诉讼或者仲裁活动。

【答案】ABCD

本节考点回顾与总结一览表

本节考点	知识总结
考点 5 合伙企业的分类	①普通合伙企业：由普通合伙人组成，对合伙企业债务承担无限连带责任 ②有限合伙企业：由普通合伙人（无限连带责任）和有限合伙人（认缴资金为限承担）组成
考点 6 普通合伙企业	①设立：2 个以上合伙人，书面协议，认缴出资 ②财产份额：可对内转让（通知），对外转让（其他合伙人一致同意），出质（其他合伙人一致同意） ③合伙事务：共同执行，指定或委托执行，聘用合伙人以外的管理人员执行 ④债务清偿：合伙企业的债务——先企业后个人；合伙人的债务——债权人不得以权抵债 ⑤入伙与退伙：入伙——其他合伙人一致同意；退伙——协议、通知、当然、除名
考点 7 有限合伙企业	①设立：2 人以上 50 人以下，至少 1 个普通合伙人 ②事务执行：由普通合伙人执行，有限合伙人可同本企业进行交易或经营与本企业相竞争的业务 ③财产份额：可出质，可转让（提起 30 日通知其他合伙人，其他合伙人享有有限购买权） ④债务清偿：有限合伙人财产不足清偿无关债务，可通过收益清偿 ⑤入伙与退伙：入伙——对入伙前的债务以认缴为限承担责任；退伙——当然、丧失民事行为能力、继承
考点 8 合伙企业的解散和清算	①解散：合伙企业应解散的事由 ②清算：确定清算人、通知和公告债权人、财产清偿、注销登记

真题演练

1.【单选题】某普通合伙企业委托合伙人杨某执行合伙事务，根据《合伙企业法》的规定，下列关于杨某执行合伙事务的权利义务的表述中，正确的是（　）。（2013 年）

A. 只能由杨某对外代表该合伙企业

B. 除合伙协议另有约定外，杨某可以自行决定改变该合伙企业主要经营场所的地点

C. 除合伙协议另有约定外，杨某可以自行处分该合伙企业的不动产

D. 杨某可以自营与该合伙企业竞争的业务

2.【单选题】甲为某普通合伙企业的合伙人，该合伙企业经营手机销售业务。甲拟再设立一家经营手机销售业务的个人独资企业。下列关于甲能否设立该个人独资企业的表述中，符合《合伙企业法》

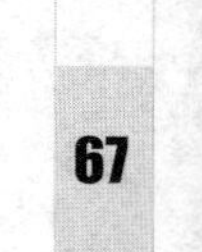

规定的是（ ）。（2012 年）

A. 甲经其他合伙人一致同意，可以设立该个人独资企业

B. 甲可以设立该个人独资企业，除非合伙协议另有约定

C. 甲如不执行合伙企业事务，就可以设立该个人独资企业

D. 甲只要具有该合伙人的身份，就不可以设立该个人独资企业

3.【判断题】普通合伙企业的合伙人在合伙协议中未对该合伙企业的利润分配、亏损分担进行约定的，应由合伙人平均分配、分担。（ ）（2013 年）

4.【单选题】赵某、钱某、孙某各出资 5 万元开办一家经营餐饮的甲普通合伙企业（下称甲企业），合伙期限为 5 年，甲企业经营期间，孙某提出退伙，赵某、钱某表示同意，并约定孙某放弃一切合伙权利，也不承担合伙债务。后甲企业经营管理不善造成亏损，甲企业财产不足以清偿债务，合伙人对于孙某是否承担退伙前甲企业形成的债务发生争议，下列关于孙某对于该债务是否承担责任的表述中，符合合伙企业法律制度规定的是（ ）。（2016 年）

A. 孙某不承担责任

B. 孙某承担无限连带责任

C. 孙某承担补充责任

D. 孙某以其出资额为限承担责任

5.【多选题】根据《合伙企业法》的规定，下列关于合伙企业合伙人出资形式的表述中，正确的有（ ）。（2012 年）

A. 普通合伙人可以以知识产权出资

B. 有限合伙人可以以实物出资

C. 普通合伙人可以土地使用权出资

D. 有限合伙人可以以劳务出资

6.【多选题】根据《合伙企业法》的规定，有限合伙人的下列行为，不视为执行合伙事务的有（ ）。（2014 年）

A. 参与决定普通合伙人入伙事宜

B. 参与选择承办有限合伙企业审计业务的会计师事务所

C. 就有限合伙企业中的特定事项对外代表本合伙企业

D. 对合伙企业的经营管理提出建议

7.【多选题】根据合伙企业法律制度的规定，下列关于特殊的普通合伙企业中的某个合伙人在执业活动中因故意造成合伙企业债务时合伙人承担责任的表述中，正确的有（ ）。（2015 年）

A. 该合伙人承担无限责任

B. 其他合伙人承担无限连带责任

C. 其他合伙人不承担责任

D. 其他合伙人以其在合伙企业中的财产份额为限承担责任

8.【单选题】根据合伙企业法律制度的规定，有限合伙人退伙后，以特定的财产对基于其退伙前的原因发生的有限合伙企业的债务承担责任，该特定财产是（ ）。（2015 年）

A. 该合伙人退伙时从有限合伙企业中取回的财产

B. 该合伙人入伙时认缴的出资

C. 该合伙人入伙时实缴的出资

D. 该合伙人的合伙财产

9.【判断题】新入伙的有限合伙人对入伙前有限合伙企业的债务，以其实缴的出资额为限承担责任。（ ）（2015 年）

10.【多选题】下列有关有限合伙人财产份额转让及出质的表述中，符合《合伙企业法》规定的有（ ）。（2013 年）

A. 有限合伙人可以将其在合伙企业中的财产份额出质，合伙协议另有约定的除外

B. 有限合伙人可以按照合伙协议的约定向合伙人以外的人转让其在合伙企业中的财产份额，但应当提前30日通知其他合伙人

C. 有限合伙人可以向合伙人以外的第三人转让其在合伙企业中的财产份额，但必须取得其他合伙人的一致同意

D. 有限合伙人对外转让其在合伙企业中的财产份额时，合伙企业的其他合伙人有优先购买权

11.【单选题】根据《合伙企业法》的规定，有限合伙人出现一定情形时当然退伙，下列不属于有限合伙人当然退伙情形的是（ ）。（2013 年）

A. 有限合伙人丧失民事行为能力

B. 有限合伙人死亡

C. 有限合伙人被宣告破产

D. 有限合伙人在合伙企业中的全部财产份额被人民法院强制执行

第三节 本章综合练习

（一）单选题

1. 个人独资企业投资人甲聘用乙管理企业事务，同时对乙的职权予以限制，凡乙对外签订标的额超过 1 万元的合同，须经甲同意。某日，乙未经

甲同意与善意第三人丙签订了一份标的额为2万元的买卖合同。下列关于该合同效力的表述中，正确的是（　）。

A. 该合同有效，但如果给甲造成损害，由乙承担民事赔偿责任

B. 该合同无效，如果给甲造成损害，由乙承担民事赔偿责任

C. 该合同为可撤销合同，可请求人民法院予以撤销

D. 该合同无效，经甲追认后有效

2. 在2016年12月12日申请人向登记机关申请普通合伙企业登记，当日登记机关受理申请，在2016年12月31日签发了营业执照，那么合伙人可以自（　）开始以合伙企业名义从事合伙业务。

A. 2016年12月12日　　B. 2016年12月31日

C. 2016年12月27日　　D. 2017年1月1日

3. 周某、王某、李某共同投资设立了一家普通合伙企业，经营一年后，周某欲把其在普通合伙企业中的份额转让给普通合伙企业以外的第三人，合伙协议没有相关的约定，则以下判断正确的是（　）。

A. 周某的转让无需经过其他合伙人的一致同意

B. 如王某不同意周某将其份额转让，则王某可以在同等条件下优先购买该份额

C. 如周某经王某、李某同意，将其份额转让给了第三人，则周某对合伙企业的债务就免除了责任

D. 第三人购得该份额后，其对合伙企业以前的债务不必负责

4. 甲、乙、丙开办一普通合伙企业，后甲与丁约定将合伙企业中甲的财产份额全部转让给丁，丁表示取得甲的财产份额后愿意入伙。下列说法正确的是（　）。

A. 丁自然取得合伙企业中甲的财产份额

B. 合伙企业应清算，丁分得甲应得财产份额

C. 如乙、丙同意，丁依法取得合伙人的地位

D. 如乙、丙不同意丁入伙，必须购买甲的财产份额

5. 根据《合伙企业法》的规定，下列各项中，不属于合伙人当然退伙的情形是（　）。

A. 作为合伙人的法人被宣告破产

B. 合伙人未履行出资义务

C. 合伙人个人丧失偿债能力

D. 合伙人在合伙企业中的全部财产份额被人民法院强制执行

6. 甲、乙、丙三人成立有限合伙企业，甲和乙为普通合伙人，合伙企业经营一段时间后，甲欲转变为有限合伙人，经查，合伙协议中并没有对这种转换作出约定，下列说法正确的是（　）。

A. 甲转变为普通合伙人后会导致该有限合伙企业中的普通合伙人不足2人，因此甲不能转换

B. 经过全体合伙人一致同意，甲可以转变为有限合伙人

C. 甲转变后，对其作为普通合伙人期间合伙企业发生的债务承担有限责任

D. 由于合伙协议未约定转换的方式，因此应该经过全体合伙人过半数同意，才能进行转换

7. 下列有关普通合伙企业合伙事务执行的表述中，符合《合伙企业法》规定的是（　）。

A. 合伙人执行合伙企业事务享有同等的权利

B. 合伙人可以自营与合伙企业相竞争的业务

C. 不执行合伙企业事务的合伙人无权查阅合伙企业会计账簿

D. 聘用非合伙人担任经营管理人员的，其在被聘用期间具有合伙人资格

8. 下列有关有限合伙企业设立条件的表述中，不符合新颁布的《合伙企业法》规定的是（　）。

A. 有限合伙企业至少应当有一个普通合伙人

B. 有限合伙企业名称中应当标明“特殊普通合伙”字样

C. 有限合伙人可以用知识产权作价出资

D. 有限合伙企业登记事项中应载明有限合伙人的姓名或名称

9. 甲普通合伙企业的合伙人赵某欠个体工商户王某10万元债务，王某欠甲合伙企业5万元债务已到期。赵某的债务到期后一直未清偿。王某的下列做法中，符合《合伙企业法》规定的是（　）。

A. 代位行使赵某在甲合伙企业中的权利

B. 自行接管赵某在甲合伙企业中的财产份额

C. 请求人民法院强制执行赵某在甲合伙企业中的财产份额用于清偿

D. 主张以其债权抵销其对甲合伙企业的债务

（二）多选题

1. 普通合伙企业中合伙人可以以（　）作为出资方式。

A. 货币　　B. 著作权

C. 工业产权　　D. 劳务

2. 下列有关普通合伙企业及其合伙人债务清偿的表述中，符合《合伙企业法》规定的有（　）。

A. 合伙企业对其债务，应先以其全部财产进行清偿

B. 合伙企业不能清偿到期债务的，合伙人承担无限连带责任

C. 合伙人发生与合伙企业无关的债务，债权人可代位行使该合伙人在合伙企业中的权利

D. 人民法院强制执行合伙人的财产份额时，应经全体合伙人同意

3. 根据《中华人民共和国合伙企业法》的规定，下列人员中，应对普通合伙企业债务承担连带责任的有（　）。

A. 合伙企业全体合伙人

B. 合伙企业债务发生后办理入伙的合伙人

C. 合伙企业债务发生后办理退伙的合伙人

D. 合伙企业聘用的经营管理人员

4. 下列关于特殊的普通合伙企业的描述正确的有（　）。

A. 特殊的普通合伙企业名称中需要标明"特殊普通合伙"字样

B. 合伙人对合伙企业债务承担无限连带责任

C. 特殊的普通合伙企业应当建立执业风险基金、办理职业保险

D. 合伙形式的律师事务所、会计师事务所可以采用特殊普通合伙企业形式

5. 根据《合伙企业法》的规定，下列各项中，属于合伙企业应当解散的情形有（　）。

A. 合伙人因决策失误给合伙企业造成重大损失

B. 合伙企业被依法吊销营业执照

C. 合伙企业的合伙人已有2个月低于法定人数

D. 合伙协议约定的合伙目的无法实现

6. 下列属于清算人职责的有（　）。

A. 处理与清算有关的合伙企业未了结事务

B. 清缴所欠税款

C. 清理债权、债务

D. 处理合伙企业清偿债务后的剩余财产

7. 根据个人独资企业法律制度的规定，下列关于个人独资企业法律特征的表述中，正确的有（　）。

A. 个人独资企业虽然不具有法人资格，但具有独立承担民事责任的能力

B. 个人独资企业是由一个自然人投资的企业，并且自然人只能是中国公民

C. 个人独资企业的投资人对企业的债务承担无限责任

D. 个人独资企业是独立的民事主体，可以自己的名义从事民事活动

8. 甲、乙、丙三人成立一特殊普通合伙制会计师事务所。甲在为一客户提供审计业务服务过程中，因重大过失给客户造成损失200万元。下列关于对该损失承担责任的表述中，符合《合伙企业法》规定的有（　）。

A. 甲、乙、丙对此损失承担无限连带责任

B. 甲对此损失承担无限责任

C. 乙、丙对此损失不承担责任

D. 乙、丙以其在会计师事务所中的财产份额为限承担责任

（三）判断题

1.《个人独资企业法》中的投资人，既包括中国公民，也包括外国公民。（　）

2. 2016年12月10日，甲普通合伙企业决定变更登记时注明的企业经营场所，合伙企业的执行人A在2016年12月30日向企业登记机关申请办理变更登记，这是符合规定的。（　）

3. 特殊的普通合伙企业的合伙人在执行活动中非因故意或者重大过失造成的合伙企业的债务，全体合伙人可以以其在合伙企业的财产份额为限承担责任。（　）

4. 普通合伙人和有限合伙人都可以将其在有限合伙企业中的财产份额出质；但是合伙协议另有约定的除外。（　）

5. 违反《合伙企业法》的行为发生后，违法行为人同时承担民事赔偿、罚款、罚金，其财产不足以同时支付的，首先应承担民事赔偿责任，赔偿受害人的损失，其财产还有剩余的情况下，再用剩余的财产缴纳罚款、罚金。（　）

6. 除合伙协议另有约定外，有限合伙企业的有限合伙人将其在有限合伙企业中的财产份额出质的，须经其他合伙人同意。（　）

第四节 本章真题演练及综合练习答案与解析

一、真题演练答案速查表

所在节	题号	答案	题号	答案	题号	答案
第一节	1	×	2	CD		
第二节	1	A	2	D	3	×
	4	B	5	ABC	6	ABD
	7	AD	8	A	9	×
	10	ABD	11	A		

二、本章综合练习答案与解析

（一）单选题

1. A【解析】个人独资企业投资人对受托人或被聘用的人员职权的限制，不得对抗善意第三人。本题的第三人是善意的，因此其经济业务应当有效。

2. B【解析】合伙企业的营业执照签发日期为

合伙企业的成立日期。合伙企业领取营业执照前，合伙人不得以合伙企业名义从事合伙业务。

3. B【解析】合伙人周某向合伙人以外的第三人转让财产份额，须经其他合伙人一致同意，其他合伙人享有优先购买权，所以选项B正确。

4. C【解析】除合伙协议另有约定外，合伙人向合伙人以外的第三人（本题中的丁）转让其在合伙企业中的全部或者部分财产份额时，须经其他合伙人一致同意。

5. B【解析】合伙人未履行出资义务，经其他合伙人一致同意，可以决议将其除名。所以选项B属于除名的范畴，不属于当然退伙的范畴。

6. B【解析】除合伙协议另有规定外，普通合伙人与有限合伙人之间的身份相互转变，应经全体合伙人一致同意。

7. A【解析】合伙人不得自营或者同他人合作经营与本合伙企业相竞争的业务，选项B错误；不执行合伙企业事务的合伙人有监督权，有权查阅合伙企业会计账簿，选项C错误；合伙企业聘用的经营管理人员不是企业的合伙人，选项D错误。

8. B【解析】有限合伙企业的名称中应当标明“有限合伙”的字样，而不能标明“普通合伙”“特殊的普通合伙”“有限公司”等字样。

9. C【解析】合伙人发生与合伙企业无关的债务，相关债权人不得以其债权抵销其对合伙企业的债务，也不得代位行使合伙人在合伙企业中的权利。合伙人的自有财产不足清偿其与合伙企业无关的债务的，该合伙人可以以其从合伙企业中分取的收益用于清偿；债权人也可以依法请求人民法院强制执行该合伙人在合伙企业中的财产份额用于清偿，所以选项C正确。

（二）多选题

1. ABCD【解析】所有选项均符合题意。

2. AB【解析】根据规定，合伙人发生的与合伙企业无关的债务，债权人不得代位行使该合伙人在合伙企业中的权利；人民法院强制执行合伙人的财产份额，应当通知全体合伙人，但不需要经过全体合伙人同意。

3. ABC【解析】合伙企业聘任的经营管理人员，属于“非合伙人”，无需对合伙企业的债务承担无限连带责任。

4. ACD【解析】并不是所有情况下合伙人都承担无限连带责任，当合伙人在执业活动中因故意或者重大过失造成合伙企业债务，其他合伙人只以其在合伙企业中的财产份额为限承担责任。

5. BCD【解析】选项A因决策失误给合伙企业造成重大损失不是合伙人应当解散的情形。

6. ABCD【解析】所有选项均符合题意。

7. BCD【解析】选项A说法错误，根据规定，个人独资企业不具有法人资格，无独立承担民事责任的能力。

8. BD【解析】特殊的普通合伙企业中，一个合伙人或者数个合伙人在执业活动中因故意或者重大过失造成合伙企业债务的，应当承担无限责任或者无限连带责任，其他合伙人以其在合伙企业中的财产份额为限承担责任。

（三）判断题

1. ×【解析】根据规定，设立个人独资企业的投资人为一个自然人，且只能是中国公民。

2. ×【解析】合伙企业登记事项发生变更的，执行合伙事务的合伙人应当自作出变更决定或者发生变更事由之日起15日内，向企业登记机关申请办理变更登记。

3. ×【解析】特殊普通合伙企业的合伙人在执业活动中非因故意或重大过失造成的合伙企业债务，由全体合伙人承担无限连带责任。

4. ×【解析】根据规定，有限合伙人可以将其在有限合伙企业中的财产份额出质，合伙协议另有约定的除外；普通合伙人以财产份额出质的，须经其他合伙人一致同意，这是《合伙企业法》的强制性规定；未经其他合伙人一致同意的，其行为无效，由此给善意第三人造成损失的，由行为人依法承担赔偿责任。

5. √【解析】题目的说法正确。

6. ×【解析】根据规定，有限合伙人可以将其在有限合伙企业中的财产份额出质，但合伙协议另有约定的除外。

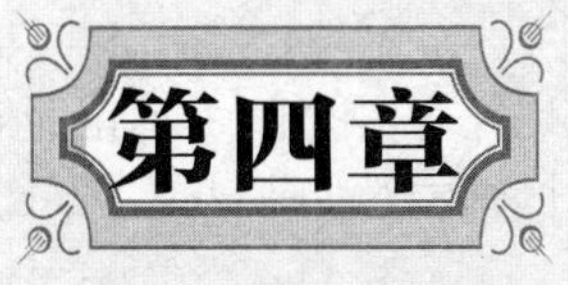

金融法律制度

金融法律制度是“经济法”科目的重要章节，在最近 3 年的考试中，本章所占分值较大，各种题型均有可能涉及。本章知识点较多，学习难度较大，考生可将各知识点的难度进行排序，据此合理安排学习时间，以掌握核心考点的考查方式，以及常见考题的应试技巧。

▼ 本章主要考点的题型、估计题量和所占分值一览表

主要考点	题型	估计题量	所占分值
上市公司临时报告、定期存款到期不取的计息规则、上市公司收购、保险合同成立时间、人身保险合同的特殊条款、汇票的质押背书、上市公司发行股票的条件、储蓄存款业务规则、商业银行贷款对贷款人的限制、票据权利的消灭、公司债券的发行条件、保险合同免责条款的效力、支票的记载事项、票据伪造	单选题	1~7 题	1~7 分
上市公司不得公开发行股票的情形、再次发行公司债券的限制性规定、不得收购上市公司的情形、上市公司收购的法律后果、重大事件、代位求偿权、一致行动人的范围、保险利益原则、现金管理的基本原则、非公开发行公司债券、股票的暂停上市和终止上市	多选题	2~4 题	4~8 分
上市公司信息披露、贷款人的限制、非公开募集基金、保险合同的变更	判断题	1~2 题	1~2 分
汇票的禁止转让和追索权的行使、汇票的保证人、保证日期和追索权	简答题	1 题	6 分

▼ 本章知识结构一览表

金融法律制度	一、证券法律制度	（1）证券法律制度概述（★★）：证券的类型、证券市场的主体、证券管理原则 （2）证券发行（★★★）：股票的发行、债券的发行、证券投资基金的发行、证券发行程序 （3）证券交易（★★★）：股份转让的法律限制、债券上市、证券投资基金上市、持续信息公开、禁止交易 （4）上市公司收购（★★★）：收购主体、权益披露、要约收购和协议收购、上市公司收购的法律后果
	二、票据法律制度	（1）票据法律制度的理论基础（★）票据和票据基础关系、票据行为、票据权利与抗辩 （2）汇票（★★★）：出票、背书、保证、承兑、追索 （3）本票和支票（★★）：本票的记载事项、支票的出票、支票的付款
	三、商业银行法律制度	（1）商业银行法律制度概述（★）：商业银行的设立、变更、接管、终止 （2）商业银行存款业务规则（★★★）：存款原则、存款业务规则、单位存款 （3）商业银行贷款业务规则（★★）：贷款人 / 借款人资格、权利义务和限制，贷款程序和期限
	四、保险法律制度	（1）保险法律制度概述（★★）：保险的基本原则、保险公司的设立和终止 （2）保险合同（★★★）：保险合同当事人和关系人，订立、变更和履行保险合同，人身保险合同的特殊规定
	五、外汇管理法律制度	（1）外汇和外汇管理法律制度概述（★） （2）我国外汇管理制度的基本框架（★） （3）违反《外汇管理条例》的法律责任（★★）

第一节 证券法律制度

考点1 证券法律制度概述（★★）

考点分析

本考点属于考生应熟悉的内容，作为证券发行、证券交易等内容的基础，考生只有理解了本考点内容才能进一步理解和学习证券的发行及交易。

考点精讲

1. 证券市场

证券市场是指证券发行与交易的场所。它由金融工具、交易场所以及市场参与主体等要素构成。

（1）证券市场的结构

证券市场主要包括交易所市场、全国中小企业股份转让系统和产权交易所，具体内容如表 4-1 所示。

表 4-1 证券市场的结构

结构类型		具体内容
交易所市场		两个交易所：上海证券交易所（全部为主板市场）、深圳证券交易所（部分板块为主板市场）
	主板市场	①为资质较高的企业股票提供交易服务，上市门槛较高 ②基本实现交易自动化，主要交易通过计算机系统报单、配对成交 ③投资者委托证券经纪商下达购买指令，经纪商按照客户委托的先后顺序向交易主机申报 ④一般采用电脑集合竞价和连续竞价两种交易方式 ⑤成交时价格优先：较高价格买进申报优先于较低价格买进申报，较低价格卖出申报优先于较高价格卖出申报 ⑥成交时时间优先：买卖方向、价格相同的，先申报者优先于后申报者。先后顺序按交易主机接受申报的时间确定
	中小企业板	①运行所遵循的法律、法规和部门规章与主板市场相同 ②是主板市场的组成部分，同时实行运行独立、监察独立、代码独立、指数独立
	创业板	①开设目的是为了中小企业能够顺利获得资金，俗称“二板市场” ②上市标准不同，主要表现在对具体盈利要求等方面有所放松 ③在创业板挂牌交易仍属于证券上市
全国中小企业股份转让系统		① 2012 年 9 月正式注册成立，是第三家全国性证券交易场所，俗称“新三板” ②主要为创新型、创业型、成长型中小微企业的发展服务 ③准入条件上不设财务门槛 ④挂牌公司必须履行信息披露义务，所披露的信息应当真实、准确、完整 ⑤未来发展方向：一个以机构投资者为主的市场 ⑥主要作用：中小微企业与产业资本的服务媒介，以为企业发展、资本投入与资本退出服务为目的
产权交易所		1985 年 5 月，武汉市成立了我国第一家企业产权转让市场。目前我国有分布在全国各地的产权交易所达 100 多家

（2）证券市场的主体

证券市场的主体相关知识的归纳如图 4-1 所示。

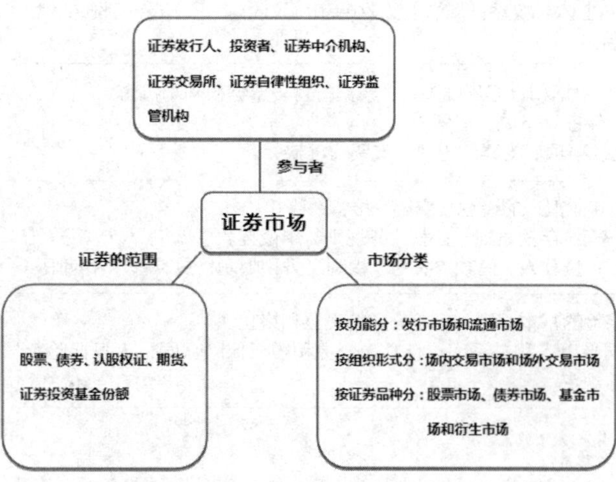

图 4-1 证券的分类、市场和市场主体

名师解读

证券是证明持券人享有一定的经济权益的书面凭证，广义的证券包括资本证券、货币证券、商品证券等，而狭义的证券仅指资本证券。

2. 证券管理原则

在证券发行、交易及监管中应坚持以下原则。

（1）公开、公平、公正原则。

（2）自愿、有偿、诚实信用原则。

（3）守法原则。

（4）分业经营、分业管理原则。

（5）保护投资者合法权益原则。

（6）监督管理与自律管理相结合原则。

3. 证券法

广义的证券法是指一切与证券有关的法律规范的总称，狭义的证券法专指《证券法》。

我国《证券法》主要对股票、公司债券的发行与交易做出了规定，其调整范围是指在中华人民共和国境内股票、公司债券和国务院依法认定的其他证券的发行和交易的行为。证券衍生品种发行、交易的管理办法，由国务院依照《证券法》的原则制定。

典型例题

【例题 1·单选题】根据《证券法》规定，证券活动中应当遵循法定原则。下列不属于证券活动基本原则的是（ ）。

A. 依法对证券市场加强监管的原则

B. 证券业和其他金融业混业经营、混业管理原则

C. 自愿、有偿、诚实信用的原则

D. 坚持保护证券投资者利益的原则

【解析】选项B对应的“证券业和其他金融业混业经营、混业管理”的原则不属于证券活动的基本原则。

【答案】B

【例题2·多选题】广义的有价证券包括的种类有（ ）。

A. 资本证券　　B. 货币证券

C. 商品证券　　D. 其他证券

【解析】广义的有价证券包括3类：资本证券、货币证券和商品证券。

【答案】ABC

考点2 证券发行（★★★）

考点分析

本考点内容较多，考生应重点掌握。本考点主要从股票、债券和证券投资基金3种证券的发行展开，分别对其首次发行/增发、公开/非公开募集等内容进行扩展，重点难点较多，考生要善于总结和归纳。

考点精讲

1. 公开发行股票

上市公司公开发行股票分为公开发行新股、配股和增发股票3种形式，每种形式必须满足一定的条件，具体如表4-2所示。

表4-2 发行新股、配股和增发的条件

类型	条件
发行新股（6）	①上市公司的组织机构健全、运行良好 ②上市公司的盈利能力具有可持续性 ③上市公司的财务状况良好 ④上市公司36个月内财务会计文件无虚假记载，且不存在重大违法行为 ⑤上市公司募集资金的数额和使用应当符合规定 ⑥上市公司不存在不得公开发行证券的情形
配股（6+3）	①拟配售股份数量不超过本次配售股份前股本总额的30% ②控股股东应当在股东大会召开前公开承诺认配股份的数量 ③采用证券法规定的代销方式发行
增发股票（6+3）	①最近3个会计年度加权平均净资产收益率平均不低于6%。扣除非经常性损益后的净利润与扣除前的净利润相比，以低者作为加权平均净资产收益率的计算依据 ②除金融类企业外，最近一期期末不存在持有金额较大的交易性金融资产和可供出售的金融资产、借予他人款项、委托理财等财务性投资的情形 ③发行价格应不低于公告招股意向书前20个交易日公司股票均价或前1个交易日的均价

名师解读

配股是指向原股东配售股份，增发则是向不特定的对象公开募集股份，两者的对象不同，条件也不相同。配股和增发都是股票的再次发行，所以除了满足自身的3个条件外，还必须满足发行新股的6个条件。

2. 非公开发行股票

上市公司非公开发行新股和不得非公开发行股票的相关规定如表4-3所示。

表4-3 公司非公开发行和不得非公开发行股票的情形

项目	情形
非公开发行	①发行对象不超过10名 ②发行价格不低于定价基准日前20个交易日公司股票均价的90% ③本次发行的股份自发行结束之日起，12个月内不得转让；控股股东、实际控制人及其控制的企业认购的股份，36个月内不得转让 ④募集资金使用符合法律规定
不得非公开发行	①本次发行申请文件有虚假记载、误导性陈述或重大遗漏 ②上市公司的权益被控股股东或实际控制人严重损害且尚未消除 ③上市公司及其附属公司违规对外提供担保且尚未解除 ④现任董事、高级管理人员最近36个月内受到过中国证监会的行政处罚，或者最近12个月内受到过证券交易所的公开谴责 ⑤上市公司或其现任董事、高级管理人员因涉嫌犯罪正被司法机关立案侦查或涉嫌违法违规正被中国证监会立案调查 ⑥最近1年及1期财务报表被注册会计师出具保留意见、否定意见或无法表示意见的审计报告。保留意见、否定意见或无法表示意见所涉及事项的重大影响已经消除或者本次发行涉及重大重组的除外 ⑦严重损害投资者合法权益和社会公共利益的其他情形

3. 发行债券

债券的公开发行包括面向公众投资者公开发行和面向合格投资者公开发行两种方式。公司公开发行债券的条件如下。

（1）股份有限公司的净资产不低于人民币3 000万元，有限责任公司的净资产不低于人民币6 000万元。

（2）累计债券余额不超过公司净资产的40%。

（3）最近3年平均可分配的利润足以支付公司债券1年的利息。

（4）筹集的资金投向符合国家产业政策。

（5）债券的利率不超过国务院限定的利率水平。

公司不得公开发行债券、公司自主选择发行对象的相关规定如表4-4所示。

表4-4 公司不得公开发行债券、自主选择发行对象的相关规定

项目	相关规定
不得公开发行债券	①最近36个月内公司财务会计文件存在虚假记载，或公司存在其他重大违法行为 ②本次发行申请文件存在虚假记载、误导性陈述或者重大遗漏 ③对已发行的公司债券或者其他债务有违约或者迟延支付本息的事实，仍处于继续状态 ④严重损害投资者合法权益和社会公共利益的其他情形

续表

项目	相关规定
自主选择发行对象	①发行人最近 3 年无债务违约或者迟延支付本息的事实 ②发行人最近 3 个会计年度实现的年均可分配利润不少于债券 1 年利息的 1.5 倍 ③债券信用评级达到 AAA 级

名师解读

公司发行债券，发行人需对发行债券的数量、发行方式、债券期限、募集资金的用途等进行决议，并确定决议的有效期。公开发行公司债券，募集资金应当用于核准的用途；非公开发行公司债券，募集资金应当用于约定的用途。公司公开发行债券的，应按图 4-2 所示流程进行。

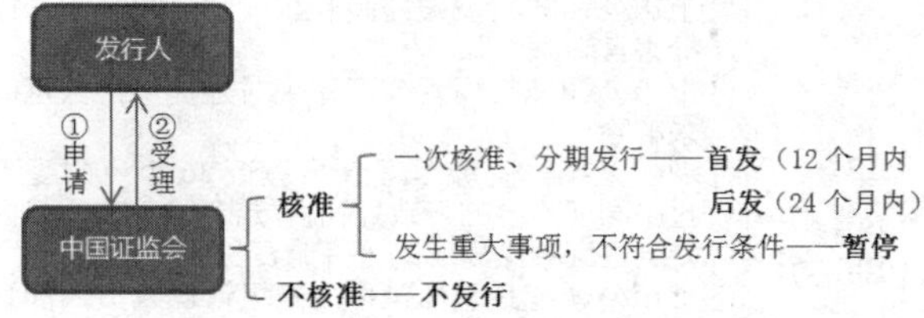

图 4-2 公开发行债券流程

4. 非公开发行债券

非公开发行的公司债券应当向合格投资者发行，不得采用广告、公开劝诱和变相公开方式，每次发行对象不得超过 200 人。发行人的董事、监事、高级管理人员及持股比例超过 5% 的股东，可以参与本公司非公开发行公司债券的认购与转让，不受合格投资者资质条件的限制。

5. 发行证券投资基金

（1）公开募集基金

公开募集基金的流程如表 4-5 所示。

表 4-5 公开募集基金流程

过程	时间	事项	
注册	提出注册申请 6 个月内	国务院证券监督机构审查	同意注册——通知
			不予注册——原因
募集	发售 3 日前	公布招募说明书、基金合同等文件	
	收到注册文件起 6 个月内	募集基金	
	募集超过 6 个月	原注册事项未变化——备案	
		发生实质性变化——重新申请注册	
募集完成	募集期限届满起 10 日内	封闭式基金的基金份额 > 注册规模 80% 以上	验资
		开放式基金的基金份额 > 注册的最低份额总额	
	收到验资报告 10 日内	备案并公告	

（2）非公开募集基金

非公开募集基金的相关规定如下。

①非公开募集基金应当向合格投资者募集，合格投资者累计不得超过 200 人。

②非公开募集基金，不得向合格投资者之外的单位和个人募集资金，不得通过报刊、电台、电视台、互联网等公众传播媒体或者讲座、报告会、分析会等方式向不特定对象宣传推介。

③除基金合同另有约定外，非公开募集基金应当由基金托管人托管。担任非公开募集基金的基金管理人，应当按照规定向基金行业协会履行登记手续，报送基本情况。

④按照基金合同约定，非公开募集基金可以由部分基金份额持有人作为基金管理人负责基金的投资管理活动，并在基金财产不足以清偿其债务时对基金财产的债务承担无限连带责任。

6. 证券的发行程序

证券发行程序及相关规定如表 4-6 所示。

表 4-6 证券发行程序及相关规定

程序	相关规定
决议	由其董事会就有关发行事项作出决议，并提请股东大会批准
申请	①发行人应按规定制作和报送证券发行申请文件 ②申请首次公开发行股票，提交申请文件后，应当按照规定预先披露有关申请文件
核准	受理发行申请文件之日起 3 个月内，作出予以核准或不予核准的决定
公开信息	①公告公开发行募集文件，并将该文件置备于指定场所供公众查阅 ②发行证券的信息依法公开前，任何知情人不得公开或者泄露该信息 ③发行人不得在公告公开发行募集文件前发行证券
撤销核准	①尚未发行的，予以撤销、停止发行 ②已发行尚未上市的，发行人按发行价加算银行同期利息返还给证券持有人
承销协议	①自主选择承销公司 ②资料真实、准确、完整 ③发行证券的票面总额 > 5 000 万元，由承销团承销；代销、报销时长 < 90 天 ④出售股票数量 < 拟公开发行数量 70%，发行失败
备案	在规定的期限内将股票发行情况报国务院证券监督管理机构备案

典型例题

【例题 1 · 多选题】根据证券法律制度的规定，下列关于公司债券非公开发行及转让的表述中，正确的有（　）。（2016 年）

A. 发行人的董事不得参与本公司非公开发行公司债券的认购

B. 非公开发行公司债券应当向合格投资者发行

C. 每次发行对象不得超过 200 人

D. 非公开发行的公司债券可以公开转让

【解析】根据规定，发行人的董事、监事、高级管理人员及持股比例超过 5% 的股东，可以参与本公司非公开发行公司债券的认购与转让，不受合格投资者资质条件的限制，选项 A 错误；非公开发行的公司债券应当向合格投资者发行，不得采用广告、

公开劝诱和变相公开方式，每次发行对象不得超过200人，选项B、C正确；非公开发行的公司债券仅限于在合格投资者范围内转让，选项D错误。

【答案】BC

【例题2·单选题】下列关于上市公司非公开发行股票的条件和方式的表述中，符合证券法律制度规定的是（　）。（2014年）

A. 发行对象不得超过200人

B. 发行价格不得低于定价基准日前一个交易日公司股票的均价

C. 自本次股份发行结束之日起，控股股东认购的股份36个月内不得转让

D. 可采用广告方式发行

【解析】选项A错误，上市公司非公开发行中，发行对象不得超过10名；选项B错误，发行价格不得低于定价基准日前20个交易日公司股票均价的90%；选项C符合规定，本次发行的股份自发行结束之日起，12个月内不得转让；控股股东、实际控制人及其控制的企业认购的股份，36个月内不得转让；选项D错误，非公开发行证券不得采用广告、公开劝诱和变相公开方式。

【答案】C

【例题3·多选题】根据证券法律制度的规定，下列情形中，属于上市公司不得非公开发行股票的有（　）。（2012年）

A. 上市公司及其附属公司曾违规对外提供担保，但已消除

B. 上市公司现任董事最近36个月内受到过中国证监会的行政处罚

C. 最近1年及1期财务报表被注册会计师出具保留意见的审计报告，但保留意见所涉及事项的重大影响已消除

D. 上市公司的权益被控股股东或实际控制人严重损害且尚未消除

【解析】上市公司及其附属公司违规对外提供担保且尚未消除的，不得非公开发行股票，选项A不符合题意。上市公司最近1年及1期财务报表被注册会计师出具保留意见、否定意见或无法表示意见的审计报告的，不得非公开发行股票；但保留意见、否定意见或无法表示意见所涉及事项的重大影响已经消除或者本次发行涉及重大重组的除外，选项C不符合题意。

【答案】BD

考点3 证券交易（★★★）

考点分析

本考点内容较多，属于考生应掌握的内容。本考点是证券法律制度的重点和难点，在近3年考试中出现的概率较高，考生应引起重视。

考点精讲

1. 股份转让的法律限制

依法发行的股票、债券及其他证券，法律对其转让期限有限制性规定，具体如表4-7所示。

表4-7 股份转让的限制规定

对象	限制规定
发行人	①发起人持有的本公司股份，自公司成立之日起1年内不得转让 ②公司公开发行股份前已发行的股份，自公司股票在证券交易所上市交易之日起1年内不得转让
公司董事、监事、高级管理人员	①公司董事、监事、高级管理人员所持本公司股份自公司股票上市交易之日起1年内不得转让 ②公司董事、监事、高级管理人员在任职期间每年转让的股份不得超过其所持有本公司股份总数的25% ③公司董事、监事、高级管理人员离职后半年内，不得转让其所持有的本公司股份
证券从业人员	证券交易所、证券公司和证券登记结算机构的从业人员、证券监督管理机构的工作人员以及法律、行政法规禁止参与股票交易的其他人员，在任期或者法定限期内，不得直接或者以化名、借他人名义持有、买卖股票，也不得收受他人赠送的股票。任何人在成为上述所列人员时，其原已持有的股票，必须依法转让
证券中介机构	①为股票发行出具审计报告、资产评估报告或法律意见书等文件的证券服务机构和人员，在该股票承销期内和期满后6个月内，不得买卖该种股票 ②为上市公司出具审计报告、资产评估报告或者法律意见书等文件的证券服务机构和人员，自接受上市公司委托之日起至上述文件公开后5日内，不得买卖该种股票
短线交易	①上市公司董事、监事、高级管理人员、持有上市公司股份5%以上的股东，将其持有的该公司的股票在买入后6个月内卖出，或者在卖出后6个月内又买入，由此所得收益归该公司所有，公司董事会应当收回其所得收益。公司董事会不按照前款规定执行的，股东有权要求董事会在30日内执行。公司董事会未在上述期限内执行的，股东有权为了公司的利益以自己的名义直接向人民法院提起诉讼。公司董事会不按照上述规定执行，致使公司遭受损害的，负有责任的董事依法承担连带责任 ②证券公司因包销购入售后剩余股票而持有5%以上股份的，卖出该股票不受6个月时间限制
其他	①通过证券交易所的证券交易，投资者持有或者通过协议、其他安排与他人共同持有一个上市公司已发行的股份达到5%时，应当在该事实发生之日起3日内，向国务院证券监督管理机构、证券交易所作出书面报告，通知该上市公司，并予以公告，在上述期间内，不得再行买卖该上市公司的股票 ②投资者持有或者通过协议、其他安排与他人共同持有一个上市公司已发行的股份达到5%后，其所持该上市公司已发行的股份比例每增加或者减少5%，应当依照前款规定进行报告和公告。在报告期内和作出报告、公告后2日内，不得再行买卖该上市公司的股票

2. 证券上市

股票、债券和投资基金上市的相关内容如表 4-8 所示。

表 4-8 股票、债券和投资基金上市的相关内容

项目	股票	债券	投资基金
上市条件	①核准已公开发行 ②股本总额不少于 3 000 万元人民币 ③公开发行的股份达到公司股份总数的 25% 以上；公司股本总额超过 4 亿元人民币的，公开发行股份比例为 10% 以上 ④公司最近 3 年无重大违法行为，财务会计报告无虚假记载	①公司债券的期限为 1 年以上 ②公司债券实际发行额不少于人民币 5 000 万元 ③公司申请债券上市时仍符合法定的公司债券发行条件	①符合《证券投资基金法》规定 ②基金合同期限为 5 年以上 ③募集金额不低于 2 亿元人民币 ④基金份额持有人不少于 1 000 人 ⑤基金份额上市交易规则规定的其他条件
暂停上市	①股本总额、股权分布等发生变化不再具备上市条件 ②不按照规定公开其财务状况，或对财务会计报告作虚假记载，误导投资者 ③公司有重大违法行为 ④公司最近 3 年连续亏损 ⑤上市规则规定的其他情形	①有重大违法行为 ②情况发生重大变化不符合公司债券上市条件 ③募集的资金不按照核准的用途使用 ④未按照公司债券募集办法履行义务 ⑤公司最近 2 年连续亏损	——
终止上市	①股本总额、股权分布发生变化不具备上市条件，在规定的期限内仍不能达到 ②不按照规定公开其财务状况，或对财务会计报告作虚假记载，且拒绝纠正 ③公司最近 3 年连续亏损，在其后一个年度内未能恢复盈利 ④公司解散或者被宣告破产 ⑤证券交易所上市规则规定的其他情形	有债券暂停①、④所示情形之一，且经查实后果严重的，或有债券暂停②、③、⑤所示情形之一，在限期内未能消除的，由证券交易所决定终止其公司债券上市交易；公司解散或被宣告破产的，由证券交易所终止其公司债券上市交易	①不再具备《证券投资基金法》规定的上市交易条件 ②基金合同期限届满 ③基金份额持有人大会决定提前终止上市交易 ④基金合同约定的或者基金份额上市交易规则规定的终止上市交易的其他情形

3. 持续信息披露

（1）信息披露文件

信息披露文件主要包括定期报告和临时报告。

①定期报告：分为年度报告、中期报告和季度报告，各报告的编制和披露时间如图 4-3 所示。

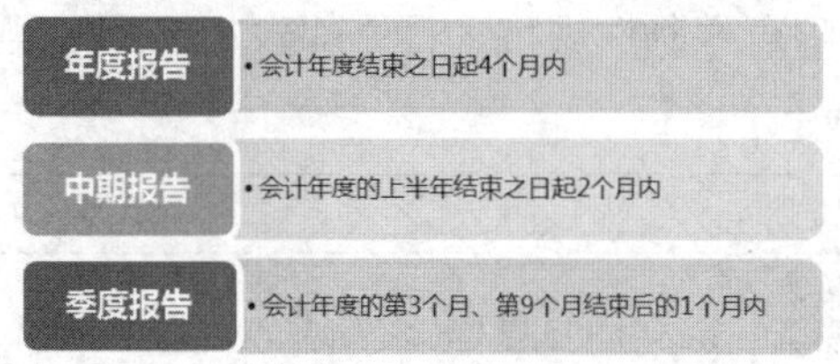

图 4-3 定期报告信息披露时间

②临时报告：发生重大事件时发布的临时报告，该报告应立即披露。以下事件属于重大事件范畴。

a. 公司的经营方针和经营范围的重大变化。

b. 公司的重大投资行为和重大的购置财产的决定。

c. 公司订立重要合同，可能对公司的资产、负债、权益和经营成果产生重要影响。

d. 公司发生重大债务和未能清偿到期重大债务的违约情况，或者发生大额赔偿责任。

e. 公司发生重大亏损或者重大损失。

f. 公司生产经营的外部条件发生的重大变化。

g. 公司的董事、1/3 以上监事或者经理发生变动；董事长或者经理无法履行职责。

h. 持有公司 5% 以上股份的股东或者实际控制人，其持有股份或者控制公司的情况发生较大变化。

i. 公司减资、合并、分立、解散及申请破产的决定，或者依法进入破产程序、被责令关闭。

j. 涉及公司的重大诉讼、仲裁，股东大会、董事会决议被依法撤销或者宣告无效。

k. 公司涉嫌违法违规被有关权力机关调查或者受到刑事处罚、重大行政处罚，公司董事、监事和高级管理人员涉嫌违法违纪被有权机关调查或者采取强制措施。

l. 新发布的法律、法规、规章和行业政策可能对公司产生重大影响。

m. 董事会就发行新股或者其他再融资方案、股权激励方案形成相关决议。

n. 法院裁决禁止控股股东转让其所持股份，任一股东所持公司 5% 以上股份被质押、冻结、司法拍卖、托管、设定信托或者被依法限制表决权。

o. 主要资产被查封、扣押、冻结或者被抵押、质押。

p. 主要或者全部业务陷入停顿。

q. 对外提供重大担保。

r. 获得大额政府补贴等可能对公司资产、负债、权益或者经营成果产生重大影响的额外收益。

s. 变更会计政策、会计估计。

t. 因前期已披露的信息存在差错、未按规定披露或者虚假记载，被有关机关责令改正或者经董事会决定进行更正。

（2）重大事件披露时点

上市公司应当在最先发生的以下任一时点，及时履行重大事件的信息披露义务。

①董事会或者监事会就该重大事件形成决议时。

②有关各方就该重大事件签署意向书或者协议时。

③董事、监事或者高级管理人员知悉该重大事件发生并报告时。

4. 禁止交易行为

（1）内幕交易

内幕交易行为主要包括如图4-4所示的情况。

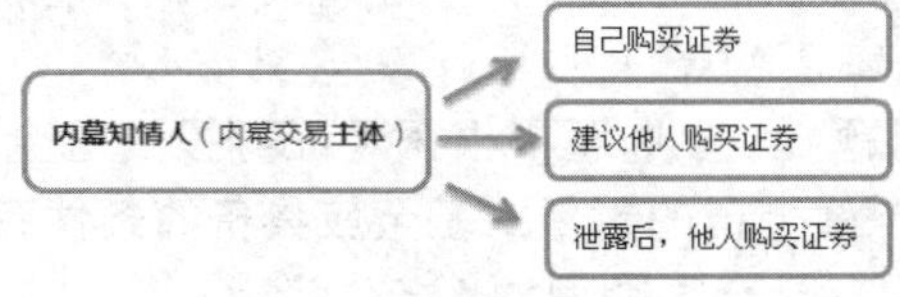

图4-4 内幕交易行为

证券交易内幕信息的知情人和非法获取内幕信息的人，在内幕信息公开前，不得买卖该公司的证券，或泄露该信息，或建议他人买卖该证券。内幕信息及内幕信息知情人的界定范围如表4-9所示。

表4-9 内幕信息及内幕信息知情人的界定范围

项目	界定
内幕信息	①临时报告的重大事件 ②公司分配股利或者增资的计划 ③公司股权结构的重大变化 ④公司债务担保的重大变更 ⑤公司营业用主要资产的抵押、出售或者报废一次超过该资产的30% ⑥公司的董事、监事、高级管理人员的行为可能依法承担重大损害赔偿责任 ⑦上市公司收购的有关方案 ⑧国务院证券监督管理机构认定的对证券交易价格有显著影响的其他重要信息
内幕信息知情人	①发行人的董事、监事、高级管理人员 ②持有公司5%以上股份的股东及其董事、监事、高级管理人员，公司的实际控制人及其董事、监事、高级管理人员 ③发行人控股的公司及其董事、监事、高级管理人员 ④由于所任公司职务可以获取公司有关内幕信息的人员 ⑤证券监督管理机构工作人员以及由于法定职责对证券的发行、交易进行管理的其他人员 ⑥保荐人、承销的证券公司、证券交易所、证券登记结算机构、证券服务机构的有关人员 ⑦国务院证券监督管理机构规定的其他人员

（2）其他

除内幕交易外，禁止交易的行为还包括操纵市场行为、虚假陈述行为和欺诈客户行为等，其具体表现如表4-10所示。

表4-10 其他禁止交易行为的具体表现

行为	具体表现
操纵市场	①单独或者通过合谋，集中资金优势、持股优势或者利用信息优势联合或者连续买卖，操纵证券交易价格或者证券交易量 ②与他人串通，以事先约定的时间、价格和方式相互进行证券交易，影响证券交易价格或者证券交易量 ③在自己实际控制的账户之间进行证券交易，影响证券交易价格或者证券交易量 ④以其他手段操纵证券市场
虚假陈述	①发行人、上市公司和证券经营机构在招股说明书、债券募集说明书、上市公告书、公司报告及其他文件中作出的虚假陈述 ②专业证券服务机构出具的法律意见书、审计报告、资产评估报告及参与制作的其他文件中作出的虚假陈述 ③证券交易所、证券业协会或其他证券自律性组织作出的对证券市场产生影响的虚假陈述 ④前述机构向证券监督管理机构提交的各种文件、报告和说明中作出的虚假陈述
欺诈客户	①违背客户的委托为其买卖证券 ②不在规定时间内向客户提供交易的书面确认文件 ③挪用客户所委托买卖的证券或客户账户上的资金 ④未经客户的委托，擅自为客户买卖证券，或假借客户的名义买卖证券 ⑤为牟取佣金收入诱使客户进行不必要的证券买卖 ⑥利用传播媒介或者通过其他方式提供、传播虚假或者误导投资者的信息
其他	①法人非法利用他人账户从事证券交易；法人出借自己或者他人的证券账户 ②任何人挪用公款买卖证券 ③国家工作人员、传播媒介从业人员和有关人员编造、传播虚假信息，扰乱证券市场 ④证券交易所、证券公司、证券登记结算机构、证券服务机构及其从业人员，证券业协会、证券监督管理机构及其工作人员，在证券交易活动中作出虚假陈述或者信息误导

误区提醒

考生在复习本知识点内容时，应重点区分具体行为属于哪一种禁止交易行为的类型：如背离市场竞争原则，为操纵市场；隐瞒或误导重要信息，为虚假陈述；违背客户真实意思的，则为欺诈客户。

典型例题

【例题1·多选题】根据证券法律制度的规定，上市公司发生的下列情形中，证券交易所可以决定暂停其股票上市的有（ ）。（2016年）

A. 公司对财务会计报告工作虚假记载，可能误导投资者

B. 公司最近3年连续亏损

C. 公司的股票被收购人收购达到该公司股本总额的70%

D. 公司董事长辞职

【解析】《证券法》规定，上市公司有下列情形之一的，由证券交易所决定暂停其股票上市交易：①公司股本总额、股权分布等发生变化不再具备上市条件；②公司不按照规定公开其财务状况，或者对财务会计报告作虚假记载，误导投资者（选项A）；③公司有重大违法行为；④公司最近3年连续亏损（选项B）；⑤证券交易所上市规则规定的其他情形。选项C、D不属于暂停上市的情形。

【答案】AB

【例题2·单选题】某上市公司监事会有5名监事，其中监事赵某、张某为职工代表，监事任期届满，该公司职工代表大会在选举监事时，认为赵某、张某未能认真履行职责，故一致决议改选陈某、王某为监事会成员。按照《证券法》的规定，该上市公司应通过一定的方式将该信息予以披露，该信息披露的方式是（　）。（2012年）

A. 中期报告

B. 季度报告

C. 年度报告

D. 临时报告

【解析】公司董事、1/3以上监事或者经理发生变动属于重大事件，应提交临时报告。

【答案】D

【例题3·单选题】下列人员中，不属于《证券法》规定的证券交易内幕信息的知情人员的是（　）。（2010年）

A. 上市公司的总会计师

B. 持有上市公司3%股份的股东

C. 上市公司控股的公司的董事

D. 上市公司的监事

【解析】持有上市公司5%以上股份的股东才属于内幕信息的知情人员，所以选项B不符合题意。

【答案】B

【例题4·多选题】根据证券法律制度的规定，凡发生或可能对上市公司证券及其衍生品种交易价格产生较大影响的重大事件，投资者尚未得知时，上市公司应当立即提出临时报告。下列各项中，属于重大事件的有（　）。（2013年）

A. 甲上市公司董事会就股权激励方案形成相关决议

B. 乙上市公司的股东王某持有公司10%的股份被司法冻结

C. 丙上市公司因国家产业政策调整致使该公司主要业务陷入停顿

D. 丁上市公司变更会计政策

【解析】选项A属于“董事会就股权激励方案形成相关决议”；选项B属于“任意股东所持公司5%以上股份被冻结”；选项C属于“公司主要或全部业务陷入停顿”；选项D属于“变更会计政策、会计估计”。以上4项均属于重大事件。

【答案】ABCD

【例题5·多选题】根据《证券法》的规定，应当由证券交易所决定暂停公司债券上市交易的情形包括（　）。

A. 公司最近连续两年亏损，在限期内未消除

B. 公司有重大违法行为，经查实后果严重

C. 公司情况发生重大变化，不符合公司债券上市条件

D. 公司债券所募集资金不按照核准的用途使用

【解析】公司债券上市交易后，公司有下列情形之一的，由证券交易所决定暂停其公司债券上市交易：①公司有重大违法行为；②公司情况发生重大变化不符合公司债券上市条件；③发行公司债券所募集的资金不按照核准的用途使用；④未按照公司债券募集办法履行义务；⑤公司最近2年连续亏损。

【答案】ABCD

【例题6·多选题】根据《证券投资基金法》的规定，申请上市的封闭式基金应具备的条件有（　）。

A. 基金合同期限为5年以上

B. 基金持有人不少于1 000人

C. 基金募集金额不低于2亿元

D. 基金募集期限届满，基金募集的基金价额总额达到核准规模的80%以上

【解析】根据规定，基金份额上市交易应当符合下列条件：基金的募集符合本法规定；基金合同期限为5年以上；基金募集金额不低于2亿元人民币；基金份额持有人不少于1 000人。

【答案】ABCD

【例题7·多选题】根据证券法律制度的规定，下列各项中，属于禁止的证券交易行为的有（　）。

A. 甲证券公司在证券交易活动中编造并传播虚假信息，严重影响证券交易

B. 乙证券公司不在规定的时间内向客户提供交易的书面确认文件

C. 丙证券公司利用资金优势，连续买卖某上市公司股票，操纵该股票交易价格

D. 上市公司董事王某知悉该公司近期未能清偿到期重大债务，在该信息公开前将自己所持有的股份全部转让给他人

【解析】选项A属于虚假陈述；选项B属于欺诈客户；选项C属于操纵市场；选项D属于内幕交易，都属于禁止的证券交易行为。

【答案】ABCD

考点4 上市公司收购（★★★）

考点分析

本考点属于考生应掌握的内容。本考点出现考题的概率较大，其中一致行动人、收购人的权利义务，以及权益披露的情形和方式都是重要考查对象，考生应重点掌握。

考点精讲

1. 收购主体

（1）确定收购人

上市公司的收购人包括投资者及其一致行动人，除此之外，相关法律还对上市公司收购人有一定限制，具体如表 4-11 所示。

表 4-11 上市公司收购人及其限制

对象	内容
收购人	收购人不得收购上市公司的情形： ①收购人负有数额较大债务，到期未清偿，且处于持续状态 ②收购人最近 3 年有重大违法行为或者涉嫌有重大违法行为 ③收购人最近 3 年有严重的证券市场失信行为 ④收购人为自然人，存在《公司法》规定的依法不得担任公司董事、监事、高级管理人员的情形； ⑤法律、行政法规规定以及中国证监会认定的不得收购上市公司的其他情形
一致行动人	满足以下条件之一的，为投资者的一致行动人： ①投资者之间有股权控制关系或受同一主体控制 ②投资者的董事、监事或者高级管理人员中的主要成员，同时在另一个投资者担任董事、监事或者高级管理人员 ③投资者参股另一投资者，可以对参股公司的重大决策产生重大影响 ④银行以外的其他法人、其他组织和自然人为投资者取得相关股份提供融资安排 ⑤投资者之间存在合伙、合作、联营等其他经济利益关系 ⑥持有投资者 30% 以上股份的自然人，与投资者持有同一上市公司股份 ⑦在投资者任职的董事、监事及高级管理人员，与投资者持有同一上市公司股份 ⑧持有投资者 30% 以上股份的自然人和在投资者任职的董事、监事及高级管理人员，其父母、配偶、子女及其配偶、配偶的父母、兄弟姐妹及其配偶、配偶的兄弟姐妹及其配偶等亲属，与投资者持有同一上市公司股份 ⑨在上市公司任职的董事、监事、高级管理人员及其前项所述亲属同时持有本公司股份的，或者与其自己或者其前项所述亲属直接或者间接控制的企业同时持有本公司股份 ⑩上市公司董事、监事、高级管理人员和员工与其所控制或委托的法人或其他组织持有本公司股份

（2）取得控制权

收购人有下列情形的，表明其已获得或拥有上市公司控制权。

①投资者为上市公司持股 50% 以上的控股股东。

②投资者可以实际支配上市公司股份表决权超过 30%。

③投资者通过实际支配上市公司股份表决权能够决定股东会半数以上成员任选。

④投资者依其可实际支配的上市公司股份表决权足以对公司股东大会的决议产生重大影响。

⑤中国证监会认定的其他情形。

（3）收购人的义务

①公告义务：实施要约收购的收购人应当编制要约收购报告书，通知被收购公司。要约收购完成后，收购人应当在 15 日内向证券交易所提交关于收购情况的书面报告，并予以公告。

②禁售义务：收购人在要约收购期内，不得卖出被收购公司的股票，也不得采取要约规定以外的形式和超出的条件买入被收购公司的股票。

③锁定义务：收购人持有的被收购的上市公司的股票，在收购行为完成后的 12 个月内不得转让。

2. 权益披露

（1）权益披露的情形

投资者及其一致行动人在一个上市公司中拥有的权益应当合并计算，其权益披露主要分为通过证券交易所的证券交易披露，及通过协议转让方式披露，但不管哪种披露方式，都以投资者及其一致行动人在一个上市公司拥有的权益的股份是否达到该上市公司股份的“5%”为临界，具体如图 4-5 所示。

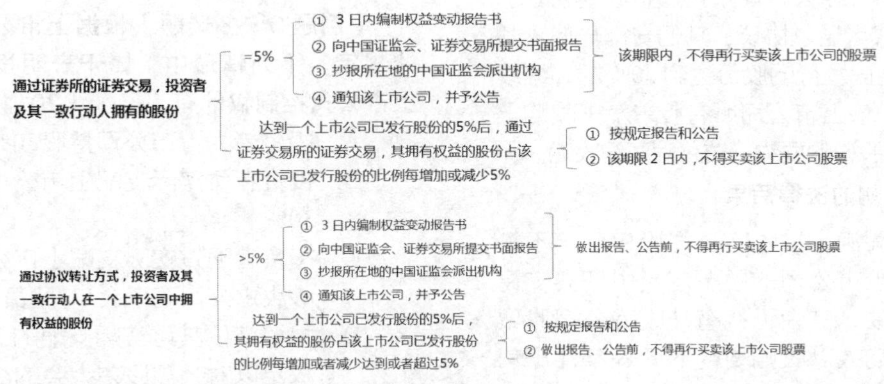

图 4-5 权益披露情形

（2）权益披露方式

上市公司权益披露可通过简式权益变动报告书和详式权益变动报告书进行，具体应采用哪种披露方式，可参考图 4-6 所示的内容。

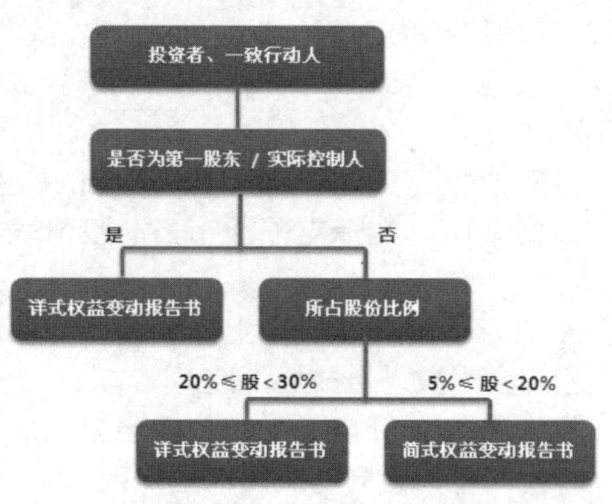

图 4-6 权益变动的披露方式

3. 要约收购和协议收购

（1）要约收购

要约收购的条件、期限、撤销和变更如表 4-12 所示。

表 4-12 要约收购的条件、期限、撤销和变更

事项	内容
条件	①持股比例达到 30% ②继续增持股份
期限	收购期限不得少于 30 日，不得超过 60 日，出现竞争要约的除外
撤销	在收购要约约定的承诺期限内，收购人不得撤销其收购要约
变更	①收购人需要变更收购要约的，必须及时公告，载明具体变更事项，并通知被收购公司 ②除出现竞争要约外，收购要约期限届满前 15 日内，不得变更收购要约 ③要约收购期间，被收购公司董事不得辞职

（2）协议收购

协议收购的相关规定如下。

①收购协议达成，收购人必须在 3 日内将该收购协议向国务院证券监督管理机构及证券交易所作出书面报告并予公告。在公告前不得履行收购协议。

②收购人收购或者通过协议、其他安排与他人共同收购一个上市公司已发行的股份达到 30% 时，继续进行收购的，应当向该上市公司所有股东发出收购上市公司全部或者部分股份的要约，转化为要约收购。

4. 上市公司收购的法律后果

（1）收购期限届满，被收购公司股权分布不符合上市条件的，该上市公司的股票应当由证券交易所依法终止上市交易；其余仍持有被收购公司股票的股东，有权向收购人以收购要约的同等条件出售其股票，收购人应当收购。

（2）收购行为完成后，被收购公司不再具备股份有限公司条件的，应当依法变更企业形式。

（3）在上市公司收购中，收购人持有的被收购的上市公司的股票，在收购行为完成后的 12 个月内不得转让。

（4）收购行为完成后，收购人与被收购公司合并，并将该公司解散的，被解散公司的原有股票由收购人依法更换。

（5）收购行为完成后，收购人应当在 15 日内将收购情况报告国务院证券监督管理机构和证券交易所，并予以公告。

典型例题

【例题 1·单选题】下列关于上市公司收购人权利义务的表述中，不符合上市公司收购法律制度规定的是（　）。（2013 年）

A. 收购人在要约收购期内，可以卖出被收购公司的股票

B. 收购人持有的被收购上市公司的股票，在收购行为完成后的12个月内不得转让

C. 收购人在收购要约期限届满前15日内，不得变更其收购要约，除非出现竞争要约

D. 收购人在收购要约确定的承诺期限内，不得撤销其收购要约

【解析】收购人禁售义务规定，收购人在要约收购期内，不得卖出被收购公司的股票，选项 A 错误。

【答案】A

【例题 2·多选题】根据上市公司收购法律制度的规定，下列各项中，属于不得收购上市公司的情形有（　）。

A. 收购人负有数额较大债务，到期未清偿，且处于持续状态

B. 收购人最近 3 年涉嫌有重大违法行为

C. 收购人最近 3 年有严重的证券市场失信行为

D. 收购人为限制行为能力人

【解析】本题所有选项均属于不得收购上市公司的情形。

【答案】ABCD

【例题 3·多选题】根据上市公司收购法律制度的规定，下列情形中，属于表明投资者获得或拥有上市公司控制权的有（　）。（2011 年）

A. 投资者为上市公司持股50%以上的控股股东

B. 投资者可实际支配上市公司股份表决权超过30%

C. 投资者通过实际支配上市公司股份表决权能够决定公司董事会1/3成员选任

D. 投资者依其可实际支配的上市公司股份表决权足以对公司股东大会的决议产生重大影响

【解析】选项 C 不属于表明投资者获得或拥有上市公司控制权。若选项 C 改为“投资者通过实际支配上市公司股份表决权能够决定公司股东会半数以上成员选任”则正确。

【答案】ABD

【例题4·单选题】根据《证券法》的规定，下列有关上市公司信息披露的表述中，不正确的是（　）。

A. 上市公司应当在每一会计年度的上半年结束之日起2个月内，向国务院证券监督管理机构和证券交易所报送中期报告，并予以公告

B. 上市公司应当在每一会计年度结束之日起4个月内，向国务院证券监督管理机构和证券交易所报送上一年的年度报告，并予以公告

C. 上市公司的中期报告和年度报告均须记载公司财务会计报告和经营情况

D. 上市公司董事、监事和高级管理人员均须对公司中期报告和年度报告签署书面确认意见

【解析】上市公司董事、高级管理人员应对公司定期报告签署书面确认意见。上市公司监事会应对董事会编制的公司定期报告进行审核。

【答案】D

本节考点回顾与总结一览表

本节考点	知识总结
考点1 证券法律制度概述	①证券市场：金融工具、交易场所、市场参与主体 ②证券管理原则：6项原则
考点2 证券发行	①发行股票：公开发行（发行新股、配股、增股），非公开发行（非公开、不得非公开发行的情形及条件） ②发行债券：公开发行（公开发行、不得公开发行的情形及条件，自主选择发行对象），非公开发行 ③发行证券投资基金：公开募集（流程）、非公开募集 ④证券发行程序：决议、申请、核准申请、公开信息、承销、备案
考点3 证券交易	①股份转让的法律限制：不同对象对应的限制条件 ②证券上市：股票、债券和证券投资基金的上市、暂停上市、终止上市的条件和情形 ③持续信息披露：披露文件（定期——年、半年、季度，临时），重大事件及其披露时点 ④禁止交易行为：内幕交易、操纵市场、虚假陈述、欺诈客户
考点4 上市公司收购	①收购主体：确定收购人、确定公司控制权、收购人的义务 ②权益披露：披露情形（证券交易所交易、协议转让下的披露），披露方式（简式、详式权益变动报告书） ③要约收购和协议收购：要约收购（条件、期限、撤销、变更），协议收购 ④上市公司收购的法律后果

真题演练

1.【多选题】根据证券法律制度的规定，下列属于证券公开发行情形的有（　）。（2015年）

A. 向不特定对象发行证券的

B. 向累计不超过200人的不特定对象发行证券的

C. 向累计不超过200人的特定对象发行证券的

D. 采取电视广告方式发行证券的

2.【单选题】某有限责任公司的净资产额为1.2亿元人民币，拟申请首次公开发行公司债券。下列关于该公司公开发行公司债券条件的表述中，不符合证券法律制度规定的是（　）。（2014年）

A. 拟发行的公司债券期限为3年

B. 该公司债券的拟发行额为人民币4 800万元

C. 筹集的资金拟用于修建职工活动中心

D. 该公司最近3年平均可分配利润足以支付公司债券1年的利息

3.【多选题】根据《公司债券发行与交易管理办法》的规定，合格投资者应当具备相应的风险识别和承担能力，能够自行承担公司债券的投资风险，并符合一定资质条件。下列投资者符合该资质条件的有（　）。（2015年）

A. 净资产达到1 100万元的合伙企业

B. 名下金融资产达到280万元的自然人

C. 社会保障基金

D. 企业年金

4.【判断题】非公开募集基金可以按照基金合同约定，由部分基金份额持有人作为基金管理人员负责基金的投资管理活动，并在基金财产不足以清偿其债务时对基金财产的债务承担无限连带责任。（　）（2013年）

5.【单选题】下列关于证券发行承销团承销证券的表述中，不符合证券法律制度规定的是（　）。（2011年）

A. 承销团承销适用于向不特定对象公开发行的证券

B. 发行证券的票面总值必须超过人民币1亿元

C. 承销团由主承销和参与承销的证券公司组成

D. 承销团代销、包销期最长不得超过90日

6.【单选题】根据《证券法》的规定，某上市公司的下列事项中，不属于证券交易内幕信息的是（　）。（2011年）

A. 增加注册资本的计划

B. 股权结构的重大变化

C. 财务总监发生变动

D. 监事会共5名监事，其中2名发生变动

7.【多选题】甲公司收购乙上市公司时，下列投资者同时也在购买乙上市公司的股票。根据证券法律制度的规定，如无相反证据，与甲公司为一致行动人的投资者有（ ）。（2014年）

A. 甲公司董事杨某

B. 甲公司董事长张某多年未联系的同学

C. 甲公司某监事的母亲

D. 甲公司总经理的配偶

8.【多选题】甲投资者收购一家股本总额为4.5亿元人民币的上市公司。下列关于该上市公司收购的法律后果的表述中，符合证券法律制度规定的有（ ）。（2012年）

A. 收购期限届满，该上市公司公开发行的股份占公司股份总数的8%，该上市公司的股票应由证券交易所终止上市交易

B. 收购期限届满，持有该上市公司股份2%的股东，要求以收购要约的同等条件向甲投资者出售其股票的，甲投资者可拒绝收购

C. 甲投资者持有该上市公司股票，在收购完成后的36个月内不得转让

D. 收购行为完成后，甲投资者应当在15日内将收购情况报告国务院证券监督管理机构和证券交易所，并予公告

第二节 票据法律制度

考点5 票据法律制度的理论基础（★）

考点分析

本考点是学习汇票、支票和本票的理论基础，其通常与后面具体票据相结合进行考查，综合性较强。考生在复习本考点内容时，可将重点放在票据行为和票据权利上。

考点精讲

1. 票据关系和票据基础关系

票据关系是指当事人基于票据行为产生的票据的权利义务关系，票据基础关系是指授受行为的缘由或前提关系，其解释如表4-13所示。

表4-13 票据法上的关系和票据基础关系的解释

项目	解释	内容及案例
票据关系	票据行为包括票据签发、取得和转让等，这些行为产生后，出票人、持票人、付款人之间的关系即为票据关系	①票据关系一形成，就与基础关系相分离，基础关系是否存在、有效，对票据关系都不起影响作用 ②票据关系因一定原因而失效，并不影响票据基础关系的效力 ③票据的签发、取得和转让，只要符合法定形式要件，其票据关系即为有效，债务人对债权人承担票据责任，不得以该票据是否有真实债权债务关系为由进行抗辩 ④持票人因超过票据权利时效或者因票据记载事项欠缺而丧失票据权利的，仍享有民事权利，可以请求出票人或者承兑人返还其与未支付的票据金额相当的利益
票据基础关系	如购买货物或返还资金需要授受票据时，购货关系和返还资金关系（即需要使用到票据的客观行为/交易行为）	

2. 票据行为

（1）票据行为的成立条件

票据行为成立条件如下。

①行为人必须具有从事票据行为的能力。行为人具备民事主体资格，具有完整的民事行为能力。无民事行为能力人或限制民事行为能力人在票据上签章的，其签章无效。

②行为人的意思表示必须真实或无缺陷。以欺诈、偷盗或胁迫等手段取得票据的，或明知有前列情形，出于恶意取得票据的，不得享有票据权利。

③票据行为内容必须符合法律、法规规定。票据行为的程序、记载的内容等应合法，而基础关系无效，不会影响票据行为的有效性。

④票据行为必须符合法定形式。票据签章、票据记载事项等必须按法律规定进行。

（2）票据的记载事项

票据的记载事项分为绝对记载事项、相对记载事项和非法定记载事项，具体如表4-14所示。

表4-14 票据的记载事项

项目	解释	举例
绝对记载事项	必须记载的，不记载则票据无效	票据金额、出票日期、票据收款人
相对记载事项	应当记载的，不记载票据也有效	付款地、出票地
非法定记载事项	规定记载事项外的其他可记载事项	票据签发原因等

3. 票据代理

（1）当事人委托代理人代理票据行为，代理人必须按被代理人的委托在票据上签章，未签章的，不产生票据代理效力。

（2）没有代理权而以代理人名义在票据上签章的，票据责任由签章人承担。

（3）代理人超越代理权限的，应就超越权限的部分承担票据责任。

4. 票据权利

（1）票据权利的取得

票据权利的取得方式包括如图 4-7 所示的 3 种。

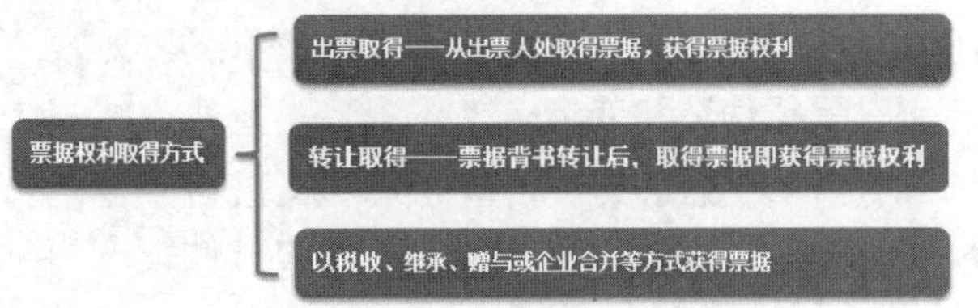

图 4-7 取得票据权利的方式

名师解读

行为人依法取得票据权利，必须给付票据双方当事人认可的相对应的代价。因税收、继承、赠与、企业合并等方式依法无偿取得的，可不支付对价。持票人不同方式下取得票据，其是否享有票据权利可总结如下：①无对价或无相当对价取得票据的，如果属于善意取得，享有票据权利，但不得优于其前手；②因税收、继承、赠与可以依法无偿取得票据的，享有票据权利，但不得优于其前手；③因欺诈、偷盗、胁迫、恶意取得票据或因重大过失取得不符合法律规定的票据的，不享有票据权利。

（2）票据权利的行使与保全

票据权利行使与保全的程序、场所、时间和前提等内容如表 4-15 所示。

表 4-15 票据权利的行使与保全的相关内容

项目	程序	场所	时间	前提
票据权利的行使	票据权利人 →（签章，出示票据；请求实现票据权利）→ 票据债务人	①票据当事人营业场所 ②票据当事人住所	营业时间	—
票据权利的保全	票据权利人 →（票据纠纷案；请求采取保全或执行措施）→ 人民法院	①票据当事人营业场所 ②票据当事人住所	营业时间	①不履行约定义务，与票据债务人有直接债权债务关系的票据当事人所持有的票据 ②持票人恶意取得的票据 ③应付而未付对价的持票人持有的票据 ④记载有“不得转让”字样而用于贴现或质押的票据 ⑤法律或者司法解释规定有其他情形的票据

（3）票据权利的补救

①挂失止付

票据丧失后，失票人通知付款人，并请求付款人暂停支付的方法即为挂失止付。挂失止付是一种暂时性的预防措施，防止票据被冒领或骗取。挂失止付的程序如图 4-8 所示。

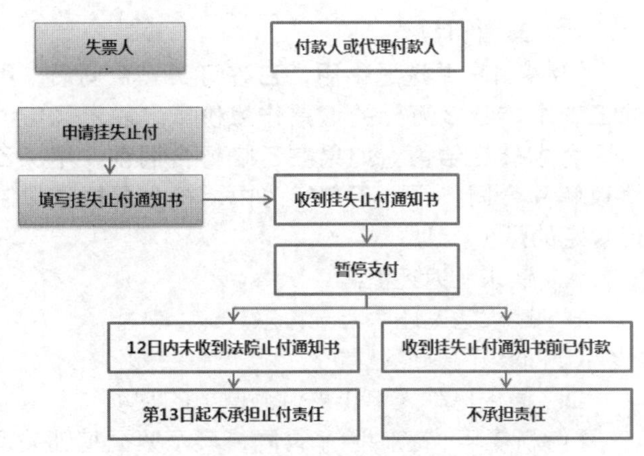

图 4-8 挂失止付的程序

可挂失止付的票据包括已承兑的商业汇票、支票、填明“现金”字样和代理付款人的银行汇票，以及填明“现金”字样的银行本票。

失票人在挂失止付后 3 日内，应依法向人民法院申请公示催告或提起普通诉讼。

②公示催告

票据丧失后，失票人可以向人民法院提出申请，请求人民法院以公告方式通知不确定的利害关系人限期申报权利，逾期未申报的，由人民法院通过除权判决宣告丧失票据无效。

《民事诉讼法》规定，以背书转让的票据丧失的，失票人可以申请公示催告。一般票据属于可以公示催告的范围。

名师解读

填明“现金”字样的银行汇票、银行本票和现金支票由于不能背书转让，所以不能申请公示催告。可以进行公示催告的失票人主要有两种：①票据所记载的票据权利人；②出票人已经签章的授权补记的支票持票人。

公示催告相关主体的具体内容如表 4-16 所示。

表 4-16 公示催告相关主体的具体内容

相关主体	具体内容
人民法院	①收到申请后应立即审查，并决定是否受理 ②认为符合受理条件的，通知予以受理，同时通知支付人停止支付；不符合受理条件的，7 日内驳回裁定申请 ③受理后 3 日内发出公告，催促利害关系人申报权利 ④公示期间不得少于 60 日，且公示催告期间届满日不得早于票据付款后 15 日 ⑤申报期届满、判决作出后，利害关系人申报权利，法院应通知其出示票据，并通知申请人在指定期间查看票据 ⑥申请人申请公示催告的票据与利害关系人出示的票据不一致的，应当裁定驳回利害关系人的申报 ⑦裁定终结公示催告程序的，应当通知申请人和支付人

续表

相关主体	具体内容
申请人	①申报权利的期间无人申报权利，或者申报被驳回的，申请人应当自公示催告期间届满之日起 1 个月内申请作出判决 ②逾期申请判决的，终结公示催告程序 ③判决公告之日起，有权依据判决向付款人请求付款

③普通诉讼

票据丧失后，失票人可向人民法院提出诉讼，判决前，丧失票据若出现，付款人应以该票据处于诉讼阶段为由暂不付款，并将情况迅速通知失票人和人民法院，人民法院终结诉讼程序。

（4）票据权利的消灭

一般情况下，票据权利可因履行、免除、抵销等事由的发生而消灭。票据权利在以下期限内不行使的，票据权利消灭。

①持票人对票据的出票人和承兑人的权利，自票据到期日起 2 年。见票即付的汇票、本票，自出票日起 2 年。

②持票人对支票出票人的权利，自出票日起6个月。

③持票人对前手的追索权，自被拒绝承兑或者被拒绝付款之日起 6 个月。

④持票人对前手的再追索权，自清偿日或者被提起诉讼之日起 3 个月。

5. 票据抗辩

（1）票据抗辩的种类

票据抗辩分为对物抗辩和对人抗辩，具体说明如表 4-17 所示。

表 4-17 对物抗辩和对人抗辩的具体说明

项目	解释	示例
对物抗辩	票据行为不成立而为的抗辩	应记载内容欠缺，背书不连续，票据权利有瑕疵等
	因票据记载不能提出请求而为的抗辩	票据未到期、付款地不符等
	票据载明的权利已消灭或已失效而为的抗辩	票据债权因付款、抵销等而消灭的
	票据权利的保全手续欠缺而为的抗辩	应作成拒绝证书而未作
	票据上有伪造、变造情形而为的抗辩	
对人抗辩	票据债务人可以对不履行约定义务的与自己有直接债权债务关系的持票人进行抗辩	

（2）票据抗辩的限制

《票据法》对票据抗辩的限制主要包括以下几方面。

①票据债务人不得以自己与出票人之间的抗辩事由对抗持票人。

②票据债务人不得以自己与持票人的前手之间的抗辩事由对抗持票人。

③凡是善意的、已付对价的正当持票人可以向票据上的一切债务人请求付款，不受前手权利瑕疵和前手相互间抗辩的影响。

④持票人取得的票据是无对价或不相当对价的，由于其享有的权利不能优于其前手，故票据债务人可以对抗持票人前手的抗辩事由对抗该持票人。

6. 票据伪造和变造

票据伪造是无权人假冒他人名义进行票据的行为，而变造则为变更票据除签章外的其他记载事项的行为，具体如表 4-18 所示。

表 4-18 票据伪造和变造

项目	相关规定
票据伪造	①即使持票人善意取得伪造的票据，对被伪造人也不能行使票据权利 ②由于伪造人没有以自己名义进行签章，所以不承担票据责任，伪造人的行为给他人造成损害的，应承担民事责任，构成犯罪的，还应承担刑事责任 ③票据上有伪造签章的，不影响票据上其他真实签章的效力。持票人依法提示承兑、提示付款或行使追索权时，票据上真实签章人不能以票据伪造为由进行抗辩
票据变造	①变造责任应根据变造事项和签章的时间顺序决定。当事人签章在变造之前，应按原记载的内容负责；当事人签章在变造之后，应按变造后的记载内容负责；无法辨别是在票据被变造之前或之后签章的，视同在变造之前签章 ②被变造的票据依旧有效，变造行为给他人造成经济损失的，变造人承担赔偿责任；构成犯罪的，承担刑事责任

名师解读

伪造和变造都针对“没有权利”进行票据行为的人：伪造是伪造“签章”和票据，变造是更改“签章”以外其他内容。变更票据签章的，属于票据的伪造，而不属于票据的变造。

典型例题

【例题 1 · 单选题】甲、乙签订买卖合同后，甲向乙背书转让 3 万元的汇票作为价款。后乙又将该汇票背书转让给丙。如果在乙履行合同前，甲、乙协议解除合同。甲的下列行为中，符合票据法律制度规定的是（　）。

A. 请求乙返还汇票

B. 请求乙返还 3 万元价款

C. 请求丙返还汇票

D. 请求付款人停止支付汇票上的款项

【解析】甲、乙解除了合同，表示票据基础关系不存在，但这并不影响票据权利的效力。所以持票人丙仍然享有该汇票的票据权利，甲只有在银行支付给丙票据款后，有权基于合同的解除请求乙返还 3 万元的价款。

【答案】B

【例题 2 · 单选题】根据规定，代理人超越代理权限在票据上签章的，其法律后果是（　）。

A. 被代理人承担票据责任

B. 代理人应当就其超越权限的部分承担票据责任

C. 签章人与被代理人连带承担票据责任

D. 代理人承担票据责任

【解析】在票据行为代理中，越权代理实际上表现为增加被代理人的票据责任。根据《票据法》规定，代理人超越代理权限的，应当就其超越权限的部分承担票据责任。所以答案应为选项 B。

【答案】B

【例题 3·单选题】根据票据法律制度的规定，在票据上更改特定记载事项的，将导致票据无效。下列各项中，属于该记载事项的是（　）。（2016 年）

A. 付款人名称　　B. 收款人名称

C. 付款地　　D. 出票地

【解析】《票据法》规定，票据金额、日期、收款人名称不得更改，更改的票据无效。

【答案】B

【例题 4·判断题】甲没有代理权而以代理人名义在票据上签章，应由票面上显示的本人和甲连带承担票据责任。（　）

【解析】《票据法》规定，没有代理权而以代理人名义在票据上签章的，应当由签章人承担票据责任。所以票据责任应只由甲承担。

【答案】×

【例题 5·多选题】根据票据法律制度的规定，票据债务人基于票据本身存在的一定事由发生的抗辩，可以对抗任何持票人，该类事由有（　）。（2016 年）

A. 票据债务人为无行为能力人

B. 票据债务人的签章被他人假冒

C. 票据背书不连续

D. 票据上未记载出票地

【解析】票据抗辩包括对物抗辩和对人抗辩。对物抗辩是指基于票据本身存在的事由而发生的抗辩。这一抗辩可以对任何持票人提出。本题中选项 A、B、C 均属于对物抗辩的情形。选项 D，出票地为相对必要记载事项，票据上未记载出票地，并不属于对物抗辩的情形。

【答案】ABC

考点6 汇票（★★★）

考点分析

本考点是本小节的重点，属于考生应掌握的内容。本考点在历年考试中出现题目的概率较大，但考查难度一般不大，通常结合考点 5 的内容综合考查。

考点精讲

1. 汇票的类型

根据出票人身份不同，可将汇票分为银行汇票和商业汇票，商业汇票又可分为银行承兑汇票（由银行承兑）和商业承兑汇票（由银行以外的付款人承兑），其相关规定如表 4-19 所示。

表 4-19　银行汇票和商业汇票的相关规定

名称		出票人	付款人	付款期限	提示付款时间
银行汇票		签发汇票的银行	向收款人支付款项的银行	见票即付	1 个月
商业汇票	银行承兑汇票	银行以外的企业或组织	银行或银行外的企业或组织	≤ 6 个月	到期日起 10 日
	商业承兑汇票				

2. 出票

出票包括两个行为：①在原始票据上记载法定事项并签章；②将作成的票据交付给他人占有（交付票据）。

（1）记载事项

汇票记载事项包括绝对应记载事项、相对应记载事项和非法的记载事项，具体如图 4-9 所示。

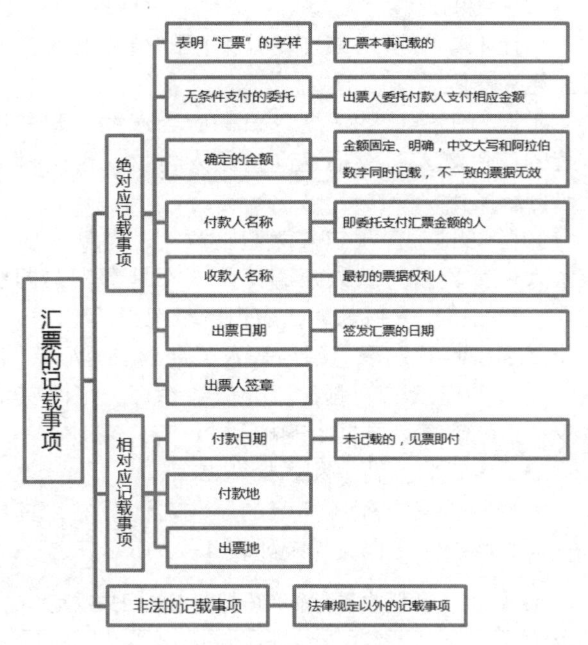

图 4-9　汇票的记载事项

（2）出票的效力

完成出票行为，即对汇票当事人产生票据法上的效力，出票对不同当事人的效力如表 4-20 所示。

表 4-20　出票对汇票当事人的效力

当事人	效力
出票人	①承担保证该汇票承兑和付款的责任 ②汇票得不到承兑、付款时，向持票人清偿法律规定的金额和费用
付款人	①不因出票而承担付款义务 ②对汇票进行承兑后，成为汇票的主债务人
收款人	①取得汇票后，取得票据权利 ②具体包括：付款请求权、追索权、票据转让权

3. 背书

（1）背书形式

转让汇票需要进行有效背书，背书包括应当记载、不得记载的内容和禁止背书的记载，具体如表4-21所示。

表4-21　背书的记载事项

项目	事项
应当记载	①背书日期：相对记载事项，未记载的视为到期日前背书 ②背书签章：绝对记载事项，未签章的，背书无效；签章不符合规定的，签章无效 ③被背书人名称：绝对记载事项，背书时未记载的，持票人可补记
不得记载	①附条件背书：背书不得附条件，附条件的，该条件无效，背书有效 ②部分背书：不得将汇票的部分金额进行转让背书，部分背书的，背书无效 ③多头背书：不得将汇票金额背书转让给2人及以上，多头背书的，背书无效
禁止背书的记载	背书人可在汇票上记载"不得转让"字样，其后手不得再将汇票背书转让，否则原背书人对后手的背书人不承担保证责任

（2）背书连续

转让汇票的背书人与受让汇票的被背书人在汇票上的签章依次前后衔接。

①已背书转让的汇票，背书应当连续。背书不连续的，付款人可以拒绝向持票人付款，否则付款人自行承担责任。

②背书时，有背书人伪造签章的，付款人应对持票人付款，若付款人知道持票人不是真正票据权利人，而向持票人付款的，应自行承担责任。

③因税收、继承、赠与等方式合法取得汇票的，不涉及背书连续的问题，只要依法举证，证明其汇票权利，就能享有票据上的权利。

（3）委托收款背书和质押背书

委托收款背书和质押背书属非转让背书，其具有一定的特殊性，相关规定如表4-22所示。

表4-22　委托收款背书和质押背书的相关规定

类型	相关规定
委托背书	①持票人在汇票上背书记载"委托背书"字样进行背书，委托被背书人代理汇票权利 ②委托背书的背书人拥有票据权利，被背书人只拥有代理权，但不包括票据的转让权 ③被背书人转让票据的，原背书人对后手的被背书人不承担票据责任
质押背书	①质押背书的背书人为"出质人"，被背书人为"质权人"，质权人质押背书时，应在汇票上记载"质押""为担保""为设质"等字样，并签章 ②出质人和质权人为担保关系，而非票据转让关系，所以质权人不享有票据权利，不得转让汇票 ③质权人背书转让汇票的，原背书人对后手的被背书人不承担票据责任，但不影响出票人、承兑人，以及原背书人前手的票据责任 ④出质人不履行或无法履行债务时，质权人可以行使票据权利，并从票据金额中按担保债权数额优先得到偿还

（4）法定禁止背书

汇票被拒绝承兑、被拒绝付款或超过付款提示期限的，不得背书转让；背书转让的，背书人应承担汇票责任。

名师解读

在汇票的背书中，应对背书是否有效进行归纳，如图4-10所示即为汇票的有效背书和无效背书对应的情况。

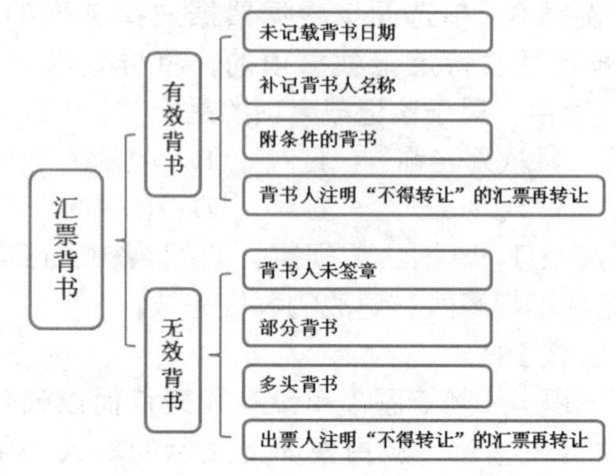

图4-10　汇票的有效背书和无效背书

4. 保证

（1）记载事项

①绝对应记载事项："保证"字样和保证人签章。

②相对应记载事项：被保证人名称（未记载的，已承兑的汇票，承兑人为保证人；未承兑的，出票人为保证人），保证日期（未记载则以出票日期为保证日期），保证人名称和住所。

（2）保证责任

①保证人的责任：保证人与被保证人对持票人承担连带责任。

②共同保证人的责任：保证人为2人及以上的，保证人之间承担连带责任。

③保证人的追索权：保证人清偿汇票债务后，可依法行使持票人对被保证人及其前手的追索权。

5. 承兑

（1）汇票承兑的两个环节，其相关规定如表4-23所示。

表4-23　承兑的两个环节

环节	相关规定
提示承兑	不同类型汇票的提示承兑日期如下。 ①见票即付的：不需要提示承兑 ②定日付款／出票后定期付款的：汇票到期日前，否则丧失对其前手的追索权 ③见票后定期付款的：出票日起1个月内向付款人提示承兑，否则丧失对其前手的追索权
承兑成立	①承兑日期：自收到提示承兑的汇票之日起3日内承兑，附条件承兑或不做表示的，视为拒绝承兑 ②接受承兑：签发收到汇票的回单，记明汇票提示承兑日期并签章 ③承兑格式：在汇票正面记载"承兑"字样和承兑日期并签章

名师解读

见票后定期付款的汇票，应当在承兑时记载付款日期，汇票上未记载承兑日期的，以持票人提示承兑之日起的第3日为承兑日期。

（2）付款人承兑汇票后，应当承担到期付款的责任。

①汇票到期日，承兑人必须向持票人无条件地支付汇票上的金额，否则将承担延迟付款责任。

②承兑人必须对汇票上的一切权利人承担责任，包括付款请求权人和追索人。

③承兑人不得以其与出票人之间的资金关系对抗持票人，拒绝支付汇票金额。

④承兑人的票据责任不因持票人未在法定期限提示付款而解除。

6. 付款

（1）付款程序

付款程序的两个环节，相关规定如表4–24所示。

表4–24 付款程序两个环节的相关规定

环节	相关规定
提示付款	①见票即付的汇票，自出票日起1个月内向付款人提示付款 ②定日付款、出票后定期付款或者见票后定期付款的汇票，自到期日起10日内向承兑人提示付款 ③持票人未在法定期限提示付款的，在作出说明后，承兑人或付款人仍应继续对持票人承担付款责任
支付票款	持票人向付款人或承兑人提示付款的，付款人必须在当日足额付款

（2）付款效力

付款人依法足额付款后，全体汇票债务人的责任解除。但是，如果付款人付款存在瑕疵，即未尽审查义务而对不符合法定形式的票据付款，或其存在恶意或者重大过失而付款的，则不发生上述法律效力，付款人的义务不能免除，其他债务人也不能免除责任。

7. 追索

（1）行使追索权的条件

行使追索权需包括图4–11所示的条件。

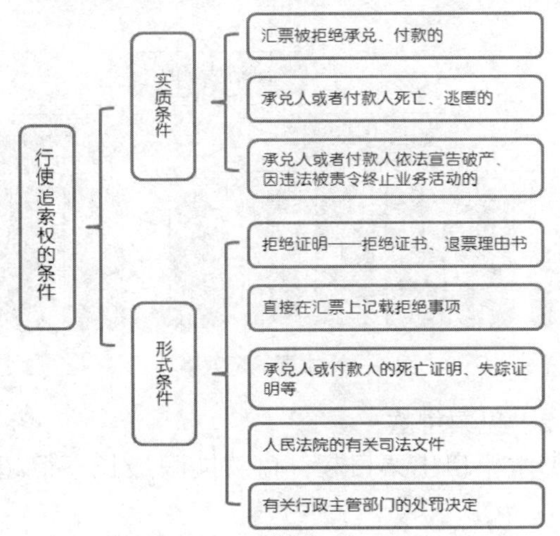

图4–11 行使追索权的条件

（2）行使追索权

行使追索权包括发出追索通知、确定追索对象、请求偿还、受领清偿金等环节，相关规定具体如表4–25所示。

表4–25 行使追索权的相关规定

环节	相关规定
发出追索通知	①持票人应自收到被拒绝承兑或被拒绝付款的证明之日起3日内，将被拒绝事由书面通知其前手 ②3日后发出通知的，持票人仍可行使追索权，因延期通知给其前手或出票人造成损失的，应承担赔偿责任，赔偿金额以汇票金额为限
确定追索对象	①出票人、背书人、承兑人和保证人对持票人承担连带责任 ②持票人可不按汇票债务人的先后顺序，对其中一人或数人行使追索权，也可在后续追索过程中对其他债务人进行追索
请求偿还	持票人请求支付的金额包括： ①被拒绝付款的汇票金额 ②汇票金额自到期日或提示付款日起至清偿日止，按照中国人民银行规定的利率计算的利息 ③取得证明和发出通知书的费用
受领清偿金	接受相关金额和费用

典型例题

【例题1·单选题】根据《票据法》的规定，甲向乙签发商业汇票时记载的下列事项中，不发生票据法上效力的是（　）。

A. 乙交货后付款　　B. 票据金额10万元

C. 汇票不得背书转让　　D. 乙的开户行名称

【解析】根据《票据法》规定的，不发生票据法上效力的应为非法定记载事项。选项A是关于付款方式的约定，属于非法定记载事项；选项C是关于“背书”的规定，属于相对记载事项；选项B是付款金额，选项D乙的开户行名称实际上是指收款人的名称，都属于绝对记载事项。所以本题答案应为选项A。

【答案】A

【例题2·单选题】根据我国《票据法》规定，汇票的绝对记载事项是（　）。

A. 出票地　　B. 付款地

C. 付款日期　　D. 出票日期

【解析】汇票的绝对记载事项包括：①表明“汇票”字样；②无条件支付的委托；③确定的金额；④付款人名称；⑤收款人名称；⑥出票日期；⑦出票人签章。

【答案】D

【例题3·单选题】下列情形中，付款人因为背书不连续而拒绝向持票人付款的是（　）。

A. 甲向乙转让一张汇票，注明背书日期为2016年5月10日，乙将该汇票背书转让给丙注明背书日期为2016年5月2日

B. 甲向乙转让一张汇票，丙偷得该汇票并盗盖乙的签章背书转让给丁

C. 甲向乙转让一张汇票，乙被丙吸收合并，丙将该汇票背书转让给丁

D. 甲向中国农业银行北京市分行转让一张汇票，注明被背书人为“农行北京分行”

【解析】选项A中甲背书给乙的时间，在乙背书给丙的时间之后，时间明显不衔接、背书不连续，付款人在对票据进行审查后，可拒绝付款。

【答案】A

【例题4·多选题】根据《票据法》的规定，下列情形中，属于汇票背书行为无效的有（　）。

A. 附有条件的背书

B. 只将汇票金额的一部分进行转让的背书

C. 将汇票金额分别转让给予两人或两人以上的背书

D. 背书人在汇票上记载“不得转让”，其后手又进行背书转让的

【解析】根据规定，附有条件的背书，条件无效，背书有效，因此选项A不符合题意；背书人在汇票上记载“不得转让”，其后手又进行背书转让的，原背书人对后手的被背书人不承担票据责任，背书本身还是有效的，因此选项D不符合题意。

【答案】BC

【例题5·多选题】根据《票据法》的规定，在汇票到期日前的下列情形中，持票人可以行使追索权的有（　）。

A. 承兑人或付款死亡

B. 汇票被拒绝承兑

C. 承兑人或付款人被宣告破产

D. 承兑人或付款人因违法被责令终止业务活动

【解析】以上选项中，选项A属于“汇票到期日前承兑人或付款人死亡、逃匿的”；选项B属于“汇票被拒绝承兑、付款的”；选项C、D属于“汇票到期日前承兑人或付款人被依法宣告破产或因违法被责令终止业务活动的”，都属于持票人可以行使追索权的情形。

【答案】ABCD

名师解读

要完全掌握汇票的相关知识，必须对汇票出票、背书、保证、承兑、付款和追索流程有深入的理解，包括每个环节如何进行；环节的当事人及其权利与义务是什么；如何实现权利，实现权利的条件是什么，向谁行使权利；汇票在出票、背书、保证、承兑等环节中，记载的内容分别有哪些；在不同环节中票据当事人的角色如何替换等。只有掌握了这些内容和细节，才能掌握汇票的相关知识，轻松答题。图4-12所示即为汇票当事人的关系图。

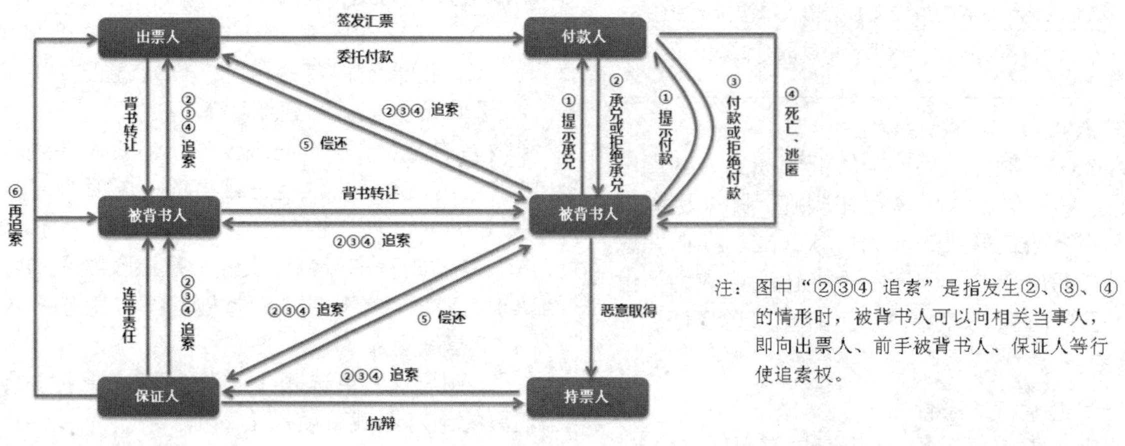

图4-12 汇票当事人关系图

考点7 本票和支票（★★）

考点分析

本考点属于考生应熟悉的内容，在考试中出现考题的概率较大，其中支票相对来说更为重要，考生应合理安排复习。

考点精讲

1. 本票

本票是出票人签发的，承诺自己在见票时无条件支付确定的金额给收款人或者持票人的票据。

（1）记载事项

本票的记载事项如图4-13所示。

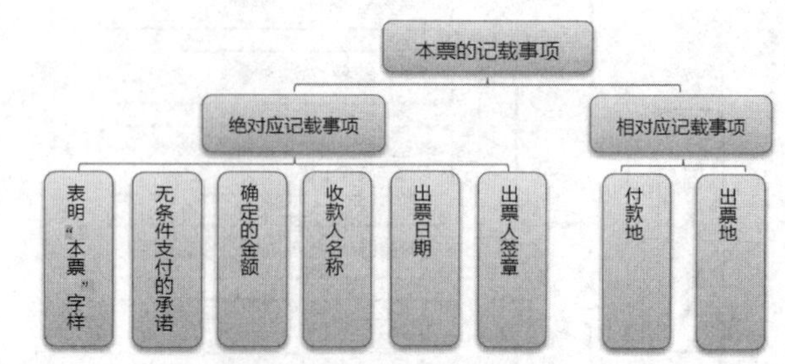

图4-13 本票的记载事项

（2）见票付款

①本票自出票日起，付款期限最长不得超过2个月。

②持票人未按照规定期限提示付款的，丧失对

"出票人"以外的前手的追索权。

③持票人超过提示付款期限不获付款的，在票据权利时效内向出票银行作出说明，并提供本人身份证或单位证明，可持银行本票向出票银行请求付款。

2. 支票

（1）支票类型

①现金支票：印有"现金"字样，只能支取现金。

②转账支票：印有"转账"字样，只能用于转账。

③普通支票：可转账，也可支取现金；若正面左上角有两条平行划线，为划线支票，只能转账。

（2）出票

①支票的记载事项和本票相同（除"支票"字样外），支票上的金额、收款人姓名可由出票人授权补记，未补记前的支票，不得背书转让和提示付款。

②出票人可在支票上记载自己为收款人。

③支票属于见票即付票据，不得另行记载付款日期。另行记载付款日期的，该记载无效。

④出票人不得签发与预留印章不符的支票，不得签发空头支票。

（3）付款

①支票的持票人应当自出票日起10日内提示付款，异地使用的支票，其提示付款的期限由中国人民银行另行规定。

②出票人在付款人处的存款足以支付支票金额时，付款人应当在当日足额付款。

③持票人超过提示付款期限的，付款人可以不予付款；付款人不予付款的，出票人仍应当对持票人承担票据责任。持票人超过提示付款期限的，并不丧失对出票人的追索权，出票人仍应当对持票人承担支付票款的责任。

典型例题

【例题1·单选题】根据《票据法》的规定，银行本票自出票之日起，付款期限最长为（　）个月。

A. 1　　B. 2

C. 3　　D. 6

【解析】银行本票自出票之日起，付款期限最长不得超过2个月。

【答案】B

【例题2·单选题】根据《票据法》的规定，以下关于本票的表述中，错误的是（　）。

A. 本票是由出票人自己对持票人付款的票据

B. 本票的基本当事人只有出票人和收款人

C. 本票无需承兑

D. 到期日是本票的绝对应记载事项

【解析】由于本票是见票即付的票据，所以本票的绝对记载事项中不包括"到期日"事项。所以选项D错误。

【答案】D

【例题3·单选题】根据《票据法》的规定，下列有关支票的说法，不正确的是（　）。

A. 支票的金额、收款人名称可以由出票人授权补记

B. 持票人应当自出票日起10日内提示付款

C. 支票限于见票即付，另行记载付款日期的，支票无效

D. 支票的出票人签发支票的金额不得超过付款时其在付款人处实有的存款金额

【解析】支票限于见票即付，不得另行记载付款日期，另行记载日期的，该记载无效，选项C错误。

【答案】C

【例题4·多选题】根据《票据法》的规定，下列情形中，将导致支票无效的有（　）。

A. 支票上未记载付款地

B. 支票上未记载付款日期

C. 支票金额中文大写与数码记载不一致

D. 支票的出票日期被更改

【解析】未记载相对记载事项的支票有效，相对记载事项主要包括付款地和出票地，所以选项A不符合题意；支票属于见票即付票据，无需记载付款日期，所以选项B不符合题意。

【答案】CD

【例题5·判断题】支票的出票人于2016年9月9日出票时，在票面上记载"到期日为2016年9月18日"，该记载有效。（　）

【解析】支票限于见票即付，不得另行记载付款日期，另行记载付款日期的，该记载无效。

【答案】×

名师解读

为了便于考生总结和复习，这里对这3种票据的记载内容、票据行为等重点内容进行了总结，如表4-26所示。

表4-26　3种主要票据的票据内容和票据行为一览表

项目	汇票	本票	支票
分类	①银行汇票 ②商业汇票：银行承兑汇票、商业承兑汇票	银行本票（记名式本票、即期本票）	①现金支票 ②转账支票 ③普通支票：划线的只用于转账

续表

项目		汇票	本票	支票
出票	绝对应记载事项	①表明“汇票”的字样 ②无条件支付的委托 ③确定的金额 ④付款人名称 ⑤收款人名称 ⑥出票日期 ⑦出票人签章	①表明“本票”的字样 ②无条件支付的承诺 ③确定的金额 ④收款人名称 ⑤出票日期 ⑥出票人签章	①表明“支票”的字样 ②无条件支付的委托 ③确定的金额（可补记） ④付款人名称（可补记） ⑤出票日期 ⑥出票人签章
	相对应记载事项	①付款日期 ②付款地 ③出票地	①付款地 ②出票地（未记载的，为出票人的营业场所）	①付款地 ②出票地（未记载的，为出票人的营业场所）
	非法定记载事项	《票据法》规定外的其他事项	同汇票	同汇票
	其他	——	——	禁止签发空头支票；禁止签发印章、支付密码不符的支票
背书	记载内容	①背书日期 ②被背书人名称 ③背书人签章 背书应连续，多记载的应附粘单	无特殊规定的，同汇票	无特殊规定的，同汇票
	不得转让	“不得转让”字样的汇票不得转让	无特殊规定的，同汇票	无特殊规定的，同汇票
	委托收款	“委托收款”背书的被背书人为汇票代理人		
	质押	“质押”背书的被背书人在背书人不履行债务时，行使票据权利		
保证	记载内容	①表明“保证”的字样 ②保证人名称和住所 ③被保证人名称 ④保证日期 ⑤保证人签章 保证不得附有条件，附有条件的不影响保证责任	无特殊规定的，同汇票	无特殊规定的，同汇票
	责任	①保证人与被保证人对持票人承担连带责任 ②共同保证人之间承担连带责任 ③保证人偿还票据债务，可行使持票人对被保证人和其前手的追索权		
承兑	提示承兑	①见票即付的汇票不需承兑 ②定日付款、出票后定期付款的，应在汇票到期日前提示承兑 ③见票后定期付款的，在出票日起 1 个月内提示承兑	——	——
	承兑	①收到提示承兑汇票后 3 日内答复 ②未答复的视为拒绝承兑，拒绝承兑的应做拒绝证明，被拒绝承兑的应向其前手行使追索权 ③接受承兑的应在回单上记载承兑日期和签章，将回单和汇票同时退与持票人	——	——
	承兑人责任	①无条件支付金额 ②承兑人对汇票的一切权利人承担责任 ③不以持票人与出票人的资金关系对抗持票人 ④票据责任不以未在法定期限提示付款而解除		
付款	提示付款	①见票即付的汇票，自出票日起 1 个月内 ②定日付款、出票后定期付款、见票后定期付款的汇票，自到期日起 10 日内	①自出票日起，付款期限最长不超过 2 个月 ②未按规定期限提示本票的，丧失对出票人外的前手的追索权 ③持票人对出票人享有付款请求权和追索权	①出票日起 10 日内提示付款 ②超过提示期限的，付款人可不付款 ③出票人始终对持票人承担票据责任 ④支票无误应于当日足额付款
	无法提示付款	①被拒绝承兑的 ②票据丧失的 ③因不可抗力因素不能在规定期限提示的（可直接行使追索权） ④付款人、承兑人主体资格消灭的		
	付款	①付款人应对汇票背书是否连续、提示付款人身份进行审查 ②获得付款的持票人在汇票正面签章，交付付款人		
	责任	①付款人恶意、重大过失付款，应自行承担责任 ②对除见票即付的汇票外的其他汇票，在到期日前付款的，付款人应自行承担责任		

续表

项目		汇票	本票	支票
追索	实质原因	①汇票到期被拒绝承兑或付款 ②汇票到期前，承兑人或付款人死亡、逃匿 ③汇票到期前，承兑人或付款人破产或被终止业务	无特殊规定的，同汇票	无特殊规定的，同汇票
	形式原因	①拒绝证书和退票理由书 ②直接在汇票上说明拒绝事由并盖章 ③承兑人或付款人的死亡证明、失踪证明等 ④人民法院司法文件、行政主管部门的处罚决定等		
	追索通知	持票人应收到拒绝证明起3日内向其前手发出书面通知，其前手在收到通知起3日内再通知其前手		
	偿还	①可对一个、多个或全员行使追索权 ②被追索人偿还债务后，与持票人享有同一权利 ③偿还金额包括：应付债务，期间利息，费用		

本节考点回顾与总结一览表

本节考点	知识总结
考点5 票据法律制度的理论基础	①票据行为：出票，记载事项（绝对应记载、相对应记载、非法定记载），代理（无权、越权） ②票据权利：取得票据、行使和保全票据权利，票据权利消灭 ③票据抗辩：对人、对物抗辩，抗辩的限制 ④票据伪造和变造：伪造（伪造票据、伪造签章），变造（更改签章外的记载事项）
考点6 汇票	①程序：出票→背书→（保证）→承兑→付款→追索 ②记载事项：绝对应记载事项、相对应记载事项、禁止记载的事项、可补记的事项 ③委托收款背书、质押背书中，相关当事人的权责 ④提示承兑、承兑、提示付款、付款的日期及期限 ⑤追索条件、通知、对象，以及获取金额
考点7 本票和支票	①本票：记载事项、见票付款 ②支票：支票类型，记载内容、出票及付款环节的相关规定

真题演练

1.【单选题】甲公司于2012年2月10日签发一张汇票给乙公司，付款日期为同年3月20日。乙公司将该汇票提示承兑后背书转让给丙公司，丙公司又将该汇票背书转让给丁公司。丁公司于同年3月23日向承兑人请求付款时遭到拒绝。根据《票据法》的规定，丁公司向甲公司行使追索权的期限是（　）。（2014年）

A. 自2012年2月10日至2014年2月10日

B. 自2012年3月20日至2014年3月20日

C. 自2012年3月23日至2012年9月23日

D. 自2012年3月23日至2012年6月23日

2.【单选题】根据《票据法》的规定，下列关于票据伪造的表述中，正确的是（　）。（2014年）

A. 票据伪造是指无权更改票据的人变更票据金额的行为

B. 被伪造人应向善意且支付了对价的持票人承担票据责任

C. 票据上有伪造签章的，不影响票据上其他真实签章的效力

D. 伪造人因未在票据上以自己的名义签章，故不承担票据责任之外的民事责任

3.【单选题】甲公司在向乙银行申请贷款时以一张银行承兑汇票作质押担保。下列关于甲公司汇票质押生效要件的表述中，符合票据法律制度规定的是（　）。（2013年）

A. 甲公司只需和乙银行签订该汇票的质押合同即可生效

B. 甲公司只需将该汇票交付乙银行占有即可生效

C. 甲公司只需向乙银行作该汇票的转让背书即可生效

D. 甲公司只需在该汇票上记载“质押”字样、乙银行名称并签章即可生效

4.【单选题】根据《票据法》的规定，支票的下列记载事项中，出票人可以授权补记的是（　）。（2014年）

A. 出票日期　　B. 出票人签章

C. 付款人名称　　D. 收款人名称

第三节 商业银行法律制度

考点8 商业银行法律制度概述（★）

考点分析

本考点内容较多，但属于考生应了解的内容。考生复习本考点时，只需对商业银行的设立、变更、接管和终止环节的相关内容熟悉即可，不用花费太多时间。

考点精讲

商业银行设立、变更、接管和接管终止的相关规定如表4–27所示。

表4–27 商业银行的设立、变更、接管和接管终止的相关规定

事项	相关规定
设立商业银行	设立商业银行应满足以下条件： ①符合规定的章程 ②符合注册资本（实缴）最低限额 全国商业银行——10亿元人民币 城市商业银行——1亿元人民币 农村商业银行——5 000万元人民币 ③专业管理人员、健全的管理制度、符合要求的设施
设立分支机构	设立分支机构应满足以下条件： ①经国务院银行业监督管理机构审查批准 ②在我国境内的分支机构，不按行政区划设立 ③应按照规定拨付与其经营规模相适应的营运资金额。拨付各分支机构营运资金额的总和，不得超过总行资本金总额的60% ④分支机构不具有法人资格，在总行授权范围内依法开展业务，其民事责任由总行承担
变更	商业银行的变更涉及以下事项： ①修改章程 ②变更名称、变更注册资本、调整业务范围 ③变更总行或者分支行所在地 ④变更持有资本总额或者股份总额5%以上的股东 ⑤国务院银行业监督管理机构规定的其他变更事项
接管	①被接管商业银行的债权债务关系不因接管而变化 ②接管期限届满，国务院银行业监督管理机构可以决定延期，但接管期限最长不得超过2年
接管终止	①接管决定规定的期限届满或者国务院银行业监督管理机构决定的接管延期届满 ②接管期限届满前，该商业银行已恢复正常经营能力 ③接管期限届满前，该商业银行被合并或者被依法宣告破产

典型例题

【例题1·单选题】根据我国《商业银行法》的规定，设立城市商业银行的注册资本的最低限额为（　）元人民币。

A. 5 000万　　B. 1亿
C. 5亿　　D. 10亿

【解析】根据我国《商业银行法》的规定，设立城市商业银行注册资本的最低限额为1亿元人民币。

【答案】B

【例题2·单选题】根据我国《商业银行法》规定，以下关于商业银行分支机构的设立正确的是（　）。

A. 商业银行不可以在中国境外设立分支机构
B. 在中国境内设立的分支机构按行政区划设立
C. 商业银行分支机构不具有法人资格，在总行授权范围内依法开展业务，其民事责任由总行承担
D. 商业银行在中国境内设立分支机构拨付各分支机构营运资金额的总和不得超过总行资本金总额的50%

【解析】商业银行根据业务需要可以在中国境内外设立分支机构，选项A错误；在中国境内设立的分支机构，不按行政区划设立，选项B错误；商业银行拨付各分支机构营运资金额的总和，不得超过总行资本金总额的60%，选项D错误。

【答案】C

【例题3·单选题】根据《商业银行法》的规定，接管期限届满，国务院银行监督管理机构可以决定延期，但接管期限最长不得超过（　）年。

A. 1　　B. 2　　C. 3　　D. 5

【解析】根据《商业银行法》的规定，接管期限届满，国务院银行监督管理机构可以决定延期，但接管期限最长不得超过2年。

【答案】B

考点9 商业银行存款业务规则（★★★）

考点分析

本考点属于考生应掌握的知识点，内容不多，考生比较容易掌握，复习时可分别以个人储蓄和单位储蓄为记忆点，依次展开，进行归纳和总结，进而理解各重要考点。

考点精讲

1. 个人储蓄存款

（1）计息规则

个人储蓄存款分为定期存款和活期存款，其计息规则如表4–28所示。

表4–28 定期存款和活期存款的计息规则

类别	计息规则
定期存款	①全部提前支取的，按“支取日”挂牌公告的活期储蓄存款利率计付利息 ②部分提前支取的，提前支取的部分按“支取日”挂牌公告的活期储蓄存款利率计付利息，其余部分到期时按存单“开户日”挂牌公告的定期储蓄存款利率计付利息 ③逾期支取的定期储蓄存款，其超过原定存期的部分除约定自动转存的外，按“支取日”挂牌公告的活期储蓄存款利率计付利息 ④遇利率调整，按存单“开户日”挂牌公告的相应的定期储蓄存款利率计付利息 ⑤定期存款的支取日为结息日

续表

类别	计息规则
活期存款	①有利率调整的，按“结息日”挂牌公告的活期储蓄存款利率计付利息 ②全部支取活期储蓄存款，按“清户日”挂牌公告的活期储蓄存款利率计付利息 ③活期储蓄存款每年6月30日为结息日

名师解读

个人储蓄存款业务在办理时，应遵循存款自愿、取款自由、存款有息、为存款人保密的原则。取款时，本人自取的，提供真实有效的存款凭证和身份证明；委托他人代取的，提供真实有效的存款凭证、存款人身份证明和代取人身份证明。

（2）挂失

个人储户挂失规则如图4-14所示。

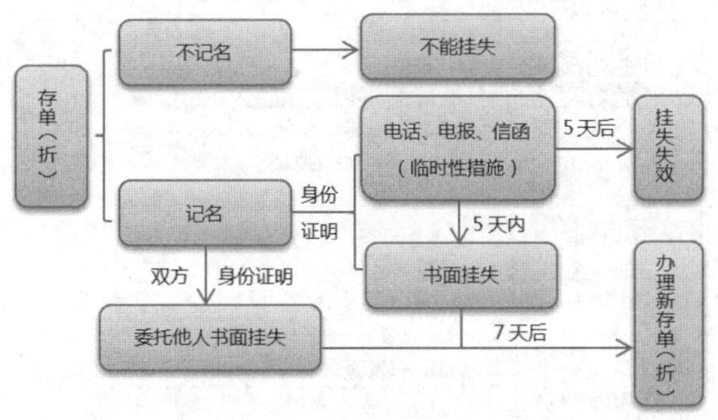

图4-14 个人储户挂失规则

（3）个人储蓄存款的查询、冻结和扣划

①有权查询、冻结和扣划的机关：人民法院、税务机关和海关。

②有权查询和冻结的机关：人民检察院、公安机关、国家安全机关、军队保卫部门、证监会、反洗钱行政主管部门、监狱、走私犯罪侦查机关。

③有权查询的机关：审计机关、监察机关、反垄断执法机构、银监会、保监会、财政部门、外汇管理机关、期货监督管理机构、工商行政管理部门。

2. 单位储蓄存款

（1）存款原则

①财政性存款由中国人民银行专营，不计利息。

②开户单位的现金收入，除核定的库存现金限额外，必须存入开户银行，不得自行保存和坐支。

③存款单位支取定期存款，只能以转账方式将存款转入其基本存款账户，不得将定期存款用于结算或从定期存款账户中提取现金。

④单位定期存款可以全部或部分提前支取，但只能提前支取一次。

⑤禁止公款私存，私款公存。

⑥财政拨款、预算内资金及银行贷款不得作为单位定期存款存入金融机构。

（2）计息规则

单位定期存款的计息规则如下。

①单位定期存款的期限分3个月、半年、1年3个档次，起存金额1万元，多存不限。

②按存款“存入日”挂牌公告的定期存款利率计付利息，遇利率调整，不分段计息。

③全部提前支取的，按“支取日”利率计息；部分提前支取的，提前部分按“支取日”计息，其余部分如不低于起存金额，按原存款“开户日”利率计息；不足起存金额则予以清户。

④到期不取，逾期部分按支取日利率计付利息。

⑤单位活期存款按日计息，按季结息，计息期间遇利率调整分段计息，每季度末月的20日为结息日；通知存款按“支取日”挂牌公告的同期同档次通知存款利率计息。

典型例题

【例题1·单选题】甲在乙的陪同下在一金融机构内为丙的个人储蓄账户取款，甲需要出具的身份证件是（　）。

A. 甲的身份证件　　B. 丙的身份证件

C. 甲和乙的身份证件　　D. 甲和丙的身份证件

【解析】委托他人代取的，提供真实有效的存款凭证、存款人身份证明和代取人身份证明。

【答案】D

【例题2·多选题】2016年10月21日，甲公司在A银行存入为期1年的100万元定期存款，2017年3月1日，乙公司向甲公司索要货款，同日，甲公司在100万元的定期存款中支取50万元进行货款支付。下列关于该存款的说法正确的有（　）。

A. 甲公司支取的50万元应按“存入日”的挂牌公告的活期存款利率计息

B. 甲公司支取的50万元应按“支取日”的挂牌公告的活期存款利率计息

C. 甲公司未支取的50万元应按“开户日”的挂牌公告的同档次定期存款利率计息

D. 甲公司未支取的50万元应按“支取日”的挂牌公告的同档次定期存款利率计息

【解析】题目中甲公司支付货款的50万元，属于提前在定期存款中部分支取，所以支取的50万元应按“支取日”挂牌公告的活期存款利率计息，未支取的50万元大于起存金额1万元，按原存款“开户日”挂牌公告的同档次定期存款利率计息。所以选项B、C为正确选项。

【答案】BC

【例题3·判断题】审计机关、监察机关、价格主管部门、反垄断执法机构、银监会、保监会、财政部门、外汇管理机关、期货监督管理机构、工商行政管理部门有权查询和冻结个人储蓄存款。（　）

【解析】审计机关、监察机关、价格主管部门、

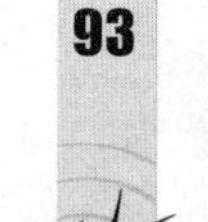

反垄断执法机构、银监会、保监会、财政部门、外汇管理机关、期货监督管理机构、工商行政管理部门有权查询个人储蓄存款，无权冻结个人储蓄存款。

【答案】×

考点10 商业银行贷款业务规则（★★）

考点分析

本考点属于考生应熟悉的内容，内容较多，考生可与商业银行存款业务的相关规则进行对比并联系记忆。

考点精讲

1. 贷款人和借款人

贷款人和借款人的资格、权利、义务及限制如表4-29所示。

表4-29 贷款人和借款人的资格、权利、义务及限制

项目	贷款人	借款人
资格	经国务院银行业监督管理机构批准，具有经营许可证、营业执照，且规定有“贷款业务范围”	①对法人或组织：合法、合规，信用良好，借款用途和还款来源明确合法 ②对自然人：完全民事行为能力，用途明确合法，稳定收入，信用良好，具备还款意愿和还款能力
权利	①要求借款人提供资料，并决定贷与不贷 ②要求借款人对重要内容作出承诺，按合约回收本金与利息，并对使用情况做监督 ③借款人未履行承诺的，有权收回或停止支付 ④贷款将受损失，可实现避免措施	①自主选择银行办理贷款 ②拒绝合同外的附加条件，使用和提取全部贷款 ③经贷款人同意后向第三人转让债务 ④监督银行贷款行为，并向上级反映
义务	①公布贷款种类、期限、利率 ②审查资信和发放贷款条件，审核借款人的借款申请 ③监督贷款使用情况，对借款人信息保密	①提供真实资料，接受财务和信贷监督 ②按规定使用贷款，按时足额还本付息 ③转让第三人或出现危机债权情况的，应通知贷款人
限制（重要）	①银行的资本充足率不得低于8%，对同一借款人的贷款余额与商业银行资本余额的比例不得超过10% ②不得向关系人发放信用贷款，可以发放担保贷款，但向关系人发放担保贷款的条件不得优于其他借款人同类贷款的条件 ③不得向不具备借款资格、条件，或经营国家禁止项目的借款人发放贷款 ④不得另行收取费用，不得垫付资金，不得制定不合理标准，不得恶性竞争和突击放贷	①不得在一个贷款人同一辖区内的两个或两个以上同级分支机构取得贷款 ②不得隐瞒财务状况，提供虚假报表 ③不得违规用贷，以贷款从事股本权益投资、证券期货投机、房地产投机、违法借贷等 ④不得以欺诈手段骗取贷款 ⑤除依法取得经营房地产资格的借款人以外，不得用贷款从事房地产投机 ⑥不得套取贷款用于借贷牟取非法收入

2. 发放贷款规则

（1）贷款发放程序

①贷款申请与审批。

②对借款人的信用等级进行评估。

③贷款调查。

④风险评价与贷款审批。

⑤签订借款合同。

⑥发放贷款。

⑦贷后检查和贷款归还。

（2）贷款发放和归还规则

贷款人按合同规定发放贷款。单笔金额超过项目总投资5%或超过500万元人民币的贷款资金支付，应采用贷款人受托支付方式，其余则采用借款人自主支付方式。

不同贷款归还的具体规则如表4-30所示。

表4-30 不同贷款归还规则

项目	短期贷款	中期贷款	长期贷款
期限	≤1年	1年＜期限≤5年	＞5年
还款通知	到期1个星期前	到期1个月前	
	贷款人在该期限内向借款人发送还本付息通知单		
无法归还	贷款人及时发出催收通知单，并按规定加收罚息		
提前归还	与贷款人协商		

3. 贷款期限规则

（1）贷款期限

①自营贷款的期限一般不超过10年，超过10年的应当报中国人民银行备案。

②票据贴现最长不超过6个月（贴现期限为贴现之日起到票据到期日止）。

（2）贷款展期

①短期贷款：累计不得超过原贷款期限。

②中期贷款：累计不得超过原贷款期限的一半。

③长期贷款：累计不得超过3年。

4. 贷款利率

除国务院决定外，任何单位和个人无权决定贷

款停息、减息、缓息和免息。

典型例题

【例题 1·单选题】根据商业银行法律制度的规定，商业银行不得向关系人发放信用贷款。下列各项中，不属于某商业银行关系人的是（ ）。（2016 年）

A. 该银行的董事长

B. 该银行董事长的配偶

C. 该银行董事长投资的甲公司

D. 该银行董事长的同学

【解析】根据规定，商业贷款的发放必须遵守《商业银行法》关于向关系人发放贷款的规定。此处"关系人"是指商业银行的董事、监事、管理人员、信贷人员及其近亲属，以及上述人员投资或者担任高级管理职务的公司、企业和其他经济组织。

【答案】D

【例题 2·判断题】经中国人民银行决定，对中国工商银行成都总行实行减息政策，任意单位或个人在该行获得贷款都可享受该政策。（ ）

【解析】相关法律规定，除国务院外，任何单位和个人无权决定贷款停息、减息、缓息和免息。

【答案】×

本节考点回顾与总结一览表

本节考点	知识总结
考点 8 商业银行法律制度概述	商业银行的设立、变更、接管和接管终止的相关规定
考点 9 商业银行存款业务规则	①个人储蓄存款：个人储蓄存款的活期存款和定期存款的计息规则，储蓄挂失规则，个人储蓄存款的查询、冻结和扣划 ②单位储蓄存款：单位储蓄存款的规则，单位储蓄存款的活期存款和定期存款计息规则
考点 10 商业银行贷款业务规则	①贷款人和借款人：贷款人和借款人的资格、权利义务、限制 ②发放贷款：发放贷款的程序，及贷款发放的规则 ③贷款期限规则：贷款期限和贷款展期 ④贷款利率：除国务院决定外，任何单位和个人无权决定贷款停息、减息、缓息和免息

真题演练

1.【单选题】根据商业银行法律制度的规定，下列机关中，有权对个人储蓄存款采取扣划措施的是（ ）。（2014 年）

A. 检察机关　　B. 税务机关

C. 公安机关　　D. 审计机关

2.【单选题】根据商业银行法律制度的规定，单位定期存款到期不取，逾期部分支取的计息规则是（ ）。（2013 年）

A. 按存款存入日挂牌公告的定期存款利率计息

B. 按存款存入日挂牌公告的活期存款利率计息

C. 按存款支取日挂牌公告的定期存款利率计息

D. 按存款支取日挂牌公告的活期存款利率计息

3.【多选题】限制支出原则是单位存款的基本原则，下列关于单位定期存款限制支出行为的表述中，符合商业银行法律制度规定的有（ ）。（2013 年）

A. 单位支取定期存款应以转账方式将存款转入其一般存款账户

B. 定期存款不得用于结算

C. 定期存款账户不得提取现金

D. 定期存款可以全部或部分提前支取，但只能提前支取一次

4.【多选题】下列关于开户单位现金管理的表述中，符合《现金管理条例》规定的有（ ）。（2014 年）

A. 开户单位可从其现金收入中直接支付现金开支

B. 开户单位可以自行保存经核定的库存现金限额

C. 开户单位的全部现金收入必须存入开户银行

D. 开户单位支付现金可从开户银行提取

5.【判断题】商业银行可以向符合发放信用贷款条件的关系人发放信用贷款，但发放信用贷款的条件不得优于其他借款人同类贷款的条件。（ ）（2013 年）

6.【多选题】甲是 A 有限责任公司（下称 A 公司）的董事，同时又是 B 银行的董事。A 公司因生产经营需要向 B 银行申请贷款 30 万元。下列关于 B 银行能否向 A 公司发放贷款的表述中，符合商业银行法律制度规定的有（ ）。（2015 年）

A. 不得向A公司发放信用贷款

B. 可以向A公司发放信用贷款，但发放信用贷款的条件不得优于其他借款人同类贷款的条件

C. 可以向A公司发放担保贷款，但发放担保贷款的条件不得优于其他借款人同类贷款的条件

D. 可以向A公司发放信用贷款，发放信用贷款的条件可以优于其他借款人同类贷款的条件

第四节 保险法律制度

考点11 保险法律制度概述（★★）

考点分析

本考点是本节内容的基础知识，属于考生熟悉的内容。考生应合理安排复习，为后面保险合同等内容的学习做好准备工作。

考点精讲

1. 保险

（1）构成要素

构成保险的基本要素如图 4-15 所示。

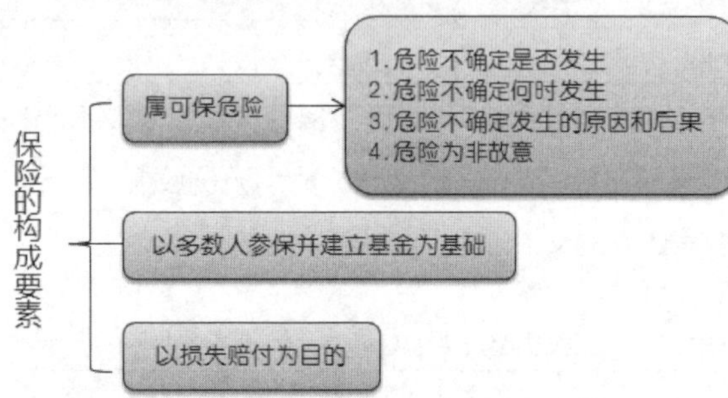

图 4-15 保险的构成要素

（2）基本原则

保险法的基本原则如表 4-31 所示。

表 4-31 保险法的基本原则

原则	内容	规则
最大诚信原则	告知、保证、弃权、禁止反言	①保险人询问，投保人如实相告 ②投保人未如实相告，保险人有权解除合同，合同解除权自保险人知道事由之日起，30 日有效，超出不行使，权利消灭 ③合同成立之日起超过 2 年的，保险人不得解除合同，此时发生保险事故的，保险人应当承担赔偿或给付保险金 ④故意不告知，不赔不退 ⑤重大过失，不赔但退
保险利益原则	人身保险	①投保人在保险合同订立时，对被保险人应当具有保险利益，否则保险合同无效 ②投保人对其自身、配偶、子女、父母，与投保人有抚养、赡养或扶养关系的其他家庭成员、近亲属，以及有劳动关系的劳动者具有保险利益 ③被保险人同意投保人为其订立合同的，视为投保人对被保险人具有保险利益
	财产保险	①被保险人在保险事故发生时，对保险标的应当具有保险利益 ②保险利益范围包括对财产享有法律上权利的人、财产保管人、合法占有财产人
损失补偿原则	—	①遭受约定的危险造成的损失时，才能获得赔偿，赔偿金额等于实际损失金额 ②赔偿金额以合同约定的保险金额为限。保险金额不得超过保险标的的实际价值，超过保险金额的损失，保险人不予赔偿
近因原则	—	保险事故与损害后果之间应具有因果关系

2. 保险公司

（1）设立

设立保险公司的环节、时限及结果如表 4-32 所示。

表 4-32 保险公司的环节、时限及结果

环节	时限	结果
申请	受理之日 6 个月内（是否筹建）	批准：书面通知 不批准：书面通知并说明理由
筹建	收到通知之日起 1 年内	完成筹建，筹建期间不得从事保险经营活动
开业申请	受理之日 60 日内（是否开业）	批准：办法经营保险业务许可证 不批准：书面通知并说明理由
失效	取得许可证之日 6 个月内	无正当理由未办理工商登记的，许可证失效

名师解读

保险公司在中华人民共和国境内设立分支机构，应当经保险监督管理机构批准。保险公司分支机构不具有法人资格，其民事责任由保险公司承担。保险公司业务范围包括人身保险和财产保险，但不得兼营两种保险业务。

（2）变更

保险公司有下列情形之一的，应当经保险监督管理机构批准。

①修改公司章程。

②变更名称、公司、注册资本。

③公司分立或合并。

④撤销分支机构或变更分支机构的营业场所。

⑤变更出资额占有限责任公司资本总额 5% 以上的股东，或者变更持有股份有限公司股份 5% 以上的股东。

（3）终止

保险公司的终止包括解散、被撤销和破产 3 种情况。经营有人寿保险业务的保险公司，除因分立、合并或者被依法撤销外，不得解散。

3. 保险代理人和保险经纪人

保险代理人是代为办理保险的机构或个人，保险经纪人是为投保人和保险人订立合同的中介服务机构，其区别如表 4-33 所示。

表 4-33 保险代理人与保险经纪人的区别

项目	保险代理人	保险经纪人
身份	保险人的代理人	独立的
代表权益	代表保险人的利益	代表投保人的利益
签订合同	代理合同	经纪合同
收取佣金	保险人（另定）	投保人 / 保险人（惯例）
代理机构	单位、个人	单位

续表

项目	保险代理人	保险经纪人
其他	个人保险代理人办理人寿保险业务时，不得同时接受两个以上保险人的委托	保险经纪机构不得同时向投保人和保险人双方收取佣金

4．保险监督管理机构

保险监督管理机构依法对保险业实施监督管理，若保险公司发生违规行为，保险监督管理机构可依法对其进行整顿和监管，具体如图 4-16 所示。

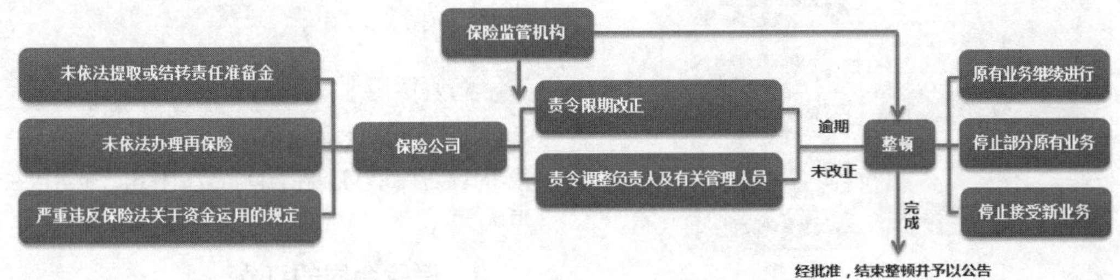

图 4-16 保险监管机构对保险公司的整顿监管

典型例题

【例题 1 · 单选题】根据我国《保险法》规定，保险合同中的最大诚信原则的基本内容是（　）。

A．告知、保证、履行

B．告知、保证、弃权

C．告知、保证、履行与禁止反言

D．告知、保证、弃权与禁止反言

【解析】保险合同中的最大诚信原则有三个基本内容：告知、保证、弃权与禁止反言。

【答案】D

【例题 2 · 多选题】以下选项中，属于保险法基本原则的有（　）。

A．最大诚信原则　　B．保险利益原则

C．损失共担原则　　D．近因原则

【解析】保险法的基本原则包括：最大诚信原则、保险利益原则、损失补偿原则和近因原则。

【答案】ABD

【例题 3 · 单选题】根据我国保险法律制度的规定，下列关于保险代理人的表述中，正确的是（　）。

A．保险代理人是投保人的代理人

B．保险代理人必须与保险人签订委托代理合同

C．保险代理人只能是个人

D．保险代理人以自己的名义与投保人签订保险合同

【解析】保险代理人是保险人的代理人，选项 A 错误；保险代理人可以是单位，也可以是个人，选项 C 错误；保险代理人以保险人的名义，在保险人授权范围内代为处理保险业务，由保险人承担责任，选项 D 错误。所以正确的为选项 B。

【答案】B

【例题 4 · 多选题】根据我国《保险法》规定，设立保险公司应该具备的条件有（　）。

A．净资产不低于人民币 3 亿元

B．主要股东具有持续盈利能力，信誉良好，最近三年内无重大违法违规记录

C．设立保险公司，其注册资本的最低限额为人民币3亿元

D．有具备任职专业知识和业务工作经验的董事、监事和高级管理人员

【答案】BD

【解析】设立保险公司，其净资产不低于人民币 2 亿元，其注册资本的最低限额为人民币 2 亿元。由此可排除选项 A、C。

考点12 保险合同（★★★）

考点分析

本考点属于考生应掌握的内容，其知识点较多，需要记忆的重难点也相对较多。本考点在近 3 年的考试中均有涉及，考生应引起重视。

考点精讲

1．保险合同的特征和类型

（1）保险合同的特征

保险合同的特征如图 4-17 所示。

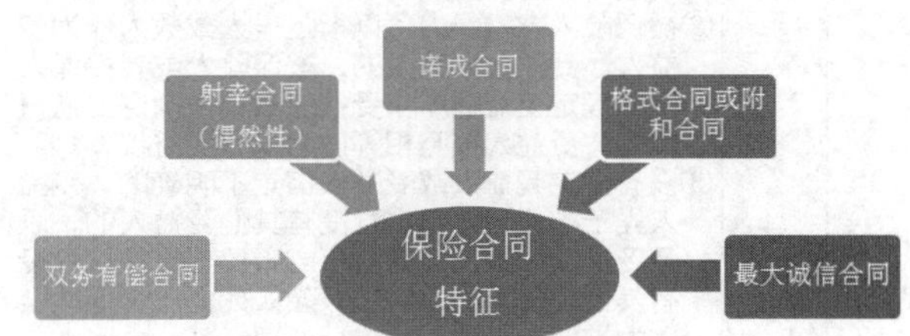

图 4-17 保险合同的特征

（2）保险合同的类型

根据不同的标准，可将保险合同分为多种类型，如图 4-18 所示。

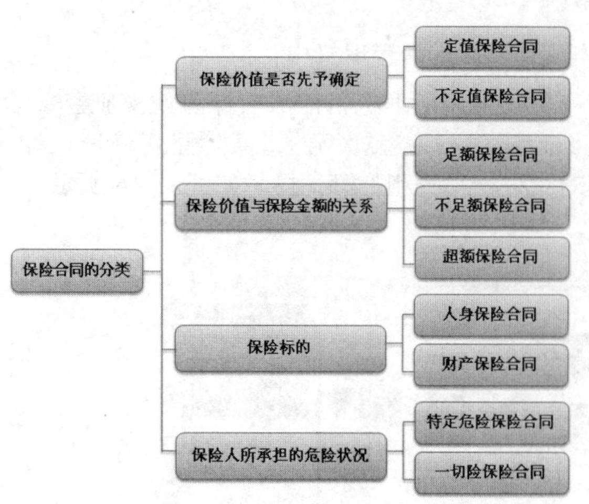

图 4-18 保险合同的分类

2. 保险合同的当事人和关系人

保险合同的当事人和关系人的相关规定如表 4-34 所示。

表 4-34 保险合同的当事人和关系人的相关规定

项目		相关规定
当事人	投保人	投保人可以是自然人，也可以是法人，其必须具有相应的民事权利能力和民事行为能力，并对保险标的具有保险利益
	保险人	与投保人订立保险合同，并按照合同约定承担赔偿或者给付保险金责任的保险公司
关系人	被保险人	①财产保险的被保险人可以为自然人和法人，人身保险的被保险人只能是自然人。投保人可以同时为被保险人 ②投保人不得为无民事行为能力人投保以死亡为给付保险金条件的人身保险，保险人也不得承保。父母为其未成年子女投保的人身保险，不受此限 ③被保险人对保险金的给付享有独立的请求权 ④人身保险的受益人由被保险人或投保人指定，投保人指定、变更受益人时，必须经被保险人同意 ⑤以死亡为给付保险金条件的合同，未经被保险人同意并认可保险金额的，保险合同无效。父母为其未成年子女投保的人身保险，不受此限 ⑥按照以死亡为给付保险金条件的合同所签发的保险单，未经被保险人"书面同意"，不得转让或质押
	受益人	①受益人可以为自然人、法人，投保人、被保险人也可作为受益人 ②被保险人或投保人可以指定一人或数人作为受益人。受益人为数人的，被保险人或者投保人可以确定受益顺序和受益份额；未确定受益份额的，受益人按照相等份额享有受益权 ③没有指定受益人或受益人指定不明确的，受益人先于被保险人死亡且没有其他受益人的，以及受益人依法丧失受益权或者放弃受益权且没有其他受益人的，在被保险人死亡后，保险金作为被保险人的遗产进行处理 ④受益人与被保险人在同一事件中死亡，受益人先死亡的，由被保险人的法定继承人继承；被保险人先死亡的，由受益人的法定继承人继承；死亡顺序不确定的，推定受益人先死亡 ⑤受益人故意造成被保险人死亡、伤残、疾病的，或者故意杀害被保险人未遂的，该受益人丧失受益权

有下列行为之一的，应认定为被保险人同意投保人为其订立保险合同并认可保险金额。

①被保险人明知他人代其签名同意而未表示异议的。

②被保险人同意投保人指定的受益人的。

③有证据足以认定被保险人同意投保人为其投保的其他情形。

名师解读

"被保险人同意并认可保险金额"可以采取书面形式、口头形式或者其他形式；可以在合同订立时作出，也可以在合同订立后追认。

3. 保险合同的订立

保险合同的订立要经过投保和承保两个阶段，投保人提出保险要求，经保险人同意承保，保险合同成立。

一般情况下，投保人即为要约人，保险人即为承诺人，保险合同订立的具体程序如图 4-19 所示。

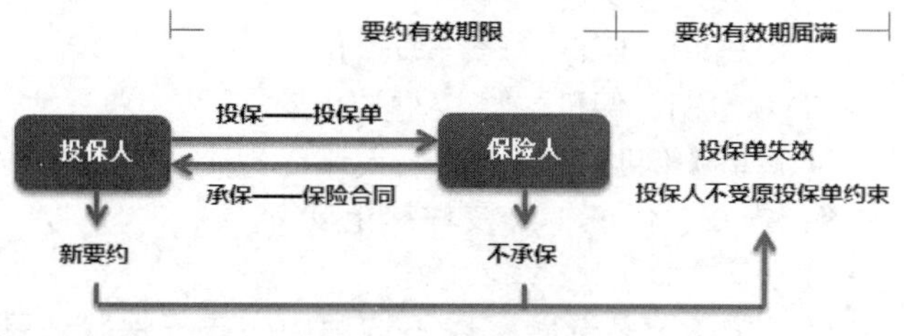

图 4-19 保险合同订立程序

4. 保险合同的条款

根据规定，保险合同应当包括下列事项。

（1）保险人的名称和住所。

（2）投保人、被保险人的姓名或者名称、住所，以及人身保险的受益人的姓名或者名称、住所。

（3）保险标的。

（4）保险责任和责任免除。

（5）保险期间和保险责任开始时间。

（6）保险金额（最高限额）。

（7）保险费以及支付办法。

（8）保险金赔偿或者给付办法。

（9）违约责任和争议处理。

（10）订立合同的年、月、日。

（11）投保人和保险人可以约定与保险有关的其他事项。

名师解读

财产保险合同的保险标的是被保险的财产及其有关利益；人身保险合同的保险标的是被保险人的寿命、身体和健康。

5. 保险合同的形式

保险合同的形式主要包括保险单、保险凭证、

暂保单、投保单和其他书面形式等，其主要内容、效力等的相关规定如表 4-35 所示。

表 4-35 保险合同的形式及其相关规定

形式	内容	效力	其他
保险单	①保险人→投保人 ②列明保险条款 ③是合同关系的证明	被保险人：索赔凭证 保险人：理赔依据	①是证明保险合同成立的书面凭证，不是保险合同本身 ②是双方当事人履约的依据 ③某些情况下，具有有价证券的效用（人身保险单可转让或质押）
保险凭证	①俗称"小保单" ②一般不列明保险条款 ③只记载约定的主要内容	与保险单具有同等法律效力	保险凭证未列明的内容，以相应的保险单记载为准
暂保单	①保险单发出之前出具 ②保险人→投保人 ③是临时保险凭证	在保险人正式签发保险单前，与保险单具有同等法律效力	①有效期由保险人规定 ②有效期限较短，一般为 15~30 日不等 ③有效期满或正式出具保险单，暂保单法律效力自动终止
投保单	①由保险人事先制定 ②投保人提出保险要约时使用	不是保险合同，但承保并盖章后，成为保险合同的组成部分	①保险人完全接受投保单内容，应加盖承保印章，投保单成为保险合同的组成部分 ②内容不实、又不声明修正的，为保险人解除合同、拒绝承担责任的依据
其他书面形式	由保险合同双方当事人约定采用		

6. 保险合同的履行

（1）投保人的义务如表 4-36 所示。

表 4-36 投保人的义务

义务	解释
支付保险费	①投保人支付保险费应当按照合同约定的数额、期限及方式等条件支付 ②投保人自保险人催告之日起超过 30 日未支付当期保险费，或者超过约定的期限 60 日未支付当期保险费的，合同效力中止，或由保险人按照合同约定的条件减少保险金额
危险增加时通知保险人	①在合同有效期内，保险标的的危险程度显著增加的，被保险人应当按照合同约定及时通知保险人，保险人可以按照合同约定增加保险费或者解除合同 ②保险人解除合同的，应当将已收取的保险费，按照合同约定扣除自保险责任开始之日起至合同解除之日止应收的部分后，退还投保人 ③被保险人未履行上述规定的通知义务的，因保险标的的危险程度显著增加而发生的保险事故，保险人不承担赔偿保险金的责任
保险事故发生后通知保险人	①投保人、被保险人或受益人知道保险事故发生后，应当及时通知保险人 ②故意或因重大过失未及时通知，致使保险事故的性质、原因、损失程度等难以确定的，保险人对无法确定的部分，不承担赔偿或给付保险金的责任，但保险人通过其他途径已经或应当及时知道保险事故发生的除外
接受保险人检查，维护保险标的的安全	①被保险人应遵守国家的相关规定，维护保险标的的安全，及时检查，并提出消除隐患的书面建议 ②投保人、被保险人未按照约定履行其对保险标的的安全应尽责任的，保险人有权要求增加保险费或者解除合同
积极施救	保险事故发生时，被保险人应当尽力采取必要的措施，防止或者减少损失

（2）保险人的义务如表 4-37 所示。

表 4-37 保险人的义务

原则	规则
给付保险赔偿金或保险金	①保险人收到赔偿请求后，应及时作出核定；情形复杂的，应在 30 日内作出，合同另有约定的除外 ②属于保险责任的，在与被保险人或受益人达成赔偿协议后 10 日内，履行赔偿义务；不属于保险责任的，应当自作出核定之日起 3 日内向被保险人或受益人发出拒绝赔偿的通知书，并说明理由 ③保险人未及时履行的，除支付保险金外，应赔偿被保险人或受益人因此受到的损失 ④保险人自收到请求之日起 60 日内，对赔偿金额不能确定的，应先予支付相关资料可以确定的数额；最终确定后，再支付相应的差额
支付其他合理、必要费用	①减损费用：保险事故发生后，被保险人为防止或减少保险标的的损失所支付的必要的、合理的费用，由保险人承担，最高不超过保险金额的数额 ②调差费用：保险人、被保险人为查明和确定保险事故的性质、原因和保险标的的损失程度所支付的必要的、合理的费用，由保险人承担 ③诉讼费用：责任保险中被保险人因给第三者造成损害的保险事故而被提起仲裁或者诉讼的，被保险人支付的仲裁或者诉讼费用以及其他必要的、合理的费用，由保险人承担

名师解读

事故发生后，投保人、被保险人应提出索赔请求，人寿保险索赔时效为5年，人寿保险以外的，索赔时效为2年。保险合同的履行程序如图4-20所示。

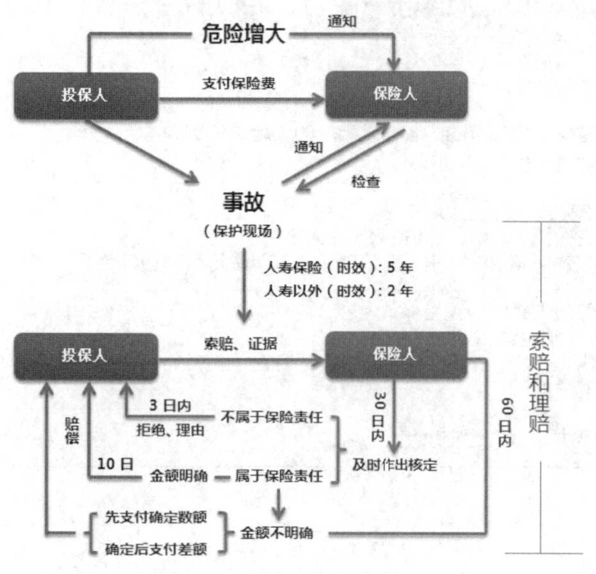

图4-20 保险合同的履行程序

7. 保险合同的变更

（1）主体变更

主体变更是指投保人或被保险人的变更，其实质是保险合同的转让。财产保险合同中，保险标的转让的，保险标的的受让人承继被保险人的权利和义务。保险标的转让，被保险人或受让人应当及时通知保险人，但货物运输保险合同和另有约定的合同除外。

（2）内容变更

投保人和保险人经协商可变更合同内容。变更内容应在保险凭证上批注或附贴批单，或由投保人和保险人订立变更的书面协议。

在人身保险合同中，投保人或者被保险人变更受益人，当事人主张变更行为自变更意思表示发出时生效的，人民法院应予支持。

（3）效力变更

效力变更是指人身保险合同失效后又恢复效力的情况。合同效力依法中止的，经协商并达成协议后，投保人补交保险费，合同效力恢复。

8. 保险合同的解除

（1）投保人单方解除合同

①在人身保险合同中，投保人解除合同的，保险人应当自收到解除合同通知之日起30日内，按合同约定退还保险单的现金价值。

②在财产保险合同中，保险责任开始前，投保人要求解除合同的，应按照合同约定向保险人支付手续费，保险人应当退还保险费；保险责任开始后，投保人要求解除合同的，保险人应将已收取的保险费，按合同约定扣除自保险责任开始之日起至合同解除之日止应收的部分后，退还投保人。

（2）保险人单方解除合同

保险人具有单方解除合同权的情形如下。

①投保人故意或因重大过失未履行如实告知义务，足以影响保险人决定是否同意承保或提高保险费率的，保险人有权解除合同。

②被保险人或受益人谎称发生事故，骗取保险赔偿的，保险人有权解除合同，并不退还保险费。

③投保人虚报被保险人年龄，且其真实年龄不符合合同约定的，保险人可以解除合同，并按合同约定退还保险单的现金价值。

④合同效力依法中止，且自合同效力中止之日起满2年双方未达成协议的，保险人有权解除合同。

⑤投保人、被保险人未按约定履行其对保险标的的安全应尽责任的，保险人有权要求增加保险费或解除合同。

⑥在合同有效期内，保险标的的危险程度显著增加的，被保险人应按照合同约定及时通知保险人，保险人可按照合同约定增加保险费或解除合同。

⑦保险标的发生部分损失的，自保险人赔偿之日起30日内，投保人可以解除合同；除合同另有约定外，保险人也可以提前15日通知投保人解除合同。合同解除的，保险人应将保险标的未受损失部分的保险费，按合同约定扣除自保险责任开始之日起至合同解除之日止应收的部分后，退还投保人。

9. 代位求偿权

代位求偿权产生的两个条件包括：事故发生由第三者引起，保险人未放弃对第三者的赔偿请求权。具体表现如下。

①因第三者对保险标的的损害而造成的保险事故发生后，保险人未赔偿保险金之前，被保险人放弃对第三者请求赔偿的权利的，保险人不承担赔偿保险金的责任。

②保险人向被保险人赔偿保险金后，被保险人未经保险人同意放弃对第三者请求赔偿的权利的，该行为无效。

③被保险人故意或者因重大过失致使保险人不能行使代位请求赔偿的权利的，保险人可以扣减或者要求返还相应的保险金。

误区提醒

在代位求偿权的相关规定中，未放弃对第三者的赔偿请求权的为保险人，而非被保险人。如果保险人还没有对被保险人的损失进行赔付，被保险人主动放弃对第三者的求偿权利，那么保险人也将不承担赔偿。除被保险人的家庭成员或者其组成人员故意造成的保险事故外，保险人不得对被保险人的家庭成员或者其组成人员行使代位请求赔偿的权利。

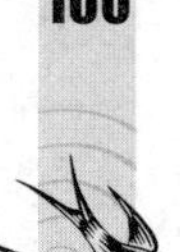

代位求偿权的行使是以被保险人的名义进行，向对保险财产的损失负有民事赔偿责任的第三者行使。《保险法》第六十二条规定，除被保险人的家庭成员或者其他组成人员故意对保险标的损害造成保险事故外，保险人不得对被保险人的家庭成员行使代位请求赔偿的权利。

10. 人身保险合同的特殊条款

人身保险合同的特殊条款内容如表 4-38 所示。

表 4-38 人身保险合同的特殊条款

条款	解释
迟交宽限条款	保险人对投保人应支付的保险费实行迟交宽限
中止、复效条款	合同成立条件不满足时，合同失效
不丧失价值条款	保险人应按合同约定退还保单现金价值的情况： ①保险人年龄不符合，但投保人谎报的 ②投保人故意造成被保险人死亡、伤残或疾病，投保人故意犯罪或抗拒依法采取的刑事强制措施导致其伤残或死亡的，同时投保人已交足 2 年以上保险费的（此时保险人不承担给付保险金责任）
误告年龄条款	因投保人申报的被保险人的年龄不真实造成： ①投保人支付的保险费少于应付保险费的，保险人有权更正并要求投保人补交保险费，或在给付保险金时按照实付保险费与应付保险费的比例支付 ②投保人支付的保险费多于应付保险费，保险人应当将多收的保险费退还投保人
自杀条款	以被保险人死亡为给付保险金条件的合同： ①合同成立 2 年内，被保险人死亡，保险人不承担给付保险金责任（被保险人自杀时为无民事能力人的除外） ②合同届满 2 年后，被保险人自杀的，保险人应按合同约定给付保险金

典型例题

【例题 1 · 单选题】2013 年刘某为自己投保人寿保险，并指定其妻宋某为受益人。2015 年刘某实施抢劫时被他人捅死。事后，宋某请求保险公司支付保险金遭到拒绝。经查，刘某已缴纳 3 年保险费。下列关于保险公司是否承担支付保险金责任的表述中，符合保险法律制度规定的是（　）。（2016 年）

A. 保险公司应承担支付保险金的责任

B. 保险公司不承担支付保险金的责任，也不退还保险单的现金价值

C. 保险公司不承担支付保险金的责任，但应退还保险单的现金价值

D. 保险公司不承担支付保险金的责任，但应退还保险费

【解析】根据《保险法》规定，投保人故意犯罪或者抗拒依法采取的刑事强制措施导致其伤残或者死亡的，保险人不承担给付保险金的责任。投保人已交足 2 年以上保险费的，保险人应当按照合同约定退还保险单的现金价值。

【答案】C

【例题 2 · 单选题】下列关于保险标的的说法不正确的是（　）。

A. 保险标的指保险合同所要保障的对象

B. 在人身保险合同中，保险标的为被保险人的寿命和身体

C. 在财产保险合同中，保险标的为被保险人的财产及有关利益

D. 在人身保险合同中，保险标的为投保人的寿命和身体

【解析】财产保险合同的保险标的是被保险的财产及其有关利益；在人身保险中，保险标的为被保险人的寿命和身体。所以答案为选项 D。

【答案】D

【例题 3 · 判断题】某保险公司的代理人周某向刘某推荐一款保险产品，刘某认为不错，于是双方约定了签订合同的时间。订立保险合同时，刘某无法亲自到场签字，就由周某代为签字。后刘某缴纳了保险费。此时，应视为刘某对周某代签字行为的追认。（　）（2016 年）

【解析】投保人或者投保人的代理人订立保险合同时没有签字或者盖章，而由保险人或者保险人的代理人代为签字或者盖章的，对投保人不生效。但投保人已经缴纳保险费的，视为其对代签字或者盖章行为的追认。本题说法正确。

【答案】√

【例题 4 · 判断题】投保人变更受益人未通知保险人，保险人主张变更对其不发生效力的，人民法院应予支持。（　）（2016 年）

【解析】投保人或者被保险人变更受益人，当事人主张变更行为自变更意思表示发出时生效的，人民法院应予支持。但是，投保人或者被保险人变更受益人未通知保险人，保险人主张变更对其不发生效力的，人民法院应予支持。本题说法正确。

【答案】√

【例题 5 · 多选题】下列有关人身保险合同中以被保险人死亡为给付保险金条件的合同的描述，正确的有（　）。

A. 自合同成立或者合同效力恢复之日起两年内，被保险人自杀的，保险人均不承担给付保险金的责任

B. 自合同成立或者合同效力恢复之日起两年内被保险人自杀，且被保险人为无民事行为能力人，保险人不承担给付保险金的责任

C. 自合同成立或者合同效力恢复之日起两年内被保险人自杀，但被保险人自杀时为无民事行为能力人，则保险人应承担给付保险金的责任

D. 以死亡为给付保险金条件的合同，除父母为

未成年子女投保外，未经被保险人同意并认可保险金额的，合同无效

【解析】以被保险人死亡为给付保险金条件的合同，自合同成立或者合同效力恢复之日起2年内，被保险人自杀的，保险人不承担给付保险金的责任，但被保险人自杀时为无民事行为能力人的除外，选项A、B错误。

【答案】CD

【例题6·判断题】因第三者对保险标的损害而造成的保险事故发生后，保险人未赔偿保险金之前，即使被保险人放弃对第三者请求赔偿的权利，保险人仍应承担赔偿保险金的责任。(　)(2015年)

【解析】因第三者对保险标的的损害而造成的保险事故发生后，保险人未赔偿保险金之前，被保险人放弃对第三者请求赔偿的权利的，保险人不承担赔偿保险金的责任。

【答案】×

本节考点回顾与总结一览表

本节考点	知识总结
考点11 保险法律制度概述	①保险：保险的构成要素，基本原则（最大诚信、保险利益、损失补偿、近因原则） ②保险公司：保险公司的设立、变更和终止 ③保险代理人、保险经纪人、保险监督管理机构
考点12 保险合同	①保险合同的特征和类型 ②保险合同的当事人和关系人：当事人（投保人、保险人），关系人（被保险人、受益人） ③订立保险合同：投保人投保，保险人承保 ④保险合同的形式：保险单、保险凭证、暂保单、投保单等 ⑤保险合同的履行：投保人义务、保险人义务、索赔和理赔 ⑥保险合同的变更和解除：变更（主体、内容、效力变更），解除（投保人单方、保险人单方解除） ⑦代位求偿权：成立条件——事故由第三者引起，保险人在赔偿金额范围内代位行使被保险人对第三者请求赔偿的权利 ⑧人身保险合同的特殊条款：迟交宽限，中止、复效，不丧失价值，误告年龄，自杀条款

真题演练

1.【多选题】根据《保险法》的规定，人身保险的投保人在订立保险合同时，对某些人员具有保险利益。该人员包括(　)。(2014年)

A. 投保人的父亲

B. 投保人赡养的伯父

C. 投保人抚养的外甥女

D. 投保人的孩子

2.【单选题】根据《保险法》的规定，下列关于保险合同成立时间的表述中，正确的是(　)。(2013年)

A. 投保人支付保险费时，保险合同成立

B. 保险人签发保险单时，保险合同成立

C. 保险代理人签发暂保单时，保险合同成立

D. 投保人提出保险要求，保险人同意承保时，保险合同成立

3.【单选题】甲公司购进一台价值120万元的机器设备，向保险公司投保。保险合约规定保险金额为60万元，但未约定保险金的计算方法，后保险期间发生了保险事故，造成该设备实际损失80万元；甲公司为防止损失的扩大，花费了6万元施救费。根据保险法制度的规定，保险公司应当支付给甲公司的保险金的数额是(　)。(2015年)

A. 46万元　　B. 60万元

C. 80万元　　D. 86万元

4.【多选题】根据保险法律制度的规定，下列属于保险人可以单方解除合同的情形有(　)。(2015年)

A. 投保人故意隐瞒与保险标的有关的重要事实，未履行如实告知义务的

B. 投保人谎称发生保险事故的

C. 投保人在保险标的的危险程度显著增加时未按照合同约定及时通知保险人的

D. 投保人对保险事故的发生有重大过失的

5.【单选题】根据《保险法》的规定，保险人对保险合同中的免责条款未作提示或者未明确说明的，该免责条款(　)。(2014年)

A. 不产生效力　　B. 效力待定

C. 可撤销　　D. 可变更

6.【多选题】下列关于保险代位求偿权的表述中，符合《保险法》规定的有(　)。(2013年)

A. 保险人未赔偿保险金之前，被保险人放弃对第三人请求赔偿的权利的，保险人不承担赔偿保险金的责任

B. 保险人向被保险人赔偿保险金后，被保险人未经保险人同意放弃对第三人请求赔偿的权利的，该放弃行为无效

C. 因被保险人故意致使保险人不能行使代位请求赔偿的权利的，保险人可以扣减或者要求返还相应的保险金

D. 即使被保险人的家庭成员故意损害保险标的而造成保险事故，保险人也不得对被保险人的家庭成员行使代位求偿权

第五节 外汇管理法律制度

考点13 外汇和外汇管理法律制度概述（★）

考点分析

本考点属于考生了解的内容，考生在复习本考点内容时，只需对“外汇”的内容进行理解即可。

考点精讲

外汇是指下列以外币表示的、可以用作国际清偿的支付手段和资产，主要包括：

（1）外币现钞，包括纸币、铸币。

（2）外币支付凭证或者支付工具，包括票据、银行存款凭证、银行卡等。

（3）外币有价证券，包括债券、股票等。

（4）特别提款权。

（5）其他外汇资产。

典型例题

【例题·多选题】外汇是指以外币表示的可以用作国际清偿的支付手段和资产，包括（　）。

A. 外币铸币　　B. 外币银行卡

C. 外币银行存款凭证　　D. 特别提款权

【解析】选项A属于外币现金；选项B属于外币支付凭证；选项C属于外币支付工具；选项D属于外汇。所以选项A、B、C、D均正确。

【答案】ABCD

考点14 我国外汇管理制度的基本框架（★）

考点分析

本考点内容较少，属于考生应了解的范畴。本考点内容容易掌握，难度较小。考生复习本考点内容时，对相关内容理解记忆即可。

考点精讲

1. 外汇管理体制

（1）境内机构：中华人民共和国境内的国家机关、企业、事业单位、社会团体、部队等，外国驻华外交领事机构和国际组织驻华代表机构除外。

（2）境内个人：中国公民和在中华人民共和国境内连续居住满1年的外国人，外国驻华外交人员和国际组织驻华代表除外。

2. 经常性项目和资本项目外汇管理制度

（1）经常性项目

经常项目是指国际收支中涉及货物、服务、收益及经常转移的交易项目等，包括贸易收支、劳务收支和单方面转移等。

①经常项目外汇收入可按国家有关规定保留或卖给经营结汇、售汇业务的金融机构。

②经常项目外汇支出凭有效单证以自有外汇支付或向经营结汇、售汇业务的金融机构购汇支付。

（2）资本项目

资本项目是指国际收支中引起对外资产和负债水平发生变化的交易项目，包括资本转移、直接投资、证券投资、衍生产品和贷款等。

①资本项目外汇收入保留或卖给经营结汇、售汇业务的金融机构，应当经外汇管理机关批准，国家规定无需批准的除外。

②资本项目外汇支出，凭有效单证以自由外汇支付或向经营结汇、售汇业务的金融机构购汇支付，国家规定应当经外汇管理机关批准的，应当在外汇支付前办理批准手续。

③依法终止的外商投资企业，依法进行清算、纳税后，属于外方投资者所有的人民币，可向经营结汇、售汇业务的金融机构购汇汇出。

3. 金融机构外汇管理制度

金融机构经营或者终止经营结汇、售汇业务，应当经外汇管理机关批准；经营或者终止经营其他外汇业务，应当按照职责分工经外汇管理机关或者金融业监督管理机构批准。

典型例题

【例题·判断题】经常项目是指国际收支中涉及货物、服务、收益及对外负债的交易项目等。（　）

【解析】经常项目指国际收支中涉及货物、服务、收益及经常转移的交易项目等。

【答案】×

考点15 违反《外汇管理条例》的法律责任（★★）

考点分析

本考点属于考生了解的范畴，考查方式比较单一，即对不同违法行为的具体法律责任进行考查。

考点精讲

1. 处违法金额30%以下的罚款

相关主体具有以下行为的，应处违法金额30%以下的罚款。

（1）将境内外汇转移境外，或以欺骗手段将境

内资本转移境外的逃汇行为。

（2）违法汇汇、非法结汇。

（3）擅自对外借款、在境外发行债券或提供对外担保等违反外债管理行为的。

（4）擅自改变外汇或结汇资金用途的（同时没收违法所得）。

（5）以外币在境内计价结算或划转外汇等非法使用外汇行为的（责令改正，给予警告）。

（6）私自买卖、变相买卖、倒买倒卖外汇或非法介绍买卖外汇数额较大的（同时没收违法所得）。

2. 违法金额30%以上等值以下罚款的

相关主体具有以下行为的，处违法金额30%以上等值以下罚款。

（1）逃汇、套汇情节严重的。

（2）违法汇汇、非法结汇情节严重的。

（3）改变外汇或结汇资金用途情节严重的。

（4）私自买卖、变相买卖、倒买倒卖、非法介绍买卖外汇情节严重的。

3. 其他

（1）违反规定携带外汇出入境的，由外汇管理机关给予警告，可以处违法金额20%以下的罚款。

（2）外汇管理机关工作人员徇私舞弊、滥用职权、玩忽职守，构成犯罪的，依法追究刑事责任；尚不构成犯罪的，依法给予处分。

典型例题

【例题·单选题】某人非法介绍买卖外汇，数额较大，情节严重，根据《外汇管理条例》的规定，对其处以的罚款金额为（　）。

A. 违法金额20%以下

B. 违法金额30%以上80%以下

C. 违法金额30%以下

D. 违法金额30%以上等值以下

【解析】根据规定，非法介绍买卖外汇数额较大的，由外汇管理机关给予警告，没收违法所得，处违法金额30%以下的罚款；情节严重的，处违法金额30%以上等值以下的罚款。

【答案】D

本节考点回顾与总结一览表

本节考点	知识总结
考点13 外汇和外汇管理法律制度概述	外汇的定义及内容
考点14 我国外汇管理制度的基本框架	①外汇管理体制：境内机构（国家机关、企事业单位、社会团体、部队等），境内个人（中国公民、境内连续居住1年的外国人） ②经常性项目、资本项目、金融机构外汇业务管理制度
考点15 违反《外汇管理条例》的法律责任	①处违法金额30%以下的罚款：逃汇、套汇、违法汇汇、非法结汇、私自买卖等 ②违法金额30%以上等值以下的罚款：一些违法行为情节严重的 ③其他

真题演练

1.【多选题】根据外汇管理法律制度的规定，外汇管理的对象是境内机构、境内个人的外汇收支或者外汇经营活动以及境外机构、境外个人在境内的外汇收支或者外汇经营活动。下列机构或人员中，属于外汇管理对象的境内机构或境内个人的有（　）。（2011年）

A. 中华人民共和国境内的国家机关

B. 国际组织驻华代表机构

C. 外国驻华外交人员

D. 在中华人民共和国境内连续居住满1年的外国人

2.【单选题】根据外汇管理法律制度的规定，以欺骗手段将境内资本转移至境外的行为是（　）。（2013年）

A. 套汇　　B. 非法携汇

C. 逃汇　　D. 非法汇汇

第六节 本章综合练习

（一）单选题

1. 甲会计师事务所指派注册会计师张三为乙上市公司2016年财务状况进行审计并出具审计报告，根据有关规定，张三不得买卖乙上市公司股票的期限为（　）。

A. 自甲会计师事务所接受乙上市公司委托之日起至审计报告公开后6个月内

B. 自甲会计师事务所接受乙上市公司委托之日起至审计报告公开后3个月内

C. 自甲会计师事务所接受乙上市公司委托之日起至审计报告公开后30日内

D. 自甲会计师事务所接受乙上市公司委托之日起至审计报告公开后5日内

2. 根据证券法律制度的规定，证券交易所可以暂停上市公司债券上市交易的情形是（　）。

A. 公司因经济纠纷被起诉

B. 公司前一年发生亏损

C. 公司未按公司债券募集办法履行义务

D. 公司董事会成员组成发生重大变化

3. 王某委托证券公司进行证券买卖，证券公司为了谋取佣金收入，诱使王某进行了一些不必要的证券买卖，该证券公司的行为属于（ ）。

A. 欺诈客户行为　　B. 内幕交易行为

C. 操纵市场行为　　D. 信用交易行为

4. 某证券公司利用资金优势在 3 个交易日内连续对某一上市公司的股票进行买卖，使该股票从每股 10 元上升至 13 元，然后在此价位大量卖出获利。根据《证券法》的规定，下列关于该证券公司行为效力的表述中，正确的是（ ）。

A. 合法，因该行为不违反平等自愿、等价有偿的原则

B. 合法，因该行为不违反交易自由、风险自担的原则

C. 不合法，因该行为属于操纵市场的行为

D. 不合法，因该行为属于欺诈客户的行为

5. 甲公司以欺诈手段骗得乙公司与之订立合同，乙公司因而签发一张汇票给甲公司，随后甲公司将汇票背书转让给丙公司。汇票到期前，乙公司发现受骗，即向法院申请撤销与甲公司的合同。如果合同被撤销，下列说法正确的是（ ）。

A. 汇票效力随之撤销

B. 甲公司不享有汇票权利，丙公司也不能享有

C. 汇票无效

D. 汇票效力不受影响

6. 一张汇票的出票人是甲，乙、丙、丁依次是背书人，戊是持票人。戊在行使票据权利时发现该汇票的金额被变造。经查，乙是在变造之前签章，丁是在变造之后签章，但不能确定丙是在变造之前还是之后签章。根据《票据法》的规定，下列关于甲、乙、丙、丁对汇票金额承担责任的表述中，正确的是（ ）。

A. 甲、乙、丙、丁均只就变造前的汇票金额对戊负责

B. 甲、乙、丙、丁均需就变造后的汇票金额对戊负责

C. 甲、乙就变造前的汇票金额对戊负责，丙、丁就变造后的汇票金额对戊负责

D. 甲、乙、丙就变造前的汇票金额对戊负责，丁就变造后的汇票金额对戊负责

7. 根据我国《票据法》的规定，持票人应当自收到被拒绝承兑或者被拒绝付款的有关证明后，将被拒绝事由书面通知其前手的期限是（ ）日内。

A. 3　　B. 5

C. 7　　D. 10

8. 甲向乙出具一张银行本票，乙将该本票背书转让给丙，该背书行为中，丁为票据保证人。丙又将该本票背书转让给戊，戊作为持票人未按规定期限向出票人提示付款。根据《票据法》的相关规定，下列选项中戊可以行使追索权的是（ ）。

A. 甲　　B. 乙

C. 丙　　D. 丁

9. 商业银行发生的下列事项，无需经国务院银监会批准的是（ ）。

A. 增加注册资本

B. 变更分支行所在地

C. 商业银行合并、分立

D. 变更持股3%的股东

10. 根据《商业银行法》的规定，国务院银行业监督管理机构可以对银行实行接管的条件为（ ）。

A. 银行无信用危机

B. 银行可能发生信用危机，但不影响存款人利益时

C. 银行发生信用危机，但不影响存款人利益

D. 银行发生信用危机，且严重影响存款人利益

11. 关于保险合同的下列表述中，不正确的是（ ）。

A. 投保人解除合同的，保险人应当自收到解除通知之日起30日内，按照合同约定退还保险单的现金价值

B. 在合同有效期内，保险标的的危险显著增加的，被保险人应当按照合同约定及时通知保险人，保险人可以按照合同约定增加保险费或者解除合同

C. 保险事故发生后，保险人未赔偿保险金之前，被保险人放弃对第三者请求赔偿的权利的，保险人部分承担赔偿保险金责任

D. 保险人、被保险人为查明和确定保险事故的性质、原因和保险标的的损失程度所支付的必要的、合理的费用，由保险人承担

（二）多选题

1. 根据《证券法》的规定，上市公司的下列情形中，属于应当由证券交易所决定终止其股票上市交易的有（ ）。

A. 不按规定公开其财务状况，且拒绝纠正

B. 股本总额减至人民币5 000万元

C. 最近3年连续亏损，在其后一个年度内未能恢复盈利

D. 对财务会计报告作记载，且拒绝纠正

2. 在下列行为中，属于《证券法》规定的欺诈客户行为的有（ ）。

A. 违背客户的委托为其买卖债券

B. 假借客户的名义买卖债券

C. 为牟取佣金收入，诱使客户进行不必要的债券买卖

D. 挪用客户账户上的资金

3. 根据证券法律制度的规定，在特定情形下，如无相反证据，投资者将会被视为一致行动人，下列各项中，属于该特定情形的有（　）。

A. 投资者之间存在股权控制关系

B. 投资者之间为同学、战友关系

C. 投资者之间存在合伙关系

D. 投资者之间存在联营关系

4. 下列各种票据中，属于《票据法》调整范围的有（　）。

A. 汇票　　B. 本票

C. 发票　　D. 支票

5. 下列有关票据行为有效要件的表述中，符合票据法规定的有（　）。

A. 保证人在票据上的签章不符合规定，其签章无效，但不影响其他符合规定签章的效力

B. 持票人明知转让的是盗窃的票据，仍受让票据的，不得享有票据权利

C. 有关票据基础关系不合法的，则票据行为也不合法

D. 银行汇票未加盖规定的专用章，而加盖该银行的公章，则签章人应承担责任

6. 以下选项中，不属于因时效而致使票据权利消灭的情形包括（　）。

A. 甲持一张支票，出票日期为2014年5月20日，于2015年4月27日行使票据的付款请求权

B. 乙持一张为期30天的汇票，出票日期为2014年5月20日，于2016年5月27日行使票据的付款请求权

C. 丙持一张见票即付的汇票，出票日期为2014年5月20日，于2016年5月27日行使票据的付款请求权

D. 丁持有一张本票，出票日期为2014年5月20日，于2016年5月27日行使票据的付款请求权

7. 根据《票据法》的规定，下列各项中，可以导致汇票无效的情形有（　）。

A. 汇票上未记载付款日期

B. 汇票上未记载出票日期

C. 汇票上未记载收款人名称

D. 汇票金额的中文大写和数码记载不一致

8. 借款人的权利包括（　）。

A. 拒绝借款合同以外的附加条件

B. 按合同约定提取和使用全部贷款

C. 用贷款在有价证券、期货等方面从事投机经营

D. 自主决定向第三人转让债务

9. 借款人出现（　）情形，贷款人应与借款人协商补充贷款发放和支付条件，或根据合同约定停止贷款资金的发放和支付。

A. 信用状况下降

B. 不按合同约定使用贷款资金

C. 项目进度落后于资金使用进度

D. 违反合同约定，以化整为零方式规避贷款人受托支付

10. 以下选项中，属于贷款人的权利的有（　）。

A. 自主决定贷款利率的区间

B. 了解借款人的生产经营活动

C. 根据借款人的条件，决定贷款金额

D. 要求借款人提供与借款有关的资料

（三）判断题

1. 为股票发行出具审计报告、资产评估报告或者法律意见书等文件的证券服务机构人员，在该股票承销期内和期满后6个月内，不得买卖该种股票。此说法符合法律规定。（　）

2. 公司债券所募集资金不按照核准的用途使用的，应由证券交易所决定终止其公司债券上市交易。（　）

3. 基金募集金额不低于1亿元人民币是申请上市的基金必须符合的条件之一。（　）

4. 上市公司公告的年度报告有虚假记载，致使投资者在证券交易中遭受损失，上市公司的控股股东有过错的，应当与上市公司承担连带赔偿责任。（　）

5. 上市公司最近3年连续亏损，在其后1个年度内未能恢复盈利的，由证券交易所决定终止其股票上市交易。（　）

6. 银行汇票记载的金额可以以汇票金额和实际结算金额，如果实际结算金额大于汇票金额的，以实际结算金额为付款金额。（　）

7. 甲以背书方式将票据赠与乙，乙可以取得优于甲的票据权利。（　）

8. 票据债务人不得以自己与持票人的前手之间的抗辩事由对抗持票人，但持票人明知存在抗辩事由而取得票据的除外。（　）

9. 银行汇票、银行本票的出票人以及银行承兑汇票的承兑人在票据上未加盖规定的专用章而加盖该银行的公章，该票据无效。（　）

10. 商业银行的分支机构具有法人资格，可以依法开展业务，并独立承担民事责任。（　）

11. 父母可以为其无民事行为能力的子女投保以死亡为给付保险金条件的人身保险，但子女为残疾人的除外。（ ）

12. 经常项目是指国际收支中涉及货物、服务、收益及对外负债的交易项目等。（ ）

第七节 本章真题演练及综合练习答案与解析

一、真题演练答案速查表

所在节	题号	答案	题号	答案	题号	答案
第一节	1	BD	2	C	3	ACD
	4	√	5	B	6	C
	7	ACD	8	AD		
第二节	1	B	2	C	3	D
	4	D				
第三节	1	B	2	D	3	BCD
	4	BD	5	×	6	AC
第四节	1	ABCD	2	D	3	A
	4	ABC	5	A	6	ABC
第五节	1	AD	2	C		

二、本章综合练习答案与解析

（一）单选题

1. D【解析】为上市公司出具审计报告、资产评估报告或者法律意见书等文件的证券服务机构和人员，自接受上市公司委托之日起至上述文件公开后5日内，不得买卖该公司股票。

2. C【解析】证券交易所可以暂停上市公司债券上市交易的情形包括：公司有重大违法行为、公司情况发生重大变化不符合公司债券上市条件、发行公司债券所募集的资金不按照核准的用途使用、未按照公司债券募集办法履行义务和公司最近两年连续亏损。

3. A【解析】根据规定，证券经营机构及其从业人员为了谋取佣金收入，诱使客户进行不必要的证券买卖的行为属于欺诈客户的行为。

4. C【解析】题目中证券公司的行为属于操纵市场的行为，是违法行为。

5. D【解析】票据的基础关系是否存在，是否有效，不影响汇票的效力。

6. D【解析】当事人在变造之前签章的，应按原记载的内容负责；当事人在变造之后签章的，应按变造后的记载内容负责；无法辨别是在票据被变造之前还是之后签章的，视同在变造之前签章。因此，甲、乙、丙就变造前的汇票金额对戊负责；丁就变造后的汇票金额对戊负责。

7. A【解析】持票人应当自收到被拒绝承兑或者被拒绝付款的有关证明之日起3日内，将被拒绝事由书面通知其前手。

8. A【解析】根据规定，本票的持票人未在规定期间提示付款的，丧失对“出票人之外”的前手的追索权。所以未在法定付款提示期限提示付款时，本票的持票人仍可向出票人（甲）提示付款。

9. D【解析】商业银行变更持有资本总额或者股份总额5%以上的股东，应当经国务院银行业监督管理机构批准。

10. D【解析】商业银行已经或可能发生信用危机，严重影响存款人的利益时，国务院银行业监督管理机构可以对该银行实行接管。

11. C【解析】保险事故发生后，保险人未赔偿保险金之前，被保险人放弃对第三者请求赔偿的权利的，保险人不承担赔偿保险金的责任，选项C错误。

（二）多选题

1. ACD【解析】选项A、C、D对应的内容都属于终止上市的情形。

2. ABCD【解析】本题所有选项均属于欺诈客户行为。

3. ACD【解析】投资者之间有股权控制关系，投资者之间存在合伙、合作、联营等其他经济利益关系的，若无相反证据，均可视为一致行动人。所以应选择选项A、C、D。

4. ABD【解析】狭义的票据指《票据法》上规定的票据，包括汇票、本票和支票。

5. ABCD【解析】本题所有选项均符合票据法规定。

6. BD【解析】持票人对票据的出票人和承兑人的权利，自票据到期日起2年，见票即付的汇票、本票自出票日起2年，票据权利将因不行使而消灭。选项B中乙的票据权利有效，选项D中丁的票据权利有效，选项C中丙的票据权利消灭；持票人对支票出票人的权利，自出票日起6个月内若不行使将消灭，选项A中甲的票据权利消灭。

7. BCD【解析】未记载绝对应记载事项，汇票无效；未记载相对记载事项，票据依然有效。在本题选项中，付款日期为相对记载事项，出票日期、收款人名称和汇票金额都属于绝对记载事项。另外汇票金额的大小写不一致的，汇票无效。

8. AB【解析】借款人不得用贷款在有价证券、期货等方面从事投机经营，这是对借款人的限制，而非借款人的权利，选项 C 错误。借款人在征得贷款人同意后，有权向第三人转让债务，而不是自主决定向第三方转让债务，选项 D 错误。

9. ABCD【解析】本题所有选项均符合题意。

10. BCD【解析】贷款人有权根据借款人的条件，决定贷与不贷、贷款金额、期限和利率；有权了解贷款人的生产经营活动，有权要求借款人提供与借款相关的资料。选项 A，贷款人无权确定利率区间，只能确定本机构的贷款利率。

（三）判断题

1. √【解析】本题考核股票的限售。题干表述正确。

2. ×【解析】公司债券所募集资金不按照核准的用途使用的，在限期内未能消除的，应由证券交易所决定终止其公司债券上市交易。

3. ×【解析】根据规定，申请上市的基金，募集金额不低于 2 亿元人民币。

4. √【解析】本题考查上市公司披露。题干表述正确。

5. √【解析】本题考查上市公司的交易。题干表述正确。

6. ×【解析】汇票上记载有实际结算金额的，以实际结算金额为汇票金额。如果实际结算金额大于汇票金额的，实际结算金额无效，以汇票金额为付款金额。

7. ×【解析】因税收、继承、赠与可以依法无偿取得票据的，不受给付对价的限制。但是所享有的票据权利不得优于其前手的权利。

8. √【解析】本题是对抗辩权行使的正确描述。

9. ×【解析】银行汇票、银行本票的出票人以及银行承兑汇票的承兑人在票据上未加盖规定的专用章而加盖该银行的公章，支票的出票人在票据上未加盖与该单位在银行预留签章一致的财务专用章而加盖该出票人公章的，签章人应当承担票据责任，其签章无效，但不影响票据上的其他签章效力。

10. ×【解析】商业银行分支机构不具有法人资格，在总行授权范围内依法开展业务，其民事责任由总行承担。

11. ×【解析】我国《保险法》规定，以死亡为给付保险金条件的合同，未经被保险人同意并认可保险金额的，保险合同无效。父母为其未成年子女投保的人身保险，不受此限。

12. ×【解析】经常项目是指国际收支中涉及货物、服务、收益及经常转移的交易项目等；资本项目，是指国际收支中引起对外资产和负债水平发生变化的交易项目。

第五章 合同法律制度

合同法律制度是“经济法”课程中难度较大的一章，知识点较多，且大多都属于考生应掌握的内容。本章内容在近几年考试中的占题量较大，为 8~11 题，所占分值较大，且各种题型都可能出现，其在简答题和综合题中进行考查的概率也相对较高，如 2012~2015 年的简答题以及 2016 年的综合题均考查了本章内容。考生在复习本章时，应合理制订复习计划，安排复习时间，将知识点代入真实案例中进行记忆，以便理解。

▼本章主要考点的题型、估计题量和所占分值一览表

主要考点	题型	估计题量	所占分值
要约邀请、租赁合同的内容、租赁合同当事人双方权利义务、撤销合同、要约的判断、动产的浮动抵押、动产抵押的主张、要约方式订立合同、效力待定合同、买卖合同中的所有权保留、要约撤回	单选题	3~4 题	3~4 分
格式条款、连带责任保证、抵押和留置、赠与的撤销、合同的法定解除、买卖合同标的物损毁灭失风险、标的物检验	多选题	1~4 题	2~8 分
融资租赁合同当事人双方权利义务、抵押成立和抵押条件、合同订立的形式、留置权的实现	判断题	1~2 题	1~2 分
留置和抵押、合同的担保解除和赔偿、定金数额、赠与合同	简答题	1 题	5 分

▼本章知识结构一览表

合同法律制度	一、合同的订立	（1）合同形式及合同格式条款（★★） （2）合同订立的方式（★★★）：要约、承诺 （3）合同成立的时间和地点（★★）：合同成立的时间、合同成立的地点 （4）缔约过失责任（★）
	二、合同的效力	合同的生效和效力待定合同（★★★）：合同生效的时间、效力待定合同
	三、合同的履行	（1）合同的履行规则（★★★）：内容约定不明确的合同、涉及第三人的合同 （2）抗辩权的行使（★★）：同时履行抗辩权、后履行抗辩权、不安抗辩权 （3）保全措施（★★★）：代位权、撤销权
	四、合同的担保	（1）合同担保的概述（★）：担保的方式、担保合同的无效 （2）保证（★★★）：保证和保证人、保证合同和保证方式、保证责任、保证期间、保证合同的诉讼时效 （3）抵押（★★★）：抵押合同、抵押财产和登记、抵押效力、最高额抵押、动产浮动抵押 （4）质押（★★）：动产质押、权利质押 （5）留置和定金（★★）：定金的概念、定金的数额
	五、合同的变更、转让和权利义务终止	（1）合同的变更（★★）： （2）合同的转让（★★）：合同权利的转让、合同义务的转让 （3）合同权利义务终止（★★★）：合同解除，债务抵销，提存
	六、违约责任	（1）承担违约责任的形式（★★）：继续履行、采取补救措施、赔偿损失、支付违约金 （2）免责事由（★★）
	七、具体合同	（1）买卖合同（★★★） （2）其他合同（★★）

第一节 合同的订立

考点1 合同形式及合同格式条款（★★）

考点分析

本考点难度较小，易于掌握。本考点在2012年以多选题形式考查了无效格式条款，在2014年又以判断题的形式考查了合同订立的形式，所以应引起考生足够重视。

考点精讲

1. 合同形式

合同订立的形式如图5-1所示。

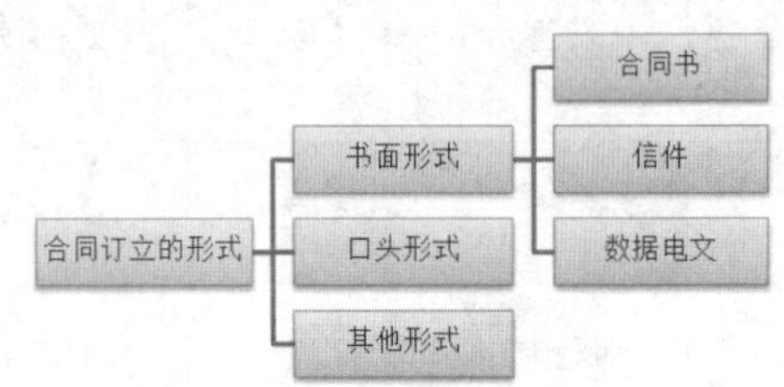

图5-1 合同订立的形式

名师解读

我国合同的相关事项由《合同法》进行调整，但涉及婚姻、收养、监护等有关身份关系的协议，以及用人单位与劳动者之间建立的劳动合同关系，不属于《合同法》的调整范围。

2. 合同格式条款

采用格式条款订立合同时，以下情形订立的条款属于无效条款。

（1）提供格式条款的一方免除其责任，加重对方责任，排除对方主要权利的条款无效。

（2）一方以欺诈、胁迫的手段订立合同，恶意串通，以合法形式掩盖非法目的，损害国家、集体或者第三人的利益，损害社会公共利益，或违反法律、行政法规的强制性规定的，条款无效。

（3）有造成对方人身伤害的免责条款，或有因故意或重大过失造成对方财产损失的免责条款，条款无效。

名师解读

对格式条款的理解发生争议的，应当按照通常理解予以解释。有两种以上解释的格式条款，应当作出不利于提供格式条款一方的解释。格式条款和非格式条款不一致的，应当采用非格式条款。

典型例题

【例题·多选题】根据《合同法》的规定，提供格式条款一方拟订的下列格式条款中，属于无效的有（　）。（2012年）

A. 内容理解发生争议的格式条款

B. 排除对方主要权利的格式条款

C. 以合法形式掩盖非法目的的格式条款

D. 造成对方人身伤害得以免责的格式条款

【解析】选项A中对格式条款内容理解发生争议的，应当按照通常理解予以解释；而选项B、C、D对应的内容则为格式条款无效的情形。

【答案】BCD

考点2 合同订立的方式（★★★）

考点分析

本考点只有要约和承诺两方面内容，但都属于考生应掌握的知识，在近3年都出现过关于本考点的考题，考生要充分理解要约和承诺的概念及各自生效的时间。

考点精讲

1. 要约

（1）要约应具备的条件

①内容具体确定。

②必须是特定人所为的意思表示。

③要约必须向相对人发出。

④受要约人承诺，要约人即受该意思表示约束。

（2）要约邀请

寄送的价目表、拍卖公告、招标公告、招股说明书等属于要约邀请，商业广告的内容符合要约规定的，视为要约。

误区提醒

要约是经承诺就成立合同的意思表示；要约邀请是邀请他人向自己发出要约，自己承诺才成立合同。要约邀请处于合同的准备阶段，没有法律约束力。

（3）要约生效

要约到达受要约人时生效。采用数据电文形式订立合同，收件人指定特定系统接收数据电文的，该数据电文进入该特定系统的时间，视为到达时间。未指定特定系统的，该数据电文进入收件人的任何系统的首次时间，视为到达时间。

名师解读

需要注意的是，要约生效并不是指要约一定要实际送达到受要约人或其代理人手中，当要约送达到受要约人通常的地址、住所或者能够控制的地方（如信箱等）即为送达。

（4）要约的撤回、撤销与失效

有关要约的撤回、撤销与失效的相关规定如表5-1所示。

表 5-1 要约的撤回、撤销与失效的相关规定

类型	相关规定
要约撤回	①要约发出后、生效前，可撤回 ②要约撤回通知应提前或同时到达受要约人
要约撤销	①要约生效后、受要约人承诺前，可以撤销要约 ②要约撤销通知应提前于受要约人发出承诺通知 ③要约人确定承诺期限或以其他形式明示要约不可撤销，或受要约人有理由认为要约是不可撤销的，并已经为履行合同做了准备工作的，要约不可撤销
要约失效	①拒绝要约的通知到达要约人 ②要约人依法撤销要约 ③承诺期限届满，受要约人未作出承诺 ④受要约人对要约的内容作出实质性变更

2. 承诺

（1）承诺应具备的条件

①承诺必须由受要约人作出。

②承诺必须向要约人作出。

③承诺的内容必须与要约的内容一致。

④承诺必须在有效期限内作出。

（2）承诺的期限

承诺应当以通知的方式作出，通知的方式可以是口头的，也可以是书面的。承诺期限的相关规定如表 5-2 所示。

表 5-2 承诺期限的相关规定

项目		相关规定
承诺期限起算时间	确定承诺期限的	①要约以信件或电报作出的，承诺期限自信件载明日期或电报交发之日开始计算；信件未载明日期的，自投寄该信件的邮戳日期开始计算 ②要约以电话、传真等快速通信方式作出的，承诺期限自要约到达受要约人时开始计算
	未确定承诺期限的	①要约以对话方式作出的，应当即时作出承诺，但当事人另有约定的除外 ②要约以非对话方式作出的，承诺应在合理期限内到达
发出承诺的时间		①超过期限发出承诺的，除要约人及时通知该承诺有效外，视为新要约 ②在承诺期限内发出承诺，但因其他原因承诺到达要约人时超过承诺期限的，除要约人及时通知因超过期限不接受该承诺外，该承诺有效

（3）承诺生效

①承诺不需要通知的，根据交易习惯或要约要求作出承诺的行为时生效。

②承诺可以撤回，撤回承诺的通知应在承诺通知到达要约人之前或与承诺通知同时到达要约人。

③承诺的内容有实质性变更的，为新要约。

④承诺对要约内容作出非实质性变更的，除要约人及时表示反对或要约表明承诺不得对要约的内容作出任何变更的以外，该承诺有效。

典型例题

【例题 1·单选题】甲公司于 7 月 1 日向乙公司发出要约，出售一批原材料，要求乙公司在 1 个月内作出答复，该要约于 7 月 2 日到达乙公司。当月，因市场行情变化，该种原材料市场价格大幅上升，甲公司拟撤销该要约。根据《合同法》的规定，下列关于甲公司能否撤销要约的表述中，正确的是（ ）。（2014 年）

A. 不可以撤销该要约，因该要约确定了承诺期限

B. 可以撤销该要约，撤销通知在乙公司发出承诺通知之前到达乙公司即可

C. 可以撤销该要约，撤销通知在承诺期限届满前到达乙公司即可

D. 可以撤销该要约，撤销通知在乙公司发出承诺通知之前发出即可

【解析】要约人确定了承诺期限或以其他形式明示要约不可撤销，或受要约人有理由认为要约是不可撤销的，并已经为履行合同做了准备工作的，要约不可撤销。本题中甲规定了承诺期限，因此该要约不可撤销。

【答案】A

【例题 2·单选题】陈某以信件发出要约，信件未载明承诺开始日期，仅规定承诺期限为 10 天。5 月 8 日，陈某将信件投入信箱；邮局将信件加盖 5 月 9 日邮戳发出，5 月 11 日，信件送达受要约人李某的办公室；李某因外出，直至 5 月 15 日才知悉信件内容。该承诺期限的起算日为（ ）。

A. 5 月 18 日　　B. 5 月 9 日

C. 5 月 11 日　　D. 5 月 15 日

【解析】要约以信件或电报作出的，且未载明日期的，自投寄该信件的邮戳日期开始计算。

【答案】B

考点3 合同成立的时间和地点（★★）

考点分析

本考点属于考生熟悉的内容，其中，合同成立地点曾出现过单选题。考生在所以复习时可着重理解重点内容。

考点精讲

不同形式合同成立的时间和地点如表 5-3 所示。

表 5-3 合同成立的时间和地点

项目	要约 / 合同形式	合同成立规定
合同成立时间	信件、数据电文	可在合同成立前要求签订确认书，签订时合同成立
	直接对话	承诺人承诺生效时合同成立
	合同书	双方当事人签字或盖章时合同成立，签字或盖章之前，当事人一方已经履行主要义务并且对方接受的，该合同成立
	要式合同	以法律、行政法规的特殊形式要求完成的时间为合同成立时间

续表

项目	要约 / 合同形式	合同成立规定
合同成立地点	数据电文	①以收件人主营业地为合同成立地点 ②没有主营业地的，按其经常居住地
	合同书	双方当事人签字或盖章地
	需要完成特殊约定或法律形式	完成合同的约定形式或法定形式的地点
	当事人另有约定的	按照当事人约定

典型例题

【例题 1·多选题】关于合同的订立，下列表述正确的有（　）。

A. 当事人应当亲自订立合同，不能委托代理人订立合同

B. 以电报、传真方式订立的合同，是书面形式

C. 涉外合同当事人在合同中约定采取仲裁方式解决纠纷，可以选择中国的仲裁机构，也可选择外国的仲裁机构

D. 合同当事人如果意图通过诉讼解决纠纷，无需事先约定

【解析】当事人可以依法委托代理人订立合同，选项 A 错误。

【答案】BCD

【例题 2·单选题】郑某和张某拟订一份书面合同。双方在甲地谈妥合同的主要条款，郑某于乙地在合同上签字，其后，张某于丙地在合同上盖章，合同的履行地为丁地。根据《合同法》的规定，该合同成立的地点是（　）。（2011 年）

A. 甲地　　B. 乙地

C. 丙地　　D. 丁地

【解析】郑某在乙地签字时合同并未成立，而张某于丙地在合同上盖章时合同成立（双方当事人均已签字或盖章），所以合同成立的地点应为丙地。

【答案】C

考点4 缔约过失责任（★）

考点分析

本考点属于考生熟悉的内容，其内容虽然较少，但考查的概率却相对较大，如 2015 年就出现过考查缔约过失责任的单选题，考生应足够重视。

考点精讲

当事人违背了诚实信用原则，在订立合同过程中有下列情形之一，给对方造成损失的，应当承担损害赔偿责任。

（1）假借订立合同，恶意进行磋商、谈判。

（2）故意隐瞒与订立合同有关的重要事实或者提供虚假情况。

（3）当事人在订立合同过程中知悉的商业秘密，无论合同是否成立，泄露或不正当地使用的。

（4）其他违背诚信原则的行为。

典型例题

【例题·单选题】2014 年 3 月，甲科研所与乙企业签订一份设备改造的技术服务合同，约定自 2014 年 7 月 1 日至 12 月 1 日，甲科研所负责对乙企业的自动生产线进行技术改造。合同签订后，乙企业为履行合同做了相关准备工作。5 月，甲科研所通知乙企业，因负责该项目的技术人员辞职，不能履行合同，根据合同法律制度规定，下列关于乙企业权利的表述中，正确的是（　）。（2015 年）

A. 乙企业有权解除合同，并要求甲科研所承担违约过失责任

B. 乙企业有权主张合同无效，并要求甲科研所承担违约过失责任

C. 乙企业有权撤销合同，并要求甲科研所承担违约过失责任

D. 乙企业至7月1日方有权要求甲科研所承担违约过失责任

【解析】当事人一方不履行合同义务或履行合同义务不符合约定的，应当承担继续履行、采取补救措施或赔偿损失等违约责任。

【答案】A

本节考点回顾与总结一览表

本节考点	知识总结
考点 1 合同形式及合同格式条款	①合同形式：口头，书面（合同书、信件、数据电文），其他 ②合同格式条款：无效的格式条款，格式条款发生争议时的处理方法
考点 2 合同订立的方式	①要约：要约的条件，要约邀请，要约生效的时间，要约效力，要约的撤回、撤销与失效 ②承诺：承诺的条件，承诺的方式，承诺的期限，承诺的生效
考点 3 合同成立的时间和地点	不同形式的合同的成立时间和成立地点的确认
考点 4 缔约过失责任	当事人在订立合同的过程中，违背了诚实信用原则，并给对方造成损失的，应承担缔约过失责任

真题演练

1.**【单选题】**甲公司因生产需要，准备购入一套大型生产设备。4 月 1 日，甲公司向乙设备厂发出了一份详细的书面要约，并在要约中注明：请贵公司于 4 月 20 日前答复，否则该要约将失效。该要约到达乙设备厂后，甲公司拟撤销该要约。根据合同法律制度的规定，下列关于该要约能否撤销的表述中，正确的是（　）。（2016 年）

A. 该要约可以撤销，只要乙设备厂尚未发出承诺

B. 该要约可以撤销，只要乙设备厂的承诺尚未到达甲公司

C. 该要约可以撤销，只要乙设备厂尚未为履行合同做准备工作

D. 该要约不得撤销，因为要约人在要约中确定了承诺期限

2.【判断题】王某与吴某通过电子邮件签订的化妆品买卖合同属于书面形式的合同。（　）（2014 年）

3.【单选题】甲公司以招标方式采购一套设备，向包括乙公司在内的十余家厂商发出招标书，招标书中包含设备性能、规格、品质、交货日期等内容。乙公司向甲公司发出了投标书。甲公司在接到乙公司及其他公司的投标书后，通过决标，最后决定乙公司中标，并向乙公司发出了中标通知书，根据《公司法》的规定，下列各项中，属于发出要约的行为是（　）。（2013 年）

A. 甲公司发出招标书

B. 乙公司向甲公司发出投标书

C. 甲公司对所有标书进行决标

D. 甲公司向乙公司发出中标通知书

4.【单选题】2012 年 10 月 8 日，甲厂向乙厂发函称其可提供 X 型号设备，请乙厂报价。10 月 10 日乙厂复函表示愿以 5 万元购买一台，甲厂 10 月 12 日复函称每台价格 6 万元，10 月 30 日前回复有效。乙厂于 10 月 19 日复函称愿以 5.5 万元购买一台，甲厂收到后未作回复。后乙厂反悔，于 10 月 26 日发函称同意甲厂当初 6 万元的报价。下列关于双方往来函件法律性质的表述中，不符合合同法律制度规定的是（　）。（2014 年）

A. 甲厂10月8日的发函为要约邀请

B. 乙厂10月10日的复函为要约

C. 甲厂10月12日的复函为新要约

D. 乙厂10月26日的发函为承诺

5.【单选题】要约邀请是希望他人向自己发出要约的意思表示。根据《合同法》的规定，下列情形中，不属于发出要约邀请的是（　）。（2012 年）

A. 甲公司向数家贸易公司寄送价目表

B. 乙公司通过报刊发布招标公告

C. 丙公司在其运营中的咖啡自动售货机上载明“每杯一元”

D. 丁公司向社会公众发布招股说明书

第二节 合同的效力

考点5 合同的生效和效力待定合同（★★★）

考点分析

本考点属于考生应掌握的内容，其中，附条件、附期限合同的生效时间和效力待定合同的区别是本考点的重点和难点。考生复习时，可对不同对象订立合同的效力进行分类，以加深理解。

考点精讲

1. 合同的生效

（1）依法成立的合同，自成立时生效。

（2）附生效条件的合同，自条件成就时生效；附解除条件的合同，自条件成就时失效。附生效期限的合同，自期限届至时生效。

（3）法律、行政法规规定应当办理批准、登记等手续生效的，自批准、登记时生效。

2. 效力待定合同

效力待定合同是指合同订立后尚未生效，须经权利人追认才能生效的合同。主要包括以下 3 种情形。

（1）限制民事行为能力人订立合同效力的具体规定如表 5-4 所示。

表 5-4　限制民事行为能力人订立合同效力的具体规定

效力待定	具体规定
直接有效	纯获利益的合同或是与其年龄、智力、精神健康状况相适应而订立的合同，直接有效，不必经法定代理人追认
效力待定	①追认：经法定代理人追认后，该合同有效 ②催告：相对人可催告法定代理人在 1 个月内对合同予以追认，对方未做表示的，视为拒绝追认 ③撤销：合同被追认之前，善意相对人可以通知的方式撤销追认

（2）无权、越权代理或代理权终止后以被代理人名义订立的合同。主要包括以下规定。

①追认：行为人没有代理权、超越代理权或代理权终止后以被代理人名义订立的合同，未经被代理人追认，对被代理人不发生效力，由行为人承担责任。

②催告：相对人可以催告被代理人在 1 个月内予以追认，被代理人未做表示的，视为拒绝追认。

③撤销：合同被追认之前，善意相对人有撤销的权利。撤销应当以通知的方式作出。

（3）无处分权的人处分他人财产而订立的合同。

无处分权的人处分他人财产而订立的合同，经权利人追认或无处分权人订立合同后取得处分权的，合同有效。无处分权的情形包括以下两种。

①行为人对处分的财产享有所有权，但是其处分权受到限制，使其不得处分其所有的财产。

②行为人对处分的财产没有所有权，只有占有权，因而没有对该财产的处分权。

典型例题

【例题1·单选题】甲欲购买一辆二手汽车，由于对该车车况不放心，在与车主签订合同时，双方约定若在该车上一年度年检有效期满之前，能顺利通过下一年度年检，甲则购买该车。该约定是（　）。

A. 附生效条件的合同

B. 附失效条件的合同

C. 附生效期限的合同

D. 附解除期限的合同

【解析】本题中双方约定"若在该车上一年度年检期满之前能顺利通过下一年度年检，甲则购买该车"。这属于购买条件，因此该合同为附生效条件的合同。

【答案】A

【例题2·多选题】根据《合同法》的规定，下列合同中，属于效力待定合同的有（　）。

A. 甲、乙恶意串通订立的损害第三人丙利益的合同

B. 某公司法定代表人超越权限与善意第三人丁订立的买卖合同

C. 代理人甲超越代理权限与第三人丙订立的买卖合同

D. 限制民事行为能力人甲与他人订立的买卖合同

【解析】代理人超越代理权限签订的合同和限制民事行为能力人签订的合同，为效力待定合同，所以正确答案为选项C、D。

【答案】CD

本节考点回顾与总结一览表

本节考点	知识总结
考点5　合同的生效和效力待定合同	①合同的生效：依法成立的合同、附生效条件、附生效期限合同 ②效力待定合同：限制民事行为人（有例外条件）、无权代理人、无权处分人订立的合同

真题演练

1.【单选题】甲、乙公司于2012年2月4日签订买卖合同，3月4日甲公司发现自己对合同标的物存在重大误解，遂于4月4日向法院请求撤销该合同，法院于5月4日依法撤销了该合同，根据《合同法》的规定，下列关于该买卖合同被撤销后效力的表述中，正确的是（　）。（2012年）

A. 该买卖合同自2月4日起归于无效

B. 该买卖合同自3月4日起归于无效

C. 该买卖合同自4月4日起归于无效

D. 该买卖合同自5月4日起归于无效

2.【单选题】16岁的小林参加中学生科技创意大赛，其作品"厨房定时器"获得组委会肯定。张某对此非常感兴趣，现场支付给小林5万元，买下该作品的制作方法。下列关于该合同效力的表述中，符合合同法律制度规定的是（　）。（2014年）

A. 该合同可撤销，因小林是限制民事行为能力人

B. 该合同无效，因小林是限制民事行为能力人

C. 该合同有效，因该合同对小林而言是纯获利益的

D. 该合同效力待定，因需要由小林的法定代理人决定是否追认

第三节　合同的履行

考点6　合同的履行规则（★★★）

考点分析

本考点属于考生应掌握的内容，虽然在近几年未出现过单独考查该考点的考题，但仍应该引起重视。考生复习本考点时，可将重点放在涉及第三人的合同上。

考点精讲

1. 合同内容约定不明确时的履行规则

合同生效后，对合同没有约定或约定不明确的，可协议补充，不能达成的，按相关条款或交易习惯确定。仍不能确定的，按表5-5所示的规则执行。

表5-5　内容约定不明确的合同履行的相关规定

不明确内容	履行规则
质量要求	按照国家标准、行业标准履行；没有标准的，按照通常标准或符合合同目的的特定标准履行
价款或报酬	①按订立合同时履行地的市场价格履行 ②依法应执行政府定价或指导价的，按其规定
履行地点	①给付货币的，在接受货币一方所在地履行 ②交付不动产的，在不动产所在地履行 ③其他标的，在履行义务一方所在地履行
履行期限	可随时要求履行，但应给对方必要的准备时间
履行方式	按照有利于实现合同目的的方式履行
费用负担	由履行义务一方负担

2. 涉及第三人的合同

涉及第三人的合同包括向第三人履行债务和由第三人履行债务两种，其相关规定如表5-6所示。

表5-6 涉及第三人的合同履行

项目		向第三人履行合同	由第三人履行合同
合同当事人		债权人和债务人	债权人和债务人
第三人	地位	独立	独立
	权责	享有债权人的权利	负有债务人的义务
债务未履行		①第三人可要求债务人赔偿损失 ②债权人可要求债务人承担违约责任	债权人有权追究债务人的违约责任，损害赔偿由债务人承担

典型例题

【例题·单选题】甲乙签订了一份涉及第三人的合同，并约定由丙向乙履行债务，由于丙履行债务的行为不符合合同的约定，下列有关乙请求承担违约责任的表达中，正确的是（ ）。

A. 请求甲承担

B. 请求丙承担

C. 请求丙或甲承担

D. 请求丙和甲共同承担

【解析】当事人约定由第三人向债权人履行债务的，第三人不履行债务或履行债务不符合约定，债务人应当向债权人承担违约责任。所以合同债务人甲应向债权人乙承担违约责任，正确答案为选项A。

【答案】A

考点7 抗辩权的行使（★★）

考点分析

本考点内容较少，在近几年未出现过考题。考生在复习本考点内容时，应先区分不同类型的抗辩权，然后分别进行扩展，对行使条件、适用情形及效力等内容进行理解。

考点精讲

抗辩权包括同时履行抗辩权、后履行抗辩权和不安（先履行）抗辩权3种。其相关规定如表5-7所示。

表5-7 抗辩权的行使

项目	同时履行抗辩权	后履行抗辩权	不安（先履行）抗辩权
解释	同时履行，一方不履行或不能适当履行，另一方将享有不履行或部分履行的权利	先后履行，先履行的未履行，后履行的可拒绝履行	先后履行，先履行的证明后履行的无履行能力，可在其履行前中止合同
行使条件	①基于同一双务合同，且双方债务已届清偿期 ②当事人同时履行合同，没有先后顺序 ③一方当事人有证据证明应同时履行义务的，对方当事人未履行或未适当履行合同 ④对方有履行的可能性	①基于同一双务合同，互负债务 ②履行有先后顺序 ③应先履行的，不履行或不适当履行 ④后履行的一方享有后履行抗辩权	①基于同一双务合同，互负债务 ②履行有先后顺序 ③后履行的丧失或可能丧失履行债务能力 ④先履行的一方享有不安抗辩权
适用情形	—	先履行的不履行到期债务，或应当先履行的履行债务不符合约定	①对方经营状况严重恶化、丧失商业信誉 ②对方转移财产、抽逃资金，以逃避债务 ③对方丧失或可能丧失履行能力的其他情形
效力	①暂时阻止对方当事人请求权的行使，不是永久地终止合同 ②对方当事人完全履行合同义务后，另一方抗辩权消灭，同时应履行自己的义务 ③因行使同时履行抗辩权致使合同迟延履行的，责任由对方当事人承担	①只是暂时阻止了当事人请求权的行使，不是永久性的 ②先履行的完全履行后，后履行的抗辩权消灭，同时应按照合同约定履行自己的义务	①中止合同：先履行的停止或延期履行，对方恢复履行能力或提供相应担保后，先履行的应恢复合同的履行；先履行的当事人行使中止权利时，应及时通知对方，以免给对方造成损害 ②解除合同：先履行的中止合同后，对方在合理期限内未恢复履行能力并且未提供适当担保的，先履行的可以解除合同

典型例题

【例题1·多选题】我国《合同法》规定了三种抗辩权，即同时履行抗辩权、后履行抗辩权和不安抗辩权。下列表述正确的有（ ）。

A. 三种抗辩权都是发生在双务合同的履行时期

B. 三种抗辩权当事人有不同的履行顺序

C. 三种抗辩权都必须通过人民法院行使

D. 三种抗辩权都不一定解除合同

【解析】同时履行抗辩权中，当事人双方的履行没有先后顺序，选项B错误；当事人行使抗辩权不必通过法院，选项C错误。

【答案】AD

【例题2·判断题】先履行合同的一方当事人行使不安抗辩权，因有确切证据证明另一方丧失履行债务的能力，因此无需通知对方当事人。（ ）

【解析】合同当事人行使不安抗辩权时，应当及时

通知对方当事人，以免给对方造成损害，也便于对方在接到通知后提供相应的担保，使合同得以履行。

【答案】×

【例题3·多选题】下列关于同时履行抗辩权的说法，正确的有（　）。

A. 当事人互负债务，没有先后履行顺序的，应同时履行合同义务

B. 当事人双方在两个相关合同中互负债务的，可以协商同时履行抗辩权

C. 当事人因行使同时履行抗辩权致使合同迟延履行的，迟延履行责任由对方当事人承担

D. 同时履行抗辩权时，一方不能履行或不能适当履行的，另一方到期可不履行或部分履行

【解析】当事人在同一双务合同中互负债务，没有先后履行顺序的，应当同时履行合同义务，选项B错误。

【答案】ACD

考点8 保全措施（★★★）

考点分析

本考点内容较少，虽然属于考生应掌握的内容，但复习难度不大，即使出现考题，考生也可轻松应对。复习本考点内容时，考生可使用对比记忆的方法，掌握代位权和撤销权的相关内容。

考点精讲

1. 代位权

（1）代位权的行使条件

行使代位权，必须满足下列条件。

①债务人对第三人享有合法债权。

②债务人怠于行使其债权。

③因债务人怠于行使权利，已经害及债权人债权。

④债务人债务已到期，债务人已陷于迟延履行。

⑤债务人的债权不是专属于债务人自身的债权。

（2）代位权的行使

①债权人应在其债权范围内行使代位权，超出部分人民法院不予支持。

②债权人行使代位权的必要费用，由债务人负担；债权人胜诉的，诉讼费由次债务人负担，从实现的债权中优先支付。

③债权人向次债务人提起的代位权诉讼，经人民法院审理后认定代位权成立的，由次债务人向债权人履行清偿义务，债权人与债务人、债务人与次债务人之间相应的债权、债务关系即予消灭。

2. 撤销权

撤销权的相关规定如表5-8所示。

表5-8 撤销权的相关规定

项目		相关规定
可撤销的行为	有偿行为	①价格低于交易地指导价或市场交易价70%的，为明显不合理的低价 ②价格高于当地指导价或市场交易价30%的，为明显不合理的高价 ③有偿转让行为，第三人恶意取得的，可撤销
	无偿行为	①放弃其未到期的债权、放弃债权担保 ②无偿行为中，第三人善意或恶意取得均可撤销
撤销权行使和消灭		①行使：自债权人知道或应当知道撤销事由之日起1年内 ②消灭：自债务人的行为发生之日起5年内没有行使撤销权的
撤销权诉讼		①以自己的名义向被告住所地人民法院提起诉讼 ②债权人行使撤销权的必要费用，由债务人承担

典型例题

【例题1·单选题】甲公司欠乙公司30万元，一直无力偿付，现丙公司欠甲公司50万元已到期，但甲公司明示放弃对丙的债权。对甲公司的这一行为，乙公司可以采取的措施是（　）。

A. 通知丙公司撤销甲公司放弃债权的行为

B. 请求人民法院撤销甲公司放弃债权的行为

C. 直接要求丙公司代替甲公司偿还欠款

D. 向人民法院请求以自己的名义代位行使甲公司的债权

【解析】因债务人放弃其到期债权对债权人造成损害的，债权人可以请求人民法院撤销债务人放弃债权的行为。

【答案】B

【例题2·判断题】撤销权的行使范围以债权人的债权为限。债权人行使撤销权的必要费用由债务人负担。（　）

【解析】债权人行使撤销权应以自己的名义向被告住所地人民法院提起诉讼。撤销权的行使范围以债权人的债权为限，债权人行使撤销权的必要费用由债务人负担。

【答案】√

本节考点回顾与总结一览表

本节考点	知识总结
考点6 合同的履行规则	①内容不明确的合同：质量要求，价款或报酬，履行地点、期限、方式和费用负担不明确的处理 ②涉及第三人的合同：向第三人履行合同和由第三人履行合同的相关事项
考点7 抗辩权的行使	同时履行抗辩权、后履行抗辩权、先履行抗辩权的定义、行使条件、适用情形及效力
考点8 保全措施	①代位权：代位权的行使条件、代位权的行使 ②撤销权：可撤销行为、撤销权行使和消灭、撤销权诉讼

真题演练

1.【单选题】甲与乙签订一份买卖合同，双方约定，甲提供一批货物给乙，货到后一个月内付款。合同签订后甲迟迟没有发货，乙催问甲，甲称由于资金紧张，暂无法购买生产该批货物的原材料，要求乙先付货款，乙拒绝了甲的要求。乙拒绝先付货款的行为在法律上称为（　）。（2008 年）

A. 行使先履行抗辩权　B. 行使后履行抗辩权
C. 行使同时履行抗辩权　D. 行使撤销权

2.【多选题】甲对乙享有 50 000 元债权，已到清偿期限，但乙一直宣称无能力清偿欠款。甲调查发现，乙对丁享有 3 个月后到期的 7 000 元债权，戊因赌博欠乙 8 000 元；另外，乙在半年前发生交通事故，因事故中的人身伤害对丙享有 10 000 元债权，因事故中的财产损失对丙享有 5 000 元债权。乙无其他可供执行的财产，乙对其享有的债权都怠于行使。根据《合同法》的规定，下列各项中，甲不可以代位行使的债权有（　）。（2011 年）

A. 乙对丁的7 000元债权
B. 乙对戊的8 000元债权
C. 乙对丙的10 000债权
D. 乙对丙的5 000元债权

第四节 合同的担保

考点9 合同担保的概述（★）

考点分析

本考点属于考生应了解的内容，在近几年未出现过考题。本考点内容主要为后面具体担保方式对应考点服务，是合同担保章节的基础内容。

考点精讲

1. 担保的方式

担保的方式包括保证（人的担保），抵押、质押和留置（物的担保），以及定金（金钱担保）5 种方式。

名师解读

第三人为债务人向债权人提供担保的，可以要求提供反担保。反担保人可以是债务人，也可以是债务人以外的其他人。反担保方式可以是债务人提供的抵押或质押，也可以是其他人提供的保证、抵押或者质押。留置和定金不能作为反担保方式。

2. 担保合同的无效及法律责任

担保合同的无效及法律责任的相关规定如表 5-9 所示。

表 5-9　担保合同的无效及法律责任的相关规定

情形	法律责任
主合同有效	①债权人无过错的，担保人与债务人对主合同债权人的经济损失承担连带赔偿责任 ②债权人、担保人有过错的，担保人承担民事责任的部分，不应超过债务人不能清偿部分的 1/2
主合同无效	①担保人无过错的，担保人不承担民事责任 ②担保人有过错的，担保人承担民事责任的部分，不应超过债务人不能清偿部分的 1/3
主合同解除	担保人对债务人应承担的民事责任仍应承担担保责任，担保合同另有约定的除外
越权担保	法人、法定代表人、负责人超越权限订立的担保合同，除相对人知道或应当知道其超越权限的以外，该合同有效
无效担保	①担保人承担赔偿责任后可向债务人追偿，或在责任的范围内，要求有过错的反担保人承担赔偿责任 ②担保人可根据承担赔偿责任的事实对债务人或反担保人另行提起诉讼

典型例题

【例题·判断题】因担保合同无效，担保人向债权人承担赔偿责任后，可以向债务人追偿。（　）

【解析】担保人因无效担保合同向债权人承担赔偿责任后，可以向债务人追偿。

【答案】√

考点10 保证（★★★）

考点分析

本考点属于考生应掌握的内容，是合同担保的重要考点，也是考试的重点考查内容。

考点精讲

1. 保证人

（1）不得作为保证人的情形

具有代为清偿债务能力的法人、其他组织或公民，可作为保证人。但下列人员不得作为保证人。

①国家机关，但经国务院批准为使用外国政府或者国际经济组织贷款进行转贷的除外。

②学校、幼儿园、医院等以公益为目的的事业单位、社会团体。

③企业法人分支机构、职能部门。

（2）保证人的保证效力和责任

保证人的保证效力和责任的相关规定如表 5-10 所示。

表 5-10 保证人的保证效力和责任的相关规定

对象	行为	效力	责任
不具有完全代偿能力的法人、其他组织、自然人	以保证人身份订立保证合同后，又以没有代偿能力要求免除保证责任的	人民法院不予支持	——
企业法人的分支机构	未经法人书面授权的	保证合同无效	①债权人和企业法人有过错的，应根据其过错各自承担相应的民事责任 ②债权人无过错的，由企业法人承担民事责任
	超出授权范围提供保证的	超出授权范围的部分无效	
	经法人书面授权提供保证，但法人的书面授权范围不明的	对保证合同约定的全部债务承担保证责任	①保证无效，由分支机构经营管理的财产承担赔偿责任 ②财产不足的，由企业法人承担民事责任
企业法人的职能部门	提供保证	保证合同无效	①债权人知道或应当知道保证人为企业法人职能部门的，因此造成的损失由债权人自行承担 ②债权人不知道的，因此造成的损失由债权人和保证人根据其过错各自承担相应的民事责任

2. 保证合同和保证方式

（1）保证合同

①第三人单方以书面形式向债权人出具担保书，债权人接受且未提出异议的，保证合同成立。

②主合同中虽然没有保证条款，但保证人在主合同上以保证人身份签字或盖章的，保证合同成立。

（2）保证方式

保证方式的相关规定如表 5-11 所示。

表 5-11 保证方式的相关规定

类型	相关规定
一般保证	债务人不能履行债务，由保证人承担保证责任，保证人享有先诉讼抗辩权，有下列情形之一的不得行使先诉抗辩权： ①债务人住所变更，致使债权人要求其履行债务发生重大困难的；②保证人以书面形式放弃先诉抗辩权的；③人民法院受理债务人破产案件，中止执行程序的
连带责任保证	①债务人在主合同约定的债务履行期届满没有履行债务的，债权人可要求其履行债务，也可以要求保证人在保证范围内承担责任 ②当事人对保证方式没有约定或约定不明确的，按照连带责任保证承担保证责任 ③同一债务有两个以上保证人的，保证人应当按照保证合同约定的保证份额，承担保证责任 ④连带共同保证的债务人在主合同规定的债务履行期届满没有履行债务的，债权人可要求其履行债务，或要求任何一个保证人承担全部保证责任，保证人都负有担保全部债权实现的义务 ⑤已经承担保证责任的保证人，有权向债务人追偿，或要求承担连带责任的其他保证人清偿其应当承担的份额。连带共同保证的保证人承担保证责任后，向债务人不能追偿的部分由连带保证人按内部约定的比例分担，没有约定的则平均分担

3. 保证责任

（1）不同形式下的保证责任

保证担保的范围包括主债权及利息、违约金、损害赔偿金和实现债权的费用。保证合同另有约定的，按约定；没有约定或约定不明确的，保证人应当对全部债务承担责任。

不同形式下保证责任承担的相关规定如表 5-12 所示。

表 5-12 不同形式保证责任承担的相关规定

项目			相关规定
主合同变更	主债权转让	债权人转让	①保证期间，债权人依法将主债权转让给第三人的，保证债权同时转让，保证人对受让人承担原保证责任 ②若事先约定仅对特定债权人承担保证责任或禁止债权转让的，则保证人不再承担保证责任
		债务人转让	保证期间，债权人许可债务人转让债务的，应取得保证人书面同意；未经同意的，保证人对未经其同意转让部分的债务，不再承担保证责任
	主债权变更		①保证期间，未经保证人同意，变更主合同数量、价款、币种、利率等内容的，若债务减轻，保证人承担变更合同的保证责任；若债务加重，保证人对加重部分不承担保证责任 ②未经保证人书面同意变更主合同履行期限的，保证期间为原合同约定的或法律规定的期间 ③债权人与债务人协议变更主合同内容，但并未实际履行的，保证人应承担保证责任
保证担保与物的担保并存			①债权人应首先执行主债务人提供的物保，保证人在物保不足清偿时补充清偿责任 ②第三人提供物的担保的，债权人可就物的担保实现债权，也可要求保证人承担保证责任；提供担保的第三人承担担保责任后，有权向债务人追偿
其他			①第三人向债权人保证监督支付专款专用的，未尽监督义务造成资金流失的，应承担补充赔偿责任；履行后，不再承担； ②保证人对债务人的注册资金提供保证的，债务人的实际投资与注册资金不符，或者抽逃转移注册资金的，保证人在注册资金不足或者抽逃转移注册资金的范围内承担连带保证责任 ③不具有完全代偿能力的法人、其他组织或者自然人，以保证人身份订立保证合同后，又以自己没有代偿能力要求免除保证责任的，人民法院不予支持

（2）保证责任的免除

有下列情形之一的，保证人不承担民事责任。

①主合同当事人双方串通，骗取保证人提供保证的。

②主合同债权人采取欺诈、胁迫等手段，使保证人在违背真实意思的情况下提供保证的。

③主合同债务人采取欺诈、胁迫等手段，使保证人在违背真实意思的情况下提供保证的，债权人知道或者应当知道欺诈、胁迫事实的。

4. 保证期间

合同担保保证期间的相关规定如表5-13所示。

表5-13 合同担保保证期间的相关规定

情形	保证期间	相关规定	
约定保证期间	按约定执行	自主债务履行期届满之日起6个月内对债务人提起诉讼或申请仲裁	①未提起诉讼或申请仲裁的，保证人免除保证责任 ②已提起诉讼或申请仲裁的，保证期间适用诉讼时效中断的规定
		债权人对保证人：自主债务履行期届满之日起6个月内要求保证人承担保证责任	
未约定保证期间或视为未约定	6个月（主债务履行期届满之日起）	视为未约定的：保证合同约定的保证期间早于或等于主债务履行期限	
		约定最高债权额度	保证人对债权人：随时书面通知终止合同，通知前发生的债权，保证人承担责任
		没有约定债务清偿期限	保证期间自最高额保证终止之日或自债权人收到保证人终止保证合同的书面通知到达之日起6个月
约定不明	2年	视为约定不明：保证合同约定保证人承担保证责任直至主债务本息还清时为止等类似内容的	
		约定主体：主合同	保证期间自债权人要求债务人履行义务的宽限期届满之日起计算
		约定主体：最高额保证合同	保证期间为清偿期限届满之日起6个月

5. 保证合同的诉讼时效

（1）一般保证

①一般保证的债权人在保证期间届满前对债务人提起诉讼或申请仲裁的，从判决或仲裁裁决生效之日起，开始计算保证合同的诉讼时效。

②主债务诉讼时效中断或中止的，保证债务的诉讼时效同时中断或中止。

（2）连带责任保证

①债权人在保证期间届满前要求保证人承担保证责任的，从要求之日起计算保证合同的诉讼时效。

②主债务诉讼时效中断，保证债务诉讼时效不中断；主债务诉讼时效中止的，保证债务的诉讼时效同时中止。

③保证人对债务人行使追偿权的诉讼时效，自保证人向债权人承担责任之日起开始计算。

④保证人对已经超过诉讼时效期间的债务承担保证责任或提供保证的，又以超过诉讼时效为由抗辩的，人民法院不予支持。

典型例题

【例题1·单选题】2015年5月，甲食品厂与乙超市签订一份长期供货合同，丙公司为乙超市的货款提供保证担保。合同约定了最高担保金额，但没有约定清偿债务期限。2015年7月30日，甲食品厂收到丙公司送来的终止保证合同的书面通知。丙公司的保证期间是（ ）。

A. 2015年7月30日至2015年1月31日

B. 2015年7月30日至2016年2月1日

C. 2015年8月1日至2016年1月31日

D. 2015年8月1日至2016年3月1日

【解析】根据规定，没有约定债务清偿期限的，保证期为自最高额保证终止之日或自债权人收到保证人终止保证合同的书面通知到达之日起6个月。

【答案】A

【例题2·单选题】一般保证的债权人在保证期间届满前对债务人提起诉讼或者申请仲裁的，从（ ）起，开始计算保证合同的诉讼时效。

A. 保证期间届满时

B. 提起诉讼或者仲裁之日

C. 主债权的诉讼时效结束时

D. 判决或者仲裁裁决生效之日

【解析】一般保证的债权人在保证期间届满前对债务人提起诉讼或者申请仲裁的，从判决或者仲裁裁决生效之日起，开始计算保证合同的诉讼时效。

【答案】D

【例题3·多选题】陈某向李某借款10万元，并签订了借款合同。张某向李某单方面提交了签名的保证书，其中仅载明“若陈某不清偿到期借款本息，张某将代为履行”。借款到期后，陈某未清偿借款本息，经查，张某并不具有代偿能力，根据担保法律制度的规定，下列关于保证合同效力及张某承担保证责任的表述中，不正确的有（ ）。（2012年）

A. 张某可以以自己不具有代偿能力为由主张保证合同无效

B. 张某可以以自己未与李某签订保证合同为由主张保证合同不成立

C. 张某须向李某承担一般保证责任

D. 张某须向李某承担连带保证责任

【解析】张某为保证人，应向李某承担连带责任。

【答案】ABC

考点11 抵押（★★★）

考点分析

本考点内容较多，属于考生应掌握的内容，常在单选题和判断题中出现，热门考点包括抵押财产和抵押权的实现。考生在复习本考点内容时，要善于抓住重点和难点，对不易于理解的知识点反复考究，直至掌握。

考点精讲

1. 抵押合同

（1）抵押合同应以书面形式订立。

（2）抵押合同对被担保的主债权种类、抵押财产没有约定或约定不明，且不能补正或无法推定的，抵押不成立。

（3）抵押权人在债务履行期届满前，不得与抵押人约定债务人不履行到期债务时抵押财产归债权人所有。如果抵押合同中有这样的条款，条款无效。该无效条款不影响抵押合同其他内容的效力。

（4）对签订生效的抵押合同，抵押人违背诚实信用原则拒绝办理抵押登记致使债权人受到损失的，抵押人应当承担赔偿责任。

2. 抵押财产

（1）财产抵押及登记

财产抵押的相关规定如表5-14所示。

表5-14 财产抵押的相关规定

项目		物资	抵押权登记
可以抵押的财产	不动产	①建筑物和其他土地附着物 ②建设用地使用权 ③以招标、拍卖、公开协商等方式取得的荒地等土地承包经营权 ④正在建造的建筑物、船舶、航空器	自登记之日起设立
	动产	①生产设备、原材料、半成品、产品 ②交通运输工具	自抵押合同生效时设立
不得抵押的财产		①土地所有权 ②耕地、宅基地、自留地、自留山等集体所有的土地使用权，但法律规定可以抵押的除外 ③学校、幼儿园、医院等以公益为目的的事业单位、社会团体的教育设施、医疗卫生设施和其他社会公益设施 ④所有权、使用权不明或者有争议的财产 ⑤依法被查封、扣押、监管的财产	

（2）其他规定

①以建设用地使用权抵押。

a. 先抵押使用权，后新建建筑的，该建筑物不属于抵押财产。

b. 同时处理土地使用权和即将修建的建筑的，新增建筑物所得的价款，抵押权人无权优先受偿。

②以土地承包经营权抵押的，或以乡镇、村企业的厂房等建筑物占用范围内的建设用地使用权一并抵押的，实现抵押权后，未经法定程序，不得改变土地所有权的性质和土地用途。

③除动产和不动产外的其他财产抵押，可自愿办理登记，抵押合同自签订之日起生效。

3. 抵押的效力

（1）对于孳息和租赁权

①债务履行期届满，债务人不履行债务致使抵押物被人民法院依法扣押的，自扣押之日起抵押权人有权收取由抵押物分离的天然孳息以及抵押人就抵押物可以收取的法定孳息。抵押权人未将扣押抵押物的事实通知应当清偿法定孳息的义务人的，抵押权的效力不及于该孳息。

②抵押物出租的，租赁效力的规定如表5-15所示。

表5-15 抵押物出租的租赁效力

时间	行为	效力	责任
订立抵押合同前	已出租	原租赁关系不受该抵押权的影响	——
订立抵押合同后	出租财产	租赁关系不得对抗已登记抵押权	①未书面告知承租人的，抵押权造成承租人的损失，抵押人承担 ②已书面告知承租人的，抵押权造成承租人的损失，由其自己承担

（2）转让抵押物

转让或继承抵押物的相关规定如表5-16所示。

表5-16 转让或继承抵押物的相关规定

行为		相关规定
抵押物转让	未经抵押权人同意	不得转让抵押财产，受让人代为清偿债务消灭抵押权的除外
	经抵押权人同意	①所得的价款向抵押权人提前清偿债务或提存 ②价款超过债权数额的部分归抵押人所有，不足部分由债务人清偿
依法继承或赠与		抵押权不受影响

（3）抵押权转移及消灭的从属性

①主债权未受全部清偿：抵押权人可就抵押物的全部行使其抵押权。

②主债务被分割或部分转让：各债权人可就其享有的债权份额行使抵押权，抵押人以其抵押物担保数个债务人履行债务。主债权被分割或部分转让，第三人提供抵押的，债权人许可债务人转让债务未经抵押人书面同意的，抵押人对未经其同意转让的债务，不再承担担保责任。

（4）抵押财产价值减少或毁损的处理

①抵押财产价值减少的，抵押权人有权要求恢复抵押财产的价值，或者提供与减少的价值相应的担保。抵押人不恢复抵押财产的价值也不提供担保的，抵押权人有权要求债务人提前清偿债务。

②抵押物灭失、毁损或者被征用时，抵押权人可就该抵押物的保险金、赔偿金或者补偿金优先受偿。

③抵押权所担保的债权未届清偿期的，抵押权人可以请求人民法院对保险金、赔偿金或补偿金等采取保全措施。

（5）涉及添附物和从物的抵押效力

添附物和从物抵押效力的相关规定如表 5-17 所示。

表 5-17 添附物和从物抵押效力的相关规定

项目	相关规定
添附物	①添附物指附合物、混合物或加工物等 ②因添附行为使抵押物的所有权为第三人所有的，抵押权的效力及于补偿金 ③抵押物和添附物的所有人为一人，抵押权的效力及于添附物；第三人与抵押物所有人共有添附物的，抵押权的效力及于抵押人对共有物享有的份额
从物	抵押权设定前为抵押物的从物的，抵押权的效力及于抵押物的从物。但是，抵押物与其从物为两个以上的人分别所有时，抵押权的效力不及于抵押物的从物

4. 抵押权的实现

（1）抵押权实现的条件、方式和程序

抵押权人应当在主债权诉讼时效期间行使抵押权；未行使的，人民法院不予保护。

①债务履行期届满抵押权人未受清偿的，可以与抵押人协议以抵押物折价或以拍卖、变卖抵押物所得的价款受偿；协议不成的，抵押权人可以向人民法院提起诉讼。

②处理抵押财产超过债权数额的部分归抵押人所有，不足部分由债务人清偿。当事人没有约定的，应先实现抵押权的费用，然后依次为主债权的利息和主债权。

③抵押权人与抵押人的协议损害其他债权人利益的，其他债权人可以在知道或应当知道撤销事由之日起 1 年内请求人民法院撤销该协议。

（2）抵押权顺位

①抵押权顺位清偿。

抵押权顺位清偿的规定如表 5-18 所示。

表 5-18 抵押权顺位清偿的规定

<table>
<tr><th colspan="2">情形</th><th colspan="2">抵押权顺位规定</th></tr>
<tr><td rowspan="3">同一财产向两个以上债权人抵押</td><td>顺序在先的抵押权与财产所有权归属一人</td><td>财产所有权人可以以其抵押权对抗顺序在后的抵押权</td><td rowspan="3">①顺序在后、债权先到期的，抵押权人只能就抵押物价值超出顺序在先的债权的部分受偿
②顺序在先、债权先到期的，抵押权实现后的剩余价款应予提存，留待顺序在后的抵押担保债权</td></tr>
<tr><td>不动产</td><td>按照登记的先后顺序清偿，顺序相同的，按债权比例清偿</td></tr>
<tr><td>动产</td><td>①抵押权已登记的，按照登记的先后顺序清偿；顺序相同的，按照债权比例清偿
②抵押权已登记的先于未登记的受偿
③抵押权未登记的，按照债权比例清偿</td></tr>
<tr><td colspan="2">同一债权有两个以上抵押人</td><td colspan="2">债权人放弃债务人提供的抵押担保的，其他抵押人可请求人民法院减轻或免除其应当承担的担保责任</td></tr>
</table>

②抵押权顺位的变更和放弃。

抵押权人与抵押人可以协议变更抵押权顺位以及被担保的债权数额等内容。未经其他抵押权人书面同意，不得对其他抵押权人产生不利影响。

债务人以自己的财产设定抵押，抵押权人放弃该抵押权、抵押权顺位或者变更抵押权的，其他担保人在抵押权人丧失优先受偿权益的范围内免除担保责任，但其他担保人承诺仍然提供担保的除外。

5. 最高额抵押

最高额抵押是指为担保债务的履行，债务人或第三人对一定期间内将要连续发生的债权提供担保财产的，债务人不履行到期债务或发生当事人约定的实现抵押权的情形，抵押权人有权在最高债权额限度内就该担保财产优先受偿。

（1）最高额抵押权所担保的债权确定

最高额抵押权债权确定的情形：

①约定的债权确定期间届满。

②没有约定债权确定期间或约定不明确的，抵押权人或抵押人自最高额抵押权设立之日起满 2 年后请求确定债权。

③新的债权不可能发生。

④抵押财产被查封、扣押。

⑤债务人、抵押人被宣告破产或撤销。

⑥法律规定的其他情形。

名师解读

最高额抵押中，抵押担保是将来发生的债权，债权不特定、担保额不固定，但设有最高的限制额，且债权人享受优先受偿的权利。当债权发生后，债权变为特定，债权已届清偿期的，抵押权人可行使抵押权，若实际发生债权高于抵押最高额，应以最高额为限，超过部分不具有有限受偿效力；若低于最高额，则应以实际发生债权金额为抵押物有限受偿金额。

（2）最高额抵押权的转让及变更

①转让：最高额抵押担保的债权确定前，部分债权转让的，最高额抵押权不得转让，当事人另有约定的除外。

②变更：最高额抵押担保的债权确定前，抵押权人与抵押人可通过协议变更债权确定的期间、债权范围及最高债权额，变更的内容不得对其他抵押权人产生不利影响。

6. 动产浮动抵押

（1）经当事人书面协议，企业、个体工商户、农业生产经营者可以将现有的以及将有的生产设备、原材料、半成品、产品抵押，债务人不履行到期债务或发生当事人约定的实现抵押权的情形，债权人有权就实现抵押权时的动产优先受偿。

（2）动产浮动抵押不得对抗正常经营活动中已支付合理价款并取得抵押财产的买受人。

（3）抵押人应当向抵押人住所地的工商行政管理部门办理登记。抵押权自抵押合同生效时设立；未经登记，不得对抗善意第三人。

典型例题

【例题1·单选题】根据规定，下列抵押有效的是（　）。

A. 乡镇企业的建设用地使用权单独抵押

B. 以农作物和与其尚未分离的土地使用权同时抵押

C. 依法获准尚未建造的房屋抵押，当事人办理了抵押物登记

D. 共同共有人以其共有财产设定抵押，未经其他共有人的同意

【解析】以依法获准尚未建造的或者正在建造中的房屋或者其他建筑物抵押的，当事人办理了抵押物登记，人民法院可以认定抵押有效。

【答案】C

【例题2·多选题】根据物权法律制度的规定，债务人有权处分的下列权限中，可以抵押的有（　）。（2015年）

A. 应收账款

B. 以招标方式取得的荒地的土地承包经营权

C. 依法可以转让的股权

D. 建设用地使用权

【解析】建设用地使用权，以招标、拍卖、公开协商等方式取得的荒地等土地承包经营权等可以抵押。综上所述，选项B、D属于可抵押财产。

【答案】BD

【例题3·单选题】甲企业向乙银行贷款时，以其现有的以及将有的生产设备、原材料、半成品、产成品一并抵押给乙银行，双方签订了书面抵押合同，但未办理抵押登记，抵押期间，甲企业未经乙银行同意，以合理价格将一台生产设备出卖给知道该设备已抵押的丙公司，并已交付。后甲企业到期无力偿还贷款，根据担保法律制度的规定，下列关于乙银行能否对已出卖的生产设备主张抵押权的表述中，正确的是（　）。（2013年）

A. 不能主张，乙银行的抵押权不能对抗正常经营活动中已支付合理价款并取得抵押财产的买受人

B. 不能主张，乙银行的抵押权因未办理抵押登记而未设立

C. 不能主张，因甲企业未经乙银行同意处分抵押物，属于无效行为

D. 可以主张，乙银行的抵押权虽未经登记，但已设立，只是不得对抗善意第三人

【解析】浮动抵押的抵押权自抵押合同生效时设立，未经登记的，不得对抗善意第三人。在本题中，丙公司对抵押的事实已经知情，不属于善意第三人，乙银行可以对抗丙公司行使抵押权。

【答案】D

考点12 质押（★★）

考点分析

本考点内容较少，只包括动产质押和权利质押两方面内容，属于考生应熟悉的内容。本考点常以单选题的形式考查，主要考查内容为动产质押与权利质押的具体内容。考生复习时，可重点关注出质人的权利责任，及权利质押中出质的权利。

考点精讲

1. 动产质押

（1）动产质押与质押合同

①债务人或第三人可以将动产出质给债权人，债务人不履行到期债务或发生当事人约定的实现质权的情形，债权人有权就该动产优先受偿。

②出质人和质权人应订立书面质押合同，合同自成立时生效，质权自出质人交付质押财产时设立。

（2）动产质押的效力

①质物有隐蔽瑕疵，质权人在不知的情况下遭受损失的，出质人承担赔偿责任。

②债务人或第三人未按约定时间移交质物，给质权人造成损失的，出质人就其过错承担责任。

③质押合同对质押财产约定不明或实际交付与约定不一致的，以实际交付为准。

（3）质权人对质物的权利和责任

质权人对质物的权利和责任的相关规定如表5-19所示。

表 5-19 质权人对质物的权利和责任的相关规定

权利	相关规定	责任	相关规定
收取孳息	质权人有权收取质押财产的孳息，收取的孳息应当先充抵收取孳息的费用	保管质物	因保管不善致使质押财产毁损、灭失的，应当承担赔偿责任
要求出质人提供担保	①因不能归责于质权人的事由可能使质押财产毁损或价值明显减少，足以危害质权人权利的，质权人有权要求出质人提供相应的担保 ②出质人不提供的，质权人可以拍卖、变卖质押财产，并与出质人通过协议将拍卖、变卖所得的价款提前清偿债务或提存	擅自使用、处分质物	质权人在质权存续期间未经出质人同意，擅自使用、处分质物，给出质人造成损害的，应承担赔偿责任
		未经出质人同意转质	质权人在质权存续期间，未经出质人同意转质，造成质押财产毁损、灭失的，应向出质人承担赔偿责任

2. 权利质押

债务人或第三人以其财产权利交付债权人作为债权的担保，当债务人不履行债务时，债权人有权依照法律规定，以该财产权利折价或以拍卖、变卖该财产权利的价款优先受偿。

出质的权利可分为有价证券，基金份额、股权，知识产权，以及应收账款 4 大类，其出质的相关法律规定如表 5-20 所示。

表 5-20 出质的相关法律规定

种类	内容	成立条件	详细规定
有价证券	以汇票、支票、本票、债券、存款单、仓单、提单等出质的	订立书面合同	①质权自权利凭证交付质权人时设立，没有凭证的，自有关部门办理出质登记时设立 ②有价证券的兑现日期或者提货日期先于主债权到期的，质权人可以兑现或者提货，并与出质人协议将兑现的价款或者提取的货物提前清偿债务或者提存
基金份额、股权	以基金份额、股权出质的	订立书面合同	①质权自证券登记结算机构办理出质登记时设立，以其他股权出质的，质权自工商行政管理部门办理出质登记时设立 ②基金份额、股权出质后，不得转让，但经出质人与质权人协商同意的除外 ③出质人转让基金份额、股权所得的价款，应向质权人提前清偿债务或者提存
知识产权	以注册商标专用权、专利权、著作权等知识产权中的财产权出质的	订立书面合同	①质权自有关主管部门办理出质登记时设立 ②出质后，出质人不得转让或许可他人使用，出质人与质权人协商同意的除外 ③出质人转让或许可他人使用出质的知识产权中的财产权所得的价款，应向质权人提前清偿债务或提存
应收账款	以应收账款出质的	订立书面合同	①质权自信贷征信机构办理出质登记时设立 ②应收账款出质后，不得转让，但经出质人与质权人协商同意的除外 ③出质人转让应收账款所得的价款，应当向质权人提前清偿债务或者提存

典型例题

【例题 1·多选题】根据物权法律制度的规定，债务人或第三人有权处分的下列权利中，可以出质的有（　）。（2016 年）

A. 支票

B. 土地承包经营权

C. 可以转让的基金份额

D. 应收账款

【解析】根据《物权法》的规定，债务人或者第三人有权处分的下列权利可以出质：①汇票、支票、本票（选项 A）；②债券、存款单；③仓单、提单；④可以转让的基金份额、股权（选项 C）；⑤可以转让的注册商标专用权、专利权、著作权等知识产权中的财产权；⑥应收账款（选项 D）；⑦法律、行政法规规定可以出质的其他财产权利。选项 B：以招标、拍卖、公开协商等方式取得的荒地等土地承包经营权可以设定抵押，但不能设定质押。

【答案】ACD

【例题 2·单选题】甲从乙银行贷款 200 万元，双方于 8 月 1 日签订贷款合同，丙以保证人身份在贷款合同上签字，因担心丙的资信状况，乙银行又要求甲提供担保，为此双方于 8 月 3 日签订书面质押合同，质押物为甲的一辆轿车，但甲未将轿车交付给乙银行。甲到期无力偿还贷款。根据担保法律制度的规定，下列乙银行主张担保权利的表述中，正确的是（　）。（2013 年）

A. 乙银行只能主张保证债权，因为甲未将该轿车交付给乙银行，质权未设立

B. 乙银行只能主张质权，因为丙与乙银行未签订保证合同，保证债权不成立

C. 乙银行应先主张保证债权，因为保证债权先于质权成立

D. 乙银行应先主张质权，因为质权担保是债务人甲自己提供的

【解析】主合同中虽然没有保证条款，但是，保证人在主合同上以保证人的身份签字，保证合同成立。所以乙银行有权主张保证债权。以动产质押的，质押合同自成立时生效，质权自出质人交付质押财产时设立。由于甲未将轿车交付给乙银行，所以质权未设立，乙银行不能主张质权，因此选项 A 正确。

【答案】A

考点13 留置和定金（★★）

考点分析

本考点包括留置和定金两种担保方式，常以单选题与判断题的形式进行考查。本考点内容较少，且复习难度不大，考生可轻松掌握。

考点精讲

1. 留置

（1）留置权

留置权是指债务人不履行到期债务，债权人可以留置已经合法占有的债务人的动产，并有权就该动产优先受偿。

①债权人留置的动产，应与债权属于同一法律关系，但企业留置的除外。

②同一动产已经设立抵押权或质权，该动产又被留置的，留置人享有优先受偿权。

（2）留置权的实现

①留置人应妥善保管留置财物，因保管不善造成财物灭失或毁损的，留置权人应承担民事责任。

②债权人与债务人应约定留置财产后的债务履行期限不少于2个月。

③未约定债务履行期间的，留置财产后，应确定2个月以上的期限，并通知债务人在该期限内履行债务。

④债务人逾期未（不）履行债务的，留置权人可以与债务人协议以留置物折价，也可以就依法拍卖、变卖留置物财产所得价款优先受偿。同一动产上已设立抵押权或者质权，该动产又被留置的，留置权人优先受偿。

⑤债务人可请求留置权人在债务履行期间届满行使留置权，不行使的，债务人可申请人民法院拍卖、变卖留置财产。

⑥处理留置物的价款，超过债权数额的，超过部分归还债务人；不足的，由债务人继续清偿。

2. 定金

（1）定金和定金合同

①定金应以书面形式进行约定，定金合同从实际交付定金之日起生效。

②定金合同的数额不得超过主合同标的额的20%，超过部分，人民法院不予支持。

③在同一合同中，当事人既约定违约金，又约定定金的，一方违约时，对方可以选择适用违约金或定金条款，两者不能并用。

（2）定金类型及规则

定金类型及规则如表5-21所示。

表5-21 定金类型及规则

定金类型	情形	交付定金的一方的责任	收受定金的一方的责任
违约定金	——	不履行合同的，无权要求返还定金	不履行合同的，双倍返还定金
担保定金	以交付定金作为订立主合同担保	拒绝订立合同的，无权要求返还定金	拒绝订立合同的，双倍返还定金
生效定金	约定以交付定金作为主合同成立或生效条件的，主合同已经履行或已经履行部分时	未支付定金的，主合同已经履行或已经履行主要部分的，不影响主合同的成立或生效	——
解约定金	定金交付后	可以以丧失定金为代价解除合同	可以以双倍定金为代价解除合同

（3）定金罚则

①当事人一方不完全履行合同的，应按未履行部分所占合同约定的比例，适用定金罚则。

②因当事人一方迟延履行或有其他违约行为，致使合同目的不能实现，可以适用定金罚则。但法律另有规定或当事人另有约定的除外。

③因不可抗力、意外事件致使主合同不能履行的，不适用定金罚则。

④因合同关系以外第三人的过错，致使主合同不能履行的，适用定金罚则。受定金处罚的一方当事人，可以依法向第三人追偿。

典型例题

【例题1·判断题】已经设立抵押权的动产又被留置的，抵押权人优先受偿。（ ）（2014年）

【解析】同一动产上已设立抵押权或者质权，该动产又被留置的，留置权人优先受偿。

【答案】×

【例题2·单选题】合同当事人为了确保合同的履行，可以约定由一方当事人预先向对方给付一定数额的货币。债务人履行债务后，该金钱应当抵作价款或者收回。给付该金钱的一方不履行约定债务的，无权要求返还；收受该金钱的一方不履行约定债务的，应当双倍返还。该种性质的金钱在法律上称为（ ）。

A. 保证金　　B. 预付款

C. 违约金　　D. 定金

【解析】定金是指合同当事人约定一方向对方给付一定数额的货币作为债权的担保。

【答案】D

本节考点回顾与总结一览表

本节考点	知识总结
考点9 合同担保的概述	①合同担保方式：人的担保（保证），物的担保（抵押、质押、留置），金钱担保（定金） ②担保合同无效及法律责任：担保合同无效的情形，担保合同无效的法律责任
考点10 担保	①保证和保证人：不得作为保证人的情形，保证人的保证效力和责任 ②保证合同和保证方式：保证合同（书面形式订立），保证方式（一般保证、连带责任保证） ③保证责任：不同形式下的保证责任（主合同变更、从物），保证责任的免除 ④保证期间：约定保证期间（按约定），未约定或视为未约定（6个月），约定不明（2年） ⑤保证合同的诉讼时效：一般保证与连带责任保证合同的诉讼时效
考点11 抵押	①抵押合同 ②抵押财产：不动产——抵押权自登记之日起设立，动产——抵押权自合同生效时成立，其他可抵押——抵押权成立从其规定 ③抵押的效力：关于孳息，关于抵押物转让，关于抵押权从属性，关于添附物和从物 ④抵押权的实现：抵押权实现方式，抵押权的顺位（清偿、变更和放弃） ⑤最高额抵押：最高抵押额债权确定，最高额抵押的转让及变更 ⑥动产浮动抵押
考点12 质押	①动产质押：动产质押及合同（动产），动产质押的效力，质权人对质物的权利与责任 ②权利质押：以拆除权利为质物，出质的权利（有价证券，基金份额、股权，知识产权，应收账款）
考点13 留置和定金	①留置：留置权（合法占有的动产）、留置权的实现 ②定金：定金合同（金额不得超过主合同标的数额的20%），定金规则（违约、担保、生效定金），定金罚则

真题演练

1.【判断题】甲向乙借款，将自己的房屋抵押给乙，甲、乙在抵押合同中的约定，若甲到期不返还借款本息，该房屋所有权归乙，该约定条款无效。（　）（2013年）

2.【单选题】甲企业向乙银行申请贷款，还款日期为2013年12月30日。丙企业为该债务保证担保，但未约定保证方式和保证期限。后甲企业申请展期，与乙银行就还款期限做了变更，还款期限延至2014年12月30日，但未征得丙企业的书面同意。展期到期，甲企业无力还款，乙银行遂要求丙企业承担保证责任。根据担保法律制度的规定，下列关于丙企业是否承担保证责任的表述中，正确的是（　）。（2015年）

A. 不承担，因为保证期间已过

B. 应承担，因为保证合同有效

C. 应承担，因为丙企业为连带责任保证人

D. 不承担，因为丙企业的保证责任因还款期限的变更而消灭

3.【多选题】根据物权法律制度的规定，以下列权利出质的，质权自交付权利凭证时设立的有（　）。（2015年）

A. 基金份额　　B. 注册商标专用权

C. 仓单　　D. 存款单

4.【单选题】李某向陈某借款10万元，将一辆卡车抵押给陈某。抵押期间，卡车因车祸严重受损。李某将卡车送到某修理厂大修，后李某无力支付2万元修理费，修理厂遂将卡车留置。经催告，李某在约定的合同期间内仍未支付修理费。此时，李某亦无法偿还欠陈某的到期借款，陈某要求修理厂将卡车交给自己依法进行拍卖，修理厂拒绝。下列关于该争议如何处理的表述中，符合物权法律制度规定的是（　）。（2016年）

A. 修理厂应将卡车交给陈某依法拍卖，修理费只能向李某主张

B. 陈某应当向修理厂支付修理费，其后修理厂应向陈某支付卡车

C. 修理厂应将卡车交给陈某依法拍卖，拍卖所得自己优先偿付借款，剩余部分修理厂有优先受偿权

D. 修理厂可将卡车依法拍卖，所得资金优先偿付修理费，剩余部分陈某有优先受偿权

5.【多选题】根据《合同法》的规定，下列关于不同种类违约责任相互关系的表述中，正确的有（　）。（2011年）

A. 当事人就迟延履行约定违约金的，违约方支付违约金后，还应当履行债务

B. 当事人依法请求人民法院增加违约金后，又请求对方赔偿损失的，人民法院不予支持

C. 当事人既约定违约金，又约定定金的，一方违约时，对方可以同时适用违约金和定金条款

D. 当事人执行定金条款后不足以弥补所受损害的，仍可以请求赔偿损失

6.【判断题】甲、乙签订一买卖合同。合同约定：甲将100吨大米卖给乙，合同签订后3天内交货，交货后10天内付货款；合同签订后乙应向甲交付5万元定金，合同在交付定金时生效。合同订立后，乙未交付定金，甲按期向乙交付了货物，乙收货后无异议。付款期限届满后，乙以定金未交付合同不生效为由拒绝付款。乙不付款的理由成立。（　）（2011年）

第五节 合同的变更、转让和权利义务终止

考点14 合同的变更（★★）

考点分析

本考点内容较少，属于考生应了解的知识，在近几年未出现过考题。考生在复习本考点时，只需对合同变更几点规定有一个概括性理解即可，即使遇见考题，也可根据普遍性原则进行答题。

考点精讲

当事人协商一致，可以在合同主体不变的前提下，对合同内容进行变更。

（1）合同变更主要以当事人协议变更为主，法律规定变更或人民法院依法变更的，按规定进行。

（2）合同变更应采用书面形式进行，当事人对合同变更内容约定不明的，认定为未变更。

（3）双方当事人应按变更后的合同履行责任。

（4）变更合同效力原则上只对未履行部分有效。

典型例题

【例题·多选题】合同变更需要具备的条件包括（　）。

A. 当事人之间已存在合同关系

B. 合同内容发生了变化

C. 必须对主体进行改变

D. 必须涉及合同性质和标的性质的改变

【答案】AB

【解析】根据规定，合同的变更是在合同的主体不改变的前提下对合同的内容或标的的变更，合同性质和标的性质并不改变。本题可通过排除法进行选择。

考点15 合同的转让（★★）

考点分析

本考点属于考生应熟悉的内容，可能会以单选题的形式考查合同分立后债权债务的关系。考生在复习本考点时，应重点关注权利义务转让后的责任及债权债务关系。

考点精讲

1. 合同权利转让

（1）合同权利转让类型

合同转让包括合同权利的全部转让和部分转让两种。同时，《合同法》规定，债权人可以将合同的权利全部或者部分转让给第三人，但有的情形下除外。相关规定如表5-22所示。

表5-22 合同权利转让的相关规定

类型		相关规定
合同权利转让	全部转让	原合同关系消灭，受让人取代原债权人的地位，成为新的债权人，原债权人脱离合同关系
	部分转让	合同权利部分转让的，受让人作为第三人加入合同关系，与原债权人共同享有债权
合同权利不得转让	根据合同性质不得转让	①根据当事人之间信任关系而发生的债权，如委托合同、雇佣合同 ②以选定的债权人为基础发生的合同权利，如演出合同 ③合同内容中包括了针对特定当事人的不作为义务，如禁止再转让的合同
	当事人约定不得转让	当事人在订立合同时对权利的转让作出特别约定，禁止债权人将权利转让给第三人
	依照法律规定不得转让	我国《担保法》规定，最高额抵押的主合同债权不得转让

（2）合同转让的通知

①债权人未通知债务人的，该转让对债务人不发生效力。

②债务人接到债权转让通知后，债权让与行为就生效，如果债务人对让与人享有债权，并且债务人的债权先于转让的债权到期或同时到期的，债务人可以向受让人主张抵销。

③债务人接到债权转让通知后，债务人对让与人的抗辩，可以向受让人主张。债权人转让权利的通知不得撤销，但经受让人同意的除外。

2. 合同义务转移

在不改变合同义务的前提下，经债权人同意，债务人可将合同的义务全部或部分转移给第三人。

（1）债务人未经债权人同意的，债务转移行为对债权人不发生效力，债权人可拒绝向第三人对其履行债务，同时有权要求债务人履行义务并承担不履行或延迟履行的责任。

（2）新债务人不履行或延迟履行债务，债权人可向其请求履行债务或承担违约责任。

（3）新债务人可主张原债务人对债权人的抗辩。

名师解读

从属于主债务的从债务，随主债务的转移而转移。债权债务一并转让的，除应征得另一方当事人同意外，还应遵守相关法律对权利义务转移的规定。

3. 因合并、分立而产生的债权债务关系

当事人订立合同后合并的，由合并后的法人或者其他组织行使合同权利，履行合同义务。

当事人订立合同后分立的，除债权人和债务人

另有约定的以外，由分立的法人或其他组织对合同的权利和义务享有连带债权，承担连带债务。

典型例题

【例题1·单选题】下列属于可以转让合同权利的合同是（　）。

A. 委托合同　　B. 雇用合同

C. 赠与合同　　D. 商品买卖合同

【解析】债权人不得转让合同权利的情形包括合同性质、当事人约定和法律规定不得转让等，其中当事人基于信任关系订立的委托合同、雇用合同、赠与合同都属于基于合同性质不得转让的合同。

【答案】D

【例题2·单选题】甲公司将两个业务部门分出设立乙公司和丙公司，并在公司分立决议中明确，甲公司以前所负的债务由新设的乙公司承担。分立前甲公司欠丁企业货款12万元，现丁企业要求偿还。根据《合同法》的规定，下列关于该12万元债务承担的表述中，正确的是（　）。（2011年）

A. 由甲公司承担

B. 由乙公司承担

C. 由甲、乙、丙三个公司平均承担

D. 由甲、乙、丙三个公司连带承担

【解析】本题债权人和债务人丁公司并没有就债务承担达成约定，因此，债务人甲公司对债权人的债务依法应由分立后的甲、乙、丙三公司连带承担，内部决定对外没有效力。

【答案】D

考点16 合同权利义务终止（★★★）

考点分析

本考点属于考生应掌握的内容，其中合同权利义务终止的具体情形是本考点的重点内容。本考点在近3年的考题中都出现过，考查形式主要为客观题，考查难度不大，考生可轻松解题。

考点精讲

1. 合同权利义务终止的具体情形

（1）合同解除

①约定解除。约定解除是指当事人在法律规定范围内自愿解除合同，具体如图5-2所示。

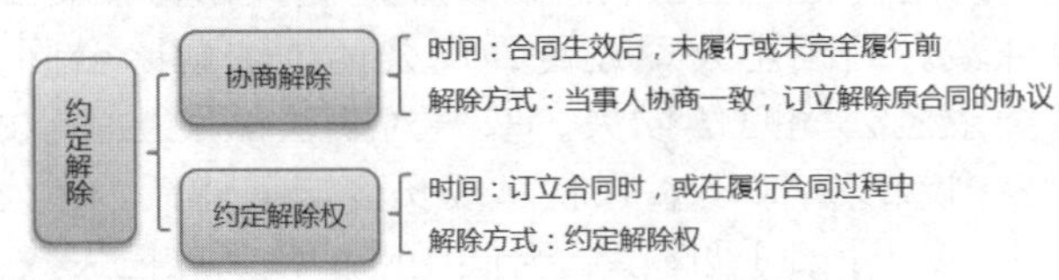

图5-2 约定解除合同

②法定解除。符合法定解除的情形及法定解除的具体方式如表5-23所示。

表5-23 合同的法定解除

项目	适用情形
法定解除的情形	①因不可抗力致使不能实现合同目的 ②因预期违约解除合同 ③当事人一方迟延履行主要债务，经催告后在合理期限内仍未履行 ④当事人一方迟延履行债务或有其他违约行为致使不能实现合同目的
人民法院结合实际情况确定是否变更或解除	①合同解除后尚未履行的终止履行 ②合同解除时已经履行的，根据履行情况和合同性质，当事人可要求恢复原状、采取其他补救措施，并有权要求赔偿损失 ③合同的权利义务终止，不影响合同中结算和清理条款的效力

（2）债务相互抵销

①当事人互负到期债务，债务标的物种类、品质相同的，任何一方可以主张抵销，当事人主张抵销的，应当通知对方。通知自到达对方时生效。

②抵销不得附条件或者附期限。

③按有关法律规定，不能抵销债务的法定情形如表5-24所示。

表5-24 不能抵销债务的法定情形

情形	解释
按合同性质不能抵销	如债务标的为劳务的合同、咨询合同、培训合同、医疗合同等
按照约定应当向第三人给付的债务	债务人不得以对合同对方当事人享有债权而主张抵销该义务，否则将损害第三人的利益
因故意实施侵权行为产生的债务	即对被害人的赔偿
法律规定的其他情形	如被人民法院查封、扣押、冻结的财产，当事人已无处分权，不能用来抵销债务

（3）提存

①可提存的情形包括：债权人无正当理由拒绝受领；债权人下落不明；债权人死亡未确定继承人或丧失民事行为能力未确定监护人；法律规定的其他情形。

②除债权人下落不明以外，标的物提存后，债务人应及时通知债权人或债权人的继承人、监护人。

③提存期间，标的物的孳息归债权人所有。提存费用由债权人负担。提存后，物品毁损、灭失的风险由债权人承担。

④债权人可以随时领取提存物，其提存权自提存之日起5年内不行使而消灭，提存物扣除提存费用后，归国家所有。

（4）免除

合同没有履行或未完全履行时，权利人可单方或协议放弃自己的全部或部分权利，放弃后对应的权利义务终止。

（5）混同

债权和债务同归于一人的（即混同），合同的权

利义务终止，但涉及第三人利益的除外。

2. 合同权利义务终止的法律后果

（1）债权人应当在合同关系消灭后，将负债字据返还债务人。

（2）当事人应遵守诚实信用原则，根据交易习惯履行通知、协助、保密义务。

（3）合同权利义务终止，不影响合同结算、清理条款的效力。

典型例题

【例题1·单选题】下列有关合同权利义务终止的表述中，错误的是（　）。

A. 导致合同权利义务终止的因素只能是法定情形

B. 合同权利义务终止后，债权人不再享有合同权利

C. 合同权利义务终止后，债务人不必再履行合同义务

D. 合同当事人双方终止合同关系，合同的效力随之消灭

【解析】具备法定情形和当事人约定的情形，均可导致合同权利义务的终止。

【答案】A

【例题2·多选题】根据合同法律制度的规定，下列关于法定抵销的表述中，正确的有（　）。（2016年）

A. 抵销可以附条件或者附期限

B. 故意侵权产生的债务，债务人不得主张抵销

C. 双方抵销的债务，都应已届清偿期

D. 双方抵销的债务，标的物种类、品质应相同

【解析】《合同法》规定，当事人互负有到期债务，该债务的标的物种类、品质相同的，任何一方可以将自己的债务与对方的债务抵销，但依照法律规定或者按照合同性质不得抵销的除外，选项C、D正确。抵销不得附条件或附期限，选项A错误；按照有关法律规定，下列债务不得抵销：①按合同性质不能抵销；②按照约定应当向第三人给付的债务；③因故意实施侵权行为产生的债务（选项B正确）；④法律规定不得抵销的其他情形。

【答案】BCD

【例题3·判断题】甲乙双方对于购销合同中的标的物交付，货款支付等权利义务履行后，该合同关于货款的担保、违约金的计算等从权利并未因主合同的终止而失效。（　）

【解析】合同的权利义务终止后，合同项下的从权利和从义务一并消灭，如债务的担保、违约金和利息的支付等也一并消灭。

【答案】×

本节考点回顾与总结一览表

本节考点	知识总结
考点14　合同的变更	当事人协商一致，可以在合同主体不变的前提下，对合同内容进行变更
考点15　合同的转让	①合同权利转让：可转让和不可转让合同，权利转让的通知 ②合同义务转移：不改变合同义务的前提下，经债权人同意，可将义务全部或部分转移给第三人 ③因合并、分立而产生的债权债务关系的相关规定
考点16　合同权利义务终止	①合同权利义务终止的具体情形：合同解除、抵销、提存、免除 ②合同权利义务终止的法律后果：返还债权债务证明，根据交易习惯履行通知、协助、保密等义务

真题演练

1.【**单选题**】甲小学为了“六一”儿童节学生表演节目的需要，向乙服装厂订购了100套童装，约定在“六一”儿童节前一周交付。5月28日，甲小学向乙服装厂催要童装，却被告知，因布匹供应问题6月3日才能交付童装，甲小学因此欲解除合同。根据《合同法》的规定，下列关于该合同解除的表述中，正确的是（　）。（2011年）

A. 甲小学应先催告乙服装厂履行，乙服装厂在合理期限内未履行的，甲小学可以解除合同

B. 甲小学可以解除合同，无需催告

C. 甲小学无权解除合同，只能要求乙服装厂承担违约责任

D. 甲小学无权自行解除合同，但可以请求法院解除合同

2.【**多选题**】根据《合同法》的规定，下列情形中，属于合同解除法定事由的有（　）。（2013年）

A. 合同当事人一方的法定代表人变更

B. 作为合同当事人一方的法人分立

C. 由于不可抗力致使合同目的不能实现

D. 合同当事人一方迟延履行债务致使合同目的不能实现

3.【**判断题**】甲公司与乙公司签订一买卖合同。合同约定：若发生合同纠纷，须提交A市仲裁委员会仲裁。后因乙公司违约，甲公司依法解除合同，并要求乙公司赔偿损失。双方对赔偿额发生争议，甲公司就该争议向A市仲裁委员会申请仲裁。乙公司认为，因合同被解除，合同中的仲裁条款已失效，故甲公司不能向A市仲裁委员会申请仲裁。乙公司的观点是正确的。（　）（2010年）

第六节 违约责任

考点17 承担违约责任的形式（★★）

考点分析

本考点属于考生应熟悉的知识，其内容较少且容易掌握。本考点在近几年未出现过考题，考生在复习本考点内容时，最好将承担违约责任的不同形式代入真实案例，以加深对违约责任的赔偿等知识的理解。

考点精讲

1. 继续履行

继续履行合同既是为了实现合同目的，又是一种违约责任。我国《合同法》规定，当事人一方未支付价款或者报酬的，对方可以要求其支付价款或者报酬；当事人一方不履行非金钱债务或履行非金钱债务不符合规定的，对方可以要求履行。

2. 采取补救措施

（1）当事人一方履行合同义务不符合约定的，应按当事人的约定承担违约责任。

（2）受损害方可根据受损害的性质及损失的大小，合理选择要求对方适当履行，或采取解除合同、中止履行合同、通过提存履行债务、行使担保债权等补救措施。

3. 赔偿损失

继续履行义务或采取补救措施后，对方还有其他损失的，应当赔偿损失。相关程序如图5-3所示。

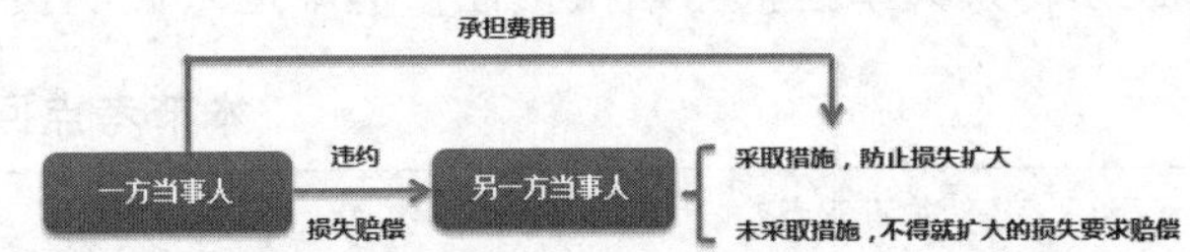

图5-3 赔偿损失

4. 支付违约金

合同当事人可约定违约金或损失赔偿额的计算方法。违约金与所造成损失的关系及相关规定如表5-25所示。

表5-25 违约金与所造成损失的关系及相关规定

情形	行为	限制
约定的违约金＜造成的损失	当事人可请求人民法院或仲裁机构予以增加	①增加后的违约金数额以不超过实际损失额为限 ②增加违约金后，当事人又请求对方赔偿损失的，人民法院不予支持
约定的违约金＞造成的损失	当事人可请求人民法院或仲裁机构予以适当减少	①人民法院应以实际损失为基础，兼顾合同履行情况、当事人过错程度及预期利益等综合因素，根据公平和诚实信用原则综合予以衡量并做出裁决 ②当事人约定的违约金超过造成损失的30%的，一般可以认定为“过分高于造成的损失”
迟延履行约定违约金	违约方支付违约金后，还应当履行债务	—

典型例题

【例题1·单选题】合同当事人约定的违约金过分高于造成的损失的，当事人可以请求人民法院或者仲裁机构予以适当减少。违约金超过损失的（ ），可以认为是“过分高于造成的损失”。

A. 10% B. 20%

C. 30% D. 50%

【解析】当事人约定的违约金超过造成损失的30%的，一般可以认定为“过分高于造成的损失”。

【答案】C

【例题2·多选题】下列属于承担违约责任的形式的有（ ）。

A. 继续履行

B. 采取补救措施

C. 支付违约金

D. 双倍返还定金的同时支付违约金

【解析】根据规定，合同中同时规定违约金条款与定金条款时，只能单独适用某一条款，两者不得并用，选项D错误。

【答案】ABC

考点18 免责事由（★★）

考点分析

本考点在近几年未出现过考题。其内容较少，考查概率和出题难度都相对较小。

考点精讲

《合同法》规定了3种免责事由：法定事由、免责条款、法律的特殊规定。

1. 法定事由

（1）因不可抗力不能履行合同的，根据不可抗力的影响，部分或全部免除责任，另有规定的除外。

（2）当事人迟延履行后发生不可抗力的，不能免除责任。

2. 免责条款

合同双方当事人可在合同中约定出现一定的事由或条件时，免除违约方的违约责任。

3. 法律的特殊规定

在法律有特别规定的情况下，可以免除当事人的违约责任。

如《合同法》规定，承运人对运输过程中货物的毁损、灭失承担损害赔偿责任，但承运人证明货物的毁损、灭失是因不可抗力、货物本身的自然性质或者合理损耗以及托运人、收货人的过错造成的，不承担损害赔偿责任。

典型例题

【例题·判断题】在合同订立后，如果一方当事人没有履行合同或者履行合同不符合约定，无论何种原因，违约方都应该承担违约责任。（ ）

【解析】合同订立后，当事人一方没有履行合同或履行合同不符合约定的，如果是由于免责事由的出现造成的，则可根据情况免除违约方的违约责任。

【答案】×

本节考点回顾与总结一览表

本节考点	知识总结
考点 17 承担违约责任的形式	①继续履行：当事人一方不履行非金钱债务或履行不符合约定的，对方可以要求继续履行 ②采取补救措施：受损害方可根据实际情况，选择要求对方适当履行或采取补救措施 ③赔偿损失：继续履行或补救后，还有其他损失的，应赔偿 ④支付违约金：可在合同约定支付违约金，以及其计算方法和数额
考点 18 免责事由	①法定事由：因不可抗力不能履行的，根据不可抗力影响，部分或全部免责 ②免责条款：可约定特定事由出现时免除责任 ③法律的特殊规定

第七节 具体合同

考点19 买卖合同（★★★）

考点分析

本考点内容较多，考生应重点掌握。本考点考查概率较大，题型主要为客观题，买卖合同标的物的相关知识属于热门考点。考生在复习本考点内容时，应重点关注标的物、双方当事人权责等知识。

考点精讲

1. 买卖合同的标的物

（1）标的物交付和所有权转移

不同情况下，买卖合同中标的物的交付及其所有权转移的相关规定如表 5-26 所示。

表 5-26 标的物交付及其所有权转移的相关规定

标的物情况	相关规定
动产和不动产	①动产的所有权自标的物交付时起转移 ②不动产的所有权自标的物登记时起转移
数物	①其中一物不符合约定，买受人可就该物解除合同，该物分立使标的物价值受损害的，当事人可以就数物解除合同 ②因主物不符合约定而解除合同的，从物同时解除；因从物不符合约定被解除的，效力不涉及主物

续表

标的物情况	相关规定
分批交付	①某批标的不能实现，可就该批解除 ②涉及今后其他各批标的物不能实现，可就该批及今后其他各批解除 ③解除的一批标的物与其他各批标的物相互依存，可就已交付和未交付的各批标的物解除
同一普通动产订立多重买卖合同的	①先受领交付的可确认所有权已经转移 ②未受领交付的，先支付价款的可请求出卖人履行合同义务 ③未受领交付，也未支付价款的，依法成立在先的可请求出卖人履行合同的义务
以特殊动产订立多重买卖合同的	出卖人就同一船舶、航空器、机动车等特殊动产订立多重买卖合同，且合同有效时，买受人均要求实际履行合同的，应按以下情形分别处理： ①先受领交付的，买受人有权要求办理所有权转移登记手续 ②均未受领交付的，先办理所有权转移登记手续的有权要求办理标的物交付 ③未受领交付，也未办理转移登记手续，依法成立在先的有权要求办理转移登记并交付标的物 ④出卖人将标的物交付给买受人之一，又为其他买受人办理所有权转移登记，以受领为准

名师解读

不管是普通动产还是特殊动产，只要就同一动产订立了多重合同，都应先满足“交付”行为；没有交付的，再满足“登记”行为；既没有交付，也没有登记的，按时间先后确认买受人。

（2）标的物毁损、灭失风险的承担

标的物毁损、灭失的风险，在标的物交付之前由出卖人承担，交付之后由买受人承担。

①地点未约定或约定不明确的

标的物由出卖人办理托运，承运人为独立第三人的，若合同没有约定交付地点或约定不明确，标的交付承运人后，其毁损、灭失风险由买受人承担。当事人另有约定的除外。

②约定地点并交付承运的

出卖人根据约定送货并交付承运人的，标的物毁损、灭失的风险由买受人承担，当事人另有约定的除外。

③买受人违约不收取的

出卖人按约定或将标的物置于交付地点，买受人违约没有收取的，标的物毁损、灭失的风险自违反约定之日起由买受人承担。

④已毁损但未告知的

标的物为承运的在途物资，出卖人在合同成立时知道或应当知道标的物已毁损、灭失却未告知买受人的，买受人可主张由出卖人负担标的物毁损、灭失的风险。

⑤买受人知道第三人主张权利的

交付的标的物不得负有第三人的任何权利，若订立合同时标的物负有第三人权利，买受人知道或应当知道的，出卖人不承担该义务。

⑥按约定交付凭证资料的

出卖人按约定未交付有关标的物的单证和资料的，不影响标的物毁损、灭失风险的转移。同时，标的物毁损、灭失的风险由买受人承担的，不影响因出卖人履行债务不符合约定，买受人要求其承担违约责任的权利。

⑦未约定风险且未添加标识的

当事人对风险负担没有约定，标的物为种类物，出卖人未以装运单据、加盖标记、通知买受人等可识别的方式清楚地将标的物特定于买卖合同，买受人可主张不负担标的物毁损、灭失的风险。

⑧质量不符合要求的

因标的物质量不符合要求，而不能实现合同目的的，买受人可拒绝接受标的物或解除合同，此时标的物毁损、灭失的风险由出卖人承担。同时，买受人有确切证据证明第三人可能就标的物主张权利的，可以中止支付相应的价款，但出卖人提供适当担保的除外。

（3）标的物检验

买受人收到标的物时应当在约定的检验期间内检验。没有约定检验期间的，应当及时检验。具体规定如表 5-27 所示。

表 5-27　标的物的检验

情形		规定
检验期间	约定	①买受人应在检验期间内将标的物的数量或质量不符合约定的情形通知出卖人 ②买受人怠于通知的，视为质量符合约定
	未约定	①买受人应在发现或应当发现标的物不符合约定的合理期间内通知出卖人 ②买受人在合理期间内或自标的物收到之日起 2 年内未通知出卖人的，视为标的物符合约定 ③买受人签收的送货单、确认单等载明标的物数量、型号、规格的，人民法院应认定买受人已对数量和外观瑕疵进行了检验，有相反证据足以推翻的除外
第三人的标的物检验		出卖人依照买受人的指示向第三人交付标的物，出卖人和买受人约定的检验标准与买受人和第三人约定的检验标准不一致的，人民法院应以出卖人和买受人之间约定的标准为标的物的检查标准

（4）所有权保留

①人民法院予以支持的情形

a. 当事人约定所有权保留，在标的物所有权转移前，买受人未按约定支付价款、未按约定完成特定条件，或将标的物出卖、出质或作出其他不当处分，导致出卖人遭受损害的，出卖人可主张取回标的物。

b. 出卖人取回标的物后，买受人在双方约定或出卖人指定的回赎期间内，消除出卖人取回标的物的事由，主张回赎标的物的，人民法院应予支持。

c. 买受人在回赎期间内没有回赎标的物的，出卖人可以另行出卖标的物，此时出卖所得价款依次扣除取回和保管费用、再交易费用、利息、未清偿的价金后仍有剩余的，应返还原买受人；如有不足，出卖人要求原买受人清偿的，人民法院应予支持，但原买受人有证据证明出卖人另行出卖的价格明显低于市场价格的除外。

②人民法院不予支持的情形

a. 所有权保留的规定只适用于动产，主张适用于不动产的，人民法院不予支持。

b. 买受人已经支付标的物总价款的 75% 以上，出卖人主张取回标的物的，人民法院不予支持。

c. 在将标的物出卖、出质或作出其他不当处分的情形下，第三人依据《物权法》的规定已经善意取得标的物所有权或其他物权，出卖人主张取回标的物的，人民法院不予支持。

2. 买卖双方当事人的权责

出卖人和买受人的权责如表 5-28 所示。

表 5-28 出卖人和买受人的权责

当事人	权责	权责规定	其他
出卖人	交付提取标的物的单证	①交付标的物或提取标的物的单证，转移标的物所有权 ②按约定或交易习惯交付其他有关单证和资料	人民法院应予支持的行为： ①买受人在检验期间、质量保证期间、合理期间内提出质量异议，出卖人未按要求予以修理或者因情况紧急，买受人自行或者通过第三人修理标的物后，主张出卖人负担因此发生的合理费用的，人民法院应予支持 ②出卖人没有履行或者不当履行给付义务，致使买受人不能实现合同目的，买受人主张解除合同的，人民法院应当根据《合同法》的规定，予以支持 人民法院不予支持的行为： ①合同约定减轻或者免除出卖人对标的物的瑕疵担保责任，但出卖人故意或者因重大过失不告知买受人标的物的瑕疵，出卖人主张依约减轻或者免除瑕疵担保责任的，人民法院不予支持 ②买受人在缔约时知道或者应当知道标的物质量存在瑕疵，主张出卖人承担瑕疵担保责任的，人民法院不予支持，但买受人在缔约时不知道该瑕疵会导致标的物的基本效用显著降低的除外
	按约定期限交付标的物	①约定期限的，出卖人可在该期限内的任何时间交付 ②没有约定或约定不明确的，可协商达成补充协议 ③不能达成补充协议的，按合同有关条款或交易习惯确定 ④仍不能确定的，可随时履行或要求对方履行（给对方必要的准备时间）	
	按约定地点交付标的物	①未约定交付地点或约定不明确，可协商达成补充协议 ②不能达成补充协议的，按照合同有关条款或交易习惯确定 ③仍不能确定的，若不需要运输，订立合同时知道标的物在某一地点的，以该地点为标的物交付地；不知道标的物在某一地点的，以订立合同时出卖人的营业地为标的物交付地	
	按约定质量要求交付标的物	①对质量要求没有约定或约定不明的，依《合同法》规定执行 ②不符合质量要求的，买受人可按合同约定要求出卖人承担违约责任 ③对违约责任没有约定或约定不明确，并不能达成补充协议或按有关条款或交易习惯确定的，买受人可根据标的物的性质及损失的大小，合理选择要求对方承担修理、更换、重做、退货、减少价款或报酬等违约责任	
	按约定包装交付标的物	①对包装方式没有约定或约定不明确的，依《合同法》的规定仍不能确定的，应当按照通用的方式包装 ②没有通用方式的，应当采取足以保护标的物的包装方式	
	保证标的物价值或使用效果	①买受人依约保留部分价款作为质量保证金，出卖人在质量保证期间未及时解决质量问题而影响标的物的价值或者使用效果，出卖人主张支付该部分价款的，人民法院不予支持 ②买受人在检验期间、质量保证期间、合理期间内提出质量异议，出卖人未按要求予以修理或者因情况紧急，买受人自行或者通过第三人修理标的物后，主张出卖人负担因此发生的合理费用的，人民法院应予支持	
买受人	按约定的数额支付价款	①出卖人多交标的物的，买受人可以接收或者拒绝接收多交的部分 ②买受人接收多交部分的，按照合同的价格支付价款；买受人拒绝接收多交部分的，应当及时通知出卖人 ③标的物交付之前产生的孳息，归出卖人所有，交付之后产生的孳息，归买受人所有	①分期付款的买受人未支付到期价款的金额达到全部价款的 1/5 的，出卖人可以要求买受人支付全部价款或者解除合同。出卖人解除合同的，可以向买受人要求支付该标的物的使用费 ②标的物质量不符合约定，买受人依照《合同法》的规定要求减少价款的，人民法院应予支持。当事人主张以符合约定的标的物和实际交付的标的物按交付时的市场价值计算差价的，人民法院应予支持。价款已经支付，买受人主张返还减价后多出部分价款的，人民法院应予支持
	按约定的地点支付价款	①对支付地点没有约定或者约定不明确的，可以协议补充 ②不能达成补充协议的，买受人应当在出卖人的营业地支付，但约定支付价款以交付标的物或者交付提取标的物单证为条件的，在交付标的物或者交付提取标的物单证的所在地支付	
	按约定的时间支付价款	①对支付时间没有约定或者约定不明确的，可以协议补充 ②不能达成协议的，买受人应在收到标的物或提取标的物单证的同时支付	

3. 试用买卖

试用买卖的买受人在试用期内可以购买或拒绝购买标的物。试用期间届满，买受人对是否购买未作表示的，视为购买。

（1）试用期内，买受人已经支付一部分价款的，人民法院应认定买受人同意购买，另有约定的除外。

（2）在试用期内，买受人对标的物实施了出卖、出租、设定担保物权等非试用行为的，人民法院应当认定买受人同意购买。

（3）买受人在买卖合同中存在以下任意约定时，主张属于试用买卖的，人民法院不予支持，买受人应当购买标的物。

①约定标的物经过试用或检验符合一定要求时。

②约定第三人经试验对标的物认可时。

③约定买受人在一定期间内可调换或退还标的。

典型例题

【例题 1 · 多选题】甲公司向乙公司订购了一套生产设备，双方签订的买卖合同中对设备的型号、规格、质量等做了明确约定，但未约定质量检验期间。甲公司收到设备后，因故一直未使用，亦未支付剩余货款。收到货物两年后，甲公司才开始使用该设备，却发现该设备的质量与合同约定不符。当乙公司要求甲公司支付剩余货款时，甲公司以设备质量不合格为由拒绝，并要求乙公司承担违约责任。下列关于甲公司权利义务的表达中，符合合同法律制度的规定的有（　）。（2014 年）

A. 因未在法定期间内提出质量异议，甲公司应当向乙公司支付剩余货款

B. 虽未在法定期间提出质量异议，但因设备存在质量问题，甲公司有权拒付剩余货款

C. 因设备质量不合格，甲公司有权要求乙公司承担违约责任

D. 因未在法定期间内提出质量异议，甲公司无权要求乙公司承担违约责任

【解析】当事人没有约定检验期间的，若标的物

的数量或者质量不符合规定，买受人（甲公司）应在合理期间内通知或者自标的物收到之日起2年内通知出卖人（乙公司），否则视为标的物的数量或者质量符合约定。在合理期间或收到标的物2年后，买受人（甲公司）主张标的物的质量不符合约定的，人民法院不予支持。

【答案】AD

【例题2·多选题】在买卖合同中，关于标的物产生的孳息，下列说法正确的有（　）。

A. 标的物在交付之前产生的孳息，归出卖人所有

B. 标的物在交付之前产生的孳息，归买受人所有

C. 交付之后产生的孳息，归出卖人所有

D. 交付之后产生的孳息，归买受人所有

【解析】标的物在交付之前产生的孳息，归出卖人所有；交付之后产生的孳息，归买受人所有。

【答案】AD

【例题3·单选题】2016年8月10日，甲公司与乙公司签订一份货物买卖合同。合同约定，乙公司于8月20日到甲公司的库房提取所购全部货物。乙公司由于自身原因至8月30日才去提取该批货物，但8月25日甲公司的库房因雷击发生火灾，致使乙公司应提取的部分货物毁损。根据《合同法》的规定，乙公司承担该批货物毁损、灭失风险的起始时间是（　）。

A. 8月10日　　B. 8月20日

C. 8月25日　　D. 8月30日

【解析】因买受人的原因致使标的物不能按照约定的期限交付的，买受人应当自违反约定之日起承担标的物毁损、灭失的风险。

【答案】B

考点20 其他合同（★★）

考点分析

本考点包含多种具体合同，且其中一些合同的知识点出现过考题，如借款合同、承揽合同、赠与合同、租赁和融资租赁合同等。考生在复习本考点内容时，应重点掌握常见的几种合同类型下的知识点，对其他知识点了解即可。

考点精讲

1. 供用电、水、气、热力合同

（1）供用电合同的履行地点，按照当事人约定；当事人没有约定或者约定不明确的，供电设施的产权分界处为履行地点。

（2）因检修、依法限电等原因中断供电的，应提前通知用电人，因自然灾害断电的，应及时抢修。因未通知、未及时抢修给用电人造成损失的，供电人应承担赔偿责任。

2. 赠与合同

赠与合同是一种单务、无偿合同，参与赠与活动的赠与人必须具备完全行为能力，对赠与物有处分权。

（1）当事人的权利义务

①具有救灾、扶贫等社会公益、道德义务性质的赠与合同或经过公证的赠与合同，赠与人不交付赠与的财产的，受赠人可以要求交付。

②因赠与人故意或重大过失致使赠与的财产毁损、灭失的，赠与人应承担损害赔偿责任。

③赠与的财产有瑕疵的，赠与人不承担责任；附义务赠与的财产有瑕疵的，赠与人在所附义务的限度内承担与出卖人相同的责任。

④赠与人故意不告知瑕疵或保证无瑕疵，造成受赠人损失的，应当承担损害赔偿责任。

⑤赠与人的经济状况显著恶化，严重影响其生产经营或者家庭生活的，可以不再履行赠与义务。

（2）赠与的撤销

①有下列情形之一的，赠与人可撤销赠与。

a. 严重侵害赠与人或其近亲属的。

b. 对赠与人有抚养义务而不履行的。

c. 不履行赠与合同约定义务的。

d. 因受赠人违法行为致使赠与人死亡或丧失民事行为能力的，赠与人、继承人或法定代理人可撤销赠与。

②撤销赠与后，可要求受赠人返还赠与财产。

③赠与人的撤销权，自知道或应当知道撤销原因之日起1年内行使；赠与人的继承人或法定代理人的撤销权，自知道或应当知道撤销原因之日起6个月内行使。

3. 借款合同

（1）当事人的权利义务

借款合同当事人的权利义务的规定如表5-29所示。

表5-29 借款合同当事人的权利义务的规定

情形	规定
一方以欺诈、胁迫手段或乘人之危，使对方在违背真实意思的情况下形成的借贷关系，认定为无效	①借贷关系无效由债权人的行为引起的，只返还本金 ②由债务人的行为引起的，除返还本金外，还应给付利息
借款人应按约定的期限返还借款	①对借款期限没有约定或约定不明确时，当事人可以协议补充 ②不能达成补充协议的，借款人可随时返还，贷款人也可催告其在合同期限内返还 ③借款人可在还款期限届满前向贷款人申请展期，贷款人同意的，可以展期 ④贷款人未按约定的日期、数额提供借款，造成借款人损失的，应赔偿损失
借款人未按约定的日期、数额收取借款的，应支付利息	借款人未按照约定的借款用途使用借款的，贷款人可以停止发放借款，提前收回借款或解除合同

（2）借款利息

①借款利息不得预先从本金中扣除。预先扣除的，应按照实际借款数额返还借款并计算利息。

②借款人未按约定日期、数额收取借款时，仍应按约定的日期、数额支付利息。

③对支付利息的期限没有约定或约定不明确的，当事人可协议补充；补充协议不能达成，借款期间不满1年的，应在返还借款时一并支付；借款期间1年以上的，应在每届满1年时支付；剩余期间不满1年的，应在返还借款时一并支付。

④自然人之间的借款合同对支付利息没有约定或约定不明确的，视为不支付利息；约定支付利息的，借款的利率不得违反国家有关限制借款利率的规定。

⑤借款人未按约定期限返还借款的，应按约定或国家有关规定支付逾期利息。借款人提前偿还借款的，除当事人另有约定的以外，应按实际借款的期间计算利息。

4. 租赁合同

（1）租赁期限

租赁合同应按不同的租赁期限约定合同的形式。当事人对租赁期限没有约定或约定不明确的，可协议补充，不能达成补充协议的，按合同有关条款或交易习惯确定，仍不能确定的，视为不定期租赁。

①租赁合同中租赁期限为6个月以上的，应采用书面形式。当事人未采用书面形式的，视为不定期租赁。

②租赁期限不得超过20年，超过则该部分无效。

③租赁期间届满，当事人可续订租赁合同，但约定的租赁期限自续订之日起不得超过20年。

④租赁期间届满，承租人应当返还租赁物。返还的租赁物应当符合按照约定或者租赁物的性质使用后的状态。

（2）转租

①未经出租人同意转租的，出租人可解除合同。

②无正当理由不交或延迟交租金的，出租人可要求其在合理期限支付，否则有权解除合同。

③经出租人同意可转租第三人，此时原租赁合同有效，第三人造成的损失由承租人承担。

④经出租人同意，承租人可改善或增设他物，否则出租人有权要求其恢复原状。

（3）维修义务

①出租人应按约定将租赁物交付承租人，并在租赁期间保持租赁物符合约定的用途。

②出租人应履行租赁物的维修义务，但当事人另有约定的除外。

③承租人在租赁物需要维修时可要求出租人在合理期限内维修。出租人未履行的，承租人可自行维修，费用由出租人负担；维修影响承租人使用的，应相应减少租金或延长租期。

（4）支付租金

①对支付租金期限没有约定或约定不明确，可以协议补充。不能达成补充协议的，按照合同有关条款或者交易习惯确定。

②仍不能确定的，租赁期间不满1年时，应在租赁期间届满时支付；租赁期间1年以上的，应当在每届满1年时支付；剩余期间不满1年的，应当在租赁期间届满时支付。

（5）承租人的优先权

①因不可归责于承租人的事由，致使租赁物部分或全部毁损、灭失的，承租人可要求减少租金或不支付租金；因租赁物部分或全部毁损、灭失，致使不能实现合同目的的，承租人可解除合同。

②租赁物危及承租人的安全或健康的，即使承租人订立合同时明知该租赁物质量不合格，承租人仍然可随时解除合同。

③出租人出卖租赁房屋的，应在出卖之前的合理期限内通知承租人，承租人享有以同等条件优先购买的权利（买卖不破租赁）。

5. 融资租赁合同

融资租赁合同的当事人包括出租人、承租人和出卖人。融资租赁合同中，当事人的权利义务的相关规定如表5-30所示。

表5-30 融资租赁合同当事人权利义务的相关规定

当事人	相关规定
出租人	①出租人根据承租人对出卖人、租赁物的选择订立的买卖合同，未经承租人同意，出租人不得变更与承租人有关的合同内容 ②租赁物不符合约定或使用目的的，出租人不承担责任，但承租人依赖出租人的技能确定租赁物或出租人干预选择租赁物的除外
承租人	①承租人占有租赁物期间，应承担维修义务 ②承租人占有租赁物期间，租赁物造成第三人的人身伤害或财产损害的，出租人不承担责任 ③承租人未按规定支付租金，且经催告后在合理期限仍不支付的，出租人可解除合同，回收租赁物
租赁物权属	①在租赁期间承租人破产的，租赁物不属于破产财产，出租人和承租人可约定其在租赁期间届满时的归属 ②对归属没有约定或约定不明确，可以协议补充；不能达成的，按合同有关条款或交易习惯确定；仍不能确定的，租赁物的所有权归出租人

6. 承揽合同

（1）承揽人将承揽的工作交由第三人完成的，应就该第三人完成的工作成果向定作人负责，其中，主要工作应经定作人同意，未经同意的，定作人可解除合同。

（2）定作人可随时解除承揽合同，但因此给承

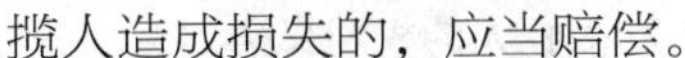

揽人造成损失的，应当赔偿。

7. 建设工程合同

建设工程合同是承包人进行工程建设，发包人支付价款的合同。主要采用书面形式，具体包括工程勘探、设计、施工合同等。

（1）发包人的权利义务

①合同订立

a. 发包人可以与总承包人订立建设工程合同，也可以分别与勘察人、设计人、施工人订立勘察、设计、施工承包合同。

b. 发包人不得将应当由一个承包人完成的建设工程肢解成若干部分发包给几个承包人。

c. 建设工程实行监理，发包人应当与监理人采用书面形式订立委托监理合同。

②价款支付

a. 发包人未按照约定支付价款的，承包人可以催告发包人在合理期限内支付价款。

b. 发包人逾期不支付的，除按照建设工程的性质不宜折价、拍卖的以外，承包人可以与发包人协议将该工程折价，也可以申请人民法院将该工程依法拍卖。建设工程折价或经人民法院依法拍卖后，其建设工程的价款应优先受偿。

（2）承包人的权利义务

①转包

a. 总承包人或者勘察、设计、施工承包人经发包人同意，可以将自己承包的部分工作交由第三人完成。第三人就其完成的工作成果与总承包人或者勘察、设计、施工承包人向发包人承担连带责任。

b. 承包人不得将其承包的全部建设工程转包给第三人或者将其承包的全部建设工程肢解以后以分包的名义分别转包给第三人。

②分包

a. 承包人不得将工程分包给不具备相应资质条件的单位。

b. 分包单位不得将其承包的工程再分包。

c. 建设工程主体结构的施工必须由承包人自行完成。

8. 运输合同

（1）客运合同

①旅客应当持有效客票乘运。旅客无票乘运、超程乘运、越级乘运或者持失效客票乘运的，应当补交票款，承运人可以按照规定加收票款。旅客不交付票款的，承运人可以拒绝运输。

②旅客因自己的原因不能按照客票记载的时间乘坐的，应当在约定的时间内办理退票或者变更手续。逾期办理的，承运人可以不退票款，并不再承担运输义务。

③旅客在运输中应当按照约定的限量携带行李。超过限量携带行李的，应当办理托运手续。旅客坚持携带或者夹带违禁物品的，承运人应当拒绝运输。

④在运输过程中旅客自带物品毁损、灭失，承运人有过错的，应当承担损害赔偿责任。

⑤承运人擅自变更运输工具而降低服务标准的，应当根据旅客的要求退票或者减收票款；提高服务标准的，不应当加收票款。

⑥承运人应当对运输过程中旅客的伤亡承担损害赔偿责任，但伤亡是旅客自身健康原因造成的或者承运人证明伤亡是旅客故意、重大过失造成的除外。

⑦承运人应当向旅客及时告知有关不能正常运输的重要事由和安全运输应当注意的事项。

⑧承运人应当按照客票载明的时间和班次运输旅客。

⑨承运人延迟运输的，应当根据旅客的要求安排改乘其他班次或退票。

（2）货运合同

货运合同当事人的相关规定如表 5-31 所示。

表 5-31 货运合同当事人的相关规定

当事人	规定	
托运人、收货人	信息载明	①托运人应向承运人准确表明收货人和货物信息 ②因托运人申报不实或遗漏重要信息，造成承运人损失的，应承担损害赔偿责任
	信息变更	货物交付前，托运人可要求承运人终止运输、返还货物、变更到达地或交付其他人，同时应赔偿承运人损失
	提货	收货人不明或无正当理由拒绝收货，承运人可提存
	付费	托运人或收货人应支付运费，否则承运人对货物享有留置权，当事人另有约定的除外
承运人	①货物在运输过程中毁损、灭失的，承运人应承担损害赔偿责任。因不可抗力、货物本身的自然性质或合理损耗，以及托运人、收货人的过错造成损失的除外 ②货物在运输过程中因不可抗力灭失，未收取运费的，承运人不得要求支付运费；已收取的，托运人可要求返还 ③货物运输到达后，承运人应及时通知收货人提货。收货人逾期提货的，承运人有权向收货人索要保管费等费用 ④两个以上的承运人以同一运输方式联运的，与托运人订立合同的承运人应当对全程运输承担责任。若在某一运输区段发生损失，与托运人订立合同的承运人和该区段的承运人承担连带责任	

9. 技术合同

技术合同包括技术开发合同、技术转让合同、技术咨询合同以及技术服务合同。其中，技术开发合同主要包括委托开发和合作开发两种方式，委托开发合同与合作开发合同的相关规定如表5-32所示。

表 5-32 委托开发合同与合作开发合同的相关规定

项目	委托开发	合作开发
所有权	研究开发人	合作开发当事人共有
可免费使用技术者	委托人	放弃申请专利的一方当事人
转让	委托人在同等条件下有优先权	一方转让，其他各方以同等条件享有优先权
其他	——	合作开发的当事人一方不同意申请专利的，另一方不得申请

10. 保管合同

保管合同自保管物交付时成立，但当事人另有约定的除外。保管合同的相关规定如表 5-33 所示。

表 5-33 保管合同的相关规定

对象	规定	
寄存人	声明	①寄存货币、有价证券或其他贵重物品的，应向保管人声明，由保管人验收或封存 ②未声明的，该物品毁损、灭失后，保管人可按一般物品予以赔偿
	告知	①保管物有瑕疵或应采取特殊保管措施的，应告知保管人 ②未告知，致使保管物受损失的，保管人不承担损害赔偿责任
	支付费用	未约定保管费用或约定不明确的，依《合同法》规定仍不能确定的，视为无偿保管
保管人	第三人	不得将保管物转交第三人保管，因移交造成损失的，应承担赔偿责任，另有约定的除外
	领取	①约定保管期间的，保管人无特别事由，不得要求寄存人提前领取保管物 ②未约定保管期间或约定不明确的，保管人可随时要求寄存人领取保管物
	损失赔偿	①保管期间，因保管不善造成保管物毁损、灭失的，保管人应承担损害赔偿责任 ②无偿保管，且保管人无重大过失的，不承担赔偿责任

11. 仓储合同

仓储合同自成立时生效。

（1）存货人存放货物时，保管人应交付仓单，并验收货物，验收前发现货物与约定不符的，应及时通知，否则将承担损失赔偿责任。

（2）储存期间届满，存货人或仓单持有人应凭仓单提取仓储物；不提取的，保管人可催告其在合理期限内提取，逾期不提取，保管人可提存。

（3）存货人或仓单持有人逾期提取的，应当加收仓储费；提前提取的，不减收仓储费。

12. 委托合同

（1）委托人和受托人的权利义务

委托人和受托人的权利义务如表 5-34 所示。

表 5-34 委托人和受托人的权利义务

当事人	权利义务	
委托人	损失赔偿	①有偿的委托合同，因受托人过错给委托人造成损失的，委托人可要求赔偿损失 ②无偿的委托合同，因受托人故意或重大过失给委托人造成损失的，委托人可要求赔偿损失 ③受托人越权给委托人造成损失的，应赔偿损失
	支付费用	受托人为处理委托事务垫付的必要费用，委托人应偿还费用及利息
	支付报酬	①委托人应向完成委托事务的受托人支付报酬 ②未完成且非受托人原因的，应支付相应报酬，另有约定的从约定
受托人	通知	受托人应按指示处理事务，需变更的应经委托人同意，因经济情况无法取得同意的，事后应及时报告
	转委托	①转委托经同意的，委托人可直接指示转委托的第三人，受托人就第三人的选任和指示承担责任 ②转委托未经同意的，受托人对第三人的行为承担责任，但在紧急情况下受托人为维护委托人的利益的除外 ③受托人处理委托事务取得的财产，应当转交给委托人。受托人处理委托事务时，因不可归责于自己的事由受到损失的，可以向委托人要求赔偿损失 ④因受托人死亡、丧失民事行为能力或者破产，致使委托合同终止的，受托人的继承人、法定代理人或者清算组织应当及时通知委托人 ⑤因受托人死亡、丧失民事行能力或者破产，致使委托合同终止将损害委托人利益的，在委托人的继承人、法定代理人或者清算组织承受委托事务之前，受托人应当继续处理委托事务

（2）委托合同的解除

委托人或受托人可随时解除委托合同，给对方造成损失的，除不可归责于该当事人的事由以外，应当赔偿损失。

13. 行纪合同

（1）行纪人经委托人同意，可以低于委托人指定价格卖出商品（或高于买入），未经同意的，行纪人应补偿差额。

（2）行纪人高于委托人指定价格卖出商品的（或低于买入），可按约定增加报酬，未约定或约定不明确，按《合同法》仍不能确定的，该利益属于委托人。

（3）在行纪合同中，行纪人卖出或买入具有市场定价的商品，除委托人有相反的意思表示外，行纪人自己可以作为买受人或出卖人。同时，可要求委托人支付报酬。

（4）行纪人与第三人订立合同的，对该合同直接享有权利，承担义务。

（5）行纪人完成委托事务的，委托人应向其支付报酬，逾期不支付的，行纪人对委托物享有留置权，当事人另有约定的除外。

14. 居间合同

居间合同的相关规定如图 5-4 所示。

报酬	•居间人促成合同成立的，委托人应按约定支付报酬 •居间人提供了订立合同的媒介服务的，合同当事人平均负担居间人报酬
费用	•居间人促成合同成立，活动费用由居间人负担 •居间人未促成合同成立，不得要求支付报酬，但可要求委托人支付活动支出的必要费用

图 5-4 居间合同的相关规定

典型例题

【例题 1 · 单选题】陈某向张某借款 5 万元，没有约定利息，一年后，张某获知陈某经营个体企业获利，在陈某还款时要求其支付利息 1 800 元，陈某表示反对。根据《合同法》的规定。下列关于陈某应否支付利息的表述中，正确的是（ ）。（2013 年）

A. 陈某应该按银行同期贷款利率支付利息

B. 陈某应按当地民间惯例支付利息

C. 陈某无需支付利息

D. 陈某应支付 1 800 元利息

【解析】自然人之间的借款合同对支付利息没有约定或者约定不明确的，视为不支付利息。题目中陈某借款时未约定利息，所以陈某无需支付张某利息，选项 C 正确。

【答案】C

【例题 2 · 单选题】甲公司将一套设备租赁给乙公司使用，租赁期间，经询问确认乙公司无购买意向后，甲公司将该设备卖给丙公司。根据《合同法》的规定，下列关于买卖合同与租赁合同效力的表述中，正确的是（ ）。（2012 年）

A. 买卖合同无效，租赁合同继续有效

B. 买卖合同有效，租赁合同继续有效

C. 买卖合同有效，租赁合同自买卖合同生效之日起终止

D. 买卖合同有效，租赁合同须经丙公司同意后才继续有效

【解析】租赁物在租赁期间发生所有权变动的，不影响租赁合同的效力。

【答案】B

本节考点回顾与总结一览表

本节考点	知识总结
考点 19 买卖合同	①买卖合同的标的物：标的物交付和所有权转移，标的物毁损、灭失风险的承担，标的物的检验 ②所有权保留：人民法院支持（出卖人遭受特定损害，在回赎期消除），人民法院不支持 ③买卖双方当事人的权责：出卖人（按约定交付标的物），买受人（按约定支付价款） ④试用买卖：买受人在试用期可购买或拒绝购买标的物，试用期结束不做表示的，视为购买
考点 20 其他合同	①赠与合同：当事人的权利义务，赠与的撤销 ②借款合同：当事人的权利义务，借款利息的相关规定 ③租赁合同和融资租赁合同：租赁合同（买卖不破租赁），融资租赁合同（租赁物权属） ④承揽合同和建设工程合同：承揽合同（承揽人、定作人），建设工程合同（发包人、承包人） ⑤运输合同：客运合同（持票运输、承运人对旅客及其货物承担损失赔偿责任），货运合同 ⑥技术合同：委托开发（专利权属研究开发方），合作开发（专利权属共同开发所有当事人） ⑦保管和仓储合同：保管合同（寄存人和保管人的权责），仓储合同（存货人和保管人的权责） ⑧委托合同：委托人和受托人的权利义务，委托合同随时解除 ⑨行纪合同：行纪人和委托人的权责 ⑩居间合同：关于报酬与费用的规定

真题演练

1.【**单选题**】甲、乙双方于 2013 年 1 月 7 日订立买卖 1 000 台彩电的合同，价款 200 万元，双方约定：甲支付全部价款后，彩电的所有权才转移给甲。乙于 2 月 4 日交付了 1 000 台彩电，甲于 3 月 5 日支付了 100 万元，5 月 6 日支付了剩余的 100 万元。下列关于彩电所有权转移的表述中，符合《合同法》规定的是（ ）。（2016 年）

A. 2月4日1 000台彩电所有权转移

B. 3月5日1 000台彩电所有权转移

C. 3月5日500台彩电所有权转移

D. 5月6日1 000台彩电所有权转移

2.【**多选题**】根据《合同法》的规定，下列情形中，买受人应承担标的物损毁、灭失风险的有（ ）。（2013 年）

A. 标的物已运抵交付地点，买受人因标的物质量不合格而拒绝接受

B. 买受人已受领标的物，但出卖人按照约定未交付标的物的单证

C. 出卖人按照约定将标的物置于交付地点，约定时间已过，买受人未前往提货

D. 因买受人下落不明，出卖人无法向其交付标的物而将标的物提存

3.【**多选题**】根据《合同法》的规定，下列情形中，赠与人不得主张撤销赠与的有（ ）。（2012 年）

A. 张某将1辆小轿车赠与李某，且已交付

B. 甲公司与某地震灾区小学签订赠与合同，将赠与50万元用于修复教学楼

C. 乙公司表示将赠与某大学3辆校车，双方签订了赠与合同，且对该赠与同进行了公证

D. 陈某将1块钟表赠与王某，且已交付，但王某不履行赠与合同约定的义务

4.【单选题】李某与赵某口头约定，李某将其房屋出租给赵某，租期为1年，租金为每月100元，每月的第一天交付该月租金。根据《合同法》的规定，下列关于该租赁合同效力的表述中，正确的是（　）。（2012年）

A. 该租赁合同无效

B. 该租赁合同为可撤销合同

C. 该租赁合同有效，租期为1年

D. 该租赁合同有效，但视为不定期租赁合同

5.【判断题】甲公司根据乙公司的选择，向丙公司购买了1台大型设备，出租给乙公司使用，甲、乙公司为此签订了融资租赁合同，合同未就设备的维修事项做特别约定，该设备在使用过程中发生部件磨损，需维修。甲公司应承担维修义务。（　）（2012年）

6.【判断题】委托合同中，委托人可以特别委托受托人处理一项或者数项事务，也可以概括委托受托人处理一切事务。（　）（2015年）

7.【判断题】赠与人故意不告知赠与财产的瑕疵，造成受赠人损失的，应当承担损害赔偿责任。（　）（2016年）

8.【多选题】根据《合同法》的规定，下列关于合同解除的表述中，正确的有（　）。（2011年）

A. 租赁物危及承租人安全的，无论承租人订立合同时是否知道租赁物质量不合格，承租人都可以随时解除合同

B. 承揽合同的定作人可以随时解除承揽合同

C. 委托合同的委托人可以随时解除委托合同

D. 委托合同的受托人可以随时解除委托合同

9.【判断题】甲委托乙到A公司购买某型号机器1台，双方约定报酬为1 000元。乙到A公司处协商购买机器事宜，但因A公司要价过高，尽管乙再三努力，机器价格仍超过了甲可以承受的限度，乙只好无功而返。乙向甲请求支付相应报酬，甲可以以委托事务未能完成为由拒绝支付报酬。（　）（2011年）

10.【判断题】承揽合同的定作人可以随时解除合同，造成承揽人损失的，应当赔偿损失。（　）（2015年）

第八节 本章综合练习

（一）单选题

1. 根据《中华人民共和国合同法》的规定，下列要约中可以撤销的是（　）。

A. 要约人明示不可撤销的要约

B. 要约人确定了承诺期限的要约

C. 已到达受要约人但受要约人尚未承诺的要约

D. 受要约人有理由认为不可撤销，且已为履行合同做了准备的要约

2. 甲向乙发出要约，乙于12月12日发出承诺信函，12月14日承诺信函寄至甲，但甲的法定代表人当日去赈灾，12月17日才知悉该函内容，遂于12月20日致函告知乙收到承诺，该承诺的生效时间是（　）。

A. 12月12日

B. 12月14日

C. 12月17日

D. 12月20日

3. 甲、乙两公司拟签订一份书面买卖合同，甲公司签字盖章后尚未将书面合同邮寄给乙公司时，即接到乙公司按照合同约定发来的货物，甲公司经清点后将该批货物入库。次日将签字盖章后的书面合同发给乙公司。乙公司收到后，即在合同书上签字盖章。根据《合同法》的规定，该买卖合同的成立时间是（　）。

A. 甲公司签字盖章时

B. 乙公司签字盖章时

C. 甲公司接受乙公司发来的货物时

D. 甲公司将签字盖章后的合同发给乙公司时

4. 甲企业与乙银行签订借款合同，借款金额为100万元人民币，借款期限为1年，由丙企业作为借款保证人。合同签订3个月后，甲企业因扩大生产规模急需追加资金，遂与乙银行协商，将贷款金额增加到150万元。后甲企业到期不能偿还债务，下列关于丙企业保证责任的说法正确的是（　）。

A. 丙企业不再承担保证责任，因为甲与乙变更合同条款未得到丙的同意

B. 丙企业对100万元应承担保证责任，增加的50万元不承担保证责任

C. 丙企业应承担150万元的保证责任，因为保证合同是从合同

D. 丙企业不再承担保证责任，因为保证合同因甲、乙变更了合同的数额条款而致保证合同无效

5. 甲与乙签订了一份借款合同，甲为借款人，

借款数额为 30 万元。甲以自有的一部价值 10 万元的汽车作为抵押担保，甲又请求丙为该借款合同提供保证担保。合同到期后，甲无力偿还。如果两项担保对担保责任约定不明确，下列说法正确的是（　）。

A. 乙应当先要求甲以抵押承担保证责任

B. 乙应当先要求丙以保证承担保证责任

C. 乙既可以先要求甲承担保证责任，也可以先要求丙承担保证责任

D. 因为没有约定，丙不承担保证责任

6. 同一财产向两人以上债权人抵押的，拍卖、变卖抵押财产所得价款应当依照有关担保法律制度的规定清偿。下列各项中，不符合《物权法》规定的是（　）。

A. 抵押权已登记的，按照登记的先后顺序清偿

B. 抵押权已登记且登记顺序相同的，按照债权比例清偿

C. 抵押权已登记的先于未登记的受偿

D. 抵押权未登记的，按抵押合同生效时间的先后顺序清偿

7. 甲向乙借款 50 万元。约定以甲的 A 幢房屋抵押给乙。双方为此签订了抵押合同，但在抵押登记时，登记为以甲的 B 幢房屋抵押给乙，后甲未能按约还款，乙欲行使抵押权。根据《物权法》的规定，下列对于乙行使抵押权的表述中，正确的是（　）。

A. 乙只能对甲的A幢房屋行使抵押权

B. 乙只能对甲的B幢房屋行使抵押权

C. 乙可选择对甲的A幢房屋或者B幢房屋行使抵押权

D. 乙不能行使抵押权。因为登记机关记载的抵押物与抵押合同约定的抵押物不一致，抵押无效

8. 甲与乙签订借款合同，并约定由乙将自己的钻戒出质给甲，但其后乙并未将钻戒如约交付给甲，而是把该钻戒卖给了丙。丙取得钻戒后，与甲因该钻戒权利归属发生纠纷。根据《物权法》与《合同法》的规定，下列关于该钻戒权利归属的表述中，正确的是（　）。

A. 丙不能取得该钻戒的所有权，因为该钻戒已质押给甲

B. 丙能取得该钻戒的所有权，但甲可依其质权向丙追偿

C. 丙能取得该钻戒的所有权，甲不能向丙要求返还该钻戒

D. 丙能否取得该钻戒的所有权，取决于甲同意与否

9. 王某向赵某借款 10 万元，以其卡车抵押并办理了抵押登记。后因发生交通事故，王某将该卡车送到甲修理厂修理。修理完毕，王某因无法支付 1 万元维修费，该卡车被甲修理厂留置。王某欠赵某的借款到期，赵某要求对该卡车行使抵押权，甲修理厂以王某欠修理费为由拒绝，双方发生争议。根据合同法律制度的规定，下列关于如何处理该争议的表述中，正确的是（　）。

A. 甲修理厂应同意赵某对该卡车行使抵押权，所欠修理费只能向王某要求清偿

B. 赵某应向甲修理厂支付修理费，之后甲修理厂向赵某交付该卡车

C. 如果经甲修理厂催告，王某两个月后仍不支付修理费，甲修理厂有权行使留置权，所得价款偿付修理费后，剩余部分赵某有优先受偿权

D. 甲修理厂应将该卡车交给赵某行使抵押权，所得价款偿付借款后，剩余部分甲修理厂有优先受偿权

10. 甲公司出卖一批钢材给乙公司，合同订立的日期是 2016 年 3 月 1 日，并在合同中注明钢材的所有权在乙公司付清货款时才转移。乙公司在 2016 年 4 月 5 日支付了第一笔货款，甲公司按照合同规定在 4 月 10 日将钢材运到乙公司，乙公司检验并接受了钢材，5 月 10 日付清余款。该钢材所有权的转移时间是（　）。

A. 2016年3月1日

B. 2016年4月5日

C. 2016年4月10日

D. 2016年5月10日

11. 甲公司与消费者乙约定，由乙试用甲公司的一种新产品。试用期间届满，乙的下列行为中，不应当视为同意购买该新产品的是（　）。

A. 将该新产品出租

B. 将该新产品对外展示

C. 将该新产品设立抵押

D. 将该新产品卖出

12. 陈某将装有 2 万元现金的行李箱寄存在车站寄存处，但在寄存时未告知行李箱内有现金。陈某凭取物单取行李箱发行该行李箱已被人取走，陈某要求寄存处赔偿。根据《合同法》的规定，下列关于寄存处承担赔偿责任的表述中，正确的是（　）。

A. 按寄存物品的全部价值赔偿

B. 不予赔偿

C. 按一般物品的价值赔偿

D. 按寄存物品的一半价值赔偿

（二）多选题

1. 下列有关格式条款的说法中，正确的有

(　　)。

A. 订立合同时提供的格式条款无需与对方协商

B. 格式条款又称格式合同

C. 提供格式条款的一方没有向对方提示免责条款的义务

D. 格式条款和非格式条款不一致时采用非格式条款

2. 承诺是受要约人同意要约的意思表示，承诺应当具备的条件有(　　)。

A. 承诺必须由受要约人作出

B. 承诺必须向要约人作出

C. 承诺的内容可以与要约的内容不一致

D. 承诺必须在有效期限内作出

3. 甲、乙双方签订了买卖合同，在合同履行过程中，发现该合同履行费用的负担问题约定不明确。根据《中华人民共和国合同法》的规定，在这种情况下，可供甲乙双方选择的履行规则有(　　)。

A. 双方协议补充

B. 按交易习惯确定

C. 由履行义务一方负担

D. 按合同有关条款确定

4. 甲企业向某银行申请贷款，请求并得到乙企业、丙企业和丁企业为其提供担保，但没有约定保证份额。如果甲企业到期不能还款，该银行符合法律规定的要求有(　　)。

A. 要求甲企业履行全部债务

B. 要求乙企业履行全部债务

C. 要求丙企业履行全部债务

D. 要求丁企业履行全部债务

5. 甲将自己的一批货物出质给乙，乙将这批货物放在露天，使货物有毁坏的可能。对此，下列说法正确的有(　　)。

A. 甲应当采取措施，妥善保管该批货物

B. 如果货物毁坏，乙应当承担赔偿责任

C. 甲可以要求提前清偿债权而返还货物

D. 甲可以要求乙将货物提存

6. 甲向乙借款5万元，并以一台机器做抵押，并办理了抵押登记。随后，甲又将该机器质押给丙。丙在占有该机器期间，将其交给丁修理，因拖欠修理费而被丁留置。根据合同法律制度的规定，下列各项中，表述不正确的有(　　)。

A. 乙优先于丙受偿

B. 丙优先于丁受偿

C. 丁优先于乙受偿

D. 丙优先于乙受偿

7. 陈某用自己的轿车做抵押向银行借款40万元，并办理了抵押登记手续。陈某驾驶该车出行时，不慎发生交通事故。经鉴定，该车的价值损失了30%，保险公司赔偿了该车损失，根据合同法律制度的规定，下列关于该抵押担保的表述中，正确的有(　　)。

A. 该轿车不再担保银行债权

B. 该轿车应担保银行债权

C. 保险赔款不应担保银行债权

D. 保险赔款应担保银行债权

8. 下列关于最高额抵押的说法，正确的有(　　)。

A. 最高额抵押权的设定是对将来发生的债务做担保

B. 如果实际发生的债权余额高于最高限额的，以最高限额为限

C. 最高额抵押权设立前已经存在的债权，自动转入最高额抵押担保的债权范围

D. 实际发生的债权余额低于最高限额的，以实际发生的债权余额为限对抵押物优先受偿

9. 乙向甲购买一台新型车辆检测设备，双方订立了合同。下列关于该合同项下设备所有权转移的表述中，正确的有(　　)。

A. 如果双方没有特别约定，设备的所有权自买卖合同生效时起转移

B. 如果双方没有特别约定，设备的所有权自甲方交付时起转移

C. 如果双方没有特别约定，设备的所有权自乙方付清全部价款时起转移

D. 如果双方约定，甲方先行交付设备，在乙方付清全部价款之前，其所有权仍属于甲方，该约定有效

10. 关于保管合同，下列说法正确的有(　　)。

A. 保管合同一般自保管物交付时成立

B. 因保管人保管不善造成保管物毁损时，如果保管是无偿的，保管人不承担损害赔偿责任

C. 寄存人可以随时领取保管物

D. 寄存人未按照约定支付保管费以及其他费用的，保管人对保管物享有留置权，但当事人另有约定的除外

(三)判断题

1. 采用数据电文形式订立合同，收件人未指定特定系统的，该数据电文进入收件人的任何系统的首次时间，视为要约或者承诺到达时间。(　　)

2. 当事人采用数据电文形式订立合同的，收件人的经常居住地为合同成立的地点。(　　)

3. 甲企业接到加工一批设备的订单，即与乙公司接洽购买原材料。此时甲企业的竞争对手丙企业，唆使丁公司与甲企业假意洽谈供应原材料的合同，条件比乙公司优惠许多。丁公司故意拖延谈判，

最终没有与甲企业签订合同，造成甲企业延误交货。丁企业应承担缔约过失责任。（ ）

4. 一般保证中，主债务诉讼时效中断的，保证债务诉讼时效中断；连带保证中，主债务诉讼时效中断的，保证债务诉讼时效不中断。（ ）

5. 企业法人的分支机构提供的保证无效后应当承担赔偿责任的，由分支机构经营管理的财产承担。（ ）

6. 抵押合同对被担保的主债权种类、抵押财产没有约定或者约定不明，根据主合同和抵押合同不能补正或者无法推定的，抵押不成立。（ ）

7. 因不可抗力，意外事件致使主合同不能履行的，不适用定金罚则。（ ）

8. 在融资租赁合同中，承租人占有租赁物期间，租赁物造成第三人的人身伤害或财产损害的，出租人应承担责任。（ ）

9. 承运人擅自变更运输工具而提高服务标准的，可以按照新的服务标准向旅客加收票款。（ ）

10. 除当事人另有约定的以外，保管人不得将保管物转交第三人保管。（ ）

第九节 本章真题演练及综合练习答案与解析

一、真题演练答案速查表

所在节	题号	答案	题号	答案	题号	答案
第一节	1	D	2	√	3	B
	4	D	5	C		
第二节	1	A	2	D		
第三节	1	B	2	ABC		
第四节	1	√	2	A	3	CD
	4	D	5	ABD	6	×
第五节	1	B	2	CD	3	×
第七节	1	D	2	BCD	3	ABC
	4	D	5	×	6	√
	7	√	8	ABCD	9	×
	10	√				

二、本章综合练习答案与解析

（一）单选题

1. C【解析】要约不得撤销的情形：①要约人确定了承诺期限或者以其他形式明示要约不可撤销；②受要约人有理由认为要约是不可撤销的，并已经为履行合同做了准备工作。

2. B【解析】根据《合同法》规定，承诺的生效时间为要约人收到承诺时。

3. C【解析】根据规定，在签字或者盖章之前，当事人一方已经履行主要义务并且对方接受的，该合同成立。所以甲公司接受乙公司发来的货物时，合同已经成立。

4. B【解析】保证期间，债权人与债务人未经保证人同意，对主合同数量、价款、币种、利率等做了变动，减轻债务人债务的，保证人仍应当对变更后的合同承担保证责任；加重债务人债务的，保证人对加重的部分不承担保证责任。

5. A【解析】被担保的债权既有物的担保又有人的担保，债务人不履行到期债务可发生当事人约定的实现担保物权的情形，债权人应当按照约定实现债权；没有约定或者约定不明确，债务人自己提供物的担保的，债权人应当先就该物的担保实现债权。

6. D【解析】抵押权未登记的，按照债权比例清偿，选项D错误。

7. B【解析】抵押物登记记载的内容与抵押合同约定的内容不一致的，以登记记载的内容为准。

8. C【解析】质权自出质人交付质押财产时设立。本题乙并未向甲交付钻戒，质权并未设立；乙将钻戒卖给丙，丙取得了钻戒所有权，甲不能要求丙返还该钻戒。

9. C【解析】债务人可请求留置权人在债务履行期届满后行使留置权，不行使的，债务人可请求人民法院拍卖、变卖留置财产。同一动产上已设立抵押权或者质权，该动产又被留置的，留置权人优先受偿。

10. D【解析】标的物的所有权自标的物交付时起转移。当事人可以在买卖合同中约定买受人未履行支付价款或者其他义务时，标的物的所有权属于出卖人。

11. B【解析】试用期间届满，买受人对标的物实施了出卖、出租、设定担保物权等非试用行为的，应视为同意购买。

12. C【解析】根据规定，寄存人寄存货币、有价证券或者其他贵重物品的，应当向保管人声明，由保管人验收或者封存。寄存人未声明的，该物品毁损、灭失后，保管人可以按照一般物品予以赔偿。

（二）多选题

1. ABD【解析】提供格式条款的一方有提示说明的义务，应当采取合理的方式提请对方注意免除或限制其责任的条款，按照对等要求对该条款予以

说明。

2. ABD【解析】有效的承诺必须符合以下条件：承诺须由受要约人向要约人作出；承诺必须是对要约明确表示同意的意思表示；承诺必须在要约有效的期限内作出；承诺的内容必须与要约的内容一致。

3. ABCD【解析】本题考查合同履行费用的相关知识，题目所有选项均正确。

4. ABCD【解析】本题考查保证人的义务，题目所有选项均正确。

5. BCD【解析】质权人负有妥善保管质押财产的义务，选项A错误。

6. BD【解析】同一财产法定登记的抵押权与质权并存时，抵押权人优先受偿。同一财产抵押权与留置权并存时，留置权人优先受偿。

7. BD【解析】根据规定，在所担保的债权未受全部清偿前，担保权人可就担保物的全部行使权利，担保物部分灭失，残存部分仍担保债权全部，因此选项B正确，选项A错误；在抵押物灭失、毁损或者被征用的情况下，抵押权人可以就该抵押物的保险金、赔偿金或者补偿金优先受偿，因此选项C错误，选项D正确。

8. ABD【解析】根据《物权法》规定，最高额抵押权设立前已经存在的债权，经当事人同意，可以转入最高额抵押担保的债权范围。

9. BD【解析】标的物的所有权自标的物交付时转移，因此选项A、C错误。

10. ACD【解析】保管期间，因保管人保管不善造成保管物毁损、灭失的，保管人应当承担损害赔偿责任。但保管是无偿时，保管人证明自己没有重大过失的，不承担损害赔偿责任。

（三）判断题

1. √【解析】采用数据电文形式订立合同，收件人指定特定系统接受数据电文的，该数据电文进入该特定系统的时间，视为到达时间；未指定特定系统的，该数据电文进入收件人的任何系统的首次时间，视为要约或承诺到达时间。

2. ×【解析】当事人采用数据电文形式订立合同的，收件人的主营业地为合同成立的地点，没有主营业地的，其经常居住地为合同成立的地点。

3. √【解析】丙企业和丁公司的行为是假借签订和同，恶意进行磋商，属于构成缔约过失责任的情形。

4. √【解析】本题考查保证的诉讼时效。题目的表述是正确的。

5. √【解析】本题考查分支机构作为保证人的相关规定。题目表述正确。

6. √【解析】本题考查抵押合同。题目表述正确。

7. √【解析】本题考查定金法则。题目的表述是正确的。

8. ×【解析】根据规定，在融资租赁合同中，承租人占有租赁物期间，租赁物造成第三人的人身伤害或财产损害的，出租人不承担责任。

9. ×【解析】根据规定，承运人擅自变更运输工具而提高服务标准的，不应当加收票款。

10. √【解析】本题考查保管物转交第三人保管的规定。题目的表述是正确的。

第六章 增值税法律制度

增值税法律制度章节的复习难度较大，考点较多且涉及的细节内容较复杂，所有题型都可能出考题。在近几年考试中，本章内容所占题量为7~9题，平均分值约为15分，同时，本章内容容易出现在综合题中，所以考生应引起足够的重视。增值税法律制度的综合考查概率较高，如解答计算题时，考生可能还需要自己判断当前经济业务事项适用的税率，确定其销售额、销项税额及是否能抵扣的进项税额等。其中，"营改增"的考点也是本章的一个重点考查内容，它在客观题中出现的可能性更大。考生应全面复习本章内容，掌握重难点。

▼本章主要考点的题型、估计题量和所占分值一览表

主要考点	题型	估计题量	所占分值
以旧换新的增值税销项税额、应纳增值税额的计算、增值税视同销售、折扣销售的增值税销项税额、不得抵扣进项税额范围、增值税的销项税额、准予抵扣的进项税额、增值税纳税义务的发生时间	单选题	2~4题	2~4分
不得抵扣的进项税额范围、增值税纳税义务发生时间、增值税出口退税政策、"营改增"的税税率、税收优惠	多选题	1~2题	2~4分
"营改增"的税收优惠	判断题	1题	1分
增值税进项税额的扣除、应纳增值税额	简答题	1题	6分
增值税的申报、增值税的应纳税额	综合题	1题	10分

▼本章知识结构一览表

增值税法律制度	一、增值税法律制度的主要内容	（1）我国增值税的计税方法（★★★） （2）增值税的纳税人（★★★） （3）增值税的征收范围（★★★） （4）增值税的税率（★★★） （5）增值税的应纳税额（★★★） （6）增值税的税收优惠（★★★） （7）增值税的征收管理（★★） （8）增值税专用发票（★） （9）增值税的出口退（免）税制度（★★）
	二、营业税改征增值税制度的主要内容	（1）"营改增"试点纳税人及其认定（★） （2）"营改增"试点的应税范围（★★） （3）"营改增"试点的税率（★★） （4）"营改增"试点的应纳税额计算（★★★） （5）"营改增"试点的税收优惠（★★★）

第一节 增值税法律制度的主要内容

考点1 我国增值税的计税方法（★★★）

考点分析

本考点难度不大，但仍属于考生应掌握的内容。虽然本考点在近几年未单独出现过考题，但只要涉及增值税的计算，基本上都与本考点有关，考试中通常将具体的案例结合计算公式进行考查。

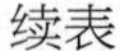

考点精讲

通常情况下，增值税的计税方法有税基列举法、税基相减法和购进扣除法 3 种，而各国最常用的是购进扣除法。购进扣除法的计算公式如下。

应纳税额 = 增值额 × 税率

=（产出 − 投入）× 税率

= 销售额 × 税率 − 同期外购项目已纳税额

= 当期销项税额 − 当期进项税额

典型例题

【例题·单选题】下列计税方法中，属于各国增值税最常采用的计税方法是（　　）。

A. 税基列举法　　B. 税基相减法

C. 购进扣除法　　D. 复合计税法

【解析】各国增值税最常采用的计税方法是购进扣除法。

【答案】C

考点2 增值税的纳税人（★★★）

考点分析

本考点属于考生应掌握的内容，其中增值税纳税人的分类，即关于小规模纳税人和一般纳税人的界定，是重点考查对象。考生也应重点掌握该内容，分清不同纳税人的认定标准。

考点精讲

1. 纳税人和扣缴义务人

（1）在中华人民共和国境内销售货物或者提供加工、修理修配劳务以及进口货物的单位和个人，为增值税的纳税人。

（2）在中国境外的单位或个人，在境内取得应税收入或提供应税劳务，在境内未设经营机构的，以其境内代理人为扣缴义务人；在境内没有代理人的，以购买方为扣缴义务人。

2. 增值税纳税人的分类

（1）小规模纳税人和一般纳税人的认定

小规模纳税人和一般纳税人的认定比较如表6-1所示。

表 6-1 小规模纳税人和一般纳税人的认定比较

纳税人类型	一般纳税人	小规模纳税人
从事货物生产或提供应税劳务的纳税人，以及以从事货物生产或提供应税劳务为主，并兼营货物批发或者零售的纳税人	年应税销售额在 50 万元以上	年应税销售额在 50 万元（含）以下
其他（批发或者零售货物的）的纳税人	年应税销售额在 80 万元以上	年应税销售额在 80 万元（含）以下
年应税销售额超过小规模纳税人标准的个人，非企业型单位，不经常发生应税行为的企业	会计制度健全，年应税销售额不足 50 万元	其他情况的，视同小规模纳税人纳税

（2）小规模纳税人和一般纳税人的区别

小规模纳税人和一般纳税人的区别，具体如表 6-2 所示。

表 6-2 小规模纳税人和一般纳税人的区别

比较项目	一般纳税人	小规模纳税人
税收管理规定不同	①销售货物或提供应税劳务可以开具增值税专用发票 ②购进货物或应税劳务可进行当期进项税额抵扣 ③计算方法为销项税额减进项税额	①只能使用普通发票 ②购进货物或应税劳务即使取得了增值税专用发票也不能抵扣 ③计算方法为销售额 × 征收率
税率与征收率不同	①基本税率 17% ②低税率 13% ③零税率	征收率 3%
特殊规定	纳税人一经认定为一般纳税人后，除另有规定外，不得转为小规模纳税人	小规模纳税人的销售额不包括其应纳税额

名师解读

有固定生产经营场所、能按国家统一会计制度设置账簿，根据合法有效凭证核算，能提供准确税务资料的纳税人，可申请认定为一般纳税人。但个体工商户以外的个人，选择按小规模纳税人纳税的非企业性单位和不经常发生应税行为的企业，不属于一般纳税人。

典型例题

【例题 1·多选题】根据增值税法律制度的规定，下列企业中，属于增值税小规模纳税人的有（　　）。

A. 年应纳税销售额 60 万元的零售企业

B. 年应纳税销售额 49 万元的批发企业

C. 年应纳税销售额 60 万元的生产企业

D. 年应纳税销售额 49 万元的生产企业

【解析】从事货物生产或者提供应税劳务的纳税人，以及以从事货物生产或者提供应税劳务为主，并兼营货物批发或者零售的纳税人，年应纳税销售额在 50 万元以下（含 50 万元），其他纳税人年应税销售额在 80 万元以下（含 80 万元）的，属于小规模纳税人。

【答案】ABD

【例题 2·判断题】年应税销售额未超过财政部、国家税务总局规定的小规模纳税人标准及新开业的纳税人，可以向主管税务机关申请一般纳税人资格认定。（　　）

【解析】题目的说法正确。

【答案】√

考点3 增值税的征收范围（★★★）

考点分析

本考点知识点较多，复习难度较大，属于考生应掌握的内容。本考点中，有关视同销售的内容属于热门考点。考生在复习时，应重点掌握不同类型销售行为是否属于增值税应税行为的相关规定，另外，对于提供劳务和进口货物的相关知识也应掌握。

考点精讲

1. 销售货物

销售货物的方式可分为一般销售和视同销售两种形式，符合任意形式的销售行为，应依法缴纳增值税。相关规定如表6-3所示。

表6-3 销售货物的相关规定

<table>
<tr><th colspan="3">项目</th><th>解释</th></tr>
<tr><td colspan="3">一般销售</td><td>通常情况下，在中国境内有偿转让货物的所有权</td></tr>
<tr><td rowspan="3">视同销售</td><td colspan="2">所有权未发生变动的代销</td><td>将货物交付其他单位或个人代销，以及销售代销货物，所有权未发生变化</td></tr>
<tr><td rowspan="2">所有权发生变动</td><td>类似销售</td><td>设两个以上机构并统一核算的纳税人，将货物从一个机构移送至非同一县（市）其他机构用于销售</td></tr>
<tr><td>非直销方式</td><td>①将自产、委托加工的货物用于集体福利或个人消费
②将自产、委托加工或购进的货物作为投资，提供给其他单位或个体工商户
③将自产、委托加工或者购进的货物分配给股东、投资者，或无偿赠送其他单位或个人</td></tr>
</table>

2. 提供加工、修理修配劳务

有偿提供加工、修理修配劳务，应缴纳增值税。员工为本单位或雇主提供的加工、修理修配劳务不包括在内。

3. 进口货物

报关进口的应税货物，均属于增值税的征税范围，除享受免税政策外，在进口环节应缴纳增值税。

4. 增值税特殊应税项目

（1）货物期货（包括商品期货和贵金属期货），应征收增值税，在期货的实物交割环节纳税。

（2）银行销售金银的业务，征收增值税。

（3）典当业的死当物品销售业务和寄售业代委托人销售寄售物品的业务，征收增值税。

（4）缝纫业务，征收增值税。

（5）电力公司向发电企业收取的过网费，征收增值税。

典型例题

【例题1·多选题】根据增值税法律制度的规定，企业发生的下列行为中，属于视同销售货物的有（　）。（2011年）

A. 将购进的货物用于扩建职工食堂

B. 将本企业生产的货物分配给投资者

C. 将委托加工的货物用于集体福利

D. 将购进的货物作为投资提供给其他单位

【解析】选项A属于外购货物进项税额不得从销项税额中抵扣的情形，其他选项都属于视同销售货物行为。

【答案】BCD

【例题2·单选题】下列各项业务中，属于增值税征收范围的是（　）。

A. 将委托加工的货物分配给股东

B. 增值税纳税人收取会员费收入

C. 转让企业全部产权涉及的应税货物的转让

D. 融资性售后回租业务中承租方出售资产的行为

【解析】选项A是增值税视同销售的行为，应征收增值税。其余选项所述内容均不需缴纳增值税。

【答案】A

考点4 增值税的税率（★★★）

考点分析

本考点属于考生应掌握的内容，且需要记忆的知识点较多。本考点通常不会单独出现考题，一般会对增值税的计算进行考查，如给出案例，要求通过案例计算应纳税额，此时就需要考生自己判断该经济业务适用的税率。

考点精讲

我国增值税采用税率和征收率两种比例税率。一般纳税人适用于基本税率、低税率和零税率3种比例税率；小规模纳税人和采用简易办法征税的一般纳税人适用征收率，不同行为或税目适用的税率或征收率如表6-4所示。

表6-4 增值税税率与征收率

税率（或征收率）	适用对象
基本税率（17%）	①销售或进口货物；②提供加工、修理修配劳务；③油田企业提供生产性劳务；④工业盐、（非）金属矿采选产品
低税率（13%）	①粮食、食用油（淀粉17%）；②暖气、冷气、热水、煤气、石油液化气、天然气、沼气；③图书、报纸、杂志、音像制品、电子刊物；④饲料、化肥、农药、农机（不包括其零部件）、农膜；⑤国务院规定的其他货物，如农业产品、二甲醚、食用盐等

续表

税率（或征收率）	适用对象
征收率（3%）	①小规模纳税人采用简易办法征收增值税，征收率为 3% ②一般纳税人在特殊情况下，也按简易办法依照 3% 征收率计算缴纳增值税，具体适用范围如下： a. 销售自己使用过的 2009 年 1 月 1 日以后购进或者自制的固定资产，按照适用税率征收增值税 b. 2008 年 12 月 31 日以前未纳入扩大增值税抵扣范围试点的纳税人，销售自己使用过的 2008 年 12 月 31 日以前购进或者自制的固定资产，按照简易办法依照 3% 征收率减按 2% 征收增值税 c. 2008 年 12 月 31 日以前已纳入扩大增值税抵扣范围试点的纳税人，销售自己使用过的在本地区扩大增值税抵扣范围试点以前购进或者自制的固定资产，按照简易办法依照 3% 征收率减按 2% 征收增值税；销售自己使用过的在本地区扩大增值税抵扣范围试点以后购进或者自制的固定资产，按照适用税率征收增值税 ③一般纳税人销售自己使用过的除固定资产以外的物品，应当按照适用税率征收增值税 ④小规模纳税人（除其他个人外，下同）销售自己使用过的固定资产，减按 2% 征收率征收增值税。小规模纳税人销售自己使用过的除固定资产以外的物品，应按 3% 征收率征收增值税 ⑤纳税人销售旧货，按照简易办法依照 3% 征收率减按 2% 征收增值税 ⑥一般纳税人销售货物属于下列情形之一的，暂按简易办法依照 3% 征收率计算缴纳增值税： a. 寄售商店代销寄售物品（包括居民个人寄售的物品在内） b. 典当业销售死当物品

典型例题

【例题 1·单选题】下列项目适用 17% 税率征税的是（　）。

A. 商场销售鲜奶

B. 花农销售自种花卉

C. 印刷厂印刷图书、报刊

D. 国营瓜果销售公司批发水果

【解析】选项 A、D 适用 13% 的低税率，选项 B 是免税的项目（增值税税收优惠）。

【答案】C

【例题 2·判断题】某增值税一般纳税人销售从农业生产者处购进的自产谷物，其缴纳增值税时适用零税率。（　）（2011 年）

【解析】纳税人销售粮食适用 13% 的低税率。

【答案】×

【例题 3·单选题】根据增值税法律制度的规定，下列关于小规模纳税人销售自己使用过的固定资产计征增值税使用征收率的表述中，正确的是（　）。（2015 年）

A. 减按 2% 的征收率征收

B. 按 3% 的征收率征收

C. 按 4% 的征收率征收

D. 按 6% 的征收率征收

【解析】小规模纳税人销售自己使用过的固定资产和旧货，减按 2% 的征收率征收增值税。

【答案】A

考点5 增值税的应纳税额（★★★）

考点分析

本考点属于考生应掌握的内容，是增值税章节的重要考查对象，也是考生复习的重点和难点。本考点几乎每年都会有考题，常考内容为增值税销项税额的计算和不得从销项税额中扣除的情形。所以考生应足够重视本考点内容。

考点精讲

1. 一般纳税人应纳税额的计算

（1）扣税法计算

一般纳税人采用扣税法计算应纳增值税额，其计算公式如下。

应纳税额 = 当期销项税额 − 当期进项税额

（2）简易办法计算

按照简易办法依照 3% 征收率减按 2% 征收增值税的情况下，应纳税额的计算公式如下。

应纳税额 = 含税销售额 ÷（1+ 3%）×2%

2. 销项税额

增值税为价外税，其销项税额的计算公式如下。

销项税额 = 不含税销售额 × 税率

不含税销售额 = 含税销售额 ÷（1+ 税率）

（1）销售额内容

销售额为纳税人销售货物或提供应税劳务而向购买方收取的全部价款和价外费用，价外费用的具体内容如表 6-5 所示。

表 6-5　价外费用的具体内容

项目	具体内容
价外费用包括部分	价外向购买方收取的手续费、补贴、基金、集资费、返还利润、奖励费、违约金、滞纳金、延期付款利息、赔偿金、代收款项、代垫款项、包装费、包装物租金、储备费、优质费、运输装卸费以及其他各种性质的价外收费

续表

项目	具体内容
价外费用不包括部分	①受委托加工应征消费税的消费品所代收代缴的消费税 ②承运部门的运输费用发票开具给购买方，且纳税人将该项发票转交给购买方的代垫运费 ③同时符合以下条件代为收取的政府性基金或行政事业性收费 a. 由国务院或财政部批准设立的政府性基金，由国务院或省级人民政府及其财政、价格主管部门批准设立的行政事业性收费 b. 收取时开具省级以上财政部门印制的财政票据 c. 所收款项全额上缴财政的 ④售货同时代办保险，而向购买方收取的保险费，以及向购买方收取的代购买方缴纳的车辆购置税、车辆牌照费

（2）包装物押金

包装物押金是含税收入，其相关规定如下。

①包装物押金单独记账核算的，且时间在1年以内，又未过期的，不并入销售额征税。

②逾期未收回包装物而不再退还的押金，应按所包装货物的适用税率计算增值税款。

③除啤酒、黄酒以外的酒类产品，其包装物押金均应并入当期销售额中计算征税。

（3）特殊方式销售

折扣销售、以旧换新和以物易物等方式销售商品的，销售额的确定规则如表6-6所示。

表6-6 特殊方式销售商品销售额的确定规则

销售方式	销售额的确定规则
折扣销售	①同一发票中，折扣额和销售额都在"金额"栏分别注明的，以折扣后的销售额为准 ②同一发票中，折扣额在"备注"栏注明的，折扣额不得扣除 ③折扣额另开发票的，不得扣除
以旧换新	按新货物的同期销售价格确定销售额，不得扣减旧货物的收购价格
以物易物	双方都应作购销处理： ①以各自发出的货物核算销售额并计算销项税额 ②以各自收到的货物核算购货额并计算进项税额

名师解读

金银首饰行业的以旧换新业务，可按销售方实际收取的不含增值税的全部价款征收增值税，即扣除旧货的收购价格。而以物易物方式销售中，收货方未取得对方相应增值税发票的，不能抵扣进项税额。

（4）特殊情况下销售额的确定

纳税人无正当理由使销售价格明显偏低，或视同销售货物行为而无销售额时，销售额应先按纳税人（其他纳税人）最近同类货物的平均销售价格确定。仍不能确定的，按组成计税价格确定。组成计税价格的计算公式如下。

不征消费税的：

组成计税价格＝成本×（1＋成本利润率）

征收消费税的（从价定率计征消费税的）：

组成计税价格＝成本×（1+成本利润率）＋消费税税额

＝成本×（1+成本利润率）÷（1－消费税税率）

名师解读

销售自产货物的成本为实际生产成本；销售外购货物的成本为实际采购成本；成本利润率通常为10%。

3. 进项税额

（1）准予从销项税额中抵扣的进项税额

准予从销项税额中抵扣的进项税额的相关规定如表6-7所示。

表6-7 进项税额抵扣相关规定

抵扣方法	相关规定
以票抵税	①从销售方取得的增值税专用发票上注明的增值税税额（一般纳税人取得普通发票，不得抵扣） ②从海关取得的进口增值税专用缴款书上注明的增值税税额
计算抵税	①购进农产品取得专用发票或海关进口增值税专用缴款书，凭票抵扣 ②购进农产品未取得上述凭证，按照农产品收购发票或销售发票上注明的面额和扣除率计算扣除，进项税额＝买价×13%

（2）不准予从销项税额中抵扣的进项税额

①用于"简易计税方法计税项目、免征增值税项目、集体福利或者个人消费"的购进货物、加工修理修配劳务、服务、无形资产和不动产，其进项税额不得抵扣。

②非正常损失的购进货物及相关的应税劳务，其进项税额不得抵扣。其中非正常损失是指因管理不善造成被盗、丢失、霉烂变质的损失。

③非正常损失的在产品、产成品所耗用的购进货物或者应税劳务，其进项税额不得抵扣。

④非正常损失的不动产，以及该不动产所耗用的购进货物、设计服务和建筑服务，其进项税额不得抵扣。

⑤非正常损失的不动产在建工程所耗用的购进货物、设计服务和建筑服务，其进项税额不得抵扣。

名师解读

因"管理不善"造成的非正常损失，其进项税额不得抵扣；因"不可抗力"造成的非正常损失，其进项税额可以抵扣。

⑥小规模纳税人不得抵扣进项税额，但一般纳税人取得的由税务机关为小规模纳税人代开的增值税专用发票，可以作为进项税额抵扣的依据。

⑦进口货物不得抵扣发生在中国境外的各种税金（包括销项税额）。

⑧因进货退出或折让而收回的进项税额，应从发生进货退出或折让当期的进项税额中扣减。

需注意的是，一般纳税人销售货物或者应税劳务，开具增值税专用发票后，发生销售货物退回或者折让、开票有误等情形，应按国家税务总局的规定开具红字增值税发票。未按规定开具红字增值税专用发票的，增值税税额不得从销项税额中扣减。

⑨合计购进货物或应税劳务，取得的不符合法律、行政法规或国务院税务主管部门有关规定的增值税扣税凭证，不得抵扣进项税额。

（3）进项税额抵扣期限

①增值税专用发票：开具之日起 180 日内办理认证，次月申报期内申报抵扣。

②海关进口增值税专用缴款书："先比对后抵扣"的，在开具之日起 180 日内报送抵扣清单并申请比对；未实行的，在开具日起 180 日后的第一个纳税申报期结束前，向税务机关申报抵扣。

4. 小规模纳税人的应纳税额

小规模纳税人销售货物或提供应税劳务，实行按销售额和征收率计算应纳税额的简易办法，不得抵扣进项税额，其应纳税额计算公式如下。

应纳税额 = 不含税销售额 × 征收率

不含税销售额 = 含税销售额 ÷（1+ 征收率）

小规模纳税人销售两种特殊物品的税务处理及计算公式如表 6-8 所示。

表 6-8 小规模纳税人销售特殊物品的税务处理及计算公式

对象	具体情形	税务处理	计税公式
小规模纳税人	销售使用过的固定资产和旧货	减按 2% 的征收率征收增值税	增值税 = 含税价格 ÷（1+3%）×2%
	销售上述物品外的其他使用过的物品	按 3% 的征收率征收增值税	增值税 = 含税价格 ÷（1+3%）×3%

5. 进口货物的应纳税额

进口货物的应纳税额计算公式如下：

组成计税价格 = 关税完税价格 + 关税 + 消费税

应纳税额 = 组成计税价格 × 税率

典型例题

【例题 1 · 单选题】某书店是增值税一般纳税人，2014 年 4 月销售图书取得含税销售额 6.78 万元。根据增值税法律制度的规定，该书店此项业务的增值税销项税额为（　）万元。（2014 年）

A. 0.78　　B. 0.88

C. 0.99　　D. 1.15

【解析】图书适用的增值税税率为 13%，该书店此项业务的增值税销项税额 =6.78 ÷（1+13%）× 13% =0.78（万元）。

【答案】A

【例题 2 · 单选题】某小规模纳税人取得销售收入 32 960 元；当月从农户购入农产品价值 640 元，支付运输费 60 元，该企业当月应缴纳的增值税税额为（　）元。

A. 480　　B. 597.6

C. 872.6　　D. 960

【解析】本题的小规模纳税人适用 3% 的征收率，且不能抵扣进行税额，应纳税额 =32 960 ÷（1+3%）× 3% = 960（元）。

【答案】D

考点6 增值税的税收优惠（★★★）

考点分析

本考点属于考生应掌握的内容，需要记忆的知识点非常多，在考试中，本考点可能与增值税的计算内容相结合，对考生进行综合考查。

考点精讲

1. 增值税的免税项目

（1）农业生产者销售的自产农产品。包括种植业、养殖业、林业、牧业、水产业的初级农产品，具体范围由财政部、国家税务总局确定。

（2）避孕药品和用具。

（3）古旧图书，即向社会收购的古书和旧书。

（4）直接用于科学研究、科学试验和教学的进口仪器、设备。

（5）外国政府、国际组织无偿援助的进口物资和设备。

（6）由残疾人组织直接进口供残疾人专用的物品。

（7）销售的自己使用过的物品，即指其他个人自己使用过的物品。

（8）国务院财政部、国家税务总局规定的其他免征增值税项目。

2. 纳税人放弃免税权

（1）纳税人销售货物或应税劳务适用免税规定的，可书面声明放弃免税，并报主管税务机关备案。

（2）纳税人自备案次月起，按规定缴纳增值税。

（3）放弃免税后，36 个月内不得再申请免税。

（4）一经放弃免税权，应按适用税率征税，不得选择某一免税项目放弃免税权，也不得根据不同的销售对象选择部分货物或劳务放弃免税权。

3. 增值税的起征点

增值税起征点优惠仅限于个人，当纳税人销售额未达到增值税起征点的，免征增值税；达到起征

点的，按规定全额计算缴纳增值税。增值税起征点的规定如表 6-9 所示。

表 6-9　增值税的起征点

类别	起征点
销售货物	月销售额 5 000~2 0000 元
提供应税劳务	月销售额 5 000~20 000 元
按次纳税	每次（日）销售额 300~500 元

名师解读

自 2014 年 10 月 1 日起，调整为增值税小规模纳税人月销售额不超过 3 万元（含 3 万元）的，免征增值税。为继续支持小微企业发展、推动创业就业，该项政策继续执行至 2017 年 12 月 31 日。

典型例题

【例题 1 · 单选题】根据增值税的有关规定，下列关于增值税纳税人放弃免税权的表述中，正确的是（　）。

A. 生产和销售免征增值税货物或劳务的纳税人要求放弃免税权，可以以书面形式或口头形式提交、告知放弃免税权声明

B. 纳税人一经放弃免税权，其生产销售的全部增值税应税货物或劳务可按照适用税率征税，也可选择某一免税项目放弃免税权

C. 纳税人放弃免税权后，36个月内不得申请免税

D. 纳税人可以根据不同的销售对象选择部分货物或劳务放弃免税权

【解析】纳税人放弃免税后，36 个月内不得再申请免税，选项 C 正确。

【答案】C

【例题 2 · 判断题】纳税人一经放弃免税权，其生产销售的全部增值税应税货物或劳务均应按照适用税率征税，不得选择某一免税项目放弃免税权，也不得根据不同的销售对象选择部分货物或劳务放弃免税权。（　）（2015 年）

【解析】题干是对纳税人放弃增值税免税优惠的正确描述。

【答案】√

考点7 增值税的征收管理（★★）

考点分析

本考点属于考生应熟悉的内容，对于不同应税行为，其纳税义务发生时间以及纳税地点，可能以单选题的形式进行考查。

考点精讲

1. 纳税地点

不同的增值税纳税人（或应税行为）其纳税地点有所区别，具体规定如表 6-10 所示。

表 6-10　不同纳税人（或应税行为）的增值税纳税地点规定

纳税人（或应税行为）	纳税地点规定
固定业户	①向机构所在地的主管税务机关申报纳税 ②总机构和分支机构不在同一县（市）的，分别在各自所在地进行申报 ③经相关机构批准，可由总机构汇总并在其所在地进行申报纳税
非固定业户销售货物或者应税劳务	向销售地或劳务发生地的主管税务机关申报纳税，否则由其机构所在地或居住地的主管税务机关补征税款
进口货物	报关地海关申报纳税
扣缴义务人	向机构所在地或居住地的主管税务机关申报纳税

名师解读

固定业户到外县（市）销售货物或提供应税劳务的，向其机构所在地的主管税务机关申请开具外出经营活动税收管理证明，并向其机构所在地主管税务机关进行申报纳税；未开具证明的，向销售地或劳务发生地的主管税务机关申报，否则由机构所在地的主管税务机关补征税款。

2. 纳税义务发生时间

（1）销售货物或提供应税劳务的，纳税义务发生时间按货款结算方式的不同进行区分，具体如表 6-11 所示。

表 6-11　不同销售结算方式或提供劳务的纳税义务发生时间

销售结算方式	纳税义务发生时间
直接收款	①收到销售款或取得索取销售款项凭据的当天 ②已将货物移送对方并暂估销售收入入账，但未取得销售款或取得索取销售款凭据，同时也未开具销售发票的，纳税义务发生时间为取得销售款或取得索取销售款凭据的当天 ③先开具发票的，为开具发票的当天
托收承付和委托银行收款	发出货物并办妥托收手续的当天
赊销和分期收款	①书面合同约定的收款日期的当天 ②无合同或未约定日期的，为货物发出的当天
预收货款	①一般为货物发出的当天 ②生产销售生产工期超过 12 个月的大型机械设备、飞机、船舶等货物，为收到预收款或者书面合同约定的收款日期的当天
委托其他纳税人代销	①收到代销单位的代销清单或收到全部或部分货款的当天 ②未收到上述凭证的，为发出代销货物满 180 天的当天
提供应税劳务	提供劳务同时收讫销售款或取得索取销售款凭据的当天
发生视同销售货物的行为	货物移送的当天（除委托他人代销、销售代销货物外）

（2）纳税人进口货物，其纳税义务发生时间为报关进口的当天。

（3）增值税扣缴义务发生时间为纳税人增值税纳税义务发生的当天。

3. 纳税期限

（1）增值税纳税期限分别为1日、3日、5日、10日、15日、1个月或1个季度（仅适用于小规模纳税人）。

（2）纳税人具体纳税期限，由主管税务机关根据应纳税额的大小分别核定，不能固定期限纳税的，可以按次纳税。

（3）纳税人以1个月或1个季度为1个纳税期的，自期满之日起15日内申报纳税；以1日、3日、5日、10日或者15日为1个纳税期的，自期满之日起5日内预缴税款，于次月1日起15日内申报纳税并结清上月应纳税款。

（4）扣缴义务人解缴税款的期限，依照上述规定执行。

（5）纳税人进口货物，应当自海关填发进口增值税专用缴款书之日起15日内缴纳税款。纳税人出口货物，应当按月向税务机关申报办理该项出口货物退税。

典型例题

【例题1·多选题】下列各项中，符合有关增值税纳税地点规定的有（　　）。

A. 扣缴义务人应当向其机构所在地或者居住地的主管税务机关申报缴纳其扣缴的税款

B. 总机构和分支机构不在同一县（市）的，应当分别向各自所在地主管税务机关申报纳税

C. 非固定业户销售货物或者提供应税劳务的，一律向其机构所在地或居住地的主管税务机关申报缴纳税款

D. 经国务院财政、税务主管部门批准，可由总机构汇总向总机构所在地主管税务机关申报纳税

【解析】非固定业户销售货物或者应税劳务，应在销售地或劳务发生地申报纳税。否则由其机构所在地或居住地的主管税务机关补征税款。选项C说法错误。

【答案】ABD

【例题2·单选题】根据增值税法律制度的规定，下列关于增值税纳税义务发生时间的表述中，不正确的是（　　）。（2011年）

A. 委托其他纳税人代销货物，为代销货物移送给委托方的当天

B. 提供应税劳务，为提供劳务同时收讫销售款或者取得索取销售款凭据的当天

C. 采取托收承付和委托银行收款方式销售货物，为发出货物并办妥托收手续的当天

D. 采取直接收款方式销售货物，为收到销售款或者取得索取销售款凭据的当天

【解析】委托其他纳税人代销货物，增值税纳税义务的发生时间为收到代销单位的代销清单或者收到全部或者部分货款的当天。未收到代销清单及货款的，为发出代销货物满180天的当天。

【答案】A

考点8 增值税专用发票（★）

考点分析

本考点属于考生应了解的内容，在近几年未出现过考题。考生在复习本考点知识时，应将其代入到真实环境中，以帮助理解。

考点精讲

1. 增值税专用发票概述

纳税人销售货物或提供应税劳务，应向索取增值税专用发票的购买方开具注明销售额和销项税额的增值税专用发票。

2. 增值税专用发票的组成

增值税专用发票分为三联发票和六联发票两种，其中三联发票的第一联为记账联、第二联为抵扣联、第三联为发票联。

3. 发票开具要求

纳税人应按实际交易和纳税义务发生时间开具增值税专用发票。做到项目齐全，字迹清楚，不压线、错格，在抵扣联加盖财务专用章或发票专用章。

下列情形不得开具增值税专用发票。

（1）向消费者个人销售货物或应税劳务的。

（2）销售货物或应税劳务适用免税规定的。

（3）小规模纳税人销售货物或应税劳务。

（4）商业企业一般纳税人零售的烟、酒、食品、服装、鞋帽、化妆品等消费品不得开具专用发票。

（5）增值税小规模纳税人不得领购使用开具专用发票，但可以向当地主管税务机关申请代开。

典型例题

【例题·多选题】下列情形中，不得开具增值税专用发票的有（　　）。

A. 一般纳税人向消费者个人销售货物的

B. 一般纳税人提供的应税劳务适用免税规定的

C. 小规模纳税人提供应税劳务的

D. 一般纳税人向一般纳税人提供加工劳务的

【解析】选项A、B、C均属于不得开具增值税专用发票的情形。

【答案】ABC

考点9 增值税的出口退（免）税制度（★★）

考点分析

本考点属于考生应熟悉的内容，主要考查出口退（免）税和出口退税的相关知识。考生应对具体的经济业务事项，能判断其适用于哪一种退税或免税政策。

考点精讲

1. 免税并退税

下列企业出口的货物或劳务，除另有规定外，给予免税并退税。

（1）出口企业出口货物或对外提供加工修理修配劳务。

（2）出口企业或其他单位视同出口货物。

①出口企业对外援助、对外承包、境外投资的出口货物。

②出口企业经海关报关进入国家批准的出口加工区、保税物流园区、保税港区、综合保税区等并销售给境外单位、个人的货物。

③经营免税品的企业销售的货物。

2. 免税不退税

出口货物劳务免税不退税的情形如表6-12所示。

表6-12 免税不退税的情形

行为	具体货物或劳务
出口货物	①增值税小规模纳税人出口的货物 ②避孕药品和用具，古旧图书 ③软件产品 ④含黄金、铂金成分的货物，钻石及其饰品 ⑤国家计划内出口的卷烟 ⑥购进时未取得增值税专用发票、海关进口增值税专用缴款书但其他相关单证齐全的已使用过的设备 ⑦非出口企业委托出口的货物 ⑧财政部和国家税务总局规定出口免税的货物 ⑨来料加工复出口的货物，以及以旅游购物贸易方式报关出门的货物等
视同出口货物	①国家批准设立的免税店销售的免税货物 ②特殊区域内的企业为境外的单位或个人提供加工修理修配劳务 ③同一特殊区域、不同特殊区域内的企业之间销售特殊区域内的货物

3. 不免税、不退税

下列出口货物或劳务既不免税，也不退税。

（1）出口企业出口或视同出口财政部和国家税务总局根据国务院决定明确的取消出口退（免）税的货物，但不包括来料加工复出口货物、中标机电产品、列名原材料、输入特殊区域的水电气、海洋工程结构物。

（2）销售给特殊区域内的生活消费用品和交通运输工具。

（3）因骗取出口退税被税务机关停止办理增值税退（免）税期间出口的货物。

（4）提供虚假备案单证的货物。

（5）增值税退（免）税凭证有伪造或内容不实的货物。

（6）未在国家税务总局规定期限申报免税核销以及经主管税务机关审核不予免税核销的出口卷烟。

4. 增值税退（免）税办法及出口退税率

（1）适用增值税退（免）税政策的出口货物劳务，实行增值税免抵退税或免退税办法。

（2）出口企业应划分不同税率的货物劳务，分别核算和申报，凡划分不清的，一律从低适用退税率计算退免税。适用不同退税率的货物劳务，应分开报关、核算并申报退（免）税，未分开报关、核算或划分不清的，从低适用退税率。

典型例题

【例题1·单选题】根据增值税法律制度规定，下列各项出口货物中，不属于享受增值税出口免税并退税政策的是（　）。（2011年）

A. 来料加工复出口的货物

B. 生产企业自营出口的自产货物

C. 生产企业委托外贸企业代理出口的自产货物

D. 有出口经营权的外贸企业收购后直接出口的货物

【解析】来料加工复出口的货物适用增值税免税（但不退税）政策，即原料进口免税，加工后复出口不办理退税。

【答案】A

【例题2·多选题】根据增值税法律制度的规定，下列关于出口退（免）税政策的表述中，正确的有（　）。（2015年）

A. 生产企业出口自产货物适用免抵退税办法

B. 适用增值税免税政策的出口货物，其进项税额不得抵扣和退税

C. 出口企业应将不同税率的货物分开核算和申报，凡划分不清的，不予退免税

D. 在征、退税率不一致的情况下，需要计算免抵退税不得免征和抵扣税额，并将其从当期进项税额中转出

【答案】ABD

【解析】选项C错误，出口企业应将不同税率的货物分开核算和申报，凡划分不清的，一律从低适用税率计算应退消费税税额。

本节考点回顾与总结一览表

本节考点	知识总结
考点 1 我国增值税的计税方法	应纳税额 = 增值额 × 税率 = 销售额 × 税率 − 同期外购项目已纳税额 = 当期销项税额 − 当期进项税额
考点 2 增值税的纳税人	①纳税人和扣缴义务人：纳税人和扣缴义务人的界定 ②增值税纳税人的分类：小规模纳税人和一般纳税人的界定及其区别
考点 3 增值税的征收范围	①销售货物：一般销售和视同销售方式下销售货物缴纳增值税 ②提供加工、修理修配劳务：有偿提供加工、修理修配劳务，应缴纳增值税 ③进口货物：除享受免税政策的进口应税货物，均属于增值税的征税范围 ④增值税特殊应税项目：货物期货，银行销售的金银业务，死当物品销售、代售，缝纫业务
考点 4 增值税的税率	①一般纳税人：基本税率 17%，低税率 13% ②小规模纳税人：征收率 3%
考点 5 增值税的应纳税额	①一般纳税人的应纳税额：扣税法（应纳税额 = 当期销项税额 − 当期进项税额） ②销项税额：销项税额 = 不含税销售额 × 税率 =[含税销售额 ÷（1+ 税率）]× 税率，确定销售额，包装物押金，特殊情况下的销售额，特殊销售方式下的销售额 ③进项税额：准予从销项税中抵扣的进项税额，不得抵扣的情况 ④小规模纳税人的应纳税额 = 不含税销售额 × 征收率 =[含税销售额 ÷（1+ 征收率）]× 征收率 ⑤进口货物的应纳税额 =（关税完税价格 + 关税 + 消费税）× 税率
考点 6 增值税的税收优惠	①增值税的免税项目：自产农产品，避孕药品和用具，古旧图书，残疾人组织进口残疾人用品 ②纳税人放弃免税权：书面声明放弃，放弃免税后，36 个月内不得再申请免税 ③增值税的起征点：个人纳税人销售额未达起征点的，免征增值税；达到起征点的，全额计算
考点 7 增值税的征收管理	①纳税地点：固定业户（外县、市活动），非固定业户，进口货物，以及扣缴义务人的纳税地点 ②纳税时间：不同结算方式的纳税义务发生时间，进口货物和扣缴义务人的纳税义务发生时间 ③纳税期限：1 日、3 日、5 日、10 日、15 日、1 个月或 1 个季度（季度仅适用于小规模纳税人）
考点 8 增值税专用发票	①增值税专用发票概述：注明销售额和销项税额的增值税专用发票 ②增值税专用发票的组成：发票联、抵扣联、记账联和其他联次 ③发票开具要求：项目齐全，字迹清楚，不压线、错格，在抵扣联加盖财务专用章或发票专用章
考点 9 增值税的出口退（免）税制度	①免税并退税：出口企业出口货物，出口企业或其他单位视同出口货物 ②免税不退税：出口企业或其他单位出口货物，视同出口货物劳务 ③不免、不退：既不适用增值税退（免）税，也不适用免税政策的出口货物劳务

真题演练

1. 【单选题】甲企业是增值税一般纳税人，向乙商场销售服装 1 000 件，每件不含税价格为 80 元。由于乙商场购买量大，甲企业按原价的七折优惠销售，乙商场付款后，甲企业为乙商场开具的发票上分别注明了销售额和折扣额，则甲企业此项业务的增值税销项税额是（　）元。（2013 年）

A. 8 136.75　　B. 9 520
C. 11 623.94　　D. 13 600

2. 【单选题】某金店是增值税的一般纳税人，2012 年 3 月采取以旧换新方式销售纯金项链 10 条，每条新项链的不含税销售额为 4 000 元，收购旧项链的不含税金额为每条 2 000 元，该笔业务的销项税额为（　）元。（2012 年）

A. 6 800　　B. 5 200
C. 3 400　　D. 2 600

3. 【单选题】某服装厂为增值税一般纳税人。2015 年 2 月，销售服装开具增值税专用发票，取得含税销售额 200 万元，开具增值税普通发票，取得含税销售额 120 万元；将外购的布料用于集体福利，该布料购进价 20 万元，同类布料不含税销售价为 30 万元。根据增值税法律制度的规定，该服装厂当月增值税销项税额为（　）万元。（2015 年）

A. 46.5　　B. 49.9
C. 51.6　　D. 54.4

4. 【单选题】某家电销售企业为增值税一般纳税人。2015 年 6 月销售 H 型空调 80 台，每台含税价款 2 925 元；采取"以旧换新"方式销售同型号空调 20 台，每台旧空调作价 585 元，实际每台收款项 2 340 元。根据增值税法律制度的规定，该企业当月上述业务增值税销项税额为（　）元。（2015 年）

A. 40 800　　B. 42 500
C. 47 736　　D. 49 725

5. 【单选题】增值税一般纳税人的下列行为的进项税额，不得从销项税额中抵扣的是（　）。（2014 年）

A. 将外购的货物用于本单位集体福利
B. 将外购的货物分配给股东
C. 将外购的货物无偿赠送给其他个人
D. 将外购的货物用于投资入股

6. 【多选题】根据增值税法律制度的规定，下列关于增值税纳税义务发生时间的表述中，正确的有（　）。（2013 年）

A. 将委托加工的货物无偿赠送他人的，为货物移送的当天
B. 采取直接收款方式销售货物的，为货物发出

的当天

C. 委托他人销售货物的，为受托方售出货物的当天

D. 进口货物，为报关进口的当天

7.【多选题】根据增值税法律制度的规定，下列出口货物中，免税但不退税的有（ ）。（2013年）

A. 国家计划内出口的石油

B. 避孕药品

C. 来料加工复出口的货物

D. 古旧图书

第二节 营业税改征增值税制度的主要内容

考点10 “营改增”试点纳税人及其认定（★）

考点分析

本考点属于考生应了解的内容，是“营改增”章节的基础内容，在近几年未出现过考题。

考点精讲

1. 试点纳税人

在中华人民共和国境内销售服务、无形资产或者不动产（以下称应税行为）的单位和个人，为增值税纳税人。

试点纳税人分为一般纳税人和小规模纳税人。划分小规模纳税人与一般纳税人的标准主要有两个，一个是应税服务年销售额，另一个是会计核算制度是否健全。

2. 试点一般纳税人的认定

（1）应税行为的年应征增值税销售额（以下称应税销售额）超过500万元的纳税人为一般纳税人，未超过规定标准的纳税人为小规模纳税人。

（2）年应税销售额超过规定标准的其他个人不属于一般纳税人。

（3）年应税销售额超过规定标准但不经常发生应税行为的单位和个体工商户可选择按照小规模纳税人纳税。

（4）年应税销售额未超过规定标准的纳税人，会计核算健全，能够提供准确税务资料的，可以向主管税务机关申请一般纳税人资格认定，成为一般纳税人。

典型例题

【例题·单选题】根据“营改增”的相关规定，下列纳税人中，可以被认定为一般纳税人的是（ ）。

A. 从事物流服务，应税服务年销售额为100万元，会计核算不健全的纳税人

B. 从事交通运输业，应税服务年销售额为510万元，会计核算健全的纳税人

C. 从事代理记账业务，应税服务年销售额为300万元，会计核算不健全的纳税人

D. 年应税销售额超过规定标准的其他个人

【解析】应税行为的年应征增值税销售额超过500万元的纳税人为一般纳税人，未超过规定标准的纳税人为小规模纳税人。选项A、C不符合题意，选项B符合题意。年应税销售额超过规定标准的其他个人，不属于一般纳税人。

【答案】B

考点11 “营改增”试点的应税范围（★★）

考点分析

本考点属于考生应熟悉的内容，考生复习时应掌握“营改增”应税范围的某些特殊规定。

考点精讲

1. 应税范围的一般规定

根据我国营业税改征增值税试点方案，“营改增”试点涉及的行业及其税目的具体内容如表6-13所示。

表6-13 “营改增”试点的应税范围

试点行业	税目	具体内容
交通运输业	陆路运输服务	指通过陆路（地上或者地下）运送货物或者旅客的运输业务活动，包括铁路运输和其他陆路运输
	水路运输服务	指通过江、河、湖、川等天然、人工水道或者海洋航道运送货物或者旅客的运输业务活动
	航空运输服务	指通过空中航线运送货物或者旅客的运输业务活动
	管道运输服务	指通过管道设施输送气体、液体、固体物质的运输业务活动
邮政业	邮政普通服务	指函件、包裹等邮件寄递，以及邮票发行、报刊发行和邮政汇兑等业务活动
	邮政特殊服务	指义务兵平常信函、机要通信、盲人读物和革命烈士遗物的寄递等业务活动
	其他邮政服务	指邮册等邮品销售、邮政代理等业务活动

续表

<table>
<tr><th>试点行业</th><th colspan="2">税目</th><th>具体内容</th></tr>
<tr><td rowspan="2">电信业</td><td colspan="2">基础电信服务</td><td>指利用固网、移动网、卫星、互联网，提供语音通话服务的业务活动，以及出租或者出售带宽、波长等网络元素的业务活动</td></tr>
<tr><td colspan="2">增值电信服务</td><td>指利用固网、移动网、卫星、互联网、有线电视网络，提供短信和彩信服务、电子数据和信息的传输及应用服务、互联网接入服务等业务活动</td></tr>
<tr><td rowspan="5">建筑服务</td><td colspan="2">工程服务</td><td>指新建、改建各种建筑物、构筑物的工程作业，包括与建筑物相连的各种设备或者支柱、操作平台的安装或者装设工程作业，以及各种窑炉和金属结构工程作业</td></tr>
<tr><td colspan="2">安装服务</td><td>指生产设备、动力设备、起重设备、运输设备、传动设备、医疗实验设备以及其他各种设备、设施的装配、安置工程作业，包括与被安装设备相连的工作台、梯子、栏杆的装设工程作业，以及被安装设备的绝缘、防腐、保温、油漆等工程作业</td></tr>
<tr><td colspan="2">修缮服务</td><td>指对建筑物、构筑物进行修补、加固、养护、改善，使之恢复原来的使用价值或者延长其使用期限的工程作业</td></tr>
<tr><td colspan="2">装饰服务</td><td>指对建筑物、构筑物进行修饰装修，使之美观或者具有特定用途的工程作业</td></tr>
<tr><td colspan="2">其他建筑服务</td><td>指上列工程作业之外的各种工程作业服务，如钻井（打井）、拆除建筑物或者构筑物、平整土地、园林绿化、疏浚（不包括航道疏浚）、建筑物平移、搭脚手架、爆破、矿山穿孔、表面附着物（包括岩层、土层、沙层等）剥离和清理等工程作业</td></tr>
<tr><td>金融服务</td><td colspan="2">贷款服务</td><td>贷款是指将资金贷与他人使用而取得利息收入的业务活动。各种占用、拆借资金取得的收入，包括金融商品持有期间（含到期）利息（保本收益、报酬、资金占用费、补偿金等）收入、信用卡透支利息收入、买入返售金融商品利息收入、融资融券收取的利息收入，以及融资性售后回租、押汇、罚息、票据贴现、转贷等业务取得的利息及利息性质的收入，按照贷款服务缴纳增值税</td></tr>
<tr><td rowspan="3">金融服务</td><td colspan="2">直接收费金融服务</td><td>指为货币资金融通及其他金融业务提供相关服务并且收取费用的业务活动。包括提供货币兑换、账户管理、电子银行、信用卡、信用证、财务担保、资产管理、信托管理、基金管理、金融交易场所（平台）管理、资金结算、资金清算、金融支付等服务</td></tr>
<tr><td colspan="2">保险服务</td><td>指投保人根据合同约定，向保险人支付保险费，保险人对于合同约定的可能发生的事故因其发生所造成的财产损失承担赔偿保险金责任，或者当被保险人死亡、伤残、疾病或者达到合同约定的年龄、期限等条件时承担给付保险金责任的商业保险行为。保险服务包括人身保险服务和财产保险服务</td></tr>
<tr><td colspan="2">金融商品转让</td><td>指转让外汇、有价证券、非货物期货和其他金融商品所有权的业务活动。其他金融商品转让包括基金、信托、理财产品等各类资产管理产品和各种金融衍生品的转让</td></tr>
<tr><td rowspan="11">现代服务</td><td colspan="2">研发和技术服务</td><td>包括研发服务、技术转让服务、技术咨询服务、合同能源管理服务、工程勘察勘探服务</td></tr>
<tr><td colspan="2">信息技术服务</td><td>包括软件服务、电路设计及测试服务、信息系统服务和业务流程管理服务</td></tr>
<tr><td colspan="2">文化创意服务</td><td>包括设计服务、商标著作权转让服务、知识产权服务、广告服务和会议展览服务</td></tr>
<tr><td colspan="2">物流辅助服务</td><td>包括航空服务、港口码头服务、货运客运场站服务、打捞救助服务、货物运输代理服务、代理报关服务、仓储服务和装卸搬运服务</td></tr>
<tr><td colspan="2">租赁服务</td><td>包括融资租赁服务和经营性租赁服务</td></tr>
<tr><td colspan="2">鉴证咨询服务</td><td>包括认证服务、鉴证服务和咨询服务</td></tr>
<tr><td colspan="2">广播影视服务</td><td>包括广播影视节目（作品）的制作服务、发行服务和播映（含放映）服务</td></tr>
<tr><td rowspan="4">商务辅助服务</td><td>企业管理服务</td><td>指提供总部管理、投资与资产管理、市场管理、物业管理、日常综合管理等服务的业务活动</td></tr>
<tr><td>经纪代理服务</td><td>指各类经纪、中介、代理服务。包括金融代理、知识产权代理、货物运输代理、代理报关、法律代理、房地产中介、职业中介、婚姻中介、代理记账、拍卖等</td></tr>
<tr><td>人力资源服务</td><td>指提供公共就业、劳务派遣、人才委托招聘、劳动力外包等服务的业务活动</td></tr>
<tr><td>安全保护服务</td><td>指提供保护人身安全和财产安全，维护社会治安等的业务活动。包括场所住宅保安、特种保安、安全系统监控以及其他安保服务</td></tr>
<tr><td colspan="3">其他现代服务</td><td>指除研发和技术服务、信息技术服务、文化创意服务、物流辅助服务、租赁服务、鉴证咨询服务、广播影视服务和商务辅助服务以外的现代服务</td></tr>
<tr><td colspan="3">生活服务</td><td>指为满足城乡居民日常生活需求提供的各类服务活动。包括文化体育服务、教育医疗服务、旅游娱乐服务、餐饮住宿服务、居民日常服务和其他生活服务</td></tr>
<tr><td colspan="3">销售无形资产</td><td>指转让无形资产所有权或者使用权的业务活动。无形资产是指不具实物形态，但能带来经济利益的资产，包括技术、商标、著作权、商誉、自然资源使用权和其他权益性无形资产</td></tr>
<tr><td colspan="3">销售不动产</td><td>指转让不动产所有权的业务活动。不动产是指不能移动或者移动后会引起性质、形状改变的财产，包括建筑物、构筑物等</td></tr>
</table>

2. 应税范围的特殊规定

（1）视同提供应税服务的情形

下列情形视同销售服务、无形资产或者不动产。

①单位或者个体工商户向其他单位或者个人无偿提供服务，但用于公益事业或者以社会公众为对象的除外。

②单位或者个人向其他单位或者个人无偿转让无形资产或者不动产，但用于公益事业或者以社会公众为对象的除外。

③财政部和国家税务总局规定的其他情形。

（2）非营业活动的情形

销售服务、无形资产或者不动产，是指有偿提

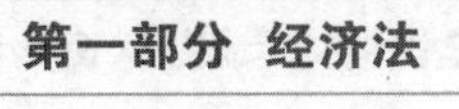

供服务、有偿转让无形资产或者不动产，但属于下列非经营活动的情形除外。

①行政单位收取的同时满足以下条件的政府性基金或者行政事业性收费。

a. 由国务院或者财政部批准设立的政府性基金，由国务院或者省级人民政府及其财政、价格主管部门批准设立的行政事业性收费。

b. 收取时开具省级以上（含省级）财政部门监（印）制的财政票据。

c. 所收款项全额上缴财政。

②单位或者个体工商户聘用的员工为本单位或者雇主提供取得工资的服务。

③单位或者个体工商户为聘用的员工提供服务。

（3）不属于在境内提供应税服务的情形

①境外单位或者个人向境内单位或者个人销售完全在境外发生的服务。

②境外单位或者个人向境内单位或者个人销售完全在境外使用的无形资产。

③境外单位或者个人向境内单位或者个人出租完全在境外使用的有形动产。

④财政部和国家税务总局规定的其他情形。

典型例题

【例题 1 · 判断题】融资性售后回租业务按照租赁服务中的“融资租赁服务”缴纳增值税（　）。

【解析】根据规定，融资性售后回租业务应按照金融服务中的“直接收费金融服务”税目缴纳增值税。

【答案】×

【例题 2 · 多选题】根据增值税法律制度的规定，下列各项中，应按照“物流辅助服务”缴纳增值税的有（　）。

A. 仓储服务　　B. 打捞救助服务

C. 货物运输代理服务　　D. 装卸搬运服务

【解析】本题选项中，货物运输代理服务应按照“经纪代理服务”缴纳增值税；其余项目均按照“物流辅助服务”缴纳增值税。

【答案】ABD

考点12 “营改增”试点的税率（★★）

考点分析

本考点知识点较少，易于理解和掌握。考生同样可以与前面增值税的税率比较记忆，分类掌握。

考点精讲

1. 税率

试点增值税一般计税方法下有 4 档税率，具体规定如表 6-14 所示。

表 6-14 “营改增”试点的税率

应税服务	税率
提供有形动产租赁服务	17%
提供交通运输业、邮政、基础电信、建筑、不动产租赁服务，销售不动产，转让土地使用权	11%
除上述两项以外的	6%
境内单位和个人发生的跨境应税服务（具体范围由财政部和国家税务总局另行规定）	零

2. 征收率

小规模纳税人及一般纳税人适用简易方法计税的特定项目，如公共交通运输服务、电影放映服务、仓储服务、装卸搬运服务和收派服务等采取征收率征税，其增值税征收率为 3%。

名师解读

纳税人提供适用不同税率或者征收率的应税服务，应当分别核算适用不同税率或者征收率的销售额；未分别核算的，从高适用税率。

典型例题

【例题 · 单选题】“营改增”在现行增值税 17% 标准税率和 13% 低税率基础上，新增的两档低税率为（　）。

A. 11% 和 3%　　B. 11% 和 6%

C. 6% 和 3%　　D. 3% 和 0%

【解析】试点增值税一般计税方法下有四档税率，分别为 17%、13%、11% 和 6%。

【答案】B

考点13 “营改增”试点的应纳税额计算（★★★）

考点分析

本考点属于考生应掌握的内容，在考试中出现的概率很大，只要考生掌握了不同应税项目增值税应纳税额计算的方法，即可轻松答题。

考点精讲

1. 计税方法

（1）一般计税方法

应纳税额为当期销项税额抵扣当期进项税额后的余额。计算公式如下。

应纳税额 = 当期销项税额 − 当期进项税额

计税销售额 =（取得的全部含税价款和价外费用 − 支付给其他单位或个人的含税价款）÷（1+ 对应征税应税服务适用的增值税税率或征收率）

（2）简易计税方法

应纳税额为按销售额和增值税征收率计算的增

值税额，不得抵扣进项税额。计算公式如下。

应纳税额 = 不含税销售额 × 征收率

计税销售额 =（取得的全部含税价款和价外费用 − 支付给其他单位或个人的含税价款）÷（1+ 征收率）

2．进项税额

“营改增”试点准予和不予从销项税额中扣除的进项税额的相关规定如表 6-15 所示。

表 6-15 “营改增”试点进项税额的相关规定

事项	规定
准予扣除	①购买货物：从销售方或提供方取得的增值税专用发票上注明的增值税额 ②进口货物：从海关取得的海关进口增值税专用缴款书上注明的增值税额 ③购买农产品：除取得增值税专用发票或海关进口增值税专用缴款书外，按农产品收购发票或销售发票上注明的农产品买价和扣除率（13%）计算的进项税额 ④境外范围：接受境外单位或个人提供的应税服务，从税务机关或境内代理人取得的解缴税款的中华人民共和国税收通用缴款书中注明的增值税额 ⑤自 2016 年 2 月 1 日起，蜂窝数字移动通信用塔（杆），属于《固定资产分类与代码》（GB/T 14885-2010）中的“其他通讯设备”（代码 699），其增值税进项税额可以按照现行规定从销项税额中抵扣
不予扣除	①用于简易计税方法计税项目、免征增值税项目、集体福利或者个人消费的购进货物、加工修理修配劳务、服务、无形资产和不动产。其中涉及的固定资产、无形资产、不动产，仅指专用于上述项目的固定资产、无形资产（不包括其他权益性无形资产）、不动产 ②非正常损失的购进货物，以及相关的加工修理修配劳务或者交通运输业服务 ③非正常损失的在产品、产成品所耗用的购进货物（不包括固定资产）、加工修理修配劳务或者交通运输业服务 ④非正常损失的不动产，以及该不动产所耗用的购进货物、设计服务和建筑服务 ⑤非正常损失的不动产在建工程所耗用的购进货物、设计服务和建筑服务 ⑥购进的旅客运输服务、贷款服务、餐饮服务、居民日常服务和娱乐服务 ⑦财政部和国家税务总局规定的其他情形

典型例题

【例题 1 · 多选题】根据“营改增”的有关规定，下列选项中可以从销项税额中抵扣进项税额的有（　）。

A．购进农产品

B．接受交通运输业服务

C．接受境外单位或者个人提供的应税服务

D．业务招待中所耗用的礼品

【解析】选项 A，购进农产品，除取得增值税专用发票或者海关进口增值税专用缴款书外，按照农产品收购发票或者销售发票上注明的农产品买价和扣除率（13%）计算的进项税额，可以抵扣；选项 B，接受交通运输业服务，取得增值税专用发票的，可以抵扣进项税额；选项 C，接受境外单位或者个人提供的应税服务，从税务机关或者境内代理人取得的解缴税款的中华人民共和国税收通用缴款书中注明的增值税额，可以抵扣。选项 D，业务招待中所耗用的礼品，包括烟、酒、服装等进项税额不得抵扣。因此排除选项 D。

【答案】ABC

【例题 2 · 单选题】某广告公司为增值税一般纳税人。2015 年 4 月，取得广告设计不含税价款 530 万元，奖励费收入 5.3 万元；支付设备租赁费，取得的增值税专用发票注明税额 17 万元。根据增值税法律制度的规定，该广告公司当月上述业务应缴纳增值税税额（　）万元。（2015 年）

A．14.8　　B．15.12

C．15.1　　D．13.3

【解析】应纳增值税税额 = 当期销项税额 − 当期进项税额 =[530+5.3 ÷（1+6%）]×6%−17=15.1（万元）。

【答案】C

考点14 “营改增”试点的税收优惠（★★★）

考点分析

本考点需要记忆的知识点较多，属于考生应熟悉的内容。考生在复习本考点时，建议区分不同的税收优惠类别进行记忆。

考点精讲

1．免税

以下项目适用“营改增”试点的免税优惠。

（1）托儿所、幼儿园提供的保育和教育服务。

（2）养老机构提供的养老服务。

（3）残疾人福利机构提供的育养服务。

（4）婚姻介绍服务。

（5）殡葬服务。

（6）残疾人员本人为社会提供的服务。

（7）医疗机构提供的医疗服务。

（8）从事学历教育的学校提供的教育服务。

（9）学生勤工俭学提供的服务。

（10）农业机耕、排灌、病虫害防治、植物保护、农牧保险以及相关技术培训业务，家禽、牲畜、水生动物的配种和疾病防治。

（11）纪念馆、博物馆、文化馆、文物保护单位管理机构、美术馆、展览馆、书画院、图书馆在自己的场所提供文化体育服务取得的第一道门票收入。

（12）寺院、宫观、清真寺和教堂举办文化、宗教活动的门票收入。

（13）行政单位之外的其他单位收取的符合《试点实施办法》第十条规定条件的政府性基金和行政事业性收费。

（14）个人转让著作权。

（15）个人销售自建自用住房。

（16）2018 年 12 月 31 日前，公共租赁住房经

营管理单位出租公共租赁住房。

（17）台湾航运公司、航空公司从事海峡两岸海上直航、空中直航业务在大陆取得的运输收入。

（18）纳税人提供的直接或者间接国际货物运输代理服务。

（19）被撤销金融机构以货物、不动产、无形资产、有价证券、票据等财产清偿债务。

（20）保险公司开办的一年期以上人身保险产品取得的保费收入。

（21）下列金融商品的转让收入。

①合格境外投资者（QFII）委托境内公司在我国从事证券买卖业务。

②香港市场投资者（包括单位和个人）通过沪港通买卖上海证券交易所上市A股。

③对香港市场投资者（包括单位和个人）通过基金互认买卖内地基金份额。

④证券投资基金（封闭式证券投资基金，开放式证券投资基金）管理人运用基金买卖股票、债券。

⑤个人从事金融商品转让业务。

（22）金融同业往来利息收入。

（23）符合条件的担保机构从事中小企业信用担保或者再担保业务取得的收入（不含信用评级、咨询、培训等收入）3年内免征增值税。

（24）国家商品储备管理单位及其直属企业承担商品储备任务，从中央或者地方财政取得的利息补贴收入和价差补贴收入。

（25）纳税人提供技术转让、技术开发和与之相关的技术咨询、技术服务。

（26）符合条件的合同能源管理服务。

（27）2017年12月31日前，科普单位的门票收入，以及县级及以上党政部门和科协开展科普活动的门票收入。

（28）政府举办的从事学历教育的高等、中等和初等学校（不含下属单位），举办进修班、培训班取得的全部归该学校所有的收入。

（29）政府举办的职业学校设立的主要为在校学生提供实习场所、并由学校出资自办、由学校负责经营管理、经营收入归学校所有的企业，从事《销售服务、无形资产或者不动产注释》中“现代服务”（不含融资租赁服务、广告服务和其他现代服务）、“生活服务”（不含文化体育服务、其他生活服务和桑拿、氧吧）业务活动取得的收入。

（30）家政服务企业由员工制家政服务员提供家政服务取得的收入。

（31）福利彩票、体育彩票的发行收入。

（32）军队空余房产租赁收入。

（33）为了配合国家住房制度改革，企业、行政事业单位按房改成本价、标准价出售住房取得的收入。

（34）将土地使用权转让给农业生产者用于农业生产。

（35）涉及家庭财产分割的个人无偿转让不动产、土地使用权。

（36）土地所有者出让土地使用权和土地使用者将土地使用权归还给土地所有者。

（37）县级以上地方人民政府或自然资源行政主管部门出让、转让或收回自然资源使用权（不含土地使用权）。

（38）随军家属就业。

（39）军队转业干部就业。

（40）境内的单位和个人销售的下列服务和无形资产免征增值税，但财政部和国家税务总局规定适用增值税零税率的除外。

①服务。

a. 工程项目在境外的建筑服务。

b. 工程项目在境外的工程监理服务。

c. 工程、矿产资源在境外的工程勘察勘探服务。

d. 会议展览地点在境外的会议展览服务。

e. 存储地点在境外的仓储服务。

f. 标的物在境外使用的有形动产租赁服务。

g. 在境外提供的广播影视节目（作品）的播映服务。

h. 在境外提供的文化体育服务、教育医疗服务、旅游服务。

②为出口货物提供的邮政服务、收派服务、保险服务。

为出口货物提供的保险服务，包括出口货物保险和出口信用保险。

③向境外单位提供的完全在境外消费的下列服务和无形资产。

a. 电信服务。

b. 知识产权服务。

c. 物流辅助服务（仓储服务、收派服务除外）。

d. 鉴证咨询服务。

e. 专业技术服务。

f. 商务辅助服务。

g. 广告投放地在境外的广告服务。

h. 无形资产。

④以无运输工具承运方式提供的国际运输服务。

⑤为境外单位之间的货币资金融通及其他金融业务提供的直接收费金融服务，且该服务与境内的货物、无形资产和不动产无关。

2. 即征即退

根据增值税相关规定，下列项目实行即征即退。

（1）纳税人中的一般纳税人提供管道运输服务，对其增值税实际税负超过3%的部分实行增值税即征

即退政策。

（2）经人民银行、银监会、商务部批准经营融资租赁业务的试点纳税人中的一般纳税人，提供有形动产融资租赁服务和有形动产融资性售后服务，对其增值税实际税负超过3%的部分实行增值税即征即退政策。

3. 税收优惠管理

（1）纳税人享受减免税的条件发生变化的，应自发生变化之日起15个工作日内向税务机关报告。经税务机关审核后，停止其减免税。

（2）纳税人兼营免税、减税项目的，应分别核算免税、减税项目的销售额，否则不得免税、减税。

（3）纳税人可放弃免税、减税权，向主管税务机关提出书面申请，经审核确认后，按现行相关规定缴纳增值税。放弃免税、减税后，36个月内不得再申请免税、减税，主管税务机关36个月内也不得受理纳税人的免税申请。

（4）纳税人一经放弃免税权，其生产销售的全部增值税应税货物或劳务以及应税服务均应按照适用税率征税，不得选择某一免税项目放弃免税权，也不得根据不同销售对象选择部分货物、劳务以及应税服务放弃免税权。

典型例题

【例题1·单选题】根据增值税法律制度的规定，纳税人提供的下列应税服务，适用增值税零税率的是（　）。（2015年）

A. 国际运输服务

B. 国际货物运输代理服务

C. 存储地点在境外的仓储服务

D. 标的物在境外使用的有形动产租赁服务

【解析】选项B、C、D均属于免税项目，只有选项A属于零税率优惠。

【答案】A

【例题2·单选题】纳税人提供应税服务适用免税、减税规定的，可以放弃免税、减税，依照规定缴纳增值税。放弃免税、减税后，一定期间内不得再申请免税、减税，该期间是（　）。

A. 12个月　　B. 1年

C. 3年　　D. 36个月

【解析】纳税人提供应税服务适用免税、减税规定放弃免税、减税后，36个月内不得再申请免税、减税，主管税务机关36个月内也不得受理纳税人的免税申请。

【答案】D

本节考点回顾与总结一览表

本节考点	知识总结
考点10 "营改增"试点纳税人及其认定	①试点纳税人：在中华人民共和国境内销售服务、无形资产或者不动产的单位和个人 ②一般纳税人：应税服务年销售额超过500万元（含500万元）的纳税人为一般纳税人 ③小规模纳税人：未超过规定标准的纳税人为小规模纳税人
考点11 "营改增"试点的应税范围	①应税范围的一般规定：共10个项目的规定 ②应税范围的特殊规定：视同提供应税服务，非营业活动，不属于境内提供服务的
考点12 "营改增"试点的税率	①税率：试点增值税一般计税方法下有4档税率（17%、11%、6%、0） ②征收率：小规模纳税人及一般纳税人适用简易方法计税的特定项目，其增值税征收率为3%
考点13 "营改增"试点的应纳税额计算	①计税方法：一般计税（应纳税额=销项税额-进项税额），简易计税（应纳税额=销售额×征收率） ②进项税额："营改增"试点准予和不予从销项税额中扣除的进项税额
考点14 "营改增"试点的税收优惠	①免税：个人著作权转让，残疾人提供应税服务，航空公司提供飞机播洒业务等 ②即征即退的相关规定 ③税收优惠管理：纳税人可放弃免税减税，放弃后36个月内不得再申请免税、减税

真题演练

1.**【单选题】**根据增值税法律制度的规定，增值税一般纳税人从事的下列行为中，可以开具增值税专用发票的是（　）。（2016年）

A. 商店向一般纳税人出售办公用品

B. 书店向个人销售图书

C. 律师事务所免费为社会公众提供法律咨询服务

D. 航空公司向旅客提供有偿运输服务

2.**【单选题】**根据增值税法律制度的规定，下列行为中，应当缴纳增值税的是（　）。（2016年）

A. 建筑公司员工接受本公司的工作任务设计建筑图纸

B. 客运公司为本公司员工提供班车服务

C. 运输公司为灾区提供免费运输救灾物资的服务

D. 母公司向子公司无偿转让专利技术

3.**【多选题】**根据增值税法律制度的规定，一般纳税人提供下列应税服务，可以选择使用简易计税方法计税的有（　）。（2015年）

A. 仓储服务　　B. 港口码头服务

C. 融资租赁服务　　D. 公共交通运输服务

第三节 本章综合练习

（一）单选题

1. 某商场分别以10元、11元和5元的价格将某商品销售给甲、乙、丙各100件，其中给丙的价格被认定为价格明显偏低。则当月该商场的销售额被核定为（ ）元。

A. 2 600　　B. 3 150
C. 3 000　　D. 3 300

2. 某小规模纳税人取得销售收入32 960元；当月从农户购入农产品价值640元，支付运输费60元，该企业当月应缴纳的增值税税额为（ ）元。

A. 480　　B. 597.60
C. 872.60　　D. 960

3. 某贸易公司（增值税一般纳税人）进口机器一台，关税完税价格为200万元（进口关税税率为20%）；本月取得不含税销售收入350万元，则本月应纳增值税税额（ ）万元。

A. 28.50　　B. 40.80
C. 18.69　　D. 18.70

4. 甲商店为小规模纳税人，今年2月采取“以旧换新”方式销售彩电，开出普通发票50张，收到货款150 000元，并注明已扣除旧货折价45 000元，则该商店当月应纳增值税税额为（ ）元。

A. 5 679.61　　B. 11 037.74
C. 5 769.23　　D. 8 490.57

5. 根据增值税法律制度的规定，纳税人采取预收款方式销售货物，增值税的纳税义务发生时间为（ ）。

A. 货物发出的当天
B. 收到全部货款的当天
C. 书面合同约定收款的当天
D. 取得索取销售款项凭据的当天

6. 2014年5月8日，甲公司与乙公司签订了买卖电脑的合同，双方约定总价款为80万元。6月3日，甲公司就80万元货款全额开具了增值税专用发票，6月10日，甲公司收到乙公司第一笔货款45万元，6月25日，甲公司收到乙公司第二笔货款35万元。根据增值税法律制度的规定，甲公司增值税纳税义务发生时间为（ ）。

A. 5月8日　　B. 6月3日
C. 6月10日　　D. 6月25日

7. 根据增值税的有关规定，下列表述中不正确的是（ ）。

A. 增值税一般纳税人可以以1个季度为纳税期限
B. 增值税纳税人不能按照固定期限纳税的，可以按次纳税
C. 增值税纳税人以1个月为纳税期限的，自期满之日起15日内申报纳税
D. 增值税纳税人进口货物，应当自海关填发海关进口增值税专用缴款书之日起15日内缴纳税款

8. 根据增值税法律制度的规定，一般纳税人购进下列服务所负担的进项税额，可以抵扣的是（ ）。

A. 餐饮服务　　B. 贷款服务
C. 建筑服务　　D. 娱乐服务

9. 根据增值税法律制度的规定，下列项目免征增值税的是（ ）。

A. 银行销售金银
B. 体育彩票的发行收入
C. 电力公司销售电力
D. 典当行销售死当物品

10. 某管道运输公司为“营改增”试点企业，属于增值税一般纳税人，其主要业务是提供天然气输送服务。2016年4月该公司向客户运输天然气共取得不含税收入5 000万元，同时随同天然气输送向客户收取管道维护费80万元，当月发生可抵扣的增值税进项税额为200万元。那么，该公司4月可申请办理即征即退的增值税为（ ）万元。

A. 152.16　　B. 557.93
C. 205.77　　D. 357.93

（二）多选题

1. 依据增值税的有关规定，境外单位或个人在境内发生增值税应税劳务而在境内未设立经营机构的，增值税的扣缴义务人有（ ）。

A. 境内代理人　　B. 银行
C. 购买者　　D. 境外单位

2. 根据增值税法律制度的规定，下列各项中，属于增值税一般纳税人的有（ ）。

A. 会计核算健全，年应税销售额60万元的生产企业
B. 会计核算健全，年应税销售额70万元的商业企业
C. 会计核算健全，年应税销售额80万元的提供加工劳务的企业
D. 会计核算健全，年应税销售额90万元的零售企业

3. 增值税一般纳税人销售下列货物，适用13%低税率的有（ ）。

A. 硝酸铵　　B. 卷帘机

C. 玉米胚芽　　D. 鲜奶

4. 下列项目中，可以从增值税计税销售额中扣除的有（　）。

A. 与销售额同开在一张发票情形下的折扣额

B. 现金折扣额

C. 销售折让额

D. 销售退货额

5. 根据增值税法律制度的规定，下列不需缴纳增值税的有（　）。

A. 境外单位向境内个人销售完全在境外使用的无形资产

B. 境外单位向境内个人销售完全在境外发生的服务

C. 境外单位向境内个人出租完全在境外使用的有形动产

D. 境内单位向境内个人无偿转让的无形资产

6. 甲乙公司均为增值税一般纳税人，甲公司本月外购一批价值 8 000 元的货物，取得增值税专用发票，委托乙公司加工，支付加工费 1 500 元，并取得乙公司开具的增值税专用发票。货物加工好收回后，甲公司将这批货物直接对外销售，开出的增值税专用发票上注明的价款为 12 000 元。根据以上所述，以下各种说法正确的有（　）。

A. 甲应当缴纳增值税425元

B. 乙应该缴纳增值税255元

C. 甲应当缴纳增值税680元

D. 乙无须缴纳增值税

7. 关于在不同销售方式下确定计征增值税的销售额，下列说法中错误的有（　）。

A. 采取商业折扣方式销售货物的，可以按扣除折扣以后的实际售价来计算纳税

B. 采取以旧换新方式销售货物，按新货物的同期销售价格扣减旧货物的收购价格后作为计税销售额

C. 采取买一赠一方式销售货物的，赠送的货物不用计征增值税

D. 采取以物易物方式销售，如未发生补价，则无计税销售额

8. 根据增值税法律制度的规定，下列免征增值税的项目有（　）。

A. 个人销售自建自用住房

B. 个人从事金融商品转让业务

C. 个人转让著作权

D. 涉及家庭财产分割的个人无偿转让不动产

（三）判断题

1. 年应税销售额超过小规模纳税人标准的非企业性单位和不经常发生应税行为的企业，可选择按小规模纳税人纳税。（　）

2. 因进货退出或折让而收回的进项税额，应从发生进货退出或折让当期的进项税额中扣减。（　）

3. 已抵扣进项税额的购进货物，如果作为集体福利发放给职工个人的，发放时应视同销售计算增值税的销项税额。（　）

4. 卖方向买方因违约收取的违约金是在销售实现后收取的，故不应征增值税。（　）

5. 一般纳税人销售货物或者应税劳务，开具增值税专用发票后，发生销售货物退回或者折让、开票有误等情形，增值税不得从销项税额中扣减。（　）

6. 一般纳税人兼营免税项目无法划分不得抵扣的进项税额的，按下列公式计算不得抵扣的进项税额：不得抵扣的进项税额 = 当月无法划分的全部进项税额 × 当月免税项目销售额 ÷ 当月全部销售额。（　）

7. 营改增试点纳税人兼营免税、减税项目的，应当分别核算免税、减税项目的销售额，未分别核算的，不得免税、减税。（　）

8. "营改增"试点地区从事个体经营的随军家属，自领取税务登记证之日起，其提供的应税服务 5 年内免征增值税。（　）

第四节 本章真题演练及综合练习答案与解析

一、真题演练答案速查表

所在节	题号	答案	题号	答案	题号	答案
第一节	1	B	2	C	3	A
	4	B	5	A	6	AD
	7	BCD				
第二节	1	A	2	D	3	AD

二、本章综合练习答案与解析

（一）单选题

1. B【解析】本题中销售给丙的价格明显偏低，应当按照纳税人最近时期同类货物的平均销售价格确定，即按照销售给甲和乙的平均价格 10.5 元［（10+11÷2］，因此当月的销售额 =（10+11+10.5）×100=

3 150（元）。

2. D【解析】本题的小规模纳税人适用 3% 的征收率，且不能抵扣进项税额，应纳税额 =32 960÷（1+3%）×3%=960（元）。

3. D【解析】进口关税 =200×20%=40（万元）。进口环节增值税税额 =（200+40）×17%=40.8（万元）。本月应纳增值税税额 =350×17%−40.8=18.70（万元）。

4. A【解析】增值税法中规定，纳税人以旧换新不允许扣除旧货物的价款。故应纳的增值税税额 =（150 000+45 000）÷（1+3%）×3%=5 679.61（元）。

5. A【解析】纳税人采取预收款方式销售货物的，增值税的纳税义务发生时间为货物发出的当天。

6. B【解析】销售货物或者提供应税劳务的，其增值税纳税义务发生时间为收讫销售款或者取得销售款凭据的当天；先开具发票的，为开具发票的当天。

7. A【解析】增值税纳税期限分别为 1 日、3 日、5 日、10 日、15 日、1 个月或者 1 个季度，其中 1 个季度的纳税期限仅适用于小规模纳税人。增值税一般纳税人可以以 1 个季度为纳税期限的说法错误。

8. C【解析】根据规定，一般纳税人购进的旅客运输服务、贷款服务、餐饮服务、居民日常服务和娱乐服务产生的进项税额不得从销项税额中抵扣。

9. B【解析】选项 B，体育彩票的发行收入免征增值税。选项 A、C、D 均属于增值税的征税范围。

10. C【解析】根据规定，试点纳税人中的一般纳税人提供管道运输服务，对其增值税实际税负超过 3% 的部分实行增值税即征即退政策。相关计算如下。

① 2016 年 4 月该企业发生的销项税额 =5 000×11%+80÷（1+11%）×11%=550+7.93=557.93（万元）。

②当期可以抵扣的进项税额为 200 万元，应纳税额 =557.93−200=357.93（万元）。

③当期实际税负 =357.93÷[5 000+80÷（1+11%）]=7.06%，超过了 3% 的标准。

④因此，该管道运输公司 2016 年 4 月实际应缴纳的增值税 =[5 000+80÷（1+11%）]×3%=152.16（万元）。

⑤可申请办理即征即退的增值税 =357.93−152.16=205.77（万元）。

（二）多选题

1. AC【解析】根据增值税的有关规定，境外单位或个人在境内发生增值税应税劳务而在境内未设立经营机构的，以其境内代理人为扣缴义务人；在境内没有代理人的，以购买方为扣缴义务人。

2. ACD【解析】选项 B，年应税销售额 80 万元以下的商业企业属于小规模纳税人。

3. BCD【解析】自 2007 年 2 月 1 日起，硝酸铵适用的增值税税率统一调整为 17%。

4. ACD【解析】现金折扣发生在销售之后，是融资性质的理财费用，其折扣额不得从销售额中扣减，其在发生时计入财务费用，故选项 B 错误。

5. ABC【解析】选项 D，境内单位向境内个人无偿转让的无形资产，视同销售无形资产，应当缴纳增值税；选项 A、B、C 均属于不缴纳增值税的情形。

6. AB【解析】甲应当缴纳的增值税 =12 000×17%−8 000×17%−1 500×17%=425（元），乙应当缴纳的增值税 =1 500×17%=255（元）。

7. BCD【解析】采取以旧换新方式销售货物，按新货物的同期销售价格确定销售额，不得扣减旧货物的收购价格；采取买一送一方式销售货物的，赠送货物的销售额要与所售货物的销售额合并征收增值税；采取以物易物方式销售，以物易物双方都应做销售处理，以各自发出的货物核算销售额。

8. ABCD【解析】本题中所有选项所述内容均属于免征增值税的项目。

（三）判断题

1. √【解析】题目中表述是对增值税一般纳税人与小规模纳税人选择的正确描述。

2. √【解析】题目中对进货退回而收回的进项税额的处理的描述是正确的。

3. ×【解析】增值税一般纳税人将已抵扣进项税额的购进货物作为集体福利发放给职工，等于是将购进货物直接用于最终消费，购进环节已是货物最终流通环节，再发给职工不是销售问题，不必计算销项税额，其购进时已经抵扣的进项税额不得抵扣，应做进项税额转出处理。

4. ×【解析】根据规定，违约金属于销售方向购买方收取的价外费用，应按规定计征增值税。

5. ×【解析】一般纳税人销售货物或应税劳务，开具增值税专用发票后，发生销售货物退回或者折让、开票有误等情形，应按国家税务总局的规定开具红字增值税专用发票，增值税可以从销项税额中扣减。未按规定开具红字增值税专用发票的，增值税额不得从销项税额中扣减。

6. √【解析】题目中对兼营业务无法划分不得抵扣的进项税额的确定的表述是正确的。

7. √【解析】未分别核算免税、减税项目销售额的，不得免税、减税，需全额计征税款，本题说法正确。

8. ×【解析】“营改增”试点地区从事个体经营的随军家属，自领取税务登记证之日起，其提供的应税服务 3 年内免征增值税。

企业所得税法律制度

企业所得税法律制度是“经济法”考试的重点和难点。本章内容较多，其中企业所得税的计算、税收优惠和扣除标准属于重要考点，也是考生复习的难点。本章内容在考试中各种题型均有可能出现，若涉及综合题，计算量较大，考查形式较为灵活，如要求考生计算免税额、应纳税所得额和应纳税额等，在客观题中可能会要求考生根据实际情况判断题干或选项描述的业务适用的税率，是否享受税收优惠等。所以考生应全面复习本章内容，重点掌握上述相关知识点，并加强练习。

▼ 本章主要考点的题型、估计题量和所占分值一览表

主要考点	题型	估计题量	所占分值
企业所得税的优惠税率、不征税收入、成本费用的税前扣除、公益性捐赠的税前扣除、研发费用的加计扣除、非居民企业的企业所得税、企业所得税税收优惠抵免应纳税额、工资薪金及员工福利的税前扣除	单选题	3~5 题	3~5 分
不得计算扣除的固定资产、企业所得税不征税收入、企业所得税一般扣除项目和禁止扣除项目、企业所得税一般扣除项目	多选题	1~3 题	2~6 分
职工福利费的税前扣除、企业所得税的资产损失、企业所得税加计扣除优惠	判断题	1 题	1 分
业务招待费、研究开发费、广告费、业务宣传费等及年度应纳所得税额的计算	综合题	1 题	12 分

▼ 本章知识结构一览表

企业所得税法律制度	一、企业所得税的纳税人、征税范围及税率	（1）企业所得税的纳税人（★★★） （2）企业所得税的征收范围（★★） （3）企业所得税的税率（★★）
	二、企业所得税的应纳税所得额	（1）收入总额（★★★） （2）不征税收入（★★★） （3）税前扣除项目及标准（★★★） （4）企业资产的税收处理（★★★） （5）企业特殊业务的所得税处理（★★） （6）非居民企业的应纳税所得额（★★）
	三、企业所得税的应纳税额	企业所得税应纳税额的计算（★★★）
	四、企业所得税的税收优惠	（1）免税优惠（★★） （2）定期或定额减税、免税（★★） （3）低税率优惠（★★） （4）区域税收优惠与特别项目税收优惠（★★★） （5）专项政策税收优惠（★）
	五、企业所得税的源泉扣缴	（1）应税所得及应纳税额计算（★★） （2）支付人和扣缴义务人（★★）
	六、企业所得税的特别纳税调整	（1）关联企业与独立交易原则（★★） （2）特别纳税调整管理办法和资本弱化管理（★）
	七、企业所得税的征收管理	（1）纳税地点、纳税年度和纳税申报（★★） （2）企业所得税的核定征收（★）

第一节 企业所得税的纳税人、征收范围及税率

考点1 企业所得税的纳税人（★★★）

考点分析

本考点属于考生应掌握的内容，但知识点相对较少，且易于理解。本考点的重点和难点在于区分居民企业和非居民企业，但其通常会以单选题或多选题的形式考查，难度一般不大，考生可轻松解题。

考点精讲

在中国境内的企业和其他取得收入的组织为企业所得税的纳税人。具体包括各类企业、事业单位、社会团体、民办非企业单位和从事经营活动的其他组织。

1. 企业所得税纳税人的分类

根据登记注册地和实际管理机构的标准，将企业分为居民企业和非居民企业。认定标准及征税对象具体如表 7-1 所示。

表 7-1 居民企业和非居民企业的认定标准及征税对象

类型	认定标准	征税对象
居民企业	①依法在中国境内成立 ②依照外国（地区）法律成立，但实际管理机构在中国的企业	就来源于中国境内、境外的全部所得，在我国缴纳企业所得税
	按外国（地区）法律成立且实际管理机构不在中国境内，但在中国境内设立机构、场所的	就取得的来源于中国境内的所得，以及发生在境外但与境内机构场所有实际联系的所得，在我国缴纳企业所得税
非居民企业	①在中国境内设立机构场所，但来源与其无直接联系 ②在中国境内未设立机构、场所，但有来源于中国境内所得的企业	就来源于境内所得缴纳企业所得税，实行源泉扣缴，以支付人为扣缴义务人

2. 个人独资企业和合伙企业

个人独资企业、合伙企业没有法人资格，须承担无限责任，不适用《企业所得税法》，不缴纳企业所得税。

典型例题

【例题·多选题】下列企业属于非居民企业的有（　）。

A. 外商独资企业

B. 在法国成立但实际管理机构在北京的企业

C. 实际管理机构在美国，在国内虽未设立机构场所但有来源于中国境内所得的企业

D. 实际管理机构在美国，但在北京设立机构场所的企业

【解析】非居民企业是指依照外国（地区）法律成立且实际管理机构不在中国境内，但在中国境内设立机构、场所的，或者在中国境内未设立机构、场所，但有来源于中国境内所得的企业。选项 A 是在中国境内依中国相关法律设立的，是居民企业；选项 B 是依外国法律成立但实际管理机构在中国境内的，是居民企业。

【答案】CD

考点2 企业所得税的征收范围（★★）

考点分析

本考点属于考生应熟悉的内容，主要内容为企业应税所得范围及其来源地的确定，内容较少，易于掌握。

考点精讲

企业应税所得包括销售货物所得，提供劳务所得，转让财产所得，股息、红利等权益性投资所得，利息租金、特许权使用费所得，以及捐赠等其他所得，各种所得来源地的确定原则如表 7-2 所示。

表 7-2 来源于中国境内、境外所得的确定原则

所得类别	确定原则
销售货物所得	按交易活动发生地确定（如合同签约地点、交货地点等）
提供劳务所得	按劳务发生地确定
转让财产所得	①不动产转让所得按不动产所在地确定 ②动产转让所得按转让动产的企业或者机构、场所所在地确定 ③权益性投资资产转让所得按被投资企业所在地确定
股息、红利等权益性投资所得	按分配所得的企业所在地确定
利息所得、租金所得、特许权使用费所得	按负担、支付所得的企业或者机构、场所所在地确定，或按负担、支付所得的个人的住所地确定
其他所得	由国务院财政、税务主管部门确定

典型例题

【例题 1·单选题】根据企业所得税法律制度的规定，关于确定来源于中国境内、境外所得的下列表述中，不正确的是（　）。

A. 提供劳务所得，按劳务发生地确定

B. 销售货物所得，按交易活动发生地确定

C. 股息、红利等权益性投资所得，按分配所得的企业所在地确定

D. 转让不动产所得，按转让不动产的企业或机构、场所所在地确定

【解析】转让不动产所得按照不动产所在地确定，选项 D 错误。

【答案】D

【例题2·判断题】转让动产所得的应税所得来源地标准，按照所转让动产的所在地确定。（　）（2016年）

【解析】动产转让所得，按转让动产的企业或者机构、场所所在地确定所得来源地。

【答案】×

考点3 企业所得税的税率（★★）

考点分析

本考点属于考生应熟悉的内容，通常不会单独出现考题，而是与其他考点结合考查，如考查应纳企业所得税额时，有时需要考生自己判断经济业务事项适用的税率，考生应注意这种考查方式。

考点精讲

1. 法定税率

企业所得税法定税率设有25%和20%两档，具体划分如表7-3所示。

表7-3 企业所得税法定税率

纳税人	适用法定税率
居民企业	25%
在中国境内设立机构场所的非居民企业（就来源于中国境内、境外的所得）	①所得与所设机构场所有联系的为25% ②无联系的为20%
在中国境内未设机构、场所的非居民企业	20%

2. 优惠税率

我国针对不同情况规定了20%、15%和10%的3种优惠税率，如表7-4所示。

表7-4 企业所得税优惠税率

特殊纳税人	优惠税率
符合条件的小型微利企业	减按20%的税率征收
国家需要重点扶持的高新技术企业	减按15%的税率征收
在中国境内未设机构、场所的，或虽设立机构、场所但所得与其没有实际联系的，就来源于中国境内的所得	减按10%的税率征收

典型例题

【例题·单选题】根据《企业所得税法》的规定，下列对企业所得税税率说法不正确的是（　）。

A. 符合条件的小型微利企业，适用20%的企业所得税税率

B. 企业所得税法实行比例税率

C. 国家重点扶持的高新技术企业，适用15%的企业所得税税率

D. 合格境外机构投资者取得来源于中国境内的股息，适用20%的优惠税率

【解析】合格境外机构投资者取得来源于中国境内的股息，适用10%的优惠税率。

【答案】D

本节考点回顾与总结一览表

本节考点	知识总结
考点1 企业所得税的纳税人	①企业所得税纳税人的分类：居民企业、非居民企业 ②个人独资企业和合伙企业：不缴纳企业所得税
考点2 企业所得税的征收范围	不同类别所得具有不同的确定原则
考点3 企业所得税的税率	①法定税率：25%、20% ②优惠税率：20%、15%、10%

真题演练

1.【多选题】根据企业所得税法律制度的规定，在我国境内设立机构、场所的非居民企业取得的下列所得中，应当向我国缴纳企业所得税的有（　）。（2016年）

A. 来源于中国境内，但与其在我国境内所设机构、场所没有实际联系的所得

B. 来源于中国境外，但与其在我国境内所设机构、场所有实际联系的所得

C. 来源于中国境内，且与其在我国境内所设机构、场所有实际联系的所得

D. 来源于中国境外，且与其在我国境内所设机构、场所没有实际联系的所得

2.【判断题】非居民企业在中国境内设立机构、场所的，仅就其所设机构、场所取得的来源于中国境内的所得缴纳企业所得税。（　）（2015年）

第二节 企业所得税的应纳税所得额

考点4 收入总额（★★★）

考点分析

本考点属于考生应掌握的内容，且需要记忆的知识点较多。本考点通常不会单独出现考题，一般会与所得税的计算相结合进行考查，如给出案例，要求通过案例计算应纳税额。

考点精讲

应纳所得额是企业所得税的计税依据，其计算

公式如下：

应纳税所得额＝收入总额－不征税收入－免税收入－各项扣除－允许弥补的以前年度亏损

不同类型的收入，其收入确认时间及确认方法也有所不同，具体规定如表 7-5 所示。

表 7-5 企业所得税收入确认时间的具体规定

具体类型	收入确认条件	具体规定	
		结算方式或收入类型	收入的确认
销售商品收入	①商品销售合同已经签订，企业已将商品所有权相关的主要风险和报酬转移给购货方 ②企业对已售商品既没有保留通常与所有权相联系的继续管理权，也没有实施有效控制 ③收入金额能可靠地计量 ④已发生或将发生的销售方的成本能够可靠地核算	托收承付	办妥托收手续时确认收入
		预收款	发出商品时确认收入
		需要安装和检验的	购买方接受商品及安装和检验完毕时确认收入；如安装程序比较简单，可在发出商品时确认收入
		支付手续费委托代销	收到代销清单时确认收入
		售后回购	销售的商品按售价确认收入，回购的商品作为购进商品处理
		以旧换新	销售商品按收入确认条件确认收入，回收商品作为购进商品处理
		涉及商业折扣的	按扣除商业折扣后的金额确认收入
		涉及现金折扣的	按扣除现金折扣前的金额确定收入
		涉及销售折让的	在发生当期冲减当期销售收入
		买一赠一组合销售	按各项商品的价格比例分摊确认各项收入
提供劳务收入	满足收入确认条件时确认收入	安装费	①根据安装完工进度确认收入 ②销售商品附带安装的，安装费在确认商品销售收入时确认收入
		宣传媒介的收费	①广告或商业行为出现于公众面前时确认收入 ②广告制作费根据广告的完工进度确认收入
		软件费	为特定客户开发软件的收入，根据开发的完工进度确认收入
		服务费	包含在商品售价内可区分的服务费，在提供服务的期间分期确认收入
		艺术表演、招待宴会和其他特殊活动的收费	①在相关活动发生时确认收入 ②收费涉及几项活动的，预收的款项应合理分配到每项活动，并分别确认收入
		会员费	①对只取得会籍不享受连续服务的，在取得会费时确认收入 ②一次取得会费而需提供连续服务的，在整个收益期内分期确认收入
股息、红利等权益性投资收益	除另有规定外，应以被投资方作出利润分配决策的时间确认收入		
股权转让收入	应于转让协议生效且完成股权变更手续时确认收入		
利息、租金、特许权使用费收入	①按合同约定的应付日期确认收入；在应付当天，无论是否收到，都要确认收入 ②租赁期限跨年度，且租金提前一次性支付的，出租人可对上述已确认的收入，在租赁期内，均匀计入相关年度收入		
接受捐赠收入	按实际收到捐赠资产的日期确认收入		

典型例题

【例题 1 · 单选题】根据企业所得税法律制度的规定，下列关于不同方式下销售商品收入金额确定的表述中，正确的是（ ）。

A. 采用商业折扣方式销售商品的，按照扣除商业折扣前的金额确定销售商品收入金额

B. 采用现金折扣方式销售商品的，按照扣除现金折扣前的金额确定销售商品收入金额

C. 采用售后回购方式销售商品的，按照扣除回购商品公允价值后的余额确定销售商品收入金额

D. 采用以旧换新方式销售商品的，按照扣除回收商品公允价值后的余额确定销售商品收入金额

【解析】商品销售涉及商业折扣的，应当按照扣除商业折扣后的金额确定销售商品收入金额；售后回购方式销售商品的，一般情况下，销售的商品按售价确认收入，回购的商品作为购进商品处理；销售商品以旧换新的，销售商品应按销售商品收入的确认条件确认收入，回收的商品作为购进商品处理。

【答案】B

【例题 2 · 判断题】在计算企业应纳税所得额时，属于当期的费用，不论款项是否收付，均作为当期的费用；不属于当期的费用，即使款项已经在当期

收付，均不作为当期的费用。(　　)

【解析】一般情况下，企业收入按权责发生制原则确认。

【答案】√

考点5 不征税收入（★★★）

考点分析

本考点属于考生应掌握的内容，考查方式较为单一，通常会让考生判断某选项描述的内容是否属于不征税收入。

考点精讲

不征税收入主要包括财政拨款，依法收取并纳入财政管理的行政事业性收费和政府性基金，以及国务院规定的其他不征税收入。

1. 财政拨款

财政拨款是指各级人民政府对纳入预算管理的事业单位、社会团体等组织拨付的财政性资金。

不征税收入用于支出所形成的费用，不得在计算应纳税所得额时扣除；用于支出所形成的资产，其计算的折旧、摊销不得在计算应纳税所得额时扣除。

2. 依法收取并纳入财政管理的行政事业性收费和政府性基金

企业按规定缴纳的、由国务院或财政部批准设立的政府性基金以及由国务院和省、自治区、直辖市人民政府及其财政、价格主管部门批准设立的行政事业性收费，准予在计算应纳税所得额时扣除。企业缴纳的不符合前述审批管理权限设立的基金、收费，不得在计算应纳税所得额时扣除。

3. 国务院规定的其他不征税收入

（1）企业取得的各类财政性资金，应计入企业当年收入总额，但属于国家投资和资金使用后要求归还本金的除外。

（2）对企业取得的由国务院财政、税务主管部门规定专项用途并经国务院批准的财政性资金，准予作为不征税收入，在计算应纳税所得额时从收入总额中减除。

（3）除另有规定外，纳入预算管理的事业单位、社会团体等组织按照核定的预算和经费报领关系收到的由财政部门或上级单位拨入的财政补助收入，准予作为不征税收入。

典型例题

【例题·单选题】根据企业所得税法律制度的规定，企业的下列收入中，属于不征税收入范围的是（　　）。（2012年）

A. 财政拨款　　B. 租金收入

C. 产品销售收入　　D. 国债利息收入

【解析】选项B、C属于征税收入，选项D属于本章后面将会讲解到的免税收入。

【答案】A

考点6 税前扣除项目及标准（★★★）

考点分析

本考点属于考生应掌握的内容，其在考试中会频繁地出现，且考查方式比较多变，所以考生应足够重视。

考点精讲

税前扣除项目主要包括一般扣除项目、特殊扣除项目和禁止扣除项目，扣除标准如表7-6所示。

表7-6　税前扣除项目及其扣除标准

项目	类别	规定
一般扣除项目	工资薪金	企业发生的合理的工资薪金支出，准予扣除
	职工福利费、工会经费、职工教育经费	①职工福利费：不超过工资薪金总额14%的，准予扣除 ②工会经费：不超过工资薪金总额2%的，准予扣除 ③职工教育经费：不超过工资薪金总额2.5%的，准予扣除，超过部分，准予在以后纳税年度结转扣除 ④软件生产企业发生的教育经费的职工培训费用：据实全额税前扣除
	社会保险费	①企业依国务院有关主管部门或省级人民政府规定的范围和标准为职工缴纳的基本养老保险费、基本医疗保险费、失业保险费、工伤保险费、生育保险费等基本社会保险费和住房公积金，准予扣除 ②自2008年1月1日起，企业为在本企业任职或受雇的全体员工支付的补充养老保险费、补充医疗保险费，在不超过职工工资总额的5%标准内准予扣除；超过部分不予扣除 ③企业为投资者或职工支付的商业保险费（企业依照规定为特殊工种职工支付的人身安全保险费和国务院财政、税务主管部门规定可以扣除的其他商业保险费除外），不得扣除
	业务招待费	企业发生的与生产经营活动相关的业务招待费支出，按照发生额的60%扣除，但最高不得超过销售收入的5‰
	广告费和业务宣传费	企业每一纳税年度发生的符合条件的广告费和业务宣传费，除国务院财政、税务主管部门另有规定外，不超过当年销售（营业）收入15%的部分，准予扣除；超过部分，准予在以后纳税年度结转扣除

续表

项目	类别	规定
一般扣除项目	利息支出	非金融企业向金融企业借款的利息支出，金融企业的各存款利息支出和同业拆借利息支出，企业经批准发行债券的利息支出，以及非金融企业向非金融企业借款的不超过按金融企业同期同类贷款利率计算的利息支出，准予扣除
	税金	纳税人按规定缴纳的消费税、营业税、资源税、土地增值税、关税、城市维护建设税、教育费附加，以及发生的房产税、车船税、城镇土地使用税、印花税等税金及附加，可在税前扣除
	损失	①企业发生的损失，减除责任人赔偿和保险赔偿款后的余额，依照国务院财政、税务主管部门的规定扣除 ②企业已经作为损失处理的资产，在以后纳税年度又全部或部分收回时，应当计入当期收入 ③企业从事生产经营之前进行筹办活动期间发生的筹办费用支出，不得计算为当期的亏损
	借款费用	①企业在生产经营活动中发生的合理的不需要资本化的借款费用，准予扣除 ②企业为购置、建造固定资产、无形资产和经过 12 个月以上的建造才能达到预定可销售状态的存货发生借款的，在有关资产购置、建造期间发生的合理的借款费用，应作为资本性支出计入有关资产的成本，并依照税法的规定扣除；有关资产交付使用后发生的借款利息，可在发生当期扣除
	手续费及佣金	①财产保险企业：按全部保费收入扣除退保金等后余额的 15% 计算限额 ②人身保险企业：按当年全部保费收入扣除退保金等后余额的 10% 计算限额 ③其他企业：按与具有合法经营资格中介服务机构或个人（不含交易双方及其雇员、代理人和代表人等）所签订服务协议或合同确认的收入金额的 5% 计算限额
	其他支出	①企业参加财产保险，准予按照有关规定缴纳的保险费扣除 ②企业依照法律、行政法规有关规定提取的用于环境保护、生态恢复等方面的专项资金，准予扣除。但若上述的专项资金提取后改变了原有用途时，则不得扣除 ③企业发生的合理的劳动保护支出，准予扣除
特殊扣除项目	公益性捐赠	企业实际发生的公益性捐赠支出，在年度利润总额 12% 以内的部分，准予在计算应纳税所得额时扣除
	租赁费支出	①经营租赁：按租赁期均匀扣除 ②融资租赁：按规定构成融资租入固定资产价值的部分应当提取折旧费用，分期扣除
	汇兑损益	除已计入有关资产成本以及与向所有者进行利润分配相关的部分外，准予扣除
	贷款损失准备	符合条件的贷款损失准备金允许在税前扣除
禁止扣除项目	①向投资者支付的股息、红利等权益性投资收益款项 ②企业所得税税款 ③纳税人违反税收法规，被税务机关处以的税收滞纳金 ④纳税人违反国家有关法律、法规规定，被有关部门处以的罚款，以及被司法机关处以的罚金和被没收财物的损失 ⑤超过规定标准的捐赠支出 ⑥企业发生的与生产经营活动无关的各种非广告性质的支出（即赞助支出） ⑦不符合国务院财政、税务主管部门规定的各项资产减值准备、风险准备等准备金支出 ⑧企业之间支付的管理费、企业内营业机构之间支付的租金和特许权使用费，以及非银行企业内营业机构之间支付的利息	

典型例题

【例题 1·多选题】甲公司 2013 年度取得销售收入 4 000 万元，当年发生的与经营有关的业务招待费支出 60 万元、广告费和业务宣传费 200 万元。根据企业所得税法律制度的规定，甲公司在计算当年应纳税所得额时，下列关于业务招待费、广告费和业务宣传费准予扣除数额的表述中，正确的有（　）。（2014 年）

A. 业务招待费准予扣除的数额为 20 万元

B. 业务招待费准予扣除的数额为 36 万元

C. 广告费和业务宣传费准予扣除的数额为600 万元

D. 广告费和业务宣传费准予扣除的数额为200 万元

【解析】与生产经营活动有关的业务招待费支出，按发生额的 60% 扣除，但最高不超过当年销售（营业）收入的 5‰。业务招待费的 60% =60 × 60% =36（万元），当年销售收入的 5‰ =4 000 × 5‰ =20（万元）；企业发生的符合条件的广告费和业务宣传费支出，除国务院财政、税务主管部门另有规定外，不得超过当年销售（营业）收入 15% 的部分准予扣除，当年销售（营业）收入的 15% =4 000 × 15% =600（万元），大于 200 万元，选项 D 正确。

【答案】AD

【例题 2·多选题】根据企业所得税法律制度的规定，纳税人的下列支出，不得在计算应纳税所得额时扣除的有（　）。（2014 年）

A. 合理工资薪金总额 2.5% 以内的职工教育经费

B. 企业所得税税款

C. 交通罚款

D. 消费税税款

【解析】选项 A 可以在税前扣除，选项 B、C 属于禁止扣除项目；选项 D 可以在税前扣除。

【答案】BC

【例题3·多选题】根据企业所得税法律制度的规定，下列各项中，在计算企业所得税应纳税所得额时不得扣除的有（　）。（2011年）

A. 向投资者支付的红利

B. 企业内部营业机构之间支付的租金

C. 企业内部营业机构之间支付的特许权使用费

D. 未经核定的准备金支出

【解析】在计算应纳税所得额时，选项A、B、C、D均不得在税前扣除。

【答案】ABCD

【例题4·单选题】某超市2013年实发工资总额为1000万元，发生职工教育经费支出29万元；2014年实发工资总额1200万元，发生职工教育经费支出28万元，根据企业所得税法律制度的规定，该超市在计算2014年应纳税所得额时，准予扣除的职工教育经费支出为（　）万元。（2015年）

A. 25　　B. 28

C. 30　　D. 32

【解析】企业发生的职工教育经费支出，不超过工资薪金总额2.5%的部分，准予扣除；超过部分，准予在以后年度结转扣除。该超市2013年准予扣除的职工教育经费限额=1 000×2.5%=25（万元）。2013年发生的职工教育经费支出29万元＞25万元，超出的4万元部分应结转以后年度扣除。该超市2014年准予扣除的职工教育经费限额=1 200×2.5%=30（万元），本年实际发生教育经费支出28万元＜30万元，因此可结转2013年未扣除的职工教育经费2万元只能扣除2万元。综上所述，该超市在计算2014年应纳税所得额时，准予扣除的职工教育经费支出=28+2=30（万元）。

【答案】C

考点7　企业资产的税收处理（★★★）

考点分析

本考点属于考生应掌握的内容，考查形式为客观题。考生复习本考点内容时，应重点掌握有关固定资产的税收处理，它的考查概率相对较大。

考点精讲

1. 固定资产

（1）折旧方法

①固定资产按直线法计算的折旧，准予扣除。

②投入使用的固定资产自投入使用月份的“次月”起计提折旧；停止使用的固定资产，从停止使用月份的“次月”起停止计提折旧。

③合理确定固定资产的预计净残值，固定资产的预计净残值一经确定，不得变更。

名师解读

不同固定资产的最低折旧年限为：房屋、建筑物为20年；飞机、火车、轮船、机器和其他生产设备为10年；与生产经营活动有关的器具、工具、家具等为5年；其他运输工具为4年；电子设备为3年。

（2）不得计算折旧扣除的固定资产

①房屋、建筑物以外未投入使用的固定资产。

②以经营租赁方式租入的固定资产。

③以融资租赁方式租出的固定资产。

④已提足折旧继续使用的固定资产。

⑤与经营活动无关的固定资产。

⑥单独估价作为固定资产入账的土地。

⑦其他不得计提折旧扣除的固定资产。

（3）固定资产计税基础

不同固定资产的计税基础如表7-7所示。

表7-7　固定资产的计税基础

固定资产取得方式	计税基础
外购固定资产	购买价款、相关税费、达到使用状态的其他支出
自建固定资产	竣工结算前发生的支出
融资租入	①合同约定付款总额、相关费用 ②未约定总额，以公允价值和相关费用为准
盘盈固定资产	同类固定资产的重置完全价值
捐赠、投资、债务重组、非货币性资产交换取得	公允价值、支付的相关税费
改建固定资产	除法定的支出外，以改建过程发生的改建支出增加计税基础

2. 生产性生物资产

包括经济林、薪炭林、产畜和役畜等。

（1）计税基础

①外购的生产性生物资产，以购买价款和支付的相关税费为计税基础。

②以捐赠、投资、非货币性资产交换、债务重组等取得的生产性生物资产，以资产的公允价值和支付的相关税费为计税基础。

（2）折旧方法

①按直线法计算的折旧，准予扣除。

②企业应自生产性生物资产投入使用月份的“次月”起计算折旧；自停止使用月份的“次月”起停止计算折旧。

③合理确定生产性生物资产的预计净残值。预计净残值一经确定，不得变更。

3. 无形资产

（1）不得计算摊销费用扣除的无形资产

下列无形资产不得计算摊销费用扣除。

①自行开发的支出已在计算应纳税所得额时扣除的无形资产。

②自创商誉。

③与经营活动无关的无形资产。

④其他不得计算摊销费用扣除的无形资产。

（2）无形资产的摊销

①按直线法计算的摊销费用，准予扣除。

②无形资产的摊销年限不得低于 10 年。

③作为投资或受让的无形资产，有关法律规定或合同约定了使用年限的，可按照规定或约定的使用年限分期摊销。

④外购商誉的支出，在企业整体转让或者清算时，准予扣除。

4．长期待摊费用

（1）已足额提取折旧的固定资产的改建支出，按该固定资产预计尚可使用年限分期摊销。

（2）租入固定资产的改建支出，按照合同约定的剩余租赁期限分期摊销。

（3）固定资产的大修理支出，按照固定资产尚可使用年限分期摊销。

（4）其他应当作为长期待摊费用的支出，自支出发生月份的“次月”起，分期摊销，摊销年限不得低于 3 年。

5．投资资产

（1）投资资产扣除规则

①企业对外投资期间，投资资产的成本在计算应纳税所得额时不得扣除。

②企业在转让或者处置投资资产时，投资资产的成本准予扣除。

（2）投资资产成本的确定

企业取得投资资产的成本确定规则如表 7-8 所示。

表 7-8 投资资产成本的确定规则

投资资产的取得方式	成本确定
支付现金	购买价款
支付现金以外的方式	该资产的公允价值和支付的相关税费

6．存货

（1）存货成本的确定

存货成本的确定规则如表 7-9 所示。

表 7-9 存货成本的确定规则

存货的取得方式	成本确定
支付现金	购买价款和支付的相关税费
支付现金以外的方式	该存货的公允价值和支付的相关税费
生产性生物资产收获的农产品	产出或采收过程中发生的材料费、人工费和分摊的间接费用等必要支出

（2）存货的扣除规则

①企业使用或销售存货，按照规定计算的存货成本，准予在计算应纳税所得额时扣除。

②企业使用或销售的存货的成本计算方法，可在先进先出法、加权平均法和个别计价法中选用一种。成本计算方法一经选用，不得随意变更。

7．资产损失

资产损失的确认如表 7-10 所示。

表 7-10 资产损失的确认

类型	确认
货币资产损失	包括现金损失、银行存款损失、应收（预付）账款损失等
非货币资产损失	①包括存货损失、固定资产损失、在建工程损失、生物资产损失和抵押损失等 ②抵押损失中，企业未能按期赎回抵押资产，使抵押资产被拍卖或变卖，其账面净值大于变卖价值的差额部分，依据拍卖或变卖证明认定为资产损失
投资损失	包括债权性投资损失和股权（权益）性投资损失

典型例题

【例题 1·判断题】融资租入的固定资产，以租赁合同约定的付款总额和承租人在签订租赁合同过程中发生的相关费用为企业所得税计税基础。（　）（2011 年）

【解析】题目说法中的固定资产应以该资产的公允价值和承租人在签订租赁合同过程中发生的相关费用为计税基础。

【答案】√

【例题 2·多选题】下列选项中，关于固定资产折旧的计提方法说法正确的有（　）。

A. 企业应当自固定资产投入使用月份的当月起计算折旧

B. 固定资产的预计净残值一经确定，不得随意变更

C. 固定资产按照直线法计算的折旧，可以在企业所得税税前扣除

D. 企业对房屋、建筑物等固定资产在未足额提取折旧前进行改扩建，若属于提升功能，增加面积的，改建支出应并入该固定资产的计税基础

【解析】企业应当自固定资产投入使用月份的“次月”起计提折旧，故选项 A 错误。

【答案】BCD

考点8 企业特殊业务的所得税处理（★★）

考点分析

本考点在近几年未出现过考题，内容较少，复习难度不大。

考点精讲

1．企业重组

企业的重组业务涉及企业资产价格变化的情况有3种，即平转、利得和损失，其资产价格变化和税务处理方法如表7-11所示。

表7-11　企业重组资产的价格变化和税务处理方法

重组类型	资产价格变化	税务处理方法
平转	不变	不征税也不减税
利得	售价高于净值	利得部分缴税。取得的货币收入当期缴税，非货币收入在规定条件内一般允许暂缓缴税（递延纳税）
损失	售价低于净值	在规定条件下准予扣除

2．企业清算

（1）全部资产均应按可变现价值或交易价格，确认资产转让所得或损失。

（2）确认债权清理、债务清偿的所得或损失。

（3）改变持续经营核算原则，对预提或待摊性质的费用进行处理。

（4）依法弥补亏损，确定清算所得。

（5）计算并缴纳清算所得税。

（6）确定可向股东分配的剩余财产、应付股息。

典型例题

【例题·多选题】根据企业所得税法律制度的规定，下列关于企业清算的所得税处理的表述中，正确的有（　）。（2010年）

A．企业全部资产均应按可变现价值或交易价格确认资产转让所得或损失

B．确认债权清理、债务清偿的所得或损失

C．依法弥补亏损，确定清算所得，计算并缴纳清算所得税

D．企业应将整个清算期作为一个独立的纳税年度计算清算所得

【解析】按规定本题4个选项的说法均正确。

【答案】ABCD

考点9　非居民企业的应纳税所得额（★★）

考点分析

本考点属于考生熟悉的内容，在近几年未出现过考题。本考点内容较少，复习难度不大，考生对表格中的知识点有所理解即可。

考点精讲

非居民企业来源于中国境内的所得，其应纳税所得额应按特殊规定进行计算，具体内容如表7-12所示。

表7-12　非居民企业的应纳税所得额

来源于中国境内的所得	应纳税所得额
股息、红利等权益性投资收益和利息、租金、特许权使用费所得	收入全额
转让财产所得	收入全额－财产净值
其他所得	参照以上两项规定的方法计算

典型例题

【例题·单选题】境外甲企业在我国境内未设立机构、场所。2012年8月，甲企业向我国居民纳税人乙公司转让了一项配方，取得转让费1 000万元，甲企业就该项转让费所得应向我国缴纳的企业所得税税额为（　）万元。（2013年）

A．250　　B．200

C．150　　D．100

【解析】在中国境内未设立机构、场所的，或者虽设立机构、场所但取得的所得与其所设机构、场所没有实际联系的，应当就其来源于中国境内的所得，减按10%的税率征收企业所得税，所以甲企业应纳的企业所得税=1 000×10%=100（万元）。

【答案】D

本节考点回顾与总结一览表

本节考点	知识总结
考点4　收入总额	销售商品收入，提供劳务收入，股息、红利等权益性投资收益，股权转让收入，利息、租金、特许权使用费收入，以及接受捐赠收入等的确认条件、时间及相关规定
考点5　不征税收入	①财政拨款：用于支出所形成的费用，不得在计算应纳税所得额时扣除 ②行政事业性收费、政府性基金：企业收取的各种基金、收费，应计入企业当年收入总额 ③其他：企业取得的专项用途财政性资金，准予作为不征税收入，在计算所得额时从收入中扣除
考点6　税前扣除项目及标准	①一般扣除项目：成本与费用（工资、福利、社会保险等），税金，损失及其他支出 ②特殊扣除项目：公益性捐赠，租赁费，汇兑损益等 ③禁止扣除项目：支付的股息、红利等，所得税税款，超标的捐赠等
考点7　企业资产的税收处理	①固定资产：当月使用的，次月起计提折旧；当月停止使用的，次月起停止计提折旧 ②生产性生物投资：当月使用的，次月起计提折旧；当月停止使用的，次月起停止计提折旧 ③无形资产：摊销年限不得低于10年 ④长期待摊费用：自支出的次月起分期摊销，年限不低于3年 ⑤投资资产：支付现金取得的，以购买价为成本；其他方式取得的，以公允价值与税费为成本 ⑥存货：使用或销售存货计算的存货成本，在计算应纳税所得额时允许扣除 ⑦资产损失：货币资产损失、非货币资产损失和投资损失

续表

本节考点	知识总结
考点 8 企业特殊业务的所得税处理	①企业重组：平转、利得、损失等不同重组方式中资产价格变化情况及税务处理方法 ②企业清算：确认资产转让损益，清偿债务损益，弥补亏损，计算并纳清所得税，分配剩余财产
考点 9 非居民企业的应纳税所得额	①股息、红利等权益性投资收益和利息、租金、特许权使用费所得，以收入全额为应纳税所得额 ②转让财产，以收入全额减去财产净值为应纳税所得额

真题演练

1.【多选题】根据企业所得税法律制度的规定，企业取得的下列收入中，属于不征税收入的有（　）。（2016 年）

A. 营业外收入

B. 财政拨款

C. 国债利息收入

D. 依法收取并纳入财政管理的政府性基金

2.【单选题】甲公司为乙公司的股东，投资成本为 200 万元，占乙公司股权比例 10%。乙公司累计未分配利润和累计盈余公积为 1 800 万元，甲公司转让该项股权公允价格为 500 万元。根据企业所得税法律制度的规定，甲公司应确认股权转让所得为（　）万元。（2015 年）

A. 120　　B. 180

C. 200　　D. 300

3.【单选题】2015 年 5 月 6 日，甲公司与乙公司签订合同，以预计收款方式销售产品 200 件，不含税单价 0.1 万元，并于 5 月 10 日取得了全部产品销售额 20 万元。2015 年 5 月 20 日，甲公司发出产品 120 件，6 月 25 日发出产品 80 件。根据企业所得税法律制度规定，下列关于甲公司确认销售收入实现日期及金额的表述中，正确的是（　）。（2015 年）

A. 2015年5月6日应确认销售收入20万元

B. 2015年5月10日应确认销售收入20万元

C. 2015年5月20日应确认销售收入20万元

D. 2015年6月25日应确认销售收入20万元

4.【多选题】根据企业所得税法律制度的规定，纳税人取得的下列收入，应计入应纳税所得额的有（　）。（2014 年）

A. 转让股权的收入

B. 接受捐赠的收入

C. 取得的财政拨款

D. 依法收取并纳入财政管理的政府性基金

5.【单选题】根据企业所得税法律制度的规定，企业发生的下列支出中，在计算应纳税所得额时准予扣除的是（　）。（2016 年）

A. 企业支付的合同违约金

B. 企业支付的企业所得税税款

C. 企业内营业机构之间支付的租金

D. 企业内营业机构之间支付的特许权使用费

6.【单选题】某制造企业 2014 年取得商品销售收入 3 000 万元，出租设备租金收入 200 万元，发生与生产经营有关的业务招待费支出 18 万元。根据企业所得税法律制度的规定，该企业在计算当年应纳税所得额时，准予扣除的业务招待费为（　）万元。（2015 年）

A. 10.8　　B. 15

C. 16　　D. 18

7.【判断题】某有限责任公司 2011 年的工资薪金总额为 950 万元，支出的职工福利费为 150 万元，在计算该公司 2011 年的应纳税所得额时，支出的职工福利费用应据实扣除。（　）（2012 年）

8.【多选题】根据企业所得税法律制度的规定，企业的下列资产支出项目中，不得计算折旧或摊销费用在税前扣除的有（　）。（2012 年）

A. 已足额提取折旧的固定资产的改建支出

B. 单独估价作为固定资产入账的土地

C. 以融资租赁方式租入的固定资产

D. 未投入使用的机器设备

9.【单选题】下列有关固定资产确定计税基础的表述中，不符合企业所得税法律制度规定的是（　）。（2015 年）

A. 自行建造的固定资产，已竣工结算前发生的支出为计税基础

B. 盘盈的固定资产，以同类固定资产的重置完全价值为计税基础

C. 通过捐赠取得的固定资产，以该资产的原账面价值为计税基础

D. 通过投资取得的固定资产，以该资产的公允价值和支付的相关税费为计税基础

10.【判断题】企业在计算企业所得税应纳税所得额扣除资产损失时，需对资产损失进行认定，其中，对企业未能按期赎回抵押资产致使抵押资产被拍卖的，其账面净值大于变卖价值的差额部分，依据拍卖证明，认定为资产损失。（　）（2013 年）

第三节 企业所得税的应纳税额

考点10 企业所得税应纳税额的计算（★★★）

考点分析

本考点属于考生应掌握的内容，与其他考点的联系较大，考生应重点记忆与应纳税额计算相关的公式。

考点精讲

1．应纳税额的计算

企业所得税应纳税额的计算公式如下：

应纳税额 = 应纳税所得额 × 适用税率 − 减免税额 − 抵免税额

企业抵免境外所得税额后实际应纳所得税额的计算公式如下：

企业实际应纳所得税额 = 企业境内外所得应纳税总额 − 企业所得税减免、抵免优惠税额 − 境外所得税抵免额

2．企业取得境外所得计税时的抵免

（1）抵免规定

企业取得的下列所得已在境外缴纳的所得税税额，可从其当期应纳税额中抵免，抵免限额为该项所得依照本法规定计算的应纳税额；超过抵免限额的部分，可在以后5个年度内，用每年抵免限额抵免当年应抵税额后的余额进行抵补。

①居民企业来源于中国境外的应税所得。

②非居民企业在中国境内设立机构、场所，取得发生在中国境外但与该机构、场所有实际联系的应税所得。

（2）抵免限额

企业来源于中国境外的所得，依相关规定计算的应纳税额，为抵免限额。其计算公式如下：

抵免限额 = 中国境内、境外所得依照税法规定计算的应纳税总额 × 来源于某国（地区）的应纳税所得额 ÷ 中国境内、境外应纳税所得总额

典型例题

【例题·单选题】本年度某企业财务资料显示，会计利润为370万元，另有经税务机关核定的上年度亏损为70万元，则该企业本年度应纳所得税额为（　）万元。

A．70　　B．72.5

C．75　　D．77.5

【解析】应纳所得税额 =（370−70）×25%=75（万元）。

【答案】C

本节考点回顾与总结一览表

本节考点	知识总结
考点10 企业所得税应纳税额的计算	①应纳税额的计算 ②企业取得境外所得计税时的抵免

真题演练

1.【单选题】某软件企业是国家需要重点扶持的高新技术企业，2011年度该企业的应纳税所得额为200万元，该企业2011年应纳的企业所得税额为（　）万元。（2012年）

A．50　　B．40

C．30　　D．20

2.【判断题】居民企业来源于境外的应税所得，已在境外缴纳的所得税税额，可以在抵免限额范围内从当期应纳税额中抵免，超过抵免限额的部分可以在以后5个年度内，用每年度抵免限额抵免当年应抵税额之后的余额进行抵补。（　）（2011年）

第四节 企业所得税的税收优惠

考点11 免税优惠（★★）

考点分析

本考点属于考生应熟悉的内容，其通常不会单独出现考题，通常会与减税、不征税收入等类似的优惠政策结合进行考查，考生只要会判断具体收入是否属于免税收入即可轻松答题。

考点精讲

我国企业的免税收入主要包括以下内容。

（1）国债利息收入。

（2）符合条件的居民企业之间的股息、红利等权益性投资收益。

（3）在中国境内设立机构、场所的非居民企业从居民企业取得与该机构、场所有实际联系的股息、红利等权益性投资收益。

（4）符合条件的非营利组织的收入。

典型例题

【例题·多选题】根据企业所得税法律制度的规定，下列收入中，不属于企业所得税免税收入的有（ ）。（2010年）

A. 财政拨款

B. 国债利息

C. 物资及现金溢余

D. 依法收取并纳入财政管理的政府性基金

【解析】财政拨款、依法收取并纳入财政管理的行政事业性收费、政府性基金均属于不征税收入；企业资产溢余属于应当征税的其他收入。

【答案】ACD

考点12 定期或定额减税、免税（★★）

考点分析

本考点属于考生应熟悉的内容，需要记忆的内容较多，且容易与前面知识混淆，考生需注意分类记忆。

考点精讲

1．农、林、牧、渔业

企业从事农、林、牧、渔业项目的所得，可以免征、减征企业所得税，具体如表7-13所示。

表7-13 农、林、牧、渔业的所得税优惠

类别	项目
免征项目	①蔬菜、谷物、薯类、油料、豆类、棉花、麻类、糖料、水果、坚果的种植 ②农作物新品种的选育 ③中药材的种植 ④林木的培育和种植 ⑤牲畜、家禽的饲养 ⑥林产品的采集 ⑦灌溉、农产品初加工、兽医、农技推广、农技作业和维修等农、林、牧、渔服务业项目 ⑧远洋捕捞
减半征收项目	不属于国家限制和禁止发展的以下项目： ①花卉、茶及其他饮料作物和香料作物的种植 ②海水养殖、内陆养殖

2．国家重点扶持的公共基础设施项目

（1）企业从事国家重点扶持的公共基础设施项目的投资经营的所得，享受“三免三减半”政策。

（2）企业承包经营、承包建设和内部自建自用上述项目，不享受上述企业所得税优惠。

名师解读

“三免三减半”政策是指自项目取得第1笔生产经营收入所属纳税年度起，第1年至第3年免征企业所得税，第4年至第6年减半征收企业所得税。

3．符合条件的环境保护、节能节水项目

符合条件的环境保护、节能节水项目，自项目取得第1笔生产经营收入所属纳税年度起，同样享受“三免三减半”政策。

名师解读

符合条件的环境保护、节能节水项目在减免税期限内转让的，受让方自受让之日起，可以在剩余期限内享受规定的减免税优惠；超过减免税期限的，受让方不得享受减免税优惠。

4．符合条件的技术转让

符合条件的居民企业在一个纳税年度内，技术转让所得不超过500万元的部分，免征企业所得税；超过500万元的部分，减半征收企业所得税。

典型例题

【例题·多选题】企业从事下列项目的所得，免征企业所得税的有（ ）。

A. 蔬菜、谷物、薯类、油料、豆类的种植

B. 花卉、茶的种植

C. 林木的培育和种植

D. 农产品初加工

【解析】花卉、茶及其他饮料作物和香料作物的种植，减半征收企业所得税。

【答案】ACD

考点13 低税率优惠（★★）

考点分析

本考点属于考生应熟悉的内容，在近几年未出现过考题，如果出现考题，其考查的难度也不会太大，可能涉及简单计算。

考点精讲

1．减按20%税率征收企业所得税

税法规定凡符合条件的小型微利企业，减按20%的税率征收企业所得税。小型微利企业的界定如表7-14所示。

表7-14 小型微利企业的界定

企业类型	从事行业	年度应纳税所得额	从业人数	资产总额
工业企业	国家非限制和禁止行业	不超过30万元	不超过100人	不超过3 000万元
其他企业	国家非限制和禁止行业	不超过30万元	不超过80人	不超过1 000万元

年应税所得低于10万元（含）的小型微利企业，其所得减按50%计入应纳税所得额，按20%的税率缴纳企业所得税。

2．减按15%税率征收企业所得税

对国家需要重点扶持的高新技术企业，减按

15% 的税率征收企业所得税。

3．减按 10% 税率征收企业所得税

在中国境内未设立机构、场所的，或虽设立机构、场所但取得的所得与其所设机构、场所没有实际联系的，应当就其来源于中国境内的所得，减按 10% 的税率征收企业所得税。

4．免税所得

可以免征企业所得税的所得如下。

（1）外国政府向中国政府提供贷款取得的利息所得。

（2）国际金融组织向中国政府和居民企业提供优惠贷款取得的利息所得。

（3）经国务院批准的其他所得。

典型例题

【例题·单选题】某小型微利企业经主管税务机关核定，2015 年度亏损 16 万元，2016 年度盈利 42 万元。该企业 2016 年度应缴纳的企业所得税为（　）万元。

A. 1.5　　B. 2.25

C. 3　　D. 5.2

【解析】如果上一年度发生亏损，可用当年应纳税所得额进行弥补，1 年弥补不完的，可连续弥补 5 年，按弥补亏损后的应纳税所得额和适用税率计算税额；符合条件的小型微利企业的所得税税率为 20%。2016 年应纳企业所得税 =（42−16）×20%=5.2（万元）。

【答案】D

考点14　区域税收优惠与特别项目税收优惠（★★★）

考点分析

本考点属于考生应掌握的内容，且知识比较琐碎，其在客观题中出现的概率较大，同时也可作为综合题的某个小题进行考查。

考点精讲

1. 民族地区税收优惠

民族自治地方的自治机关对本民族自治地方的企业应缴纳的企业所得税中属于地方分享的部分，可以决定减征或者免征。

2. 国家西部大开发税收优惠

（1）2011 年至 2020 年，对设在西部地区符合下列条件的企业减按 15% 税率征收企业所得税。

①设在西部地区，主营《西部地区鼓励类产业目录》中规定的产业项目。

②当年度主营业务收入占企业收入总额 70% 以上。

（2）享受原定期减免税优惠的企业可以继续执行税收优惠至期满，涉及享受减半征税优惠的，按企业适用税率减半征收。

3．加计扣除

（1）企业开发新技术、新产品、新工艺发生的研究开发费用，可在计算应纳税所得额时加计扣除。

（2）研究开发费用未形成无形资产计入当期损益的，在按照规定据实扣除的基础上，再按研究开发费用的 50% 加计扣除。

（3）研究开发费用形成无形资产的，按照无形资产成本的 150% 摊销。

（4）企业安置残疾人员的，在支付给残疾职工工资据实扣除的基础上，按支付给残疾职工工资的 100% 加计扣除。

4．投资抵免

（1）创业投资企业采取股权投资方式投资于未上市的中小高新技术企业 2 年以上的，可以按照其投资额的 70% 在股权持有满 2 年的当年抵扣该创业投资企业的应纳税所得额。

（2）当年不足抵扣的，可以在以后纳税年度结转抵扣。

5．减计收入

企业综合利用资源，生产符合国家产业政策规定的产品所取得的收入，可以在计算应纳税所得额时减计收入，具体为减按 90% 计入收入总额。

6．抵免应纳税额

企业购置用于环境保护、节能节水和安全生产等专用设备的投资额，可以按一定比例实行税额抵免。

7．加速折旧

企业固定资产由于技术进步等原因，需要加速折旧的，可采用缩短折旧年限或者采取加速折旧的方法进行加速折旧。具体规定如下。

（1）可以缩短折旧年限或者采取加速折旧的方法的固定资产包括由于技术进步、产品更新换代较快的固定资产，以及常年处于强震动、高腐蚀状态的固定资产。

（2）采取缩短折旧年限方法的，最低折旧年限不得低于法定折旧年限的 60%。

（3）采取加速折旧方法的，可以采取双倍余额递减法或者年数总和法。

典型例题

【例题 1·单选题】根据企业所得税法律制度的规定，企业为开发新技术、新产品、新工艺发生的研究开发费用，未形成无形资产计入当期损益的，在按照规定据实扣除的基础上，按照研究开发费用的一定比例加计扣除，该比例为（　）。（2012 年）

A. 50% B. 100%

C. 150% D. 200%

【解析】研究开发费用未形成无形资产计入当期损益的，在按照规定据实扣除的基础上，再按研究开发费用的 50% 加计扣除。

【答案】A

【例题 2·单选题】某企业为创业投资企业。2014 年 8 月 1 日，该企业向境内未上市的中小高新技术企业投资 200 万元。2016 年度企业利润总额 890 万元；未经财税部门核准，提取风险准备金 10 万元。已知企业所得税税率为 25%。假定不考虑其他纳税调整事项，2016 年该企业应纳企业所得税额为（ ）万元。

A. 82.5 B. 85

C. 187.5 D. 190

【解析】创业投资企业采取股权投资方式投资于未上市的中小高新技术企业两年以上的，可以按照其投资额的 70% 在股权持有满两年的当年抵扣该创业投资企业的应纳税所得额；未经核定的准备金支出不得在税前扣除。2016 年该企业应纳企业所得税额 =[（890+10）−200 × 70%] × 25%=190（万元）。

【答案】D

考点15 专项政策税收优惠（★）

考点分析

本考点属于考生了解的内容，在近几年未出现过考题。考生在复习本考点内容时，只需对其有大致的认识即可。

考点精讲

专项政策税收优惠是指国家为了鼓励某些产业的发展，制定了相关的优惠政策，如软件产业、集成电路产业等，具体产业及相关优惠政策如表 7-15 所示。

表 7-15 不同行业的专项政策税收优惠

行业	具体规定
软件产业	①符合条件的软件生产企业按规定实行增值税即征即退政策所退还的税款，由企业专款用于软件产品的研发和扩大再生产并单独进行核算，可以作为不征税收入，在计算应纳税所得额时从收入总额中扣除 ②我国境内新办集成电路设计企业和符合条件的软件企业，经认定，在 2017 年年底前自获利年度起计算优惠期，第 1 年和第 2 年免征企业所得税，第 3 年至第 5 年减半征收企业所得税，并享受到期满为止 ③国家规划布局内的重点软件生产企业，如当年未享受免税优惠的，减按 10% 的税率征收企业所得税 ④软件生产企业的职工培训费用，可按实际发生额在计算应纳税所得额时扣除 ⑤企业外购的软件，凡符合固定资产或无形资产确认条件的，可以按照固定资产或无形资产进行核算，其折旧或摊销年限可以适当缩短，最短为 2 年
集成电路产业	①集成电路生产企业的生产性设备，其折旧年限可以适当缩短，最短为 3 年 ②投资额超过 80 亿元人民币或集成电路线宽小于 0.25 微米的集成电路生产企业，可以按 15% 的税率缴纳企业所得税，其中，经营期在 15 年以上的，在 2017 年年底前自获利的年度起计算优惠期，第 1 年至第 5 年免征企业所得税，第 6 年至第 10 年按照 25% 的法定税率减半征收企业所得税 ③对生产线宽小于 0.8 微米（含）集成电路的生产企业，在 2017 年年底自获利年度起，第 1 年和第 2 年免征企业所得税，第 3 年至第 5 年按照 25% 法定税率减半征收企业所得税
证券投资基金	①对证券投资基金从证券市场中取得的收入，包括买卖股票、债券的差价收入，股权的股息、红利收入，债券的利息收入及其他收入，暂不征收企业所得税 ②对投资者从证券投资基金分配中取得的收入，暂不征收企业所得税 ③对证券投资基金管理人运用基金买卖股票、债券的差价收入，暂不征收企业所得税

典型例题

【例题·判断题】国家规划布局内的重点软件生产企业，如当年未享受免税优惠的，减按 25% 的税率征收企业所得税。（ ）

【解析】国家规划布局内的重点软件生产企业，如当年未享受免税优惠的，减按 10% 的税率征收企业所得税。

【答案】×

本节考点回顾与总结一览表

本节考点	知识总结
考点 11 免税优惠	国债利息收入，符合条件的居民企业之间的股息、红利等权益性投资收益等属于免税收入
考点 12 定期或定额减税、免税	①农、林、牧、渔业：花卉、茶及其他饮料作物和香料作物的种植以及海水养殖、内陆养殖减半征收企业所得税 ②国家重点扶持的公共基础设施项目：三免三减半 ③符合条件的环境保护、节能节水项目：三免三减半 ④符合条件的技术转让：技术转让所得不超过 500 万元的部分，免征企业所得税；超过部分，减半征收企业所得税

续表

本节考点	知识总结
考点 13　低税率优惠	①减按 20%：符合条件的小型微利企业，减按 20% 的税率征收企业所得税 ②减按 15%：对国家需要重点扶持的高新技术企业，减按 15% 的税率征收企业所得税 ③减按 10%：在中国境内未设机构、场所，或虽设立但所得与其无实际联系，就来源于境内的所得，减按 10% 的税率征收企业所得税
考点 14　特别项目税收优惠	①加计扣除：研究开发费按 50% 加计扣除，残疾人工资按 100% 加计扣除 ②投资抵免：投资于未上市的中小高新技术企业 2 年以上的，可以按照其投资额的 70% 抵免企业所得税 ③减计扣除：企业综合利用资源，生产符合国家产业政策规定的产品所取得的收入减按 90% 计入收入总额 ④加速折旧：采取缩短折旧年限方法的，最低折旧年限不得低于法定折旧年限的 60%
考点 15　专项政策税收优惠	软件产业、集成电路产业及证券投资基金产业等的具体优惠

真题演练

1.【单选题】根据企业所得税法律制度的规定，下列各项中，应计入应纳税所得额计征企业所得税的是（　）（2015 年）。

A. 财政拨款

B. 国债利息收入

C. 债务重组收入

D. 符合条件的居民企业之间的股息收入

2.【单选题】根据企业所得税法律制度的规定，下列项目中，享受税额抵免优惠政策的是（　）。（2013 年）

A. 企业的赞助支出

B. 企业向残疾职工支付的工资

C. 企业购置并实际使用国家相关目录规定的环境保护专用设备投资额10%的部分

D. 创业投资企业采取股权投资方式投资于未上市的中小高新技术企业2年以上的投资额70%的部分

3.【单选题】2011 年 4 月 1 日，甲创业投资企业采取股权投资方式向未上市的取得高新技术企业资格的乙公司（该公司属于中小企业）投资 120 万元，股权持有至 2013 年 6 月 1 日，甲创业投资企业 2013 年度计算应纳税所得额时，对乙公司的投资额可以抵免的数额为（　）万元。（2014 年）

A. 0　　B. 84

C. 96　　D. 108

4.【多选题】根据企业所得税的法律制度的规定，企业的下列支出中，在计算应纳税所得额时实行加计扣除的有（　）。（2016 年）

A. 购置用于环境保护专用设备的投资额

B. 为开发新技术发生的尚未形成无形资产而计入当期损益的研究开发费用

C. 安置残疾人员所支付的工资

D. 赞助支出

5.【判断题】甲公司 2013 年开发一项新工艺，发生的研究开发费用为 80 万元，尚未形成无形资产计入当期损益。在甲公司计算当年企业所得税应纳税所得额时，该项研究开发费用可以扣除的数额为 120 万元。（　）（2014 年）

第五节　企业所得税的源泉扣缴

考点16　应税所得及应纳税额计算（★★）

考点分析

本考点属于考生应熟悉的内容，内容较少，易于掌握，考生可轻松得分。

考点精讲

源泉扣缴适用于非居民企业。

非居民企业取得来源于中国境内的股息、红利等权益性投资收益（股息、红利）和利息、租金、特许权使用费所得、转让财产所得以及其他所得应当缴纳的企业所得税，实行源泉扣缴。

（1）对非居民企业取得以上收入按全额计征，即支付人向非居民企业支付的全部价款和价外费用，其相关发生的成本费用不得扣除。

（2）转让财产所得，以收入全额减除财产净值后的余额为应纳税所得额。

扣缴企业所得税应纳税额的计算公式为：

扣缴企业所得税应纳税额 = 应纳税所得额 × 实际征收率

典型例题

【例题·多选题】在中国境内未设立机构、场所的非居民企业从中国境内取得的下列所得，应按收

入全额计算征收企业所得税的有（ ）。

A. 股息 B. 转让财产所得
C. 租金 D. 特许权使用费

【解析】根据规定，转让财产所得，以收入全额减除财产净值后的余额为应纳税所得额。

【答案】ACD

考点17 支付人和扣缴义务人（★★）

考点分析

本考点属于考生应熟悉的内容，在近几年未出现过考题。本考点包括支付人和扣缴义务人两方面内容，考生应注意区分，且可将复习重点放在扣缴义务人上。

考点精讲

支付人和扣缴义务人的内容如表7-16所示。

表7-16 支付人和扣缴义务人的内容

类别	解释
支付人	依照有关法律规定或者合同约定对非居民企业直接负有支付相关款项义务的单位或个人
扣缴义务人	①扣缴义务人，即依有关法律规定或合同约定对非居民企业直接负有支付相关款项义务的单位和个人。税款由扣缴义务人在每次支付或到期应支付时，从支付或者到期应支付的款项中扣缴 ②非居民企业在中国境内取得工程作业和劳务所得应缴纳的所得税，税务机关可指定工程价款或劳务费的支付人为扣缴义务人 ③扣缴义务人未依法扣缴或无法履行扣缴义务的，由纳税人在所得发生地缴纳 ④纳税人未依法缴纳的，税务机关可以从该纳税人在中国境内其他收入项目的支付人应付的款项中追缴该纳税人的应纳税款

典型例题

【例题·单选题】根据企业所得税法律制度的规定，下列关于非居民企业所得税扣缴义务人表述中，不正确的是（ ）。

A. 非居民企业在中国境内设立机构、场所的，取得的与所设机构、场所有实际联系的境内所得，以支付人为扣缴义务人

B. 非居民企业在中国境内取得劳务所得，提供劳务期限不足一个纳税年度，且有证据表明不履行纳税义务的，可由税务机关指定扣缴义务人

C. 非居民企业在中国境内取得工程作业所得，未按照规定期限办理企业所得税申报或者预缴申报的，可由税务机关指定扣缴义务人

D. 非居民企业在中国境内取得工程作业所得，没有办理税务登记且未委托中国境内的代理人履行纳税义务的，可由税务机关指定扣缴义务人

【解析】在中国境内未设立机构、场所的，或者虽设立机构、场所但取得的所得与其所设机构、场所没有实际联系的非居民企业，就其取得的来源于中国境内的所得应缴纳的所得税，实行源泉扣缴，以支付人为扣缴义务人。

【答案】A

本节考点回顾与总结一览表

本节考点	知识总结
考点16 应税所得及应纳税额计算	扣缴企业所得税应纳税额＝应纳税所得额×实际征收率
考点17 支付人和扣缴义务人	①支付人：对非居民企业直接负有支付相关款项义务的单位或个人 ②扣缴义务人：对非居民企业直接负有支付相关款项义务的单位和个人

真题演练

【多选题】根据企业所得税法律制度的规定，在中国境内未设立机构、场所的非居民企业从中国境内取得的下列所得中，应以收入全额为应纳税所得额的有（ ）。（2012年）

A. 红利 B. 转让财产所得
C. 租金 D. 利息

第六节 企业所得税的特别纳税调整

考点18 关联企业与独立交易原则（★★）

考点分析

本考点属于考生应掌握的内容。考生复习本考点内容时，只需对某些概念性知识记忆，对内容有大致的了解即可。

考点精讲

1．关联企业及关联关系

关联方是指与企业有下列关联关系之一的其他企业、组织或个人。

（1）资金、经营、购销等方面存在直接或间接的控制关系。

（2）直接或间接地同为第三者控制。

（3）在利益上具有相关关联的其他关系。

2．独立交易原则

没有关联关系的交易双方或多方，按公平成交价格和营业常规进行业务往来。

典型例题

【例题·多选题】下列企业或者个人符合税法中所指的具有关联关系的有（ ）。

A. 在资金方面存在直接控制关系

B. 经营方面存在间接拥有关系

C. 长年具有购销业务的客户

D. 直接或者间接地同为第三者所控制

【解析】根据规定，关联方指的是与企业具有以下关系的企业或个人：资金、经营、购销等方面存在直接或间接的控制关系；直接或间接地同为第三者控制；在利益上具有相关关联的其他关系。选项C只是一种长期稳定的客户关系，不属于具有关联关系的企业。

【答案】ABD

考点19 特别纳税调整管理办法和资本弱化管理（★）

考点分析

本考点属于考生应了解的内容，在近几年未出现过考题。本考点考查的概率非常小，若出现考题，其难度也不大。

考点精讲

1．特别纳税调整管理办法

税务机关核定和调整关联企业交易价格的方法主要有以下几种，具体内容如表7-17所示。

表7-17 税务机关核定和调整关联企业交易价格的方法

方法	解释
可比非受控价格法	按照没有关联关系的交易各方进行相同或类似业务往来的价格进行定价
再销售价格法	按照从关联方购进商品再销售给没有关联关系的交易方的价格，减除相同或类似业务的销售毛利进行定价
成本加成法	按照成本加合理的费用和利润进行定价
交易净利润法	按照没有关联关系的交易各方进行相同或类似业务往来取得的净利润水平确定利润
利润分割法	将企业与其关联方的合并利润或亏损在各方之间采用合理标准进行分配
其他符合独立交易原则的方法	

2．资本弱化管理

企业从其关联方接受的债权性投资与权益性投资的比例超过规定标准而发生的利息支出，不得在计算应纳税所得额时扣除。

除另有规定外，企业接受关联方债权性投资与其权益性投资符合一定的比例。具体债权性投资与权益性投资比例的规定如表7-18所示。

表7-18 债权性投资与权益性投资比例的规定

企业类型	债权性投资与权益性投资比例
金融企业	5 : 1
其他企业	2 : 1

典型例题

【例题1·多选题】根据企业所得税法的规定，对关联企业所得不实的，可以按照下列（ ）方法进行调整。

A. 再销售价格法　　B. 交易净利润法

C. 可比非受控价格法　　D. 成本加成法

【解析】税务机关有权按以下方法核定和调整关联企业交易的价格：可比非受控价格法、再销售价格法、成本加成法、交易净利润法、利润分割法以及其他符合独立交易原则的方法。

【答案】ABCD

【例题2·判断题】企业从其关联方接受的债权性投资与权益性投资的比例超过规定标准而发生的利息，属于资本弱化行为，不得在计算应纳税所得额时扣除。（ ）

【解析】题干是对资本弱化管理相关概念的正确描述。

【答案】√

本节考点回顾与总结一览表

本节考点	知识总结
考点18 关联企业与独立交易原则	①关联企业及关联关系：与企业具有关联关系的其他企业、组织或者个人 ②独立交易原则：没有关联关系的交易双方或多方，按公平成交价格和营业常规进行业务往来
考点19 特别纳税调整管理办法和资本弱化管理	①税务机关核定和调整关联企业交易价格的方法 ②资本弱化管理中对债券性投资与权益性投资比例的规定

真题演练

【多选题】甲企业是国有独资企业。根据《企业国有资产法》的规定，下列各项中，属于甲企业关联方的有（ ）。（2011年）

A. 甲企业的副经理林某

B. 甲企业经理的同学陈某

C. 甲企业的职工李某

D. 甲企业财务负责人的配偶王某

第七节 企业所得税的征收管理

考点20 纳税地点、纳税年度和纳税申报（★★）

考点分析

本考点属于考生应熟悉的内容，其知识点较多，关联性较强，比较容易记忆和掌握。本考点在近几年未出现过考题，其考查方式较为单一，考生可轻松答题。

考点精讲

1．纳税地点

居民企业和非居民企业的纳税地点规定如表7-19所示。

表7-19 居民企业和非居民企业的纳税地点规定

类别	纳税地点
居民企业	①以企业登记注册地为纳税地点 ②登记注册地在境外的，除另外有规定外，应以实际管理机构所在地为纳税地点
非居民企业	①在中国境内设立机构、场所的，以机构、场所所在地为纳税地点 ②在中国境内设立两个或两个以上机构、场所的，经税务机关审核批准，可选择由其主要机构、场所汇总缴纳企业所得税 ③在中国境内未设立机构、场所的，或虽设立机构、场所但取得的所得与其所设机构、场所没有实际联系的非居民企业，以扣缴义务人所在地为纳税地点

2．纳税年度

（1）企业所得税按纳税年度计算，即公历1月1日至12月31日。

（2）企业在一个纳税年度的实际经营期不足12个月的，以实际经营期为1个纳税年度。

（3）企业依法清算的，以清算期为1个纳税年度。

3．纳税申报

（1）按月或按季预缴的企业所得税，应自月份或者季度终了之日起15日内，向税务机关报送预缴企业所得税纳税申报表，预缴税款。

（2）企业按月或按季预缴企业所得税时，应按月度或季度的实际利润额预缴。企业预缴方法一经确定，在该纳税年度内不得随意变更。

（3）企业应当自年度终了之日起5个月内，向税务机关报送年度企业所得税纳税申报表，并汇算清缴，结清应缴应退税款。

（4）企业应在办理注销登记前，就其清算所得向税务机关申报并依法缴纳企业所得税。

（5）企业在纳税年度内无论盈亏，都应在规定期限内，向税务机关报送预缴企业所得税纳税申报表、年度企业所得税纳税申报表、财务会计报告和税务机关要求的其他相关资料。

典型例题

【例题1·多选题】下列关于企业所得税纳税地点的表述中，说法正确的有（　）。

A．居民企业一般在实际经营管理地纳税

B．居民企业一般在登记注册地纳税

C．非居民企业在中国境内设立机构、场所的，以机构、场所所在地为纳税地点

D．在中国境内未设立机构、场所的，或者虽设立机构、场所但取得的所得与其所设机构、场所没有实际联系的非居民企业，以扣缴义务人所在地为纳税地点

【解析】除税收法律、行政法规另有规定外，居民企业一般以企业登记注册地为纳税地点；但登记注册地在境外的，以实际管理机构所在地为纳税地点。

【答案】BCD

【例题2·多选题】关于企业所得税的纳税期限，说法错误的有（　）。

A．按次纳税

B．按期纳税

C．按次计征，汇总缴纳

D．按年计征，分期预缴

【解析】根据规定，企业所得税分月或分季预缴，纳税年度终了进行汇算清缴。

【答案】ABC

考点21 企业所得税的核定征收（★）

考点分析

本考点属于考生了解的内容，在近几年未出现过考题。本考点可能涉及计算，但其考查概率不大，且难度也相对较小。

考点精讲

1．核定征收的范围

有以下任意情形的，税务机关应对纳税人核定征收企业所得税。

（1）依照法律、行政法规的规定可以不设置账簿的。

（2）依照法律、行政法规的规定应当设置但未设置账簿的。

（3）擅自销毁账簿或者拒不提供纳税资料的。

（4）虽设置账薄，但账目混乱或成本资料、收入凭证、费用凭证残缺不全，难以查账的。

（5）发生纳税义务，未按规定的期限办理纳税申报，经税务机关责令限期申报，逾期仍不申报的。

（6）申报的计税依据明显偏低又无正当理由的。

2．核定征收应纳所得税额的计算

核定征收应纳所得税额的计算公式如下：

应纳所得税额=应纳税所得额×适用税率

应纳税所得额=应税收入额×应税所得率

或：

应纳税所得额=成本（费用）支出额÷（1-应税所得率）×应税所得率

典型例题

【例题·单选题】某小型零售企业2016年度自行申报收入总额250万元，成本费用258万元，经营亏损8万元。经主管税务机关审核，发现其发生的成本费用真实，而实现的收入无法确认，因此依据规定对其进行核定征收。假定应税所得率为9%，则该小型零售企业2016年度应缴纳的企业所得税为（　）万元。

A. 5.10　　B. 5.63

C. 5.81　　D. 6.38

【解析】应纳所得税=258÷（1-9%）×9%×25%=6.38（万元）。

【答案】D

本节考点回顾与总结一览表

本节考点	知识总结
考点20 纳税地点、纳税年度和纳税申报	①纳税地点：非居民企业和居民企业的区别 ②纳税年度：1月1日～12月31日 ③纳税申报：月、季（结束后15日内），年（结束后5个月）
考点21 企业所得税的核定征收	①核定征收范围 ②核定征收应纳所得税的计算

第八节 本章综合练习

（一）单选题

1. 根据《企业所得税法》的规定，企业所得税的征收办法是（　）。

A. 按月征收

B. 按季计征，分月预缴

C. 按季征收

D. 按年计征，分月或分季预缴

2. 根据企业所得税法律制度的规定，下列各项中，不属于企业所得税纳税义务人的是（　）。

A. 外商投资企业　　B. 国有企业

C. 合伙企业　　D. 股份制企业

3. 下列各项中，按照分配所得的企业所在地确定所得来源地的是（　）。

A. 销售货物所得

B. 提供劳务所得

C. 动产转让所得

D. 股息、红利等权益性投资所得

4. 某企业当年出售自产货物，取得销售收入800万元，当年发生计入销售费用中的广告费100万元，企业上年还有45万元的广告费没有在税前扣除，企业当年可以税前扣除的广告费是（　）万元。

A. 20　　B. 100

C. 120　　D. 165

5. 某生产企业2016年营业收入为1 500万元，广告费支出为52万元。2015年尚未抵扣的广告费90万元，则2016年税前准允扣除的广告费为（　）万元。

A. 52　　B. 142

C. 135　　D. 225

6. 根据《企业所得税法》的规定，企业发生的公益性捐赠支出，在计算企业所得税应纳税所得额时的扣除标准是（　）。

A. 全额扣除

B. 在年度利润总额12%以内的部分扣除

C. 在年度应纳税所得额30%以内的部分扣除

D. 在年度应纳税所得额12%以内的部分扣除

7. 以下各项中，最低折旧年限为3年的固定资产是（　）。

A. 家具　　B. 小汽车

C. 火车　　D. 电子设备

8. 根据企业所得税法的规定，下列对生物资产的税务处理正确的是（　）。

A. 企业应当自生产性生物资产投入使用月份的当月起计算折旧

B. 停止使用的生产性生物资产，应当自停止使用月份的当月停止计算折旧

C. 畜类生产性生物资产，折旧年限不得超过3年

D. 通过投资方式取得的生产性生物资产，以该资产公允价值和支付的相关税费为计税基础

9. 在计算企业应纳税所得额时，下列支出可以加计扣除的是（ ）。

A. 新技术、新产品、新工艺的研究开发费用

B. 为安置残疾人员所购置的专门设施

C. 赞助支出

D. 职工教育经费

10. 现行企业所得税法规定，企业应当自年度终了之日起（ ），向税务机关报送年度企业所得税申报表，并汇算清缴税款。

A. 15日内　　B. 60日内

C. 4个月内　　D. 5个月内

（二）多选题

1. 企业所得税的课税对象包括（ ）。

A. 销售商品所得

B. 提供劳务所得

C. 从事生产经营取得所得

D. 提供资金取得所得

2. 依据企业所得税法的规定，下列所得来源地规定正确的有（ ）。

A. 销售货物所得按照交易活动发生地确定

B. 提供劳务所得按照提供劳务的企业或者机构、场所所在地确定

C. 权益性投资资产转让所得按照投资企业所在地确定

D. 特许权使用费所得按照负担、支付所得的企业或者机构、场所所在地确定

3. 根据企业所得税法的规定，关于无形资产的说法正确的有（ ）。

A. 税法中无形资产不包含商誉

B. 自创商誉可以计算摊销费用扣除

C. 外购商誉的支出，在企业整体转让或者清算时准予扣除

D. 无形资产的摊销年限不得低于10年

4. 下列属于企业清算的所得税处理的内容有（ ）。

A. 确认债权清理、债务清偿的所得或损失

B. 全部资产均应按可变现价值或交易价格，确认资产转让所得或损失

C. 确定可向股东分配的剩余财产、应付股息

D. 依法弥补亏损，确定清算所得

5. 根据企业所得税法律制度的规定，企业合并，当事各方应按下列（ ）规定处理。

A. 合并企业按公允价值确定接受被合并企业各项资产和负债的计税基础

B. 合并企业按实际交易价格确定接受被合并企业各项资产和负债的计税基础

C. 被合并企业及其股东都应按清算进行所得税处理

D. 被合并企业的亏损可以在合并企业结转弥补

6. 现行《企业所得税法》规定的企业所得税的税收优惠方式包括（ ）。

A. 加计扣除　　B. 加速折旧

C. 减计收入　　D. 税额抵免

7. 下列关于企业所得税免税收入的陈述中，正确的有（ ）。

A. 国债利息收入属于免税收入

B. 财政拨款收入属于免税收入

C. 符合条件居民企业之间的股息、红利等权益性投资收益属于免税收入

D. 符合条件的非营利组织的收入属于免税收入

8. 企业从事下列项目的所得，免征企业所得税的有（ ）。

A. 海水养殖　　B. 家禽饲养

C. 林木的培育和种植　　D. 远洋捕捞

9. 以下关于纳税年度的说法，正确的有（ ）。

A. 企业所得税的纳税年度为公历1月1日至12月31日

B. 企业在纳税年度中间开业的，纳税年度为1年

C. 企业依法清算的，应按正常纳税年度计算企业所得税

D. 企业终止经营活动，使经营期不足1年的，其实际经营期为1个纳税年度

（三）判断题

1. 对于在中国境内未设立机构、场所的非居民企业，其来源于中国境内的所得应缴纳的企业所得税，由支付人在每次支付或者到期支付时，从支付或者到期应支付的款项中扣缴。（ ）

2. 软件生产企业发生的职工培训费用在计算当年的企业所得税应纳税所得额时，可以据实全额扣除。（ ）

3. 企业发生的职工教育经费的支出，不超过工资薪金总额的2%的部分，准予税前扣除，超过的部分，准予在以后纳税年度结转扣除。（ ）

4. 符合条件的技术转让所得免征、减征企业所得税，是指一个纳税年度内，居民企业技术转让所得不超过500万元的部分，免征企业所得税；超过500万元的部分，全额征收企业所得税。（ ）

5. 外商投资企业安置残疾人员及国家鼓励安置的其他就业人员所支付的工资，可以全额扣除，不加计扣除。（ ）

6. 提取的用于环境保护、生态恢复等方面的专项资金，准予扣除。上述专项资金提取后改变用途

的，不得扣除。（ ）

7. 企业承包建设国家重点扶持的公共基础设施项目，可以自该承包项目取得第一笔收入年度起，第1年至第3年免征企业所得税，第4年至第6年减半征收企业所得税。（ ）

8. 企业从其关联方接受的债权性投资与权益性投资的比例超过规定标准而发生的利息，属于资本弱化行为，不得在计算应纳税所得额时扣除。（ ）

第九节 本章真题演练及综合练习答案与解析

一、真题演练答案速查表

所在节	题号	答案	题号	答案	题号	答案
第一节	1	ABC	2	×		
第二节	1	BD	2	D	3	C
	4	AB	5	A	6	A
	7	×	8	BD	9	C
	10	√				
第三节	1	C	2	√		
第四节	1	C	2	C	3	B
	4	BC	5	√		
第五节	1	ACD				
第六节	1	AD				

二、本章综合练习答案与解析

（一）单选题

1. D【解析】企业所得税的征收办法是按年计征，分月或分季预缴。

2. C【解析】根据《企业所得税法》的规定，个人独资企业、合伙企业没有法人资格，须承担无限责任，故不适用《企业所得税法》，选项C符合题意。

3. D【解析】销售货物所得按照交易活动发生地确定纳税企业所得税；提供劳务所得按照劳务发生地确定纳税企业所得税；动产转让所得按照转让动产的企业或者机构、场所所在地确定缴纳企业所得税。

4. C【解析】广告费和业务宣传费，不超过当年销售收入15%的部分准予扣除，超过部分，准予在以后纳税年度结转扣除。所以准予扣除的最高额=800×15%=120（万元），故当年100万元可全部扣除，上年的可结转扣除20万元。

5. B【解析】2016年准予扣除的最高限额=1 500×15%=225（万元），2016年的全部广告费加2015年尚未扣除的总金额为142万元，可全部扣除。

6. B【解析】企业实际发生的公益性捐赠支出，在年度利润总额12%以内的部分，准予扣除。

7. D【解析】家具的最低折旧年限为5年；小汽车的最低折旧年限为4年；火车的最低折旧年限为10年；电子设备的最低折旧年限为3年。

8. D【解析】企业应当自生产性生物资产投入使用月份的次月起计算折旧；停止使用的生产性生物资产，应当自停止使用月份的次月起停止计算折旧；畜类生产性生物资产，折旧年限不得短于3年。

9. A【解析】企业为开发新技术、新产品、新工艺发生的研究开发费用，可在计算应纳税所得额时加计扣除。

10. D【解析】根据规定，企业应当自年度终了之日起5个月内，向税务机关报送年度企业所得税申报表，并汇算清缴税款。

（二）多选题

1. ABCD【解析】本题所有选项均属于企业所得税的课税对象。

2. AD【解析】根据规定，提供劳务所得按照劳务发生地确定；股息、红利等权益性投资所得按照分配所得的企业所在地确定；选项B、C错误。

3. ACD【解析】企业资产的税务处理中，无形资产是指企业为生产产品、提供劳务、出租或者经营管理而持有的、没有实物形态的非货币性长期资产，包括专利权、商标权、著作权、土地使用权、非专利技术、商誉等，选项A正确；企业自创的商誉不得计算摊销扣除，选项B不正确；外购商誉的支出，在企业整体转让或者清算时准予扣除，选项C正确；无形资产的摊销年限不得低于10年，选项D正确。

4. ABCD【解析】本题考查企业清算的所得税处理，所有选项的说法均正确。

5. AC【解析】企业合并当事各方应按下列规定处理：①合并企业应按公允价值确定接受被合并企业各项资产和负债；②被合并企业及其股东都应按清算进行所得税处理；③被合并企业的亏损不得在合并企业结转弥补。

6. ABCD【解析】企业所得税的税收优惠方式有免税优惠民族自治地方的减免税、加计扣除、抵扣应纳税所得额、加速折旧、减计收入、抵免应纳税额和其他专项优惠政策等。

7. ACD【解析】财政拨款属于不征税收入。

8. BCD【解析】根据规定，花卉、饮料和香料

作物，以及海水养殖和内陆养殖，减半征收企业所得税。

9. AD【解析】企业在一个纳税年度中间开业或终止经营活动，使纳税年度的实际经营期不足 12 个月的，应以实际经营期为 1 个纳税年度；企业依法清算时，应以清算期间为 1 个纳税年度。

（三）判断题

1. √【解析】非居民企业在中国境内未设立机构、场所的，或者虽然设立机构、场所但取得的所得与其所设机构、场所没有实际联系的，其来源于中国境内的所得缴纳企业所得税，实行源泉扣缴，以支付人为扣缴义务人。

2. √【解析】根据规定，对于软件生产企业发生的职工教育经费中的职工培训费用，可以据实全额在企业所得税前扣除。

3. ×【解析】职工教育经费，超过工资薪金总额 2.5% 的部分，准予在以后纳税年度结转扣除。

4. ×【解析】符合条件的技术转让所得免征、减征企业所得税，是指一个纳税年度内，居民企业技术转让所得不超过 500 万元的部分，免征企业所得税；超过 500 万元的部分，减半征收企业所得税。

5. ×【解析】企业安置残疾人员的，在支付给残疾职工工资据实扣除的基础上，按支付给残疾职工工资的 100% 加计扣除。

6. √【解析】题目的说法正确。

7. ×【解析】企业从事国家重点扶持的公共基础设施项目的投资经营所得，自项目取得第一笔生产经营收入所属纳税年度起，第 1 年至第 3 年免征企业所得税，第 4 年至第 6 年减半征收企业所得税。

8. √【解析】题目中的描述是正确的。

第八章 相关法律制度

相关法律制度章节在近几年的考试中所占题量和分值均有所上升，近 3 年考试平均分值约为 7 分，均为客观题。在本章众多知识点中，企业国有资产管理法律制度，反垄断和反不正当竞争法律制度，以及知识产权法律制度的考查概率相对较高，考生应将其作为本章重点内容，熟练掌握。而政府采购及财政监督和财政违法行为处罚法律制度的考点相对少一些。本章考点较为分散，复习难度较大，考生可根据学习计划合理安排这些知识的学习。

▼ 本章主要考点的题型、估计题量和所占分值一览表

主要考点	题型	估计题量	所占分值
反垄断法律制度、反不正当竞争法律制度 、专利申请人、专利侵权的界定、诋毁商誉的行为、商标注册的原则、竞争性谈判采购的特点	单选题	2~3 题	2~3 分
反不正当竞争法律制度、垄断协议、商标的种类	多选题	1~2 题	2~4 分
专利权的转让、财政违法行为处罚法律制度、政府采购合同的变更	判断题	1~2 题	1~2 分

▼ 本章知识结构一览表

相关法律制度	一、预算法	（1）预算体系（★★★） （2）预算管理职权（★★★） （3）预算收支范围（★★★） （4）预算编制、审查和批准、执行、调整（★★★） （5）决算（★★★） （6）预算监督（★★★）
	二、国有资产管理法律制度	（1）企业国有资产法律制度（★★★） （2）事业单位国有资产法律制度（★★★）
	三、反垄断和反不正当竞争法律制度	（1）反垄断法律制度（★★★） （2）反不正当竞争法律制度（★★★）
	四、知识产权法律制度	（1）专利法律制度（★★★） （2）商标法律制度（★★★）
	五、政府采购法律制度	（1）政府采购当事人（★★） （2）政府采购方式和程序（★★★） （3）政府采购合同和政府采购的监督（★★★）
	六、财政监督和财政违法行为处罚法律制度	财政违法行为处罚法律制度（★★）

第一节 预算法

考点1 预算体系（★★★）

考点分析

本考点属于概念性内容，一般不会单独出现在考题中，若在考试中考查，通常会以单选题或多选题的形式考查预算法的基本原则或者预算体系的构成等知识。

考点精讲

预算是经法定程序审核批准的国家年度集中性财政收支计划。预算法是调整在国家进行预算资金的筹集、分配、使用和管理过程中所发生的社会关系的法律规范的总称。

预算法的基本原则包括：①统筹兼顾、勤俭节约、量力而行原则；②预算法定原则；③绩效原则；④跨年度预算平衡原则；⑤公开原则；⑥完整性原则；⑦分税制原则。

1．预算体系的层级

我国《预算法》规定，国家实行一级政府一级预算。我国的预算共分为5级，分别如下。

（1）中央预算。

（2）省、自治区、直辖市预算。

（3）设区的市、自治州预算。

（4）县、自治县、不设区的市、市辖区预算。

（5）乡、民族乡、镇预算。

2．各级预算的构成

中央预算由中央各部门（含直属单位，下同）的预算组成。地方各级政府预算由本级各部门（含直属部门，下同）的预算组成。

3．政府预算体系

根据《预算法》的规定，预算包括一般公共预算、政府性基金预算、国有资本经营预算和社会保险基金预算。

典型例题

【例题1·判断题】我国的预算共分为两级，即中央预算和地方预算。（ ）

【解析】我国《预算法》规定，我国的预算共分为5级，具体见考点精讲中内容。

【答案】×

【例题2·多选题】根据《预算法》的规定，地方各级一般公共预算支出包括（ ）。

A．地方本级支出

B．对下级政府的税收返还

C．对下级政府的转移支出

D．对上级政府的上解支出

【解析】根据《预算法》的规定，地方各级一般公共预算支出包括地方本级支出、对上级政府的上解支出、对下级政府的税收返还和转移支付支出。

【答案】ABCD

考点2 预算管理职权（★★★）

考点分析

本考点属于考试的易考点，通常是对某机关预算管理职权具体内容进行考查，题型以单选题和多选题为主。考生应注意避免将不同的机关与预算管理职权张冠李戴。

考点精讲

不同权力机关与行政机关对应的预算管理职权如表8-1所示。

表8-1 不同权力机关与行政机关对应的预算管理职权

机关或主体类型		预算管理职权
权力机关	全国人民代表大会	①审查权：审查中央和地方预算草案及中央和地方预算执行情况的报告 ②批准权：批准中央预算和中央预算执行情况的报告 ③改变、撤销权：改变或者撤销全国人民代表大会常务委员会关于预算、决算的不适当的决议
	全国人民代表大会常务委员	①监督权：监督中央和地方预算的执行 ②审查和批准权：审查和批准中央预算的调整方案；审查和批准中央决算 ③撤销权：撤销国务院制定的同宪法、法律相抵触的关于预算、决算的行政法规、决定和命令；撤销省、自治区、直辖市人民代表大会及其常务委员会制定的同宪法、法律和行政法规相抵触的关于预算、决算的地方性法规和决议
	县级以上地方各级人民代表大会	①审查权：审查本级总预算草案及本级总预算执行情况的报告 ②批准权：批准本级预算和本级预算执行情况的报告 ③改变、撤销权：改变或者撤销本级人民代表大会常务委员会关于预算、决算的不适当的决议；撤销本级政府关于预算、决算的不适当的决定和命令
	县级以上地方各级人民代表大会常务委员会	①监督权：监督本级总预算的执行 ②审查和批准权：审查和批准本级预算的调整方案；审查和批准本级政府决算 ③撤销权：撤销本级政府和下一级人民代表大会及其常务委员会关于预算、决算的不适当的决定、命令和决议
	乡、民族乡、镇的人民代表大会	①审查和批准权：审查和批准本级预算和本级预算执行情况的报告；审查和批准本级预算的调整方案；审查和批准本级决算 ②监督权：监督本级预算的执行 ③撤销权：撤销本级政府关于预算、决算的不适当的决定和命令
行政机关	国务院	①预算编制权：国务院编制中央预算、决算草案；编制中央预算调整方案 ②报告权：向全国人民代表大会作关于中央和地方预算草案的报告；将省、自治区、直辖市政府报送备案的预算汇总后报全国人民代表大会常务委员会备案；向全国人民代表大会、全国人民代表大会常务委员会报告中央和地方预算的执行情况 ③执行权：组织中央和地方预算的执行 ④决定权：决定中央预算预备费的动用 ⑤监督权：监督中央各部门和地方政府的预算执行 ⑥改变、撤销权：改变或者撤销中央各部门和地方政府关于预算、决算的不适当的决定、命令
	县级以上地方各级政府	①编制权：编制本级预算、决算草案；编制本级预算的调整方案 ②报告权：向本级人民代表大会作关于本级总预算草案的报告；将下一级政府报送备案的预算汇总后报本级人民代表大会常务委员会备案；向本级人民代表大会、本级人民代表大会常务委员会报告本级总预算的执行情况 ③执行权：组织本级总预算的执行 ④决定权：决定本级预算预备费的动用 ⑤监督权：监督本级各部门和下级政府的预算执行 ⑥改变、撤销权：改变或者撤销本级各部门和下级政府关于预算、决算的不适当的决定、命令

续表

机关或主体类型		预算管理职权
行政机关	乡、民族乡、镇政府	①编制权：编制本级预算、决算草案；编制本级预算的调整方案 ②报告权：向本级人民代表大会作关于本级预算草案的报告；向本级人民代表大会报告本级预算的执行情况 ③执行权：组织本级预算的执行 ④决定权：决定本级预算预备费的动用
国务院财政部门		①编制权：具体编制中央预算、决算草案；具体编制中央预算的调整方案 ②执行权：具体组织中央和地方预算的执行 ③提案权：提出中央预算预备费动用方案 ④报告权：定期向国务院报告中央和地方预算的执行情况
地方各级政府财政部门		①编制权：具体编制本级预算、决算草案；具体编制本级预算的调整方案 ②执行权：具体组织本级总预算的执行 ③提案权：提出本级预算预备费动用方案 ④报告权：定期向本级政府和上一级政府财政部门报告本级总预算的执行情况
各部门		编制本部门预算、决算草案：组织和监督本部门预算的执行；定期向本级政府财政部门报告预算的执行情况
各单位		编制本单位预算、决算草案：按照国家规定上缴预算收入，安排预算支出，并接受国家有关部门的监督

典型例题

【例题1·多选题】下列有关权力机关的预算管理职权中，属于全国人民代表大会常务委员会预算管理职权的有（　）。

A. 审查中央和地方预算草案及中央和地方预算执行情况的报告

B. 监督中央和地方预算的执行

C. 审查和批准中央预算的调整方案；审查和批准中央决算

D. 撤销国务院制定的同宪法、法律相抵触的关于预算、决算的行政法规、决定和命令

【解析】全国人民代表大会常务委员会的预算管理职权主要包括监督权、审查和批准权、撤销权，其分别与选项B、C、D对应；选项A属于全国人民代表大会的预算管理职权。

【答案】BCD

【例题2·多选题】根据《预算法》的规定，属于国务院的预算管理职权的有（　）。

A. 编制中央预算、决算草案

B. 改变或者撤销中央各部门和地方政府关于预算、决算的不适当的决定、命令

C. 向全国人民代表大会作关于中央总预算草案的报告

D. 审查和批准中央预算的调整方案

【解析】国务院的预算管理职权主要包括预算编制权，报告权，执行权，决定权，监督权，改变、撤销权。其中，选项A、B、C分别对应预算编制权，改变、撤销权，报告权。选项D，属于全国人民代表大会常务委员会的预算管理职权。

【答案】ABC

考点3 预算收支范围（★★★）

考点分析

本考点属于考生应掌握的知识，但其内容相对简单。在考试中，本考点通常会让考生选择或者判断某一描述是否属于某类收入或支出。

考点精讲

我国实行分税制的预算管理体制，《预算法》确定了预算收入和预算支出的范围。

1. 预算收入

一般公共预算收入主要包括税收收入、国有资源（资产）有偿使用收入、转移性收入和其他收入。其中，税收收入是国家预算收入的最主要的部分，占预算收入总额的90%以上。转移性收入包括上级补助收入、下级上解收入和上年结余收入等。

2. 预算支出

一般公共预算支出按照其功能的不同，可分为一般公共服务支出，外交、公共安全、国防支出，农业、环境保护支出，教育、科技、文化、卫生、体育支出，社会保障及就业支出和其他支出；按照其经济性质的不同，可分为工资福利支出、商品和服务支出、资本性支出和其他支出。

典型例题

【例题1·单选题】一般公共预算收入中，（　）是国家预算收入的主要组成部分。

A. 转移性收入　B. 行政事业性收费收入

C. 税收收入　D. 其他收入

【解析】税收收入是国家预算收入的最主要的部分，占预算收入总额的90%以上。

【答案】C

【例题2·判断题】一般公共预算支出按照其功能的不同，可分为工资福利支出、商品和服务支出、资本性支出和其他支出。

【解析】一般公共预算支出中，工资福利支出、商品和服务支出、资本性支出和其他支出，是按照经济性质的不同进行划分的。

【答案】×

考点4 预算编制、审查和批准、执行、调整（★★★）

考点分析

本考点是本章的重点，考试中若涉及本章考题，很可能是对本考点内容进行考查，涉及的题型包括单选题、多选题和判断题。考生可按照预算的编制、审查、批准、执行和调整这一逻辑顺序进行理解。

考点精讲

1. 预算编制

预算编制形成的结果是预算草案。预算草案是指各级政府、各部门、单位编制的未经法定程序审查批准的预算收支计划。

预算编制的相关要求如下。

（1）国务院财政部门负责部署和编制预算草案的具体事项。

（2）中央一般公共预算中必需的部分资金，可以通过举借国内和国外债务等方式筹措，举借的债务规模应当控制在适当的范围内，使结构保持合理。

（3）地方各级预算按照“量入为出、收支平衡”的原则编制，除《预算法》另有规定外，不列赤字。经国务院批准的省、自治区、直辖市的预算中必需的建设投资的部分资金，可以在国务院确定的限额内，通过发行地方政府债券举借债务的方式筹措。举借债务的规模，由国务院报全国人民代表大会或者全国人民代表大会常务委员会批准。省、自治区、直辖市依照国务院下达的限额举借的债务，列入本级预算调整方案，报本级人民代表大会常务委员会批准。举借的债务应当有偿还计划和稳定的偿还资金来源，只能用于公益性资本支出，不得用于经常性支出。除前述规定外，地方政府及其所属部门不得以任何方式举借债务。

（4）经国务院批准，省、自治区、直辖市政府可以适度举借债务；市县级政府确需举借债务的，由省、自治区、直辖市政府代为举借。政府债务只能通过政府及其部门举借，不得通过企事业单位等举借。地方政府举债采取政府债券方式。地方政府债务规模实行限额管理，地方政府举债不得突破批准的限额。地方政府债务分为一般债务、专项债务两类，分类纳入预算管理。两者的主要区别如下。

①一般债务通过发行一般债券融资，纳入一般公共预算管理。

②专项债务通过发行专项债务融资，纳入政府性基金预算管理。

地方政府在国务院批准的分地区限额内举借债务，必须报本级人大或其常委会批准。地方政府对其举借的债务负有偿还责任，中央政府实行不救助原则。

（5）除法律另有规定外，地方政府及其所属部门不得为任何单位和个人的债务以任何方式提供担保。

（6）国务院建立地方政府债务风险评估和预警机制、应急处置机制以及责任追究制度。国务院财政部门对地方政府债务实施监督。

（7）各级政府上一年预算若存在结余，则结转资金应当在下一年用于结转项目的支出；连续两年未用完的结转资金，应当作为结余资金管理。

2. 预算审查和批准

只有经过审批的预算才具有法律效力，相关预算主体必须遵守经过审批后的正式预算。

根据《预算法》的规定，经人民代表大会批准的预算，非经法定程序，不得调整。各级政府、各部门、各单位的支出必须以经批准的预算为依据，未列入预算的不得支出。同时，经过批准的预算应当备案备查。

（1）预算草案的初审

①国务院财政部门应当在每年全国人民代表大会会议举行的45日前，将中央预算草案的初步方案提交全国人民代表大会财政经济委员会进行初步审查。

②省、自治区、直辖市政府财政部门应当在本级人民代表大会会议举行的30日前，将本级预算草案的初步方案提交本级人民代表大会有关专门委员会进行初步审查。

（2）预算的审批

中央预算由全国人民代表大会审查和批准。地方各级预算由本级人民代表大会审查和批准。

（3）预算的批复

①各级预算经本级人民代表大会批准后，本级政府财政部门应当在20日内向本级各部门批复预算。各部门应当在接到本级政府财政部门批复的本部门预算后15日内向所属各单位批复预算。

②中央对地方的一般性转移支付应当在全国人民代表大会批准预算后30日内正式下达。中央对地方的专项转移支付应当在全国人民代表大会批准预算后90日内正式下达。

③省、自治区、直辖市政府接到中央一般性转移支付和专项转移支付后，应当在30日内正式下达到本行政区域县级以上各级政府。

④县级以上地方各级预算安排对下级政府的一般性转移支付和专项转移支付，应当分别在本级人民代表大会批准预算后的30日和60日内正式下达。

3. 预算执行

（1）预算收支的组织执行

①预算执行的依据。

各级预算由本级政府组织执行，具体工作由本级政府财政部门负责。各部门、各单位是本部门、

本单位的预算执行主体，负责本部门、本单位的预算执行，并对执行结果负责。

由于我国每年在3月份召开全国人民代表大会对预算草案进行审议，因此在预算年度开始到预算草案获得权力机关批准的这段时间会出现“预算空白”期。为解决这一问题，我国《预算法》规定，预算年度开始后，各级预算草案在本级人民代表大会批准前，可以安排下列支出。

a. 上一年度结转的支出。

名师解读

我国的预算年度自公历1月1日起，至12月31日止。

b. 参照上一年同期的预算支出数额安排必须支付的本年度部门基本支出、项目支出，以及对下级政府的转移性支出。

c. 法律规定必须履行支付义务的支出，以及用于自然灾害等突发事件处理的支出。

②预算收入的组织执行。

a. 不得违反法律、行政法规规定，多征、提前征收或者减征、免征、缓征应征的预算收入，不得截留、占用或者挪用预算收入。

b. 各级政府不得向预算收入征收部门和单位下达收入指标。

c. 政府的全部收入应当上缴国家金库（以下简称国库），任何部门、单位和个人不得截留、占用、挪用或者拖欠。

d. 对于法律有明确规定或者经国务院批准的特定专用资金，可以依照国务院的规定设立财政专户。

③预算支出的组织执行。

a. 各级政府财政部门必须依照法律、行政法规和国务院财政部门的规定，及时、足额地拨付预算支出资金，加强对预算支出的管理和监督。

b. 各级政府、各部门、各单位的支出必须按照预算执行，不得虚假列支。

c. 各级政府、各部门、各单位应当对预算支出情况开展绩效评价。

④预算执行中会计核算的基础。

各级预算的收入和支出实行收付实现制。特定事项按照国务院的规定实行权责发生制的有关情况，应当向本级人民代表大会常务委员会报告。

（2）国库制度

①国库的含义。国库是指办理预算收入的收纳、划分、留解、退付和预算支出的拨付的专门机构。国库分为中央国库和地方国库。国库是预算执行的中介环节，无论是预算收入还是预算支出，都必须以国库为中介进行操作。

②国库的设立。县级以上各级预算必须设立国库；具备条件的乡、民族乡、镇也应当设立国库。一级预算对应一级国库。

③国库的业务。中央国库业务由中国人民银行办理，地方国库业务依照国务院的有关规定办理。各级国库应当按照国家有关规定，及时准确地办理预算收入的收纳、划分、留解、退付和预算支出的拨付。

④库款的支配。国家实行国库集中收缴和集中支付制度，对政府全部收入和支出实行国库集中收付管理。

（3）预算预备费、预算周转金、预算稳定调节基金的管理

①预算预备费。

各级一般公共预算应当按照本级一般公共预算支出的1%~3%设置预备费，用于当年预算执行中的自然灾害等突发事件处理增加的支出及其他难以预见的开支。

各级预算预备费的动用方案，由本级政府财政部门提出，报本级政府决定。

②预算周转金。

各级一般公共预算按照国务院的规定可以设置预算周转金，用于本级政府调剂预算年度内季节性收支差额。

各级预算周转金由本级政府财政部门管理，不得挪作他用。

③预算稳定调节基金。

各级一般公共预算按照国务院的规定可以是预算稳定调节基金，用于弥补以后年度预算年度资金的不足。

各级一般公共预算年度执行中有超收收入的，只能用于冲减赤字或者补充预算稳定调节基金。各级一般公共预算的结余资金，应当补充预算稳定调节基金。省、自治区、直辖市一般公共预算年度执行中出现短收的情况，若通过调入预算稳定调节基金、减少支出等方式仍不能实现收支平衡的，省、自治区、直辖市政府报本级人民代表大会或者其常务委员会批准，可以增列赤字，报国务院财政部门备案，并应当在下一年度预算中予以弥补。

4. 预算调整

（1）预算调整的情形

经全国人民代表大会批准的中央预算和经地方各级人民代表大会批准的地方各级预算，在执行过程中出现下列情况之一的，应当进行预算调整。

①需要增加或者减少预算总支出的。

②需要调入预算稳定调节基金的。

③需要调减预算安排的重点支出数额的。

④需要增加举借债务数额的。

（2）不属于预算调整的情形

在预算执行的过程中，地方各级政府因上级政府增加不需要本级政府提供配套资金的专项转移支

付而引起的预算支出变化，不属于预算调整。

（3）预算调整的程序

①编制预算调整方案

在预算执行过程中，各级政府对于必须进行的预算调整，应当编制预算调整方案。由于发生自然灾害等突发事件，必须及时增加预算支出的，应当先动支预备费；预备费不足支出的，各级政府可以先安排支出，属于预算调整的，列入预算调整方案。

②初步审查预算调整方案

国务院财政部门应当在全国人民代表大会常务委员会举行会议审查和批准预算调整方案的30日前，将预算调整初步方案送交全国人民代表大会财政经济委员会进行初步审查。

省、自治区、直辖市政府财政部门应当在本级人民代表大会常务委员会举行会议审查和批准预算调整方案的30日前，将预算调整初步方案送交本级人民代表大会有关专门委员会进行初步审查。

③审批预算调整方案

中央预算的调整方案应当提请全国人民代表大会常务委员会审查和批准。县级以上地方各级预算的调整方案应当提请本级人民代表大会常务委员会审查和批准；乡、民族乡、镇预算的调整方案应当提请本级人民代表大会审查和批准。未经批准，不得调整预算。

④经批准进行预算调整的效果

经批准的预算调整方案，各级政府应当严格执行。未经《预算法》规定的程序，各级政府不得作出预算调整的决定。对违反前款规定作出的决定，本级人民代表大会、本级人民代表大会常务委员会或者上级政府应当责令其改变或者撤销。

典型例题

【例题1·判断题】中央一般公共预算中举借的债务实行限额管理，即举借的债务规模不超过全国人民代表大会批准的限额。（ ）

【解析】根据规定，对中央一般公共预算中举借的债务实行"余额管理"，要求余额的规模不超过全国人民代表大会批准的限额。所以，题干中的"限额管理"错误，且题干描述不够严谨。另外，地方政府债务规模实行的是"限额管理"。

【答案】×

【例题2·单选题】根据《预算法》的规定，中央预算应当由特定的主体审查和批准，该主体是（ ）。

A. 全国人民代表大会

B. 全国人民代表大会常务委员会

C. 国务院

D. 财政部

【解析】中央预算由全国人民代表大会审查和批准；地方预算由本级人民代表大会审查和批准。

【答案】A

【例题3·单选题】根据预算法律制度的规定，各级预算的具体工作由（ ）负责。

A. 本级政府财政部门

B. 上级政府财政部门

C. 本级政府

D. 上级政府

【解析】根据预算法律制度的规定，各级预算由本级政府组织执行，具体工作由本级政府财政部门负责。

【答案】A

【例题4·多选题】根据预算法律制度的规定，预算调整的程序包括（ ）。

A. 编制预算调整方案

B. 初步审查预算调整方案

C. 备案预算调整方案

D. 审批预算调整方案

【解析】预算调整的程序分别为编制预算调整方案、初步审查预算调整方案、审批预算调整方案。选项C，预算的审查和批准的一项程序为预算的备案。

【答案】ABD

考点5 决算（★★★）

考点分析

本考点虽然属于应掌握的内容，但其难度不大，在考试中可能以单选题或多选题的形式进行考查。考生应重点关注不同主体的决算审批或批复的职责。

考点精讲

决算是预算管理程序中的最后一个环节，在形式上包括决算报表和文字说明两部分。在程序上，决算包括决算草案的编制和决算的审批两步。

1. 决算草案的编制与审批

决算草案由各级政府、各部门、各单位，在每一预算年度终了后按照国务院规定的时间编制。编制决算草案的具体事项，由国务院财政部门部署。

国务院财政部门负责编制中央决算草案，经国务院审计部门审计后，报国务院审定，由国务院提请全国人民代表大会常务委员会审查和批准。

县级以上地方各级政府财政部门负责编制本级决算草案，经本级政府审计部门审计后，报本级政府审定，由本级政府提请本级人民代表大会常务委员会审查和批准。

乡、民族乡、镇政府负责编制本级决算草案，提请本级人民代表大会审查和批准。

2. 决算草案的批复和备案

各级决算经批准后，财政部门应当在20日内向

本级各部门批复决算。各部门应当在接到本级政府财政部门批复的本部门决算后15日内向所属单位批复决算。

地方各级政府应当将经批准的决算及下一级政府上报备案的决算汇总，报上一级政府备案。县级以上各级政府应当将下一级政府报送备案的决算汇总后，报本级人民代表大会常务委员会备案。

3. 决算草案的撤销

国务院和县级以上地方各级政府对下一级政府按照《预算法》规定报送备案的决算，认为有同法律、行政法规相抵触或者有其他不适当之处，需要撤销批准该项决算的决议的，应当提请本级人民代表大会常务委员会审议决定；经审议决定撤销的，该下级人民代表大会常务委员会应当责成本级政府依照《预算法》规定重新编制决算草案，提请本级人民代表大会常务委员会审查和批准。

典型例题

【例题·多选题】根据预算法律制度的规定，负责编制决算草案的主体有（　　）。

A. 国务院

B. 国务院财政部门

C. 县级以上地方各级政府财政部门

D. 乡、民族乡、镇政府

【解析】根据规定，国务院财政部门负责编制中央决算草案；县级以上地方各级政府财政部门负责编制本级决算草案；乡、民族乡、镇政府负责编制本级决算草案。

【答案】BCD

考点6 预算监督（★★★）

考点分析

本考点同样属于应掌握的内容，但其在考试中出现的概率相对较小，若出现考题，通常是对不同机关预算监督的职权进行考查。

考点精讲

不同机关或主体的预算监督职权如表8-2所示。

表8-2 不同机关或主体的预算监督职权

机关类型	预算监督职权
权力机关	①全国人民代表大会及其常务委员会对中央和地方预算、决算进行监督 ②县级以上地方各级人民代表大会及其常务委员会对本级和下级预算、决算进行监督 ③乡、民族乡、镇人民代表大会对本级预算、决算进行监督
政府机关	①国务院和县级以上地方各级政府应当在每年6~9月期间向本级人民代表大会常务委员会报告预算执行情况 ②各级政府监督下级政府的预算执行；下级政府应当定期向上一级政府报告预算执行情况
各级政府专门机构	①各级政府财政部门负责监督检查本级各部门及其所属各单位预算的编制、执行，并向本级政府和上一级政府财政部门报告预算的执行情况 ②县级以上政府审计部门依法对预算执行、决算实行审计监督。对预算执行和其他财政收支的审计工作报告应当向社会公开 ③政府各部门负责监督检查所属各单位的预算执行，及时向本级政府财政部门反映本部门预算执行情况，依法纠正违反预算的行为
其他主体	①公民、法人或者其他组织发现有违反《预算法》的行为，可以依法向有关国家机关进行检举、控告 ②接受检举、控告的国家机关应当依法进行处理，并为检举人、控告人保密。任何单位或者个人不得压制和打击报复检举人、控告人

典型例题

【例题·判断题】县级以上政府财政部门依法对预算执行、决算实行审计监督。（　　）

【解析】县级以上政府审计部门依法对预算执行、决算实行审计监督。对预算执行和其他财政收支的审计工作报告应当向社会公开。

【答案】×

本节考点回顾与总结一览表

本节考点	知识总结
考点1 预算体系	①预算法的基本原则：可概括为7项 ②预算体系的层次：国家实行一级政府一级预算；我国的预算共分为5级 ③掌握政府预算体系与一般公共预算的内容
考点2 预算管理职权	区分权力机关、行政机关、各级财政部门、各部门和各单位，掌握其不同的预算管理职权
考点3 预算收支范围	①预算收入：一般公共预算收入主要包括税收收入、国有资源（资产）有偿使用收入、转移性收入和其他收入。税收收入是国家预算收入的最主要的部分 ②预算支出：一般公共预算支出可以按照功能与经济性质的不同进行划分

续表

本节考点	知识总结
考点 4 预算编制、审查和批准、执行、调整	①预算编制：掌握预算中涉及举借债务的规定 ②预算审查和批准：只有经过审批的预算才具有法律效力；预算的审查和批准可分为预算草案的初审、预算的审批、预算的批复 ③预算执行：按照预算收支的组织执行，国库制度，预算预备费、预算周转金、预算稳定调节基金的管理对预算执行进行掌握 ④预算调整：属于预算调整与不属于预算调整的情形；预算调整程序涉及的不同阶段
考点 5 决算	①决算草案的编制与审批：各级政府、各部门、各单位，在每一预算年度终了后按照国务院规定的时间编制决算草案；不同部门对应审批相应的决算草案 ②决算草案的批复和备案：各部门应在规定的时限内批复决算草案，决算草案实行备案管理 ③决算草案的撤销：决算草案需撤销的，应提请本级人民代表大会常务委员会审议决定
考点 6 预算监督	区分权力机关、政府机关、各级政府专门机构、其他主体，掌握其不同的预算监督职权

真题演练

1.【多选题】根据预算法律制度的规定，下列各项中，属于一般公共预算收入的有（ ）。(2016年)

A. 行政事业性收费收入

B. 税收收入

C. 转移性收入

D. 国有资源（资产）有偿使用收入

2.【判断题】各级一般公共预算年度执行中有超收收入的，只能用于冲减赤字或者补充预算稳定调节基金。（ ）(2016 年)

3.【单选题】根据预算法律制度的规定，下列不属于应当进行预算调整的情形是（ ）。(2016 年)

A. 需要增加预算总支出的

B. 需要调入预算稳定调节基金的

C. 需要调减预算安排的重点支出数额的

D. 地方各级政府因上级政府增加不需要本级政府提供配套资金的专项转移支付而引起的预算支出变化的

第二节 国有资产管理法律制度

考点7 企业国有资产法律制度（★★★）

考点分析

本考点属于考生应掌握的内容，本考点知识点较多，但复习难度不大，考生在复习时应重点掌握企业国有资产管理制度的相关内容。

考点精讲

1. 企业国有资产管理与监督体制

企业国有资产管理与监督体制的内容具体如表 8-3 所示。

表 8-3 企业国有资产管理与监督体制

内容	解释
出资人和所有权人	①国有资产是由国家出资形成的财产权益 ②国有资产属于国家所有，即全民所有
出资人职责代表机构	①国务院代表国家履行出资人职责：国务院所确定的关系国民经济命脉和国家安全的大型国家出资企业、重要基础设施和重要自然资源等领域的国家出资企业 ②地方人民政府代表国家履行出资人职责：其他的国家出资企业
履行出资人职责的机构	①按照国务院规定所设立的国有资产监督管理机构，根据本级人民政府的授权，代表本级人民政府对国家出资企业履行出资人职责 ②国务院和地方人民政府根据需要，可授权其他部门机构代表本级人民政府对国家出资企业履行出资人职责
履行出资人职责的机构的权利和义务	履行出资人职责的机构代表出资人享有出资者权利，包括依法享有资产收益权、参与重大决策权、选择管理者和出资人其他权利

2. 企业国有资产的管理者

履行出资人职责的机构任免或建议任免国家出资企业的人员的范围如表 8-4 所示。

表 8-4 任免或建议任免国家出资企业人员的范围

企业类型	任免或建议任免范围
国有独资企业	（副）经理、财务负责人和其他高级管理人员
国有独资公司	（副）董事长、董事、监事会主席和监事
国有资本控股公司、国有资本参股公司	向股东会、股东大会提出董事、监事人选

董事、高级管理人员和监事之间兼职的，应遵循以下限制条件。

①未经任免机构同意，董事、高管不得在其他企业兼职。

②未经股东会、股东大会同意，董事、高级管理人员不得在经营同类业务的其他企业兼职。

③未经履行出资人职责的机构同意，国有独资

公司的董事长不得兼任经理。

④未经股东会、股东大会同意，国有资本控股公司的董事长不得兼任经理。

⑤董事、高级管理人员不得兼任监事。

3．重大事项管理的权利归属

①董事会决定事项：进行重大投资、为他人提供大额担保、转让重大财产、进行大额捐赠。

②由履行出资人职责的机构决定：增加或减少注册资本，发行债券，分配利润，一般国有独资公司（企业）的合并、分立、解散、申请破产和改制等。

③报请本级人民政府批准：重要国有独资公司（企业）的合并、分立、解散、申请破产和改制等。

4．企业改制管理制度

《企业国有资产法》规定的企业改制有以下几种形式。

①国有独资企业改为国有独资公司。

②国有独资企业、国有独资公司改为国有资本控股公司或者非国有资本控股公司。

③国有资本控股公司改为非国有资本控股公司。

5．与关联方交易管理制度

本企业的董事、监事、高级管理人员及其近亲属，以及这些人员所有或实际控制的企业即为关联方。关联方之间的交易限制如下。

（1）不得无偿向关联方提供资金、商品、服务或其他资产，不得以不公平的价格与关联方交易。

（2）未经履行出资人职责的机构同意，国有独资企业、国有独资公司不得有下列行为。

①与关联方订立财产转让、借款的协议。

②为关联方提供担保。

③与关联方共同出资设立企业，或者向董事、监事、高级管理人员或者其近亲属所有或者实际控制的企业投资。

名师解读

国有资本控股公司、国有资本参股公司与关联方的交易，由公司股东会、股东大会或董事会决定，由履行出资人职责的机构委派的股东代表，依法行使权利。公司董事会对公司与关联方的交易作出决议时，该交易涉及的董事不得行使表决权，也不得代理其他董事行使表决权。

6．企业国有资本经营预算制度

（1）国有资本经营预算按年度单独编制，纳入本级人民政府预算，报本级人民代表大会批准。

（2）国有资本经营预算支出按照当年预算收入规模安排，不列赤字。

7．违反《企业国有资产法》的法律责任

不同主体违反《企业国有资产法》的法律责任如表 8-5 所示。

表 8-5　不同主体违反《企业国有资产法》的法律责任

主体	行为	处罚及责任
履行出资人职责的机构及其工作人员	①不按法定任职条件，任命或建议任命国家出资企业管理者的 ②侵占、截留、挪用国家出资企业的资金或应当上缴的国有资本收入的 ③违反法定的权限、程序，决定国家出资企业重大事项，造成国有资产损失的 ④有其他不依法履行出资人职责的行为，造成国有资产损失的	①玩忽职守、滥用职权、徇私舞弊，尚不构成犯罪的，依法给予处分 ②委派的股东代表未按指示履行职责，造成国有资产损失的，依法承担赔偿责任；属于国家工作人员的，并依法给予处分
董事、监事、高级管理人员	①利用职权收受贿赂或取得其他非法收入和不当利益的 ②侵占、挪用企业资产的 ③企业改制、财产转让等过程中，违反法律、行政法规和公平交易规则，将企业财产低价转让、低价折股的 ④违反本法规定与本企业进行交易的 ⑤不如实提供有关情况和资料，或与资产评估机构、会计师事务所串通出具虚假资产评估报告、审计报告的 ⑥违反法律、行政法规和企业章程规定的决策程序，决定企业重大事项的 ⑦有其他违反法律、行政法规和企业章程执行职务行为的	①违反本法规定，造成国有资产重大损失，被免职的，自免职之日起 5 年内不得再担任 ②造成国有资产特别重大损失，或因贪污、贿赂、侵占财产、挪用财产或破坏社会主义市场经济秩序被判处刑罚的，终身不得再担任

典型例题

【例题 1·多选题】下列各项中，依照《企业国有资产法》及有关法律、行政法规的规定，代表国家对国家出资企业履行出资人职责的有（　）。（2010 年）

A. 全国人民代表大会

B. 全国人民代表大会常务委员会

C. 国务院

D. 地方人民政府

【解析】根据规定，国务院和地方人民政府依照法律、行政法规的规定，分别代表国家对国家出资企业履行出资人职责，享有出资人权益。

【答案】CD

【例题 2·判断题】未经履行出资人职责的机构同意，国有资本控股公司的董事长不得兼任经理。（　）（2015 年）

【解析】未经股东会、股东大会同意，国有资本控股公司的董事长不得兼任经理。

【答案】×

考点8 事业单位国有资产法律制度（★★★）

考点分析

本考点属于考生应掌握的知识，其在近几年未出现过考题。若出现考题，通常会以客观题的形式进行考查，且出题的方式较为直接，考生可轻松应对。

考点精讲

1．事业单位国有资产管理体制

事业单位国有资产实行国家统一所有，政府分级监管，单位占有、使用的管理体制。

2．事业单位国有资产的配置与使用

（1）事业单位国有资产的配置

财政部门、主管部门、事业单位等应根据事业单位履行职能的需要，按国家有关法律、法规和规章制度规定的程序，通过购置或调剂等方式为事业单位配备资产。

（2）事业单位国有资产的使用

事业单位利用国有资产对外投资、出租、出借和担保等应当进行必要的可行性论证，并提出申请，经主管部门审核同意后，报同级财政部门审批。法律、行政法规另有规定的，依照其规定。

3．事业单位国有资产的处置

事业单位国有资产的处置方式包括出售、出让、转让、对外捐赠、报废、报损以及货币性资产损失核销等。具体处置规定如表8-6所示。

表8-6 事业单位国有资产的处置规定

项目	规定
处置报批	①事业单位占有、使用的房屋建筑物、土地和车辆的处置，货币性资产损失的核销，以及单位价值或批量价值在规定限额以上的资产的处置，经主管部门审核后报同级财政部门审批 ②规定限额以下的资产的处置报主管部门审批，主管部门将审批结果定期报同级财政部门备案
收入归属	处置收入属国家所有，应按政府非税收入管理的规定，实行“收支两条线”管理

4．事业单位国有资产的产权纠纷处理

（1）事业单位与其他国有单位之间发生国有资产产权纠纷的，由当事人协商解决。协商不能解决的，可以向同级或者共同上一级财政部门申请调解或者裁定，必要时报有管辖权的人民政府处理。

（2）事业单位与非国有单位或个人之间发生产权纠纷的，事业单位应当提出拟处理意见，经主管部门审核并报同级财政部门批准后，与对方当事人协商解决。协商不能解决的，依照司法程序处理。

5．事业单位国有资产的评估与清查

事业单位出现表8-7所示的情形，应根据实际情况判断国有资产是否应进行评估或清查。

表8-7 事业单位国有资产的评估与清查

行为		情形
评估	应评估的	①整体或部分改制为企业 ②以非货币性资产对外投资 ③合并、分立、清算 ④资产拍卖、转让、置换 ⑤整体或者部分资产租赁给非国有单位 ⑥确定涉诉资产价值 ⑦法律、行政法规规定的其他需进行评估的事项
	可不评估的	①经批准事业单位整体或部分资产无偿划转 ②行政、事业单位下属的事业单位之间的合并、资产划转、置换和转让 ③发生其他不影响国有资产权益的特殊产权变动行为，报经同级财政部门确认可以不进行资产评估的
清查		①根据国家专项工作要求或本级政府实际工作需要，被纳入统一组织的资产清查范围的 ②进行重大改革或整体、部分改制为企业的 ③重大自然灾害等不可抗力使资产严重损失的 ④会计信息严重失真或国有资产出现重大流失的 ⑤会计政策发生重大更改，涉及资产核算方法发生重要变化的

名师解读

事业单位资产清查工作的内容主要包括基本情况清理、账务清理、财产清查、损益认定、资产核实和完善制度等。资产清查的具体办法由财政部另行制定。

典型例题

【例题1·多选题】根据国有资产管理法律制度的规定，事业单位的下列行为中，应当报同级财政部门审批的有（ ）。

A．利用国有资产对外投资

B．国有资产的出租

C．国有资产的出借

D．利用国有资产进行担保

【解析】根据规定，各级财政部门按规定权限审批本级事业单位有关资产购置、处置和利用国有资产对外投资、出租、出借和担保等事项。选项A、B、C、D所表述的情形均应当报同级财政部门审批。

【答案】ABCD

【例题2·多选题】根据国有资产管理法律制度的规定，下列情形中，事业单位应当对国有资产进行评估的有（ ）。

A．合并、分立、清算

B．确定诉讼资产价值

C．整体或者部分资产租赁给非国有单位

D．经批准事业单位整体或者部分资产无偿划转

【解析】根据规定，经批准事业单位整体或部分资产无偿划转的，可以不进行资产评估。选项A、B、C描述的内容都属于事业单位应当对国有资产进行评估的情形。

【答案】ABC

本节考点回顾与总结一览表

本节考点	知识总结
考点 7 企业国有资产法律制度	①企业国有资产管理与监督体制：出资人、所有权人、出资人职责代表机构、履行出资人职责的机构 ②企业国有资产的管理者：董事、高级管理人员和监事之间兼职的限制条件 ③重大事项管理权力归属：董事会、履行出资人职责的机构及本级人民政府决定或批准事项 ④企业改制管理制度：《企业国有资产法》规定的企业改制形式 ⑤关联方：本企业董事、监事、高级管理人员及其近亲属，以及其所有或实际控制的企业 ⑥企业国有资本预算：按年度单独编制，纳入本级人民政府预算，报本级人民代表大会批准 ⑦违反《企业国有资产法》的法律责任
考点 8 事业单位国有资产法律制度	①事业单位国有资产管理体制：国家统一所有，政府分级监管，单位占有、使用 ②事业单位国有资产的配置与使用：通过购置或调剂配置资产，使用需进行可行性论证 ③事业单位国有资产的处置：出售、出让、转让、对外捐赠、报废、报损及货币性资产损失核销 ④事业单位国有资产的产权纠纷：事业单位与其他国有单位之间、与非国有单位或个人之间产权纠纷的处理 ⑤事业单位国有资产的评估与清查：应评估、可不评估，以及清查的情形

真题演练

1.【多选题】甲企业是国有独资企业。根据《企业国有资产法》的规定，下列各项中，属于甲企业关联方的有（　）。（2011 年）

A. 甲企业的副经理林某

B. 甲企业经理的同学陈某

C. 甲企业的职工李某

D. 甲企业财务负责人的配偶王某

2.【判断题】国务院确定的关系国家安全的大型国家出资企业由国务院代表国家履行出资人职责。（　）（2015 年）

第三节 反垄断和反不正当竞争法律制度

考点9 反垄断法律制度（★★★）

考点分析

本考点属于考生应掌握的内容，在考试中对本考点的考查方式较多，且综合性较强，多以客观题形式出现，考生应足够重视。

考点精讲

1．垄断行为特征及类型

垄断行为主要表现为滥用市场支配地位、联合限制竞争（垄断协议）、经营者集中和行政性垄断 4 个类型。其具有如下特征。

（1）垄断的客观方面是垄断行为而非垄断结果。

（2）垄断的主体是经营者或其利益代表者。

（3）垄断的主观方面是牟取超额利益。

（4）垄断的后果是排除或限制竞争。

（5）垄断具有违法性。被称为垄断的行为，应当是违法行为。

2. 滥用市场支配地位

（1）市场支配地位的认定依据

推定经营者具有市场支配地位的依据及标准如表 8-8 所示。

表 8-8　推定经营者具有市场支配地位的依据及标准

经营者情况	市场份额
一个经营者	达到 1/2
两个经营者	达到 2/3
三个经营者	达到 3/4
具有控制销售市场或原材料采购市场的能力、财力和技术条件	有经营者市场份额不足 1/10，不应当认定具有市场支配地位

（2）滥用市场支配地位的行为

①垄断高价和垄断低价：以不公平的高价销售商品或以不公平的低价购买商品。

②掠夺性定价：无正当理由以低于成本的价格销售商品。

③拒绝交易：无正当理由拒绝与相对人交易。

④独家交易：无正当理由限定相对人只能与其或其指定的经营者进行交易。

⑤搭售：无正当理由搭售商品，或在交易时附加其他不合理的交易条件。

⑥差别待遇：无正当理由对条件相同的交易相对人在交易价格等交易条件上实行差别待遇。

3. 垄断协议

排除、限制竞争的协议、决定或者其他协同行为，即为垄断协议。

（1）垄断协议的类型

垄断协议分为横向垄断和纵向垄断两种，具体如表 8–9 所示。

表 8–9 横向垄断和纵向垄断

类型	具体分类	解释
横向垄断协议行为	固定价格	经营者通过协议、决议或其他协同一致的方式确定、维持或改变价格
	划分市场	经营者通过协议、决议或其他协调一致的方式限定商品的生产数量或销售数量、分割销售市场或原材料采购市场
	联合抵制	经营者通过协议、决议或其他协调一致的方式拒绝与特定交易相对人进行交易
	不当技术联合	经营者以排除或限制竞争为目的，制定技术标准，限制购买新技术、新设备，或限制开发新技术、新产品
纵向垄断协议行为	固定转售价格	在同一产业链中，上一环节的经营者通过协议确定下一环节经营者的销售价格
	限定转售最低价格	在同一产业链中，上一环节的经营者利用其市场支配地位，通过协议确定下一环节经营者的销售价格

（2）垄断协议行为的豁免

经营者能够证明所达成的协议属于下列情形之一的，可以免于处罚。

①为改进技术、研究开发新产品的。

②为提高产品质量、降低成本、增进效率，统一产品规格、标准或者实行专业化分工的。

③为提高中小经营者经营效率，增强中小经营者竞争力的。

④为实现节约能源、保护环境、救灾救助等社会公共利益的。

⑤因经济不景气，为缓解销售量严重下降或者生产明显过剩的。

⑥为保障对外贸易和对外经济合作中的正当利益的。

4. 经营者集中行为

经营者集中是指经营者通过合并、收购、委托经营、联营或其他方式，集合经营者经济力，提高市场地位的行为，包括经营者合并和经营者控制。

（1）经营者集中行为的申报

经营者集中申报应满足以下条件。

①参与集中的所有经营者上一会计年度在全球范围内的营业额合计超过 100 亿元人民币，并且其中至少两个经营者上一会计年度在中国境内的营业额均超过 4 亿元人民币。

②参与集中的所有经营者上一会计年度在中国境内的营业额合计超过 20 亿元人民币，并且其中至少两个经营者上一会计年度在中国境内的营业额均超过 4 亿元人民币。

名师解读

国务院反垄断执法机构应自收到经营者提交资料 30 日内，进行初步审查；决定进一步审查的，应自决定之日起 90 日内审查完毕，作出决定并通知经营者；遇法定特殊情况的，可延长审查期限，但最长不得超过 60 日。

（2）经营者集中行为的豁免

经营者集中有下列情形之一的，可以不向国务院反垄断执法机构申报。

①参与集中的一个经营者拥有其他每个经营者 50% 以上有表决权的股份或者资产的。

②参与集中的每个经营者 50% 以上有表决权的股份或者资产被同一个未参与集中的经营者拥有的。

5. 行政性垄断

行政性垄断是指行政机关或其授权的具有管理公共事务职能的组织，滥用行政权力，限制竞争的行为，其相关规定或具体表现如表 8–10 所示。

表 8–10 行政性垄断行为的相关规定或具体表现

表现	相关规定或具体表现
行政强制交易	行政机关不得滥用行政权力，违反法律规定，限定或变相限定经营者、消费者经营、购买、使用其指定的经营者提供的商品
行政性限制市场准入	①对外地商品设定歧视性收费项目、实行歧视性收费标准，或者规定歧视性价格 ②对外地商品规定与本地同类商品不同的技术要求、检验标准，或者对外地商品采取重复检验、重复认证等歧视性技术措施，限制外地商品进入本地市场 ③采取专门针对外地商品的行政许可，限制外地商品进入本地市场 ④设置关卡或者采取其他手段，阻碍外地商品进入或者本地商品运出 ⑤滥用行政权力，以设定歧视性资质要求、评审标准或者不依法发布信息等方式，排斥或者限制外地经营者参加本地的招标投标活动 ⑥滥用行政权力，采取与本地经营者不平等待遇等方式，排斥或者限制外地经营者在本地投资或者设立分支机构
行政性强制经营者限制竞争	行政机关和法律、法规授权的具有管理公共事务职能的组织不得滥用行政权力，强制经营者从事反垄断法所禁止的排除或限制市场竞争的行为

6. 违反《反垄断法》的法律责任

不同类型的垄断行为，其违反《反垄断法》所负的法律责任有所不同，如表 8–11 所示。

表 8–11 违反《反垄断法》的法律责任

违法行为	法律责任
经营者违反《反垄断法》规定，达成并实施垄断协议的	①责令停止违法行为，没收违法所得，并处上一年度销售额 1% 以上 10% 以下的罚款 ②尚未实施所达成的垄断协议的，可以处 50 万元以下的罚款

续表

违法行为	法律责任
行业协会违反《反垄断法》规定，组织本行业的经营者达成垄断协议的	①处 50 万元以下的罚款 ②情节严重的，社会团体登记管理机关可以依法撤销登记
经营者违反《反垄断法》规定，滥用市场支配地位的	责令停止违法行为，没收违法所得，并处上一年度销售额 1% 以上 10% 以下的罚款
经营者违反《反垄断法》规定实施集中的	责令停止实施集中、限期处分股份或者资产、限期转让营业以及采取其他必要措施恢复到集中前的状态，可以处 50 万元以下的罚款

典型例题

【例题 1 · 单选题】根据反垄断法律制度的规定，下列情形中，可推定经营者具有市场支配地位的是（　）。（2016 年）

A. 经营者存在垄断高价

B. 经营者存在搭售行为

C. 一个经营者在相关的市场份额达到 1/2

D. 三个经营者在相关的市场份额达到 2/3

【解析】根据《反垄断法》规定，有下列情形之一的，可以推定经营者具有市场支配地位：①一个经营者在相关市场的市场份额达到 1/2（选项 C 正确）；②两个经营者在相关市场的市场份额达到 2/3；③三个经营者在相关的市场份额达到 3/4（选项 D 错误）。有上述第②、③项规定情形的，其中有的经营者市场份额不足 1/10 的，不应当推定该经营者具有市场支配地位。

【答案】C

【例题 2 · 单选题】某市车辆清洗业协会在与本市各洗车企业协商后，于 2009 年 8 月 5 日向该市区 100 多个洗车企业发布《关于规范机动车辆清洗收费标准的通知》，规定全市机动车清洗行业收费指导价为：小型车辆单次洗车 15 元，中型车辆单次洗车 20~30 元，大型车辆单次洗车 40~60 元。新标准从 2009 年 9 月 1 日起执行。该行为被反垄断主管机关认定为垄断。该市车辆清洗业协会的上述行为，属于反垄断法所禁止的垄断行为的具体类型是（　）。

A. 横向联合限制竞争

B. 纵向联合限制竞争

C. 独家交易

D. 限制市场准入

【解析】处于产业链同一环节的经营者通过协议、决议或其他协同一致的方式确定、维持或者改变价格的行为，是固定价格，属于横向联合限制竞争行为。本题中车辆清洗业协会协商确定清洗收费标准的行为，属于固定价格行为。

【答案】A

考点10 反不正当竞争法律制度（★★★）

考点分析

本考点属于考生应掌握的内容，几乎每年都会出现考题，考查具体类型的不正当竞争行为。本考点常以客观题的形式进行考查，但难度不大，只要考生能正确判断具体事项属于哪种不正当竞争行为，即可正确答题。

考点精讲

不正当竞争行为是指从事商品经营或营利性服务的法人、其他经济组织和个人违反规定，损害其他经营者的合法权益，扰乱社会经济秩序的行为。

不正当竞争行为包括欺骗性标示行为、侵犯商业秘密行为、诋毁商誉行为、商业贿赂行为，以及不当附奖赠与促销行为等。反不正当竞争法律制度的要点如表 8-12 所示。

表 8-12　反不正当竞争法律制度的要点

种类	概念、特征	表现	法律责任
欺骗性标示（仿冒）	仿冒是指经营者使用与他人相近或相同的商业标识和外观的行为	①假冒他人注册商标 ②擅自使用知名商品特有的名称、包装、装潢，或者使用与知名商品近似的名称、包装、装潢，造成和他人的知名商品相混淆，使购买者误认为是该知名商品 ③擅自使用他人的企业名称或者姓名，使人误认为是他人的商品 ④在商品上伪造或者冒用认证标志、名优标志等质量标志，伪造产地，对商品质量做引人误解的虚假表示	①责令停止违法行为，没收违法所得，根据情节处以违法所得 1 倍以上 3 倍以下罚款 ②情节严重的，可以吊销营业执照
欺骗性标示（虚假陈述）	虚假陈述是指经营者对其产品或服务信息所作的不实介绍	在包装、装潢或广告中对商品的质量、制作成分、性能、用途、生产者、有效期限、产地等做引人误解的虚假宣传	责令停止违法行为，消除影响，可以根据情节处以 1 万元以上 20 万元以下的罚款

续表

种类	概念、特征	表现	法律责任
侵犯商业秘密	①秘密性 ②实用性（能够为拥有者带来经济利益） ③保密性（采取保密措施）	①以盗窃、利诱、胁迫或者其他不正当手段获取权利人的商业秘密 ②披露、使用或者允许他人使用前项手段获取的权利人的商业秘密 ③违反约定或者违反权利人有关保守商业秘密的要求，披露、使用或者允许他人使用其所掌握的商业秘密 ④第三人明知或者应知上述所列违法行为，获取、使用或者披露他人的商业秘密，视为侵犯商业秘密	责令停止违法行为，可以根据情节处以1万元以上20万元以下的罚款
诋毁商誉	诋毁商誉是指经营者传播有关竞争对手的虚假信息，以破坏竞争对手的商业信誉的不正当竞争行为	①主体：经营者 ②主观方面：可以是故意，也可以是过失，总之存在主观过错 ③客观方面：诋毁商誉行为是传播信息的行为；传播的是虚假信息；该虚假信息与竞争对手有关	——
商业贿赂	包括行贿行为和受贿行为	经营者为了获取交易机会或者竞争优势，向能够影响交易的人秘密给付财物或者其他经济利益的行为	①根据情节处1万元以上20万元以下的罚款 ②没收违法所得
不当附奖赠促销	不当附奖赠促销是指经营者在销售商品或提供服务时违反法律规定，通过附带地向购买者提供物品、金钱或其他经济利益作为赠与或奖励，促进销售的行为	①附巨额奖赠促销：抽奖式的有奖销售，最高奖的金额超过5 000元 ②欺骗性附奖赠促销：采用谎称有奖或者故意让内定人员中奖的欺骗方式进行有奖销售 ③所附奖赠品伪劣：利用有奖销售的手段推销质次价高的商品	应当责令停止违法行为，可以根据情节处以1万元以上10万元以下的罚款

典型例题

【例题1·单选题】某市甲宾馆为某介绍客人的出租车司机，按客人房费的8%支付了酬金，与甲宾馆相邻的乙酒店向监督检查部门举报了这一行为。监督检查部门经过检查，发现甲宾馆给予出租车司机的酬金均如实入账。根据《反不正当竞争法》的规定，甲宾馆的行为属于（　）。（2012年）

A. 商业贿赂行为

B. 正当竞争行为

C. 限制竞争行为

D. 低价倾销行为

【解析】是否存在“账外暗中”，是区分回扣、折扣和佣金是否属于商业贿赂的标准。甲宾馆已将给予出租车司机的酬金“如实入账”，该行为性质上为给予中间人合法佣金的行为，属于正当竞争行为。

【答案】B

【例题2·多选题】根据《反不正当竞争法》的规定，下列情形中，属于侵犯商业秘密行为的有（　）。（2011年）

A. 甲公司将其与乙公司订立合同过程中获悉的乙公司商业秘密泄露给戊公司

B. 甲企业盗窃乙企业的商业秘密用于产品制造

C. 某技术研究院违反约定擅自将丙公司委托开发的某项技术出售给丁公司

D. 丙企业在产品发布会上披露了同行业丁企业的商业贿赂行为

【解析】商业贿赂本身属于不正当竞争行为的一种，披露商业贿赂行为不属于侵犯商业秘密行为。

【答案】ABC

本节考点回顾与总结一览表

本节考点	知识总结
考点9 反垄断法律制度	①滥用市场支配地位：控制商品价格、数量或其他交易条件，阻碍或影响其他经营者进入市场 ②垄断协议：横向垄断协议行为（产业链同一环节的不同经营者），纵向垄断协议行为（产业链上下环节的不同经营者） ③经营者集中：经营者集中的申报 ④行政性垄断：具体表现为行政强制交易，行政性限制市场准入，行政性强制经营者限制竞争
考点10 反不正当竞争法律制度	①欺骗性标示行为：仿冒（使用相似或相同商业标示和外观），虚假陈述（引人误解的虚假陈述） ②侵犯商业秘密行为：主动进行或被动披露“盗窃、利诱、胁迫等手段获取商业秘密”的行为 ③诋毁商誉：传播有关竞争者虚假信息，破坏其商誉的不正当行为 ④商业贿赂：以财务或其他手段进行贿赂，以销售或购进商品，提供或接受服务的不正当行为 ⑤不当附奖赠促销行为：通过附带向购买者提供物品、金钱等方式作为赠与或奖励进行促销的行为

真题演练

1.【多选题】下列行为中，应受到反垄断法律制度规制的有（　）。（2015年）

A. 甲市政府发文要求本市各单位以政府采购方式购买小轿车时，必须购买本市某汽车制造商生产的小轿车，否则不予安排财政资金

B. 乙市质量技术监督检疫局对外地某商品进入本市专门设置了检验标准，未达标准不允许在本市经销

C. 丙市的某轴承生产企业与其所有经销商签订合同，限定经销商对外销售轴承的最低价格

D. 丁市某行业协会组织会员统一进口原材料的价格，以避免恶性竞争

2.【多选题】根据反垄断法律制度的规定，下列具有排除、限制竞争效果的行为中，属于纵向垄断协议的有（　）。（2016年）

A. 某药厂通过协议限定医院和药店向病人转售药品的最低价格

B. 某汽车厂商通过协议要求经销商按照统一价格销售

C. 某市三家期刊网络公司达成协议，将期刊下载价格固定为每篇5元

D. 某酒厂通过协议限定经销商向第三人销售其生产的白酒的最低价格

3.【多选题】根据反不正当竞争法律制度的规定，下列各项中，属于不正当竞争行为的有（　）。（2013年）

A. 假冒他人注册商标

B. 对商品的质量做引人误解的虚假宣传

C. 以明示入账方式给交易对方折扣

D. 窃取他人的商业秘密

4.【单选题】甲通过互联网散布竞争对手乙的产品中掺杂有害物质的虚假信息，致使乙的商品信誉在消费者心中降低，给乙造成巨大损失。根据反不正当竞争法律制度的规定，甲的行为是（　）。（2014年）

A. 虚假宣传　　B. 欺骗性标示

C. 诋毁商誉　　D. 仿冒

5.【多选题】根据反不正当竞争法律制度的规定，下列各项中，属于经营者不正当附奖赠促销行为的有（　）。（2013年）

A. 采用谎称有奖的方式进行有奖销售

B. 采用故意让内定人员中奖的方式进行有奖销售

C. 利用有奖销售的手段推销质次价高的商品

D. 抽奖时附奖销售的最高奖金金额达到4 000元

第四节 知识产权法律制度

考点11 专利法律制度（★★★）

考点分析

本考点属于考生应掌握的内容，内容较多，难度较大，考生应对其足够重视，并安排全面复习。

考点精讲

1．专利权主体

专利权主体包括专利申请人和专利权人。一般情况下，专利申请人包括发明人或者设计人、共同完成发明创造或者设计的人、职务发明中的单位、完成发明创造的外国人、继受取得申请权的人等。申请人与发明人、设计人不一定相同。专利权人是指国务院专利行政部门授予的专利享有独占、使用、收益和处分的人，是专利权的所有人及持有人的统称。

（1）非职务发明创造，申请专利的权利属于发明人或设计人；若完成发明创造的是两个人以上的发明人、设计人，共同作为申请人提出专利申请。

（2）职务发明创造申请专利的权利属于该单位；申请被批准后，该单位为专利权人。

（3）继受取得申请权是指通过合同约定转让专利申请权或合法继承专利申请权。

名师解读

转让专利申请权或者专利权的，当事人应当订立书面合同，并向国务院专利行政部门登记，由国务院专利行政部门予以公告。专利申请权或者专利权的转让自登记之日起生效。

（4）在中国无经常居所或营业场所的外国人、外国企业或外国其他组织在中国申请专利和办理其他专利事务的，应委托依法设立的专利代理机构办理。

2．专利权客体

专利权的客体应该是发明、实用新型、外观设计3种专利。下列各项，不授予专利权，不受专利法的保护。

（1）科学发现。

（2）智力活动的规则和方法。

（3）疾病的诊断和治疗方法。

（4）动物和植物品种。

（5）用原子核变换方法获得的物质。

（6）对平面印刷品的图案、色彩或者二者的结

合作出的主要起标识作用的设计。

（7）违反国家法律、社会公德或妨碍社会公共利益的发明创造。

（8）依赖遗传资源完成的发明创造，且该遗传资源的获取或利用违反法律、行政法规规定。

3．授予专利权的条件

（1）授予专利权的发明和实用新型，应当具备新颖性、创造性和实用性。

（2）申请专利的发明创造在申请日以前6个月内，有下列情形之一的，不丧失新颖性。

①在中国政府主办或承认的国际展览会上首次展出的。

②在规定的学术会议或技术会议上首次发表的。

③他人未经申请人同意而泄露其内容的。

（3）授予专利权的外观设计，应当不属于现有设计；也没有任何单位或者个人就同样的外观设计在申请日以前向国务院专利行政部门提出过申请，并记载在申请日以后公告的专利文件中；授予专利权的外观设计与现有设计或者现有设计特征的组合相比，应当具有明显区别；授予专利权的外观设计不得与他人在申请日以前已经取得的合法权利相冲突。

4．专利申请原则

专利申请原则如表8-13所示。

表8-13 专利申请原则

原则	内容
书面申请原则	专利申请必须以书面形式提交国务院专利行政部门
先申请原则	①同一内容只能授予一项专利，多人分别申请相同内容的，以先申请人为准授予专利权 ②同一天申请的，申请人在接到通知后自行协商确定，协商不成的，发明成为社会公有技术
优先权原则	①外国优先权：申请人自发明或实用新型在外国第一次提出专利申请之日起12个月内，或自外观设计在外国第一次提出专利申请之日起6个月内，又在中国就相同主题提出专利申请的，依该外国同中国签订的协议或共同参加的国际条约，或依照相互承认优先权的原则，可以享有优先权 ②本国优先权：申请人自发明或实用新型在中国第一次提出专利申请之日起12个月内，又向国务院专利行政部门就相同主题提出专利申请的，可以享有优先权
一申请一发明原则	①一件发明或实用新型专利申请应当限于一项发明或实用新型，属于一个总的发明构思的两项以上的发明或者实用新型，可作为一件申请提出 ②一件外观设计专利申请应当限于一项外观设计，同一产品两项以上的相似外观设计或用于同一类别并且成套出售或者使用的产品的两项以上的外观设计可作为一件申请提出

5．专利申请程序

专利申请程序包括申请、初步审查、公布申请、实质性审查、授予专利和专利复审等方面，具体规定如表8-14所示。

表8-14 专利申请程序

程序	相关规定
申请	①申请日以申请文件递交国务院专利行政部门之日算起 ②申请文件邮寄的，以寄出的邮戳日为申请日；邮戳日不清晰的，以国务院专利部门收到日为申请日，当事人能提出证明除外
初步审查	①实用新型和外观设计专利申请经初步审查没有发现驳回理由的，由国务院专利行政部门作出授予实用新型专利权或外观设计专利权的决定，发给相应的专利证书，同时予以登记和公告 ②实用新型专利权和外观设计专利权自公告之日起生效
公布申请	国务院专利行政部门收到发明专利申请后，经初步审查认为符合要求的，自申请日起满18个月，即行公布
实质性审查	①发明专利申请自申请日起3年内，国务院专利行政部门可以根据申请人随时提出的请求，对其申请进行实质审查 ②申请人无正当理由逾期不请求实质审查的，该申请即被视为撤回
专利复审	国务院专利行政部门设立专利复审委员会。专利申请人对国务院专利行政部门驳回申请的决定不服的，可以自收到通知之日起3个月内，向专利复审委员会请求复审。专利复审委员会复审后，作出决定，并通知专利申请人
授予专利	①发明专利申请经实质审查没有发现驳回理由的，由国务院专利行政部门作出授予发明专利权的决定，发给发明专利证书，同时予以登记和公告 ②发明专利权自公告之日起生效

6．专利权的内容及其保护与限制

（1）专利权的内容

专利权的内容即专利权人的权利，包括专利权人的专利人身权利和专利财产权利。

专利人身权利主要是指发明人、设计人的署名权。署名权是指发明人、设计人的署名权，即发明人或者设计人有在专利各种文件中写明自己是发明人或者设计人的权利。专利财产权利主要包括制造权、使用权、许诺销售权、销售权、进口权、转让权、许可权、标记权等。

（2）侵犯专利权的行为

①未经专利权人许可，实施其专利的行为。任何单位或者个人未经专利权人许可，都不得实施其专利，即不得为生产经营目的制造、使用、许诺销售、销售、进口其专利产品，或者使用其专利方法以及使用、许诺销售、销售、进口依照该专利方法直接获得的产品。

②假冒专利。假冒专利是指未经专利权人许可，擅自使用其专利标记的行为。

（3）不视为侵犯专利行为

有下列情形之一的，不视为侵犯专利权。

①专利产品或者依照专利方法直接获得的产品，由专利权人或者经其许可的单位、个人售出后，使用、许诺销售、销售、进口该产品的。

②在专利申请日前已经制造相同产品、使用相同方法或者已经做好制造、使用的必要准备，并且仅在原有范围内继续制造、使用的。

③临时通过中国领陆、领水、领空的外国运输工具，依照其所属国同中国签订的协议或者共同参加的国际条约，或者依照互惠原则，为运输工具自身需要而在其装置和设备中使用有关专利的。

④专为科学研究和实验而使用有关专利的。

⑤药品及医疗器械强制审查例外。为提供行政审批所需要的信息，制造、使用、进口专利药品或者专利医疗器械的，以及专门为其制造、进口专利药品或者专利医疗器械的。

名师解读

根据规定，在专利侵权纠纷中，被控侵权人有证据证明其实施的技术或者设计属于现有技术或者现有设计的，不构成侵犯专利权。

7．专利强制许可

满足以下条件的，国务院专利行政部门根据具备实施条件的单位或者个人的申请，可以给予实施发明专利或者实用新型专利的强制许可。

（1）专利权人自专利权被授予之日起满 3 年，且自提出专利申请之日起满 4 年，无正当理由未实施或者未充分实施其专利的。

（2）专利权人行使专利权的行为被依法认定为垄断行为，为消除或减少该行为对竞争产生的不利影响的。

名师解读

专利权人对实施强制许可决定不服的，或对实施强制许可的使用费裁决不服的，可以自收到通知之日起 3 个月内向人民法院起诉。

8．专利权的期限、终止和无效

（1）专利权的期限

发明专利权的期限为 20 年，实用新型专利权和外观设计专利权的期限为 10 年，均自申请日起计算。

（2）专利权的终止

有下列情形之一的，专利权在期限届满前终止：

①没有按照规定缴纳年费的。

②专利权人以书面声明放弃其专利权的。

（3）专利权的无效

自授予专利权之日起，任何单位或个人认为该专利权授予不符合规定的，可请求专利复审委员会宣告该专利权无效。宣告无效的专利权视为自始即不存在。

①对在宣告专利权无效前人民法院作出并已执行的专利侵权的判决、调解书，已经履行或强制执行的专利侵权纠纷处理决定，以及已经履行的专利实施许可合同和专利权转让合同，不具有追溯力。因专利权人的恶意给他人造成的损失，应给予赔偿。

②依前述规定不返还专利侵权赔偿金、专利使用费、专利权转让费，明显违反公平原则的，应当全部或者部分返还。

名师解读

发明专利、实用新型专利和外观设计专利等相关知识的主要比较如表 8-15 所示。

表 8-15　发明专利、实用新型专利和外观设计专利的比较

项目	发明	实用新型	外观设计
范围	产品 / 方法	固态产品	产品
授予条件	新颖性 创造性 实用性	新颖性 创造性 实用性	新颖性
审查程序	初步，实质	初步审查	初步审查
保护期限	20 年	10 年	10 年
保护范围	以其权利要求的内容为准，说明书及附图可用于解释权利要求的内容		①以表示在图片或照片中的外观设计专利产品为准 ②非同类产品，即使外观设计相同，也不构成侵权
外国优先权	12 个月	12 个月	6 个月
本国优先权	12 个月	12 个月	无
强制许可	有	有	无
专利侵权的范围	制造、使用、许诺销售、销售、进口		制造、许诺销售、销售、进口

典型例题

【例题 1·单选题】2014 年，甲公司决定由本公司科研人员张某负责组建团队进行一项发明创造。2016 年 4 月，张某带领其团队完成了该项任务。根据专利法律制度的规定，下列主体中，有权为该项发明创造申请专利的是（　）。

A．甲公司

B．张某

C．张某组建的团队

D．张某及张某组建的团队

【解析】职务发明创造申请专利的权利属于该单位，申请被批准后，该单位为专利权人。利用本单位的物质技术条件所完成的发明创造，单位与发明人或者设计人订有合同，对申请专利的权利和专利权的归属作出约定的，从其约定。本题属于职务发明，且对于申请发明的权利以及专利权利归属未作约定，因此，申请专利的权利属于甲公司。

【答案】A

【例题 2·单选题】根据专利法律制度的规定，下列关于专利申请人的表述中，不正确的是（　）。

（2013 年）

A. 专利申请人可以是发明人个人，也可以是职务发明的单位

B. 共同完成发明创造的个人，除另有协议外，可以作为共同的专利申请人

C. 在中国没有经常居所的外国人，不能成为中国专利申请人

D. 通过合同取得专利申请权的人属于继受取得申请权的专利申请人

【解析】专利申请人包括发明人或者设计人、共同完成发明创造或设计的人、职务发明中的单位、完成发明创造的外国人、继受取得申请权的人等，选项 C 错误。

【答案】C

【例题 3·单选题】根据专利法律制度的规定，下列各项中，可成为专利权客体的是（　）。

A. 一种手术新方法

B. 一种能够运用新计算方法的教学用具

C. 一颗新的小行星

D. 一种通过杂交方法培育的新物种

【解析】选项 A 属于疾病的诊断和治疗方法，不授予专利权；选项 B，进行智力活动的设备、装置或者根据智力活动的规则和方法而设计制造的仪器，可以授予专利权；选项 C 属于科学发现，不授予专利权；选项 D，植物品种不授予专利权。

【答案】B

考点12 商标法律制度（★★★）

考点分析

本考点属于考生应掌握的内容，可能会以单选题或多选题的形式考查商标的注册原则及商标的类型等内容。本考点内容较多，知识点分布较广，考生复习时应注意和实际情况结合，参考案例进行理解。

考点精讲

1. 商标注册的原则

商标注册的原则如表 8-16 所示。

表 8-16　商标注册的原则

原则		具体规定
申请在先原则		①两个或两个以上的申请人，在同一种商品或类似商品上，以相同或近似的商标申请注册的，初步审定并公告申请在先的商标 ②同一天申请的，初步审定并公告使用在先的商标，驳回其他人的申请，不予公告 ③我国大部分商标采取资源注册原则
自愿注册和强制注册相结合原则		①我国除卷烟、雪茄烟、有包装的烟丝的生产经营者必须申请商标注册 ②未经核准注册的，商品不得在市场销售外，企业商标无论注册与否都可以使用
显著原则		申请注册的商标，应当有显著特征，以便于识别，并不得与他人在先取得的合法权利相冲突
诚实信用原则		不得损害他人现有的在先权利，也不得以不正当手段抢先注册他人已经使用并有一定影响的商标
商标合法原则	注册	文字、图形、字母、数字、三维标志、声音、颜色或上述要素的组合可作为注册商标
	不可作为商标使用及注册	①同中华人民共和国的国家名称、国旗、国徽、国歌、军旗、军徽、军歌、勋章等相同或近似的，以及同中央国家机关的名称、标志、所在地特定地点的名称或标志性建筑物的名称、图形相同的 ②同外国的国家名称、国旗、国徽、军旗等相同或近似的，经该国政府同意的除外 ③同政府间国际组织的名称、旗帜、徽记等相同或近似的，经该组织同意或不易误导公众的除外 ④与表明实施控制、予以保证的官方标志、检验印记相同或近似的，但经授权的除外 ⑤同“红十字”“红新月”的名称、标志相同或近似的 ⑥带有民族歧视性的 ⑦带有欺骗性，容易使公众对商品的质量等特点或产地产生误认的 ⑧有害于社会主义道德风尚或者有其他不良影响的 ⑨县级以上行政区划的地名或公众知晓的外国地名，不得作为商标。但是，地名具有其他含义或作为集体商标、证明商标组成部分的除外；已经注册的使用地名的商标继续有效
	不可注册	①仅有本商品的通用名称、图形、型号的 ②仅直接表示商品的质量、主要原料、功能、用途、重量、数量及其他特点的 ③其他缺乏显著特征的 ④以三维标志申请注册商标的，仅由商品自身的性质产生的形状、为获得技术效果而需有的商品形状或使商品具有实质性价值的形状，不得注册 ⑤商标中有商品的地理标志，而该商品并非来源于该标志所标示的地区，误导公众的，不予注册并禁止使用；已经善意取得注册的继续有效

2. 商标注册的程序

商标注册程序包括申请、初步审定、申请更正等，相关规定如表 8-17 所示。

表 8-17　商标注册程序

程序		相关规定
申请		①商标注册申请应书面或数据电文方式提出 ②一个或多类别的多个商品拟定一份申请，只能注册一个商标 ③需要改变标志的，应当重新申请商标注册 ④商标需在核定适用范围之外的商品上取得商标专用权的，应另行提出申请
初步审定		收到商标注册申请文件之日起 9 个月内审查完毕，并予以初步审定公告
	驳回申请不予公告	①书面通知申请人，申请人不服的，自收到通知之日起 15 日内，向商标评审委员会申请复审，商标评审委员会应自收到申请之日起 9 个月内作出决定，并书面通知申请人 ②有特殊情况需要延长的，经过国务院工商行政管理部门批准，可以延长 3 个月 ③当事人对商标评审委员会的决定不服的，可以自收到通知之日起 30 日内向人民法院起诉

续表

程序	相关规定	
初步审定	对公告无异议	自公告之日起 3 个月内，在先权利人、利害关系人或者任何人认为违反相关规定的，可向商标局提出异议，公告期满无异议的，予以核准注册，发给商标注册证，并予公告
	对公告有异议	①陈述事实和理由，经调查核实后，自公告期满之日起 12 个月内作出是否准予注册的决定，并书面通知异议人和被异议人 ②有特殊情况需要延长的，经国务院工商行政管理部门批准，可以延长 6 个月 ③商标局作出准予注册的决定的，发给商标注册证，并予以公告 ④异议人不服的，可以依照规定向商标评审委员会请求宣告该注册商标无效，并书面通知异议人和被异议人
	裁定不服	被异议人对商标评审委员会的决定不服的，可以自收到通知书之日起 30 日内向人民法院起诉
申请更正	发现商标申请文件或注册文件有明显错误的，可申请更正，商标局依法在职权范围内作出更正，并通知当事人	

3．注册商标的续展、变更、转让和使用许可

（1）注册商标的续展

①商标自核准注册之日起，有效期为 10 年。

②有效期满，需要继续使用的，商标注册人应在期满前 12 个月内按规定办理续展手续；未能办理的，可给予 6 个月的宽展期。

③每次续展注册的有效期为 10 年，自该商标上一届有效期满次日起计算。期满未办理续展手续的，注销其注册商标。

（2）注册商标的变更

注册商标需要变更注册人名义、地址或者其他注册事项的，应当提出变更申请。

（3）注册商标的转让

①商标注册人对其在同一种商品上注册的近似的商标，或在类似商品上注册的相同或近似的商标，应一并转让。

②转让人和受让人应签订转让协议，并共同向商标局提出申请。受让人应保证使用该注册商标的商品质量。

③对容易导致混淆或有其他不良影响的转让，商标局不予核准，书面通知申请人并说明理由。

④转让注册商标经核准后，予以公告。受让人自公告之日起享有商标专用权。

（4）注册商标的使用许可

①商标注册人可以通过签订商标使用许可合同，许可他人使用其注册商标。许可人应当监督被许可人使用其注册商标的商品质量。被许可人应当保证使用该注册商标的商品质量。

②经许可使用他人注册商标的，必须在使用该注册商标的商品上标明被许可人的名称和商品产地。

③许可他人使用其注册商标的，许可人应当将其商标使用许可报商标局备案，由商标局公告。商标使用许可未经备案不得对抗善意第三人。

4．商标使用的管理

（1）商标注册人在使用注册商标的过程中，自行改变注册商标、注册人名义、地址或其他注册事项的，由地方工商行政管理部门责令限期改正；期满不改正的，由商标局撤销其注册商标。

（2）注册商标成为其核定使用的商品的通用名称或没有正当理由连续 3 年不使用的，任何单位或个人可向商标局申请撤销该注册商标。

（3）商标局应自收到申请之日起 9 个月内作出决定。有特殊情况需要延长的，经国务院工商行政管理部门批准，可以延长 3 个月。

（4）注册商标被撤销、被宣告无效或期满不再续展的，自撤销、宣告无效或注销之日起 1 年内，商标局对与该商标相同或近似的商标注册申请，不予核准。

5．驰名商标

驰名商标应当根据当事人的请求，作为处理涉及商标案件需要认定的事实进行认定。认定驰名商标需考虑的因素如下。

（1）相关工作对该驰名商标的知晓程度。

（2）商标使用的持续时间。

（3）该商标的任何宣传工作的持续时间、程度和地理范围。

（4）该商标作为驰名商标受保护的记录。

生产、经营者不得将“驰名商标”字样用于商品、商品包装或者容器上，或用于广告宣传、展览以及其他商业活动中。为相关公众所熟悉的商标，持有人认为其权利受到侵害时，可以请求驰名商标保护。

6．侵犯注册商标专用权的行为

有下列行为之一的，均属于侵犯注册商标专用权。

（1）未经商标注册人的许可，在同一种商品上使用与其注册商标相同的商标。

（2）未经商标注册人的许可，在同一种商品上使用与其注册商标近似的商标，或者在类似商品上使用与其注册商标相同或者近似的商标，容易导致混淆。

（3）销售侵犯注册商标专用权的商品。

（4）伪造、擅自制造他人注册商标标识或者销售伪造、擅自制造的注册商标标识。

（5）未经商标注册人同意，更换其注册商标并将该更换商标的商品又投入市场。

（6）故意为侵犯他人商标专用权行为提供便利条件，帮助他人实施侵犯商标专用权的行为。

名师解读

商标侵权仅限于销售行为，不包括许诺销售和经营性使用行为。销售不知道是假冒专利的产品，并且能够证明该产品合法来源的，由管理专利工作的部门责令停止销售，但免除罚款的处罚。

典型例题

【例题 1 · 多选题】下列商标的注册申请中，经审查，商标局应当依法驳回的包括（ ）。

A. 英雄牌保温杯

B. 澳大利亚牌运动鞋

C. 美利坚合众国牌钢笔

D. 红十字牌手术刀

【解析】选项 B 和选项 C，涉及外国国家名称；选项 D，与“红十字”名称相同，均不得注册商标。

【答案】BCD

【例题 2 · 单选题】下列商品中，属于法律、行政法规规定必须使用注册商标的是（ ）。（2014 年）

A. 卷烟　　B. 服装

C. 食品　　D. 化妆品

【解析】法律、行政法规规定必须使用注册商标的商品（卷烟、雪茄烟、有包装的烟丝）的生产经营者，必须申请商标注册，未经核准注册的，商品不得在市场销售。

【答案】A

本节考点回顾与总结一览表

本节考点	知识总结
考点 11 专利法律制度	①专利权主体：专利申请人和专利权人；非职务发明创造（发明人或设计人），职务发明创造（单位） ②专利权客体：发明、实用新型、外观设计 3 种专利 ③授予专利权的条件：新颖性，创造性，实用性 ④专利申请原则：书面申请原则，先申请原则，优先权原则，一申请一发明原则 ⑤专利申请程序：申请、初步审查、公布申请、实质性审查、专利复审、授予专利 ⑥专利保护和限制：专利权的内容及其保护与限制，侵犯专利权的行为（未经许可实施专利、假冒专利），不视为侵犯专利权的行为 ⑦专利强制许可：根据具备条件的单位或个人的申请，可给予实施发明专利或实用新型专利的强制许可 ⑧专利期限、终止和无效：期限（发明 20 年、实用新型和外观 10 年），终止，无效（宣布无效的自始无效）
考点 12 商标法律制度	①商标注册原则：可作为商标注册使用和注册的，不得作为商标使用和注册的，不得作为商标注册的 ②商标注册的程序：申请，初步审查（有异议和无异议的处理），申请更正 ③注册商标的续展和转让：续展（有效、续展均 10 年），变更，转让（协议并申请），使用许可 ④商标使用的管理：掌握商标使用管理中的年限要求 ⑤驰名商标：根据当事人的请求，作为处理涉及商标案件需要认定的事实进行认定 ⑥注册商标专用权的保护：侵犯注册商标专用权的行为及侵犯注册商标专用权的法律责任

真题演练

1.【单选题】根据专利法律制度的规定，下列各项中，不授予专利权的是（ ）。（2015 年）

A. 药品的生产方法

B. 对产品构造提出的适于实用的新的技术方案

C. 对平面印刷品的图案作出的主要起标识作用的设计

D. 对产品的形状作出的富有美感并适于工业应用的新设计

2.【单选题】甲公司 2014 年取得一项产品发明专利，乙、丙、丁、戊 4 公司未经甲公司许可实施其专利。根据专利法律制度的规定，下列实施行为属于侵犯甲公司专利权的是（ ）。（2015 年）

A. 乙公司购买了该专利产品，经研究产品的原理后批量仿造该产品并进行销售

B. 丙公司在甲公司申请专利前已经制造相同产品，并且仅在原有范围内继续制造

C. 丁公司为科学实验而使用该专利产品

D. 戊公司取得强制许可后制造该专利产品

3.【判断题】当事人转让专利权的，专利权的转让自交付专利证书之日起生效。（ ）（2013 年）

4.【单选题】甲公司 2012 年取得一项外观设计专利。根据专利法律制度的规定，乙公司未经甲公司许可的下列行为中，属于侵犯该专利的是（ ）。（2013 年）

A. 为生产经营目的购买并使用甲公司制造的该专利产品

B. 为生产经营目的购买并销售甲公司制造的该专利产品

C. 为生产经营目的购买并许诺销售甲公司制造的该专利产品

D. 为生产经营目的制造并销售该专利产品

5.【多选题】根据《商标法》的规定，下列可以作为商标标识的有（ ）。（2014 年）

A. 声音　　B. 纯字母

C. 纯数字　　D. 纯图形

第五节 政府采购法律制度

考点13 政府采购当事人（★★）

考点分析

本考点属于考生应熟悉的考点，内容较少且复习难度不大，考生复习时可分门别类地记忆各类主体的相关内容。

考点精讲

政府采购当事人包括采购人、供应商和采购代理机构等，相关规定如表8-18所示。

表8-18 政府采购当事人的相关规定

当事人	相关规定
采购人	①依法进行政府采购的国家机关、事业单位、团体组织 ②采购人可自行选择并委托采购代理机构代理采购事宜
供应商	①向采购人提供货物、工程或服务的法人、其他组织或者自然人 ②两个以上的自然人、法人或其他组织可以组成一个联合体，以一个供应商的身份共同参加政府采购 ③联合体各方应当共同与采购人签订采购合同，就采购合同约定的事项对采购人承担连带责任
采购代理机构	①是集中采购机构和集中采购机构以外的代理机构 ②是根据采购人的委托办理采购事宜的非营利事业法人 ③纳入集中采购目录的政府采购项目，必须委托集中采购机构代理采购 ④纳入集中采购目录属于通用的政府采购项目的，应委托集中采购机构代理采购；属于本部门、本系统有特殊要求的项目，应实行部门集中采购；属于本单位有特殊要求的项目，经省级以上政府批准，可自行采购

典型例题

【例题·多选题】根据《政府采购法》的规定，具有审批政府采购代理机构资格权限的部门有（ ）。

A. 国务院

B. 财政部

C. 省级人民政府财政部门

D. 市级人民政府

【解析】采购人可以委托国务院有关部门或省级人民政府有关部门认定资格的采购代理机构进行采购事宜。

【答案】BC

考点14 政府采购方式和程序（★★★）

考点分析

本考点属于考生应掌握的内容，其在考试中出现的概率较大，常见题型为单选题和多选题。

考点精讲

1．政府采购方式

政府采购方式包括公开招标（主要）、邀请招标、竞争性谈判、单一来源采购、询价和国务院政府采购监督管理部门认定的其他采购方式。

政府采购方式及其适用情况如表8-19所示。

表8-19 政府采购方式及其适用情况

方式	适用情况
公开招标	①属于中央预算的项目，由国务院规定 ②属于地方预算的项目，由省、自治区、直辖市人民政府规定 ③因特殊情况需要采用公开招标以外的采购方式的，应在采购活动开始前获得设区的市、自治州以上人民政府采购监督管理部门的批准 ④采用招标方式采购的，自招标文件开始发出之日起至投标人提交投标文件截止之日止，不得少于20日
邀请招标	①具有特殊性，只能从有限范围的供应商处采购的 ②采用公开招标方式的费用占政府采购项目总价值的比例过大的
竞争性谈判	①招标后没有供应商投标或者没有合格标的或者重新招标未能成立的 ②技术复杂或者性质特殊，不能确定详细规格或者具体要求的 ③采用招标所需时间不能满足用户紧急需要的 ④不能事先计算出价格总额的
单一来源	①只能从唯一供应商处采购的 ②发生不可预见的紧急情况不能从其他供应商处采购的 ③必须保证原有采购项目一致性或者服务配套的要求，需要继续从原供应商处添购，且添购资金总额不超过原合同采购金额10%的
询价	采购的货物规格、标准统一、现货货源充足且价格变化幅度小的政府采购项目，可以依法采用询价方式采购

2．政府采购程序

（1）政府采购的一般程序

政府采购的一般程序包括预算编制、验收、采购文件保存等。

采购文件从采购结束之日起至少保存15年。

（2）废标

招标采购中出现下列任一情形的，应予废标。

①符合专业条件的供应商或者对招标文件做实质响应的供应商不足3家的。

②出现影响采购公正的违法、违规行为的。

③投标人的报价均超过了采购预算，采购人不能支付的。

④因重大变故，采购任务取消的。

名师解读

废标后，采购人应将废标理由通知所有投标人。除采购任务取消情形外，应重新组织招标；需采取其他方式采购的，应在采购活动开始前获得设区的市、自治州以上人民政府采购监督管理部门或政府有关部门批准。

典型例题

【例题1·多选题】下列属于政府采购方式的有（ ）。

A. 公开招标

B. 邀请招标

C. 竞争性谈判

D. 单一来源采购

【解析】政府采购方式有：公开招标、邀请招标、竞争性谈判、单一来源采购、询价和国务院政府采购监督管理部门认定的其他采购方式。

【答案】ABCD

【例题2·多选题】根据《政府采购法》的规定，下列各项中，属于招标采购中出现的应予废标的情形有（ ）。

A. 对招标文件做实质响应的供应商有4家

B. 供应商曾向采购人行贿进行询价

C. 投标人的报价均超过了采购预算，采购人不能支付

D. 招标过程中，采购项目因国家产业政策调整而取消

【解析】根据规定，在招标采购中，出现下列情形之一的，应予废标：①符合专业条件的供应商或者对招标文件作实质响应的供应商不足3家的；②出现影响采购公正的违法、违规行为的；③投标人的报价均超过了采购预算，采购人不能支付的；④因重大变故，采购任务取消的。综上，本题正确答案为选项B、C、D。

【答案】BCD

考点15 政府采购合同与政府采购的监督（★★★）

考点分析

本考点属于考生应熟悉的内容，考查概率相对较小，在近几年也未出现过考题。其中政府采购合同的履行属于重要内容，考生应重点关注并理解。

考点精讲

1. 政府采购合同

采购人和供应商之间的权利和义务，应按平等、自愿的原则以书面合同方式约定。

（1）经采购人同意政府采购合同分包履行的，中标、成交供应商就采购项目和分包项目向采购人负责，分包供应商就分包项目承担责任。

（2）采购人需追加与合同标的相同的货物、工程或服务的，在不改变合同其他条款的前提下，可与供应商协商签订补充合同，但所有补充合同的采购金额不得超过原合同采购金额的10%。

2. 政府采购的监督

（1）质疑和投诉

①供货商对政府采购活动有疑问的，可询问。

②供货商认为采购文件、过程及结果使自己的权益受到损害，可在知道或应当知道之日起7个工作日内，以书面形式向采购人提出质疑。

③采购人在收到书面质疑后7个工作日内作出答复，在不涉及商业秘密的前提下，以书面形式通知质疑供货商和其他供货商。

④质疑供应商对采购人、采购代理机构的答复不满意或者采购人、采购代理机构未在规定的时间内作出答复的，可以在答复期满后15个工作日内向同级政府采购监督管理部门投诉。

⑤政府采购监督管理部门应当在收到投诉后30个工作日内，对投诉事项作出处理决定，并以书面形式通知投诉人和与投诉事项有关的当事人。

⑥投诉人对政府采购监督管理部门的投诉处理决定不服或政府采购监督管理部门逾期未作处理的，可依法申请行政复议或者向人民法院提起行政诉讼。

（2）政府采购监督

政府采购监督包括各级人民政府财政部门及其他部门，审计机关，监察机关。任何单位及个人对采购活动中违法行为也享有控告和检举的权利。

典型例题

【例题·单选题】关于政府采购合同，下列说法错误的是（ ）。

A. 政府采购合同适用合同法

B. 政府采购合同应当采用书面形式

C. 采购人与中标、成交供应商应当在中标、成交通知书发出之日起10日内签订政府采购合同

D. 政府采购合同的双方当事人不得擅自变更、中止或者终止合同

【解析】采购人与中标、成交供应商应当在中标、成交通知书发出之日起30日内，按照采购文件确定的事项签订政府采购合同。

【答案】C

本节考点回顾与总结一览表

本节考点	知识总结
考点 13 政府采购当事人	政府采购当事人包括采购人、供应商和采购代理机构
考点 14 政府采购方式及程序	①政府采购方式：公开招标（主要）、邀请招标、竞争性谈判、单一来源采购、询价 ②政府采购程序：采购文件保存（采购结束之日起至少保存 15 年），应予废标的情形
考点 15 政府采购合同与政府采购的监督	①政府采购合同：采购分包履行的，就分包项目承担责任 ②政府采购的监督：权益受到损害的供应商在知道后的 7 个工作日内提出质疑

真题演练

1.【单选题】根据政府采购法律制度的规定，采用招标方式进行政府采购的，自招标文件开始发出之日起至投标人提交文件截止之日止，不得少于一定期间，该期间为（　）。（2015 年）

A. 20日　B. 15日　C. 19日　D. 7日

2.【判断题】两个以上的自然人、法人或者其他组织可以组成一个联合体，以一个供应商的身份共同参加政府采购。（　）（2015 年）

3.【单选题】某事业单位拟采购一种特定的技术服务，经向社会公开招标没有合格标的，在此情形下，根据《政府采购法》的规定，该事业单位可以采用的采购方式是（　）。（2014 年）

A. 询价　B. 邀请招标

C. 竞争性谈判　D. 单一来源采购

第六节 财政违法行为处罚法律制度

考点16 财政违法行为处罚法律制度（★★）

考点分析

本考点内容较多，复习难度较大，但在考试中考查的概率较小，考生应合理安排复习时间，对基本知识有一定印象即可。

考点精讲

1. 财政违法主体

财政违法行为的违法主体一般可分为财政机关和其他国家机关、企业、非企业单位、特定个人。

2. 财政执法主体

财政执法主体可概括为以下 3 类。

（1）县级以上人民政府财政部门及审计机关。

（2）省级以上人民政府财政部门的派出机构，审计机关的派出机构。

（3）监察机关及其派出机构。

3. 财政执法权限

（1）调查、检查权

财政部门、审计机关、监察机关依法进行调查或者检查，可以向与被调查、检查单位有经济业务往来的单位查询有关情况，可以向金融机构查询被调查、检查单位的银行存款，有关单位和金融机构应当配合。

在有关证据可能灭失或者以后难以取得的情况下，经县级以上人民政府财政部门、审计机关、监察机关的负责人批准，可以先行登记保存。

（2）处理、处分、处罚权

处理、处分、处罚权具体表现为：责令停止违法行为、停拨财政款项、违法行为公告权、荣誉称号撤销权。

典型例题

【例题·多选题】根据《财政违法行为处罚处分条例》的规定，下列各项中，可以作为财政执法主体的有（　）。（2010 年）

A. 县级以上人民政府财政部门

B. 省级以上人民政府财政部门的派出机构

C. 监察机关及其派出机构

D. 县级以上人民政府审计机关

【解析】财政执行主体包括以下 3 类：①县级以上人民政府财政部门及审计机关；②省级以上人民政府财政部门的派出机构，审计机关的派出机构；③监察机关及其派出机构。

【答案】ABCD

本节考点回顾与总结一览表

本节考点	知识总结
考点 16 财政违法行为处罚法律制度	①财政违法主体：财政机关和其他国家机关、企业、非企业单位、特定个人 ②财政违法行为及法律责任：违法国家财政收入、预算管理规定，违规担保，公款私存 ③财政执法主体：县级、省级人民政府财政部门及检查机关等

真题演练

【多选题】根据财政违法行为处罚法律制度的规定，下列各项中，属于财政执法主体的财政执法权限的有（ ）。（2015年）

A. 依程序暂停财政拨款
B. 公告财政违法主体的财政违法行为
C. 对财政违法主体采取强制执行措施
D. 依法定程序查询被检查单位的银行存款

第七节 本章综合练习

（一）单选题

1. 不属于履行出资人职责机构的职权是（ ）。

A. 参与重大决策权 B. 资产收益权
C. 干预企业经营的权利 D. 选择管理者

2. 根据《企业国有资产法》的规定，下列关系企业国有资产出资人权益的重大事项的规定，说法错误的是（ ）。

A. 国有独资企业合并、分立，增加或者减少注册资本的，除了由履行出资人职责的机构决定外，由企业负责人集体讨论决定
B. 国有独资公司合并、分立，增加或者减少注册资本的，除了由履行出资人职责的机构决定外，由董事会决定
C. 国有资本控股公司合并、分立，增加或者减少注册资本的，由公司股东会、股东大会或者董事会决定
D. 国家出资企业的合并、分立，增加或者减少注册资本的，应当听取企业工会的意见，并通过职工代表大会或者其他形式听取职工的意见和建议

3. 国有独资公司、国有独资企业、国有资本控股公司的董事、监事、高级管理人员违反法律规定，造成国有资产重大损失，被免职的，自免职之日起一定期间内不得担任国有独资公司、国有独资企业、国有资本控股公司的董事、监事、高级管理人员，该期间为（ ）。

A. 3年 B. 5年
C. 10年 D. 终身

4. 根据企业国有资产产权登记管理法律制度的规定，下列属于已取得法人资格的企业应当向原产权登记机关申办注销产权登记的情形是（ ）。

A. 企业名称改变
B. 企业组织形式发生变动
C. 企业被依法宣告破产
D. 企业国有资本出资人发生变动

5. 国务院反垄断执法机构应当自收到经营者提交的符合条件文件、资料之日起（ ）日内，对申报的经营者集中初步审查。

A. 30 B. 90
C. 60 D. 40

6. 授予专利权的下列条件中，错误的是（ ）。

A. 授予专利权的外观设计不得与他人在申请日以前已经取得的合法权利相冲突
B. 对违反法律、行政法规的规定获取或者利用遗传资源，并依赖该遗传资源完成的发明创造，不授予专利权
C. 智力活动的规则和方法，不能被授予专利权
D. 动植物品种的生产方法和疾病的治疗方法，均可以被授权专利权

7. 经法定程序，国家专利行政部门强制许可甲企业实施乙公司某项发明。对此，下列表述正确的是（ ）。

A. 甲企业可以不经乙公司同意实施该发明
B. 甲企业可以不向乙公司支付任何费用
C. 甲企业可以许可他人实施该发明
D. 甲企业在一定区域内享有该发明独占实施权

8. 甲公司于2013年12月10日申请注册A商标，2015年3月20日该商标被核准注册。根据商标法的规定，甲公司申请商标续展注册的最迟日期是（ ）。

A. 2023年12月10日
B. 2024年6月10日
C. 2025年3月20日
D. 2025年9月20日

9. 甲公司拥有注册商标“电邮”，用于箱包类产品上。后来甲公司准备改用“电游”作为商标，将“电邮”商标转让给乙公司。下列正确的是（ ）。

A. 甲公司要将注册商标“电邮”改成“电游”，应当向商标局申请变更
B. 乙公司受让“电邮”商标，应当与甲公司共同向商标局提出申请
C. 甲公司要使用“电游”作为商标，必须向商标局申请注册后方可使用
D. 丙公司未经甲公司许可，在食品类产品上擅自使用“电邮”为商标，侵犯了甲公司注册商标专用权

10. 对申请注册的商标，商标局应当自收到商标注册申请文件之日起一定期间内审查完毕，符合《商标法》有关规定的，予以初步审定公告。根据商标法律制度的规定，该期间是（　）。

A. 15日　　B. 30日

C. 3个月　　D. 9个月

（二）多选题

1.《企业国有资产法》所称的国家出资企业包括（　）。

A. 国有独资企业　　B. 国有独资公司

C. 股份有限公司　　D. 国有资本参股公司

2. 下列有关甲国有独资公司人员的任职符合法律规定的有（　）。

A. 董事长兼任公司经理

B. 副董事长兼任本公司财务负责人

C. 经公司职工民主选举3名职工代表担任公司监事会成员

D. 履行出资人职责的机构对该公司的管理者每年度进行考核

3. 李某是甲国有独资公司的董事长，其儿子与同学共同投资设立乙商贸有限公司。甲、乙公司的下列行为中，不符合法律规定的有（　）。

A. 乙公司因急需流动资金向银行借款，甲公司为此借款协议提供保证担保

B. 乙公司因存放货物需要，以年租金5万元租用甲公司仓库

C. 甲、乙公司协商在深圳设立一加工厂

D. 甲公司闲置一辆运输车，以8万元的价格出售给乙公司

4. 下列选项中，属于认定经营者是否具有市场支配地位的依据包括（　）。

A. 经营者在相关市场的市场份额，以及相关市场的竞争状况

B. 经营者控制销售市场或者原材料采购市场的能力

C. 经营者的财力和技术条件

D. 其他经营者进入相关市场的难易程度

5. 下列行为中，属于《反垄断法》所禁止的垄断行为的有（　）。

A. 某生产企业因申请一项专利，因该专利，企业产品占据了相关市场95%的份额

B. 某市大型药品零售企业之间达成联盟协议，共同要求药品生产企业按照统一的优惠价格向联盟内的企业供应药品，联盟内的企业按照统一的零售价格向消费者销售药品

C. 某市政府在与某国有医药企业签订的战略合作协议中承诺，该国有医药企业在本市医疗机构药品招标中享有优先中标机会

D. 某省政府在招标过程中，不允许不在本省纳税的企业参与本省的招投标活动

6. 经营者违反《反垄断法》规定，达成并实施垄断协议的，可以采取的处罚有（　）。

A. 责令停止违法行为

B. 没收非法所得

C. 处上一年度销售1%以上10%以下罚款

D. 吊销营业执照

7. 甲公司是专门生产吸尘器的企业，于2016年8月1日提出一项发明专利申请。在其申请专利之前发生的下列事项中，不会影响其专利申请新颖性的有（　）。

A. 2016年3月15日，甲公司在一个由中国政府主办的国家展览会上首次展出该项发明

B. 2016年4月10日，应当承担保密义务的工作人员未经甲公司同意，擅自在一个学术会议上公布了该发明

C. 2016年5月12日，甲在国家商务部组织召开的一个技术会议上首次发表了介绍该发明的演讲

D. 2016年6月18日，甲在某国际性学术刊物上首次刊登了介绍该发明的学术论文

8. 商标获得注册后，下列事项发生变化时，当事人应当提出变更申请的有（　）。

A. 商标图形　　B. 商标文字

C. 注册人名义　　D. 注册人地址

9. 下列说法中，符合《商标法》规定的有（　）。

A. 使用商标不一定都要注册

B. 商标注册后才能使用

C. 有些商标不予注册并禁止使用

D. 有些商标即使不注册也不能使用

10. 根据政府采购法律制度的规定，下列情形中，采购人可以采用单一来源方式采购的有（　）。

A. 只能从唯一供应商处采购的

B. 发生了不可预见的紧急情况不能从其他供应商处采购的

C. 采用招标方式所需时间不能满足用户紧急需要的

D. 不能事先计算出价格总额的

（三）判断题

1. 国家出资企业改制应当依照法定程序，由履行出资人职责的机构决定或者由公司股东会、股东大会决定，并应当将改制方案报请本级人民政府批准。（　）

2. 国有资本经营预算按年度单独编制，纳入本级人民政府预算，报本级人民政府批准。（　）

3. 事业单位甲与私营企业乙发生国有资产产权纠纷，应由当事人协商解决。协商不能解决的，可以向甲事业单位同级或上一级财政部门申请调解或者裁定，必要时报有管辖权的人民政府处置。（ ）

4. 履行出资人职责的机构，仅指国有资产监督管理机构。（ ）

5. 经营者违反《反垄断法》规定，达成垄断协议尚未实施的，可以免于处罚。（ ）

6. 在包装、装潢或广告中对商品的质量、制作成分、性能、用途、生产者、有效期限、产地等方面做引人误解的描述，均属于虚假陈述。

7. 履行出资人职责的机构委派的股东代表未按照委派机构的指示履行职责，造成国有资产损失的，依法承担赔偿责任，并依法给予处分。（ ）

8. 发明专利申请经实质审查没有发现驳回理由的，由国务院专利行政部门作出授予发明专利权的决定，发明专利权自作出决定之日起生效。（ ）

9. 任何单位和个人对政府采购活动中的违法行为，有权控告和检举，有关部门、机关应当依照各自的职权及时处理。（ ）

第八节 本章真题演练及综合练习答案与解析

一、真题演练答案速查表

所在节	题号	答案	题号	答案	题号	答案
第一节	1	ABCD	2	√	3	D
第二节	1	AD	2	√		
第三节	1	ABC	2	ABD	3	ABD
	4	C	5	ABC		
第四节	1	C	2	A	3	×
	4	D	5	ABCD		
第五节	1	A	2	√	3	C
第六节	1	AB				

二、本章综合练习答案与解析

（一）单选题

1. C【解析】履行出资人职责的机构代表出资人享有出资者权利，主要包括依法享有资产收益权、参与重大决策权、选择管理者和出资人其他权利。

2. D【解析】国家出资企业的合并、分立、改制、解散、申请破产等重大事项，应听取企业工会的意见，并通过职工代表大会或其他形式听取职工的意见和建议。重大事项不包括增加或者减少注册资本。

3. B【解析】董事、监事、高级管理人员违反法律规定，造成国有资产重大损失被免职的，自免职之日起5年内不得再担任。

4. C【解析】根据规定，企业解散、被依法撤销或被依法宣告破产的，属于注销产权登记的情形。选项A、B、D是属于变动产权登记的情形。

5. A【解析】国务院反垄断执法机构应当自收到经营者提交的符合条件文件、资料之日起30日内，对申报的经营者集中进行初步审查。

6. D【解析】动植物品种的生产方法，可授权专利权，但疾病的诊断和治疗方法，不能授予专利权，所以选项D错误。

7. A【解析】专利实施的强制许可，是指国务院专利行政部门依照法定条件和程序颁布的实施专利的一种强制性许可方式，因此，取得实施强制许可的单位不经专利权人同意即可使用专利。

8. D【解析】注册商标自核准注册之日起有效期为10年；有效期满，需继续使用的，应在期满前12个月内申请续展注册；在此期间未能提出申请的，可给予6个月的宽展期。本题甲公司申请商标续展注册的最迟日期为2025年9月20日。

9. B【解析】转让注册商标的，转让人和受让人应当签订转让协议，并共同向商标局提出申请。

10. D【解析】根据规定，对申请注册的商标，商标局应当自收到商标注册申请文件之日起9个月内审查完毕，符合《商标法》有关规定的，予以初步审定公告。

（二）多选题

1. ABD【解析】国家出资企业是指国家出资的国有独资企业、国有独资公司，以及国有资本控股公司、国有资本参股公司。

2. BCD【解析】未经履行出资人职责的机构同意，国有独资公司的董事长不得兼任经理。

3. ACD【解析】乙公司租赁甲公司的仓库是支付租金的，不属于无偿，不存在违反法律规定的问题。

4. ABCD【解析】本题考查市场支配地位。题目的4个选项均属于认定依据。

5. BCD【解析】选项A属于正当行为，选项B属于垄断协议，选项C、D属于行政性垄断。

6. ABC【解析】经营者违反规定，达成并实施垄断协议的，由反垄断执法机构责令停止违法行为，没收非法所得，处上一年度销售1%以上10%以下

罚款。

7. ABC【解析】申请专利的发明创造在申请日前6个月内有以下情况的，不丧失新颖性：①在中国政府主办或者承认的国际展览会上首次展出的；②在规定的学术会议或者技术会议上首次发表的；③他人未经申请人同意泄露其内容的。

8. CD【解析】注册商标需要改变其标志（商标图形、商标文字）的，应当重新提出注册申请，选项A、B不符合题意。

9. ACD【解析】商标使用人可以自主决定是否注册，所以选项B错误。

10. AB【解析】选项A、B适用单一来源方式，选项C、D适用竞争性谈判方式。

（三）判断题

1. ×【解析】重要的国家出资企业改制才应当将改制方案报请本级人民政府批准。

2. ×【解析】国有资本经营预算按年度单独编制，纳入本级人民政府预算，报本级人民代表大会批准。

3. ×【解析】事业单位与非国有单位或个人之间发生产权纠纷的，事业单位应提出拟处理意见，经主管部门审核并报同级财政部门批准后，与对方当事人协商解决。协商不能解决的，依司法程序处理。

4. ×【解析】题目的说法过于片面，国务院和地方人民政府根据需要，可授权其他部门、机构代表本级人民政府对国家出资企业履行出资人职责。

5. ×【解析】尚未实施所达到的垄断协议，可以处50万元以下的罚款。

6. √【解析】题目的描述为不正当竞争中的欺骗性标示，即虚假陈述。

7. ×【解析】履行出资人职责的机构委派的股东代表未按照委派机构的指示履行职责，造成国有资产损失的，依法承担赔偿责任；属于国家工作人员的，并依法给予处分。

8. ×【解析】发明专利权自公告之日起生效。本题中的“自作出决定之日起生效”说法错误。

9. √【解析】本题对其他单位和个人监督的描述正确。

跨章节简答题和综合题集训

简答题和综合题是“经济法”考试中分值最高的题型，其综合性强，涉及的考点广且深，答题难度较大。其中简答题包括 3 题，每题 6 分，共 18 分；综合题为一题，共 12 分。简答题和综合题的各题下均包含数量不等的小题，这两类题的总分合计为 30 分。

就“经济法”科目而言，第六章“增值税法律制度”和第七章“企业所得税法律制度”是考查综合题概率最大的章节，而第四章“金融法律制度”中的“票据法律制度”及第五章的“合同法律制度”则是出现简答题概率最大的章节，除此之外，第二章“公司法律制度”和第三章“其他主体法律制度”的考查概率相对较小。考生应分析考查对象，合理安排复习时间。

近 3 年考试中简答题和综合题在各章的分布如下表所示。

▼ 简答题和综合题章节分布一览表

章节	简答题与综合题的主要考点	涉及年份及题型
第二章 公司法律制度	召开临时股东会的条件、股东会关于股东担保及变更公司形式的决议、担任独立董事的条件	2016 年简答题 2015 年简答题
第三章 其他主体法律制度	有限合伙企业财产份额出质和转让，有限合伙企业的普通合伙人和有限合伙人的责任承担、合伙事务的执行	2016 年简答题 2014 年简答题
第四章 金融法律制度	汇票的付款及追索，汇票的日期记载，汇票保证人、保证日期和追索权	2015 年简答题 2014 年简答题 2013 年简答题
第五章 合同法律制度	租赁合同的期限，承租人、出租人的权利义务，买卖不破租赁，解除合同的通知，合同条款失效后的诉讼，违约后的赔偿、合同的履行	2016 年综合题 2015 年简答题 2014 年简答题
第六章 增值税法律制度	（不）可抵扣的进项税额的确定，销项税额的计算，应纳增值税的收入的确定，应纳的增值税税额，运费抵扣进项税额的计算	2016 年简答题 2014 年综合题
第七章 企业所得税法律制度	销售收入的确定，研究开发费用的加计扣除，固定资产折旧的税务处理，资产评估增值的计算，扣除范围，管理费的扣除，计算业务招待费、研究开发费、广告和宣传费、财务费用、营业外支出，以及职工福利费、工会经费、职工教育经费的应纳税额调整，应纳企业所得税税额	2015 年综合题

简答题集训

专题一：公司召开临时股东会及股东会决议

甲、乙、丙、丁、戊于2010年共同出资设立了A有限责任公司（以下简称A公司），出资比例为22%、30%、20%、20%、8%。2014年A公司发生有关事项如下：

（1）3月，甲向银行申请贷款时请求A公司为其提供担保。为此甲提议召开临时股东会，董事会按期召集了股东会，会议就A公司为甲提供担保事项进行表决时，甲、乙、戊赞成，丙、丁反对，股东会作出了为甲提供担保的决议。

（2）6月，因A公司实力明显增强，乙提议将公司变更为股份有限公司。为此董事会按期召开了股东会，会议就变更公司形式事项进行表决时，乙、丙、丁赞成，甲、戊反对，股东会作出了变更公司形式的决议。

要求：根据公司法律制度的规定，回答下列问题。

（1）甲是否有权提议召开临时股东会？简答说明理由。

（2）股东会作出的为甲提供担保的决议是否合

法？简要说明理由。

（3）股东会作出的变更公司形式的决议是否合法？简要说明理由。（2015 年）

专题二：合伙企业财产份额、合伙企业权责

2011年10月，甲、乙、丙、丁4人出资设立A有限合伙企业（简称A企业），合伙协议协定：甲、乙为普通合伙人，丙、丁为有限合伙人；甲以劳务出资；乙出资5万元；丙、丁各出资50万元。合伙协议对其他事项未做约定。

2013年1月8日，A企业与B公司签订买卖合同，双方约定货款80万元，收到货物后7日内付款。2月26日A企业如约收到货物，但因资金周转困难一直未付款。

4月，乙因发生车祸瘫痪，退出A企业，并办理了退伙结算。

7月，丙未征求其他合伙人的意见，以其在A企业中的财产份额出质，向C银行借款15万元。

8月，经全体合伙人同意，丁由有限合伙人转为普通合伙人。

9月，B公司向A企业催要上述到期货款，因A企业无力偿还，B公司遂要求乙承担全部责任，乙以自己已经退伙为由拒绝；B公司又要求丁承担全部责任，丁以债务发生时自己为有限合伙人为由拒绝。

要求：根据《合伙企业法》的规定，回答下列问题。

（1）丙未经其他合伙人同意将其在 A 企业中的财产份额出质是否合法？简要说明理由。

（2）乙拒绝向 B 公司承担责任的理由是否合法？简要说明理由。

（3）丁拒绝向 B 公司承担责任的理由是否合法？简要说明理由。（2014 年）

专题三：汇票保证及追索

2010年3月8日，某食品厂向某面粉厂购买面粉20吨，货款共计12万元。同日，食品厂向面粉厂出具了以自己为出票人、其开户行A银行为付款人、面粉厂为收款人、票面金额为12万元的见票即付的商业汇票一张，并在该汇票上签章。

3月20日，面粉厂向某机械厂购买一台磨面机，价款为12万元，因此欲将其所持汇票背书转让给机械厂。机械厂要求对该汇票提供票据保证，鉴于养鸡厂欠面粉厂12万元货款，于是面粉厂请求养鸡厂提供担保。后养鸡厂在汇票上记载“保证”字样并签章，但未记载被保证人名称和保证日期。

3月27日，面粉厂将该汇票背书转让给机械厂。4月2日，机械厂持票向A银行提示付款。A银行以食品厂经营状况不景气、即将解散为由拒绝付款，并作成退票理由书交给机械厂。机械厂欲行使追索权。

要求：根据《票据法》的规定，回答下列问题。

（1）本案例中，谁是被保证人？简要说明理由。

（2）本案例中，保证日期为哪一天？简要说明理由。

（3）机械厂可向哪些人行使追索权？（2014 年）

专题四：支票代理、背书及付款

甲公司为了及时采购商品，向A公司开具20万元的支票。A公司收到票据后，将支票背书转让，但到期A公司未供货给甲公司，银行将票据款项支付给了该支票的持票人。甲公司认为银行的代理付款行为无效。

为了偿还欠款，甲公司将持有的400万元的汇票分别背书转让给B公司和C公司，其中160万元给B公司，剩余240万元给C公司；将持有的一张70万元的汇票背书转让给乙公司，用于支付乙公司的货款，并注明“不得转让”字样。B公司将收到的票据交银行承兑。银行认为该背书行为无效，拒绝付款。乙公司收到票据后又背书转让给丙公司，以抵销乙公司所欠丙公司的货款。丙公司请求甲公司支付票据款项时，甲公司拒付。

要求：根据票据法律制度的规定，回答下列问题。

（1）甲公司认为银行的代理付款行为无效的观点是否正确？说明理由。

（2）银行认为背书行为无效的观点是否正确？说明理由。

（3）甲公司拒付的行为是否合法？说明理由。

专题五：股份有限公司决议、独立董事任职资格

甲股份有限公司（下称甲公司）于2014年3月上市，董事会成员为7人。2015年甲公司召开的3次董事会分别讨论事项如下。

（1）讨论通过了为其子公司一次性提供融资担保4 000万元的决议，其时甲公司总资产为1亿元。

（2）拟提请股东大会聘任乙公司的总经理刘某担任甲公司独立董事，乙公司为甲公司最大的股东。

（3）讨论向丙公司投资的方案。参加会议的6名董事会成员中，有4人同时为丙公司董事，经参会董事一致同意，通过了向丙公司投资的方案。

要求：

根据上述资料和公司法律制度的规定，回答下列问题。

（1）甲公司董事会是否有权作出融资担保决议？简要说明理由。

（2）甲公司能否聘任刘某担任本公司独立董事？简要说明理由。

（3）甲公司董事会通过向丙公司投资的方案是否合法？简要说明理由。（2016年）

专题六：汇票的背书及追索

甲公司购买乙公司价值30万元的办公用品，向乙公司出具了一张A银行为付款人，票面金额为30万元的定日付款汇票。乙公司收到汇票后，向A银行提示承兑，A银行予以承兑。后乙公司为偿付所欠丙公司30万元货款，将该汇票背书转让给丙公司，并在背书时记载“禁止转让”字样。丙公司购买原材料时，又将该汇票背书转让给债权人丁。丁于该汇票付款期限届满时，向A银行提示付款，A银行以甲公司账户资金不足为由拒绝付款，并作成拒绝付款证明交给丁。

要求：根据《票据法》的规定，回答下列问题。

（1）A银行拒绝付款的理由是否成立？简要说明理由。

（2）丁可以向哪些人行使追索权？简要说明理由。（2013年）

专题七：租赁合同的效力

2005年3月，甲公司与乙公司签订的租赁合同约定：甲公司将其面积为500平方米的办公用房出租给乙公司，租期25年，租金每月1万元，以每年官方公布的通货膨胀率为标准逐年调整；乙公司应一次性支付两年的租金。合同签订后，乙公司依约支付租金，甲公司依约交付了该房屋。2010年6月，乙公司为改善条件，未经甲公司同意，在该房屋内改建一间休息室，并安装了整体橱柜等设施。甲公司得知后要求乙公司拆除该休息室及设施，乙公司拒绝。其后该地区房屋价格飙升，租金大涨，甲公司要求提高租金，乙公司拒绝。甲公司遂欲出售该房屋，并通知了乙公司，乙公司表示不购买。甲公司于2012年9月将该房屋出售给丙公司，并办理了所有权变更登记手续。

要求：根据合同法律制度的规定，回答下列问题。

（1）租赁合同约定的25年租期效力如何？简要说明理由。

（2）甲公司是否有权要求乙公司拆除休息室及设施？简要说明理由。

（3）甲公司将房屋出售给丙公司后，租赁合同是否继续有效？简要说明理由。（2015年）

专题八：债权转让、定金及赠与效力

甲有限责任公司2013年5月发生下列事实。

（1）5月8日，甲公司向乙公司购买一批钢材，双方签订的合同约定：钢材总价款100万元；甲公司在合同签订后10日内支付定金20万元作为履行合同的担保；乙公司于合同签订后1个月内交付全部货物；甲公司于乙公司交付货物后10日内支付全部货款。5月16日，甲公司支付给乙公司10万元定金，乙公司接受并未提出异议。

（2）5月20日，甲公司与丙公司的租赁合同到期，但丙公司尚未支付50万元到期租金。5月30日，因欠丁公司的债务到期，甲公司将其对丙公司的50万元的债权转让给丁公司，但未通知丙公司。

（3）5月26日，甲公司所在地发生自然灾害，当地政府组织救灾募捐活动，甲公司当场承诺捐款20万元，但一直未履行。其后甲公司因业务不景气，欲撤销该项赠与。

要求：根据合同法律制度的规定，回答下列问题。

（1）本案例中，支付的定金数额与约定的定金数额不符，有效定金数额应为多少？简要说明理由。

（2）甲公司转让债权的行为对丙公司是否生效？简要说明理由。

（3）甲公司是否有权撤销赠与？简要说明理由。（2014年）

专题九：合同的解除

A市甲公司向B市乙公司购买10台专用设备，双方于7月1日签订了购买合同。买卖合同约定：专用设备每台10万元，总价100万元；乙公司于7月31日交货，甲公司在收货后10日内付清款项；甲公司在合同签订后5日内向乙公司交付定金5万元；双方因合同违约而发生的纠纷，提交C市仲裁委员会仲裁。

7月3日，甲公司向乙公司交付了5万元定金。

7月20日，甲公司告知乙公司，因向甲公司订购该批专业设备的丙公司明确拒绝购买该批货物，甲公司一时找不到新的买家，将不能履行合同。

7月22日，乙公司通知甲公司解除合同，定金

不予返还，并要求甲公司赔偿定金未能弥补的损失。甲公司不同意赔偿损失，乙公司遂向C市仲裁委员会申请仲裁。

对于乙公司的仲裁申请，甲公司认为：

（1）只有当合同履行期满甲公司未履行合同，乙公司才可以解除合同，所以，乙公司于7月22日主张解除合同不合法，应承担相应法律责任。

（2）即使合同可以解除，那么合同被解除后，合同中的仲裁条款即失去效力。所以，乙公司应向A市法院提起诉讼。

（3）甲公司愿意承担定金责任，但乙公司不能再要求甲公司赔偿损失。

据查，甲公司不履行合同给乙公司造成10万元损失。

要求：根据合同、担保、仲裁法律制度的规定，回答下列问题。

（1）乙公司7月22日通知解除合同是否符合法律规定？简要说明理由。

（2）甲公司主张乙公司应向A市法院提起诉讼是否符合法律规定？简要说明理由。

（3）甲公司认为乙公司不能要求赔偿损失是否符合法律规定？简要说明理由。（2013年）

专题十：增值税进项税额及扣除、应纳增值税税额

甲公司为增值税一般纳税人，位于珠海，专门从事家用电器生产和销售。2016年6月发生如下事项。

（1）将自产的冰箱、微波炉赠送给偏远地区的小学，该批冰箱和微波炉在市场上的含税售价共为58.5万元。

（2）将自产的家用电器分别移送上海和深圳的分支机构用于销售，不含税售价分别为250万元和300万元，该公司实行统一核算。

（3）为本公司职工活动中心购入健身器材，取得的增值税专用发票上注明的金额为20万元，增值税额为3.4万元。

要求：

根据上述资料和增值税法律制度的规定，回答下列问题（答案中的金额单位用“万元”表示）。

（1）事项（1）中，甲公司是否需要缴纳增值税？如果需要，简要说明理由并计算销项税额；如果不需要，简要说明理由。

（2）事项（2）中，甲公司是否需要缴纳增值税？如果需要，简要说明理由并计算销项税额；如果不需要，简要说明理由。

（3）事项（3）中，甲公司负担的进项税额是否可以抵扣？简要说明理由。（2016年）

专题十一：增值税销项税额、应纳增值税税额

福亲食品有限公司为增值税一般纳税人，2016年6月发生如下经济业务。

（1）购进一批食用油，取得专用发票上的价税合计金额为56 500元。

（2）向果农收购苹果2 000公斤，每公斤2元。

（3）购置生产用机器设备，价格为30 000元，销售方开具的增值税专用发票上注明的增值税税额为5 100元。

（4）向惠利超市（一般纳税人）销售食品，取得含税销售收入117 000元；向好吃屋蛋糕店（小规模纳税人）销售水果罐头，取得含税销售收入93 600元。

（5）直接向消费者零售食品，取得零售收入14 040元。

要求：根据以上情况，计算该公司当期增值税进项税额、销项税额以及当期应缴纳的增值税。

专题十二：应纳所得税

某运输企业2016年1月成立，2016年度相关生产经营业务如下。

（1）当年公路运输收入700万元，国债利息收入10万元，取得对境内非上市公司的权益性投资收益46.8万元。

（2）全年营业成本为320万元，营业税金及附加23.1万元。

（3）全年发生财务费用50万元，其中10万元为在建工程的资本化利息支出。

（4）管理费用共计90万元，其中业务招待费25万元，销售费用共计40万元。

（5）营业外支出共计列支通过青少年基金发展会向农村义务教育捐款30万元，向关联企业支付管理费用10万元。

要求：计算2016年该企业应缴纳的企业所得税。

专题十三：应纳企业所得税

某企业为工业企业，全年经营业务如下。

（1）取得销售收入2 400万元。

（2）销售成本1 343万元。

（3）发生销售费用650万元（其中广告费410万元）、管理费用350万元（其中业务招待费15万

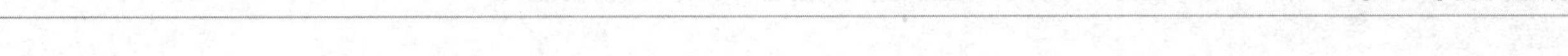

元）、财务费用60万元。

（4）销售税金160万元（含增值税120万元）。

（5）营业外收入70万元，营业外支出20万元（含通过公益性社会团体向贫困山区捐款10万元，支付环境污染罚款3万元）。

（6）计入成本、费用中的实发工资总额150万元、拨缴职工工会经费3万元、职工福利费支出25万元、职工教育经费8万元。

要求：计算本企业应缴纳的企业所得税额。

综合题集训

专题一：增值税销项税额、进项税额及应纳增值税税额

甲酒厂为增值税一般纳税人，主要生产粮食白酒。2014年6月发生下列经营业务。

（1）外购一批小麦作为原材料，取得的增值税专用发票上注明金额100万元、增值税税额13万元；支付给运输该批小麦的乙运输公司运费8万元，取得普通发票。

（2）外购一批高粱作为原材料，取得的增值税专用发票上注明金额200万元、增值税税额26万元。因管理不善，购进的高粱当月发生霉变，霉变部分占购进部分的10%。

（3）向农民收购一批荞麦作为原材料，农产品收购发票上注明买价40万元，委托丙运输公司运输，取得的丙运输公司开具的增值税专用发票上注明金额3万元。

（4）外购生产设备，取得的增值税专用发票上注明金额250万元。

（5）向某商贸企业销售粮食白酒一批，取得含税销售额585万元。

（6）提供技术转让，取得收入10万元。

已知：甲酒厂当月取得的相关票据在有效期内均经过主管税务机关认证。

要求：根据上述资料及增值税法律制度的规定，回答下列问题（涉及计算的，列出算式，结果保留到小数点后两位，单位：万元）。

（1）甲酒厂外购小麦负担的进项税额及支付运费负担的进项税额是否可以抵扣？分别说明理由。

（2）计算甲酒厂外购高粱可以抵扣的进项税额。

（3）计算甲酒厂收购荞麦可以抵扣的进项税额。

（4）计算甲酒厂外购生产设备可以抵扣的进项税额。

（5）计算甲酒厂销售白酒的销项税额。

（6）甲酒厂提供技术转让的收入是否应当缴纳增值税？如果缴纳，计算销项税额；如果不缴纳，说明理由。（2014年）

专题二：增值税销项税额、应纳增值税税额及进口增值税

位于县城的某筷子生产企业系增值税一般纳税人，2016年4月份发生以下业务。

（1）月初进口一批优质红木用于生产红木工艺筷子，成交价折合人民币20万元，另向境外支付包装材料和包装劳务费用合计折合人民币1万元，支付运抵我国海关前的运杂费和保险费折合人民币2万元。企业按规定缴纳了关税、进口增值税并取得了海关开具的完税凭证。为将货物从海关运往企业所在地，企业支付运输费、装卸费、保险费和其他杂费共计5万元。

（2）委托某商场代销红木工艺筷子5 000套，双方约定，待5 000套全部售出并取得代销清单后，企业再开具增值税专用发票给商场。本月底尚未收到代销清单，但已收到其中的3 000套的不含税货款30万元。

（3）将红木工艺筷子4 000套按100元/套的不含税价格赊销给某代理商，双方约定，下个月的25日付款，届时再开具增值税专用发票。

（4）将自产红木工艺筷子1 000套在展销会上作为样品，在展销会结束后无偿赠送给参展的其他客商。

（5）向林业生产者收购一批白桦木原木用以生产木制一次性筷子，给林业生产者开具了经主管税收机关批准使用的农产品收购凭证，收购凭证上注明的价款合计为50万元，收购款已支付。该批原木通过铁路运往企业所在地，取得运输业增值税专用发票上注明不含税价款为8万元。

（6）将成本为20万元的原木移送给位于某市市区的一加工企业，委托其加工成木制一次性筷子，本月收回并取得增值税专用发票，专用发票上注明的加工费及辅料费金额共计5万元。本月将其全部直接用于销售，取得不含税销售额40万元。

（7）外购低值易耗品、自来水、电力，支付含税价款合计6万元，取得增值税普通发票。

（8）销售本企业已使用了半年的某台机器设备，取得含税销售额21万元。购买该设备时取得的增值税专用发票上注明的金额为20万元，本月账面净值为19万元。

（说明：假设红木的进口关税税率为35%；木制一次性筷子的消费税税率为5%；月初增值税上期留抵进项税额为0；本月取得的合法票据均在本月认证并申报抵扣）

要求：根据上述资料，计算回答下列问题，每问需计算出合计数。

（1）计算该企业应缴纳的进口增值税。

（2）针对该企业委托商场代销红木工艺筷子的事项，计算本月的增值税销项税额。

（3）针对该企业向代理商赊销红木工艺筷子的事项，计算本月的增值税销项税额。

（4）计算该企业将展销会样品无偿赠送给参展客商的增值税销项税额。

（5）计算该企业销售使用过的机器设备应缴纳的增值税税额。

（6）计算该企业本月应缴纳的国内销售环节的增值税税额。

专题三：应纳税所得额、应纳所得税税额及退（免）税

某境内工业企业2016年度生产经营情况如下。

（1）销售收入4 500万元；销售成本2 000万元，实际缴纳的增值税税额700万元，营业税金及附加80万元。

（2）其他业务收入300万元。

（3）销售费用1 500万元，其中包括广告费800万元、业务宣传费20万元。

（4）管理费用500万元，其中包括业务招待费50万元、新产品研究开发费用40万元。

（5）财务费用80万元，其中包括向非金融机构借款1年的利息支出50万元，年利息率为10%（银行同期同类贷款年利率为6%）。

（6）营业外支出30万元，其中包括向供货商支付违约金5万元，接受工商局罚款1万元，通过市民政部门向灾区捐赠20万元。

（7）投资收益18万元，其中包括从直接投资外地居民公司分回的税后利润17万元（该居民公司适用的企业所得税税率为15%）和国债利息收入1万元。

已知：该企业账面会计利润628万元，该企业适用的企业所得税税率为25%，已预缴企业所得税157万元。

要求：根据上述资料，计算回答下列问题。

（1）计算该企业2014年度的应纳税所得额。

（2）计算该企业2014年度的应纳企业所得税税额。

（3）计算该企业2014年度应（退）补的企业所得税税额。

专题四：销售收入确定、一般项目和特殊项目的扣除

居民企业甲公司主要从事日化产品的生产和销售，2014年有关涉税事项如下：

（1）为了推广新型洗涤剂，公司推出了“买一赠一”的促销活动，凡购买一件售价40元（不含税）新型洗涤剂的，附赠一瓶原价10元（不含税）的洗洁精。公司按照每件40元确认了新型洗涤剂的销售收入，按照每瓶10元确认了洗洁精的销售收入。

（2）发生尚未形成无形资产的新产品研究开发费用42万元。其中，列支检测器的折旧费2万元，该检测仪器既用于研发活动，又用于日常生产的常规性检测。

（3）4月购进一台机器设备并投入使用，取得的增值税专用发票注明金额600万元，增值税税额102万元（已抵扣），公司按照5年直线法计提了折旧。该设备不符合加速折旧的条件，计提折旧的年限为10年，不考虑净残值。

（4）以一项土地使用权对外投资，该土地使用权的账面原值为5 000万元，评估的公允价值为8 000万元，评估增益3 000万元计入当期收益。

（5）向环保部门支付罚款5万元，支付诉讼费1万元。

（6）向关联企业支付管理费10万元。

要求：根据上述资料及企业所得税法律制度的规定，回答下列问题。

（1）甲公司对新型洗涤剂和洗洁精的销售收入的确认是否正确？说明理由。

（2）甲公司在计算应纳税所得额时，研究开发费用允许加计扣除的金额是多少？

（3）甲公司在计算应纳税所得额时，购进的机器设备折旧费需要纳税调整的金额是多少？

（4）甲公司以土地使用权对外投资的评估增值收益，应如何进行企业所得税的税务处理？

（5）甲公司支付的罚款和诉讼费，在计算应纳税所得额时是否准予扣除？说明理由。

（6）甲公司向关联企业支付的管理费，在计算应纳税所得额时是否准予扣除？说明理由。（2015年）

专题五：应纳企业所得税、汇算清缴的所得税处理

某市软件生产企业（增值税一般纳税人）为居民企业，2013年3月份新设成立，当年获利。2016年度实现会计利润800万元，全年已累计预缴企业所得税税款200万元。2017年年初，该企业的财务人员对2016年度的企业所得税进行汇算清缴，相关财务资料和汇算清缴企业所得税计算情况如下。

（一）相关财务资料

（1）取得国债利息收入160万元。取得境内甲上市公司分配的股息、红利性质的投资收益100万元，已知软件企业已连续持有甲公司股票10个月。

（2）2016年4月购买《安全生产专用设备企业所得税优惠目录》规定的安全生产专用设备一台，取得增值税专用发票注明价款30万元，购入当月实际投入使用。

（3）当年发生管理费用600万元，其中含新技术开发费用100万元。

（4）全年发生财务费用300万元，其中支付银行借款的逾期罚息20万元、向非金融企业借款利息超过银行同期同类贷款利息18万元。

（5）全年已计入成本、费用的合理工资总额200万元；实际发生职工福利费用35万元、工会经费3.5万元、职工教育经费10万元（其中职工培训经费4万元）。

（其他相关资料：企业所得税税率为25%）

（二）汇算清缴企业所得税计算情况

（1）国债利息收入和投资收益调减应纳税所得额=160+100=260（万元）。

（2）购买并实际投入使用的安全生产专用设备应调减应纳税所得额=30×10%=3（万元）。

（3）财务费用调增应纳税所得额=20+18=38（万元）。

（4）三项经费调整：

职工福利费扣除限额=200×14%=28（万元）

工会经费扣除限额=200×2%=4（万元）

职工教育经费扣除限额=200×2.5%=5（万元）

三项经费应调增应纳税所得额=35−28+4−3.5+ 10−5=12.5（万元）

（5）全年应纳税所得额=800−260−3+38+12.5=587.5（万元）。

（6）全年应纳所得税税额=587.5×25%=146.88（万元）。

（7）当年应退企业所得税税额=200−146.88=53.12（万元）。

要求：根据上述资料，回答下列问题。

（1）分析指出该软件生产企业财务人员在汇算清缴企业所得税时存在的不合法之处，并说明理由。

（2）计算2016年度汇算清缴企业所得税时应补缴或退回的税款（列出计算过程，计算结果出现小数的，保留小数点后两位小数）。

专题六：合同的履行

2012年1月，李某设立了甲一人有限责任公司（下称甲公司），注册资本为550万元。

2013年1月，甲公司向乙银行借款500万元。双方签订了借款合同，借款期限为2年。陈某在借款合同中以保证人身份签字。借款合同包含如下仲裁条款：凡是与本借款债务清偿有关的纠纷，应提交A市仲裁委员会仲裁。甲公司以其价值350万元的公司厂房为该笔借款提供了抵押。抵押合同中约定：甲公司不偿还到期借款本息，该厂房归乙银行所有。

2015年1月，借款期满，甲公司无力偿还到期借款本息。乙银行调查发现，李某在缴纳出资后，通过虚构债权债务关系等方式抽逃了100万元出资。为实现借款债权，乙银行以甲公司、李某、陈某为被告向法院提起了诉讼，要求取得甲公司厂房的所有权；要求李某在抽逃的100万元出资的本息范围内向乙银行承担清产责任；要求陈某承担保证责任。

在庭审中，甲公司抗辩：（1）抵押合同中约定了“甲公司不偿还到期价款本息，该厂房归乙银行所有”，该条款违反了法律的强制性规定，所以，抵押合同全部无效；（2）借款合同约定了仲裁条款，本案应由A市仲裁委员会仲裁。

陈某抗辩：（1）自己未与乙银行签订保证合同，不应当承担保证责任；（2）因自己只是工薪阶层，不具有代偿能力，不应当承担保证责任；（3）即使自己承担保证责任，乙银行也应先实现抵押权。

李某抗辩：借款债务人是甲公司，自己不应当向乙银行承担借款清偿责任。

经查，甲公司、陈某在首次开庭前未向法庭提交仲裁协议；甲公司、陈某与乙银行之间未对实现担保权利的顺序作出特别约定。

要求：根据上述资料和合同、物权、公司以及仲裁法律制度的规定，回答下列问题。

（1）甲公司主张抵押合同全部无效是否成立？说明理由。

（2）甲公司主张本案应由A市仲裁委员会是否成立？说明理由。

（3）陈某的抗辩（1）是否成立？说明理由。

（4）陈某的抗辩（2）是否成立？说明理由。

（5）陈某的抗辩（3）是否成立？说明理由。

（6）李某的抗辩是否成立？说明理由。（2016年）

简答题集训参考答案与解析

专题一

【答案】

（1）甲有权提议召开临时股东会。根据规定，代表1/10以上表决权的股东，1/3以上的董事，监事会或者不设监事会的公司的监事提议召开临时会议的，应当召开临时会议。甲出资比例占22%，而在公司章程没有规定的情况下股东是按照出资比例行使表决权。所以甲代表的表决权达到1/10以上，可以提议召开临时股东会。

（2）决议不合法。根据规定，公司为公司股东或者实际控制人提供担保的，必须经股东会或者股东大会决议。接受担保的股东或者实际控制人支配的股东，不得参加上述规定事项的表决。该项表决由出席会议的其他股东所持表决权的过半数通过。题目中接受担保的股东甲没有回避表决，不符合规定。

（3）决议合法。根据规定，股东会会议作出修改公司章程、增加或者减少注册资本的决议，以及公司合并、分立、解散或者变更公司形式的决议，必须经代表2/3以上表决权的股东通过。题目中乙、丙、丁赞成，三人代表的表决权为70% > 2/3，决议通过。

专题二

【答案】

（1）丙未经其他合伙人同意将其在A企业中的财产份额出质合法。根据规定，有限合伙人可以将其在有限合伙企业中的财产份额出质，但是合伙协议另有约定的除外。本题中丙是有限合伙人，而合伙协议对出质未做约定，因此丙有权将其份额出质。

（2）乙拒绝向B公司承担责任的理由不合法。根据规定，退伙的普通合伙人对基于其退伙前的原因发生的合伙企业债务，承担无限连带责任。本题中A企业对B公司负担的债务发生在普通合伙人乙退伙之前，因此乙应该就此债务承担无限连带责任。

（3）丁拒绝向B公司承担责任的理由不合法。根据规定，有限合伙人转变为普通合伙人的，对其作为有限合伙人期间有限合伙企业发生的债务承担无限连带责任。本题中丁应该对其作为有限合伙人期间有限合伙企业发生的债务承担无限连带责任。

专题三

【答案】

（1）出票人食品厂为被保证人。根据规定，保证人在汇票上未记载被保证人名称的，已承兑的汇票以承兑人为被保证人，未承兑的汇票以出票人为被保证人。本题是见票即付的汇票，无需承兑，因此出票人食品厂为被保证人。

（2）2010年3月8日为保证日期。根据规定，保证人在汇票上未记载保证日期的，以出票日期为保证日期，因此出票日期2010年3月8日为保证日期。

（3）根据规定，被追索人包括出票人、背书人、承兑人和保证人，因此机械厂可向食品厂（出票人）、面粉厂（背书人）、养鸡厂（保证人）行使追索权。

专题四

【答案】

（1）甲公司观点错误。根据规定，票据关系一经形成，就与基础关系相分离，基础关系是否存在，是否有效，对票据关系都不起影响作用，因此只要权利人合法持有票据，便享有票据权利，银行审查以后，如果票据形式符合规定，就应该付款。

（2）银行认为甲公司的票据背书行为无效是正确的。根据规定，将汇票金额的一部分转让或者将汇票金额分别转让给两人以上的背书无效。

（3）甲公司的拒付行为合法。根据规定，背书人在汇票上记载“不得转让”字样，其后手再背书转让的，原背书人对其后手的被背书人不承担保证责任。

专题五

【答案】

（1）甲公司董事会无权作出融资担保决议。根据规定，上市公司在1年内购买、出售重大资产或者担保金额超过公司资产总额30%的，应当由股东大会作出决议，并经出席会议的股东所持表决权的2/3以上通过。本题中，甲公司为其子公司一次性提供4 000万元的担保，担保金额超过了其资产总额（1亿元）的30%，即3 000万元，因此需要由股东大会审议，董事会无权作出决议。

（2）甲公司不能聘任刘某担任本公司独立董事。

根据规定，在直接或间接持有上市公司已发行股份5%以上的股东单位或者在上市公司前五名股东单位任职的人员及其直系亲属不得担任上市公司的独立董事。本题中，刘某为甲公司最大股东乙公司的总经理，不符合独立董事的任职资格，因此其不得担任甲公司的独立董事。

（3）甲公司董事会通过向丙公司投资的方案不合法。根据规定，上市公司董事与董事会会议决议事项所涉及的企业有关联关系的，不得对该项决议行使表决权，也不得代理其他董事行使表决权。该董事会会议由过半数的无关联关系董事出席即可举行，董事会会议所作决议须经无关联关系董事过半数通过。出席董事会的无关联关系董事人数不足3人的，应将该事项提交上市公司股东大会审议。本题中，甲公司董事会在对丙公司进行投资的表决中，参加会议的6名董事会成员有4人同时为丙公司董事，有2名董事为无关联关系董事，不足3人，因此，应当将该事项提交上市公司股东大会进行审议。所以董事会通过向丙公司的投资方案不合法。

专题六

【答案】

（1）A银行拒绝付款的理由不成立。根据票据法律制度的规定，票据债务人不得以自己与出票人之间的抗辩事由对抗持票人。本题中，A银行作为票据主债务人，不得以甲公司账户资金不足为由拒绝向丁付款。

（2）丁可以向甲公司（出票人）、A银行（承兑人）、丙公司（背书人）行使追索权。根据票据法律制度的规定，被追索人包括出票人、背书人、承兑人和保证人；但背书人在汇票上记载“不得转让”字样，其后手再背书转让的，原背书人对其后手的被背书人不承担保证责任。因此，乙公司对丙公司的被背书人（丁）不承担保证责任。

专题七

【答案】

（1）租赁合同约定25年租期，只有20年的部分有效，剩余5年无效。根据规定，租赁期限不得超过20年。超过20年的，超过部分无效。

（2）甲公司有权要求乙公司拆除休息室及设施。根据规定，承租人经出租人同意，可以对租赁物进行改善或者增设他物。承租人未经出租人同意，对租赁物进行改善或者增设他物的，出租人可以要求承租人恢复原状或者赔偿损失。

（3）租赁合同继续有效。根据规定，租赁物在租赁期间发生所有权变动的，不影响租赁合同的效力。

专题八

【答案】

（1）有效定金数额应为10万元。根据规定，实际交付的定金数额多于或者少于约定数额的，视为变更定金合同；收受定金一方提出异议并拒绝接受定金的，定金合同不生效。本题中乙公司接受了10万元定金并未提出异议，视为双方当事人对定金合同进行了变更，故有效的定金数额为10万元。

（2）甲公司转让债权的行为对丙公司不发生效力。根据规定，债权人转让权利无需经债务人同意，但应当通知债务人。未经通知，该转让对债务人不发生效力。本题中甲公司转让债权时未通知丙公司，因此对丙公司不发生效力。

（3）甲公司无权撤销赠与。根据规定，赠与人在赠与财产的权利转移之前可以撤销赠与。但是，具有救灾、扶贫等社会公益、道德义务性质的赠与合同或者经过公证的赠与合同，不得撤销。

专题九

【答案】

（1）乙公司7月22日通知解除合同符合法律规定。根据合同法律制度的规定，在履行期限届满之前，当事人一方明确表示或者以自己的行为表明不履行主要债务的，对方当事人可以解除合同。本题中，甲公司于7月22日明确表示将不能履行合同，属于预期违约，乙公司有权解除合同。

（2）甲公司主张乙公司应向A市法院提起诉讼不符合法律规定。根据合同法律制度的规定，合同无效、被撤销或者终止的，不影响合同中独立存在的有关解决争议方法的条款的效力（根据仲裁法律制度的规定，仲裁协议具有独立性，合同的变更、解除、终止或者无效，不影响仲裁协议的效力）。

（3）甲公司认为乙公司不能要求赔偿损失不符合法律规定。根据《最高人民法院关于审理买卖合同纠纷案件适用法律问题的解释》规定，买卖合同约定的定金不足以弥补一方违约造成的损失，对方请求赔偿超过定金部分的损失的，人民法院可以并处，但定金和损失赔偿的数额总和不应高于因违约造成的损失。本题中，甲公司支付的5万元定金不足以弥补乙公司的损失10万元，因此，乙公司有权要求甲公司赔偿超过定金部分的损失，甲公司的观点不符合法律规定。

专题十

【答案】

（1）甲公司需要缴纳增值税。将自产、委托加工或购买的货物无偿赠送他人，视同销售货物，缴纳增值税。

销项税额=58.5÷（1 + 17%）×17%=8.5(万元)。

（2）甲公司需要缴纳增值税。设有两个以上机构并实行统一核算的纳税人将货物从一个机构移送其他机构用于销售（相关机构在同一县市的除外），视同销售货物，缴纳增值税。甲公司位于珠海，分支机构位于上海、深圳，不在同一县市，所以需要缴纳增值税。

销项税额 =250×17%+300×17%=93.5（万元）。

（3）甲公司负担的进项税额不可以抵扣。将外购的货物用于集体福利不作视同销售处理，因此进项税不可以抵扣。

专题十一

【答案】

（1）当期增值税进项税额 =56 500÷（1+13%）×13%+（2 000×2）×13%+5 100=12 120（元）。

（2）当期增值税销项税额 =（117 000+93 600+14 040）÷（1+17%）×17%=32 640（元）。

（3）该公司应缴增值税税额 =32 640−12 120=20 520（元）。

专题十二

【答案】

（1）资本化的利息不得在计算应纳税所得额时扣除。

可扣除的财务费用 =50−10=40（万元）。

（2）营业收入 =700（万元）。

业务招待费的扣除限额 =700×5‰=3.5(万元)，其最高扣除限额 =25×60%=15（万元），税前可以扣除的业务招待费是 3.5 万元。准予扣除的管理费用 =90−（25−3.5）=68.5（万元）。

（3）会计利润 =（700+10+46.8）（收入）−23.1（税金）−320（成本）−（50−10）（财务费用）−90（管理费用）−40（销售费用）−（30+10）（营业外支出）=203.7（万元）。

捐赠限额 =203.7×12%=24.44（万元），实际捐赠为 30 万元，按照限额扣除；企业之间支付的管理费不可以税前扣除。

可扣除的营业外支出 =24.44（万元）。

（4）应纳税所得额 =（700+10+46.8）（收入总额 −（10+46.8）（免税收入）−23.1（税金）−320（成本）−40（财务费用）−68.5（管理费用）−40（销售费用）−24.44（捐赠）=183.96（万元）。

2016 年该企业应纳所得税额 =183.96×25%=45.99（万元）。

专题十三

【答案】

（1）广告费和业务宣传费调增所得额 =410−2 400×15%=50（万元）。

（2）业务招待费的最高扣除限额 =2 400×5‰=12(万元)，业务招待费的扣除限额 =15×60%=9(万元)，所以业务招待费可确认扣除的金额为 9 万元。

业务招待费调增所得额 =15−9=6（万元）。

（3）会计利润总额 =2 400+70−1 343−650−350−60−（160−120）−20=7（万元）。

捐赠支出扣除的限额 =7×12%=0.84（万元）。

支付环境污染罚款，属于行政罚款，不可以税前扣除，因此营业外支出纳税调增额 =10−0.84+3=12.16（万元）。

（4）职工工会经费扣除限额 =150×2％ =3（万元），实际发生 3 万元，因此不用纳税调整；职工福利费扣除限额 =150×14％ =21（万元），实际发生 25 万元，调整增加所得额 =25−21=4（万元）。

职工教育经费扣除限额 =150×2.5％ =3.75（万元），实际发生额 8 万元，应该调整增加所得额 =8−3.75=4.25（万元）。

（5）应纳税所得额 =7+50+6+12.16+4+4.25=83.41（万元）。

应缴纳企业所得税 =83.41×25%=20.85(万元)。

综合题集训参考答案与解析

专题一

【答案】

（1）①甲酒厂外购小麦负担的增值税进项税额可以抵扣。理由：甲酒厂所购小麦用于生产应税项目，且取得了增值税专用发票，因此可以凭票抵扣进项税额。②支付的运费负担的进项税额不得抵扣。理由：甲酒厂从乙运输公司取得的是普通发票，而非增值税专用发票，所以不得抵扣进项税额。

（2）因高粱霉变造成的损失属于非正常损失，霉变部分负担的进项税额不得从销项税额中抵扣，因此甲酒厂外购高粱可以抵扣的进项税额 =26×（1−10％）=23.4（万元）。

（3）荞麦属于粮食类，适用 13% 低税率；根据“营改增”的规定，提供交通运输业服务的，税率为 11%，因此甲酒厂收购荞麦可以抵扣的进项税额 =40×13％ +3×11％ =5.53（万元）。

（4）甲酒厂外购生产设备可以抵扣的进项税额 =250×17％ =42.5（万元）。

（5）甲酒厂销售白酒的销项税额 =585÷（1+17%）×17% =85（万元）。

（6）甲酒厂提供技术转让的收入免征增值税。根据“营改增”的规定，纳税人提供技术转让、技术开发和与之相关的技术咨询、技术服务（即涉及“四技”合同）免征增值税。

专题二

【答案】

（1）进口关税 =（20+1+2）×35%=8.05（万元），进口增值税 =（20+1+2+8.05）×13%=4.04（万元）。

（2）销项税额 =30×17%=5.1（万元）。

（3）销项税额 =0（万元）。

（4）销项税额 =（30÷3 000）×1 000×17%=1.7（万元）。

（5）增值税税额 =21÷（1+3%）×2=0.41（万元）。

（6）增值税税额 =5.1+1.7+40×17%+0.41−[4.04+50×13%+8×11%+5×17%]=1.74（万元）。

专题三

【答案】

（1）①广告费、业务宣传费扣除限额 =（4 500+300）×15%=720（万元）。

广告费和业务宣传费应调增的应纳税所得额 =800+20−720=100（万元）。

②业务招待费扣除限额 = 销售（营业）收入 ×5‰ =（4 500+300）×5‰ =24（万元）。

业务招待费最高扣除限额 = 业务招待费 ×60%=50×60%=30（万元）。

可确认的业务招待费扣除限额为 24 万元，应调增的应纳税所得额 =50−24=26（万元）。

③新产品研究开发费用在计算应纳税所得额时可按实际发生额的 50% 加计扣除，应调减的应纳税所得额 =40×50%=20（万元）。

④向非金融机构借款利息的扣除限额 =50÷10%×6%=30（万元），应调增的应纳税所得额 =50−30=20（万元）。

⑤向供货商支付的违约金 5 万元可以在税前扣除，无需进行纳税调整。

⑥工商局罚款 1 万元属于行政性罚款，不得税前扣除，应调增应纳税所得额 1 万元。

⑦公益性捐赠扣除限额 =628×12%=75.36（万元），该企业实际捐赠额为 20 万元，无需进行纳税调整。

⑧居民企业直接投资于其他居民企业的投资收益 17 万元属于免税收入；国债利息收入 1 万元属于免税收入。

⑨该企业 2016 年度应纳税所得额 =628+100+26−20+20+1−18=737（万元）。

（2）该企业 2016 年度应纳企业所得税 =737×25%=184.25（万元）。

（3）该企业 2016 年度应补缴的企业所得税税额 =184.25−157=27.25（万元）。

专题四

【答案】

（1）甲公司对新型洗涤剂和洗洁精的销售收入的确认不正确。对于企业买一赠一等方式组合销售商品的，其赠品不属于捐赠，应按各项商品的价格比例来分摊确认各项收入，其商品价格应以公允价格计算。因此，甲公司的洗涤剂每件应确认收入 =40×40÷（40+10）=32（元）；每瓶洗洁精应确认收入 =40×10÷（40+10）=8（元）。

（2）甲公司在计算应纳税所得额时，研究开发费用可以加计扣除的金额 =（42−2）×50%=20（万元）。

（3）固定资产按照直线法计算的折旧，准予扣除。企业应当自固定资产投入使用月份的次月起计算折旧。飞机、火车、轮船、机器、机械和其他生产设备提取折旧的最低年限为 10 年；则甲公司当年允许抵扣的折旧额 =600÷（10×12）×8=40（万元），甲公司提取的折旧额 =600÷5×（8÷12）=80（万元）。因此，甲公司在计算应纳税所得额时，购进的机器设备折旧额应调增应纳税所得额 =80−40=40（万元）。

（4）以土地使用权对外投资，发生了资产评估增值，土地账面价值 5 000 万元，公允价值 8 000 万元，应对其增值部分 3 000 万元缴纳企业所得税。

（5）罚款不得扣除，诉讼费用可以扣除。按照税法规定，在计算应纳税所得额时，罚金、罚款和被没收财务的损失支出不得扣除。同时规定，罚金、罚款和被没收财物的损失，不包括纳税人按照经济合同规定支付的违约金（包括银行罚息）、罚款和诉讼费。因此，本例中向环保部门支付罚款 5 万元不得在计算应纳税所得额时扣除，支付的诉讼费 1 万元可以在计算应纳税所得额时扣除。

（6）甲公司向关联企业支付的管理费 10 万元，不得在计算应纳税所得额时扣除。根据规定企业之间支付的管理费、企业内营业机构之间支付的租金和特许权使用费，以及非银行内营业机构之间支付的利息，均不得在税前扣除。

专题五

【答案】

（1）在汇算清缴企业所得税时存在的不合法之处有以下 6 点。

①连续持有境内上市公司股票不足 12 个月取得的股息、红利等权益性投资收益，不属于免税收入。

在本题中，财务人员将股息、红利等权益性投资收益调减应纳税所得额，不合法。

②企业购置并实际使用规定的环境保护、节能节水、安全生产等专用设备的，该专用设备的投资额的10%可以从企业当年的应纳税额中抵免，而不是从应纳税所得额中抵免。在本题中，直接调减应纳税所得额，不合法。

③新技术开发费用应调减应纳税所得额=100×50%=50（万元）。根据规定，“三新”研发费用未形成无形资产计入当期损益的，在按照规定据实扣除的基础上，按照研究开发费用的50%加计扣除。

④银行罚息允许在税前扣除，无需调增应纳税所得额。

⑤三项经费的税务处理不合法。根据规定，软件生产企业发生的职工教育经费中的职工培训费，可以全额在企业所得税前扣除。实际拨缴的工会经费未超过扣除限额，可以据实扣除，不需要调整应纳税所得额。因此，三项经费应调增应纳税所得额=35-28+（10-4）-5=8（万元）。

⑥未减半征收企业所得税不合法。根据规定，我国境内新办软件生产企业经认定后，自获利年度起，第1年和第2年免征企业所得税，第3年至第5年减半征收企业所得税。该软件生产企业2013年成立并获利，2016年应减半征收企业所得税。

（2）该软件企业2016年应纳税所得额=800-160-50+18+8=616（万元）。

该软件企业2016年应纳所得税税额=616×25%×50%-30×10%=74（万元）。

当年应退企业所得税税额=200-74=126（万元）。

专题六

【答案】

（1）甲公司主张抵押合同全部无效不成立。根据规定，抵押权人在债务履行期届满前，不得与抵押人约定债务人不履行到期债务时抵押财产归债权人所有。如果当事人在抵押合同中有这样的条款，该条款无效。该条款的无效不影响抵押合同其他部分内容的效力。

（2）甲公司主张本案应由A市仲裁委员会不成立。根据规定，当事人达成仲裁协议，一方向人民法院起诉未声明有仲裁协议的，人民法院受理后，另一方在首次开庭前未对人民法院受理该起诉提出异议的，视为放弃仲裁协议，人民法院应当继续审理。本题中，甲公司、乙公司在首次开庭前均未向法庭提交仲裁协议，视为放弃仲裁，所以甲主张不成立。

（3）陈某的抗辩（1）不成立。根据《最高人民法院关于适用〈中华人民共和国担保法〉若干问题的解释》的规定，在以下两种情况下，保证合同也成立：①第三人单方以书面形式向债权人出具担保书，债权人接受且未提出异议的；②主合同中虽然没有保证条款，但是，保证人在主合同上以保证人的身份签字或者盖章的。本题中，陈某在借款合同中以保证人身份签字，即构成保证，应承担保证责任，所以陈某主张不成立。

（4）陈某的抗辩（2）不成立。根据规定，不具有完全代偿能力的法人、其他组织或者自然人，以保证人身份订立保证合同后又以自己没有代偿能力要求免除保证责任的，人民法院不予支持。

（5）陈某的抗辩（3）成立。根据规定，被担保的债权既有物的担保又有人的担保的，债务人不履行到期债务或者发生当事人约定的实现担保物权的情形，债权人应当按照约定实现债权；没有约定或者约定不明确，债务人自己提供物的担保的，债权人应当先就该物的担保实现债权。

（6）李某的抗辩不成立。股东抽逃出资，公司债权人请求其在公司不能清偿和抽逃出资本息的范围内承担补充清偿责任的，人民法院应予支持。本题中，李某抽逃100万元出资，乙银行可以请求其承担补充清偿责任，所以李某的抗辩不成立。

第二部分

中级会计实务

第一章 总论

本章内容作为“中级会计实务”科目的开篇，对全书知识点有概括性的作用，同时也是会计学习中最基本的内容。本章内容在近几年的考试中，考查题型主要为单选题和判断题，所占分值约为总分的1%。在学习本章内容时，考生应重点关注会计基本假设与会计基础、会计信息的8项质量要求以及各类要素的确认。

▼ **本章主要考点的题型、估计题量和所占分值一览表**

主要考点	题型	题量	所占分值
会计要素计量属性	单选题	1题	1分
①谨慎性；②所有者权益的确认和计量；③会计计量属性的概念	判断题	1题	1分

▼ **本章知识结构一览表**

总论	一、财务报告目标	（1）财务报告目标（★★） （2）会计基本假设与会计基础（★）
	二、会计信息质量要求	会计信息质量的8项要求（★★★）
	三、会计要素及其确认与计量原则	（1）资产、负债、所有者权益的定义及其确认条件（★★★） （2）收入、费用、利润的定义及其确认条件（★★★） （3）会计要素计量属性（★★★）

第一节 财务报告目标

考点1 财务报告目标（★★）

考点分析

本考点属于需记忆的内容，不作为考试重点。近几年未出现在相关考试中。若考试中有所涉及，可能以单选题或判断题的形式出现。

考点精讲

财务报告的目标可概括为以下3点。

（1）向财务报告使用者提供与企业财务状况、经营成果和现金流量等有关的会计信息。

（2）反映企业管理层受托责任履行情况。

（3）有助于财务报告使用者作出经济决策。

典型例题

【例题·单选题】下列项目中，不属于财务报告目标的是（　）。

A. 向财务报告使用者提供与企业财务状况有关的会计信息

B. 向财务报告使用者提供与企业经营成果有关的会计信息

C. 反映企业管理层受托责任履行情况

D. 满足企业内部管理需要

【解析】财务报告目标是向财务报告使用者提供与企业财务状况、经营成果和现金流量等有关的会计信息，反映企业管理层受托责任履行情况，有助于财务报告使用者作出经济决策。财务报告目标不是满足企业内部管理的需要，故选项D错误。

【答案】D

考点2 会计基本假设与会计基础（★）

考点分析

本考点属于了解性内容，考试中一般不会单独对其进行考查，但本考点作为会计学习的基础，考生应了解会计基本假设与会计基础的内容。

考点精讲

1. 会计基本假设

会计基本假设的基本含义及其具体内容如表1-1所示。

表1-1 会计基本假设的基本含义及具体内容

项目	基本含义	具体内容
会计主体	会计确认、计量的空间范围	总公司与分公司、母公司、子公司、集团
持续经营	在可预见的将来，企业将会按当前的规模和状态继续经营下去，不会停业，也不会大规模削减业务	固定资产采用历史成本计量和折旧的基础就是持续经营
会计分期	将一个企业持续经营的生产经营活动划分为一个个连续的、长短相同的期间	年度、季度、月度
货币计量	会计主体在财务会计确认、计量和报告时以货币计量，反映会计主体的经营生产活动	①记账本位币：一般是人民币 ②外币：记账本位币以外的货币

名师解读

①会计主体 > 法律主体，会计主体不一定是法律主体，但法律主体一定是会计主体；②持续经营是会计分期的前提；③由于会计分期，才产生了当期与以前期间、以后期间的差别，才使不同类型的会计主体有了记账的基准，从而出现了折旧、摊销等会计处理方法。

2. 会计基础

会计基础分为权责发生制和收付实现制。

在权责发生制基础下，凡是当期已经实现的收入和已经发生或应当负担的费用，无论款项是否收付，都应当作为当期的收入和费用；凡是不属于当期的收入和费用，即使款项已在当期收付，也不应当作为当期的收入和费用。

收付实现制是以收到或支付的现金作为确认收入和费用等的依据。

目前，企业会计的确认、计量和报告应当以权责发生制为基础。

典型例题

【例题1·单选题】下列对会计核算基本前提的表述中，正确的是（ ）。

A. 持续经营和会计分期确定了会计核算的空间范围

B. 一个会计主体必然是一个法律主体

C. 货币计量为会计核算提供了必要的手段

D. 会计主体确立了会计核算的时间范围

【解析】持续经营和会计分期确定了会计核算的时间范围，故选项A错误；会计主体不同于法律主体，一般来说，法律主体必然是会计主体，但是会计主体不一定是法律主体，故选项B错误；货币计量是指会计主体在会计确认、计量和报告时以货币计量，反映会计主体的生产经营活动，故选项C正确；会计主体规范了会计核算的空间范围，故选项D错误。

【答案】C

【例题2·判断题】只要是本年度收到的货款就可以确认为本年的收入。（ ）

【解析】企业的会计确认、计量和报告应当以权责发生制为基础。权责发生制要求，凡是当期已经实现的收入和已经发生或应当负担的费用，无论款项是否收付，都应当作为当期的收入和费用，计入利润表；凡是不属于当期的收入和费用，即使款项已经收付，也不应当作为当期的收入和费用。故本题错误。

【答案】×

本节考点回顾与总结一览表

本节考点	知识总结
考点1 财务报告目标	①提供决策有用信息 ②反映受托责任观
考点2 会计基本假设与会计基础	会计基础、持续经营、会计分期、货币计量

第二节 会计信息质量要求

考点3 会计信息质量的8项要求（★★★）

考点分析

本考点属于本章的热门考点，其内容较多，出题的范围较广，但整体而言比较简单，只要考生掌握会计信息质量各项要求的具体内容，并区分其不同点，即可正确答题。

考点精讲

会计信息质量要求的内容及要点归纳如表1-2所示。

表 1-2　会计信息质量要求要点归纳

项目	要点归纳
可靠性	以实际发生的交易或者事项为依据进行确认、计量，如实反映符合确认和计量要求的各项会计要素及其他相关信息，保证会计信息真实可靠、内容完整
相关性	会计信息应当与财务报告使用者的经济决策需要相关，有助于财务报告使用者对企业过去、现在或未来的情况作出评价或预测
可理解性	会计信息应当清晰明了，便于财务报告使用者理解和使用
可比性	横向可比：不同企业的同一会计期间发生的相同或类似的交易或事项，应当采用规定的会计政策 纵向可比：同一企业的不同时期发生的相同或类似的交易或事项，应当采用一致的会计政策
实质重于形式	按照交易或事项的经济实质进行会计确认、计量和报告，而不是仅仅以交易或事项的法律形式为依据
重要性	会计信息应当反映与企业财务状况、经营成果和现金流量有关的所有重要交易或事项
谨慎性	对交易或事项进行会计确认、计量和报告时应当保持应有的谨慎，不应高估资产或收益、低估负债或费用
及时性	对于已经发生的交易或事项，应当及时进行确认、计量和报告，不得提前或延后

名师解读

①融资租入固定资产视同自有资产计提折旧、售后租回交易形成的融资租赁，其在销售时不确认处置损益的处理，都属于实质重于形式的要求；②企业不得设置秘密准备、对可能发生减值的资产计提减值准备、符合条件的或有应付金额确认为负债等行为，都属于谨慎性的要求。

典型例题

【例题 1·单选题】会计核算上将以融资租赁方式租入的资产视为企业的资产，所反映的会计信息质量要求是（　）。

A. 及时性　　B. 谨慎性

C. 实质重于形式　　D. 可靠性

【解析】实质重于形式要求企业应当按照交易或者事项的经济实质进行会计确认、报告和计量，不仅仅以交易或者事项的法律形式为依据。而企业融资方式租入的资产，该企业享受了该资产带来的经济利益，实质上属于该企业的资产，符合会计信息质量要求中的实质重于形式原则，故选项 C 正确。

【答案】C

【例题 2·判断题】企业在出具财务报告时，考虑了集团领导对税收规划的因素，导致当年少确认收入进而可以少缴税金。（　）

【解析】相关性要求企业提供的会计信息应当与投资者等财务报告使用者的经济决策需要相关，有助于投资者等财务报告使用者对企业过去、现在或者未来的情况作出评价或者预测。本题在出具报告时，考虑了与使用者的决策需要无关的因素，因此本题错误。

【答案】×

本节考点回顾与总结一览表

本节考点	知识总结
考点 3　会计信息质量的 8 项要求	可靠性、相关性、可理解性、可比性、实质重于形式性、重要性、谨慎性、及时性

真题演练

1.【判断题】企业为应对市场经济环境下生产经营活动面临的风险和不确定性，应高估负债和费用，低估资产和收益。（　）（2011 年）

2.【多选题】下列各项，体现实质重于形式会计原则的有（　）。（2006 年）

A. 商品售后租回不确认商品销售收入

B. 融资租入固定资产视同自有固定资产

C. 计提固定资产折旧

D. 材料按计划成本进行日常核算

第三节　会计要素及其确认与计量原则

考点4　资产、负债、所有者权益的定义及其确认条件（★★★）

考点分析

本考点虽然属于应掌握的内容，但难度不大，并且各类会计要素的确认条件具有一定的相似性，考生可借助会计等式对会计要素加以理解。

考点精讲

资产、负债、所有者权益的定义及其确认条件如表 1-3 所示。

表 1-3　资产、负债、所有者权益的定义及其确认条件

会计要素	定义	确认条件
资产	企业过去的交易或者事项形成的、由企业拥有或者控制的、预期会给企业带来经济利益的资源	①与该资源有关的经济利益很可能流入企业 ②该资源的成本或者价值能够可靠地计量

续表

会计要素	定义	确认条件
负债	企业过去的交易或者事项形成的，预期会导致经济利益流出企业的现时义务	①与该义务有关的经济利益很可能流出企业 ②未来流出的经济利益的金额能够可靠地计量
所有者权益	企业资产扣除负债后，由所有者享有的剩余权益	所有者权益的确认主要依赖于资产、负债的确认，对其金额的计量也取决于资产和负债的计量

名师解读

考试中可能会涉及所有者权益来源的考查，考生应重点掌握以下关键字：投资者投入资本、直接计入所有者权益的利得和损失、留存收益。

典型例题

【例题1·判断题】企业拥有的一项经济资源，即使没有发生实际成本或者发生的实际成本很小，但如果公允价值能够可靠计量，也应认为符合资产能够可靠计量的确认条件。(　)(2016年)

【解析】题干中对资产的确认与计量的描述是正确的。

【答案】√

【例题2·单选题】下列项目中，使负债增加的是(　)。

A. 发行公司债券

B. 用银行存款购买公司债券

C. 发行股票

D. 支付现金股利

【解析】发行公司债券使资产和负债同时增加，选项A正确；用银行存款购买公司债券和发行股票只是资产的一增一减不影响负债变化，选项B错误；发行股票导致企业的资产和所有者权益同时增加，不影响企业的负债的增加，选项C错误；支付现金股利使负债减少没有增加企业的负债，选项D错误。

【答案】A

【例题3·单选题】下列各项中，属于直接计入所有者权益的利得的是(　)。

A. 出租无形资产取得的收益

B. 投资者的出资额大于其在被投资单位注册资本中所占份额的金额

C. 处置固定资产产生的净收益

D. 可供出售金融资产公允价值大于初始成本的差额

【解析】出租无形资产取得的收益属于日常活动，其取得的收益属于收入，选项A错误；投资者的出资额大于其在被投资单位注册资本中所占份额的金额，不符合利得的含义，利得与投资者投入资本无关，选项B错误；处置固定资产产生的净收益属于直接计入当期损益的利得，选项C错误；可供出售金融资产公允价值大于初始成本的差额计入“其他综合收益”，即该差额为计入所有者权益中的利得，故选项D正确。

【答案】D

误区提醒

考试中可能涉及对利得与损失的具体内容进行考查，考生应注意区分利得与损失的不同形式。其包括直接计入所有者权益的利得和损失，如其他综合收益；还包括直接计入当期损益的利得和损失，如营业外收入与营业外支出。

考点5 收入、费用、利润的定义及其确认条件(★★★)

考点分析

本考点与考点4相类似，考生可将两者相结合，掌握各类会计要素的定义及其确认条件。

考点精讲

收入、费用、利润的定义及其确认条件如表1-4所示。

表1-4 收入、费用、利润的定义及其确认条件

会计要素	定义	确认条件
收入	企业在日常活动中形成的、会导致所有者权益增加的、与所有者投入资本无关的经济利益的总流入	①与收入相关的经济利益很可能流入企业 ②经济利益流入企业的结果会导致资产的增加或者负债的减少 ③经济利益的流入额能够可靠计量
费用	企业在日常活动中发生的、会导致所有者权益减少的、与向所有者分配利润无关的经济利益的总流出	①与费用相关的经济利益很可能流出企业 ②经济利益流出企业的结果会导致资产的减少或者负债的增加 ③经济利益的流出额能够可靠计量
利润	企业在一定会计期间的经营成果	利润的确认主要依赖于收入和费用以及利得和损失的确认，其金额的确定也主要取决于收入、费用、利得和损失金额的计量。

误区提醒

收入、费用、利得、损失是容易相互混淆的概念，其区别与联系如下：①收入与费用与企业的日常活动有关，利得与损失与企业的非日常活动有关；②收入与利得会导致所有者权益增加，费用与损失会导致所有者权益减少；③四者都与所有者投入资本或向所有者分配利润无关；④直接计入所有者权益的利得和损失不影响企业利润。

典型例题

【例题 1 · 单选题】下列各项中，符合会计要素收入定义的是（　）。

A. 出售投资性房地产取得的收入

B. 出售无形资产净收益

C. 转让固定资产净收益

D. 向购货方收取的增值税销项税额

【解析】选项 A 正确，应记入“其他业务收入”科目，符合收入的定义；选项 B、C 错误，应记入“营业外收入”科目，不符合收入定义；选项 D 错误，增值税销项税额不属于企业收入核算的内容。

【答案】A

【例题 2 · 判断题】企业发生的各项利得或损失，均应计入当期损益。（　）（2009 年）

【解析】企业发生的各项利得或损失，可能直接影响当期损益，也可能直接影响所有者权益。例如，可供出售金融资产发生的公允价值变动损益通过其他综合收益核算，而其他综合收益属于所有者权益。

【答案】×

考点6 会计要素计量属性（★★★）

考点分析

本考点主要介绍了会计要素的 5 种计量属性，考试中对本章内容的考查，一般会涉及本考点的知识，考生应注意区分各计量属性的适用情况，并掌握其典型举例。

考点精讲

会计计量是为了将符合确认条件的会计要素登记入账并列报于财务报表而确定其金额的过程。会计要素的计量属性反映的是会计要素金额的确定基础，主要包括历史成本、重置成本、可变现净值、现值和公允价值等。会计要素计量属性的概念及其典型举例如表 1-5 所示。

表 1-5　会计要素计量属性的概念及其典型举例

计量属性	概念	典型举例
历史成本	又称原始成本、实际成本，是指取得或制造某项财产物资时所实际支付的现金或者其他等价物	企业在对会计要素进行计量时，一般应当采用历史成本
重置成本	又称现行成本，是指按照当前市场条件，重新购置同样一项资产所需支付的现金或现金等价物金额	盘盈的存货、固定资产等实物资产应当采用重置成本计量
可变现净值	可变现净值是指在生产经营过程中，以预计售价减去进一步加工成本和销售所必需的预计税金、费用后的净值	存货期末按照成本与可变现净值孰低计量

续表

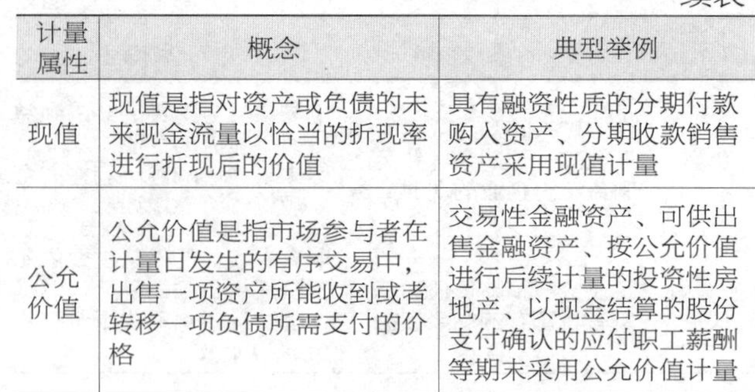

计量属性	概念	典型举例
现值	现值是指对资产或负债的未来现金流量以恰当的折现率进行折现后的价值	具有融资性质的分期付款购入资产、分期收款销售资产采用现值计量
公允价值	公允价值是指市场参与者在计量日发生的有序交易中，出售一项资产所能收到或者转移一项负债所需支付的价格	交易性金融资产、可供出售金融资产、按公允价值进行后续计量的投资性房地产、以现金结算的股份支付确认的应付职工薪酬等期末采用公允价值计量

典型例题

【例题 1 · 单选题】企业对向职工提供的非货币性福利进行计量时，应选择的计量属性是（　）。（2015 年）

A. 现值　　B. 历史成本

C. 重置成本　　D. 公允价值

【解析】企业向职工提供的非货币性福利，应以公允价值计量。

【答案】D

【例题 2 · 判断题】公允价值是指市场参与者在计量日发生的有序交易中，出售一项资产所能收到或转移一项负债所需支付的价格。（　）（2015 年）

【解析】根据企业会计准则的规定，公允价值是指市场参与者在计量日发生的有序交易中，出售一项资产所能收到或者转移一项负债所需支付的价格。题目表述正确。

【答案】√

本节考点回顾与总结一览表

本节考点	知识总结
考点 4　资产、负债、所有者权益的定义及其确认条件	①资产：过去交易或事项、拥有或控制、预期带来经济利益 ②负债：过去交易或事项、预期经济利益流出、现时义务 ③所有者权益：来源包括投入资本、直接计入的利得和损失、留存收益
考点 5　收入、费用、利润的定义及其确认条件	①收入与费用：日常活动形成的 ②利得与损失：非日常活动形成的 ③直接计入所有者权益的利得和损失不影响企业利润
考点 6　会计要素计量属性	历史成本、重置成本、可变现净值、现值、公允价值

真题演练

1.【判断题】会计计量是为了将符合确认条件的会计要素登记入账，并列报于财务报表而确定其金额的过程。（　）（2014 年）

2.【单选题】下列关于会计要素的表述中，正确的是（　）。（2009 年）

A. 负债的特征之一是企业承担的潜在义务
B. 资产的特征之一是预期能给企业带来经济利益
C. 利润是企业一定期间内收入减去费用后的净额
D. 收入是所有导致所有者权益增加的经济利益的总流入

3.【单选题】企业取得或生产制造某项财产物资时所实际支付的现金或者其他等价物属于（ ）。（2014 年）

A. 现值　B. 重置成本
C. 历史成本　D. 可变现净值

第四节 本章综合练习

（一）单选题

1. 下列各项表述中，不属于资产特征的是（ ）。

A. 资产是企业拥有或控制的经济资源
B. 资产预期会给企业带来经济利益
C. 资产的成本或价值能够可靠地计量
D. 资产是由企业过去的交易或事项形成的

2. 依据企业会计准则的规定，下列有关收入和利得的表述中，正确的是（ ）。

A. 收入源于日常活动，利得源于非日常活动
B. 收入会影响利润，利得也一定会影响利润
C. 收入会导致经济利益的流入，利得不一定会导致经济利益的流入
D. 收入会导致所有者权益的增加，利得不一定会导致所有者权益的增加

3. 根据费用的定义，下列各项中不属于费用特征的是（ ）。

A. 费用是企业日常活动中形成的
B. 费用是与向所有者分配利润无关的经济利益的总流出
C. 费用会导致所有者权益减少
D. 与费用有关的经济利益很可能流出企业

4. 下列各项中，能作为负债确认的是（ ）。

A. 因债务担保导致的诉讼赔偿，法院尚未判决且金额无法合理估计
B. 以赊购方式购进货物的货款
C. 计划向银行借款 100 万元
D. 债务重组中，债务人的或有应付利息

5. 下列各项会计信息质量要求中，对可靠性起着制约作用的是（ ）。

A. 实质重于形式　B. 谨慎性
C. 重要性　D. 及时性

6. 企业盘盈一件固定资产，根据会计准则规定，该资产应按照现在购买相同或者相似资产所需支付的现金或者现金等价物的金额计量，则采用的计量属性为（ ）。

A. 公允价值　B. 重置成本
C. 可变现净值　D. 历史成本

（二）多选题

1. 下列各项经济组织中，属于会计主体的有（ ）。

A. 企业
B. 企业集团
C. 企业独立核算的销售部门
D. 分公司

2. 下列选项中，体现重要性要求的有（ ）。

A. 对于具有融资性质的分期收款销售商品，应收合同价款与其公允价值之间的差额，按照实际利率法和直线法摊销的结果差别不大时，直接采用直线法
B. 资产负债表日后期间发现的以前年度非重大会计差错，可直接调整发现当期的相关项目
C. 商品流通企业采购商品的进货费用较小的，在发生时直接计入当期损益
D. 企业将使用的固定资产出售给集团内部其他企业作为固定资产使用，此类交易不经常发生，并且发生的金额也不大，因此编制合并报表时不做内部交易抵销

3. 下列各项中，体现谨慎性会计信息质量要求的有（ ）。

A. 将融资租入的固定资产作为自有固定资产入账
B. 对固定资产计提减值准备
C. 企业设置秘密准备
D. 或有应付金额符合或有事项确认负债条件的确认预计负债

4. 关于会计要素，下列说法中正确的有（ ）。

A. 收入可能表现为企业负债的减少
B. 费用可能表现为企业负债的减少
C. 收入会导致所有者权益增加
D. 收入只包括本企业经济利益的流入，而不包括为第三方或客户代收的款项

5. 下列各项中，属于利得的有（ ）。

A. 投资者的出资额大于其在被投资单位注册资本中所占份额的金额
B. 采用权益法核算的长期股权投资，在持股比

例不变的情况下，投资企业享有被投资单位除净损益以外所有者权益其他变动的份额

C. 以现金清偿债务形成的债务重组收益

D. 以交易性金融资产进行非货币性资产交换，换出资产的账面价值高于其公允价值的差额

（三）判断题

1. 可靠性要求包括在财务报告中的会计信息应当是中立的、无偏的。（ ）

2. 某一会计事项是否具有重要性，在很大程度上取决于会计人员的职业判断。对于同一个会计事项，在某一企业具有重要性，在另一企业则不一定具有重要性。（ ）

3. 甲公司对企业本年度发生的十分复杂的金融资产交易的结果进行了正确的披露，但是未对其过程进行详细披露。（ ）

第五节 本章真题演练及综合练习答案与解析

一、真题演练答案速查表

所在节	题号	答案	题号	答案	题号	答案
第一节	无					
第二节	1	×	2	AB		
第三节	1	√	2	B	3	C

二、本章综合练习答案与解析

（一）单选题

1. C【解析】资产具有以下几个方面的特征：①资产应为企业拥有或者控制的资源；②资产预期会给企业带来经济利益；③资产是由企业过去的交易或者事项形成的。选项A、B、D均符合资产的定义，选项C属于资产的确认条件。

2. A【解析】直接计入所有者权益的利得不影响企业的利润，选项B错误；收入会导致经济利益的流入，也会导致所有者权益的增加，而利得是指由企业非日常活动形成的，会导致所有者权益增加的，与所有者投入资本无关的经济利益流入；故选项C、D错误。

3. D【解析】选项A、B、C都是费用的特征；选项D属于费用的确认条件，并不属于费用的特征。

4. B【解析】选项A错误，金额无法合理估计不满足负债的确认条件；选项C错误，属于计划中的行为；选项D错误，应确认预计负债。

5. D【解析】及时性要求企业对于已经发生的交易或者事项，应当及时进行确认、计量和报告，不得提前和延后，故及时性可能会影响会计信息的可靠性，因此选项D正确。

6. B【解析】在重置成本计量下，资产按照现在购买相同或相似资产所需支付的现金或者现金等价物的金额计量。因此选项B正确。

（二）多选题

1. ABCD【解析】会计主体与法律主体（法人）并非是对等的概念，法人可以是会计主体，但是会计主体不一定是法律主体。法律主体只能是独立承担法律责任的有限责任公司和股份有限公司等法人企业，故选项A、B、C、D均正确。

2. ABCD【解析】本题4个选项均是基于重要性要求进行的处理，企业应根据所处环境和实际情况，从项目的性质和金额大小进行职业判断。

3. BD【解析】选项B、D体现谨慎性会计信息质量要求，选项A体现的是实质重于形式的原则，企业提取秘密准备违背了企业会计准则，所以选项C错误。

4. ACD【解析】收入可能表现为企业负债的减少正确，选项A正确；费用可能表现为企业负债的减少错误，因为费用可能表现为负债的增加，选项B错误；收入会导致所有者权益增加，符合收入的含义，选项C正确；收入只包括本企业经济利益的流入，而不包括为第三方或客户代收的款项，符合收入确认的条件，选项D正确。

5. BC【解析】选项A，与投资者投入资本有关，不属于利得；选项D，计入投资收益，不属于利得。

（三）判断题

1. √【解析】题目说法正确。

2. √【解析】根据重要性要求，企业提供的会计信息应反映与其财务状况、经营成果和现金流量有关的所有重要交易或事项，而每个企业对“重要”的理解不可能完全一样，因此需依赖职业判断。

3. ×【解析】可理解性要求企业提供的会计信息应当清晰明了，便于投资者等财务报告使用者理解和运用，而甲公司未对复杂的金融资产交易进行详细的披露违背了可理解性原则，故本题的说法错误。

第二章 存货

本章内容可概括为存货的确认、初始计量和期末计量，近3年考试中涉及的题型为单选题、多选题和判断题，所占分值为2~4分，题量为1~2题。存货的账面价值、存货的期末计量的考查概率非常大，解题时要特别注意有销售合同和没有销售合同时，需使用不同的价格参数计算存货的可变现净值。

▼本章主要考点的题型、估计题量和所占分值一览表

主要考点	题型	题量	所占分值
①存货的内容；②委托加工物资实际成本的计算；③存货账面价值的计算	单选题	1~2题	1~2分
①确定可变现净值考虑的因素；②确定可变现净值中存货成本的确凿证据	多选题	1题	2分
①确定可变现净值考虑的因素；②存货跌价准备的转回和结转	判断题	1题	1分

▼本章知识结构一览表

存货	一、存货的确认和初始计量	（1）存货的概念及其确认条件（★★★） （2）存货的初始计量（★★★
	二、存货的期末计量	（1）存货期末计量原则（★★） （2）存货期末计量方法（★★★）：存货可变现净值的确定、存货跌价准备的计提与转回

第一节 存货的确认和初始计量

考点1 存货的概念及其确认条件（★★★）

考点分析

本考点中对存货概念的考查，一般不会单独出现在考题中，其通常会与财务报表章节的知识相结合，让考生判断属于存货的项目；对于存货确认条件，可能以某个选项的形式在单选题或多选题中进行考查。

考点精讲

存货是指企业在日常活动中持有以备出售的产成品或商品、处在生产过程中的在产品、在生产过程或提供劳务过程中耗用的材料和物料等。

根据在生产流程中的不同位置和作用，存货可分为原材料、在产品、半成品、产成品、商品和周转材料。

在将某项资源确认为企业存货时，除了应满足存货的定义外，还应满足以下两个条件。

（1）与该存货有关的经济利益很可能流入企业。

（2）该存货的成本能够可靠地计量。

名师解读

存货的概念比较抽象，考试中也不会直接对其定义进行考查。考生可通过以下特例，对存货核算的内容进行理解。①用于在建工程建造固定资产而购进的各种材料，虽然属于原材料，但其不符合存货的定义，而应该在“工程物资”中核算；②企业为加工或修理产品发生的材料、人工费等作为企业存货核算；③房地产开发企业在正常经营过程中销售的或为销售正在开发的商品房和土地，作为企业的存货核算；④委托加工物资与委托代销产品应作为企业的存货核算。

典型例题

【例题1·单选题】下列各项中，不在资产负债表“存货”项目列示的是（　）。

A. 发出商品

B. 委托代销商品

C. 为在建工程购入的工程物资

D. 生产成本

【解析】资产负债中应在“存货”项目中列示的

科目包括：原材料、在产品、半成品、产成品、商品、周转材料、委托代销商品、发出商品等。因此选项A、B、D是在“存货”项目中列示。工程物资是专门为在建工程购入的物资，不是为在生产经营过程中销售或耗用，用途不同于存货，在资产负债表中单独列示，不属于企业的存货，选项C不在“存货”项目中列示。

【答案】C

【例题2·多选题】下列应列示在企业资产负债表“存货”项目中的有（　）。

A. 领用的用于生产产品的原材料

B. 尚未完工的在产品

C. 尚未提货的已销售产品

D. 已发出但尚未销售的委托代销商品

【答案】ABD

【解析】购货方尚未提货的已销售产品，风险报酬已经转移，应作为购货方的存货。因此，选项C不应列示在企业资产负债表“存货”项目中，选项A属于存货分类中的原材料，选项B、D属于存货分类中的产成品。

考点2 存货的初始计量（★★★）

考点分析

本考点的考查形式比较单一，通常会让考生计算存货的入账价值，考生应掌握在不同方式下取得的存货，其入账价值应包括的项目。

考点精讲

存货应当按照成本进行初始计量，存货成本包括采购成本、加工成本和其他成本。不同方式下取得的存货，其成本的构成项目不同。

1. 外购的存货

外购存货的成本即存货的采购成本，包括企业从采购存货到其入库前的全部支出，具体包括购买价款、相关税费、运输费、装卸费、保险费以及其他可归属于存货采购成本的费用。

其中，购买价款是指企业购入材料或商品的发票账单上列明的价款（不含可抵扣的增值税进项税额）；相关税费是指企业购买、自制或委托加工存货所发生的消费税、资源税和不能从增值税销项税额中抵扣的进项税额等；其他可归属于存货采购成本的费用，包括外购过程中发生的仓储费、包装费，运输途中的合理损耗和入库前的挑选整理费用等。

对于采购过程中发生的物资损毁、短缺等，应区分以下情况进行不同处理。

（1）若为合理的损耗，应作为存货的“其他可归属于存货采购成本的费用”计入采购成本。

（2）若是应从供货单位、外部运输机构等收回的物资短缺或其他赔款，应冲减物资的采购成本。

（3）因遭受意外灾害发生的损失和尚待查明原因的途中损耗，不得增加物资的采购成本，应暂作为待处理财产损溢进行核算，查明原因后再做处理。

商品流通企业在采购商品过程中发生的运输费、装卸费、保险费和其他可归属于存货采购成本的费用，应当计入存货的采购成本。但商品流通企业采购商品的进货费用金额较小的，可以在发生时直接计入当期损溢（主营业务成本）。

2. 通过进一步加工而取得的存货

（1）委托外单位加工的存货

委托外单位加工完成的存货，以实际耗用的原材料或半成品、加工费、运输费、装卸费等费用以及按规定应计入成本的税金，作为实际成本。

若加工的产品属于应税消费品，委托方将收回的应税消费品以不高于受托方的计税价格出售的，不再缴纳消费税；委托方以高于受托方的计税价格出售的，需按照规定申报缴纳消费税，在计税时准予扣除受托方已代收代缴的消费税；委托方加工收回后用于连续生产应税消费品的，其缴纳的消费税准予抵扣，记入“应交税费——应交消费税”科目的借方。

（2）自行生产的存货

自行生产的存货的初始成本包括投入的原材料或半成品、直接人工和按照一定方法分配的制造费用。

3. 其他方式取得的存货

（1）投资者投入存货的成本，应当按照投资合同或协议约定的价值确定，但合同或协议约定价值不公允的除外。

（2）通过提供劳务取得的存货，其成本按从事劳务提供人员的直接人工和其他直接费用，以及可归属于该存货的间接费用确定。

> **名师解读**
>
> 下列费用虽与存货的取得存在一定关系，但其在发生时应计入当期损益，不得计入存货成本。
>
> ①非正常消耗的直接材料、直接人工和制造费用；②仓储费用（生产过程中未达到下一个生产阶段所必需的仓储费用除外）；③不能归属于使存货达到目前场所和状态的其他支出。

典型例题

【例题1·多选题】企业为外购存货发生的下列各项支出中，应计入存货成本的有（　）。（2015年）

A. 入库前的挑选整理费

B. 运输途中的合理损耗

C. 不能抵扣的增值税进项税额

D. 运输途中因自然灾害发生的损失

【解析】外购存货的成本包括购买价款、相关税费、运输费、装卸费、保险费以及其他可归属于存货采购成本的费用。选项A、B、C均属于外购存货成本的构成项目；选项D，运输途中的自然灾害损失（即非常损失）不属于合理损耗，应作为营业外支出，不计入存货成本。

【答案】ABC

【例题2·单选题】甲工业企业为增值税一般纳税人。本月购进原材料200千克，货款为6 000元，增值税税额为1 020元；发生的保险费为350元，入库前的挑选整理费用为130元；验收入库时发现数量短缺10%，经查属于运输途中合理损耗。甲工业企业该批原材料实际单位成本为每千克（　）元。

A. 32.4　　B. 33.33

C. 35.28　　D. 36

【解析】本题计算实际入库数量时要扣除短缺的10%：实际入库数量=200×（1−10%）=180（千克），购入原材料的实际总成本=6 000+350+130=6 480（元），甲工业企业该批原材料实际单位成本=6 480÷180=36（元/千克），因此选项D正确。

【答案】D

【例题3·单选题】甲公司向乙公司发出一批实际成本为30万元的原材料，另支付加工费6万元（不含增值税），委托乙公司加工成本一批适用消费税税费为10%的应税消费品，加工完成收回后，全部用于连续生产应税消费品，乙公司代扣代缴的消费税款准予后续抵扣。甲公司和乙公司均系增值税一般纳税人，适用的增值税税率均为17%。不考虑其他因素，甲公司收回的该批应税消费品的实际成本（　）万元。（2015年）

A. 36　　B. 39.6

C. 40　　D. 42.12

【解析】委托加工应税消费品收回后用于继续加工应税消费品的，委托加工环节的消费税应记入“应交税费——应交消费税”的借方，不计入委托加工物资的成本，因此甲公司收回该批应税消费品的实际成本=30+6=36（万元）。

【答案】A

本节考点回顾与总结一览表

本节考点	知识总结
考点1 存货的概念及其确认条件	①存货可分为原材料、在产品、半成品、产成品、商品和周转材料等 ②确认条件：与该存货有关的经济利益很可能流入企业、该存货的成本能够可靠地计量
考点2 存货的初始计量	①外购存货成本＝购买价款＋相关税费＋其他可归属于存货采购成本的费用 ②通过进一步加工而取得的存货的成本＝采购成本＋加工成本＋为使存货达到目前场所和状态所发生的其他成本 ③投资者投入存货成本＝合同或协议约定价值

真题演练

1.【单选题】房地产开发企业用于在建商品房的土地使用权，在资产负债表中应列示的项目为（　）。（2012年）

A. 存货　　B. 固定资产

C. 无形资产　　D. 投资性房地产

2.【判断题】企业通过提供劳务取得存货的成本，按提供劳务人员的直接人工和其他直接费用以及可归属于该存货的间接费用确定。（　）（2016年）

3.【单选题】甲公司为增值税一般纳税人。2013年1月1日，甲公司发出一批实际成本为240万元的原材料，委托乙公司加工应税消费品，收回后直接对外出售。2013年5月30日，甲公司收回乙公司加工的应税消费品并验收入库。甲公司根据乙公司开具的增值税专用发票向乙公司支付加工费12万元、增值税2.04万元，另支付消费税28万元。假定不考虑其他因素，甲公司收回该批应税消费品的入账价值为（　）万元。（2010年）

A. 252　　B. 254.04

C. 280　　D. 282.04

第二节 存货的期末计量

考点3 存货期末计量原则（★★）

考点分析

本考点属于概念性内容，考试中一般不会单独出题，其一般作为存货期末计量方法应用的理论基础，考生只要了解存货采用“成本与可变现净值孰低”计量即可。

考点精讲

资产负债表日，存货应当按照成本与可变现净值孰低计量。存货成本高于可变现净值的，应当按照可变现净值确认存货成本，两者的差异应当计提存货跌价准备，计入当期损益（资产减值损失）。

存货可变现净值＝存货的估计售价－至完工时估计要发生的成本－估计销售费用－相关税费

存货成本＝期末存货的实际成本

典型例题

【例题·判断题】企业为执行销售合同而持有的存货，其可变现净值应以合同价格为基础计算。（2015 年）

【解析】企业为执行销售合同或劳务合同而持有的存货，通常应以产品或商品的合同价格作为其可变现净值的计量基础。如果企业销售合同所规定的标的物还没有生产出来，但持有专门用于生产该标的物的材料，则其可变现净值也应以合同价格作为计量基础。

【答案】√

考点4 存货期末计量方法（★★★）

考点分析

本考点属于本章的重难点，其中有关存货减值损失的计算在不同条件下而有所不同，考生应按照存货的不同类别进行记忆。本考点涉及的题型主要为单选题、多选题和判断题，同时，也可以作为计算分析题的某一个小问进行考查。

考点精讲

1. 存货可变现净值的确定

（1）企业确定存货的可变现净值时应考虑的因素具体包括以下 3 点。

①存货成本和可变现净值的确凿证据。即对确定存货的成本和可变现净值有直接影响的客观证明，如产品或商品的市场销售价、与企业产成品或商品相同或类似商品的市场销售价格、销售方提供的有关资料和生产成本资料等。

②持有存货的目的。企业持有存货的目的包括直接出售，以及在生产过程或提供劳务过程中耗用，两者在计算可变现净值时考虑的因素是不同的。

③资产负债表日后事项的影响。

（2）不同情况下存货可变现净值的确定

①产成品、商品和用于出售的材料等直接用于出售的商品存货，没有销售合同约定的，其可变现净值应当为生产经营过程中该存货的一般销售价格（即市场价格）减去估计的销售费用和相关税费后的金额。

②需要经过加工的材料存货，如原材料、在产品、委托加工材料等，其可变现净值为在正常生产经营过程中，以该材料所生产的产成品的估计售价减去至完工时估计将要发生的成本、销售费用和相关费用后的金额。

（3）可变现净值中估计售价的确定方法

①为执行销售合同或者劳务合同而持有的存货，通常应以产品或商品的合同价格为基础确定可变现净值。具体而言，合同数量内的存货以合同价格作为其可变现净值的计量基础；超过合同数量的存货，以一般市场价格作为计量基础。

②对于不存在销售合同的存货（不包括用于出售的材料），以一般市场价格作为计量基础。

③用于出售的材料等，应以市场价格（材料等的市场销售价格）作为其可变现净值的计量基础。

（4）材料期末计量的特殊情况

材料应根据其是用于直接出售还是用于生产产品的不同用途，而确定其期末账面价值。

①材料用于直接出售。

材料的可变现净值 = 材料估计售价 − 销售材料估计的销售费用 − 相关费用

②材料（如用于生产而持有的原材料、在产品、委托加工材料等）用于生产产品。

a. 若该材料所生产的产品没有发生减值，则材料按成本计量。

b. 若该材料所生产的产品发生了减值，则：

材料可变现净值 = 产品估计售价 − 至完工估计将要发生的成本 − 销售产品估计的销售费用 − 相关税费

2. 存货跌价准备的计提与转回

（1）存货跌价准备的计提

资产负债表日，若有迹象表明存货发生减值的，应对其进行减值测试；若其可变现净值低于成本，则应计提存货跌价准备，企业计提的存货跌价准备应计入当期损益。编制如下分录。

借：资产减值损失

　　贷：存货跌价准备

误区提醒

期末对存货进行计量时，若某类存货部分存在销售合同，而另一部分不存在销售合同的，企业应区分有合同约定价格和没有合同约定价格的存货，分别确认其可变现净值，并与其对应的成本进行比较，决定是否计提存货跌价准备。

（2）存货跌价准备的转回

当以前减记存货跌价准备的因素已经消失，减记的金额应当予以恢复，并在原已计提的存货跌价准备金额内转回，转回的金额冲减当期资产减值准备，相关分录如下。

借：存货跌价准备

　　贷：资产减值损失

（3）存货跌价准备的结转

企业计提了存货跌价准备的存货，如果其中的部分或全部实现销售的，则结转销售成本时，应同时结转对其已计提的存货跌价准备，相关分录如下。

借：主营业务成本（差额）

　　存货跌价准备（已销售部分的计提数）

贷：库存商品（已销售存货的账面价值）

误区提醒

对于因债务重组、非货币性资产交换转出的存货，应同时结转已计提的存货跌价准备，但不冲减当期的资产减值损失，其应按债务重组和非货币性资产交换的原则进行会计处理。

典型例题

【例题 1·多选题】下列各项中，企业在判断存货成本与可变现净值孰低时，可作为存货成本确凿证据的有（ ）。（2012 年）

A. 外来原始凭证
B. 生产成本资料
C. 生产预算资料
D. 生产成本账簿记录

【解析】存货可变现净值的确凿证据，是指对确定存货的可变现净值有直接影响的客观证明，存货的采购成本、加工成本和其他成本以及以其他方式取得的存货的成本，应当以取得外来原始凭证、生产成本资料、生产成本账簿记录等作为确凿证据，由此选项 A、B、D 均正确；选项 C 错误，生产成本预算资料属于预算行为，不属于实际发生的成本，不能作为存货成本的确凿证据。

【答案】ABD

【例题 2·单选题】2013 年 12 月 1 日，甲公司与乙公司签订了一项不可撤销的销售合同，约定甲公司于 2014 年 1 月 12 日以每吨 2 万元的价格（不含增值税）向乙公司销售 K 产品 200 吨。2013 年 12 月 31 日，甲公司库存该产品 300 吨，单位成本为 1.8 万元，单位市场销售价格为 1.5 万元（不含增值税）。甲公司预计销售上述 300 吨库存产品将发生销售费用和其他相关税费 25 万元。不考虑其他因素，2013 年 12 月 31 日，上述 300 吨库存产品的账面价值为（ ）万元。（2014 年）

A. 425　　B. 525
C. 540　　D. 550

【解析】有合同的部分单位售价高于成本，未发生减值，该部分库存商品按照成本计量；无合同的部分单位售价低于成本，发生了减值，该部分库存商品按照售价为基础计量。所以，2013 年 12 月 31 库存商品的账面价值 =2×200+1.5×100−25=400+150−25=525（万元）。

【答案】B

【例题 3·单选题】甲公司发出存货采用加权平均法结转成本，按单项存货计提存货跌价准备；存货跌价准备在结转成本时结转。该公司 2015 年年初存货的账面余额中包含甲产品 1 200 件，其实际成本为 360 万元，已计提的存货跌价准备为 30 万元。2015 年该公司未发生任何与甲产品有关的进货，甲产品当期售出 400 件。2015 年 12 月 31 日，该公司对甲产品进行检查时发现，库存甲产品均无不可撤销合同，其市场销售价格为每件 0.26 万元，预计销售每件甲产品还将发生销售费用及相关税金 0.005 万元。假定不考虑其他因素的影响，该公司 2015 年年末对甲产品计提的存货跌价准备为（ ）万元。

A. 6　　B. 16
C. 26　　D. 36

【解析】①期末存货的可变现净值 =（0.26−0.005）×（1 200−400）=204（万元）；②期末存货应提足的准备额 =360×［（1 200−400）÷1 200］−204=36（万元）；③期末存货已提准备额 =30×［（1 200−400）÷1 200］=20（万元）；④期末存货应计提的准备额 =36−20=16（万元）。

【答案】B

【例题 4·单选题】甲公司为上市公司，2015 年年末库存乙（原材料）、丁（产成品）的账面余额分别为 1 000 万元和 400 万元，年末计提跌价准备前乙材料、丁产品计提的跌价准备的账面余额分别为 0 元和 100 万元。乙材料将全部用于生产丙产品，预计丙产成品的市场价格总额为 960 万元，预计生产丙产成品还需发生除乙材料以外的总成本 200 万元，预计为销售丙产成品发生的相关税费总额为 50 万元。丙产成品销售中有固定销售合同的占 80%，合同价格总额为 900 万元。丁产成品的市场价格总额为 360 万元，预计销售丁产成品发生的相关税费总额为 20 万元。假定不考虑其他因素，甲公司 2015 年 12 月 31 日应计提的存货跌价准备为（ ）万元。

A. 23　　B. 250
C. 158　　D. 323

【解析】甲公司按照单个存货项目计提存货跌价准备。

（1）丁产品可变现净值 =360−20=340（万元），小于丁产品的账面余额（成本）400 万元，应保留的跌价准备金额为 60 万元（400−340），已计提 100 万元，因此不用再计提。

（2）乙材料生产的丙产品有固定合同部分的可变现净值 =900−50×80%=860（万元）；丙产品有固定合同部分的成本 = 乙材料 + 其他相关成本 =（1 000+200）×80%=960（万元），960 万元 > 860 万元，因此乙材料需计提跌价准备。乙材料此部分的可变现净值 =860−200×80%=700（万元），乙材料此部分的成本 =1 000×80%=800（万元），因此需计提跌价准备 100 万元（800−700）。

（3）丙产品无合同部分的可变现净值 =960×20%−50×20% =182（万元）；丙产品无合同部分的成本 =（1 000+200）×20%=240（万元），240 万元 > 182 万元，因此乙材料需计提跌价准备。乙材料此部分的可变现净值 =182−200×20%=142（万

元），乙材料此部分的成本 =1 000×20%=200（万元），因此需计提跌价准备 58 万元（200−142）。

综上所述，甲公司 2014 年 12 月 31 日应计提的存货跌价准备 =100+58=158（万元）。

【答案】C

本节考点回顾与总结一览表

本节考点	知识总结
考点 3 存货期末计量原则	存货应按照成本与可变现净值孰低计量
考点 4 存货期末计量方法	①确定可变现净值时应考虑：存货成本和可变现净值的确凿证据、持有存货的目的和资产负债表日后事项的影响 ②存货可变现净值的确定应区分是否有合同约定价格 ③存货跌价准备可以转回

真题演练

1.【单选题】下列关于存货可变现净值的表述中，正确的是（ ）。（2009 年）

A. 可变现净值等于存货的市场销售价格

B. 可变现净值等于销售存货产生的现金流入

C. 可变现净值等于销售存货产生现金流入的现值

D. 可变现净值是确认存货跌价准备的重要依据之一

2.【单选题】甲公司采用成本与可变现净值孰低计量期末存货，按单项存货计提存货跌价准备。2005 年 12 月 31 日，甲公司库存自制半成品成本为 35 万元，预计加工完成该产品尚需发生加工费用 11 万元，预计产成品不含增值税的销售价格为 50 万元，销售费用为 6 万元。假定该库存自制半成品未计提存货跌价准备，不考虑其他因素。2005 年 12 月 31 日，甲公司该库存自制半成品应计提的存货跌价准备为（ ）万元。（2006 年）

A. 2　　B. 4

C. 9　　D. 15

3.【多选题】下列有关确定存货可变现净值基础的表述，正确的有（ ）。（2006 年）

A. 无销售合同的库存商品以该库存商品的估计售价为基础

B. 有销售合同的库存商品以该库存商品的合同价格为基础

C. 用于出售的无销售合同的材料以该材料的市场价格为基础

D. 用于生产有销售合同产品的材料以该材料的市场价格为基础

4.【判断题】以前期间导致减记存货价值的影响因素在本期已经消失的，应在原已计提的存货跌价准备金额内恢复减记的金额。（ ）（2011 年）

5.【判断题】持有存货的数量多于销售合同订购数量的，超出部分的存货可变现净值应当以产成品或商品的合同价格作为计算基础。（ ）（2010 年）

第三节 本章综合练习

（一）单选题

1. 某商品流通企业系增值税一般纳税人，采购甲商品 100 件，每件售价 1 万元，取得的增值税专用发票上注明的增值税税额为 17 万元，另支付采购费用 10 万元。该批商品的总成本为（ ）万元。

A. 127　　B. 110

C. 100　　D. 105

2. 某企业为增值税小规模纳税人，本月购入甲材料 2 060 千克，每千克单价（含增值税）50 元，另外支付运杂费 3 500 元，运输途中发生合理损耗 60 千克，入库前发生挑选整理费用 620 元。该批材料入库的实际单位成本为每千克（ ）元。

A. 50　　B. 51.81

C. 52　　D. 53.56

3. 甲公司 2014 年 12 月 31 日库存配件 100 套，每套配件的账面成本为 12 万元，市场价格为 10 万元。该批配件可用于加工 100 件 A 产品，将每套配件加工成 A 产品尚需投入 17 万元。A 产品 2014 年 12 月 31 日的市场价格为每件 30.7 万元，估计销售过程中每件将发生销售费用及相关税费 1.2 万元。该配件此前未计提存货跌价准备，甲公司 2014 年 12 月 31 日该配件的账面价值为（ ）万元。

A. 1 200　　B. 1 080

C. 1 000　　D. 1 750

4. B 公司期末存货采用成本与可变现净值孰低法计价。2014 年 9 月 26 日 B 公司与 M 公司签订销售合同：由 B 公司于 2015 年 3 月 6 日向 M 公司销售笔记本电脑 1 000 台，每台 1.2 万元。2015 年 12 月 31 日 B 公司库存笔记本电脑 1 200 台，单位成本 1 万元，账面成本为 1 200 万元。2015 年 12 月 31 日市场销售价格为每台 0.95 万元，预计销售税费均为每台 0.05 万元。2015 年 12 月 31 日笔记本电脑的账面价值为（ ）万元。

A. 1 240　　B. 1 180

C. 1 270　　D. 1 430

5. 某企业采用成本与可变现净值孰低法对存货进行期末计价，成本与可变现净值按单项存货进行比较。2015 年 12 月 31 日，甲、乙、丙 3 种存货成本与可变现净值分别为：甲存货成本 10 万元，可变现净值 8 万元；乙存货成本 12 万元，可变现净值 15 万元；丙存货成本 18 万元，可变现净值 15 万元。甲、乙、丙 3 种存货已计提的跌价准备分别为 1 万元、2 万元、1.5 万元。假定该企业只有这 3 种存货，2015 年 12 月 31 日应补提的存货跌价准备总额为（ ）万元。

A. －0.5　　B. 0.5

C. 2　　D. 5

（二）多选题

1. 下列各项中，应当包括在存货成本中的有（ ）。

A. 生产制造企业为生产产品而发生的人工费用

B. 商品流通企业在商品采购过程中发生的装卸费

C. 外购存货运输途中发生的损耗必须区分合理与否，属于合理损耗部分

D. 与存货相关的增值税、资源税

2. 下列存货采购成本费用的说法中，正确的有（ ）。

A. 可以先进行归集，期末再根据所购商品的存销情况分别进行分摊

B. 采购商品的进货费用金额较小的，可以在发生时直接计入当期损益

C. 采购商品的进货费用金额较大的，可以直接在销售费用中反映

D. 如果先进行归集，期末分摊时，对于已售商品的进货费用计入当期损益；对于未售商品的进货费用，计入期末存货成本

3. 下列关于存货会计处理的表述中，正确的有（ ）。

A. 存货采购过程中发生的合理损耗计入存货采购成本

B. 存货跌价准备通常应当按照单个存货项目计提也可分类计提

C. 债务人因债务重组转出存货时不结转已计提的相关存货跌价准备

D. 发出原材料采用计划成本核算的应于资产负债表日调整为实际成本

4. 对于需要加工才能对外销售的在产品，下列各项中，属于在确定其可变现净值时应考虑的因素有（ ）。

A. 在产品已经发生的生产成本

B. 在产品加工成产成品后对外销售的预计销售价格

C. 在产品未来加工成产成品估计将要发生的加工成本

D. 在产品加工成产成品后对外销售预计发生的销售费用

（三）判断题

1. 投资者投入的存货，应按投资合同或协议约定的价值作为实际成本，但合同或协议约定价值不公允的除外。（ ）

2. 购入材料在采购过程中发生的合理损耗会影响购入材料的总成本。（ ）

3. 存货的加工成本是指加工过程中实际发生的人工成本等，不含按照一定方法分配的制造费用。（ ）

4. 收回委托加工物资的成本包括发出材料的实际成本、支付的加工费、运杂费和消费税等。（ ）

第四节 本章真题演练及综合练习答案与解析

一、真题演练答案速查表

所在节	题号	答案	题号	答案	题号	答案
第一节	1	A	2	√	3	C
第二节	1	D	2	A	3	ABC
	4	√	5	×		

二、本章综合练习答案与解析

（一）单选题

1. B【解析】该批商品的总成本 =100×1+10=110（万元），选项 B 正确。

2. D【解析】该批材料入库的实际单位成本 =（2 060×50+3 500+620）÷（2 060−60）=53.56（元 / 千克）。因此正确答案为选项 D。

3. A【解析】本题该配件所生产的 A 产品成本 =100×（12+17）=2 900（万元），其可变现净值 =100×（30.7−1.2）=2 950（万元），A 产品没有发生减值。该配件不应计提减值准备，其账面价值为其成本 =100×12=1 200（万元）。

4. B【解析】有合同的笔记本电脑的估计售价 =1 000×1.2=1 200（万元），超过合同数量

部分的估计售价=200×0.95=190（万元）。销售合同约定数量1 000台，其可变现净值=1 200−1 000×0.05=1 150（万元），成本=1 000×1=1 000（万元），账面价值为1 000万元；超过部分的可变现净值=200×0.95−200×0.05=180（万元），其成本=200×1=200（万元），账面价值为180万元。该批笔记本电脑账面价值=1 000+180=1 180（万元）。

5. B【解析】甲存货应补提的存货跌价准备额=（10−8）−1=1（万元）；乙存货应补提的存货跌价准备=0−2=−2（万元）；丙存货应补提的存货跌价准备=（18−15）−1.5=1.5（万元）；2015年12月31日应补提的存货跌价准备总额=1−2+1.5=0.5（万元）。

（二）多选题

1. ABC【解析】选项D错误，小规模纳税人不适用抵扣制度，支付的增值税直接计入存货的入账价值。一般纳税人，生产的是应纳增值税的产品，购买材料涉及进项税额，支付的增值税不计入存货的入账价值，而是要记入“应交税费——应交增值税（进项税额）”。选项A、B、C都是关于存货的合理支出应计入存货成本。

2. ABD【解析】企业（商品流通企业）在采购过程中发生的运输费、装卸费、保险费、包装费、入库前的整理费以及其他可归属于商品采购成本的费用，应计入所购商品的成本；也可以先进行归集，期末再根据所购商品的存销情况进行分摊，故选项A、D正确；对于已销售的进货费用，计入当期损益（主营业务成本）；对于未售商品的进货费用，计入期末存货成本。对于采购商品的进货费用金额较小的，可以在发生时直接计入当期损益（主营业务成本），故选项B正确，选项C错误。所以本题选项A、B、D均正确。

3. ABD【解析】存货采购过程中发生的合理损耗计入存货采购成本符合存货成本计入原则，故选项A正确；存货跌价准备通常应当按照单个存货项目计提也可分类计提，符合存货跌价准备的原则，故选项B正确；债务人因债务重组转出存货，视同销售存货，其持有期间对应的存货跌价准备要相应地结转，故选项C错误；发出原材料采用计划成本核算的应于资产负债表日调整为实际成本，符合存货成本的计量，故选项D正确。

4. BCD【解析】需要经过加工的材料存货，其可变现净值为在正常生产经营过程中，以该材料所生产的产成品的估计售价减去至完工时估计将要发生的成本、销售费用和相关税费等后的金额。其公式为：需要进一步加工才能对外销售的存货的可变现净值＝产成品估计售价－至完工估计将发生的成本－估计销售费用－相关税金，所以选项B、C、D均正确。

（三）判断题

1. √【解析】根据新准则的规定，投资者投入存货的成本，应按投资合同或协议约定的价值确定，但合同或协议约定价值不公允的除外。故本题正确。

2. ×【解析】材料采购过程中发生的合理损耗应计入该材料的总成本，但其单位成本会相应增加。

3. ×【解析】自行生产的存货的初始成本包括投入的原材料或半成品、直接人工和按照一定方法分配的制造费用。

4. ×【解析】消费税不一定计入收回委托加工物资存货的成本。如果企业收回委托加工物资直接用于销售的，消费税就计入成本；如果用于连续生产应税消费品的，则消费税不应计入成本。

第三章 固定资产

本章内容涉及固定资产的确认、计量和处置等内容，考试中既包括对概念性知识的考查，也包括对相关计算的考查，如计算固定资产入账成本、每年的折旧费用等，涉及的题型主要为单选题、多选题和判断题。在近3年的考题中，本章内容所占题量为1~3题，分值为2~7分。另外，本章内容可能会出现在计算分析题中，要求考生对固定资产的处置进行会计处理，以及在综合题中与投资性房地产、借款费用等相结合进行考查。

▼ 本章主要考点的题型、估计题量和所占分值一览表

主要考点	题型	题量	所占分值
①固定资产初始入账价值的确定；②固定资产折旧方法的对比；③固定资产更新改造后账面价值的确定；④弃置费用的会计处理；⑤暂估入账固定资产折旧的处理	单选题	1题	1分
①固定资产处置的会计处理；②固定资产的会计处理	多选题	1~2题	2~4分
①暂估入账固定资产折旧的处理；②固定资产处置的会计处理	判断题	1~2题	1~2分

▼ 本章知识结构一览表

固定资产	一、固定资产的确认和初始计量	（1）固定资产的确认（★★★） （2）固定资产的初始计量（★★★）：外购固定资产、自行建造固定资产、租入固定资产、其他方式取得的固定资产、存在弃置费用的固定资产
	二、固定资产的后续计量	（1）固定资产折旧（★★★） （2）固定资产的后续支出（★★★）
	三、固定资产的处置	（1）固定资产终止确认的条件以及固定资产处置的会计处理（★★★） （2）持有待售的固定资产（★★★）

第一节 固定资产的确认和初始计量

考点1 固定资产的确认（★★★）

考点分析

本考点主要涉及固定资产的定义及其确认条件，考试中若涉及本考点知识，一般会以某项具体资产为基础进行考查，或以本考点为基础，对固定资产的核算进行考查。

考点精讲

固定资产是指为生产商品、提供劳务、出租或经营管理而持有的，使用寿命超过一个会计年度的有形资产。

固定资产的确认条件包括以下两点。

①与该固定资产有关的经济利益很可能流入企业。

②该固定资产的成本能够可靠地计量。

名师解读

对于固定资产的确认，在掌握其定义与确认条件外，还应注意以下3种特殊情况，相关内容可能出现在选择题中。

①环保设备和安全设备应确认为固定资产。

②一般工业企业持有的备品备件和维修设备等资产，确认为存货，但若上述物品需要与相关固定资产组合发挥作用，则其应确认为固定资产。

③若某一固定资产的各组成部分具有不同的使用寿命或以不同方式为企业提供经济利益，从而使用不同的折旧率或折旧方法的，应分别将各组成部分确认为单项固定资产。

典型例题

【例题1·判断题】企业购入的环保设备，不能通过使用直接给企业带来经济利益的，不应作为固定资产管理和核算。（　）（2011年）

【解析】企业由于安全或环保的要求购入设备等，虽然不能直接给企业带来未来经济利益，但有

助于企业从其他相关资产的使用获得未来经济利益或者获得更多的未来经济利益，也应确认为固定资产，使用环保设备可提升企业循环利用资源的能力，减少因污染环境需要支付的罚款等。

【答案】×

【例题2·判断题】如果一项租赁在实质上没有转移与租赁资产所有权有关的全部风险和报酬，那么该项租赁应认定为经营租赁。(　)

【解析】在经营租赁方式下，由于与租赁资产所有权有关的全部风险和报酬在实质上没有转移给承租企业，因此，承租企业不需承担租赁资产的主要风险，其会计处理比较简单，不需将所取得的租入资产的使用权资本化，相应地，也不必将所承担的付款义务确认为负债。因此本题的说法正确。

【答案】√

考点2 固定资产的初始计量（★★★）

考点分析

本考点涉及的内容相对较多，考试中一般会对不同方式购入固定资产的入账价值进行考查。涉及的题型主要为客观题，考生可通过比较不同方式购入固定资产初始计量的异同进行复习。

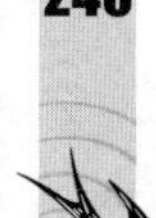

考点精讲

固定资产应当按照历史成本进行初始计量，一般包括使固定资产达到预定可使用状态前所发生的一切合理、必要的支出。这些支出具体包括直接费用，即直接发生的价款、相关税费（车辆购置税、契税等）、运杂费、包装费和安装成本等，以及间接费用，即购置固定资产应承担的借款利息、外币借款折算差额及应分摊的其他间接费用。

1. 外购固定资产

（1）购入不需要安装的固定资产。

借：固定资产

　　应交税费——应交增值税（进项税额）

　　贷：银行存款（或应付账款等科目）

（2）购入需要安装的固定资产。

借：在建工程（材料、人工）

　　贷：银行存款（或原材料、应付职工薪酬等科目）

该固定资产达到预定可使用状态时，

借：固定资产

　　贷：在建工程（可资本化的费用）

（3）外购固定资产的特殊情形。

①若企业以一笔款项购入多项没有单独标价的固定资产，应当按照各项固定资产的公允价值占总付出对价的比例进行分配，以此确定各项固定资产的成本。

②若企业购买固定资产的价款超过正常信用条件延期支付，实际上具有融资租赁性质的，固定资产的成本以购买价款的现值为基础确定，实际支付的价款与购买价款的现值之间的差额，应当在信用期间内采用实际利率法进行摊销，摊销金额除满足借款费用资本化条件计入固定资产成本外，均应当在信用期间内计入财务费用。

购入固定资产时，

借：固定资产（购买价款的现值）

　　未确认融资费用（差额）

　　贷：长期应付款（实际应支付的总价款）

摊销未确认融资费用并支付每期价款，

借：财务费用

　　贷：未确认融资费用

借：长期应付款

　　贷：银行存款等

其中，每期摊销的未确认融资费用摊销额＝期初摊余成本×实际折现率；某期末摊余成本＝期初摊余成本－（实际支付款项－期初摊余成本×实际利率）

2. 自行建造固定资产

（1）自营方式建造固定资产。

自营建造固定资产的成本＝实际发生的材料费买价、运输费、保险费＋职工薪酬＋辅助生产部门提供的水、电、修理、运输等劳务支出＋其他必要支出（如应资本化的安全生产费）

自营建造固定资产涉及的会计处理如表3-1所示。

表3-1　自营方式建造固定资产的会计处理

项目	会计处理
购入工程物资	借：工程物资 　　应交税费——应交增值税（进项税额） 　　贷：银行存款等
领用工程物资	借：在建工程 　　贷：工程物资
用银行存款支付其他费用	借：在建工程 　　贷：银行存款
分配工程人员工资	借：在建工程 　　贷：应付职工薪酬
建造不动产领用本企业产品	借：在建工程 　　贷：库存商品
建造不动产领购原材料	借：在建工程 　　贷：原材料
工程达到预定可使用状态	借：固定资产 　　贷：在建工程

工程完工后，剩余的工程物资转为本企业存货时，按其实际成本或计划成本进行结转。

盘盈、盘亏、报废、毁损的工程物资，减去残料价值以及保险公司、过失人等赔款后的差额，工程尚未完工的，记入或冲减“在建工程”科目，工程已经完工的，则计入当期损益。

若固定资产已达到预定可使用状态，但尚未办理竣工结算的，应当自达到预定可使用状态之日起，根据工程预算、造价或者工程实际成本等，按暂估价值转入固定资产，待办理竣工结算手续后，调整原来的暂估价值，但不需要调整已计提的折旧额。

高危行业按照国家规定提取的安全生产费，应当计入相关产品的成本或当期损益，同时记入“专项储备”科目。

“专项储备”科目是所有者权益类科目，其期末余额通过资产负债表所有者权益项下的“减：库存股”和“盈余公积”之间增设的“专项储备”项目反映。

企业使用提取的安全生产费时，属于费用性支出的，直接冲减专项储备；形成固定资产的，通过“在建工程”科目归集所发生的支出。

安全项目完工达到预定可使用状态时，将“在建工程”科目归集的支出转入“固定资产”科目。同时，按照形成固定资产的成本冲减专项储备，并确认相同金额的累计折旧。该固定资产在以后期间不再计提折旧。相关会计分录如表3-2所示。

表3-2 安全生产费的会计分录

阶段	会计分录
提取安全生产费	借：生产成本 　贷：专项储备——安全生产费
购买安全设备时，通过“在建工程”科目核算	借：在建工程 　应交税费——应交增值税（进项税额） 　贷：银行存款等
支付安全生产检查费	借：专项储备——安全生产费 　贷：银行存款
安全项目完工达到预定可使用状态时	借：固定资产 　贷：在建工程 借：专项储备——安全生产费 　贷：累计折旧

（2）出包方式建造固定资产。

企业的新建、改建、扩建等建设项目，一般采用出包方式。

出包建造固定资产的成本=建筑工程支出＋安装工程支出＋需分摊计入的待摊支出

其中，待摊支出的分摊率=累计发生的待摊支出÷（建筑工程支出+安装工程支出）×100%

某工程应分摊的待摊支出=（该工程的建筑工程支出+该工程的安装工程支出）×待摊支出分摊率

出包方式建造固定资产涉及的会计处理如表3-3所示。

表3-3 出包方式建造固定资产的会计处理

项目	会计处理
预付备料款	借：预付账款 　贷：银行存款
办理工程价款结算	借：在建工程——××工程 　贷：预付账款
购入设备、工程材料等	借：工程物资 　贷：银行存款
领用工程物资	借：在建工程——××工程 　贷：工程物资
支付工程管理费用等	借：在建工程——待摊支出 　贷：银行存款
结转分摊待摊支出	借：在建工程——××工程 　贷：在建工程——待摊支出
工程达到预定可使用状态	借：固定资产 　贷：在建工程——××工程

3. 租入固定资产

固定资产的租入包括经营租赁方式租入和融资租赁方式租入。在经营租赁方式下，企业应当将经营租赁的租金按照直线法计入相关资产成本或者当期损益。对于融资租赁的具体介绍可参见本部分第十一章相关内容。

4. 其他方式取得的固定资产

（1）投资者投入固定资产。投资者投入固定资产，应按投资合同或协议约定的价值加上应支付的相关税费作为固定资产的入账价值，但合同或协议约定价值不公允的除外。

（2）非货币性资产交换、债务重组等方式取得的固定资产的成本，参见本书第二部分第七章和第十二章的相关内容。

5. 存在弃置费用的固定资产

对于存在弃置费用的固定资产，企业应当将弃置费用的现值计入相关固定资产的成本，同时确认相应的预计负债。弃置费用最终发生的金额与计入资产的价值之间的差额，按照实际利率法计算的摊销金额作为每年的财务费用计入当期损益。

确认弃置费用时，

借：固定资产（弃置费用的现值）

　贷：预计负债

摊销弃置费用时，

借：财务费用（每期期初摊余成本 × 实际利率）

　贷：预计负债

借：预计负债（确认的预计负债总额）

　贷：银行存款（实际发生的支出）

误区提醒

考生应注意将一般工商企业的固定资产清理费用与弃置费用相区分。弃置费用存在于特殊行业，其是指企业因承担环境保护和生态恢复等义务所发生的支出，如油气资产、核电站核设施等的弃置和恢复环境义务；而固定资产清理费用是固定资产清理时发生的处置费用，其应在发生时记入“固定资产清理”科目。

典型例题

【例题1·单选题】甲公司系增值税一般纳税人，购入一套需安装的生产设备，取得的增值税专用发票上注明的价款为300万元，增值税税额为51万元，自行安装领用材料20万元，发生安装人工费5万元，不考虑其他因素，设备安装完毕达到预定可使用状态转入固定资产的入账价值为（　）万元。（2016年）

A. 320

B. 351

C. 376

D. 325

【解析】增值税一般纳税人购入设备的增值税可以抵扣，不计入设备成本，安装过程中领用材料的增值税可以抵扣，不计入设备成本。所以设备安装完毕达到预定可使用状态转入固定资产的入账价值＝300＋20＋5＝325（万元）。

【答案】D

【例题2·单选题】甲公司为一家制造性企业。2016年4月1日，为降低采购成本，向乙公司一次购进了三套不同型号且有不同生产能力的设备X、Y和Z。甲公司以银行存款支付货款880 000元、增值税税额149 600元、包装费20 000元。X设备在安装过程中领用生产用原材料账面成本20 000元，支付安装费30 000元。假定设备X、Y和Z分别满足固定资产的定义及其确认条件，公允价值分别为300 000元、250 000元、450 000元。假设不考虑其他相关税费，则X设备的入账价值为（　）元。

A. 320 000　　B. 324 590

C. 350 000　　D. 327 990

【解析】以一笔款项购入多项没有单独标价的固定资产，应当按照各项固定资产的公允价值比例对总成本进行分配，分别确定各项固定资产的成本。X设备的入账价值＝（880 000+20 000）÷（300 000+250 000+450 000）×300 000+20 000+30 000=320 000（元）。

【答案】A

【例题3·单选题】下列关于自行建造固定资产会计处理的表述中，正确的是（　）。（2009年）

A. 为建造固定资产支付的职工薪酬计入当期损益

B. 固定资产的建造成本不包括工程完工前盘亏的工程物资净损失

C. 工程完工前因正常原因造成的单项工程报废净损失计入营业外支出

D. 已达到预定可使用状态但未办理竣工决算的固定资产按暂估价值入账

【解析】为建造固定资产支付的职工薪酬符合资本化条件的，应该计入建造固定资产的成本，故选项A错误；工程完工前因正常原因造成的单项工程报废净损失和已达到预定可使用状态但未办理竣工决算的固定资产，应该计入建造成本，故选项B、C错误。

【答案】D

【例题4·单选题】甲公司是一家煤矿企业，依据开采的原煤产量按月提取安全生产费，提取标准为每吨15元，假定每月原煤产量为10万吨。2016年4月5日，经有关部门批准，该企业购入一批需要安装的用于改造和完善矿井运输的安全防护设备，价款为100万元，增值税的进项税额为17万元，建造过程中发生安装支出13万元，设备于2016年5月10日安装完成。甲公司于2016年5月份支付安全生产设备检查费10万元。假定2016年5月1日，甲公司“专项储备——安全生产费”余额为500万元。不考虑其他相关税费，2016年5月31日，甲公司“专项储备——安全生产费”余额为（　）万元。

A. 527　　B. 523

C. 640　　D. 650

【解析】企业使用提取的安全生产费形成固定资产的，通过“在建工程”归集所发生的支出，待安全项目完工达到预定可使用状态时确认为固定资产；同时，按照形成固定资产的成本冲减专项储备，并确认相同金额的累计折旧。该固定资产在以后期间不再计提折旧。甲公司“专项储备——安全生产费”余额=500+10×15−10−（100+13）=527（万元）。

【答案】A

【例题5·多选题】下列因素会影响工程待摊支出分摊率的有（　）。

A. 安装设备支出

B. 计提的减值损失

C. 建筑工程支出

D. 累计发生的待摊支出

【解析】工程待摊支出分摊率＝累计发生的待摊支出÷（建筑工程支出＋安装工程支出）×100%。

【答案】ACD

【例题6·单选题】2015年1月1日，甲公司从乙租赁公司经营租入一台办公设备。租赁合同规定：租赁期开始日为2015年1月1日，租赁期为3年，租金总额为27万元，第1年年末支付租金10万元，第2年年末支付租金9万元，第3年年末支付租金8

万元；租赁期满，乙租赁公司收回办公设备。假定甲公司在每年年末确认租金费用。2015 年确认租金费用（ ）万元。

A. 9　　B. 10
C. 8　　D. 27

【解析】承租人应当将经营租赁的租金在租赁期内各个期间按照直线法计入相关资产成本或当期损益。承租人确认的租金费用，借记“制造费用”“销售费用”“管理费用”等，贷记“银行存款”等。确认本年租金费用 =（10+9+8）÷3=9（万元）。

【答案】A

本节考点回顾与总结一览表

本节考点	知识总结
考点 1 固定资产的确认	①为生产产品、提供劳务、出租或经营管理而持有，使用寿命超过一个会计年度 ②确认条件包括：经济利益很可能流入企业、成本能够可靠计量
考点 2 固定资产的初始计量	①外购固定资产成本 = 价款、相关税费、运杂费、包装费和安装成本，应承担的借款利息、外币借款折算差额及应分摊的其他间接费用等 ②自营建造成本 = 实际发生的材料费买价、运输费、保险费 + 职工薪酬 + 辅助生产部门提供的水、电、修理、运输等劳务支出 + 其他必要支出 ③出包建造固定资产的成本 = 建筑工程支出 + 安装工程支出 + 需分摊计入的待摊支出 ④投资者投入固定资产的成本 = 合同或协议价（该价格不公允的除外）

真题演练

1.【判断题】企业购入不需要安装的生产设备，购买价款超过正常信用条件延期支付，实质上具有融资性质的，应当以购买价款的现值为基础确定其成本。（ ）（2008 年）

2.【判断题】企业以一笔款项购入多项没有单独标价的固定资产，应将该款项按各项固定资产公允价值占公允价值总额的比例进行分配，分别确定各项固定资产的成本。（ ）（2013 年）

3.【单选题】2010 年 12 月 31 日，甲公司建造了一座核电站达到预定可使用状态并投入使用，累计发生的资本化支出为 210 000 万元。当日，甲公司预计该核电站在使用寿命届满时为恢复环境发生弃置费用 10 000 万元，其现值为 8 200 万元。该核电站的入账价值为（ ）万元。（2011 年）

A. 200 000　　B. 210 000
C. 218 200　　D. 220 000

第二节 固定资产的后续计量

考点3 固定资产折旧（★★★）

考点分析

固定资产折旧包括折旧范围的确定、具体折旧金额的计算以及计提折旧的账务处理。历年考试中对以上情况均涉及过相关考题。考生应重点掌握不同折旧方法下固定资产具体折旧金额的计算。

考点精讲

1. 固定资产的折旧范围

企业应对所有的固定资产计提折旧，但以下固定资产不计提折旧。

（1）已提足折旧仍继续使用的固定资产。

（2）按照规定单独计价入账的土地。

（3）处于更新改造过程中的固定资产。

固定资产应当按月计提折旧，当月增加的固定资产，当月不计提折旧，从下月起计提折旧；当月减少的固定资产，当月仍计提折旧，从下月起停止计提折旧。

已达到预定可使用状态但尚未办理竣工决算的固定资产，应当按照估计价值确定其成本，并计提折旧；待办理竣工决算后再按实际成本调整原来的暂估价值，但不需要调整原已计提的折旧额。

处于更新改造过程停止使用的固定资产，应将其账面价值转入在建工程，不再计提折旧。更新改造项目达到预定可使用状态转为固定资产后，按照重新确定的折旧方法和该项固定资产尚可使用年限计提折旧。

融资租入的固定资产，应视同自有应计提折旧资产。确定租赁资产的折旧期间应依租赁合同而定。能够合理确定租赁期届满时将会取得租赁资产所有权的，应当在租赁资产使用寿命内计提折旧；无法合理确定租赁期届满后承租人是否能够取得租赁资产所有权的，应当以租赁期与租赁资产使用寿命两者中较短的期间进行计提折旧。

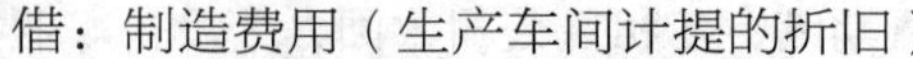

误区提醒

考生应注意区分处于更新改造中与因大修理而停用的固定资产、融资租赁租入与经营租赁租出的固定资产折旧的计提。①由于处于更新改造中的固定资产已转入在建工程，不在“固定资产”科目中核算，因此其不计提折旧；而进行大修理而停用的固定资产，其仍旧在“固定资产”科目中核算，因此其应计提折旧。②对于融资租赁形成的固定资产，应由承租人计提折旧，出租人不计提折旧；对于经营租赁租出的固定资产，应由出租人计提折旧，承租人不计提折旧。

2. 固定资产折旧方法

企业应当根据与固定资产有关的经济利益的预期实现方式，合理选择固定资产的折旧方法。固定资产折旧的方法主要有以下 4 种。固定资产的折旧方法一经确定，不得随意变更。

（1）年限平均法

年折旧率=（1－预计净残值率）÷预计使用寿命（年）×100%

年折旧额=固定资产原价×年折旧率=（固定资产原价－预计净残值）÷预计使用寿命（年）

月折旧额=年折旧额÷12

（2）工作量法

单位工作量折旧额=（固定资产原价－预计净残值）÷预计总工作量

某项固定资产月折旧额=该项固定资产当月工作量×单位工作量折旧额

（3）双倍余额递减法

年折旧率=2÷预计使用寿命（年）×100%

年折旧额=（固定资产原价－累计折旧）×年折旧率

误区提醒

采用双倍余额递减法对固定资产计提折旧时，应注意前几年计提折旧时不考虑固定资产的净残值，只有在最后两年，才考虑固定资产的净残值，并在最后两年对固定资产的剩余价值按照平均年限法的公式计提折旧。

（4）年数总和法

年折旧率=尚可使用寿命÷预计使用寿命的年数总和×100%

年折旧额=（固定资产原价－预计净残值）×年折旧率

名师解读

双倍余额递减法与年数总和法均属于加速折旧法。其中，双倍余额递减法中的加速体现在“期初固定资产的净值”上，其在逐年递减；而年数总和法的加速体现在“折旧率”上，其在逐年递减。

各种折旧方法下，固定资产折旧会计分录的编制是相同的，即：

借：制造费用（生产车间计提的折旧）
　　管理费用（企业管理部门、未使用的固定资产计提的折旧）
　　销售费用（企业专设销售部门计提的折旧）
　　其他业务成本（企业出租固定资产计提的折旧）
　　研发支出（企业专为研发无形资产使用的固定资产计提的折旧）
　　在建工程（企业专为在建工程使用的固定资产计提的折旧）
　贷：累计折旧

3. 固定资产使用寿命、预计净残值和折旧方法的复核

企业至少应当于每年年度终了时，对固定资产的使用寿命、预计净残值和折旧方法进行复核。

当使用寿命预计数与原先估计数有差异的，应当调整固定资产的预计使用寿命；当预计净残值数与原先估计数有差异的，应当调整预计净残值。若不对固定资产使用寿命和预计净残值进行调整，必然不能准确、真实地反映其对企业提供经济利益的期间以及每期实际的资产消耗；当与固定资产有关的经济利益预期实现方式发生重大变化的，则应当改变固定资产的折旧方法。其中，固定资产的使用寿命、预计净残值以及折旧方法的变化均属于会计估计变更，因此，企业应根据会计准则对会计估计变更的规定，对相关内容进行处理。

典型例题

【例题 1 · 多选题】下列各项中，应计提固定资产折旧的有（　）。

A. 经营租入的设备

B. 融资租入的办公楼

C. 已投入使用但未办理竣工决算的厂房

D. 已达到预定可使用状态但未投产的生产线

【解析】本题考查固定资产折旧。企业应对所有的固定资产计提折旧；但是，已提足折旧仍继续使用的固定资产和单独计价入账的土地除外。以经营租赁方式租入的设备不计提折旧，所以选项 A 不计提折旧，选项 B、C、D 均要计提折旧。

【答案】BCD

【例题 2 · 单选题】某公司 2012 年 6 月 20 日开始自行建造一条生产线，2014 年 6 月 1 日达到预定可使用状态，但尚未办理竣工决算手续，工程按暂估价值 820 万元结转到固定资产成本。预计使用年限为 5 年，预计净残值为 10 万元，采用直线法计提折旧。2014 年 11 月 1 日办理竣工决算，该生产线建造总成本为 860 万元，重新预计的尚可使用年限为 5 年，预计净残值为 26 万元，采用直线法计提折

旧，2014 年该设备应计提的折旧额为（ ）万元。

A. 80 B. 81 C. 27 D. 28.47

【解析】2014 年 6 月 1 日达到预定可使用状态，从 7 月起计提折旧，7 月 1 日至 10 月 31 日这 4 个月的折旧额 =（820−10）÷5÷12×4=54（万元）。2014 年 11 月 1 日办理竣工决算后按照重新确定的折旧方法和尚可使用年限计提折旧，但不需要调整已计提的折旧额 54 万元。因此，11 月 1 日至 12 月 31 日这两个月的折旧额 =（860−54−26）÷5÷12×2=26（万元），2014 年该设备应计提的折旧额 =54+26=80（万元）。

【答案】A

【例题 3·单选题】某企业 2014 年 3 月 15 日自行建造的一条生产线投入使用，该生产线建造成本为 740 万元，预计使用年限为 5 年，预计净残值为 20 万元。在采用年数总和法计提折旧的情况下，2014 年该设备应计提的折旧额为（ ）万元。

A. 240 B. 200

C. 180 D. 208

【解析】2014 年 3 月投入使用，4 月开始计提折旧，2014 年该设备应计提的折旧额 =（740−20）×5÷15÷12×9=180（万元）。

【答案】C

【例题 4·判断题】固定资产的折旧方法一经确定，不得随意变更，即使与该固定资产有关的经济利益预期实现方式发生重大改变，也不能改变固定资产折旧方法、预计净残值以及使用寿命。（ ）

【解析】固定资产使用寿命、预计净残值和折旧方法一经确定就不能随意变更。如果要改变，必须有确凿的证据证明。固定资产使用过程中，如果与其有关的经济利益预期实现方式发生重大变化，应当按照会计估计变更的有关规定处理。

【答案】×

考点4 固定资产的后续支出（★★★）

考点分析

本考点涉及的内容较少，考试形式比较单一，一般会让考生判断某项支出属于资本化支出还是费用化支出，或在此基础上对资本化支出与费用化支出的具体金额进行计算。涉及的题型主要为单选题、多选题和判断题。

考点精讲

固定资产后续支出，是指固定资产使用过程中发生的更新改造支出、修理费用等。

1. 资本化的后续支出

（1）与固定资产有关的更新改造等后续支出，符合固定资产确认条件的，应当计入固定资产成本，同时将该固定资产的原价、已计提的累计折旧和减值准备转销，将其账面价值转入在建工程，并停止计提折旧。

借：在建工程（账面价值）
　　累计折旧
　　固定资产减值准备
　　贷：固定资产（原价）

（2）发生改扩建等可资本化的后续支出时，通过“在建工程”科目核算。

借：在建工程
　　贷：原材料
　　　　库存商品
　　　　银行存款等

（3）固定资产发生的后续支出完工并达到预定可使用状态时，将“在建工程”科目归集的可资本化后续支出转入“固定资产”科目，并按重新确定的使用寿命、预计净残值和折旧方法计提折旧。

借：固定资产
　　贷：在建工程

（4）固定资产后续支出可能会涉及部分部件的替换，若该后续支出符合固定资产确认条件，则应将其计入固定资产成本，同时将被替换部分的账面价值扣除，以避免重复计算固定资产成本。

名师解读

考试中固定资产的后续支出涉及部件的替换时，考生应注意区分题干中是否给出了该固定资产计提折旧与减值准备的资料，若给出了相关资料，则应按照被替换部分的原价占固定资产整体原价的比例，计算被替换部分应承担的累计折旧和固定资产减值准备，然后在此基础上根据题意作答。若题干未给出相关资料，则按照上文所讲的原则进行处理。

（5）经营租入固定资产发生的改良支出，应予资本化，作为长期待摊费用，在剩余租赁期与租赁资产尚可使用年限两者中较短的期间内，采用合理的方法进行摊销。

2. 费用化的后续支出

固定资产的日常维护支出不满足固定资产的确认条件的，应在发生时根据后续支出所归属的部门，直接计入管理费用、销售费用等科目。固定资产更新改造支出不满足固定资产确认条件的，也应在发生时直接计入当期损益。

典型例题

【例题 1·多选题】企业在固定资产发生资本化后续支出并达到预定可使用状态时进行的下列各项会计处理中，正确的有（ ）。

A. 重新预计净残值

B. 重新确定折旧方法

C. 重新确定入账价值

D. 重新预计使用寿命

【解析】固定资产发生的资本化后续支出，应先在“在建工程”中进行归集，待完工并达到预定可使用状态时，再从在建工程转为固定资产，并重新确定其使用寿命、预计净残值、折旧方法计提折旧。

【答案】ABCD

【例题2·判断题】企业以经营租赁方式租入的固定资产发生的改良支出，应直接计入当期损益。( )

【解析】与固定资产有关的修理费用等后续支出，不符合固定资产确认条件的，应当根据不同情况分别在发生时计入当期损益。企业以经营租赁方式租入的固定资产发生的改良支出，应予资本化，作为长期待摊费用，合理进行摊销。经营租入的固定资产的改良支出应该计入长期待摊费用，以后分期摊销计入相应的成本和费用。

【答案】×

本节考点回顾与总结一览表

本节考点	知识总结
考点3 固定资产折旧	①除3种固定资产不计提折旧外，其他固定资产均应计提折旧 ②固定资产的折旧方法包括年限平均法、工作量法、双倍余额递减法、年数总和法
考点4 固定资产的后续支出	①固定资产的后续支出可分为资本化的后续支出和费用化的后续支出 ②只有满足资本化条件的支出才能确认为资本化支出，计入固定资产的成本

续表

真题演练

1.【多选题】下列关于固定资产会计处理的表述中，正确的有( )。(2013年)

A. 未投入使用的固定资产不应计提折旧

B. 特定固定资产弃置费用的现值应计入该资产的成本

C. 融资租入固定资产发生的费用化后续支出应计入当期损益

D. 预期通过使用或处置不能产生经济利益的固定资产应终止确认

2.【单选题】甲公司某项固定资产已完成改造，累计发生的改造成本为400万元，拆除部分的原价为200万元。改造前，该项固定资产原价为800万元，已计提折旧250万元，不考虑其他因素，甲公司该项固定资产改造后的账面价值为( )万元。(2013年)

A. 750　　B. 812.5

C. 950　　D. 1 000

第三节 固定资产的处置

考点5 固定资产终止确认的条件以及固定资产处置的会计处理(★★★)

考点分析

本考点理论知识相对简单，但涉及会计处理的情况较多，考生应明确固定资产处置时产生的不同情况，然后在此基础上进行会计处理。

考点精讲

1. 固定资产终止确认的条件

固定资产满足下列条件之一时，应当对其终止确认。

(1)该固定资产处于处置状态。

(2)该固定资产预期通过使用或处置不能产生经济利益。

2. 固定资产处置的会计处理

企业出售、转让、报废固定资产或发生固定资产毁损，应当将处置收入扣除账面价值和相关税费后的金额计入当期损益。固定资产处置涉及的会计处理如表3-4所示。

表3-4 固定资产处置的会计处理

项目	会计处理
固定资产相关科目转入清理	借：固定资产清理(账面价值) 　　累计折旧(已计提金额) 　　固定资产减值准备(已计提金额) 　贷：固定资产(原价)
支付清理费用	借：固定资产清理(税费及其他费用) 　贷：银行存款 　　　应交税费等
计算缴纳增值税	借：固定资产清理 　贷：应交税费——应交增值税(销项税额)
收到变价收入与残料	借：银行存款 　　原材料 　贷：固定资产清理
收到保险公司和责任人赔款	借：其他应收款 　　银行存款 　贷：固定资产清理
结转清理净损益	实现清理净收益： 借：固定资产清理 　贷：营业外收入 发生清理净损失： 借：营业外支出 　贷：固定资产清理

典型例题

【例题 1 · 单选题】甲公司系增值税一般纳税人，2015 年 8 月 31 日以不含增值税的价格 100 万元售出 2009 年购入的一台生产用机床，增值税销项税额为 17 万元，该机床原价为 200 万元（不含增值税），已计提折旧 120 万元，已计提减值准备 30 万元，不考虑其他因素，甲公司处置该机床的利得为（　）万元。

A. 3　　B. 20

C. 33　　D. 50

【解析】处置固定资产利得 =100-（200-120-30）=50（万元）。相关会计分录如下。（单位：万元）

借：固定资产清理　50
　　累计折旧　120
　　固定资产减值准备　30
　　贷：固定资产　200
借：银行存款　117
　　贷：固定资产清理　100
　　　　应交税费——应交增值税（销项税额）　17
借：固定资产清理　50
　　贷：营业外收入——处置非流动资产利得　50

【答案】D

【例题 2 · 多选题】“固定资产清理”账户贷方登记的项目包括（　）。

A. 剩余材料的入库价值

B. 变价收入

C. 结转的清理净损失

D. 结转的清理净收益

【解析】企业收到剩余材料与变价收入时，应借记“原材料”“银行存款”科目，贷记“固定资产清理”科目，选项 A、B 符合题意；结转清理净损失时，借记“营业外支出”科目，贷记“固定资产清理”科目，选项 C 符合题意；结转清理净收益时，借记“固定资产清理”科目，贷记“营业外收入”科目，选项 D 不符合题意。

【答案】ABC

考点6 持有待售的固定资产（★★★）

考点分析

本考点属于应掌握的内容，大多知识只需理解记忆，涉及的题型主要为单选题和多选题。考生应重点记忆划分为持有待售固定资产的条件，以及持有待售固定资产的计量原则。

考点精讲

非流动资产同时满足下列条件的，应当划分为持有待售。

（1）企业已经就处置该非流动资产作出决议。

（2）企业已经与受让方签订了不可撤销的转让协议。

（3）该项转让很可能在一年内完成。

持有待售的非流动资产包括单项资产和处置组，处置组是指作为整体出售或其他方式一并处置的一组资产以及在该交易中转让的与这些资产直接相关的负债。处置组通常是一组资产组、一个资产组或某个资产组中的一部分。如果处置组是一个资产组，并且按照《企业会计准则第 8 号——资产减值》的规定将企业合并中取得的商誉分摊至该资产组，或者该处置组是这种资产组中的一项经营，则该处置组应当包括企业合并中取得的商誉。

某项资产或处置组被划归为持有待售，但后来不再满足持有待售的固定资产的确认条件，企业应当停止将其划归为持有待售，并按照下列两项金额中较低者计量。

（1）该资产或处置组被划归为持有待售之前的账面价值，按照其假定在没有被划归为持有待售的情况下原应确认的折旧、摊销或减值进行调整后的金额。

（2）决定不再出售之日的再收回金额。

名师解读

考生应将持有待售固定资产与一般固定资产进行比较学习。①对于持有待售的固定资产，应当调整该项固定资产的预计净残值，使该固定资产的预计净残值反映其公允价值减去处置费用后的金额，但不得超过符合持有待售条件时该项固定资产的原账面价值，原账面价值高于调整后预计净残值的差额，应作为资产减值损失计入当期损益；②对于一般固定资产，除非相关减值迹象出现，一般情况下，不得对其预计净残值进行调整。另外，持有待售固定资产不计提折旧，按照账面价值与公允价值减去处置费用后的净额孰低计量。这是持有待售固定资产与一般固定资产最大的区别。

典型例题

【例题 · 多选题】下列选项中，属于划分为持有待售的非流动资产应同时满足的条件有（　）。

A. 企业已经就处置该非流动资产作出决议

B. 企业已经与受让方签订了不可撤销的转让协议

C. 该项转让很可能在一年内完成

D. 该资产发生了减值

【解析】企业只有同时满足选项 A、B、C 所述条件，才能将相关非流动资产划分为持有待售。

【答案】ABC

本节考点回顾与总结一览表

本节考点		知识总结
考点 5	固定资产终止确认的条件以及固定资产处置的会计处理	①固定资产的终止确认条件：处于处置状态、不能产生经济利益 ②固定资产处置的会计处理：包括转入清理、支付清理费用及相关税费、收到保险赔偿和相关责任人赔偿、结转清理净损益等的会计处理
考点 6	持有待售的固定资产	①持有待售固定资产的划分条件包括 3 点 ②企业应调整持有待售固定资产的预计净残值

真题演练

1.【判断题】企业持有待售的固定资产，应按账面价值与公允价值减去处置费用后的净额孰低进行计量。（ ）（2013 年）

2.【多选题】下列各项中，影响固定资产处置损益的有（ ）。（2013 年）

A. 固定资产原价

B. 固定资产清理费用

C. 固定资产处置收入

D. 固定资产减值准备

第四节 本章综合练习

（一）单选题

1. 甲公司为增值税一般纳税人，2015 年 12 月 31 日购入不需安装的生产设备一台，当日投入使用。该设备价款为 360 万元，增值税税额为 61.2 万元，另发生运杂费 2 万元，专业人员服务费 1 万元，员工培训费 1 万元。假定不考虑其他因素，该设备的入账价值为（ ）万元。

A. 364　　B. 363

C. 424.2　　D. 360

2. 某核电站以 10 000 万元购建一项核设施，现已达到预定可使用状态，预计在使用寿命届满时，为恢复环境将发生弃置费用 1 000 万元，该弃置费用按实际利率折现后的金额为 620 万元。该核设施的入账价值为（ ）万元。

A. 9 000　　B. 10 000

C. 10 620　　D. 11 000

3. 2014 年 3 月 31 日，甲公司对经营租入的某固定资产进行改良。2014 年 4 月 28 日，改良工程达到预定可使用状态，发生累计支出 120 万元；该经营租入固定资产剩余租赁期为 2 年，预计尚可使用年限为 6 年；采用直线法摊销。2014 年度，甲公司应摊销的金额为（ ）万元。

A. 15　　B. 16.88

C. 40　　D. 45

4. 下列关于固定资产初始计量的表述中，不正确的是（ ）。

A. 购建固定资产达到预定可使用状态前所发生的一切合理、必要的支出均应该计入固定资产

B. 购建固定资产过程中发生的专业人员服务费，应该计入管理费用

C. 以一笔款项购入多项没有单独标价的固定资产，应当按照各项固定资产的公允价值比例，分别确定各项固定资产的成本

D. 暂估入账的固定资产，在竣工决算后不需根据实际成本调整竣工决算前已计提的折旧额

5. 某设备的账面原价为 50 000 元，预计使用年限为 4 年，预计净残值率为 4%，采用双倍余额递减法计提折旧，该设备在第 3 年应计提的折旧额为（ ）元。

A. 5 250　　B. 6 000

C. 6 250　　D. 9 000

6. 对于企业在建工程在达到预定可使用状态前试生产所取得的收入，正确的处理方法是（ ）。

A. 作为主营业务收入

B. 作为其他业务收入

C. 作为营业外收入

D. 冲减工程成本

（二）多选题

1. 为遵守国家有关环保法律的规定，2015 年 1 月 31 日，甲公司对 A 生产设备进行停工改造，安装环保装置。3 月 25 日，新安装的环保装置达到预定可使用状态并交付使用。A 生产设备预计使用年限为 16 年，已使用 8 年，安装环保装置后还可使用 8 年；环保装置预计使用年限为 5 年。下列各项关于环保装置的会计处理中，正确的有（ ）。

A. 环保装置不应作为单项固定资产单独确认

B. 环保装置应作为单项固定资产单独确认

C. 环保装置达到预定可使用状态后按 A 生产设备预计使用年限计提折旧

D. 环保装置达到预定可使用状态后按环保装置的预计使用年限计提折旧

2. 下列有关固定资产的说法中，正确的有（ ）。

A. 固定资产的各组成部分具有不同使用寿命或者以不同方式为企业提供经济利益，使用不同折旧率或折旧方法的，应当分别将各组成部分确认为单项固定资产

B. 与固定资产有关的后续支出均应当在发生时计入当期损益

C. 购买固定资产的价款超过正常信用条件延期支付，实质上具有融资性质的，固定资产的成本以购买价款的现值为基础确定

D. 自行建造固定资产的成本，由建造该项资产办理竣工决算手续前所发生的必要支出构成

3. 下列各项中，影响出包方式建造固定资产入账成本的有（ ）。

A. 发生的建筑工程支出

B. 为建设工程发生的管理费

C. 建设期间发生的工程物资毁损净损失

D. 符合资本化条件的借款费用

4. 经国家审批，某企业计划建造一个核电站，其主体设备核反应堆将会对当地的生态环境产生一定的影响。根据法律规定，企业应在该项设备使用期满后将其拆除，并对造成的污染进行整治。2015年1月1日，该项设备建造完成并交付使用，建造成本共100 000万元。预计使用寿命20年，预计弃置费用为1 000万元。假定折现率（即为实际利率）为10%，（*P*/*F*，10%，20）=0.148 64，下列处理正确的有（ ）。

A. 2015年1月1日弃置费用的现值为148.64万元

B. 2015年1月1日固定资产入账价值为100 148.64万元

C. 2015年12月31日应负担的利息费用为14.86万元

D. 2016年12月31日应负担的利息费用为16.35万元

5. 下列各项中，影响固定资产清理净收益的因素包括（ ）。

A. 出售固定资产的价款

B. 转让不动产应缴纳的增值税

C. 毁损固定资产取得的赔款

D. 清理费用

（三）判断题

1. 固定资产的各组成部分具有不同使用寿命或者以不同方式为企业提供经济利益的，应当将各组成部分分别确认为单项固定资产。（ ）

2. 对于为了建造固定资产借款发生的利息支出，在竣工决算前发生的满足资本化条件的，应予资本化，将其计入固定资产的建造成本；在竣工决算后发生的，则应作为当期费用处理。（ ）

3. 企业固定资产的预计报废清理费用，可作为弃置费用，按其现值计入固定资产成本，并确认为预计负债。（ ）

4. 工程完工后，如果有报废、毁损的工程物资，减去残料价值以及保险公司、过失人等赔偿后的差额，应计入当期损益。（ ）

5. 自行建造固定资产达到预定可使用状态前，该项目的工程物资盘盈应当计入当期营业外收入。（ ）

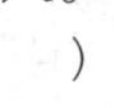

第五节 本章真题演练及综合练习答案与解析

一、真题演练答案速查表

所在节	题号	答案	题号	答案	题号	答案
第一节	1	√	2	√	3	C
第二节	1	BCD	2	B		
第三节	1	√	2	ABCD		

二、本章综合练习答案与解析

（一）单选题

1. B【解析】该设备的入账价值=360+2+1=363（万元）。

2. C【解析】对于特殊行业的特定固定资产，企业应当按照弃置费用的现值计入相关固定资产成本。石油天然气开采企业应当按照油气资产的弃置费用现值计入相关油气资产成本。在固定资产或油气资产的使用寿命内，按照预计负债的摊余成本和实际利率计算确定的利息费用，应当在发生时计入财务费用。该核设施的入账价值=10 000+620=10 620（万元）。

3. C【解析】按照规定，经营租入固定资产发生的改良支出应记入“长期待摊费用”核算，在剩余租赁期两年与租赁资产尚可使用年限6年两者中较短的期间内进行摊销，所以2014年度甲公司应摊销的金额=120÷2×8÷12=40（万元）。

4. B【解析】选项B错误，购建固定资产过程中发生的专业人员服务费应该计入固定资产成本。

5. A【解析】该设备在第3年应计提的折旧额=

[50 000−50 000×50%−（50 000−50 000×50%）×50%−50 000×4%]÷2=5 250（元）。

6. D【解析】在建工程试运行支出计入工程成本，试运行收入冲减工程成本。

（二）多选题

1. BD【解析】固定资产的各组成部分具有不同使用寿命或者以不同方式为企业提供经济利益，适用不同折旧率或折旧方法的，应当分别将各组成部分确认为单项固定资产。故选项B、D正确。

2. AC【解析】选项B错误，固定资产后续支出的处理原则为符合固定资产确认条件的，应当计入固定资产成本，同时将被替换部分的账面价值扣除；不符合固定资产确认条件的，应当计入当期损益。因此，不能绝对地肯定固定资产后续支出都应在当期计入损益。选项D错误，自行建造的固定资产，其成本由建造该项资产达到预定可使用状态前所发生的必要支出构成。

3. ABCD【解析】企业以出包方式建造固定资产，其成本由建造该项固定资产达到预定可使用状态前所发生的必要支出构成，包括发生的建筑工程支出、安装工程支出以及需分摊计入的待摊支出，例如为建造工程发生的管理费、可行性研究费、符合资本化条件的借款费用、建设期间发生的工程物资盘亏、报废及毁损净损失等。

4. ABCD【解析】对于特殊行业的特定固定资产，企业应当按照弃置费用的现值计入相关固定资产成本。石油天然气开采企业应当按照油气资产的弃置费用现值计入相关油气资产成本。在特定固定资产或油气资产的使用寿命内，按照预计负债的摊余成本和实际利率计算确定的利息费用，应当在发生时计入财务费用。选项A正确，弃置费用现值1 000×0.148 64=148.64（万元）；故选项B正确，固定资产入账价值=100 000+148.64=100 148.64（万元）；选项C正确，2015年应负担的财务费用=148.64×10%=14.86（万元）；选项D正确，2016年应负担的利息费用=（148.64+14.86）×10%=16.35（万元）。

5. ABCD【解析】出售、转让、报废等减少固定资产属于固定资产清理范畴。出售固定资产的价款、转让不动产应交纳的增值税、毁损固定资产取得的赔款、清理费用等均影响固定资产清理的净损益。

（三）判断题

1. √【解析】固定资产的各组成部分具有不同使用寿命或者以不同方式为企业提供经济利益，由此适用不同折旧率或折旧方法的，表明这些组成部分实际上是以独立的方式为企业提供经济利益，因此，企业应当将各组成确认为单项资产。

2. √【解析】一般情况下竣工决算前发生的做资本化处理，之后发生的直接费用化。

3. ×【解析】对于特殊行业的特定固定资产，企业应当按照弃置费用的现值计入相关固定资产成本。石油天然气开采企业应当按照油气资产的弃置费用现值计入相关油气资产成本。在固定资产或油气资产的使用寿命内，按照预计负债的摊余成本和实际利率计算确定的利息费用，应当在发生时计入财务费用，但是企业的预计清理费用不等同于弃置费用。

4. √【解析】题干中对报废、毁损的工程物资的会计处理的描述是正确的。

5. ×【解析】盘盈、盘亏、报废、毁损的工程物资，减去保险公司、过失人赔偿部分后的差额，工程项目尚未完工的，计入或冲减所建工程项目的成本；如果工程项目已经完工的，计入当期损益（一般为营业外收支）。

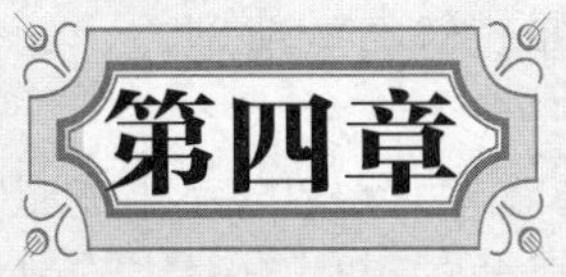

第四章 投资性房地产

本章内容可概括为投资性房地产的定义、确认、计量、转换与处置等内容。本章内容既可以与固定资产、无形资产等章节相结合在计算分析题中进行考查，也可以单独作为 1 道计算分析题进行考查。本章内容在近 3 年考试中的题量为 1~2 题，若涉及计算分析题或综合题，所占分值会超过 10 分。考生应重点掌握投资性房地产后续计量中不同计量模式下的会计处理的区别，以及投资性房地产不同模式间转换的会计处理，这属于考试的重点与难点。

▼ 本章主要考点的题型、估计题量和所占分值一览表

主要考点	题型	题量	所占分值
①投资性房地产转换的会计处理；②投资性房地产后续计量从成本模式转为公允价值模式的会计处理	单选题	1 题	1 分
①投资性房地产的范围；②投资性房地产的确认；③投资性房地产的后续计量从成本模式转为公允价值模式的会计处理	判断题	1 题	1 分
投资性房地产转换、后续计量模式变更、公允价值变动、出售投资性房地产等的会计处理	计算分析题	1 题	12 分

▼ 本章知识结构一览表

投资性房地产	一、投资性房地产的定义、特征及范围	（1）投资性房地产的定义与特征（★★） （2）投资性房地产的范围（★★★）
	二、投资性房地产的确认和初始计量	（1）投资性房地产的确认和初始计量（★★★）：外购房地产、自行建造房地产的确认和初始计量 （2）与投资性房地产有关的后续支出（★★★）：资本化的后续支出、费用化的后续支出
	三、投资性房地产的后续计量	（1）采用成本模式计量的投资性房地产（★★★） （2）采用公允价值模式计量的投资性房地产（★★★） （3）投资性房地产后续计量模式的变更（★★）
	四、投资性房地产的转换和处置	（1）房地产的转换（★★★）成本模式下的转换、公允价值模式下的转换 （2）投资性房地产的处置（★★）：成本模式下的处置、公允价值模式下的处置

第一节 投资性房地产的定义、特征及范围

考点1 投资性房地产的定义与特征（★★）

考点分析

本考点内容较少且简单，考生只要在理解投资性房地产定义的基础上，总结出投资性房地产应具有的特征，即可正确解答相关考题。

考点精讲

投资性房地产是为赚取租金或资本增值，或者两者兼有而持有的房地产。投资性房地产应当能够单独计量和出售。

投资性房地产的主要形式是出租建筑物、出租土地使用权，这实质上属于一种让渡资产使用权行为，因此，投资性房地产是一种经营性活动；可从投资性房地产的用途、状态、目的等方面，将其与作为生产经营场所的房地产和用于销售的房地产进行区分。

典型例题

【例题·多选题】下列各项中，不属于投资性房地产的有（　）。（2009 年）

A. 已出租的建筑物

B. 待出租的建筑物

C. 已出租的土地使用权

D. 以经营租赁方式租入后再转租的建筑物

【解析】投资性房地产主要包括已出租的土地使用权、持有并准备增值后转让的土地使用权和已出租的建筑物 3 种。选项 B，待出租的建筑物其出租

行为并未实际发生，不能可靠确定其成本，因此不属于投资性房地产；选项D，企业没有该建筑物的所有权，因此不应将其归为投资性房地产。

【答案】BD

考点2 投资性房地产的范围（★★★）

考点分析

本考点属于常考的内容，考生除了应掌握投资性房地产包括的主要内容外，还应掌握某些属于或不属于投资性房地产的实例，如企业拥有并自行经营的旅馆、自用的办公楼、按国家规定闲置的土地等，这些实例极有可能出现在考题中。

考点精讲

1. 属于投资性房地产的项目

投资性房地产主要包括以下3部分。

（1）已出租的土地使用权

已出租的土地使用权是指企业通过出让或转让方式取得并以经营租赁方式出租的土地使用权。

企业计划用于出租但尚未出租的土地使用权，不属于此类；对于以经营租赁方式租入土地使用权再转租给其他单位的，不能确认为投资性房地产。

（2）持有并准备增值后转让的土地使用权

持有并准备增值后转让的土地使用权是指企业通过出让或转让方式取得并准备增值后转让的土地使用权。

按照国家有关规定认定的闲置土地，不属于持有并准备增值后转让的土地使用权。

（3）已出租的建筑物

已出租的建筑物是指企业拥有产权并以经营租赁方式出租的房屋等建筑物，包括自行建造或开发活动完成后用于出租的建筑物。

在判断和确认已出租的建筑物时，应注意以下几点。

①以经营租赁方式租入建筑物再转租给其他单位的，不能确认为投资性房地产。

②已出租的建筑物是企业已经与其他方签订了租赁协议，约定以经营租赁方式出租的建筑物。一般应自租赁协议规定的租赁期开始日起，经营租出的建筑物才属于已出租的建筑物。

③企业将建筑物出租，按租赁协议向承租人提供的相关辅助服务在整个协议中不重大的，应当将该建筑物确认为投资性房地产。

2. 不属于投资性房地产的项目

下列项目不属于投资性房地产。

①自用房地产。自用房地产通常是指为生产商品、提供劳务或者经营管理而持有的房地产。如企业自用的办公楼、生产车间等。

②作为存货的房地产。作为存货的房地产通常是指房地产开发企业在正常经营过程中销售的或为销售而正在开发的商品房和土地。

名师解读

同一类建筑物，对于不同的企业可能计入不同的资产类别。如旅馆、饭店所占用的建筑物，若该旅馆、饭店属于某企业拥有并自行经营的，则该企业应将其确认为自用房地产，而不作为投资性房地产核算；但若该旅馆、饭店属于某企业从另一企业租入的建筑物，则对于出租该建筑物的企业而言，应将其确认为投资性房地产，而不作为自用房地产核算。

如果某项房地产部分用于赚取租金或资本增值、部分自用，能够单独计量和出售的、用于赚取租金或资本增值的部分，应当确认为投资性房地产，反之，则不确认为投资性房地产。该项房地产自用的，以及不能够单独计量和出售的、用于赚取租金或资本增值的部分，应当确认为固定资产或无形资产。

典型例题

【例题1·多选题】下列各项中，应作为投资性房地产核算的有（　）。（2015年）

A. 已出租的土地使用权

B. 以经营租赁方式租入再转租的建筑物

C. 持有并准备增值后转让的土地使用权

D. 出租给本企业职工居住的自建宿舍楼

【解析】选项B，以经营租赁方式租入再转租的建筑物，其所有权不属于承租方，不是承租方资产，不能确认为投资性房地产。选项D，出租给职工的自建宿舍楼，其属于间接为企业生产经营服务，应作为固定资产核算，不属于投资性房地产。

【答案】AC

【例题2·判断题】甲企业通过出让方式获得一土地使用权，其将该土地使用权以经营租赁方式出租给乙企业，乙企业获得该土地使用权后，再将其出租给丙企业，则乙企业应将该土地使用权确认为投资性房地产。（　）

【解析】虽然已出租的土地使用权属于投资性房地产的核算范围，但以经营租赁方式租入土地使用权再转租给其他单位的，不能确认为投资性房地产。本题中乙企业的土地使用权是通过经营租赁方式获得的，因此其不得将该土地使用权确认为投资性房地产。

【答案】×

本节考点回顾与总结一览表

本节考点	知识总结
考点1　投资性房地产的定义与特征	①定义：投资性房地产是指为赚取租金或资本增值，或两者兼有而持有的房地产 ②特征：投资性房地产在用途、状态、目的等方面区别于经营场所和作为存货的房地产
考点2　投资性房地产的范围	①投资性房地产包括：已出租的土地使用权、持有并准备增值后转让的土地使用权、已出租的建筑物 ②自用房地产与作为存货的房地产不属于投资性房地产 ③若某房地产具有不同用途的部分能够分别计量的，则将其各部分分别确认为投资性房地产与其他资产

真题演练

1.【多选题】下列各项中，属于投资性房地产的有（　）。（2007 年）

A. 企业拥有并自行经营的饭店

B. 企业以经营租赁方式租出的写字楼

C. 房地产开发企业正在开发的商品房

D. 企业持有拟增值后转让的土地使用权

2.【判断题】企业以经营租赁方式租入后再转租给其他单位的土地使用权，不能确认为投资性房地产。（　）（2016 年）

第二节　投资性房地产的确认和初始计量

考点3　投资性房地产的确认和初始计量（★★★）

考点分析

本考点主要是对投资性房地产的确认条件以及初始成本的确认进行考查。涉及的题型主要为单选题。

考点精讲

将某个项目确认为投资性房地产，首先应当符合投资性房地产的定义，其次要同时满足投资性房地产的两个确认条件。

（1）与该投资性房地产有关的经济利益很可能流入企业。

（2）该投资性房地产的成本能够可靠地计量。

1. 外购投资性房地产的确认条件和初始计量

企业外购的房地产，只有在购入的同时开始对外出租或用于资本增值，才能作为投资性房地产加以确认。企业购入房地产，自用一段时间之后再改为出租或用于资本增值的，应当先将外购的房地产确认为固定资产或无形资产，自租赁期开始日或用于资本增值之日起，才能从固定资产转换为投资性房地产。外购投资性房地产的成本 = 购买价款 + 相关税费 + 可直接归属于该资产的其他支出，初始确认的会计处理如下。

（1）采用成本模式进行后续计量的。

借：投资性房地产

　　贷：银行存款等

（2）采用公允价值模式进行后续计量的。

借：投资性房地产——成本

　　贷：银行存款等

2. 自行建造投资性房地产的确认条件和初始计量

企业自行建造的房地产，只有在自行建造活动完成（即达到预定可使用状态）的同时开始对外出租或用于资本增值，才能将其确认为投资性房地产。若企业自行建造房地产达到预定可使用状态后一段时间才对外出租或用于资本增值的，应当先将该房地产确认为固定资产、无形资产或存货，自租赁期开始日或用于资本增值之日开始，从固定资产、无形资产或存货转换为投资性房地产。

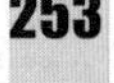

企业自行建造房地产的成本=土地开发费+建筑成本+安装成本+应予资本化的借款费用+分摊的间接费用等

典型例题

【例题1·单选题】2014 年 1 月 1 日，甲公司购入一幢建筑物用于出租，取得发票上注明的价款为 150 万元，款项以银行存款支付。购入该建筑物发生的谈判费用为 0.5 万元，差旅费为 0.4 万元。该投资性房地产的入账价值为（　）万元。

A. 150　　B. 150.4

C. 150.5　　D. 150.9

【解析】外购投资性房地产的成本，包括购买价款、相关税费和可直接归属于该资产的其他支出。本题中，只有支付的价款计入投资性房地产的成本，谈判费用和差旅费计入当期的管理费用，为投资性房地产直接发生的相关税费，如契税、维修基金等才能计入投资性房地产成本。

【答案】A

【例题2·判断题】企业自行建造投资性房地产的成本，包括建造该项资产办理竣工决算前发生的所有必要支出。（　）

【解析】对于企业自行建造的投资性房地产，其成本由建造该项资产达到预定可使用状态前所发生的必要支出构成。题干中描述的“办理竣工决算前”表述错误。

【答案】×

考点4 与投资性房地产有关的后续支出（★★★）

考点分析

本考点主要涉及与投资性房地产有关的后续资本化支出和费用化支出，考生应重点关注采用不同方式对投资性房地产进行后续计量时，其会计处理原则以及会计科目的区别。

考点精讲

1. 资本化的后续支出

与投资性房地产有关的后续支出，满足投资性房地产确认条件的，应当计入投资性房地产成本。

企业将投资性房地产进行改扩建，且改扩建后该投资性房地产仍将作为投资性房地产核算的，再开发期间仍应继续将其作为投资性房地产核算，再开发期间不计提折旧或摊销。相关会计分录如表4-1所示。

表4-1 投资性房地产改扩建的会计处理

阶段	成本模式	公允价值模式
转为改扩建	借：投资性房地产——在建 投资性房地产累计折旧 投资性房地产减值准备 贷：投资性房地产	借：投资性房地产——在建 贷：投资性房地产 ——成本 ——公允价值变动 （或借方）
支付相关费用	借：投资性房地产——在建 贷：银行存款等	借：投资性房地产——在建 贷：银行存款等
完成改扩建	借：投资性房地产 贷：投资性房地产 ——在建	借：投资性房地产——成本 贷：投资性房地产 ——在建

误区提醒

考生应注意区分采用公允价值模式计量的投资性房地产改扩建与固定资产大修理的会计处理的区别。①投资性房地产改扩建的会计处理中，是将“投资性房地产”科目中的“成本”“公允价值变动”等明细科目转入投资性房地产的“在建”明细科目，属于同一科目不同明细科目间的结转；②固定资产大修理的会计处理中，是将“固定资产”科目转入“在建工程”科目，属于不同科目间的结转。

2. 费用化的后续支出

与投资性房地产有关的后续支出，不满足投资性房地产确认条件的，如企业对投资性房地产进行日常维护所发生的支出，应当在发生时计入当期损益，借记“其他业务成本”等科目，贷记“银行存款”等科目。

典型例题

【例题·单选题】2015年3月，甲公司与乙公司的写字楼经营租赁合同即将到期，该写字楼按照成本模式进行后续计量。为了增加写字楼的租金收入，甲公司决定租赁期满后对写字楼进行改扩建，并与丙公司签订了经营租赁合同，约定自改扩建完工时将写字楼出租给丙公司。3月31日，与乙公司的租赁合同到期，写字楼随即进入改扩建工程，原价为9 000万元，已计提折旧1 500万元。12月20日，写字楼改扩建工程完工，共发生支出2 500万元，即日按照合同出租给丙公司。改扩建支出属于资本化的后续支出。甲公司改扩建完工后的投资性房地产入账价值为（ ）万元。

A. 11 500　　B. 9 000

C. 7 500　　D. 10 000

【解析】改扩建完工后的投资性房地产入账价值=9 000−1 500+2 500=10 000（万元）。

① 2015年5月31日，投资性房地产转入改扩建工程。

借：投资性房地产——写字楼——在建　75 000 000

投资性房地产累计折旧　15 000 000

贷：投资性房地产——写字楼　90 000 000

②甲公司与丙公司签订的合同表明该项投资性房地产进行改扩建等后将再开发且仍作为投资性房地产的，再开发期间（2015年4月1日~2015年12月20日）应继续将其作为投资性房地产，再开发期间不计提折旧或摊销。

借：投资性房地产——在建　25 000 000

贷：银行存款　25 000 000

③ 2015年12月20日，改扩建工程完工。

借：投资性房地产——写字楼　100 000 000

贷：投资性房地产——在建　100 000 000

【答案】D

本节考点回顾与总结一览表

本节考点	知识总结
考点3 投资性房地产的确认和初始计量	①外购投资性房地产的成本＝购买价款＋相关税费＋可直接归属于该资产的其他支出 ②自行建造房地产的成本＝土地开发费＋建筑成本＋安装成本＋应予资本化的借款费用＋分摊的间接费用等
考点4 与投资性房地产有关的后续支出	①资本化的后续支出记入“投资性房地产——在建”科目 ②费用化的后续支出记入“其他业务成本”科目

第三节 投资性房地产的后续计量

考点5 采用成本模式计量的投资性房地产（★★★）

考点分析

本考点中，考生应重点掌握采用成本模式对投资性房地产进行后续计量时涉及的会计科目，以及后续计量中涉及的各种情形下的会计处理。本考点一般会以单选题的形式进行考查。

考点精讲

投资性房地产通常应当采用成本模式进行后续计量，满足特定条件时也可以采用公允价值模式对投资性房地产进行后续计量。但是，同一企业不得同时采用两种计量模式对所有投资性房地产进行后续计量。

1. 科目设置

采用成本模式计量的投资性房地产应设置的会计科目包括“投资性房地产”“投资性房地产累计折旧（摊销）”和“投资性房地产减值准备”科目。

2. 会计处理

成本模式下，投资性房地产的后续计量主要包括对计提折旧或摊销、计提减值准备以及取得租金收入等的会计处理。

（1）计提折旧或摊销

借：其他业务成本

　　贷：累计折旧（摊销）

（2）计提减值准备

借：资产减值损失

　　贷：投资性房地产减值准备

（3）取得租金收入

借：银行存款等

　　贷：其他业务收入

> **名师解读**
>
> 采用成本模式计量的投资性房地产，其计提折旧（或摊销）与固定资产计提折旧的原则相同，即当期增加的，当期不计提折旧（或摊销），从下期开始计提折旧（或摊销），当期减少的，当期照样计提折旧（或摊销），从下期开始不计提折旧（或摊销）。考生应注意将投资性房地产中的建筑物与土地使用权计提折旧与摊销的原则分别与固定资产与无形资产的折旧与摊销相对应。

典型例题

【例题·单选题】甲公司对持有的投资性房地产采用成本模式计量。2015 年 9 月 10 日购入一项房地产，总价款为 8 400 万元，其中土地使用权的价值为 3 600 万元，地上建筑物的价值为 4 800 万元。土地使用权及地上建筑物的预计使用年限均为 20 年，均采用直线法计提折旧或摊销，预计净残值均为零。购入当日即开始对外出租。不考虑其他因素，则甲公司 2015 年度应确认的投资性房地产折旧和摊销额为（　）万元。

A. 105　　B. 120

C. 140　　D. 80

【解析】当月增加的投资性房地产（地上建筑物）当月不提折旧，当月增加的投资性房地产（土地使用权）当月开始摊销，即地上建筑物从 10 月开始计提折旧，土地使用权从 9 月开始摊销，甲公司 2015 年度应确认的投资性房地产折旧和摊销额 = 4 800 ÷ 20 ×（3 ÷ 12）+3 600 ÷ 20 ×（4 ÷ 12）=120（万元）。

【答案】B

考点6 采用公允价值模式计量的投资性房地产（★★★）

考点分析

本考点中，考生应重点掌握采用公允价值模式计量的投资性房地产时涉及的明细科目，以及后续计量的会计处理。本考点与考点 5 的关联性较强，考生可将两者进行对比，加强理解。

考点精讲

投资性房地产的公允价值是指市场参与者在计量日的有序交易中，出售该房地产所能收到的金额。

企业只有存在确凿证据表明投资性房地产的公允价值能够持续可靠取得的情况下，才可以采用公允价值模式对投资性房地产进行后续计量。

1. 科目设置

采用公允价值模式计量的投资性房地产应设置的会计科目包括“投资性房地产——成本”和“投资性房地产——公允价值变动”科目。

2. 会计处理

公允价值模式下，投资性房地产的后续计量主要包括对投资性房地产公允价值的变动以及取得租金收入等进行会计处理。

（1）公允价值上升时

借：投资性房地产——公允价值变动

　　贷：公允价值变动损益

（2）公允价值下降时

借：公允价值变动损益

　　贷：投资性房地产——公允价值变动

（3）取得资金收入时

借：银行存款等

　贷：其他业务收入

典型例题

【例题1·多选题】下列关于公允价值模式计量投资性房地产的表述中，不正确的有（　）。

A. 企业对投资性房地产采用公允价值模式计量的，不需对投资性房地产计提折旧或进行摊销

B. 企业对投资性房地产采用公允价值模式计量的，存在减值迹象时，应当按照资产减值的有关规定进行减值测试

C. 企业持有的采用公允价值模式计量的投资性房地产，公允价值高于账面余额的差额计入其他业务收入

D. 企业对投资性房地产采用公允价值模式计量的，取得的租金收入一般计入其他业务收入

【解析】采用公允价值模式计量的投资性房地产，不需要计提折旧或进行摊销，也不需要进行减值测试，应当以资产负债表日投资性房地产的公允价值为基础调整其账面价值，选项B错误；公允价值高于账面余额的差额计入公允价值变动损益，选项C错误。

【答案】BC

【例题2·单选题】甲公司于2015年1月1日将一幢自用办公楼对外出租，并采用公允价值模式计量，租期为3年，每年12月31日收取租金360万元。出租时，该办公楼的账面价值为4 000万元，公允价值为3 700万元，2015年12月31日，该办公楼的公允价值为3 850万元。甲公司2015年应确认的公允价值变动收益为（　）万元。

A. −150　　B. 150

C. 300　　D. −300

【解析】企业应当以资产负债表日投资性房地产的公允价值为基础调整其账面价值，公允价值与原账面价值之间的差额 −150万元（3 850−4 000）计入当期损益。公允价值变动损益属于损益类账户，其借方核算因公允价值变动而形成的损失金额和贷方发生额的转出额，因此甲公司2015年应确认的公允价值变动收益为 −150万元。

【答案】A

考点7　投资性房地产后续计量模式的变更（★★）

考点分析

本考点是本节的重点与难点，其难度在于投资性房地产计量模式间转变涉及的会计处理，很多考生容易将本考点与投资性房地产转换的会计处理相混淆，考试中也极有可能将两者相结合进行考查。

考点精讲

企业投资性房地产后续计量模式一经确定，不得随意变更。只有房地产市场比较成熟、能够满足采用公允价值模式条件，计量模式才能由成本模式变更为公允价值模式。投资性房地产不得由公允价值模式转换为成本模式。企业采用成本模式对投资性房产进行后续计量的，即使有证据表明，企业首次取得某项投资性房产时，该投资性房产的公允价值能够持续可靠取得的，该企业仍应对该投资性房产采用成本模式进行后续计量。

投资性房地产的后续计量模式由成本模式转为公允价值模式的，应当作为会计政策变更处理，将计量模式变更时公允价值与账面价值的差额，调整期初留存收益。相关会计分录如下。

借：投资性房地产——成本（变更日公允价值）

　　投资性房地产累计折旧（或摊销）

　　　（原房地产已计提的折旧或摊销）

　　投资性房地产减值准备（原房地产已计提的减值准备）

　贷：投资性房地产（原房地产原价）

　　　利润分配——未分配利润（或借记）

　　　盈余公积（或借记）

典型例题

【例题1·多选题】下列有关投资性房地产后续计量会计处理的表述中，正确的有（　）。（2008年）

A. 不同企业可以分别采用成本模式或公允价值模式

B. 满足特定条件时可以采用公允价值模式

C. 同一企业可以分别采用成本模式和公允价值模式

D. 同一企业不得同时采用成本模式和公允价值模式

【解析】同一企业不得同时采用成本模式和公允价值模式对投资性房地产进行后续计量，因此选项C错误。

【答案】ABD

【例题2·单选题】下列关于投资性房地产核算的表述中，正确的是（　）。

A. 采用成本模式计量的投资性房地产不需要确认减值损失

B. 采用公允价值模式计量的投资性房地产可转换为成本模式计量

C. 采用公允价值模式计量的投资性房地产，公允价值的变动金额应计入资本公积

D. 采用成本模式计量的投资性房地产，符合条件时可转换为公允价值模式计量

【解析】投资性房地产采用成本模式计量的期末也应考虑计提减值损失，选项A错误；公允价值模式核算的不能再转为成本模式核算，而成本模式核算的符合一定的条件可以转为公允价值模式，选项B错误；投资性房产采用公允价值模式计量，其公允价值变动金额应计入公允价值变动损益，选项C错误。

【答案】D

本节考点回顾与总结一览表

本节考点	知识总结
考点5 采用成本模式计量的投资性房地产	①科目设置：投资性房地产、投资性房地产累计折旧（摊销）、投资性房地产减值准备 ②计提的累计折旧（摊销）额计入其他业务成本
考点6 采用公允价值模式计量的投资性房地产	①“投资性房地产”应设置“成本”与“公允价值变动”明细科目 ②公允价值变动计入公允价值变动损益
考点7 投资性房地产后续计量模式的变更	①只能由成本模式转为公允价值模式，不能由公允价值模式转为成本模式 ②公允价值与账面价值的差额调整留存收益

真题演练

1.【判断题】已采用公允价值模式计量的投资性房地产，不得从公允价值计量模式转为成本计量模式。（　）（2012年）

2.【单选题】投资性房地产的后续计量从成本模式转为公允价值模式的，转换日投资性房地产的公允价值高于其账面价值的差额会对下列财务报表项目产生影响的是（　）。（2011年）

A. 资本公积

B. 营业外收入

C. 未分配利润

D. 投资收益

第四节　投资性房地产的转换和处置

考点8　房地产的转换（★★★）

考点分析

本考点属于本章的难点，其涉及的账务处理比较复杂，但只要考生理清投资性房地产与存货、自用房地产间转换涉及的会计科目及具体处理方法，也能够轻松解决本考点的相关考题。本章若出现在计算分析题中，通常都会涉及本考点的知识。

考点精讲

1. 房地产的转换形式与转换日

房地产的转换是指投资性房地产与自用房地产、存货间的转换。不同类别房地产间的转入与转出，其转换日的确定也有所不同，具体内容如表4-2所示。

表4-2　房地产转换形式与转换日的确定

转换形式	转换日的确定
投资性房地产→自用房地产	房地产达到自用状态，即企业开始将其用于生产商品、提供劳务或者经营管理的日期
存货→投资性房地产（出租）	租赁期开始日
自用房地产→投资性房地产（出租）	租赁期开始日
自用土地使用权→投资性房地产（赚取租金或资本增值）	自用土地使用权停止自用后，确定用于赚取租金或资本增值的日期
投资性房地产→存货	租赁期满，企业董事会或类似机构作出书面决议明确表明将其重新开发用于对外销售的日期

2. 房地产转换的会计处理

（1）成本模式下的转换

成本模式下投资性房地产转换的会计处理如表4-3所示。

表4-3　成本模式下投资性房地产转换的会计处理

转换形式	会计处理
投资性房地产→自用房地产	借：固定资产（无形资产） 投资性房地产累计折旧（累计摊销） 投资性房地产减值准备 贷：投资性房地产 累计折旧（累计摊销） 固定资产减值准备（无形资产减值准备）
投资性房地产→存货	借：开发产品 投资性房地产累计折旧（摊销） 投资性房地产减值准备 贷：投资性房地产
自用房地产→投资性房地产	借：投资性房地产 累计折旧（累计摊销） 固定资产减值准备（无形资产减值准备） 贷：固定资产（无形资产） 投资性房地产累计折旧（累计摊销） 投资性房地产减值准备
存货→投资性房地产	借：投资性房地产 存货跌价准备 贷：开发产品

（2）公允价值模式下的转换

公允价值模式下投资性房地产转换的会计处理如表 4-4 所示。

表 4-4　公允价值模式下投资性房地产转换的会计处理

转换形式	会计处理
投资性房地产→自用房地产	借：固定资产（无形资产） 　贷：投资性房地产——成本 　　　　　　　　　——公允价值变动（或借记） 　　　公允价值变动损益（或借记）
投资性房地产→存货	借：开发产品 　贷：投资性房地产——成本 　　　　　　　　　——公允价值变动（或借记） 　　　公允价值变动损益（或借记）
自用房地产→投资性房地产	借：投资性房地产——成本 　累计折旧（累计摊销） 　固定资产减值准备（无形资产减值准备） 　公允价值变动损益（借方差额） 　贷：固定资产（无形资产） 　　　其他综合收益（贷方差额）
存货→投资性房地产	借：投资性房地产——成本 　存货跌价准备 　公允价值变动损益（借方差额） 　贷：开发产品 　　　其他综合收益（贷方差额）

名师解读

成本模式下投资性房地产的转换中，均按照账面价值进行处理，不涉及对差额的处理；公允价值模式下投资性房地产的转换中，有时会涉及借方差额与贷方差额计入不同会计科目的情况，考生可分以下情况进行理解。

①当投资性房地产转换为自用房地产或存货时，无论是借方差额还是贷方差额，均记入"公允价值变动损益"科目。

②当自用房地产或存货转换为投资性房地产时，若形成借方差额，记入"公允价值变动损益"科目，若形成贷方差额，记入"其他综合收益"科目。

③在处置投资性房地产时，原应转换记入"其他综合收益"科目的部分应转入当期收益（其他业务成本）。

典型例题

【例题 1 · 判断题】企业将自行建造的房地产达到预定可使用状态时开始自用，之后改为对外出租，应当在该房地产达到预定可使用状态时确认为投资性房地产。（　）（2010 年）

【解析】企业自行建造房地产达到预定可使用状态后一段时间才对外出租的，应当先将该房地产确认为固定资产，自租赁期开始日起，从固定资产转为投资性房地产。

【答案】×

【例题 2 · 单选题】关于房地产转换日的确定，下列表述不正确的是（　）。

A. 企业将原本用于出租的房地产改用于经营管理，则该房地产的转换日为房地产达到自用状态，企业开始将房地产用于经营管理的日期

B. 房地产开发企业将其持有的开发产品以经营租赁的方式出租，则该房地产的转换日为房地产的租赁期开始日

C. 企业将自用土地使用权改用于资本增值，则该房地产的转换日为计划将自用土地使用权停止自用的日期

D. 自用建筑物停止自用改用于出租，转换日一般为租赁期开始日

【解析】选项 C 错误，自用土地使用权将用途改为资本增值，则其转换为投资性房地产的日期为停止自用后确定用于赚取租金或资本增值的日期。

【答案】C

【例题 3 · 单选题】甲公司拥有一栋办公用写字楼。2014 年 12 月 1 日，甲公司拟将该办公楼出租。2015 年 1 月 1 日，甲公司与乙公司签订经营租赁协议，将该写字楼整体出租给乙公司使用，租赁期开始日为 2015 年 1 月 1 日，年租金为 300 万元，租期 3 年。当日，该写字楼的账面余额为 3 500 万元，已计提折旧 1 000 万元，公允价值为 1 800 万元，且预计其公允价值能够持续可靠取得。2015 年底，该项投资性房地产的公允价值为 2 400 万元。假定甲公司对投资性房地产采用公允价值模式计量，不考虑其他因素，则下列说法中不正确的是（　）。

A. 自用房地产转为投资性房地产的转换日为 2015 年 1 月 1 日

B. 转换日，写字楼账面价值与公允价值的差额应计入其他综合收益

C. 甲公司收取的租金应确认为其他业务收入

D. 该项房地产对甲公司 2015 年度损益的影响金额为 200 万元

【解析】选项 A 正确，自用房地产转为投资性房地产，转换日为租赁期开始日；选项 B，转换日公允价值 1 800 万元小于账面价值 2 500 万元（3 500－1 000）的差额应计入公允价值变动损益，不计其他综合收益，相关会计分录如下。

借：投资性房地产——成本 18 000 000
　累计折旧　　　　　　　10 000 000
　公允价值变动损益　　　7 000 000
　贷：固定资产　　　　　　　35 000 000

选项 C，期末收到租金收入时，甲公司应编制如下分录。

借：银行存款等　　　　3 000 000
　贷：其他业务收入　　　3 000 000

选项 D，期末按照公允价值调整该房地产的账面价值，两者的差额 600 万元（2400−1800）计入当期损益，相关会计分录如下。

借：投资性房地产——公允价值变动
　　　　　　　　　　　　　　6 000 000

贷：公允价值变动损益 6 000 000

因此，该项房地产对甲公司2015年度损益的影响金额=-700+300+600=200（万元）。

【答案】B

考点9 投资性房地产的处置（★★）

考点分析

本考点属于考试的常考内容，一般是对不同模式计量的投资性房地产处置的具体会计处理进行考查，涉及的题型包括单选题、多选题、判断题和计算分析题。

考点精讲

当投资性房地产被处置，或者永久退出使用且预计不能从其处置中取得经济利益时，应当终止确认该项投资性房地产。

投资性房地产处置的会计处理如表4-5所示。

表4-5 投资性房地产处置的会计处理

成本模式	公允价值模式
借：银行存款 贷：其他业务收入 借：其他业务成本 投资性房地产累计折旧（累计摊销） 投资性房地产减值准备 贷：投资性房地产	借：银行存款 贷：其他业务收入 借：其他业务成本 贷：投资性房地产——成本 ——公允价值变动（或借方） 借：其他综合收益 贷：其他业务成本 借：公允价值变动损益 贷：其他业务成本（或相反分录）

典型例题

【例题·判断题】处置投资性房地产是通过其他业务收入和其他业务成本反映处置损益的，不通过营业外收支反映。（ ）

【解析】不管是以成本模式还是公允价值模式计量，投资性房地产在处置时收到的金额都贷记“其他业务收入”，都按账面余额借记“其他业务成本”。

【答案】√

本节考点回顾与总结一览表

本节考点	知识总结
考点8 房地产的转换	①转换形式：投资性房地产与自用房地产、存货间的转换 ②转换日：不同类别房地产间的转换日有所不同 ③会计处理：成本模式下按照各科目的明细科目结转；公允价值模式下存在对转换差额的处理
考点9 投资性房地产的处置	①处置价款计入其他业务收入，账面价值计入其他业务成本 ②公允价值模式计量下，应结转公允价值变动损益和其他综合收益

真题演练

1.【单选题】2011年7月1日，甲公司将一项按照成本模式进行后续计量的投资性房地产转换为固定资产。该资产在转换前的账面原价为4 000万元，已计提折旧200万元，已计提减值准备100万元，转换日的公允价值为3 850万元，假定不考虑其他因素，转换日甲公司应借记“固定资产”的金额为（ ）万元。（2012年）

A. 3 700　　B. 3 800

C. 3 850　　D. 4 000

2.【单选题】企业将作为存货的商品房转换为采用公允价值模式后续计量的投资性房地产时，商品房公允价值高于账面价值的差额应当记入的科目是（ ）。（2008年）

A. 其他综合收益

B. 营业外收入

C. 其他业务收入

D. 公允价值变动损益

第五节 本章综合练习

（一）单选题

1. 2014年5月，甲公司与乙公司的一项写字楼经营租赁合同即将到期，该写字楼按照公允价值模式进行后续计量，为了提高写字楼的租金收入，甲公司决定在租赁期满后对写字楼进行改扩建，并与丙公司签订了经营租赁合同，约定自改扩建完工时将写字楼出租给丙公司。5月31日，与乙公司的租赁合同到期，写字楼随即进入改扩建工程，当日“投资性房地产——成本”借方余额为12 000万元，“投资性房地产——公允价值变动”借方余额为3 000万元。12月15日，写字楼改扩建工程完工，共发生支出4 500万元，即日按照租赁合同出租给丙公司。改扩建支出属于资本化的后续支出。甲公司改扩建完工后的投资性房地产入账价值为（ ）万元。

A. 13 500　　B. 13 000

C. 19 500　　D. 10 000

2. 2014年1月31日，甲公司资产管理部门建议管理层将快要到期的出租办公楼收回，以解决办公场所不足的问题。2月5日，甲公司董事会就该办公楼作出书面决议，决定收回用于行政办公。2月

28日合同到期后，对该楼进行装修，4月30日起达到自用状态。甲公司将投资性房地产转换为自用房地产的时点是（　）。

A. 1月31日　　B. 2月5日

C. 2月28日　　D. 4月30日

3. 甲公司为房地产开发企业并采用成本模式计量。2015年12月31日对外出租的房地产租赁期届满，企业董事会作出书面决议明确表明，将该房地产重新开发用于对外销售的，从投资性房地产转换为存货。2015年12月31日转换日该房地产的公允价值为1 200万元，转换日之前“投资性房地产”科目余额为1 500万元，“投资性房地产累计折旧”金额为400万元，则转换日该存货的入账价值为（　）万元。

A. 1 500　　B. 2 000

C. 2 200　　D. 1 100

4. QZ公司对投资性房地产采用成本模式进行后续计量。2014年2月15日其自行建造的办公楼达到预定可使用状态并与丙公司签订经营租赁协议，将其出租给丙公司使用。该项办公楼的建造成本为6 240万元，预计使用年限为40年，预计净残值为240万元，甲公司采用年限平均法对其计提折旧。2015年年末房地产交易市场低迷，甲公司对该项办公楼进行减值测试，预计其可收回金额为5 800万元，则2015年年末甲公司应计提的投资性房地产减值准备金额为（　）万元。

A. 60　　B. 165

C. 120　　D. 240

5. 投资性房地产由成本模式转为公允价值模式时，不考虑所得税影响，则转换时公允价值与原账面价值的差额应计入（　）。

A. 资本公积

B. 公允价值变动损益

C. 留存收益

D. 投资收益

（二）多选题

1. 下列关于投资性房地产的会计处理中，表述正确的有（　）。

A. 采用公允价值模式计量的投资性房地产转换为自用房地产时，应当以其转换当日的账面价值作为自用房地产的入账价值

B. 已经采用公允价值模式对投资性房地产进行后续计量的企业，对于新取得的投资性房地产，如果确实无法持续可靠取得其公允价值，应当对其采用成本模式计量直至处置，并假设无残值

C. 对投资性房地产进行改扩建且将来仍作为投资性房地产的，在开发期间应继续将其作为投资性房地产核算，在开发期间照提折旧或摊销

D. 采用成本模式对投资性房地产进行后续计量的企业，即使有证据表明，企业首次取得某项投资性房地产时，该投资性房地产的公允价值能够持续可靠取得的，也应对该项房地产采用成本模式计量

2. 下列有关投资性房地产的会计处理方法中，不正确的有（　）。

A. 将采用公允价值模式计量的投资性房地产转为自用时，其在转换日的公允价值与原账面价值的差额，应计入投资收益

B. 投资性房地产的处置损益应作为利得反映在利润表

C. 成本模式计量时，投资性房地产计提的折旧和摊销金额需要记入“管理费用”科目

D. 无论采用公允价值模式，还是采用成本模式对投资性房地产进行后续计量，取得的租金收入，均应计入其他业务收入

3. 投资性房地产的确认，需要满足的条件有（　）。

A. 与该投资性房地产有关的经济利益很可能流入企业

B. 该投资性房地产的成本能够可靠地计量

C. 投资性房地产有活跃的交易市场

D. 投资性房地产的公允价值能够持续可靠取得

4. 下列各项有关投资性房地产采用公允价值模式计量的说法中，正确的有（　）。

A. 不对投资性房地产计提折旧或摊销

B. 取得的租金收入计入投资收益

C. 资产负债表日，投资性房地产按当日的公允价值计量

D. 资产负债表日，确认的公允价值变动金额应当计入其他综合收益

（三）判断题

1. 与投资性房地产有关的后续支出，应当在发生时计入投资性房地产成本。（　）

2. 采用公允价值模式进行后续计量的投资性房地产，应根据其预计使用寿命计提折旧或进行摊销。（　）

3. 投资性房地产转为非投资性房地产时，公允价值模式下，不论公允价值是否高于账面价值，差额均计入公允价值变动损益。（　）

4. 投资性房地产进行改扩建时，应将其账面价值转入“在建工程”科目核算，发生的改扩建或装修支出满足确认条件的记入“在建工程”科目，待改扩建或装修完成后转入“投资性房地产”科目核算。（　）

第六节 本章真题演练及综合练习答案与解析

一、真题演练答案速查表

所在节	题号	答案	题号	答案	题号	答案
第一节	1	BD	2	√		
第二节	无					
第三节	1	√	2	C		
第四节	1	D	2	A		

二、本章综合练习答案与解析

（一）单选题

1. C【解析】改扩建完工后的投资性房地产入账价值 =12 000+3 000+4 500=19 500（万元）。

2. D【解析】投资性房地产开始自用，转换日应为该房地产进入自用状态的日期，即 4 月 30 日。

3. D【解析】转换日该存货的入账价值 = 投资性房地产在转换日的账面价值 =1 500−400=1 100（万元）。

4. B【解析】至 2015 年年末甲公司对该投资性房地产累计应计提的投资性房地产累计折旧金额 =（6 240−240）÷40×(10+12)÷12=275(万元)，2015 年年末该项投资性房地产的账面价值 =6 240−275=5 965(万元)，其可收回金额为 5 800 万元，故应计提的投资性房地产减值准备金额 =5 965−5 800=165(万元)。

5. C【解析】投资性房地产的后续计量模式发生变更时，应作为会计政策变更，调整期初留存收益。

（二）多选题

1. BD【解析】采用公允价值模式计量的投资性房地产转换为自用房地产时，应当以其转换当日的公允价值作为自用房地产的入账价值，公允价值与原账面价值的差额计入当期损益（公允价值变动损益），选项 A 错误；对投资性房产进行改扩建且将来仍作为投资性房地产的，在开发期间不计提折旧或摊销，选项 C 错误。

2. ABC【解析】选项 A 错误，采用公允价值模式计量的投资性房地产转为自用时，转换日公允价值与原账面价值的差额，应计入公允价值变动损益；选项 B 错误，投资性房地产的处置损益计入其他业务收入或其他业务成本；选项 C 错误，成本模式计量时，投资性房地产按期计提折旧和摊销金额，借记“其他业务成本”科目，贷记“投资性房地产累计折旧（摊销）”科目。

3. AB【解析】投资性房地产同时满足下列条件时，才能予以确认：①与该投资性房地产有关的经济利益很可能流入企业；②该投资性房地产的成本能够可靠地计量。选项 C、D 是投资性房地产采用公允价值模式计量应满足的条件，与本题无关。

4. AC【解析】选项 B 错误，由于投资性房地产是一种经营性活动（而非投资性活动），取得的租金收入应计入其他业务收入，而不能计入投资收益；选项 D 错误，资产负债表日确认的公允价值变动金额应当计入公允价值变动损益。

（三）判断题

1. ×【解析】与投资性房地产有关的后续支出，满足投资性房地产确认条件的，应当计入投资性房地产成本；不满足投资性房地产确认条件的，如企业对投资性房地产进行日常维护所发生的支出，应当在发生时计入当期损益。

2. ×【解析】公允价值模式计量下的投资性房地产不计提折旧或进行摊销。

3. √【解析】采用公允价值模式计量的投资性房地产转换为自用房地产（或存货）时，应当以其转换当日的公允价值作为自用房地产（或存货）的入账价值，公允价值与原账面价值的差额计入当期损益（公允价值变动损益）。

4. ×【解析】进行改扩建的投资性房地产应通过“投资性房地产——在建”科目核算，改扩建时将其账面价值转入“投资性房地产——在建”科目，改扩建中发生的资本化的改良或装修支出通过“投资性房地产——在建”科目归集，待完工达到预定可使用状态后转入“投资性房地产”或“投资性房地产——成本”科目核算。

长期股权投资

本章内容具有很强的综合性，其可与资产减值和合并财务报表等章节相结合进行考查。本章内容可以出现在所有考试题型中。在近 3 年的考试中，本章知识经常以多选题和计算分析题的形式进行考查，分值为 2~10 分。本章内容中，长期股权投资的初始计量常以单选题的形式进行考核；有关长期股权投资核算方法的转换，很容易出现计算分析题与综合题。因此，本章属于非常重要的章节，考生应重点掌握。

▼ 本章主要考点的题型、估计题量和所占分值一览表

主要考点	题型	题量	所占分值
①处置部分投资由成本法改为权益法；②权益法核算内部交易的会计处理	多选题	1 题	2 分
因追加投资持股比例长期股权投资由成本法转换为权益法的核算	计算分析题	1 题	10 分

▼ 本章知识结构一览表

长期股权投资	一、长期股权投资的范围和初始计量	（1）长期股权投资的范围（★★） （2）长期股权投资的初始计量（★★★）：企业合并形成的长期股权投资、企业合并以外的其他方式取得的长期股权投资
	二、长期股权投资的后续计量	（1）成本法（★★★） （2）权益法（★★★）：初始投资成本的调整，投资损益的确认，被投资单位其他综合收益变动的处理，取得现金股利或利润的处理，超额亏损的确认，被投资单位除净损益、其他综合收益以及利润分配以外的所有者权益的其他变动 （3）长期股权投资核算方法的转换（★★★） （4）长期股权投资的减值与处置（★★）
	三、共同经营	共同经营的判断以及共同经营参与方的会计处理（★★）

第一节 长期股权投资的范围和初始计量

考点1 长期股权投资的范围（★★）

考点分析

本考点可能会以单选题、多选题和判断题的形式进行考查。考生可从投资方与被投资方关系的角度掌握长期股权投资的范围。

考点精讲

长期股权投资包括以下 3 个方面。

（1）投资方能够对被投资单位实施控制的权益性投资，即对子公司的投资。

（2）投资方与其他合营方一同对被投资单位实施共同控制且对被投资单位净资产享有权利的权益性投资，即对合营企业的投资。

（3）投资方对被投资单位具有重大影响的权益性投资，即对联营企业的投资。

典型例题

【例题·单选题】已知甲、乙、丙三家公司共同出资设立 A 公司，根据投资协议，A 公司经营活动的决策至少需要 70% 的表决权通过才能实施。假定甲、乙、丙中任意两方均可达成一致意见，但三方不可能同时达成一致意见。下列甲、乙、丙所构成的出资份额中，属于能对 A 公司实施共同控制的是（　）。

A. 甲公司、乙公司、丙公司在 A 公司中的投资份额分别为 20%、50%、30%

B. 甲公司、乙公司、丙公司在 A 公司中的投资份额分别为 35%、40%、25%

C. 甲公司、乙公司、丙公司在 A 公司中的投资份额分别为 15%、30%、55%

D. 甲公司、乙公司、丙公司在 A 公司中的投资份额分别为 30%、25%、45%

【解析】选项 A，甲与乙、乙与丙均能够控制经营活动的决策，组合不唯一；选项 C，甲与丙、乙

与丙均能够控制经营活动的决策，组合不唯一；选项D，甲与丙、乙与丙均能够控制经营活动的决策。选项B，仅存在甲与乙的组合，能够控制经营活动的决策，因此，能对A公司实施共同控制。

【答案】B

误区提醒

共同控制合营安排的参与方组合是唯一的，因此，如果存在两个或两个以上的参与方组合能够集体控制某项安排的，则不构成共同控制。

考点2 长期股权投资的初始计量（★★★）

考点分析

本考点涉及的内容较多，可能出题的范围较广，如不同方式下取得长期股权投资投资成本的确定、取得投资过程中直接相关费用应计入的会计科目以及取得投资具体的会计处理等，都可能作为具体考点进行考查。

考点精讲

1．企业合并形成的长期股权投资

（1）同一控制下企业合并形成的长期股权投资

①合并方以支付现金方式、转让非现金资产或承担债务方式作为合并对价的，其取得长期股权投资的会计分录如下。

借：长期股权投资（取得被合并方在最终控制方合并财务报表中的净资产账面价值的份额＋最终控制方收购被合并方形成的商誉）

资本公积（借方差额）

盈余公积（借方差额）

未分配利润（借方差额）

贷：相关负债（所承担负债的账面价值）

相关资产（所投出资产的账面价值）

资本公积——资本溢价或股本溢价（贷方差额）

名师解读

长期股权投资的初始投资成本与支付的现金、转让的非现金资产即所承担债务账面价值之间若形成借方差额，应依次冲减资本公积、盈余公积、未分配利润。

支付审计、法律服务、评估咨询等中介费用及其他相关管理费用时，应编制如下会计分录。

借：管理费用

贷：银行存款

②合并方以发行权益性证券作为合并对价的，其取得长期股权投资的会计分录如下。

借：长期股权投资（取得被合并方在最终控制方合并财务报表中的净资产账面价值的份额＋最终控制方收购被合并方形成的商誉）

贷：股本（发行的股票的数量×每股面值）

资本公积——股本溢价（差额）

支付发行权益性证券的发行费用时，编制的会计分录如下。

借：资本公积——股本溢价

贷：银行存款

名师解读

在确定长期股权投资的账面价值时，若被合并方在合并日的净资产账面价值为负数，则长期股权投资的初始投资成本为零，企业应在备查簿中登记此情况。另外，若被合并方与合并方的会计政策不一致，应按照合并方的会计政策对被合并方的净资产的账面价值进行调整，从而确定长期股权投资的初始投资成本。

③企业通过多次交换交易分步取得同一控制下被投资单位的股权，最终形成控股合并的，应当判断多次交易是否属于“一揽子交易”。符合以下情况的，则表明应将多次交易事项作为一揽子交易进行会计处理：a. 这些交易是同时或者在考虑了彼此影响的情况下订立的；b. 这些交易整体才能达成意向完整的商业结果；c. 一项交易的发生取决于其他至少一项交易的发生；d. 一项交易单独看是不经济的，但是和其他交易一并考虑时是经济的。

属于一揽子交易的，合并方应当将各项交易作为一项取得控制权的交易进行会计处理，不属于“一揽子交易”的，取得控制权日，应按以下步骤进行会计处理。

首先，确定同一控制下企业合并形成的长期股权投资的初始投资成本。初始投资成本＝取得被合并方在最终控制方合并财务报表中的净资产账面价值的份额＋最终控制方收购被合并方形成的商誉。

其次，对长期股权投资初始投资成本与合并对价账面价值之间的差额进行处理。对于新增部分初始投资成本与取得新增部分所支付对价的账面价值的差额，调整资本公积（资本溢价或股本溢价），资本公积（资本溢价或股本溢价）不足冲减的，冲减留存收益。

最后，对于合并日之前持有的股权投资，因采用权益法核算或金融工具确认和计量准则核算而确认的其他综合收益，暂不进行会计处理，直至处置该项投资时采用与被投资单位直接处置相关资产或负债相同的基础进行会计处理；因采用权益法核算而确认的被投资单位净资产中除净损益、其他综合收益和利润分配以外的所有者权益其他变动，暂不进行会计处理，直至处置该项投资时转入当期损益。其中，处置后的剩余股权采用成本法或权益法核算的，其他综合收益和其他所有者权益应按比例结转，处置后的剩余股权该按金融工具确认和计量准则进行会计处理的，其他综合收益和其他所有者权益应全部结转。

（2）非同一控制下企业合并形成的长期股权投资

①一次性交换实现企业合并

企业合并成本＝付出的资产＋发生或承担的负债＋发行的权益性工具或债务性工具的公允价值

购买方为进行企业合并发生的审计、法律服务、评估咨询等中介费用以及其他相关管理费用，应在发生时计入当期损益；购买方作为合并对价发行的权益性工具或债务性工具的交易费用，应当冲减资本公积（股本溢价），资本公积不足冲减的，冲减留存收益。

非同一控制下企业合并形成长期股权投资，若合并方投出的为非货币资产，则应区分不同资产，对其公允价值与账面价值的差额进行处理，具体会计处理如表5-1所示。

表5-1　合并方投出资产公允价值与账面价值差额的处理

投出资产类型	公允价值与账面价值差额的处理
固定资产 无形资产	其差额计入营业外收入或营业外支出
存货	①按其公允价值确认主营（其他）业务收入 ②按其成本结转主营（其他）业务成本
可供出售金融资产等金融资产	①公允价值与账面价值的差额计入投资收益 ②其他综合收益转入投资收益 ③公允价值变动损益转入投资收益
投资性房地产	①成本模式下：按其公允价值确认其他业务收入，按成本结转其他业务成本 ②公允价值模式下：按其公允价值确认其他业务收入，按其账面余额结转其他业务成本，同时将公允价值变动损益和其他综合收益转入其他业务成本

②多次交换交易实现的企业合并

企业通过多次交易分步实现非同一控制下企业合并的，应当区分个别财务报表和合并财务报表进行会计处理。

a. 若原投资属于长期股权投资，则购买日初始投资成本＝原投资账面价值＋新增的投资成本。

购买日之前持有的股权采用权益法核算的，相关其他综合收益应当在处置该项投资时采用与被投资单位直接处置相关资产或负债相同的基础进行会计处理。

b. 若原投资属于可供出售金融资产等采用公允价值计量的金融资产，则购买日投资成本＝原投资公允价值＋新增投资成本。

原计入其他综合收益的累计公允价值变动应当在改按成本法核算时转入当期损益。

在合并财务报表中的会计处理参见本书第二部分第二十章的相关内容。

2. 企业合并以外的其他方式取得的长期股权投资

企业采用合并以外的其他方式取得的长期股权投资，其投资成本的确定如下。

（1）以支付现金方式取得的长期股权投资，初始投资成本＝实际支付的价款＋手续费等必要支出。

（2）以发行权益性证券方式取得的长期股权投资，初始投资成本＝权益性证券的公允价值＋手续费等必要支出。

（3）投资者投入方式取得的长期股权投资，初始投资成本一般以评估作价为基础确定。

（4）以非货币性资产交换、债务重组等方式取得的长期股权投资，按照相关规定确定初始投资成本。

名师解读

无论企业以何种方式取得长期股权投资，其实际支付价款或对价中包含的已宣告但尚未发放的现金股利或利润，都应作为应收款项处理。

典型例题

【例题1·单选题】以非“一揽子交易”形成的非同一控制下的控股合并，购买日之前持有的被购买方的原股权在购买日的公允价值与其账面价值的差额，企业应在合并财务报表中确认为（　）。（2016年）

A. 管理费用　　B. 资本公积

C. 商誉　　D. 投资收益

【解析】由于企业形成的非同一控制下的控股合并是非“一揽子交易”，因此，企业在购买日之前持有的被购买方的原股权在购买日的公允价值与其账面价值的差额，在合并财务报表中确认为投资收益。

【答案】D

【例题2·单选题】2014年7月21日，甲公司以一项固定资产作为合并对价，取得乙公司60%的股份，能够对乙公司实施控制。合并当日，该项固定资产原值2 800万元，已计提折旧700万元，已计提减值准备300万元，公允价值为2 000万元。在合并过程中发生审计费和法律服务费等相关中介费用45万元。2014年7月21日乙公司所有者权益账面价值总额为3 000万元。甲公司与乙公司此前不存在关联方关系，甲公司该项长期股权投资的初始投资成本为（　）万元。

A. 3 000　　B. 2 000

C. 2 045　　D. 1 800

【解析】非同一控制下的企业合并时，长期股权投资初始投资成本为购买付出的资产、发生或承担的负债以及发行的权益性证券的公允价值，因此甲公司该项长期股权投资的初始投资成本为2 000万元。合并过程涉及的账务处理如下。

借：固定资产清理　　18 000 000
　　累计折旧　　7 000 000
　　固定资产减值准备　　3 000 000
　贷：固定资产　　28 000 000

借：长期股权投资　　20 000 000

　　贷：固定资产清理　　18 000 000

　　　　营业外收入　　2 000 000

借：管理费用　　450 000

　　贷：银行存款　　450 000

【答案】B

【例题 3·判断题】投资者投入的长期股权投资，应该按照合同或协议的公允价值确定长期股权投资的初始成本。（　）

【解析】投资者投入长期股权投资时，应按照合同或协议的约定价值确认为初始投资成本，但该价值不公允的除外。

【答案】√

本节考点回顾与总结一览表

本节考点	知识总结
考点 1　长期股权投资的范围	长期股权投资包括对子公司、合营企业和联营企业的投资
考点 2　长期股权投资的初始计量	①合并过程中支付的直接相关税费计入管理费用 ②同一控制下：初始投资成本 = 取得被合并方在最终控制方合并财务报表中的净资产账面价值的份额 + 最终控制方收购被合并方形成的商誉 ③非同一控制下：初始投资成本 = 付出对价的公允价值 ④企业合并以外：初始投资成本 = 投出资产公允价值 + 直接相关费用

真题演练

1.【单选题】2015 年 3 月 20 日，甲公司合并乙企业，该项合并属于同一控制下的企业合并。合并中，甲公司发行本公司普通股 1 000 万股（每股面值 1 元，市价为 2.1 元），作为对价取得乙企业 60% 股权。合并日，乙企业的净资产账面价值为 3 200 万元，公允价值为 3 500 万元。假定合并前双方采用的会计政策及会计期间均相同。不考虑其他因素，甲公司对乙企业长期股权投资的初始投资成本为（　）万元。（2008 年）

A. 1 920　　B. 2 100

C. 3 200　　D. 3 500

2.【单选题】2008 年 3 月 20 日，甲公司以银行存款 1 000 万元及一项土地使用权取得其母公司控制的乙公司 80% 的股权，并于当日起能够对乙公司实施控制。合并日，该土地使用权的账面价值为 3 200 万元，公允价值为 4 000 万元；乙公司净资产的账面价值为 6 000 万元，公允价值为 6 250 万元。假定甲公司与乙公司的会计年度和采用的会计政策相同，不考虑其他因素，甲公司的下列会计处理中，正确的是（　）。（2009 年）

A. 确认长期股权投资 5 000 万元，不确认资本公积

B. 确认长期股权投资 5 000 万元，确认资本公积 800 万元

C. 确认长期股权投资 4 800 万元，确认资本公积 600 万元

D. 确认长期股权投资 4 800 万元，冲减资本公积 200 万元

第二节　长期股权投资的后续计量

考点3　成本法（★★★）

考点分析

本考点内容较少，涉及的会计处理比较简单，考生只要掌握成本法下，长期股权投资在不同阶段会计分录的编制，即可正确答题。

考点精讲

投资方持有对子公司的投资应当采用成本法核算，投资方对投资性主体且子公司不纳入其合并财务报表的除外。成本法下，"长期股权投资"科目反映取得时的成本。

（1）被投资单位宣告发放现金股利或股利时

借：应收股利（按持股比例计算）

　　贷：投资收益

（2）收到现金股利或利润时

借：银行存款等

　　贷：应收股利

（3）计提减值准备时

借：资产减值损失

　　贷：长期股权投资减值准备

子公司将未分配利润或盈余公积直接转增股本（或实收资本），且未向投资方提供等值现金股利或利润的选择权是属于子公司自身权益结构的重分类。母公司没有获得收取现金股利或者利润的权利，并且不应确认相关投资收益。

典型例题

【例题·单选题】长期股权投资采用成本法核算时，不会引起长期股权投资账面价值变动的情形是（　）。

A. 被投资方实现净利润

B. 被投资方分派现金股利

C. 投资方追加投资

D. 投资方处置投资

【解析】选项A，采用成本法进行后续计量下，被投资方实现净利润时，投资方不做账务处理；选项B，被投资方分派现金股利，借记“应收股利”科目，贷记“投资收益”科目；选项C、D，投资方追加或处置投资时，应相应调整长期股权投资账面价值。

【答案】A

考点4 权益法（★★★）

考点分析

本考点内容比较丰富，涉及对长期股权投资不同情况的会计处理。考试中既可能对相关计算进行考查，也可能考查权益法下长期股权投资在不同情况下会计分录的编制。

考点精讲

企业对合营企业、联营企业的投资应当采用权益法核算。在持有投资期间，被投资单位编制合并财务报表的，应当以合并财务报表中净利润、其他综合收益和其他所有者权益变动中归属于被投资单位的金额为基础进行会计处理。

与成本法不同，权益法下“长期股权投资”科目包括“投资成本”“损益调整”“其他综合收益”“其他权益变动”明细科目，分别对初始投资、被投资单位净损益及利润分配变动、被投资单位其他综合收益变动以及被投资单位其他权益变动进行核算。

1. 初始投资成本的调整

（1）若长期股权投资的初始投资成本 > 投资时应享有被投资单位可辨认净资产公允价值份额，不调整长期股权投资的初始投资成本。

（2）若长期股权投资的初始投资成本 < 投资时应享有被投资单位可辨认净资产公允价值份额，按两者的差额，借记“长期股权投资——投资成本”科目，贷记“营业外收入”科目。

名师解读

上述差额实际上是投资单位的商誉，但其不能脱离主体而单独计量，因此不能在个别报表中确认，而只能在长期股权投资中体现。

2. 投资损益的确认

当被投资单位实现净利润时，应编制如下分录。

借：长期股权投资——损益调整

　　贷：投资收益

当被投资单位发生亏损时，编制相反分录。

采用权益法核算长期股权投资，再确认应享有（或应分担）被投资单位的净利润（或净亏损）时，在被投资单位净利润的基础上，应考虑以下因素的影响进行适当调整。

（1）被投资单位采用的会计政策及会计期间与投资方不一致的，应按投资方的会计政策和会计期间对被投资单位的财务报表进行调整，在此基础上确定被投资单位的损益。

（2）已取得投资时被投资单位各项可辨认净资产、负债的公允价值为基础，对被投资单位的净利润进行调整。

【案例】甲公司于2015年8月1日取得其联营企业乙公司40%的股权，能够对其施加重大影响。取得投资时被投资单位的某项固定资产的公允价值为270万元，账面价值为180万元，取得投资后剩余使用年限为9年，乙公司预计尚可使用年限为10年，净残值为零，按照年限平均法进行折旧。乙公司2015年实现净利润500万元。不考虑其他因素的影响，计算甲公司对此应确认的投资收益是多少？

【解析】本例中甲应按权益法核算对乙公司的长期股权投资，其2015年应确认的投资收益=[500−（270÷9−180÷10）]×40%=195.2（万元）。

（3）对于投资方或纳入投资方合并财务报表范围的子公司与其联营企业及合营企业之间发生的未实现内部交易损益应予抵销。

顺流交易与逆流交易的示意图如图5-1所示。

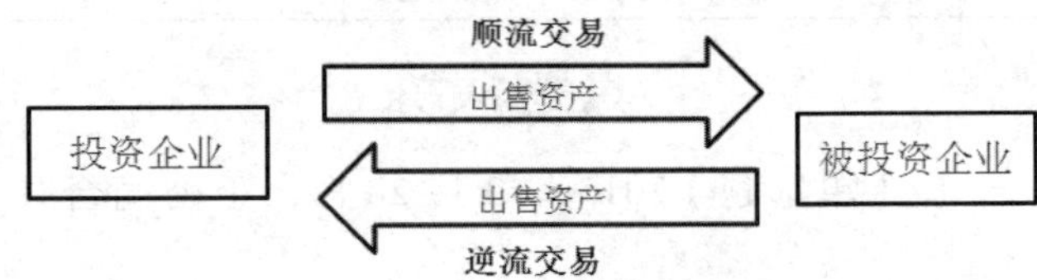

图5-1 顺流交易与逆流交易示意图

①逆流交易

对于投资方自其联营企业或合营企业购买资产的逆流交易，在该交易存在未实现内部交易损益的情况下（即有关资产未对外部独立第三方出售或未被消耗），投资方在采用权益法计算确认应享有联营企业或合营企业的投资损益时，应抵销该为实现内部交易损益的影响，即不应确认联营企业或合营企业因该交易产生的损益中本企业应享有的部分。

【案例】甲公司持有乙公司有表决权股份的20%，能够对乙公司生产经营施加重大影响。2014年1月，乙公司将其账面价值为600万元的商品以900万元的价格出售给甲公司，甲公司将取得的商品作为存货核算。假定甲公司取得该项投资时，乙公司各项可辨认资产和负债的公允价值与其账面价值相同。至2014年12月31日，甲公司将上述商品对外出售30%，2015年将剩余部分全部对外出售。已知乙公司2014年实现净利润800

万元，2015年实现净利润1 200万元。假定不考虑所得税影响，甲公司对于乙公司实现的净利润应如何处理？

【解析】2014年，甲公司个别财务报表应确认的投资收益=[800-（900-600）×（1-30%）]×20%=118（万元）。

借：长期股权投资——损益调整　　118

　　贷：投资收益　　118

2015年，由于存货全部对外出售，内部交易损益已经实现，甲公司个别财务报表应确认的投资收益=[1 200+（900-600）×（1-30%）]×20%=282（万元）。

借：长期股权投资——损益调整　　282

　　贷：投资收益　　282

②顺流交易

对于投资方向其联营企业或合营企业出售资产的顺流交易，在该交易存在未实现内部交易损益的情况下（即有关资产未对外部独立第三方出售或未被消耗），投资方在采用权益法计算确认应享有联营企业或合营企业的投资损益时，应抵销该项未实现内部交易损益的影响，同时调整对联营企业或合营企业长期股权投资的账面价值。

【案例】甲公司持有乙公司有表决权股份的20%，能够对乙公司生产经营施加重大影响。2015年1月，甲公司将其账面价值为500万元的商品以800万元的价格出售给乙公司，乙公司将取得的商品作为存货核算。假定甲公司取得该项投资时，乙公司各项可辨认资产、负债的公允价值与其账面价值相同，两者在以前期间未发生过内部交易。乙公司2015年实现净利润为1 000万元。假定不考虑所得税影响，甲公司对于乙公司实现的净利润应如何处理？

【解析】甲公司在该项顺流交易中实现利润300万元，其中的60万元（300×20%）是针对本公司持有的对联营企业的权益份额，在采用权益法计算确认投资收益时应予以抵销，因此2015年甲公司应进行如下会计处理。

借：长期股权投资——损益调整　　140

　　贷：投资收益　　140

名师解读

需要注意的是，投资方与联营及合营企业之间无论发生的是逆流交易还是顺流交易，其未实现的内部交易损失，其中属于所转让资产发生减值损失的，有关未实现内部交易损益不应予以抵销。

上述对于未实现内部交易损益的抵销处理都是基于投资方与联营、合营企业之间发生投出或出售资产交易未构成业务而言的，若相关交易形成业务的，则应按照下列规定进行处理。

a. 联营、合营企业向投资方出售业务的，投资方应按《企业会计准则第20号——企业合并》的规定进行会计处理。投资方应全额确认与交易相关的利得或损失。

b. 投资方向联营、合营企业投出业务，投资方因此取得长期股权投资但尚未取得控制权的，应以投出业务的公允价值作为新增长期股权投资的初始投资成本，初始投资成本与投出业务的账面价值之差，全额计入当期损益。投资方向联营、合营企业出售业务，取得的对价与业务的账面价值之间的差额，全额计入当期损益。

3. 被投资单位其他综合收益变动的处理

被投资单位其他综合收益发生变动的，投资方应当按照归属于本企业的部分，相应调整长期股权投资的账面价值，同时增加或减少其他综合收益。

借：长期股权投资——其他综合收益

　　贷：其他综合收益

（或做相反分录）

4. 取得现金股利或利润的处理

被投资单位宣告分派现金股利或利润时，会计处理如下。

借：应收股利

　　贷：长期股权投资——损益调整

5. 超额亏损的确认

投资方确认应分担被投资单位发生的净损失，原则上应以长期股权投资及其他实质上构成长期权益的项目减记至零为限，投资企业负有承担额外损失义务的除外。其他实质上构成长期权益的项目主要是指长期性的应收项目等。

投资方在确认应分担被投资单位发生的亏损时，应按照以下顺序处理。

（1）冲减长期股权投资的账面价值。

（2）冲减长期应收款。

（3）确认预计负债。

（4）在账外做备查登记。

在确认了有关投资损失以后，被投资单位于以后期间实现盈利的，应按以上相反顺序恢复其他实质上构成对被投资单位净投资的长期权益及长期股权投资的账面价值。

6. 被投资单位除净损益、其他综合收益以及利润分配以外的所有者权益的其他变动

被投资单位除净损益、其他综合收益以及利润

分配以外的所有者权益的其他变动因素，主要包括被投资单位接受其他单位股东的资本性投入、被投资单位发行可分离交易的可转债中包含的权益成分、以权益结算的股份支付、其他股东对被投资单位增资导致投资方持股比例变动等。投资方应按所持股权比例计算应享有的份额，会计处理如下。

借：长期股权投资——其他权益变动

　　贷：资本公积——其他资本公积

典型例题

【例题1·单选题】2015年1月1日，甲公司以银行存款2 500万元取得乙公司20%有表决权的股份，对乙公司具有重大影响，采用权益法核算；乙公司当日可辨认净资产的账面价值为12 000万元，各项可辨认资产、负债的公允价值与其账面价值均相同。乙公司2015年度实现的净利润为1 000万元。不考虑其他因素，2015年12月31日，甲公司该项投资在资产负债表中应列示的年末余额为（　）万元。（2016年）

A. 2 500

B. 2 400

C. 2 600

D. 2 700

【解析】甲公司该项长期股权投资的初始投资成本＝2 500（万元），甲公司享有被投资单位净资产公允价值份额＝12 000×20%＝2 400（万元）＜2 500万元，因此不必调整长期股权投资的初始投资成本。2015年12月31日，甲公司该项投资在资产负债表中应列示的年末余额＝2 500＋1 000×20%＝2 700（万元）。

【答案】D

【例题2·单选题】甲公司持有乙公司40%的股权，2014年12月31日的账面价值为1 000万元，包括投资成本以及应享有乙公司净利润的份额。乙公司2015年发生亏损3 000万元。假定甲公司在取得投资时，乙公司各项可辨认资产、负债的公允价值与账面价值相同，双方的会计政策和会计期间也相同。甲公司账上有应收乙公司的长期应收款300万元，则甲公司应贷记“长期应收款”（　）万元。

A. 0

B. 200

C. 300

D. −100

【解析】当被投资单位发生超额亏损时，应贷记“长期应收款”=3 000×40%−1 000=200（万元）。乙公司发生亏损时，甲公司按应分担的亏损金额减记长期股权投资的账面价值，不够冲减的金额，继续减记其他实质上构成长期权益的长期应收款等项目。

（1）甲公司按对乙公司的长期股权投资账面价值承担损失。相关会计分录如下。

借：投资收益　　1 200

　　贷：长期股权投资——损益调整　　1 200

（2）确认了投资损失后，甲公司账面上仍对乙公司有长期应收款300万元，则以300万元为限减记亏损，即200万元。相关会计分录如下。

借：投资收益　　200

　　贷：长期应收款——超额损失　　200

【答案】B

【例题3·单选题】A公司持有B公司25%表决权的股票，对B公司产生重大影响。B公司2014年9月30日所持有的可供出售金融资产的公允价值增加，计入其他综合收益的金额为40万元；除此之外，B公司2014年当期实现的净损益为500万元，不考虑其他因素的影响，2014年A公司长期股权投资应调整的金额为（　）万元。

A. 125

B. 10

C. 540

D. 135

【解析】A公司在确认应享有B公司所有者权益变动时，相关分录如下。

借：长期股权投资——损益调整　　125

　　　　　　　　——其他综合收益　　10

　　贷：投资收益　　125

　　　　其他综合收益　　10

【答案】D

考点5　长期股权投资核算方法的转换（★★★）

考点分析

本考点属于本章的难点，由于长期股权投资的转换形式多样化，涉及的会计处理比较复杂，本考点同样也是考试的易错点。考生在复习本考点内容时，应注意将股权转换形式进行分类，如分为增资系列和减资系列，然后在此基础上理解其会计处理。

考点精讲

股权投资之间的转换可分为表5-2所示的内容。

表 5-2 股权投资转换的情形

	转换形式	个别报表	合并报表
增资系列	公允价值计量→长期股权投资（权益法）（如：5% → 40%）	原投资调整到公允价值	无关
	公允价值计量→长期股权投资（成本法）（非同一控制下企业合并）（如：10% → 80%）	原投资在购买日的账面价值与公允价值相等	有关（合并报表不再重新计量）
	长期股权投资权益法→成本法（非同一控制下的企业合并）（如：40% → 80%）	原投资账面价值不变	有关（合并报表重新计量）
减资系列	长期股权投资成本法→权益法（如：80% → 40%）	处置长期股权投资，剩余部分追溯调整	有关（合并报表重新计量）
	长期股权投资成本法→公允价值计量（如：80% → 10%）	剩余股权投资调整到公允价值	有关（合并报表需要按照权益法重新计算投资收益）
	长期股权投资权益法→公允价值计量（如：50% → 10%）	剩余股权投资调整到公允价值	无关

1. **增资系列**

①公允价值计量→长期股权投资（权益法）

借：长期股权投资——投资成本（转换日原投资公允价值 + 新增投资的公允价值）

贷：可供出售金融资产——成本

——公允价值变动

银行存款

借：其他综合收益（原计入其他综合收益的累计公允价值变动）

贷：投资收益

②公允价值计量、长期股权投资权益法→长期股权投资（成本法）

参见本章第一节的相关内容

2. **减资系列**

①长期股权投资成本法→权益法

剩余持股比例部分应从取得投资时点采用权益法核算，因此需要对剩余持股比例投资进行追溯调整，将其调整到权益法下核算的结果。

a. 处置部分

借：银行存款

贷：长期股权投资

投资收益（差额）

b. 剩余部分进行追溯调整

若剩余长期股权投资的成本 > 按照剩余持股比例计算原投资时应享有被投资单位可辨认净资产公允价值的份额，则不调整长期股权投资的账面价值。

若剩余长期股权投资的成本 < 按照剩余持股比例计算原投资时应享有被投资单位可辨认净资产公允价值的份额，在调整长期股权投资成本的同时，应调整留存收益。

取得追加投资后追溯调整的会计分录如下。

借：长期股权投资

贷：留存收益（盈余公积、利润分配——未分配利润）（原投资日至处置投资当期期初被投资单位留存收益变动 × 剩余持股比例）

投资收益（处置投资当期期初至处置投资日被投资方的净损益变动 × 剩余持股比例）

其他综合收益（被投资单位其他综合收益变动 × 剩余持股比例）

资本公积——其他资本公积（其他原因导致被投资单位账面所有者权益变动 × 剩余持股比例）

②长期股权投资成本法→公允价值计量

a. 确认处置损益

借：银行存款

贷：长期股权投资（出售部分的账面价值）

投资收益（差额）

b. 重新计量剩余部分投资

借：可供出售金融资产（或交易性金融资产）（剩余部分公允价值）

贷：长期股权投资（剩余部分账面价值）

投资收益（差额）

③长期股权投资权益法→公允价值计量

a. 确认处置损益

借：银行存款

贷：长期股权投资

投资收益（或借方）

b. 结转原权益法核算确认的全部其他综合收益和资本公积

借：资本公积——其他资本公积（或贷方）

其他综合收益（或贷方）

贷：投资收益（或借方）

c. 重新计量剩余部分投资

借：可供出售金融资产（或交易性金融资产）（剩余部分公允价值）

贷：长期股权投资（剩余部分账面价值）

投资收益（差额）

典型例题

【例题1·单选题】2014年3月1日，甲公司以450万元购买乙公司10%股份，甲公司根据金融工具确认和计量准则将其作为可供出售金融资产。2014年12月31日，该可供出售金融资产的公允价值为460万元。2015年3月1日，甲公司又以1 240万元进一步购买乙公司20%股份，当日，乙公司可辨认净资产的公允价值为5 500万元，甲公司对乙公司的可供出售金融资产的公允价值为480万元。取得该部分股份后，甲公司能够对乙公司施加重大影响，并对该项股权投资转为采用权益法核算。不考虑相关税费等其他因素影响。2015年3月1日甲公司对乙公司长期股权投资的账面价值为（ ）万元。

A. 1 720　　B. 1 650

C. 940　　D. 1 560

【解析】2015年3月1日，甲公司原持有乙公司10%股份的公允价值为480万元，为取得新增投资而支付对价的公允价值为1 240万元，因此，甲公司追加投资后持有乙公司30%的股份，对长期股权投资的初始投资成本=480+1 240=1 720（万元）。另外，甲公司对乙公司新持股比例为30%，应享有乙公司可辨认净资产公允价值的份额为5 500×30%=1 650（万元）<初始投资成本1 720（万元），因此，甲公司无需调整长期股权投资的成本。

2015年3月1日，甲公司编制的会计分录如下。

借：长期股权投资——乙公司——投资成本　17 200 000

贷：可供出售金融资产　4 600 000

银行存款　12 400 000

投资收益　200 000

对于原持有的可供出售金融资产，其计入其他综合收益的累计公允价值变动，应当转入改按权益法核算的当期损益（投资收益）。

借：其他综合收益　100 000

贷：投资收益　100 000

【答案】A

【例题2·判断题】某企业持有对其子公司乙公司的长期股权投资，若因部分处置等原因导致持股比例下降，对乙公司由控制转为具有重大影响的，应改按金融工具确认和计量准则进行会计处理，丧失控制之日剩余股权的公允价值与账面价值之间的差额应计入公允价值变动损益。（ ）

【解析】题干描述的长期股权投资的转化形式为由长期股权投资成本法转为可供出售金融资产或交易性金融资产，其在丧失控制权日，应将剩余股权的公允价值与账面价值之间的差额计入当期投资收益。

【答案】×

考点6 长期股权投资的减值与处置（★★）

考点分析

本考点涉及的会计处理比较简单，考生应重点掌握长期股权投资减值准备转回的规定，以及处置长期股权投资时涉及的相关会计科目的结转，这有助于解答涉及会计分录编制的考题。

考点精讲

1. 长期股权投资的减值

长期股权投资减值应按照《企业会计准则第8号——资产减值》规定进行处理。按照长期股权投资的可收回金额低于账面价值的差额，计提减值准备。

借：资产减值损失

贷：长期股权投资减值准备

长期股权投资减值准备一经计提，持有期间不得转回。

2. 长期股权投资的处置

企业处置长期股权投资时，应相应结转与所售股权相对应的长期股权投资的账面价值，出售所得价款与处置长期股权投资账面价值之间的差额，应确认为处置损益。

企业全部处置权益法核算的长期股权投资时，原权益法核算的相关其他综合收益应当在终止采用权益法核算时，采用与被投资单位直接处置相关资产或负债相同的基础进行会计处理；因被投资单位除净损益、其他综合收益和利润分配以外的其他所有者权益变动而确认的所有者权益，应当在终止采用权益法核算时全部转入当期投资收益。

投资方部分处置权益法核算的长期股权投资，剩余股权仍采用权益法核算的，原权益法核算的相关其他综合收益应当采用与被投资单位直接处置相关资产或负债相同的基础处理并按比例结转，因被投资方除净损益、其他综合收益和利润分配以外的其他所有者权益变动而确认的所有者权益，应当按比例结转入当期投资收益。

典型例题

【例题1·判断题】企业对子公司、合营企业及联营企业的长期股权投资发生减值时，适用资产减

值准则，按可收回金额低于账面价值的金额计提减值准备。（ ）

【解析】企业对子公司、合营企业及联营企业的长期股权投资在资产负债表日存在可能发生减值的迹象时，其可收回金额低于账面价值的，应当将该长期股权投资的账面价值减记至可收回金额，减记的金额确认为减值损失，计入当期损益，同时计提相应的资产减值准备。

【答案】√

【例题 2 · 多选题】企业处置长期股权投资时，不正确的处理方法有（ ）。

A. 处置长期股权投资，其账面价值与实际取得价款的差额，应当计入投资收益

B. 采用权益法核算的长期股权投资，因被投资单位除净损益、其他综合收益和利润分配以外的其他所有者权益变动而确认的所有者权益，处置该项投资时应当将原计入所有者权益的部分转入营业外收入

C. 采用权益法核算的长期股权投资，因被投资单位除净损益、其他综合收益和利润分配以外的其他所有者权益变动而确认的所有者权益，处置该项投资时应当将原计入所有者权益的部分转入投资收益

D. 处置长期股权投资，其账面价值与实际取得价款的差额，应当计入营业外收入

【解析】处置长期股权投资，其账面价值与实际取得价款的差额，应当计入当期损益（投资收益），选项 A 正确，选项 D 错误；采用权益法核算的长期股权投资，因被投资单位除净损益、其他综合收益和利润分配以外的其他所有者权益变动而确认的所有者权益，应当在终止采用权益法核算时将原计入所有者权益大部分转入投资收益，选项 C 正确，选项 B 错误。

【答案】BD

本节考点回顾与总结一览表

本节考点	知识总结
考点 3 成本法	①发放现金股利或利润时，确认投资收益 ②发生减值时，确认资产减值损失
考点 4 权益法	①涉及对初始投资成本的调整 ②确认投资收益时，应调整被投资方相关资产公允价值与账面价值对损益的影响、对未实现内部交易损益进行抵销处理 ③掌握超额亏损确认与转回的顺序 ④确认其他综合收益和其他权益变动
考点 5 长期股权投资核算方法的转换	①共涉及 6 种形式的转换 ②掌握每种转换形式下会计处理的异同

续表

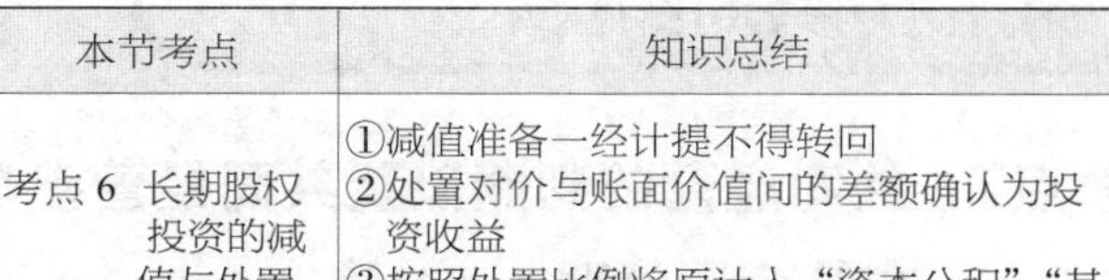

本节考点	知识总结
考点 6 长期股权投资的减值与处置	①减值准备一经计提不得转回 ②处置对价与账面价值间的差额确认为投资收益 ③按照处置比例将原计入“资本公积”“其他综合收益”的部分转入“投资收益”

真题演练

1.【单选题】2007 年 1 月 2 日，甲公司以货币资金取得乙公司 30% 的股权，初始投资成本为 2 000 万元，投资时乙公司各项可辨认资产、负债的公允价值与其账面价值相同，可辨认净资产公允价值及账面价值的总额均为 7 000 万元，甲公司取得投资后即派人参与乙公司生产经营决策，但无法对乙公司实施控制。乙公司 2007 年实现净利润 500 万元，假定不考虑所得税因素，该项投资对甲公司 2007 年度损益的影响金额为（ ）万元。（2007 年）

A. 50　　B. 100

C. 150　　D. 250

2.【单选题】下列各项中，影响长期股权投资账面价值增减变动的是（ ）。（2011 年）

A. 采用权益法核算的长期股权投资，持有期间被投资单位宣告分派股票股利

B. 采用权益法核算的长期股权投资，持有期间被投资单位宣告分派现金股利

C. 采用成本法核算的长期股权投资，持有期间被投资单位宣告分派股票股利

D. 采用成本法核算的长期股权投资，持有期间被投资单位宣告分派现金股利

3.【多选题】因部分处置长期股权投资，企业将剩余长期股权投资的核算方法由成本法转为权益法时进行的下列会计处理中，正确的有（ ）。（2014 年）

A. 按照处置部分的比例结转应终止确认的长期股权投资成本

B. 剩余股权按照处置投资当期期初至处置投资日应享有的被投资单位已实现净损益中的份额调整当期损益

C. 剩余股权按照原取得投资时至处置投资当期期初应享有的被投资单位已实现净损益中的份额调整留存收益

D. 将剩余股权的账面价值大于按照剩余持股比例计算原投资时应享有的投资单位可辨认净资产公允价值份额的差额，调整长期股权投资的账面价值

第三节 共同经营

考点7 共同经营的判断以及共同经营参与方的会计处理（★★）

考点分析

本考点的内容变化较大，但其作为考题考查的概率较小，若有涉及，一般以单选题和判断题的形式出现。考生应该熟悉共同经营的判断方法以及共同经营参与方的会计处理。

考点精讲

1. 共同经营的判断

共同经营是指合营方享有该安排相关资产且承担该安排相关负债的合营安排。合营企业是指合营方仅对该安排的净资产享有权利的合营安排。

当合营安排未通过单独主体达成时，该合营安排为共同经营。如果合营安排通过单独主体达成，该合营安排可能是共同经营也可能是合营企业。合营安排分类的判断如图 5-2 所示。

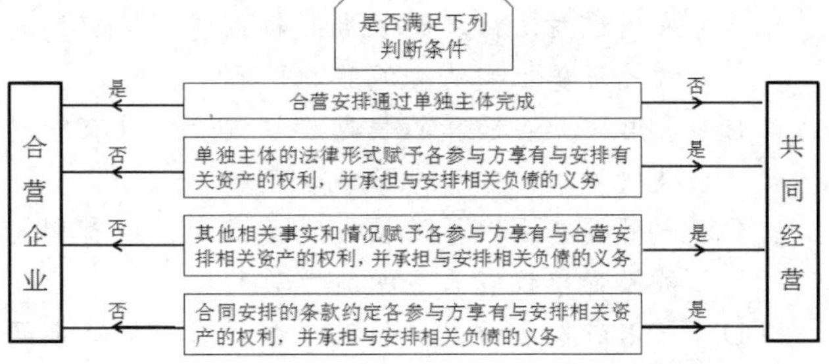

图 5-2 合营安排分类的判断

2. 共同经营参与方的会计处理

（1）共同经营中合营方的会计处理

合营方应当确认其与共同经营中利益份额相关的下列项目，并按照相关企业会计准则的规定进行会计处理。

①确认单独所持有的资产和单独所承担的负债。

②按比例确定共同经营中的资产、负债、收入和费用。

合营方向共同经营投出或出售资产等（该资产构成业务的除外），在该资产等由共同经营出售给第三方之前，应当仅确认因该交易产生的损益中归属于共同经营其他参与方的利得或损失。如果投出或出售的资产符合《企业会计准则第 8 号——资产减值》等规定的资产减值损失的，合营方应当按其承担的份额确认该部分损失。

合营方自共同经营购买资产等（该资产构成业务的除外），在将该资产等出售给第三方之前，应当仅确认因该交易产生的损益中归属于共同经营其他参与方的部分。购入的资产符合《企业会计准则第 8 号——资产减值》等规定的资产减值损失的，合营方应当全额确认该损失。

【案例】甲公司与乙公司均为商品流通企业，两公司共同设立一项安排 C，即共同出资设立原价公司丙。双方签订的合同约定，两公司的出资比例、收入分配和费用分担各按 50% 计算。2015 年 3 月 1 日，甲公司向丙公司购买一批商品，支付价款 50 万元（不含增值税），作为存货核算。该批商品在丙公司的账面价值为 30 万元。2015 年 3 月 31 日，甲公司未将该批商品对外销售。甲公司与乙公司对于该项交易应如何处理？

【解析】在本例中，丙公司因销售商品给甲公司而确认收益 20 万元，其中，甲、乙公司对该项收益按份额均应享有 10 万元（20×50%）。但 2015 年 3 月 31 日，该项存货并未销售给第三方。对于甲公司而言，该未实现内部损益 10 万元应当被抵销，相应减少存货的账面价值；对于乙公司而言，该项收益应享有的 10 万元，应当予以确认，乙公司享有的 10 万元收益反映在甲公司存货的期末账面价值中。

（2）对共同经营不享有共同控制的参与方的会计及处理原则

对共同经营不享有共同控制的参与方，即非合营方，如果享有该共同经营相关资产且承担该共同经营相关负债的，应当比照合营方的上述处理原则进行会计处理。否则，应当按照相关企业会计准则的规定进行会计处理。例如，如果该参与方对于合营安排的净资产享有权利并且具有重大影响，则按照长期股权投资准则等相关规定进行会计处理；如果该参与方对于合营安排的净资产享有权利并且无重大影响，则按照金融工具确认和计量准则等相关规定进行会计处理；向共同经营投出构成业务的资产的，以及取得共同经营的利益份额的，则按照合并财务报表及企业合并等相关准则进行处理。

典型例题

【例题 1·判断题】共同经营是指企业使用本企业的资产或其他经济资源与其他合营方共同进行某项经济活动，并且按照合同或协议约定对该项经济活动实施共同控制。该经济活动不构成独立的会计主体。（ ）

【解析】题目的表述为共同控制经营的概念。

【答案】√

【例题2·判断题】如果合营安排是通过单独主体达成的，则可判断该合营安排是合营企业。（　）

【解析】如果合营安排通过单独主体达成，该合营安排可能是共同经营，也可能是合营企业，具体属于哪一种，还需确认其是否满足其他判断条件。

【答案】×

本节考点回顾与总结一览表

本节考点	知识总结
考点7 共同经营的判断以及共同经营参与方的会计处理	①合营企业与共同经营的判断条件可概括为4个 ②共同经营参与方是否对共同经营享有共同控制，其会计处理原则有所不同

第四节 本章综合练习

（一）单选题

1. 甲公司通过定向增发普通股1 500万股（每股面值1元，每股公允价值3元），从乙公司股东处取得乙公司30%的股权。发行股份过程中向承销商支付佣金及手续费共100万元。除发行股份外，甲公司还承担了乙公司原股东对第三方的债务500万元（未来现金流量现值）。取得投资时，乙公司股东大会已通过利润分配方案，甲公司可获得现金股利200万元。甲公司对乙公司长期股权投资的初始投资成本为（　）万元。

A. 4 500　　B. 4 700

C. 4 800　　D. 5 000

2. 采用权益法核算长期股权投资的，如果投资方的初始投资成本大于应享有被投资方可辨认净资产公允价值的份额，差额部分应做的处理是（　）。

A. 计入长期股权投资——成本

B. 计入资本公积

C. 不做处理

D. 计入商誉

3. 甲公司2013年1月以银行存款600万元作为对价取得乙公司30%的股权。投资日乙公司可辨认净资产的公允价值与账面价值都为1 800万元。当年乙公司亏损400万元，2014年乙公司亏损1 000万元，2015年乙公司实现净利润700万元。2015年甲公司计入投资收益的金额为（　）万元。

A. 240　　B. 210

C. 30　　D. 0

4. 甲公司2013年1月1日以205万元货币资金对乙公司进行投资，占其全部股权的30%。乙公司当日的可辨认净资产公允价值为500万元，此项投资按权益法核算。当年乙公司实现净利润150万元。2014年乙公司发生净亏损900万元（不存在长期应收款、按投资协议甲公司不需承担额外义务）。2015年乙公司获得净利润300万元。假定取得投资时乙公司可辨认净资产公允价值与账面价值相同，双方会计政策、会计期间相同，则2015年年末甲公司的长期股权投资账面价值为（　）万元。

A. 25　　B. 70

C. 90　　D. 110

5. 2015年1月2日，甲公司支付2 000万元取得乙公司30%股权，投资日乙公司可辨认净资产的公允价值与账面价值都为7 000万元。甲公司取得股权后，派人参与乙公司决策，但无法对乙公司进行控制。乙公司2015年实现净利润500万元。不考虑所得税影响，该项投资对甲公司2015年损益的影响金额为（　）万元。

A. 100　　B. 150

C. 250　　D. 500

（二）多选题

1. 对于非同一控制下企业合并形成的长期股权投资，下列表述中不正确的有（　）。

A. 合并过程中发生的审计及法律咨询等中介费用，应计入长期股权投资的初始投资成本

B. 支付非货币性资产作为合并对价的，该资产在购买日的公允价值与账面价值的差额应作为资产处置损益予以确认

C. 以发行权益性证券作为合并对价的，发行权益性证券期间产生的佣金、手续费应计入合并成本

D. 实际支付的合并价款中包含的已宣告但尚未发放的现金股利或利润，应计入应收项目

2. 甲公司于2015年4月2日与乙公司的控股股东丙公司签订股权转让协议，甲公司以一宗土地使用权支付给丙公司，换取丙公司持有的乙公司80%的股权。甲公司对价的土地使用权账面成本为20 000万元，摊销额为2 000万元，公允价值为24 000万元。购买日乙企业净资产账面价值为34 000万元，公允价值为35 000万元。此外甲公司为合并发生评估、审计等中介费用250万元。甲公司与丙公司在交易前不存在任何关联方关系。甲公司与乙公司采用的会计政策相同。则购买日甲公司正确的会计处理是（　）。

A. 甲公司购买日的合并成本 24 000 万元

B. 无形资产的处置损益为 4 000 万元

C. 不确认无形资产的损益

D. 合并报表确认商誉 400 万元

3. 长期股权投资采用权益法核算的，下列各项中，属于投资企业确认投资收益应考虑的因素有（　）。

A. 被投资单位实现净利润

B. 被投资单位可供出售金融资产的公允价值增加

C. 被投资单位宣告分派现金股利

D. 投资企业与被投资单位之间的未实现内部交易损益

4. 关于确认投资收益，下列选项中正确的有（　）。

A. 成本法核算下，被投资单位实现净利润时投资方应确认享有的份额

B. 因逆流交易产生的未实现内部交易损益，在未对外部独立第三方销售前，投资方应在合并财务报表中抵减有关资产的账面价值

C. 权益法下，投资方收到分派股票股利时，应同时调整长期股权投资账面价值和投资收益

D. 处置长期股权投资时，处置收入小于长期股权投资账面价值的差额，借记“投资收益”

5. 2015 年 1 月 1 日，甲公司以其一项对外出租且采用公允价值模式计量的办公楼作为对价从丙公司处取得其持有的乙公司 100% 的股权。该办公楼在当日的公允价值为 1 200 万元，账面价值为 1 000 万元（其中成本 700 万元，公允价值变动 300 万元）。该办公楼系自用的房地产转换的，转换当日产生公允价值变动损益 100 万元。不考虑其他因素，甲公司和乙公司在此之前没有任何关联方关系，则下列说法中，正确的有（　）。

A. 甲公司取得投资的初始投资成本是 1 200 万元

B. 处置对外出租的办公楼产生营业收入 1 200 万元

C. 处置对外出租的办公楼产生营业成本 800 万元

D. 处置对外出租的办公楼影响当期损益的金额为 200 万元

（三）判断题

1. 投资企业对被投资方具有共同控制或重大影响的长期股权投资，应当采用比例合并法核算。在确定能否对被投资单位实施控制时，应当考虑投资企业和其他方持有的被投资单位当期可转换公司债券和当期可执行认股权证等潜在表决权因素的影响。（　）

2. 投资企业在确认应分担被投资单位发生的亏损时，减记长期股权投资的账面价值、其他构成长期权益、按合同承担额外义务后，仍有额外损失的，应继续冲减。（　）

3. 对于共同控制资产在经营、使用过程中发生的费用，包括有关直接费用以及应由本企业承担的共同控制资产发生的折旧费用、借款利息费用等，合营各方应当按照合同或协议的约定确定应由本企业承担的部分，作为本企业的费用确认。（　）

4. 合营方向合营企业投出或出售非货币性资产时，如果与该资产所有权有关的重大风险和报酬没有转移给合营企业，该资产的损益无法可靠计量以及此类交易不具有商业实质，合营方不能确认此类交易的损益。（　）

第五节 本章真题演练及综合练习答案与解析

一、真题演练答案速查表

所在节	题号	答案	题号	答案	题号	答案
第一节	1	A	2	C		
第二节	1	D	2	B	3	ABC

二、本章综合练习答案与解析

（一）单选题

1. C【解析】投资日乙公司宣告分派的现金股利应作为应收项目单独核算，因此初始投资成本 =1 500×3+500−200=4 800（万元）。为发行权益性证券支付的手续费和佣金等应从权益性证券的溢价发行收入中扣除。

2. C【解析】在权益法下，如果初始投资成本 > 被投资单位可辨认净资产的公允价值 × 持股比例，两者的差额体现为投资企业在购入该项投资过程中通过作价体现出的与所取得股权份额相对应的商誉，不调整长期股权投资的成本。

3. B【解析】投资日乙公司可辨认净资产的公允价值与账面价值一致，因此甲公司确认投资收益不需要调整乙公司的净利润。2013 年甲公司应承担的投资损失 =−400×30%=−120（万元），2014 年甲公司应承担的投资损失 =−1 000×30%=−300（万元），发生的投资损失共 420 万元，相应减少长期股权投资的账面价值，此时长期股权投资账面价值 =600−420=180（万元）。2015 年应确认的投资收益 =700×30%=210（万元）。

4. B【解析】2013 年，甲公司的长期股权投资账面价值 =205+150×30%=250（万元），2014 年承担乙公司亏损 =900×30%=270（万元）。由于不存在长期应收款，按投资协议甲公司不需承担额外义务，剩余的亏损 20 万元（270−250）应在账外作备查登记，不再予以确认，即 2014 年末甲公司的长期股权投资账面价值为 0。2015 年乙公司实现净利润，账外的 20 万元应恢复，因此 2015 年末甲公司的长期股权投资账面价值 =300×30%−20=70（万元）。

5. C【解析】该项投资对甲公司 2015 年损益的影响金额 =7 000×30%−2 000+500×30%=250（万元）。甲公司取得乙公司 30% 股权后，应按照权益法进行后续计量。初始投资成本 2 000 万元小于甲公司享有的乙公司可辨认净资产公允价值的份额 2 100 万元（7 000×30%），两者差额 100 万元作为营业外收入计入当期损益。取得投资时乙公司可辨认净资产的公允价值与账面价值一致，因此甲公司确认其享有的 2015 年投资收益时，不用调整乙公司的净利润。

（二）多选题

1. AC【解析】非同一控制下企业合并过程中发生的审计及法律咨询等中介费用，应计入管理费用，选项 A 错误；以发行权益性证券作为合并对价的，为发行权益性证券所发生佣金、手续费应该冲减溢价收入，溢价收入不足冲减的，冲减留存收益，不计入初始投资成本，选项 C 错误。

2. AD【解析】甲公司与丙公司在交易前不存在任何关联方关系，因此此交易是非同一控制下进行的。初始投资成本 = 甲公司付出的土地使用权的公允价值 =24 000（万元）。购买日合并商誉 =24 000−35 000×80%=400（万元），无形资产的处置收益 =24 000−（20 000−2 000）=6 000（万元）。所以，选项 A、D 正确。

3. AD【解析】选项 A，被投资单位实现净利润时，投资企业一般按照持股比例享有投资收益。

借：长期股权投资——损益调整

　　贷：投资收益

选项 B，被投资单位可供出售金融资产公允价值变动导致其他综合收益增加，投资单位应调整长期股权投资的账面价值，并计入其他综合收益，不影响投资收益。

借：长期股权投资——其他综合收益

　　贷：其他综合收益

选项 C，应冲减长期股权投资账面价值，不影响投资收益。

借：应收股利

　　贷：长期股权投资——损益调整

　　　　　　　　　　——成本

选项 D，投资企业与被投资单位之间的未实现内部交易损益应从投资企业应享有的投资收益份额中抵销。

4. BD【解析】成本法下，被投资单位实现净利润时，投资方不做账务处理，选项 A 错误；无论是成本法还是权益法，投资方收到分派股票股利时都不做账务处理，选项 C 错误。

5. ABC【解析】选项 A 正确，该项交易为非同一控制下企业合并，甲公司取得投资的初始投资成本为付出的办公楼的公允价值 1 200 万元；选项 B 正确，投出对外出租并采用公允价值模式计量的办公楼，按照处置投资性房地产进行处理，要将其公允价值计入其他业务收入，将投资性房地产的账面价值转入"其他业务成本"，同时结转持有期间产生的公允价值变动损益。相关账务处理如下。

借：长期股权投资——乙公司　12 000 000

　　贷：其他业务收入　12 000 000

借：其他业务成本　10 000 000

　　贷：投资性房地产——成本　7 000 000

　　　　　　　　　　——公允价值变动　3 000 000

选项 C 正确，该办公楼累计公允价值变动 = 转换时产生的公允价值变动损益 + 持有期间发生的公允价值变动 =−100+300=200（万元）。

借：公允价值变动损益　2 000 000

　　贷：其他业务成本　2 000 000

从上述分录可知，对外出租的办公楼的营业成本 =1 000−200=800（万元）。

选项 D 错误，影响当期损益 =1 200−800=400（万元）。

（三）判断题

1. ×【解析】投资企业对被投资方具有共同控制或重大影响的长期股权投资，应当采用权益法核算。在确定能否对被投资单位实施共同控制或重大影响时，应当考虑投资企业和其他方持有的被投资单位当期可转换公司债券和当期可执行认股权证等潜在表决权因素的影响。

2. ×【解析】按减记长期股权投资的账面价值、其他构成长期权益、按合同承担额外义务后，仍有额外损失的，应在账外作备查登记，不再予以确认。

3. √【解析】本题考查共同控制资产时相关费用的确认原则。题目的表述正确。

4. √【解析】本题描述的是合营方向合营企业投出非货币性资产产生损益的处理，符合相关规定。

第六章 无形资产

本章内容可概括为无形资产的确认、计量和处置以及内部研究开发支出的确认和计量等内容。在近3年考试中涉及的题型主要为单选题、多选题和判断题，所占分值平均约为3分，题量为1~3题。在本章内容中，考生应重点掌握无形资产初始投资成本的确定、内部研究开发费用的会计处理以及无形资产摊销的会计处理等内容，以上均属于易出考题的考点。

▼本章主要考点的题型、估计题量和所占分值一览表

主要考点	题型	题量	所占分值
①无形资产入账价值的计算；②研发支出的会计处理；③无形资产摊销的计算	单选题	1题	1分
①确定无形资产使用寿命应考虑的因素；②无形资产后续计量的会计处理；③无形资产摊销的会计处理	多选题	1题	2分
无形资产摊销的会计处理	判断题	1题	1分

▼本章知识结构一览表

无形资产	一、无形资产的确认和初始计量	（1）无形资产的确认条件（★★★） （2）无形资产的初始计量（★★★）
	二、内部研究开发支出的确认和计量	（1）研究与开发阶段支出的确认（★★★） （2）内部开发无形资产的计量以及研发费用的会计处理（★★★）
	三、无形资产的后续计量	（1）无形资产使用寿命的确定（★★★） （2）使用寿命有限的无形资产摊销（★★★） （3）无形资产减值测试（★★★）
	四、无形资产的处置	无形资产的出租、出售与报废（★★）

第一节 无形资产的确认和初始计量

考点1 无形资产的确认条件（★★★）

考点分析

本考点属于概念性内容，一般不会单独出现在考题中，其通常作为单选题或多选题的某个选项进行考查。

考点精讲

无形资产，是指企业拥有或者控制的不具有实物形态的可辨认非货币性资产。

误区提醒

由于商誉的存在无法与企业自身分离，因此其不具有可辨认性，不能确认为本章所讲的无形资产。

无形资产同时满足下列条件时才能予以确认。

（1）与该无形资产有关的经济利益很可能流入企业。

（2）该无形资产的成本能够可靠地计量。

典型例题

【例题·多选题】甲公司为从事房地产开发的上市公司，2008年1月1日，外购位于甲地块上的一幢写字楼，作为自用办公楼，甲地块的土地使用权能够单独计量；2008年3月1日，购入乙地块和丙地块，分别用于开发对外出售的住宅楼和写字楼，至2009年12月31日，该住宅楼和写字楼尚未开发完成；2009年1月1日，购入丁地块，作为办公区的绿化用地，至2009年12月31日，丁地块的绿化已经完成，假定不考虑其他因素，下列各项中，甲公司2009年12月31日不应单独确认为无形资产（土地使用权）的有（　）。（2010年）

A. 甲地块的土地使用权

B. 乙地块的土地使用权

C. 丙地块的土地使用权

D. 丁地块的土地使用权

【解析】选项B、C不应单独确认为无形资产，乙地块和丙地块均用于建造对外出售的房屋建筑物，这两地块土地使用权应该计入所建造房屋建筑物的成本（存货）。

【答案】BC

考点2 无形资产的初始计量（★★★）

考点分析

本考点属于应掌握的内容，考查难度相对比较简单。涉及的题型一般为单选题和多选题。考生可对不同方式取得的无形资产成本的构成进行比较、理解。

考点精讲

1. 无形资产成本的确定

无形资产通常应按照实际成本进行初始计量，不同方式下取得无形资产成本的确定如表6-1所示。

表6-1 不同方式下取得无形资产成本的确定

取得方式	成本内容
外购	购买价款、相关税费、直接归属于使该无形资产达到预定用途所发生的其他支出
投资者投入	合同或协议约定的价值，合同或协议约定价值不公允的则按无形资产公允价值计量
非货币性资产交换、债务重组等方式	按照“非货币性资产交换”“债务重组”的规定确定

名师解读

对于外购的无形资产，为引入新产品进行宣传发生的广告费、管理费，以及无形资产已经达到预定用途后发生的费用，不属于无形资产达到预定用途所发生的支出，不计入无形资产成本。

购买无形资产的价款超过正常信用条件延期支付，实质上具有融资性质的，无形资产的成本应以购买价款的现值为基础确定。实际支付的价款与购买价款的现值之间的差额作为未确定融资费用，在付款期间内采用实际利率法进行摊销，摊销金额除满足借款费用资本化条件应当计入无形资产成本的外，均应当在信用期间内确认为财务费用，计入当期损益。具体账务处理如下。

（1）购入无形资产时

借：无形资产（购买价款的现值）

　　未确认融资费用（差额）

　　贷：长期应付款（应付的合同价款）

（2）分期支付款项时

借：长期应付款（当期应支付金额）

　　贷：银行存款

（3）摊销未确认融资费用时

借：财务费用

　　贷：未确认融资费用[（长期应付款的期初余额－未确认融资费用的期初余额）×实际利率]

2. 土地使用权的处理

对于土地使用权，根据其取得方式与使用主体、用途的不同，应在不同会计科目中进行核算，具体内容如表6-2所示。

表6-2 土地使用权核算的总结

使用主体	内容	核算科目
非房地产开发企业	通过出让或购买土地使用权自用	无形资产
	外购的房屋建筑物，对所支付的价款应在地上建筑物与土地使用权之间进行分配；难以合理分配的，计入“固定资产”	固定资产（无法分配） 固定资产和无形资产（可以分配）
房地产开发企业	购入的土地使用权用于建造对外出售的房屋建筑物	开发成本（存货）
	购入的土地使用权自用	无形资产
所有企业	单独估价入账土地	固定资产
	购入的土地使用权，直接用于对外出租，或持有以备增值后转让	投资性房地产

典型例题

【例题·单选题】2015年12月31日，甲公司与乙公司签订合同，自乙公司购买管理系统软件，合同价款为5 000万元，分5次支付。自次年开始每年12月31日支付1 000万元，折现率为5%，预计使用5年，预计净残值为零，采用直线法摊销。已知5年期、5%的年金现值系数为4.329，5年期、5%的年金终值系数为0.783，该管理系统软件的初始入账价值是（　）元。

A. 671　　B. 4 329

C. 5 000　　D. 783

【解析】无形资产的购买价款超过正常信用条件延期支付的，无形资产的成本应以购买价款的现值为基础确定。该管理系统软件的初始入账价值=1 000×4.329=4 329（万元）。实际支付的价款与购买价款的现值之间的差额671万元（5 000-4 329）应作为未确定的融资费用。

【答案】B

本节考点回顾与总结一览表

本节考点	知识总结
考点1 无形资产的确认	确认无形资产应满足的特征：拥有或控制、没有实物形态、可辨认
考点2 无形资产的初始计量	①不同方式取得无形资产成本的构成不同 ②延期付款购买无形资产，具有融资性质的，其成本按照购买总价款的现值确定

第二节 内部研究开发支出的确认和计量

考点3 研究与开发阶段支出的确认（★★★）

考点分析

本考点一般不会单独以考题的形式进行考查，通常是作为其他考点的理论基础，对有关无形资产成本的确定进行考查。如考查某自行研发无形资产的入账成本时，需要判断出是研究阶段还是开发阶段的支出。

考点精讲

1. 研究与开发阶段的区分

企业自行进行研究开发项目时，应具体划分为研究阶段与开发阶段，分阶段进行核算。研究阶段基本上是属于探索性的，该阶段的结果具有不确定性；相对于研究阶段而言，开发阶段应当是已完成研究阶段的工作，在很大程度上具备了形成一项新产品或新技术的基本条件。

2. 研究与开发阶段支出的确认

研究阶段的支出应全部费用化，计入管理费用；开发阶段的支出，满足资本化条件的，确认为无形资产，不满足资本化条件的，确认为管理费用。若无法区分研究阶段与开发阶段，则应当将相关支出费用化，计入管理费用。

典型例题

【例题·多选题】下列关于研究与开发阶段的说法中，正确的有（　）。

A. 研究阶段是否会形成无形资产具有不确定性，因此在该阶段发生的支出全部费用化

B. 企业自行进行的研发项目，不必区分研究与开发阶段，应将项目的全部支出计入损益

C. 研究是指为了获取并理解新的科学或技术知识等进行的独创性的有计划的调查

D. 生产前或使用前的原型和模型的设计、建造和测试属于开发阶段的活动

【解析】企业自行进行研究开发项目时，应当根据自身实际情况以及相关信息，具体划分研究阶段与开发阶段，分阶段进行核算，故选项B错误。

【答案】ACD

考点4 内部开发无形资产的计量以及研发费用的会计处理（★★★）

考点分析

本考点同样属于确定无形资产成本时应掌握的理论基础，其通常不会单独出现在考题中。考生应掌握内部开发的无形资产成本的构成，以及完成研究开发形成无形资产时相关费用的结转。

考点精讲

1. 内部开发的无形资产的计量

内部开发无形资产的成本仅包括满足资本化条件的时点至无形资产达到预定用途前发生的支出总和。同一项无形资产达到资本化条件之前已经费用化计入当期损益的支出，不再进行调整。

2. 内部研究开发费用的会计处理

企业应在“研发支出”科目下设置“费用化支出”和“资本化支出”两个明细科目。

（1）研究阶段的支出全部费用化，记入“研发支出——费用化支出”科目，期末，将费用化支出结转到“管理费用”科目。

（2）开发阶段的支出中，满足资本化条件的，记入“研发支出——资本化支出”科目，不满足资本化条件的，记入“研发支出——费用化支出”科目。期末，将费用化支出结转到“管理费用”科目，若期末研发项目尚未完成，则满足资本化条件的费用继续在“研发支出——资本化支出”科目中核算，待项目达到预定用途时，再将其转入“无形资产”科目。

典型例题

【例题1·判断题】在开发过程中，对于无形资产达到资本化条件之前已经费用化的支出应进行调整，计入无形资产成本。（　）

【解析】内部开发无形资产的成本仅包括在满足资本化条件的时点至无形资产达到预定用途前发生的支出总和，对于同一项无形资产在开发过程中达到资本化条件之前已经费用化计入当期损益的支出，并不再进行调整。

【答案】×

【例题2·单选题】甲公司2015年2月1日开始自行开发成本管理软件，在研究阶段发生材料费用10万元，开发阶段发生开发人员工资100万元，福利费20万元，支付租金30万元。开发阶段的支出满足资本化条件。2015年5月1日，甲公司自行开发成功该成本管理软件，并依法申请了专利，支付注册费1万元，律师费2.5万元。甲公司2015年10月1日为向社会展示其成本管理软件，特举办了大型宣传活动，支付费用50万元，则甲公司无形资产的入账价值应为（　）万元。

A. 213.5　　B. 3.5

C. 153.5　　D. 163.5

【解析】对于甲公司内部研究开发项目，研究阶段的支出10万元在发生时全部费用化。为宣传新产品发生的间接费用50万元，在无形资产已经达到预定用途（2015年5月1日）以后发生的费用，计入当期损益。因此，无形资产的入账价值=100+20+30+1+2.5=153.5（万元）。

【答案】C

本节考点回顾与总结一览表

本节考点	知识总结
考点3 研究与开发阶段支出的确认	①研究阶段的支出全部费用化 ②开发阶段的支出满足资本化条件的资本化，不满足资本化条件的费用化 ③无法区分研究和开发阶段的，全部费用化
考点4 内部开发无形资产的计量以及研发费用的会计处理	①费用化支出在“研发支出——费用化支出”科目中归集，期末转入“管理费用”科目 ②资本化支出在“研发支出——资本化支出”科目中归集，开发完成后转入“无形资产”科目

真题演练

1.【单选题】研究开发活动无法区分研究阶段和开发阶段的，当期发生的研究开发支出应在资产负债表日确认为（　）。（2011年）

A. 无形资产　　B. 管理费用
C. 研发支出　　D. 营业外支出

2.【单选题】甲公司自行研发一项新技术，累计发生研究开发支出800万元，其中符合资本化条件的支出为500万元。研发成功后向国家专利局提出专利权申请并获得批准，实际发生注册登记费8万元；为使用该项新技术发生的有关人员培训费为6万元。不考虑其他因素，甲公司该项无形资产的入账价值为（　）万元。（2014年）

A. 508　　B. 514
C. 808　　D. 814

第三节 无形资产的后续计量

考点5 无形资产使用寿命的确定（★★★）

考点分析

本考点属于概念性内容，考试中一般以单选题、多选题或判断题的形式进行考查，考题难度较小。

考点精讲

企业应当在取得无形资产时分析判断其使用寿命。无形资产使用寿命分为有限的或确定的，以及使用寿命不确定的。对于使用寿命有限或可确定的无形资产，应该估计其使用寿命的年限或者构成使用寿命的产量等类似计算单位数量。

企业至少应当于每年年度终了，对使用寿命有限的无形资产的使用寿命进行复核。如果有证据表明使用寿命与以前估计不同，应当改变摊销期限，并按照会计估计变更处理。如果有证据表明使用寿命不确定的无形资产的使用寿命是有限的，应当估计其使用寿命，视为会计估计变更，并按使用寿命有限的无形资产的有关规定处理。

典型例题

【例题·多选题】下列关于无形资产后续计量的表述中，正确的有（　）。（2013年）

A. 至少应于每年年度终了对以前确定的无形资产残值进行复核

B. 应在每个会计期间对使用寿命不确定的无形资产的使用寿命进行复核

C. 至少应于每年年度终了对使用寿命有限的无形资产的使用寿命进行复核

D. 至少应于每年年度终了对使用寿命有限的无形资产的摊销方法进行复核

【解析】企业应至少于每年年度终了对使用寿命有限的无形资产的使用寿命、摊销方法及预计净残值进行复核，选项A、C、D正确；企业应于每个会计期间对使用寿命不确定的无形资产的使用寿命进行复核，选项B正确。

【答案】ABCD

考点6 使用寿命有限的无形资产摊销（★★★）

考点分析

本考点属于本章的热门考点，在2016年的考题中就有两道考题涉及本考点，考生应重点掌握使用寿命有限的无形资产应摊销金额的计算、摊销方法以及相关会计处理。

考点精讲

1. 应摊销金额

无形资产的应摊销金额，等于成本扣除预计残值、已计提减值准备之后的金额。无形资产的残值一般为零，但下列情况除外。

（1）有第三方承诺在无形资产使用寿命结束时愿意以一定的价格购买该无形资产。

（2）可以根据活跃市场得到预计残值信息，并且从目前情况看，该市场在无形资产使用寿命结束时很可能存在。

2. 摊销期和摊销方法

无形资产的摊销期与固定资产摊销期相反，即当月增加的无形资产，当月开始摊销；当月减少的无形资产，当月不再摊销。

企业可选择的无形资产摊销方法有多种，包括直线法、产量法等。选定的摊销方法应当能够反映与该资产有关的经济利益的预期实现方式，并一致地运用于不同会计期间。对于无法可靠确定其预期实现方式的，应采用直线法进行摊销。企业至少应当于每年年度终了，对使用寿命有限的无形资产的使用寿命及摊销方法进行复核。

名师解读

持有待售的无形资产不进行摊销，按照账面价值、公允价值减去处置费用后的净额中较低者进行计量。

3. 使用寿命有限的无形资产摊销的会计处理

无形资产的摊销金额一般应计入当期损益（管理费用、其他业务成本等），但如果某项无形资产专门用于生产某种产品或其他资产，其所包含的经济利益是通过所生产的产品或其他资产间接实现的，则该无形资产的摊销金额应当计入相关资产的成本（制造费用、在建工程等）。

典型例题

【例题 1·多选题】下列关于企业无形资产摊销的会计处理中，正确的有（　）。（2016 年）

A. 对使用寿命有限的无形资产选择的摊销方法应当一致地运用于不同会计期间

B. 持有待售的无形资产不进行摊销

C. 使用寿命不确定的无形资产按照不低于 10 年的期限进行摊销

D. 使用寿命有限的无形资产自可供使用时起开始摊销

【解析】选项 A 错误，企业选择的无形资产摊销方法，应当能够反映与该项无形资产有关的经济利益的预期实现方式，并一致地运用于不同会计期间；选项 C 错误，使用寿命不确定的无形资产，在会计上不进行摊销。

【答案】BD

【例题 2·单选题】2014 年 12 月 31 日，甲公司某项无形资产的原价为 120 万元，已摊销 42 万元，未计提减值准备，当日，甲公司对该无形资产进行减值测试，预计公允价值减去处置费用后的净额为 55 万元，未来现金流量的现值为 60 万元，2014 年 12 月 31 日，甲公司应为该无形资产计提的减值准备为（　）万元。（2016 年）

A. 18　　B. 23

C. 60　　D. 65

【解析】2014 年末，由于无形资产公允价值减去处置费用后的净额为 55 万元，小于未来现金流量现值 60 万元，因此该无形资产可收回金额为 60 万元，此时该无形资产的账面价值 =120−42=78（万元），大于其可收回金额，所以应计提减值准备金额 =78−60=18（万元）。

【答案】A

考点7 无形资产减值测试（★★★）

考点分析

本考点常与考点 6 相结合，在单选题或多选题中进行考查。考生应注意的是，无形资产的摊销是针对使用寿命有限的无形资产而言，而无形资产减值测试则是强调对使用寿命不确定的无形资产进行的，考生应在理解此区别的基础上，掌握相关会计处理。

考点精讲

当相关证据明确表明无法合理估计无形资产的使用寿命时，应将其确认为使用寿命不确定的无形资产。使用寿命不确定的无形资产，在持有期间不进行摊销，但应当至少在每年年度终了进行减值测试。发生减值时，进行如下会计处理。

借：资产减值损失

　　贷：无形资产减值准备

典型例题

【例题 1·判断题】企业对于无法合理确定使用寿命的无形资产，应将其成本在不超过 10 年的期限内摊销。（　）

【解析】对于使用寿命不确定的无形资产，在持有期间内部需要进行摊销，但应当至少在每年年度终了进行减值测试。

【答案】×

误区提醒

考生应注意区分税法与会计中对无形资产摊销期限规定的区别。税法中规定，无形资产的摊销年限不得低于 10 年，但会计准则规定，使用寿命不确定的无形资产不进行摊销。所以在“会计实务”的考试中，应按照会计准则的相关规定答题。

【例题 2·单选题】2015 年 1 月 20 日，甲公司自行研发的某项非专利技术已经达到预定可使用状态，累计研究支出为 80 万元，累计开发支出为 250 万元（其中符合资本化条件的支出为 200 万元）；但使用寿命不能合理确定。2015 年 12 月 31 日，该项非专利技术的可收回金额为 180 万元。假定不考虑相关税费。甲公司应就该项非专利技术计提的减值准备为（　）万元。

A. 20　　B. 70

C. 100　　D. 150

【解析】该无形资产的使用寿命不确定，所以不需要摊销。甲公司应计提的减值准备 =200-180=20（万元）。

2015 年 1 月 20 日，非专利技术已经达到预定可使用状态，

借：无形资产——非专利技术　　2 000 000

　　贷：研发支出——资本化支出（非专利技术）　　2 000 000

2015 年 12 月 31 日，该非专利技术的可收回金额小于账面价值，发生减值。

借：资产减值损失——非专利技术　200 000

　　贷：无形资产减值准备——非专利技术　　200 000

【答案】A

本节考点回顾与总结一览表

本节考点	知识总结
考点 5 无形资产使用寿命的确定	①无形资产可分为使用寿命确定的无形资产和使用寿命不可确定的无形资产 ②使用寿命应每年进行复核，其变化作为会计估计变更处理
考点 6 使用寿命有限的无形资产摊销	①使用寿命有限的无形资产才进行摊销 ②当月增加当月摊销，当月减少当月不摊销 ③根据经济预期实现方式选择摊销方法 ④摊销金额计入当期损益或相关资产成本
考点 7 无形资产减值测试	使用寿命不确定的无形资产应每期期末进行减值测试

真题演练

1.【多选题】企业在估计无形资产使用寿命应考虑的因素有（　）。（2012 年）

A. 无形资产相关技术的未来发展情况

B. 使用无形资产生产的产品的寿命周期

C. 使用无形资产生产的产品市场需求情况

D. 现在或潜在竞争者预期将采取的研发战略

2.【多选题】下列关于使用寿命有限的无形资产摊销的表述中，正确的有（　）。（2014 年）

A. 自达到预定用途的下月起开始摊销

B. 至少应于每年年末对使用寿命进行复核

C. 有特定产量限制的经营特许权，应采用产量法进行摊销

D. 无法可靠确定与其有关的经济利益预期实现方式的，应采用直线法进行摊销

3.【单选题】2013 年 1 月 1 日，甲公司某项特许使用权的原价为 960 万元，已摊销 600 万元，已计提减值准备 60 万元。预计尚可使用年限为 2 年，预计净残值为零，采用直线法按月摊销。不考虑其他因素，2013 年 1 月甲公司该项特许使用权应摊销的金额为（　）万元。（2013 年）

A. 12.5

B. 15

C. 37.5

D. 40

第四节 无形资产的处置

考点8 无形资产的出租、出售与报废（★★）

考点分析

本考点的命题范围较小，一般都是围绕无形资产出租、出售与报废的会计处理进行考查，如对收取款项的确认以及相关税金的确认等。涉及的题型一般为单选题或多选题。

考点精讲

1. 无形资产的出租

（1）确认收入

借：银行存款等

　　贷：其他业务收入

　　　　应交税费——应交增值税（销项税额）

（2）确认成本

借：其他业务成本

　　贷：累计摊销

　　　　银行存款等

2. 无形资产的出售

出售无形资产的会计处理如下。

借：银行存款

　　累计摊销

　　无形资产减值准备

　　营业外支出（处置损失）

　　贷：无形资产

　　　　应交税费——应交增值税（销项税额）

　　　　营业外收入（处置利得）

3. 无形资产的报废

如果无形资产预期不能为企业带来未来经济利

益，则应将其账面价值予以转销，其账面价值转作当期损益。转销时的会计处理如下。

借：累计摊销

　　无形资产减值准备

　　营业外支出

　　贷：无形资产

典型例题

【例题1·单选题】2015年6月11日，甲公司将一项专利权以1 000万元的价格转让给乙公司。该项专利权系甲公司2014年1月1日以1 800万元的价格购入的，购入时预计使用年限为10年，法律规定的有效使用年限为12年，采用直线法摊销。该专利权未计提减值准备。假定转让专利权适用的增值税税率为6%，不考虑所得税等其他相关税费。甲公司转让该专利权所获得的净收益为（　）万元。

A. −545　　B. −580

C. −605　　D. −530

【解析】专利权的预计使用年限不超过法定权利，因此按照预计前者进行摊销。2014年1月1日至2015年5月31日（6月出售，6月起不再摊销）共17个月，则这段时间累计摊销=1 800÷10÷12×17=255（万元），应交增值税=1 000×6%=60（万元）。转让该专利权所获得的净收益=1 000+1 800÷10÷12×17−1 000×6%−1 800=−605（万元）。

【答案】C

【例题2·多选题】下列事项中，可能影响当期利润表中"营业利润"的有（　）。

A. 计提无形资产减值准备

B. 新技术项目研究过程中发生的人工费用

C. 接受其他单位捐赠的专利权

D. 报废无形资产

【解析】选项A，计提无形资产减值准备时，借记"资产减值损失"科目，影响营业利润；选项B，项目研究过程中发生的各项费用，直接计入当期损益（管理费用等），影响营业利润；选项C，接受捐赠专利权，形成一项无形资产的同时增加营业外收入，不影响营业利润；选项D，报废无形资产，其账面价值计入营业外支出，不影响营业利润。

【答案】AB

本节考点回顾与总结一览表

本节考点	知识总结
考点8 无形资产的出租、出售与报废	①出租无形资产的租金计入其他业务收入，计提的摊销额等计入其他业务成本 ②出售无形资产的账面价值与处置对价的差额计入营业外收支 ③报废无形资产的账面价值计入营业外支出

真题演练

【单选题】下列关于无形资产会计处理的表述中，正确的是（　）。（2010年）

A. 将自创的商誉确认为无形资产

B. 将已转让所有权的无形资产的账面价值计入其他业务成本

C. 将预期不能为企业带来经济利益的无形资产账面价值计入管理费用

D. 将以支付土地出让金方式取得的自用土地使用权单独确认为无形资产

第五节 本章综合练习

（一）单选题

1. 下列各项中，属于企业的无形资产的是（　）。

A. 已出租的土地使用权

B. 投资者投入的专利权

C. 企业内部产生的品牌

D. 企业的客户关系、人力资源

2. 甲公司2015年1月10日开始自行研究开发无形资产，12月31日达到预定用途。其中，研究阶段发生职工薪酬30万元、计提专用设备折旧40万元；进入开发阶段后，相关支出符合资本化条件前发生的职工薪酬30万元、计提专用设备折旧30万元，符合资本化条件后发生职工薪酬100万元、计提专用设备折旧200万元。假定不考虑其他因素，甲公司2015年对上述研发支出进行的下列会计处理中，正确的是（　）。

A. 确认管理费用70万元，确认无形资产360万元

B. 确认管理费用30万元，确认无形资产400万元

C. 确认管理费用130万元，确认无形资产300万元

D. 确认管理费用100万元，确认无形资产330万元

3. 某公司于2013年7月1日购入一项无形资产，初始入账价值为600万元。该无形资产预计使用年限为10年，采用直线法摊销。2014年年底预计

可收回金额为493万元，2015年12月31日预计可收回金额为375万元。该公司于每年年末计提无形资产减值准备，计提减值准备后该无形资产原预计使用年限和摊销方法不变。2016年年末无形资产的账面价值为（ ）万元。

A. 325　　B. 375

C. 435　　D. 493

4. 2015年12月31日，甲公司无形资产账面价值中包括用于生产乙产品的专利技术。该专利技术系甲公司于2015年7月15日购入，入账价值为2 400万元，预计使用寿命为5年，预计净残值为0，采用年限平均法按月摊销。2015年第四季度以来，市场上出现更先进的生产乙产品的专利技术，甲公司预计乙产品市场占有率将大幅下滑。甲公司估计该专利技术的可收回金额为1 200万元，则应计提的无形资产减值准备是（ ）万元。

A. 1 200　　B. 240

C. 1 000　　D. 960

（二）多选题

1. 下列关于无形资产的确认条件的叙述，错误的有（ ）。

A. 企业的客户名单、品牌等能够为企业带来经济利益，因此应确认为无形资产

B. 无形资产带来的经济利益可能为收入的增加，也可能为成本的减少

C. 满足了无形资产的确认条件后，即可确认一项无形资产

D. 企业判断无形资产是否可能带来经济利益流入时，需要对该资产在预计使用寿命内的各种经济因素实施职业判断

2. 下列各项中，不会引起无形资产账面价值发生增减变动的有（ ）。

A. 为引入新技术发生广告宣传费

B. 企业内部研究开发项目研究阶段发生的支出

C. 使用寿命不确定的无形资产发生减值

D. 摊销无形资产成本

3. 下列关于无形资产的会计处理中，正确的有（ ）。

A. 内部研发项目开发阶段的支出，应全部资本化，计入“研发支出——资本化支出”

B. 无形资产预期不能为企业带来经济利益的，应将其账面价值转入营业外支出

C. 出租无形资产取得的租金收入和发生的相关费用，应通过其他业务收入和其他业务成本核算

D. 无形资产的摊销金额均应当计入当期损益

4. 下列各项关于无形资产会计处理的表述中，错误的有（ ）。

A. 内部产生的商誉应确认为无形资产

B. 计提的无形资产减值准备在该资产价值恢复时应予转回

C. 使用寿命不确定的无形资产账面价值均应按10年平均摊销

D. 以支付土地出让金方式取得的自用土地使用权应单独确认为无形资产

（三）判断题

1. 企业同时从事多项开发活动的情况下，所发生的支出同时用于支持多项开发活动的，应按照合理的标准在各项开发活动之间进行分配，无法可靠确定合理标准的，应在各项开发活动之间进行平均分摊。（ ）

2. 无形资产达到预定用途前发生的可辨认的无效和初始运作损失，为运行该无形资产发生的培训支出等不构成无形资产的开发成本。（ ）

3. 对于使用寿命不确定的无形资产，在持有期间内不需要摊销，但需要至少于每一会计期末进行减值测试。对于使用寿命有限的无形资产，会计期末不需要进行减值测试。（ ）

4. 无形资产的残值重新估计以后，如果高于其账面价值，则无形资产仍应继续摊销。（ ）

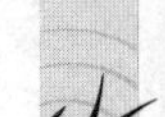

第六节 本章真题演练及综合练习答案与解析

一、真题演练答案速查表

所在节	题号	答案	题号	答案	题号	答案
第一节	无					
第二节	1	B	2	A		
第三节	1	ABCD	2	BCD	3	A
第四节	D					

二、本章综合练习答案与解析

（一）单选题

1. B【解析】选项A错误，土地使用权用于赚钱租金时，将其转为投资性房地产；选项C错误，企业内部产生的品牌不能和整个业务开发成本区分开来，成本无法可靠计量，不能确认为无形资产；选项D错误，企业无法控制客户关系和人力资源带

来的未来经济利益，不符合无形资产的定义。

2. C【解析】此题中符合资本化的支出=100+200=300（万元）；其他支出全部计入当期损益，所以计入管理费用的金额=30+40+30+30=130（万元），故选项C正确。

3. A【解析】从2013年7月开始摊销，到2014年12月31日18个月。2014年计提无形资产减值准备=（600−600÷10÷12×18）−493=17（万元），2014年年末的账面价值为493万元，计提减值准备后剩余使用年限=10−18÷12=8.5（年）。2015年年末应计提减值准备=（493−493÷8.5）−375=60（万元），2015年年末的账面价值为375万元，计提减值准备后剩余使用年限=8.5−1=7.5（年）。2016年年末的账面价值=375−375÷7.5=325（万元）。

4. D【解析】7月增加专利技术，7月即开始对其摊销，摊销额=2 400÷5÷12×6=240（万元），2013年12月31日，该专利技术账面价值=2 400−240=2 160（万元），应计提减值准备=2 160−1 200=960（万元）。

（二）多选题

1. AC【解析】选项A，客户名单、品牌等虽然可带来经济利益，但其成本不能可靠计量，因此不应确认为无形资产；选项C，无形资产在符合定义的前提下，同时满足两个确认条件时，才能予以确认。

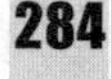

2. AB【解析】选项A，广告宣传费不计入新技术的成本，而应在当期直接费用化；选项B，内部研究开发项目研究阶段发生的支出在发生时全部费用化，不计入无形资产成本；选项C，使用寿命不确定的无形资产不进行摊销，但发生减值时，减少无形资产的账面价值；选项D，摊销无形资产时，减少无形资产的账面价值。

3. BC【解析】选项A错误，内部研发项目开发阶段发生的满足资本化条件的支出，计入“研发支出——资本化支出”，不满足的应予以费用化处理；选项D错误，无形资产的摊销金额一般应当计入当期损益，但当所包含的经济利益是通过转入到所生产的产品或其他资产中实现的，其摊销金额应当计入相关资产的成本。

4. ABC【解析】商誉不具有可辨认性，不属于无形资产，选项A错误；无形资产减值损失一经计提，在以后期间不得转回，选项B错误；使用寿命不确定的无形资产，在持有期间内不需要进行摊销，选项C错误。

（三）判断题

1. ×【解析】企业同时从事多项开发活动的情况下，所发生的支出同时用于支持多项开发活动的，应按照合理的标准在各项开发活动之间进行分配，无法合理分配的，应予费用化，不计入开发活动的成本。

2. √【解析】题干中对无形资产开发成本确认的描述是正确的。

3. ×【解析】对于使用寿命不确定的无形资产，在持有期间内不需要进行摊销，但应当至少在每年年度终了按照有关规定进行减值测试。如经减值测试表明已发生减值，则需要计提相应的减值准备。资产负债表日，使用寿命有限的无形资产也应进行减值测试。

4. ×【解析】如果无形资产的残值重新估计以后高于其账面价值的，则无形资产不再摊销，直至残值降至低于账面价值时再恢复摊销。

第七章 非货币性资产交换

非货币性资产交换主要包括非货币性资产交换的认定、确认和计量等内容，其中主要的考点是非货币资产交换中换入资产入账价值的确定及换出资产相关损益的确认。涉及的题型主要为单选题和多选题，在近3年的考试中所占分值为2~4分，题量为1~3题。虽然本章内容所占分值不高，但具有较强的综合性，可作为计算分析题或综合题的一部分进行考查。

▼本章主要考点的题型、估计题量和所占分值一览表

主要考点	题型	题量	所占分值
①非货币性资产的判断；②非货币性资产交换影响损益金额的计算	单选题	1~2题	1~2分
①非货币性资产交换影响当期损益的因素；②非货币性资产交换不具有商业实质情况下影响换入资产入账价值的因素	多选题	1题	2分

▼本章知识结构一览表

非货币性资产交换	一、非货币性资产交换的认定	非货币性资产交换的概念及其认定（★★★）
	二、非货币性资产交换的确认和计量	（1）非货币性资产交换的确认和计量原则（★★★） （2）商业实质与公允价值能否可靠计量的判断（★★★）：商业实质的判断、公允价值能否可靠计量的判断 （3）非货币性资产交换的会计处理（★★★）

第一节 非货币性资产交换的认定

考点1 非货币性资产交换的概念及其认定（★★★）

考点分析

本考点常见的出题方式是让考生选择属于非货币性资产的内容，或让考生判断题干或选项描述的交易或事项是否属于非货币性资产交换。对于前者，考生可通过记忆典型实例进行掌握，对于后者，考生应重点把握是否满足“25%”的判断条件。

考点精讲

1. 非货币性资产交换的概念与特征

非货币性资产交换是一种非经常性的特殊交易行为，是交易双方主要以存货、固定资产、无形资产和长期股权投资等非货币性资产进行的交换。其具有以下3个特征。

（1）是一种非经常性的特殊交易行为。

（2）主要以非货币性资产形式转让相关资产。

（3）是一种互惠转让行为。

2. 非货币性资产交换的认定

对于非货币性资产的认定，一般以补价占整个资产交换金额的比例是否低于25%作为判断条件。相关公式如下。

①支付的货币性资产 ÷ 换入资产公允价值 × 100% < 25%或收到的货币性资产 ÷ 换出资产公允价值 × 100% < 25%，属于非货币性资产交换。

②支付的货币性资产 ÷ 换入资产公允价值 × 100% ≥ 25%或收到的货币性资产 ÷ 换出资产公允价值 × 100% ≥ 25%，视为货币性资产交换。

名师解读

如果换入与换出资产的公允价值中一个已知，而另一个无法确定，则可采用以下两个公式计算未知的公允价值。

①换入资产公允价值 = 换出资产公允价值 + 支付的货币性资产

②换出资产公允价值 = 换入资产公允价值 + 收到的货币性资产

典型例题

【例题·多选题】下列各项中，属于非货币性资产的有（ ）。（2015年）

A. 应收账款　　B. 无形资产
C. 在建工程　　D. 长期股权投资

【解析】非货币性资产是指货币性资产以外的资产，包括存货、固定资产、无形资产、股权投资以及不准备持有至到期的债券投资等。非货币性资产有别于货币性资产的最基本特征是，其在将来为企业带来的经济利益，即货币金额是不固定的或不可确定的。应收账款的金额固定或可确定，因此不属于非货币性资产。

【答案】BCD

本节考点回顾与总结一览表

本节考点	知识总结
考点1 非货币性资产交换的概念及其认定	以补价占整个资产交换金额的比例是否低于25%作为非货币性资产的认定标准

真题演练

【单选题】下列各项中属于非货币性资产的是（ ）。（2012年）

A. 外埠存款
B. 持有的银行承兑汇票
C. 拟长期持有的股票投资
D. 准备持有至到期的债券投资

第二节 非货币性资产交换的确认和计量

考点2 非货币性资产交换的确认和计量原则（★★★）

考点分析

本考点属于概念性内容，考试中一般不会单独出现在考题中。对于非货币性资产交换的确认，考生应掌握划分的两种情况。

考点精讲

非货币性资产交换的确认和计量可分为以下两种情况。

（1）该交换具有商业实质，而且换入资产和换出资产的公允价值都能可靠计量。此时，以公允价值和直接为换入资产支付的税费作为换入资产的成本，公允价值与换出资产账面价值的差额计入当期损益。

（2）该交换不具有商业实质，或者换入资产和换出资产的公允价值都无法可靠计量。此时，应当以换出资产的账面价值和应支付的相关税费作为换入资产的成本，不确认换出资产的当期损益。

因此，对于交换是否具有商业实质，以及换入资产或换出资产的公允价值能否可靠计量是非货币性资产交换确认的重要前提。

典型例题

【例题·判断题】非货币性资产交换的确认中，应以公允价值和应支付的相关税费作为换入资产的成本，按照公允价值和换出资产账面价值的差额计入当期损益。（ ）

【解析】题干的说法不完整。在对非货币性资产交换进行确认时，应当以公允价值和应支付的相关税费作为换入资产的成本，公允价值和换出资产账面价值的差额计入当期损益，但有下列情形之一时，应以换出资产的账面价值和应支付的相关税费作为换入资产的成本，不确认换出资产的当期损益。

①该交换不具有商业实质。

②换入资产和换出资产的公允价值都无法可靠计量。

【答案】×

考点3 商业实质与公允价值能否可靠计量的判断（★★★）

考点分析

本考点既可能作为其他考点的基础知识，也可作为综合题的某小题进行考查。考生应重点掌握对商业实质与公允价值能否可靠计量进行判断时涉及的几种情形。

考点精讲

1. 商业实质的判断

满足以下任一条件的，可认定某项非货币性资产交换具有商业实质。

（1）换入资产与换出资产的未来现金流量的风险、时间和金额显著不同。

> **名师解读**
>
> 只要“风险、时间、金额”3个条件中，有任意一个条件显著不同的，都应确认非货币性资产交换具有商业实质。

（2）换入资产与换出资产的预计未来现金流量现值不同，且两者差额与换入资产和换出资产的公允价值相比是重大的。

另外，关联方关系的存在可能导致发生的非货

币性资产交换不具有商业实质。

2. 公允价值能否可靠计量的判断

有以下任一情形的，换入资产或换出资产的公允价值视为能够可靠计量。

（1）换入资产或换出资产存在活跃市场，以市场价格为基础确定公允价值。

（2）换入资产或换出资产不存在活跃市场，但同类或类似资产存在活跃市场，以同类或类似资产市场价格为基础确定公允价值。

（3）换入资产或换出资产不存在同类或类似资产可比交易市场，采用估值技术确定公允价值。采用估值技术确定的公允价值时，要求确定的公允价值估计数的变动区间很小，或者在公允价值估计数变动区间内，各种用于确定公允价值估计数的概率能够合理确定。

典型例题

【例题1·多选题】下列各项中，能够据以判断非货币资产交换具有商业实质的有（　　）。

A. 换入资产与换出资产未来现金流量的风险、金额相同，时间不同

B. 换入资产与换出资产未来现金流量的时间、金额相同，风险不同

C. 换入资产与换出资产未来现金流量的风险、时间相同，金融不同

D. 换入资产与换出资产预计未来现金流量现值不同，且其差额与换入资产和换出资产的公允价值相比具有重要性

【解析】认定某项非货币性资产交换具有商业实质，必须满足下列条件之一：①换入资产的未来现金流量在风险、时间和金额方面与换出资产显著不不同；②换入资产与换出资产的预计未来现金现值不同，且其差额与换出资产的公允价值相比是重大的。企业如果难以判断某项非货币性资产交换是否满足第一项条件，则应当考虑第二项条件。

【答案】ABCD

【例题2·多选题】非货币性资产交换中，换入资产或换出资产的公允价值可以（　　）为基础确定。

A. 换入资产或换出资产的市场价格

B. 换入资产或换出资产的同类或类似市场价格

C. 采用估值技术

D. 换入资产或换出资产的账面价值

【解析】换入资产或换出资产存在活跃市场，以市场价格为基础确定公允价值，选项A正确；不存在活跃市场，但同类或类似资产存在活跃市场的，以同类或类似资产市场价格为基础确定公允价值，选项B正确；不存在同类或类似资产可比交易市场的，采用估值技术确定公允价值，选项C正确。

【答案】ABC

考点4 非货币性资产交换的会计处理（★★★）

考点分析

本考点属于本章的重点，既可能出现在客观题中，也可能出现在计算分析题或综合题中。考生应区分非货币性资产交换是采用公允价值计量还是采用账面价值计量，以及分别确认换入资产的入账价值、换出资产公允价值与其账面价值差额的会计处理等。

考点精讲

非货币性资产交换的会计处理是采用公允价值计量还是采用账面价值计量，取决于两个条件：①该交换是否具有商业实质；②换入资产或换出资产的公允价值能否可靠地计量。如果换出资产的公允价值能够可靠确定，应当优先考虑按照换出资产的公允价值作为确定换入资产成本的基础；如果有确凿证据表明换入资产的公允价值更加可靠，应当以换入资产的公允价值为基础确定换入资产的成本。

若上述两个条件同时满足，则采用公允价值计量，若不能同时满足，则采用账面价值计量。涉及单项非货币性资产交换的会计处理如表7-1所示。

表7-1 涉及单项非货币性资产交换的会计处理

项目	公允价值计量	账面价值计量
换入资产的入账价值	①不涉及补价时： 换入资产成本＝换出资产公允价值＋支付的增值税销项税额－可抵扣的增值税进项税额＋支付的相关税费 ②涉及补价时： 换入资产成本＝换出资产公允价值＋支付的增值税销项税额－可抵扣的增值税进项税额＋相关税费＋支付的补价（－收到的补价）	①不涉及补价时： 换入资产成本＝换出资产账面价值＋支付的增值税销项税额－可抵扣的增值税进项税额＋支付的相关税费 ②涉及补价时： 换入资产成本＝换出资产账面价值＋支付的增值税销项税额－可抵扣的增值税进项税额＋相关税费＋支付的补价（－收到的补价）
换出资产公允价值与其账面价值差额的会计处理	①换出资产为存货：按公允价值确认销售收入，同时结转销售成本 ②换出资产为固定资产、无形资产：差额计入营业外收支 ③换出资产为投资性房地产、可供出售金融资产：差额记入“投资收益”科目，并将相应已确认的记入“其他综合收益”“资本公积——其他资本公积”科目的金额转入“投资收益”科目	不涉及

名师解读

表7-1中所指的增值税销项税额是换出资产支付的增值税销项税额，可抵扣的增值税进项税额是换入资产可抵扣的增值税进项税额。相关税费是指应计入换入资产成本的相关税费，其会计处理与购入资产相关税费的会计处理相同，如支付的运杂费和保险费等应计入换入资产的成本。而换出资产支付的相关税费，其会计处理与出售资产相关税费的会计处理相同，即计入营业外收支或营业税金及附加，不计入换入资产的成本。

若非货币性资产交换涉及多项非货币性资产，其应先按换入单项资产的原则确定换入资产成本总额，然后按比例分摊到各单项资产。每项换入资产成本的确定如下。

（1）公允价值计量且换入资产公允价值能够合理确定：

每项换入资产的成本＝该项资产的公允价值÷换入资产公允价值总额×换入资产的成本总额

（2）公允价值计量且换入资产公允价值不能够合理确定，或以账面价值计量：

每项换入资产的成本＝该项资产的原账面价值÷换入资产原账面价值总额×换入资产的成本总额

典型例题

【例题1·多选题】不具有商业实质、不涉及补价的非货币性资产交换中，影响换入资产入账价值的因素有（　）。（2012年）

A. 换出资产的账面余额

B. 换出资产的公允价值

C. 换入资产的公允价值

D. 换出资产已计提的减值准备

【解析】非货币性资产交换不具有商业实质，应当以换出资产的账面价值和应支付的相关税费作为换入资产的成本，与换入资产的公允价值和换出资产的公允价值均无关，选项B、C错误；换入资产的账面价值＝换出资产账面余额－换出资产已计提的累计折旧或摊销－换出资产已计提的减值准备，选项A、D正确。

【答案】AD

【例题2·判断题】以公允价值计量的非货币性资产交换中，换出资产为库存商品的，其账面价值与公允价值的差额计入营业外收支。（　）

【解析】用于非货币性资产交换的库存商品应作为视同销售处理，按照公允价值确认收入，同时结转相应的成本。

【答案】×

【例题3·多选题】2015年7月10日，甲公司以其拥有的一辆作为固定资产核算的轿车换入乙公司一项非专利技术，并支付补价5万元，当日，甲公司该轿车原价为80万元，累计折旧为16万元，公允价值为60万元，乙公司该项非专利技术的公允价值为65万元，该项交换具有商业实质，不考虑相关税费及其他因素，甲公司进行的下列会计处理中，正确的有（　）。（2016年）

A. 按5万元确定营业外支出

B. 按65万元确定换入非专利技术的成本

C. 按4万元确定处置非流动资产损失

D. 按1万元确定处置非流动资产利得

【解析】由于本题中的非货币性资产交换具有商业实质且相关资产的公允价值均能可靠计量，所以属于以公允价值计量的非货币性资产交换。甲公司换入非专利技术的成本应按照换出固定资产公允价值加上支付的补价计量，即＝60＋5＝65（万元），选项B正确。甲公司换出固定资产的处置损失＝换出资产的账面价值－换出资产的公允价值＝（80－16）－60＝4（万元），因此应确定处置非流动资产损失（营业外支出）4万元，选项C正确，选项A、D错误。

【答案】BC

本节考点回顾与总结一览表

本节考点		知识总结
考点2	非货币性资产交换的确认和计量原则	①公允价值计量：具有商业实质、至少有一方的公允价值能够可靠计量 ②账面价值计量：不能同时满足以上条件
考点3	商业实质与公允价值能否可靠计量的判断	①现金流量在风险、时间、金额上显著不同 ②换入资产与换入资产的未来现金流量现值不同，且其差额重大 ③关联方的存在可能不具有商业实质
考点4	非货币性资产交换的会计处理	①应区分公允价值计量与账面价值计量确定换入资产的账面价值 ②应区分换出资产的不同类别，对换出资产公允价值与其账面价值的差额进行会计处理

真题演练

1.【判断题】在非货币性资产交换中，如果换入资产的未来现金流量在风险、金额、时间方面与换出资产显著不同，即使换入或换出资产的公允价值不能可靠计量，也应将该交易认定为具有商业实质。（　）（2009年）

2.【判断题】非货币性资产交换不具有商业实质的，支付补价方应以换出资产的账面价值加上支付的补价和应支付的相关税费作为换入资产的成本。（　）（2015年）

3.【单选题】2011年3月2日，甲公司以账面价值为350万元的厂房和150万元的专利权，换入乙公司账面价值为300万元的在建房屋和100万元的长期股权投资，不涉及补价。上述资产的公允价值均无法获得。不考虑其他因素，甲公司换入在建房屋的入账价值为（　）万元。（2011年）

A. 280　　B. 300　　C. 350　　D. 375

第三节 本章综合练习

（一）单选题

1. 确定一项资产是货币性资产还是非货币性资产的主要依据是（　）。

A. 变现速度的快慢

B. 是否可以给企业带来经济利益

C. 是否具有流动性

D. 将为企业带来的经济利益是否是固定或可确定的

2. 甲公司以M设备换入乙公司N设备，另向乙公司支付补价5万元，该项交易具有商业实质。交换日，M设备账面原价为66万元，已计提折旧9万元，已计提减值准备8万元，公允价值无法合理确定；N设备公允价值为72万元。假定不考虑其他因素，该项交换对甲公司当期损益的影响金额为（　）万元。

A. 0　B. 6　C. 11　D. 18

3. 甲公司以一台生产设备和一项专利权与乙公司的一台机床进行非货币性资产交换。甲公司换出生产设备的账面原价为1 000万元，累计折旧为250万元，公允价值为780万元；换出专利权的账面原价为120万元，累计摊销为24万元，公允价值为100万元。乙公司换出机床的账面原价为1 500万元，累计折旧为750万元，固定资产减值准备为32万元，公允价值为700万元。甲公司另向乙公司收取银行存款180万元作为补价。假定该非货币性资产交换不具有商业实质，不考虑其他因素，甲公司换入乙公司机床的入账价值为（　）万元。

A. 538　B. 666　C. 700　D. 718

4. 下列关于非货币性资产交换说法错误的是（　）。

A. 如果换入与换出资产的预计未来现金流量的现值不同，且其差额与换入资产和换出资产公允价值相比是重大的，则说明该项交换具有商业实质

B. 企业持有的不准备持有至到期的债券投资属于货币性资产

C. 以商业汇票购买固定资产不属于非货币性资产交换

D. 具有商业实质且其换入或换出资产的公允价值能够可靠计量的非货币性资产交换，应当以换出资产的公允价值为基础确定换入资产的成本，有确凿证据表明换入资产公允价值更加公允的，可以按照换入资产公允价值为基础来确定换入资产的成本

（二）多选题

1. 下列关于非货币性资产交换，正确的有（　）。

A. 在同时换入多项资产，具有商业实质且换入资产的公允价值能够可靠计量的情况下，应当按照换入各项资产的公允价值占换入资产账面价值总额的比例，对换入资产的成本总额进行分配，确认各项换入资产的成本

B. 企业持有的应收账款、应收票据以及持有至到期投资，均属于企业的货币性资产

C. 在具有商业实质且其公允价值能够可靠计量的非货币性资产交换中，换出资产的公允价值和账面价值之间的差额计入当期损益

D. 在不具有商业实质的情况下，交换双方应确认交换损益

2. 下列关于非货币性资产交换的说法中，正确的有（　）。

A. 不具有商业实质的交换，在不涉及补价的情况下，应当以换出资产的账面价值和为换入资产支付的相关税费作为换入资产的成本（不考虑增值税）

B. 收到补价时应确认收益，支付补价时不能确认收益

C. 非货币性资产交换可以涉及少量补价，通常以补价占整个资产交换金额的比例低于25%作为参考

D. 当交换具有商业实质并且公允价值能够可靠计量时，在不涉及补价的情况下，应当以换出资产的公允价值和应支付的相关税费作为换入资产的成本

3. 下列说法可以表明换入资产或换出资产的公允价值能够可靠计量的有（　）。

A. 换入资产或换出资产存在活跃市场

B. 换入资产或换出资产不存在活跃市场，但同类或类似资产存在活跃市场

C. 不存在同类或类似资产的可比市场交易，应当采用估值技术确定其公允价值，采用估值技术确定的公允价值估计数的变动区间很小，视为公允价值能够可靠计量

D. 不存在同类或类似资产的可比市场交易，在公允价值估计数变动区间内，各种用于确定公允价值估计数的概率能够合理确定，视为公允价值能够可靠计量

4. 甲公司与乙公司进行非货币性资产交换，具有商业实质且公允价值能够可靠地计量，以下影响甲公司换入资产入账价值的项目有（　）。

A. 甲公司为换入资产而支付的费用

B. 甲公司为换出固定资产支付的清理费用

C. 甲公司为换出存货缴纳的增值税销项税额

D. 甲公司换出无形资产支付的增值税

（三）判断题

1. 任何资产之间进行交换，如果涉及补价的，只要补价占整个资产交换金额的比例低于25%的，都按照非货币性资产交换的处理原则进行核算。（ ）

2. 当换入资产的未来现金流量在风险、时间和金额方面与换出资产显著不同时，则说明该项非货币性资产交换具有商业实质。（ ）

3. 在不具有商业实质的非货币性资产交换中，收到补价方，应当按照换出资产的账面价值减去收到的补价加上为换入资产支付的相关税费，作为换入资产的入账价值，不确认交易损益。（ ）

第四节 本章真题演练及综合练习答案与解析

一、真题演练答案速查表

所在节	题号	答案	题号	答案	题号	答案
第一节			C			
第二节	1	√	2	√	3	D

二、本章综合练习答案与解析

（一）单选题

1. D【解析】非货币性资产相对于货币性资产而言，当相关资产在将来为企业带来的经济利益不是固定的或不可确定时，该资产即属于非货币性资产。

2. D【解析】甲公司换出M设备的公允价值无法合理确定，但该项交易具有商业实质，且换入N设备的公允价值能够可靠计量，因此甲公司换出M设备的公允价值以换入N设备为基础确定，即甲公司换出M设备的公允价值=换入N设备的公允价值－支付的补价=72-5=67（万元），M设备账面价值=66-9-8=49（万元），该项交换对甲公司当期损益的影响金额=M设备的公允价值－M设备的账面价值=67-49=18（万元）。

3. B【解析】此项非货币性资产交换不具有商业实质，甲公司换入机床的入账价值=换出设备和专利权的账面价值+支付的相关税费－收到的补价=（1 000-250）+（120-24）+0-180=666（万元）。

4. B【解析】企业持有的不准备持有至到期的债券投资应重分类为可供出售金融资产，其在将来为企业带来不固定或者不确定的经济利益，因此属于非货币性资产交换。

（二）多选题

1. BC【解析】选项A错误，具有商业实质且换入资产的公允价值能够可靠计量的非货币性资产交换，在同时换入多项资产的情况下，应当按照换入各项资产的公允价值占换入资产公允价值总额的比例，对换入资产的成本总额进行分配；选项D错误，非货币性资产交换不具有商业实质，应当以换出资产的账面价值和应支付的相关税费作为换入资产的成本，无论是否支付补价，均不确认损益。

2. ACD【解析】非货币性资产交换在具有商业实质且公允价值能够可靠计量时，可以确认资产转让损益，而与收支补价无关，故选项B错误。

3. ABCD【解析】以上4个选项都是判断公允价值能否可靠计量的情形。

4. AC【解析】甲公司换入资产入账价值=换出资产的公允价值－收取的补价+（换入资产）应支付的相关税费，选项A正确，选项B、D错误；甲公司换出存货时，换入资产的入账价值=换出存货的（含税）公允价值+支付的补价－可抵扣的进项税额，因此，甲公司为换出存货缴纳的增值税销项税额是构成换入资产的入账价值的一部分，选项C正确。

（三）判断题

1. ×【解析】非货币性资产交换的前提是，交换的资产必须属于非货币性资产，然后才看是否涉及补价。没有涉及补价的，则该交易就属于非货币性资产交换。涉及补价的，则补价占整个资产交换金额的比例低于25%，属于非货币性资产交换。

2. √【解析】换入资产的未来现金流量在风险、时间和金额方面与换出资产显著不同，这是判断某项非货币性资产交换是否具有商业实质的一个条件。

3. √【解析】非货币性资产交换不具有商业实质时，应当以换出资产的账面价值作为计量换入资产成本的基础。

第八章 资产减值

本章主要介绍了固定资产、无形资产、长期股权投资、成本模式进行后续计量的投资性房地产以及商誉等资产或资产组减值的确认及其计量等内容，属于本科目中比较重要的章节。在近3年考试中，所占分数约为6~12分，多以单选题、多选题、判断题和计算分析题的形式出现，题量约为4题。本章内容考点相对较少，但各考点需掌握的细节内容较多，学习时要加强理解和记忆。

▼本章主要考点的题型、估计题量和所占分值一览表

主要考点	题型	题量	所占分值
①预计未来现金流量应考虑的因素；②可收回金额的计算；③固定资产减值的计算；④资产减值测试	单选题	1~2题	1~2分
①资产减值迹象的判断；②资产组的认定；③资产减值准备是否可以转回的判断	多选题	1~2题	2~4分
资产组的认定	判断题	1题	1分
资产组的认定、资产组减值的会计处理	计算分析题	1题	12分

▼本章知识结构一览表

资产减值	一、资产减值概述	资产减值的概念、范围以及资产可能发生减值的迹象（★★★）
	二、资产可收回金额的计量和减值损失的确定	（1）资产可收回金额计量的基本要求（★★） （2）资产的公允价值减去处置费用后净额的确定（★★★） （3）资产预计未来现金流量现值的确定（★★★） （4）资产减值损失的确定及其账务处理（★★★）
	三、资产组减值的处理	（1）资产组的认定（★★★） （2）资产组可收回金额和账面价值的确定（★★★） （3）资产组与总部资产减值测试（★★）
	四、商誉减值的处理	商誉减值的测试及其账务处理（★）

第一节 资产减值概述

考点1 资产减值的概念、范围以及资产可能发生减值的迹象（★★★）

考点分析

本考点的概念性较强，考试中一般不会单独出现考题。有关资产减值的概念了解即可，考生应重点掌握判断资产是否发生减值时应考虑的因素，其可能以不同类别的资产为载体进行考查。

考点精讲

1. 资产减值的概念及其范围

资产减值是指资产的可收回金额低于其账面价值。本章所指资产，除特别说明外，包括以下资产：长期股权投资、采用成本模式进行后续计量的投资性房地产、固定资产、生产性生物资产、无形资产、商誉、探明石油天然气矿区权益和井及相关设施。

2. 资产可能发生减值的迹象

企业应当在资产负债表日判断资产是否存在可能发生减值的迹象。在判断资产是否存在减值迹象时，应考虑是否存在以下两种情况：

（1）公允价值下降。

（2）未来现金流量现值下降。

对于存在减值迹象的资产，应当进行减值测试，估计资产的可回收金额，将其与账面价值比较：当可回收金额低于账面价值时，应该按两者的差额计提减值准备，确认资产的减值损失；若没有可能减值的迹象，则不用计提减值准备。

以下两种资产无论是否存在减值迹象，至少应当每年进行减值测试。

（1）因企业合并所形成的商誉。

（2）使用寿命不确定和尚未达到可使用状态的无形资产。

典型例题

【例题·多选题】下列各项中，属于固定资产减值迹象的有（　）。（2014 年）

A. 固定资产将被闲置

B. 计划提前处置固定资产

C. 有证据表明资产已经陈旧过时

D. 企业经营所处的经济环境在当期发生重大变化且对企业产生不利影响

【解析】资产可能发生减值的迹象，可从资产公允价值与未来现金流量现值是否下降为原则进行判断。本题中，选项 A、B 表明资产的未来现金流量现值将会下降，选项 C、D 表明资产的公允价值将会下降。因此本题所有选项都属于固定资产的减值迹象。

【答案】ABCD

本节考点回顾与总结一览表

本节考点	知识总结
考点 1 资产减值的概念、范围以及资产可能发生减值的迹象	①范围：主要包括非流动资产减值 ②减值迹象：以公允价值与未来现金流量的下降为原则 ③商誉、使用寿命不确定的无形资产、未达到预计可使用状态的无形资产应每年进行减值测试

真题演练

【单选题】下列各项资产中，无论是否存在减值迹象，至少应于每年年度终了对其进行减值测试的是（　）。（2013 年）

A. 商誉　　B. 固定资产

C. 长期股权投资　　D. 投资性房地产

第二节 资产可收回金额的计量和减值损失的确定

考点2 资产可收回金额计量的基本要求（★★）

考点分析

本考点属于计算资产具体减值金额应掌握的基本知识，考试中一般不会对其进行单独考查，但考生应掌握可收回金额的具体确定方法。

考点精讲

资产可收回金额为以下两者中的较高者。

（1）公允价值减去处置费用后的金额。

（2）资产预计未来现金流量现值。

但以下 4 种情况下，资产可收回金额的计量可能有所不同。

（1）资产的公允价值减去处置费用后的净额或者资产预计未来现金流量的现值大于资产的账面价值，即表明资产没有发生减值，此时无需再估计另一项金额。

（2）如果没有确凿证据或者理由表明，资产预计未来现金流量现值显著高于其公允价值减去处置费用后的净额，可直接以资产的公允价值减去处置费用后的净额作为资产可收回金额。

（3）以前报告期间的计算结果表明，资产可收回金额显著高于其账面价值，之后又没有发生消除这一差异的交易或者事项的，资产负债表日可以不重新估计该资产的可收回金额。

（4）以前报告期间的计算与分析表明，资产可收回金额相对于某种减值迹象反应不敏感，在本报告期间又发生了该减值迹象的，可以不因该减值迹象的出现而重新估计该资产的可收回金额。例如，当期市场利率或市场投资报酬率上升，对计算资产未来现金流量现值采用的折现率影响不大的，可以不重新估计资产的可收回金额。

典型例题

【例题·单选题】2012 年 12 月 31 日，企业某项固定资产的公允价值为 1 000 万元，预计处置费用为 100 万元，预计未来现金流量的现值为 960 万元。当日，该项固定资产的可收回金额为（　）万元。（2013 年）

A. 860　　B. 900

C. 960　　D. 1 000

【解析】资产公允价值减去处置费用后的净额 =1 000−100=900（万元），小于预计未来现金流量现值 960 万元，因此，该固定资产的可收回金额为 960 万元。

【答案】C

考点3 资产的公允价值减去处置费用后净额的确定（★★★）

考点分析

本考点同样属于计算资产具体减值金额应掌握的基本知识，考试一般会考查公允价值的概念或资产公允价值减去处置费用后净额的计算，涉及的题型主要为单选题或判断题。

考点精讲

资产的公允价值减去处置费用后的净额，通常反映的是资产被出售或者处置时可收回的净现金流入。其中，资产的公允价值是指市场参与者在计量日发生的有序交易中，出售一项资产所能收到的价格；处置费用是指可以直接归属于资产处置的增量成本，包括与资产处置有关的法律费用、相关税费、搬运费以及为使资产达到可销售状态所发生的直接费用等，但是财务费用和所得税费用等不包括在内。

企业可按以下顺序确定资产的公允价值减去处置费用后的净额。

（1）资产交易中资产的销售协议价格减去可直接归属于该资产处置费用的金额。

（2）资产的市场价格减去处置费用后的净额。

（3）熟悉情况的交易双方自愿进行公平交易愿意提供的交易价格减去资产处置费用后的净额。

如果企业无法可靠估计资产的公允价值减去处置费用后的净额的，应当以资产预计未来现金流量的现值作为其可收回金额。

典型例题

【例题·单选题】下列项目中，不属于资产处置费用的是（　）。

A. 与资产处置有关的财务费用

B. 与资产处置有关的相关税费

C. 与资产处置有关的法律费用

D. 与资产处置有关的搬运费

【解析】处置费用包括与资产处置有关的法律费用、相关税费、搬运费以及为使资产达到可销售状态所发生的直接费用，不包括财务费用和所得税费用等。

【答案】A

考点4　资产预计未来现金流量现值的确定（★★★）

考点分析

本考点涉及的内容相对较多，考试中的出题方式一般包括两种，一是对相关概念进行考查，如预计现金流量应考虑的因素等；二是考查未来现金流量现值的具体计算。对于第二种情况，考生应掌握折现率的选择以及资产未来现金流量的确定方法。

考点精讲

1. 资产未来现金流量的预计

企业在预计资产未来现金流量时，应以经企业管理层批准的最近财务预算或者预测数据为基础。

（1）预计资产未来现金流量应包括如下内容。

①资产持续使用过程中预计产生的现金流入。

②为实现资产持续使用过程中产生的现金流入所必需的预计现金流出（包括为使资产达到预定可使用状态所发生的现金流出）。

③资产使用寿命结束时，处置资产所收到或者支付的净现金流量。其中，净现金流量＝现金流入－现金流出。

（2）预计资产未来现金流量应考虑的因素如下。

①以资产的当前状况为基础预计资产未来现金流量。

②预计资产未来现金流量时不应当包括筹资活动和与所得税收付有关的现金流量。

③对通货膨胀因素的考虑应当和折现率相一致。

④对内部转移价格应当予以调整。

（3）预计资产未来现金流量的方法。

预计资产未来现金流量的方法主要包括单一的现金流量和期望现金流量法。

2. 折现率的预计

为了资产减值测试的目的，计算资产未来现金流量现值时所使用的折现率应当是反映当前市场货币时间价值和资产特定风险的税前利率，其是企业在购置或者投资资产时所要求的必要报酬率。

3. 资产未来现金流量现值的确定

在对资产未来现金流量与折现率进行预计后，在确定资产未来现金流量现值时，还应考虑资产的使用寿命，在综合考虑以上3个因素后，才能得出比较可靠的资产的未来现金流量现值的具体金额。

4. 外币未来现金流量及其现值的确定

预计资产的未来现金流量如果涉及外币，企业应当按照如图8-1所示的顺序确定资产未来现金流量的现值。

计算以外币（结算货币）表示的资产未来现金流量现值	以外币（结算货币）表示的资产未来现金流量现值=Σ（以结算货币表示的该资产所产生未来现金流量×该结算货币适用的折现率相对应的折现系数）
↓ 计算以记账本位币表示的资产未来现金流量现值	以记账本位币表示的资产未来现金流量的现值=以外币（结算货币）表示的资产未来现金流量现值×计算资产未来现金流量现值当日的即期汇率
↓ 比较以下两项：①以记账本位币表示的资产未来现金流量现值 ②资产公允价值减去处置费用后的净额	较高者为其可收回金额，根据可收回金额与资产账面价值比较，确定是否需要确认减值损失及减值损失的具体金额

图8-1 外币未来现金流量现值的确定顺序

典型例题

【例题1·单选题】下列关于企业为固定资产减值测试目的的预计未来现金流量的表述中，不正确的是（　）。（2011年）

A. 预计未来现金流量包括与所得税相关的现金流量

B. 预计未来现金流量应当以固定资产的当前状况为基础

C. 预计未来现金流量不包括与筹资活动相关的现金流量

D. 预计未来现金流量不包括与固定资产改良相关的现金流量

【解析】企业为固定资产减值测试目的预计未来现金流量不应当包括筹资活动和与所得税收付有关的现金流量，因此选项A错误。

【答案】A

【例题2·单选题】甲公司拥有一台设备，采用期望现金流量法预计该设备的未来现金流量。2016年该设备在不同的经营情况下产生的现金流量分别为：经营好的可能性是30%，产生的现金流量为300万元；经营一般的可能性是60%，产生的现金流量是200万元；经营差的可能性是10%，产生的现金流量是100万元。甲公司该设备2016年预计的现金流量为（　）万元。

A. 200　　B. 90

C. 120　　D. 220

【解析】该设备2016年预计的现金流量=300×30%+200×60%+100×10%=220（万元）。

【答案】D

考点5　资产减值损失的确定及其账务处理（★★★）

考点分析

本考点属于热门考点，其涉及的知识点较多，考生需在正确计算资产可收回金额的基础上，进一步判断资产是否需要计提减值准备，以及计提减值准备的账务处理。

考点精讲

1. 资产减值损失的确定

企业在对资产进行减值测试并计算确定资产的可收回金额后，如果资产的可收回金额低于账面价值，应当将资产的账面价值减记至可收回金额。减记的金额确认为资产减值损失，计入当期损益，同时计提相应的资产减值准备。

> **名师解读**
>
> 账面价值、账面余额与账面净值是一组容易混淆的概念，其区别如下：①账面价值 = 资产成本（原价）– 累计折旧（或累计摊销）– 累计减值准备；②账面余额 = 资产成本（原价）；③账面净值 = 资产成本（原价）– 累计减值准备

资产减值损失确认后，减值资产的折旧或者摊销费用应当在未来期间做相应调整，以使该资产在剩余使用寿命内，系统地分摊调整后的资产账面价值（扣除预计净残值）。

资产减值损失一经确认，在以后会计期间不得转回。资产报废、出售、对外投资、以非货币性资产交换方式换出、通过债务重组抵偿债务等符合资产终止确认条件的，企业应当将相关资产减值准备予以转销。

2. 资产减值损失的账务处理

企业发生资产减值，需通过“资产减值损失”科目核算。具体的账务处理如下。

借：资产减值损失

　　贷：固定资产减值准备

　　　　无形资产减值准备

　　　　商誉减值准备

　　　　长期股权投资减值准备等

　　　　投资性房地产减值准备

典型例题

【例题1·单选题】2013年12月31日，甲公司某项固定资产计提减值准备前的账面价值为1 000万元，公允价值为980万元，预计处置费用为80万元，预计未来现金流量的现值为1 050万元。2013年12月31日，甲公司应对该项固定资产计提的减值准备为（　）万元。（2014年）

A. 0　　B. 20

C. 50　　D. 100

【解析】该项固定资产的公允价值减去处置费用后的净额=980-80=900（万元），未来现金流量现值为1 050万元，可收回金额为两者之间的较高者，即可收回金额为1 050万元，大于账面价值1 000万元，因此该固定资产未发生减值，无需计提减值准备。

【答案】A

【例题2·单选题】2014年1月1日，甲公司以银行存款640万元购入一项无形资产，预计使用年限为10年，预计净残值为0，采用直线法摊销。2014年年末该项无形资产出现减值迹象，其可收回金额为540万元，2015年年末该项无形资产又出现减值迹象，其可收回金额为500万元。假定该项无形资产计提减值准备后，原预计使用年限、摊销方法不变。假定不考虑其他因素，甲公司该项无形资产在2015年年末的账面价值为（　）万元。

A. 480　　B. 486

C. 500　　D. 576

【解析】2014年12月31日无形资产应计提的减值准备=（640-640÷10）-540=36（万元），2015

年12月31日无形资产计提减值准备前的账面价值=540-540÷9=480（万元），可收回金额为500万元，成本小于可收回金额，因此当年不需要计提减值准备，已计提的减值准备也不允许转回。2015年年末无形资产的账面价值为480万元。

【答案】A

【例题3·多选题】下列各项已计提的资产减值准备，在未来会计期间不得转回的有（　）。（2013年）

A. 商誉减值准备

B. 无形资产减值准备

C. 固定资产减值准备

D. 持有至到期投资减值准备

【解析】持有至到期投资减值准备、存货跌价准备等一经计提可以转回，但是商誉、无形资产和固定资产的减值一经计提不能转回。

【答案】ABC

本节考点回顾与总结一览表

本节考点	知识总结
考点2 资产可收回金额计量的基本要求	可收回金额等于公允价值减去处置费用后的净额与资产预计未来现金流量现值两者中的较高者
考点3 资产的公允价值减去处置费用后净额的确定	处置费用不包括财务费用和所得税费用
考点4 资产预计未来现金流量现值的确定	①现金流量的确定：现金流入－为实现现金流入而发生的现金流出 ②折现率：税前利率、必要报酬率 ③资产未来现金流量的现值＝∑［第t年预计资产未来现金流量／（1+折现率）^{t}］ ④外币现金流量现值的确定可分为3步
考点5 资产减值损失的确定及其账务处理	①可收回金额低于账面价值的差额确认为减值损失 ②本章所涉及的资产减值损失，一经计提不得转回

真题演练

1.【多选题】下列各项中，属于固定资产减值测试时预计其未来现金流量不应考虑的因素有（　）。（2009年）

A. 与所得税收付有关的现金流量

B. 筹资活动产生的现金流入或者流出

C. 与预计固定资产改良有关的未来现金流量

D. 与尚未作出承诺的重组事项有关的预计未来现金流量

2.【判断题】在资产减值测试中，计算资产未来现金流量现值时所采用的折现率应当是反映当前市场货币时间价值和资产特定风险的税前利率。（　）（2008年）

3.【单选题】2012年12月31日，甲公司库存丙材料的实际成本为100万元。不含增值税的销售价格为80万元，拟全部用于生产1万件丁产品。将该批材料加工成丁产品尚需投入的成本总额为40万元。由于丙材料市场价格持续下降，丁产品每件不含增值税的市场价格由原160元下降为110元。估计销售该批丁产品将发生销售费用及相关税费合计为2万元。不考虑其他因素，2012年12月31日甲公司该批丙材料的账面价值应为（　）万元。（2013年）

A. 68　　B. 70

C. 80　　D. 100

第三节 资产组减值的处理

考点6 资产组的认定（★★★）

考点分析

本考点的概念性较强，考生需要在理解的基础上进行记忆。常见的考查方式为判断题干或选项的描述是否满足资产组的确认条件或资产组认定的具体要求。

考点精讲

1. 资产组的概念

资产组是指企业可以认定的最小资产组合，其产生的现金流入应当基本上独立于其他资产或资产组产生的现金流入。资产组应当由与创造现金流入相关的资产构成。

2. 认定资产组应当考虑的因素

（1）资产组产生的主要现金流入是否独立于其他资产或者资产组的现金流入。

（2）企业管理层管理生产经营活动的方式（例如，按照生产线、业务种类还是按照地区或者区域等）和对资产的持续使用或者处置的决策方式等。

3. 资产组认定后不得随意变更

资产组一经确定，在各个会计期间应当保持一致，不得随意变更。但是，企业由于重组、变更资产用途等原因，导致资产组的构成确需变更的，企业可以进行变更，但企业管理层应当证明该变更是合理的，并应当在附注中作出说明。

典型例题

【例题·多选题】下列关于资产减值测试时认定资产组的表述中，正确的有（　）。（2011 年）

A. 资产组是企业可以认定的最小资产组合

B. 认定资产组应当考虑对资产的持续使用或处置的决策方式

C. 认定资产组应当考虑企业管理层管理生产经营活动的方式

D. 资产组产生的现金流入应当独立于其他资产或资产组产生的现金流入

【解析】本题的 4 个选项都准确描述了认定资产组时需考虑的因素。在复习此类知识点时，可借助关键词提高记忆的准确性，例如认定资产组的关键词是"独立"：独立进行管理、独立产生现金流。

【答案】ABCD

考点7 资产组可收回金额和账面价值的确定（★★★）

考点分析

资产组与单项资产可收回金额与账面价值的确定具有一定的相似性，两者的基本要求是相同的，只是资产组多了一个"分摊"的步骤。

考点精讲

资产组的可收回金额应当按照以下两者中的较高者确定。

（1）资产组的公允价值减去处置费用后的净额。

（2）资产组预计未来现金流量的现值。

资产组的账面价值包括可直接归属于资产组、可以合理一致地分摊至资产组的资产账面价值，通常不应当包括已确认负债的账面价值，但如不考虑该负债金额就无法确认资产组可收回金额的除外。这主要是因为估计资产组可收回金额时，既不包括与该资产组的资产无关的现金流量，也不包括与已在财务报表中确认的与负债有关的现金流量。

典型例题

【例题·单选题】甲公司属于矿业生产企业。假定法律要求矿产的业主必须在完成开采后恢复该地区的表土覆盖层，因为表土覆盖层在矿山开发前必须搬走。表土覆盖层移走时，企业将其确认一项负债，有关费用计入矿山成本，并在矿山使用寿命内计提折旧。2014 年 12 月 31 日，甲公司正在对矿山进行减值测试，资产组是整座矿山。此时，甲公司为恢复费用确认的预计负债的账面价值为 1 400 万元。甲公司已收到愿以 2 400 万元的价格购买该矿山的合同，这一价格已经考虑了复原表土覆盖层的成本。矿山预计未来现金流量的现值为 3 500 万元，不包括恢复费用；矿山包括恢复费用的账面价值为 4 000 万元。假定不考虑矿山的处置费用。该资产组 2014 年 12 月 31 日的可收回金额为（　）万元。

A. 3 500　　B. 2 400

C. 2 100　　D. 2 600

【解析】资产组的公允价值减去处置费用后的净额 =2 400－0=2 400（万元）；其预计未来现金流量的现值在考虑恢复费用后的价值为 2 100 万元（3 500－1 400），资产组的公允价值减去处置费用后的净额 > 预计未来现金流量的现值（考虑恢复费用），因此，甲公司确定的资产组的可收回金额为 2 400 万元。另外，资产组的账面价值在扣除已确认预计负债后的金额为 2 600 万元（4 000－1 400）。

【答案】B

考点8 资产组与总部资产减值测试（★★）

考点分析

资产组与总部资产的减值测试同单项资产减值测试相比，需要区分不同的情况进行分析，即对减值损失按照顺序进行分摊。考生在复习本考点时，应理清思路，避免将不同资产的减值测试相混淆。本考点内容出现在计算分析题或综合题中的概率较大。

考点精讲

1. 资产组减值测试

如果资产组的可收回金额低于其账面价值，应当按照差额确认相应的减值损失。减值损失金额应当按照下列顺序进行分摊。

（1）抵减分摊至资产组中商誉的账面价值。

（2）根据资产组中除商誉之外的其他各项资产的账面价值所占比重，按比例抵减其他各项资产的账面价值。

以上资产账面价值的抵减，应当作为各单项资产（包括商誉）的减值损失处理，计入当期损益。抵减后的各资产的账面价值金额不得低于以下 3 者中的较高者。

（1）该资产公允价值减去处置费用后的净额。

（2）该资产预计未来现金流量的现值。

（3）零。

若因为上述 3 个原因导致未能分摊的减值损失金额，应当按照该资产组中剩余的单项资产占全部剩余资产的账面价值比例继续分摊。

2. 总部资产减值测试

企业总部资产包括企业集团或其事业部的办公楼、电子数据处理设备和研发中心等资产。总部资产的显著特征是难以脱离其他资产或者资产组产生

独立的现金流入，其账面价值也难以完全归属于某一资产组。因此，总部资产通常难以单独进行减值测试，需要结合其他相关资产组或者资产组组合进行。资产组组合，是指由若干个资产组组成的最小资产组组合，包括资产组或者资产组组合，以及按合理方法分摊的总部资产部分。

企业在对某一资产组进行减值测试时，应先认定所有与该资产组相关的总部资产，再根据相关总部资产能否按照合理和一致的基础分摊至该资产组的情况，分别进行处理，具体如表 8-1 所示。

表 8-1 总部资产的减值测试

测试顺序	总部资产能够分摊至资产组	总部资产不能够分摊至资产组
第一步	将总部资产分摊至资产组（按各资产组占总资产组组合账面价值的比例进行分摊）	分别确定以下两部分的账面价值： ①不考虑相关总部资产，估计该资产组的账面价值和可收回金额，计算资产组的账面价值 ②不能分摊的总部资产的账面价值保持不变
第二步	计算含总部资产的各资产组的账面价值与其可收回金额	
第三步	比较第二步计算出的两个数据，若减值，则将减值损失分摊至总部资产和资产组本身	确定资产组组合是否发生减值，若减值，将减值损失分摊至总部资产和资产组（按照各资产组、总部资产占总资产账面价值的比例），再计算资产组中各单项资产年度减值损失
第四步	计算资产组中各单项资产的减值损失	

典型例题

【例题·多选题】对于相关总部资产难以按照合理和一致的基础分摊至该资产组的，应当按照下列步骤处理（　）。

A. 在不考虑相关总部资产的情况下，估计和比较资产组的账面价值和可收回金额，并按照资产组减值损失处理顺序和方法进行处理

B. 认定由若干个资产组组成的最小的资产组组合，该资产组组合应当包括所测试的资产组与可以按照合理和一致的基础将该总部资产的账面价值分摊其上的部分

C. 比较所认定的资产组组合的账面价值（包括已分摊的总部资产的账面价值部分）和可收回金额，并按照资产组减值损失处理顺序和方法进行处理

D. 直接将减值全部分摊至总部资产

【解析】对于相关总部资产难以按照合理和一致的基础分摊至该资产组的，应当按照选项 A、B、C 所述的步骤处理；总部资产应按照一定比例分摊所属资产组发生的减值损失（如账面价值的比例），所以选项 D 错误。

【答案】ABC

本节考点回顾与总结一览表

本节考点	知识总结
考点 6 资产组的认定	①独立于其他资产或资产组产生现金流入 ②考虑企业管理层管理生产经营活动的方式
考点 7 资产组可收回金额和账面价值的确定	资产组的公允价值减去处置费用后的净额与资产组预计未来现金流量的现值较高者
考点 8 资产组与总部资产减值测试	①资产组减值：先冲减商誉再冲减商誉以外的其他资产，分摊后不低于 3 者（公允价值减去处置费用、未来现金流量现值、零）中的较高者 ②总部资产减值：区分总部资产能分摊至资产组和不能分摊至资产组进行的不同处理

真题演练

【判断题】资产组的认定应当以资产组产生的主要现金流入是否独立于其他资产或者资产组的现金流入为依据。（　）（2009 年）

第四节 商誉减值的处理

考点9 商誉减值的测试及其账务处理（★）

考点分析

本考点属于了解性内容，考试中对其进行考查的概率较小，但考生不能因此而忽视本考点。

考点精讲

1. 商誉减值测试的基本要求

企业商誉测试的基本要求可概括为如表 8-2 所示的内容。

表 8-2 商誉减值测试的基本要求

项目	具体要求
测试时间	合并形成的商誉，至少于每年年度终了进行减值测试
测试对象	①企业合并所形成的商誉 ②已经分摊商誉的资产组或资产组组合
测试方法	结合与其相关的资产组或者资产组组合
购买日进行分摊	①企业合并形成的商誉，其账面价值自购买日起应按照合理的方法分摊至相关的资产组 ②对于已经分摊商誉的资产组或资产组组合，无论其是否存在发生减值的迹象，企业每年应通过比较两者的账面价值与可收回的金额进行测试

续表

项目	具体要求
特殊情况	企业因重组等原因改变了其报告结构，从而影响到已分摊商誉的资产组构成的，应合理地将商誉重新分摊至受影响的资产组

名师解读

对于商誉的不同形成方式，其在资产负债表中的列示有所不同。

①非同一控制下吸收合并形成的商誉，在个别财务报表列示。

②非同一控制下控股合并形成的商誉，在合并财务报表中列示。

2. 商誉减值的测试及其账务处理

在对包含商誉的相关资产组或者资产组组合进行减值测试时，如与商誉相关的资产组或者资产组组合存在减值迹象的，应当按照下列步骤处理。

（1）对不包含商誉的资产组或者资产组组合进行减值测试，计算可收回金额，并与相关账面价值相比较，确认相应的减值损失。

（2）对包含商誉的资产组或者资产组组合进行减值测试，比较这些相关资产组或者资产组组合的账面价值（包括所分摊的商誉的账面价值部分）与其可收回金额，如相关资产组或者资产组组合的可收回金额低于其账面价值的，应当确认相应的减值损失。

减值损失金额应当先抵减分摊至资产组或者资产组组合中商誉的账面价值，再根据资产组或者资产组组合中除商誉之外的其他各项资产的账面价值所占比重，按比例抵减其他各项资产的账面价值。

商誉减值的会计处理中，若为吸收合并形成的商誉，则应在个别报表中借记“资产减值损失”科目，贷记“商誉减值损失”科目；若为控股合并形成的商誉，则应在合并报表中借记“资产减值损失”科目，贷记“商誉——商誉减值准备”科目。

由于企业合并形成的商誉是母公司根据其在子公司所拥有的权益份额而确认的，子公司中归属于少数股东权益的商誉并没有在合并财务报表中予以确认。因此，在对相关的资产组进行减值测试时，由于其可收回金额的预计包括了归属于少数股东权益的商誉部分，为使减值测试建立在一致的基础上，企业应当调整资产组的账面价值，将归属于少数股东权益的商誉包括在内，然后根据调整后的资产组账面价值与其收回金额进行比较，以确定资产组（包含商誉）是否发生了减值。

上述资产组如已发生减值的，应先抵减商誉的账面价值，但由于根据上述步骤计算的商誉减值损失包括了应由少数股东权益承担的部分，因此应当将该减值损失在可归属于母公司和少数股东权益之间按比例进行分摊，以确认归属于母公司的商誉减值损失，并将其反映在合并财务报表中。

典型例题

【例题 1·判断题】企业在对包含商誉的相关资产组进行减值测试时，如果与商誉相关的资产组存在减值迹象，应当首先对不包含商誉的资产组进行减值测试。（　）（2016 年）

【解析】企业在对包含商誉的相关资产组进行减值测试时，如果与商誉相关的资产组存在减值迹象的，应当按照下列步骤进行处理：首先对不包含商誉的资产组进行减值测试，计算可收回金额，与相关账面价值比较确认相应的减值损失；其次对包含商誉的资产组进行减值测试，比较资产组账面价值（含分摊商誉的账面价值部分）与其可收回金额，如相关资产组的可收回金额低于其账面价值，应当确认相应的减值损失。因此题干表述正确。

【答案】√

【例题 2·判断题】企业控股合并形成的商誉，不需要进行减值测试，但应在合并财务报表中分期摊销。（　）（2008 年）

【解析】根据减值准则的规定，企业合并形成的商誉，至少在每年年度终了进行减值测试。

【答案】×

本节考点回顾与总结一览表

本节考点	知识总结
考点 9　商誉减值的测试及其账务处理	①区分吸收合并与控股合并，对资产组进行减值测试 ②吸收合并与控股合并形成的商誉的减值损失，应分别在个别报表与合并报表中反映

第五节　本章综合练习

（一）单选题

1. 甲公司系增值税一般纳税人，2015 年前该公司未对拥有的一项专利权计提减值准备。2015 年年末该专利权的账面净值为 540 万元，剩余摊销年限为 5 年。2015 年年末对该专利权进行减值测试时，发现市场上已存在类似专利技术所生产的产品，对甲公司产品的销售造成重大影响。2015 年年末甲公司对该专利权有两种考虑：如果出售该专利权，扣除发生的律师费和其他相关税费后可以获得 450 万元；如果持续利用该专利权进行产品生产，则在未来 5 年内预计可以获得的未来现金流量的现值为 400 万元。不考虑其他因素，甲公司对该项专利权在 2015 年年末应计提的

无形资产减值准备为（ ）万元。

A. 140　　B. 90

C. 400　　D. 0

2. 甲公司于2015年年末对一项生产用设备进行减值测试。该生产设备账面价值为1 700万元，预计尚可使用年限为4年。该资产的公允价值减去处置费用后的净额为1 430万元。该资产未来4年产生的未来现金流量分别为450万元、400万元、380万元、410万元（包括使用寿命结束时处置该资产的未来现金流量）。公司在计算其未来现金流量现值时，使用6%作为其折现率（税前），且已考虑了与该资产有关的货币时间价值和特定风险。复利现值系数分别是：1年，0.943 4；2年，0.890 0；3年，0.839 6；4年，0.7921。该设备2015年年末应计提减值准备为（ ）万元。

A. 275.66　　B. 60

C. 270　　D. 0

3. 甲公司2011年开始研发某专利权，研究费用支付了350万元，开发费用支付了500万元（假定此开发费用均符合资本化条件），该专利权于当年7月1日达到预定可使用状态，注册费用和律师费用共支付了65万元，会计上采用5年期直线法摊销，预计5年后该专利可售得25万元。2013年年末该专利权因新技术的出现发生减值，预计可收回金额为250万元，预计到期时的处置净额降为10万元。2014年年末因新技术不成熟被市场淘汰，甲公司的专利权价值有所恢复，经估计，专利权的可收回价值为620万元，处置净额仍为10万元。则2015年年末此专利权的"累计摊销"金额为（ ）万元。

A. 486　　B. 462

C. 506　　D. 388

4. 下列说法中，错误的是（ ）。

A. 估计资产可回收金额时，一般需要同时估计该资产的公允价值减去处置费用后的金额和资产预计未来现金流量的现值

B. 资产的公允价值减去处置费用后的净额如果无法估计的，应当以该资产预计未来现金流量的现值作为其可收回金额

C. 资产的公允价值减去处置费用后的净额与资产预计未来现金流量的现值，必须都超过资产的账面价值，才表明资产没有发生减值

D. 以前报告期间的计算与分析表明，资产可收回金额对于资产减值准则中所列示的一种或多种减值迹象不敏感，在本报告期间又发生了这些减值迹象的，在资产负债表日企业可以不需因为上述减值迹象的出现而重新估计该资产的可收回金额

（二）多选题

1. 关于资产组的认定，下列说法中正确的有（ ）。

A. 应当以资产组产生的主要现金流出是否独立于其他资产或者资产组的现金流出为依据

B. 应当考虑企业管理层管理生产经营活动的方式

C. 应当考虑对资产的持续使用或者处置的决策方式

D. 资产组一经确定，不得随意变更

2. 甲公司于2013年12月31日对某资产组进行减值测试。具体情况如下：该资产组为一生产装置于以前年度贷款8 000万元建造，贷款年利率6%，利息按年支付，期限10年，公司认定6%为该资产最低必要报酬率。该装置于2010年12月达到预定可使用状态，其原值12 800万元，预计使用年限10年，预计净残值为0。公司拟于2014年10月对该装置全面改造，预计发生改造支出1 400万元，改造后仍为一独立现金产出单元，从2015年起每年可增加现金流量1 800万元。该装置有45%的产品作为另一装置的原料，属于内部销售价按照低于市场价15%的金额结算。为减值测试目的而预测该装置未来现金流量时下列处理中，不正确的有（ ）。

A. 将改造支出1 400万元调减现金流量

B. 将每年480万元的贷款利息支出调减现金流量

C. 将改造后每年增加的现金流量1 800万元调增现金流量

D. 将内部供应所导致的现金流入按照市场价格为基础预计

3. 下列关于变更资产组的说法中，正确的有（ ）。

A. 发生企业重组时，允许变更资产组

B. 企业管理层应当注明资产组变更是合理的，且应在财务报表附注中说明

C. 变更资产用途时，允许变更资产组

D. 变更资产折旧政策时，允许变更资产组

（三）判断题

1. 按照谨慎性要求，企业可以自行决定是否对其资产计提减值准备以及对各项提取减值准备的金额。（ ）

2. 企业合并所形成的商誉和使用寿命不确定的无形资产，只有存在减值迹象时，才应当在每年年度终了进行减值测试。（ ）

3. 固定资产在计提了减值准备后，未来计提固定资产折旧时，仍然按照原来的固定资产原值为基础计提每期的折旧，不用考虑所计提的固定资产减值准备金额。（ ）

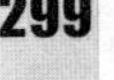

第六节 本章真题演练及综合练习答案与解析

一、真题演练答案速查表

所在节	题号	答案	题号	答案	题号	答案
第一节	A					
第二节	1	ACD	2	√	3	A
第三节	√					
第四节	无					

二、本章综合练习答案与解析

（一）单选题

1. B【解析】与该专利权相关的公允价值减去处置费用后的净额为450万元，该资产预计未来5年内的现金流现值为400万元，按照前两者孰高的原则，该专利权的可收回金额为450万元。账面价值＝原价－减值准备－累计折旧＝账面净值－减值准备＝540−0＝540（万元），大于可收回金额，因此减值损失＝540−450＝90（万元）。

2. C【解析】2015年年末该设备的现金流量现值＝450×0.943 4+400×0.890 0+380×0.839 6+410×0.792 1=1 424.34（万元），小于公允价值减去处置费用后的净额，因此该设备的可收回金额为1 430元，应计提的减值准备＝减值损失＝账面减值－可收回金额＝1 700−1 430＝270（万元）。

3. B【解析】本题考查无形资产发生减值的相关会计处理。

①专利权的入账成本＝500+65＝565（万元）。

② 2011年专利权的摊销额＝（565−25）÷5×6÷12＝54（万元）。

③ 2012年专利权的摊销额＝（565−25）÷5＝108（万元）。

④ 2013年专利权的摊销额＝（565−25）÷5＝108（万元）。

⑤ 2013年年末此专利权的账面价值＝565−54−108−108＝295（万元）。

⑥ 2013年年末该专利权的可收回价值为250万元，应计提45万元的减值准备。

⑦计提减值准备后，减值资产要相应调整折旧费用，即在剩余的2.5年内系统分摊调整后的资产账面价值。因此，2014年专利权的摊销额＝（250−10）÷2.5＝96（万元），尽管当年年末专利权的价值有所恢复，但已经计提的减值损失不允许转回。

⑧ 2015年专利权的摊销额＝（250−10）÷2.5＝96（万元）。

⑨根据①～⑧可得出，2015年年末累计摊销额＝54+108+108+96+96＝462（万元）。

4. C【解析】资产的公允价值减去处置费用后的净额或资产预计未来现金流量的现值只要有一项大于资产的账面价值，则表明资产没有发生减值，无需再估计另一项金额。

（二）多选题

1. BCD【解析】选项A不正确，应当以资产组产生的主要现金流入是否独立于其他资产或者资产组的现金流入为依据。

2. ABC【解析】企业以资产的当前状况为基础预计资产未来现金流量，不应当包括与资产改良有关的预计现金流，选项A、C错误；预计资产未来现金流量不应当包括筹资活动和所得税收付产生的现金流量，选项B错误；企业不应以内部转移价格作为基础预计未来现金流量，而应以企业管理层能达成的最佳未来估计数（例如市场价格）进行估计。

3. ABC【解析】资产组一经认定，在各会计期间应保持一致，不得随意变更。不过，如果由于企业重组、变更资产用途等原因导致资产组构成需变更的，允许变更，企业管理层应当证明该变更是合理的，并在附注中予以说明。

（三）判断题

1. ×【解析】按照《企业会计准则》，企业无权自行决定是否计提资产减值准备和减值的金额，否则可能导致企业滥用会计估计甚至操纵利润，影响会计信息的可比性，所以题目的说法错误。

2. ×【解析】企业合并所形成的商誉和使用寿命不确定的无形资产，无论有没有存在减值迹象，都应至少在每年年度终了进行减值测试。

3. ×【解析】减值损失确认后，减值资产的折旧或者摊销费用应当在未来期间做相应调整，以使该资产在剩余使用寿命内，系统地分摊调整后的资产账面价值（扣除预计净残值）。

第九章 金融资产

本章主要阐述了各类金融资产的确认、计量与减值等内容，涉及的知识点较多，并且与其他章节的知识有一定的联系。在近3年考试中，主要以单选题、多选题、判断题、计算分析题和综合题的形式进行考查，题量约为3题，若涉及计算分析题或综合题，分值将达到10分以上。本章内容中，持有至到期投资和可供出售金融资产后续计量涉及的会计处理，以主观题形式进行考查的概率较大，考生复习时应该注重前后知识的联系和总结。

▼本章主要考点的题型、估计题量和所占分值一览表

主要考点	题型	题量	所占分值
①交易性金融资产业务对营业利润的影响；②持有至到期投资账面价值的计算；③可供出售金融资产的会计处理	单选题	1题	1分
①金融资产的重分类；②金融资产后续计量的会计处理	多选题	1题	2分
金融资产的重分类	判断题	1题	1分
持有至到期投资的核算	计算分析题	1题	10分
可供出售金融资产的核算	综合题	1题	3分

▼本章知识结构一览表

金融资产	一、金融资产的计量	（1）金融资产的分类（★★★） （2）金融资产的初始计量（★★★） （3）公允价值的确定（★★★） （4）金融资产的后续计量（★★★） （5）金融资产的会计处理（★★★）：以公允价值计量且其变动计入当期损益的金融资产的会计处理、持有至到期投资的会计处理、贷款和应收款项的会计处理、可供出售金融资产的会计处理、金融资产之间重分类的会计处理
	二、金融资产的减值	（1）金融资产减值损失的确认和计量（★★★） （2）金融资产减值损失的会计处理（★★★）

第一节 金融资产的计量

考点1 金融资产的分类（★★★）

考点分析

本考点属于概念性内容，考试中一般不会有对其直接进行考查的考题，但考生应掌握金融资产的具体分类，以及各类具体金融资产的确认条件。

考点精讲

金融资产主要包括库存现金、应收账款、应收票据、应收利息、应收股利、其他应收款、贷款、垫款、债权投资、股权投资、基金投资和衍生金融资产等。企业应当将取得的金融资产划分为4类，金融资产的分类及其确认条件如表9-1所示。

表9-1 金融资产的分类及确认条件

具体分类		确认条件
以公允价值计量且其变动计入当期损益的金融资产	交易性金融资产	①取得该金融资产的目的主要是为了近期内出售 ②属于进行集中管理的可辨认金融工具组合的一部分，且有客观证据表明企业近期采用短期获利方式对该组合进行管理 ③属于衍生工具（上述3个条件满足其中之一，即可确认为交易性金融资产）

续表

具体分类		确认条件
以公允价值计量且其变动计入当期损益的金融资产	直接指定为以公允价值计量且其变动计入当期损益的金融资产	①该指定可以消除或明显减少由于该金融资产的计量基础不同而导致的相关利得或损失在确认和计量方面不一致的情况 ②企业的风险管理或投资策略的正式书面文件已载明，该金融资产组合以公允价值为基础进行管理、评价并向关键管理人员报告（上述两个条件满足其中之一，即可确认为直接指定为以公允价值计量且其变动计入当期损益的金融资产）。这项条件着重关注企业日常管理和评价业绩的方式，并不是关注金融工具组合中各部分的性质。如风险投资机构等会计主体的经营活动的目的在于从投资工具的公允价值变动中获取回报
持有至到期投资		①到期日固定、回收金额固定或可确定；②有明确意图持有至到期；③有能力持有至到期 另外，企业不能将以下的非衍生金融资产划分为持有至到期投资：①在初始确认时即被指定为以公允价值计量且其变动计入当期损益的非衍生金融资产；②在初始确认时被指定为可供出售的非衍生金融资产；③符合贷款和应收款项定义的非衍生金融资产
贷款和应收款项		非金融企业持有的现金和银行存款、销售商品或提供劳务形成的应收款项、持有的其他企业的债权（不包括在活跃市场有报价的债务工具）等，只要符合贷款和应收款款项的定义，即可划分为这一类
可供出售金融资产		企业从二级市场上购入的有报价的股票、债券、基金等，没有划分为以公允价值计量且其变动计入当期损益的金融资产或持有至到期投资等金融资产的，可以划分为可供出售金融资产

企业在金融资产初始确认时对其进行分类后，不得随意变更。金融资产的重分类要求如图 9-1 所示。

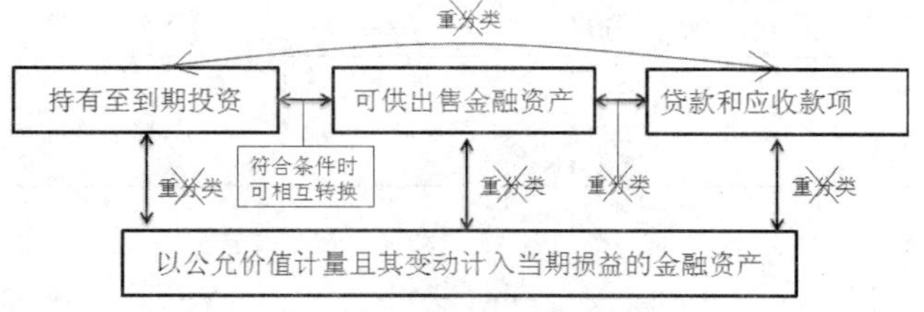

图 9-1 金融资产的重分类要求

典型例题

【例题 1 · 判断题】企业持有的证券投资基金通常划分为交易性金融资产，不应划分为贷款和应收款项。（ ）（2009 年）

【解析】考生需区分交易性金融资产与贷款和应收款项，企业持有的证券投资基金或类似基金，一般是企业从活跃市场购入的，目的是赚取差价，符合交易性金融资产的条件，不应当划分为贷款和应收款项。

【答案】√

【例题 2 · 单选题】下列金融资产中，一般应作为可供出售金融资产核算的是（ ）。

A. 企业在股权分置改革中持有甲公司 30% 的股权

B. 企业购入有意图和能力持有至到期的公司债券

C. 企业从二级市场购入准备随时出售套利的股票

D. 企业购入有公开报价但不准备随时变现的上市公司 5% 的流通股票

【解析】选项 A，应作为长期股权投资；选项 B，应作为持有至到期投资；选项 C，应作为交易性金融资产；选项 D，应作为可供出售金融资产。

【答案】D

考点2 金融资产的初始计量（★★★）

考点分析

本考点通常以单选题或判断题的形式进行考查，其中，有关交易费用的处理属于易错点，考生应将本考点与长期股权投资的相关内容进行比较学习。

考点精讲

金融资产在初始确认时，应当按照公允价值计量。金融资产与长期股权投资初始计量时，对交易费用的不同处理如表 9-2 所示。

表 9-2 长期股权投资与金融资产对交易费用的处理

资产类别		交易费用的处理
长期股权投资	同一控制下的企业合并形成	计入管理费用
	非同一控制下的企业合并形成	
	非合并形成	计入初始投资成本
以公允价值计量且其变动计入当期损益的金融资产		计入投资收益
持有至到期投资		计入初始投资成本
贷款和应收款项		
可供出售金融资产		

交易费用是指可直接归属于购买、发行或处置金融工具的增量费用，具体包括支付给代理机构、咨询公司、券商等的手续费和佣金及其他必要支出，不包括债券溢价、折价、融资费用、内部管理成本及其他与交易不直接相关的费用。

企业取得金融资产所支付的价款中包含的已宣告但尚未发放的债券利息或现金股利，应当单独确

认为应收项目进行处理。

典型例题

【例题·多选题】企业对下列金融资产进行初始计量时，应将发生的相关交易费用计入初始确认金额的有（　）。（2016 年）

A. 持有至到期投资　　B. 委托贷款

C. 可供出售金融资产　　D. 交易性金融资产

【解析】选项 D，对交易性金融资产进行初始计量时，发生的相关交易费用应计入当期损益，即记入“投资收益”科目的借方。

【答案】ABC

考点3 公允价值的确定（★★★）

考点分析

本考点内容较多，大多属于理论基础知识，对于此类知识，考生应理解性记忆，不用死记硬背，就考试而言，有关本考点的内容较为简单，若涉及计算，一般可从题干中找到相关资料。

考点精讲

公允价值是指市场参与者在计量日发生的有序交易中，出售一项资产所能收到或者转移一项负债所需支付的价格。在确定金融资产的公允价值时，应考虑以下基本要求。

（1）金融资产的特征和计量单元。

（2）有序交易和市场。企业以公允价值计量金融资产，应当假定市场参与者在计量日出售金融资产的交易，是在当前市场条件下的有序交易。

（3）市场参与者。企业以公允价值计量金融资产，应当采用市场参与者在对该金融资产定价时为实现其经济利益最大化所使用的假设。市场参与者应当相互独立，不存在《企业会计准则第 36 号——关联方披露》所述的关联方关系；市场参与者应当熟悉情况，能够根据可取得的信息对相关资产或负债以及交易具备合理认知；市场参与者应当有能力并自愿进行相关资产或负债的交易。

（4）公允价值与交易价格。在企业取得金融资产的交易中，交易价格是取得该项金融资产所支付的价格（即进入价格）。公允价值是出售该项金融资产所能收到的价格（即脱手价格）。

（5）估值技术和输入值。估值技术主要包括市场法、收益法和成本法。公允价值计量使用的估值技术一经确定，不得随意变更。但以下情况除外：①出现新的市场；②可以取得新的信息；③无法再取得以前使用的信息；④改进了估值技术；⑤市场状况发生变化。

（6）公允价值层次。企业应当将公允价值计量所使用的输入值划分为三个层次，并首先使用第一层次输入值，其次使用第二层次输入值，最后使用第三层次输入值。

第一层次输入值是在计量日能够取得的相同资产或负债在活跃市场上未经调整的报价。

第一层输入值为公允价值提供了最可靠的证据。企业只要能够获得相同金融资产在活跃市场上的报价，就应当将该报价应用于该金融资产的公允价值计量。但以下两种情况除外：①企业持有大量类似但不相同的以公允价值计量的金融资产，这些金融资产存在活跃市场报价，但难以获得每项金融资产在计量日单独的定价信息。此时，企业可采用不单纯依赖报价的其他估值模型。②活跃市场报价未能代表计量日的公允价值，如由于发生了影响公允价值计量的重大事件等导致活跃市场的报价不能代表计量日的公允价值。

企业在使用第二层次输入值对金融资产进项公允价值计量时，应当根据其资产状况、输入值与类似资产的相关程度、可观察输入值所在市场的交易量和活跃程度等，对第二层次输入值进行调整。企业使用重要的不可观察输入值对第二层次输入值进行调整，且该调整对公允价值计量整体而言是重要的，公允价值计量结果应当划分为第三层次。

第三层次输入值是相关资产或负债不可观察输入值，主要包括不能直接观察和无法由可观察市场数据验证的利率、股票波动率、企业使用自身数据做出的财务预测等。

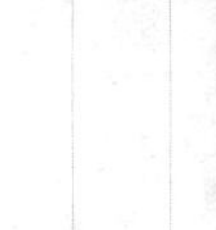

典型例题

【例题·多选题】下列关于确定公允价值的说法中，正确的有（　）。

A. 金融资产存在活跃市场的，应采用活跃市场中的报价来确定其公允价值

B. 企业应当尽可能使用相关的可观察输入值，尽量避免使用不可观察输入值

C. 交易双方打算大幅缩减经营规模时，仍可采用公允价值进行交易

D. 企业确定金融资产的公允价值时，如果采用估值技术，得出的结果应当反映估值日在公平交易中可能采用的交易价格

【解析】采用公允价值进行交易的前提是，交易双方熟悉情况且持续经营。

【答案】ABD

考点4 金融资产的后续计量（★★★）

考点分析

本考点的考查形式比较多样，既可以在单选题或判断题中，对金融资产后续计量原则、实际利率

法的应用及摊余成本的计算进行考查，也可以将上述内容相结合，以一道具有综合性的多选题进行考查，还可以与各类金融资产的会计处理相结合，以计算分析题或综合题的形式进行考查。

考点精讲

1. 金融资产后续计量原则

金融资产的后续计量与其分类密切相关。企业各类金融资产的后续计量原则如表 9-3 所示。

表 9-3 金融资产的后续计量原则

金融资产类别	计量原则
①以公允价值计量且其变动计入当期损益的金融资产 ②可供出售金融资产	按照公允价值计量，且不扣除将来处置该金融资产时可能发生的交易费用
③持有至到期投资 ④贷款和应收款项	采用实际利率法，按摊余成本计量

2. 实际利率法和摊余成本

（1）实际利率法

实际利率法是指按照金融资产或金融负债（含一组金融资产或金融负债）的实际利率计算其摊余成本及各期利息收入或利息费用的方法。

实际利率是指将金融资产或金融负债在预期存续期间或适用的更短期间内的未来现金流量，折现为该金融资产或金融负债当前账面价值所使用的利率。实际利率应在该金融资产或金融负债初始确认时就确定，并在相关金融资产或金融负债预期存续期间保持不变。

确定实际利率时，应在考虑金融资产或金融负债所有合同条款（包括提前还款权、看涨期权、类似期权等）的基础上预计未来现金流量，但不应考虑未来信用损失。如果未来现金流量或存续期间无法可靠预计，应当采用金融资产或金融负债在整个合同期内的合同现金流量。

（2）摊余成本

金融资产或金融负债的摊余成本是指该金融资产或金融负债的初始确认金额经下列调整后的结果。

①扣除已偿还的本金（对于买方来说，即收回本金）。

②加上或减去采用实际利率法将该初始确认金额与到期日金额之间的差额进行摊销形成的累计摊销额。

③扣除已发生的减值损失（仅适用于金融资产）。

实际利率法涉及的相关公式如下。

投资收益 = 期初摊余成本 × 实际利率

应收利息 = 票面面值 × 票面利率

摊销总额 = 每期摊销额之和 = 票面面值 − 取得成本

某期末摊余成本 = 期初摊余成本 + 期初摊余成本 × 实际利率 − 实际收到（利息或本金）− 减值准备

对于要求采用实际利率法摊余成本进行后续计量的金融资产或金融负债，如果有客观证据表明该金融资产或金融负债按实际利率计算的各期利息收入或利息费用与名义利率计算的相差较小，可采用名义利率摊余成本进行后续计量。

3. 金融资产相关利得或损失的处理

不同类别金融资产发生减值、摊销等形成的利得或损失的会计处理如图 9-2 所示。

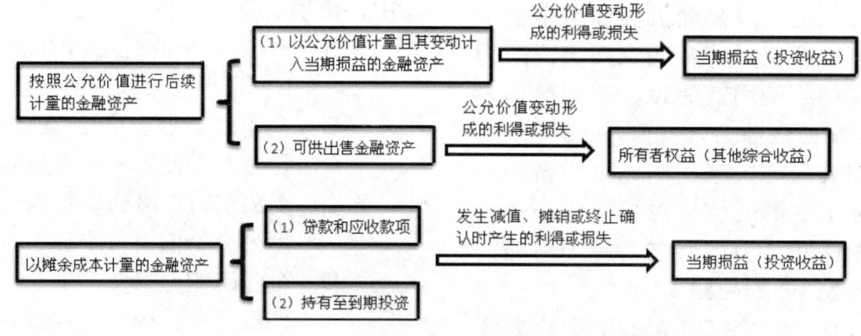

图 9-2 金融资产相关利得或损失的处理

典型例题

【例题 1·多选题】下列关于金融资产后续计量的表述中，正确的有（ ）。（2013 年）

A. 贷款和应收款项应采用实际利率法，按摊余成本计量

B. 持有至到期投资应采用实际利率法，按摊余成本计量

C. 交易性金融资产应按公允价值计量，并扣除处置时可能发生的交易费用

D. 可供出售金融资产应按公允价值计量，并扣除处置时可能发生的交易费用

【解析】贷款和应收款项以及持有至到期投资采用实际利率法，按照摊余成本进行后续计量，选项 A、B 正确；交易性金融资产和可供出售金融资产按照公允价值进行后续计量，可能发生的交易费用不

能扣除，选项 C、D 错误。

【答案】AB

【例题 2·判断题】金融资产发生减值、摊销或终止确认时产生的利得或损失应计入当期损益。（　）

【解析】金融资产相关利得和损失的处理不是统一的，应区分其类别进行处理。有的计入当期损益，有的计入其他综合收益。

【答案】×

考点5 金融资产的会计处理（★★★）

考点分析

本考点包括本章所涉及的各类金融资产以及金融资产之间重分类的具体会计处理，综合性较强。考试中既可能以某类金融资产的会计处理进行考查，也可能将几类金融资产相结合进行考查，并且所有考试题型均有可能涉及。考生可从金融资产的取得、持有期间的股利或利息、公允价值变动、出售等环节，对不同类金融资产的会计处理进行比较和理解。

考点精讲

1. 以公允价值计量且其变动计入当期损益的金融资产的会计处理

以交易性金融资产为例，对以公允价值计量且其变动计入当期损益的金融资产的会计处理进行归纳，如表 9-4 所示。

表 9-4　交易性金融资产的会计处理

事项	会计分录
取得交易性金融资产	借：交易性金融资产——成本（公允价值） 　　投资收益（交易费用） 　　应收利息（实际支付款项中包含的已到付息期但尚未领取的利息） 　　应收股利（实际支付款项中包含的已宣告但尚未发放的现金股利） 　　贷：银行存款等（实际支付的金额）
持有期间确认股利或利息	借：应收利息（宣告发放的现金股利 × 持股比例） 　　应收股利（分期付息的利息） 　　贷：投资收益
资产负债表日确认公允价值变动	借：交易性金融资产——公允价值变动 　　贷：公允价值变动损益 （公允价值下降时，编制相反分录）
出售交易性金融资产	借：银行存款等（实际收到的金额） 　　贷：交易性金融资产——成本 　　　　——公允价值变动（或借记） 　　　　投资收益（差额，或贷记） 同时，将原确认的公允价值变动损益转入投资收益 借：公允价值变动损益 　　贷：投资收益 （或做相反分录）

名师解读

考试时可能要求考生根据所提供的资料计算交易性金融资产的“处置损益”或“对投资收益的影响金额”。对于表 9-4 中的最后一个分录，“投资收益”与“公允价值变动损益”均属于损益类科目，因此，该分录不会影响处置损益，但由于投资收益增加，会影响投资收益的金额。因此，考生在解答该类题时，应仔细阅读题干的问题，以免造成过失性失分。

2. 持有至到期投资的会计处理

持有至到期投资的会计处理主要包括计算该金融资产的实际利率、确定摊余成本、确认持有期间收益，以及确认处置损益等。相关的会计处理如表 9-5 所示。

表 9-5　持有至到期投资的会计处理

事项	会计分录
取得持有至到期投资	借：持有至到期投资——成本（面值） 　　　　——利息调整（差额，或贷记） 　　应收利息（实际支付的价款中包含的已到付息期但尚未领取的利息） 　　贷：银行存款等（实际支付的金额）
资产负债表日计算并确认利息	借：应收利息（面值 × 票面利率，分期付息的债券） 　　持有至到期投资——应计利息（面值 × 票面利率，到期一次还本付息的债券） 　　贷：投资收益（期初摊余成本 × 实际利率） 　　　　持有至到期投资——利息调整（差额，或借记）
出售持有至到期投资	借：银行存款等（实际收到的金额） 　　持有至到期投资减值准备 　　贷：持有至到期投资——成本 　　　　——利息调整 　　　　——应计利息 　　　　投资收益（差额，或借记）

名师解读

持有至到期投资的会计处理中，摊余成本的计算属于重点及难点，考生可通过以下公式进行强化记忆：

期末摊余成本 = 期初摊余成本 + 本期计提的利息（投资收益）− 本期收到的利息（应收利息）和本金 − 本期计提的减值准备

3. 贷款和应收款项的会计处理

（1）应收账款的会计处理。

①企业因销售商品、提供劳务等经营活动发生的应收账款：

借：应收账款（应收金额）

　　贷：主营业务收入

　　　　应交税费——应交增值税（销项税额）

②收回应收账款时：

借：银行存款等

　　贷：应收账款

（2）应收票据的会计处理。

应收票据的账务处理如表 9-6 所示。

表 9-6　应收票据的账务处理

事项	账务处理
收到商业汇票	借：应收票据（票面金额） 　　贷：主营业务收入 　　　　应交税费——应交增值税（销项税额）
到期前贴现	借：银行存款等（应收金额 - 贴现息） 　　财务费用等（贴现息） 　　贷：应收票据（不附追索权） 　　　　短期借款（附有追索权，实际属于质押贷款）
背书转让取得物资	借：材料采购、原材料、库存商品等（物资取得成本） 　　应交税费——应交增值税（进项税额） 　　贷：应收票据（票面金额） 　　　　银行存款等（差额，或借记）
商业汇票到期	借：银行存款（实际收到的金额） 　　贷：应收票据（票面金额）

4. 可供出售金融资产的会计处理

可供出售金融资产的会计处理如表 9-7 所示。

表 9-7　可供出售金融资产的会计处理

事项		会计分录
取得可供出售金融资产	股票投资	借：可供出售金融资产——成本（公允价值 + 交易费用） 　　应收股利（实际支付价款中包含的已宣告但尚未发放的现金股利） 　　贷：银行存款等（实际支付的金额）
	债券投资	借：可供出售金融资产——成本（面值） 　　　　　　　　　　——利息调整（差额，或贷记） 　　应收利息（实际支付价款中包含的已到付息期但尚未领取的利息） 　　贷：银行存款等（实际支付的金额）
资产负债表日计算并确认利息		借：应收利息（面值 × 票面利率，分期付息债券） 　　可供出售金融资产——应计利息（面值 × 票面利率，到期一次还本付息债券） 　　可供出售金融资产——利息调整（差额，或贷记） 　　贷：投资收益（摊余成本 × 实际利率）
资产负债表日确认公允价值变动		借：可供出售金融资产——公允价值变动 　　贷：其他综合收益 （公允价值下降时，做相反分录）
持有期间被投资单位宣告分派现金股利		确认应收股利： 借：应收股利 　　贷：投资收益 收到现金股利： 借：银行存款等 　　贷：应收股利
出售可供出售金融资产		借：银行存款等（实际收到的金额） 　　贷：可供出售金融资产——成本 　　　　　　　　　　　——公允价值变动 　　　　　　　　　　　——利息调整 　　　　　　　　　　　——应计利息 　　　　投资收益（差额，或借方） 同时，从所有者权益中转出公允价值累计变动额 借：其他综合收益 　　贷：投资收益（或做相反分录）

5. 金融资产之间重分类的会计处理

根据金融工具确认和计量准则规定，只有持有至到期投资在满足一定条件时，可以重分类为可供出售金融资产。重分类日，该投资的账面价值与其公允价值的差额计入其他综合收益，在该可供出售金融资产发生减值或终止确认时转出，计入当期损益。重分类日的会计处理如下。

借：可供出售金融资产——成本（持有至到期投资的公允价值）

　　贷：持有至到期投资——成本

　　　　　　　　　　——利息调整

　　　　　　　　　　——应计利息

　　　　其他综合收益（差额，或借记）

已计提减值准备的，应同时结转减值准备。

借：资产减值准备——持有至到期投资

　　贷：其他综合收益（或借记）

典型例题

【例题 1·单选题】2014 年 2 月 3 日，甲公司以银行存款 2 003 万元（其中含相关交易费用 3 万元）从二级市场购入乙公司股票 100 万股，作为交易性金融资产核算。2014 年 7 月 10 日，甲公司收到乙公司于当年 5 月 25 日宣告分派的现金股利 40 万元，2014 年 12 月 31 日，上述股票的公允价值为 2 800 万元，不考虑其他因素，该项投资使甲公司 2014 年营业利润增加的金额为（　　）万元。（2015 年）

A. 797　　B. 800

C. 837　　D. 840

【解析】本题涉及的会计分录如下。

2014 年 2 月 3 日：

借：交易性金融资产——成本　2 000

　　投资收益　3

　　贷：银行存款　2 003

2014 年 5 月 25 日：

借：应收股利　40

　　贷：投资收益　40

2014 年 7 月 10 日：

借：银行存款　40

　　贷：应收股利　40

2014 年 12 月 31 日：

借：交易性金融资产——公允价值变动　800

　　贷：公允价值变动损益　800

综上所述，该项投资使甲公司 2014 年营业利润增加的金额 =-3+40+800=837（万元）。

【答案】C

【例题 2·多选题】下列各项中，影响持有至到期投资摊余成本因素的有（　　）。（2008 年）

A. 确认的减值准备

B. 分期收回的本金

C. 利息调整的累计摊销额

D. 对到期一次付息债券确认的票面利息

【解析】金融资产的摊余成本，是指该金融资产

初始确认金额经下列调整后的结果：①扣除已偿还的本金；②加上或减去采用实际利率法将该初始确认金额与到期日金额之间的差额进行摊销形成的累计摊销额；③扣除已发生的减值损失（仅适用于金融资产）。所以选项A、B、C、D均会影响长期股权投资的摊余成本。

【答案】ABCD

【例题3·判断题】2015年12月31日，甲公司因改变持有目的，将原作为交易性金融资产核算的乙公司普通股股票重分类为可供出售金融资产。（　）（2016年）

【解析】企业在金融资产初始确认时对其进行分类后，不得随意变更。交易性金融资产不得重分类为可供出售金融资产。

【答案】×

【例题4·单选题】2012年1月1日，甲公司从二级市场购入丙公司价值为200万元的债券，支付的总价款为195万元（其中包括已到付息期但尚未领取的利息4万元），另支付相关交易费用1万元，甲公司将其划分为可供出售金融资产。该资产入账对应的“可供出售金融资产——利息调整”科目的金额为（　）万元。（2012年）

A. 4（借方）　　B. 4（贷方）

C. 8（借方）　　D. 8（贷方）

【解析】会计分录如下。

借：可供出售金融资产——成本　2 000 000

　　应收利息——丙公司　40 000

　贷：银行存款　1 960 000

　　　可供出售金融资产——利息调整　80 000

【答案】D

【例题5·多选题】下列关于金融资产重分类的表述中，正确的有（　）。（2010年）

A. 初始确认为持有至到期投资的，不得重分类为交易性金融资产

B. 初始确认为交易性金融资产的，不得重分类为可供出售金融资产

C. 初始确认为可供出售金融资产的，不得重分类为持有至到期投资

D. 初始确认为贷款和应收款项的，不得重分类为可供出售金融资产

【解析】持有至到期投资、贷款和应收款项、可供出售金融资产3类金融资产之间，不得随意重分类。选项C错误，持有至到期投资在满足一定条件下可以重分类为可供出售金融资产。

【答案】ABD

本节考点回顾与总结一览表

本节考点		知识总结
考点1	金融资产的分类	金融资产可分为4类
考点2	金融资产的初始计量	①金融资产在初始确认时应按照公允价值计量 ②不同类别金融资产的相关交易费用计入不同会计科目 ③支付价款中包含的应收股利或应收利息应计入应收项目
考点3	公允价值的确定	确定公允价值时应考虑6项基本要求
考点4	金融资产的后续计量	①金融资产的后续计量包括以公允价值进行后续计量，以及采用实际利率法，按摊余成本进行后续计量 ②摊余成本是需要经过调整后的金额
考点5	金融资产的会计处理	①以公允价值计量且其变动计入当期损益的金融资产：会计处理包括取得、持有期间的股利或利息、资产负债表公允价值变动以及出售等环节的处理 ②持有至到期投资：会计处理包括取得、资产负债表日计算利息、持有至到期投资重分类为可供出售金融资产以及出售等环节的处理 ③贷款和应收款项：会计处理包括取得、贴现、到期等环节的处理 ④可供出售金融资产：会计处理包括取得、资产负债表日计算利息、资产负债表日公允价值变动、出售等环节的处理 ⑤金融资产之间重分类的处理：只有持有至到期投资在满足一定条件时，可以重分类为可供出售金融资产，重分类日，该投资的账面价值与其公允价值的差额计入其他综合收益，在该可供出售金融资产发生减值或终止确认时转出，计入当期损益

真题演练

1.【多选题】下列可供出售金融资产的表述中，正确的有（　）。（2007年）

A. 可供出售的金融资产发生的减值损失应计入当期损益

B. 可供出售金融资产的公允价值变动应计入当期损益

C. 取得可供出售金融资产发生的交易费用应直接计入资本公积

D. 处置可供出售金融资产时，以前期间因公允价值变动计入资本公积的金额应转入当期损益

2.【判断题】计算持有至到期投资利息收入所采用的实际利率，应当在取得该项投资时确定，且在该项投资预期存续期间或适用的更短期间内保持不变。（　）（2011年）

3.【单选题】2007年2月2日，甲公司支付830万元取得一项股权投资作为交易性金融资产核算，支付价款中包括已宣告尚未领取的现金股利20

万元，另支付交易费用5万元。甲公司该项交易性金融资产的入账价值为（　）万元。（2007年）

A. 810　　B. 815　　C. 830　　D. 835

4.【判断题】企业持有的可供出售金融资产公允价值发生的增减变动额应当确认为直接计入所有者权益的利得和损失。（　）（2010年）

第二节 金融资产的减值

考点6 金融资产减值损失的确认和计量（★★★）

考点分析

本考点主要以单选题、多选题或判断题的形式进行考查。例如，本考点可以将持有至到期投资、可供出售金融资产以及应收款项与固定资产、无形资产、长期股权投资等资产减值损失确认或计量的规定相结合，以多选题的形式出现。

考点精讲

1. 金融资产减值损失的确认

企业应当在资产负债表日对以公允价值计量且其变动计入当期损益的金融资产以外的金融资产（含单项金融资产或金融资产组合）的账面价值进行检查，若有客观证据表明该金融资产发生减值的，应当确认减值损失，计提减值准备。

2. 金融资产减值损失的计量

金融资产减值损失应注意的事项如表9-8所示。

表9-8　金融资产减值损失计量的注意事项

金融资产类别	应注意的事项
持有至到期投资、贷款和应收款项	①发生减值时，将金融资产的账面价值与预计未来现金流量现值之间的差额确认为减值损失，计入当期损益 ②若存在大量性质类似且以摊余成本后续计量的金融资产，减值测试时，先单独测试金额重大的金融资产；对单项金额不重大的金融资产，可以单独进行减值测试，或包括在具有类似信用风险特征的金融资产组合中进行减值测试。但是，单独测试未发现减值的金融资产（包括单项金额重大和不重大的金融资产），应当包括在具有类似信用风险特征的金融资产组合中再进行减值测试 ③若造成金融资产减值的事项使得金融资产价值恢复，应在原确认的减值损失范围内按已恢复的金额予以转回，计入当期损益，但转回后的账面价值不应当超过假定不计提减值准备情况下该金融资产在转回日的摊余成本 ④外币金融资产发生减值的，预计未来现金流量现值应先按外币确定，在计量减值时再按资产负债表日即期汇率折算为以记账本位币反映的金额。该项金额小于该外币金融资产以记账本位币反映的账面价值的部分，确认为减值损失，计入当期损益 ⑤该类金融资产确认减值损失后的利息收入，应当按照减值损失时对未来现金流量进行折现采用的折现率作为利率计算确认
可供出售金融资产	①发生减值时，即使该金融资产没有终止确认，原直接计入其他综合收益中的因公允价值下降形成的累计损失，应当予以转出，计入当期损益 ②已确认减值损失的可供出售债务工具，其公允价值在随后的会计期间已上升，且客观上与确认原减值损失后发生的事项有关时，应在原确认减值损失范围内按已恢复的金额予以转回，计入当期损益 ③可供出售权益工具投资发生的减值损失，必须通过其他综合收益转回，但是，在活跃市场中没有报价且其公允价值不能可靠计量的权益工具投资，或与该权益工具挂钩并须通过交付该权益工具结算的衍生金融资产发生的减值损失，不得转回

典型例题

【例题·判断题】金融资产减值损失的客观证据相关事项必须影响金融资产的预计未来现金流量，并且能够可靠计量。（　）

【解析】企业根据客观证据判断金融资产是否发生减值损失时，客观证据的相关事项必须影响金融资产的预计未来现金流量，并且能够可靠计量。否则，无论预期未来事项导致金融资产损失的可能性有多大，都不能作为减值损失予以确认。

【答案】√

考点7 金融资产减值损失的会计处理（★★★）

考点分析

本考点中有关减值损失的转回规定属于常考内容，考生应将金融资产与其他类别资产减值损失的转回情况进行比较，加深理解。另外，对于金融资产减值损失的具体会计处理，考生应重点关注可供出售金融资产减值的处理，这属于易错点。

考点精讲

1. 持有至到期投资、贷款和应收款项减值的账务处理

（1）计提减值准备

借：资产减值损失（应减记的金额）

　　贷：持有至到期投资减值准备/贷款减值准备/坏账准备

（2）在原确认的减值损失范围内按已恢复的金额予以转回

借：持有至到期投资减值准备等

　　贷：资产减值损失等

2. 可供出售金融资产减值的账务处理

（1）计提减值准备

借：资产减值损失（应减记的金额）

　　贷：其他综合收益（将原计入其他综合收益的累计损失转出）

　　　　可供出售金融资产——减值准备（差额）

（2）债务工具转回

借：可供出售金融资产——减值准备等

　　贷：资产减值损失

（3）权益工具转回

借：可供出售金融资产——减值准备等

　　贷：其他综合收益

典型例题

【例题1·单选题】2014年6月1日，甲公司自二级市场购入120万股乙公司股票（每股8元），共支付价款960万元，另支付交易费用3万元。甲公司将该投资划分为可供出售金融资产。2014年12月31日，乙公司股票的价格为每股5元。甲公司预计乙公司股票的价格将持续下跌。假定不考虑其他因素，2014年甲公司利润表因股票下跌应确认的减值损失是（　）万元。

A. 360　B. 3　C. 363　D. 0

【解析】原直接计入所有者权益的因公允价值下降形成的累计损失＝可供出售金融资产的初始取得成本－已收回本金－已摊余金额－当前公允价值－原已计入损益的减值损失＝963－0－0－5×120－0＝363（万元）。

【答案】C

【例题2·单选题】下列各项资产准备中，在以后会计期间符合转回条件予以转回时，应直接计入所有者权益类科目的是（　）。（2015年）

A. 坏账准备

B. 持有至到期投资减值准备

C. 可供出售权益工具减值准备

D. 可供出售债务工具减值准备

【解析】选项A、B，坏账准备与持有至到期投资减值准备均应通过“资产减值损失”转回。对于可供出售金融资产，属于债务工具的，应通过“资产减值损失”转回，选项D不符合题意；属于权益工具的，应通过“其他综合收益”转回，“其他综合收益”属于所有者权益类科目，选项C符合题意。

【答案】C

本节考点回顾与总结一览表

本节考点	知识总结
考点6　金融资产减值损失的确认和计量	①持有至到期投资、贷款和应收款项账面价值与现金流量现值比较，按差额计提减值，减值可转回 ②可供出售金融资产账面价值与公允价值比较，按差额计提减值，债务工具通过损益转回，权益工具通过所有者权益转回
考点7　金融资产减值损失的会计处理	计提的减值准备记入“资产减值损失”

真题演练

【单选题】下列关于不存在减值迹象的可供出售金融资产会计处理的表述中，正确的是（　）。（2014年）

A. 取得时将发生的相关交易费用计入当期损益

B. 将出售的剩余部分重分类为交易性金融资产

C. 资产负债表日将公允价值与账面价值的差额计入当期损益

D. 将出售时实际收到的金额与账面价值之间的差额计入当期损益

第三节 本章综合练习

（一）单选题

1. 2015年7月1日，甲公司从二级市场以2 100万元（含已到付息日但尚未领取的利息100万元）购入乙公司发行的债券，另发生交易费用10万元，划分为交易性金融资产。当年12月31日，该交易性金融资产的公允价值为2 200万元。假定不考虑其他因素，当日，甲公司应就该资产确认的公允价值变动损益为（　）万元。

A. 90　B. 100　C. 190　D. 200

2. 2015年1月1日，甲公司以银行存款1 100万元购入乙公司当日发行的面值为1 000万元的5年期不可赎回债券，将其划分为持有至到期投资。该债券票面年利率为10%，每年付息一次，实际年利率为7.53%。2015年12月31日，该债券的公允价值上涨至1 150万元。假定不考虑其他因素，2015年12月31日甲公司该债券投资的账面价值为（　）万元。

A. 1 082.83　　B. 1 150

C. 1 182.53　　D. 1 200

3. 企业部分出售持有至到期投资使其剩余部分不再适合划分为持有至到期投资的，应当将该剩余部分重分类为（　）。

A. 长期股权投资　　B. 贷款和应收款项

C. 交易性金融资产　　D. 可供出售金融资产

4. 2014年1月1日，甲公司以银行存款1 320万元从活跃市场购入乙公司分期付息、到期还本的债券10万张，另支付交易费用10万元。该债券系乙公司于2012年1月1日发行，每张债券面值为120元，期限为5年，票面年利率为10%，利息按单利计算，每年1月5日支付上年度的利息。甲公司拟持有该债券至到期，将其作为持有至到期投资核算，则甲公司持有乙公司债券至到期累计应确认的投资收益为（　）万元。

A. 360　B. 240　C. 230　D. 120

5. 2015年5月20日，甲公司从证券交易所购入乙公司股票150万股，占有该公司有表决权股份的5%。成交价格为每股5元，另支付手续费等10万元。甲公司将其作为可供出售金融资产。6月30日该股票市价为每股4.25元，12月20日甲公司以每股4元的价格将该股票全部售出，该项可供出售金融资产影响投资收益的金额为（　）万元。

A. −150　B. 47.5　C. −160　D. 112.5

（二）多选题

1. 下列各项中，会引起交易性金融资产账面余额发生变化的有（　）。

A. 期末交易性金融资产公允价值低于其账面余额的差额

B. 期末交易性金融资产公允价值高于其账面余额的差额

C. 收到交易性金融资产的利息

D. 出售交易性金融资产

2. 企业销售产品产生的应收账款中，其入账价值包括（　）。

A. 产品的销售款

B. 支付的销项税额

C. 支付的城建税及教育费附加

D. 代购货方支付的运杂费

3. 关于贷款和应收款项，下列说法错误的有（　）。

A. 对于因债务人信用恶化以外的原因，使持有方可能难以收回几乎所有初始投资的非衍生金融资产，应划分为贷款和应收款项

B. 贷款和应收款项在活跃市场没有报价、回收金额固定或可确定

C. 贷款和应收款项仅限于金融企业发放的，不包括非金融企业持有的现金或银行存款

D. 在出售或重分类方面，贷款和应收款项受到的限制比持有至到期投资多

4. 下列关于可供出售金融资产的说法中，正确的有（　）。

A. 收到购买债券时支付的已到付息期但尚未领取的可供出售金融资产利息，应计入当期损益

B. 对于划分为可供出售金融资产的债券，如果初始确认金额大于面值，采用实际利率法计算的摊余成本逐期递减

C. 取得可供出售金融资产时，其以公允价值和相关交易费用之和作为初始确认金额

D. 在初始确认可供出售金融资产时，应当确认实际利率，并在该资产存续期间保持不变

（三）判断题

1. 对于采用实际利率法摊余成本进行后续计量的金融资产或金融负债，如果有客观证据表明按实际利率计算的各期利息收入或利息费用与名义利率计算的相差很小，也可以采用名义利率摊余成本进行后续计量。（　）

2. 企业为取得持有至到期投资发生的交易费用应计入当期损益，不应计入其初始确认金额。（　）

3. 资产负债表日，贷款的合同利率与实际利率差异较小的，也可以采用合同利率计算确定利息收入。（　）

4. 企业在初始确认时将某项金融资产划分为以公允价值计量且其变动计入当期损益的金融资产后，视情况变化可以将其重分类为其他类金融资产。（　）

5. 以公允价值计量且其变动计入当期损益的金融资产，如有客观证据表明该金融资产发生减值的，应当计提减值准备。（　）

第四节 本章真题演练及综合练习答案与解析

一、真题演练答案速查表

所在节	题号	答案	题号	答案	题号	答案
第一节	1	AD	2	√	3	A
	4	×				
第二节	D					

二、本章综合练习答案与解析

（一）单选题

1. D【解析】甲公司应就该资产确认的公允价值变动损益 =2 200−（2 100−100）=200（万元）。

2. A【解析】甲公司该债券投资的账面价值＝期末摊余成本＝期初摊余成本－已偿还本金－累

计摊销额－减值损失 =1 100−0−（1 000×10%−1 100×7.53%）−0=1 082.83（万元）。

3. D【解析】持有至到期投资不能与可供出售金融资产以外的其他类别的金融资产之间进行重分类，选项D正确。

4. C【解析】对于溢价发行的债券，利息调整＝初始投资成本－面值＝应收利息－投资收益，因此投资收益＝应收利息－（初始投资成本－面值）。甲公司持有乙公司债券至到期累计应确认的投资收益 =[120×10×10%×（5−2）−10]−（1 320−120×10）=230（万元）。

5. C【解析】可供出售金融资产持有期间发生的公允价值变动，不影响处置该资产时投资收益的计算。该资产影响投资损益的金额 =150×4−（150×5+10）=−160（万元）。

（二）多选题

1. ABD【解析】

选项A的会计分录如下。

借：交易性金融资产——公允价值变动

　　贷：公允价值变动损益

选项B的会计处理与选项A相反。

选项C的会计分录如下。

借：银行存款

　　贷：应收利息

选项D的会计分录如下。

借：银行存款

　　投资收益（或贷）

　　贷：交易性金融资产——成本

同时，按该金融资产的公允价值变动，

借：公允价值变动损益，（或贷）

　　贷：投资收益（或借）

综上，选项A、B、D会使交易性金融资产账面余额发生变化。

2. ABD【解析】

选项A，企业因销售产品、提供劳务等产生的应收账款，按照产品的销售额核算，会计分录如下。

借：应收账款

　　贷：主营业务收入

选项B，涉及增值税销项税额的，会计分录如下。

借：应收账款

　　贷：应交税费——应交增值税（销项税额）

选项C，支付的其他税费，会计分录如下。

借：营业税金及附加

　　贷：银行存款

选项D，代购货方支付的运杂费，会计分录如下。

借：应收账款

　　贷：银行存款

综上，选项A、B、D应计入应收账款的入账价值。

3. ACD【解析】选项A，对于因债务人信用恶化以外的原因，使持有方可能难以收回几乎所有初始投资的非衍生金融资产，企业不能将其划分为贷款和应收款项；选项C，非金融企业持有的现金和银行存款、销售商品或提供劳务形成的应收款项、持有的在活跃市场没有报价的其他企业债权等金融资产，如果符合贷款和应收款项定义，也应予以确认；选项D，贷款和应收款项与持有至到期投资的区别在于后者在活跃市场上有报价，且在出售或重分类方面受到较多限制。

4. BCD【解析】选项A错误，购买债券时支付的已到付息期但尚未领取的可供出售金融资产利息，应记入“应收利息”科目（收到时记入贷方）。

（三）判断题

1. √【解析】题干中对实际利率法运用的描述是正确的。

2. ×【解析】为取得持有至到期投资发生的交易费用，应当计入其初始入账价值，即记入“持有至到期投资——利息调整”科目。

3. √【解析】题干中对实际利率法运用的描述是正确的。

4. ×【解析】企业在初始确认时将某金融资产划分为以公允价值计量且其变动计入当期损益的金融资产后，不能重分类为其他类金融资产；其他类金融资产也不能重分类为以公允价值计量且其变动计入当期损益的金融资产。

5. ×【解析】企业应当在资产负债表日对以公允价值计量且其变动计入当期损益的金融资产以外的金融资产（含单项金融资产或金融资产组合）的账面价值进行检查。以公允价值计量且其变动计入当期损益的金融资产不计提减值准备，其公允价值变动计入公允价值变动损益。

第十章 股份支付

本章内容涉及的考点较少，可概括为股份支付的确认与计量。在近3年考试中，本章内容涉及的题型为单选题、多选题和判断题，所占分值为1~3分，题量为1~2题。考生在复习时应注意对基本知识的理解，可将不同支付条件的股份支付进行比较记忆。考生应注意的是，在股份支付的会计处理中，通常会涉及对一些概念及规定的考查，因此应该全面复习本章内容。

▼本章主要考点的题型、估计题量和所占分值一览表

主要考点	题型	题量	所占分值
①权益结算股份支付的会计处理；②现金结算股份支付的会计处理；③股份支付的会计处理	单选题	1题	1分
权益结算股份支付的会计处理	多选题	1题	2分
①权益结算股份支付的会计处理；②股份支付的会计处理；③企业集团股份支付的会计处理	判断题	1题	1分

▼本章知识结构一览表

股份支付	一、股份支付概述	（1）股份支付的特征与主要环节（★★） （2）股份支付工具的主要类型（★★）
	二、股份支付的确认和计量	（1）股份支付的确认和计量原则（★★★） （2）股份支付条件的种类与股份支付条款和条件的修改（★★★） （3）权益工具公允价值的确定（★★） （4）股份支付的会计处理（★★★） （5）企业集团内涉及不同企业的股份支付交易的会计处理（★★★）

第一节 股份支付概述

考点1 股份支付的特征与主要环节（★★）

考点分析

本考点属于本章的基本性概念，考试中一般不会单独进行考查，但本考点可作为解答其他考点相关题目应掌握的基础，考生应重点关注股份支付涉及的几个主要环节。

考点精讲

股份支付是指企业为获取职工和其他方提供的服务而授予权益工具或承担以权益工具为基础确定的负债的交易。其特征可概括为以下3点。

（1）股份支付是企业与职工或其他方之间发生的交易。

（2）股份支付是以获取职工或其他方服务为目的的交易。

（3）股份支付的对价或其定价与企业自身权益工具未来的价值密切相关。在股份支付中，企业除了向职工支付其自身权益工具之外，还可以选择向职工支付一笔金额高低取决于结算时企业自身权益工具的公允价值的现金。

股份支付通常涉及4个主要环节，如图10-1所示。

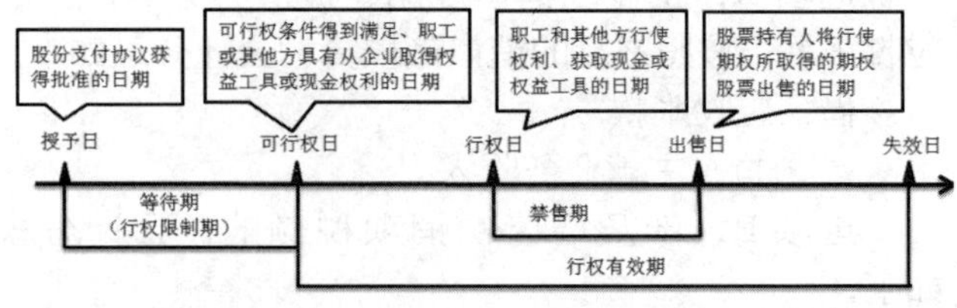

图10-1 股份支付的主要环节

典型例题

【例题·单选题】下列关于股份支付的定义或者特征，表述正确的是（　）。

A. 企业通过股份支付协议获取职工和其他方提供的服务，主要是为了转手获利

B. 股份支付专指企业与企业之间的协议

C. 企业通过股份支付协议获取员工提供的服务，主要是为了避税

D. 以股份为基础的支付可能发生在企业与股东之间、合并交易中的合并方与被合并方之间或者企业与其职工之间，只有发生在企业与其职工或向企业提供服务的其他方之间的交易，才可能符合股份支付的定义

【解析】选项 A、C 错误，企业在股份支付中获取职工和其他方提供服务，目的是为了充分调动职工等激励对象的积极性与创造性、提高经营效率，而不是转手获利；选项 B 错误，股份支付还包括企业与其职工之间发生的交易。

【答案】D

考点2 股份支付工具的主要类型（★★）

考点分析

本考点是对股份支付进行会计处理的基础理论，考生应正确区分股份支付的类型，然后在此基础上对相关事项进行会计处理。

考点精讲

按照股份支付的方式和工具类型，可将股份支付工具划分为以权益结算的股份支付和以现金结算的股份支付。

（1）以权益结算的股份支付是指企业为获取服务而以股份或其他权益工具作为对价进行结算的交易，如限制性股票与股票期权等。

（2）以现金结算的股份支付是指企业为获取服务而承担的以股份或其他权益工具为基础计算的交付现金或其他资产的义务的交易，如模拟股票与现金股票增值权等。

典型例题

【例题 · 单选题】下列各项交易或事项中，属于股份支付的是（　　）。（2015 年）

A. 股份有限公司向其股东分派股票股利

B. 股份有限公司向其高管授予股票期权

C. 债务重组中债务人向债权人定向发行股票抵偿债务

D. 企业合并中合并方向被合并方股东定向增发股票作为合并对价

【解析】股份支付是指企业为获取职工和其他方提供服务而授予权益工具或者承担以权益工具为基础确定的负债的交易，只有选项 B 符合该定义。选项 A 属于分配股利；选项 C 属于债务重组业务；选项 D 属于以股票为对价的企业合并。

【答案】B

名师解读

按权益结算的股份支付与按现金结算的股份支付都是以股份或其他权益工具为基础确定的，两者的差别在于以权益结算的股份支付直接将股份或其他权益工具作为对价进行交易，而以现金结算的股份支付是将股份或其他权益工具计算的金额以现金或其他资产的形式进行交易。答题时，应注意区分题干中企业股份支付的方式，再据此选用相应的核算方法。

本节考点回顾与总结一览表

本节考点	知识总结
考点 1　股份支付的特征与主要环节	①股权支付的特征可从交易主体、交易目的和交易对价（或定价）3 个方面进行理解 ② 4 个主要环节：授予日、可行权日、行权日、出售日
考点 2　股份支付工具的主要类型	分为以权益结算的股份支付与以现金结算的股份支付

第二节 股份支付的确认和计量

考点3 股份支付的确认和计量原则（★★★）

考点分析

本考点属于需掌握的内容，大多属于记忆性知识，出现在考题中的概率较小，若有涉及，可能以判断题或单选题进行考查。

考点精讲

1. 权益结算的股份支付的确认和计量原则

以权益结算股份支付中，不同的交易主体与交易对价是否可确定，其确认和计量原则也有所不同，具体如表 10-1 所示。

表 10-1　权益结算的股份支付的确认和计量原则

类别	股份支付的确认和计量原则
换取职工服务的股份支付	①按照权益工具在授予日的公允价值计量，不确认其后续公允价值变动 ②等待期内每个资产负债表日，按照权益工具在授予日的公允价值，将当期取得的服务计入相关资产成本或当期费用，同时计入资本公积（其他资本公积） ③若股份支付在授予后可立即行权，在授予日应按照权益工具的公允价值，将取得的服务计入相关资产成本或当期费用，同时计入资本公积（股本溢价）
换取其他方服务的股份支付	以股份支付所换取的服务的公允价值计量

续表

类别	股份支付的确认和计量原则
权益工具公允价值无法可靠确定时的处理原则	①企业应当在获取对方提供服务的时点、后续的每个报告日和结算日，以内在价值计量该权益工具，内在价值变动计入当期损益 ②企业应当以最终可行权或实际行权的权益工具数量为基础，确认取得服务的金额

企业对上述以内在价值计量的已授予权益工具进行结算，应当遵循以下要求。

（1）结算发生在等待期内的，企业应当将结算作为加速可行权处理，即立即确认本应于剩余等待期内确认的服务金额。

（2）结算时支付的款项应当作为回购该权益工具处理，即减少所有者权益。结算支付的款项高于该权益工具在回购日内在价值的部分，计入当期损益。

2. 现金结算的股份支付的确认和计量原则

企业应当在等待期的每个资产负债表日，以对可行权情况的最佳估计为基础，按照企业承担负债的公允价值，将当期取得的服务计入相关资产成本或当期费用，同时计入负债（应付职工薪酬），并在结算前的每个资产负债表日和结算日对负债的公允价值重新计算，将其变动计入损益（公允价值变动损益）。

典型例题

【例题1·判断题】对于换取员工服务的股份支付，应在每个资产负债表日，按照权益工具授予日的公允价值，将本期取得的服务计入当期损益。（ ）

【解析】对于换取员工服务的股份支付，在等待期的每个资产负债表日，以对可行权权益工具数量的最佳估计为基础，按照权益工具在授予日的公允价值，将当期取得的服务计入相关资产成本或当期费用，同时计入资本公积（其他资本公积）。

【答案】×

【例题2·判断题】对于现金结算的股份支付，企业应当在等待期内的每个资产负债表日，以对可行权情况的最佳估计为基础，按照企业承担负债的公允价值，将当期取得的服务计入相关资产成本或当期费用，同时计入负债。（ ）

【解析】本题是对以现金结算的股份支付的确认和计量原则的正确描述。

【答案】√

考点4 股份支付条件的种类与股份支付条款和条件的修改（★★★）

考点分析

本考点属于概念性内容，考试中通常不会直接对相关概念的描述进行考查。若考试中涉及本考点内容，可能会让考生选择或判断属于可行权或非可行权条件的内容，或判断题干中对条款和条件修改的描述是否正确。

考点精讲

1. 股份支付条件的种类

股份支付条件的种类如图10-2所示。

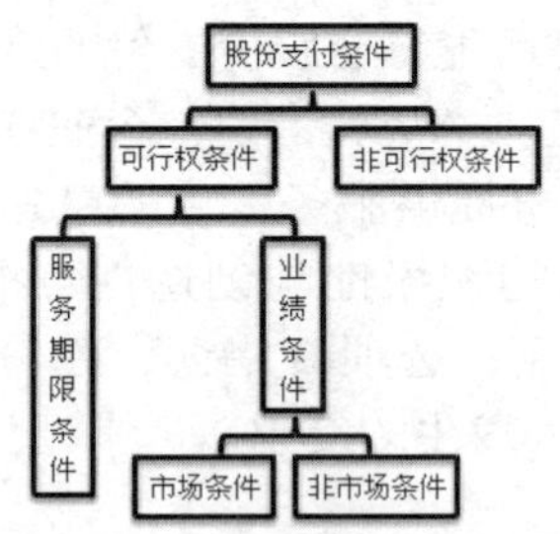

图10-2 股份支付条件的种类

2. 条款和条件的修改

条款和条件的修改包括以下3种情况。

（1）条款和条件的有利修改：当提高股份支付公允价值总额以及修改其他对职工有利的条款或条件时，企业应当相应地确认取得服务的增加。

（2）条款和条件的不利修改：当企业减少股份支付公允价值总额或修改其他不利于职工的条款和条件时，应如同该变更从未发生，除非企业取消了部分或全部已授予的权益工具。

（3）取消或结算：将取消或结算作为加速可行权处理，立即确认原本应在剩余等待期内确认的金额，即视同剩余等待期内的股份支付计划已经满足可行权条件，在取消所授予工具的当期确认原本应在剩余等待期内确认的所有费用。

典型例题

【例题·判断题】无论什么原因，企业在等待期内取消了所授予的权益工具或结算了所授予的权益工具，即应将取消或结算作为加速可行权处理，立即确认原本应在剩余等待期内确认的金额。（ ）

【解析】本题的表述不严谨。取消权益工具作为加速可行权处理有个例外条件，因未满足可行权条件而取消权益工具时，不能将其作为加速可行权处理。

【答案】×

误区提醒

当企业股份支付的条款和条件发生不利修改时，应该如同该变更从未发生，但若企业取消了部分或全部已授予的权益工具，则应该考虑取消后的可行权条件。

考点5 权益工具公允价值的确定（★★）

考点分析

本考点通常不会直接出现在考题中，若考试中

涉及本考点的考题，容易在判断题或某个选项中进行考查。

考点精讲

股份支付中权益工具的公允价值的确定，应当以市场价格为基础，对于没有活跃交易市场的股份和股票期权，企业应当考虑估值技术。

典型例题

【例题·判断题】对于授予职工的股票期权，因其通常受到一些不同于交易期权的条款和条件的限制，因而在许多情况下难以获得其市场价格。如果不存在条款和条件相似的交易期权，就应通过期权定价模型估计所授予的期权的公允价值。（ ）

【解析】权益工具应当以市场价格为基础进行计量，但股票期权通常无法取得市场价格，因此一般通过期权定价模型进行估值。

【答案】√

考点6 股份支付的会计处理（★★★）

考点分析

本考点属于本章的重点，近几年考试中，有关本章的考题基本都来自本考点。考生可根据股份支付的不同环节对其会计处理进行理解。

考点精讲

1. 授予日

除了立即可行权（如限制性股票）的股份支付外，无论权益结算的股份支付还是现金结算的股份支付，企业在授予日均不做会计处理。

2. 等待期内每个资产负债表日

（1）对于权益结算的涉及职工的股份支付，按照授予日权益工具的公允价值计入成本费用和资本公积后（其他资本公积），不确认其后续公允价值变动。

借：管理费用等

　贷：资本公积——其他资本公积

（2）对于现金结算的涉及职工的股份支付，应当按照每个资产负债表日权益工具的公允价值重新计量，确定成本费用和应付职工薪酬。

借：管理费用等

　贷：应付职工薪酬

3. 可行权日之后

（1）对于权益结算的股份支付，可行权日之后不再调整已确认的成本费用和所有者权益总额。企业应在行权日根据行权情况，确定股本和股本溢价，同时结转等待期内确认的资本公积。

（2）对于现金结算的股份支付，企业在可行权日之后不再确认成本费用，负债（应付职工薪酬）公允价值的变动应当计入当期损益（公允价值变动损益）。

4. 回购股份进行职工期权激励

（1）回购股份

借：库存股（回购股份的全部支出）

　贷：银行存款

（2）确认成本费用

企业以回购股份形式奖励本企业职工的，若是以权益结算的股份支付，则应当在等待期内每个资产负债表日按照权益工具在授予日的公允价值，做如下会计处理。

借：管理费用等（取得的职工服务）

　贷：资本公积——其他资本公积

（3）职工行权

借：银行存款（企业收到的股票价款）

　资本公积——其他资本公积（等待期累计确认的金额）

　贷：库存股（回购的库存股成本）

　　资本公积——股本溢价（差额）

典型例题

【例题1·单选题】企业采用股票期权方式激励职工，在等待期内每个资产负债表日对取得职工提供的服务进行计量的基础是（ ）。（2016年）

A. 等待期内每个资产负债表日股票期权的公允价值

B. 可行权日股票期权的公允价值

C. 行权日股票期权的公允价值

D. 授予日股票期权的公允价值

【解析】企业采用股票期权方式激励职工，属于按照权益结算的股份支付，其按照授予日权益工具的公允价值计入成本费用和资本公积后，不确认其后续公允价值变动。因此，在等待期内每个资产负债表日对取得职工提供的服务进行计量的基础是“授予日股票期权的公允价值”。

【答案】D

【例题2·单选题】2010年1月1日，甲公司向50名高管人员每人授予2万份股票期权，这些人员从被授予股票期权之日起连续服务满2年，即可按每股6元的价格购买甲公司2万股普通股股票（每股面值1元）。该期权在授予日的公允价值为每股12元。2011年10月20日，甲公司从二级市场以每股15元的价格回购本公司普通股股票100万股，拟用于高管人员股权激励。在等待期内，甲公司没有高管人员离职。2011年12月31日，高管人员全部行权，当日甲公司普通股市场价格为每股16元。2011年12月31日，甲公司因高管人员行权应确认的股本溢价为（ ）万元。（2012年）

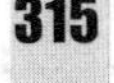

A. 200　　B. 300

C. 500　　D. 1 700

【解析】高管行权时，甲公司收到的股票款项 = 50×2×6=600（万元），冲减的“资本公积——其他资本公积”=50×2×12=1 200(万元)，冲减的“库存股”=100×15=1 500（万元），行权应确认的股本溢价 =600+1 200−1 500=300（万元）。

【答案】B

【例题 3·判断题】公司回购股份形成库存股用于职工股权激励的，在职工行权购买本公司的股份时，所收款项和等待期内根据职工提供服务所确认的相关资本公积的累计金额之和，与交付给职工库存股成本的差额，应计入营业外收支。(　)(2011 年)

【解析】题目所述差额应记入“资本公积——股本溢价”科目。

【答案】×

考点7　企业集团内涉及不同企业的股份支付交易的会计处理（★★★）

考点分析

本考点属于本章的难点，可能会以判断题的形式出现。考生应全面复习本考点相关内容，重点掌握结算企业与接受服务企业在不同情况下的会计处理。

考点精讲

1. 结算企业的处理

（1）结算企业以其本身权益工具结算的，应当将该股份支付交易作为权益结算的股份支付进行会计处理。

（2）结算企业以集团内其他企业的权益工具结算的，应当将该股份支付交易作为现金结算的股份支付进行会计处理。

2. 接受服务企业的处理

（1）接受服务企业没有结算义务（如由母公司直接向该子公司的高管人员授予股份），或者授予本企业职工的是其本身权益工具的，应当将该股份支付交易作为权益结算的股份支付进行会计处理，确认所接受服务的成本费用，同时确认资本公积（其他资本公积）。

（2）接受服务企业具有结算义务，且授予本企业职工的是企业集团内其他企业权益工具的，应当将该股份支付交易作为现金结算的股份支付进行会计处理，确认所接受服务的成本费用，同时确认一项负债。

典型例题

【例题·多选题】2015 年 1 月 1 日，甲公司向其子公司乙公司 100 名管理人员每人授予 1 000 份现金股票增值权，行权条件为乙公司 2015 年度实现的净利润比前一年增长 6%，行权期为 2 年。乙公司 2015 年度实现的净利润比前一年增长 5%，当年没有管理人员离职。2015 年年末，甲公司预计乙公司未来一年将有 4 名管理人员离职。2015 年 1 月 1 日，每股现金股票增值权的公允价值为 9 元；当年 12 月 31 日，该增值权的公允价值为 10 元。下列关于股份支付对甲公司、乙公司的年度报表项目的影响说法正确的有（　）。

A. 甲公司应增加长期股权投资 480 000 元，同时增加应付职工薪酬 480 000 元

B. 甲公司应增加长期股权投资 480 000 元，同时增加资本公积 480 000 元

C. 乙公司应增加管理费用 432 000 元，同时增加资本公积 432 000 元

D. 乙公司应增加管理费用 432 000 元，同时增加应付职工薪酬 432 000 元

【解析】作为结算企业，甲公司以非本身权益工具进行计算，因此视为现金结算的股份支付，按照每个资产负债表日权益工具的公允价值增加对子公司的长期股权投资成本，金额 =（100−4）×1 000×10×1÷2=480 000（元）。

借：长期股权投资　　480 000

　贷：应付职工薪酬——股份支付　　480 000

乙公司没有结算义务，因此将该交易作为权益结算的股份支付，按照授予日权益工具的公允价值确认成本费用，金额 =（100−4）×1 000×9×1÷2=432 000（元）。

借：管理费用　　432 000

　贷：资本公积——其他资本公积　　432 000

【答案】AC

本节考点回顾与总结一览表

本节考点	知识总结
考点 3　股份支付的确认和计量原则	①权益结算的股份支付：按授予日公允价值计量，不确认其后续公允价值变动 ②现金结算的股份支付：按每个资产负债表日公允价值确定应付职工薪酬余额
考点 4　股份支付条件的种类与股份支付条款和条件的修改	①股份支付条件分为可行权条件和非可行权条件 ②条款和条件的修改分为有利修改、不利修改以及取消或结算
考点 5　权益工具公允价值的确定	以市场价格为基础。对于股份或股票期权没有活跃交易市场的，考虑估值技术
考点 6　股份支付的处理	①可分为授予日、等待期内每个资产负债表日、可行权日后的处理 ②回购股份作为期权激励：分别对回购时、等待期内资产负债表日以及职工行权时进行会计处理

续表

本节考点	知识总结
考点7 企业集团内涉及不同企业的股份支付交易的会计处理	①结算企业的处理：以本身权益结算的，作为权益结算年度股份支付处理；以集团内其他企业的权益工具结算的，作为现金结算的股份支付处理 ②接受服务企业的处理：没有结算义务的，作为权益结算年度股份支付处理；具有结算义务的，作为现金结算的股份支付处理

真题演练

1.【单选题】在可行权日之后，与现金结算的股份支付有关的应付职工薪酬公允价值发生变动的，企业应将该变动金额计入（ ）。（2014年）

A. 当期损益　B. 盈余公积

C. 资本公积　D. 未分配利润

2.【单选题】下列关于股份支付会计处理的表述中，不正确的是（ ）。（2010年）

A. 股份支付的确认和计量，应以符合相关法规要求、完整有效的股份支付协议为基础

B. 对以权益结算的股份支付换取职工提供服务的，应按所授予权益工具在授予日的公允价值计量

C. 对以现金结算的股份支付，在可行权日之后应将相关权益的公允价值变动计入当期损益

D. 对以权益结算的股份支付，在可行权日之后应将相关的所有者权益按公允价值进行调整

3.【判断题】企业集团内的母公司直接向其子公司高管人员授予母公司股份的，母公司应在结算前的每个资产负债表日重新计量相关负债的公允价值，并将其公允价值的变动额计入当期损益。（ ）（2013年）

第三节 本章综合练习

（一）单选题

1. 以现金结算的股份支付，企业应在可行权日之后的每个资产负债表日重新计量有关相关负债的公允价值，并将其与账面价值的差额列示在利润表中的项目为（ ）。

A. 投资收益　B. 管理费用

C. 营业外收入　D. 公允价值变动损益

2. 下列有关股份支付的说法中，不正确的是（ ）。

A. 以权益结算的股份支付是企业为获取服务以股份或其他权益工具作为对价进行结算的交易

B. 以权益结算的股份支付，应当根据授予日权益工具的公允价值进行计量

C. 以权益结算的股份支付，在可行权日之后不再对已确认的成本费用和所有者权益总额进行调整

D. 现金结算的股份支付，在可行权日之后不再对已确认的成本费用和负债进行调整

3. 2013年1月1日，甲公司为其50名中层以上管理人员每人授予500份现金股票增值权，这些职工从2013年1月1日起在该公司连续服务4年，即可按照当时的股价增长幅度获得现金，该增值权应在2018年12月31日之前行使完毕。2013年和2014年未有管理人员离职，截至2014年年末累计确认负债120 000元，在2015年有5人离职，预计2016年没有离职，2015年年末该股票增值权的公允价值为10元，该项股份支付对2015年当期管理费用的影响金额和2015年年末该项负债的累计金额是（ ）元。

A. 168 750，48 750　B. 48 750，168 750

C. 52 500，202 500　D. 22 050，225 000

4. 2013年1月1日，甲公司为其100名中层以上管理人员每人授予1万份股票增值权，可行权日为2016年12月31日。该增值权应在2017年12月31日之前行使完毕。甲公司授予日股票市价为5元，截至2014年累计确认负债210万元，2013年和2014年均没有人离职，2015年有10人离职，预计2016年没有人离职，2015年年末增值权公允价值为12元，则下列关于该项股份支付说法不正确的是（ ）。

A. 该项股份支付属于以现金结算的股份支付

B. 对2015年当期管理费用的影响金额为600万元

C. 2015年年末确认资本公积累计数为810万元

D. 2015年年末确认负债累计数为810万元

（二）多选题

1. 下列关于市场条件和非市场条件的说法，正确的有（ ）。

A. 企业在确定权益工具在授予日的公允价值时，应考虑市场条件的影响，不必考虑非市场条件的影响

B. 股份支付存在非可行权条件的，只要职工或其他方满足了所有可行权条件中的非市场条件，企业应当确认已得到服务相对应的成本费用

C. 市场条件是否得到满足，不影响企业对预计可行权情况的估计

D. 非市场条件是否得到满足，不影响企业对预计可行权情况的估计

2. 甲公司系一上市公司，为激励员工，授予其管理层的股份支付协议规定，今后3年中，甲公司股价每年提高5%以上，则可获得一定数量的该公司股票。上述协议中，甲公司在下列时点应做会计处理的有（ ）。

A. 授予日

B. 等待期内的每个资产负债表日

C. 股份支付协议取消日

D. 行权日

3. 下列表述中正确的有（ ）。

A. 对于以权益结算的股份支付，在可行权日之后不再对已确认的成本费用和所有者权益总额进行调整

B. 以库存股对股份支付结算时应转销该库存股并减少股本

C. 以现金结算的股份支付在可行权日之后不再确认成本费用

D. 在职工行权购买本企业股票时，企业应转销交付职工的库存股成本和等待期内确认的资本公积（其他资本公积）累计金额，同时，按照其差额调整资本公积（股本溢价）

（三）判断题

1. 对于换取其他方服务的股份支付，企业应当按照权益工具在服务取得日的公允价值，将取得的服务计入相关资产成本或费用。（ ）

2. 如果企业按照有利于职工的方式修改可行权条件，如缩短等待期、变更或取消非市场条件，企业在处理可行权条件时，应当考虑修改后的可行权条件。（ ）

3. 企业集团内母公司直接向子公司的高管人员授予股份时，子公司没有结算义务，应当将该股份支付交易作为现金结算的股份支付进行会计处理，确认所接受服务的成本费用，同时确认一项负债。（ ）

第四节 本章真题演练及综合练习答案与解析

一、真题演练答案速查表

所在节	题号	答案	题号	答案	题号	答案
第一节	无					
第二节	1	A	2	D	3	×

二、本章综合练习答案与解析

（一）单选题

1. D【解析】对以现金结算的股份支付，在可行权日之后不再确认成本费用，负债公允价值的变动应当计入当期损益（公允价值变动损益）。

2. D【解析】选项D错误，现金结算的股份支付，企业在可行权日之后不再确认成本费用，但结算日之前负债公允价值的变动应计入当期损益，同时调整负债的账面价值。

3. B【解析】对2015年当期负债累计金额的影响=10×（50−5）×500×3÷4=168 750（元），2015年年末，应确认管理费用金额=168 750−120 000=48 750（元）。

4. C【解析】选项A正确，股票增值权属于常见的以现金结算的股份支付；选项B正确，对2015年当期管理费用的影响金额=810−210=600（万元）；选项C不正确，对于现金结算的股份支付，企业在可行权日之后不再确认成本费用，负债（应付职工薪酬）公允价值的变动应当计入当期损益，而不是资本公积；选项D正确，2015年年末应确认的负债余额=12×（100−10）×1×3÷4=810（万元）。

（二）多选题

1. ABC【解析】选项C、D相互矛盾，非市场条件是否得到满足，将影响企业对预计可行权情况的估计。选项D错误。

2. BCD【解析】除了立即可行权的股份支付外，无论权益结算的股份支付还是现金结算的股份支付，企业在授予日均不做会计处理。

3. ACD【解析】以库存股对股份支付结算时应转销交付职工的库存股，但是不影响“股本”科目的金额。

（三）判断题

1. ×【解析】对于换取其他方服务的股份支付，职工以外的其他方提供的服务能够可靠计量的，应当优先采用其他方所提供服务在取得日的公允价值。如果其他方服务的公允价值不能可靠计量，但权益工具的公允价值能够可靠计量的，应当按照权益工具在服务取得日的公允价值计量。

2. ×【解析】如果企业按照有利于职工的方式修改可行权条件，如缩短等待期、变更或取消业绩条件（而非市场条件），企业在处理可行权条件时，应当考虑修改后的可行权条件。

3. ×【解析】本题混淆了接受服务企业有结算业务与无结算义务的计量原则。接受服务企业没有结算义务，或者授予本企业职工的是其本身权益工具的，应当将该股份支付交易作为权益结算的股份支付进行会计处理，确认所接受服务的成本费用，同时确认资本公积（其他资本公积）。

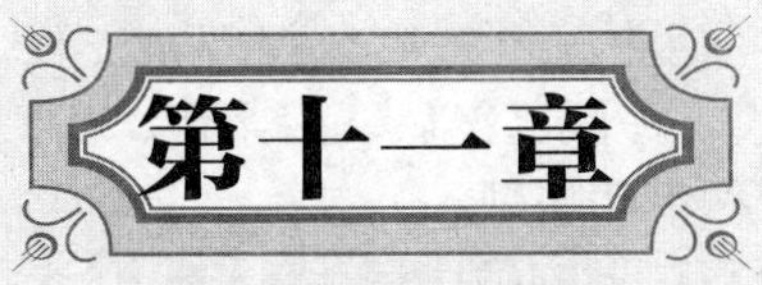

第十一章 负债及借款费用

本章内容涉及的考点较少，但各考点下的细节内容较多。在近 3 年考试中，涉及本章考点的题型包括单选题、多选题、判断题和综合题，客观题部分所占分值为 1~4 分，若涉及综合题，所占分值为 15 分以上。本章中第一节为新增的内容，但考查难度较小，第二、三节涉及的计算量较大，并且相关公式需要考生记忆。

▼本章主要考点的题型、估计题量和所占分值一览表

主要考点	题型	题量	所占分值
①应付债券摊余成本的计算；②借款费用开始资本化时点的判断；③借款费用暂停资本化	单选题	1~2 题	1~2 分
①可转换公司债券的会计处理；②借款费用的范围；③借款费用暂停资本化	多选题	1 题	2 分
①可转换公司债券的会计处理；②借款费用的限额	判断题	1 题	1 分
借款利息资本化金额的计算	综合题	1 题	15 分

▼本章知识结构一览表

负债及借款费用	一、应付职工薪酬	（1）职工薪酬的内容（★★★） （2）职工薪酬的确认和计量（★★★）
	二、长期负债	（1）长期借款（★★★） （2）应付债券（★★★） （3）长期应付款（★★★）
	三、借款费用	（1）借款费用的范围与确认（★★★） （2）借款费用的计量（★★★）

第一节 应付职工薪酬

考点1 职工薪酬的内容（★★★）

考点分析

本考点是对职工薪酬的含义及其核算内容的阐述，属于理解性记忆的内容，考试中可能会让考生选择或判断属于职工薪酬核算的具体内容。

考点精讲

职工薪酬是指企业为获得职工提供的服务或解除劳动关系而给予的各种形式的报酬或补偿。职工薪酬主要包括：短期薪酬、带薪缺勤、离职后福利、辞退福利和其他长期职工福利等。

名师解读

职工薪酬中的“职工”，是指与企业订立劳动合同的所有人员，既包括全职、兼职和临时职工，又包括虽未与企业订立劳动合同但由企业正式任命的人员。

典型例题

【例题·多选题】下列各项中，属于“应付职工薪酬”科目核算内容的有（　）。

A. 支付临时工的工资

B. 发放困难职工的补助金

C. 缴纳职工的工伤保险费

D. 支付辞退职工的经济补偿金

【解析】职工薪酬主要包括：短期薪酬、带薪缺勤、离职后福利、辞退福利和其他长期职工福利。其中，支付临时工的工资、发放困难职工的补助金、缴纳职工的工伤保险均属于“短期薪酬”，支付辞退职工的经济补偿金属于“辞退福利”。故本题所有选项均符合题意。

【答案】ABCD

考点2 职工薪酬的确认和计量（★★★）

考点分析

本考点主要包括职工薪酬的各项内容的会计处理，涉及的知识较多，考生可根据职工薪酬的不同分类，对各类职工薪酬的确认和计量加以理解。

考点精讲

1. 短期薪酬

（1）一般短期薪酬的确认和计量

①货币性短期薪酬

企业发生货币性短期薪酬时，根据职工提供服务情况和工资标准，按照受益对象计入当期损益或相关资产成本，借记“生产成本”“制造费用”“管理费用”“在建工程”“研发支出”等科目，贷记应付职工薪酬的各明细科目。

②非货币性福利

企业向职工提供非货币性福利的，应当按照公允价值计量。

a. 以自产产品发放给职工作为福利

决定发放非货币性福利时：

借：生产成本 / 管理费用 / 在建工程等

　　贷：应付职工薪酬——非货币性福利

实际发放时：

借：应付职工薪酬——非货币性福利

　　贷：主营业务收入

　　　　应交税费——应交增值税（销项税额）

同时，

借：主营业务成本

　　贷：库存商品

b. 以外购商品发放给职工作为福利

购入商品时：

借：库存商品等

　　应交税费——应交增值税（进项税额）

　　贷：银行存款等

决定发放非货币性福利时：

借：生产成本 / 管理费用 / 在建工程等

　　贷：应付职工薪酬——非货币性福利

实际发放时：

借：应付职工薪酬——非货币性福利

　　贷：库存商品

　　　　应交税费——应交增值税（进项税额转出）

（2）短期带薪缺勤的确认和计量

①累积带薪缺勤是指带薪权利可以结转下期的带薪缺勤，本期尚未用完的带薪缺勤可以在未来期间使用。企业应当在职工提供服务从而增加了其未来享有的带薪缺勤权利时，确认与累积带薪缺勤相关的职工薪酬，并以累积未行使权利而增加的预期支付金额计量。某些累积带薪缺勤在职工离职时，对于未行使的权利，职工有权获得现金支付。累积带薪缺勤的费用是企业通过资产负债表日因累积未使用权利而导致的预期支付的追加金额进行预计。

②非累积带薪缺勤是指带薪权利不能结转下期的带薪缺勤，本期尚未用完的带薪缺勤权利将予以取消，并且职工离开企业时也无权获得现金支付。我国企业职工休婚假、产假、丧假、探亲假、病假期间的工资属于非累积带薪缺勤。

（3）短期利润分享计划的确认和计量

短期利润分享计划同时满足下列条件的，企业应当确认相关的应付职工薪酬，并计入当期损益或相关资产成本。

①企业因过去事项导致现在具有支付职工薪酬的法定义务或推定义务。

②因利润分享计划所产生的应付职工薪酬义务能够可靠估计。属于下列 3 种情形之一的，视为义务金额能够可靠估计。

a. 在财务报告批准报出之前企业已确定支付的薪酬金额。

b. 该利润分享计划的正式条款中包括确定薪酬金额的方式。

c. 过去的惯例为企业确定推定义务金额提供了明显证据。

企业在计量利润分享计划产生的应付职工薪酬时，应当反映职工因离职而没有得到利润分享计划支付的可能性。如果企业预期在职工为其提供相关服务的年度报告结束后 12 个月内，不需要支付全部利润分享计划产生的应付职工薪酬，该利润分享计划应当适用其他长期职工福利的有关规定。

企业根据经营业绩或职工贡献等情况提取的奖金，属于奖金计划，应当比照短期利润分享计划进行处理。

2. 离职后福利

离职后福利计划是指企业与职工就离职后福利达成的协议，或者企业为向职工提供离职后福利制定的规章或办法等。企业应当按照企业承担的风险和义务情况，将离职后福利计划分类为设定提存计划和设定受益计划。

（1）设定提存计划的确认和计量

设定提存计划是指企业向单独主体（如基金等）缴存固定费用后，不再承担进一步支付义务的离职后福利计划。对于设定提存计划，企业应当根据在资产负债表日为换取职工在会计期间提供服务而应向单独主体缴存的提存金，确认为职工薪酬负债，并计入当期损益或相关资产成本。

（2）设定受益计划的确认和计量

设定受益计划是指除设定提存计划以外的离职后福利计划。企业在确认设定受益计划的金额时，可分为以下两种情况。

①将设定受益计划的金额计入当期损益。计入当期损益的金额包括：当期服务成本、过去服务成

本、结算利得和损失、设定受益计划净负债或净资产的利息净额。

②将设定受益计划的金额计入其他综合收益。计入其他综合收益的金额包括：精算利得和损失、计划资产回报，扣除包括在设定受益净负债或净资产的利息净额中的金额、资产上限影响的变动，扣除包括在设定受益计划净负债或净资产的利息净额中的金额。

企业应将重新计量设定受益计划净负债或净资产所产生的变动计入其他综合收益，并且在后续会计期间不允许转入损益。

3. 辞退福利

企业向职工提供辞退福利的，应当在企业不能单方面撤回因解除劳动关系计划或裁减建议所提供的辞退福利时、企业确认涉及支付辞退福利的重组相关的成本或费用时两者孰早日，确认辞退福利产生的职工薪酬负债，并计入当期损益（管理费用）。

企业有详细、正式的重组计划并且该重组计划已对外公告时，表明已经承担了重组义务。重组计划包括重组涉及的业务、主要地点、需要补偿的职工人数及其岗位性质、预计重组支出和计划实施时间等。

企业应当按照辞退计划条款的规定，合理预计并确认辞退福利产生的职工薪酬负债，并考虑以下几点情况。

（1）对于职工没有选择权的辞退计划，企业应当根据计划条款规定拟解除劳动关系的职工数量、每一职工的辞退补偿等确认职工薪酬负债。

（2）对于自愿接受裁减建议的辞退计划，由于接受裁减的职工数量不确定，企业应当根据《企业会计准则第 13 号——或有事项》的规定，预计将会接受裁减建议的职工数量，根据预计的职工数量和每一职工的辞退补偿等确认职工薪酬负债。

（3）对于辞退福利与其在其确认的年度报告期间期末后 12 个月内完全支付的辞退福利，企业应当适用短期薪酬的相关规定。

（4）对于辞退福利预期在年度报告期间期末后 12 个月内不能完全支付的辞退福利，企业应当适用其他长期职工福利的相关规定。

企业在确定提供的经济补偿是否为辞退福利时，应当区分辞退福利和正常退休养老金。辞退福利是在职工与企业签订的劳动合同到期前，企业根据法律与职工本人或职工代表（如工会）签订的协议，或者基于商业惯例，承诺当其提前终止对职工的雇佣关系时支付的补偿，引发补偿的事项是辞退。

对于职工虽然没有与企业解除劳动合同，但未来不再为企业提供服务，不能为企业带来经济利益，企业承诺提供实质上具有辞退福利性质的经济补偿的，如发生“内退”的情况，在其正式退休日期之前应当比照辞退福利处理，在其正式退休日期之后，应当按照离职后福利处理。

实施职工内部退休计划的，企业应当比照辞退福利处理。在内退计划符合《企业会计准则第 9 号——职工薪酬》规定的确认条件时，企业应当按照内退计划规定，将自职工停止提供服务日至正常退休日期间、企业拟支付的内退职工工资和缴纳的社会保险费等，确认为应付职工薪酬，一次性计入当期损益，不能在职工内退后各期分期确认因支付内退职工工资和为其缴纳社会保险费等产生的义务。

4. 其他长期职工福利

企业向职工提供的其他长期职工福利，符合设定提存计划条件的，应当按照设定提存计划的有关规定进行会计处理；符合设定受益计划条件的，企业应当按照设定受益计划的有关规定，确认和计量其他长期职工福利净资产或净负债。

在报告期末，企业应当将其他长期职工福利产生的职工薪酬成本确认为下列组成部分。

（1）服务成本。

（2）其他长期职工福利净负债或净资产的利息净额。

（3）重新计量其他长期职工福利净负债或净资产所产生的变动。

为了简化相关会计处理，上述项目的总净额应计入当期损益或相关资产成本。

典型例题

【例题 1·多选题】下列各项中，企业应作为职工薪酬核算的有（ ）。（2016 年）

A. 职工教育经费　　B. 非货币性福利

C. 长期残疾福利　　D. 累积带薪缺勤

【解析】职工薪酬是指企业为获得职工提供的服务或解除劳动关系而给予的各种形式的报酬或补偿。职工薪酬包括短期薪酬、离职后福利、辞退福利和其他长期职工福利。选项 A、B 属于短期薪酬；选项 C 属于其他长期职工福利；选项 D 属于带薪缺勤。因此本题所有选项均符合题意。

【答案】ABCD

【例题 2·单选题】下列各项中，属于以后不能重分类进损益的其他综合收益的是（ ）。（2015 年）

A. 外币财务报表折算差额

B. 现金流量套期的有效部分

C. 可供出售金融资产公允价值变动损益

D. 重新计算设定受益计划净负债或净资产的变动额

【解析】企业应将重新计量设定受益计划净负债或净资产所产生的变动计入其他综合收益，并且在

后续会计期间不允许转入损益。

【答案】D

真题演练

【多选题】下列各项中，属于设定受益计划中计划资产回报的有（ ）。（2015 年）

A. 计划资产产生的股利

B. 计划资产产生的利息

C. 计划资产已实现的利得

D. 计划资产未实现的损失

本节考点回顾与总结一览表

本节考点	知识总结
考点 1 职工薪酬的内容	职工薪酬包括短期薪酬、离职后福利、辞退福利和其他长期职工福利
考点 2 职工薪酬的确认和计量	①短期薪酬应分为货币性短期薪酬、带薪缺勤、短期利润分享计划与非货币性福利进行确认、计量 ②离职后福利应区分设定提存计划与设定受益计划进行确认、计量 ③辞退福利应于当期一次计入管理费用，不计入资产成本 ④报告期末，将其他长期职工福利产生的职工薪酬成本，根据其特点确认为不同组成部分

第二节 长期负债

考点3 长期借款（★★★）

考点分析

本考点可以与债务重组等知识相结合，以主观题的形式进行考查。考生应从不同时点掌握长期借款的会计处理，并注意不同类型长期借款计提利息所涉及的会计科目的区别。

考点精讲

1. 企业借入长期借款

借：银行存款（实际收到的款项）
　　长期借款——利息调整（差额）
　　贷：长期借款——本金（借款本金）

2. 在资产负债表日，计提利息

借：在建工程/财务费用/制造费用等（期初摊余成本×实际利率）
　　贷：应付利息（本金×合同利率，分期付息长期借款）
　　　　长期借款——应计利息（本金×合同利率，到期一次还本付息的长期借款）
　　　　长期借款——利息调整（差额）

名师解读

考试中经常出现涉及考查长期借款账面余额的考题。考生应注意，对于分期付息的长期借款，其在确认利息时不影响长期借款的账面价值（贷记“应付利息”科目），而对于到期一次还本付息的长期借款，确认利息会影响长期借款的账面价值（贷记“长期借款——应计利息”科目）。

3. 归还长期借款本金

借：长期借款——本金
　　贷：银行存款

典型例题

【例题·单选题】甲公司为建造一条生产线，于 2015 年 1 月 1 日借入为期 3 年的长期专门借款 100 万元，为取得该笔借款发生的手续费为 2 万元。借款一次还本付息，合同利率为 3%，实际利率为 4%。该生产线于 2016 年 6 月 30 日完工，达到预定可使用状态。2015 年年末“长期借款”科目余额为（ ）万元。

A. 101.92　　B. 58.8

C. 94.08　　D. 97.08

【解析】本题中长期借款为一次还本付息，因此 2015 年年末“长期借款”科目余额 =（100−2）+（100−2）×4% =101.92（万元）。相关会计分录如下。

（1）取得借款时

借：银行存款　980 000
　　长期借款——利息调整　20 000
　　贷：长期借款——本金　1 000 000

（2）2015 年年末

应计提的借款利息 =98×4% =3.92（万元），应计利息 =100×3% =3（万元）。

借：在建工程　39 200
　　贷：长期借款——应计利息　30 000
　　　　　　　——利息调整　9 200

【答案】A

考点4 应付债券（★★★）

考点分析

本考点在新大纲中增加了一项内容，即对优先股、永续债等金融工具的处理。由于本考点涉及的内容较多，考生在复习时，应先对应付债券进行分类，然后再对不同类别债券涉及的不同环节的会计处理进行理解，最后对其中的异同进行比较、总结。

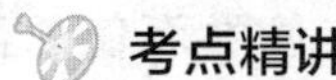

考点精讲

1. 金融负债与权益工具的区分

金融负债与权益工具的区分原则如表 11-1 所示。

表 11-1 金融负债与权益工具的区分原则

金融工具	区分原则	
金融负债	金融工具具有交付现金或其他金融资产给其他单位的合同义务，在潜在不利条件下与其他单位交换金融资产或金融负债的合同义务	
	须用或可用企业自身权益工具进行结算	非衍生工具合同：企业根据该合同将交付可变数量的自身权益工具
		衍生工具合同：除以固定数量的自身权益工具交换固定金额的现金或其他金融资产的衍生工具合同之外
权益工具	（1）金融工具没有包括交付现金或其他金融资产给其他单位的合同义务，也没有包括在潜在不利条件下与其他单位交换金融资产或金融负债的合同义务	
	（2）须用或可用发行方自身权益工具进行核算	非衍生工具：不包括交付非固定数量的发行方自身权益工具进行结算的合同义务
		衍生工具：只能通过交付固定数量的发行方自身权益工具换取固定的现金或其他金融资产进行结算

名师解读

企业发行的一项非衍生工具同时包含金融负债成分和权益工具成分的，初始计量时应先确定金融负债成分的公允价值（包括其中可能包含的嵌入衍生工具的公允价值），再从复合金融工具公允价值中扣除负债成分的公允价值，作为权益工具成分的价值。

2. 一般公司债券

（1）发行债券

借：银行存款等（实际收到的款项）
　　应付债券——利息调整（差额，或贷记）
　　贷：应付债券——面值（债券面值）

（2）资产负债表日计提利息

借：在建工程 / 制造费用 / 财务费用等（期初摊余成本 × 实际利率）
　　应付债券——利息调整（差额，或借记）
　　贷：应付利息（面值 × 票面利率，分期付息的债券）
　　　　应付债券——应计利息（面值 × 票面利率，到期一次还本付息的债券）

（3）归还本金和利息

借：应付债券——面值
　　　　——应计利息（到期一次还本付息债券的利息合计数）
　　应付利息（分期付息债券的最后一期利息）
　　贷：银行存款

3. 可转换公司债券

企业发行的可转换公司债券，既含有负债成分又含有权益成分，在初始确认时，应先确定负债成分的入账成本，然后根据发行收款减去负债成分的入账成本确定权益成分的入账成本。

（1）发行可转换公司债券

借：银行存款等（实际收到的款项）
　　贷：应付债券——可转换公司债券——面值（负债成分面值）
　　　　其他权益工具（权益成分的公允价值）
　　　　应付债券——可转换公司债券——利息调整（差额，或借记）

名师解读

若发行可转换公司债券涉及发行费用，同样应在负债成分与权益成分间进行分配。负债成分负担的发行费用记入“应付债券——可转换公司债券（利息调整）”科目，权益成分负担的发行费用记入“其他权益工具”科目。

（2）转股前计提利息

与一般债券计提利息的相同。

（3）转股时

借：应付债券——可转换公司债券——面值
　　应付债券——可转换公司债券——利息调整
　　其他权益工具（权益成分的金额）
　　贷：股本（股票面值 × 转换的股数）
　　　　资本公积——股本溢价（差额）
　　　　库存现金、银行存款等（现金支付不可转换股票部分）

企业发行附有赎回选择权的可转换公司债券，其在赎回日可能支付的利息补偿金，即债券约定赎回期届满日应当支付的利息减去应付债券票面利息的差额，应在债券发行日至债券约定赎回届满日期间计提应付利息，并计入相关资产成本或财务费用。

4. 优先股、永续债等金融工具

（1）发行方的账务处理

①发行方将发行的金融工具归类为债务工具并以摊余成本计量的，其账务处理与一般公司债券的处理相同。

②发行将发行的金融工具归类为权益工具的。

借：银行存款
　　贷：其他权益工具——优先股、永续债等

在存续期间分派股利：

借：利润分配——应付优先股股利、应付永续债利息等
　　贷：应付股利——优先股股利、永续债利息等

③若权益工具与金融负债由于合同条款改变等原因需要重分类的。

a. 权益工具重分类为金融负债

借：其他权益工具——优先股、永续债等（账面价值）

贷：应付债券——优先股、永续债等（面值）

——优先股、永续债等（利息调整）（应付债券公允价值与面值的差额，或借记）

资本公积——资本溢价（或股本溢价）（重分类后公允价值与应付债券账面价值的差额，或借记）

b. 金融负债重分类为权益工具

借：应付债券——优先股、永续债等（面值）

——优先股、永续债等（利息调整）（利息调整余额，或贷记）

贷：其他权益工具——优先股、永续债等

④若发行方按合同条款约定，将发行的除普通股以外的金融工具转换为普通股的。

借：应付债券（账面价值）

其他权益工具（账面价值）

贷：实收资本（或股本）（面值）

资本公积——资本溢价（或股本溢价）（差额）

银行存款（实际支付的价款）

（2）投资方的账务处理

如果投资方因持有发行方的金融工具而对发行方拥有控制、共同控制或重大影响的，按照《企业会计准则第2号——长期股权投资》和《企业会计准则第20号——企业合并》进行确认和计量；投资方需要编制合并财务报表的，按照《企业会计准则第33号——合并财务报表》的规定编制合并财务报表。

典型例题

【例题1·单选题】甲公司以950万元发行面值为1 000万元的可转换公司债券，其中负债成分的公允价值为890万元。不考虑其他因素，甲公司发行该债券应计入所有者权益的金额为（　）万元。（2015年）

A. 0　　B. 50

C. 60　　D. 110

【解析】公司发行可转换公司债券，应先按照负债成分的公允价值确定“应付债券——可转换公司债券”的入账价值，然后根据发行价格扣除负债成分的公允价值确定权益成分的入账价值，因此，甲公司发行可转换公司债券中，权益成分的公允价值＝950－890=60（万元），计入所有者权益（其他权益工具）。

【答案】C

【例题2·单选题】2012年1月1日，甲公司发行分期付息、到期一次还本的5年期公司债券，实际收到的款项为18 800万元，该债券面值总额为18 000万元，票面年利率为5%。利息于每年年末支付，实际年利率为4%。2012年12月31日，甲公司该项应付债券的摊余成本为（　）万元。（2013年）

A. 18 000　　B. 18 652

C. 18 800　　D. 18 948

【解析】2012年1月1日，债券成本为18 800万元。2012年12月31日，确认利息费用=18 800×4%＝752（万元），每期的应付利息＝18 000×5%=900（万元），利息调整金额＝900−752=148（万元），此时摊余成本＝18 800−148=18 652（万元）。

【答案】B

【例题3·判断题】企业发行的原归类为权益工具的永续债，现因经济环境的改变需要重新分类为金融负债的，在重分类日应按账面价值计量。（　）【2015年】

【解析】发行方原分类为权益工具的金融工具，自不再被分类为权益工具之日起，发行方应当将其重分类为金融负债，以重分类日该工具的公允价值计量，重分类日权益工具的账面价值和金融负债的公允价值之间的差额确认为权益，计入资本公积——资本溢价（或股本溢价）。

【答案】×

考点5 长期应付款（★★★）

考点分析

本考点主要是对应付融资租入固定资产的租赁费的阐述。考试中涉及的题型主要为单选题和多选题，考查内容主要包括融资租赁的确认条件、融资租入固定资产入账价值的确定以及租赁开始日的会计处理等。

考点精讲

1. 应付融资租入固定资产的租赁费

（1）租赁的分类

承租人应当在租赁开始日将租赁分为融资租赁和经营租赁。满足下列标准之一的，应认定为融资租赁。

①在租赁期届满时，资产的所有权转移给承租人。

②承租人有购买租赁资产的选择权，所订立的购价预计远低于行使选择权时租赁资产的公允价值，因而在租赁开始日就可合理地确定承租人将会行使这种选择权。

③租赁期占租赁资产使用寿命的大部分（≥75%）。

④就承租人而言，租赁开始日最低租赁付款额的现值几乎相当于（≥90%）租赁开始日租赁资产的公允价值。

⑤租赁资产性质特殊，如果不做较大改造，只有承租人才能使用。

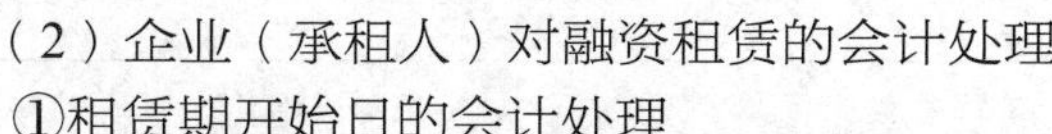

（2）企业（承租人）对融资租赁的会计处理

①租赁期开始日的会计处理

借：固定资产 / 在建工程（租赁资产公允价值与最低租赁付款额现值两者中的较低者 + 初始直接费用）

未确认融资费用（差额）

贷：长期应付款（最低租赁付款额）

银行存款

②未确认融资费用的分摊

未确认融资费用应当在租赁期内的各个期间进行分摊。承租人应当采用实际利率法计算确认当期应分摊的融资费用。会计分录如下。

借：财务费用

贷：未确认融资费用 [期初应付本金余额 × 实际利率 =（期初长期应付款余额 − 期初未确认融资费用）× 实际利率]

③履约成本的会计处理

承租人发生的履约成本应在实际发生时计入当期损益。

④或有租金的会计处理

或有租金应当在实际发生时计入当期损益（销售费用等）。

⑤租赁期届满时的会计处理

a. 返还租赁资产

存在承租人担保余值时，

借：长期应付款——应付融资租赁款（担保余值）

累计折旧

贷：固定资产——融资租入固定资产

不存在承租人担保余值时，

借：累计折旧

贷：固定资产——融资租入固定资产

b. 优惠续租租赁资产

如果承租人行使优惠续租选择权，则应视同该项租赁一直存在而作出相应的会计处理。如果承租人在租赁期届满时没有续租，根据租赁协议规定需向出租人返还资产并支付违约金的，其会计处理如下。

借：营业外支出

贷：银行存款等

c. 留购租赁资产

借：长期应付款——应付融资租赁款（购买价款）

贷：银行存款等

同时，

借：固定资产——生产用固定资产等

贷：固定资产——融资租入固定资产

承租人对融资租入资产进行会计处理时，还应关注以下两点。

（1）计算最低租赁付款额现值时，可按以下顺序选择折现率：①租赁内含利率；②租赁合同规定利率；③同期银行贷款利率。其中，租赁内含利率，是指在租赁开始日，使最低租赁收款额的现值与未担保余值的现值之和等于租赁资产公允价值与出租人的初始直接费用之和的折现率。

（2）融资租入固定资产，如果能够合理确定租赁期届满时承租人将会取得租赁资产所有权的，应以租赁开始日租赁资产使用寿命作为折旧期间；如果不能合理确定租赁期届满时承租人是否能够取得租赁资产所有权的，则应当选择租赁期与租赁资产使用寿命中的较短者，作为折旧期间。

2. 具有融资性质的延期付款购买固定资产

企业延期付款购买资产，如果延期支付的购买价款超过正常信用条件（一般以 3 年或超过 3 年作为参考标准），实质上具有融资性质的，所购资产的成本应以延期支付购买价款的现值为基础确定。实际支付的价款与购买价款的现值之间的差额，应当在信用期间内采用实际利率法进行摊销，符合资本化条件的，计入相关资产成本，不符合的计入当期损益。

典型例题

【例题 1 · 单选题】2015 年 1 月 1 日，甲公司从乙公司融资租入一台生产设备，该设备公允价值为 800 万元，最低租赁付款额的现值为 750 万元，甲公司担保的资产余值为 100 万元。不考虑其他因素，甲公司该设备的入账价值为（　）万元。（2015 年）

A. 650　　B. 750

C. 800　　D. 850

【解析】企业融资租入固定资产，应以最低租赁付款额的现值与租赁资产公允价值二者孰低为基础确定入账价值。由于本题不涉及初始直接费用，所以固定资产的入账价值为 750 万元。

【答案】B

【例题 2 · 多选题】下列选项中，可作为融资租赁中未确认融资费用分摊率的有（　）。

A. 银行同期贷款利率

B. 最低租赁付款额的现值等于租赁资产公允价值的折现率

C. 出租人的租赁内含利率

D. 合同规定利率

【解析】在分摊未确认的融资费用时，应根据租赁开始日租赁资产和负债的入账价值的基础，选择适用的融资费用分摊率。以上 4 个选项均可作为分摊率。

【答案】ABCD

【例题 3 · 单选题】2011 年 1 月 1 日，甲公司融资租赁一台全新的设备，租赁期为 3 年，每年年末支付租金 700 万元。当日该设备的公允价值为 2000 万元，租赁内含利率为 8%，另外支付初始直接费用 20 万元，则该设备的入账价值为（　）万元。[已知

(P/A，8%，3) = 2.577 1]

A. 1 823.97

B. 2 100

C. 1 803.97

D. 296.03

【解析】最低租赁付款额 = 各期租金之和 + 承租人担保的资产余值 =700×3+0=2 100（万元），最低租赁付款额的现值 =700×（P/A，8%，3）= 1 803.97（万元）< 租赁资产的公允价值 2 000 万元。该设备的入账价值 =1 803.97+20=1 823.97（万元）。未确认融资费用 = 最低租赁付款额 − 最低租赁付款额的现值 =2 100−1 803.97=296.03（万元）。

【答案】A

本节考点回顾与总结一览表

本节考点	知识总结
考点 3 长期借款	应分别对长期借款的取得、计提利息费用、归还长期借款等环节进行会计处理
考点 4 应付债券	①将金融工具区分为金融负债与权益工具 ②一般公司债券：会计处理类似于长期借款 ③可转换公司债券：将发行首款与发行费用在负债成分和权益成分之间进行分配 ④优先股、永续债等金融工具：属于“债”的，与应付债券的核算类似；属于权益工具的，通过“其他权益工具”核算

续表

本节考点	知识总结
考点 5 长期应付款	①融资租入固定资产：分别对租赁开始日、未确认融资费用的分摊、履约成本、或有租金、租赁期届满进行会计处理 ②分期付款购入资产：以延期支付购买价款的现值为基础确定所购资产的成本；并将其与实际支付的价款的差额，在信用期内采用实际利率法进行摊销

真题演练

1.【判断题】企业发行的可转换公司债券在初始确认时，应将其负债和权益成分进行分拆，先确定负债成分的公允价值，再确定权益成分的初始入账金额。（ ）（2013 年）

2.【判断题】对认股权和债券分离交易的可转换公司债券，认股权持有人到期没有行权的，发行企业应在认股权到期时，将原计入其他权益工具的部分转入营业外收入。（ ）（2012 年改编）

3.【单选题】甲企业以融资租赁方式租入 N 设备，该设备的公允价值为 100 万元，最低租赁付款额的现值为 93 万元，甲企业在租赁谈判和签订租赁合同过程中发生手续费、律师费等合计为 2 万元。甲企业该项融资租入固定资产的入账价值为（ ）万元。（2007 年）

A. 93　　B. 95

C. 100　　D. 102

第三节 借款费用

考点6 借款费用的范围与确认（★★★）

考点分析

本考点属于考试的常考内容，涉及的题型包括单选题、多选题和判断题。通常会让考生判断或选择借款费用的资本化期间、属于借款费用的范围等。

考点精讲

1. 借款费用的范围

借款费用是企业为借入资金付出的代价，包括借款利息、折价或者溢价的摊销、辅助费用、因外币借款而发生的汇兑差额等。

2. 借款费用的确认

（1）确认原则

企业发生的借款费用可直接归属于符合资本化条件的资产购建或者生产的，应当予以资本化，计入相关资产成本；其他借款费用应当在发生时根据其发生额确认为费用，计入当期损益。

（2）借款费用应予资本化的借款范围

对于专门借款，资本化期间的借款费用全部资本化；对于一般借款，只有在构建或者生产符合资本化条件的资产占用了一般借款时，才能进行资本化。

（3）借款费用资本化期间的确定

借款费用资本化期间是指从借款费用开始资本化时点到停止资本化时点的期间，但不包括借款费用暂停资本化的期间。

①借款费用开始资本化的时点

借款费用允许开始资本化，必须同时满足 3 个条件：资产支出已经发生、借款费用已经发生、为使资产达到预定可使用或者可销售状态所必要的购建或者生产活动已经开始。

②借款费用暂停资本化的时间

符合资本化条件的资产在购建或者生产过程中发生非正常中断且中断时间连续超过 3 个月的，应当暂停借款费用的资本化。如果相关资产购建或者生产的中断时间较长而且满足其他规定条件的，应

暂停相关借款费用的资本化。

名师解读

①正常中断一般是指使资产达到预定可使用或可销售状态必要的程序、可预见的不可抗力因素，如正常的测试、调试停工以及由于企业可以预见到的不可抗力的因素（比如：雨季的大雨、北方冬季冰冻、沿海台风等）导致的施工中断。

②非正常中断是指企业管理决策上的原因或其他不可预见的原因导致的中断，如发生了劳动纠纷、资金周转发生了困难、施工、生产等过程中发生了安全事故等导致的中断。

典型例题

【例题1·单选题】企业发生的下列各项融资费用中，不属于借款费用的是（　）。（2016年）

A. 股票发行费用

B. 长期借款的手续费

C. 外币借款的汇兑差额

D. 溢价发行债券的利息调整

【解析】借款费用是企业因借入资金所付出的代价，包括借款利息、折价或溢价的摊销、辅助费用以及因外币借款而发生的汇兑差额等。选项A，股票发行费用不属于借款费用，其在发生时应冲减资本公积。

【答案】A

【例题2·单选题】2010年2月1日，甲公司为建造一栋厂房向银行取得一笔专门借款。2010年3月5日，以该贷款支付前期订购的工程物资款，因征地拆迁发生纠纷，该厂房延迟至2010年7月1日才开工兴建，开始支付其他工程款。2011年2月28日，该厂房建造完成，达到预定可使用状态。2011年4月30日，甲公司办理工程竣工决算，不考虑其他因素，甲公司该笔借款费用的资本化期间为（　）。（2011年）

A. 2010年2月1日至2011年4月30日

B. 2010年3月5日至2011年2月28日

C. 2010年7月1日至2011年2月28日

D. 2010年7月1日至2011年4月30日

【解析】借款费用同时满足下列条件的，才能开始资本化：①资产支出已经发生；②借款费用已经发生；③为使资产达到预定可使用或者可销售状态所必要的购建或者生产活动已经开始。本题中，3个条件全部满足是发生在2010年7月1日，所以2010年7月1日为开始资本化时间，而达到预定可使用状态时停止资本化，所以资本化期间的结束时间为2011年2月28日。

【答案】C

【例题3·单选题】下列导致固定资产建造中断时间连续超过3个月的事项，不应暂停借款费用资本化的是（　）。（2013年）

A. 劳务纠纷　　B. 安全事故

C. 资金周转困难　D. 可预测的气候影响

【解析】建造中发生的可预测的气候原因不属于非正常中断，即使超过了3个月，也不应暂停资本化。

【答案】D

考点7 借款费用的计量（★★★）

考点分析

本考点考查的形式比较单一，通常为借款利息资本化金额的计算，涉及的题型多为单选题。

考点精讲

1. 借款利息资本化金额的确定

在借款费用资本化期间内，每一会计期间的利息（包括折价或溢价的摊销）的资本化金额，应当按照下列原则确定。

（1）为购建或者生产符合资本化条件的资产而借入专门借款的，计算公式如下。

专门借款利息费用资本化金额＝专门借款当期实际发生的利息费用－闲置的借款资金存入银行取得的利息收入或进行暂时性投资取得的投资收益

（2）为购建或者生产符合资本化条件的资产而占用了一般借款的，确定一般借款的借款费用资本化金额应当与资产支出相挂钩，计算公式如下。

一般借款利息费用资本化金额＝累计资产支出超过专门借款部分的资产支出加权平均数×所占用一般借款的资本化率

①所占用的一般借款只有一笔时的，公式如下。

所占用一般借款的资本化率＝该笔借款的利率

②所占用的一般借款为一笔以上时，需加权计算资本化率，公式如下。

所占用一般借款的资本化率＝所占用一般借款加权平均率＝所占用一般借款当期实际发生的利息之和÷所占用一般借款本金加权平均数×100%

所占用一般借款本金加权平均数＝Σ（所占用每笔一般借款本金×每笔一般借款在当期所占用的天数÷当期天数）

（3）每一会计期间的利息资本化金额不应当超过当期相关借款实际发生的利息金额。

2. 借款辅助费用资本化金额的确定

辅助费用是企业为了安排借款而发生的必要费用，包括借款手续费（如发行债券手续费）和佣金等。企业发生的专门借款辅助费用，以所购建或者生产的符合资本化条件的资产达到预定可使用或者可销售状态的时点为界。该时点之前发生的予以资

本化，之后所发生的，应直接计入当期损益。

3. 外币专门借款汇兑差额资本化金额的确定

在资本化期间，外币专门借款本金及其利息的汇兑差额应当予以资本化，计入符合资本化条件的资产的成本。除外币专门借款之外的其他外币借款本金及其利息所产生的汇兑差额，应当作为财务费用计入当期损益（财务费用）。

典型例题

【例题1·多选题】下列借款费用在资本化时，不需要考虑资本支出的有（　）。

A. 借款辅助费用

B. 专门借款的利息支出

C. 汇兑差额

D. 一般借款的利息支出

【解析】一般借款的利息费用资本化金额 = 累计资产支出超过专门借款部分的资产支出加权平均数 × 所占用一般借款的资本化率，因此计算一般借款利息支出需要考虑资产支出，而专门借款的利息支出、借款辅助费用以及会对差额不需要考虑资本支出。

【答案】ABC

【例题2·单选题】甲公司于2015年1月1日开工建造一项固定资产。为建造该固定资产，该公司于2014年12月1日专门借入一笔款项，本金为1 000万元，年利率为9%，期限为2年；该企业另借入两笔一般借款：2015年1月1日，借入600万元，借款年利率为8%，期限为2年；2015年7月1日，又借入800万元，借款年利率为6%，期限为3年。2015年12月31日，该固定资产全部完工并投入使用。该公司2015年为购建固定资产而占用的一般借款所使用的资本化率为（　）。（计算结果保留小数点后两位小数）

A. 5.14%

B. 7.2%

C. 6.86%

D. 6.89%

【解析】一般借款资本化率 =（600×8% + 800×6% ×6÷12）÷（600+800×6÷12）×100% = 7.2%。

【答案】B

【例题3·单选题】甲公司2015年1月1日为建造一条生产线，向银行借入1 500万美元，期限为3年，年利率为8%，利息按季计算，到期支付。1月1日借入时的市场汇率为1美元 = 6.28人民币元，3月31日的市场汇率为1美元 = 6.30人民币元。假设2015年第一季度属于资本化期间，则第一季度外币专门借款汇兑差额的资本化金额为（　）万人民币元。

A. 0　　B. 30

C. 30.6　　D. 32.4

【解析】在资本化期间，外币专门借款本金及其利息的汇兑差额应当予以资本化。第一季度外币借款本金及利息的汇兑差额 =1 500×（6.30−6.28）+ 1 500×8%×3÷12×(6.30−6.30)=30(万人民币元)。

【答案】B

本节考点回顾与总结一览表

本节考点	知识总结
考点6 借款费用的范围与确认	①借款费用包括借款利息、折旧或溢价摊销、外币借款汇兑差额、辅助费用 ②同时满足3个条件时，开始资本化；达到预定可使用或可销售状态时，停止资本化
考点7 借款费用的计量	①专门借款计算借款费用时不考虑资产支出 ②一般借款计算借款费用时要考虑资产支出 ③资本化期间内，仅外币专门借款的本金及利息的汇兑差额予以资本化

真题演练

1.【多选题】在确定借款费用暂停资本化的期间时，应当区别正常中断和非正常中断，下列各项中，属于非正常中断的有（　）。(2011年)

A. 质量纠纷导致的中断

B. 安全事故导致的中断

C. 劳动纠纷导致的中断

D. 资金周转困难导致的中断

2.【单选题】2007年2月1日，甲公司采用自营方式扩建厂房借入两年期专门借款500万元。2007年11月12日，厂房扩建工程达到预定可使用状态；2007年11月28日，厂房扩建工程验收合格；2007年12月1日，办理工程竣工结算；2007年12月12日，扩建后的厂房投入使用。假定不考虑其他因素，甲公司借入专门借款利息费用停止资本化的时点是（　）。(2008年)

A. 2007年11月12日

B. 2007年11月28日

C. 2007年12月1日

D. 2007年12月12日

3.【判断题】在借款费用资本化期间内，建造资产的累计支出金额未超过专门借款金额的，发生的专门借款利息扣除该期间与专门借款相关的收益后的金额，应当计入所建造资产成本。（　）(2007年)

第四节 本章综合练习

（一）单选题

1. 2014 年 1 月 1 日，甲公司经批准发行 3 年期面值为 1 500 万元的债券，票面年利率为 6%，公司按 1800 万元的发行价格溢价出售，实际利率为 4%。如果公司每年计息一次，则甲公司在 2015 年 12 月 31 日确认的利息费用为（　）万元。

A. 25.2　B. 18　C. 72　D. 64.8

2. 甲上市公司经批准于 2015 年 1 月 1 日溢价发行三年期可转换公司债券。该债券于每年 1 月 1 日付息、到期一次还本，面值总额为 10 000 万元，发行价格 11 000 万元，票面年利率为 4%，实际利率为 6%，发行费用 100 万元，甲公司按实际利率法确认利息费用。甲公司发行此债券时应确认的“其他权益工具”和“应付债券——利息调整”的金额分别为（　）万元。（已知（*P/A*，6%，3）=2.673，（*P/F*，6%，3）=0.839）

A. 701.8、204.58　B. 701.8、298.2

C. 695.42、204.58　D. 695.42、298.2

3. 下列关于融资租赁的说法中，正确的是（　）。

A. 某租赁资产是旧资产，其租赁期占租赁开始日租赁资产使用寿命的 75%（含）以上，则企业可认定其符合融资租赁的条件

B. 承租人支付的或有租金和履约成本应作为最低租赁付款额的构成部分

C. 融资租赁中承租人发生的差旅费和谈判费等，应当计入租入资产价值

D. 企业在计算最低租赁付款额的现值时，只能采用租赁内含利率作为折现率

4. 2015 年 1 月 1 日，某公司以融资租赁方式租入固定资产，租赁期为 3 年，租金总额 2 300 万元，其中 2015 年年末应付租金 1 000 万元，2016 年年末应付租金 1 000 万元，2017 年年末应付租金 300 万元。假定在租赁期开始日（2015 年 1 月 1 日）最低租赁付款额的现值与租赁资产公允价值均为 1 950 万元，租赁内含利率为 10%。2015 年 12 月 31 日，该项租赁本金余额为（　）万元。

A. 755　B. 1 145

C. 259.5　D. 195

5. 2014 年 1 月 1 日，甲公司取得专门借款 2 000 万元直接用于当日开工建造的厂房，2014 年累计发生建造支出 1 800 万元。2015 年 1 月 1 日，该企业又取得一般借款 500 万元，年利率为 6%，当天发生建造支出 300 万元，以借入款项支付（甲企业无其他一般借款）。不考虑其他因素，甲企业按季计算利息费用资本化金额。2015 年第一季度该企业应予资本化一般借款利息费用为（　）万元。

A. 1.5　B. 3　C. 4.5　D. 7.5

6. 乙公司为增值税一般纳税人，适用的增值税税率为 17%。中秋节来临，公司将 20 箱本企业自产的月饼作为福利发给本企业职工，该月饼的生产成本为 1 000 元 / 箱，市场售价为 2 000 元 / 箱（不含增值税）。则乙公司因该事项应确认的应付职工薪酬为（　）元。

A. 40 000　B. 23 400

C. 43 400　D. 46 800

（二）多选题

1. 下列项目中，属于借款费用的有（　）。

A. 发行公司债券发生的利息

B. 为构建或者生产符合资本化条件的资产而发生的带息债务所承担的利息

C. 因外币借款发生的汇兑差额

D. 发行公司债券发生的溢价或者折价

2. 关于可转换公司债券，下列说法正确的有（　）。

A. 发行可转换公司债券发生的交易费用，应当在负债和权益成分之间进行分摊

B. 发行可转换公司债券时，应按实际收到的款项记入“应付债券——面值”科目

C. 发行可转换公司债券时，应当在初始确认时将负债和权益成分进行分析

D. 可转换公司债券负债成分的公允价值是合同规定的未来现金流量按一定比率折现的现值

3. 在符合资本化条件的资产的购建活动中，下列各项中属于资产支出已经发生的有（　）。

A. 以自产产品发放给在建工程人员作为福利

B. 以生产用原材料换入在建工程所需工程物资

C. 以银行存款购入工程物资

D. 企业赊购工程物资承担了不带息债务

（三）判断题

1. 对于可转换公司债券的负债成分，自发行至转换为股份前，其会计处理与一般公司债券相同。（　）

2. 未担保余值是指租赁资产余值中扣除就承租人而言的担保余值以后的资产余值。（　）

3. 企业发行的优先股、永续债等金融工具，属于企业的权益工具，应将股票的面值记入“股本”科目，按实际收到金额与面值的差额记入“资本公积”科目。（　）

4. 企业为购建符合资本化条件的资产而取得专门借款支付的辅助费用，应在支付当期全部予以资本化。（　）

第五节 本章真题演练及综合练习答案与解析

一、真题演练答案速查表

所在节	题号	答案	题号	答案	题号	答案
第一节	ABCD					
第二节	1	√	2	×	3	B
第三节	1	ABCD	2	A	3	√

二、本章综合练习答案与解析

（一）单选题

1. D【解析】2014 年 12 月 31 日，利息调整金额 =1 500×6%−1 800×4%=18（万元），此时摊余成本 =1 800−180=1 620(万元)。2015 年 12 月 31 日，确认利息费用 =1 620×4%=64.8（万元）。

2. C【解析】负债成分公允价值 =10 000×4%×（P/A，6%，3）+11 000×（P/F，6%，3）=400×2.673+11 000×0.839=10 298.2（万元），权益成分的公允价值 =11 000−10 298.2=701.8（万元）。负债成分分摊的发行费用 =100×10 298.2÷11 000=93.62（万元），计入利息调整。权益成分分摊的发行费用 =100−93.62=6.38（万元），计入其他权益工具。计入其他权益工具的金额 =701.8−6.38=695.42（万元），计入利息调整的金额 =（11 000−10 000−701.8）−93.62=204.58（万元）。

3. C【解析】选项A错误，当租赁资产是旧资产，在租赁前已使用的年限占资产自全新时起算可使用年限的比例大于或等于 75% 时，则“租赁期占租赁开始日租赁资产使用寿命的 75%（含）以上”的判断标准就不再适用；选项 B 错误，最低租赁付款额是指在租赁期内，承租人应支付或可能被要求支付的款项（不包括或有租金和履约成本），加上由承租人或与其有关的第三方担保的资产余值；选项 D 错误，可作为融资租赁中未确认融资费用分摊率的还包括租赁合同规定利率和同期银行贷款利率等参数。

4. B【解析】2015 年 12 月 31 日应付本金余额 =1 950−（1 000−1 950×10%）=1 145（万元）。

5. A【解析】所占用的一般借款只有一笔时，所占用一般借款的资本化率 = 该笔借款的利率 =6%。由于甲企业按季计算利息资本化金额，因此，一般借款利息费用资本化金额 = 累计资产支出超过专门借款部分的资产支出加权平均数 × 所占用一般借款的资本化率 =（1 800+300−2 000）×3÷12×6% =1.5（万元）。另外，也可以按照季度的资本化率计算一般借款利息资本化金额，即（1 800+300−2 000）×3÷3×6% ÷4=1.5（万元）。

6. D【解析】企业将自产的产品作为福利发给员工时，属于视同销售行为，应该确认收入，并结转成本。其中，收入的确认应以市场销售价格为基础，相关的增值税也应计入非货币性福利，所以应确认的“应付职工薪酬”=2 000×20×（1+17%）=46 800（元）。

（二）多选题

1. ABC【解析】选项 D，发行公司债券发生的溢价或者折价是应付债券账面价值的组成部分，溢价或者折价的摊销额才是借款费用的组成部分。

2. ACD【解析】选项 B 错误，发行可转换公司债券时，应当在初始确认时将负债和权益成分进行分拆，按该债券包含的负债成分面值贷记“应付债券——面值”科目。

3. ABC【解析】选项 D 错误，不带息债务在偿付前不需要承担利息，没有占用借款资金，只能等待实际偿付时，才将其作为资产支出。

（三）判断题

1. √【解析】转股之前，可转换公司债券的负债成分与一般公司债券一样，按照实际利率法确认利息费用和利息调整金额。本题的说法正确。

2. ×【解析】未担保余值是指租赁资产余值中扣除就出租人而言的担保余值以后的资产余值。

3. ×【解析】企业发行的优先股、永续股等金融工具既可以归类为权益工具，也可以归类为债务工具。

4. ×【解析】专门借款发生的辅助费用发生在所购建或者生产的符合资本化条件的资产达到预定可使用或者可销售状态之前发生的，应予以资本化；之后发生的，应计入当期损益。

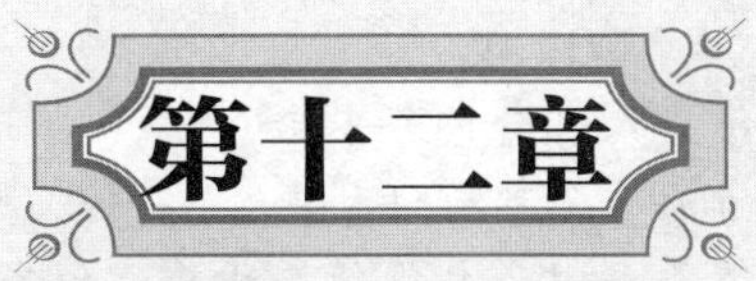

第十二章 债务重组

本章内容的综合性较强，部分考点会涉及前面章节的知识点，包括负债账面价值的确定、收入的确认以及资产处置的会计处理等。在近 3 年考试中，本章内容以单选题、多选题、计算分析题和综合题的形式考查过。其中，单选题、多选题的分值合计为 1~3 分，计算分析题与综合题的分值约为 15 分。虽然本章内容的考点较少，但存在容易混淆的知识点，考生应加强对不同知识点的比较学习，例如债务重组与非货币性资产交换的对比学习等。

▼ 本章主要考点的题型、估计题量和所占分值一览表

主要考点	题型	题量	所占分值
①债务重组中债务人、债权人的会计处理；②或有应收金额的会计处理；③修改其他债务条件债权人在债务重组中损失的计算	单选题	1~2 题	1~2 分
①债务重组中债务人、债权人的会计处理；②债权人作出让步的特征	多选题	1 题	2 分
债务重组的核算	计算分析题	1 题	10 分
债务重组的核算	综合题	1 题	5 分

▼ 本章知识结构一览表

债务重组	一、债务重组方式	债务重组的概念与方式（★★）
	二、债务重组的会计处理	（1）以资产清偿债务（★★★） （2）将债务转为资本（★★★） （3）修改其他债务条件（★★★）

第一节 债务重组方式

考点1 债务重组的概念与方式（★★）

考点分析

本考点属于概念性知识，涉及的题型主要为单选题或多选题。考试中一般会让考生选择属于债务重组的选项，或判断题干的描述是否满足债务重组的概念与方式。

考点精讲

债务重组是指在债务人发生财务困难的情况下，债权人按照其与债务人达成的协议或者法院的裁定作出让步的事项。

债务重组的方式主要有以下 4 种。

（1）以资产清偿债务。

（2）将债务转为资本。

（3）修改其他债务条件。

（4）以上 3 种方式的组合方式。

典型例题

【例题·多选题】2010 年 7 月 31 日，甲公司应付乙公司的款项 420 万元，因经营陷于困境，预计短期内无法偿还。当日，甲公司就该债务与乙公司达成的下列偿债协议中，属于债务重组的有（　　）。（2011 年）

A. 甲公司以公允价值为 410 万元的固定资产清偿

B. 甲公司以公允价值为 420 万元的长期股权投资清偿

C. 减免甲公司 220 万元债务，剩余部分甲公司延期两年偿还

D. 减免甲公司 220 万元债务，剩余部分甲公司现金偿还

【解析】选项 B 不符合债务重组的特征，债权人以公允价值等于应付账款金额的长期股权投资偿债，而没有以低于重组债务账面价值的金额或者价值作出让步，因此不属于债务重组。

【答案】ACD

误区提醒

债务重组是指债务人发生财务困难的情况下，债权人按照其与债务人达成的协议或者法院的裁定作出让步的事项，重点在于债权人对债务作出了让步。若只是债务的偿还条件不同于原协议，而债务的金额并没有实质性地减少，条件的改变则不属于债务重组。

本节考点回顾与总结一览表

本节考点	知识总结
考点 1 债务重组的概念与方式	①债务人发生财务困难，债权人作出让步 ②方式：以资产清偿债务、债务转为资本、修改其他债务条件、组合方式

真题演练

【多选题】债务人发生财务困难，债权人作出让步是债务重组的基本特征。下列各项中，属于债权人作出让步的有（ ）。（2012 年）

A. 债权人减免债务人部分债务本金

B. 债权人免去债务人全部应付利息

C. 债权人同意债务人以公允价值高于重组债务账面价值的股权清偿债务

D. 债权人同意债务人以公允价值低于重组债务账面价值的非现金资产清偿债务

第二节 债务重组的会计处理

考点2 以资产清偿债务（★★★）

考点分析

本考点中涉及的会计处理应区分债务人与债权人来进行理解，就考试而言，对债务人会计处理的考查概率相对较大，主要因为在以非现金资产清偿债务时，其涉及相应资产的处置。

考点精讲

1. 以现金清偿债务

（1）债务人的会计处理

借：应付账款等（重组债务的账面价值）

　贷：银行存款（实际支付的现金）

　　营业外收入——债务重组利得（差额）

（2）债权人的会计处理

借：银行存款

　坏账准备

　营业外支出——债务重组损失（借方差额）

　贷：应收账款等

　　资产减值损失（贷方差额）（以前多计提的坏账准备）

2. 以非现金清偿债务

（1）债务人的会计处理

债务人以非现金资产清偿债务，涉及两个差额的处理，应付债务账面价值与抵债资产公允价值之间差额的处理、抵债资产公允价值与抵债资产账面价值之间差额的处理。其中，前者属于债务重组利得，计入营业外收入；后者应分别按不同情况进行处理，如表 12-1 所示。

表 12-1 非现金资产公允价值与账面价值差额的处理

抵债资产类别	账面价值与公允价值差额的处理
存货	视同销售处理：按公允价值确认收入，按账面价值结转成本
固定资产、无形资产	按公允价值与账面价值之间的差额，计入营业外收支
长期股权投资等投资性资产	按公允价值与账面价值之间的差额计入投资收益；若涉及原记入“其他综合收益”“资本公积——其他资本公积”“公允价值变动损益”的金额，应将其转入投资收益

（2）债权人的会计处理

借：库存商品、固定资产、长期股权投资等（取得资产的公允价值＋相关税费）

　应交税费——应交增值税（进项税额）

　营业外支出——债务重组损失（借方差额）

　坏账准备

　贷：应收账款等

　　银行存款（支付相关税费）

　　资产减值损失（贷方差额）

误区提醒

若债权人取得的抵债资产为投资性资产，债权人将其作为长期股权投资或交易性金融资产时，对于发生的直接相关费用，应分别计入投资收益和管理费用。

典型例题

【例题 1 · 判断题】以现金清偿债务的，债权人应将重组债权的账面价值与收到的现金之间的差额，确认为当期损失。（ ）

【解析】以现金清偿债务的，债权人应当在满足金额资产终止确认条件时，终止确认重组债权，并将重组债权的账面余额与收到的现金之间的差额确认为债务重组损失，计入营业外支出。

【答案】×

【例题 2 · 单选题】2013 年 7 月 5 日，甲公司与乙公司协商债务重组，同意免去乙公司前欠款中的 10 万元，剩余款项在 2013 年 9 月 30 日支付；同时约定，截至 2013 年 9 月 30 日，乙公司如果经营状况好转，现金流量充裕，应再偿还甲公司 6 万元。当日，甲公司估计这 6 万元届时被偿还的可能性为 70%。2013 年 7 月 5 日，甲公司应确认的债务重组

损失为（　）万元。（2014 年）

A. 4　　B. 5.8
C. 6　　D. 10

【解析】甲公司应确认的债务重组损失即免去的欠款 10 万元，而根据谨慎性要求，或有应收金额 6 万元属于或有资产在 7 月 5 日不能基本确定，因此不予确认。

【答案】D

【例题 3·多选题】2015 年 7 月 1 日，甲公司因财务困难，以其生产的一批产品偿付了应付乙公司账款 1 200 万元，该批产品的实际成本为 700 万元，未计提存货跌价准备，公允价值为 1 000 万元，增值税销项税额 170 万元由甲公司承担，不考虑其他因素，甲公司进行的下述会计处理中，正确的有（　）。（2015 年）

A. 确认债务重组利得 200 万元
B. 确认主营业务成本 700 万元
C. 确认主营业务收入 1 000 万元
D. 终止确认应付乙公司账款 1 200 万元

【解析】甲公司该项债务重组涉及的会计分录如下（单位：万元）。

借：应付账款　1 200
　贷：主营业务收入　1 000
　　应交税费——应交增值税（销项税额）　170
　　营业外收入——债务重组利得　30

借：主营业务成本　700
　贷：库存商品　700

因此，选项 B、C、D 正确。

【答案】BCD

考点3 将债务转为资本（★★★）

考点分析

本考点的考查范围比较集中，通常是对债务重组损失或利得进行考查，包括判断有关债务重组会计处理的描述是否正确，或计算债务重组损失或债务重组利得的具体金额。

考点精讲

1. 债务人的会计处理

借：应付账款
　贷：股本（或者实收资本）（面值）
　　资本公积——股本溢价（或资本溢价）
　　营业外收入——债务重组利得

股份的公允价值表现为股本（或者实收资本）与资本公积——股本溢价（或资本溢价）之和。

2. 债权人的会计处理

借：长期股权投资
　坏账准备
　营业外支出——债务重组损失（借方差额）
　贷：应收账款等
　　资产减值损失（贷方差额）

典型例题

【例题·单选题】下列关于债务重组会计处理的表述中，正确的是（　）。（2010 年）

A. 债务人以债转股方式抵偿债务的，债务人将重组债务的账面价值大于相关股份公允价值的差额计入资本公积
B. 债务人以债转股方式抵偿债务的，债权人将重组债权的账面价值大于相关股权公允价值的差额计入营业外支出
C. 债务人以非现金资产抵偿债务的，债权人将重组债权的账面价值大于受让非现金资产公允价值的差额计入资产减值损失
D. 债务人以非现金资产抵偿债务的，债务人将重组债务的账面价值大于转让非现金资产公允价值的差额计入其他业务收入

【解析】选项 A、D 错误，相关差额都记入“营业外收入——债务重组利得”科目；选项 C 错误，差额应记入“营业外支出——债务重组损失”科目。

【答案】B

考点4 修改其他债务条件（★★★）

考点分析

本考点的会计处理相对较为简单，考生应重点关注是否涉及或有应收或应付金额，对于此事项，债务人与债权人的处理有所不同。

考点精讲

1. 债务人的会计处理

借：应付账款
　贷：应付账款——债务重组（公允价值）
　　预计负债（涉及或有应付金额时）
　　营业外收入——债务重组利得

若或有应付金额在以后会计期间没有发生，应将其冲销。

借：预计负债
　贷：营业外收入

2. 债权人的会计处理

借：应收账款——债务重组（公允价值）
　坏账准备
　营业外支出——债务重组损失（借方差额）
　贷：应收账款等
　　资产减值损失（贷方差额）

名师解读

对于修改其他债务条件的债务重组，若涉及或有金额，债务人应将其确认为预计负债，而债权人不应确认或有应收金额，不得计入重组后债券的账面价值。只有当或有金额实际发生时，债权人将相关或有金额直接计入当期损益。

另外，对于以上述3种方式的组合方式进行债务重组的，同样应按上述方式中单独进行债务重组的原则对每部分进行会计处理。

典型例题

【例题1·判断题】以修改债务条件进行的债务重组涉及或有应收金额的，债权人应将重组债权的账面价值，高于重组后债权账面和或有应收金额之和的差额，确认为债务重组损失。（　）（2011年）

【解析】以修改债务条件进行债务重组涉及或有应收金额的，债权人在重组日不应确认或有应收金额，而是等到实际收取时才确认。

【答案】×

【例题2·多选题】下列各项中，属于债务重组日债务人应计入重组后负债账面价值的有（　）。（2009年）

A. 债权人同意减免的债务

B. 债务人在未来期间应付的债务本金

C. 债务人在未来期间应付的债务利息

D. 债务人符合预计负债确认条件的或有应付金额

【解析】选项A错误，减免的那部分债务不计入重组后负债账面价值；选项C错误，债务人在未来期间应付的债务利息，不影响债务重组日记入“应付账款——债务重组”科目的金额，在实际发生时直接确认为财务费用。

【答案】BD

本节考点回顾与总结一览表

本节考点	知识总结
考点2 以资产清偿债务	①以现金清偿债务：债务人确认重组利得；债权人确认重组损失或冲减资产减值损失 ②以非现金清偿债务：债务人根据抵债资产的不同类别，进行不同的会计处理
考点3 将债务转为资本	①债务人：股权公允价值与股本（或实收资本）的差额确认为资本公积 ②债权人：以股权公允价值确认长期股权投资，差额的处理与考点2中处理类似
考点4 修改其他债务条件	①债务人：将或有应付金额确认为预计负债 ②债权人：不确认或有应收金额，其在实际发生时直接计入当期损益

真题演练

1.【单选题】甲公司因乙公司发生严重财务困难，预计难以全额收回乙公司所欠货款120万元，经协商，乙公司以银行存款90万元结清了全部债务。甲公司对该项应收账款已计提坏账准备12万元。假定不考虑其他因素，债务重组日甲公司应确认的损失为（　）万元。（2012年）

A. 0　　B. 12

C. 18　　D. 30

2.【单选题】因债务重组已确认为预计负债的或有应付金额，在随后会计期间最终没有发生的，企业应冲销已确认的预计负债，同时确认为（　）。（2012年）

A. 资本公积

B. 财务费用

C. 营业外支出

D. 营业外收入

3.【单选题】2007年3月31日甲公司应付某金融机构一笔贷款100万元到期，因发生财务困难，短期内无法支付，当日，甲公司与金融机构签订债务重组协议，约定减免甲公司债务的20%，其余部分延期两年支付，年利率为5%（相当于实际利率），利息按年支付。金融机构已为该项贷款计提了10万元呆账准备，假定不考虑其他因素，甲公司在该项债务重组业务中确认的债务重组利得为（　）万元。（2007年）

A. 10　　B. 12

C. 16　　D. 20

第三节 本章综合练习

（一）单选题

1. 对于以非现金资产清偿债务的债务重组，下列各项中，债权人应确认债务重组损失的是（　）。

A. 收到的非现金资产公允价值小于该资产原账面价值的差额

B. 收到的非现金资产公允价值大于该资产原账面价值的差额

C. 收到的非现金资产公允价值小于重组债权账面价值的差额

D. 收到的非现金资产原账面价值小于重组债权账面价值的差额

2. 2015年6月1日，因发生财务困难，甲公司

无力偿还乙公司的100万元到期货款，双方协议进行债务重组。双方规定，甲公司以其普通股偿还债务。假设普通股每股面值1元，甲公司用20万股抵偿该项债务（不考虑相关税费），股权的公允价值为90万元。乙公司已对应收账款计提了5万元的坏账准备。甲公司于9月1日办妥了增资批准手续，换发了新的营业执照，则下列表述不正确的有（ ）。

A. 甲公司应确认的债务重组损失等于乙公司确认的债务重组利得

B. 甲公司记入“资本公积——股本溢价”的金额为70万元

C. 乙公司记入“长期股权投资”的金额为90万元

D. 乙公司记入“营业外支出”的金额为5万元

3. 甲公司为增值税一般纳税人，适用17%税率。2015年1月，甲公司购入原材料一批，含税价款为150万元，货款未付。此后，由于甲公司发生财务困难，无力支付货款，经协商甲公司以一台机器设备抵偿债务，该设备账面原价为300万元，已提折旧180万元，公允价值为100万元。该项债务重组影响甲公司税前会计利润的金额为（ ）万元。

A. 20　　B. 53

C. 33　　D. 13

4. 甲公司就应付乙公司账款130万元与乙公司进行债务重组，乙公司同意将债务免除30万元，并将剩余债务延期3年偿还，按年利率5%计息（等于实际利率）；同时附有一项条件，如果甲公司一年后有盈利，则第二年开始每年按7%计息。假定甲公司的或有应付金额满足预计负债确认条件，则甲公司的债务重组利得为（ ）万元。

A. 4　　B. 16

C. 26　　D. 28

5. 2012年3月15日，甲公司因无力偿还所欠乙公司4 000万元货款（乙公司对该应收账款已计提坏账准备200万元），经双方协商，达成如下债务重组协议：甲公司先用货币资金归还1 000万元，剩余款项用甲公司持有的丙公司60%有表决权股份抵偿。4月1日，乙公司收到了该笔货币资金，办理了相关股权转让手续（该股权当日公允价值为2 700万元），并办理完毕上述债权、债务解除手续。债务重组日，乙公司应确认的损失金额是（ ）万元。

A. 1 100　　B. 300

C. 100　　D. 400

（二）多选题

1. 2014年3月31日，甲公司应收乙公司的一笔贷款500万元到期，由于乙公司发生财务困难，该笔贷款预计短期内无法收回。该公司已为该项债权计提坏账准备100万元。当日，甲公司就该债权与乙公司进行协商。下列协商方案中，属于甲公司债务重组的有（ ）。

A. 减免100万元债务，其余部分立即以现金偿还

B. 减免50万元债务，其余部分延期两年偿还

C. 以公允价值为500万元的固定资产偿还

D. 以现金100万元和公允价值为400万元的无形资产偿还

2. 下列有关债务重组的说法中，错误的有（ ）。

A. 在债务转为资本的偿债方式下，债权人应在债务重组日，应当将享有股权的面值确认为对债务人的投资

B. 在债务重组中，若债权人取得多项非现金资产，应先确定其总成本，按非现金资产原账面价值的比例进行分配

C. 修改其他债务条件后，若债权人未来应收金额大于应收债权的账面价值，但小于应收债权账面余额的，应按未来应收金额大于应收债权账面价值的差额计入营业外收入

D. 在混合重组方式下，债务人和债权人在进行账务处理时，一般先考虑以现金清偿，然后是以非现金资产或以债务转为资本方式清偿，最后才是修改其他债务条件

3. 下列关于债务重组会计处理的表述中，正确的有（ ）。

A. 债权人将很可能发生的或有应收金额确认为应收债权

B. 债权人收到的原未确认的或有应收金额计入当期损益

C. 债务人将很可能发生的或有应付金额确认为预计负债

D. 债务人确认的或有应付金额在随后不需支付时转入当期损益

4. 债务人以非现金资产清偿债务时，影响债权人债务重组损失的因素有（ ）。

A. 计提的坏账准备

B. 受让股权的公允价值

C. 为取得股权发生的审计费、评估费

D. 取得股权占被投资方可辨认净资产公允价值的份额

（三）判断题

1. 债务人转让非现金资产偿还债务时发生的税费，如资产评估费和运杂费等，直接计入转让资产损益。（ ）

2. 债务人以存货偿还债务时，应视同销售处理，按存货的账面价值确认商品销售收入，同时按

照相同金额结转成本。（ ）

3. 对于因债务重组转出的存货，如果之前已计提存货跌价准备，应同时结转销售成本和跌价准备。（ ）

4. 涉及或有应收金额的债务重组中，债权人应确认或有应收金额，将其计入重组后债权的账面价值。（ ）

第四节 本章真题演练及综合练习答案与解析

一、真题演练答案速查表

所在节	题号	答案	题号	答案	题号	答案
第一节	ABD					
第二节	1	C	2	D	3	D

二、本章综合练习答案与解析

（一）单选题

1. C【解析】选项C正确，债权人实际收到的抵债资产的公允价值小于债务账面价值的差额（即债权人的让步金额），应确认为债务重组损失。

2. A【解析】对于甲公司，应确认的债务重组利得=100−90=10（万元）。

借：应付账款——乙公司　1 000 000
　贷：股本　200 000
　　资本公积——股本溢价　700 000
　　营业外收入——债务重组利得　100 000

对于乙公司，应确认的债务重组损失=（100−5）−90=5（万元）。

借：长期股权投资——乙公司　900 000
　坏账准备　50 000
　营业外支出——债务重组损失　50 000
　贷：应收账款——甲公司　1 000 000

3. D【解析】对于债务人甲公司，债务重组利得=150−100×（1+17%）=33（万元），资产转让损益=（300−180）−100=20（万元）。影响甲公司税前会计利润的金额=33−20=13（万元）。

4. C【解析】对于甲公司，债务重组后应付账款的账面价值=130−30=100（万元），预计负债=100×（7%−5%）×2=4（万元），债务重组利得=130−100−4=26（万元）。

5. C【解析】对于乙公司，债务重组损失=重组债务的账面价值－现金、非现金资产的公允价值=（4 000−200）−（1 000+2 700）=100（万元）。

（二）多选题

1. AB【解析】选项C、D，债务人以相关资产清偿债务的金额并未低于重组债务账面价值的金额或价值，即债权人均没有作出让步，所以不属于债务重组。

2. ABC【解析】选项A错误，债务转资本的偿债方式下，债权人应在债务重组日以各非现金资产各自的公允价值确定入账价值；选项B错误，将债务转为资本时，债权人应当将享有股权的公允价值确认为对债务人的投资，按享有面值总额（或股权份额）确认为股本，股权公允价值与股本的差额确认为资本公积；选项C错误，修改其他债务条件后，若债权人未来应收金额大于应收债权的账面价值小于其余额，应按未来应收金额大于应收债权账面价值的差额，冲减资产减值损失。

3. BCD【解析】债务重组中，对债权人而言，若债务重组过程中涉及或有应收金额，不应当确认或有应收金额，实际发生时计入当期损益；对债务人而言，如债务重组过程中涉及或有应付金额，且该或有应付金额符合或有事项中有关预计负债的确认条件的，债务人应将该或有应付金额确认为预计负债，日后没有发生时，转入当期损益（营业外收入）。

4. AB【解析】选项A、B，债务人以非现金资产清偿债务时，债权人的债务重组损失=重组债权的账面余额－股份的公允价值－坏账准备；选项C，不影响重组损失，为取得股权发生的审计费、评估费应计入管理费用；选项D，影响债务人计入资本公积的金额，不影响债权人的重组损失。

（三）判断题

1. √【解析】题目中的说法正确，偿债过程中的税费应在当期费用化。

2. ×【解析】债务人以存货偿还债务时，应视同销售处理，按存货的公允价值确认商品销售收入，同时按照账面价值结转相应成本。题目中按存货的账面价值确认商品销售收入的说法错误。

3. √【解析】对于因债务重组、非货币性资产交换转出的存货，也应同时结转已计提的存货跌价准备。如果按存货类别计提存货跌价准备的，应当按照发生债务重组转出存货的成本占该存货未转出前该类别存货成本的比例结转相应的存货跌价准备。

4. ×【解析】根据谨慎性原则，或有应收金额属于或有资产，或有资产不予确认。只有或有应收金额实际发生时，才计入当期损益。

或有事项

本章主要阐述了或有事项的确认、计量以及会计处理原则的应用等内容，在近 3 年考试中，涉及的题型主要为单选题和多选题，题量一般为 1~2 题。本章内容考点较少，知识点较细，复习难度不大，但本章内容的综合性较强，常常与存货、资产减值、收入、递延所得税和资产负债表日后事项等章节相结合考查。考生在复习时应注重对或有事项涉及概念的理解，然后在此基础上理解各种情况下的会计处理。

▼本章主要考点的题型、估计题量和所占分值一览表

主要考点	题型	题量	所占分值
①最佳估计数的计算；②或有事项确认为预计负债的条件；③预计负债金额的计算	单选题	1 题	1 分
①或有事项确认为预计负债的条件；②产品质量保证确认的预计负债等的会计处理	多选题	1 题	2 分

▼本章知识结构一览表

或有事项	一、或有事项概述	（1）或有事项的概念及其特征（★★） （2）或有负债和或有资产（★★）
	二、或有事项的确认和计量	（1）或有事项的确认和计量（★★★） （2）资产负债表日对预计负债账面价值的复核（★★）
	三、或有事项会计处理原则的应用	具体事项确认的预计负债的会计处理（★★★）：未决诉讼或未决仲裁、债务担保、产品质量保证、亏损合同、重组义务

第一节 或有事项概述

考点1 或有事项的概念及其特征（★★）

考点分析

本考点是本章的基础概念，近几年考题中均未涉及直接考查本考点的考题，考生可通过具体的实例对或有事项的特征加以理解。

考点精讲

或有事项是指由过去的交易或者事项形成，其结果须由某些未来事项的发生或不发生才能决定的不确定事项。常见的或有事项包括未决诉讼或未决仲裁、债务担保、产品质量保证（含产品安全保证）、亏损合同、重组义务、承诺和环境污染整治等。

或有事项具有 3 个特征：由过去的交易或者事项形成、结果具有不确定性、结果须由未来事项决定。

名师解读

或有事项的特征中所指“结果的不确定性”，包括两层含义：①或有事项的结果是否发生具有不确定性；②结果预计将会发生，但发生的时间或金额具有不确定性。

典型例题

【例题·多选题】下列选项中，属于甲公司或有事项的有（ ）。

A. 乙公司的银行贷款由其母公司甲公司全额担保

B. 甲公司被国外企业提起诉讼

C. 甲公司起诉某公司侵犯其专利权

D. 甲公司代联营企业偿还债务

【解析】或有事项是指过去的交易或事项形成的，其结果须由某些未来事项的发生或不发生才能决定的不确定事项。选项 D，属于甲公司已发生的事项，其结果为偿还债务，不具有不确定性。

【答案】ABC

考点2 或有负债和或有资产（★★）

考点分析

本考点的内容较少，考查范围较窄，考试中通常是围绕或有负债与或有资产的确认进行考查，涉及的题型主要为单选题、多选题和判断题。

考点精讲

1. 或有负债

或有负债是指过去的交易或事项形成的潜在义务，其存在须通过未来不确定事项的发生或不发生予以证实；或过去的交易或事项形成的现时义务，履行该义务不是很可能导致经济利益流出企业或该义务的金额不能可靠计量。

或有负债不符合负债的确认条件，不得在财务报表中予以确认，但其应按相关规定在财务报表附注中予以披露。

2. 或有资产

或有资产是指由过去的交易或事项形成的潜在资产，其存在须通过未来不确定事项的发生或不发生予以证实。

或有资产不符合资产的确认条件，通常不能在报表中予以确认，但或有资产很可能给企业带来经济利益的，应当披露其形成的原因、预计产生的影响等。

3. 或有负债和或有资产转化为预计负债（负债）和资产

企业应当对或有负债的相关义务与或有资产的相关权利进行评估，当其分别满足预计负债与资产的确认条件时，应分别将其确认为负债与资产。

典型例题

【例题1·多选题】下列关于或有事项的表述中，正确的有（　）。（2009年）

A. 或有资产由过去的交易或事项形成

B. 或有负债应在资产负债表内予以确认

C. 或有资产不应在资产负债表内予以确认

D. 因或有事项所确认负债的偿债时间或金额不确定

【解析】选项B错误，或有负债尚未满足确认负债的条件，不需要在资产负债表中体现。

【答案】ACD

【例题2·判断题】或有负债只包括或有事项产生的现时义务，不包括潜在义务。（　）

【解析】按照或有负债的定义，它涉及潜在义务和现时义务两类义务。

【答案】×

本节考点回顾与总结一览表

本节考点	知识总结
考点1　或有事项的概念及其特征	①或有事项由过去交易或事项形成，其结果须有未来事项的发生或不发生决定 ②或有事项具有3个特征
考点2　或有负债和或有资产	①或有负债：既包括潜在义务也包括现时义务，其不属于负债，但应在附注中披露 ②或有资产：不属于资产，一般不在附注中披露

真题演练

【判断题】或有负债无论涉及潜在义务还是现时义务，均不应在财务报表中确认，但应按相关规定在附注中披露。（　）（2010年）

第二节　或有事项的确认和计量

考点3　或有事项的确认和计量（★★★）

考点分析

本考点属于考试的常考内容，考查范围较广，如判断具体事项是否应确认为预计负债、最佳估计数的计算以及预计负债的会计处理等。

考点精讲

1. 或有事项的确认

与或有事项有关的义务可确认为预计负债的，应同时满足以下3个条件。

（1）该义务是企业承担的现时义务（法定义务和推定义务）。

（2）履行该义务很可能导致经济利益流出企业。

（3）该义务的金额能够可靠地计量。

企业因或有事项承担了现时义务，并不说明该义务很可能导致经济利益流出企业，通常按照一定概率区间加以判断。其中，有关经济利益流入企业的可能性与其发生概率的关系如表13-1所示。（圆括号表示不包括临界值，方括号表示包括临界值）

表13-1　事件发生的可能性与概率的关系

事件发生的可能性	概率区间
基本确定	（95%，100%）
很可能	（50%，95%］
可能	（5%，50%］
极小可能	（0%，5%］

2. 或有事项的计量

或有负债的计量主要涉及两方面：最佳估计数的确定以及与其可获得补偿的处理。

（1）最佳估计数的确定

预计负债应当按照履行相关现时义务所需支出的最佳估计数进行初始计量。最佳估计数的确定由于预计负债金额的不同情况具有不同的确定方法，

具体如图 13-1 所示。

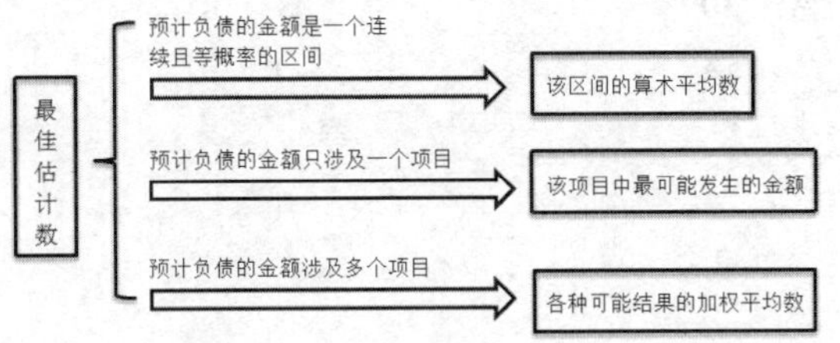

图 13-1 最佳估计数的确定方法

（2）预期可获得补偿的处理

预期可能获得补偿，是指企业清偿预计负债所需支出全部或部分预期由第三方或其他方补偿。只有企业基本确定能够收到时才能予以确认，且确认的补偿金额不应超过所确认负债的账面价值。

根据资产和负债不能随意抵销的原则，预期可获得的补偿不能作为预计负债金额的扣减，而应在“其他应收款”科目中核算。

（3）预计负债的计量需要考虑的因素

企业在确定最佳估计数时，应当综合考虑与或有事项有关的风险和不确定性、货币时间价值以及未来事项等因素。

典型例题

【例题 1 · 多选题】桂江公司为甲公司、乙公司、丙公司和丁公司提供了银行借款担保，下列各项中，桂江公司不应确认预计负债的有（　）。（2010 年）

A. 甲公司运营良好，桂江公司极小可能承担连带还款责任

B. 乙公司发生暂时财务困难，桂江公司可能承担连带还款责任

C. 丙公司发生财务困难，桂江公司很可能承担连带还款责任

D. 丁公司发生严重财务困难，桂江公司基本确定承担还款责任

【解析】选项 A 错误，桂江公司履行还款义务时其经济利益将很可能流出企业，而不是“极小可能”，故不符合“该义务很可能导致经济利益流出企业”的确认条件；选项 B 错误，乙公司只是暂时出现财务困难的情况，不一定导致桂江公司承担还款义务。

【答案】AB

【例题 2 · 单选题】2012 年 12 月 31 日，甲公司根据类似案件的经验判断，一起未决诉讼的最终判决很可能对公司不利，预计将要支付的赔偿金额在 500 万元至 900 万元之间，且在此区间每个金额发生的可能性大致相同；基本确定可从第三方获得补偿款 40 万元。甲公司应对该项未决诉讼确认预计负债的金额为（　）万元。（2013 年）

A. 460　B. 660　C. 700　D. 860

【解析】甲公司对该项未决诉讼应确认的预计负债 =（500+900）÷2=700（万元）。

【答案】C

考点4　资产负债表日对预计负债账面价值的复核（★★）

考点分析

本考点属于需记忆的内容，一般以判断题的形式，直接对相关规定进行考查，考生只要熟记相关规定，即可正确答题。

考点精讲

企业应当在资产负债表日对预计负债的账面价值进行复核。有确凿证据表明该账面价值不能真实反映当前最佳估计数的，应当按照当前最佳估计数对该账面价值进行调增或调减，差额计入损益。

借：管理费用、营业外支出等（或贷记）

　　贷：预计负债（或借记）

企业对已确认预计负债在实际支出发生时，只有与该预计负债有关的支出才能冲减预计负债。

典型例题

【例题 · 单选题】2015 年 12 月 31 日，甲公司涉及一项未决诉讼，预计很可能败诉，甲公司若败诉，需承担诉讼费 10 万元并支付赔款 300 万元，但基本确定可从保险公司获得 60 万元的补偿。2015 年 12 月 31 日，甲公司因该诉讼应确认预计负债的金额为（　）万元。（2016 年）

A. 240　B. 250　C. 300　D. 310

【解析】预计负债应该按照履行相关义务所需支出的最佳估计数进行初始计量。题干中明确说明“需承担诉讼费 10 万元并支付赔款 300 万元”，因此，甲公司因该诉讼应确认预计负债的金额 = 10 + 300 = 310（万元）。

【答案】D

本节考点回顾与总结一览表

本节考点	知识总结
考点 3　或有事项的确认和计量	①确认：现时义务、很可能导致经济利益流出、金额能够可靠计量 ②计量：最佳估计数根据预计负债金额的不同情况采用不同的确定方法；预期可获得的补偿作为其他应收款处理；预计负债计量还需考虑其他 3 个因素
考点 4　资产负债表日对预计负债账面价值的复核	资产负债表日应对预计负债进行复核，对于不能真实反映最佳估计数的，应调整

真题演练

【单选题】甲公司因违约被起诉，至 2011 年 12 月 31 日，人民法院尚未作出判决，经向公司法律顾

问咨询，人民法院的最终判决很可能对本公司不利，预计赔偿额为 20 万元至 50 万元，而该区间内每个发生的金额大致相同。甲公司 2011 年 12 月 31 日由此应确认预计负债的金额为（　）万元。（2012 年）

A. 20　　B. 30

C. 35　　D. 50

第三节 或有事项会计处理原则的应用

考点5 具体事项确认的预计负债的会计处理（★★★）

考点分析

本考点具有较强的实务性，包括各类主要事项确认的预计负债的具体会计处理，考生应重点掌握各类事项中涉及的特殊情况的处理，如未决诉讼或未决仲裁中涉及的诉讼费应计入管理费用，债务担保中的担保损失应计入营业外支出等。

考点精讲

1. 未决诉讼或未决仲裁

借：营业外支出（赔偿支出）

　　管理费用（诉讼费等）

　　贷：预计负债——未决诉讼

2. 债务担保

对于债务担保涉及的未决诉讼，一般根据以下原则处理。

（1）企业已被判决败诉，则应当按照人民法院判决的应承担的损失金额，进行如下会计处理。

借：营业外支出——债务担保损失

　　贷：其他应付款等

（2）被担保企业尚未判决，或已被判决败诉但正在上诉的，担保企业应当在资产负债表日，合理估计可能发生的损失金额，进行如下会计及处理。

借：营业外支出——债务担保损失

　　贷：预计负债——未决诉讼

3. 产品质量保证

产品质量保证通常是指销售商或制造商在销售产品或提供劳务后，对客户提供服务的一种承诺。

在对产品质量保证确认预计负债时，应注意以下内容。

（1）保证费用的实际发生额与预计数相差较大时，应及时对预计比例进行调整。

（2）企业针对特定批次产品确认预计负债的，应在保修期结束时，将“预计负债——产品质量保证”余额冲销，同时冲销销售费用。

（3）已对其确认预计负债的产品，如果企业不再生产，则应在相应的产品质量保证期满后，将“预计负债——产品质量保证”余额冲销，同时冲销销售费用。

4. 亏损合同

亏损合同是指履行合同义务不可避免会发生的成本超过预期经济利益的合同。

企业对亏损合同进行会计处理，需要遵循以下两个原则。

（1）如果与亏损合同相关的义务不需支付任何补偿即可撤销，企业通常就不存在现时义务，不应确认为预计负债；如果与亏损合同相关的义务不可撤销，企业就承担了现时义务，同时满足该义务很可能导致经济利益流出企业且金额能够可靠计量的，应当确认为预计负债。

（2）待执行合同变成亏损合同时，应区分该合同有无标的资产。

①合同存在标的资产的，应当先对标的资产进行减值测试并按规定确认减值损失，通常不确认预计负债；如果预计亏损超过该减值损失，应将超过部分确认为预计负债，预计负债的金额为待执行合同发生的损失与撤销合同的损失两者的较低者。

②合同不存在标的资产的，亏损合同相关义务满足规定条件时，应当确认预计负债。

5. 重组义务

重组是指企业制定和控制的，将显著改变企业组织形式、经营范围或经营方式的计划实施行为，即对企业内部资源进行调整和组合。属于重组的事项主要包括以下内容。

（1）出售或终止企业的部分业务。

（2）对企业的组织结构进行较大调整。

（3）关闭企业的部分营业场所，或将营业活动由一个国家或地区迁移到其他国家或地区。

同时存在下列情况的，表明企业承担了重组义务。

①有详细、正式的重组计划，包括重组涉及的业务、主要地点、需要补偿的职工人数、预计重组支出、计划实施时间等。

②该重组计划已对外公告，重组计划已经开始实施，或已向受其影响的各方通告了该计划的主要内容，从而使各方形成了对该企业将实施重组的合

理预期。

企业承担的重组义务满足或有事项确认负债条件的，应当按照与重组有关的直接支出确认预计负债。其中，直接支出是指企业重组必须承担的直接支出，不包括留用职工岗前培训、市场推广、新系统和营销网络投入等支出。

名师解读

对于重组义务形成的预计负债，一般应通过“预计负债”科目核算，但因辞退福利确认的预计负债，应通过“应付职工薪酬”科目核算。

典型例题

【例题1·单选题】因甲公司延期交货，乙公司与甲公司发生争议，于2015年12月6日向法院提起诉讼，要求甲公司赔偿损失150万元。截至2015年12月31日，法院尚未对此诉讼进行审理。据甲公司法律顾问分析，甲公司很可能败诉，赔偿金额很可能为140万元，另外还须承担诉讼费5万元。据查，甲公司向乙公司延期交货是由于丙公司违约造成的。经与丙公司交涉，丙公司实际赔偿甲公司110万元。甲公司在2015年度利润表中反映的与诉讼相关的费用或支出总计为（ ）万元。

A. 140　B. 35　C. 145　D. 110

【解析】甲公司在2015年度利润表中反映的与诉讼相关的费用或支出=140+5−110=35（万元）。甲公司败诉的可能性很大，且赔偿金额和诉讼费都能可靠计量，因此，2015年12月31日该公司应确认一项预计负债35万元。

【答案】B

【例题2·多选题】下列各项中，影响当期损益的有（ ）。（2013年）

A. 无法支付的应付款项

B. 因产品质量保证确认的预计负债

C. 研发项目在研究阶段发生的支出

D. 可供出售权益工具投资公允价值的增加

【解析】选项A正确，应付款项应计入营业外收入；选项B正确，应计入销售费用；选项C正确，应计入管理费用；选项D错误应计入资本公积——其他资本公积，不影响损益。

【答案】ABC

【例题3·判断题】企业待执行合同变为亏损合同时，合同存在标的资产的，应先对标的资产进行减值测试，并按规定确认资产减值损失，再将预计亏损超过该减值损失的部分确认为预计负债。（ ）（2010年）

【解析】待执行合同变为亏损合同时，要区分该亏损合同有无标的资产：有标的资产的，一般要确认减值损失，预计亏损超过该减值损失的，应将超过的部分确认为预计负债；无标的资产的，应当确认预计负债。

【答案】√

【例题4·单选题】甲公司由于受国际金融危机的不利影响，决定对乙事业部进行重组，将相关业务转移到其他事业部。经履行相关报批手续，甲公司对外正式公告其重组方案。甲公司根据该重组方案预计很可能发生的下列各项支出中，不应当确认为预计负债的是（ ）。（2010年）

A. 自愿遣散费

B. 强制遣散费

C. 剩余职工岗前培训费

D. 不再使用厂房的租赁撤销费

【解析】企业应当按照与重组有关的直接支出确定预计负债金额。其中，直接支出是企业重组必须承担的直接支出，并且是与主体继续进行的活动无关的支出，不包括留用职工岗前培训、市场推广、新系统和营销网络投入等支出。

【答案】C

本节考点回顾与总结一览表

本节考点	知识总结
考点5 具体事项确认的预计负债的会计处理	①未决诉讼或未决仲裁：预计赔款计入营业外支出，诉讼费计入管理费用 ②债务担保：担保损失计入营业外支出 ③产品质量保证：通过“销售费用”科目核算，保修期结束，应结清相关预计负债科目 ④亏损合同：有标的的，确认资产减值，超过减值部分确认为预计负债；无标的的，直接确认预计负债 ⑤重组义务：属于重组的内容可概括为3项；确认重组义务应同时满足两个条件；只有属于重组过程中必须发生的支出才确认为预计负债

真题演练

1.**【单选题】**2008年12月31日，甲公司存在一项未决诉讼。根据类似案例的经验判断，该项诉讼败诉的可能性为90%。如果败诉，甲公司将须赔偿对方100万元并承担诉讼费用5万元，但很可能从第三方收到补偿款10万元。2008年12月31日，甲公司应就此项未决诉讼确认的预计负债金额为（ ）万元。（2009年）

A. 90　B. 95　C. 100　D. 105

2.**【单选题】**2007年1月2日，甲公司与乙公司签订不可撤销的租赁合同，以经营租赁方式租入乙公司一台机器设备，专门用于生产M产品，租赁期为5年，年租金为120万元。因M产品在使用过程中产生严重的环境污染，甲公司自2009年1月1

日起停止生产该产品，当日 M 产品库存为零，假定不考虑其他因素，该事项对甲公司 2009 年度利润总额的影响为（　）万元。（2007 年）

A. 0　　B. 120　　C. 240　　D. 360

3.【判断题】企业因亏损合同确认的预计负债，应当按照退出该合同的最高净成本进行计量。（　）（2016 年）

第四节 本章综合练习

（一）单选题

1. 下列对或有事项的处理中，不正确的是（　）。

A. 因或有事项而确认的负债应通过“预计负债”科目核算，并予以披露

B. 预计负债应当按照履行相关现时义务所需支出的最佳估计数进行初始计量

C. 对于因或有事项形成的潜在资产，应当分别不同情况确认或披露

D. 对于因或有事项形成的潜在资产，不能加以确认，一般也不加以披露，除非很可能导致未来经济利益流入企业

2. 2014 年 11 月，甲公司因污水排放对环境造成污染被周围居民提起诉讼。2014 年 12 月 31 日，该案件尚未一审判决。根据以往类似诉讼及公司法律顾问的判断，甲公司很可能败诉。如败诉，预计赔偿 2 000 万元的可能性为 70%，预计赔偿 1 800 万元的可能性为 30%。假定不考虑其他因素，该事项对甲公司 2014 年利润总额的影响金额为（　）万元。

A. −1 800　　B. −1 900

C. −1 940　　D. −2 000

3. 甲公司向消费者作出承诺，其产品售出后 3 年内如出现非意外事件造成的质量问题，甲公司免费负责保修（含零配件更换）。甲公司 2015 年四个季度分别销售产品 400 件、600 件、800 件和 700 件，每件售价为 5 万元。根据以往的经验，机床发生的保修费一般为销售额的 1% ~ 1.5% 之间。甲公司 2015 年第一季度实际发生的维修费用为 4 万元。假定 2014 年 12 月 31 日，“预计负债——产品质量保证”科目年末余额为 24 万元，则 2013 年第 1 季度末，该科目的余额为（　）万元。

A. 25　　B. 45

C. 15　　D. 4

4. 关于“预计负债——产品质量保证”科目，说法不正确的是（　）。

A. 如果发现保证费用的实际发生额与预计数相差较大，应及时对预计比例进行调整

B. 如果企业针对特定批次产品确认预计负债，则在保修期结束时，应将“预计负债——产品质量保证”余额冲销，不留余额

C. 如果企业针对特定批次产品确认预计负债，则在保修期结束时，应将“预计负债——产品质量保证”余额转为其他产品，不需要冲销

D. 已对其确认预计负债的产品，如企业不再生产了，那么应在相应的产品质量保证期满后，将“预计负债——产品质量保证”余额冲销，不留余额

（二）多选题

1. 或有事项具有不确定性，下列关于“不确定性”的理解，错误的有（　）。

A. 或有事项具有不确定性，是指或有事项的结果具有不确定性

B. 或有事项的不确定性是指或有事项的发生具有不确定性

C. 固定资产计提折旧时，涉及到对其残值和使用年限的分析和判断具有一定的不确定性，这种不确定性与或有事项具有的不确定性是完全相同的

D. 或有事项虽然具有不确定性，但该不确定性能由企业控制

2. 关于对“或有资产”的处理，下列说法不正确的有（　）。

A. 对于有可能取得的或有资产，一般应作出披露

B. 企业通常不应当披露或有资产，但或有资产很可能会给企业带来经济利益的，应当披露其形成的原因、预计产生的财务影响等

C. 或有资产是企业的潜在资产，不能确认为资产，一般应在会计报表附注中披露

D. 当或有资产转化为基本确定收到的资产时，不应该确认

3. 2014 年 12 月，甲公司与乙公司签订一份产品销售合同，约定在 2015 年 2 月底以每件 1.2 万元的价格向乙公司销售 3 000 件 A 产品，违约金为合同总价款的 20%。2014 年 12 月 31 日，甲公司已生产产品 3 000 件并验收入库，每件成本 1.6 万元。假定甲公司销售 A 产品不发生销售费用。假定 2015 年底市场每件价格为 2.4 万元。甲公司应确认的损失正确的表述有（　）。

A. 由于该合同因存在标的资产，故应先对标的

资产进行减值测试

B. 不执行该合同的损失为 720 万元

C. 执行该合同的损失为 1 200 万元

D. 选择支付违约金方案，应确认资产减值损失 720 万元

（三）判断题

1. 确认预计负债的一个条件是企业承担了现时义务，因企业的以往的习惯做法等产生的义务不属于现时义务的范畴。（　）

2. 在资产负债表日，如果现时义务很可能不存在的，企业应披露一项或有负债，除非含有经济利益的资源流出企业的可能性极小。（　）

3. 或有负债无论涉及潜在义务还是现时义务，均不应在财务报表中确认，但应按相关规定在附注中披露。（　）

第五节 本章真题演练及综合练习答案与解析

一、真题演练答案速查表

所在节	题号	答案	题号	答案	题号	答案
第一节	√					
第二节	C					
第三节	1	D	2	D	3	×

二、本章综合练习答案与解析

（一）单选题

1. C【解析】选项 C 错误，因或有事项形成的潜在资产不应当确认和披露。

2. D【解析】由于预计赔偿的范围内各种结果发生的可能性不同，因此以最可能发生金额确定对当期利润总额的影响，即该事项对甲公司 2014 年利润总额的影响金额应为可能性为 70％的 2 000 万元的赔偿。

3. B【解析】甲公司因销售产品而承担了现实义务，该现实义务的履行很可能导致经济利益流出甲公司，且该义务的金额能够可靠计量。甲公司应在每季度末确认当期预计负债。相关账务处理如下。

第 1 季度应确认的产品质量保证负债金额 =5×400×（1%+1.5%）÷2=25（万元）。第 1 季度末，“预计负债——产品质量保证”科目余额 =24+25−4=45（万元）。

4. C【解析】选项 C 错误，企业针对特定批次产品确认预计负债，应在保修期结束时，将“预计负债——产品质量保证”的余额冲销，不留余额。

（二）多选题

1. BCD【解析】选项 B 错误，或有事项的不确定性包括发生的不确定和发生金额或时间的不确定；选项 C 错误，计提固定资产折旧属于会计估计；选项 D 错误，或有事项的发生不受企业控制。

2. ACD【解析】选项 A、C 错误，企业通常不应当披露或有资产，但或有资产很可能会给企业带来经济利益的，应当披露其形成的原因、预计产生的财务影响等；选项 D 错误，或有资产对应的潜在资产最终是否能够流入企业会逐渐变得明确，如果在某一时点，企业基本确定能够收到这项潜在资产并且其金额能够可靠计量，应当将其确认为企业的资产。

3. ABC【解析】甲公司每件成本 1.6 万元，每件售价 1.2 万元，待执行合同变为亏损合同。合同因存在标的资产，故应先对标的资产进行减值测试。可变现净值 =3 000×1.2−0=3 600（万元），成本 =3 000×1.6=4 800（万元），执行合同损失 =4 800−3 600=1 200（万元），不执行合同违约金损失 =3 000×1.2×20%=720（万元），因此应选择支付违约金方案，确认营业外支出 720 万元。同时，不执行合同，按照市场价格计算的可变现净值大于成本，因此不需要计提减值准备。

（三）判断题

1. ×【解析】企业承担的现时义务包括：①法定义务，即因合同、法规或其他司法解释等产生的义务；②推定义务，即因企业的特定行为而产生的义务。企业的“特定行为”，泛指企业以往的习惯做法、已公开的承诺或已公开宣布的经营政策。

2. √【解析】在资产负债表日，如果很可能存在现时义务，且符合预计负债确认条件的，应当确认一项预计负债；如果现时义务很可能不存在的，企业应披露一项或有负债，除非含有经济利益的资源流出企业的可能性极小。

3. √【解析】或有负债因为不满足负债确认的条件，所以不能在资产负债表中确认，只能在报表附注中予以披露。

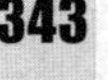

第十四章 收入

本章是“中级会计实务”中非常重要的一章，考点多且存在一些热门考点。在近3年考试中，本章内容所占分值约为4分，涉及的题型主要为单选题、多选题和判断题。本章内容中考点间的联系较为紧密，考生在学习时要加强考点间的对比，尤其是对不同销售方式下收入确认时间的比较。

▼本章主要考点的题型、估计题量和所占分值一览表

主要考点	题型	题量	所占分值
①收入的确认和计量；②建造合同收入的计算	单选题	1题	1分
①收入的确认和计量；②风险和报酬转移的判断	多选题	1题	2分
①涉及商业折扣业务收入的确认；②以旧换新业务的会计处理；③售后租回形成融资租赁的会计处理	判断题	1~2题	1~2分

▼本章知识结构一览表

收入	一、销售商品收入的确认和计量	(1)销售商品收入的确认(★★★) (2)销售商品收入的计量(★★★)
	二、提供劳务收入的确认和计量	(1)提供劳务交易结果能够可靠估计的处理(★★★) (2)提供劳务交易结果不能可靠估计的处理(★★★) (3)同时销售商品和提供劳务的处理(★★★) (4)特殊劳务交易的处理(★★★) (5)授予客户奖励积分的处理(★★★)
	三、让渡资产使用权收入的确认和计量	利息收入与使用费收入的处理(★★★)
	四、建造合同收入的确认和计量	(1)建造合同收入和成本的内容(★★★) (2)合同结果能够可靠估计时的处理(★★★) (3)合同结果不能够可靠估计时的处理(★★★) (4)合同预计损失的处理(★★★)

第一节 销售商品收入的确认和计量

考点1 销售商品收入的确认(★★★)

考点分析

本考点在考试中单独进行考查的概率较小，其通常与“销售商品收入的计量”相结合，对不同销售方式下收入的确认时间以及金额进行考查。

考点精讲

销售商品收入必须同时满足以下5个条件时，才能予以确认。

(1)企业已将商品所有权上的主要风险和报酬转移给购货方。

(2)企业既没有保留通常与所有权相联系的继续管理权，也没有对已售出的商品实施有效控制。

(3)收入的金额能够可靠地计量。

(4)相关的经济利益很可能流入企业。

(5)相关的已发生或将发生的成本能够可靠地计量。

典型例题

【例题·多选题】下列各项中，表明已售商品所有权的主要风险和报酬尚未转移给购货方的有(　　)。(2012年)

A. 销售商品的同时，约定日后将以融资租赁方式租回

B. 销售商品的同时，约定日后将以高于原售价的固定价格回购

C. 已售商品附有无条件退货条款，但不能合理

估计退货的可能性

D. 向购货方发出商品后，发现商品质量与合同不符，很可能遭受退货

【解析】选项A，以融资租赁方式再售后租回资产的，与该资产所有权有关的风险和报酬没有转移，应将资产售价和账面价值差额计入递延收益；选项B，销售商品的同时约定日后将以固定价格回购的交易属于融资交易，销售资产的风险和报酬没有转移，收到的款项应记入“其他应付款”科目；选项C，销售商品附有无条件退货条款且无法估计退货率的，销售资产的风险和报酬没有转移，且收入不能可靠计量；选项D，该项交易很可能发生退货，说明经济利益不是很可能流入企业，不满足收入确认条件的，销售资产的风险和报酬没有转移。

【答案】ABCD

考点2 销售商品收入的计量（★★★）

考点分析

本考点的出题范围较广，其涉及不同方式下销售商品收入的确认与计量。考生可重点关注不同方式销售商品涉及的会计处理的特殊情况，如委托收款方式销售商品涉及委托方与受托方的会计处理等。

考点精讲

通常情况下，企业应按从购货方已收或应收的合同或协议价款确定销售商品的收入金额，但特殊方式销售商品时，收入的计量有所区别。

1. 托收承付方式销售商品的计量

托收承付方式下销售商品时，应在办妥托收手续的当天确认销售收入，相关会计处理如下。

（1）确认收入

借：应收账款等

　贷：主营业务收入

　　　应交税费——应交增值税（销项税额）

（2）结转成本

借：主营业务成本

　贷：库存商品

名师解读

若发出商品且办妥托收手续后，但发出商品的所有权有关的风险和报酬由于各种原因未转移的，企业不应确认收入，应将库存商品转入发出商品。若增值税纳税义务已发生，应借记“应收账款”等，贷记“应交税费——应交增值税（销项税额）”。

2. 预收款销售商品收入的计量

预收款销售商品时，收入的确认时间为发出商品的当天，但生产销售生产工期超过12个月的大型机械设备、船舶、飞机等货物，为收到预收款或者书面合同约定的收款日期的当天；未确认收入前应将预收的货款确认为负债（预收账款）。

3. 委托代销商品收入的计量

（1）视同买断方式委托代销商品

若买断后委托方将不再对商品负责，委托方在商品发出时确认收入；若协议表明将来受托方没有将商品售出时可以将商品退回给委托方，或受托方因代销商品出现亏损时可以要求委托方补偿，则委托方在发出商品时不确认收入，在收到代销清单时确认收入。

（2）支付手续费方式委托代销商品

企业采用支付手续费方式销售商品，其收入的确认时间为收到代销单位的代销清单或者收到全部或者部分货款的当天。未收到代销清单及货款的，为发出代销货物满180天的当天。委托方与受托方的会计处理如表14-1所示。

表14-1 委托方与受托方的会计处理

委托方	受托方
①发出商品： 借：发出商品 　贷：库存商品	①收到代销商品： 借：受托代销商品 　贷：受托代销商品款
②收到代销清单： 借：应收账款 　贷：主营业务收入 　　　应交税费——应交增值税（销项税额）	②实际销售代销商品： 借：银行存款 　贷：应交税费——应交增值税（销项税额） 　　　应付账款
③结转已售商品成本： 借：主营业务成本 　贷：发出商品	③开出代销清单取得委托方增值税发票： 借：应交税费——应交增值税（进项税额） 　贷：应付账款 借：受托代销商品款 　贷：受托代销商品
④确认手续费： 借：销售费用 　贷：应收账款	④归还货款并计算代销手续费： 借：应付账款 　贷：银行存款 　　　其他业务收入等
⑤收款： 借：银行存款 　贷：应收账款	

4. 商品需要安装和检验时销售收入的计量

商品需要安装和检验的，购买方接受交货以及安装和检验完毕之后，销售方才确认收入。如果安装程序比较简单，或者检验是为了最终确定合同或协议价格而必须进行的程序，销售方发出商品时即可确认收入。

5. 订货销售收入的计量

对于订货销售，通常企业应在发出商品并符合收入确认条件时确认收入，在这之前预收的货款应确认为负债。

6. 以旧换新销售收入的计量

以旧换新销售商品时，销售的商品应当按照销售商品收入确认条件确认收入，而回收的商品应作为购进商品处理。

7. 涉及现金折扣、商业折扣和销售折让的销售商品收入计量

（1）现金折扣

销售商品涉及现金折扣时，应按扣除现金折扣前的金额确定销售商品收入金额，现金折扣在实际发生时计入当期损益（财务费用）。

（2）商业折扣

销售商品涉及商业折扣时，应按扣除商业折扣后的金额确定销售商品收入金额。

（3）销售折让

对于销售折让，企业应分别按以下不同情况进行处理。

①已确认收入的售出商品发生销售折让的，通常应当在发生时冲减当期销售商品收入。

②已确认收入的销售折让属于资产负债表日后事项的，应当按照《企业会计准则第 29 号——资产负债表日后事项》的相关规定进行处理。

8. 涉及销售退回及附有销售退回条件的销售商品收入的计量

（1）销售退回

对于销售退回，应分别不同情况进行会计处理。

①对于未确认收入的售出商品发生销售退回的，会计处理如下。

借：库存商品

　　贷：发出商品

若原发出商品时增值税纳税义务已发生，则应编制如下分录。

借：应交税费——应交增值税（销项税额）

　　贷：应收账款等

②对于已确认收入的售出商品发生销售退回时，应先冲减当期销售收入，同时冲减当期销售成本。

借：主营业务收入

　　应交税费——应交增值税（销项税额）

　　贷：银行存款等

　　　　财务费用（涉及现金折扣时）

借：库存商品

　　贷：主营业务成本

若已确认收入的售出商品发生销售退回属于资产负债表日后事项的，应调整报告年度收入、利润、所得税费用等项目。

（2）附有销售退回条件的商品销售

附有销售退回条件的商品销售发生退回时，根据以往经验，若企业能够合理估计退货可能性且确认与退货相关负债的，通常应在发出商品时确认收入；若不能合理估计退货可能性，通常应在售出商品退货期满时确认收入。

9. 房地产销售收入的计量

房地产销售收入的计量，可分为以下 4 种情形进行理解。

①通常在房地产法定所有权转移时，企业即可确认销售商品收入。

②企业根据合同或协议约定，仍有责任实施重大行动，通常应在实施的重大行动完成时才确认销售商品收入。

③合同或协议存在重大不确定因素，通常应在这些重大不确定因素消失后确认销售商品收入。

④房地产销售后，企业仍有某种程度的继续涉入，企业应分析交易的实质，以确定是作为销售处理，还是作为融资、租赁或利润分成处理。

10. 具有融资性质的分期收款销售商品时收入的计量

企业通过采取分期收款方式销售商品，将商品交付给购货方，通常表明与商品所有权有关的风险和报酬已经转移给购货方，在满足收入确认的其他条件时，可根据应收账款的公允价值一次确定收入。如果延期收取的货款具有融资性质的，其实质是企业向购货方提供信贷，在符合收入确认条件时，企业应当确定的收入金额为合同或协议价款的公允价值（即未来现金流量的现值或商品现销价格）。应收的合同或协议价款与其公允价值之间的差额，应当在合同或协议期间内，按照应收款项的摊余成本和实际利率计算确定的金额进行摊销，计入当期损益（冲减财务费用）。

11. 售后回购方式销售商品收入的计量

企业采用售后回购方式销售商品的，销售方应根据合同或协议条款判断销售商品是否满足收入确认的条件。通常情况下，以固定价格回购商品（相当于融资交易）时，由于商品所有权上的主要风险和报酬没有转移，企业不应确认收入，此时售价通过“其他应付款”科目核算。回购价格大于原售价的差额，可依据合理的方法（如直线法）在回购期间按期计提利息费用，计入财务费用。计提时，可借鉴具有融资性质的分期收款销售商品的处理。

12. 售后租回方式销售商品收入的计量

在大多数情况下，售后租回属于融资交易，商品所有权上的主要风险和报酬并未转移给购货方，因此企业不应确认销售商品收入，而售价与资产账面价值之间的差额应当分别根据不同情况进行处理。

（1）售后租回交易认定为融资租赁时，售价与资产账面价值之间的差额应确认为递延收益，并按照该项租赁资产的折旧进度进行分摊，同时相应增加或减少折旧费用。

（2）如果售后租回交易认定为经营租赁，应当

分别按以下情况处理。

①有确凿证据表明售后租回交易是按照公允价值达成的，售价与资产账面价值的差额应当计入当期损益（营业外收入）。

②售后租回交易如果不是按照公允价值达成的，售价低于公允价值的差额，应计入当期损益。如果该损失将由低于市价的未来租赁付款额补偿，有关损失应予以递延（递延收益），并按与确认租金费用相一致的方法在租赁期内进行分摊。如果售价大于公允价值，两者差额应计入递延收益，并在租赁期内分摊，具体分摊方法与认定为融资租赁的售后租回的处理类似。

典型例题

【例题1·判断题】企业销售商品涉及商业折扣的，应按扣除商业折扣前的金额确定商品销售收入金额。（　）（2012年）

【解析】涉及商业折扣的，应按扣除商业折扣后的金额确定收入的金额。做题时应细心看题，避免混淆商业折扣和现金折扣的处理方法。

【答案】×

【例题2·单选题】甲公司名义开设一家连锁店，并于30日内向乙公司一次性收取特许权等费用50万元（其中35万元为当年11月份提供柜台等设施收费，设施提供后由乙公司所有；15万元为次年1月提供市场培育等后续服务收费），2015年11月1日，甲公司收到上述款项后向乙公司提供了柜台等设施，成本为30万元，预计2016年1月提供相关后续服务的成本为12万元。不考虑其他因素，甲公司2015年度因该交易应确认的收入为（　）万元。（2016年）

A. 9　　B. 15　　C. 35　　D. 50

【解析】根据权责发生制原则，甲公司向乙公司收取的50万元费用中，35万元归属于本年收入，另外15万元为次年1月提供市场培育等后续服务收费，应在次年提供相关服务时确认收入。因此，甲公司2015年度因该交易应确认的收入为35万元。

【答案】C

【例题3·单选题】甲公司委托丙公司销售商品200件，商品已经发出，每件成本为600元。合同约定丙公司应按每件1 000元对外销售，甲公司按不含增值税的销售价格的10%向丙公司支付手续费。丙公司对外实际销售100件，款项已经收到。假定甲公司发出商品时纳税义务尚未发生，不考虑其他因素，以下选项中说法正确的是（　）。

A. 甲公司发出商品时，应确认收入10 000元

B. 甲公司发出商品时，不能确认收入

C. 甲公司收到丙公司开具的代销清单时，应将代销手续费冲减商品销售收入

D. 甲公司收到丙公司开具的代销清单时，应支付丙公司6 000元手续费

【解析】选项A错误，委托方发出商品时，商品所有权上的主要风险和报酬并未转移，委托方在发出商品时通常不应确认销售商品收入；选项C错误，代销手续费应记入当期的“销售费用”科目；选项D错误，支付的手续费 =1 000×100×10%=10 000（元）。

【答案】B

【例题4·单选题】2014年12月1日，甲公司向乙公司销售一批商品，开出增值税专用发票上注明的销售价格100 000元，增值税税额为17 000元，该批商品的成本为80 000元，商品已发出，款项已收到。协议约定，甲公司应于2015年5月1日将所售商品购回，回购价为180 000元（不含增值税税额）。假定不考虑其他因素，则在2014年12月1日时，甲公司应确认的其他应付款金额为（　）元。

A. 100 000　　B. 180 000

C. 200 000　　D. 34 000

【解析】售后回购方式下，甲公司销售商品时不确认收入，而应按销售价格确认其他应付款10万元。2014年12月1日，甲公司的会计处理如下。

借：银行存款　117 000
　贷：其他应付款　100 000
　　应交税费——应交增值税（销项税额）　17 000

借：发出商品　80 000
　贷：库存商品　80 000

回购价180 000元与售价100 000元之间的差额80 000元，在2014年12月至2015年4月末5个月内平均分摊，每月分摊的会计处理如下。

借：财务费用　16 000
　贷：其他应付款　16 000

2015年5月1日购回时。

借：应交税费——应交增值税（进项税额）　30 600（180 000×17%）
　财务费用　16 000
　其他应付款　164 000（100 000+16 000×4）
　贷：银行存款　210 600［180 000×（1+17%）］

【答案】A

本节考点回顾与总结一览表

本节考点	知识总结
考点1 销售商品收入的确认	销售商品同时满足5项条件时，才能确认收入
考点2 销售商品收入的计量	不同方式下销售商品，其收入的确认可参考表14-2的内容进行记忆

表 14-2　不同方式下销售商品收入的确认

销售方式	收入的确认
托收承付	办妥托收手续的当天
分期收款	书面合同约定的收款日期的当天，无书面合同的或者书面合同没有约定收款日期的，为货物发出的当天
商品需要安装和检验的	购买方接受商品并安装检验完毕时
以旧换新	按照销售商品收入确认条件确认收入，回收的商品作为购进商品处理
售后回购	销售的商品按售价确认收入，回购的商品作为购进商品处理；如果有融资性质的，收到款项作为负债
涉及商业折扣	折扣后净额确认收入
涉及现金折扣	折扣前金额确认收入，折扣额在发生时确认为财务费用
销售折让	发生时冲减当期收入
销售退回	发生时冲减当期销售收入和成本

真题演练

1.【多选题】下列关于商品销售收入确认的表述中，正确的有（　）。（2014 年）

A. 采用预收款方式销售商品，在收取款项时确认收入

B. 以支付手续费方式委托代销商品，委托方应在向受托方移交商品时确认收入

C. 附有销售退回条件但不能合理确定退货可能性的商品销售，应在售出商品退货期届满时确认收入

D. 采用以旧换新方式销售商品，售出的商品应当按照销售商品收入确认条件确认收入，收回商品作为购进商品处理

2.【判断题】企业采用以旧换新销售方式时，应将所售商品按照销售商品收入确认条件确认收入，回收的商品作为购进商品处理。（　）（2012 年）

3.【单选题】2007 年 1 月 1 日，甲公司采用分期收款方式向乙公司销售大型商品一套，合同规定不含增值税的销售价格为 900 万元，分两次于每年 12 月 31 日等额收取，假定在现销方式下，该商品不含增值税的销售价格为 810 万元，不考虑其他因素，甲公司 2007 年应确认的销售收入为（　）万元。（2007 年）

A. 270　　B. 300

C. 810　　D. 900

第二节　提供劳务收入的确认和计量

考点3　提供劳务交易结果能够可靠估计的处理（★★★）

考点分析

本考点在考试中通常会对提供劳务交易结果能够可靠估计的具体判断条件，以及确认完工百分比的相关公式的应用进行考查。涉及的题型主要为多选题。

考点精讲

1. 提供劳务交易的结果能够可靠估计的条件

提供劳务交易的结果能够可靠估计，必须同时满足以下 4 个条件。

（1）收入的金额能够可靠地计量。

（2）相关的经济利益很可能流入企业。

（3）交易的完工进度能够可靠地确定。提供劳务交易的完工进度可以通过以下 3 种方法进行确定。

①测量已完成的工作。

②计算已经提供的劳务量占应提供劳务总量的比例。

③计算已经发生的成本占估计总成本的比例。

（4）交易中已发生和将发生的成本能够可靠地计量。

交易中已发生和将发生的成本能够可靠地计量，是指交易中已经发生和将要发生的成本能够合理地估计。

2. 完工百分比法具体应用

在资产负债表日，企业分别按照以下两个公式确认当期提供劳务收入，并结转当期劳务成本。

（1）本期确认的提供劳务收入=提供劳务收入总额×本期末止劳务的完工进度－以前会计期间累计已确认提供劳务收入

借：应收账款、银行存款等

　　贷：主营业务收入

（2）本期确认的提供劳务成本=提供劳务预计成本总额×本期末止劳务的完工进度－以前会计期间累计已确认提供劳务成本

借：主营业务成本

　　贷：劳务成本

典型例题

【例题·多选题】企业在确定劳务交易的完工进度时，可以选用的方法有（　）。

A. 已完工作的测量

B. 已经提供的劳务量占应提供劳务总量的比例

C. 已经发生的成本占估计总成本的比例

D. 根据实际经验进行估算

【解析】企业确定提供劳务交易的完工进度，可以选用3种方法：①已完工作的测量，即由专业测量师对已经提供的劳务进行测量，并按一定方法计算确定提供劳务交易的完工程度；②已经提供的劳务占应提供劳务总量的比例，这种方法主要以劳务量为标准确定提供劳务交易的完工程度；③已经发生的成本占估计总成本的比例，这种方法主要以成本为标准确定提供劳务交易的完工程度。只有已提供劳务的成本才能包括在已经发生的成本中，只有已提供或将提供劳务的成本才能包括在估计总成本中。

【答案】ABC

考点4 提供劳务交易结果不能可靠估计的处理（★★★）

考点分析

本考点一般不会对相关概念进行考查，考试中通常会让考生根据题干信息，判断提供劳务交易的结果是否能够可靠估计，然后在此基础上根据不同的处理方法，计算应确认的收入。涉及的题型一般为单选题。

考点精讲

在资产负债表日，企业提供劳务交易结果不能够可靠估计的，应分别以下3种情况进行处理。

（1）已经发生的劳务成本预计能够得到补偿的，应按已经发生的劳务成本金额确认提供劳务收入，并按相同金额结转劳务成本。

（2）已经发生的劳务成本预计只能部分得到补偿的，应按照能够得到补偿的劳务成本金额确认劳务收入，并按照已发生的劳务成本结转。

（3）已经发生的劳务成本预计全部不能得到补偿的，应将已经发生的劳务成本计入当期损益（主营业务成本或其他业务成本），不确认提供劳务收入。

> **误区提醒**
>
> 上述（1）、（2）中均应确认劳务收入并结转劳务成本，并且二者的劳务成本均应按照已发生的成本结转，但区别在于：第（1）种条件下，劳务收入＝劳务成本；第（2）种条件下，劳务收入＜劳务成本。

典型例题

【例题·单选题】甲公司2014年6月1日与客户签订了一项工程劳务合同，合同期为9个月，合同总收入1 200万元，预计合同总成本800万元；至2014年12月31日，实际发生成本300万元。甲公司按实际发生成本占预计总成本的百分比确定劳务完成程度。在年末确认劳务收入时，甲公司发现，客户发生严重的财务危机，估计只能从工程款中收回成本280万元。甲公司2014年应确认的收入为（ ）万元。

A. 450　　B. 280

C. 300　　D. 0

【解析】本题中，已经发生的劳务成本为300万元，预计能收回的成本为280万元＜300万元，因此企业应按照已经发生的能够得到补偿的劳务成本确认提供劳务收入（280万元），并结转已经发生的劳务成本。

【答案】B

考点5 同时销售商品和提供劳务的处理（★★★）

考点分析

本考点的考查内容比较单一，一般是对同时销售商品和提供劳务的处理原则进行考查，通常会以单选题或多选题的某个选项的形式进行考查。

考点精讲

同时销售商品和提供劳务按照两者能否区分且单独计量，可分为以下两种情况进行处理。

（1）两者能够区分且能够单独计量的，企业应当分别核算销售商品部分和提供劳务部分，将销售商品的部分作为销售商品处理，将提供劳务的部分作为提供劳务处理。

（2）两者不能够区分，或虽能区分但不能单独计量的，企业应当将销售商品部分和提供劳务部分全部作为销售商品进行会计处理。

典型例题

【例题·判断题】若企业与另一企业签订协议，同时销售商品和提供劳务，且两者能够区分的，应分别将销售商品的部分作为销售商品处理，将提供劳务的部分作为提供劳务处理。

【解析】题干的描述不完整。对于企业某项协议约定同时销售商品和提供劳务的，若两者能够区分且能够单独计量的，企业应当分别核算销售商品部分和提供劳务部分，将销售商品的部分作为销售商品处理，将提供劳务的部分作为提供劳务处理。题干缺少“单独计量”这一条件。

【答案】×

考点6 特殊劳务交易的处理（★★★）

考点分析

本考点中需记忆的内容较多，并且各知识点间既有联系又有区别，考生可通过表格的形式对特殊

劳务交易与收入的确认时间进行比较，并重点记忆其中的关键字。

考点精讲

下列特殊的劳务交易满足收入确认条件的，应按照规定确认劳务收入，如表 14-3 所示。

表 14-3　提供特殊劳务取得收入的确认

特殊劳务类型		收入的确认时间
安装费		根据安装的完工进度确认收入（若安装工作是商品销售附带条件的，安装费在确认商品销售收入时确认）
宣传媒介的收费		相关广告或商业行为出现在公众面前时确认收入
广告制作费		根据广告的完工进度确认收入
为特定客户开发的软件		根据完工进度确认收入
包括在商品售价内的可区分的服务费		在提供服务的期间分期确认收入
艺术表演、招待宴会、其他特殊活动的收费		在相关活动发生时确认收入
申请入会费和会员费	只允许取得会籍	在款项收回不存在重大不确定性时确认收入
	在会员期内无偿得到各种服务或商品	在整个受益期内分期确认收入
特许权费		在交付资产或转移资产所有权时确认收入（提供初始或后续服务的，在提供服务时确认收入）
长期提供重复的劳务收取的劳务费		相关劳务活动发生时确认收入

典型例题

【例题 1 · 判断题】特许权费属于提供设备和其他有形资产的，在交付资产或转移资产所有权时确认收入。属于提供初始及后续服务的，在提供服务时确认收入。（　）

【解析】本题正确表述了特许权费的确认时点。

【答案】√

【例题 2 · 判断题】长期为客户提供重复的劳务收取的劳务费，在收款日确认收入。（　）

【解析】长期为客户提供重复的劳务收取的劳务费，在相关劳务活动发生时确认收入，而非在收款日确认收入，题目的表述错误。

【答案】×

考点7　授予客户奖励积分的处理（★★★）

考点分析

本考点属于确认提供劳务收入时对于特殊交易的处理，本考点在近几年考试中还未单独出现过，但考生应能够根据题干描述，计算应确认的收入金额。

考点精讲

企业对授予客户奖励积分应当分别以下情况进行处理。

（1）在销售产品或提供劳务的同时，应将取得的货款或应收货款在销售商品或提供劳务产生的收入与奖励积分的公允价值间进行分配，将取得的货款或应收货款扣除奖励积分公允价值的部分确认为收入，将奖励积分的公允价值确认为递延收益。

（2）在客户兑换奖励积分时，授予企业应将原计入递延收益的与所兑换积分相关的部分确认为收入，计算公式如下。

被兑换积分确认的收入金额 = 递延收益余额 × 被兑换用于换取奖励的积分数额 ÷ 预期将兑换用于换取奖励的积分总数

名师解读

计算兑换积分应确认的收入时，关键在于兑换积分公允价值的确定，考生可根据题干的描述采用不同的方法计算。①若题干中给出了每个奖励积分的公允价值，则按照奖励积分个数乘以该公允价值得出奖励积分的总价值为基础（如例题 1）；②若题干中给出的是奖励积分所兑换商品的价值，则将应取得的货款或应收货款在奖励积分部分与所兑换的商品价值间按比例进行分配，在此基础上确认收入（如例题 2）。

典型例题

【例题 1 · 单选题】2014 年度，甲公司销售各类商品共计 1 000 万元（不包括客户使用奖励积分购买的商品），授予客户奖励积分共计 1 000 万分，假设奖励积分的公允价值为每分 0.01 元。当年客户使用奖励积分共计 600 万分。2014 年年末，甲公司估计 2014 年度授予的奖励积分将有 80% 使用。假定不考虑增值税等税费，甲公司 2014 年度应确认的收入总额为（　）万元。

A. 990　　B. 1 000

C. 997.5　　D. 800

【解析】2014 年授予客户奖励积分的公允价值（递延收益）=1 000×0.01=10（万元），因销售商品应确认的销售收入 = 取得的销售款 - 奖励积分公允价值 =1 000-10=990（万元）。2014 年因客户使用奖励积分应当确认的收入 = 递延收益余额 × 被兑换用于换取奖励的积分数额 ÷ 预期将兑换用于换取奖励的积分总数的比例 =10×600÷（1 000×80%）=7.5（万元）。因此，甲公司 2014 年度应确认的收入总额 =990+7.5=997.5（万元）。

【答案】C

【例题 2 · 单选题】2015 年 5 月 1 日，A 公司对甲产品开展促销活动，活动规定为：客户每单笔购买

2万元以上(含2万元)价款的A产品，可同时获取0.3万个(0.3万元价款的商品)奖励积分，2万元以下的不能获取奖励积分，奖励积分的计算基础是不含增值税税额的销售货款；该奖励积分可以在下一个月份用于抵扣新购货的价款，但不能用于抵扣增值税税额。甲公司2015年5月合计销售额为(不含增值税，下同)4 000万元，其中不能获取积分的单笔2万元以下销售合计1 200万元。甲公司2015年5月份应确认的销售收入为(　)万元。

A. 4 000　　B. 3 353.85

C. 2 800　　D. 1 200

【解析】奖励积分的公允价值=(4 000−1 200)×0.3÷(1+0.3)=646.15(万元)，应确认的销售收入=4 000−646.15=3 353.85(万元)。

【答案】B

本节考点回顾与总结一览表

本节考点	知识总结
考点3 提供劳务交易结果能够可靠估计的处理	①采用完工百分比法确认收入并结转成本 ②本期确认收入=劳务总收入×本期末完工进度−已累计确认的收入 ③本期确认成本=劳务总成本×本期末完工进度−已累计确认的费用
考点4 提供劳务交易结果不能可靠估计的处理	根据已发生的劳务成本是否能够得到补偿，或能够得到补偿的金额，分为3种情况进行处理
考点5 同时销售商品和提供劳务的处理	能区分的，应分别确认收入，不能区分的，按销售商品确认收入
考点6 特殊劳务交易的处理	特殊劳务交易的确认时间根据提供劳务的特殊性确认
考点7 授予客户奖励积分的处理	①将货款在收入与奖励积分的公允价值间进行分摊 ②奖励积分分摊的部分先计入递延收益，实际兑换时将递延收益确认为收入

真题演练

【单选题】下列关于收入的表述中，不正确的是(　)。(2010年)

A. 企业已将商品所有权上的主要风险和报酬转移给购货方是确认商品销售收入的必要前提

B. 企业提供劳务交易的结果能够可靠估计的，应采用完工百分比法确认提供劳务收入

C. 企业与其客户签订的合同或协议包括销售商品和提供劳务的，在销售商品部分和提供劳务部分不能区分的情况下，应当全部作为提供劳务处理

D. 销售商品相关的已发生或将发生的成本不能可靠计量的，已收到的价款不应确认为收入

第三节 让渡资产使用权收入的确认和计量

考点8 利息收入与使用费收入的处理(★★★)

考点分析

本考点涉及的知识点较少，且难度较小。考生需掌握利息收入的核算科目，以及使用费收入应区分是否提供后续服务而进行不同的会计处理，其涉及的题型主要为客观题。

考点精讲

1. 利息收入的处理

企业应在资产负债表日，按照他人使用本企业货币资金的时间和实际利率计算确定利息收入金额。

借：应收利息/银行存款

　　贷：利息收入/其他业务收入

2. 使用费收入的处理

使用费收入的不同收取方式，其会计处理有所不同，具体如表14-4所示。

表14-4 使用费收入的处理

方式	收入确认时间、方法
一次性收取费用，且不提供后续服务	视同销售该项资产一次性确认收入
一次性收取费用，且提供后续服务	在合同或协议规定的有效期内分期确认收入
分期等额收取费用(或分期不等额收取费用)	按合同或协议规定的收款时间和金额或规定的收费方法确认收入

典型例题

【例题·单选题】甲公司于2015年年初将其所拥有的一座桥梁收费权出售给乙公司10年，10年后由甲公司收回收费权，一次性取得收入1 000万元，款项已收存银行。售出10年期间，桥梁的维护由甲公司负责。2015年甲公司发生桥梁维护费用40万元，则甲公司2015年该项业务应确认的收入为(　)万元。

A. 0　　B. 40

C. 1 000　　D. 100

【解析】甲公司2015年该项业务应确认的收入＝1 000÷10=100（万元）。甲公司一次性收取费用，且提供后续服务，因此需在合同或协议规定的有效期内分期确认收入。

【答案】D

本节考点回顾与总结一览表

本节考点	知识总结
考点8　利息收入与使用费收入的处理	①利息收入：资产负债表日按他人使用货币资金时间和实际利率计算利息收入金额 ②使用费收入：若一次性收取且不提供后续服务，应一次性确认；若需提供后续服务，则在有效期内分期确认收入

第四节　建造合同收入的确认和计量

考点9　建造合同收入和成本的内容（★★★）

考点分析

本考点常见的考查方式为让考生选择属于建造合同收入或者成本的内容。考试中常涉及奖励收入、变更合同的赔偿款等内容的判断。

考点精讲

1. 建造合同的类型

建造合同是指为建造一项或数项在设计、技术、功能和最终用途等方面密切相关的资产（如房屋、道路、桥梁、船舶、飞机等）而订立的合同。建造合同分为固定造价合同和成本加成合同。

2. 合同的分立与合并

合同的分立、合并与追加资产的建造的确认如表14-5所示。

表14-5　合同的分立、合并与追加资产的建造的确认

项目	说明
合同分立	一项包括建造数项资产的建造合同同时满足以下条件时，每项资产应当分立为单项合同： ①每项资产均有独立的建造计划 ②与客户就每项资产单独进行谈判，双方能够接受或拒绝与每项资产有关的合同条款 ③每项资产的收入和成本可以单独辨认
合同合并	一组合同无论对应单个客户还是多个客户，同时满足以下条件时，应当合并为单项合同： ①该组合同按一揽子交易签订 ②该组合同密切相关，每项合同实际上已构成一项综合利润率工程的组成部分 ③该组合同同时或依次履行
追加资产的建造	追加资产的建造，满足下列条件之一的，应当作为单项合同： ①追加资产在设计、技术或功能上与原合同包括的一项或数项资产存在重大差异 ②议定该追加资产的造价时，不需要考虑原合同价款

3. 建造合同收入和成本的内容

（1）建造合同收入

建造合同收入包括合同规定的初始收入以及因合同变更、索赔和奖励等形成的收入两部分。

①合同规定的初始收入，即建造承包商与客户签订的合同中最初商定的合同总金额。它构成合同收入的基本内容。

②因合同变更、索赔和奖励等形成的收入。该部分收入并不属于合同双方在签订合同时已在合同中商定的合同总金额，而是在合同执行过程中由于合同变更、索赔、奖励等原因而形成的收入。建造承包商只有在符合规定条件时才能将此部分收入确认为合同收入。

（2）建造合同成本

建造合同成本包括合同签订日至合同完成日之间发生的、与执行合同有关的直接费用和间接费用。直接费用主要包括耗用的材料费用、耗用的人工费用、耗用的机械使用费，以及其他直接费用，其在发生时直接计入合同成本。间接费用主要包括临时设施摊销费用、固定资产折旧费及修理费、低值易耗品摊销、水电费、办公费、差旅费等，其应在资产负债表日按系统、合理的方法（人工费用比例法、直接费用比例法等）分摊计入合同成本。

> **名师解读**
>
> 执行合同过程中发生的应当计入当期损益的管理费用、销售费用以及财务费用等期间费用，不构成合同成本；合同完成后处置残余物资取得的与合同有关的零星收益等，应冲减合同成本。

典型例题

【例题·多选题】建造施工企业发生的下列支出中，属于与执行合同有关的直接费用的有（　　）。（2016年）

A. 构成工程实体的材料成本

B. 施工人员的工资

C. 财产保险费

D. 经营租入施工机械的租赁费

【解析】建造合同成本包括合同签订开始至合同完成止所发生的、与执行合同有关的直接费用和间接费用。直接费用是指为完成合同所发生的、可以直接计入合同成本核算对象的各项费用支出，包括耗用的材料费用、耗用的人工费用、耗用的机械使用费和其他直接费用。选项 C，财产保险费属于间接费用。

【答案】ABD

考点10 合同结果能够可靠估计时的处理（★★★）

考点分析

本考点中完工百分比法的确定是考试的重点。考试中计算分析题或综合题涉及本章内容时，一般都会对完工百分比法的应用以及建造合同核算的会计处理进行考查。

考点精讲

1. 固定造价合同的结果能够可靠地估计的条件

固定造价合同的结果能够可靠估计，是指同时满足以下 4 个条件。

（1）合同收入能够可靠地计量。

（2）与合同相关的经济利益很可能流入企业。

（3）实际发生的合同成本能够清楚地区分和可靠地计量。

（4）合同完工进度和为完成合同尚需发生的成本能够可靠地确定。

2. 成本加成合同的结果能够可靠地估计的条件

成本加成合同的结果能够可靠估计必须同时满足以下条件。

（1）与合同相关的经济利益很可能流入企业。

（2）实际发生的合同成本能够清楚地区分和可靠地计量。

3. 完工进度的确定

企业确定合同完工进度可以选用下列方法。

（1）累计实际发生的合同成本占合同预计总成本的比例。

合同完工进度 = 累计实际发生的合同成本 ÷ 合同预计总成本 ×100%

> **名师解读**
>
> 累计实际发生的合同成本不包括下列内容：①施工中尚未安装、使用和购用的材料成本等于合同未来活动相关的成本；②分包工程的工作量完成之前分包给分包单位的款项。

（2）已经完成的合同工作量占合同预计总工作量的比例。

合同完工进度 = 已经完成的合同工作量 ÷ 合同预计总工作量 ×100%

（3）实际测定的完工进度。

4. 完工百分比法的运用

采用完工百分比法确认合同收入和合同费用时，收入和相关费用应按以下公式计算。

（1）实际合同总收入=合同总收入 × 完工进度

（2）本期确认的合同收入=实际合同总收入 – 以前会计期间累计已确认合同收入

（3）累计实际发生的合同成本=合同预计总成本 × 完工进度

（4）本期确认的合同费用=累计实际发生的合同成本 – 以前会计期间累计已确认合同费用

（5）本期确认的合同毛利=（合同总收入 – 合同预计总成本）× 完工进度 – 以前期间累计已确认合同毛利

有关建造合同核算的步骤如图 14-1 所示。

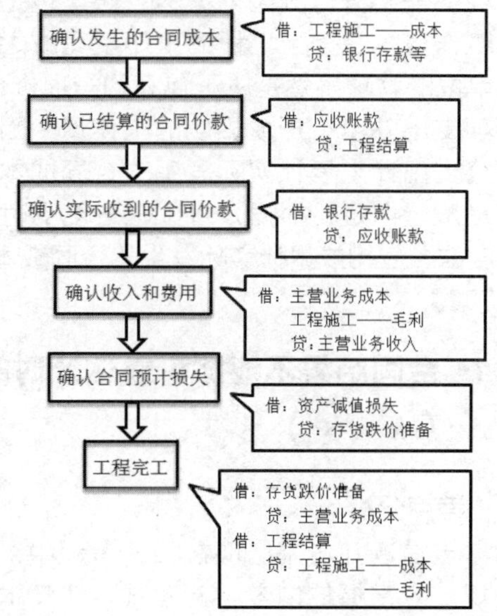

图 14-1 建造合同核算的步骤

期末，若“工程施工”的余额大于“工程结算”的余额，则其差额在资产负债表“存货”项目中反映；若“工程施工”的余额小于“工程结算”的余额，则其差额在资产负债表“预收款项”项目中反映。

典型例题

【例题 1 · 单选题】2013 年 3 月 5 日，甲公司承建一项工程，合同约定的工期为 18 个月，合同总收入为 300 万元，预计总成本为 250 万元。甲公司采用完工百分比法确认收入，完工百分比按照累计实际发生的合同成本占合同预计总成本的比例确定。至 2013 年年末已确认收入 140 万元，已收到工程款 150 万元。至 2014 年 6 月 30 日，该工程累计实际发生的成本为 200 万元，预计至工程完工还将发生成本 50 万元，剩余工程款将于项目完工时收到。2014 年 1 ~ 6 月，甲公司应确认的收入总额为（ ）万元。（2014 年）

A. 90　　B. 100

C. 150　　　　　D. 160

【解析】本期确认的合同收入 = 合同总收入 × 完工进度 − 以前会计期间累计已确认合同收入，至 2014 年 6 月 30 日的完工进度 =200 ÷（200+50）× 100%=80%，因此 2014 年 1~6 月甲公司应确认的收入总额 =300 × 80%−140=100（万元）。考生应注意，题干中的"已收到工程款 150 万元"是干扰项，因为收入的确认以权责发生制为基础。

【答案】B

【例题 2 · 判断题】对于建造合同中的总承包商，分包工程是其承建的总体工程的一部分，因此，根据分包工程进度支付给分包商的工程进度款，应构成累计实际发生的合同成本。（　）

【解析】对总承包商来说，分包工程是其承建的总体工程的一部分，分包工程的工作量也是其总体工程的工作量。在分包工程的工作量完成之前预付给分包单位的款项虽然是总承包商的一项资金支出，但是该项支出并没有形成相应的工作量，因此不应将这部分支出计入累计实际发生的合同成本中来确定完工进度。但是，根据分包工程进度支付的分包工程进度款，应构成累计实际发生的合同成本。

【答案】√

考点11　合同结果不能够可靠估计时的处理（★★★）

考点分析

本考点在近几年未出现在相关考题中，但仍属于考纲规定应掌握的内容。若考试中涉及本考点的知识，一般会以判断题或选择题的某个选项出现。

考点精讲

在资产负债表日，建造合同的结果不能可靠估计的，不能采用完工百分比法确认和计量合同收入及费用，而应区别以下两种情况进行会计处理。

（1）合同成本能够收回的，合同收入根据能够收回的实际合同成本予以确认，合同成本在其发生的当期确认为合同费用。

（2）合同成本不可能收回的，应在发生时立即确认为合同费用，不确认合同收入。

如果建造合同的结果不能可靠估计的不确定因素不复存在，就不应再按照上述规定确认合同收入和费用，而应转为按照完工百分比法确认合同收入和费用。

典型例题

【例题 · 判断题】企业在资产负债表日，建造合同的结果不能可靠估计，因此不能采用完工百分比法确认收入和费用。此时，应将发生的费用确认为合同费用。（　）

【解析】题干的表述不严谨。在资产负债表日，建造合同不能可靠估计，不能采用完工百分比法确认和计量合同收入和费用的，应区别合同成本是否能够收回进行具体处理。合同成本能够收回的，合同收入根据能够收回的实际合同成本予以确认，合同成本在其发生的当期确认为合同费用；合同成本不可能收回的，应在发生时立即确认为合同费用，不确认合同收入。

【答案】×

考点12　合同预计损失的处理（★★★）

考点分析

本考点的主要考查方式为要求考生计算合同预计损失的金额，其可能出现在单选题中。另外，其也可能与本章其他知识相结合，以计算分析题或综合题的形式进行考查，将会涉及会计分录的编制。

考点精讲

建造承包商正在建造的资产，类似于工业企业的在产品，性质上属于建造承包商的存货，期末应当对其进行减值测试。如果建造合同的预计总成本超过合同总收入，则形成合同预计损失，应提取损失准备，并计入当期损益。合同完工时，将已提取的损失准备冲减合同费用。

合同预计损失 =（合同预计总成本 − 合同预计总收入）×（1− 完工百分比）

典型例题

【例题 · 判断题】企业建造合同的预计总成本超过预计总收入时，应计提损失准备，并将相关金额计入当期损益。（　）

【解析】如果合同预计总成本超过合同总收入，则形成合同预计损失，应提取损失准备，并计入当期损益。合同完工时，将已提取损失准备冲减合同费用。

【答案】√

本节考点回顾与总结一览表

本节考点		知识总结
考点 9	建造合同收入和成本的内容	①建造合同收入包括合同规定的初始收入以及因合同变更、索赔和奖励等形成的收入 ②建造合同成本包括合同签订日至合同完成日之间发生的、与执行合同有关的直接费用和间接费用
考点 10	合同结果能够可靠估计时的处理	①采用完工百分比法确定合同收入与成本 ②合同完工进度共有 3 种确定方法 ③本期确认的合同收入 = 实际合同总收入 − 以前会计期间累计已确认合同收入 ④本期确认的合同费用 = 累计实际发生的合同成本 − 以前会计期间累计已确认合同费用

续表

本节考点	知识总结
考点 11 合同结果不能够可靠估计时的处理	以实际已发生的成本为限，按预期可收回成本确认收入
考点 12 合同预计损失的处理	①合同预计损失应计提损失准备，并计入当期损益 ②合同预计损失 =（合同预计总成本 − 合同预计总收入）×（1− 完工百分比）

真题演练

1.【单选题】下列与建造合同相关会计处理的表述中，不正确的是（ ）。（2011 年）

A. 建造合同完成后相关残余物资取得的零星收益，应计入营业外收入

B. 处于执行中的建造合同预计总成本超过合同总收入的，应确认资产减值损失

C. 建造合同收入包括合同规定的初始收入以及因合同变更、索赔、奖励等形成的收入

D. 建造合同结果在资产负债表日能够可靠估计的，应当采用完工百分比法确认合同收入和合同费用

2.【判断题】总承包商在采用累计实际发生的合同成本占合同预计总成本的比例确定总体工程的完工进度时，应将分包工程的工作量完成之前预付给分包单位的工程款项计入累计实际发生的合同成本。（ ）（2015 年）

第五节 本章综合练习

（一）单选题

1. 下列各项业务中，可以确认收入的是（ ）。

A. 企业销售的商品在质量、品种和规格等方面不符合合同或协议的要求，又未根据正常的保证条款予以弥补

B. 某些情况下企业在销售产品或提供劳务的同时会授予客户奖励积分，在销售产品或提供劳务的同时，应当将销售取得的货款一次性确认为收入

C. 销售合同或协议中规定了买方由于特殊原因有权退货的条款，且企业不能确定退货的可能性

D. 视同买断方式销售商品，双方协议明确规定，无论受托方是否卖出、是否获利，均与委托方无关

2. 甲公司销售产品每件 240 元，若客户购买 100 件（含 100 件）以上，每件可得到 40 元的商业折扣。某客户 2015 年 11 月 11 日购买该企业产品 100 件，按规定现金折扣条件为 2/10，1/20，*n*/30。适用的增值税税率为 17%。若该企业于 12 月 3 日收到该笔款项，则实际收到的款项为（ ）元。（假定计算现金折扣时考虑增值税）

A. 23 400

B. 27 799.2

C. 24 000

D. 23 166

3. 2014 年 12 月 31 日，甲公司将其作为固定资产核算的一台机器按 200 万元的价格销售给乙公司。该机器的公允价值为 200 万元，账面原价为 250 万元，已提折旧 120 万元。同时双方签订一份融资租赁协议，约定甲公司将机器租回，租赁期为 5 年，该固定资产折旧方法为年限平均法。2015 年 12 月 31 日，甲公司应确认的递延收益的余额为（ ）万元。

A. 70

B. 14

C. 56

D. 60

4. 2015 年 1 月 1 日，乙公司将公允价值为 1 500 万元的商品出售给甲公司，售价为 1 600 万元，该批商品的实际成本 1 500 万元，不考虑存货跌价准备。当日，乙公司又将该批商品以经营租赁的方式租回作为管理用固定资产，租期为 4 年。合同规定每年年末支付租金 100 万元。假定不考虑增值税等其他因素，该业务对乙公司 2015 年利润总额的影响为（ ）万元。

A. 150

B. 75

C. 125

D. 100

5. 2015 年 1 月 1 日，甲公司与乙公司签订协议销售商品一批，增值税专用发票上注明价格为 200 万元，增值税税额为 34 万元。商品已发出，款项已收到。该协议规定，该批商品销售价格的 20% 属于商品售出后 5 年内提供修理服务的服务费。假定不考虑其他因素，则甲公司 2015 年应确认的收入为（ ）万元。

A. 200　　B. 168

C. 160　　D. 208

6. 2014 年 8 月 1 日，甲建筑公司与客户签订承建一栋厂房的合同，合同规定 2016 年 10 月 30 日完工；合同总金额为 1 800 万元，预计合同总成本为

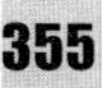

1 200万元。2014年12月31日，累计发生成本90万元，预计完成合同还需发生成本1 110万元。2015年12月31日，累计发生成本500万元，预计完成合同还需发生成本700万元。2016年10月30日工程完工，累计发生成本1 150万元。假定甲建筑公司采用完工百分比法确认合同收入，采用累计成本占预计合同总成本的比例确定完工进度，不考虑其他因素。甲建筑公司2015年度应确认的合同收入为（　）万元。

A. 135

B. 750

C. 615

D. 1 050

（二）多选题

1. 下列业务中，在发出商品时确认收入的有（　）。

A. 附有销售退回条件的试销商品

B. 预收货款方式销售商品

C. 不附退回条款的视同买断代销商品

D. 具有融资性质的分期收款销售商品

2. 下列关于销售退回的说法中，正确的有（　）。

A. 销售退回是指企业售出的商品由于质量和品种等不符合要求而发生的退货

B. 销售退回已发生现金折扣的，不再调整相关财务费用的金额

C. 未确认收入的售出商品发生销售退回的，企业应按已记入“发出商品”科目的金额，借记“库存商品”科目，贷记“发出商品”科目

D. 已确认收入的售出商品发生的销售退回属于资产负债表日后事项的，应按照资产负债表日后事项的相关规定处理，调整报告年度的收入和成本

3. 下列各项中，属于让渡资产使用权应确认的收入有（　）。

A. 转让商标使用权取得的使用费

B. 出售无形资产取得的收入

C. 金融企业贷款给其他企业收取的利息收入

D. 合同或协议规定的一次性收取的专利的使用费

4. 下列选项中，对建造合同的会计处理正确的有（　）。

A. 预计总成本超过总收入的部分，应提取损失准备，并计入当期损益

B. 企业因提前竣工收到的奖励款，应计入合同收入

C. 因订立合同发生的差旅费，能够单独区分和可靠计量且合同可能订立的，发生时即计入合同成本

D. 施工生产过程中租用外单位施工机械支付的租赁费不构成合同成本

（三）判断题

1. 甲公司与乙公司签订一艘船舶定制合同，价值2 000万元，检验工作是合同的重要组成部分。甲公司已按时完成该船舶的建造，但尚未通过乙公司检验，此时该船舶所有权上的主要风险和报酬已经转移给乙公司。（　）

2. 甲房地产开发公司将开发的住宅小区销售给业主后，与业主委员会签订协议，管理住宅小区物业，并按月收取物业管理费。甲公司收取的物业管理费应计入房产销售收入。（　）

3. 以旧换新销售商品时，销售的商品按售价确认收入，回收的商品冲减原确认的收入金额。（　）

第六节 本章真题演练及综合练习答案与解析

一、真题演练答案速查表

所在节	题号	答案	题号	答案	题号	答案
第一节	1	CD	2	√	3	C
第二节	C					
第三节	无					
第四节	1	A	2	×		

二、本章综合练习答案与解析

（一）单选题

1. D【解析】选项A，企业销售的商品虽然已交付实物，但由于实物不符合合同要求，因此很有可能被买方退回，与该商品有关的所有权上的风险和报酬仍未转移，不能确认收入；选项B，应当将销售取得的货款或应收货款在本次商品销售或劳务提供产生的收入与奖励积分的公允价值之间进行分配，将取得的货款或应收货款扣除奖励积分公允价值的部分确认为收入，奖励积分的公允价值确认为递延收益；选项C，企业不能确定退货的可能性，也就不能合理估计收入的金额，不能确认收入。

2. D【解析】每件产品的销售收入=240−40=200（元）。应给予客户的现金折扣=（240−40）×（1+17%）×100×1%=234（元），所以实际

收到款项 =（240−40）×（1+17%）×100−234=23 166（元）。

3. C【解析】出租时确认的递延收益 =200−（250−120）=70（万元），2015 年 12 月 31 日，甲公司应确认的递延收益的余额 =70−70÷5=56（万元）。

4. B【解析】售后租回交易如果不是按照公允价值达成的，如果售价大于公允价值，其大于公允价值的部分应计入递延收益，并在租赁期内分摊。因此，减少利润总额的金额 =100−（1 600−1 500）÷4=75（万元）。

5. B【解析】商品售价中包含可区分服务费的，应在商品销售实现时，按售价扣除该项服务费后的余额确认为商品销售收入。服务费递延至提供服务的期间内分期确认收入。甲公司 2015 年应确认的收入 =（售价 − 服务费总额）+ 分期确认的服务费收入 =（200−200×20%）+200×20%÷5=168（万元）。

6. C【解析】2014 年度确认收入的金额 =1 800×90÷（90+1 110）=135（万元），2015 年应确认的收入 =1 800×500÷（500+700）−135=615（万元）。

（二）多选题

1. BCD【解析】选项 A，试销商品一般不能合理估计退货率，应在退货期满后确认收入。

2. ACD【解析】选项 B 错误，销售退回已发生现金折扣的（即提前交款后发生退回），应同时调整（即冲减）财务费用。

3. ACD【解析】选项 A、D，属于让渡资产使用权收入中的使用费收入；选项 C，属于让渡资产使用权收入中的利息收入；选项 B，应计入营业外收入。

4. AB【解析】选项 C 错误，因订立合同发生的差旅费，能够单独区分和可靠计量且合同可能订立的，应当予以归集，待取得合同时计入合同成本；选项 D 错误，耗用的机械使用费，属于合同成本的直接费用，主要包括施工生产过程中使用的自有施工机械所发生的机械使用费、租用外单位施工机械支付的租赁费和施工机械的安装、拆卸和进出场费等。

（三）判断题

1. ×【解析】船舶的交付并不表明其所有权上的主要风险和报酬随之转移，不能确认销售收入。只有在安装完成并验收合格后，才表明与船舶所有权有关的风险和报酬已经转移给乙公司，同时满足销售商品收入确认的其他条件时，甲公司才能确认收入。

2. ×【解析】该住宅小区的所有权属于业主，因此，甲公司提供的这种物业管理与住宅小区的所有权无关，是与销售住宅小区无关的另一项提供劳务的交易，甲公司应当在满足提供劳务收入的确认条件时确认提供劳务收入。

3. ×【解析】销售的商品应当按照销售商品收入确认条件确认收入，回收的商品作为购进商品处理。

第十五章 政府补助

本章内容主要阐述了政府补助的处理，在近3年的考试中，涉及的题型有单选题和判断题，题量为2题，所占分值为2分。复习本章时，主要应熟悉政府补助的界定，抓住“无偿”“直接转移资产”等关键点，分清与资产相关的政府补助和与收益相关的政府补助在会计处理上的区别。另外，由于政府补助涉及固定资产、无形资产等资产项目的核算，在复习时应联系相关章节的内容，避免在遇到计算折旧（摊销）等基础题目时眼高手低，造成不必要的失分。

▼本章主要考点的题型、估计题量和所占分值一览表

主要考点	题型	题量	所占分值
①政府补助核算的内容；②与收益相关的政府补助的确认	单选题	1题	1分
①政府补助形式的判断；②与收益相关的政府补助的会计处理	判断题	1题	1分

▼本章知识结构一览表

政府补助	一、政府补助概述	（1）政府补助的定义、特征及其主要形式（★★） （2）政府补助的分类（★★★）
	二、政府补助的会计处理	（1）与收益相关的政府补助（★★★） （2）与资产相关的政府补助（★★★）

第一节 政府补助概述

考点1 政府补助的定义、特征及其主要形式（★★）

考点分析

本考点属于政府补助的概念性内容，考试中一般会让考生判断题干或选项的描述是否属于政府补助，考生应在理解政府补助定义的基础上，熟悉政府补助的主要形式，并掌握常见的政府补助形式。

考点精讲

1. 政府补助的定义及其特征

政府补助是指企业从政府无偿取得货币性资产或非货币性资产，但不包括政府作为企业所有者投入的资本。

政府补助主要具有以下两个特征。

（1）无偿性

无偿性是政府补助的基本特征。这一特征将政府补助与政府作为企业所有者投入的资本、政府采购等政府与企业之间双向、互惠的经济活动区分开来。判断交易是否具有商业实质时，应考虑该交易是否具有经济上的互惠性，以及与交易相关的合同、协议和国家有关文件是否已明确规定了交易目的、交易双方的权利和义务（属于政府采购的，还应确定其是否已履行相关的政府采购程序）。

（2）直接取得资产

政府补助是企业从政府直接取得的资产，包括货币性资产和非货币性资产。如企业取得的财政拨款，政府先征后返（退）、即征即退的税款，以及通过行政手段无偿划拨的土地使用权等。不符合直接取得资产的特征的项目包括政府与企业间的债务豁免，以及除税收返还外的税收优惠（如直接减征、免征、增加计税抵扣额，以及抵免部分税额等）。

需要注意的是，增值税出口退税不属于政府补助。

政府补助一般会要求取得政府补助的企业按照规定的用途使用补助资金或资产，而提出这一要求的目的则是限制企业使用政府补助的范围。

2. 政府补助的主要形式

实务中，政府补助通常采用货币性资产形式，如财政拨款、财政贴息和税收返还等，也存在采用非货币性资产形式的情况，如无偿划拨的土地使用权等。

（1）财政拨款

财政拨款是指政府无偿拨付给企业的资金，在拨款时通常明确规定了资金的用途，如财政部门对粮、油等关系国计民生的产业给予的定额补助，鼓励企业安置职工就业而给予的奖励款项等。

（2）财政贴息

财政贴息是指政府为支持特定领域（区域）的发展，根据国家相关政策，对承贷企业的银行贷款利息给予的一种补贴形式，即政府代企业支付部分或全部贷款利息。

（3）税收返还

税收返还是指政府以先征后返（退）、即征即退等方式向企业返还的税款，即以税收优惠形式给予的一种政府补助。

名师解读

除了税收返还外，税收优惠还包括直接减免、免征、增加计税抵扣额、抵免部分税额等形式。此类优惠体现了政府的政策导向，但这并没有体现政府向企业无偿提供资产，因此不作为政府补助准则规范的政府补助处理。

（4）无偿划拨的非货币性资产

实务中属于无偿划拨非货币性资产的情况较少，主要有无偿划拨土地使用权、天然资源的天然林等。

典型例题

【例题1·单选题】关于政府补助的定义及特征，下列说法不正确的是（ ）。

A. 政府补助通常附有一定的使用条件

B. 政府对企业的资本性投入不属于政府补助

C. 无偿性和直接取得资产是政府补助的两个特征

D. 政府补助具有无偿性，因此取得补助的企业可决定其用途

【解析】政府补助通常附有一定的使用条件，企业经法定程序申请取得政府补助后，应按照政府规定的用途使用该项补助。所以选项D错误。

【答案】D

【例题2·单选题】下列情况中，不属于政府补助的是（ ）。

A. 财政拨款

B. 先征后返的税金

C. 即征即退的税金

D. 政府与企业间的债务豁免

【解析】选项D，政府补助必须是直接取得资产，政府与企业间的债务豁免属于不涉及资产直接转移的经济支持。

【答案】D

考点2 政府补助的分类（★★★）

考点分析

本考点在考试中一般不会涉及相关概念的考查，但考生应能够根据题干对政府补助类型进行正确判断，然后在此基础上进行相应会计处理。

考点精讲

根据政府补助准则的规定，政府补助可分为与资产相关的政府补助和与收益相关的政府补助两类。

（1）与资产相关的政府补助

与资产相关的政府补助，是指企业取得的、用于购建或以其他方式形成长期资产的政府补助。

实务中，政府划拨资产的补助形式有两种：①政府向企业拨款并指定企业将财政拨款资金用于购买固定资产或无形资产，或政府以财政贴息等方式对企业购建长期资产给予经济支持等；②政府向企业无偿划拨非货币性长期资产，在这种情况下，企业应当在实际取得资产并办妥相关受让手续时按照其公允价值确认和计量，公允价值不能可靠取得的，按照名义金额（即1元）计量。

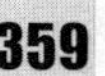

（2）与收益相关的政府补助

与收益相关的政府补助，是指除与资产相关的政府补助以外的其他政府补助。企业应当在取得时按照实际收到或应收的金额确认和计量政府补助。

典型例题

【例题·判断题】企业收到政府无偿划拨的公允价值不能可靠取得的非货币性长期资产，应当按照名义金额“1元”计量。（ ）（2016年）

【解析】企业收到政府无偿划拨的非货币性长期资产，应当在实际取得资产并办妥相关受让手续时按照公允价值确认和计量，公允价值不能可靠取得的，按照名义金额（1元）计量。本题表述正确。

【答案】√

本节考点回顾与总结一览表

本节考点	知识总结
考点1 政府补助的定义、特征及其主要形式	①特征：无偿性、直接取得资产 ②主要形式：财政拨款、财政贴息、税收返还、无偿划拨的非货币性资产
考点2 政府补助的分类	政府补助分为与资产相关的政府补助以及与收益相关的政府补助

真题演练

1.【判断题】政府鼓励企业安置职工就业而给予的奖励款项不属于政府补助。(　)。(2014 年)

2.【单选题】下列各项中，应作为政府补助核算的是(　)。(2013 年)

A. 营业税直接减免

B. 增值税即征即退

C. 增值税出口退税

D. 所得税加计抵扣

第二节 政府补助的会计处理

考点3 与收益相关的政府补助(★★★)

考点分析

本考点是本章的重点，考试中既可能涉及对相关会计科目的考查，也可能对与收益相关的政府补助的会计处理原则进行考查。

考点精讲

与收益相关的政府补助的会计处理可概括为如图 15-1 所示的内容。

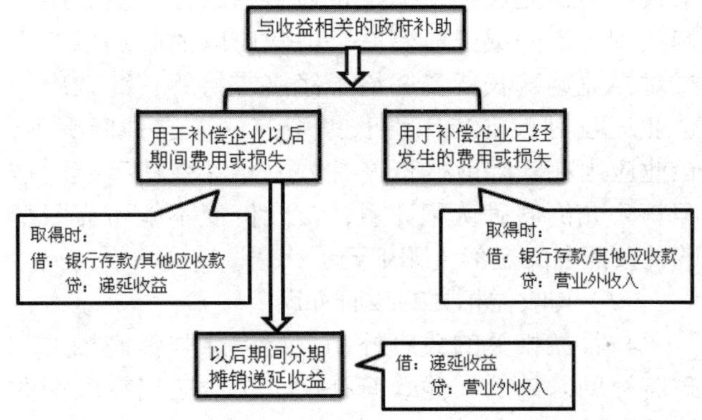

图 15-1 与收益相关的政府补助的会计处理

典型例题

【例题·单选题】2013 年 10 月 31 日，甲公司获得只能用于项目研发未来支出的财政拨款 1 000 万元，该研发项目预计于 2014 年 12 月 31 日完成。2013 年 10 月 31 日，甲公司获得只能用于项目财政拨款计入(　)。(2014 年)

A. 研发支出

B. 递延收益

C. 营业外收入

D. 其他综合收益

【解析】由于该项财政拨款用于补偿以后期间费用或损失，因此在取得时应先确认为递延收益，然后在确认相关费用的期间计入当期营业外收入。选项 C 适用于政府补助补偿企业已发生费用或损失的情况。

【答案】B

考点4 与资产相关的政府补助(★★★)

考点分析

本考点与考点 3 具有一定的相似性，考生可将两者进行对比，如对比涉及会计科目的异同以及会计处理原则的区别等，考试中可能会考查两者的区别。

考点精讲

与资产相关的政府补助的会计处理可概括为如图 15-2 所示的内容。

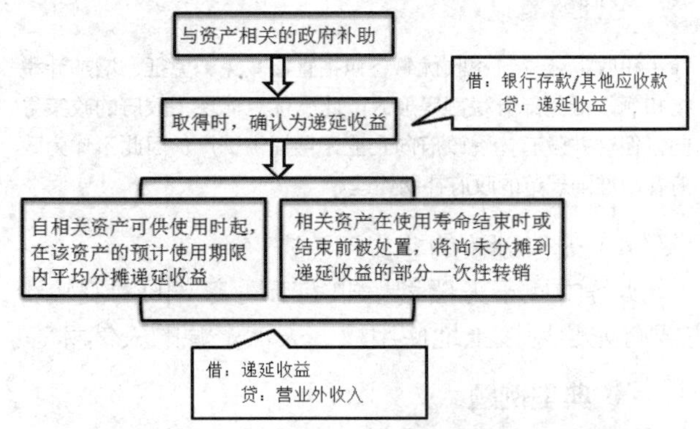

图 15-2 与资产相关的政府补助的会计处理

名师解读

对于企业综合性项目取得的政府补助，需要将其在资产部分与收益部分进行分解，分别进行会计处理；若难以区分，则应将取得的政府补助全部作为与收益相关的政府补助处理，根据实际情况，直接计入当期损益或在项目期内分期确认为当期损益。

典型例题

【例题·单选题】2015 年 1 月 10 日，甲公司收到专项财政拨款 60 万元，用以购买研发部门使用的某特种仪器。2015 年 6 月 20 日，甲公司购入该仪器后立即投入使用。该仪器预计使用年限为 10 年，预计净残值为零，采用年限平均法计提折旧。不考虑其他因素，2015 年度甲公司应确认的营业外收入为(　)万元。(2015 年)

A. 3　　B. 3.5

C. 5.5　　D. 6

【解析】根据题干可判断甲公司取得的财政拨款属于与资产相关的政府补助，所以收到财政拨款时应先确认为递延收益，然后在资产使用寿命内将递延收益分期确认为营业外收入。相关会计分录如下（单位：万元）。

收到财政拨款时，

借：银行存款　　60

　贷：递延收益　　60

每年确认营业外收入，

借：递延收益　　6（60÷10）

　贷：营业外收入　　6

因此，2015 年度甲公司应确认的营业外收入 = 6×（6÷12）=3（万元）。

【答案】A。

本节考点回顾与总结一览表

本节考点	知识总结
考点 3　与收益相关的政府补助	①补偿已发生的相关费用或损失的，直接计入营业外收入 ②补偿以后期间的相关费用和损失的，先确认为递延收益，在确认费用的期间再计入营业外收入
考点 4　与资产相关的政府补助	先确认为递延收益，自资产达到预定可使用状态时起，在资产的使用寿命内平均分摊计入营业外收入

真题演练

【判断题】与收益相关的政府补助如不能合理确定其价值，应按名义金额计入当期损益。（　）（2013 年）

第三节　本章综合练习

（一）单选题

1. 甲粮食企业向军队供应大米，根据规定国家需给予其价格补贴。大米的市场价格为 3 200 元 / 吨，甲企业供应军队的大米售价为 1 200 元 / 吨，差价由政府补贴。2013 年甲企业共向军队供应大米 200 万吨，关于该企业收到的政府补贴，下列说法正确的有（　）。

A. 甲企业收到的价格补贴属于政府补助

B. 甲企业应确认主营业务收入 240 000 万元

C. 甲企业应确认营业外收入 640 000 万元

D. 甲企业应确认主营业务收入 640 000 万元

2. 甲公司从政府无偿取得的天然林，难以按照公允价值计量，只能以名义金额计量，则甲公司在取得该天然林时贷记的会计科目是（　）。

A. 资本公积 1 元

B. 营业外收入 1 元

C. 其他业务收入 1 000 元

D. 营业外收入 1 000 元

3. 政府为了推行公交优先政策，对公交车票价实行管制。2014 年年末，甲公交公司收到当地政府给予的 320 万元财政拨款，其中 220 万元用于补偿当年企业的经营亏损，其余 100 万元用于 2015 年的补贴。该公司 2014 年应确认递延收益（　）。

A. 0　　　　B. 100 万元

C. 220 万元　　　　D. 320 万元

4. 甲核电站生产销售的电力产品符合国家的增值税先征后返政策，按实际缴纳增值税税额返还 50%。2015 年 3 月，该企业实际缴纳增值税 1 000 万元。4 月 5 日，该企业在收到返还的增值税时，应做的会计处理是（　）。

A. 确认递延收益 500 万元

B. 确认营业外收入 500 万元

C. 确认递延收益 1 000 万元

D. 确认营业外收入 1 000 万元

（二）多选题

1. 2015 年甲企业招收部分残疾人，并签订正式劳动合同。2015 年 12 月，甲企业收到政府为鼓励企业招收残疾人员而发放的社保和岗位补贴 30 万元。当年进行所得税申报时，税务机关允许其加计扣除 100% 残疾职工工资，共计 100 万元。下列关于这笔款项的说法，正确的有（　）。

A. 加计扣除的工资应确认为与收益相关的政府补助

B. 加计扣除的工资不应确认为与收益相关的政府补助

C. 2015 年甲企业收到政府补助 130 万元

D. 2015 年甲企业收到政府补助 30 万元

2. 关于政府补助的分类表述正确的有（　）。

A. 政府补助包括与资产相关的政府补助和与收益相关的政府补助

B. 企业取得与资产相关的政府补助以外的补助是与收益相关的政府补助

C. 企业取得用于购建长期资产的政府补助是与资产相关的政府补助

D. 只有非货币性资产补助才是与资产相关的政府补助

3. 按照会计准则规定，下列对政府补助的会计处理正确的有（　）。

A. 对不能合理确定价值的政府补助，应当在财务报告附注中进行披露

B. 政府补助为非货币性资产且公允价值能够可靠取得的，应当按照公允价值计量

C. 企业取得政府无偿划拨的非货币性长期资产时，应当同时确认资产和递延收益

D. 政府补助为货币性资产的，应当按照收到或应收的金额计量

（三）判断题

1. 企业与政府发生交易所取得的收入，无论该交易是否具有商业实质，都应确认为政府补助。（　）

2. 实际工作中，政府补助只有货币性资产形式，如财政拨款、财政贴息和税收返还。（　）

3. 企业因综合性项目取得的政府补助，难以区分与资产相关的部分和与收益相关的部分时，应将整体归类到后者进行会计处理。（　）

第四节 本章真题演练及综合练习答案与解析

一、真题演练答案速查表

所在节	题号	答案	题号	答案
第一节	1	×	2	B
第二节	√			

二、本章综合练习答案与解析

（一）单选题

1. D【解析】甲企业供应军队大米虽然获得价格补贴，但由于此事项具有商业实质，且与其日常经营活动密切相关，即甲企业的销售收入由财政补贴资金和军队支付的购买价款两部分构成，这样的交易是互惠的，因此企业收到的价格补贴也应按照收入准则计入主营业务收入，即主营业服务收入为64万元（0.32×200）。

2. B【解析】与资产相关的政府补助为无偿划拨的长期非货币性资产时，应按照公允价值确认和计量。公允价值不能可靠取得的，按照名义金额（1元）计量。企业收到的政府补助一般直接计入营业外收入，或者先确认为递延收益，然后再分期计入营业外收入。

3. B【解析】政府补助用于补偿企业以后期间费用或损失的，企业取得该补助时应计入递延收益，等到确认相关费用才计入损益，因此甲公司收到2014年的补贴100万元应计入递延收益。

4. B【解析】甲核电站适用增值税先征后返政策，按实际缴纳增值税税额返还50%，即收到的政府补助用于补偿已经发生的支出，因此直接计入营业外收入。

（二）多选题

1. BD【解析】选项B，加计扣除工资即增加计税抵扣额，政府并未直接转移资产给企业，因此不属于政府补助；选项D，甲企业收到政府为鼓励企业招收残疾人员而发放的社保和岗位补贴属于财政拨款，应确认为政府补助。

2. ABC【解析】选项D错误，与资产相关的政府补助还是与收益相关的政府补助，区别不是补助本身的形式，而是各自使用的对象。

3. ABCD【解析】本题4个选项准确表述了与资产相关的政府补助的具体会计处理。

（三）判断题

1. ×【解析】题中的说法不完整。企业与政府发生交易所取得的收入，如果该交易具有商业实质，且与企业销售商品或提供劳务等日常经营活动密切相关的，应作为收入进行会计处理。

2. ×【解析】实务中，政府补助通常为货币性资产形式，也可无偿划拨土地使用权等非货币性资产。

3. √【解析】本题考查对综合性项目取得的政府补助的具体处理。题目的说法正确。

第十六章 所得税

本章内容是“中级会计实务”中综合性较强的一章，考查的范围广、难度较大，在近 3 年考试中，涉及的题型包括单选题、多选题、判断题和计算分析题，所占分值为 4~12 分。解答本章相关习题时，会涉及资产、负债、公允价值等知识，考生在学习时应该加强理解，将知识进行前后联系与总结，做到对已学知识了然于心。

▼ **本章主要考点的题型、估计题量和所占分值一览表**

主要考点	题型	题量	所占分值
所得税费用的计算	单选题	1 题	1 分
①产生应纳税暂时性差异的情形；②暂时性差异的概念	多选题	1 题	2 分
①企业合并业务产生的暂时性差异的会计处理；②免税合并购买日递延所得税对应的科目	判断题	1 题	1 分
所得税的会计处理	计算分析题	1 题	12 分

▼ **本章知识结构一览表**

所得税	一、计税基础与暂时性差异	（1）资产与负债的计税基础（★★★） （2）暂时性差异（★★★）
	二、递延所得税负债和递延所得税资产的确认和计量	（1）递延所得税负债的确认和计量（★★★） （2）递延所得税资产的确认和计量（★★★） （3）特定交易或事项中涉及递延所得税的确认（★★★） （4）适用所得税税率变化对已确认递延所得税资产和递延所得税负债的影响（★★★）
	三、所得税费用的确认和计量	（1）当期所得税、递延所得税费用（或收益）、所得税费用（★★★） （2）合并财务报表中因抵销未实现内部交易损益产生的递延所得税（★★★）

第一节 计税基础与暂时性差异

考点1 资产与负债的计税基础（★★★）

考点分析

本考点包括企业各类资产及负债的计税基础的确定，考试中既可能对影响资产或负债计税基础的因素进行考查，也可能考查特定资产或负债计税基础的计算，近 3 年涉及的题型主要为单选题。

考点精讲

所得税会计是研究处理会计收益和应税收益差异的会计理论和方法。

《企业会计准则第 18 号——所得税》规定，企业应采用资产负债表债务法核算所得税，即从资产负债表出发，对资产负债表上列示的资产和负债按照会计准则规定确定的账面价值与按照税法规定确定的计税基础进行比较。对于两者之间的差异，应确定为暂时性差异，其中符合条件的应纳税暂时性差异确认为递延所得税负债，符合条件的可抵扣暂时性差异确认为递延所得税资产。企业进行所得税核算的一般程序如图 16-1 所示。

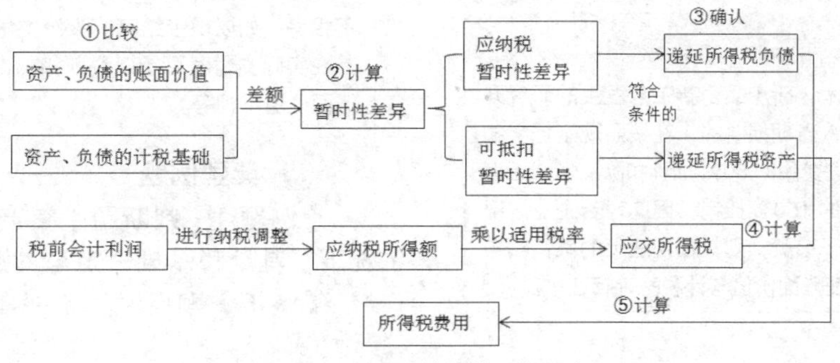

图 16-1 所得税核算的一般程序

1. 资产的计税基础

资产的计税基础是指企业收回资产账面价值过程中，计算应纳税所得额时按照税法规定可以从应税经济利益中抵扣的金额，即某一项资产在未来期间计税时可以税前扣除的金额。其公式为：

某一资产负债表日的计税基础 = 成本 − 以前期间已税前扣除的金额

一般情况下，税法认定的资产取得成本为购入时实际支付的金额。因此，根据上述公式，以固定资产或无形资产为例，其在某一资产负债表日的计税基础就等于其成本扣除按照税法规定已在以前期间税前扣除的累计折旧额或累计摊销额后的金额。

企业各类资产计税基础与账面价值的确定如表16-1所示。

表 16-1　资产的计税基础与账面价值的确定

资产类别	计税基础与账面价值的确定	差异产生原因
固定资产	①账面价值 = 实际成本 − 会计累计折旧 − 固定资产减值准备 ②计税基础 = 实际成本 − 税法累计折旧	计提了减值准备，会计与税法规定在折旧年限、折旧方法上存在差异
无形资产	（1）使用寿命有限的无形资产： ①账面价值 = 实际成本 − 会计累计摊销 − 无形资产减值准备 ②计税基础 = 实际成本 − 税法累计摊销 （2）使用寿命不确定的无形资产： ①账面价值 = 实际成本 − 无形资产减值准备 ②计税基础 = 实际成本 − 税法累计摊销	①内部研究开发形成的无形资产按照成本的150% 进行摊销 ②计提了减值准备、会计与税法规定在摊销年限上存在差异
以公允价值计量的金融资产	①账面价值 = 期末公允价值 ②计税基础 = 取得时成本	期末公允价值发生变动
采用公允价值模式进行后续计量的投资性房地产	①账面价值 = 期末公允价值 ②计税基础：以历史成本为基础确定	
持有至到期投资	①账面价值 = 期末摊余成本 = 期初摊余成本 + 本期计提的利息（期初摊余成本 × 实际利率）− 本期收回本金和利息 − 本期计提的减值准备 ②计税基础 = 期末摊余成本 = 期初摊余成本 + 本期计提的利息（期初摊余成本 × 实际利率）− 本期收回本金和利息	计提减值准备

名师解读

税法规定，企业为开发新技术、新产品、新工艺发生的研究开发费用，未形成无形资产计入当期损益的，在按照规定据实扣除的基础上，再按照研究开发费用的50% 加计扣除；形成无形资产的，按照无形资产成本的150% 摊销。因此，若企业内部研究开发形成的无形资产属于该类，则其在税法上的摊销额与会计上的摊销额存在差异，使账面价值与计税基础存在差额。

2. 负债的计税基础

负债的计税基础是指负债的账面价值减去未来期间计算应纳税所得额时按照税法规定可予以抵扣的金额，可用公式表示：

负债的计税基础 = 账面价值 − 未来期间按照税法规定可予以税前扣除的金额

负债的确认与偿还一般不会影响企业未来期间的损益，也不会影响其未来期间的应纳税所得额。因此，未来期间计算应纳税所得额时按照税法规定可予抵扣的金额为0，计税基础 = 账面价值 −0= 账面价值，如企业的短期借款和应付账款等。但有些负债项目的确认可能会影响企业的损益，进而影响不同期间的应纳税所得额，使其计税基础与账面价值之间产生差额，如按照会计规定确认的某些预计负债。

企业各类负债计税基础的确定如表16-2所示。

表 16-2　企业各类负债计税基础的确定

负债类别	计税基础与账面价值的确定
预计负债	①如果税法规定，与销售产品相关的支出应于实际发生时全额税前扣除，期末，由该事项产生的预计负债的计税基础 = 账面价值 − 未来期间可税前扣除的金额 = 0 ②因其他事项（如未决诉讼）确认预计负债时，应按照税法规定的计税原则确定其计税基础。而某些事项由于该事项不是企业日常经营中发生的，其支出无论是否实际发生，税法规定均不允许税前扣除，即未来期间按照税法规定可予抵扣的金额为0，预计负债的计税基础 = 账面价值 − 0 = 账面价值
预收账款	①若预收账款需确认为收入（如房地产开发企业），即计入应纳税所得额，计税基础 = 账面价值 − 未来期间可税前扣除的金额 = 0 ②若预收账款未确认为收入（一般情况），即未计入应纳税所得额，计税基础 = 账面价值 − 0 = 账面价值
应付职工薪酬	①税法中规定了税前扣除标准，并且以后期间也不允许税前扣除的项目：计税基础 = 账面价值 − 0 = 账面价值 ②其他情况：计税基础 = 账面价值 − 未来期间可税前扣除的金额 ≠ 账面价值
应交的罚款、滞纳金等	计税基础 = 账面价值 − 0 = 账面价值

名师解读

考生在确定负债的计税基础时，应重点考虑该负债是否存在未来期间可税前扣除的金额，若存在，则其计税基础与账面价值不相等，如以现金结算的股份支付形成的应付职工薪酬，由于其在实际支付时可予以税前扣除，因此其计税基础为0，与其账面价值不相等。

典型例题

【例题1·判断题】资产在不存在减值损失的情况下，其计税基础一定与其账面价值相等。（　）

【解析】题目说法不严谨。例如，固定资产即使

不存在减值损失，但当其会计上的折旧年限与税法规定的折旧年限存在差异时，其计税基础与账面价值也不相等。

【答案】×

【例题 2 · 单选题】下列各项负债中，其计税基础不等于账面价值的是（ ）。

A. 因未决诉讼确认的预计负债

B. 企业收到客户预收款项，税法规定计入应纳税所得额

C. 暂未支付的税收滞纳金

D. 应付职工薪酬中的职工福利费支出不超过工资薪金总额 14%

【解析】选项 A，未决诉讼无论是否实际发生，税法规定均不允许税前扣除，即未来期间按照税法规定可予抵扣的金额为 0，预计负债的计税基础 = 账面价值 -0= 账面价值；选项 B，税法规定预收款项应计入当期应纳税所得额时，因其已经计算缴纳所得税，则未来期间该款项可全额税前扣除，计税基础 = 账面价值 - 未来期间可税前扣除的金额 =0；选项 C，税法规定，罚款和滞纳金不允许税前扣除，其计税基础 = 账面价值 -0= 账面价值；选项 D，税法对于合理的职工薪酬基本允许税前扣除，即该部分负债的计税基础 = 账面价值 -0= 账面价值。

【答案】B

考点2 暂时性差异（★★★）

考点分析

本考点在考试中出现的形式比较多样，包括对暂时性差异的概念、对暂时性差异分类的判断以及对特殊项目产生的暂时性差异的运用等进行考查，涉及的题型主要为单选题和多选题。

考点精讲

1. 基本界定

暂时性差异是指资产和负债的账面价值与其计税基础不同产生的差额。

2. 暂时性差异的分类

根据暂时性差异对未来期间应纳税所得额的影响，分为应纳税暂时性差异和可抵扣暂时性差异。

（1）应纳税暂时性差异

应纳税暂时性差异是指确定未来收回资产或清偿负债期间的应纳税所得额时，将导致产生应税金额的暂时性差异。该差异在未来期间转回时，将增加转回期间的应纳税所得额，产生当期一般确认相应的递延所得税负债。

应纳税暂时性差异通常产生于以下情况。

①资产的账面价值 > 其计税基础。

②负债的账面价值 < 其计税基础。

（2）可抵扣暂时性差异

可抵扣暂时性差异是指确定未来收回资产或清偿负债期间的应纳税所得额时，将导致产生可抵扣的暂时性差异。该差异在未来期间转回时，将减少转回期间的应纳税所得额，产生当期一般确认相应的递延所得税资产。

可抵扣暂时性差异通常产生于以下情况。

①资产的账面价值 < 其计税基础。

②负债的账面价值 > 其计税基础。

3. 特殊项目产生的暂时性差异

（1）未确认为资产、负债的项目产生的暂时性差异

某些交易或事项发生后，因为不符合资产和负债的确认条件而未体现为资产负债表中的资产或负债，但按照税法规定能够确定其计税基础的，其账面价值 0 与计税基础之间的差异也构成暂时性差异。如企业发生的符合条件的广告费和业务宣传费支出，除国务院财政、税务主管部门另有规定外，不超过当年销售（营业）收入 15% 的部分，准予扣除；超过部分，准予在以后纳税年度结转扣除。该类支出在发生时按照会计准则规定即计入当期损益，不形成资产负债表中的资产，但因按税法规定可以确定其计税基础，两者之间的差异形成暂时性差异。

（2）未弥补亏损及税款抵减产生的暂时性差异

按照税法规定可以结转以后年度的未弥补亏损及税款抵减，均可减少未来期间的应纳税所得额，进而减少未来期间的应交所得税，在会计处理上，视同可抵扣暂时性差异，符合条件的情况下，应确认相关的递延所得税资产。

典型例题

【例题 1 · 单选题】下列有关暂时性差异，正确的是（ ）。

A. 未作为资产确认的项目，其计税基础和账面价值之间的差异不属于暂时性差异

B. 企业因合并取得的资产产生的暂时性差异，不予确认

C. 按照税法规定可以结转以后年度的未弥补亏损和税款抵减，视同暂时性差异处理

D. 只要产生暂时性差异，就应确认递延所得税资产或递延所得税负债

【解析】选项 A 错误，不超过当年销售（营业）收入 15% 的广告费，不形成资产负债表中的资产，但因按税法规定可以确定其计税基础，两者之间的差异形成暂时性差异；选项 B 错误，企业因合并取得的资产产生的暂时性差异，应予以确认，调整商誉或计入损益的金额；选项 D 错误，暂时性差异不

一定确认相关的递延所得税，如企业合并以外的其他交易或事项既不影响会计利润，也不影响应纳税所得额，产生相关应纳税暂时性差异时，不确认递延所得税负债。

【答案】C

【例题 2·多选题】下列各项中，能够产生应纳税暂时性差异的有（　）。（2012 年）

A. 账面价值大于其计税基础的资产

B. 账面价值小于其计税基础的负债

C. 超过税法扣除标准的业务宣传费

D. 按税法规定可以结转以后年度的未弥补亏损

【解析】选项 A、B，资产账面价值大于其计税基础或负债账面价值小于其计税基础时，都会产生应纳税暂时性差异；选项 C、D 产生的均为可抵扣暂时性差异。

【答案】AB

本节考点回顾与总结一览表

本节考点	知识总结
考点 1 资产与负债的计税基础	①资产的计税基础 = 取得成本 − 以前期间税法累计税前扣除金额 ②负债的计税基础 = 账面价值 − 未来期间可税前扣除的金额
考点 2 暂时性差异	①应纳税暂时性差异的产生： 资产账面价值 > 其计税基础 负债账面价值 < 其计税基础 ②可抵扣暂时性差异的产生： 资产账面价值 < 其计税基础 负债账面价值 > 其计税基础

真题演练

1.【单选题】下列各项负债中，其计税基础为零的是（　）。（2009 年）

A. 因欠税产生的应交税款滞纳金

B. 因购入存货形成的应付账款

C. 因确认保修费用形成的预计负债

D. 为职工计提的应付养老保险金

2.【多选题】下列各项资产和负债中，因账面价值与计税基础不一致形成暂时性差异的有（　）。（2010 年）

A. 使用寿命不确定的无形资产

B. 已计提减值准备的固定资产

C. 已确认公允价值变动损益的交易性金融资产

D. 因违反税法规定应缴纳但尚未缴纳的滞纳金

第二节 递延所得税负债和递延所得税资产的确认和计量

考点3 递延所得税负债的确认和计量（★★★）

考点分析

本考点在近几年考试中多以判断题的形式出现，考查的内容主要包括判断相应暂时性差异是否应确定为递延所得税负债，以及核算递延所得税负债时涉及的会计科目。

考点精讲

1. 递延所得税负债的确认

（1）应纳税暂时性差异一般确认递延所得税负债

除了会计准则明确规定可不确认递延所得税负债外，企业对于所有的应纳税暂时性差异均应确认相关的递延所得税负债。除直接计入所有者权益的交易或事项以及企业合并外，在确认递延所得税负债的同时，应增加利润表中的所得税费用。

（2）应纳税暂时性差异不确认递延所得税负债的特殊情况

有些情况下，虽然资产或负债的账面价值与计税基础不同而产生了应纳税暂时性差异的，但会计准则中规定不确认相应的递延所得税负债，主要包括如下内容。

①商誉的初始确认。对于非同一控制下的企业免税合并，在会计上，被购买方应按照其原账面价值确定可辨认资产和负债的计税基础，而按照购买日的公允价值确定账面价值，由此造成计税基础与账面价值不一致，从而产生的暂时性差异应确认递延所得税资产或递延所得税负债，其对应科目为商誉。另一方面，税法规定免税合并时不认可商誉的价值，即商誉的计税基础为 0，其账面价值与计税基础之间的差额形成应纳税暂时性差异。但是，确认该部分暂时性差异产生的递延所得税负债，将同时增加商誉和递延所得税负债的价值，进而使递延所得税负债和商誉价值量的变化不断循环。因此，会计准则规定不确认与合并中产生的商誉相关的递延所得税负债。

名师解读

按照会计准则规定，在非同一控制下企业合并中确认了商誉，并且按照所得税法的规定该商誉在初始确认时计税基础等于账面价值的，该商誉在后续计量过程中因会计准则与税法规定不同产生暂时性差异的，应当确认相关的所得税影响。

②除企业合并以外的其他交易或事项中，如果该项交易或事项发生时既不影响会计利润，也不影响应纳税所得额，则所产生的资产、负债的初始确认金额与其计税基础不同，形成应纳税暂时性差异的，交易或事项发生时不确认相应的递延所得税负债。

③与子公司、联营企业和合营企业投资等相关的应纳税暂时性差异，如果同时满足以下两个条件：投资企业能够控制暂时性差异转回的时间；该暂时性差异在可预见的未来很可能不会转回，则表明投资企业可以决定暂时性差异的转回或不转回，则无需确认相关递延所得税负债。

需注意的是，企业在运用上述条件不确认与联营企业、合营企业相关的递延所得税负债，应有确凿的证据表明其能够控制有关暂时性差异转回的时间。一般来说，企业对联营企业的生产经营决策能够实施重大影响，并不能够主导被投资单位的生产经营的制定，满足《企业会计准则第18号——所得税》规定的能够控制暂时性差异转回时间的条件是通过该其他投资者签订协议等，达到能够控制被投资单位分配政策等情况。

2. 递延所得税负债的计量

递延所得税负债应以应纳税暂时性差异转回期间适用的所得税税率计量。企业适用的所得税税率在不同年度一般不会发生变化，因此可直接采用现行适用税率。对于享受一定时期税率优惠的企业，所产生的暂时性差异应以预计其转回期间的适用所得税税率为基础计量。另外，无论应纳税暂时性差异的转回期间如何，递延所得税负债不要求折现。

典型例题

【例题1·判断题】非同一控制下的企业合并中，因资产、负债的入账价值与其计税基础不同产生的递延所得税资产或递延所得税负债，其确认结果将影响购买日的所得税的费用。（ ）（2012年）

【解析】非同一控制下的免税合并，合并时被购买方不交企业所得税，合并后资产、负债账面价值和计税基础之间确认的暂时性差异，导致的递延所得税资产或者递延所得税负债对应确认的是商誉、营业外收入或资本公积，不计入所得税费用。

【答案】×

【例题2·单选题】甲公司为水泥生产企业，适用25%的所得税税率。为了减少环境污染，该公司于2014年12月1日购入一项环保设备，原价为1 000万元，使用年限为10年，净残值为零，采用直线法计提折旧。税法规定此类设备符合加速折旧的规定，允许该企业在计税时采用双倍余额递减法。2015年年末甲公司对该项设备计提了40万元的减值准备。该项设备2014年年末“递延所得税负债”发生额为（ ）万元。

A. 0　　B. −5

C. 5　　D. 55

【解析】2014年12月31日，该项设备账面价值=1 000−（1 000−0）÷10=900（万元），计税基础=1 000−1 000×2÷10=800（万元），账面价值大于计税基础，因此产生应纳税暂时性差异。2014年年末递延所得税负债的科目余额=（900−800）×25%=25（万元）。

2015年年末应纳税暂时性差异=[1 000−（1 000−0）÷10×2−40]−[1 000−1 000×2÷10−（1 000−1 000×2÷10）×2÷10]=120（万元），递延所得税负债的科目余额=120×25%=30（万元），因此2015年年末递延所得税负债的发生额=30−25=5（万元）。

【答案】C

考点4 递延所得税资产的确认和计量（★★★）

考点分析

本考点在近几年的考试中出现计算分析题的概率较大，容易出现将递延所得税资产与递延所得税负债的知识相结合，对其会计处理进行考查。因此，考生在解答具有一定综合性的习题时，可先将相关知识点复习一遍。

考点精讲

1. 递延所得税资产的确认

（1）一般原则

①递延所得税资产的确认应以未来期间可能取得的应纳税所得额为限。可抵扣暂时性差异转回的未来期间，企业无法产生足够的应纳税所得额用以抵减可抵扣暂时性差异的影响，使得与递延所得税资产相关的经济利益无法实现的，该部分递延所得税资产不应确认。企业有确凿的证据表明，未来期间能够产生足够的应纳税所得额用于抵减可抵扣暂时性差异，则应以可能取得的应纳税所得额为限，确认相关的递延所得税资产。

②与联营企业、合营企业的投资相关的可抵扣暂时性差异，同时满足下列条件的，应当确认相关的递延所得税资产：一是暂时性差异在可预见的未来很可能转回；二是未来很可能获得用来抵扣可抵扣暂时性差异的应纳税所得额。

③对于税法规定可以结转以后年度的未弥补亏损和税款抵减，应当以很可能取得的应纳税所得额为限，确认相关的递延所得税资产，减少确认当期的所得税费用。

（2）不确认递延所得税资产的特殊情况

若企业发生的某项交易或事项不是企业合并，并且交易发生时既不影响会计利润也不影响应纳税所得额，且该项交易中产生的资产、负债的初始确认与其计税基础不同，产生可抵扣暂时性差异的，会计准则规定在交易或事项发生时不确定相关的递延所得税资产。这主要是因为如果确认递延所得税资产，则需调整资产、负债的入账价值，对实际成本进行调整将有违历史成本原则，影响会计信息的可靠性。

2. 递延所得税资产的计量

（1）适用税率的确定

确认递延所得税资产时，应估计相关可抵扣暂时性差异的转回时间，采用转回期间适用的所得税税率为基础计算确定。另外，无论相关的可抵扣暂时性差异转回期间如何，递延所得税资产均不予折现。

（2）递延所得税资产的减值

在资产负债表日，企业应当复核递延所得税资产的账面价值。如果未来期间很可能无法取得足够的应纳税所得额用以利用递延所得税资产的利益，应减记递延所得税资产的账面价值。对于预期无法实现的部分，一般应确认为当期所得税费用，同时减少递延所得税资产的账面价值。

递延所得税资产的账面价值减记以后的期间内，如果判断能够产生足够的应纳税所得额使得递延所得税资产包含的经济利益实现的，应相应恢复递延所得税资产的账面价值。

典型例题

【例题·单选题】2015 年年初，该公司“预计负债——产品质量保证”科目的账面余额为 500 万元，“递延所得税资产”科目余额为 57.5 万元。2014 年取得产品销售收入 5 000 万元，按照 3% 计提产品保修费用。假设产品保修费用在发生时可税前抵扣，当年实际发生保修费用 300 万元。假定甲公司适用所得税税率 25%，则 2015 年 12 月 31 日该公司“递延所得税资产”科目发生额为（　）万元。

A. 87.5　　B. 30

C. 57.5　　D. 0

【解析】2015 年 12 月 31 日，预计负债的账面余额 = 年初余额 + 本年计提金额 - 本年减少的金额 = 500+5 000×3%-300=350（万元），该负债实际发生时将全部抵扣，其计税基础 =350-350=0（万元）。负债的账面余额与计税基础的差异应确认的递延所得税资产 =（350-0）×25%=87.5（万元），当期发生额 =87.5-57.5=30（万元）。

【答案】B

考点5　特定交易或事项中涉及递延所得税的确认（★★★）

考点分析

本考点主要涉及两种特殊情况下涉及递延所得税的处理。考生应重点掌握特殊情况下确认递延所得税涉及的会计科目，以及特殊情况与一般情况相比，其涉及递延所得税会计处理的区别。

考点精讲

1. 与直接计入所有者权益的交易或事项相关的所得税

与当期及以前期间直接计入所有者权益的交易或事项相关的当期所得税或递延所得税应当计入所有者权益。此类交易或事项主要有以下几方面。

（1）会计政策变更采用追溯调整法或对前期差错更正采用追溯重述法调整期初留存收益。

（2）可供出售金融资产公允价值变动计入所有者权益（其他综合收益）。

（3）同时包含负债及权益成分的金融工具在初始确认时计入所有者权益等。

2. 与企业合并相关的递延所得税

在企业合并中，购买方取得的可抵扣暂时性差异，如购买日取得的被购买方在以前期间发生的未弥补亏损等，按照税法规定可以用于抵减以后年度应纳税所得额，但在购买日不符合递延所得税资产确认条件的不予确认。

购买日后 12 个月内，如取得新的或进一步的信息表明购买日的相关情况已经存在，预期被购买方在购买日可抵扣暂时性差异带来的经济利益能够实现的，应当确认相关的递延所得税资产，同时减少商誉，商誉不足冲减的，差额部分确认为当期损益。除上述情况以外，确认与企业合并相关的递延所得税资产，符合递延所得税资产的确认条件，应当计入当期损益，不得调整商誉。

典型例题

【例题·多选题】下列说法中，错误的有（　）。

A. 企业所有的应纳税暂时性差异均应确认为递延所得税负债

B. 企业应当对递延所得税资产与递延所得税负债进行折现

C. 企业对递延所得税进行计量时，应采用与收回资产或清偿债务的预期方式相一致的税率和计税基础

D. 本期可抵扣暂时性差异形成的递延所得税资产一定会使企业当期所得税费用减少

【解析】选项A错误，除企业会计准则中明确规定可不确认递延所得税负债的情况以外，企业对于所有的应纳税暂时性差异均应确认相关的递延所得税负债；选项B错误，企业不应当对递延所得税资产和递延所得税负债进行折现；选项D错误，本期由于可抵扣暂时性差异形成的递延所得税资产可能计入所有者权益，如与当期及以前期间直接计入所有者权益的交易或事项相关的当期所得税或递延所得税应当计入所有者权益。

【答案】ABD

考点6 适用所得税税率变化对已确认递延所得税资产和递延所得税负债的影响（★★★）

考点分析

本考点虽属于应掌握的内容，但在近几年考试中未出现过相关考题。若考试中涉及本考点内容，其出现在单选题或判断题中的概率较大。

考点精讲

因适用税收法规的变化，导致企业在某一会计期间适用的所得税税率发生变化的，企业应对已确认的递延所得税资产和递延所得税负债进行重新计量。除直接计入所有者权益的交易或事项产生的递延所得税资产和递延所得税负债，相关的调整金额应计入所有者权益以外，其他情况下产生的调整金额应确认为当期所得税费用（或收益）。

典型例题

【例题·判断题】若企业适用的所得税税率发生变化，其对已确认的递延所得税资产和递延所得税负债的调整金额应计入当期损益。（　）

【解析】若企业适用的所得税税率发生变化，对其已确认的递延所得税资产和递延所得税负债的调整，应区分以下两种情况进行处理：①属于直接计入所有者权益的交易或事项产生的递延所得税资产和递延所得税负债，相关的调整金额应计入所有者权益；②其他情况下产生的调整金额应确认为当期所得税费用（或收益）。

【答案】×

本节考点回顾与总结一览表

本节考点	知识总结
考点3 递延所得税负债的确认和计量	①除准则明确规定可不确认外，所有应纳税暂时性差异均应确认递延所得税负债 ②以应纳税暂时性差异转回期间适用的所得税税率计量
考点4 递延所得税资产的确认和计量	①可抵扣暂时性差异若在未来期间能取得足够的应纳税所得额时，应以未来期间取得的应纳税所得额为限确认递延所得税资产 ②以可抵扣暂时性差异转回期间适用的所得税税率计量
考点5 特定交易或事项中涉及递延所得税的确认	①与直接计入所有者权益的交易或事项相关的所得税，计入其他综合收益或留存收益 ②与企业合并相关的递延所得税
考点6 适用所得税税率变化对已确认递延所得税资产和递延所得税负债的影响	除直接计入所有者权益的交易或事项产生的递延所得税资产和递延所得税负债，相关的调整金额应计入所有者权益以外，其他情况下产生的调整金额应确认为当期所得税费用（或收益）

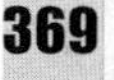

真题演练

【判断题】企业合并业务发生时确认的资产、负债初始计量金额与其计税基础不同所形成的应纳税暂时性差异，不确认递延所得税负债。（　）（2011年）

第三节 所得税费用的确认和计量

考点7 当期所得税、递延所得税费用（或收益）、所得税费用（★★★）

考点分析

本考点涉及的考题通常是让考生计算当期所得税、递延所得税或所得税费用。涉及的题型主要为单选题，但也有可能出现在计算分析题或综合题中。因此，考生需掌握相关的计算公式，并理解公式中各项目的含义。

考点精讲

1. 当期所得税

当期所得税（即当期应交所得税）是指企业按照税法计算应缴纳的所得税。计算公式如下。

应纳税所得额=会计利润+纳税增加额−纳税减少额+境外应税所得弥补境内亏损−弥补以前年度亏损

当期所得税=当期应交所得税=应纳税所得额×适用税率−减免税额−抵免税额

2. 递延所得税费用（或收益）

递延所得税费用（或收益）是指递延所得税资产和递延所得税负债的当期发生额。计算公式如下。

递延所得税费用（或收益）=当期递延所得税负债的发生额－当期递延所得税资产的发生额=（期末递延所得税负债－期初递延所得税负债）－（期末递延所得税资产－期初递延所得税资产）

实务中，对于计入所有者权益的交易或事项产生的递延所得税资产或递延所得税负债及其变化也应计入所有者权益，不计入递延所得税费用（或收益）。

3. 所得税费用

所得税费用应在利润表中单独列示。

所得税费用=当期所得税＋递延所得税费用（或收益）

典型例题

【例题1·多选题】以下业务不影响递延所得税资产的有（　）。

A. 资产减值准备的计提

B. 非公益性捐赠支出

C. 国债利息收入

D. 税务上对使用寿命不确定的无形资产执行不到10年的摊销标准

【解析】选项A，计提减值准备使得相关资产的账面价值小于其计税基础，产生可抵扣暂时性差异，相应调整递延所得税资产；选项B，属于纳税调整增加额，影响当期所得税；选项C，属于免税收入，应纳税调减；选项D，会计准则对于使用寿命不确定的无形资产，不要求摊销。在未发生减值的情况下，此类无形资产的账面价值大于其计税基础，产生应纳税暂时性差异，相应调整递延所得税负债。

【答案】BCD

【例题2·多选题】下列各项中，影响企业利润表“所得税费用”项目金额的有（　）。

A. 当期确认的应交所得税

B. 因对存货计提存货跌价准备而确认的递延所得税资产

C. 因可供出售金融资产公允价值上升而确认的递延所得税负债

D. 因交易性金融资产公允价值上升而确认的递延所得税负债

【解析】所得税费用＝当期所得税＋递延所得税费用或收益。选项C，该事项交易按照会计准则规定应计入所有者权益，由该事项产生的递延所得税负债也计入所有者权益，不构成递延所得税费用。

【答案】ABD

考点8 合并财务报表中因抵销未实现内部交易损益产生的递延所得税（★★★）

考点分析

本考点属于理解性内容，直接以考题进行考查的概率较小，其可作为解答计算分析题或综合题时要考虑的内容，属于比较细微的知识点。

考点精讲

企业在编制合并财务报表时，若暂时性差异的出现是由于抵销未实现内部销售损益导致合并资产负债表中资产、负债的账面价值与其在纳入合并范围的企业按照适用税法规定确定的计税基础不同而产生的，应在合并资产负债表中确认递延所得税资产或递延所得税负债，同时调整合并利润表中的所得税费用，但与直接计入所有者权益的交易或事项及企业合并相关的递延所得税除外。

企业在编制合并财务报表时，应将纳入合并范围的企业之间发生的未实现内部交易损益予以抵销。因此，对于所涉及的资产负债项目在合并资产负债表中列示的账面价值与其在所属的企业个别资产负债表中的价值会不同，从而导致与有关资产、负债所属纳税主体的计税基础产生不同。从合并财务报表作为一个完整经济主体的角度，应当确认该暂时性差异的所得税影响，同时调整合并利润表中的所得税费用，但与直接计入所有者权益的交易或事项及企业合并相关的递延所得税除外。

典型例题

【例题·单选题】甲公司拥有乙公司80%有表决权资本，能够对乙公司实施控制。2014年6月，甲公司向乙公司销售A商品，成本为900万元，售价为1 200万元。2014年12月31日，乙公司将上述商品对外销售80%。甲公司、乙公司适用的所得税税率均为25%。2014年12月31日合并财务报表中应确认的递延所得税资产为（　）万元。

A. 200　　B. 80

C. 60　　D. 15

【解析】应确认的递延所得税资产＝（1 200−900）×（1−80%）×25%=15（万元）。乙公司购进的该商品2014年有20%的部分未实现对外销售而形成期末存货，则2014年12月31日，存货中未实现内部销售利润＝（1 200−900）×（1−80%）=60（万元）。

2014年合并财务报表中，A商品的账面价值为180（1 200×20%−60）万元。由于A商品所属纳税主体为乙公司，A商品的计税基础应为乙公司个别资产负债表中的金额240万元（1 200×20%），由

此形成的可抵扣暂时性差异，应在合并财务报表上确认递延所得税资产 15 万元（60×25%）

【答案】D

本节考点回顾与总结一览表

本节考点	知识总结
考点 7 当期所得税、递延所得税费用（或收益）、所得税费用	①当期所得税即当期应交所得税 ②递延所得税费用（或收益）需根据递延所得税资产和递延所得税负债的期初、期末余额来计算 ③所得税费用 = 当期所得税 + 递延所得税费用
考点 8 合并财务报表中因抵销未实现内部交易损益产生的递延所得税	合并报表中应抵销的递延所得税 = 合并报表中应有递延所得税余额 − 个别报表中已有递延所得税余额

真题演练

【单选题】2011 年 12 月 31 日，甲公司因交易性金融资产和可供出售金融资产的公允价值变动，分别确认了 10 万元的递延所得税资产和 20 万元的递延所得税负债。甲公司当期应交所得税的金额为 150 万元。假定不考虑其他因素，该公司 2011 年度利润表“所得税费用”项目应列示的金额为（　）万元。（2012 年）

A. 120

B. 140

C. 160

D. 180

第四节 本章综合练习

（一）单选题

1. 甲公司于 2014 年 12 月 31 日“预计负债——产品质量保证费用”科目贷方余额为 300 万元，2015 年实际发生产品质量保证费用 310 万元，2015 年 12 月 31 日预提产品质量保证费用 220 万元，假定税法规定，产品质量保证费用在实际发生时允许税前扣除，2015 年 12 月 31 日该项负债的计税基础为（　）万元。

A. 0　　B. 120

C. 200　　D. 210

2. 按照所得税准则规定，下列各事项产生的暂时性差异中，不确认递延所得税的是（　）。

A. 非同一控制下免税合并产生的商誉

B. 计提无形资产减值准备

C. 会计准则与税法规定在折旧方法上有差异

D. 期末按公允价值调增可供出售金融资产

3. 2015 年 1 月 1 日，甲公司将一栋自用办公楼对外出租。该办公楼原价为 1 000 万元，预计使用年限为 20 年，预计净残值为 0，甲公司按直线法计提折旧。对外出租前，已使用 4 年。转换日甲公司能够持续取得该办公楼的公允价值，因此采用公允价值模式进行后续计量。假定税法规定的折旧方法、使用年限和净残值与会计相同。该办公楼在 2015 年 12 月 31 日的公允价值为 1 200 万元，则当日产生的暂时性差异为（　）。

A. 应纳税暂时性差异 450 万元

B. 可抵扣暂时性差异 450 万元

C. 应纳税暂时性差异 200 万元

D. 可抵扣暂时性差异 200 万元

4. 甲公司、乙公司为非关联方企业，均适用 25% 的所得税税率。2013 年 5 月 1 日，甲公司以增发市场价值为 1 000 万元的自身普通股（500 万股，每股面值 1 元，公允价值 2 元）为对价从公开市场购入乙公司 100% 股权。购买日乙公司各项可辨认净资产（假定为固定资产，不含递延所得税）的公允价值为 800 万元，计税基础为 660 万元。甲公司在购买日因确认的商誉为（　）万元。

A. 140　　B. 190

C. 200　　D. 235

5. 2015 年甲公司因销售商品提供售后服务计提了预计负债 40 万元，假设该负债在实际提供售后服务时可全部税前扣除。当年年初，由预计负债产生的递延所得税资产余额为 100 万元。假定甲公司适用 25% 所得税税率，且未发生其他纳税调整事项。2015 年 12 月 31 日，甲公司递延所得税资产的余额为（　）万元。

A. 35　　B. 100

C. 110　　D. 90

6. 甲公司 2015 年利润总额为 1 000 万元，适用 25% 的企业所得税税率。2013 年发生的以下事项存在会计与税收规定差异：①取得国债利息收入 10 万元；②持有的可供出售金融资产在年末的公允价值上升 200 万元，按照税法规定，资产在持有期间公允价值的变动不计入应纳税所得额，待处置时一并计入应纳税所得额；③计提坏账准备 30 万元。甲公司 2015 年年初的递延所得税资产和递延所得税负债金额均为 0，且预计未来期间能够产生足够的应纳税所得额用于抵扣可抵扣暂时性差异，则 2015 年甲

公司的所得税费用为（　）万元。

A. 205　　B. 147.5

C. 247.5　　D. 50

（二）多选题

1. 为了提升产品的市场竞争力，甲公司购入一项无形资产，成本为 1 000 万元，因其使用寿命无法估计，在会计处理时将其作为使用寿命不确定的无形资产，不计提摊销。计税时税法规定应按照 10 年进行摊销，则当年年末资产负债表日，关于无形资产说法正确的有（　）。

A. 该无形资产的计税基础为 900 万元

B. 该无形资产产生应纳税暂时性差异

C. 使用寿命不确定的无形资产产生可抵扣暂时性差异

D. 使用寿命不确定的无形资产不产生暂时性差异

2. 下列事项中，应确认递延所得税资产的有（　）。

A. 投资性房地产的账面价值小于其计税基础

B. 交易性金融资产的账面价值大于其计税基础

C. 存货的账面价值小于其计税基础

D. 预提产品售后保修费用

3. 下列项目中，可能使本期所得税费用减少的有（　）。

A. 本期应交所得税

B. 本期递延所得税资产借方发生额

C. 本期递延所得税负债借方发生额

D. 本期递延所得税负债贷方发生额

4. 下列项目中，不影响所得税费用的有（　）。

A. 企业采用直线法计提固定资产折旧，税法规定采用加速折旧法

B. 因污染环境而支付的罚款

C. 企业发生资本化的开发支出，税法规定按支出的 150% 摊销

D. 可供出售金融资产公允价值当期发生变动

（三）判断题

1. 企业对与子公司、联营企业及合营企业投资相关的应纳税暂时性差异，当同时满足“投资企业能够控制暂时性差异转回的时间”和“该暂时性差异在可预见的未来很可能不会转回”两个条件时，不应确认为递延所得税负债。（　）

2. 一项负债在未来期间可以抵扣的金额小于 0 时，应在未来期间应纳税所得额的基础上调增，产生抵扣暂时性差异，确认相关的递延所得税资产。（　）

3. 确认递延所得税资产时，应估计相关可抵扣暂时性差异的转回时间，采用转回期间适用的所得税税率为基础计算确定。递延所得税资产要求折现。（　）

第五节 本章真题演练及综合练习答案与解析

一、真题演练答案速查表

所在节	题号	答案	题号	答案	题号	答案
第一节	1	C	2	ABC		
第二节	×					
第三节	B					

二、本章综合练习答案与解析

（一）单选题

1. A【解析】2015 年 12 月 31 日该项负债的余额在未来期间计算应纳税所得额时按照税法规定可予抵扣，因此计税基础为 0。

2. A【解析】税法规定免税合并时不认可商誉的价值，即商誉的计税基础为 0，其账面价值与计税基础之间的差额形成应纳税暂时性差异。但是，确认该部分暂时性差异产生的递延所得税负债，将同时增加商誉和递延所得税负债的价值，进而使递延所得税负债和商誉价值量的变化不断循环。因此，会计准则规定不确认与合并中产生的商誉相关的递延所得税负债。

3. A【解析】对于公允价值模式进行后续计量的投资性房地产，2015 年 12 月 31 日其账面价值 = 公允价值 =1 200 万元，其计税基础 =1 000-（1 000-0）÷20×5=750（万元）。账面价值大于计税基础，将增加未来期间的应纳税所得额，即应纳税暂时性差异的发生额 =1 200-750=450（万元）。

4. D【解析】企业股东取得的股权支付金额不低于其交易支付总额的 85%，因此符合免税合并的条件。固定资产的公允价值（账面价值）大于计税基础，产生相关的递延所得税负债 =（800-660）×25%=35（万元）。应确认的商誉 = 合并成本 -（可辨认净资产的公允价值 + 递延所得税资产 - 递延所得税负债）=1 000-（800+0-35）=235（万元）。

5. C【解析】递延所得税资产 = 可抵扣暂时性差异 × 适用税率，即年初可抵扣暂时性差异 = 递延

所得税资产 ÷ 适用税率 =100 ÷ 25%=400（万元）。本年计提预计负债，新增可抵扣暂时性差异 50 万元，则当年年末预计负债相关的递延所得税资产 =（400+40）× 25%=110（万元）。

6. C【解析】当期所得税 = 应纳税所得额 × 适用税率 − 减免税额 − 抵免税额 =（1 000−10−200+30）× 25%−0−0=205（万元）。2015 年递延所得税负债发生额 =200 × 25%−0=50（万元）。2015 年递延所得税资产发生额 =30 × 25%−0=7.5（万元）。2015 年甲公司的所得税费用 =205+50−7.5=247.5（万元）。

（二）多选题

1. AB【解析】无形资产的账面价值 =1 000 万元，其计税基础 =1 000−1 000 ÷ 10=900（万元），账面价值大于计税基础，产生应纳税暂时性差异 100 万元（1 000−900）。

2. ACD【解析】选项 B，资产的账面价值大于其计税基础，产生的是应纳税暂时性差异，确认为递延所得税负债。

3. BC【解析】所得税费用 = 当期应交所得税 + 递延所得税负债发生额 − 递延所得税资产发生额，递延所得税负债发生额一般在贷方，递延所得税资产发生额一般在借方，因此本期递延所得税资产、递延所得税负债的借方发生额可减少所得税费用，而选项 A、D 则增加所得税费用。

4. CD【解析】选项 A，折旧方法的不同将导致固定资产账面价值大于其计税基础，由此产生应纳税暂时性差异，并确认为递延所得税负债；选项 B，罚款不允许税前扣除，因此应调增应纳税所得额；选项 C，资本化的开发支出的账面价值小于计税基础，但是该支出并非产生于企业合并，同时在产生时不影响应纳税所得额和会计利润，因此不确认与其相关的所得税影响；选项 D，可供出售金融资产公允价值当期发生变动时计入所有者权益，按照所得税准则的规定，与当期及以前期间直接计入所有者权益的交易或事项相关的当期所得税及递延所得税应当计入所有者权益，因此不影响所得税费用。

（三）判断题

1. √【解析】本题考查与企业合并相关的应纳税暂时性差异不确认递延所得税负债的条件。题目的说法正确。

2. ×【解析】负债在未来期间可以税前扣除的金额为负数，即应在未来期间应纳税所得额的基础上调增，增加应纳税所得额和应交所得税金额，产生应纳税暂时性差异，应确认相关的递延所得税负债。

3. ×【解析】无论相关的可抵扣暂时性差异转回期间如何，递延所得税资产均不予折现。

第十七章 外币折算

本章内容为“中级会计实务”中较为重要的章节，在近3年考试中，涉及的题型包括单选题、多选题、判断题和计算分析题，其中，客观题分值约为4分，若涉及计算分析题，本章内容在考试中所占分值将超过10分。本章考点虽然较少，但涉及的细节在考试时容易出错，如可供出售货币性金融资产与可供出售非货币性金融资产的汇兑差额在会计处理上的区别等。考生可采用比较的方法对不同或类似的知识点进行对比学习。

▼本章主要考点的题型、估计题量和所占分值一览表

主要考点	题型	题量	所占分值
①收到投资者以外币投入资本时的会计处理；②外币资产汇兑差额的会计处理	单选题	1题	1分
①外币交易的会计处理；②外币财务报表的折算	多选题	1题	2分
①外币财务报表的折算；②外币财务报表折算产生折算差额的处理	判断题	1题	1分
①编制外币业务的会计分录；②计算期末汇兑差额	计算分析题	1题	10分

▼本章知识结构一览表

外币折算	一、外币交易的会计处理	（1）记账本位币的确定（★★） （2）外币交易的会计处理（★★★）
	二、外币财务报表的折算	（1）外币财务报表折算的一般原则（★★★） （2）境外经营的处置（★★★）

第一节 外币交易的会计处理

考点1 记账本位币的确定（★★）

考点分析

本考点属于需熟悉的内容，多以客观题的方式进行考查，其中，企业确定记账本位币应考虑的因素以及记账本位币与财务报表编报货币的关系出现在考题中的概率相对较大。

考点精讲

记账本位币是指企业经营所处的主要经济环境中的货币。

1. 企业记账本位币的确定

《会计法》规定，我国企业通常应选择人民币作为记账本位币。业务收支以人民币以外的货币为主的企业，可选定其中一种货币作为记账本位币，但是编报的财务报表应当折算为人民币。

企业选定记账本位币，应当考虑下列因素。

（1）该货币主要影响商品和劳务的销售价格，通常以该货币进行商品和劳务的计价及结算。

（2）该货币主要影响商品和劳务所需人工、材料和其他费用，通常以该货币进行上述费用的计价和结算。

（3）融资活动获得的货币以及保存从经营活动中收取款项所使用的货币。

名师解读

企业在确定记账本位币时，若考虑上述3项因素所确定的记账本位币不相同的，也只能根据实际情况，选择确定其中一种货币作为记账本位币。

2. 境外经营记账本位币的确定

境外经营是指企业在境外的子公司、合营企业、联营企业和分支机构。企业在境内的子公司、合营企业、联营企业和分支机构，采用的记账本位币不同于本企业记账本位币的，也视同境外经营。

名师解读

境外经营的确定，不是以所处位置是否在境外为标准，而需比较其选定的记账本位币与本企业的记账本位币是否相同来确定。

以子公司为境外经营为例，要确定境外经营记账本位币，除考虑记账本位币的3个影响因素外，还应考虑以下 4 个问题。

（1）境外经营对其所从事的活动是否拥有很强的自主性。

（2）境外经营活动与企业的交易是否在境外经营活动中占有较大比重。

（3）境外经营活动产生的现金流量是否直接影响企业的现金流量以及是否可以随时汇回。

（4）境外经营活动产生的现金流量是否足以偿还其现有债务和可预期的债务。

3. 记账本位币的变更

企业记账本位币一经确定，不得随意变更，除非与确定记账本位币相关的企业经营所处的主要经济环境发生重大变化。同时企业需要提供确凿的证据表明企业经营所处的主要经济环境确实发生了重大变化，并应当在附注中披露变更的理由。

其中，主要经济环境发生重大变化是指企业主要收取和支出现金的环境发生重大变化，使用该环境中的货币最能反映企业的主要交易业务的经济结果。

企业因经营所处的主要经济环境发生重大变化，确需变更记账本位币的，应当采用变更当日的即期汇率将所有项目折算为变更后的记账本位币，其比较财务报表应当以可比当日的即期汇率折算所有资产负债表和利润表项目。因此，由于采用了同一即期汇率进行折算，不会产生汇兑差额。

典型例题

【例题 1 · 多选题】下列各项中，属于企业在确定记账本位币时应考虑的因素有（ ）。（2011 年）

A. 取得借款使用的主要计价货币

B. 确定商品生产成本使用的主要计价货币

C. 确定商品销售价格使用的主要计价货币

D. 从经营活动中收取货款使用的主要计价货币

【解析】企业选定记账本位币应当考虑的因素包括：①该货币主要影响商品和劳务的销售价格，通常以该货币进行商品和劳务的计价及结算；②该货币主要影响商品和劳务所需人工、材料和其他费用，通常以该货币进行上述费用的计价和结算；③融资活动所获得的货币以及保存从经营活动中收取款项所使用的货币。

【答案】ABCD

【例题 2 · 判断题】业务收支以人民币以外的货币为主的企业，可以选定其中一种货币作为记账本位币，但编制的财务报表应当折算为人民币金额。（ ）（2010 年）

【解析】《会计法》规定，企业通常应当选择人民币作为记账本位币。业务收支以人民币以外的货币为主的企业，可以选定其中一种货币作为记账本位币，但编制的财务报表应当折算为人民币金额。

【答案】√

考点2 外币交易的会计处理（★★★）

考点分析

本考点是热门考点，基本每年都会涉及考查相关考题。其考查范围较广，如外币投入资本汇率的选择、外币货币性资产与外币非货币性资产项目的会计处理以及期末汇兑差额的计算等都可作为考查内容。

考点精讲

1. 外币交易发生日的初始确认

企业发生外币交易的，应在初始确认时采用交易发生日的即期汇率或即期汇率的近似汇率将外币金额折算为记账本位币金额。即期汇率，通常是指中国人民银行公布的当日人民币外汇牌价的中间价，即人民币对外币的买入价和卖出价的平均值。

企业进行初始计量选择折算汇率时，应遵循以下规定。

（1）企业通常应选择即期汇率进行折算。当汇率变化不大时，企业也可以采用按照系统合理的方法确定的、与交易发生日即期汇率近似的汇率进行折算，通常采用当期平均汇率或加权平均汇率等。

（2）若企业发生单纯的货币兑换交易或涉及货币兑换的交易事项时，仅用中间价不能反映货币买卖的损益，则应当按照交易实际采用的汇率（即银行买入价或卖出价）核算。

（3）当企业收到投资者以外币投入的资本，无论是否有合同约定汇率，均不得采用合同约定汇率和即期汇率的近似汇率折算，而应采用交易发生日的即期汇率折算。在这种情况下，外币投入资本与相应的货币性项目的记账本位币金额相等，不产生外币资本折算差额。

2. 资产负债表日或结算日的会计处理

（1）外币货币性项目

资产负债表日或结算货币性项目时，企业应当采用资产负债表日或结算当日即期汇率折算外币货币性项目，当日即期汇率与初始确认时或者前一资产负债表日即期汇率不同而产生的汇兑差额，计入财务费用，同时调增或调减外币货币性项目的记账本位币金额。汇兑差额的计算公式如下。

汇兑差额 = 外币货币性项目余额 × 资产负债表日或结算日即期汇率 − 该项目初始确认的记账本位币金额

【案例】2015 年 1 月 6 日，甲公司出口商品给乙公司，货款尚未收回，产生应收款项 1 万美

元，当日的即期汇率为1美元＝6.4人民币元，1月20日收到上述货款，兑换成人民币后直接存入银行，当日的银行买入价为1美元＝6.5人民币元。针对上述业务，甲公司应如何编制收回货款的会计分录。

【解析】本例中，汇兑差额＝外币货币性项目余额×资产负债表日或结算日即期汇率－该项目初始确认的记账本位币金额＝10 000×6.5－10 000×6.4＝1 000（人民币元）＞0，产生汇兑收益。甲公司应编制的会计分录如下。

借：银行存款——人民币　　65 000

　　贷：应收账款——乙公司（美元）　64 000

　　　　财务费用——汇兑差额　　1 000

（2）外币非货币性项目

非货币性项目是货币性项目以外的项目，如存货、长期股权投资、交易性金融资产（股票、基金等）、固定资产和无形资产等。

①以历史成本计量的外币非货币性项目，已在交易发生日按当日即期汇率折算，资产负债表日不应改变其原记账本位币金额，不产生汇兑差额。

②以成本与可变现净值孰低计量的存货，在以外币购入存货并且该存货在资产负债表日的可变现净值以外币反映的情况下，确定资产负债表日存货价值时应当考虑汇率变动的影响。即先按资产负债表日的即期汇率计算以记账本位币反映的可变现净值；然后将其与以记账本位币反映的存货成本进行比较，较低者为该项存货的期末价值，成本大于可变现净值时计提跌价准备；最后确定存货的期末价值。

③以公允价值计量的外币非货币性项目，期末公允价值以外币反映的，应当先将该外币金额按照公允价值确定当日的即期汇率折算为记账本位币金额，再与原记账本位币金额进行比较。

属于交易性金融资产（股票和基金等）的，折算后的记账本位币金额与原记账本位币金额之间的差额应作为公允价值变动损益（含汇率变动），计入当期损益。属于可供出售金融资产的，差额则应记入“其他综合收益”科目。

典型例题

【例题1·单选题】企业将收到的投资者以外币投入的资本折算为记账本位币时，应采用的折算汇率是（　）。（2014年）

A. 投资合同约定的汇率

B. 投资合同签订时的即期汇率

C. 收到投资款时的即期汇率

D. 收到投资款当月的平均汇率

【解析】企业收到投资者以外币投入的资本，无论是否有合同约定汇率，均不得采用合同约定汇率和即期汇率的近似汇率折算，而应采用交易发生日的即期汇率折算。

【答案】C

【例题2·多选题】下列关于工商企业外币交易会计处理的表述中，正确的有（　）。（2014年）

A. 结算外币应收账款形成的汇兑差额应计入财务费用

B. 结算外币应付账款形成的汇兑差额应计入财务费用

C. 出售外币交易性金融资产形成的汇兑差额应计入投资收益

D. 出售外币可供出售金融资产形成的汇兑差额应计入资本公积

【解析】选项A、B，外币应收账款、外币应付账款属于外币货币性项目，结算时产生的汇兑差额应计入财务费用；选项C、D，出售外币交易性金融资产、外币可供出售金融资产时，相关金融资产的售价与原账面价值产生差额的，不必区分汇率变动和市价变动，都直接将该差额计入投资收益。如果会计期末相关金融资产未售出，交易性金融资产或可供出售金融资产折算前后的差额应分别计入公允价值变动损益和资本公积。

【答案】ABC

【例题3·单选题】甲公司以人民币作为记账本位币，对期末存货按成本与可变现净值孰低计价。2015年5月1日，甲公司进口一批商品，价款为200万美元，当日即期汇率为1美元＝6.1人民币元。2015年12月31日，甲公司该批商品中仍有50%尚未出售，可变现净值为90万美元，当日即期汇率为1美元＝6.2人民币元。不考虑其他因素，2015年12月31日，该批商品期末计价对甲公司利润总额的影响金额为（　）万人民币元。（2016年）

A. 减少104

B. 增加104

C. 增加52

D. 减少52

【解析】2015年12月31日，该批存货可变现净值＝90×6.2＝558（万人民币元），该批存货账面价值＝200×6.1×50%＝610（万人民币元）＞其可变现净值，因此，应计提存货跌价准备，金额＝610－558＝52（万人民币元）。计提存货跌价准备时，借记“资产减值准备”，贷记“存货跌价准备”，因此会使甲公司利润总额减少52万人民币元。

【答案】D

本节考点回顾与总结一览表

本节考点	知识总结
考点1 记账本位币的确定	①一般以人民币为记账本位币，以其他货币为记账本位币的，财务报表应折算为人民币 ②境外经营的判断应以选定的记账本位币与本企业的记账本位币是否一致为依据 ③记账本位币变更时应采用变更当日的即期汇率折算
考点2 外币交易的会计处理	①初始确认：一般以发生日的即期汇率或即期汇率的近似汇率折算；单纯外币兑换业务采用银行买入价或卖出价折算；外币投入资本采用交易发生日即期汇率折算 ②货币性项目采用资产负债表日即期汇率折算；非货币性项目应根据资产的计量特点，采用即期汇率进行折算

真题演练

1.【多选题】下列各项中，在资产负债表日应按该日即期汇率折算的有（　）。（2008年）

A. 以外币购入的存货

B. 外币债权债务

C. 以外币购入的固定资产

D. 以外币标价的交易性金融资产

2.【单选题】下列各项外币资产发生的汇兑差额，不应计入财务费用的是（　）。（2013年）

A. 应收账款　　B. 银行存款

C. 交易性金融资产　　D. 持有至到期投资

3.【单选题】2014年12月1日，甲公司以300万港元取得乙公司在香港联交所挂牌交易的H股100万股，作为可供出售金融资产核算。2014年12月31日，上述股票的公允价值为350万港元。甲公司以人民币作为记账本位币。假定2014年12月1日和31日港元即期汇率分别为0.83人民币元和0.81人民币元。不考虑其他因素，2014年12月31日，甲公司因该资产计入所有者权益的金额为（　）万元。（2015年）

A. 34.5　　B. 40.5

C. 41　　D. 41.5

第二节 外币财务报表的折算

考点3 外币财务报表折算的一般原则（★★★）

考点分析

本考点同样属于本章的重点，其多以单选题和判断题的形式进行考查。其中，有关外币折算汇率的选择与外币财务报表的折算的具体应用属于常考内容。

考点精讲

1. 境外经营财务报表的折算

企业对境外经营财务报表折算时，对于折算汇率的选择与折算差额在财务报表中的列示，应遵循以下规定。

（1）资产负债表中的资产和负债项目，采用资产负债表日的即期汇率折算，所有者权益项目除“未分配利润”项目外，其他项目采用发生时的即期汇率折算。

（2）利润表中的收入和费用项目，采用交易发生日的即期汇率或者即期汇率的近似汇率折算。

（3）产生的外币财务报表折算差额，在资产负债表中所有者权益项目下单独作为“其他综合收益”项目列示。

当期计提的盈余公积采用当期平均汇率折算，期初盈余公积为以前年度计提的盈余公积按相应年度平均汇率折算后金额的累计，期初未分配利润记账本位币金额为以前年度未分配利润记账本位币金额的累计。

企业选定的记账本位币不是人民币的，应当按照境外经营财务报表折算原则将其财务报表折算为人民币财务报表。

2. 包含境外经营的合并财务报表编制的特别处理

企业境外经营为子公司的情况下，企业在编制合并财务报表时，应按照母公司与子公司少数股东之间按照各自在境外经营所有者权益中所享有的份额，对境外经营财务报表折算差额进行分摊。其中，归属于母公司应分担的部分在合并资产负债表和合并所有者权益变动表中所有者权益项目下单独作为“其他综合收益”项目列示。归属于子公司少数股东应分担的部分应并入“少数股东权益”项目列示。

企业存在实质上构成对子公司（境外经营）净投资的外币货币性项目的情况下，在编制合并财务报表时，应分别为以下两种情况编制抵销分录。

（1）实质上构成对子公司净投资的外币货币性项目以母公司或子公司的记账本位币反映，则应在抵销长期应收、长期应付项目的同时，将其产生的汇兑差额转入“其他综合收益”项目。

借：财务费用——汇兑差额（或贷记）

　　贷：其他综合收益（或借记）

（2）实质上构成对子公司净投资的外币货币性项目以母、子公司的记账本位币以外的货币反映，应将母、子公司此项外币货币性项目产生的汇兑差额相互抵销，差额转入“其他综合收益”科目。

如果合并财务报表中各子公司之间也存在实质上构成对另一子公司（境外经营）净投资的外币货币性项目，在编制合并财务报表时应比照上述原则编制相应的抵销分录。

典型例题

【例题1·判断题】企业当期产生的外币报表折算差额，应在利润表“财务费用”项目中列示。（　）（2014年）

【解析】产生的外币报表折算差额，应在合并资产负债表中的“所有者权益”项目下单独作为“其他综合收益”项目列示。

【答案】×

【例题2·多选题】企业对境外经营财务报表折算时，下列各项中，应当采用资产负债表日即期汇率折算的有（　）。（2016年）

A. 固定资产

B. 未分配利润

C. 实收资本

D. 应付账款

【解析】资产负债表中的资产和负债项目，采用资产负债表日的即期汇率折算，所有者权益项目除“未分配利润”项目外，其他项目采用发生时的即期汇率折算。

【答案】AD

【例题3·判断题】企业编制的合并财务报表涉及境外经营时，实质上构成对境外经营净投资的外币货币性项目产生的汇兑差额应先相互抵销，抵销后仍有余额的，再将该余额转入外币报表折算差额。（　）（2013年）

【解析】在合并报表中，实质上构成对子公司的长期净投资的外币货币性项目，以母公司和子公司以外的货币反映的，在编制合并财务报表时，应当相互抵销，抵销后仍有余额的，再将该余额转入外币报表折算差额。

【答案】√

考点4 境外经营的处置（★★★）

考点分析

本考点在考试中主要是针对外币财务报表折算差额的结转进行考查的，考生应抓住这个关键点，然后根据题干中描述的具体情况进行答题即可。

考点精讲

企业处置全部境外经营的，应当将资产负债表中与该境外经营相关的外币财务报表折算差额，自所有者权益项目转入处置当期损益。企业部分处置境外经营的，应当按处置的比例计算处置部分的外币财务报表折算差额，转入处置当期损益。

借：其他综合收益（或贷记）

　贷：投资收益（或借记）

典型例题

【例题·判断题】在企业不提供资金的情况下，境外经营活动产生的现金流量难以偿还其现有债务和正常情况下可预期债务的，境外经营应当选择与企业记账本位币相同的货币作为记账本位币。（　）（2015年）

【解析】在企业不提供资金的情况下，如果境外经营活动产生的现金流量难以偿还其现有债务和正常情况下可预期的债务，境外经营应当选择与企业记账本位币相同的货币作为记账本位币，反之，应选择其他货币。本题表述正确。

【答案】√

本节考点回顾与总结一览表

本节考点	知识总结
考点3 外币财务报表折算的一般原则	①资产和负债项目按照资产负债表日即期汇率折算，所有者权益项目中除“未分配利润”外的其他项目按发生时的即期汇率折算 ②折算差额在“其他综合收益”项目下列示 ③少数股东应分担的折算差额在“少数股东权益”项目下列示
考点4 境外经营的处置	①按处置比例结转外币财务报表折算差额 ②外币报表折算差额转入处置当期损益

真题演练

1.**【多选题】企业将境外经营的财务报表折算为以企业记账本位币反映的财务报表时，应当采用资产负债表日即期汇率折算的项目有（　）。（2015年）**

A. 固定资产

B. 应付账款

C. 营业收入

D. 未分配利润

2.**【判断题】**企业对境外子公司的外币利润表进行折算时，可以采用交易发生日即期汇率，也可以采用按照系统合理的方法确定的、与交易日即期汇率近似的汇率。（　）（2008年）

第三节 本章综合练习

（一）单选题

1. 甲公司为外贸自营出口企业，其产品销售收入的40%以欧元结算，60%以美元结算，其人工成本、原材料以及相应的厂房设施、机器设备等85%以上在国内采购并以人民币计价，其余部分以欧元计价。A公司取得外币营业收入在汇回国内时直接兑换为人民币存款，且A公司对欧元、美元波动产生的外币风险进行了套期保值。不考虑其他因素，则A公司应采用的记账本位币为（　）。

A. 人民币　B. 美元

C. 欧元　D. 任意币种

2. 下列各项中，不得使用即期汇率的近似汇率进行折算的是（　）。

A. 接受投资收到的外币

B. 购入原材料应支付的外币

C. 取得借款收到的外币

D. 销售商品应收取的外币

3. 甲企业采用交易发生日的即期汇率折算外币业务。2014年1月10日，收到外商作为投资而投入的设备一台，投资各方确认价值为45万美元，交易发生日的即期汇率为1美元=6.0元人民币，另发生运杂费4万人民币元，进口关税27万人民币元，安装调试费6万人民币元。不考虑其他相关税费，则该设备的入账价值为（　）万人民币元。

A. 316.35　B. 270

C. 307　D. 280

4. 下列各项外币资产发生的汇兑差额，不应计入当期损益的是（　）。

A. 应收账款

B. 交易性金融资产

C. 持有至到期投资

D. 可供出售权益工具投资

5. 甲公司记账本位币为人民币，外币业务采用交易日的即期汇率进行折算，按月计算汇兑损益。1月10日，向乙公司销售产品，货款共计500万美元，款项在3月10日才收到。相关即期汇率如下：1月10日，1美元=6.30人民币元；1月31日，1美元=6.28人民币元；2月1日，1美元=6.32人民币元；2月28日，1美元=6.35人民币元；3月10日，1美元=6.34人民币元。该项应收账款在2月应确认的汇兑收益为（　）万人民币元。

A. 25　B. 15

C. 35　D. 0

6. 下列关于外币财务报表折算的表述中，不正确的是（　）。

A. 资产和负债项目应当采用资产负债表日的即期汇率进行折算

B. 所有者权益项目，除“未分配利润”项目外，其他项目均应采用发生时的即期汇率进行折算

C. 利润表中的收入和费用项目，应当采用交易发生日的即期汇率折算，也可以采用与交易发生日即期汇率近似的汇率进行折算

D. 在部分处置境外经营时，应将资产负债表中所有者权益项目下列示的、与境外经营相关的全部外币财务报表折算差额转入当期损益

（二）多选题

1. 下列关于记账本位币的说法中正确的有（　）。

A. 记账本位币是指企业经营所处的主要经济环境中的货币

B. 企业的记账本位币只能是人民币

C. 无论企业采用哪种货币作为记账本位币，编报的财务会计报告均应当折算为人民币

D. 企业的记账本位币一经确定，不得随意变更

2. 下列各项中，不属于外币货币性项目的有（　）。

A. 交易性金融资产　B. 长期应收款

C. 预收款项　D. 应付债券

3. 企业发生各类外币业务形成的折算差额，可能计入的科目有（　）。

A. 公允价值变动损益

B. 在建工程

C. 财务费用

D. 其他综合收益

（三）判断题

1. 在境内的子公司、合营企业、联营企业、分支机构，虽然采用不同于企业的记账本位币的，也不属于境外经营。（　）

2. 外币财务报表折算产生的折算差额，应在资产负债表“未分配利润”项目列示。（　）

3. 结算日的即期汇率下降时，外币货币性资产会产生汇兑收益。结算日的即期汇率上升时，外币货币性负债会产生汇兑收益。（　）

4. 期末，交易性金融资产的公允价值以外币反映的，应将外币金额按照公允价值确定当日的即期汇率折算为记账本位币，其与原记账本位币金额差额不含汇率变动，只反映公允价值变动。（　）

第四节 本章真题演练及综合练习答案与解析

一、真题演练答案速查表

所在节	题号	答案	题号	答案	题号	答案
第一节	1	BD	2	C	3	A
第二节	1	AB	2	√		

二、本章综合练习答案与解析

（一）单选题

1. A【解析】甲公司虽然为外贸出口企业，但因其营业收入在汇回国内时直接换成了人民币存款，且对外币风险进行了套期保值，降低了汇率波动对甲公司取得的外币销售收入的影响，因此甲公司应以人民币作为记账本位币。

2. A【解析】企业收到的投资者以外币投入的资本，无论是否有合同约定汇率，均不得采用合同约定汇率和即期汇率的近似汇率折算，而是采用交易日即期汇率折算。

3. C【解析】计算该设备的入账价值时应采用交易发生日的即期汇率折算，其入账价值 $=45\times6.0+4+27+6=307$（万人民币元）。

4. D【解析】选项A，应计入财务费用；选项B，应计入公允价值变动损益；选项C，应计入财务费用；选项D，应计入其他综合收益。

5. C【解析】该项应收账款在2月应确认的汇兑收益 $=500\times(6.35-6.28)=35$（万人民币元）。

6. D【解析】选项D，企业部分处置境外经营的，应当按处置的比例计算处置部分的外币财务报表折算差额，转入处置当期损益。

（二）多选题

1. ACD【解析】选项B错误，业务收支以人民币以外的货币为主的企业，可选定其中任一货币作为记账本位币，但是编报时采用的货币应为人民币。

2. AC【解析】选项A，属于外币非货币性项目；选项C，预收款项通常是以企业对外出售资产的方式进行结算，不属于企业将以固定或可确定金额的货币偿付的负债。

3. ABCD【解析】一般情况下，发生汇兑等业务形成的折算差额记入“财务费用”科目，选项C正确。属于交易性金融资产（股票、基金等）的，折算后的记账本位币金额与原记账本位币金额之间的差额应作为公允价值变动损益（含汇率变动），计入当期损益，选项A正确；属于可供出售金融资产的，差额则应计入其他综合收益，选项D正确 。为购建或生产满足资本化条件的资产发生的应予资本化借款费用通过“在建工程”等科目核算，选项B正确。

（三）判断题

1. ×【解析】在境内的子公司、合营企业、联营企业、分支机构，如果采用不同于企业的记账本位币的，也视同境外经营。

2. ×【解析】外币报表折算差额是在资产负债表所有者权益下的“其他综合收益”项目单独反映的。

3. ×【解析】结算日的即期汇率下降时，外币货币性资产会产生汇兑损失；结算日的即期汇率上升时，外币货币性负债会产生汇兑损失。

4. ×【解析】属于交易性金融资产（股票、基金等）的，折算后的记账本位币金额与原记账本位币金额之间的差额，实际上包含了公允价值变动的影响，也包含了汇率变动的影响，均计入公允价值变动损益。

会计政策、会计估计变更和差错更正

本章内容的概念性较强，各知识点大多需要考生理解记忆。在近 3 年考试中，本章内容主要涉及单选题、多选题和判断题，题量约为 2 题，所占分数约为 3 分。本章虽然所占分值不高，但内容较为重要，对于涉及前期差错更正的会计处理，考生可借助资产等章节的内容加以理解。

▼ 本章主要考点的题型、估计题量和所占分值一览表

主要考点	题型	题量	所占分值
①会计政策变更的判断；②会计估计变更的判断	单选题	1 题	1 分
①采用追溯调整法或追溯重述法对相关事项的会计处理；②重要前期差错的更正	多选题	1 题	2 分
追溯调整法的概念	判断题	1 题	1 分

▼ 本章知识结构一览表

会计政策、会计估计变更和差错更正		
	一、会计政策及其变更	（1）会计政策变更的概念及其条件（★★★） （2）会计政策变更的会计处理（★★★）
	二、会计估计及其变更	（1）会计估计变更的概念（★★★） （2）会计估计变更的会计处理（★★★）
	三、前期差错更正	前期差错的概念以及前期差错更正的会计处理（★★★）

第一节 会计政策及其变更

考点1 会计政策变更的概念及其条件（★★★）

考点分析

本考点既可能考查会计政策变更的概念，也可能让考生判断题干或选项的表述是否属于会计政策变更。只要考生掌握会计政策变更的实质以及不属于会计政策变更的特殊情形，即可正确答题。

考点精讲

1. 会计政策的概念

会计政策是指企业在会计确认、计量和报告中所采用的原则、基础和会计处理方法。企业的会计政策一经确定，不得随意变更。

名师解读

会计政策、会计原则、会计基础以及会计处理方法是 4 个容易混淆的概念，它们之间的区别如表 18-1 所示。

表 18-1 会计政策、会计原则、会计基础和会计处理方法的区别

	会计政策	会计原则	会计基础	会计处理方法
概念	企业在会计确认、计量和报告中所采用的原则、基础和会计处理方法	建立在会计目标、会计假设及会计概念等会计基础理论之上具体确认和计量会计事项所应当依据的概念和规则	为了将会计原则应用于交易或事项而采取的会计使用方法，主要是指会计的计量基础	会计核算中企业按照法律、法规等会计制度的规定应选择的、适用于企业的具体的会计处理办法
举例	包括后面三者所包括的内容	收入的确认条件、预计负债的确认条件等	投资性房地产后续计量方法中成本模式计量和公允价值模式计量的选择等	存货的期末计价方法、长期股权投资方法中成本法与权益法的选择等

2. 会计政策变更及其条件

会计政策变更是指企业对相同的交易或者事项由原来采用的会计政策改用另一会计政策的行为。采用变更后的会计政策可使会计信息更具可靠性和相关性。

符合下列条件之一时，企业可以变更会计政策。

（1）法律、行政法规或国家统一的会计制度等要求变更（即制定了新的国家统一的会计制度，或对原有的国家统一的会计制度进行了修订而要求变更会计政策）。

（2）会计政策的变更能够提供更可靠、更相关的会计信息。

会计政策变更的认定将影响到会计处理方法的选择，下列情形不属于会计政策变更。

（1）本期发生的交易或者事项与以前相比具有本质差别而采用新的会计政策。如租赁方式的改变不属于会计政策变更。

（2）对初次发生的或不重要的交易或者事项采用新的会计政策。

典型例题

【例题 1 · 判断题】企业对初次发生的或不重要的交易或事项采用新的会计政策，属于会计政策变更。（　）

【解析】企业对初次发生的或不重要的交易或事项采用新的会计政策，不属于会计政策变更。

【答案】×

【例题 2 · 单选题】下列各项中，属于会计政策变更的是（　）。（2013 年）

A. 固定资产折旧方法由年数总和法改为年限平均法

B. 固定资产改造完成后将其使用年限由 6 年延长至 9 年

C. 投资性房地产的后续计量从成本模式转换为公允价值模式

D. 租入的设备因生产经营需要由经营租赁改为融资租赁而改变会计政策

【解析】选项 A 属于会计估计变更；选项 B 属于会计估计变更；选项 C 属于会计政策变更；选项 D，经营租赁和融资租赁存在本质差别，因此改变租赁方式不属于会计政策变更。

【答案】C

考点2 会计政策变更的会计处理（★★★）

考点分析

本考点的理论性较强，考生应重点掌握会计政策变更会计处理涉及的两种方法，以及其含义、适用范围等。

考点精讲

对会计政策变更进行会计处理的方法主要有追溯调整法和未来适用法。

1. 追溯调整法

追溯调整法是指对每项交易或事项变更会计政策，视同该项交易或事项初次发生时即采用变更后的会计政策，并以此对财务报表相关项目进行调整的方法。

运用追溯调整法的步骤如图 18-1 所示。

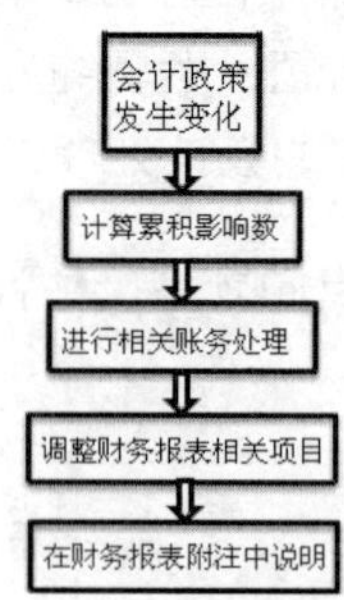

图 18-1 运用追溯调整法的步骤

图 18-1 中，累积影响数是指按照变更后的会计政策对以前各期追溯计算的列报前期最早期初留存收益应有金额与现有金额之间的差额。通常可以通过以下各个步骤计算获得。

（1）根据新的会计政策重新计算受影响的前期交易或事项。

（2）计算两种会计政策下的差异（税前）。

（3）计算差异的所得税影响金额。

（4）确定前期中每一期的税后差异。

（5）计算会计政策变更的累积影响数。

采用追溯调整法时，会计政策变更的累积影响数应包括在变更当期期初留存收益中。但是，如果提供可比财务报表，对于比较财务报表期间的会计政策变更，应调整各该期间净利润各项目和财务报表其他相关项目，视同该政策在比较财务报表期间一直采用。对于比较财务报表可比期间以前的会计政策变更的累积影响数，应调整比较财务报表最早期间的期初留存收益，财务报表其他相关项目的数字也应一并调整。

2. 未来适用法

未来适用法是指将变更后的会计政策应用于变更日及以后发生的交易或者事项，或者在会计估计变更当期和未来期间确认会计估计变更影响数的方法。在未来适用法下，不需要计算会计政策变更产生的累计影响数，也无需重新编制以前年度的财务报表。

企业对于会计政策变更会计方法的选择，国家对此有规定的，应按照国家规定执行；除此之外，对于能追溯调整的，应当采用追溯调整法进行会计处理，若不能追溯调整的，则采用未来适用法进行会计处理。

典型例题

【例题 1 · 多选题】会计政策变更采用追溯调整法时，属于追溯调整的内容有（ ）。

A. 应计算会计政策变更的累积影响数

B. 应调整期初留存收益

C. 应调整会计报表相关项目的期初数或上年数

D. 应重新编制以前年度会计报表

【解析】会计政策变更采用追溯调整法时，应将会计政策变更累积影响数调整列报前期最早期初留存收益，其他相关项目的期初余额一并调整，故选项 A、B、C 正确。

【答案】ABC

【例题 2 · 判断题】企业对会计政策变更采用追溯调整法时，应当按照会计政策变更的累积影响数调整当期期初的留存收益。（ ）（2016 年）

【解析】会计政策变更能够提供更可靠、更相关的会计信息的，应当采用追溯调整法处理，将会计政策变更累计影响数调整列报前期最早期初留存收益，其他相关项目的期初余额和列报前期披露的其他比较数据也应当一并调整，但确定该项会计政策变更累积影响数不切实可行的除外。因此，本题表述正确。

【答案】√

本节考点回顾与总结一览表

本节考点	知识总结
考点 1 会计政策变更的概念及其条件	①对相同交易或事项由原来采用的会计政策改用另一会计政策 ②会计政策变更需满足一定的条件 ③不属于会计政策变更的两种特殊情形
考点 2 会计政策变更的会计处理	①追溯调整法：关键是计算累计影响数，其可分为 5 个步骤获得；会计政策变更，除国家另有规定外，能追溯调整的，采用该法 ②未来适用法：除国家另有规定外，会计政策变更不能追溯调整的，采用该法

真题演练

1.【多选题】下列关于会计政策及其变更的表述中，正确的有（ ）。（2011 年）

A. 会计政策涉及会计原则、会计基础和具体会计处理方法

B. 变更会计政策表明以前会计期间采用的会计政策存在错误

C. 变更会计政策能够更好地反映企业的财务状况和经营成果

D. 本期发生的交易或事项与前期相比具有本质差别而采用新的会计政策，不属于会计政策变更

2.【多选题】下列各项中，属于会计政策变更的有（ ）。（2008 年）

A. 无形资产摊销方法由生产总量法改为年限平均法

B. 因执行新会计准则将建造合同收入确认方法由完成合同法改为完工百分比法

C. 投资性房地产的后续计量由成本模式改为公允价值模式

D. 因执行新会计准则对子公司的长期股权投资由权益法改为成本法核算

第二节 会计估计及其变更

考点3 会计估计变更的概念（★★★）

考点分析

本考点在考试中常见的考查方式为对具体事项的变更是否属于会计估计变更进行判断。因此，考生应能够区分会计估计变更与会计政策变更以及前期差错的区别，涉及的题型包括单选题、多选题和判断题。

考点精讲

会计估计是指企业对结果不确定的交易或事项以最近可利用的信息为基础所做的判断。

会计估计变更是指由于资产和负债的当前状况及预期经济利益和义务发生了变化，从而对资产或负债的账面价值或者资产的定期消耗金额进行调整。如果以前期间的会计估计是错误的，则属于差错，按前期差错更正的规定进行会计处理。

会计政策变更与会计估计变更的常见实例如表 18-2 所示。

表 18-2 会计政策变更与会计估计变更的常见实例

	会计政策变更	会计估计变更
常见实例	①发出存货计价方法的变更 ②投资性房地产后续计量模式由成本模式变更为公允价值模式 ③坏账核算从直接转销法变更为备抵法 ④收入确认由完成合同法变更为完工百分比法 ⑤所得税核算方法由应付税款法变更为纳税影响会计法	①固定资产折旧方法、预计使用年限和净残值的变更；无形资产摊销方法、预计使用年限和净残值的变更 ②非货币性资产公允价值的确定 ③建造合同完工进度的确定 ④预计负债金额的确定 ⑤坏账准备计提比例的变更

典型例题

【例题·多选题】下列各项中，企业需要进行会计估计的有（　）。（2016 年）

A. 预计负债计量金额的确定
B. 应收账款未来现金流量的确定
C. 建造合同完工进度的确定
D. 固定资产折旧方法的选择

【解析】会计估计是指对其结果不确定的交易或事项以最近可利用的信息为基础所做的判断。预计负债计量金额的确定、应收账款未来现金流量的确定、建造合同完工进度的确定、固定资产折旧方法的选择等，均需要进行估计。因此本题所有选项均符合题意。

【答案】ABCD

考点4 会计估计变更的会计处理（★★★）

考点分析

本考点通常会与会计政策变更的会计处理相结合，让考生选择选项中具体事项变更的正确会计处理，涉及的题型主要为单选题和多选题。

考点精讲

会计估计变更应采用未来适用法处理。

（1）会计估计的变更仅影响变更当期的，有关估计变更的影响应于当期确认。

（2）会计估计的变更既影响变更当期又影响未来期间的，有关估计变更的影响在当期及以后各期确认。

（3）企业难以对某项变更区分为会计政策变更还是会计估计变更的，应当将其作为会计估计变更处理。

典型例题

【例题·单选题】2015 年 1 月 1 日，甲公司将一项管理用固定资产的折旧方法由年限平均法改为年数总和法，将预计使用年限由 20 年改为 10 年。未变更前，该固定资产每年计提 55 万元折旧（与税法相同）；变更后，2015 年该固定资产计提 200 万元折旧。甲公司采用资产负债表债务法核算所得税，适用 25% 税率。假定税法的规定与变更前相同，且变更日其账面价值等于计税基，则下列处理中错误的是（　）。

A. 2015 年因该项变更应确认递延所得税资产 36.25 万元
B. 2015 年因该项变更增加的固定资产折旧 145 万元应计入当期损益
C. 折旧方法变化按会计政策变更处理
D. 预计使用年限变化按会计估计变更处理

【解析】选项 A 正确，因会计估计变更应确认递延所得税资产 =145×25%= 36.25（万元）；选项 B 正确，采用未来适用法进行核算，2015 年因该项变更增加固定资产折旧 145 万元（200−55）；选项 C、D，折旧方法与预计使用年限变化应按会计估计处理，所以选项 C 错误。

【答案】C

本节考点回顾与总结一览表

本节考点	知识总结
考点 3 会计估计变更的概念	会计估计变更是对资产或负债的账面价值或者资产的定期消耗金额进行调整
考点 4 会计估计变更的会计处理	采用未来适用法进行会计处理

真题演练

1.【单选题】2013 年 1 月 1 日起，企业对其确认为无形资产的某项非专利技术按照 5 年的期限进行摊销，由于替代技术研发进程的加快，2014 年 1 月，企业将该无形资产的剩余摊销年限缩短为 2 年，这一变更属于（　）。（2014 年）

A. 会计政策变更　　B. 会计估计变更
C. 前期差错更正　　D. 本期差错更正

2.【判断题】企业难以将某项变更区分为会计政策变更还是会计估计变更的，应将其作为会计政策变更处理。（　）（2015 年）

第三节 前期差错更正

考点5 前期差错的概念以及前期差错更正的会计处理（★★★）

考点分析

本考点中有关前期差错的会计处理是考试的重点，涉及的题型主要为多选题和判断题。其中，有关前期差错更正方法的选择以及追溯调整法的应用等在近几年考试中出现过相关考题。

考点精讲

前期差错是指由于没有运用或错误运用下列两种信息，而对前期财务报表造成省略或错报。

（1）编报前期财务报表时预期能够取得并加以

考虑的可靠信息。

（2）前期财务报告批准报出时能够取得的可靠信息。

前期差错通常包括计算错误、应用会计政策错误以及疏忽或曲解事实以及舞弊产生的影响。

前期差错按照重要程度可分为重要的前期差错和不重要的前期差错。因此，应按照此分类分别对前期差错进行会计处理。

名师解读

前期差错是否重要，应以该差错是否足以影响财务报表使用者对企业财务状况、经营成果和现金流量作出正确的判断为依据。如果该差错足以影响财务报告者的判断，则该差错属于重要前期差错，相反则属于不重要前期差错。

1. 不重要的前期差错的会计处理

对于不重要的前期差错，企业不需要调整财务报表相关项目的期初数，但应调整发现当期与前期相同的相关项目。属于影响损益的，应直接计入本期与上期相同的净损益项目；属于不影响损益的，应调整本期与前期相同的相关项目。

2. 重要的前期差错的处理

对于重要的前期差错，若其累积影响数能够合理确定时，应当采用追溯重述法更正前期重大差错。追溯重述法是指在发现前期差错时，视同该项前期差错从未发现过，从而对财务报表相关项目进行调整的方法。前期差错累积影响数是指前期差错发生后对差错期间每期净利润的影响数之和。若确定前期差错累积影响数不切实可行，可以从可追溯重述的最早期间开始调整留存收益的期初余额，财务报表其他相关项目的期初余额也应当一并调整，也可以采用未来适用法。

重要的前期差错调整结束后，还应调整发现年度财务报表的年初数和上年数。在编制比较财务报表时，对于比较财务报表期间的重要的前期差错，应调整各该期间的净损益和其他相关项目；对于比较财务报表期间以前的重要的前期差错，应调整比较财务报表最早期间的期初留存收益，财务报标其他相关项目的数字也应一并调整。

会计政策变更、会计估计变更、重大差错更正的比较如表 18-3 所示。

表 18-3 会计政策变更、会计估计变更、重大差错更正的比较

项目	会计政策变更	会计估计变更	重大差错更正
方法	追溯调整法或未来适用法	未来适用法	追溯重述法（累积影响数切实可行），未来适用法（累积影响数不切实可行）
科目	利润分配——未分配利润	变更当期及以后期间按新的会计估计，不改变以前期间的会计估计，不调整以前期间的报告结果	以前年度损益调整
调整期间	变更当年		发现当年
调表项目	资产负债表年初数、利润表上年数		资产负债表年初数、利润表上年数

典型例题

【例题 1 · 单选题】2014 年以前，甲公司根据经验，按销售额的 1% 预计产品质量保证费用。董事会决定从 2014 年度将预计比例改为 10%。假定以上事项具有重大影响，且每年按 1% 预计产品质量保证费用与实际发生额大致相符，则甲公司在 2015 年年度财务报告中对上述事项的正确处理为（ ）。

A. 作为会计估计变更予以调整

B. 作为会计政策变更予以调整

C. 作为前期差错予以调整

D. 属于正常的事项，不进行任何调整

【解析】该事项属于重要的前期差错，甲公司未根据能够取得的可靠信息正确应用会计政策，没有充分、合理的证据表明变更预计比例的合理性，因此属于滥用会计政策，应按前期差错更正的方法进行处理。

【答案】C

【例题 2 · 单选题】2015 年 12 月 31 日，甲公司发现应自 2014 年 12 月开始计提折旧的一项固定资产从 2015 年 1 月才开始计提折旧，导致 2014 年度管理费用少计 200 万元，被认定为重大差错，税务部门允许调整 2015 年度的应交所得税。甲公司适用的企业所得税税率为 25%，无其他纳税调整事项，甲公司利润表中的 2014 年度净利润为 500 万元，并按 10% 提取了法定盈余公积，不考虑其他因素，甲公司更正该差错时应将 2015 年 12 月 31 日资产负债表未分配利润项目年初余额调减（ ）万元。（2016 年）

A. 15 B. 50

C. 135 D. 150

【解析】2015 年 12 月 31 日资产负债表未分配利润项目年初余额调减金额 = 200 ×（1 − 25%）×（1 − 10%）= 135（万元）。

【答案】C

本节考点回顾与总结一览表

本节考点	知识总结
考点 5 前期差错的概念以及前期差错更正的会计处理	①前期差错通常包括 3 种情形 ②对于不重要的前期差错，可直接调整本期与上期相同的项目 ③对于重要的前期差错，应采用追溯重述法进行更正

真题演练

1.【多选题】下列用以更正能够确定累积影响数的重要前期差错的方法中，不正确的有（　）。（2014 年）

A. 追溯重述法　　B. 追溯调整法

C. 红字更正法　　D. 未来适用法

2.【多选题】在相关资料均能有效获得的情况下，对上年度财务报告批准报出后发生的下列事项，企业应当采用追溯调整法或追溯重述法进行会计处理的有（　）。（2013 年）

A. 公布上年度利润分配方案

B. 持有至到期资产因部分处置被重分类为可供出售金融资产

C. 发现上年度金额重大的应费用化的借款费用计入了在建工程成本

D. 发现上年度对使用寿命不确定且金额重大的无形资产按 10 年平均摊销

第四节 本章综合练习

（一）单选题

1. 关于会计政策变更，下列表述中正确的是（　）。

A. 会计政策变更一律采用追溯调整法进行处理

B. 对于初次发生的交易或事项采用新的会计政策，属于会计政策变更，但采用未来适用法处理

C. 会计政策变更涉及损益时，应该通过“以前年度损益调整”科目核算

D. 连续、反复的自行变更会计政策，应按照前期差错更正的方法处理

2. 下列有关会计政策变更的处理中，正确的是（　）。

A. 将经营性租赁的固定资产通过变更合同转为融资租赁资产，不属于会计政策变更

B. 会计计量基础的变更属于会计估计变更

C. 首次执行会计准则时，原计入在建工程和固定资产的土地使用权，符合条件的应单独确认为无形资产

D. 对初次承接的建造合同采用完工百分比法核算

3. 甲公司于 2013 年 12 月发现，2012 年少计了一项管理用固定资产的折旧费用 200 万元，所得税申报表中未扣除该项折旧费用。甲公司适用的企业所得税税率为 25%，公司按净利润的 10% 提取盈余公积。假定无其他纳税调整事项，甲公司在 2013 年因此项前期差错更正而调整的留存收益金额为（　）万元。

A. 50　　B. 150

C. 200　　D. 135

4. 下列有关前期差错，说法不正确的是（　）。

A. 前期差错通常包括计算错误、应用会计政策错误、疏忽或曲解事实以及舞弊产生的影响

B. 确定前期差错影响数不切实可行的，可以从可追溯重述的最早期间开始调整留存收益的期初余额，财务报表其他相关项目的期初余额也应一并调整，不得采用未来适用法

C. 企业应当采用追溯重述法更正重要的前期差错，但确定前期差错累积影响数不切实可行的除外

D. 对于不重要的前期差错，企业不需调整财务报表相关项目的期初数，但应调整发现当期与前期相同的相关项目

（二）多选题

1. 下列关于会计政策变更的各项表述中，不正确的有（　）。

A. 会计政策一经确定，不得变更

B. 本期发生的交易或者事项与以前相比具有本质差别而采用新的会计政策，不属于会计政策变更

C. 对初次发生的或不重要的交易或者事项采用新的会计政策，属于会计政策变更

D. 会计政策变更，说明前期所采用的原会计政策有误

2. 下列各项中，属于会计估计变更的有（　）。

A. 固定资产折旧年限由 10 年改为 15 年

B. 发出存货计价方法由先进先出法改为加权平均法

C. 因或有事项确认的预计负债根据最新证据进行调整

D. 根据新的证据，使用寿命不确定的无形资产转为使用寿命有限的无形资产

3. 下列关于会计政策、会计估计及其变更的表述中，正确的有（　）。

A. 会计政策是企业在会计确认、计量和报告中所采用的原则、基础和会计处理方法

B. 会计估计以最近可利用的信息或资料为基础，不会削弱会计确认和计量的可靠性

C. 企业应当在会计准则允许的范围内选择适合本企业情况的会计政策，但一经确定，不得随意变更

D. 按照会计政策变更和会计估计变更划分原则难以对某项变更进行区分的，应将该变更作为会计政策变更处理

4. 下列各项中，应采用未来适用法处理的有（ ）。

A. 企业因账簿超过法定保存期限而销毁，引起会计政策变更累积影响数只能确定账簿保存期限内的部分

B. 企业账簿因不可抗力因素而毁坏，引起累积影响数无法确定

C. 会计政策变更累积影响数能够确定，但法律或行政法规要求对会计政策的变更采用未来适用法

D. 会计估计变更

（三）判断题

1. 企业因临时需要租入一项固定资产，本期改为融资租赁资产时应作为会计估计变更处理。（ ）

2. 对于比较财务报表可比期间以前的会计政策变更的累积影响数，应调整比较财务报表最早期间的期初留存收益，财务报表其他相关项目的金额也应一并调整。（ ）

3. 会计政策变更一律采用追溯调整法进行会计处理，会计估计变更一律采用未来适用法进行会计处理。（ ）

4. 企业发现重要差错，无论是本期还是以前期间的差错，均应调整期初留存收益和其他相关项目。（ ）

第五节 本章真题演练及综合练习答案与解析

一、真题演练答案速查表

所在节	题号	答案	题号	答案	题号	答案
第一节	1	ACD	2	BCD		
第二节	1	B	2	×		
第三节	1	BCD	2	CD		

二、本章综合练习答案与解析

（一）单选题

1. D【解析】选项A错误，追溯调整法的前提是相关会计政策变更累积影响数能够确定，如果累积影响数不能确定，应采用未来适用法；选项B错误，不属于会计政策变更；选项C错误，应该调整留存收益，不通过“以前年度损益调整”科目核算。

2. C【解析】选项A属于采用新的会计政策；选项B属于会计政策变更；选项D属于对初次发生的或不重要的交易或者事项采用新的会计政策。

3. B【解析】留存收益的调整（调减）金额 = 200×（1−25%）=150（万元）。

4. B【解析】本题考查前期差错的概念和会计处理。选项B，可以采用未来适用法。

（二）多选题

1. ACD【解析】选项A错误，会计政策不得随意变更，但若会计政策变更能够提供更可靠、更相关的信息，则可变更会计政策；选项C错误，不属于会计政策变更；选项D错误，会计政策变更并不意味着以前期间所采用的原会计政策有误，变更会计政策一般是为了更好地反映企业的财务状况、经营成果和现金流量。

2. ACD【解析】选项B，存货的计价属于会计政策，因此计价方法的变化属于会计政策变更。

3. ABC【解析】选项D错误，按照会计政策变更和会计估计变更划分原则难以对某项变更进行区分的，应将该变更作为会计估计变更处理。

4. BCD【解析】本题考查未来适用法的适用范围。选项A，保存期限内的影响数可以获得，应采用追溯调整法。

（三）判断题

1. ×【解析】本期发生的事项与以前相比具有本质差别而采用新会计政策的，不属于会计政策变更，也不属于会计估计变更。

2. √【解析】会计政策变更能够提供更可靠、更相关的会计信息的，应当采用追溯调整法处理，将会计政策变更累积影响数调整列报前期最早期初留存收益，其他相关项目的期初余额和列报前期披露的其他比较数据也应当一并调整，但确定该项会计政策变更累积影响数不切实可行的除外。

3. ×【解析】在当期期初确定会计政策变更对以前各期累积影响数不切实可行的，应当采用未来适用法处理。

4. ×【解析】企业发现本期的差错，不需要调整期初留存收益。

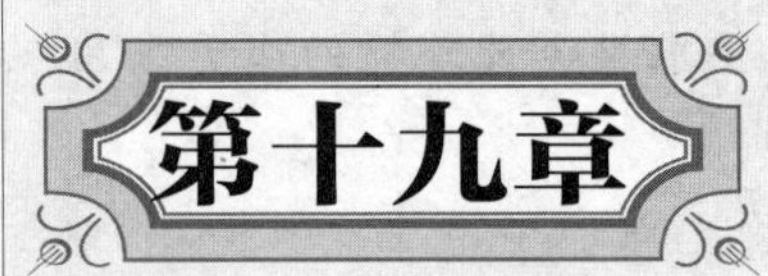

第十九章 资产负债表日后事项

本章内容具有较强的综合性，解答有关本章内容的考题时会运用到前面章节的内容。在近 3 年的考试中，涉及本章内容的题型有单选题、判断题和综合题，其中客观题所占分值约为 1 分，综合题所占分值约为 15 分。本章内容的重点为调整事项的会计处理。在近几年有关本章内容的考题中，几乎都是对资产负债表日后调整事项的会计处理进行考查，因此考生在复习本章知识时，应重点关注调整事项的会计处理。

▼ 本章主要考点的题型、估计题量和所占分值一览表

主要考点	题型	题量	所占分值
资产负债表日后调整事项与非调整事项的判断	单选题	1 题	1 分
资产负债表日后调整事项的会计处理	判断题	1 题	1 分
资产负债表日后调整事项的会计处理	综合题	1 题	15 分

▼ 本章知识结构一览表

资产负债表日后事项	一、资产负债表日后事项概述	（1）资产负债表日后事项的概念及其涵盖的期间（★★★） （2）资产负债表日后事项的内容（★★★）
	二、资产负债表日后调整事项	（1）资产负债表日后调整事项的处理原则（★★★） （2）资产负债表日后调整事项的具体会计处理方法（★★★）
	三、资产负债表日后非调整事项	（1）资产负债表日后非调整事项的处理原则（★★★） （2）资产负债表日后非调整事项的具体会计处理方法（★★★）

第一节 资产负债表日后事项概述

考点1 资产负债表日后事项的概念及其涵盖的期间（★★★）

考点分析

本考点属于本章的基础知识，近 3 年考试中还未考查过相关内容。若涉及相关考题，其可能会对资产负债表日后事项涵盖的具体期间进行考查。

考点精讲

1．资产负债表日后事项的概念

资产负债表日后事项是指资产负债表日至财务报告批准报出日之间发生的有利或不利事项。资产负债表日是指会计年度末和会计中期期末。财务报告批准报出日是指董事会或类似机构批准财务报告报出的日期。

2．资产负债表日后事项涵盖的期间

资产负债表日后事项涵盖的期间是自资产负债表日次日起至财务报告批准报出日止的一段时间。其可表示为如图 19-1、图 19-2 所示的两种情况。

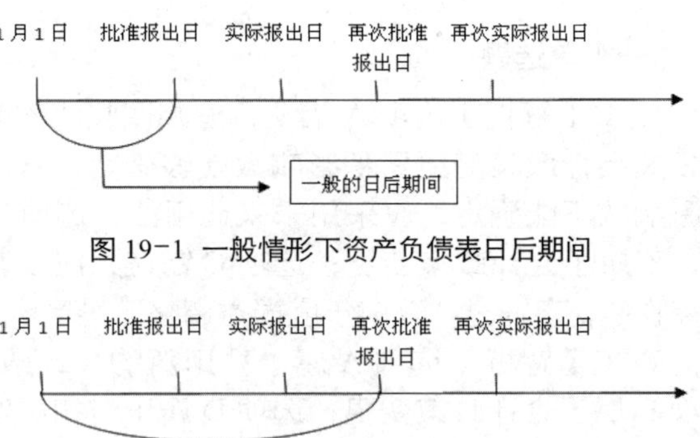

图 19-1 一般情形下资产负债表日后期间

图 19-2 经调整后的资产负债表日后期间

典型例题

【例题·单选题】甲上市公司 2014 年的年度财务报告于 2015 年 3 月 15 日编制完成，注册会计师完成年度财务报表审计工作并签署审计报告的日期为 2015 年 4 月 15 日，董事会批准财务报告对外公布的日期为 2015 年 4 月 17 日，财务报告实际对外

公布的日期为 2015 年 4 月 21 日，股东大会召开日期为 2015 年 5 月 12 日。4 月 20 日发生重大事项，经调整后的财务报告的再次批准报出日为 4 月 25 日，并于 4 月 27 日实际报出。下列关于资产负债表日后事项的说法中，正确的是（ ）。

A. 日后事项涵盖期间为 2015 年 1 月 1 日至 4 月 17 日

B. 日后事项涵盖期间为 2015 年 1 月 1 日至 4 月 21 日

C. 日后事项涵盖期间为 2015 年 1 月 1 日至 4 月 25 日

D. 日后事项涵盖期间为 2015 年 1 月 1 日至 4 月 27 日

【解析】批准报出日与实际对外公布日之间发生重大事项的，日后期间应该截止到董事会或类似机构再次批准财务报告对外公布的日期。

【答案】C

考点2 资产负债表日后事项的内容（★★★）

考点分析

本考点常见的考查方式为让考生判断选项中的事项是否属于调整事项或非调整事项，因此，在复习本考点时，考生应注重掌握调整事项与非调整事项的特点，并将两者进行比较，加深理解。

考点精讲

资产负债表日后事项包括资产负债表日后调整事项和资产负债表日后非调整事项。

1. 调整事项

资产负债表日后调整事项，是指资产负债表日及所属会计期间已经存在某种情况，但当时并不知道其存在或者不能知道确切结果，资产负债表日后发生的事项能够证实该情况的存在或者确切结果。换言之，资产负债表日后事项对资产负债表日已经存在的情况提供了新的或进一步证据的事项。调整事项具有以下两个特点。

（1）在资产负债表日已经存在，资产负债表日后得以证实的事项。

（2）对按资产负债表日存在状况编制的财务报表产生重大影响的事项。

2. 非调整事项

资产负债表日后非调整事项是指表明资产负债表日后发生的情况的事项。非调整事项的发生不影响资产负债表日企业的财务报表数字，只说明资产负债表日后发生了某些情况，如果不加以说明将会影响财务报告使用者作出正确的估计和决策。

企业常见的资产负债表日后调整事项和非调整事项如表 19-1 所示。

表 19-1 常见的资产负债表日后调整事项和非调整事项

资产负债表日后调整事项	资产负债表日后非调整事项
①资产负债表日后诉讼案件结案，法院判决证实了企业在资产负债表日已经存在的现实义务，需要调整原先确认的与该诉讼案件相关的预计负债 ②资产负债表日后取得确凿证据，表明某项资产在资产负债表日发生了减值或者需要调整该项资产原先确认的减值金额 ③资产负债表日后进一步确定了资产负债表日前购入资产的成本或售出资产的收入 ④资产负债表日后发现财务报表舞弊或差错	①资产负债表日后发生重大诉讼、仲裁、承诺 ②资产负债表日后资产价格、税收政策、外汇汇率发生重大变化 ③资产负债表日后因资产灾害导致资产发生重大损失 ④资产负债表日后发行股票和债券以及其他巨额举债 ⑤资产负债表日后发生企业合并或处置子公司 ⑥资产负债表日后发生巨额亏损 ⑦资产负债表日后发生企业合并或处置子公司 ⑧资产负债表日后，企业利润分配中拟分配的以及经审议批准宣告发放的股利或利润

典型例题

【例题 1·多选题】某上市公司 2014 年度的财务报告批准报出日为 2015 年 4 月 30 日，应作为资产负债表日后调整事项处理的有（ ）。

A. 2015 年 1 月份销售的商品，在 2015 年 3 月份被退回

B. 2015 年 2 月发现 2014 年无形资产少提摊销，达到重要性要求

C. 2015 年 3 月发现 2013 年固定资产少提折旧，达到重要性要求

D. 2015 年 5 月发现 2014 年固定资产少提折旧，没有达到重要性要求

【解析】选项 A 属于 2015 年的事项，不属于 2014 年的日后事项；选项 D，虽然该事项在资产负债表日已经存在，但对该公司影响不大。

【答案】BC

【例题 2·多选题】上市公司在其年度资产负债表日至财务报告批准报出日之间发生的下列事项中，属于非调整事项的有（ ）。

A. 以前年度售出商品发生退货

B. 董事会提出现金股利分配方案

C. 董事会提出股票股利分配方案

D. 资产负债表日后发现了财务报表舞弊或差错

【解析】选项 B、C，该事项可以表明资产负债表日后发生的情况，属于非调整事项；选项 A、D，该事项对资产负债表日已经存在的情况提供了新的或进一步证据，属于调整事项。

【答案】BC

本节考点回顾与总结一览表

本节考点	知识总结
考点 1 资产负债表日后事项的概念及其涵盖的期间	①概念：资产负债表日至财务报告批准报出日之间发生的事项 ②涵盖期间：资产负债表日后至财务报告批准报出日之间
考点 2 资产负债表日后事项的内容	分为调整事项和非调整事项

真题演练

【单选题】资产负债表日至财务会计报告批准报出日之间发生的下列事项，属于资产负债表日后调整事项的是（　）。（2006 年）

A. 为子公司的银行借款提供担保

B. 对资产负债表日存在的债务签订债务重组协议

C. 法院判决赔偿的金额与资产负债表日预计的相关负债的金额不一致

D. 债务单位遭受自然灾害导致资产负债表日存在的应收款项无法收回

第二节 资产负债表日后调整事项

考点3 资产负债表日后调整事项的处理原则（★★★）

考点分析

本考点在判断题中进行考查的概率较大，考生应能够判断题干中的描述是否符合资产负债表日后调整事项的处理原则，因此，考生应掌握不同情况下具体的处理方法。

考点精讲

企业发生的资产负债表日后调整事项，应当调整资产负债表日已编制的财务报表。此处的财务报表包括资产负债表、利润表和所有者权益变动表，但不包括现金流量表正表。涉及现金流量表补充资料的相关项目的，可能需进行调整。

资产负债表日后事项发生在报告年度的次年，报告年度的有关账目已经结转，例如，损益类科目在结账后已无余额。因此，资产负债表日后发生的调整事项，应分别按如下原则进行处理。

（1）涉及损益的事项，通过“以前年度损益调整”科目核算。具体处理为：调整增加以前年度利润或调整减少以前年度亏损的事项，记入“以前年度损益调整”科目的贷方；反之，记入“以前年度损益调整”科目的借方。

涉及损益的调整事项，如果发生在资产负债表日所属年度（即报告年度）所得税汇算清缴之前，应调整报告年度应纳税所得额和应纳所得税税额。

调整完成后，应将“以前年度损益调整”科目的贷方或借方余额转入“利润分配——未分配利润”科目。

（2）涉及利润分配调整的事项，直接在“利润分配——未分配利润”科目核算。

（3）不涉及损益及利润分配的事项，应对相关科目进行调整。

（4）通过上述账务处理后，还应同时调整财务报表相关项目的数字，具体包括如下几点。

①资产负债表日编制的财务报表相关项目的期末数或本年发生数。

②当期编制的财务报表相关项目的期初数或上年数。

③上述调整后，如果涉及报表附注内容的，还应当作出相应调整。

典型例题

【例题·单选题】关于资产负债表日后事项，下列说法正确的是（　）。

A. 涉及损益的调整事项，直接在“利润分配——未分配利润”中核算

B. 涉及利润分配调整的事项，通过“以前年度损益调整”核算

C. 当或有事项的不确定性小时，成为资产负债表日后事项时，应按照日后事项做相应处理

D. 对于调整事项，在调整报表项目相关数据的同时，也应在财务报告附注中予以披露

【解析】选项 A 错误，涉及损益的调整事项，通过“以前年度损益调整”科目核算；选项 B 错误，涉及利润分配调整的事项，直接在“利润分配——未分配利润”中核算；选项 D 错误，除法律、法规以及其他会计准则另有规定外，调整事项不需要在财务报告附注中进行披露。

【答案】C

考点4 资产负债表日后调整事项的具体会计处理方法（★★★）

考点分析

本考点具有较强的实务操作性，主要是将调整事项的处理原则运用于具体的事项中，考试中以综

合题进行考查的概率较大。

考点精讲

各类主要资产负债表日后事项的会计处理方法如表 19-2 所示。

表 19-2 资产负债表日后事项的会计处理方法

具体事项	会计处理方法
资产负债表日后诉讼案件结案	①原先确认与该诉讼案件相关的预计负债时： 借：营业外支出——赔偿支出 贷：预计负债——未决诉讼 ②预计负债转为现时义务时： 借：预计负债 贷：其他应付款 ③调整原先确认的预计负债： 借：以前年度损益调整——营业外支出 贷：其他应付款（或借记） ④实际支付赔偿（属于本年度现金流出）： 借：其他应付款 贷：银行存款
资产负债表日后取得资产减值的确凿证据	按照最新证据对资产负债表日所做的估计予以修正
资产负债表日后进一步确定了资产负债表日前购入资产的成本或售出资产的收入	①如果资产负债表日前购入的资产已经按暂估金额等入账，资产负债表日后获得证据，可以进一步确定该资产的成本，则应调整已入账的资产成本 ②企业符合收入确认条件确认资产销售收入，但资产负债表日后获得关于资产收入的进一步证据，如发生销售退回、销售折让等，此时也应调整财务报表相关项目的金额
资产负债表日后发现了财务报表舞弊或差错	调整报告年度的年度财务报告或中期财务报告相关项目的数字。具体会计处理参见本书第二部分第二十章的相关内容

资产负债表日后事项如涉及现金收支项目，均不调整报告年度资产负债表的货币资金项目和现金流量表各项目的数字，涉及的现金收付属于本期事项，现金流入或流出应反映在发生年度的现金流量表以及资产负债表“货币资金”项目中。

典型例题

【例题 1 · 单选题】甲公司 2015 年 1 月 20 日向乙公司销售一批商品，已进行收入确认的有关账务处理。2015 年 2 月 1 日，乙公司收到货物后验收不合格要求退货，2 月 10 日甲公司收到退货。甲公司 2014 年度资产负债表批准报出日是 2015 年 4 月 20 日。甲企业对退货的正确处理是（ ）。

A. 作为 2014 年资产负债表日后事项的调整事项

B. 作为 2014 年资产负债表日后事项的非调整事项

C. 作为 2015 年资产负债表日后事项的调整事项

D. 作为 2015 年当期正常的销售退回事项

【解析】选项 D 正确，该事项是 2015 年当期的正常事项，不属于资产负债表日后事项。

【答案】D

【例题 2 · 单选题】2010 年 12 月 31 日，甲公司对一起未决诉讼确认的预计负债为 800 万元。2011 年 3 月 6 日，法院对该起诉讼判决，甲公司应赔偿乙公司 600 万元；甲公司和乙公司均不再上诉。甲公司的所得税税率为 25%，按净利润的 10% 提取法定盈余公积，2010 年度财务报告批准报出日为 2011 年 3 月 31 日，预计未来期间能够取得足够的应纳税所得额用以抵扣可抵扣暂时性差异。不考虑其他因素，该事项导致甲公司 2010 年 12 月 31 日资产负债表“未分配利润”项目“期末余额”调整增加的金额为（ ）万元。（2011 年）

A. 135　　B. 150

C. 180　　D. 200

【解析】2010 年 12 月 31 日资产负债表“未分配利润”项目“期末余额”调整增加的金额 =（800−600）×（1−25%）×（1−10%）=135（万元）。

【答案】A

本节考点回顾与总结一览表

本节考点	知识总结
考点 3 资产负债表日后调整事项的处理原则	①涉及损益的，通过“以前年度损益调整”科目核算，并最终转入“利润分配——未分配利润”科目 ②涉及利润分配调整的，直接在“利润分配——未分配利润”科目核算 ③不涉及损益和利润分配的，调整相关科目 ④同时调整财务报表相关项目的数字
考点 4 资产负债表日后调整事项的具体会计处理方法	共可分为 4 类具体情况的处理

真题演练

1.【多选题】在资产负债表日后至财务报告批准报出日前发生的下列事项中，属于资产负债表日后调整事项的有（ ）。（2016 年）

A. 因汇率发生重大变化导致企业持有的外币资金出现重大汇兑损失

B. 企业报告年度销售给某主要客户的一批产品因存在质量缺陷被退回

C. 报告年度未决诉讼经人民法院判决败诉，企业需要赔偿的金额大幅超过已确认的预计负债

D. 企业获悉某主要客户在报告年度发生重大火灾，需要大额补提报告年度应收该客户账款的坏账准备

2.【判断题】企业涉及现金收支的资产负债表日后调整事项，应当调整报告年度资产负债表货币资金项目的金额。（ ）（2016 年）

第三节 资产负债表日后非调整事项

考点5 资产负债表日后非调整事项的处理原则（★★★）

考点分析

本考点可能会与调整事项的处理原则相结合，让考生判断题干的表述是否正确，或选择选项中对相关处理原则的正确描述。考生可将本考点与考点3进行对比学习。

考点精讲

资产负债表日后发生的非调整事项，是表明资产负债表日后发生的情况的事项。在具体处理此类事项时，应注意如下两个原则。

（1）非调整事项与资产负债表日存在状况无关，不应当调整资产负债表日的财务报表。

（2）有的非调整事项由于事项重大，对财务报告使用者具有重大影响，因此，应在附注中对其性质、内容及对财务状况和经营成果的影响加以披露。如不加以说明，将不利于财务报告使用者作出正确估计和决策。

名师解读

对于资产负债表日后，企业利润分配方案中拟分配的以及经审议批准宣告发放的股利或利润，属于重要的非调整事项，应该在报告年度财务报表附注中单独披露。

典型例题

【例题·判断题】企业在资产负债表日至财务会计报告批准报出日之间发生的对外巨额投资，应在会计报表附注中披露，但不需要对报告期的会计报表进行调整。（ ）

【解析】企业在资产负债表日至财务会计报告批准报出日之间发生的对外巨额投资，属于日后非调整事项，应在会计报表附注中披露，不需要调整报告年度的财务报表。

【答案】√

考点6 资产负债表日后非调整事项的具体会计处理方法（★★★）

考点分析

本考点在近几年的考试中还未出现过相关考题，若考试中涉及，其在判断题或单选题中进行考查的概率相对较大。

考点精讲

在会计报表附注中，应披露每项重要的资产负债表日后非调整事项的性质、内容，及其对财务状况和经营成果的影响。无法作出估计的，应当说明原因。资产负债表日后非调整事项的主要运用有以下几种情况。

（1）资产负债表日后发生重大诉讼、仲裁、承诺。

（2）资产负债表日后资产价格、税收政策、外汇汇率发生重大变化。

（3）资产负债表日后因自然灾害导致资产发生重大损失。

（4）资产负债表日后发行股票和债券以及其他巨额举债。

（5）资产负债表日后资本公积转增资本。

（6）资产负债表日后发生巨额亏损。

（7）资产负债表日后发生企业合并或处置子企业。

（8）资产负债表日后，企业利润分配方案中拟分配的以及经审议批准宣告发放的股利或利润。

典型例题

【例题·多选题】关于资产负债表日后事项的表述中，正确的有（ ）。

A. 非调整事项与资产负债表日存在状况无关，但是金额较大的仍应调整资产负债表日的财务报表

B. 影响重大的资产负债表日后非调整事项应在附注中披露

C. 判断资产负债表日后发生的事项属于调整还是非调整事项，取决于该事项表明的情况在资产负债表日或资产负债表日以前是否已经存在

D. 资产负债表日以后，债务人遭受重大雪灾，债权人预计60%的应收账款无法收回，此事项属于调整事项

【解析】选项A错误，非调整事项与资产负债表日存在状况无关，无论金额大小都不应当调整资产负债表日的财务报表；选项D错误，债权人的坏账损失在资产负债表日以后发生，因此属于非调整事项。

【答案】BCD

本节考点回顾与总结一览表

本节考点	知识总结
考点5 资产负债表日后非调整事项的处理原则	不对其进行调整，只对重要事项进行披露
考点6 资产负债表日后非调整事项的具体会计处理方法	主要包括8类具体情况

第四节 本章综合练习

（一）单选题

1. 甲公司2014年度的财务报告批准报出日为2015年4月15日，下列事项中应作为资产负债表日后调整事项处理的是（　）。

A. 2015年2月发现2014年固定资产少计提折旧，属于重要的前期差错

B. 2015年3月甲公司因未按合同发货，被乙公司起诉

C. 2015年1月销售的商品在3月被退回

D. 2015年3月，向社会公众发行公司债券

2. 甲公司2014年财务报告批准报出日为2015年4月17日，所得税汇算清缴日为4月15日。2015年3月10日，甲公司发现2014年一项财务报表重大差错，应调整的会计报表项目是（　）。

A. 2014年资产负债表的期末余额和利润表本期金额

B. 2014年资产负债表的年初余额和利润表上期金额

C. 2015年资产负债表的期末余额和利润表本期金额

D. 2015年资产负债表的年初余额和利润表上期金额

3. 在资产负债表日至财务报告批准报出日之间发生的下列事项中，不属于资产负债表日后调整事项的是（　）。

A. 证实某项资产在资产负债表日已经发生了减值

B. 已确认销售的货物被退回

C. 外汇汇率发生较大变动

D. 已确定将要支付的赔偿额大于资产负债表日的估计金额

4. 甲公司对乙公司的长期股权投资账面价值为1 000万元。2014年11月，甲公司得知乙公司经营状况不断恶化，因此在编制2014年年度报表时为该项股权投资计提了减值准备300万元。2015年3月5日，甲公司获悉乙公司的经营情况仍未好转，因此估计对乙公司的投资最多可收回400万元。假定甲公司在2015年3月31日完成所得税汇算清缴工作，董事会批准于4月10日报出财务报表。甲公司适用所得税税率为25%，按净利润的10%提取法定盈余公积，且预计今后3年很可能取得用于抵扣暂时性差异的应纳税所得额。甲公司2014年资产负债表“未分配利润”项目“年末数”应调减的金额为（　）万元。

A. 225　　B. 22.5

C. 202.5　　D. 300

（二）多选题

1. 下列关于资产负债表日后事项的表述中，正确的有（　）。

A. 影响重大的资产负债表日后非调整事项应在附注中披露

B. 对资产负债表日后调整事项应当调整资产负债表日财务报表有关项目

C. 资产负债表日后事项包括资产负债表日至财务报告批准报出日之间发生的全部事项

D. 判断资产负债表日后调整事项的标准在于该事项对资产负债表日存在的情况提供了新的或进一步的证据

2. 资产负债表日至财务报告批准报出日之间涉及的下列事项中，可进行调整的有（　）。

A. 涉及盈余公积的事项

B. 涉及现金收付的事项

C. 涉及递延所得税的事项

D. 涉及损益的事项

3. 下列资产负债表日后事项中，不影响报告年度现金流量的有（　）。

A. 实际收到退货款

B. 支付购买子公司的款项

C. 实际支付的赔偿款

D. 宣告分派并支付的现金股利

4. 下列各项中，应在“以前年度损益调整”贷方核算的有（　）。

A. 补记上年度少计的企业应交所得税

B. 上年度误将研究费计入无形资产价值

C. 上年度多计提了存货跌价准备

D. 上年度误将购入设备款计入管理费用

5. 下列有关资产负债表日后事项的表述中，正确的有（　）。

A. 调整事项是对报告年度资产负债表日已经存在的情况提供了进一步证据的事项

B. 非调整事项是报告年度资产负债表日及之前其状况不存在的事项

C. 调整事项均应通过“以前年度损益调整”科目进行账务处理

D. 重要的非调整事项只需在报告年度财务报表附注中披露

（三）判断题

1. 如果批准报出日与实际对外公布日之间，发生的有关事项对报告年度的财务状况和经营成果影响重大，资产负债表日后事项涵盖期间应当截止到财务报告实际对外公布日。（　）

2. 资产负债表日后发生的销售退回，是指报告年度或报告中期销售的商品在资产负债表日后发生的销售退回，不包括以前期间销售的商品在资产负债表日后发生的销售退回。（ ）

3. 企业在资产负债表日至财务报告批准报出日之间发生的对外巨额举债应在财务报表附注中披露，但不需要对报告期的财务报表进行调整。（ ）

4. 对于涉及损益的调整事项，发生在报告年度所得税汇算清缴后的，应调整本年度（即报告年度的次年）应纳税所得额。（ ）

第五节 本章真题演练及综合练习答案与解析

一、真题演练答案速查表

所在节	题号	答案	题号	答案	题号	答案
第一节	C					
第二节	1	BCD	2	×		
第三节	无					

二、本章综合练习答案与解析

（一）单选题

1. A【解析】选项C，属于正常事项；选项B、D，属于资产负债表日后非调整事项。

2. A【解析】资产负债表日（2015年1月1日）至财务报告批准报出日（2015年4月17日）之间发生的属于资产负债表期间存在的财务报表差错，应当作为资产负债表日后调整事项，调整资产负债表日编制的报表相关项目的期末数或本年发生数。

3. C【解析】选项C，外汇汇率发生较大变动属于非调整事项，不用调整财务报表项目，但需在财务报表附注中进行披露。

4. C【解析】2014年资产负债表“未分配利润”项目“年末数”应调减的金额=[（1 000−400）−300]×（1−25%）×（1−10%）=202.5（万元）。资产负债表日后取得确凿的证据表明资产发生减值的，应对原估计予以修正，因此甲公司应补提的长期股权减值准备=（1 000−400）−300=300（万元）。

借：以前年度损益调整——资产减值损失　3 000 000
　贷：长期股权投资减值准备　3 000 000

调整的递延所得税资产=300×25%=75（万元）。

借：递延所得税资产　750 000
　贷：以前年度损益调整——所得税费用　750 000

借：利润分配——未分配利润　2 250 000
　贷：以前年度损益调整——本年利润　2 250 000

借：盈余公积——法定盈余公积　225 000
　贷：利润分配——未分配利润　225 000

根据以上分录，应调减的“未分配利润”=225−22.5=202.5（万元）。

（二）多选题

1. ABD【解析】选项C错误，日后事项仅仅是指对报告年度报告有关的事项，而不是在这个特定期间内发生的全部事项。

2. ACD【解析】选项B，资产负债表日至财务报告批准报出日之间发生的调整事项应相应调整资产负债表、利润表、所有者权益变动表、现金流量表的补充资料等，但不包括现金流量正表。涉及现金收付的事项应在本年度进行处理。

3. ABCD【解析】资产负债表日后事项中，凡是涉及收付事项的，均不调整报告年度的财务报表。

4. CD【解析】选项C，多计了资产减值损失；选项D，多计了管理费用，因此调整时应增加以前年度利润。调整增加以前年度利润或调整减少以前年度亏损的事项，记入“以前年度损益调整”的贷方，调整减少以前年度利润或调整增加以前年度亏损的事项，记入“以前年度损益调整”的借方。

5. ABD【解析】选项C，只有涉及到损益类项目才通过“以前年度损益调整”调整报表相关项目，不涉及损益及利润分配的事项，分别调整相关科目。

（三）判断题

1. ×【解析】批准报出日与实际对外公布日之间发生重大事项的，日后期间应该截止到董事会或类似机构再次批准财务报告对外公布的日期。

2. ×【解析】企业在资产负债表日后获得关于资产收入的进一步证据，如发生销售退回和销售折让等，应相应调整财务报表相关项目的金额。资产负债表日后发生的销售退回，既包括报告年度或报告中期销售的商品在资产负债表日后发生的销售退回，也包括以前期间销售的商品在资产负债表日后发生的销售退回。

3. √【解析】日后期间企业巨额举债与资产负债表日的存在状况无关，但是该事项的披露能使相关财务报告使用者了解由此带来的影响，因此应当在报表附注中予以披露。

4. √【解析】对于涉及损益的调整事项，发生在报告年度所得税汇算清缴前的，应调整报告年度应纳税所得额、应纳所得税税额；发生在报告年度所得税汇算清缴后的，应调整本年度应纳税所得额和应纳所得税税额。

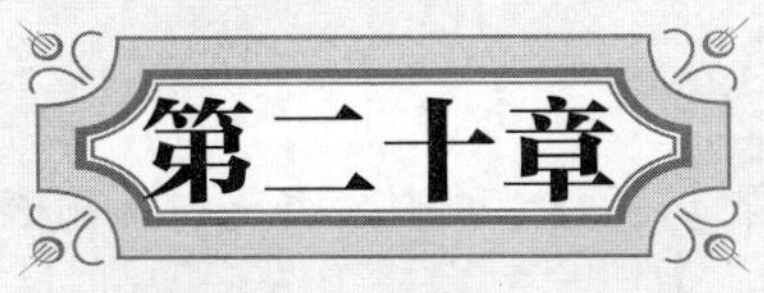

财务报告

本章是“中级会计实务”中难度较大的一章，其综合性非常强，和前面很多章节的内容都有紧密的联系。本章内容是综合题的考查重点。在近 3 年考试中，本章内容涉及的题型包括单选题、多选题和综合题，其中，客观题所占分值约为 4 分，综合题所占分值约为 18 分。本章考点相对较多，且各考点的复习难度较大，考生在学习时，应注意知识间的联系，对所学知识进行系统性的理解。

▼ 本章主要考点的题型、估计题量和所占分值一览表

主要考点	题型	题量	所占分值
①存货抵销金额的计算；②“销售商品、提供劳务收到的现金”项目应抵销金额的计算	单选题	2 题	2 分
合并范围的判断	多选题	1 题	2 分
①合并财务报表调整分录和抵销分录的编制；②合并范围的判断；③合并财务报表相关项目数字的计算	综合题	1 题	18 分

▼ 本章知识结构一览表

<table>
<tr><td rowspan="4">财务报告</td><td>一、财务报告概述</td><td>财务报表概述以及财务报表列报的基本要求（★★）</td></tr>
<tr><td>二、合并财务报告概述</td><td>（1）合并财务报表合并范围的确定（★★★）
（2）合并报表的编制原则、前期准备事项和编制程序（★★）</td></tr>
<tr><td>三、合并财务报表的编制</td><td>（1）合并资产负债表中调整分录的编制（★★★）
（2）编制合并资产负债表应抵销处理的项目（★★★）
（3）编制合并利润表时应抵销处理的项目（★★★）
（4）合并现金流量表（★★★）</td></tr>
<tr><td>四、特殊交易在合并财务报表中的会计处理</td><td>（1）追加投资的会计处理（★★★）
（2）处置对子公司投资的会计处理（★★★）
（3）因子公司少数股东增资导致母公司股权稀释（★★★）
（4）交叉持股的合并处理（★★★）</td></tr>
</table>

第一节 财务报告概述

考点1 财务报表概述以及财务报表列报的基本要求（★★）

考点分析

本考点属于本章的基础概念，近几年考试中未涉及相关内容的考查。有关财务报表列报要求中报表项目金额间的相互抵销知识点，考生应关注不属于抵销的情形，其可作为单选题或多选题进行考查。

考点精讲

1. 财务报表概述

财务报表是财务报告的核心内容，主要由报表本身及其附注构成。一套完整的财务报表至少应当包括“四表一注”，即资产负债表、利润表、现金流量表、所有者权益（或股东权益，下同）变动表以及附注。

财务报表可按照不同的标准进行分类。

（1）财务报表按照报表编报期间的不同，可分为中期财务报表和年度财务报表。中期财务报表至少应当包括资产负债表、利润表、现金流量表和附注。

（2）财务报表按照编报主体的不同，可分为个别财务报表和合并财务报表。

2. 财务报表列报的基本要求

（1）企业应当依据各项会计准则确认和计量的结果编制财务报表。

（2）列报基础。持续经营是会计的基本前提，是会计确认、计量及编制财务报表的基础。

（3）权责发生制。除现金流量表按照收付实现制编制外，企业应当按照权责发生制编制其他财务报表。

（4）列报的一致性。可比性是会计信息质量的一项重要质量要求，目的是使同一企业不同期间和同一期间不同企业的财务报表相互可比。

（5）重要性和项目列报。如果某项目单个看不具有重要性，则可将其与其他项合并列报；如果有重要性，则应当单独列报。

（6）财务报表项目金额间的相互抵销。财务报表项目应当以总额列报，资产和负债、收入和费用、直接计入当期利润的利得项目和损失项目不能相互抵销，即不得以净额列报，但企业会计准则另有规定的除外。以下3种情况不属于抵销，可以净额列示。

①一组类似交易形成的利得和损失以净额列示，但具有重要性的除外。

②资产或负债项目按扣除备抵项目后的净额列示。

③非日常活动的发生具有偶然性，并非企业主要的业务。

（7）比较信息的列报。企业在列报当期财务报表时，至少应当提供所有列报项目上一可比会计期间的可比数据，以及与理解当期财务报表相关的说明。

（8）财务报表表首与列报要求。

（9）报告期间。企业至少应当编制年度财务报表。根据《会计法》的规定，会计年度自公历1月1日起至12月31日止。

典型例题

【例题1·判断题】在编制财务报表时，为了简化编制工作、真实体现企业往来款项的实际情况，企业欠供应商的应付账款可以与客户欠本企业的应收账款进行抵销。（　）

【解析】根据财务报表的列报要求规定，财务报表项目应当以总额列报，资产和负债、收入和费用、直接计入当期利润的利得和损失项目不能相互抵销，即不得以净额列报。若上述款项进行抵销列报，则掩盖了交易的实质。

【答案】×

【例题2·单选题】下列选项中，属于财务报表列报基本要求的是（　）。

A. 企业编制各类财务报表时，应以权责发生制为基础

B. 财务报表项目的列报应当在各个会计期间保持一致，不得随意变更

C. 性质、功能不同或相似的项目，必须单独列报

D. 企业在列报当期财务报表时，至少应当提供所列报项目上一年的比较数据

【解析】除现金流量表按照收付实现制编制外，其他财务报表应当按照权责发生制编制，选项A错误；对于性质或功能不同的项目，一般应当在财务报表中单独列报，但是不具有重要性的项目可以合并列报；对于性质或功能相似的项目，一般可以合并列报，但是对其具有重要性的类别应当单独列报，选项C错误；企业在列报当期财务报表时，至少应当提供所有列报项目上一可比会计期间的比较数据，其中，“可比会计期间”不一定是“一年”，选项D错误。

【答案】B

本节考点回顾与总结一览表

本节考点	知识总结
考点　财务报表概述	①一套完整的财务报表至少应当包括“四表一注” ②财务报表列报应满足9项基本要求

第二节　合并财务报表概述

考点2　合并财务报表合并范围的确定（★★★）

考点分析

本考点是考试的常考内容，涉及的题型主要为单选题和多选题。相关考题中通常有类似“应纳入投资方合并财务报表合并范围的有”和“应纳入其合并范围的有”的字眼。

考点精讲

合并财务报表的合并范围是编制合并财务报表的前提，应当以控制为基础予以确定。

1. 控制的定义和判断

控制是指投资方拥有对被投资方的权力，通过参与被投资方的相关活动而享有可变回报，并且有能力运用对被投资方的权力影响其回报金额。

投资方只有在同时具备以下两个要素时，才能控制被投资方。

（1）因涉入被投资方而享有可变回报。

名师解读

可变回报，是不固定且可能随着被投资方业绩而变化的回报，可以仅是正回报，也可以仅是负回报，或者同时包括正回报和负回报。可变回报的形式主要包括股利、被投资方经济利益的分配、投资方对被投资方的投资的价值变动。

（2）拥有对被投资方的权力，并且有能力运用对被投资方的权力影响其回报金额。

投资方能够主导被投资方的相关活动时，称投

资方对被投资方享有“权力”。

2. 母公司与子公司

企业集团由母公司和其全部子公司构成，母公司和子公司相互依存，有母公司必然存在子公司，有子公司必然存在母公司。

（1）母公司。母公司是控制一个或一个以上主体（含企业、投资单位中可分割的部分，以及企业所控制的结构化主体等，下同）的主体。

（2）子公司。子公司是指被母公司控制的主体。

只要是能够被母公司施加控制的，都应纳入合并范围。但是，已宣告被清理整顿的或已宣告破产的原子公司，不再是母公司的子公司，不纳入合并财务报表范围。

3. 纳入合并范围的特殊情况——对被投资方可分割部分的控制

投资方通常应当对是否控制被投资方整体进行判断。但在少数情况下，如果有确凿证据表明同时满足下列条件并且符合相关法律法规规定的，投资方应当将被投资方的一部分视为被投资方可分割的部分，进而判断是否控制该部分（可分割部分）。

（1）该部分的资产是偿付该部分负债或该部分其他权益方的唯一来源，不能用于偿还该部分以外的被投资方的其他负债。

（2）除与该部分相关的各方外，其他方不享有该部分资产相关的权利，也不享有该部分资产剩余现金流量相关的权利。

4. 合并范围的豁免——投资性主体

母公司应当将其全部子公司（包括母公司所控制的被投资单位可分割部分、结构化主体）纳入合并范围。但是，如果母公司是投资性主体，则只应将那些为投资性主体的投资活动提供相关服务的子公司纳入合并范围，其他子公司不应予以合并，母公司对其他子公司的投资应当按照公允价值计量且其变动计入当期损益。另外，一个投资性主体的母公司如果其本身不是投资性主体，应当将其控制的全部主体纳入合并财务报表范围。

当母公司同时满足以下 3 个条件时，该母公司属于投资性主体。

（1）该公司以向投资方提供投资管理服务为目的，从一个或多个投资者获取资金。

（2）该公司的唯一经营目的，是通过资本增值、投资收益或两者兼有而让投资者获得回报。

（3）该公司按照公允价值对几乎所有投资的业绩进行计量和评价。

投资性主体通常应当符合以下 4 个特征。

（1）拥有 1 个以上投资。

（2）拥有 1 个以上投资者。

（3）投资者不是该主体的关联方。

（4）该主体的所有者权益以股权或类似权益存在。

当母公司由非投资性主体转变为投资性主体时，除仅将为其投资活动提供相关服务的子公司纳入合并财务报表范围编制合并财务报表外，企业自转变日起对其他子公司不应予以合并，其会计处理参照部分处置子公司股权但不丧失控制权的处理原则。

当母公司由投资性主体转变为非投资性主体时，应将原未纳入合并财务报表范围的子公司于转变日纳入合并财务报表范围，将转变日视为购买日，原未纳入合并财务报表范围的子公司于转变日的公允价值视为购买的交易对价，按照非同一控制下企业合并的会计处理方法进行会计处理。

5. 控制的持续评估

企业应当持续地对控制进行评估，当环境或情况发生变化时，投资方需要评估控制的基本要素是否发生了变化。如果有任何事实或情况表明控制的基本要素中的一个或多个发生了变化，投资方应重新评估对被投资方是否具有控制。

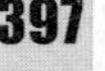

典型例题

【例题 1 · 多选题】下列各项中，投资方在确定合并财务报表合并范围时应予考虑的因素有（　　）。（2015 年）

A. 被投资方的设立目的

B. 投资方是否拥有对被投资方的权力

C. 投资方是否通过参与被投资方的相关活动而享有可变回报

D. 投资方是否有能力运用对被投资方的权力影响其回报金额

【解析】合并财务报表的合并范围是指纳入合并财务报表编报的子公司的范围，应当以控制为基础予以确定。投资方要实现控制，必须具备两项基本要素：①因涉入被投资方面享有可变回报；②拥有对被投资方的权力，并且有能力运用对被投资方的权力影响其回报金额。除此之外，被投资方的设立目的也是应考虑的因素。

【答案】ABCD

【例题 2 · 多选题】下列各项中，母公司在编制合并财务报表时，应纳入其合并范围的有（　　）。（2010 年）

A. 经营规模较小的子公司

B. 已宣告破产的原子公司

C. 资金调度受到限制的境外子公司

D. 经营业务性质有显著差别的子公司

【解析】所有子公司都应纳入母公司的合并财务报表的合并范围，以下被投资单位不是母公司的子

公司，不应纳入合并范围：已宣告被清理整顿的原子公司、已宣告破产的原子公司、母公司不能控制的其他被投资单位。

【答案】ACD

考点3 合并报表的编制原则、前期准备事项和编制程序（★★）

考点分析

本考点的概念性较强，属于需理解记忆的内容，对于此类知识，考生不必死记硬背，只要能够熟悉相关内容即可。

考点精讲

1. 合并财务报表的编制原则

企业在编制合并财务报表时应当遵循的原则和要求包括：以个别财务报表为基础编制、一体性原则以及重要性原则。

2. 合并财务报表编制的前期准备事项

合并财务报表应当以母公司和子公司的个别财务报表为基础，由母公司进行编制。母公司为编制合并财务报表应做好以下几项前期准备工作。

（1）统一母公司、子公司的会计政策和会计期间。

（2）对子公司外币表示的财务报表进行折算。

（3）收集编制合并财务报表的相关资料。

3. 合并财务报表的编制程序

合并财务报表编制有其特定的程序，主要包括以下5个环节的内容。

（1）设置合并工作底稿。

（2）将母公司、纳入合并范围的子公司的个别资产负债表、利润表及所有者权益变动表各项目的数据过入合并工作底稿。

（3）编制调整分录和抵销分录。

（4）计算合并财务报表各项目的合并金额。

（5）填列合并财务报表。

典型例题

【例题·多选题】母公司在编制合并财务报表前，对子公司所采用会计政策与其不一致的情形进行的下列会计处理中，正确的有（　）。（2015年）

A. 按照子公司的会计政策另行编报母公司的财务报表

B. 要求子公司按照母公司的会计政策另行编报子公司的财务报表

C. 按照母公司自身的会计政策对子公司财务报表进行必要的调整

D. 按照子公司的会计政策对母公司自身财务报表进行必要的调整

【解析】母公司在编制合并财务报表前，应当尽可能统一母公司和子公司的会计政策，统一要求子公司所采用的会计政策与母公司保持一致，选项B、C正确。

【答案】BC

本节考点回顾与总结一览表

本节考点	知识总结
考点2 合并财务报表合并范围的确定	合并财务报表的合并范围应当以控制为基础予以确定
考点3 合并报表的编制原则、前期准备事项和编制程序	①编制原则：个别财务报表为基础、一体性原则、重要性原则 ②前期准备事项：可分为4个事项 ③编制程序：可分为5个步骤

真题演练

1.【多选题】甲公司（制造企业）投资的下列各公司中，应当纳入其合并财务报表合并范围的有（　）。（2008年）

A. 主要从事金融业务的子公司

B. 设在实行外汇管制国家的子公司

C. 发生重大亏损的子公司

D. 与乙公司共同控制的合营公司

2.【判断题】报告中期新增的符合纳入合并财务报表范围条件的子公司，如无法提供可比中期合并财务报表，可不将其纳入合并范围。（　）（2009年）

第三节 合并财务报表的编制

考点4 合并资产负债表中调整分录的编制（★★★）

考点分析

本考点的实务操作性较强，并且在综合题中进行考查的概率较大，若客观题中涉及本考点，可能会让考生计算编制调整分录后对有关项目金额的影响。

考点精讲

1. 对子公司个别财务报表的调整

（1）同一控制下企业合并中取得的子公司

对于同一控制下的企业合并中取得的子公司，其会计政策或会计期间与母公司一致的，不需要调整其个别财务报表。

（2）非同一控制下企业合并中取得的子公司

对于非同一控制下企业合并中取得的子公司，除了存在与母公司会计政策和会计期间不一致的情况，需要对该子公司的个别财务报表进行调整外，还应当根据母公司为该子公司设置的备查簿的记录，以记录的该子公司的各项可辨认资产、负债及或有负债等在购买日的公允价值为基础，通过编制调整分录，对该子公司的个别财务报表进行调整，以使子公司的个别财务报表反映为在购买日公允价值基础上确定的可辨认资产、负债及或有负债在本期资产负债表日的金额。

2. 按权益法调整对子公司的长期股权投资

母公司在合并工作底稿中应分以下项目编制调整分录。

（1）调整子公司的盈利

借：长期股权投资（母公司应享有份额）

　　贷：投资收益

（2）调整子公司的亏损

借：投资收益（母公司应分担份额）

　　贷：长期股权投资等

（3）调整子公司宣告分派的现金股利

借：投资收益

　　贷：长期股权投资

（4）调整子公司其他综合收益变动

借：长期股权投资（母公司应享有份额）

　　贷：其他综合收益

其他综合收益减少时编制相反分录。

（5）调整子公司除净损益、其他综合收益以及利润分配以外的所有者权益的其他变动

借：长期股权投资

　　贷：资本公积——本年

所有者权益减少时编制相反分录。

典型例题

【例题1·判断题】投资企业对其实质上控制的被投资企业进行的长期股权投资，在编制其个别财务报表和合并财务报表时均应采用权益法核算。（　）

【解析】投资企业持有的对子公司投资，在母公司个别财务报表中按成本法核算。但是，在编制合并报表时，应按权益法调整对子公司的长期股权投资。

【答案】×

【例题2·单选题】甲公司与乙公司为非同一控制下企业。2015年1月1日，甲公司取得乙公司100%股份，对后者实施控制。当年甲公司实现净利润1 000万元，乙公司实现净利润300万元，按购买日公允价值持续计算的净利润为280万元。2015年12月31日，乙公司从甲公司购入存货中包含的未实现内部销售利润为30万元，甲公司作为管理用固定资产中包含的未实现内部销售利润为50万元。2015年度甲公司合并利润表中应确认归属于母公司的净利润为（　）万元。

A. 1 300　　B. 1 280

C. 1 200　　D. 1 220

【解析】如果存在未实现内部交易损益，在采用权益法调整长期股权投资时，应对该未实现内部交易损益对净利润的影响进行调整。因此，计算母公司的净利润时，应按照调整后的子公司净利润作为加总部分，在本题中，归属于母公司的净利润＝1 000+280−30−50=1 200（万元）。

【答案】C

考点5　编制合并资产负债表应抵销处理的项目（★★★）

考点分析

本考点包括的内容较多，是考试的热门及重要考点，若综合题中对合并财务报表相关知识进行考查，本考点内容出现在考题中的概率较大，因此，考生复习本考点时，应在理解理论知识的基础上，重点掌握有关会计分录的编制。

考点精讲

1. 长期股权投资与子公司所有者权益的抵销处理

（1）子公司为全资子公司时，母公司对子公司长期股权投资的金额和子公司所有者权益各项目的金额应当全额抵销，抵销分录如下。

借：实收资本

　　资本公积

　　盈余公积

　　未分配利润——年末

　　商誉

　　贷：长期股权投资

（2）子公司为非全资子公司时，应当将母公司对子公司长期股权投资的金额与子公司所有者权益中母公司所享有的份额相抵销。子公司所有者权益中不属于母公司的份额，即子公司所有者权益中抵销母公司所享有的份额后的余额，在合并财务报表中作为“少数股东权益”处理。抵销分录如下。

借：实收资本

　　资本公积

　　盈余公积

　　未分配利润——年末

　　商誉

　　贷：长期股权投资

少数股东权益

2. 内部债权与债务的抵销处理

为了消除个别资产负债表直接加总中的重复计算因素，编制合并资产负债表时应将内部债权债务项目予以抵销。需要进行抵销处理的内部债权债务项目主要包括应收账款与应付账款、应收票据与应付票据、预付款项与预收款项、持有至到期投资（假定该项债券投资，持有方划归为持有至到期投资，如果划分为其他类的金融资产，原理相同）、应收利息与应付利息、应收股利与应付股利、其他应收款与其他应付款。

（1）应收账款与应付账款的抵销处理

①初次编制合并财务报表时应收账款与应付账款的抵销处理

在应收账款计提坏账准备的情况下，某一会计期间坏账准备的金额是以当期应收账款为基础计提的。在编制合并财务报表时，内部应收账款的抵销分录如下。

借：应付账款

　　贷：应收账款

内部应收账款计提的坏账准备抵销分录如下。

借：应收账款——坏账准备

　　贷：资产减值损失

②连续编制合并财务报表时内部应收账款坏账准备的抵销处理

在连续编制合并财务报表进行抵销处理时，应按下列程序进行抵销。

第一步，将内部应收账款与应付账款予以抵销。

借：应付账款（内部应付账款的金额）

　　贷：应收账款

第二步，将上期资产减值损失中抵销的内部应收账款计提的坏账准备对本期期初未分配利润的影响予以抵销，即按上期资产减值损失项目中抵销的内部应收账款计提的坏账准备的金额。

借：应收账款——坏账准备

　　贷：未分配利润——年初

第三步，对于本期个别财务报表中内部应收账款相对应的坏账准备增减变动的金额也应予以抵销，即按照本期个别资产负债中期末内部应收账款相对应的坏账准备的增加额，做如下抵销分录。

借：应收账款——坏账准备

　　贷：资产减值损失

或者按照本期个别资产负债表中期末内部应收账款相对应的坏账准备的减少额，编制如下抵销分录。

借：资产减值损失

　　贷：应收账款——坏账准备

内部应收账款本期余额与上期余额可能相等，也可能不相等，具体可分为以下3种情况进行处理。

情况一：内部应收账款本期余额 = 上期余额。

内部应收账款本期余额等于上期余额时，母公司应抵销内部应收账款与应付账款，其个别资产负债表中的坏账准备余额实际上是上期结转而来的余额，因此只需抵销上期计提的坏账准备，同时调整本期期初未分配利润。

情况二：内部应收账款本期余额 > 上期余额。

内部应收账款本期余额大于上期余额时，母公司应抵销内部应收账款与应付账款。对于其个别资产负债表中的上期计提坏账准备应予以抵销，同时调整期初未分配利润；对于本期计提的坏账准备的增加额应予以抵销，同时调整资产减值损失。

情况三：内部应收账款本期余额 < 上期余额。

内部应收账款本期余额小于上期余额时，母公司应抵销内部应收账款与应付账款。对于其个别资产负债表中的上期计提坏账准备应予以抵销，同时调整期初未分配利润；对于本期坏账准备的减少额应予以抵销，同时调整资产减值损失。

（2）其他债权与债务项目的抵销处理

在某些情况下，债券企业持有的企业集团内部成员企业的债券并不是从发行债券的企业直接购进的，而是在证券市场从第三方手中购进的。因此，持有至到期投资中的债券投资与发行债券企业的应付债券抵销时，可能会出现差额，该差额应当计入合并利润表的投资收益或财务费用项目。

3. 存货价值中包含的未实现内部交易损益的抵销处理

（1）当期内部购进商品并形成存货情况下的抵销处理

对于购买企业未实现对外销售而形成的期末存货，其价值包含存货的成本和销售毛利。相关抵销分录如下。

借：营业收入（内部销售收入的金额）

　　贷：营业成本

借：营业成本

　　贷：存货（未实现内部销售损益）

或者按照内部营业收入形成期末存货的金额，做如下抵销分录。

借：营业收入

　　贷：营业成本（营业收入对应的销售成本）

　　　　存货（差额）

（2）连续编制合并财务报表时内部购进商品的抵销处理

①将上期抵销的存货价值中包含的未实现内部销售损益对本期期初未分配利润的影响进行抵销。即按照上期内部购进存货价值中包含的未实现内部

销售损益的金额，编制如下抵销分录。

借：未分配利润——年初

贷：营业成本

上述抵销分录，可以理解为上期内部购进的存货中包含的未实现内部销售损益在本期视为实现利润，将未实现内部销售损益转为实现利润，冲减当期的合并营业成本。

②对于本期发生内部购销活动的，将内部销售收入、内部销售成本及内部购进存货中未实现内部销售损益予以抵销，抵销分录如下。

借：营业收入

贷：营业成本

③将期末内部购进存货价值中包含的未实现内部销售损益予以抵销。对于期末内部购买形成的存货（包括上期结转形成的本期存货），抵销分录如下。

借：营业成本（购买企业期末内部购入存货价值中包含的未实现内部销售损益）

贷：存货

4. 内部固定资产交易的抵销处理

（1）企业集团内部的母公司或子公司将自身生产的产品销售给企业集团内部的其他企业作为固定资产使用

①购入当期的抵销处理

借：营业收入

贷：营业成本

固定资产——原价（原价中包含的未实现内部销售损益）

将内部交易形成的固定资产当期多计提的折旧费和累计折旧费予以抵销。

借：固定资产——累计折旧（当期多计提的折旧额）

贷：管理费用等

②连续编制合并财务报表时的抵销处理

a. 将内部交易形成的固定资产原价中包含的未实现内部销售损益抵销，并调整期初未分配利润的金额。

借：未分配利润——年初（原价中包含的未实现内部销售损益）

贷：固定资产——原价

b. 将以前会计期间内部交易形成的固定资产多计提的累计折旧抵销，并调整期初未分配利润的金额。

借：固定资产——累计折旧

贷：未分配利润——年初

c. 将本期由于该内部交易形成的固定资产的多计提的折旧费予以抵销，并调整本期的累计折旧额。

借：固定资产——累计折旧

贷：管理费用等

③清理期间的抵销处理

情况一：使用寿命届满进行清理时的抵销处理。

内部交易形成的固定资产使用寿命届满进行清理时，该固定资产的实体已不复存在，因此不存在未实现内部销售损益的抵销问题。但是，销售企业因该内部交易所实现的利润，作为期初未分配利润的一部分结转到购买企业对该内部交易形成的固定资产进行清理的会计期间为止。因此，必须调整期初未分配利润。

借：未分配利润——年初

贷：营业外收入（或营业外支出）

同时，清理固定资产的当期仍计提折旧的，应将本期计提的折旧费中多计提的折旧额予以抵销。

借：固定资产——累计折旧

贷：管理费用等

清理固定资产的下一期，将清理固定资产所属会计期间多计提的累计折旧抵销，并调整期初未分配利润的金额。

借：营业外收入（或营业外支出）

贷：未分配利润——年初

情况二：超期使用进行清理时的抵销处理。

内部交易形成的固定资产寿命到期时，如果未进行清理，则应抵销该固定资产原价中包含的未实现内部销售损益和多计提的累计折旧。在到期后的下一个会计期间，由于该固定资产不再计提折旧，所以不存在抵销本期多计提折旧额问题，只抵销未实现内部销售损益。之后的会计年度，由于固定资产原价不再包含未实现内部销售损益，因此无需再编制抵销分录。

情况三：使用寿命未满提前进行清理时的抵销处理。

内部交易形成的固定资产使用寿命未满提前进行清理时，购买企业内部交易形成的固定资产实体已不复存在，固定资产原价中包含的未实现内部销售损益随着清理而成为实现的损益（与内部交易形成的期末存货实现对外销售类似），因此无需抵销未实现的内部销售损益。

对于销售企业来说，因该内部交易所实现的利润，作为期初未分配利润的一部分结转到购买企业对该内部交易形成的固定资产进行清理的会计期间为止，因此，应调整期初未分配利润。同时，应抵销提前当期多计提的折旧。

（2）企业集团内部的母公司或子公司将自身的固定资产出售给企业集团内部的其他企业作为固定资产使用

企业集团内部企业将其自用的固定资产出售给集团内部的其他企业，通过抵销后，使其在合并财务报表中该固定资产原价仍然以销售企业的原账面价值反

映，因此在合并工作底稿中编制如下抵销分录。

借：营业外收入

贷：固定资产——原价

或者

借：固定资产——原价

贷：营业外支出

典型例题

【例题 1·单选题】乙公司为甲公司的子公司。2015 年 6 月 20 日，甲公司以 1 200 万元的价格（不含增值税），将其生产的设备销售给乙公司，该设备的成本为 1 000 万元。乙公司将其作为管理用固定资产，购入当日即投入使用，采用直线法计提折旧，预计使用年限为 10 年，预计净残值为 0，会计与税法对折旧等相关政策的规定相同。甲公司、乙公司均采用资产负债表债务法核算所得税，适用的所得税税率均为 25%。甲公司在编制 2015 年合并报表时，因该内部固定资产交易的抵销而影响合并净利润的金额为（ ）万元。

A. 142.5　B. 48.75　C. 47.5　D. 200

【答案】A

【解析】抵销的营业收入为不含税收入，2015 年末编制如下抵销分录。

借：营业收入　12 000 000

贷：营业成本　10 000 000

固定资产——原价　2 000 000

当期多计提的累计折旧 10 万元（200÷10×6÷12）。

借：固定资产——累计折旧　100 000

贷：管理费用　100 000

同时，调整递延所得税 =（200−10）×25%=47.5（万元），其中，10 万元为当年已在乙公司所得税税前扣除的金额。

借：递延所得税资产　475 000

贷：所得税费用　475 000

由上述分录可知，因该内部固定资产交易的抵销而影响合并净利润的金额 =200−10−47.5=142.5（万元）。

【答案】A

【例题 2·多选题】甲公司计提坏账准备的比例为应收账款余额的 1%。2015 年 1 月 1 日，甲公司对其子公司应收款项的余额为 1 000 万元。2015 年 12 月 31 日，该应收款项的余额为 800 万元。在编制当年合并财务报表时，下列说法正确的有（ ）。

A. 抵销 2015 年冲销的坏账准备 8 万元

B. 确认资产减值损失 2 万元

C. 不必调整 2015 年期初的未分配利润金额

D. 抵销 2014 年内部应收款项计提的坏账准备 10 万元

【解析】抵销 2015 年内部应收款项计提的坏账准备 =1 000×1%=10（万元），同时，调整对 2015 年期初未分配利润的影响。相关账务处理如下。

借：应收账款——坏账准备　100 000

贷：未分配利润——年初　100 000

抵销 2015 年因应收款项减少冲销的坏账准备 =（1 000−800）×1%=2（万元）。

借：资产减值损失　20 000

贷：应收账款——坏账准备　20 000

【答案】BD

【例题 3·多选题】甲公司为乙公司的母公司。甲公司 2014 年 2 月从乙公司处购入生产用设备一台，该设备成本为 650 万元，售价 800 万元，增值税税额 136 万元。甲公司已支付设备款，并于购入当月将设备投入使用，预计使用年限为 5 年，预计净残值为零，采用年限平均法计提折旧。甲公司编制 2014 年合并财务报表时，下列关于抵销分录中的说法，正确的是（ ）。

A. 应抵销营业收入 936 万元

B. 应抵销营业成本 650 万元

C. 应抵销多计提的累计折旧 25 万元

D. 该设备包含的未实现内部交易损益为 150 万元

【解析】多计提的累计折旧 =（800−650）÷5×10÷12=25（万元）。相关抵销分录如下。

借：营业收入　8 000 000

贷：营业成本　6 500 000

固定资产——原价　1 500 000

当期多计提折旧的摊销。

借：固定资产——累计折旧　250 000

贷：管理费用　250 000

【答案】BCD

考点6　编制合并利润表时应抵销处理的项目（★★★）

考点分析

本考点属于综合题的重要考查内容，近几年均对相关内容进行了考查，考生应重点掌握抵销分录的编制。

考点精讲

1. 内部营业收入和内部营业成本项目的抵销处理

（1）母公司与子公司、子公司相互之间销售商品，期末全部实现对外销售。

借：营业收入

贷：营业成本

（2）母公司与子公司、子公司相互之间销售商

品，期末未实现对外销售而形成存货的抵销处理。

借：营业收入

贷：营业成本

同时，对于存货价值中包含的未实现内部销售损益，抵销分录如下。

借：营业成本

贷：存货

（3）母公司与子公司、子公司之间销售商品，期末部分实现对外销售、部分形成期末存货的抵销处理。

借：营业收入

贷：存货（期末存货价值中包含的未实现内部销售损益）

营业成本（差额）

2. 购买企业内部其他企业的产品作为固定资产、无形资产等资产使用时的抵销处理

母公司与子公司、子公司相互之间将自身的产品销售给其他企业作为固定资产时，应保证在合并财务报表中以销售该产品的成本作为固定资产的原价反映。抵销分录如下。

借：营业收入

贷：固定资产——原价（固定资产原价中包含的未实现内部销售损益）

营业成本（差额）

同时，对于本期计提的折旧额或摊销额中包含的未实现内部销售损益的金额进行抵销。

借：固定资产——累计折旧

贷：管理费用等

3. 内部应收款项计提的坏账准备等减值准备的抵销处理

编制合并资产负债表时，需要将内部应收款项与应付款项相互抵销，同时将内部应收款项计提的坏账准备予以抵销，抵销分录如下。

借：应收账款——坏账准备等（当期内部应收款项计提的坏账准备）

贷：资产减值损失

4. 内部投资收益（利息收入）和利息费用的抵销

借：投资收益

贷：财务费用

5. 母公司与子公司、子公司相互之间持有对方长期股权投资的投资收益的抵销处理

（1）子公司为全资子公司

借：投资收益（子公司调整后的净利润 × 母公司持股比例）

未分配利润——年初（子公司年初未分配利润）

贷：提取盈余公积（子公司当期提取的盈余公积）

对所有者（或股东）的分配（子公司当期宣告股利）

未分配利润——年末（子公司）

（2）子公司为非全资子公司

借：投资收益（子公司调整后的净利润 × 母公司持股比例）

未分配利润——年初（子公司年初未分配利润）

少数股东损益（子公司调整后的净利润 × 少数股东持股比例）

贷：提取盈余公积（子公司当期提取的盈余公积）

对所有者（或股东）的分配（子公司当期宣告股利）

未分配利润——年末（子公司）

典型例题

【例题·单选题】甲公司是乙公司的母公司。2015 年 1 月 1 日，甲公司将其生产的设备销售给乙公司作为管理用固定资产，该设备售价为 1 000 万元（不含增值税），成本为 800 万元。乙公司测算该设备的使用年限为 10 年，采用直线法计提折旧，预计净残值为零。甲公司编制当年合并利润表时，因该设备相关的内部销售损益影响净利润的金额为（　）万元。

A. 200　B. 20　C. 180　D. 220

【解析】因该设备相关的内部销售损益影响净利润的金额 =（1 000−800）−（1 000−800）÷ 10=180（万元）。抵销分录如下。

借：营业收入　10 000 000

贷：营业成本　8 000 000

固定资产——原价　2 000 000

同时抵销多计提的累计折旧 =（1 000−800）÷ 10 = 20（万元）。

借：固定资产——累计折旧　200 000

贷：管理费用　200 000

【答案】C

考点7 合并现金流量表（★★★）

考点分析

本考点常见的考查方式为计算合并现金流量表中相关项目的金额，题型以单选题为主。考生只要掌握合并现金流量表中抵销分录的编制以及合并现金流量表中有关少数股东权益项目的反映即可正确答题。

考点精讲

1. 编制合并现金流量表时应进行抵销的处理

企业编制合并现金流量表时需要进行抵销处理

的项目如下。

（1）母公司与子公司、子公司相互之间当期以现金投资或收购股权增加的投资所产生的现金流量。

（2）母公司与子公司、子公司相互之间当期取得投资收益收到的现金与分配股利、利润或偿付利息支付的现金。

（3）母公司与子公司、子公司相互之间以现金结算债权与债务所产生的现金流量。

（4）母公司与子公司、子公司相互之间当期销售商品所产生的现金流量。

（5）母公司与子公司、子公司相互之间处置固定资产、无形资产和其他长期资产收回的现金净额与构建固定资产、无形资产和其他长期资产支付的现金等。

2. 合并现金流量表中有关少数股东权益项目的反映

合并现金流量表编制与个别现金流量表相比，主要的问题就是在子公司为非全资子公司的情况下，涉及子公司与其少数股东之间的现金流入和现金流入的处理问题。

（1）对于子公司的少数股东增加在子公司中的权益性投资，应当反映在合并现金流量表中“筹资活动产生的现金流量”之下的“吸收投资收到的现金”项目下“其中：子公司吸收少数股东投资收到的现金”项目。

（2）对于子公司向少数股东支付现金股利或利润，反映在合并现金流量表中“筹资活动产生的现金流量”之下的“分配股利、利润或偿付利息支付的现金”项目下“其中：子公司支付给少数股东的股利、利润”项目。

（3）子公司的少数股东依法抽回在子公司中的权益性投资，反映在合并现金流量表中“筹资活动产生的现金流量”之下的“支付其他与筹资活动有关的现金”项目。

（4）在企业合并当期，母公司购买子公司及其他营业单位支付对价中以现金支付的部分与子公司及其他营业单位在购买日持有的现金和现金等价物应当相互抵销，具体分为以下两种情况进行处理。

①子公司及其他营业单位在购买日持有的现金和现金等价物小于母公司支付对价中以现金支付的部分，按抵减后的净额在“取得子公司及其他营业单位支付的现金净额”项目反映。

②子公司及其他营业单位在购买日持有的现金和现金等价物大于母公司支付对价中以现金支付的部分，按抵减后的净额在“收到其他与投资活动有关的现金”项目反映。

典型例题

【例题1·单选题】甲公司只有乙公司一个子公司。2015年度甲公司、乙公司个别现金流量表中“销售商品、提供劳务收到的现金”项目的金额分别为3 000万元和1 200万元，“购买商品、接受劳务支付的现金”项目的金额分别为2 500万元和800万元。当年甲公司和乙公司销售商品收到现金150万元，不考虑其他事项，甲公司编制合并现金流量表时，“销售商品、提供劳务收到的现金”项目的金额为（　　）万元。

A. 4 200　　　　B. 3 300

C. 900　　　　D. 4 050

【解析】甲公司编制合并现金流量表时，应抵销内部商品销售产生的现金流量，“销售商品、提供劳务收到的现金”项目=3 000+1 200−150=4 050（万元）。

【答案】D

【例题2·判断题】子公司向少数股东支付的现金股利或利润，在合并现金流量表中应当在“投资活动产生的现金流量”项目中单独反映。（　　）（2008年）

【解析】对于子公司向少数股东支付现金股利或利润，在合并现金流量表中应当在“筹资活动产生的现金流量”之下的“分配股利、利润或偿付利息支付的现金”项目下“其中：子公司支付给少数股东的股利、利润”项目反映。

【答案】×

本节考点回顾与总结一览表

本节考点	知识总结
考点4　合并资产负债表中调整分录的编制	①对子公司个别财务报表的调整：区分同一控制下企业合并与非同一控制下企业合并取得子公司进行分别处理 ②按权益法调整对子公司的长期股权投资：分别调整子公司盈利、亏损、分派现金股利、其他综合收益变动以及其他所有者权益变动
考点5　编制合并资产负债表应抵销处理的项目	①长期股权投资与子公司所有者权益的抵销处理：区分全资子公司与非全资子公司进行抵销处理 ②内部债权与债务的抵销处理：可分为3个环节进行抵销处理 ③存货价值中包含的未实现内部交易损益的抵销处理：分为当期内部购进商品形成存货与连续编制合并财务报表时内部购进商品的抵销处理 ④内部固定资产交易的抵销处理：区分子公司与母公司分别将交易的固定资产作为不同用途进行抵销处理
考点6　编制合并利润表时应抵销处理的项目	分别区分内部营业收入和内部营业成本项目的抵销处理、购买企业内部其他企业的产品作为固定资产、无形资产等资产使用时的抵销处理、内部应收款项计提的坏账准备等减值准备的抵销处理、内部投资收益（利息收入）和利息费用的抵销、母公司与子公司、子公司相互之间持有对方长期股权投资的投资收益的抵销处理

续表

本节考点	知识总结
考点 7 合并现金流量表	①编制合并现金流量表时应进行抵销的处理：主要包括 5 个项目的抵销 ②合并现金流量表中有关少数股东权益项目的反映：主要包括 3 种情况下少数股东权益项目的反映

真题演练

1.【单选题】2012 年 12 月 5 日，甲公司向其子公司乙公司销售一批商品，不含增值税的销售价格为 2 000 万元，增值税税额为 340 万元，款项已收存银行；该批商品成本为 1 600 万元，不考虑其他因素，甲公司在编制 2012 年度合并现金流量表时，“销售商品、提供劳务收到的现金”项目应抵销的金额为（　）万元。（2013 年）

A. 1 600　　B. 1 940

C. 2 000　　D. 2 340

2.【判断题】母公司编制合并报表时，应将非全资子公司向其出售资产所发生的未实现内部交易损益全额抵销归属于母公司所有者的净利润。（　）（2016 年）

3.【判断题】母公司在编制合并现金流量表时，应将其直接以现金对于公司进行长期股权投资形成的现金流量，与子公司筹资活动形成的与之对应的现金流量相互抵销。（　）（2015 年）

第四节 特殊交易在合并财务报表中的会计处理

考点8 追加投资的会计处理（★★★）

考点分析

本考点与长期股权投资存在较大的关联性，考生可先复习长期股权投资中有关核算方法转换的会计处理，然后在此基础上理解本考点内容，这样在解答有关考题时思路会比较清晰。

考点精讲

1. 母公司购买子公司少数股东股权

母公司购买子公司少数股东拥有的子公司股权的，在合并财务报表中，因购买少数股权新取得的长期股权投资与按照新持股比例计算应享有子公司自购买日或合并日开始计算的净资产份额之间的差额，应当调整母公司个别报表中的资本公积（资本溢价或股本溢价），资本公积不足冲减的，调整留存收益。

2. 企业因追加投资等原因能够对非同一控制下的被投资方实施控制

企业因追加投资等原因，通过多次交易分步实现非同一控制下企业合并的，在合并财务报表上，首先，应结合分步交易各个步骤的协议条款，以及各个步骤中所分别取得的股权比例、取得对象、取得方式、取得时点及取得对价等信息来判断分析交易是否属于“一揽子交易”。

各项交易的条款、条件以及经济影响符合以下一种或多种情况的，通常应将多次交易事项作为“一揽子交易”进行会计处理。

（1）这些交易是同时或者在考虑了彼此影响的情况下订立的。

（2）这些交易整体才能达成意向完整的商业结果。

（3）一项交易的发生取决于至少一项其他交易的发生。

（4）一项交易单独看是不经济的，但是和其他交易一并考虑时是经济的。

如果分步取得对子公司股权投资直至取得控制权的各项交易属于“一揽子交易”，应当将各项交易作为一项取得子公司控制权的交易进行会计处理。如果不属于“一揽子交易”，则应在合并财务报表中进行如下会计处理。

（1）对于购买日之前持有的被购买方的股权，应当按照该股权在购买日的公允价值进行重新计量，公允价值与账面价值的差额计入当期投资收益。

（2）购买日之前持有的被购买方的股权涉及权益法核算下的其他综合收益以及除净损益、其他综合收益和利润分配外的其他所有者权益变动的，与其相关的其他综合收益、其他所有者权益变动应当转为购买日所属的当期收益，由于被投资方重新计量设定受益计划净负债或净资产变动而产生的其他综合收益除外。

购买方应当在附注中披露其在购买日之前持有的被购买方的股权在购买日的公允价值、按照公允价值重新计量产生的相关利得和损失的金额。

3. 通过多次交易分步实现同一控制下企业合并

对于分步实现的同一控制下企业合并，在编制合并财务报表时，应视同参与合并的各方在最终控制方开始控制时即以目前的状态存在进行调整，在编制比较报表时，以不早于合并方和被合并方同处于最终控制方的控制之下的时点开始，将被合并方的有关资产、负债并入合并方合并财务报表的比较

报表中，并将合并而增加的净资产在比较报表中调整所有者权益项下的相关项目。

为避免对被合并方净资产的价值进行重复计算，合并方在取得被合并方控制权之前持有的股权投资，在取得原股权之日与合并方和被合并方同处于同一方最终控制之日孰晚日起至合并日之间已确认有关损益、其他综合收益以及其他净资产变动，应分别冲减比较报表期间的期初留存收益或当期损益。

4. 本期增加子公司时如何编制合并财务报表

同一控制下企业合并增加的子公司或业务，视同合并后形成的企业集团报告主体自最终控制方开始实施控制时一直是一体化存续下来的。企业编制各类合并财务报表的具体做法如下。

（1）编制合并资产负债表时，应当调整合并资产负债表的期初数，合并资产负债表的留存收益项目应当反映母公司视同一直作为一个整体运行至合并日应实现的盈余公积和未分配利润的情况，同时应当对比较报表的相关项目进行调整。

（2）编制合并利润表时，应当将该子公司或业务自合并当期期初至报告期期末的收入、费用、利润纳入合并利润表，而不是从合并日开始纳入合并利润表，同时应当对比较报表的相关项目进行调整。由于这部分净利润是因企业合并准则所规定的同一控制下企业合并的编表原则所致，而非母公司管理层通过生产经营活动实现的净利润，因此，应当在合并利润表中单列“其中：被合并方在合并前实现的净利润”项目进行反映。

（3）编制合并现金流量表时，应当将该子公司或业务自合并当期期初到报告期期末的现金流量纳入合并现金流量表，同时应当对比较报表的相关项目进行调整。

非同一控制下企业合并或其他方式增加的子公司或业务，应当从购买日开始编制合并财务报表，企业编制各类合并财务报表的具体做法如下。

（1）编制合并资产负债表时，不调整合并资产负债表的期初数，企业以非货币资产出资设立子公司或对子公司增资的，需要将该非货币性资产调整恢复至原账面价值，并在此基础上持续编制合并财务报表。

（2）编制合并利润表时，应当将该子公司或业务自购买日至报告期末的收入、费用、利润纳入合并利润表。

（3）编制合并现金流量表时，应当将该子公司购买日至报告期期末的现金流量纳入合并现金流量表。

典型例题

【例题·单选题】2014 年 1 月 1 日，甲公司以现金 7 500 万元取得乙公司 20% 的股权并具有重大影响，甲公司将该项投资确定为长期股权投资，并按权益法进行核算。当日，乙公司可辨认净资产公允价值为 3.2 亿元。2016 年 1 月 1 日，甲公司另支付现金 1.7 亿元取得乙公司 55% 股权，至此，甲公司能对乙公司实施控制。2016 年 1 月 1 日，甲公司原持有对乙公司 20% 股权的公允价值为 9 000 万元，账面价值为 8 700 万元（其中，与乙公司权益法核算相关的累计净损益为 300 万元，累计其他综合收益为 900 万元）；乙公司可辨认净资产的公允价值为 4.2 亿元。则甲公司在编制合并财务报表时，因 2016 年 1 月 1 日购买股权形成的商誉为（ ）万元。

A. 2 900　　B. 4 100

C. 1 200　　D. 2 400

【解析】2016 年 1 月 1 日，甲公司购买乙公司股权并取得控制权的合并对价 =9 000+17 000=26 000（万元），甲公司享有乙公司在购买日可辨认净资产公允价值的份额 =42 000×55%=23 100（万元），因此，则甲公司在编制合并财务报表时，2016 年 1 月 1 日购买股权形成的商誉 =26 000−23 100=2 900（万元）。

【答案】A

误区提醒

本题中，甲公司在编制合并财务报表时，应首先对原持有股权按照公允价值进行重新计量，将原购买股权的公允价值与其账面价值的差额计入合并当期的投资收益，同时，还应将原计入其他综合收益的金额转入合并当期的投资收益；因此，2015 年 1 月 1 日应确认的投资收益 =（9 000−8 700）+ 900=1 200（万元）。

考点9　处置对子公司投资的会计处理（★★★）

考点分析

本考点与考点 8 具有一定的相似性，如处置对子公司投资与追加投资的会计处理涉及对“一揽子交易”的判断、“控制”与“非控制”的转变等，考生可将这两个考点相结合进行复习。

考点精讲

1. 在不丧失控制权的情况下部分处置对子公司长期股权投资

母公司在不丧失控制权的情况下部分处置对子公司的长期股权投资的，处置价款与处置长期股权投资相对应享有子公司自购买日或合并日开始持续计算的净资产份额之间的差额，应当调整资本公积（资本溢价或股本溢价），资本公积不足冲减的，调整留存收益。

2. 母公司因处置子公司长期股权投资而丧失控制权

（1）一次交易处置子公司

母公司因处置部分股权投资或其他原因丧失了对原有子公司控制的，在合并财务报表中，应当进行如下会计处理。

①终止确认长期股权资产、商誉等的账面价值，并终止确认少数股东权益（包括属于少数股东的其他综合收益）的账面价值。

②按丧失控制权日的公允价值进行重新计量剩余股权，按剩余股权对被投资方的影响程度，将剩余股权作为长期股权投资或金融工具进行核算。

③处置股权取得的对价与剩余股权的公允价值之和，减去按原持股比例计算应享有原子公司自购买日开始持续计算的净资产的账面价值份额与商誉之和，形成的差额计入丧失控制权当期的投资收益。

④与原有子公司的股权投资相关的其他综合收益、其他所有者权益变动，应当在丧失控制权时转入当期损益，由于被投资方重新计量设定受益计划净负债或净资产变动而产生的其他综合收益除外。

（2）多次交易分步处置子公司

企业通过多次交易分步处置对子公司股权投资直至丧失控制权，在合并财务报表中，首先应判断分步交易是否属于“一揽子交易”。

如果分步交易不属于“一揽子交易”，则在丧失对子公司控制权以前的各项交易，应按照本节“1. 在不丧失控制权的情况下部分处置对子公司长期股权投资”的规定进行会计处理。

如果分步交易属于“一揽子交易”，则应将各项交易作为一项处置原子公司并丧失控制权的交易进行会计处理。其中，对于丧失控制权之前的每一次交易，处置价款与处置投资对应的享有该子公司自购买日开始持续计算的净资产账面价值的份额之间的差额，在合并财务报表中应当计入其他综合收益，在丧失控制权时一并转入丧失控制权当期的损益。

3. 本期减少子公司时如何编制合并财务报表

在本期出售转让子公司部分股份或全部股份，丧失对该子公司的控制权而使其成为非子公司的情况下，应当将其排除在合并财务报表的合并范围之外。各类财务报表的具体编制方法如下。

（1）编制合并资产负债表时，不需要对该出售转让股份而成为非子公司的资产负债表进行合并。

（2）编制合并利润表时，则应当将该子公司期初至丧失控制权成为非子公司之日止的利润表为基础，将该子公司自期初至丧失控制权之日止的收入、费用、利润纳入合并利润表。

另外，为了提高会计信息的可比性，在合并财务报表附注中应披露该子公司自期初至丧失控制权日止的经营成果以及上年度的经营成果，主要包括营业收入、营业利润、利润总额、所得税费用和净利润等。

（3）编制合并现金流量表时，应将该子公司自期初至丧失控制权之日止的现金流量的信息纳入合并现金流量表，并将出售该子公司所收到的现金流量扣除子公司持有的现金和现金等价物以及相关处置费用后的净额，在有关投资活动类的“处置子公司及其他营业单位所收到的现金”项目反映。

典型例题

【例题·单选题】2014 年 1 月 1 日，甲公司以 1 800 万元自非关联方购入乙公司 100% 有表决权的股份，取得对乙公司的控制权；乙公司当日可辨认净资产的账面价值和公允价值均为 1 500 万元。2014 年度，乙公司以当年 1 月 1 日可辨认净资产公允价值为基础计算实现的净利润为 125 万元，未发生其他影响所有者权益变动的交易或事项。2015 年 1 月 1 日，甲公司以 2 000 万元转让上述股份的 80%，剩余股份的公允价值为 500 万元。转让后，甲公司能够对乙公司施加重大影响。不考虑其他因素，甲公司因转让该股份计入 2015 年度合并财务报表中投资收益项目的金额为（ ）万元。（2015 年）

A. 560 B. 575 C. 700 D. 875

【解析】由题干可知，该项投资属于非同一控制下企业合并取得的长期股权投资，2014 年 1 月 1 日取得长期股权投资的初始投资成本为 1 800 万元，合并产生的商誉 =1 800−1 500×100%=300（万元）。因此，2015 年 1 月 1 日处置长期股权投资在合并报表中确认的投资收益 =（2 000+500）−（1 500+125）−300=575（万元）。

【答案】B

考点10 因子公司少数股东增资导致母公司股权稀释（★★★）

考点分析

本考点的考查范围比较单一，即对子公司少数股东增资后，母公司在子公司增资前后占子公司账面净资产中份额的差额的处理。涉及的题型主要为单选题和判断题。

考点精讲

如果由于子公司的少数股东对子公司进行增资，导致母公司股权稀释，母公司应当按照增资前的股权比例计算其在增资前子公司账面净资产中的份额，该份额与增资后按母公司持股比例计算的增资后子公司账面净资产份额之间的差额计入资本公积，资本公积不足冲减的，调整留存收益。

典型例题

【例题·判断题】子公司少数股东对子公司进行增资时，若导致母公司股权稀释，母公司应按照增资前、后各自的股权比例，分别计算其在子公司增资前、后账面净资产中的份额，两者的差额计入资本公积，资本公积不足冲减的，调整留存收益。

【解析】如果由于子公司的少数股东对子公司进行增资，导致母公司股权稀释，母公司应当按照增资前的股权比例计算其在增资前子公司账面净资产中的份额，该份额与增资后按母公司持股比例计算的在增资后子公司账面净资产份额之间的差额计入资本公积，资本公积不足冲减的，调整留存收益。

【答案】√

考点11 交叉持股的合并处理（★★★）

考点分析

本考点可概括为母、子公司存在交叉持股的情况下，分别对长期股权投资的初始投资成本以及持有期间确认的投资收益等进行抵销处理。本考点可以判断题的形式对相关处理原则进行考查。

考点精讲

交叉持股是指在由母公司和子公司组成的企业集团中，母公司持有子公司一定比例股份，能够对其实施控制，同时子公司也持有母公司一定比例股份，即相互持有对方的股份。

母公司和子公司有交互持股情形的，在编制合并财务报表时，应分以下情况进行会计处理。

（1）母公司持有的子公司股权的处理

对于母公司持有的子公司股权，与通常情况下母公司长期股权投资与子公司所有者权益的合并抵销处理相同。

（2）子公司持有的母公司股权的处理

①按照子公司取得母公司股权日所确认的长期股权投资的初始投资成本，将其转为合并财务报表中的库存股，作为所有者权益的减项，在合并资产负债表中所有者权益项下“减：库存股”项目列示。

②对于子公司持有母公司股权所确认的投资收益（如利润分配或现金股利），应当进行抵销处理。子公司将所持有的母公司股份分为可供出售金融资产的，按照公允价值计量，同时冲销子公司累计确认的公允价值变动。

（3）子公司相互之间持有长期股权投资的处理

子公司相互之间持有的长期股权投资，应当比照母公司对子公司的股权投资的抵销方法，将长期股权投资与其对应的子公司所有者权益中所享有的份额相互抵销。

典型例题

【例题·判断题】母子公司有交互持股情形的，在编制合并财务报表时，无论是母公司持有子公司股权，还是子公司持有母公司股权，都应当将自身的长期股权投资与对方的所有者权益相抵销。（ ）

【解析】对于子公司持有的母公司股权，应当按照子公司取得母公司股权日所确认的长期股权投资的初始成本，将其转为合并财务报表中的库存股进行处理。

【答案】×

本节考点回顾与总结一览表

本节考点	知识总结
考点8 追加投资的会计处理	①购买子公司少数股权：个别报表中按照长期投资的处置处理；合并报表中不形成商誉，新增部分应追溯至购买日，并按其差额调整资本公积 ②追加投资由非控制达到控制：个别报表中根据新增部分增加原投资的初始投资成本；合并报表中，合并前投资的公允价值与账面价值的差额计入投资收益，合并日付出对价大于合并成本的差额，确认为商誉
考点9 处置对子公司投资的会计处理	①不丧失控制权：个别报表中应按照处置长期股权投资处理；合并报表中将处置对价与长期股权投资净资产差额调整资本公积 ②丧失控制权：个别报表中应按照处置长期股权投资处理；合并报表中将投资按照处置日的公允价值重新计量
考点10 因子公司少数股东增资导致母公司股权稀释	按照增资前后母公司享有子公司净资产净额的份额的差额，调整资本公积
考点11 交叉持股的合并处理	应区分母公司持有子公司股权、子公司持有母公司股权以及子公司相互之间持有股权进行处理

真题演练

【多选题】编制合并财务报表时，母公司对本期增加的子公司进行的下列会计处理中，正确的有（ ）。（2016年）

A. 非同一控制下增加的子公司应将其期初至报告期末的现金流量纳入合并现金流量表

B. 同一控制下增加的子公司应调整合并资产负债表的期初数

C. 非同一控制下增加的子公司不需调整合并资产负债表的期初数

D. 同一控制下增加的子公司应将其期初至报告期末收入、费用和利润纳入合并利润表

第五节 本章综合练习

（一）单选题

1. 下列各项，不纳入母公司合并会计报表合并范围的是（ ）。

A. 宣告破产的子公司

B. 直接拥有其半数以上权益性资本的被投资企业

C. 通过子公司间接拥有其半数以上权益性资本的被投资企业

D. 直接和通过子公司间接合计拥有其半数以上权益性资本的被投资企业

2. 甲公司、乙公司为非同一控制下企业。2015年1月1日，甲公司以银行存款1 200万元取得乙公司80%股份，合并日乙公司可辨认净资产的公允价值为1 400万元，账面价值为1 200万元。编制2013年合并资产负债表时，甲公司因该合并事项应确认商誉的金额为（ ）万元。

A. 200

B. 240

C. 80

D. 0

3. 甲公司为乙公司的母公司。2015年12月3日，甲公司向乙公司销售一批商品，增值税专用发票上注明的销售价款为1 000万元，增值税税额为170万元，款项已收到；该批商品成本为700万元。假定不考虑其他因素，甲公司在编制2015年度合并现金流量表时，“销售商品、提供劳务收到的现金”项目应抵销的金额为（ ）万元。

A. 300

B. 700

C. 1 000

D. 1 170

4. 连续编制合并财务报表时，抵销第2个会计期间的内部应收账款计提的坏账准备时，应调整的期初未分配利润的金额为（ ）。

A. 第1期期末内部应收账款计提的坏账准备金额

B. 第1期期初内部应收账款计提的坏账准备金额

C. 第1期冲销的内部应收账款计提的坏账准备金额

D. 第1期补计提的内部应收账款计提的坏账准备金额

5. 2015年10月12日，甲公司向其子公司乙公司销售一批商品，不含增值税的销售价格为3 000万元，增值税税额为510万元，款项尚未收到；该批商品成本为2 200万元，至当年12月31日，乙公司已将该批商品对外销售80%，不考虑其他因素，甲公司在编制2015年12月31日合并资产负债表时，“存货”项目应抵销的金额为（ ）万元。

A. 160

B. 440

C. 600

D. 640

6. 母公司将其生产的产品销售给子公司作为固定资产使用，其固定资产原值中包含的未实现内部交易损益，应为（ ）的差额。

A. 母公司的销售收入与其销售成本

B. 固定资产原值与母公司的销售成本

C. 母公司的销售收入与其销售成本及相关税费

D. 固定资产原值与子公司的入账成本

（二）多选题

1. 关于合并财务报表的合并范围，下列说法正确的有（ ）。

A. 母公司应当将其控制的所有子公司（含特殊目的主体等），均应纳入合并范围，但是小规模的子公司以及经营业务性质特殊的子公司除外

B. 子公司已宣告破产，其日常管理已移交给法院指定的管理人，此时母公司不再将该子公司纳入合并范围

C. 母公司的合营企业、联营企业等不应纳入合并范围

D. 已宣告被清理整顿的或已宣告破产的原子公司，不纳入合并财务报表范围

2. 下列关于合并财务报表的说法中，正确的有（ ）。

A. 合并工作底稿中的相关抵销分录不能作为记账的依据

B. 受所在国外汇管制或其他管制，资金调度受到限制的境外子公司，不应纳入母公司的合并财务报表的合并范围

C. 编制合并报表时，应抵销内部固定资产交易相关的销售收入、销售成本及未实现内部销售损益

D. 子公司将母公司本期出售给自己的存货全部对外出售时，无需做任何抵销处理

3. 在下列连续编制合并会计报表涉及的处理中，需通过“未分配利润——年初”予以抵销的有（ ）。

A. 上期内部固定资产交易的未实现内部销售损益

B. 本期内部存货交易中期末存货未实现的销售利润

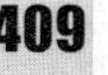

C. 内部存货交易中期初存货未实现的销售利润

D. 上期内部固定资产交易多计提折旧

4. 下列关于年度合并财务报表的表述中，正确的有（　）。

A. 在报告期出售上年已纳入合并范围的子公司时，合并资产负债表的期初数应进行调整

B. 在报告期购买应纳入合并范围的子公司时，合并现金流量表中应合并被购买子公司自购买日至年末的现金流量

C. 在报告期内出售上年已纳入合并范围的子公司时，合并利润表中应合并被出售子公司年初至出售日止的相关收入和费用

D. 在报告期内上年已纳入合并范围的某子公司发生巨额亏损导致所有者权益为负数，但仍持续经营的，该子公司仍应纳入合并范围

（三）判断题

1. 企业对与其他投资方一起实施共同控制的被投资单位，应采用比例合并法将其纳入合并财务报表。（　）

2. 在合并工作底稿中，应比较母公司的投资成本与其应享有的子公司可辨认净资产公允价值的大小，如果前者大于后者，则确认为商誉；如果前者小于后者，则计入合并当期损益。（　）

3. 在子公司少数股东分担的当期亏损超过了少数股东在该子公司期初所有者权益中所享有的份额时，其余额应全部由母公司负担，冲减母公司的所有者权益，以体现母公司控制企业所承担的责任。（　）

4. 母公司在编制合并财务报表时，若当期存在购买子公司少数股东拥有的子公司股权，则因购买少数股权取得的长期股权投资与按照新增持股比例计算应享有子公司自购买日或合并日开始持续计算的净资产份额之间的差额，应当计入个别财务报表中的营业外收支。（　）

第六节 本章真题演练及综合练习答案与解析

一、真题演练答案速查表

所在节	题号	答案	题号	答案	题号	答案
第一节	无					
第二节	1	ABC	2	×		
第三节	1	D	2	×	3	√
第四节	BCD					

二、本章综合练习答案与解析

（一）单选题

1. A【解析】不应当纳入合并范围的子公司有：已宣告被清理整顿的原子公司；已宣告破产的原子公司；母公司不能控制的其他被投资单位。

2. C【解析】商誉 = 甲公司购买日支付的合并成本 − 购买日乙公司的可辨认净资产的公允价值 × 甲公司应享有份额 =1 200−1 400×80%=80（万元）。

3. D【解析】“销售商品、提供劳务收到的现金”项目应抵销的金额 =1 000+170=1 170（万元）。

4. A【解析】在连续编制合并财务报表进行抵销处理时，应将上期资产减值损失中抵销的内部应收账款计提的坏账准备对本期期初未分配利润的影响予以抵销。

5. A【解析】甲公司在编制 2015 年 12 月 31 日合并资产负债表时，“存货”项目应抵销的金额为未实现的内部销售损益，“存货”项目应抵销的金额 =（3 000−2 200）×20%=160（万元）。

6. A【解析】企业集团内部的母公司或子公司将自身生产的产品销售给企业集团内部的其他企业作为固定资产使用，按销售企业由于该固定资产交易所实现的销售收入，借记“营业收入”，按照其销售成本，贷记“营业成本”。按借贷方的差额，贷记“固定资产——原价”。

（二）多选题

1. BCD【解析】选项 A 错误，合并财务报表的合并范围以控制为基础确定，母公司应当将其控制的所有子公司（含特殊目的主体等）纳入其合并会计报表。

2. AC【解析】选项 B 错误，受所在国外汇管制及其他管制，资金调度受到限制的境外子公司，在这种情况下，该被投资单位的财务和经营政策仍然由本公司决定，本公司也能从其经营活动中获取利益，资金调度受到限制并不妨碍本公司对其实施控制，因此，应将其认定为子公司；选项 D 错误，内部销售的存货全部对外销售时，仍应抵销销售方的销售收入和销售成本。

3. ACD【解析】本题中各选项涉及的抵销分录如下。选项 A 的会计分录如下。

借：未分配利润——年初

贷：固定资产——原价

选项B的会计分录如下。

借：营业收入

贷：营业成本

存货（未实现销售利润）

选项C的会计分录如下。

借：未分配利润——年初

贷：营业成本

选项D的会计分录如下。

借：固定资产——累计折旧

贷：未分配利润——年初

4. BCD【解析】选项A错误，在报告期出售上年已纳入合并范围的子公司时，合并资产负债表的期初数不需要调整。

（三）判断题

1. ×【解析】确定合并范围的基础是“控制”，根据控制的定义，能够控制的主体应是唯一的，不是两方或多方。

2. √【解析】在合并工作底稿中，将对子公司的长期股权投资调整为权益法时，应按照长期股权投资准则所规定的权益法进行调整。

3. ×【解析】子公司少数股东分担的当期亏损超过了少数股东在该子公司期初所有者权益中所享有的份额，其余额仍应当冲减少数股东权益，即少数股东权益可以出现负数。

4. ×【解析】母公司购买少数股东股权拥有子公司股权的，在合并财务报表中，因购买少数股权取得的长期股权投资与按照新增持股比例计算应享有子公司自购买日或合并日开始持续计算的净资产份额之间的差额，应当调整母公司个别报表中的资本公积（资本溢价或股本溢价），资本公积不足冲减的，调整留存收益。

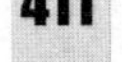

第二十一章 事业单位会计

事业单位会计与企业会计分属不同的会计体系，其在会计科目设置与会计处理方面都存在差异。在近3年考试中，本章内容所占分值为2~3分，涉及的题型包括单选题、多选题和判断题，题量为1~2题。考生应重点关注事业单位会计与企业会计两者之间的区别，将其进行对比学习，对于特殊的处理多加留意。

▼ 本章主要考点的题型、估计题量和所占分值一览表

主要考点	题型	题量	所占分值
①无形资产摊销的会计处理；②非财政补助结余的核算	单选题	1题	1分
影响事业基金的业务	多选题	1题	2分
事业单位长期投资的核算	判断题	1题	1分

▼ 本章知识结构一览表

事业单位会计	一、事业单位会计概述	（1）事业单位会计的特点（★★） （2）事业单位会计要素（★★）
	二、事业单位特定业务的核算	（1）国库集中支付业务的核算（★★★） （2）长期投资的核算（★★★） （3）固定资产、无形资产的核算（★★★） （4）结转结余和结余分配的核算（★★★）

第一节 事业单位会计概述

考点1 事业单位会计的特点（★★）

考点分析

本考点中对事业单位会计特点的总结是就会计基础、会计核算目标与计量属性而言的，这也是事业单位会计与企业会计相比最显著的特点。本考点在近几年考试中未出现过考题。

考点精讲

事业单位会计是各级各类事业单位以货币为计量单位，对自身发生的经济业务或者事项进行全面、系统、连续的核算和监督的专业会计，其特点如下。

（1）会计基础：一般采用收付实现制，部分经济业务或事项采用权责发生制。

（2）会计核算目标：向会计信息使用者提供与事业单位财务状况、事业成果和预算执行等有关的会计信息。

（3）计量属性：各项财产物资按照取得或购建时的实际成本进行计量，除国家另有规定外，事业单位不得自行调整其账面价值。

典型例题

【例题·判断题】事业单位会计必须采用收付实现制核算，不得采用权责发生制进行核算。（ ）

【解析】事业单位的会计核算以收付实现制为主，部分业务或事项采用权责发生制。

【答案】×

考点2 事业单位会计要素（★★）

考点分析

本考点单独作为考题进行考查的概率较小。考生应能够区分事业单位会计要素的类别，并重点关注其与企业会计要素的不同之处。

考点精讲

事业单位会计要素分为5大类，即资产、负债、净资产、收入和支出。事业单位各会计要素的举例及其计量如表21-1所示。

表 21-1 事业单位会计要素

种类	举例	计量
资产	货币资金、短期投资、应收款项、预付款项、存货、长期投资、在建工程、固定资产、无形资产等	按照取得时的实际成本或实际发生额计量
负债	短期借款、应交税费、应缴国库款、应缴财政专户款、应付职工薪酬 、应付票据 、应付账款 、预收账款 、其他应付款 、长期借款等	按照合同金额或实际发生额计量
净资产	事业基金、非流动资产基金、长期投资、固定资产、在建工程、无形资产、专用基金、财政补助结转等	——
收入	财政补助收入、事业收入、上级补助收入、附属单位上缴收入、经营收入、其他收入等	按照实际收到金额或有关凭证注明的金额计量
支出	事业支出 、上缴上级支出 、对附属单位补助支出 、经营支出 、其他支出等	按照实际支付金额计量

资产取得方式和有无支付对价的不同，资产的入账价值也有所不同，具体如表 21-2 所示。

表 21-2 资产的入账价值的确定

取得方式与有无对价			入账价值
有对价	货币支付		支付的现金或现金等价物金额
	非货币性资产交换		付出的非货币性资产的评估价值
无对价	接受捐赠、无偿调入等	有凭据	凭据注明的金额 + 相关税费、运费等
		无凭据、有市场价格	同类或类似资产的市场价格 + 相关税费、运费等
		凭据、无市场价格	名义金额（1 元）

典型例题

【例题 · 多选题】下列关于事业单位会计要素的表述，正确的有（ ）。

A. 事业结余和经营结余是指事业单位除财政补助收支以外的各专项资金收入与各专项资金支出相抵后的余额

B. 事业单位的收入一般应当在收到款项时予以确认，并按照实际收到的金额进行计量

C. 事业单位会计要素分为 5 大类，即资产、负债、净资产、收入和支出

D. 事业单位的资产如果没有相关凭据、同类或类似资产的市场价格可以参照，按人民币 1 元入账

【解析】选项 A 错误，事业结余和经营结余是指事业单位除财政补助收支以外的各非专项资金收入与各非专项资金支出相抵后的余额。

【答案】BCD

本节考点回顾与总结一览表

本节考点	知识总结
考点 1 事业单位会计的特点	①一般采用收付实现制，部分经济业务或事项采用权责发生制 ②提供与事业单位财务状况、事业成果和预算执行等有关的会计信息 ③按照会计要素的实际成本或实际发生额进行计量
考点 2 事业单位会计要素	资产、负债、净资产、收入、支出

第二节 事业单位特定业务的核算

考点3 国库集中支付业务的核算（★★★）

考点分析

本考点在考试中通常以判断题的形式进行考查。考生可对比财政直接支付程序与财政授权支付程序的含义和账务处理进行复习，考试一般会涉及两者在这些方面的比较。

考点精讲

国库集中收付是指以国库单一账户体系为基础，将所有财政性资金都纳入国库单一账户体系管理，收入直接缴入国库和财政专户，支出通过国库单一账户体系支付到商品和劳务供应者或用款单位的一项国库管理制度。

实行国库集中支付的事业单位，财政资金的支付方式包括财政直接支付和财政授权支付。两种方式下的程序分别如图 21-1 和图 21-2 所示。

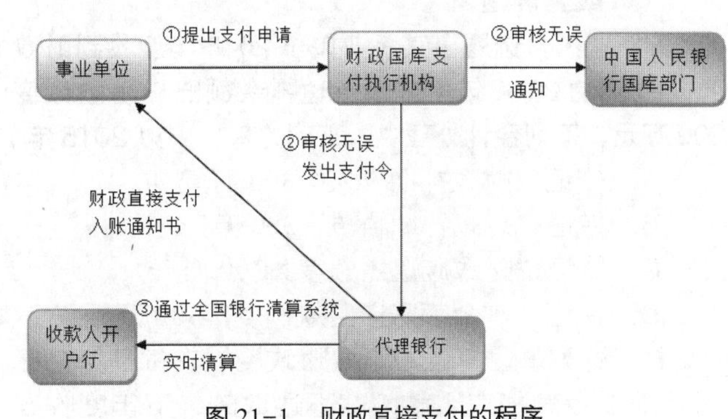

图 21-1 财政直接支付的程序

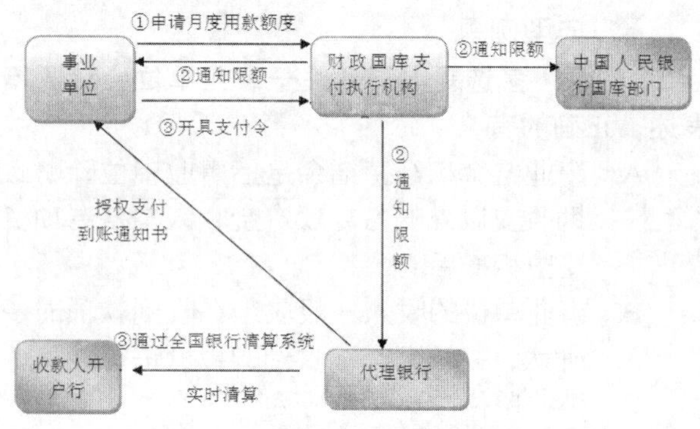

图 21-2　财政授权支付的程序

事业单位应当设置“财政补助收入”“零余额账户用款额度”“财政应返还额度”等科目核算国库集中支付业务，其账务处理如表 21-3 所示。

表 21-3　国库集中支付业务的账务处理

财政直接支付	财政授权支付
①收到“财政直接支付入账通知书”时： 借：事业支出等 　　贷：财政补助收入 ②年度终了，根据本年度财政直接支付预算指标数与当年财政直接支付实际数的差额： 借：财政应返还额度 　　——财政直接支付 　　贷：财政补助收入 ③下年度恢复财政直接支付额度后，事业单位在发生实际支出时，冲减财政应返还额度： 借：事业支出 　　贷：财政应返还额度 　　　　——财政直接支付	①收到代理银行盖章的“授权支付到账通知书”时： 借：零余额账户用款额度 　　贷：财政补助收入 ②实际支用额度时，冲减零余额账户用款额度： 借：事业支出等 　　贷：零余额账户用款额度 ③年度终了，依据代理银行提供的对账单注销额度： 借：财政应返还额度 　　——财政授权支付 　　贷：零余额账户用款额度 ④下年年初恢复额度时： 借：零余额账户用款额度 　　贷：财政应返还额度 　　　　——财政授权支付 ⑤本年度财政授权支付预算指标数大于额度下达数时 借：财政应返还额度 　　——财政授权支付 　　贷：财政补助收入 ⑥下年度收到财政部门批复的上年末未下达零余额账户用款额度时 借：零余额账户用款额度 　　贷：财政应返还额度 　　　　——财政授权支付

典型例题

【例题·多选题】某事业单位 2015 年度收到财政部门批复的 2014 年年末未下达零余额账户用款额度 300 万元，下列会计处理中，正确的有（　）。（2015 年）

A. 贷记“财政补助收入”300 万元

B. 借记“财政补助结转”300 万元

C. 贷记“财政应返还额度”300 万元

D. 借记“零余额账户用款额度”300 万元

【解析】事业单位本年度财政授权支付预算指标数大于零余额账户用款额度下达数的，下年度收到财政部门批复的上年末未下达零余额账户用款额度时，借记“零余额账户用款额度”，贷记“财政应返还额度”。选项 C、D 正确。

【答案】CD

考点4　长期投资的核算（★★★）

考点分析

本考点曾在 2014 年以判断题的形式进行考查。考生只要掌握了不同方式下取得长期投资、长期投资持有期间以及长期投资处置的会计处理，即可正确答题。

考点精讲

长期投资是指事业单位依法取得的，持有时间超过 1 年（不含 1 年）的股权和债权性质的投资。事业单位的长期投资增加或减少后的账面价值应与对应的非流动资产基金账面价值余额相等。

长期投资的账务处理如表 21-4 所示。

表 21-4　长期投资的账务处理

阶段	账务处理
取得	①以货币资金取得长期投资 借：长期投资（购买价款＋税金＋手续费等） 　　贷：银行存款等 同时， 借：事业基金 　　贷：非流动资产基金——长期投资 ②以固定资产取得长期投资 借：长期投资（评估价值＋相关税费） 　　贷：非流动资产基金——长期投资 借：其他支出（相关税费） 　　贷：银行存款等 借：非流动资产基金——固定资产（投出固定资产对应的非流动资产基金） 　　累计折旧 　　贷：固定资产（账面余额） ③以无形资产取得长期投资 以已入账无形资产取得长期投资时： 借：长期投资（评估价值＋相关税费） 　　贷：非流动资产基金——长期投资 借：其他支出（相关税费） 　　贷：银行存款等 借：非流动资产基金——无形资产（投出无形资产对应的非流动资产基金） 　　累计摊销 　　贷：无形资产（账面余额） 以未入账无形资产取得长期投资时： 借：长期投资（评估价值＋相关税费） 　　贷：非流动资产基金——长期投资 借：其他支出（相关税费） 　　贷：银行存款等
持有期间收益	借：银行存款等（实际收到的金额） 　　贷：其他收入——投资收益
处置	①处置长期债券投资 借：银行存款等（实际收到的金额） 　　贷：长期投资（收回成本） 　　　　其他收入——投资收益（差额，或借记） 借：非流动资产基金——长期投资 　　贷：事业基金 ②处置长期股权投资 转入待处置资产时： 借：待处置资产损溢——处置资产价值（账面余额） 　　贷：长期投资 实际转让或报经批准予以核销时： 借：非流动资产基金——长期投资 　　贷：待处置资产损溢——处置资产价值

典型例题

【例题·单选题】2015 年 2 月 1 日，甲事业单位用银行存款购入 5 年期、年利率为 4%、面值 10 万元的国库券，实际支付价款 10 万元。购入时，下列说法正确的是（　）。

A. 非流动资产基金减少 10 万元

B. 事业基金增加 10 万元

C. 不影响事业基金的金额

D. 非流动资产基金增加 10 万元

【解析】本题的会计分录为：

借：长期投资　　100 000

　贷：银行存款　　100 000

借：事业基金　　100 000

　贷：非流动资产基金——长期投资 100 000

【答案】D

考点5 固定资产、无形资产的核算（★★★）

考点分析

本考点中涉及的事业单位固定资产与无形资产的核算，在近几年曾以单选题的形式进行考查，考查的内容为固定资产的入账价值以及无形资产核算涉及的会计科目等。

考点精讲

1. 固定资产的核算

（1）固定资产的取得

①购入固定资产扣留质量保证金额的会计处理

借：固定资产

　贷：非流动资产基金——固定资产

a. 取得固定资产全款发票

借：事业支出（构成资产成本的全部支出金额）

　贷：财政补助收入、零余额账户用款额度、银行存款等（实际支付的金额）

　　其他应付款或长期应付款（扣留的质量保证金）

质保期满支付质量保证金时

借：其他应付款或长期应付款（扣留的质量保证金）

　贷：财政补助收入、零余额账户用款额度、银行存款等

b. 取得的发票金额不包括质量保证金时

借：事业支出（不包括质量保证金的支出金额）

　贷：财政补助收入、零余额账户用款额度、银行存款等（实际支付的金额）

质保期满支付质量保证金时

借；事业支出（实际支付的金额）

　贷：财政补助收入、零余额账户用款额度、银行存款等

②融资租入固定资产

以融资租赁租入的固定资产，固定资产成本 = 租赁协议或者合同确定的租赁价款 + 相关税费 + 固定资产交付使用前所发生的可归属于该项资产的运输费、途中保险费、安装调试费等。会计分录如下。

借：固定资产

　贷：长期应付款（合同或协议租赁价款）

　　非流动资产基金——固定资产（差额）

实际支付相关税费、运输费、途中保险费和安装调试费等时

借：事业支出等

　贷：财政补助收入、零余额账户用款额度、银行存款等

定期支付租金时

借：事业支出、经营支出等

　贷：财政补助收入、零余额账户用款额度、银行存款等

同时，

借：长期应付款

　贷：非流动资产基金——固定资产

名师解读

融资租赁固定资产中，若未付清租赁费，固定资产净值与“非流动资产基金——固定资产”科目的金额是不相等的。

（2）计提固定资产折旧

固定资产应按月计提折旧，按照实际计提的金额：

借：非流动资产基金——固定资产

　贷：累计折旧

名师解读

事业单位应当对固定资产计提折旧，但下列固定资产除外：文物和陈列品，动植物，图书、档案，以名义金额计量的固定资产。

（3）固定资产的处置

①转入待处置资产时

借：待处置资产损溢（账面价值）

　累计折旧

　贷：固定资产（账面余额）

②经批准予以处置时

借：非流动资产基金——固定资产

　贷：待处置资产损溢

③发生清理费用时

借：待处置资产损溢

　贷：银行存款等

④结转处置净收入时

借：待处置资产损溢

　贷：应缴国库款

2. 无形资产的核算

（1）无形资产的取得

无形资产在取得时，应当按照其实际成本入账，其实际成本 = 购买价款 + 相关税费 + 可归属于该项资产达到预定用途所发生的其他支出。

①外购无形资产。

借：无形资产

贷：非流动资产基金——无形资产

借：事业支出等

贷：财政补助收入、零余额账户用款额度、银行存款等

②委托软件公司开发软件视同外购无形资产进行处理，在支付软件开发费时，按照实际支付的金额作为无形资产的成本入账。

a. 支付软件开发费时

借：事业支出等（实际支付金额）

贷：财政补助收入等

b. 软件开发完成交付使用时

借：无形资产（软件开发费总额）

贷：非流动资产基金——无形资产

③自行开发并按法律程序申请取得的无形资产，按照依法取得时发生的注册费、聘请律师费等费用作为无形资产的入账价值。依法取得前所发生的研究开发支出，应于发生时直接计入当期支出。

借：事业支出等

贷：银行存款

（2）计提无形资产摊销

无形资产应当按月计提摊销，按照实际计提的摊销金额。

借：非流动资产基金——无形资产

贷：累计摊销

（3）无形资产的处置

①转入待处置资产时

借：待处置资产损溢（账面价值）

累计摊销

贷：无形资产（账面余额）

②实际转让时

借：非流动资产基金——无形资产

贷：待处置资产损溢

③收到转让收入时

借：银行存款

贷：待处置资产损溢

④结转转让收入时

借：待处置资产损溢

贷：应缴国库款

典型例题

【例题 1 · 多选题】对事业单位固定资产的处置，下列会计处理正确的有（　）。

A. 将固定资产的账面余额和相关的累计折旧转入“待处置资产损溢”

B. 实际报经批准处置固定资产时，将固定资产对应的非流动资产基金转入“待处置资产损溢”

C. 对处置过程中取得的收入、发生的相关税费通过“待处置资产损溢”核算

D. 处置净收入由“待处置资产损溢”转入事业基金

【解析】选项 A 正确，借记“待处置资产损溢”“累计折旧”，贷记“固定资产”；选项 B 正确，实际报经批准处置固定资产时，按照固定资产对应的非流动资产基金，借记“非流动资产基金——固定资产”，贷记“待处置资产损溢”；选项 C 正确，“待处置资产损溢”的贷方核算处置毁损、报废存货、固定资产过程中收到残值变价收入、保险理赔和过失人赔偿等，借方核算处置毁损、报废存货、固定资产过程中发生相关费用；选项 D 错误，固定资产处置完毕，按照处置收入扣除相关处置费用后的净收入，借记“待处置资产损溢”，贷记“应缴国库款”等。

【答案】ABC

【例题 2 · 单选题】下列关于事业单位对非经营用无形资产摊销的会计处理中，正确的是（　）。（2013 年）

A. 增加事业支出　B. 增加其他支出

C. 减少事业基金　D. 减少非流动资产基金

【解析】选项 A 错误，取得无形资产时，借方可能是“事业支出”科目；选项 B 错误，以无形资产对外投资时发生的相关税费，借方为“其他支出”科目；选项 C 错误，减少事业基金的例子有以货币资金取得长期投资，按照投资成本金额，借记“事业基金”科目，贷记“非流动资产基金——长期投资”科目；选项 D 正确，事业单位计提无形资产摊销时，按照实际计提金额，借记“非流动资产基金——无形资产”科目，贷记“累计摊销”科目。

【答案】D

考点6 结转结余和结余分配的核算（★★★）

考点分析

本考点属于本章的考查重点，其中有关事业结余的考查多次出现在历年考试中，涉及的题型包括单选题和多选题。考生应掌握各类结余结转与结余分配的会计处理。

考点精讲

事业单位应当严格区分财政补助结转结余和非财政补助结转结余。财政拨款结余不参与事业单位的结余分配，不转入事业基金，单独设置“财政补助结转”和“财政补助结余”科目核算。非财政补助

结转结余通过设置“非财政补助结转”“事业结余”“经营结余”和“非财政补助结余分配”等科目核算。

1. 财政补助结转的核算

财政补助结转资金是指当年支出预算已执行但尚未完成或因故未执行，下年需按原用途继续使用的财政补助资金。财政补助结转包括基本支出结转和项目支出结转。

事业单位设置“财政补助结转”科目，核算滚存的财政补助结转资金。

①会计期末，事业单位根据本期财政补助收入发生额，编制如下会计分录。

借：财政补助收入——基本支出
　　　　　　　　——项目支出
　贷：财政补助结转——基本支出结转
　　　　　　　　　——项目支出结转
借：财政补助结转——基本支出结转
　　　　　　　　——项目支出结转
　贷：事业支出——财政补助支出（基本支出）
　　　　　　　——财政补助支出（项目支出）
（或事业支出——基本支出（财政补助支出）
　　　　　　——项目支出（财政补助支出））

②年末，按规定将符合财政补助结余性质的项目余额转入财政补助结余，编制如下会计分录。

借：财政补助结转——项目支出结转（或贷记）
　贷：财政补助结余（或借记）

③按规定上缴财政补助结转资金或注销财政补助结转额度的，按照实际上缴资金或注销额度的金额，编制如下会计分录。

借：财政补助结转
　贷：财政应返还额度、零余额账户用款额度、银行存款等

取得主管部门归集调入财政补助结转资金或额度的，编制与上述相反的会计分录。

2. 财政补助结余的核算

①年末，按规定将符合财政补助结余性质的项目余额转入财政补助结余，编制如下会计分录。

借：财政补助结转——项目支出结转（或贷记）
　贷：财政补助结余（或借记）

②按规定上缴财政补助结余资金或注销财政补助结转额度的，按照实际上缴资金或注销额度的金额，编制如下会计分录。

借：财政补助结余
　贷：财政应返还额度、零余额账户用款额度、银行存款等

取得主管部门归集调入财政补助结余资金或额度的，做与上述分录相反的会计分录。

3. 非财政补助结转的核算

非财政补助结转资金是指事业单位除财政补助收支以外的各专项资金收入与其相关支出相抵后剩余滚存的、须按规定用途使用的结转资金，通过设置“非财政补助结转”科目核算。

①期末，事业单位根据事业收入、上级补助收入、附属单位上缴收入和其他收入本期发生额中的专项资金收入，编制如下会计分录。

借：事业收入、上级补助收入、附属单位上缴收入、其他收入
　贷：非财政补助结转

根据事业支出、其他支出本期发生额中的非财政专项资金支出，编制如下会计分录。

借：非财政补助结转
　贷：事业支出——非财政专项资金支出
　　　其他支出

②年末，应分析非财政补助专项结转资金各项目情况，已完成项目的剩余资金缴回原拨入单位的，编制如下会计分录

借：非财政补助结转
　贷：银行存款等

③已完成项目的剩余资金留归本单位使用的，编制如下会计分录。

借：非财政补助结转
　贷：事业基金

4. 非财政补助结余的核算

（1）事业结余的核算

①期末，事业单位根据事业收入、上级补助收入、附属单位上缴收入、其他收入本期发生额中的非专项资金收入，编制如下会计分录。

借：事业收入、上级补助收入、附属单位上缴收入、其他收入
　贷：事业结余

根据事业支出、其他支出本期发生额中的非财政、非专项资金支出，以及对附属单位补助支出、上缴上级支出的本期发生额，做如下会计分录。

借：事业结余
　贷：事业支出——其他资金支出、其他支出、对附属单位补助支出、上缴上级支出

②年末，编制如下会计分录。

借：事业结余（或贷记）
　贷：非财政补助结余分配（或借记）

（2）经营结余的核算

①期末，事业单位根据经营收入本期发生额，编制如下会计分录。

借：经营收入
　贷：经营结余

根据经营支出发生额，编制如下分录。

借：经营结余

　　贷：经营支出

②年末，“经营结余”科目为贷方余额时，做如下会计分录。

借：经营结余

　　贷：非财政补助结余分配

“经营结余”科目为借方余额时，表示经营亏损，不进行上述结转。即“经营结余”科目的借方累计金额反映经营亏损。

（3）非财政补助结余分配的核算

①年末，结转事业结余和经营结余

借：事业结余

　　经营结余

　　贷：非财政补助结余分配

②发生企业所得税纳税义务的，按税法规定计算的应缴税金数额，编制如下会计分录。

借：非财政补助结余分配

　　贷：应缴税费——应缴企业所得税

③按规定从本年度非财政补助结余中提取职工福利基金的，按照提取的金额，编制如下会计分录。

借：非财政补助结余分配

　　贷：专用基金——职工福利基金

④将“非财政补助结余分配”科目余额转入事业基金，编制如下会计分录。

借：非财政补助结余分配（或贷记）

　　贷：事业基金（或借记）

典型例题

【例题1·单选题】事业单位在年末对非财政补助结余进行的下列会计处理中，不正确的是（　）。（2014年）

A. 将“事业结余”科目借方余额转入“非财政补助结余分配”科目借方

B. 将“事业结余”科目贷方余额转入“非财政补助结余分配”科目贷方

C. 将“经营结余”科目借方余额转入“非财政补助结余分配”科目借方

D. 将“经营结余”科目贷方余额转入“非财政补助结余分配”科目贷方

【解析】选项A、B，年末，应借记或贷记“事业结余”科目，贷记或借记“非财政补助结余分配”科目；选项C，经营结余如为借方余额，表示经营亏损，不予结转，所以选项C不正确。选项D，借记“经营结余”科目，贷记“非财政补助结余分配”科目。

【答案】C

【例题2·单选题】2015年12月31日，甲事业单位完成非财政专项资金拨款支持的开发项目，上级部门批准将项目结余资金70万元留归该单位使用。当日，该单位应将该笔结余资金确认为（　）。（2016年）

A. 单位结余　　B. 事业基金

C. 非财政补助收入　D. 专项基金

【解析】年末，事业完成非财政补助专项资金结转后，应当对非财政补助专项结转资金各项目进行分析，将已完成项目的剩余资金区分以下情况进行处理：①缴回原专项资金拨入单位的，应记入“非财政补助结转”科目；②留归本单位使用的，应记入“事业基金”科目。因此，本题选项B正确。

【答案】B

本节考点回顾与总结一览表

本节考点	知识总结
考点3　国库集中支付业务的核算	①财政直接支付方式：应分3个阶段进行会计处理 ②财政授权支付方式：应分6个阶段进行会计处理
考点4　长期投资的核算	应分别对长期投资的取得、持有期间获得收益以及处置（债券投资和股权投资）进行会计处理
考点5　固定资产、无形资产的核算	①固定资产：应分别对固定资产的取得、计提折旧、处置进行会计处理 ②无形资产：应分别对无形资产的取得、摊销、处置进行会计处理
考点6　结转结余和结余分配的核算	①财政补助结转的核算：包括基本支出的结转和项目支出的结转 ②非财政补助结转的核算：通过“非财政补助结转”科目，分别于会计期末与年末核算非财政补助结转 ③财政补助结余的核算：年末，按照规定将符合财政补助结余性质的项目余额转入财政补助结余 ④非财政补助结余的核算：年末将“事业结余”与“净结余”转入“非财政补助结余分配”；经营结余若为借方余额，不予结转

真题演练

1.【判断题】实行财政直接支付方式的事业单位，应于收到“财政直接支付入账通知书”时，一方面增加零余额账户用款额度，另一方面确认财政补助收入。（　）（2007年）

2.【单选题】2011年4月1日，甲事业单位采用融资租赁方式租入一台管理用设备并投入使用。租赁合同规定，该设备租赁期为5年，每年4月1日支付年租金100万元，租赁期满后甲事业单位可按1万元的优惠价格购买该设备。当日，甲事业单位支付了首期租金。甲事业单位融资租入该设备的入账价值为（　）万元。（2011年）

A. 100　　B. 101　　C. 500　　D. 501

3.【多选题】下列各项中，应转入事业单位结余的有（　）。（2013年）

A. 上级补助收入

B. 财政补助收入

C. 附属单位上缴收入

D. 其他收入中的非专项资金收入

第三节 本章综合练习

（一）单选题

1. 下列关于事业单位资产计量的叙述，不正确的是（ ）。

A. 事业单位的应收及预付款项应当按照实际发生额计量

B. 除国家另有规定外，事业单位不得自行调整资产账面价值

C. 以非货币性资产取得的资产，应当按照取得资产时所付出的非货币性资产的评估价值加上相关税费等计量

D. 取得资产时没有支付对价的，所取得的资产应当按照名义金额入账

2. 下列关于财政授权支付的核算，不正确的是（ ）。

A. "零余额账户用款额度"科目核算实行国库集中支付的事业单位根据财政部门批复的用款计划收到和支用的零余额账户用款额度

B. "零余额账户用款额度"期末贷方余额，反映事业单位尚未支用的零余额账户用款额度

C. 年度终了，事业单位本年度财政授权支付预算指标数大于额度下达数的，根据未下达的用款额度，借记"财政应返还额度——财政授权支付"，贷记"财政补助收入"

D. 下年初，事业单位依据代理银行提供的额度恢复到账通知书作恢复额度的相关账务处理，借记"零余额账户用款额度"，贷记"财政应返还额度——财政授权支付"

3. 下列有关事业单位无形资产的核算，表述正确的是（ ）。

A. 事业单位应当于取得无形资产的次月开始，按月计提无形资产摊销

B. 无形资产摊销时直接冲减无形资产的账面价值

C. 自行开发并按法律程序申请取得无形资产时，相关的注册费、聘请律师费等费用应计入无形资产成本

D. 构成相关硬件不可缺少组成部分的应用软件，作为无形资产核算

4. 某事业单位2015年取得财政补助收入500万元，发生事业支出1 200万元，基本支出1 000万元（其中财政补助支出400万元）；项目支出200万元（其中财政项目补助支出80万元，专项事业资金支出50万元）。2015年财政补助结转金额为（ ）万元。

A. 500　　B. 20

C. 480　　D. 100

5. 下列关于"事业结余"科目的说法，不正确的是（ ）。

A. 期末，将事业收入、上级补助收入、附属单位上缴收入和其他收入本期发生额中的非专项资金收入结转入"事业结余"

B. "事业结余"科目核算事业单位一定期间除财政补助收支、非财政专项资金收支和经营收支以外各项收支相抵后的余额

C. "事业结余"科目期末如为贷方余额，反映事业单位本期实现的事业结余；如为借方余额，反映事业单位本期发生的事业亏损

D. 年末结账后，"事业结余"科目应无余额

（二）多选题

1. 下列关于事业单位长期投资的核算，不正确的有（ ）。

A. 以货币资金取得长期股权投资、长期债券投资，按照实际支付的全部价款（包括购买价款以及税金、手续费等相关税费）作为投资成本

B. 以非货币性资产取得的长期股权投资，按照该资产的评估价值加上相关税费作为投资成本

C. 长期投资在持有期间采用权益法核算

D. 对外转让或到期收回长期债券投资本息，应将实际收到的金额与收回长期投资的成本之间的差额，记入"其他收入——投资收益"，不需要减少"非流动资产基金——长期投资"的金额

2. 下列资产中，事业单位不应当计提折旧的有（ ）。

A. 机器设备

B. 图书、档案

C. 文物和陈列品

D. 以名义金额计量的固定资产

3. 事业单位购入固定资产时，取得包含质量保证金的全额发票时，涉及的会计科目可能有（ ）。

A. 事业支出　　B. 其他应付款

C. 财政补助收入　　D. 银行存款

4. 下列关于事业单位结转结余和结余分配的说法中，正确的有（ ）。

A. 事业单位应当严格区分财政补助结转结余和非财政补助结转结余

B. 财政拨款结转结余不参与事业单位的结余分配、不转入事业基金

C. 年末将“经营结余”科目余额结转入“非财政补助结余分配”科目

D. 年末，按照有关规定将符合财政补助结余性质的项目余额转入财政补助结余

（三）判断题

1. 事业单位接受固定资产捐赠时，借记“固定资产”科目，贷记“营业外收入”科目。（ ）

2. 处置长期投资、固定资产、无形资产，以及以固定资产、无形资产对外投资时，应当冲销该资产对应的非流动资产基金。（ ）

3. 融资租入固定资产未付清租赁费时，固定资产净值和非流动资产基金——固定资产的金额不相等。（ ）

第四节 本章真题演练及综合练习答案与解析

一、真题演练答案速查表

所在节	题号	答案	题号	答案	题号	答案
第一节	无					
第二节	1	×	2	D	3	ACD

二、本章综合练习答案与解析

（一）单选题

1. D【解析】选项D错误，取得资产时没有支付对价时，有3种情形需要考虑：①有相关凭据的，计量金额应当按照凭据注明的金额加上相关税费、运输费等确定；②没有相关凭据的，计量金额比照同类或类似资产的市场价格加上相关税费、运输费等确定；③没有相关凭据、同类或类似资产的市场价格也无法可靠取得的，按照名义金额入账。

2. B【解析】选项B错误，“零余额账户用款额度”科目是资产类科目，期末，其借方余额反映事业单位尚未支用的零余额账户用款额度。

3. C【解析】选项A错误，事业单位应当自无形资产取得当月起，按月计提无形资产摊销；选项B错误，对于按月计提摊销的无形资产，计提摊销时，借记“非流动资产基金——无形资产”，贷记“累计摊销”；选项D错误，对于应用软件，如果其构成相关硬件不可缺少的组成部分，应当将该软件价值包括在所属硬件价值中，一并作为固定资产进行核算；如果其不构成相关硬件不可缺少的组成部分，才将该软件作为无形资产核算。

4. B【解析】财政补助结转＝财政补助收入－财政补助支出＝500−（400+80）=20（万元）。

5. C【解析】选项C错误，“事业结余”科目的期末贷方余额，反映的是事业单位自年初至报告期末累计实现的事业结余；其期末借方余额，反映的是事业单位自年初至报告期末累计发生的事业亏损。

（二）多选题

1. CD【解析】选项C错误，长期投资在持有期间采用成本法核算，除非追回或收回投资，其账面价值一直保持不变；选项D错误，处置长期投资时，应编制双分录：按照实际收到的金额，借记“银行存款”等，按照收回长期投资的成本，贷记“长期投资”，按照其差额，借记或贷记“其他收入——投资收益”。同时，按照收回长期投资对应的非流动资产基金，借记“非流动资产基金——长期投资”，贷记“事业基金”。

2. BCD【解析】事业单位应当对固定资产计提折旧，下列各项固定资产除外：文物和陈列品，动植物，图书、档案，以名义金额计量的固定资产。

3. ABCD【解析】事业单位取得固定资产全额发票的，做如下会计分录。

借：事业支出等

　　贷：财政补助收入、银行存款、零余额账户用款额度等

　　　　其他应付款（保证金扣留期≤1年）

　　　　长期应付款（保证金扣留期＞1年）

4. ABD【解析】选项C错误，年末，如“经营结余”为贷方余额，将余额结转入“非财政补助结余分配”，借记“经营结余”，贷记“非财政补助结余分配”。如为借方余额，为经营亏损，不予结转。

（三）判断题

1. ×【解析】接受固定资产捐赠时，借记“固定资产”，贷记“非流动资产基金——固定资产”。“营业外收入”不属于事业单位使用的会计科目。

2. √【解析】涉及非流动资产时，需要编制双分录。题干描述是正确的。

3. √【解析】融资租入固定资产时，未付清租赁费之前，固定资产净值一直是大于非流动资产基金（固定资产）的金额。

第二十二章 民间非营利组织会计

本章内容主要是对非营利组织会计特定业务的核算及其财务报告的介绍。在近 3 年的考试中，本章内容所占分值为 1 分，涉及的题型包括单选题和判断题，题量为 1 题。本章内容相对而言较为简单，复习难度不大。

▼ 本章主要考点的题型、估计题量和所占分值一览表

主要考点	题型	题量	所占分值
民间非营利组织管理费用的核算	单选题	1 题	1 分
①受托代理的非现金资产入账价值的确定；②限定性净资产的重分类	判断题	1 题	1 分

▼ 本章知识结构一览表

民间非营利组织会计	一、民间非营利组织会计概述	（1）民间非营利组织会计的概念和特征（★★） （2）民间非营利组织会计核算的基本原则及其会计要素（★★★）
	二、民间非营利组织特定业务的核算	（1）受托代理业务的核算（★★★） （2）捐赠收入、会费收入的核算（★★★） （3）业务活动成本与净资产的核算（★★★）

第一节 民间非营利组织会计概述

考点1 民间非营利组织会计的概念和特征（★★）

考点分析

本考点属于本章的概念性内容，近几年未出现过相关考题。考生只要理解民间非营利组织的特征以及民间非营利组织会计的特点，即可正确解答相关考题。

考点精讲

民间非营利组织是指通过筹集社会民间资金举办的、不以营利为目的，从事教育、科技、文化、卫生和宗教等社会公益事业，提供公共产品的社会服务组织。民间非营利组织也是市场经济体系的有机组成部分，与政府、企业并列称为"第三部门"。

民间非营利组织会计主要具有以下特征。

（1）以权责发生制为会计核算基础。

（2）引入公允价值计量基础。

（3）设置净资产要素。

（4）设置费用要素（没有使用行政、事业单位的支出要素）。

典型例题

【例题·多选题】民间非营利组织会计与企业会计、事业单位会计在核算上的主要区别包括（ ）。

A. 只有企业会计以权责发生制为核算基础，其他都采用收付实现制

B. 财务会计报告的名称和构成相同

C. 净资产的核算和列报不同

D. 收入的确认不同

【解析】选项 A，民间非营利组织会计以权责发生制为会计核算基础；事业单位会计的会计核算一般采用收付实现制，但部分经济业务或者事项的核算采用权责发生制；选项 B，3 种类型的会计报告名称有所不同，其中民间非营利组织会计的会计报表至少应当包括 3 种基本报表：资产负债表、业务活动表和现金流量表。事业单位的会计报表包括资产负债表、收入支出表和财政补助收入支出表。

【答案】CD

考点2 民间非营利组织会计核算的基本原则及其会计要素（★★★）

考点分析

本考点属于需理解记忆的内容，对于民间非营利组织的会计要素，考生可与企业会计要素进行对比，重点记忆两者的区别。

考点精讲

1. 民间非营利组织会计核算的基本原则

《民间非营利组织会计制度》要求民间非营利组织进行会计核算时，应当遵循客观性原则、相关性

原则、实质重于形式原则、一贯性原则、可比性原则、及时性原则、可理解性原则、配比性原则、历史成本原则、谨慎性原则、划分费用性支出与资本性支出原则以及重要性原则的12项基本原则。

2. 民间非营利组织的会计要素

民间非营利组织的会计要素划分为反映财务状况的会计要素和反映业务成果的会计要素。

（1）反映财务状况的会计要素

反映财务状况的会计要素包括资产、负债和净资产，三者的关系为：资产－负债＝净资产

①资产是指过去的交易或者事项形成并由民间非营利组织拥有或者控制的资源，该资源预期会给民间非营利组织带来经济利益或者服务潜力。它包括流动资产、长期投资、固定资产、无形资产和受托代理资产等。

②负债是指过去的交易或者事项形成的现时义务，履行该义务预期会导致经济利益或者服务潜力流出民间非营利组织。它包括流动负债、长期负债和受托代理负债等。

③净资产是指资产减去负债后的余额。按照其是否受到限制，它分为限定性净资产和非限定性净资产等。

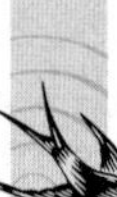

（2）反映业务成果的会计要素

反映业务成果的会计要素包括收入和费用，相关会计等式为：收入－费用＝净资产变动额

①收入是指民间非营利组织开展业务活动取得的、导致本期净资产增加的经济利益者服务潜力的流入。包括捐赠收入、会费收入、提供服务收入、政府补助收入、投资收益、商品销售收入等主要业务活动收入和其他收入。

②费用是指民间非营利组织为开展业务活动所发生的，导致本期净资产减少的经济利益或者服务潜力的流出。包括业务活动成本、管理费用、筹资费用和其他费用等。

典型例题

【例题1·判断题】事业单位与民间非营利性组织的会计要素相同，都分成资产、负债、净资产、收入和支出5类。（　）

【解析】事业单位会计与民间非营利性组织会计要素都分为5类，但民间非营利性组织的会计要求最后一项是“费用”，而不是“支出”。

【答案】×

【例题2·多选题】下列收入中，属于民间非营利组织收入范围的有（　）。

A. 会费收入　　B. 事业收入

C. 捐赠收入　　D. 一般预算收入

【解析】选项B，属于事业单位收入；选项D，属于财政总预算收入。

【答案】AC

本节考点回顾与总结一览表

本节考点	知识总结
考点1 民间非营利组织会计的概念和特征	①以权责发生制为会计核算基础 ②采用历史成本计价的基础上，引入公允价值计量基础 ③设置净资产、费用等要素
考点2 民间非营利组织会计核算的基本原则及其会计要素	①基本原则：共分为12项基本原则 ②会计要素：支出、负债、净资产、收入、费用

真题演练

【判断题】民间非营利组织应当采用收付实现制作为会计核算基础。（　）（2015年）

第二节 民间非营利组织特定业务的核算

考点3 受托代理业务的核算（★★★）

考点分析

本考点曾以判断题的形式进行考查，考生应在理解受托代理业务概念的基础上，掌握受托代理业务的具体核算，即掌握受托代理业务在不同环节的会计处理。

考点精讲

受托代理业务是指民间非营利组织从委托方收到受托资产，并按照委托人的意愿将资产转赠给指定的其他组织或者个人的委托代理过程。在受托代理业务中，民间非营利组织只是作为中介机构参与活动，其与通常从事的捐赠活动存在本质的区别。

受托代理业务的核算应分为以下两个环节。

（1）收到受托代理资产时

借：受托代理资产

　　贷：受托代理负债

收到的受托代理资产为现金、银行存款或其他货币资金，可在相应科目下设置“受托代理资产”明细科目进行核算。

借：现金——受托代理资产等

　　贷：受托代理负债

其中，受托代理资产的入账价值，应当按照以下方法确定。

①受托代理资产为现金、银行存款或其他货币资金，应当按照实际收到的金额作为受托代理资产的入账价值。

②受托代理资产为短期投资、存货、长期投资、固定资产和无形资产等非现金资产，应视不同情况确认其入账价值：如果委托方提供了有关凭据（如发票、报关单、有关协议等），应当按照凭据上标明的金额作为入账价值；如果凭据上标明的金额与受托代理资产的公允价值相差较大，受托代理资产应当以其公允价值作为入账价值；如果捐赠方没有提供有关凭据，受托代理资产应当按照其公允价值作为入账价值。

（2）转增或转出受托代理资产时

借：受托代理负债

　　贷：受托代理资产（账面余额）

（3）转赠或者转出的受托代理资产为现金类资产时

借：受托代理负债

　　贷：现金——受托代理资产等

典型例题

【例题·多选题】2015年12月10日，甲民间非营利组织按照与乙企业签订的一份捐赠协议，向乙企业指定的一所贫困小学捐赠电脑50台，该组织收到乙企业捐赠的电脑时进行的下列会计处理中，正确的有（　）。（2016年）

A. 确认固定资产

B. 确认受托代理资产

C. 确认捐赠收入

D. 确认受托代理负债

【解析】民间非营利组织收到受托代理资产时，应当按照应确认的受托代理资产的入账金额，借记"受托代理资产"科目，贷记"受托代理负债"科目。选项B、D符合题意。

【答案】BD

考点4 捐赠收入、会费收入的核算（★★★）

考点分析

本考点与企业会计中收入的核算存在一定的相似性，考生应注意区分本考点中涉及的会计科目与企业收入核算涉及的会计科目。本考点多以单选题和多选题的形式进行考查。

考点精讲

1. 捐赠收入的核算

捐赠属于非交换交易，通常是指某个单位或个人（捐赠人）自愿地将现金或其他资产无偿地转让给另一单位或个人（受赠人），或者无偿地清偿或取消该单位或个人（受赠人）的负债。其具有以下3个基本特征。

（1）无偿地转让资产或者取消负债，属于非交换交易。

（2）自愿地转让资产或者取消负债等，从而将捐赠与纳税征收罚款等其他非交换交易区分开来。

（3）捐赠交易中资产或劳务的转让不属于所有者的投入或向所有者的分配。

误区提醒

捐赠收入分为限定性捐赠收入和非限定性捐赠收入，民间非营利组织应该区分捐赠与受托代理交易、捐赠收入与政府补助收入、捐赠与捐赠承诺等类似的概念或交易。对于捐赠承诺，其不满足非交换交易收入的确认条件，不应确认为捐赠收入，但非营利组织可以在会计报表附注中做相关披露。

捐赠收入的核算应分为以下3个环节。

（1）接受捐赠时

借：银行存款等

　　贷：捐赠收入——限定性收入（有限定用途）

　　　　　　　　——非限定性收入（没有限定用途）

如果存在需要偿还全部或部分捐赠资产或者相应金额的现时义务，例如，因无法满足捐赠所附条件而必须将部分捐赠款退还给捐赠人时，按需要偿还的金额编制如下分录。

借：管理费用

　　贷：其他应付款等

（2）如果限定性捐赠收入的限制在确认收入的当期得以解除

借：捐赠收入——限定性收入

　　贷：捐赠收入——非限定性收入

（3）会计期末

借：捐赠收入——限定性收入

　　　　　　——非限定性收入

　　贷：限定性净资产（限定性收入的余额）

　　　　非限定性净资产（非限定性收入的余额）

2. 会费收入的核算

会费收入是指民间非营利组织根据章程等的规定向会员收取的会费。一般情况下，民间非营利组织的会费收入为非限定性收入，除非相关资产提供者对资产的使用设置了限制。民间非营利组织的会费收入通常属于非交换交易收入。

会费收入的核算应分为以下两个环节。

（1）收到会费收入时

借：现金、银行存款等

　　贷：会费收入——非限定性收入（无限定用途）

——限定性收入（有限定用途）

预收账款（本年收到以后年度会费）

（2）会计期末：

借：会费收入——非限定性收入

——限定性收入

贷：限定性净资产（限定性收入的余额）

非限定性净资产（非限定性收入的余额）

典型例题

【例题1·单选题】对于因无法满足捐赠所附条件而必须退还给捐赠人的部分捐赠款项，民间非营利组织应将该部分需要偿还的款项确认为（　）。（2014年）

A. 管理费用　　B. 其他费用

C. 筹资费用　　D. 业务活动成本

【解析】对于接受的附条件捐赠，如果存在需要偿还全部或部分捐赠资产或者相应金额的现时义务时（比如因无法满足捐赠所附条件而必须将部分捐赠款退还给捐赠人时），按照需要偿还的金额，借记“管理费用”科目，贷记“其他应付款”等科目。

【答案】A

【例题2·单选题】甲社会团体的个人会员每年应交纳会费200元，交纳期间为每年1月1日至12月31日，当年未按时交纳会费的会员下年度自动失去会员资格。该社会团体共有会员1 000人。至2009年12月31日，800人交纳当年会费，150人交纳了2009年度至2011年度的会费，50人尚未交纳当年会费，该社会团体2009年度应确认的会费收入为（　）元。（2010年）

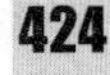

A. 190 000　　B. 200 000

C. 250 000　　D. 260 000

【解析】会费收入反映的是当期会费收入的实际发生额，没有收到的50人会费，不符合收入确认条件。该社会团体2009年应确认的会费收入=200×（800+150）=190 000（元）。150人交纳了2009年度至2011年度的会费=200×150×3=90 000（元），应确认为“预收账款”，等到相应年度才确认为会费收入。

【答案】A

考点5 业务活动成本与净资产的核算（★★★）

考点分析

本考点中核算业务活动成本涉及的会计科目与企业会计中核算成本涉及的会计科目存在一定的区别，考生应多加注意；另外，有关净资产的核算中，应区分限定性净资产与非限定性净资产进行处理，两者的关系可能在单选题或判断题中进行考查。

考点精讲

1. 业务活动成本的核算

业务活动成本是指民间非营利组织为了实现其业务活动目标、开展某项目活动或者提供服务所发生的费用。业务活动成本一般通过“业务活动成本”科目及其明细科目进行核算。

（1）发生业务活动成本时

①发生一般业务活动成本时：

借：业务活动成本

贷：银行存款等

②接受政府提供的专项资金补助时：

借：业务活动成本——专项补助成本

贷：政府补助收入——限定性收入

（2）会计期末

借：非限定性净资产

贷：业务活动成本

2. 净资产的核算

根据是否受到限制，民间非营利组织的净资产分为限定性净资产和非限定性净资产。

（1）限定性净资产的核算

①期末结转限定性收入。

借：捐赠收入——限定性收入

政府补助收入——限定性收入等

贷：限定性净资产

②限定性净资产的重分类。

如果限定性净资产的限制已经解除，应当对净资产进行重新分类，将限定性净资产转为非限定性净资产。

借：限定性净资产

贷：非限定性净资产

（2）非限定性净资产的核算

①期末结转非限定性收入和成本项目。

借：捐赠收入——非限定性收入

会费收入——非限定性收入

提供服务收入——非限定性收入

政府补助收入——非限定性收入

商品销售收入——非限定性收入

投资收益——非限定性收入

其他收入——非限定性收入

贷：非限定性净资产

借：非限定性净资产

贷：业务活动成本

管理费用

筹资费用

其他费用

②非限定性净资产的重分类。

如果限定性净资产的限制已经解除，应对净资产

进行重分类，将非限定性净资产转入限定性净资产。

③调整以前期间非限定性收入、费用项目。

因调整以前期间非限定性收入、费用项目而涉及调整非限定性净资产的，应当就需要调整的金额编制如下分录。

借：有关科目（或贷记）

贷：非限定性净资产（或借记，期初数）

为了向民间非营利组织财务会计报告使用者提供对其决策有用的信息，真实、完整地反映民间非营利组织的财务状况、营运成果和现金流量，《民间非营利组织会计制度》规定，民间非营利组织的财务会计报告一般由资产负债表、业务活动表、现金流量表和会计报表附注等构成。民间非营利组织的年度和中期财务会计报告，至少应当反映两个年度或两个相关会计期间的比较数据。

典型例题

【例题1·判断题】“业务活动成本”科目的借方余额反映当期业务活动成本的实际发生额，在会计期末，应将该科目当期借方发生额转入“限定性净资产”科目，结转后该科目应无余额。（ ）

【解析】会计期末，应将“业务活动成本”科目当期借方发生额转入“非限定性净资产”科目。

【答案】×

【例题2·判断题】民间非营利性组织的净资产满足条件时，只能从限定性净资产转为非限定性净资产，不允许由非限定性净资产转为限定性净资产。（ ）

【解析】有些情况下，资源提供者或者国家法律、行政法规会对以前期间未设置限制的资产增加时间或用途限制，应将非限定性净资产转入限定性净资产。

【答案】×

本节考点回顾与总结一览表

本节考点	知识总结
考点3 受托代理业务的核算	①受托代理业务通过“受托代理资产”和“受托代理负债”科目核算 ②非营利组织应将受托代理与捐赠、政府补助等交易或概念相区分
考点4 捐赠收入、会费收入的核算	①捐赠收入的核算；捐赠收入划分为限定性收入和非限定性收入；应区分3个环节进行核算 ②会费收入的核算；除相关资产提供者对资产的使用设置了限制外，民间非营利组织的会费收入一般为非限定性收入；应区分两个环节进行核算
考点5 业务活动成本与净资产的核算	①业务活动成本的核算；应分别在发生业务活动成本时和会计期末对业务活动成本进行核算 ②净资产的核算；分为限定性净资产和非限定性净资产；期末区分限定性收入和费用以及非限定性收入和费用进行结转；若限定性净资产的限制已解除，应对净资产进行重分类核算

真题演练

1.【判断题】民间非营利组织对其受托代理的非现金资产，如果资产凭据上标明的金额与其公允价值相差较大，应以该资产的公允价值作为入账价值。（ ）（2013年）

2.【多选题】下列各项中，属于民间非营利组织应确认为捐赠收入的有（ ）。（2011年）

A. 接受劳务捐赠

B. 接受有价证券捐赠

C. 接受办公用房捐赠

D. 接受货币资金捐赠

3.【判断题】民间非营利组织的限定性净资产的限制即使已经解除，也不应当对净资产进行重新分类。（ ）（2012年）

第三节 本章综合练习

（一）单选题

1. 甲社会团体与乙公司签订的一项捐赠协议约定，乙公司向甲社会团体捐赠100万元，捐赠款应在协议签订当日转入甲社会团体银行账户。甲社会团体应当将这笔款项用于某项学术课题的基础研究，甲社会团体在收到款项时，贷方应记入（ ）科目。

A. 捐赠收入——限定性收入

B. 捐赠收入——非限定性收入

C. 非限定性净资产

D. 限定性净资产

2. 民间非营利组织调整减少以前期间非限定性收入的，应当就需要调整的金额调整（ ）科目。

A. 以前年度损益调整

B. 非限定性净资产期初数

C. 非限定性净资产期末数

D. 利润分配

3. 下列关于会费收入的说法中，错误的是（ ）。

A. 期末，会费收入科目应无余额

B. 民间非营利组织的会费收入根据权责发生制确认

C. 一般情况下，民间非营利组织的会费收入属于限定性收入

D. 民间非营利组织的会费收入通常属于非交换交易收入

4. 反映民间非营利组织在某一会计期间开展业务活动的收入、费用及其净资产的变动情况的报表是（　）。

A. 资产负债表　　B. 业务活动表

C. 收入支出表　　D. 现金流量表

（二）多选题

1. 根据《民间非营利组织会计制度》，民间非营利组织应当同时具备（　）特征。

A. 不以营利为宗旨和目的

B. 资源提供者向该组织投入资源不取得经济回报

C. 资源提供者不享有该组织的所有权

D. 国家对行政单位及其净资产拥有所有权，因此行政单位也属于民间非营利组织

2. 民间非营利组织对于捐赠承诺的处理，下列说法错误的有（　）。

A. 应确认捐赠收入，并在会计报表附注中披露

B. 不应予以确认，但必须在会计报表附注中做相关披露

C. 不应予以确认，但可以在会计报表附注中做相关披露

D. 满足非货币交易收入的确认条件，应予以确认

3. 下列对民间非营利组织捐赠收入的核算中，正确的有（　）。

A. 民间非营利组织对捐赠承诺不予确认

B. 民间非营利组织对劳务捐赠不予确认

C. 民间非营利组织应在会计报表附注中披露与劳务捐赠相关的信息

D. 民间非营利组织只能作为受赠人，而不能成为捐赠人

（三）判断题

1. 其他单位或者个人自愿将现金或者非现金资产无偿转入民间非营利组织的行为，属于捐赠，民间非营利组织应将其确认为捐赠收入。（　）

2. 收到的受托代理资产为货币资金时，必须通过受托代理资产核算。（　）

3. 对于非营利组织“业务活动成本”科目的借方发生额，期末应将其转入“限定性净资产”科目，因此期末结转后该科目无余额。（　）

第四节 本章真题演练及综合练习答案与解析

一、真题演练答案速查表

所在节	题号	答案	题号	答案	题号	答案
第一节	×					
第二节	1	√	2	BCD	3	×

二、本章综合练习答案与解析

（一）单选题

1. A【解析】按照捐赠收入是否存在限制，应对捐赠收入设置限定性收入和非限定性收入两个明细核算科目。期末，将非限定性收入的余额转入非限定性净资产。

2. B【解析】如果因调整以前期间非限定性收入、费用项目而涉及调整非限定性净资产的，应当就需要调整的金额调整非限定性净资产期初数。

3. C【解析】选项C，一般情况下，民间非营利组织的会费收入为非限定性收入，除非相关资产提供者对资产的使用设置了限制。

4. B【解析】民间非营利组织的业务活动表反映其在某一会计期间内开展业务活动的实际情况。

（二）多选题

1. ABC【解析】选项D，行政单位属于非营利组织，但不属于民间非营利组织，国家对行政单位及其净资产拥有所有权，而民间非营利组织的资源提供者不再享有该组织的所有权。

2. ABD【解析】选项A、D，捐赠承诺只表示未来可能有捐赠收入的流入，但是可能性一般无法判断，因此不能作为会计核算的对象，不予确认；选项B，捐赠承诺的披露与否由民间非营利组织自行决定。

3. ABC【解析】选项D错误，在实务中，民间非营利组织既可能作为受赠人，接受其他单位或个人的捐赠；也可能作为捐赠人，对其他单位或个人作出捐赠。

（三）判断题

1. √【解析】捐赠属于非交换交易的一种，通常是指某个单位或个人（捐赠人）自愿地将现金或其他资产无偿地转让给另一个单位或个人（受赠人），或者无偿地清偿或取消该单位或个人的负债。题目的说法正确。

2. ×【解析】收到的受托代理资产为现金、银行存款或其他货币资金，可（不是“必须”）在相应科目下设置“受托代理资产”明细科目进行核算。

3. ×【解析】“业务活动成本”科目的借方发生额，期末应将其转入“非限定性净资产”科目。

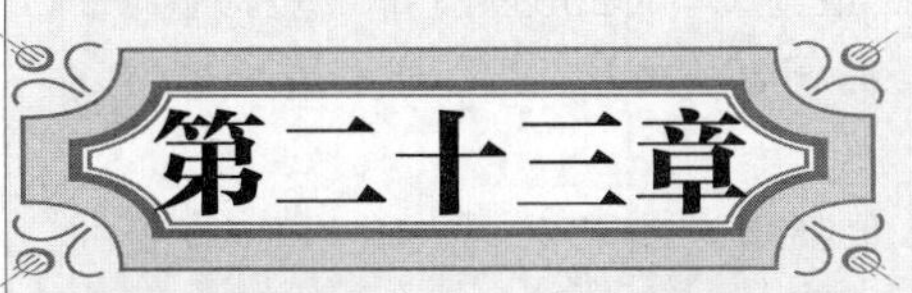

第二十三章 跨章节计算分析题和综合题集训

计算分析题和综合题是“中级会计实务”考试中分值最高的题型，其综合性强，涉及的考点广且深，答题难度较大。计算分析题包括两题，第 1 题分值为 10 分，第 2 题分值为 12 分；综合题包括两题，第 1 题分值为 15 分，第 2 题分值为 18 分，其中每题均包含数量不等的小题，这两类题的总分合计为 55 分。

就中级会计职称考试中“中级会计实务”科目而言，比较容易出现在计算分析题中进行考查的章节包括“第三章 固定资产”“第四章 投资性房地产”“第五章 长期股权投资”“第八章 资产减值”“第九章 金融资产”“第十六章 所得税”，容易出现在综合题中进行考查的章节包括“第十二章 债务重组”“第十三章 或有事项”“第十四章 收入”“第十九章 资产负债表日后事项”“第二十章 财务报告”。

近 3 年考试中计算分析题和综合题在各章的分布如下表所示。

▼计算分析题和综合题章节分布一览表

章节	计算分析题与综合题的主要考点	涉及年份及题型
第三章 固定资产	固定资产购入与处置的核算	2016 年计算分析题
第四章 投资性房地产	投资性房地产转换、计提折旧、收取租金、计量模式变更、公允价值变动、出售的会计处理	2014 年、2016 年计算分析题
第五章 长期股权投资	取得长期股权投资的会计处理、长期股权投资核算方法转换的会计处理	2014 年、2016 年综合题（部分）
第九章 金融资产	持有至到期投资的会计处理	2014 年计算分析题
第十二章 债务重组	债务重组的会计处理	2016 年计算分析题 2016 年综合题
第十三章 或有事项	预计负债的会计处理	2014 年综合题（部分） 2015 年计算分析题
第十四章 收入	销售商品收入的确认及其会计处理	2015 年综合题
第十六章 所得税	递延所得税资产与递延所得税负债的确认和计量、与确认所得税费用相关的会计处理	2015 年计算分析题 2016 年综合题（部分）
第十九章 资产负债表日后事项	调整事项与非调整事项的判断、调整事项的会计及处理	2014 年、2015 年综合题（部分）
第二十章 财务报告	编制合并财务报表时涉及商誉的确认、编制与合并财务报表相关的抵销分录与调整分录、计算合并财务报表中相关项目的金额	2016 年综合题

计算分析题集训

专题一：固定资产、投资性房地产

甲公司系增值税一般纳税人，2012年至2015年与固定资产业务相关的资料如下。

资料一：2012年12月5日，甲公司以银行存款购入一套不需安装的大型生产设备，取得的增值税专用发票上注明的价款为5 000万元，增值税税额为850万元。

资料二：2012年12月31日，该设备投入使用，预计使用年限为5年，净残值为50万元，采用年数总和法按年计提折旧。

资料三：2014年12月31日，该设备出现减值迹象，预计未来现金流量的现值为1 500万元，公允价值减去处置费用后的净额为1 800万元，甲公司对该设备计提减值准备后，根据新获得的信息预计剩余使用年限仍为3年、净残值为30万元，仍采用年数总和法按年计提折旧。

资料四：2015年12月31日，甲公司售出该设备，开具的增值税专用发票上注明的价款为900万元，增值税税额为153万元，款项已收存银行，另以银行存款支付清理费用2万元。

假定不考虑其他因素。

要求：

（1）编制甲公司2012年12月5日购入该设备的会计分录。

（2）分别计算甲公司2013年度和2014年度对该设备应计提的折旧金额。

（3）计算甲公司2014年12月31日对该设备应计提减值准备的金额，并编制相关会计分录。

（4）计算甲公司2015年度对该设备应计提的折旧金额，并编制相关会计分录。

（5）编制甲公司2015年12月31日处置该设备的会计分录。（2016年）

专题二：长期股权投资

甲公司2014年1月以1 000万元购入400万股乙公司股票（面值1元），占乙公司实际发行在外股票总数的30%。投资当日乙公司可辨认净资产的公允价值为3 000万元。取得投资时乙公司的固定资产公允价值为300万元，账面价值为200万元，预计使用年限10年，剩余使用年限为6年，净残值为零，按直线法计提折旧。乙公司2014年实现净利润200万元。2015年乙公司因持有可供出售金融资产公允价值的变动使得增加资本公积100万元，2015年发生4 000万元亏损。假设不考虑所得税等其他事项。

要求：编制甲公司与长期股权投资有关的会计分录。

专题三：债务重组

甲公司和乙公司均系增值税一般纳税人，2015年6月10日，甲公司按合同向乙公司赊销一批产品，价税合计3 510万元，信用期为6个月，2015年12月10日，乙公司因发生严重财务困难无法按约付款，2015年12月31日，甲公司对该笔应收账款计提了351万元的坏账准备，2016年1月31日，甲公司经与乙公司协商，通过以下方式进行债务重组，并办妥相关手续。

资料一：乙公司以一栋作为固定资产核算的办公楼抵偿部分债务，2016年1月31日，该办公楼的公允价值为1 000万元，原价为2 000万元，已计提折旧1 200万元，甲公司将该办公楼作为固定资产核算。

资料二：乙公司以一批产品抵偿部分债务。该批产品的公允价值为400万元，生产成本为300万元，乙公司向甲公司开具的增值税专用发票上注明的价款为400万元，增值税税额为68万元，甲公司将收到的该批产品作为库存商品核算。

资料三：乙公司向甲公司定向发行每股面值为1元，公允价值为3元的200万股普通股股票抵偿部分债务，甲公司将收到的乙公司股票作为可供出售金融资产核算。

资料四：甲公司免去乙公司债务400万元，其余债务延期至2017年12月31日。

假定不考虑货币时间价值和其他因素。

要求：

（1）计算甲公司2016年1月31日债务重组后的剩余债权的入账价值和债务重组损失。

（2）编制甲公司2016年1月31日债务重组的会计分录。

（3）计算乙公司2016年1月31日债务重组中应计入营业外收入的金额。

（4）编制乙公司2016年1月31日债务重组的会计分录。（2016年）

专题四：负债及借款费用

经相关部门批准，甲公司于2012年1月1日按每份面值100元发行了1 000万份可转换债券，整体发行价格为110 000万元。

（1）该债券期限为3年，票面利率为3%，利息按年支付；每份债券均可在债券发行1年后转换为30股该公司普通股（每股面值1元）。该公司发行该债券时，二级市场上与之相类似但没有转股权的债券的市场利率为5%。

（2）发行可转换债券所筹资金用于某大型机器设备的制造产品项目。2012年1月1日支出110 000万元用于该制造项目，工程于当日开工。2012年12月31日，达到预定可销售状态。

（3）2015年1月1日，债券持有人将可转换公司债券全部申请转换为甲公司股票，并于当日办妥相关手续。

要求：编制乙公司持有的债券在2012~2015年的相关会计分录。

专题五：预计负债

甲公司系增值税一般纳税人，适用的增值税税率为17%。有关资料如下。

资料一：2014年8月1日，甲公司从乙公司购入1台不需安装的A生产设备并投入使用，已收到增值税专用发票，价款1 000万元，增值税税额为170万元，付款期为3个月。

资料二：2014年11月1日，应付乙公司款项到期，甲公司虽有付款能力，但因该设备在使用过程中出现过故障，与乙公司协商未果，未按时支付。2014年12月1日，乙公司向人民法院提起诉

讼，至当年12月31日，人民法院尚未判决。甲公司法律顾问认为败诉的可能性为70%，预计支付诉讼费5万元，逾期利息在20万元至30万元之间，且这个区间内每个金额发生的可能性相同。

资料三：2015年5月8日，人民法院判决甲公司败诉，承担诉讼费5万元，并在10日内向乙公司支付欠款1 170万元和逾期利息50万元。甲公司和乙公司均服从判决，甲公司于2015年5月16日以银行存款支付上述所有款项。

资料四：甲公司2014年度财务报告已于2015年4月20日报出，不考虑其他因素。

要求：

（1）编制甲公司购进固定资产的相关会计分录。

（2）判断说明甲公司2014年年末就该未决诉讼案件是否应当确认预计负债及其理由；如果应当确认预计负债，编制相关会计分录。

（3）编制甲公司服从判决支付款项的相关会计分录。（2015年）

专题六：外币折算

甲公司系增值税一般纳税人，开设有外汇账户，会计核算以人民币作为记账本位币，外币交易采用交易发生日的即期汇率折算。该公司2011年12月份发生的外币业务及相关资料如下：

（1）5日，从国外乙公司进口原料一批，货款200 000欧元，当日即期汇率为1欧元＝8.50人民币元，按规定应交进口关税人民币170 000元，应交进口增值税人民币317 900元。货款尚未支付，进口关税及增值税当日以银行存款支付，并取得海关完税凭证。

（2）14日，向国外丙公司出口销售商品一批（不考虑增值税），货款40 000美元，当日即期汇率为1美元＝6.34人民币元，商品已经发出，货款尚未收到，但满足收入确认条件。

（3）16日，以人民币从银行购入200 000欧元并存入银行，当日欧元的卖出价为1欧元＝8.30人民币元，中间价为1欧元＝8.26人民币元。

（4）20日，因增资扩股收到境外投资者投入的1 000 000欧元，当日即期汇率为1欧元＝8.24人民币元，其中，人民币8 000 000元作为注册资本入账。

（5）25日，向乙公司支付部分前欠进口原材料款180 000欧元，当日即期汇率为1欧元＝8.51人民币元。

（6）28日，收到丙公司汇来的货款40 000美元，当日即期汇率为1美元＝6.31人民币元。

（7）31日，根据当日即期汇率对有关外币货币性项目进行调整并确认汇兑差额，当日有关外币的即期汇率为1欧元＝8.16人民币元；1美元＝6.30人民币元。有关项目的余额如表23-1所示。

表23-1 相关外币资产项目余额

项目	外币金额	调整前的人民币金额
银行存款/美元	40 000美元（借方）	252 400元（借方）
银行存款/欧元	1 020 000欧元（借方）	8 360 200元（借方）
应付账款/欧元	20 000欧元（贷方）	170 000元（贷方）
应收账款/美元	—	—

要求：（1）根据资料（1）~（6），编制甲公司与外币业务相关的会计分录。

（2）根据资料（7），计算甲公司2011年12月31日确认的汇兑差额，并编制相应的会计分录。（2012年）

专题七：所得税

甲公司2014年年初递延所得税负债的余额为零，递延所得税资产的余额为30万元（系2013年年末应收账款的可抵扣暂时性差异产生）。甲公司2014年度有关交易和事项的会计处理中，与税法规定存在差异的有：

资料一：2014年1月1日，购入一项非专利技术并立即用于生产A产品，成本为200万元，因无法合理预计其带来经济利益的期限，作为使用寿命不确定的无形资产核算。2014年12月31日，对该项无形资产按照10年的期限摊销，有关摊销额允许税前扣除。

资料二：2014年1月1日，按面值购入当日发行的三年期国债1 000万元，作为持有至到期投资核算。该债券票面利率为5%，每年年末付息一次，到期偿还面值。2014年12月31日，甲公司确认了50万元的利息收入。根据税法规定，国债利息收免征企业所得税。

资料三：2014年12月31日，应收账款账面余额为10 000万元，减值测试前坏账准备的余额为200万元，减值测试后补提坏账准备100万元。根据税法规定，提取的坏账准备不允许税前扣除。

资料四：2014年度，甲公司实现的利润总额为10 070万元，适用的所得税税率为15%；预计从2015年开始适用的所得税税率为25%，且未来期间保持不变。假定未来期间能够产生足够的应纳税所得额用以抵扣暂时性差异，不考虑其他因素。

要求：

（1）分别计算甲公司2014年度应纳税所得额和应交所得税的金额。

（2）分别计算甲公司2014年年末资产负债表“递延所得税资产”“递延所得税负债”项目“期末余额”栏应列示的金额。

（3）计算确定甲公司2014年度利润表“所得税费用”项目“本年金额”栏应列示的金额。

（4）编制甲公司与确认应交所得税、递延所得税资产、递延所得税负债和所得税费用相关的会计分录。（2015年）

综合题集训

专题一：预计负债、资产负债表日后事项、所得税、财务报告

甲公司2015年年初的递延所得税资产借方余额为50万元，与之对应的预计负债贷方余额为200万元；递延所得税负债无期初余额。甲公司2015年度实现的利润总额为9 520万元，适用的企业所得税税率为25%且预计在未来期间保持不变；预计未来期间能够产生足够的应纳税所得额用以抵扣可抵扣暂时性差异。甲公司2015年度发生的有关交易和事项中，会计处理与税收处理存在差异的相关资料如下：

资料一：2015年8月，甲公司向非关联企业捐赠现金500万元。

资料二：2015年9月，甲公司以银行存款支付产品保修费用300万元，同时冲减了预计负债年初贷方余额200万元。2015年年末，保修期结束，甲公司不再预提保修费。

资料三：2015年12月31日，甲公司对应收账款计提了坏账准备180万元。

资料四：2015年12月31日，甲公司以定向增发公允价值为10 900万元的普通股股票为对价取得乙公司100%有表决权的股份，形成非同一控制下控股合并。假定该项企业合并符合税法规定的免税合并条件，且乙公司选择进行免税处理。乙公司当日可辨认净资产的账面价值为10 000万元，其中股本2 000万元，未分配利润8 000万元；除一项账面价值与计税基础均为200万元、公允价值为360万元的库存商品外，其他各项可辨认资产、负债的账面价值与其公允价值、计税基础均相同。

假定不考虑其他因素。

要求：

（1）计算甲公司2015年度的应纳税所得额和应交所得税。

（2）根据资料一至资料三，逐项分析甲公司每一交易或事项对递延所得税的影响金额（如无影响，也明确指出无影响的原因）。

（3）根据资料一至资料三，逐笔编制甲公司与递延所得税有关的会计分录（不涉及递延所得税的，不需要编制会计分录）。

（4）计算甲公司利润表中应列示的2015年度所得税费用。

（5）根据资料四，分别计算甲公司在编制购买日合并财务报表时应确认的递延所得税和商誉的金额，并编制与购买日合并资产负债表有关的调整的抵销分录。（2016年）

专题二：收入，会计政策、会计估计变更及差错更正

甲公司为增值税一般纳税人企业，适用的增值税税率为17%，所得税税率为25%，所得税采用资产负债表债务法核算；除特别说明外，不考虑除增值税、所得税以外的其他相关税费；所售资产均未计提减值准备。销售商品均为正常的生产经营活动，交易价格为其公允价值；商品销售价格均不含增值税；商品销售成本在确认销售收入时逐笔结转。甲公司按照实现净利润的10%提取法定盈余公积。甲公司2014年度所得税汇算清缴于2015年2月28日完成。甲公司2014年度财务会计报告经董事会批准于2015年4月25日对外报出，实际对外公布日为2015年4月30日。

甲公司财务负责人在对2014年度财务会计报告进行复核时，对2014年度的以下交易或事项的会计处理有疑问，其中，下述交易或事项中的（1）、（4）项于2015年2月26日发现，（2）、（3）项于2015年3月2日发现。

（1）10月15日，甲公司与乙公司签订合同，向乙公司销售一批A产品。合同约定：该批A产品的销售价格为400万元，包括增值税在内的A产品货款分两次等额收取；第一笔货款于合同签订当日收取，第二笔货款于交货时收取。10月15日，甲公司收到第一笔货款234万元，并存入银行；甲公司尚未开出增值税专用发票。该批A产品的成本估计为280万元。至12月31日，甲公司已经开始生产A产品但尚未完工，也未收到第二笔货款。甲公

司的会计处理如下。

借：银行存款　　2 340 000
　贷：主营业务收入　　2 000 000
　　应交税费——应交增值税（销项税额）　340 000
借：主营业务成本　　1 400 000
　贷：库存商品　　1 400 000

（2）12月1日，甲公司向丙公司销售一批B商品，开出的增值税专用发票上注明的销售价格为100万元，增值税税额为17万元。为及时收回货款，甲公司给予丙公司的现金折扣条件为2/10，1/20，*n*/30（假定现金折扣按销售价格计算）。该批B商品的实际成本为80万元。至12月31日，甲公司尚未收到销售给丙公司B商品的货款117万元。甲公司的会计处理如下。

借：应收账款　　1 170 000
　贷：主营业务收入　　1 000 000
　　应交税费——应交增值税（销项税额）　170 000
借：主营业务成本　　800 000
　贷：库存商品　　800 000

（3）12月1日，甲公司与丁公司签订销售合同，向丁公司销售一批C商品。合同规定，C商品的销售价格为500万元（包括安装费用）；甲公司负责C商品的安装工作，且安装工作是销售合同的重要组成部分。12月5日，甲公司发出C商品，开出的增值税专用发票上注明的C商品销售价格为500万元，增值税税额为85万元，款项已收到并存入银行。该批C商品的实际成本为350万元。至12月31日，甲公司的安装工作尚未结束。假定按照税法规定，该业务由于已开发票应计入应纳税所得额计算缴纳所得税。甲公司的会计处理如下。

借：银行存款　　5 850 000
　贷：主营业务收入　　5 000 000
　　应交税费——应交增值税（销项税额）　850 000
借：主营业务成本　　3 500 000
　贷：库存商品　　3 500 000

（4）12月1日，甲公司与戊公司签订销售合同，向戊公司销售一批D商品。合同规定：D商品的销售价格为700万元，甲公司于2014年4月30日以740万元的价格购回该批D商品。12月1日，甲公司根据销售合同发出D商品，开出的增值税专用发票上注明的D商品销售价格为700万元，增值税税额为119万元；款项已收到并存入银行；该批D商品的实际成本为600万元。按照税法规定，采用售后回购方式销售商品的，如有证据表明不符合销售收入确认条件的，如以销售商品方式进行融资，收到的款项应确认为负债，回购价格大于原售价的，差额应在回购期间确认为利息费用。甲公司的会计处理如下。

借：银行存款　　8 190 000
　贷：主营业务收入　　7 000 000
　　应交税费——应交增值税（销项税额）　1 190 000
借：主营业务成本　　6 000 000
　贷：库存商品　　6 000 000

假定甲公司未对该事项做纳税调整，将该事项产生的损益计入了应纳税所得额。

要求：（1）逐项判断上述交易或事项的会计处理是否正确（分别注明其序号即可）。

（2）对于其会计处理判断为不正确的，编制相应的调整会计分录。

（3）计算利润表及所有者权益变动表相关项目的调整金额。

专题三：长期股权投资、财务报告

甲公司和乙公司采用的会计政策和会计期间相同，甲公司和乙公司2014年至2015年有关长期股权投资及其内部交易或事项如下。

资料一：2014年度资料

①1月1日，甲公司以银行存款18 400万元自非关联方购入乙公司80%有表决权的股份。交易前，甲公司不持有乙公司的股份且与乙公司不存在关联方关系；交易后，甲公司取得乙公司的控制权。乙公司当日可辨认净资产的账面价值为23 000万元，其中股本6 000万元，资本公积4 800万元、盈余公积1 200万元、未分配利润11 000万元；各项可辨认资产、负债的公允价值与其账面价值均相同。

②3月10日，甲公司向乙公司销售A产品一批，售价为2 000万元，生产成本为1 400万元。至当年年末，乙公司已向集团外销售A产品的60%。剩余部分形成年末存货，其可变现净值为600万元，计提了存货跌价准备200万元；甲公司应收款项2 000万元尚未收回，计提坏账准备100万元。

③7月1日，甲公司将其一项专利权以1 200万元的价格转让给乙公司，款项于当日收存银行。甲公司该专利权的原价为1 000万元，预计使用年限为10年、残值为零，采用年限平均法进行摊销，至转让时已摊销5年。乙公司取得该专利权后作为管理用无形资产核算，预计尚可使用5年，残值为零。采用年限平均法进行摊销。

④乙公司当年实现的净利润为6 000万元，提

取法定盈余公积600万元，向股东分配现金股利3 000万元；因持有的可供出售金融资产公允价值上升计入当期其他综合收益的金额为400万元。

资料二：2015年度资料

2015年度，甲公司与乙公司之间未发生内部购销交易。至2015年12月31日，乙公司上年自甲公司购入的A产品剩余部分全都向集团外售出；乙公司支付了上年所欠甲公司货款2 000万元。

假定不考虑增值税、所得税等相关税费及其他因素。

要求：

（1）编制甲公司2014年12月31日合并乙公司财务报表时按照权益法调整长期股权投资。

（2）编制甲公司2014年12月31日合并乙公司财务报表时与内部购销交易相关的抵消分录（不要求编制与合并现金流量表相关的抵销分录）。

（3）编制甲公司2015年12月31日合并乙公司财务报表时与内部购销交易相关的抵销分录（不要求编制与合并现金流量表相关的抵销分录）。（2016年）

专题四：长期股权投资

甲公司2013年至2015年对乙公司股票投资的有关资料如下。

资料一：2013年1月1日，甲公司定向发行每股面值为1元、公允价值为4.5元的普通股1 000万股作为对价取得乙公司30%有表决权的股份。交易前，甲公司与乙公司不存在关联方关系且不持有乙公司股份；交易后，甲公司能够对乙公司施加重大影响。取得投资日，乙公司可辨认净资产的账面价值为16 000万元，除行政管理用固定资产外，其他各项资产、负债的公允价值分别与其账面价值相同。该固定资产原价为500万元，原预计使用年限为5年，预计净残值为零，采用年限平均法计提折旧，已计提折旧100万元；当日，该固定资产公允价值为480万元，预计尚可使用4年，与原预计剩余年限相一致，预计净残值为零，继续采用原方法计提折旧。

资料二：2013年8月20日，乙公司将其成本为900万元的M商品以不含增值税的价格1 200万元出售给甲公司。至2013年12月31日，甲公司向非关联方累计售出该商品50%，剩余50%作为存货，未发生减值。

资料三：2013年度，乙公司实现的净利润为6 000万元，因可供出售金融资产公允价值变动增加其他综合收益200万元，未发生其他影响乙公司所有者权益变动的交易或事项。

资料四：2014年1月1日，甲公司将对乙公司股权投资的80%出售给非关联方，取得价款5 600万元，相关手续于当日完成，剩余股份当日公允价值为1 400万元，出售部分股份后，甲公司对乙公司不再具有重大影响，将剩余股权投资转为可供出售金融资产。

资料五：2014年6月30日，甲公司持有乙公司股票的公允价值下跌至1 300万元，预计乙公司股价下跌是暂时性的。

资料六：2014年7月起，乙公司股票价格持续下跌，至2014年12月31日，甲公司持有乙公司股票的公允价值下跌至800万元，甲公司判断该股权投资已发生减值，并计提减值准备。

资料七：2015年1月8日，甲公司以780万元的价格在二级市场上售出所持乙公司的全部股票。

资料八：甲公司和乙公司所采用的会计政策、会计期间相同，假定不考虑增值税、所得税等其他因素。

要求：（“长期股权投资”“可供出售金融资产”科目应写出必要的明细科目）

（1）判断说明甲公司2013年度对乙公司长期股权投资应采用的核算方法，并编制甲公司取得乙公司股权投资的会计分录。

（2）计算甲公司2013年度应确认的投资收益和应享有乙公司其他综合收益变动的金额，并编制相关会计分录。

（3）计算甲公司2014年1月1日处置部分股权投资交易对公司营业利润的影响额，并编制相关会计分录。

（4）分别编制甲公司2014年6月30日和12月31日与持有乙公司股票相关的会计分录。

（5）编制甲公司2015年1月8日处置乙公司股票的相关会计分录。（2015年）

专题五：负债及借款费用

甲公司2007年度至2012年度发生的与一栋办公楼有关的业务资料如下：

（1）2007年1月1日，甲公司与乙公司签订合同，委托乙公司为其建造一栋办公楼。合同约定，该办公楼的总造价为5 000万元，建造期为12个月，甲公司于2007年1月1日向乙公司预付20%的工程款，7月1日和12月31日分别根据工程进度与乙公司进行工程款结算。

（2）2007年1月1日，为建造该办公楼，甲公司向银行专门借款2 000万元，期限为2年，合同年利率与实际年利率均为8%，每年利息于次年1月1日支付，到期一次还本。专门借款中尚未动用部分全部存入银行，年利率1%，假定甲公司每年

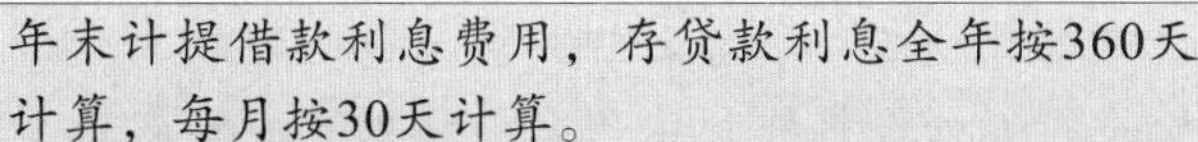

年末计提借款利息费用，存贷款利息全年按360天计算，每月按30天计算。

（3）2007年1月1日，该办公楼的建造活动正式开始，甲公司通过银行向乙公司预付工程款1 000万元；7月1日，甲公司根据完工进度与乙公司结算上半年工程款2 250万元，扣除全部预付工程款后，余款以银行存款支付给乙公司。

（4）2007年12月31日，该办公楼如期完工，达到预定可使用状态并于当日投入使用，甲公司以银行存款向乙公司支付工程款2 750万元。该办公楼预计使用年限为50年，预计净残值为155万元，采用年限平均法计提折旧。

（5）2010年11月，甲公司因生产经营战略调整，决定将该办公楼停止自用，改为出租以获取租金收益。2010年12月20日，甲公司与丙公司签订租赁协议，约定将该办公楼以经营租赁的方式租给丙公司，租赁期为2年，租赁开始日为2010年12月31日，甲公司对投资性房地产采用公允价值模式进行后续计量，2010年12月31日该办公楼的公允价值为5 100万元。

（6）2011年12月31日，该办公楼公允价值为5 000万元。

（7）2012年12月31日，租赁合同到期，甲公司将该办公楼以4 800万元的价格售出，款项已存银行，假定不考虑相关税费。

要求：（1）根据资料（3），编制甲公司2007年1月1日预付工程款和2007年7月1日与乙公司结算工程款的会计分录。

（2）根据资料（1）~（4），计算甲公司2007年专门借款利息应予资本化的金额，并编制相应的会计分录。

（3）根据资料（4），计算甲公司2007年12月31日该办公楼完工作为固定资产入账的金额以及2008年度应计算折扣的金额。

（4）根据资料（5），编制甲公司将该办公楼由自用转为出租的会计分录。

（5）根据资料（6），编制甲公司2011年12月31日对该办公楼进行期末计量的会计分录。

（6）根据资料（7），编制甲公司2012年12月31日售出办公楼的会计分录。

（“投资性房地产”科目要求写出二级明细科目，答案中的金额单位用万元表示）（2012年）

专题六：资产负债表日后事项、收入、政府补助

甲公司系增值税一般纳税人，适用的增值税税率为17%；适用的所得税税率为25%，预计在未来期间保持不变。甲公司已按2014年度实现的利润总额6 000万元计算确认了当年的所得税费用和应交所得税，金额均为1 500万元，按净利润的10%提取了法定盈余公积。甲公司2014年度财务报告批准报出日为2015年3月25日；2014年度的企业所得税汇算清缴在2015年4月20日完成。2015年1月28日，甲公司对与2014年度财务报告有重大影响的经济业务及其会计处理进行检查，有关资料如下。

资料一：2014年12月1日，甲公司委托乙公司销售A商品1 000件，商品已全部移交乙公司，每件成本为500元。合同约定，乙公司应按每件不含增值税的固定价格600元对外销售，甲公司按每件30元向乙公司支付代销售出商品的手续费，代销售期限为6个月，代销售期限结束时，乙公司将尚未售出的A商品退回甲公司；每月月末，乙公司向甲公司提交代销清单。2014年12月31日，甲公司收到乙公司开具的代销清单，注明已售出A商品400件，乙公司对外开具的增值税专用发票上注明的销售价格为24万元，增值税税额为4.08万元，当日，甲公司向乙公司开具了一张相同金额的增值税专用发票，按扣除手续费1.2万元后的净额26.88万元与乙公司进行了货款结算，甲公司已将款项收存银行。根据税法规定，甲公司增值税纳税义务在收到代销清单时产生。甲公司2014年对上述业务进行了如下会计处理（单位：万元）。

借：应收账款　60
　贷：主营业务收入　60
借：主营业务成本　50
　贷：库存商品　50
借：银行存款　26.88
　销售费用　1.2
贷：应收账款　24
　应交税费——应交增值税（销项税额）
　4.08

资料二：2014年12月2日，甲公司接受丙公司委托，与丙公司签订了一项总金额为500万元的软件开发合同，合同规定的开发期为12个月。至2014年12月31日，甲公司已收到丙公司支付的首期合同款40万元，已发生软件开发成本50万元（均为开发人员薪酬），该合同的结果能够可靠估计，预计还将发生350万元的成本。2014年12月31日，甲公司根据软件开发特点决定通过对已完工作的测量确定完工进度，经专业测量师测定，该软件的完工进度为10%，根据税法规定，甲公司此项业务免征增值税。甲公司2014年对上述业务进行了如下会计处理（单位：万元）。

借：银行存款　　40
　　贷：主营业务收入　　40
借：劳务成本　　50
　　贷：应付职工薪酬　　50
借：主营业务成本　　50
　　贷：劳务成本　　50

资料三：2014年6月5日，甲公司申请一项用于制造导航芯片技术的国家级研发补贴。申请书中的相关内容如下：甲公司拟于2014年7月1日起开始对导航芯片制造技术进行研发，期限24个月，预计研发支出为1 200万元（其中计划自筹600万元，申请财政补贴600万元）；科研成果的所有权归属于甲公司。2014年6月15日，有关主管部门批准了甲公司的申请，同意给予补贴款600万元，但不得挪作他用。2014年7月1日，甲公司收到上述款项后开始研发，至2014年12月31日该项目还处于研发过程中，预计能如期完成。甲公司对该项补贴难以区分与资产相关的部分和与收益相关的部分。根据税法规定，该财政补贴款属于不征税收入。甲公司2014年7月1日对上述财政补贴业务进行了如下会计处理（单位：万元）。

借：银行存款　　600
　　贷：营业外收入600

要求：

（1）判断甲公司对委托代销业务的会计处理是否正确，并判断该事项是否属于资产负债表日后调整事项，如果属于调整事项，编制相关的调整分录。

（2）判断甲公司对软件开发业务的会计处理是否正确，并判断该事项是否属于资产负债表日后调整事项，如果属于调整事项，编制相关的调整分录。

（3）判断甲公司对财政补贴业务的会计处理是否正确，并判断该事项是否属于资产负债表日后调整事项；如果属于调整事项，编制相关的调整分录。（2015年）

计算分析题集训参考答案与解析

专题一：

【答案】

（1）甲公司2012年12月5日购入该设备的会计分录为（单位：万元）：

借：固定资产　　5 000
　　应交税费——应交增值税
　　　　（进项税额）　　850
　　贷：银行存款　　5 850

（2）甲公司2013年度对该设备应计提的折旧金额＝（5 000−50）×5÷15＝1 650（万元）；

甲公司2014年度对该设备应计提的折旧金额＝（5 000−50）×4÷15＝1 320（万元）。

（3）甲公司2014年12月31日对该设备应计提减值准备的金额＝（5 000−1 650−1 320）−1 800＝230（万元）。

会计分录（单位：万元）：

借：资产减值损失　　230
　　贷：固定资产减值准备　　230

（4）甲公司2015年度对该设备应计提的折旧金额＝（1 800−30）×3÷6＝885（万元）。

会计分录（单位：万元）：

借：制造费用　　885
　　贷：累计折旧　　885

（5）相关会计分录如下（单位：万元）。

借：固定资产清理　　915（885+30）
　　固定资产减值准备　　230
　　累计折旧　3 855（1 650＋1 320＋885）
　　贷：固定资产　　5 000
借：固定资产清理　　2
　　贷：银行存款　　2
借：银行存款　　1 053
　　贷：固定资产清理　　900
　　　　应交税费——应交增值税（销项税额）
　　　　　　153
借：营业外支出——处置非流动资产损失 17
　　贷：固定资产清理　　17

专题二：

【答案】甲公司的相关账务处理如下。

（1）2014年购买乙公司股票时，初始成本1 000万元大于享有乙公司可辨认净资产公允价值的份额900万元（3 000×30%），两者差额100万元为与支付对价相关的商誉，因此不调整初始成本。

借：长期股权投资——成本——乙公司
　　　　10 000 000
　　贷：银行存款　　10 000 000

（2）购入时固定资产的公允价值与账面价值不一致，因此应调整2014年净利润。调整后的

净利润（甲公司享有的份额）=[200-（300÷6-200÷10）]×30%=51（万元）。

借：长期股权投资——损益调整——乙公司　510 000
　贷：投资收益　510 000

（3）2015 年因可供出售金融资产公允价值变动，导致所有者权益发生变动，归属于甲公司的变动金额 =100×30%=30（万元）。

借：长期股权投资——其他综合收益——乙公司　300 000
　贷：其他综合收益　300 000

（4）2015 年乙公司发生亏损，调整亏损前，甲公司对乙公司的长期股权投资账面价值 =1 000+51+30=1 081（万元），调整后的亏损金额（甲公司承担的份额）=[4 000+（300÷6-200÷10）]×30%=1 209（万元）。甲公司按对乙公司的长期股权投资账面价值承担损失。

借：投资收益　10 810 000
　贷：长期股权投资——损益调整——乙公司　10 810 000

（5）如果在确认了投资损失后，甲公司账面上仍对乙公司有长期应收款 50 万元，则剩余的亏损额 128 万元（1 209-1 081）应减记 50 万元。

借：投资收益　500 000
　贷：长期应收款——乙公司——超额损失　500 000

（6）如果按照投资合同甲公司对亏损需要承担额外义务的，则甲公司应承担剩余的 78 万元（128-50）。

借：投资收益　780 000
　贷：预计负债　780 000

（7）如果 2015 年乙公司实现净利润 520 万元，调整后的净利润（甲公司享有的份额）=[520-（300÷6-200÷10）]×30%=147（万元），此时应按依次恢复预计负债、长期应收款和长期股权投资账面价值。

借：预计负债　780 000
　长期应收款　500 000
　长期股权投资——损益调整　190 000
　贷：投资收益　1 470 000

专题三：

【答案】

（1）甲公司债务重组后应收账款入账价值 = 3 510-1 000-400-68-200×3-400 = 1 042（万元）;

甲公司债务重组损失 =（3 510-351）-1 042-（1 000+400+68+200×3）= 49（万元）。

（2）相关会计分录如下。

借：应收账款——债务重组　1 042
　固定资产　1 000
　库存商品　400
　应交税费——应交增值税（进项税额）　68
　可供出售金融资产　600
　坏账准备　351
　营业外支出——债务重组损失　49
　贷：应收账款　3 510

（3）乙公司因债务重组应计入营业外收入的金额 =（3 510-1 000-400-68-200×3-1 042）+[1 000-（2 000-1 200）] = 600（万元）。

（4）相关会计分录如下。

借：固定资产清理　800
　累计折旧　1 200
　贷：固定资产　2 000

借：应付账款　3 510
　贷：固定资产清理　1 000
　　主营业务收入　400
　　应交税费——应交增值税（销项税额）　68
　　股本　200
　　资本公积——股本溢价　400
　　应付账款——债务重组　1 042
　　营业外收入——债务重组利得　400

借：固定资产清理　200
　贷：营业外收入——处置非流动资产利得　200

借：主营业务成本　300
　贷：库存商品　300

专题四：

【答案】

（1）负债成分公允价值 =1 000×100×3%×（P/A，5%，3）+1 000×100×（P/F，5%，3）= 3 000×2.723+100 000×0.863=94 469（万元）。

（2）权益成分的公允价值 =110 000-94 469= 15 531（万元）。

（3）2012 年 1 月 1 日，发行债券时。

借：银行存款　1 100 000 000
　应付债券——可转换公司债券（利息调整）　55 310 000

贷：应付债券——可转换公司债券（面值）
1 000 000 000
其他权益工具 155 310 000

（4）2012 年 12 月 31 日，确认利息费用。应计入制造费用的利息 =（100 000−5 531）×5%=4 723.45（万元），利息调整金额 =4 723.45−1 000×100×3%=1 723.45（万元）。

借：制造费用 47 234 500
贷：应付利息 30 000 000
应付债券——可转换公司债券（利息调整）
17 234 500

（5）2013 年 12 月 31 日，确认利息费用，应计入财务费用的利息 =（100 000−5 531+1 723.45）×5%=4 809.62（万元），利息调整金额 =4 809.62−3 000=1 809.62（万元）。

借：财务费用 48 096 200
贷：应付利息 30 000 000
应付债券——可转换公司债券（利息调整）
18 096 200

（6）2014 年 12 月 31 日，确认利息费用，应计入财务费用的利息 =（100 000−5 531+1 723.45+1 809.62）×5%=4 900.10（万元），利息调整金额 =4 900.10−3 000=1 900.10（万元）。

借：财务费用 49 001 000
贷：应付利息 30 000 000
应付债券——可转换公司债券（利息调整）
19 001 000

（7）2015 年 1 月 1 日，债券持有人行使转换权时，转换成的股本 =1 000×30×1=30 000（万元），利息调整金额 =5 531−1 723.45−1 809.62−1 900.10=97.83（万元），应转销的“其他权益工具”=15 531（万元）。

借：应付债券——可转换公司债券（面值）
1 000 000 000
其他权益工具 155 310 000
贷：应付债券——可转换公司债券（利息调整） 978 300
股本 300 000 000
资本公积——股本溢价 854 331 700

专题五：

【答案】

（1）甲公司购进固定资产的分录如下（单位：万元）：

借：固定资产 1 000
应交税费——应交增值税（进项税额）
170
贷：应付账款 1 170

（2）该未决诉讼案件应当确认为预计负债。

理由：①至 2014 年 12 月 31 日，人民法院尚未判决该诉讼，但甲公司法律顾问认为败诉可能性为 70%，即满足履行该义务“很可能”导致经济利益流出企业的条件；②甲公司能够预计支付诉讼费 5 万元，逾期利息在 20 万元至 30 万元之间，且这个区间内每个金额发生的可能性相同，因此，上述两项金额均能够计算得出，满足该义务的金额能够“可靠计量”的条件；③由题干可知，该义务属于企业承担的“现时义务”。

综上所述，甲公司应将该未决诉讼案件确认为预计负债。确认的预计负债的金额 =5+（20+30）÷2=30（万元）。会计分录如下。

借：营业外支出 25
管理费用 5
贷：预计负债 30

（3）2015 年 5 月 8 日：

借：预计负债 30
营业外支出 25
贷：其他应付款 55

2015 年 5 月 16 日：

借：其他应付款 55
贷：银行存款 55

借：应付账款 1 170
贷：银行存款 1 170

专题六：

【答案】

（1）与外币业务相关的账务处理。

① 12 月 5 日，购入的原材料人民币金额 =200 000×8.5+170 000=1 870 000（人民币元），支付的银行存款 =170 000+317 900=487 900（人民币元）。

借：原材料 1 870 000
应交税费——应交增值税（进项税额）
317 900
贷：应付账款——乙公司（欧元） 1 700 000
银行存款——人民币 487 900

② 12 月 14 日，应收账款人民币金额 =40 000×6.34=253 600（人民币元）。

借：应收账款——丙公司 253 600
贷：主营业务收入 253 600

③ 12 月 16 日，银行存款（欧元）金额 =200 000×

8.26=1 652 000（人民币元），银行存款（人民币）金额 =200 000×8.3=1 660 000（人民币元）。

借：银行存款——欧元　　1 652 000
　　财务费用——汇兑差额　　8 000
　　贷：银行存款——人民币　　1 660 000

④ 12 月 20 日，银行存款（欧元）金额 =1 000 000×8.24=8 240 000（人民币元）。

借：银行存款——欧元　　8 240 000
　　贷：实收资本　　8 000 000
　　　　资本公积——资本溢价　　240 000

⑤ 12 月 25 日，应付账款（欧元）金额 =180 000×8.5=1 530 000（人民币元），银行存款（欧元）金额 =180 000×8.51=1 531 800（人民币元）。

借：应付账款——乙公司（欧元）1 530 000
　　财务费用——汇兑差额　　1 800
　　贷：银行存款——欧元　　1 531 800

⑥ 12 月 28 日，银行存款（美元）金额 =40 000×6.31=252 400(人民币元)，应收账款(美元)金额 =40 000×6.34=253 600（人民币元）。

借：银行存款——美元　　252 400
　　财务费用——汇兑差额　　1 200
　　贷：应收账款——丙公司（美元）253 600

（2）期末计算汇兑差额。

期末银行存款美元账户汇兑差额 =40 000×6.3−252 400=−400（人民币元）（汇兑损失），期末银行存款欧元账户汇兑差额 =1 020 000×8.16−8 360 200=−37 000（人民币元）（汇兑损失），期末应付账款账户汇兑差额 =20 000×8.16−170 000=−6 800（人民币元）（汇兑收益）。

借：应付账款　　6 800
　　财务费用——汇兑差额　　30 600
　　贷：银行存款——美元　　400
　　　　银行存款——欧元　　37 000

专题七：

【答案】

（1）资料一中：2014 末年无形资产账面价值 =200（万元），计税基础 =200−200÷10=180（万元），账面价值 > 计税基础，产生 20 万元应纳税暂时性差异，应确认递延所得税负债 =20×25%=5（万元）；

资料二中：2014 年末持有至到期投资账面价值 = 计税基础 =1 000（万元），甲公司确认的 50 万元利息收入形成永久性差异，作为纳税调减项；

资料三中：2014 年末应收账款账面价值 =10 000−200−100=9 700（万元），计税基础 =10 000 万元，账面价值 < 计税基础，产生 300 万元可抵扣暂时性差异，应确认递延所得税资产 =300×25%−30=45（万元）[或者 100×25%+200（25%−15%）=45（万元）]。

综上，2014 年度应纳税所得额 =10 070−20−50+100=10 100（万元），应交所得税 =10 100×15%=1 515（万元）

（2）“递延所得税资产”期末余额 = 期初余额 + 本期发生额 =30+45=75（万元）

“递延所得税负债”期末余额 = 期初余额 + 本期发生额 =0+5=5（万元）

（3）2014 年利润表中“所得税费用”的“本期金额”=1 515−45+5=1 475（万元）

（4）确认应交所得税、递延所得税资产与递延所得税负债、所得税费用的会计分录如下。

借：所得税费用　　1 515
　　贷：应交税费——应交所得税　　1 515
借：递延所得税资产　　45
　　贷：递延所得税负债　　5
　　　　所得税费用　　40

综合题集训参考答案与解析

专题一：

【答案】

（1）2015 年度的应纳税所得额 = 9 520+500 − 200+180 = 10 000（万元）;

2015 年度的应交所得税 = 10 000×25% = 2 500（万元）。

（2）资料一，对递延所得税无影响。

分析：非公益性现金捐赠，本期不允许税前扣除，未来期间也不允许抵扣，未形成暂时性差异，形成永久性的差异，不确认递延所得税资产。

资料二，转回递延所得税资产 50 万元。

分析：2015 年年末保修期结束，不再预提保修费，本期支付保修费用 300 万元，冲减预计负债年初余额 200 万元，因期末不存在暂时性差异，需要转回原确认的递延所得税资产 50 万元（200×25%）。

资料三，税法规定，尚未实际发生的预计损失

不允许税前扣除，待实际发生损失时才可以抵扣，因此本期计提的坏账准备 180 万元形成可抵扣暂时性差异，确认递延所得税资产 45 万元（180×25%）。

（3）资料一：不涉及递延所得税的处理。

资料二：

借：所得税费用　　50

　贷：递延所得税资产　　50

资料三：

借：递延所得税资产　　45

　贷：所得税费用　　45

（4）当期所得税（应交所得税）= 10 000×25% = 2 500（万元）；递延所得税费用 = 50−45 = 5（万元）；2015 年度所得税费用 = 当期所得税 + 递延所得税费用 = 2 500+5 = 2 505（万元）。

（5）①购买日合并财务报表中应确认的递延所得税负债 =（360−200）×25% = 40（万元）。

②商誉 = 合并成本 − 购买日应享有被购买方可辨认净资产公允价值（考虑递延所得税后）的份额 = 10 900−（10 000+160−40）×100% = 780（万元）。

抵销分录（单位：万元）：

借：存货　　160

　贷：资本公积　　160

借：资本公积　　40

　贷：递延所得税负债　　40

借：股本　　2 000

　未分配利润　　8 000

　资本公积　　120

　商誉　　780

　贷：长期股权投资　　10 900

专题二：

【答案】

本题考查前期差错更正的会计处理。

（1）第（1）、（3）、（4）项错误，第（2）项正确。

（2）对（1）事项，A 产品尚未完工，其所有权上的主要风险和报酬还未转移，因此甲公司收到货款时不能确认收入，而应通过预收账款核算。

①冲减多计主营业务收入。

借：以前年度损益调整——主营业务收入　　2 000 000

　应交税费——应交增值税（销项税额）　　340 000

　贷：预收账款——乙公司　　2 340 000

②冲减多计主营业务成本。

借：库存商品　　1 400 000

　贷：以前年度损益调整——主营业务成本　　1 400 000

③冲减多计所得税费用 =（200−140）×25%=15（万元）。

借：应交税费——应交所得税　　150 000

　贷：以前年度损益调整——所得税费用　　150 000

④由上述可得出，净利润应调减的金额 =200−140−15=45（万元）。

借：利润分配——未分配利润　　450 000

　贷：以前年度损益调整——本年利润　　450 000

⑤应调整法定盈余公积 =45×10%=4.5（万元）。

借：盈余公积——法定盈余公积　　45 000

　贷：利润分配——未分配利润　　45 000

对（3）事项，对于商品需要安装和检验的销售，由于安装工作是销售合同的重要组成部分，购买方接受交货以及安装和检验完毕之后，销售方才确认收入。

①冲减多计主营业务收入。

借：以前年度损益调整——主营业务收入　　5 000 000

　贷：预收账款——丁公司　　5 000 000

②冲减多计主营业务成本。

借：库存商品　　3 500 000

　贷：以前年度损益调整——主营业务成本　　3 500 000

借：发出商品　　3 500 000

　贷：库存商品　　3 500 000

③所得税费用的调整。

虽然在会计上，企业收到客户预付的款项时不确认收入，但是按照题意，该业务由于已开发票应计入应纳税所得额计算缴纳所得税，因此计税基础为 0，小于账面价值 500 万元，形成可抵扣暂时性差异，产生的递延所得税资产 =500×25％ =125（万元）。存货的账面价值为 350 万元，计税基础为 0，形成应纳税暂时性差异，产生的递延所得税负债 = 350×25％ =87.5（万元）。调整分录如下。

借：递延所得税资产　　1250 000

　贷：以前年度损益调整——所得税费用　　375 000

　　递延所得税负债　　875 000

④由上述可得出，净利润应调减的金额 =500−350−37.5=112.5（万元）。

借：利润分配——未分配利润　　1 125 000

　贷：以前年度损益调整——本年利润　　1 125 000

⑤应调整法定盈余公积 =112.5×10%=11.25（万元）。

借：盈余公积——法定盈余公积 112 500

贷：利润分配——未分配利润 112 500

对（4）事项，以固定价格回购商品（相当于融资交易）时，由于商品所有权上的主要风险和报酬没有转移，企业不应确认收入，此时售价通过“其他应付款”核算。

借：发出商品 6 000 000

贷：库存商品 6 000 000

借：以前年度损益调整——主营业务收入 7 000 000

贷：其他应付款——戊公司 7 000 000

借：库存商品 6 000 000

贷：以前年度损益调整——主营业务成本 6 000 000

①回购价格大于原售价的差额，可依据合理的方法（例如直线法）在回购期间（2014 年 12 月 1 日 ~ 2015 年 4 月 30 日，5 个月）按期计提利息费用，每月计提利息费用 =（740−700）÷5=8（万元）。

借：以前年度损益调整——财务费用 80 000

贷：其他应付款——戊公司 80 000

②应冲减多计的所得税费用 =（700−600+8）×25%=27（万元）。

借：应交税费——应交所得税 270 000

贷：以前年度损益调整——所得税费用 270 000

③ 由上述可得出，净利润应调减的金额 =700−600+8−27=81（万元）。

借：利润分配——未分配利润 810 000

贷：以前年度损益调整——本年利润 810 000

④应调整法定盈余公积 =81×10%=8.1（万元）。

借：盈余公积——法定盈余公积 81 000

贷：利润分配——未分配利润 81 000

（3）调整利润表及所有者权益变动表相关项目的金额，如表 23-2 所示。

表 23-2 利润表（简表）

编制单位：甲公司　　2014 年度　　（单位：万元）

项目	本期金额调整数（调增用“+”，调减用“−”）
一、营业收入	− 200 − 500 − 700 = − 1 400
减：营业成本	− 140 − 350 − 600 = − 1 090
…	
财务费用	+ 8
…	
二、营业利润	
…	
所得税费用	− 15 − 37.5 − 27 = − 79.5
四、净利润	− 1 400 −（− 1 090）− 8 −（− 79.5）= − 238.5
…	

2014 年所有者权益变动表“本年金额”栏目中，提取法定盈余公积减少 23.85 万元，未分配利润减少 214.65 万元，如表 23-3 所示。

表 23-3 所有者权益变动表（简表）

编制单位：甲公司　　2014 年度　　（单位：万元）

项目	本年金额			
…	…	盈余公积	未分配利润	…
一、上年年末余额		…	…	
加：会计政策变更				
前期差错更正		− 23.85	− 214.65	
二、本年年初余额		…	…	
…				

专题三：

【答案】

（1）合并财务报表中按照权益法调整，取得投资当年应确认的投资收益 = 6 000×80% = 4 800（万元）（单位：万元）；

借：长期股权投资　4 800
　贷：投资收益　4 800

应确认的其他综合收益 = 400×80% = 320（万元）；

借：长期股权投资　320
　贷：其他综合收益　320

分配现金股利调整减少长期股权投资 = 3 000×80% = 2 400（万元）。

借：投资收益　2 400
　贷：长期股权投资　2 400

调整后长期股权投资的账面价值 = 18 400+4 800+320−2 400 = 21 120（万元）。

抵销长期股权投资和子公司所有者权益：

借：股本　6 000
　资本公积　4 800
　盈余公积　1 800
　未分配利润——年末　13 400
　（11 000+6 000−600−3 000）
　其他综合收益　400
　贷：长期股权投资　21 120
　　少数股东权益　5 280

借：投资收益　4 800
　少数股东损益　1 200
　未分配利润——年初　11 000
　贷：提取盈余公积　600
　　对所有者（或股东）的分配　3 000
　　未分配利润——年末　13 400

（2）2014 年 12 月 31 日内部购销交易相关的抵销分录：

借：营业收入　2 000
　贷：营业成本　2 000

借：营业成本　240
　贷：存货　240

借：存货　200
　贷：资产减值损失　200

借：应付账款　2 000
　贷：应收账款　2 000

借：应收账款　100
　贷：资产减值损失　100

借：营业外收入　700
　贷：无形资产　700

借：无形资产　70（700÷5×6÷12）
　贷：管理费用　70

（3）2015 年 12 月 31 日内部购销交易相关的抵销分录：

借：未分配利润——年初　240
　贷：存货　240

借：存货　200
　贷：未分配利润——年初　200

借：营业成本　200
　贷：存货　200

借：应收账款　100
　贷：未分配利润——年初　100

借：资产减值损失　100
　贷：应收账款　100

借：未分配利润——年初　700
　贷：无形资产　700

借：无形资产　70
　贷：未分配利润——年初　70

借：无形资产　140（700÷5）
　贷：管理费用　140

专题四：

【答案】

（1）甲公司对乙公司的股权投资应采用权益法核算。甲公司取得乙公司股权投资的会计分录如下（单位：万元）。

借：长期股权投资——投资成本　4 500
　贷：股本　1 000
　　资本公积——股本溢价　3 500

借：长期股权投资——投资成本
　324 {[16 000+（480−400）]×30%−4 500}
　贷：营业外收入　324

（2）甲公司 2013 年应确认的投资收益 =[6 000−（480−400）÷4−（1 200−900）×50%]×30%= 1 749（万元）；甲公司 2013 年应享有乙公司其他综合收益变动的金额 =200×30%=60（万元）。相关会计分录如下。

借：长期股权投资——损益调整　1 749
　——其他综合收益　60
　贷：投资收益　1 749
　　其他综合收益　60

（3）甲公司 2014 年初处置部分股权对营业利润的影响金额 =（5 600+1 400）−（4 500+324+1 749+60）+60=427（万元）。相关会计分录如下。

借：银行存款　5 600
　贷：长期股权投资——投资成本
　　3 859.2 [（4500+324）×80%]
　　——损益调整
　　1 399.2（1749×80%）
　　——其他综合收益

48（60×80%）
投资收益 293.6
借：可供出售金融资产——成本 1 400
贷：长期股权投资——投资成本
964.8[4 500+324）×20%]
——损益调整
349.8（1 749 ×20%）
——其他综合收益
12（60 ×20%）
投资收益 73.4
借：其他综合收益 60
贷：投资收益 60
（4）6月30日：
借：其他综合收益 100
贷：可供出售金融资产——公允价值变动
100
12月31日：
借：资产减值损失 600（1 400-800）
贷：其他综合收益 100
可供出售金融资产——减值准备
500
（5）借：银行存款 780
投资收益 20
可供出售金融资产——减值准备
500
——公允价值变动
100
贷：可供出售金融资产——成本 1 400

专题五：

【答案】

（1）2007年1月1日，甲公司预付工程款。
借：预付账款 1 000
贷：银行存款 1 000

2007年7月1日，甲公司根据完工进度与乙公司结算上半年工程款。
借：在建工程 2 250
贷：预付账款 1 000
银行存款 1 250

（2）2007年该专门借款利息费用的资本化金额＝实际发生的借款利息－闲置资金的存款利息＝2 000×8%－（2 000-1 000）×1%×6÷12=155（万元）。
借：在建工程 155
应收利息 5
贷：应付利息 160

（3）2007年12月31日，该办公楼完工并达到预定可使用状态，其入账金额=2 250+2 750+155=5 155（万元），2008年度应计提折旧的金额=（5 155-155）÷50=100（万元）。

（4）2010年12月31日，租赁开始。2008～2010年该办公楼共计提的折旧额=100×3=300（万元）。
借：投资性房地产——成本 5 100
累计折旧 300
贷：固定资产 5 155
其他综合收益 245

（5）2011年12月31日，投资性房地产的公允价值低于原账面价值100万元（5 100-5 000）。
借：公允价值变动损益 100
贷：投资性房地产——公允价值变动 100

（6）2012年12月31日，甲公司售出办公楼。
借：银行存款 4 800
贷：其他业务收入 4 800
借：其他业务成本 4 855
其他综合收益 245
投资性房地产——公允价值变动 100
贷：投资性房地产——成本 5 100
公允价值变动损益 100

专题六：

【答案】

（1）①甲公司的处理不正确，因为该交易属于收取手续费方式代销商品，所以甲公司应在收到商品代销清单的时候按出售数量确认收入。

②该事项属于资产负债表日后调整事项，调整分录如下（单位：万元）。
借：以前年度损益调整（营业收入） 36
贷：应收账款 36
借：发出商品 30
贷：以前年度损益调整（营业成本） 30
借：应交税费——应交所得税 1.5
贷：以前年度损益调整——所得税费用
1.5
借：盈余公积 0.45
利润分配——未分配利润 4.05
贷：以前平度损益调整 4.5

（2）①甲公司的处理不正确，因为甲公司应按照完工百分比法确认该项建造合同的收入和成本，所以应确认的收入=500×10%=50（万元），应确认的成本=（50+350）×10%=40（万元）

②该事项属于资产负债表日后调整事项，调整分录如下。
借：应收账款（或预收账款） 10
贷：以前年度损益调整（营业收入）
10［500×10%-40]

借：劳务成本 10
　贷：以前年度损益调整（营业成本）
　　10 [50-（350+50）×10%]
借：以前年度损益调整——所得税费用 5
　贷：应交税费——应交所得税 5
借：以前年度损益调整 15
　贷：盈余公积 1.5
　　利润分配——未分配利润 13.5

（3）①甲公司的处理不正确，因为该项与收益相关的政府补助，属于用于补偿企业以后期间费用或损失的，在取得时先确认为递延收益，在确认相关费用的期间再计入营业外收入。

②该事项属于资产负债表日后调整事项，调整分录如下。

借：以前年度损益调整——营业外收入
　　450 [600-600×（6÷24）]
　贷：递延收益 450
借：盈余公积 45
　利润分配——未分配利润 405
　贷：以前年度损益调整 450

第三部分

财务管理

第一章 总论

本章是“财务管理”这门课程学习内容的概括说明。在近 3 年考试中，本章内容所占分值为 3~4 分，一般以客观题的形式出题，题量为 2~3 题。本章需记忆的内容较多，如各种财务管理目标的优缺点、财务管理体制的类型和具体内容、经济环境和金融环境的内容和分类等，考生可借助表格等形式进行对比记忆，并通过练习熟练掌握相关知识点。

▼本章主要考点的题型、估计题量和所占分值一览表

主要考点	题型	估计题量	所占分值
①公司制企业的缺点；②利益相关者；③企业组织体制基本形式的特点；④集权与分权相结合型财务管理体制的一般内容	单选题	1 题	1 分
①利益冲突与协调的方式；②企业财务管理体制的设计原则；③金融市场的分类；④货币市场的特点	多选题	1 题	2 分
①企业的组织形式；②各种财务管理目标之间的关系；③企业社会责任的内容；④企业财务管理体制的设计原则；⑤通货膨胀的应对措施	判断题	1 题	1 分

▼本章知识结构一览表

总论	一、企业与企业财务管理	企业的组织形式及其优缺点（★）
	二、财务管理目标	（1）财务管理目标的种类及特点（★★★）：利润最大化、股东财富最大化、企业价值最大化、相关者利益最大化 （2）相关者的利益冲突和协调方式（★★）：所有者与经营者、与债权人的具体利益冲突和协调措施 （3）企业社会责任的内容（★）
	三、财务管理环节	财务管理环节（★）：计划与预算环节、决策与控制环节、分析与考核环节
	四、财务管理体制	（1）财务管理体制的类型及其选择（★★）：集权型、分权型体制的特点与选择 （2）财务管理体制的设计原则（★★）：与现代企业制度的要求相适应；企业对各所属单位管理中的决策权、执行权与监督权三者分立；财务综合管理和分层管理；与企业组织体制相适应 （3）集权与分权相结合型财务管理体制的一般内容（★★）
	五、财务管理环境	（1）技术环境（★） （2）经济环境（★★★）：经济体制、经济周期、经济发展水平、宏观经济政策与社会通货膨胀水平 （3）金融环境（★★★）：流动性、风险性、收益性 （4）法律环境（★）：公司法、证券法、内部控制基本规范等

第一节 企业与企业财务管理

考点1 企业的组织形式及其优缺点（★）

考点分析

本考点主要以选择题和判断题的形式进行考查，题目较简单，考生只要了解主要经济组织类型在设立成本、寿命、纳税等方面的不同，即可正确答题。

考点精讲

1．企业的组织形式

企业的组织形式主要有以下 3 种。

（1）个人独资企业：由 1 个自然人投资，全部资产由投资者所有、全部债务由其承担。

（2）公司制企业：分为有限责任公司和股份有限公司，自主经营、自负盈亏，投资人按出资额承担有限责任。

（3）合伙企业：有两个或两个以上自然人组成，各合伙人共同出资、共享收益、共担风险，并承担无限连带责任。

2. 企业组织形式的优缺点比较

以上 3 种企业组织形式各有优点和缺点，具体如表 1-1 所示。

表 1-1 不同企业组织形式的优缺点

比较项目 企业类型	投资人	筹资难易度	组建成本	债务责任	权益转让	所得税类型	代理问题	企业寿命
个人独资企业	一个自然人	难	低	无限债务责任	困难	个人所得税	无	受限于企业主的寿命
公司制企业	多样化（一个自然人、两个以上自然人或法人）	容易，筹资渠道多	高	有限债务责任	容易转让所有权（无需经过其他股东同意）	双重课税（个人所得税+企业所得税）	所有者和经营者分开以后存在代理问题	无限存续
合伙企业	自然人（两个或两个以上）、法人和其他组织	比较难	适中	每个合伙人对企业债务须承担无限、连带责任	比较困难（需取得其他合伙人的同意，有时要修改合伙协议）	个人所得税	无	以合伙人卖出所持份额或死亡为限

典型例题

【例题 1·单选题】与独资企业和合伙企业相比，下列不属于公司制企业特点的是（ ）。

A. 以出资额为限，只负有限责任

B. 可以无限存续，其寿命比独资企业和合伙企业更有保障

C. 权益资金的转让要相对困难

D. 更加易于筹资，但收益被重复纳税

【解析】公司制企业的优点有：①无限存续；②容易转让所有权，公司的所有者权益被划分为若干股权份额，每个份额可以单独转让，无需经过其他股东同意，选项 C 错误；③有限债务责任；④融资渠道多，容易筹集所需资金。

【答案】C

【例题 2·多选题】在以下企业组织形式中，不会导致双重课税的有（ ）。

A. 个人独资企业　　B. 合伙企业

C. 有限责任公司　　D. 股份有限公司

【解析】个人独资企业和合伙企业不具有法人资格，因此仅需缴纳个人所得税；有限责任公司和股份有限公司具有法人资格，需同时缴纳企业所得税和个人所得税。

【答案】AB

【例题 3·单选题】某上市公司职业经理人在任职期间不断提高在职消费，损害股东利益。这一现象所揭示的公司制企业的缺点主要是（ ）。（2016 年）

A. 产权问题　　B. 激励问题

C. 代理问题　　D. 责权分配问题

【解析】公司制企业的缺点之一是存在代理问题，即所有者和经营者分开以后，所有者成为委托人，经营者成为代理人，代理人可能为了自身利益而损害委托人利益。因此，上市公司职业经理人在任职期间不断提高在职消费，损害股东利益主要揭示了公司制企业的代理问题。

【答案】C

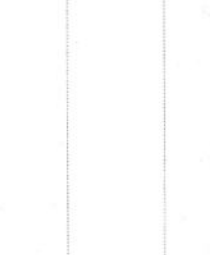

真题演练

1.【单选题】与普通合伙企业相比，下列各项中，属于股份有限公司缺点的是（ ）。（2013 年）

A. 筹资渠道少　　B. 承担无限责任

C. 企业组建成本高　　D. 所有权转移较困难

2.【判断题】不论是公司制企业还是合伙制企业，股东或合伙人都面临双重课税问题，即企业所得税后，还要缴纳个人所得税。（ ）（2016 年）

本节考点回顾与总结一览表

本节考点	知识总结
考点 1 企业的组织形式及其优缺点	①典型的企业组织形式有 3 种：个人独资企业、公司制企业、合伙企业 ② 3 种组织形式在投资主体、筹资渠道、筹资成本、债务责任、代理问题等方面各具优点和缺点

第二节 财务管理目标

考点2 财务管理目标的种类及特点（★★★）

考点分析

本考点是本章的重点，内容较多，常见的考查方式是先列出一个实务情景，然后让考生判断该情景反映的财务管理目标，因此，相关内容需要在理解的基础上进行记忆。

考点精讲

财务管理目标主要有4种：利润最大化、股东财富最大化、企业价值最大化和相关者利益最大化。

1. 利润最大化目标

利润最大化目标即假定企业以实现利润最大化为首要目标，该目标的优点和缺点如表1-2所示。

2. 股东财富最大化目标

股东财富最大化目标假定企业的宗旨是股东财富最大，该目标的优点和缺点如表1-3所示。

3. 企业价值最大化目标

企业价值最大化目标即假定企业的宗旨是企业价值最大，该目标的优点和缺点如表1-4所示。

4. 相关者利益最大化目标

相关者利益最大化目标即假定企业的宗旨是实现股东、政府、客户等利益相关者的“多赢”，该目标的主要优点如表1-5所示。

企业的创立是以股东的投入为基础，因此没有股东财富最大化，利润最大化、企业价值最大化和相关者利益最大化的目标也无法实现。

表1-2 利润最大化目标的优缺点

表现方式	企业价值的体现	优点	缺点
利润最大	企业利润	①有利于加强管理，提高劳动生产率 ②有利于合理配置企业资源 ③有利于提高整体经济效益	①没有考虑利润实现时间和资金时间价值 ②没有考虑风险问题 ③没有反映创造的利润与投入资本之间的关系 ④可能导致企业短期财务决策倾向
每股收益最大	每股收益		

表1-3 股东财富最大化目标的优缺点

企业价值的体现	优点	缺点
股东财富（股票数量 × 股票市价）	①考虑了风险因素 ②在一定程度上能避免企业短期行为 ③对上市公司而言，股东财富最大化目标比较容易量化，便于考核和奖惩	①通常只适用于上市公司，其他公司难以应用 ②股价易受外部或非正常因素影响 ③强调股东利益，对其他相关者的利益重视不够

表1-4 企业价值最大化目标的优缺点

企业价值的体现	优点	缺点
所有者（股东）权益 + 债权人权益	①考虑了取得报酬的时间 ②考虑了风险与报酬的关系 ③能克服企业在追求利润上的短期行为 ④用价值代替价格，避免了过多外界市场因素的干扰	①过于理论化，不易操作 ②非上市公司需进行专门评估才能确定其价值，且评估相关资产时很难做到客观和准确

表1-5 相关者利益最大化目标的主要优点

企业价值的体现	内容	主要优点
所有者（股东）权益 + 其他相关者权益	①强调风险与报酬的均衡 ②强调股东的首要地位、企业与股东之间的协调关系 ③强调对企业代理人（即企业经营者）的监督和控制 ④关心本企业一般职工的利益 ⑤不断加强与债权人的关系 ⑥关心客户的长期利益 ⑦加强与供应商的合作 ⑧保持与政府部门的良好关系	①有利于企业长期稳定发展 ②体现了合作共赢的价值理念，有利于实现企业经济效益和社会效益的统一 ③较好地兼顾了各利益主体的利益 ④体现了前瞻性和现实性的统一

典型例题

【例题 1 · 多选题】在某公司财务目标研讨会上，张经理主张“贯彻合作共赢的价值理念，做大企业的财富蛋糕”；李经理认为“既然企业的绩效按年度考核，财务目标就应当集中体现当年利润指标”；王经理提出“应将企业长期稳定的发展放在首位，以便创造更多的价值”。上述观点涉及的财务管理目标有（ ）。（2011 年）

A. 利润最大化　　B. 企业规模最大化

C. 企业价值最大化　　D. 相关者利益最大化

【解析】张经理的主张主要是体现合作共赢的理念，所以反映的是相关者利益最大化目标；李经理的主张强调的是利润最大化目标；王经理的主张强调的是创造的价值，所以反映的是企业价值最大化目标。

【答案】ACD

【例题 2 · 判断题】企业财务管理的目标理论包括利润最大化、股东财富最大化、公司价值最大化和相关者利益最大化等理论，其中，公司价值最大化、股东财富最大化和相关者利益最大化都是以利润最大化为基础的。（ ）（2015 年）

【解析】利润最大化、股东财富最大化、企业价值最大化以及相关者利益最大化等各种财务管理目标，都以股东财富最大化为基础。

【答案】×

考点3 相关者的利益冲突和协调方式（★★）

考点分析

考试时，本考点一般考查利益协调方式的具体内容。应注意的是，本考点与前面所述公司制企业优缺点有一定联系，即所有权与经营权分离引发的代理问题是公司制企业的缺点。

考点精讲

所有者与经营者、所有者与债权人的利益冲突是公司制企业的主要矛盾，其协调方式各有不同。具体如表 1-6 所示。

表 1-6 利益冲突和协调方式

利益冲突类型	冲突的具体表现	协调方式
所有者和经营者利益冲突	①经营者希望同时创造企业财富和获取更多报酬、享受和避免风险 ②所有者希望以较小代价获取更多财富	①解聘：通过所有者约束经营者 ②接收：通过市场约束经营者 ③激励：将经营者的报酬和绩效挂钩，如给予股票期权和绩效股
所有者和债权人利益冲突	①所有者可能要求经营者将举债资金用于风险更高的项目，增大其偿债风险，降低债权人债权价值 ②所有者可能要求经营者擅自举借新债，降低原债权的价值	①限制性借债：在借款合同中加入限制条款，如规定借款用途、借款信用条件，要求提供借款担保等 ②收回或停止借款：债权人发现债务人意图降低债权价值时，以收回债权、不再给予新借款的方式保护自身权益

典型例题

【例题 1 · 单选题】下列各项中，能够用于协调企业所有者与企业债权人矛盾的方法是（ ）。

A. 解聘　　B. 接收

C. 激励　　D. 停止借款

【解析】为协调所有者与债权人之间矛盾，通常采用的方式包括：①限制性借债；②收回借款或停止借款，故选项 D 符合题意。

【答案】D

【例题 2 · 多选题】所有者通过经营者损害债权人利益的常见形式有（ ）。

A. 未经债权人同意发行新债券

B. 未经债权人同意举借新债

C. 投资于比债权人预计风险要高的新项目

D. 不尽力增加企业价值

【解析】所有者与债权人的利益冲突主要表现在以下方面：①不经债权人的同意，投资于比债权人预期风险要高的新项目，从而增大偿债风险；②不征得债权人同意而发行新债，致使旧债或老债的价值降低，使旧债权人蒙受损失，所以选项 D 不符合题意。

【答案】ABC

考点4 企业社会责任的内容（★）

考点分析

本考点在考试中出现的概率较小，考生应从宏观上了解企业社会责任涉及的主要方面。考试时可能会考查社会责任的具体体现，考生答题时，应从题干内容联想其对应的社会责任，就会更有把握拿到相应分数。

考点精讲

企业的社会责任是指企业在谋求所有者或股东权益最大化时，应负有维护和增进社会利益的义务，具体包括对员工、债权人、消费者、社会公益、环境和资源的责任。企业应遵从法律、法规，按照公序良俗的基本精神维护各方合法、合理利益。

企业的社会责任具体体现在：①按照《公司法》的要求，及时足额发放劳动报酬，保护员工合法权

益，提升员工的工作能力和素质等；②保护债权人合法权益，诚实履行合法订立的合同，积极主动偿还债务，不无故拖欠；③保证产品和服务的质量，保障消费者的安全；④适度扶危济困，关心社区建设；⑤保护环境，实行可持续发展。

企业要按照自己的能力，合理地承担社会责任，如果其利润超常，可适当从事公益活动，但是，过分强调社会责任会影响企业正常发展，导致社会资金运用次优化，减缓社会发展步伐。

典型例题

【例题 1 · 单选题】下列有关社会责任的表述中，错误的是（　）。

A. 企业的社会责任是指企业在谋求所有者或股东权益最大化之外所负有的维护和增进社会利益的义务

B. 任何企业都无法长期单独地负担因承担社会责任而增加的成本

C. 企业遵从政府的管理、接受政府的监督，也是属于企业应尽的社会责任

D. 企业要想增大企业价值，就必须把社会责任作为首要问题来对待

【解析】选项 D 的说法错误，过分地强调社会责任将使企业价值减少，就可能导致整个社会资金运用的次优化，从而使社会经济发展步伐减缓。

【答案】D

【例题 2 · 判断题】过分地强调社会责任而使企业价值减少，就可能导致整个社会资金运用的次优化，从而使社会经济发展步伐减缓。（　）

【解析】任何企业都无法长期单独地负担因承担社会责任而增加的成本，因此过分强调社会责任会不利于企业的长远发展和社会经济的可持续发展。本题说法正确。

【答案】√

本节考点回顾与总结一览表

本节考点	知识总结
考点 2 财务管理目标的种类及特点	①利润最大化目标：强调企业价值即企业利润，未考虑利润的时间价值 ②股东财富最大化目标：强调企业价值即股东权益，避免短期财务决策，但不适用于非上市公司 ③企业价值最大化目标：强调企业价值即股东权益与债权人权益之和，但过于理论，需考虑评估 ④相关者利益最大化目标：强调企业价值即股东权益与其他相关者权益，体现合作共赢的理念 ⑤以上 4 种财务管理目标都以股东财富最大化为基础
考点 3 相关者的利益冲突和协调方式	①所有者和经营者在企业长远发展和经理人报酬等代理问题上存在利益冲突，可采取的约束措施包括：解聘经营者、市场其他方接收企业；可采取的激励措施包括：股票期权、绩效股 ②所有者和债权人在债务规模和风险上存在利益冲突，协调措施包括：限制性借款、收回或停止借款
考点 4 企业社会责任的内容	①对员工的责任；②对债权人的责任；③对消费者的责任；④对社会公益的责任；⑤对环境和资源的责任

真题演练

1.【判断题】就上市公司而言，将股东财富最大化作为财务管理目标的缺点之一是不容易被量化。（　）（2011 年）

2.【多选题】公司制企业可能存在经营者和股东之间的利益冲突，解决这一冲突的方式有（　）。（2015 年）

A. 解聘　　B. 接收

C. 收回借款　　D. 授予股票期权

3.【判断题】企业的社会责任是企业在谋求所有者权益最大化之外所承担的维护和增进社会利益的义务，一般划分为企业对社会公益的责任和对债权人的责任两大类。（　）（2014 年）

第三节 财务管理环节

考点5 财务管理环节（★）

考点分析

本考点近 3 年都没有出现在考试中，但这并不意味着在以后不会出题。本考点涉及的很多理论知识是后续章节的基础，因此，考生应熟悉它们的名称、定义和分类等。

考点精讲

本节内容概括了其他章节安排的逻辑顺序，即按照企业财务管理的流程划分，各个环节中使用不同的方法，具体可总结如表 1-7 所示。

表 1-7 财务管理环节的主要方法

具体环节		定义	主要方法 / 指标
计划与预算	财务预测	根据企业财务活动的历史资料，考虑现实的要求和条件，对企业未来的财务活动作出较为具体的预计和测算	定性预测法、定量预测法
计划与预算	财务计划	根据企业整体战略目标和规划，结合财务预测的结果，对财务活动进行规划，并以指标形式落实到每一计划期间	平衡法、因素法、比例法和定额法
	财务预算	根据财务战略、财务计划和各种预测信息，确定预算期内各种预算指标	固定预算法与弹性预算法、增量预算法与零基预算法、定期预算法与滚动预算法
决策与控制	财务决策	按照财务战略目标的总体要求，利用专门的方法对各种备选方案进行比较和分析，从中选出最佳方案	经验判断法、定量分析法
	财务控制	利用有关信息和特定手段，对企业的财务活动施加影响或调节，以便实现计划所规定的财务目标	前馈控制、过程控制、反馈控制
分析与考核	财务分析	根据企业财务报表等信息资料，采用专门方法，系统分析和评价企业财务状况、经营成果以及未来趋势	比较分析、比率分析、综合分析
	财务考核	将报告期实际完成数与规定的考核指标进行对比，确定有关责任单位和个人是否完成任务	绝对指标、相对指标、完成百分比

典型例题

【例题 1·多选题】下列关于财务计划与预算环节的说法，正确的有（　）。

A. 财务预算是财务战略的具体化，是财务计划的分解与落实

B. 根据变量之间存在的数量关系建立数学模型，这种方法属于财务预测的方法

C. 财务预测的依据是企业财务活动的历史资料

D. 财务计划主要通过指标和表格，以非货币形式反映企业的相关财务活动

【解析】财务计划反映企业相关财务活动的形式是货币，货币的形式有利于直观反映财务成果，便于进行控制和考核，所以选项 D 的说法错误。

【答案】ABC

【例题 2·单选题】下列说法中，不正确的是（　）。

A. 财务预测的方法主要有定性预测和定量预测两类

B. 财务预算的方法主要有经验判断法和定量分析方法

C. 财务控制的方法通常有前馈控制、过程控制、反馈控制

D. 确定财务计划指标的方法一般有平衡法、因素法、比例法和定额法等

【解析】财务预算的方法通常包括固定预算与弹性预算、增量预算与零基预算、定期预算与滚动预算等，所以选项 B 错误，其余选项均正确。

【答案】B

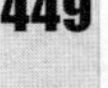

本节考点回顾与总结一览表

本节考点	知识总结
考点 5 财务管理环节	①三大环节：计划与预算、决策与控制、分析与考核 ②七小环节：财务预测、财务计划、财务预算；财务决策、财务控制；财务分析、财务考核 ③不同环节的适用方法：如财务考核中适用绝对指标和相对指标

第四节 财务管理体制

考点6 财务管理体制的类型及其选择（★★）

考点分析

本考点在近 3 年考试中没有考查，但是其与企业实际的管理联系紧密，考试时可能会以一个企业的实际情形来考查考生对财务管理体制模式的理解。

考点精讲

财务管理体制一般有 3 种模式：集权型、分权型以及集权与分权相结合型。前两种模式各有优缺点，最后一种模式吸收了前两种模式的优点。

1. 集权型财务管理体制

集权型财务管理体制下，企业总部集中了管理权限，下属单位只有执行权，没有决策权。这种体制的优缺点如下。

（1）优点：有利于发挥人力、智力、信息一体化管理的优势，保证决策统一化、制度化。

（2）缺点：下属单位可能缺乏主动性、积极性，决策复杂化可能导致决策滞后于市场。

2. 分权型财务管理体制

分权型财务管理体制下，企业所属单位拥有完全的财务管理权和决策权。与集权型财务管理体制相反，这种体制的优缺点如下。

（1）优点：决策的针对性较强，有利于分散经营风险。

（2）缺点：决策受所属单位的局部利益制约，资金的使用与分配难以统一决策。

3. 集权与分权相结合型财务管理体制

在这种体制下，企业在所属单位所有重大问题方面实行高度集权，所属单位自主安排其日常活动，因此吸收了集权型和分权型财务管理体制的优点，具有较大的优越性。

企业在选择集权与分权时，需要考虑以下几个因素：①企业与各所属单位之间的业务关系的具体特征；②企业与各所属单位之间的资本关系的具体特征；③集中与分散的“成本”和“利益”差异，如图 1-1 所示。

集中	成本：信息传递及过程控制的成本，以及所属单位的积极性、创造性与应变能力被削弱
	利益：容易使企业财务目标协调和提高财务资源的利用效率
分散	成本：可能发生的各所属单位财务决策目标及财务行为与企业整体财务目标的背离以及财务资源利用效率的下降
	利益：提高财务决策效率和调动各所属单位的积极性

图 1-1　集中与分散的“成本”和“利益”

典型例题

【例题 1 · 判断题】企业集团内部各所属单位之间业务联系越紧密，就越有必要采用相对集中的财务管理体制。（　）（2016 年）

【解析】各所属单位之间业务联系越密切，就越有必要采用相对集中的财务管理体制。本题说法正确。

【答案】√

【例题 2 · 单选题】某企业对各所属单位在所有重大问题的决策和处理上实行高度集权，各所属单位则对日常经营活动具有较大的自主权，该企业采取的财务管理体制是（　）。

A. 集权型

B. 分权型

C. 集权与分权相结合型

D. 集权和分权相制约型

【解析】集权与分权相结合型体制的特征是企业对各所属单位在所有重大问题的决策和处理上实行高度集权，各所属单位则对日常经营活动具有较大的自主权。

【答案】C

【例题 3 · 多选题】关于集权与分权的“成本”和“利益”，下列说法不正确的有（　）。

A. 集中的“成本”主要是可能发生的各所属单位财务决策目标及财务行为与企业整体目标的背离以及财务资源利用效率的下降

B. 分散的“成本”主要是各所属单位积极性的损失和财务决策效率的下降

C. 集中的“利益”主要是容易使企业财务目标协调和提高财务资源的利用效率

D. 分散的“利益”主要是提高财务决策效率和调动各所属单位的积极性

【解析】如图 1-1 所示，选项 A、B 的说法错误，选项 C、D 的说法正确。

【答案】AB

考点7 财务管理体制的设计原则（★★）

考点分析

本考点在考试时可灵活出题，其中，3 种组织体制在实际的企业经济环境中很常见，可以考查考生对不同的企业组织形式的理解。

考点精讲

企业财务管理体制的设计原则有以下 4 个。

（1）与现代企业制度的要求相适应。

（2）明确企业对各所属单位管理中的决策权、执行权与监督权三者分立。

（3）明确财务综合管理和分层管理思想。

（4）与企业组织体制相对应。

其中，企业的组织体制主要有 3 种，其特点如表 1-8 所示。

表 1-8　企业的组织体制及特点

组织形式	特点
U 型组织	没有中间管理层，总部对采购、营销、财务等实行集权管理，子公司的自主权较小
H 型组织	控股公司利用股权关系管理子公司，子公司有较大的独立性
M 型组织	按产品、地区、市场设立事业部，事业部是中间管理组织，不能独立对外从事经营活动

典型例题

【例题 1 · 多选题】在进行财务管理体制设计时，应当遵循的原则有（　）。（2012 年）

A. 明确分层管理思想

B. 与现代企业制度相适应

C. 决策权、执行权与监督权分立

D. 与控制股东所有制形式相对应

【解析】设计企业财务管理体制时，应当遵循如下 4 项原则：与现代企业制度的要求相适应；明确企业对各所属单位管理中的决策权、执行权与监督权三者分立；明确财务综合管理和分层管理思想；与企业组织体制相对应。

【答案】ABC

【例题 2 · 单选题】以职能化管理为核心，没有中间管理层，实行集权的组织体制类型为（　　）。

A. H 型组织　　　B. U 型组织

C. M 型组织　　　D. V 型组织

【解析】企业组织体制类型主要有 U 型、H 型和 M 型，其中 U 型组织的最典型特征是没有中间管理层，依靠职能部门直接掌控业务运营；H 型组织的特点是过度分权，总部缺乏有效的监控约束力；M 型组织的特点是下放业务经营管理权限，更强化财务部门的职能作用。

【答案】B

误区提醒

很多财务术语都是“舶来品”，考生如果只记住其英文简称，可能不利于准确理解相关术语。例如，H 型组织的特点是控股公司与下属公司通常都具有法人资格，作为总部的控股公司对下属公司缺乏有效的监控约束力。如果同时记忆其全称 Holding Company Structure（控股公司结构），则可少记大段的中文内容。

考点8 集权与分权相结合型财务管理体制的一般内容（★★）

考点分析

本考点是常考内容，考试时可能会对集权和分权的具体内容进行考查，考生可将这些内容与企业的管理实务联系起来理解。

考点精讲

集权与分权相结合型财务管理体制的一般内容共有 11 项，其中集权的内容有 7 项，分权的内容有 4 项，具体内容如图 1-2 所示。

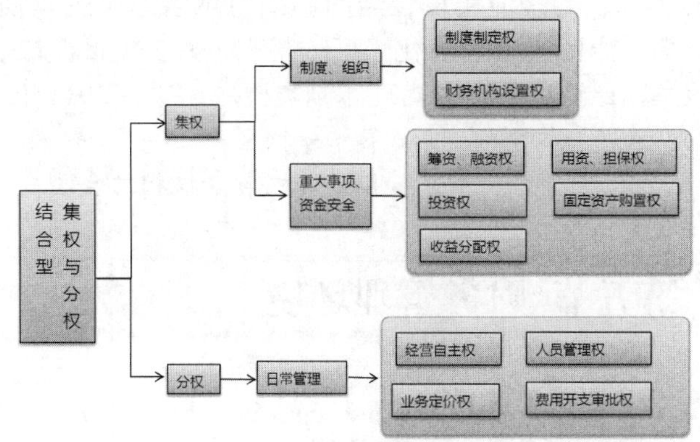

图 1-2　集权与分权相结合型财务管理体制的一般内容

名师解读

本节内容围绕两大关键词“集权”“分权”进行考查，在考试中可能会结合具体环境，让考生根据其中的信息判断企业应采用哪种财务管理体制。在复习时，应从集权与分权的优缺点、“成本”与“利益”分析的角度，理解并记忆企业所集中或分散的权力。

典型例题

【例题 · 单选题】某集团公司有 A、B 两个控股子公司，采用集权与分权相结合的财务管理体制，下列各项中，集团总部应当分权给子公司的是（　　）。（2012 年）

A. 担保权　　　B. 收益分配权

C. 投资权　　　D. 日常费用开支审批权

【解析】采用集权与分权相结合的财务管理体制时，应集中制度制定权，财务机构设置权，筹资、融资权，用资、担保权，投资权，固定资产购置权，收益分配权；分散经营自主权、人员管理权、业务定价权、费用开支审批权。选项 A、B、C 都是应当集中的权力。

【答案】D

本节考点回顾与总结一览表

本节考点	知识总结
考点 6 财务管理体制的类型及其选择	① 3 种类型：集权型、分权型、集权与分权相结合型 ②选择集权与分权需考虑：企业与各所属单位之间的业务关系的具体特征、企业与各所属单位之间的资本关系的具体特征、集中与分散的“成本”和“利益”差异
考点 7 财务管理体制的设计原则	① 4 项原则：与现代企业制度的要求相适应；明确企业对各所属单位管理中的决策权、执行权与监督权三者分立；明确财务综合管理和分层管理思想；与企业组织体制相对应 ② 3 种企业组织体制：U 型组织、H 型组织和 M 型组织
考点 8 集权与分权相结合型财务管理体制的一般内容	①集权的 7 项主要内容：制度制定权，财务机构设置权，筹资、融资权，用资、担保权，投资权，固定资产购置权，收益分配权 ②分权的 4 项主要内容：经营自主权、人员管理权、业务定价权、费用开支审批权

真题演练

1.【单选题】某企业集团经过多年的发展，已初步形成从原料供应、生产制造到物流服务上下游密切关联的产业集群，当前集团总部管理层的素质较高，集团内部信息化管理的基础较好。据此判断，该集团最适宜的财务管理体制类型是（　）。（2011 年）

A. 集权型　　B. 分权型

C. 自主型　　D. 集权与分权相结合型

2.【判断题】由于控股公司组织（H 型组织）的母、子公司均为独立的法人，是典型的分权组织，因而不能进行集权管理。（　）（2013 年）

3.【多选题】某企业集团选择集权与分权相结合的财务管理体制，下列各项中，通常应当集权的有（　）。（2011 年）

A. 收益分配权　　B. 财务机构设置权

C. 对外担保权　　D. 子公司业务定价权

第五节 财务管理环境

考点9 技术环境（★）

考点分析

本考点内容不多，主要是关于财务管理近几年的发展趋势，特别是 XBRL 技术在会计披露、会计信息化中的作用，因此需要考生了解。

考点精讲

财务管理的技术环境，是财务管理得以实现的技术手段和技术条件，它决定着财务管理的效率和效果。近几年，我国大力推进会计信息化工作，运用 XBRL 技术建立会计信息化标准体系。

典型例题

【例题 1 · 单选题】2010 年 10 月 19 日，我国发布了《可扩展商业报告语言（XBRL）技术规范系列国家标准和企业会计准则通用分类标准》。下列财务管理环境中，随之得到改善的是（　）。（2011 年）

A. 经济环境　　B. 金融环境

C. 市场环境　　D. 技术环境

【解析】可扩展商业报告语言（XBRL）分类标准属于会计信息化标准体系，而会计信息化标准体系属于技术环境的内容，所以选择选项 D。

【答案】D

【例题 2 · 判断题】在影响财务管理的各种外部环境中，经济环境是最为重要的，它决定着财务管理的效率和效果。（　）

【解析】财务管理的技术环境是财务管理得以实现的技术手段和技术条件，它决定着财务管理的效率和效果。

【答案】×

考点10 经济环境（★★★）

考点分析

本考点是常考的知识点，特别是关于经济周期和通货膨胀的内容经常在考试中出现。

考点精讲

企业所在的经济环境主要有经济体制、经济周期、经济发展水平、宏观经济政策和社会通货膨胀水平。其中，经济周期和社会通货膨胀水平在考试中出现的概率较大。

（1）经济周期对企业财务管理战略影响很大，决定着企业的投资规模、存货数量等，具体如表 1-9 所示。

表 1-9　经济周期对企业财务管理战略的影响

影响项目	经济周期			
	复苏	繁荣	衰退	萧条
资产投资	增加厂房、设备实行长期租赁	扩大资产规模	停止扩张、出售多余设备	保持市场份额，压缩管理费用
存货	增加储备	继续增加储备	减少存货，停止长期采购	减少存货
人力资源	增加劳动力		停止招聘	裁员

（2）发生通货膨胀时，企业的经营环境会变得不明朗，筹资成本提高、筹资难度增大。

在通货膨胀初期，企业应进行投资以避免风险，实现资本保值；应与客户签订长期购货合同，以减少物价上涨造成的损失；应取得长期负债，以保持资本成本的稳定。

在通货膨胀持续期，企业应采用比较严格的信用条件，以减少企业债权；应调整财务政策，以防止和减少企业资本流失等。

典型例题

【例题 1 · 判断题】为了防范通货膨胀风险，公司应当签订固定价格的和长期销售合同。（　）（2012 年）

【解析】在通货膨胀时期，签订长期购货合同，

可以减少物价上涨造成的损失。本题是站在销售方的角度来说的，签订固定价格的和长期销售合同，会降低企业在通货膨胀时期的现金流入，增加了企业资本的流失，损失物价上涨带来的收益，因此本题的说法错误。

【答案】×

【例题 2 · 多选题】企业目前采取了增加劳动力、建立存货储备和增加厂房设备的财务管理决策，则该企业可能处于经济周期的（　）阶段。

A. 复苏　　B. 繁荣

C. 衰退　　D. 萧条

【解析】在经济复苏和繁荣阶段，企业都可能在劳动力、存货储备和固定资产上增加资金投入；而在衰退阶段，企业一般会出售多余设备、削减存货，并停止招聘新员工；在萧条阶段，一般会建立投资标准、削减存货、裁减员工。

【答案】AB

考点11 金融环境（★★★）

考点分析

除了计算分析题和综合题，本考点在其他题型中均出现过。本考点涉及较多关于定义和分类的内容，考生在复习时应注意厘清总分关系，掌握相关内容的特征，以免在考试时弄错。

考点精讲

金融环境主要包括金融机构、金融工具和金融市场，其分类及特点如表 1-10 所示。

表 1-10　金融环境的分类及特点

金融环境	说明	特点
金融机构	包括银行、非银行金融机构	——
金融工具	①定义：融通资金双方在金融市场上进行资金交易、转让的工具 ②内容：基本金融工具（货币、股票等）；衍生金融工具（远期合约、互换等）	流动性；风险性；收益性
金融市场	①按期限可分为：货币市场（以期限在 1 年以内的金融工具为媒介，进行短期资金融通）、资本市场（以期限在 1 年以上的金融工具为媒介，进行长期资金交易活动） ②按功能可分为：发行市场（主要处理金融工具发行与最初购买者之间的交易）、流通市场（主要处理现有金融工具转让和变现的交易） ③按融资对象可分为：资本市场、外汇市场、黄金市场 ④按所交易金融工具的属性可分为：基础性金融市场（如商业票据、债券市场）、金融衍生品市场（如远期、期货市场） ⑤按地理范围可分为：地方性金融市场、全国性金融市场、国际性金融市场	货币市场的特点：①期限短，交易目的是解决短期资金周转；②金融工具流动性强、价格平稳、风险较小 资本市场的特点：①融资期限长，融资目的是解决长期投资性资本的需要；②流动性相对较差，资本借贷量大，收益较高但风险也较大

典型例题

【例题 1 · 多选题】下列金融市场类型中，能够为企业提供中长期资金来源的有（　）。（2014 年）

A. 拆借市场　　B. 股票市场

C. 融资租赁市场　　D. 票据贴现市场

【解析】资本市场又称长期金融市场，是指以期限在 1 年以上的金融工具为媒介，进行长期资金交易活动的市场，包括股票市场、债券市场和融资租赁市场等。选项 A、D 属于货币市场的类型。

【答案】BC

【例题 2 · 多选题】与资本性金融工具相比，下列各项中，属于货币性金融工具特点的有（　）。（2013 年）

A. 期限较长　　B. 流动性强

C. 风险较小　　D. 价格平稳

【解析】货币市场的主要特点是：①期限短；②交易目的是解决短期资金周转；③货币市场上的金融工具具有流动性强、价格平稳、风险较小等特点。故选项 B、C、D 正确。

【答案】BCD

【例题 3 · 判断题】金融市场按所交易金融工具的属性，可分为发行市场和流通市场。（　）

【解析】金融市场以功能为标准，分为发行市场和流通市场；按所交易金融工具的属性为标准，可分为基础性金融市场与金融衍生品市场。

【答案】×

考点12 法律环境（★）

考点分析

本考点在近 3 年没有出现过题目，但是也有出题的可能，例如，让考试判断哪些法律、法规可能影响企业筹资、投资、收益分配。

考点精讲

法律环境对企业的影响是多方面的，影响范围包括企业组织形式、公司治理结构、投融资活动、

日常经营、收益分配等。不同种类的法律，分别从不同方面约束企业的经济行为，对企业财务管理产生影响。

（1）影响企业筹资的法律、法规：公司法、证券法、合同法等。

（2）影响企业投资的法律、法规：证券交易法、公司法等。

（3）影响企业收益分配的法律、法规：公司法、相关税法等。

典型例题

【例题·多选题】法律既约束企业的非法经济行为，也为企业从事各种合法经济活动提供保护，法律环境的影响范围包括（　）。

A. 企业组织形式　　B. 公司治理结构

C. 投融资活动　　D. 日常经营

【解析】法律环境对企业的影响是多方面的，影响范围包括企业组织形式、公司治理结构、投融资活动、日常经营、收益分配等。

【答案】ABCD

本节考点回顾与总结一览表

本节考点	知识总结
考点 9　技术环境	技术环境是财务管理得以实现的技术手段和技术条件，它决定着财务管理的效率和效果
考点 10　经济环境	①内容：经济体制、经济周期、经济发展水平、宏观经济政策和社会通货膨胀水平 ②企业在经济周期的复苏、繁荣、衰退和萧条阶段，采取不同的财务管理战略 ③企业在通货膨胀初期，可采取投资、签订长期订货合同和取得长期负债的措施；在通胀持续期，可紧缩信用，减少债权
考点 11　金融环境	①内容：金融机构、金融工具与金融市场 ②金融工具具有流动性、风险性和收益性的特点，金融工具包括基本金融工具和衍生金融工具 ③金融市场可按期限、功能、融资对象、所交易金融工具的属性和地理范围进行划分
考点 12　法律环境	①内容：国家法律规范、国家司法机关和社会组织的法律意识 ②影响范围：企业组织形式、公司治理结构、投融资活动、日常经营和收益分配等

真题演练

1.【判断题】在经济衰退初期，公司一般应当出售多余设备，停止长期采购。（　）（2010 年）

2.【多选题】下列各项中，属于衍生金融工具的有（　）。（2010 年）

A. 股票　　B. 互换

C. 债券　　D. 掉期

第六节　本章综合练习

（一）单选题

1. 甲、乙两企业均投入 100 万元的资本，本年获利均为 20 万元，甲企业的获利已经全部转化为现金，而乙企业则全部是应收账款。在财务分析时认为两个企业都获利 20 万元，经营效果相同，那么得出此结论的原因是（　）。

A. 没有考虑利润的取得时间

B. 没有考虑利润取得所承担风险的大小

C. 没有考虑所获利润和投入资本的关系

D. 没有考虑所获利润与规模大小的关系

2. 下列各项中，符合企业相关者利益最大化财务管理目标要求的是（　）。

A. 强调股东的首要地位

B. 强调债权人的首要地位

C. 强调员工的首要地位

D. 强调经营者的首要地位

3. 下列各项中，会降低债权人债权价值的是（　）。

A. 改善经营环境　　B. 扩大赊销比重

C. 举借新债　　D. 发行新股

4. 下列选项中，属于企业构建激励和约束机制的关键环节的是（　）。

A. 财务预算　　B. 财务控制

C. 财务分析　　D. 财务考核

5. 如果企业的最高决策层直接从事各所属单位的日常管理，则该企业组织形式为（　）。

A. U 型组织　　B. H 型组织

C. M 型组织　　D. V 型组织

6. 有利于分散经营风险，调动各层次管理者

的积极性，促进管理人员的成长的财务管理体制是（ ）。

A. 集权和分权相结合型 B. 分权型

C. H 型 D. 集权型

（二）多选题

1. 下列公司制企业相对于合伙企业和个人独资企业，其特点有（ ）。

A. 组建公司的成本低

B. 不存在代理问题

C. 双重课税

D. 公司制企业可以无限存续

2. 下列各项企业财务管理目标中，能够同时考虑避免企业追求短期行为和考虑了风险因素的财务管理目标有（ ）。

A. 利润最大化

B. 股东财富最大化

C. 企业价值最大化

D. 相关者利益最大化

3. 企业的社会责任主要包括的内容有（ ）。

A. 对环境和资源的责任

B. 对政府部门的责任

C. 对员工的责任

D. 对债权人的责任

4. 某公司有 A、B 两个子公司，采用集权与分权相结合的财务管理体制，根据我国企业的实践，公司总部一般应该集权的有（ ）。

A. 融资权 B. 担保权

C. 收益分配权 D. 经营权

5. 下列关于通货膨胀对企业财务活动的影响的叙述，正确的有（ ）。

A. 引起利润上升

B. 引起资金占用量的增加

C. 加大企业的筹资成本

D. 引起有价证券价格上升

6. 企业通过资本市场可实现资本融通，具体来说，资本市场具有的特点有（ ）。

A. 融资期限长

B. 目的是解决长期投资性资本需要

C. 资本借贷量大

D. 收益较高但风险也较大

（三）判断题

1. 作为财务管理目标，股东财富最大化和企业价值最大化通常都只适用于上市公司。（ ）

2. 企业财务管理体制明确的是企业的财务层级权限、责任和利益，决定着财务管理的运行机制和实施模式。（ ）

3. 各所属单位之间的业务联系越密切，就越有必要采用相对分散的财务管理体制。（ ）

4. 目前，国际上大型企业管理体制的主流形式是 H 型组织体制。（ ）

5. 货币市场是指以期限在 1 年以上的金融工具为媒介，进行长期资金融通的市场，包括同业拆借市场、票据市场、大额定期存单市场和短期债券市场。（ ）

第七节 本章真题演练及综合练习答案与解析

一、真题演练答案速查表

所在节	题号	答案	题号	答案	题号	答案
第一节	1	C	2	×		
第二节	1	×	2	ABD	3	×
第三节	无					
第四节	1	A	2	×	3	ABC
第五节	1	√	2	BD		

二、本章综合练习答案与解析

（一）单选题

1. B【解析】利润最大化目标下不考虑应收账款的风险，因此两个企业的收益水平相同。

2. A【解析】相关者利益最大化目标强调股东首要地位，并强调企业与股东之间的协调关系。

3. C【解析】举借新债、发行新债券以及投资高风险项目会相应增加偿债风险，致使原有债权人债权价值下降，故选项 C 符合题意。

4. D【解析】财务考核是将报告期实际完成数与规定的考核指标进行对比，确定有关责任单位和个人是否完成任务，它是激励和约束机制的关键环节。

5. A【解析】U 型组织的特点是高度集权，最高决策层直接从事各所属单位的日常管理；H 型组织的最高决策层基本上是一个空壳；M 型组织的最高决策层的主要职能是战略规划和交易协调。

6. A【解析】选项 C 属于企业的组织体制，可先排除。其他 3 个选项均为财务管理体制的模式。分权型财务管理体制的优点有：①有利于提高信息的决策价值与利用效率，使信息传递与过程控制等

的相关成本得以节约；②有利于分散经营风险，调动各层次管理者的积极性，促进管理人员的成长。

（二）多选题

1. CD【解析】选项 A、B 属于合伙企业和个人独资企业的特点。

2. BCD【解析】利润最大化目标可能导致企业短期财务决策倾向，而且没有考虑风险因素，其他 3 个目标都能不同程度上避免企业短期行为，并考虑了风险因素。

3. ACD【解析】企业的社会责任具体包括：对员工承担的责任、对债权人承担的责任、对消费者承担的责任、对社会公益承担的责任、对环境和资源承担的责任。

4. ABC【解析】选项 D 应分权。

5. ABC【解析】通货膨胀会引起企业有价证券价格下降，增加企业的筹资难度，选项 D 错误。

6. ABCD【解析】4 个选项均正确表述了资本市场具有的特点。

（三）判断题

1. √【解析】上市公司的股东财富等于股票数量乘以每股市价，比较容易确定；评估企业的资产时，容易受评估标准和评估方式的影响，很难做到客观和准确，因此通常也只适用于上市公司。

2. √【解析】本题正确表述了企业财务管理体制的定义。

3. ×【解析】各所属单位之间的业务联系越密切，就越有必要采用相对集中的财务管理体制；反之，各所属单位之间彼此没有业务联系，则适合采用分权的财务管理体制。

4. ×【解析】目前国际上大型企业管理体制的主流形式是 M 型组织体制。

5. ×【解析】货币市场又称短期金融市场，指以期限在 1 年以内的金融工具为媒介，进行短期资金融通的市场。

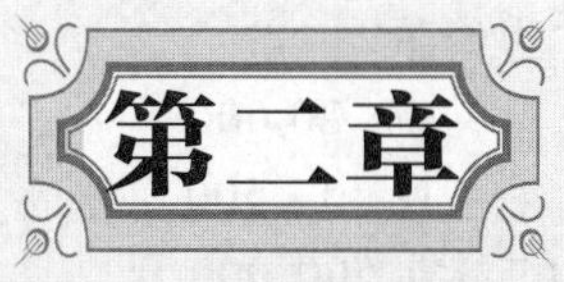

第二章 财务管理基础

本章是“财务管理”这门课程的基础。在近3年考试中，所占分值为6分，各种题型均有出现，题量约为4题。本章考点涉及较多公式和计算，考生在学习时要加强理解和记忆，特别是对公式中字母代表的参数。作为后面其他相关章节的基础，货币时间价值的计算、资本资产定价模型等内容也有可能与后续相关章节相结合出题，考生应注意这种出题方式。

▼本章主要考点的题型、估计题量和所占分值一览表

主要考点	题型	估计题量	所占分值
①预付年金现值系数和普通年金现值系数的关系；②实际利率与名义利率的转换；③β系数的经济含义；④风险对策，资本资产定价模型的基本公式；⑤混合成本的分解、各种混合成本的定义和特点	单选题	2~3题	2~3分
①递延年金的计算方法；②证券资产组合风险的分类和内容；③系统风险的衡量指标及其公式	多选题	1~2题	2~4分
①通货膨胀情况下名义利率与实际利率的关系；②必要报酬率的特点；③证券资产组合风险衡量指标的计算公式	判断题	1题	1分
必要收益率的计算	综合题	1小题	2分

▼本章知识结构一览表

财务管理基础	一、货币时间价值	（1）复利终值和复利现值的计算（★★★）：一次性收付款项、年金（普通年金、预付年金、递延年金、永续年金）的复利终值与复利现值 （2）时间价值系数之间的关系（★★★）：普通年金终值系数与预付年金终值系数、与偿债基金系数的关系；普通年金现值系数与预付年金现值系数、与资本回收系数的关系等 （3）名义利率与实际利率的换算（★★）
	二、风险与收益	（1）资产收益率的类型和计算（★★）：实际收益率、预期收益率、必要收益率 （2）风险衡量指标的类型和计算（★★）：方差、标准离差、标准离差率 （3）风险对策与风险偏好（★★）：规避、减少、转移、接受风险；风险规避者、风险追求者、风险中立者 （4）证券资产组合风险的衡量与分类（★★★）：衡量指标有组合方差和组合标准差；风险分为非系统风险和系统风险 （5）资本资产定价模型（★★★）：原理——必要收益率＝无风险收益率＋风险收益率
	三、成本性态	（1）固定成本的基本特征与分类（★）：分为约束性固定成本、酌量性固定成本 （2）变动成本的基本特征与分类（★）：分为技术性变动成本、酌量性变动成本 （3）混合成本的分类与分解（★）：半变动成本、半固定成本、延期变动成本、曲线变动成本

第一节 货币时间价值

考点1 复利终值和复利现值的计算（★★★）

考点分析

本考点是本门课程的计算基础，是计算其他内容（如筹资成本、投资项目现金净流量的计算等）的必备知识，因此需要考生熟练掌握，准确计算。

考点精讲

1. 一次性收付款项的终值和现值

一次性收付款项的复利终值（F）和复利现值

（P）的公式分别如下。

$F=P(1+i)^n$

$P=F/(1+i)^n$

从上述两式可知，复利终值和复利现值互为逆运算，复利终值系数 $[(1+i)^n]$ 与复利现值系数 $[1/(1+i)^n]$ 互为倒数。

2. 年金的复利终值与复利现值

年金具体包括普通年金、预付年金、递延年金、永续年金 4 种形式，这些年金类别的复利终值与复利现值计算公式如表 2-1 所示。

表 2-1 各项年金复利终值与复利现值的计算公式

年金类别	计算公式
普通年金	$F_A=A\times(F/A, i, n)=A\times\frac{(1+i)^n-1}{i}$ $P_A=A\times(P/A, i, n)=A\times\frac{1-(1+i)^{-n}}{i}$
预付年金	$F_A=A\times[(F/A, i, n+1)-1]=A\times\frac{(1+i)^n-1}{i}\times(1+i)$ $P_A=A\times[(P/A, i, n-1)+1]=A\times\frac{1-(1+i)^{-n}}{i}\times(1+i)$
递延年金	$F_A=A\times(F/A, i, n)$，n 表示 A 的个数，与递延期无关 递延年金的现值有 3 种计算方法： ① $P_A=A\times(P/A, i, n)\times(P/F, i, m)$ ② $P_A=A\times[(P/A, i, m+n)-(P/A, i, m)]$ ③ $P_A=A\times(F/A, i, n)\times(P/F, i, m+n)$
永续年金	$F_A=\infty$ $P_A=A/i$

典型例题

【例题 1·多选题】某公司向银行借入一笔款项，年利率为 10%，分 6 次还清，从第 5 年至第 10 年每年年末偿还本息 5 000 元，下列计算该笔借款现值的算式中，正确的有（　）。（2015 年）

A. 5 000×（P/A，10%，6）×（P/F，10%，3）

B. 5 000×（P/A，10%，6）×（P/F，10%，4）

C. 5 000×[（P/A，10%，9）－（P/A，10%，3）]

D. 5 000×[（P/A，10%，10）－（P/A，10%，4）]

【解析】递延年金的计算有以下 3 种方法：

$P_A=A\times(P/A, i, n)\times(P/F, i, m)$

$P_A=A\times[(P/A, i, m+n)-(P/A, i, m)]$

$P_A=A\times(F/A, i, n)\times(P/F, i, m+n)$

其中，m 为递延期（即 4 年），n 为连续收支期数（即 6 年），所以选项 B、D 正确。

【答案】BD

【例题 2·单选题】某基金为支持汶川灾后重建，每年向该县资助善款 500 000 元。善款保存在中国建设银行该县支行，假设银行存款年利率为 4%，该基金必须要投资（　）元作为善款。

A. ∞　　B. 20 000

C. 500 000　　D. 12 500 000

【解析】每年都要拿出的善款 500 000 元，其性质是一项永续年金，其现值 $=A/i=500\ 000\div4\%=12\ 500\ 000$（元），即该基金需要存入 12 500 000 元。

【答案】D

【例题 3·判断题】递延年金有终值，终值的大小与递延期是有关的，在其他条件相同的情况下，递延期越长，则递延年金的终值越大。（　）

【解析】递延年金的终值 $F_A=A\times(F/A, i, n)$，其中 n 表示等额收付的次数（年金 A 的个数），所以递延年金终值的大小与递延期 m 无关，因此题目的说法错误。

【答案】×

【例题 4·单选题】下列各项中，无法计算出最终结果的是（　）。

A. 递延年金终值　　B. 永续年金终值

C. 普通年金终值　　D. 预付年金终值

【解析】永续年金属于永无期限的年金，因此永续年金无终值，只有现值。

【答案】B

考点2 时间价值系数之间的关系（★★★）

考点分析

本考点的难度较大，需要考生熟悉各种时间价值系数的计算公式和相关关系。考试时，一般会给出其中一个时间价值系数，要求考生根据系数间关系快速解答出结果。

考点精讲

本节主要的时间价值系数之间在计算上有密切关系，具体如表 2-2 所示。

表 2-2 时间价值系数之间的关系

系数名称	系数表达式	系数计算公式	关系
复利终值系数	（F/P，i，n）	$(1+i)^n$	互为倒数
复利现值系数	（P/F，i，n）	$\frac{1}{(1+i)^n}$	
（普通）年金终值系数	（F/A，i，n）	$\frac{(1+i)^n-1}{i}$	互为倒数
偿债基金系数	（A/F，i，n）	$\frac{i}{(1+i)^n-1}$	
（普通）年金现值系数	（P/A，i，n）	$\frac{1-(1+i)^{-n}}{i}$	互为倒数
资本回收系数	（A/P，i，n）	$\frac{i}{1-(1+i)^{-n}}$	

续表

系数名称	系数表达式	系数计算公式	关系
预付年金终值系数	（F/A，i，n+1）-1	$\frac{(1+i)^n-1}{i}\times(1+i)$	——
预付年金现值系数	（P/A，i，n-1）+1	$\frac{1-(1+i)^{-n}}{i}\times(1+i)$	

典型例题

【例题1·单选题】已知（P/A，8%，5）=3.992 7，（P/A，8%，6）=4.622 9，（P/A，8%，7）=5.206 4，则6年期、折现率为8%的预付年金现值系数是（　）。（2013年）

A. 2.992 7　　B. 4.206 4

C. 4.992 7　　D. 6.206 4

【解析】预付年金现值系数=（P/A，i，n-1）+1，普通年金现值系数=（P/A，i，n），因此预付年金现值系数中的期数减1、系数值加1之后，即可得出普通年金现值系数，因此6年期、折现率为8%的预付年金现值系数=（P/A，8%，5）+1=3.992 7+1=4.992 7。

【答案】C

【例题2·单选题】某公司拟于5年后一次还清所欠债务300 000元，假定银行利息率为10%，5年10%的年金终值系数为6.105 1，5年10%的年金现值系数为3.790 8，则应从现在起每年年末等额存入银行的偿债基金为（　）元。

A. 79 138.97　　B. 49 139.24

C. 20 350.3　　D. 61 000

【解析】年偿债基金系数与年金终值系数互为倒数，因此该公司偿债基金的计算如下：

$$年偿债基金A=F_A\times偿债基金系数=\frac{F_A}{年金终值系数}$$

$$=\frac{300\,000}{6.105\,1}=49\,139.24(元)$$

【答案】B

【例题3·判断题】在有关资金时间价值指标的计算过程中，普通年金现值与普通年金终值是互为逆运算的关系。（　）

【解析】普通年金终值与年偿债基金互为逆运算，普通年金现值与年资本回收额互为逆运算，因此本题说法错误。

【答案】×

【例题4·多选题】下列关于货币时间价值系数关系的表述中，正确的有（　）。

A. 普通年金现值系数 × 投资回收系数 = 1

B. 普通年金终值系数 × 偿债基金系数 = 1

C. 普通年金现值系数 ×（1+ 利率）= 预付年金现值系数

D. 普通年金终值系数 ×（1+ 利率）= 预付年金终值系数

【解析】根据表2-2可知，普通年金现值系数与投资回收系数、普通年金终值系数与偿债基金系数都互为倒数关系，可简述为“现收终偿”；普通年金现值（或终值）系数乘以“1+ 利率”即可得到对应的预付年金现值（终值）系数。

【答案】ABCD

考点3 名义利率与实际利率的换算（★★）

考点分析

本考点考查的频率较高，一般要求考生通过名义利率求出实际利率，或者通过实际利率得出名义利率，计算难度不大，只要细心处理多次平方根的运算即可拿到分数。

考点精讲

在每年计算复利的情况下，实际利率（i）等于名义利率（r），但是，如果计息期短于一年，则实际利率高于名义利率。两者的换算公式如下。

$i=(1+r/m)^m-1$

上式中，m 为一年复利计息的次数。

在存在通货膨胀的情况下，实际利率与名义利率的换算公式有所不同，具体如下。

实际利率 =（1+ 名义利率）÷（1+ 通货膨胀率）-1

或者，

$i=(1+r)\div(1+R)-1$

典型例题

【例题1·单选题】某公司向银行借款1 000万元，年利率为4%，按季度付息，期限为1年，则该借款的实际年利率为（　）。（2015年）

A. -2.01%　　B. 4%

C. 4.04%　　D. 4.06%

【解析】实际利率与名义利率的转换公式为 $i=(1+r/m)^m-1$，所以实际年利率 $=(1+4\%\div4)^4-1=4.06\%$。

【答案】D

【例题2·判断题】当通货膨胀率大于名义利率时，实际利率为负值。（　）（2013年）

【解析】实际利率 =（1+ 名义利率）÷（1+ 通货膨胀率）-1；当通货膨胀率＞名义利率，1+ 通货膨胀率＞1+ 名义利率，由于分母大于分子，因此（1+ 名义利率）÷（1+ 通货膨胀率）＜1，所以实际利率为负值。

【答案】√

【例题3·多选题】小李2015年在银行存入3

万元，存款利率 6%，同期通货膨胀率 3%，则下列说法正确的有（　）。

A. 小李存款的实际利率是 2.91%

B. 小李存款的实际利率小于 6%

C. 小李存款的实际利率是 3%

D. 小李得到的利息小于 1 800 元

【解析】实际利率 =[（1+6%）÷（1+3%）−1]× 100%=2.91%，选项 A、B 正确；利息 = 实际利率 × 30 000=873（元），选项 D 正确。因此，本题正确答案为选项 A、B、D。

【答案】ABD

本节考点回顾与总结一览表

本节考点	知识总结
考点 1 复利终值和复利现值的计算	①年金的种类：普通年金、预付年金、递延年金和永续年金 ②递延年金的计算方法有 3 种
考点 2 时间价值系数之间的关系	①倒数关系：复利终值系数与复利现值系数 ②期数加 1，系数减 1：预付年金终值系数 = 普通年金终值系数 ×（1+i） 期数减 1，系数加 1：预付年金现值系数 = 普通年金现值系数 ×（1+i）
考点 3 名义利率与实际利率的换算	①一年内多次计息：$i=(1+r/m)^m-1$ ②存在通货膨胀：$i=(1+r)\div(1+R)-1$

真题演练

1.【单选题】已知（F/A，10%，9）=13.579，（F/A，10%，11）=18.531，则 10 年期、利率为 10% 的预付年金终值系数值为（　）。（2009 年）

A. 17.531　　B. 15.937

C. 14.579　　D. 12.579

2.【单选题】甲公司投资一项证券资产，每年年末都能按照 6% 的名义利率获取相应的现金收益。假设通货膨胀率为 2%，则该证券资产的实际利率为（　）。（2016 年）

A. 3.88%　　B. 3.92%

C. 4.00%　　D. 5.88%

第二节 风险与收益

考点4 资产收益率的类型和计算（★★）

考点分析

本考点一般会考查对资产收益率概念的理解和运用，例如计算某一投资者的股票收益率，考生只要牢记其定义，即可正确答题。

考点精讲

1. 资产收益率的构成

资产收益率与资产收益额都可表示资产收益，前者是用相对数的形式表示，后者是用绝对数的形式表示。两者的具体构成如下。

资产收益率（报酬率）= 利息（股息）的收益率 + 资本利得收益率

资产收益额 = 利息、红利或股息收益 + 资本利得

2. 资产收益率的类型

资产收益率包括实际收益率、预期收益率和必要收益率 3 种，其含义和计算公式如表 2-3 所示。

表 2-3　资产收益率的类型、含义及计算公式

类型	含义	计算公式
实际收益率	已经实现或可以确定的资产收益率	R=（扣除通货膨胀率后）已经实现或确定可以实现的利息（股息）率 + 资本利得收益率
预期收益率	在不确定情形下，投资者预测的可能实现的收益率	①（预测数据）加权平均法：$E(R)=\sum P_i\times R_i$ ②样本法：$E(R)=\sum R_i/n$ ③（历史数据）加权平均法：$E(R)=\sum P_i\times R_i$
必要收益率	投资者合理要求的最低收益率	R= 无风险收益率 + 风险收益率 =[纯粹利率（资金的时间价值）+ 通货膨胀补贴]+ 风险收益率

典型例题

【例题 1 · 判断题】必要收益率与投资者认识到的风险有关。如果某项资产的风险较低，那么投资者对该项资产要求的必要收益率就较高。（　）（2015 年）

【解析】必要收益率与投资者认识到的风险是有关系的，一般来说，如果该资产的风险越大，投资

者就会要求较高的收益率，相反，投资于该资产的风险较小，投资者要求的必要收益率就会小。

【答案】×

【例题2·单选题】投资者对某项资产合理要求的最低收益率，称为（　）。（2008年）

A. 实际收益率　　B. 必要收益率

C. 预期收益率　　D. 无风险收益率

【解析】必要收益率也称最低必要报酬率或最低要求的收益率，是投资者对某资产合理要求的最低收益率。

【答案】B

【例题3·单选题】已知纯粹利率为3%，短期国债利率为4.5%，投资者要求的必要收益率为8%，则风险收益率和通货膨胀补贴应分别为（　）。

A. 1.5%，3.5%　　B. 3.5%，1.5%

C. 2%，5%　　D. 3%，1.5%

【解析】必要收益率＝无风险收益率＋风险收益率＝纯粹利率（资金的时间价值）＋通货膨胀补贴＋风险收益率，因此，通货膨胀补贴＝无风险收益率－纯粹利率＝4.5%−3%=1.5%，风险收益率＝必要收益率－无风险收益率＝8%−4.5%=3.5%。

【答案】B

考点5 风险衡量指标的类型和计算（★★）

考点分析

本考点涉及的指标和公式较多，考试时一般不会直接要求计算，而是通过具体的经济案例，要求考生指出或判断相关指标的经济含义。

考点精讲

风险是指收益的不确定性。衡量风险的指标包括3个：方差、标准离差、标准离差率，这3个指标都与期望值（即平均的预期收益）有关，它们的公式和经济含义如表2-4所示。

表2-4 风险衡量的指标公式和经济含义

指标名称	指标公式	经济含义
期望收益率（期望值）	$\overline{E}=\sum_{i=1}^{n}X_iP_i$	反映预期收益的平均值，不能直接衡量风险
方差	$\sigma^2=\sum_{i=1}^{n}(X_i-\overline{E})^2\cdot P_i$	①反映预期收益偏离期望收益率的程度；②数值越大，偏离程度越大，风险越大；③适用于期望值相同的情况
标准离差	$\sigma=\sqrt{\sum_{i=1}^{n}(X_i-\overline{E})^2\cdot P_i}$	①方差的平方根；②数值越大，风险越大；③适用于期望值相同的情况
标准离差率	$V=\frac{\sigma}{\overline{E}}\times100\%$	①数值越大，风险越大；②适用于期望值不同的情况

> **名师解读**
>
> 方差、标准离差只适用于期望值相同的投资项目的比较，即衡量的是绝对风险；而标准离差率适用于期望值不同的投资项目的比较，衡量的是相对风险。这点区别考生需牢记，因为在第6章涉及投资项目比选时也会用到这个知识点。

典型例题

【例题1·多选题】下列指标中，能够反映资产风险的有（　）。（2016年）

A. 方差

B. 标准差

C. 期望值

D. 标准离差率

【解析】方差、标准差、标准离差率都能衡量决策方案的风险，期望值不能衡量资产风险。

【答案】ABD

【例题2·单选题】已知甲、乙两个投资方案的期望值分别为10%和12%，两个方案都存在投资风险，在比较甲、乙两方案风险大小时应使用的指标是（　）。（2009年）

A. 标准离差率　　B. 标准差

C. 协方差　　D. 方差

【解析】方差、标准离差（均方差）都是在期望值相同的情况下，对相应投资方案进行比较的指标，是一个绝对指标。根据题意，甲、乙两个方案的期望值不同，因此，只有通过标准离差率这个相对指标，才能对比出两个方案的风险大小。

【答案】A

【例题3·多选题】A证券的预期报酬率为12%，标准差为12%；B证券的预期报酬率为15%，标准差为30%，则下列说法中正确的有（　）。

A. A的绝对风险大

B. B的绝对风险大

C. A的相对风险大

D. B的相对风险大

【解析】绝对风险通过标准差衡量，因此B的绝对风险比A大；相对风险通过标准离差率衡量，A的标准离差率=12%÷12%=1，B的标准离差率=30%÷15%=2，因此，B的相对风险较大。

【答案】BD

考点6 风险对策与风险偏好（★★）

考点分析

本考点可概括为“4-3”，即4种风险对策和3种风险偏好类型，一般在考试时直接考查相关概念的理解，或者给出具体内容，让考生判断其所属的对策或偏好类型。

考点精讲

风险对策有4种，具体如表2-5所示。

表2-5 风险对策

对策	内容	具体方法
规避风险	风险所造成的损失不能由该项目可能获得的利润予以抵消	①拒绝与不守信用的厂商合作；②放弃可能明显导致亏损的投资项目
减少风险	①通过控制风险因素来减少风险的发生；②通过降低风险损害程度和控制风险发生的频率来减少风险	①进行准确的利率预测、债务人信用评估以及汇率预测等；②进行充分的市场调研
转移风险	将风险损失转嫁给他人承担	①向专业性保险公司投保；②技术转让、特许经营、战略联盟、租赁经营和业务外包等
接受风险	包括风险自保和风险自担	①预留风险金；②冲减利润

按对风险的偏好，投资者可分为以下3种。

（1）风险回避者：当预期收益率相同时，会偏好于具有低风险的资产。

（2）风险追求者（爱好者）：主动追求风险，喜欢收益的波动性胜于喜欢收益的稳定性。

（3）风险中立者：既不主动追求风险，也不回避风险，预期收益的大小是他们选择资产的唯一标准。

典型例题

【例题1·单选题】下列各种风险应对措施中，能够转移风险的是（　）。（2013年）

A. 业务外包

B. 多元化投资

C. 放弃亏损项目

D. 计提资产减值准备

【解析】选项B错误，多元化投资属于减少风险的对策；选项C错误，放弃亏损项目属于规避风险的对策；选项D错误，计提资产减值准备属于接受风险对策中的风险自保。

【答案】A

【例题2·判断题】对可能给企业带来灾难性损失的项目，企业应主动采取合资、联营和联合开发等措施，以规避风险。（　）

【解析】对可能给企业带来灾难性损失的项目，企业应采用放弃可能明显导致亏损的投资项目以规避风险。主动采取合资、联营和联合开发等措施，是将风险损失转嫁给他人承受，属于转移风险。

【答案】×

【例题3·单选题】已知有X和Y两个互斥投资项目，X项目的收益率和风险均大于Y项目的收益率和风险。下列表述中，正确的是（　）。（2016年）

A. 风险追求者会选择X项目

B. 风险追求者会选择Y项目

C. 风险回避者会选择X项目

D. 风险回避者会选择Y项目

【解析】风险追求者主动追求风险，喜欢收益的波动性胜于喜欢收益的稳定。X项目的收益率和风险均大于Y项目的收益率和风险，因此，风险追求者会选择X项目，选项A正确、选项B错误。当预期收益率相同时，风险回避者都会偏好于具有低风险的资产；而对于同样风险的资产，他们则都会钟情于具有高预期收益的资产。但当一项资产具有较高的预期收益率同时也具有较高的风险，或者一项资产虽然预期收益率低，但风险水平也低时，风险回避者都不会选择以上两种资产，所以选项C、D错误。

【答案】A

考点7 证券资产组合风险的衡量与分类（★★★）

考点分析

本考点涉及较多公式，在考试中可能会要求计算方差、标准差等，考生在复习时应理解相关指标的用途和具体计算，从而快速解答相关题目。

考点精讲

1. 证券资产组合的预期收益率

证券资产组合的预期收益率是组成证券资产组合的各种资产收益率的加权平均数，其计算公式为：

$E(R_P) = \sum W_i \times E(R_i)$

2. 衡量资产组合风险的指标

衡量证券组合风险的指标主要有方差和标准差，方差开平方根后即得到标准差。方差的公式如下。

$\sigma_p^2 = w_1^2\sigma_1^2 + w_2^2\sigma_2^2 + 2w_1w_2\rho_{1,2}\sigma_1\sigma_2$

上式中，$\rho_{1,2}$的取值范围是：$-1 \leqslant \rho_{1,2} \leqslant 1$，组合的标准离差$\sigma_p$的取值范围分为以下3种情况。

（1）$\rho_{1,2}=1$，$\sigma_P = w_1\sigma_1 + w_2\sigma_2$，此时资产组合不能抵消任何风险。

（2）$\rho_{1,2}=-1$，$\sigma_P = |w_1\sigma_1 - w_2\sigma_2|$，此时资产组合可以最大限度抵消风险。

（3）$-1 < \rho_{1,2} < 1$，$0 < \sigma_p < w_1\sigma_1 + w_2\sigma_2$，此时资产组合可分散风险，但无法完全消除风险。

名师解读

资产风险指标一般是正指标，即数值越大风险越大，具体来说，在收益率的期望值相同的情况下，方差、标准差越大，风险越大；收益率的标准离差率越大，风险越大。

3. 组合风险的分类

组合风险分为非系统风险和系统风险。两者的具体内容如表 2-6 所示。

表 2-6 组合风险的分类

类型	含义	影响因素
非系统性风险	因某种特定原因对某特定资产收益率造成影响的可能性，可通过多元化的投资分散掉	与政治、经济或其他影响所有资产的市场因素无关，它是特定企业或特定行业所特有的
系统性风险	影响所有资产而又不能通过风险分散来消除的风险	世界能源状况变化、国家经济政策的变化等

4. 衡量系统性风险的指标

系统性风险不能通过资产组合分散，但可以通过系统性风险系数（β 系数）来衡量。

单项资产的系统性风险系数（β 系数）计算如下。

$$\beta_i = \frac{COV(R_i, R_m)}{\sigma_m^2} = \rho_{i,m} \times \frac{\sigma_i}{\sigma_m}$$

根据 β 系数的定义，其取值有以下 3 种情形。

① $\beta > 0$：该资产的收益率与市场平均收益率呈同方向的变化。

② $0 < \beta < 1$：该资产收益率的变动幅度小于市场组合收益率的变动幅度，因此其所含的系统风险小于市场组合风险。

③ $\beta > 1$：该资产收益率的变动幅度大于市场组合收益率的变动幅度，因此其所含的系统风险大于市场组合的风险。

证券资产组合的 β 系数是所有单项资产 β 系数的加权平均数，其计算公式为：

$$\beta_P = \sum W_i \times \beta_i$$

典型例题

【例题 1 · 单选题】当某上市公司的 β 系数大于 0 时，下列关于该公司风险与收益的表述中，正确的是（ ）。（2015 年）

A. 系统风险高于市场组合风险

B. 资产收益率与市场平均收益率呈同向变化

C. 资产收益率变动幅度小于市场平均收益率变动幅度

D. 资产收益率变动幅度大于市场平均收益率变动幅度

【解析】根据 β 系数的定义，当某资产的 β 系数 > 0 时，说明该资产的收益率与市场平均收益率呈同方向的变化。

【答案】B

【例题 2 · 判断题】根据证券投资组合理论，在其他条件不变的情况下，如果两项资产的收益率具有完全正相关关系，则该证券投资组合不能够分散风险。（ ）（2014 年）

【解析】根据证券资产组合收益率的方差的计算公式 $\sigma_p^2 = w_1^2\sigma_1^2 + w_2^2\sigma_2^2 + 2w_1w_2\rho_{1,2}\sigma_1\sigma_2$，两项资产的收益率具有完全正相关关系时，$\rho_{1,2}=1$，上述公式可变形为 $\sigma_p^2 = (w_1\sigma_1 + w_2\sigma_2)^2$，此时，$\sigma_p^2$ 达到最大，因此该证券组合不能够降低任何风险。

【答案】√

【例题 3 · 判断题】在风险分散过程中，随着资产组合中资产数目的增加，分散风险的效应会越来越明显。（ ）（2008 年）

【解析】非系统风险可以通过多元化的投资分散掉，但在风险分散过程中，随着资产组合中资产数目的增加，且增加到一定量时，风险分散的效应就会减弱。

【答案】×

【例题 4 · 多选题】证券投资的风险分为可分散风险和不可分散风险两大类，下列各项中，属于可分散风险的有（ ）。（2014 年）

A. 研发失败风险

B. 生产事故风险

C. 通货膨胀风险

D. 利率变动风险

【解析】可分散风险，又称非系统风险，是特定企业或特定行业所面对的风险，与政治、经济和其他影响所有资产的市场因素无关。选项 C、D 属于不可分散风险，不能通过资产组合而消除。

【答案】AB

考点8 资本资产定价模型（★★★）

考点分析

本考点可单独出题，考查考生对某资产收益率的计算能力，也可能与第五章、第六章等综合出题，因此考生需熟练掌握其中的公式，以便在解题时准确找到相应的参数值。

考点精讲

资本资产必要收益率计算公式（即资本资产定价模型）为：

必要收益率 = 无风险收益率 + 风险收益率

或者

$R=R_f+\beta\times(R_m-R_f)$

上式中，(R_m-R_f) 称为市场风险溢酬，反映市场整体对风险的平均厌恶或容忍程度；$\beta\times(R_m-R_f)$ 称为市场风险收益率。

按照资本资产定价模型的原理，可得出：证券资产组合的必要收益率 $=R_f+\beta_p\times(R_m-R_f)$。

误区提醒

应注意的是，在资本资产定价模型中，非系统性风险可通过资产组合分散，只有系统性风险才需要补偿。因此，某项资产风险收益率等于该项资产系统性风险系数与市场风险溢酬的乘积，而非“非系统性风险系数”。

典型例题

【例题 1 · 单选题】某上市公司 2013 年的 β 系数为 1.24，短期国债利率为 3.5%，市场组合的收益率为 8%，对投资者投资该公司股票的必要收益率是（　）。（2014 年）

A. 5.58%　　B. 9.08%

C. 13.52%　　D. 17.76%

【解析】根据资本资产定价模型的基本公式 $R=R_f+\beta\times(R_m-R_f)$，该公司股票的必要收益率 $=3.5\%+1.24\times(8\%-3.5\%)=9.08\%$。

【答案】B

【例题 2 · 多选题】根据资本资产定价模型，下列关于 β 系数的说法中，正确的有（　）。（2014 年）

A. β 值恒大于 0

B. 市场组合的 β 值恒等于 1

C. β 系数为零表示无系统风险

D. β 系数既能衡量系统风险也能衡量非系统风险

【解析】根据 β 系数的公式：

$$\beta_i=\frac{COV(R_i,R_m)}{\sigma_m^2}=\rho_{i,m}\times\frac{\sigma_i}{\sigma_m}$$

分子中的协方差可能小于 0，因此 β 值可能小于 0，选项 A 错误。β 系数又称系统风险系数，即它反映系统风险的大小，选项 D 错误。

【答案】BC

【例题 3 · 判断题】人们在进行财务决策时，之所以选择低风险的方案，是因为低风险会带来高收益，而高风险的方案往往收益偏低。（　）

【解析】资本资产定价模型和证券市场线提供了对风险和收益之间的一种实质性的表述，即“高收益伴随着高风险、低收益伴随着低风险”，因此本题表述错误。

【答案】×

本节考点回顾与总结一览表

本节考点	知识总结
考点 4　资产收益率的类型和计算	①表示资产收益的指标：资产收益率（相对数）、资产收益额（绝对数） ② 3 种收益率类型：实际收益率、预期收益率、必要收益率
考点 5　风险衡量指标的类型和计算公式	① 3 种风险衡量指标：方差、标准离差、标准离差率 ②期望值不能直接衡量风险，期望值相同时，方差、标准离差、标准离差率越大，表示风险越大
考点 6　风险对策与风险偏好	① 4 种风险对策：规避风险、减少风险、转移风险、接受风险 ② 3 种风险偏好：风险回避者、风险追求者、风险中立者
考点 7　证券资产组合风险的衡量与分类	①资产组合风险衡量指标：方差、标准差 ②组合风险分类：非系统风险、系统风险 ③ β 系数表示单项资产相对于市场组合的风险，一般大于 0
考点 8　资本资产定价模型	$R=R_f+\beta\times(R_m-R_f)$

真题演练

1.【单选题】某投资者选择资产的唯一标准是预期收益的大小，而不管风险状况如何，则该投资者属于（　）。（2008 年）

A. 风险爱好者　　B. 风险回避者

C. 风险追求者　　D. 风险中立者

2.【单选题】企业进行多元化投资，其目的之一是（　）。（2009 年）

A. 追求风险　　B. 消除风险

C. 减少风险　　D. 接受风险

3.【多选题】下列各项中，属于企业特有风险的有（　）。（2009 年）

A. 经营风险　　B. 利率风险

C. 财务风险　　D. 汇率风险

4.【单选题】已知某公司股票的 β 系数为 0.5，短期国债收益率为 6%，市场组合收益率为 10%，则该公司股票的必要收益率为（　）。（2009 年）

A. 6%　　B. 8%

C. 10%　　D. 16%

第三节 成本性态

考点9 固定成本的基本特征与分类（★）

考点分析

本考点主要考查对固定成本特点的理解，要求考生能够判断哪些成本属于固定成本。

考点精讲

固定成本是指不直接受业务量变动的影响而保持固定不变的成本，其基本特征包括：①固定成本总额不会因业务量的变动而变动；②单位固定成本与业务量的增减呈反向变动。

按其支出额是否可以在一定期间内改变，固定成本分为约束性固定成本和酌量性固定成本，其特点如表 2-7 所示。

表 2-7 固定成本的分类及特点

类型	特点	示例
约束性固定成本（经营能力成本）	企业的生产能力一经形成后必然要发生的最低支出，不会因管理者短期经营或决策行动的改变而改变其数额	保险费、行政管理人员的基本工资、房屋租金等
酌量性固定成本	数额的大小可以由管理者的短期经营决策行动改变	新产品研究开发费用、广告费、职工培训费等

典型例题

【例题 1 · 单选题】根据成本性态，在一定时期一定业务量范围之内，职工培训费一般属于（　）。（2016 年）

A. 半固定成本　　B. 半变动成本
C. 约束性固定成本　　D. 酌量性固定成本

【解析】固定成本按其支出额是否可以在一定期间内改变，分为约束性固定成本和酌量性固定成本。酌量性固定成本是指管理当局的短期经营决策行动能改变其数额的固定成本。广告费、职工培训费、新产品研究开发费等都属于酌量性固定成本。

【答案】D

【例题 2 · 多选题】下列各项中，属于固定成本项目的有（　）。（2011 年）

A. 采用工作量法计提的折旧
B. 不动产财产保险费
C. 直接材料费
D. 写字楼租金

【解析】固定成本是指其总额在一定时期及一定产量范围内，不直接受业务量变动的影响而保持固定不变的成本。例如，房屋租金、财产保险费、广告费、职工培训费、产品研究与开发费用、固定折旧费用、保险费、行政管理人员工资、办公费等。因此，选项 B、D 正确。选项 A 错误，采用工作量法计提的折旧会随工作量的变化而变化；选项 C 错误，直接材料费也会随生产量的变化而变化。

【答案】BD

考点10 变动成本的基本特征与分类（★）

考点分析

本考点主要考查对变动成本特点的理解，要求考生能够判断哪些成本属于变动成本。

考点精讲

变动成本是指在特定的业务量范围内会随业务量的变动而成正比例变动的成本，其基本特征包括：①总额因业务量的变动而成正比例变动；②单位变动成本不会因业务量的变动而变动。

变动成本可以分为两大类：技术性变动成本和酌量性变动成本，其特点如表 2-8 所示。

表 2-8 变动成本的分类及特点

类型	特点	示例
技术性变动成本	与生产量有明确的实物或技术关系，只要生产就必然发生	生产某种机器需要的齿轮所需费用
酌量性变动成本	随管理者的决策行动改变而改变	技术转让费、按销售额支付的销售人员佣金等

典型例题

【例题 · 单选题】下列各项中，属于变动成本的是（　）。（2012 年）

A. 职工培训费用
B. 管理人员基本薪酬
C. 新产品研究开发费用
D. 按销售额提成的销售人员佣金

【解析】职工培训费用、管理人员基本薪酬、新产品研究开发费用属于固定成本，不会因业务量的变动而变动；按销售额提成的销售人员佣金会因销售额的变动而变动，属于变动成本。

【答案】D

考点11 混合成本的分类与分解（★）

考点分析

本考点主要考查对混合成本特点的理解，要求考生能够判断哪些成本属于混合成本。

考点精讲

1．混合成本的分类

混合成本“混合”了固定成本和变动成本两种不同性质的成本，可进一步细分为曲线变动成本、半变动成本、半固定成本（阶梯式变动成本）、延期变动成本。

（1）曲线变动成本：在一定量固定成本基础上，成本会随着业务量的变化，呈现为递增曲线或递减曲线。如计件工资、费用封顶的通信服务等属于该类成本。

（2）半变动成本：在一定量固定成本的基础上，成本会随着业务量的变化而呈正比例变动的成本。如固定电话座机费、水费、煤气费等都属于半变动成本。

（3）半固定成本：在一定业务量范围内的发生额不变，但当业务量增长到一定限度后，其发生额就跳跃到一个新的水平，如检验员、运货员、企业管理员的工资等。

（4）延期变动成本：在一定业务量范围内的发生额不变，但当业务量增长超出了这个范围，就会与业务量的增长成正比例变动，如加班工资。

2．混合成本的分解

混合成本的分解主要有5种方法，其含义及特点如表2-9所示。

表2-9　混合成本的分解方法、含义及特点

方法	含义	特点
高低点法	选取业务量最高点与业务量最低点，将总成本进行分解，得出成本总额	计算简单，但代表性较差

续表

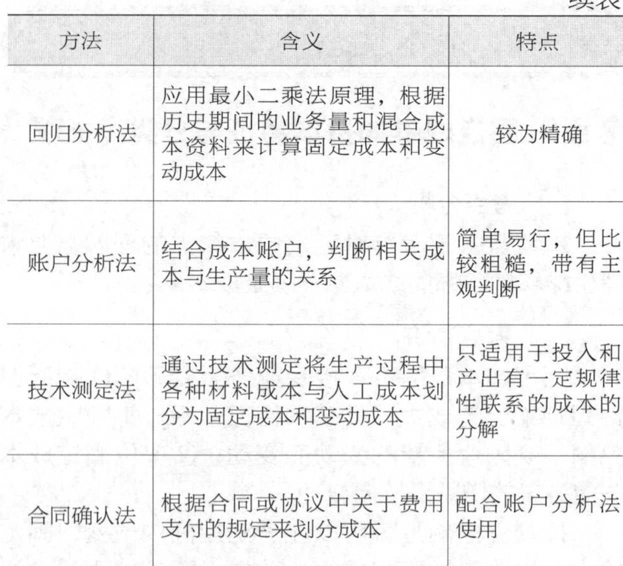

方法	含义	特点
回归分析法	应用最小二乘法原理，根据历史期间的业务量和混合成本资料来计算固定成本和变动成本	较为精确
账户分析法	结合成本账户，判断相关成本与生产量的关系	简单易行，但比较粗糙，带有主观判断
技术测定法	通过技术测定将生产过程中各种材料成本与人工成本划分为固定成本和变动成本	只适用于投入和产出有一定规律性联系的成本的分解
合同确认法	根据合同或协议中关于费用支付的规定来划分成本	配合账户分析法使用

典型例题

【例题·单选题】某公司电梯维修合同规定，当每年上门维修不超过3次时，维修费用为5万元，当超过3次时，则在此基础上按每次2万元付费，根据成本性态分析，该项维修费用属于（　）。（2014年）

A．半变动成本

B．半固定成本

C．延期变动成本

D．曲线变动成本

【解析】延期变动成本在一定的业务量范围内有一个固定不变的基数，当业务量增长超出了这个范围，它就与业务量增长成正比例变动。

【答案】C

本节考点回顾与总结一览表

本节考点	知识总结
考点9　固定成本的基本特征与分类	①基本特征：固定成本总额不会因业务量的变动而变动；单位固定成本与业务量的增减呈反向变动 ②分类：约束性固定成本、酌量性固定成本
考点10　变动成本的基本特征与分类	①基本特征：总额因业务量的变动而成正比例变动；单位变动成本不会因业务量的变动而变动 ②分类：技术性变动成本、酌量性变动成本
考点11　混合成本的分类与分解	①分类：曲线变动成本、半变动成本、半固定成本（阶梯式变动成本）、延期变动成本 ②分解方法：高低点法、回归分析法、账户分析法、技术测定法、合同确认法

真题演练

1.【单选题】约束性固定成本不受管理当局短期经营决策行动的影响。下列各项中，不属于企业约束性固定成本的是（　）。（2010年）

A．厂房折旧

B．厂房租金支出

C．高管人员基本工资

D．新产品研究开发费用

2.【单选题】下列混合成本的分解方法中，比较粗糙且带有主观判断特征的是（　）。（2013年）

A．高低点法　　B．回归分析法

C．技术测定法　　D．账户分析法

第四节 本章综合练习

（一）单选题

1. 在通货膨胀率极低的情况下，（　）可以视为资金的货币时间价值。

A. 公司债券的利率　　B. 国债利率
C. 社会平均利润率　　D. 股票利率

2. 小王2010年1月1日存入银行5万元，假如5年期银行存款利率为5%，按单利计息，则2015年1月1日小王可取出（　）元。

A. 70 000　　B. 62 500
C. 63 000　　D. 63 815

3. 老郑退休时取得一笔20万元的收入，准备投资某一项目，希望能在每个季度都能拿到5 000元，则该投资的实际利率为（　）。

A. 2.5%　　B. 10%
C. 10.38%　　D. 46.41%

4. 在下列各项资金时间价值系数中，与资本回收系数互为倒数关系的是（　）。

A.（P/F，i，n）　　B.（P/A，i，n）
C.（F/P，i，n）　　D.（F/A，i，n）

5. 下列关于名义利率与实际利率的说法中，正确的是（　）。

A. 名义利率是不包含通货膨胀的金融机构名义利率
B. 计息期小于一年时，实际利率大于名义利率
C. 名义利率不变时，实际利率随着每年复利次数的增加而呈线性递减
D. 名义利率不变时，实际利率随着期间利率的递减而呈线性递增

6. 某商业银行一年期存款年利率为3.25%，如果通货膨胀率为2.5%，则实际利率为（　）。

A. 0.75%　　B. 5.75%
C. 4.75%　　D. 0.73%

7. 在投资收益不确定的情况下，按估计的各种可能收益水平即期发生概率计算的加权平均数是（　）。

A. 实际投资收益率　　B. 预期投资收益率
C. 必要投资收益率　　D. 无风险收益率

8. A公司年初以10 000元购买甲公司股票，迄今为止收到300元的股利，预计未来一年股票价格为13 000元的概率是30%，价格为11 000元的概率是50%，价格为9 500元的概率是20%，该企业的预期收益率是（　）。

A. 10%　　B. 12%
C. 13%　　D. 11%

9. A公司的销售员若销售10件商品，每月固定工资2 000元，在此基础上，若推销员的业绩超出规定业务量，推销员还可按照超出的数额按比例获得奖金，那么销售员的工资费用是（　）。

A. 曲线变动成本　　B. 半固定成本
C. 半变动成本　　D. 延期变动成本

10. 根据生产过程中各种材料和人工成本消耗量的技术测定来分解成本的方法是（　）。

A. 工业工程法　　B. 合同确认法
C. 回归分析法　　D. 账户分析法

（二）多选题

1. 下列属于递延年金的特点的有（　）。

A. 没有终值
B. 年金的第一次支付发生在若干期以后
C. 年金的终值中的“n”与延递期无关
D. 年金的现值中的“n”与递延期无关

2. 在下列各种情况下，会给企业带来经营风险的有（　）。

A. 企业产品的生产质量不稳定
B. 原材料价格发生变动
C. 企业产品更新换代周期过长
D. 企业举债过度

3. 按照资本资产定价模型的基本理论，下列表述正确的有（　）。

A. 如果多数市场参与者对风险厌恶程度高，则市场风险溢酬的值就小，那么资产的必要收益率受其系统风险的影响就较小
B. 如果多数市场参与者对风险的关注程度较小，那么资产的必要收益率受其系统风险的影响就较小
C. 当无风险收益率上涨而其他条件不变时，所有资产的必要收益率都会上涨同样的数量
D. 无风险收益率下降且其他条件不变时，所有资产的必要收益率都会下降同样的数量

4. 下列属于固定成本基本特征的有（　）。

A. 固定成本总额因业务量的变动而变动
B. 固定成本总额不因业务量的变动而变动
C. 单位固定成本与业务量的增减呈反向变动
D. 单位固定成本与业务量的增减呈正向变动

（三）判断题

1. 终值和现值是一定量货币资金在前后两个不同时间点上对应的价值，其差额即为货币的时间价值。（　）

2. 折现率越高，未来某一款项的现值将越高。（　）

3. 证券组合风险的大小，等于组合中各个证券

风险的加权平均数。 （ ）

4. 市场风险溢酬（R_m-R_f）反映市场整体对风险的偏好，如果风险厌恶程度高，则（R_m-R_f）的值就大，β 稍有变化时，就会导致该资产的必要收益率以较大幅度的变化。 （ ）

5. 要降低企业约束性固定成本，就要在预算时杜绝浪费，厉行节约，并努力提高生产效率。 （ ）

第五节 本章真题演练及综合练习答案与解析

一、真题演练答案速查表

所在节	题号	答案	题号	答案	题号	答案
第一节	1	A	2	B		
第二节	1	D	2	C	3	AC
	4	B				
第三节	1	D	2	D		

二、本章综合练习答案与解析

（一）单选题

1. B【解析】选项B，国债利率的风险极低，在通货膨胀率极低的情况下，可视为资金的货币时间价值。

2. B【解析】$F=P（1+n\times i）=50\,000\times（1+5\%\times 5）=62\,500$（元）。

3. C【解析】按照永续年金的公式，每季度的名义报酬率 $=5\,000\div 200\,000=2.5\%$，实际利率 $=（1+2.5\%）^4-1=10.38\%$。

4. B【解析】资本回收系数［或（A/P，i，n）］与普通年金现值系数［或（P/A，i，n）］互为倒数。

5. B【解析】名义利率包含了通货膨胀风险的利率，选项A错误；名义利率不变时，实际利率随着每年复利次数的增加而增加，随着期间利率的递减而增加，但呈非线性关系，选项C、D错误。

6. D【解析】实际利率 =[（1+ 名义利率）/（1+ 通货膨胀率）]−1=[（1+3.25%）÷（1+2.5%）]−1=0.73%。因此，选项D正确。

7. B【解析】预期收益率又称期望收益率，是指在不确定的条件下，预测的某种资产未来可能实现的收益率。

8. C【解析】已收到的股利不属于预期收益，各种情况下收益率的加权平均数即为预期收益率，预期收益率 $E（R）=\sum P_i\times R_i=30\%\times（13\,000-10\,000）\div 10\,000+50\%\times（11\,000-10\,000）\div 10\,000+20\%\times（9\,500-10\,000）\div 10\,000=0.09+0.05-0.01=13\%$。

9. D【解析】延期变动成本是指在一定业务量范围内有一个固定不变的基数，当业务量超出这个范围，就会与业务量的增长成正比例变动。

10. A【解析】技术测定法又称工业工程法，它适用于投入和产出有一定规律性联系的成本的分解，是用技术手段将生产过程中各材料成本与人工成本划分为固定成本和变动成本的方法。

（二）多选题

1. BC【解析】递延年金终值的公式为 $F_A=A\times（F/A，i，n）$，“n”表示年金A的个数，与递延期无关。递延年金现值中的“n”表示连续收支期数。选项A，“没有终值”是永续年金的特点。

2. ABC【解析】选项D错误，企业举债过度会给企业带来财务风险，而不是带来经营风险。

3. BCD【解析】如果投资者对风险厌恶程度高，则要求风险回报就高，即风险溢酬的值就大，那么资产的必要收益率受其系统风险的影响就较大，故选项A错误。

4. BC【解析】固定成本总额不因业务量的变动而变动；单位固定成本（单位业务量负担的固定成本）与业务量的增减呈反向变动。

（三）判断题

1. √【解析】本题的表述正确。

2. ×【解析】现值和终值的差额即为货币的时间价值，其具体表现为利率（折现率）。折现率越高，现值越小。因此，本题说法错误。

3. ×【解析】当 $\rho_{1,2}=1$ 时，即组合资产的相关系数为1时，证券组合的风险等于组合中各项资产风险的加权平均值。因此，本题的表述不正确。

4. √【解析】本题的表述正确。

5. ×【解析】约束性固定成本是不会因管理者短期经营或决策行动的改变而改变其具体数额的固定成本。因此厉行节约、杜绝浪费不能改变约束性固定成本数额。

第三章 预算管理

本章内容在近 3 年考试中，所占分值约为 5 分，各种题型均可出题，题量约为 4 题。本章考点涉及较多公式和计算，复习时可通过教材中的例题和历年真题，着重掌握各种预算的优缺点和编制方法，对于具有综合性特征的现金预算、预计资产负债表的编制等，应结合它们与业务预算的勾稽关系，确保数据的准确性。

▼ 本章主要考点的题型、估计题量和所占分值一览表

主要考点	题型	估计题量	所占分值
①预算工作的组织、编制顺序；②弹性预算法的编制步骤与公式法；③各种预算编制方法的特点；④业务预算	单选题	2~3 题	2~3 分
①财务预算的内容、特点与地位；②资产负债表、利润表预算的编制；③预算调整的情形	多选题	1~2 题	2~4 分
①预算的调整；②弹性预算参数选择的原则；③产品成本预算的内容；④专门决策预算的编制	判断题	1 题	1 分
现金预算的编制	计算分析题	1 题	5 分
生产预算的编制	综合题	1 小题	3 分

▼ 本章知识结构一览表

预算管理	一、预算管理概述	（1）预算的特征与作用（★） （2）预算的分类与预算体系（★★★） （3）预算工作的组织（★★）
	二、预算的编制方法与程序	（1）增量预算法与零基预算法（★★★） （2）固定预算法与弹性预算法（★★★） （3）定期预算法与滚动预算法（★★★）
	三、预算编制	（1）业务预算的编制（★★★）：销售预算、生产预算、制造费用预算、直接人工预算、直接材料预算、产品成本预算、销售与管理费用预算 （2）专门决策预算的编制（★★） （3）财务预算的编制（★★★）：现金预算、财务报表预算
	四、预算的执行与考核	（1）预算的执行（★） （2）预算的调整（★）

第一节 预算管理概述

考点1 预算的特征与作用（★）

考点分析

本考点一般考查预算的两个特征，至于预算的作用，可能会通过实例要求考生判断该例体现的是预算的哪个作用。

考点精讲

预算具有以下两大特征：①与企业的目标、战略保持一致；②预算最主要的特征是数量化，并且具有可执行性。

预算的作用包括：①引导、控制经济活动，使

企业经营达到预期目标；②实现企业内部各个部门之间的协调；③可以作为业绩考核的标准。

典型例题

【例题·多选题】企业预算最主要的两大特征是（ ）。（2012 年）

A. 数量化　　B. 表格化

C. 可伸缩性　　D. 可执行性

【解析】预算一般具有两个特征：①预算与企业的目标、战略保持一致；②预算是数量化的并且具有可执行性，这是预算最主要的特征。

【答案】AD

考点2 预算的分类与预算体系（★★★）

考点分析

本考点是经常出题的内容，一般围绕各类预算之间的关系、特点等出题，考生应熟悉预算的具体分类，理解各种预算在预算体系中的地位。

考点精讲

1. 预算的分类

企业预算可按以下两个标准进行分类。

（1）按预算内容不同：分为业务预算（即经营预算）、专门决策预算和财务预算。

（2）按预算指标覆盖时间不同：分为长期预算和短期预算。

2. 预算的体系

各种预算组成一个有机联系的整体，一般将由业务预算、专门决策预算、财务预算组成的预算体系称为全面预算体系，具体如图 3-1 所示。

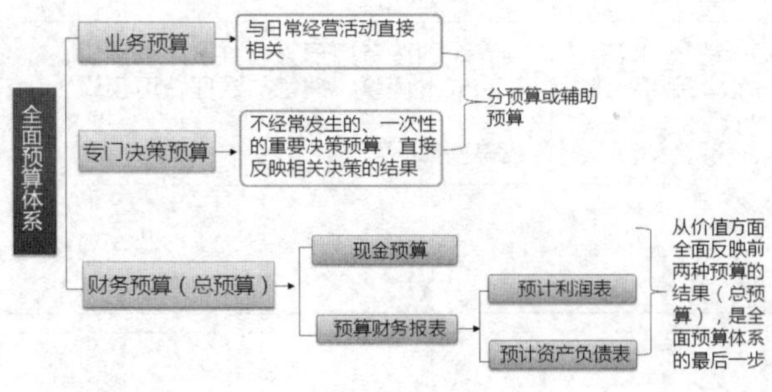

图 3-1 预算的体系

典型例题

【例题 1·多选题】下列关于财务预算的表述中，正确的有（ ）。（2013 年）

A. 财务预算多为长期预算

B. 财务预算又被称作总预算

C. 财务预算是全面预算体系的最后环节

D. 财务预算主要包括现金预算和预计财务报表

【解析】选项 A 错误，一般情况下企业的业务预算和财务预算多为 1 年期的短期预算；选项 B、C、D 正确，财务预算是全面预算的最后环节，它是从货币方面全面反映企业业务预算和专门决策预算的结果，所以也被称为总预算；财务预算主要包括现金预算和预计财务报表。

【答案】BCD

【例题 2·判断题】专门决策预算是指不经常发生的、一次性的重要决策预算，专门决策预算属于长期预算。（ ）

【解析】专门决策预算是指企业不经常发生的、一次性的重要决策预算。专门决策预算是在实际工作中对选定方案的进一步规划，它直接地反映了相关决策的结果，往往涉及长期建设项目的资金投放与筹集，并经常跨越多个年度，属于长期预算。因此，本题的表述正确。

【答案】√

【例题 3·多选题】下列各项中，属于业务预算的有（ ）。（2012 年）

A. 资本支出预算　　B. 生产预算

C. 管理费用预算　　D. 销售预算

【解析】业务预算是指与企业日常经营活动直接相关的经营业务的各种预算。它主要包括销售预算、生产预算、材料采购预算、直接材料消耗预算、直接人工预算、制造费用预算、产品成本预算、销售费用预算和管理费用预算等。

【答案】BCD

【例题 4·判断题】财务预算能够综合反映各项业务预算和各项专门决策预算，因此称为总预算。（ ）（2011 年）

【解析】财务预算为全面预算体系的最后环节，也称为总预算，因为它从价值方面总括地反映业务预算和专门决策预算。

【答案】×

【例题 5·单选题】财务预算管理中，不属于总预算内容的是（ ）。

A. 现金预算　　B. 销售预算

C. 预计利润表　　D. 预计资产负债表

【解析】总预算包括现金预算、预计资产负债表和预计利润表等，而销售预算属于日常业务预算。

【答案】B

考点3 预算工作的组织（★★）

考点分析

本考点内容较少，但需要记忆有关预算机构对应的任务、权力和职责，考生应引起重视。

考点精讲

预算工作的组织包括决策层、管理层、考核层

和执行层（含最底执行层）。

（1）决策层：由企业董事会或类似机构组成。决策层对企业法定代表人负责，对企业预算的管理工作负总责。

（2）管理层：由董事会指定的财务管理部门或设立的预算委员会组成。主要负责拟订预算的目标、政策及制订预算管理程序；审议、平衡预算草案、组织下达预算和协调解决预算编制和执行中的问题；考核和监督预算目标的实施。

（3）考核层：企业财务管理部门。具体负责跟踪预算管理，监督预算执行情况，分析实际执行与预算的差异及其原因，并提出相关的建议和意见。

（4）执行层：包括企业内部生产、销售、人力资源等部门。这些部门的主要负责人对本部门的预算执行结果承担责任，并参与企业预算委员会的工作。

（5）最底执行层：企业预算的基本单位，其主要负责人对本单位预算的执行结果负责，在企业财务管理部门的统一指导下，编制、控制和分析本单位的现金流量、经营成果和各项成本费用预算，同时接受企业的检查、考核。

典型例题

【例题·单选题】下列各项中，对企业预算管理工作负总责的组织是（　）。（2013 年）

A. 财务部　　B. 董事会
C. 监事会　　D. 股东大会

【解析】企业董事会或类似机构应当对企业预算的管理工作负总责。

【答案】B

本节考点回顾与总结一览表

本节考点	知识总结
考点 1 预算的特征与作用	① 2 个特征：与企业的目标、战略保持一致；预算最主要的特征是数量化，并且具有可执行性 ② 3 个作用：引导、控制经济活动，使企业经营达到预期目标；实现企业内部各个部门之间的协调；可以作为业绩考核的标准
考点 2 预算的分类与预算体系	①按预算内容不同、按预算指标覆盖时间进行分类 ②全面预算体系包括业务预算、专门决策预算、财务预算
考点 3 预算工作的组织	5 个层次：决策层、管理层、考核层、执行层、最底执行层

真题演练

【单选题】下列各项中，综合性较强的预算是（　）。（2010 年）

A. 销售预算　　B. 材料采购预算
C. 现金预算　　D. 资本支出预算

第二节 预算的编制方法与程序

考点4 增量预算法与零基预算法（★★★）

考点分析

本考点出题的概率很高，一般围绕增量预算法和零基预算法的特点、适用范围出题，考生可通过比较的方法学习这两种方法的相关知识。

考点精讲

根据出发点的特征不同，预算编制方法可分为增量预算法和零基预算法，这两种方法的优缺点如表 3-1 所示。

表 3-1 增量预算法与零基预算法的优缺点

类别	优点、缺点	备注
增量预算法（调整预算法）	优点：工作量小 缺点：可能使不必要的开支合理化，使无效费用开支项目无法得到有效控制	遵循以下假定：①企业现有业务活动及业务开支水平是合理的；②以现有的业务活动和各项活动的开支水平为基础，来确定预算期各项活动的预算数
零基预算法（零底预算法）	优点：①不受现有费用项目限制；②不受现行预算束缚；③能够充分调动各部门节约费用的积极性；④有利于各基层单位树立节约意识，合理利用资金 缺点：工作量大	—

典型例题

【例题1·单选题】下列预算编制方法中，不受现行预算的束缚，有助于保证各项预算开支合理性的是(　)。(2016年)

A. 零基预算法　　B. 滚动预算法
C. 弹性预算法　　D. 增量预算法

【解析】按照出发点的特征不同，预算编制方法可分为增量预算法和零基预算法。零基预算法是"以零为基础的编制计划和预算的方法"，所以不考虑以往会计期间所发生的费用项目或费用数额，不受现行预算的束缚，有助于保证各项预算开支的合理性。

【答案】A

【例题2·单选题】下列各项预算编制方法中，不受现有费用项目和现行预算束缚的是(　)。(2014年)

A. 定期预算法　　B. 固定预算法
C. 弹性预算法　　D. 零基预算法

【解析】零基预算法的优点表现为：①不受现有费用项目的限制；②不受现行预算的束缚；③能够调动各方面节约费用的积极性；④有利于促使各基层单位树立节约意识，合理使用资金。

【答案】D

【例题3·单选题】某公司采用增量预算法编制预算，下年生产任务将增长20%，本年制造费用为100万元，预计下年制造费用为(　)万元。

A. 120　　B. 100
C. 140　　D. 110

【解析】采用增量预算法时，相关费用以过去的发生水平为基础，因此制造费用=100+100×20%=120(万元)。

【答案】A

考点5　固定预算法与弹性预算法(★★★)

考点分析

本考点出题的概率很高，一般围绕固定预算法与弹性预算法的特点、适用范围出题，考生可通过比较这两种方法的优缺点准确记忆相关知识点。

考点精讲

根据业务量基础的数量特征不同，预算编制方法可分为固定预算法与弹性预算法，其中，弹性预算法中的公式法使用的公式为$y=a+bx$。这两种方法的具体内容如表3-2所示。

表3-2　固定预算法与弹性预算法的优缺点及适用范围

类别		优点	缺点	适用范围
固定预算法(静态预算法)		计算比较简单	①适应性差；②可比性差	适用于数额或固定费用比较稳定的项目，如支出金额变化很少的汽车保险，相关计划已经确定的采购支出项目等
弹性预算法(动态预算法)	公式法	①可在一定范围内计算任何业务量的预算成本；②其适应性和可比性强，工作量相对较小	①按公式进行成本分解，对每个费用子项目甚至细目逐一进行成本分解，比较麻烦，分解时工作量很大；②对于阶梯成本和曲线成本要用公式法，就只能先用数学方法修正为直线	用于与业务量有关的成本、费用、利润等预算项目
	列表法	①无需计算即可找到与业务量相近的预算成本；②无需用数学方法修正混合成本中的阶梯成本和曲线成本为近似的直线成本	需要使用插补法来计算"实际业务量的预算成本"，因此弹性仍然不足	

典型例题

【例题1·单选题】运用弹性预算编制成本费用预算包括以下步骤：①确定适用的业务量范围；②确定各项成本与业务量的关系；③选择业务量的计量单位；④计算各项预算成本。这4个步骤的正确顺序是(　)。(2015年)

A. ①②③④　　B. ③②①④
C. ③①②④　　D. ①③②④

【解析】运用弹性预算法编制预算的基本步骤是：①选择业务量的计量单位；②确定适用的业务量范围；③逐项研究并确定各项成本和业务量之间的数量关系；④计算各项预算成本，并用一定的方法来表达，所以选项C正确。

【答案】C

【例题2·单选题】某企业制造费中油料费用与机器工时密切相关，预计预算期固定油料费用为10 000元，单位工时的变动油料费用为10元，预算期机器总工时为3 000小时，则预算期油料费用预算总额为(　)元。(2014年)

A. 10 000　　B. 20 000
C. 30 000　　D. 40 000

【解析】弹性预算法的公式为$y=a+bx$，因此预算期油料费用预算总额=10 000+3 000×10=40 000(元)。

【答案】D

【例题 3 · 多选题】下列选项中，属于固定预算法的缺点的有（ ）。

A. 适应性较差

B. 机械呆板

C. 可比性差

D. 不利于准确控制考核评估预算执行情况

【解析】固定预算法是只根据预算期内正常、可实现的某一固定的业务量水平作为唯一基础来编制预算的方法。因此机械呆板，适应性差，当预计业务量与实际业务量发生偏差时，实际数与预算数就会因业务量基础不同而失去可比性，从而不利于准确控制、考核和评估企业预算的执行情况。综上所述，本题所有选项均为其缺点。

【答案】ABCD

考点6 定期预算法与滚动预算法（★★★）

考点分析

本考点出题的概率很高，一般围绕定期预算法与滚动预算法的特点、运用出题，考生可通过比较这两种方法的优缺点准确记忆相关知识。

考点精讲

根据预算期的时间特征不同，预算编制方法可分为定期预算法与滚动预算法，这两种方法的优缺点如表 3-3 所示。

表 3-3 定期预算法与滚动预算法的优缺点

类别	优点	缺点
弹性预算法	预算期间与会计期间相同，便于将会计报表数据与预算数据比较，考核和评价预算的执行结果	不利于各个期间的预算衔接，无法适应连续不断的业务活动过程的预算管理，导致一些短期行为的出现
滚动预算法（连续预算法或永续预算法）	保持预算的连续性，有利于结合近期及长期目标；通过时间的推移不断加入调整和修订，使预算与实际情况更加适应，预算的指导与控制作用能够得到充分发挥	—

典型例题

【例题 1 · 单选题】随着预算执行不断补充预算，但始终保持一个固定预算期长度的预算编制方法是（ ）。（2015 年）

A. 滚动预算法　　B. 弹性预算法

C. 零基预算法　　D. 定期预算法

【解析】滚动预算法是指在编制预算时，将预算期与会计期间脱离开，随着预算的执行不断地补充预算，逐期向后滚动，使预算期始终保持为一个固定长度的一种预算方法，所以选项 A 正确。

【答案】A

【例题 2 · 判断题】定期预算可以保证企业的经营管理工作能够稳定而有序地进行。（ ）

【解析】定期预算法是指在编制预算时，以不变的会计期间（如年度、季度、月份）作为预算期的一种编制方法；滚动预算法是指在编制预算时，预算期与会计期间脱离，随着预算的执行不断补充预算，逐步向后滚动，使预算期永远保持 12 个月这一固定长度，每过 1 个月或 1 个季度，立即在期末增加 1 个月或 1 个季度的预算，逐期向后滚动，因此滚动预算能保证企业的经营管理工作稳定而有序进行。因此，本题的表述错误。

【答案】×

【例题 3 · 判断题】混合滚动预算的理论依据是对远期把握较大，对近期把握较小。（ ）

【解析】人们对未来的了解程度具有的特征是对近期把握较大，对远期把握较小，这是混合滚动预算的理论依据。因此，本题的表述错误。

【答案】×

本节考点回顾与总结一览表

本节考点	知识总结
考点 4 增量预算法与零基预算法	①增量预算法：以基期成本费用水平为基础，编制工作量小 ②零基预算法：一切以零为出发点，能够调动节约费用的积极性；编制工作量大
考点 5 固定预算法与弹性预算法	①固定预算法：根据预算内正常、可实现的某一固定的业务量水平作为唯一基础 ②弹性预算法：分为公式法和列表法
考点 6 定期预算法与滚动预算法	①定期预算法：预算期与会计期间一致 ②滚动预算法：预算期与会计期间脱离，逐期向后滚动

真题演练

1.【单选题】运用零基预算法编制预算，需要逐项进行成本效益分析的费用项目是（　）。（2011年）

A. 可避免费用

B. 不可避免费用

C. 可延续费用

D. 不可延续费用

2.【多选题】运用公式"$y=a+bx$"编制弹性预算，字母x所代表的业务量可能有（　）。（2011年）

A. 生产量

B. 销售量

C. 库存量

D. 材料消耗量

第三节 预算编制

考点7 业务预算的编制（★★★）

考点分析

本考点内容较多，难度较大，涉及7种具体的业务预算。考生应熟悉这些预算的数据来源与勾稽关系，并多加练习。

考点精讲

业务预算包括销售预算、生产预算、直接材料预算、直接人工预算、制造费用预算、产品成本预算、销售及管理费用预算，各种预算的特点如表3-4所示。

表3-4　业务预算的种类与特点

种类	特点	备注
销售预算	根据市场预测或销售合同并结合企业生产能力可以确定销量，通过价格决策可以确定单价，两者的乘积构成销售收入	整个预算的编制起点，是编制其他预算的基础
生产预算	以销定产 预计生产量 = 预计销售量 + 预计期末产成品存货 − 预计期初产成品存货	根据销售预算来编制，是编制直接材料预算和产品成本预算的依据；只涉及实物量指标
直接材料预算	预计材料采购量 = 生产需用量 + 预计期末结存量 − 预计期初结存量 材料采购现金支出 = 预计采购应付价款 × 当期付现百分比 + 支付前期赊销款	——
直接人工预算	人工总工时 = 预计产量 × 单位产品工时 人工总成本 = 人工总工时 × 每小时人工成本 人工付现支出 = 人工总成本	——
制造费用预算	变动制造费用：以生产预算为基础编制 固定制造费用：需逐项统计，通常与本期产量无关	——
产品成本预算	是销售预算、生产预算、直接材料预算、直接人工预算和制造费用预算的汇总	——
销售及管理费用预算	销售费用预算以销售预算为基础；管理费用一般以过去的实际开支为基础	——

典型例题

【例题1·单选题】丙公司预计2016年各季度的销售量分别为100件、120件、180件、200件，预计每季度末产成品存货为下一季度销售量的20%。丙公司第二季度预计生产量为（　）件。（2016年）

A. 120

B. 132

C. 136

D. 156

【解析】生产预算是在销售预算的基础上编制的。预计生产量 = 预计本期销售量 + 预计期末产成品存货 − 预计期初产成品存货。其中，预计本期销售量为第二季度预计销售量；预计期末产成品存货为第三季度销售量的20%；第二季度期初存货 = 第一季度期末存货 = 第二季度销售量的20%。因此，丙公司第二季度预计生产量 = 120 + 180×20% − 120×20% = 132（件）。

【答案】B

【例题2·单选题】下列关于生产预算的表述中，错误的是（　）。（2013年）

A. 生产预算是一种业务预算

B. 生产预算不涉及实物量指标

C. 生产预算以销售预算为基础编制

D. 生产预算是直接材料预算的编制依据

【解析】生产预算是唯一不涉及金额只使用实物量计算的预算方法。因此，选项B表述错误。

【答案】B

【例题3·判断题】在产品成本预算中，产品成本总预算金额是将直接材料、直接人工、制造费用以及销售与管理费用的预算金额汇总相加而得到的。（ ）（2016年）

【解析】产品成本预算是销售预算、生产预算、直接材料预算、直接人工预算、制造费用预算的汇总。产品成本预算不考虑销售与管理费用的预算。

【答案】×

【例题4·判断题】直接材料预算以生产预算为基础编制，同时要考虑原材料存货水平。（ ）

【解析】直接材料预算是为了规划预算期直接材料采购金额的一种业务预算。直接材料预算的编制基础是生产预算，同时要考虑原材料存货水平。因此，本题的表述正确。

【答案】√

考点8 专门决策预算的编制（★★）

考点分析

本考点内容较少，难度也不大，但其可能会出现在综合题中，因此考生在复习时要把握专门决策预算的原理，以及其与其他预算的关系。

考点精讲

专门决策预算（又称资本支出预算），通常是指与项目投资决策相关的专门预算，主要是长期投资预算，经常跨越多个年度。它的编制依据是项目财务可行性分析资料和企业筹资决策资料，而它又是编制现金预算和预计资产负债表的依据。

典型例题

【例题1·判断题】专门决策预算主要反映项目投资与筹资计划，是编制现金预算和预计资产负债表的依据之一。（ ）（2013年）

【解析】专门决策预算是编制现金预算和预计资产负债表的依据。准确反映项目资金投资支出与筹资计划是专门决策预算的特点。

【答案】√

【例题2·多选题】编制专门决策预算的依据有（ ）。

A. 项目财务可行性分析资料

B. 企业筹资决策资料

C. 现金预算

D. 预计资产负债表

【解析】专门决策预算是编制现金预算和预计资产负债表的依据，而项目财务可行性分析资料以及企业筹资决策资料是编制专门决策预算的依据。

【答案】AB

考点9 财务预算的编制（★★★）

考点分析

本考点是本章的重中之重，经常出现在计算分析题或综合题中，考生应熟悉财务预算的数据来源，在编制财务预算时应保持预算之间的勾稽关系。

考点精讲

1. 现金预算

现金预算的编制依据是业务预算和专门决策预算，具体包括可供使用现金、现金支出、现金余缺、现金筹措与运用4个部分，涉及的计算公式如下。

可供使用现金＝期初现金余额＋现金收入

现金余缺＝可供使用现金－现金支出

期末现金余额＝现金余缺＋现金筹措－现金运用

> **名师解读**
>
> （经营及投资现金余额＋长期筹资后的可用资金）－（到期还本付息＋现金最低持有量）>0时，应先考虑还款，再考虑投资。前述公式的计算结果小于0时，应先出售短期投资，再进行短期借款。

2. 预计利润表

预计利润表的依据是各业务预算、专门决策预算和现金预算。其中，“销售收入”来源于销售收入预算，“销售成本”来源于产品成本预算，“销售及管理费用”来源于销售费用及管理费用预算，“利息”数据来源于现金预算。

应注意的是，预计利润表中的“所得税费用”是在利润规划时估算的，并依据列入现金预算，它通常不是直接根据“利润总额”乘以所得税率计算出来的，因为存在诸多纳税调整事项。

> **名师解读**
>
> 从编制预算的程序来看，如果修改了“利润总额”、所得税税率和所得税，那么就需要修改“现金预算”，进而引起修订信贷计划、利息，最终又必然造成修改“利润总额”，由此形成数据的循环修改。

3. 预计资产负债表

预计资产负债表是编制全面预算的终点，用来反映企业在计划期末预计的财务状况。其数据来源是以计划期开始日的资产负债表，再结合计划期间业务预算、专门决策预算、现金预算和预计利润表的有关资料。

典型例题

【例题1·多选题】编制资产负债表预算时，下列预算中可以直接为“存货”项目提供数据来源的有（ ）。（2016年）

A. 销售预算　　B. 生产预算

C. 直接材料预算　　D. 产品成本预算

【解析】在编制资产负债表预算时，可以为“存货”项目提供数据来源的有直接材料预算和产品成本预算。

【答案】CD

【例题2·计算分析题】丁公司2014年年末的长期借款余额为12 000万元，短期借款余额为零。该公司的最佳现金持有量为500万元，如果资金不足，可向银行借款。假设：银行要求借款的金额是100万元的倍数，而偿还本金的金额是10万元的倍数；新增借款发生在季度期初，偿还借款本金发生在季度期末，先偿还短期借款；借款利息按季度平均计提，并在季度期末偿还。

丁公司编制了2015年分季度的现金预算，部分信息如表3-5所示。

表3-5　丁公司2015年现金预算的部分信息（单位：万元）

季度	一	二	三	四
现金余额	−7 500	（C）	×	−450
长期借款	6 000	0	5 000	0
短期借款	2 600	0	0	（E）
偿还短期借款	0	1 450	1 150	0
偿还短期借款利息（年利率8%）	52	（B）	（D）	×
偿还长期借款利息（年利率12%）	540	540	×	690
期末现金余额	（A）	503	×	×

注：表中“×”表示省略的数据。

要求：确定上表中英文字母代表的数值。（2015年）

【答案】A=−7 500+6 000+2 600−52−540=508（万元）

第二季度归还的是第一季度借款2 600万元的利息，因此，B=2 600×8%÷4=52（万元）

C−1 450−52−540=503，C=2 545（万元）

第三季度初的借款=2 600−1 450=1 150（万元），则D=1 150×8%÷4=23（万元）

−450+E−690−E×8%÷4 ≥ 500，　则E ≥ 1 673.47。由于银行要求借款的金额是100万元的倍数，所以E=1 700（万元）。

【例题3·单选题】某公司预计计划年度期初应付账款余额为200万元，1至3月份采购金额分别为500万元、600万元和800万元，每月的采购款当月支付70%，次月支付30%。则预计第一季度现金支出额是（　）。（2012年）

A. 2 100万元　　B. 1 900万元

C. 1 860万元　　D. 1 660万元

【解析】为了便于编制现金预算，企业通常要预计各季度材料采购的现金支出，包括偿还上期应付账款和本期应支付的采购货款，因此，预计第一季度现金支出额=200+500+600+800×70%=1 860（万元）。

【答案】C

【例题4·多选题】下列属于编制预计利润表的依据的有（　）。

A. 现金预算　　B. 预计资产负债表

C. 业务预算　　D. 专门决策预算

【解析】编制预计利润表的依据是各业务预算、专门决策预算和现金预算。预计资产负债表是最后编制的一个预算，因此不是编制预计利润表的依据。

【答案】ACD

本节考点回顾与总结一览表

本节考点	知识总结
考点7 业务预算的编制	①销售预算是整个预算的编制起点 ②生产预算只涉及实物量指标，不涉及价值量指标 ③制造费用预算包括变动制造费用预算和固定制造费用预算
考点8 专门决策预算的编制	①专门决策预算通常与项目投资决策有关 ②编制依据是项目财务可行性分析资料和企业筹资决策资料
考点9 财务预算的编制	①现金预算的内容是可供使用现金、现金支出、现金余缺和现金筹措与运用 ②利润表预算的依据是各业务预算、专门决策预算和现金预算 ③资产负债表预算是整个预算的终点和目的

真题演练

1.【单选题】下列预算中，不直接涉及现金收支的是（　）。（2016年）

A. 销售预算

B. 产品成本预算

C. 直接材料预算

D. 销售与管理费用预算

2.【多选题】下列各项预算中，与编制利润表预算直接相关的有（　）。（2015年）

A. 销售预算

B. 生产预算

C. 产品成本预算

D. 销售及管理费用预算

第四节 预算的执行与考核

考点10 预算的执行（★）

考点分析

本考点在考试中出现的概率不高，如果出题，可能会考查各部门在执行预算时的职责。

考点精讲

企业预算期内组织、协调各项经营活动的基本依据是预算。企业预算一经批复下达后，应通过将预算指标层层分解的方式，从横向到纵向具体落实到内部各部门、各单位、各环节和各岗位，从而形成全方位的预算执行责任体系。

财务管理部门在预算执行中为了促进企业顺利完成预算目标，应当利用财务报表来监控预算的执行情况，及时把财务预算的执行进度、执行差异及其对企业预算目标的影响等财务信息向企业预算执行单位、预算委员会以至董事会或经理办公会提供，以促进企业预算目标的完成。

典型例题

【例题·判断题】企业财务管理部门应当利用报表监控预算执行情况，及时提供预算执行进度、执行差异信息。（　）（2012 年）

【解析】企业财务管理部门应当利用财务报表监控预算的执行情况，及时把财务预算的执行进度、执行差异及其对企业预算目标的影响等财务信息向企业预算执行单位、预算委员会以及董事会或经理办公会提供，以促进企业预算目标的完成。

【答案】√

考点11 预算的调整（★）

考点分析

本考点在考试中出现的概率不高，如果出题，可能会考查预算调整的适用情形。

考点精讲

企业正式下达执行的预算一般不予调整，如因政策法规、经营条件、市场环境等发生重大变化，而导致预算执行结果产生重大偏差或者预算的编制基础不成立的，可以调整预算。调整预算时，一般要遵循以下 3 个要求。

（1）预算调整事项不能与企业发展战略偏离。

（2）预算调整方案在经济上应当能够实现最优化。

（3）在预算执行中出现的重要的、非正常的、不符合常规的关键性差异应当作为预算调整的重点。

对于预算执行的具体情况、客观因素变化情况及其对预算执行造成的影响以及预算指标的调整程度，应当由预算执行单位逐级向企业预算委员会提出书面报告和相应的说明。

企业财务管理部门对预算执行单位的预算调整报告应负责审核分析，同时集中编制年度预算调整方案，提交预算委员会以及企业董事会或经理办公会审议批准后，下达至预算执行单位执行。

典型例题

【例题·多选题】在预算执行中，可能导致预算调整的情形有（　）。（2016 年）

A. 原材料价格大幅度上涨

B. 公司进行重大资产重组

C. 主要产品市场需求大幅下降

D. 营改增导致公司税负大幅下降

【解析】企业正式下达的预算，一般不予调整。预算执行单位在执行中由于市场环境、经营条件、政策法规等发生重大变化，致使预算的编制基础不成立，或者将导致预算执行结果产生重大偏差的，可以调整预算。因此，本题所有选项均符合题意。

【答案】ABCD

本节考点回顾与总结一览表

本节考点	知识总结
考点 10 预算的执行	预算执行的方式是层层分解、从横向到纵向具体落实
考点 11 预算的调整	①企业正式下达执行的预算，一般不予调整 ②预算调整事项进行决策时，一般要遵循 3 个要求：不能与企业发展战略偏离；经济最优化；重点调整重要的、非正常的、不符合常规的关键性差异

真题演练

【判断题】企业正式下达执行的预算，执行部门一般不能调整。但是，市场环境、政策法规等发生重大变化，将导致预算执行结果产生重大偏差时，可经逐级审批后调整。（ ）（2015 年）

第五节 本章综合练习

（一）单选题

1. 下列关于预算工作的说法，错误的是（ ）。

A. 企业内部各职能部门和企业基层单位的主要负责人拟订预算的目标、政策

B. 企业内部各职能部门和企业基层单位的主要负责人对本部门或本单位的预算执行结果承担责任

C. 企业董事会或类似机构应当对企业预算的管理工作负总责

D. 财务管理部门具体负责预算的跟踪管理，监督预算的执行情况

2. 可以直接从表中查到各业务量下的成本费用预算，不用重新计算；但编制工作量较大的弹性预算的编制方法是（ ）。

A. 图示法　　B. 列表法

C. 公式法　　D. 因素法

3. 某企业编制材料采购预算，预计第四季度期初存量 200 千克，该季度生产需用量为 2 000 千克，预计期末存量为 500 千克，材料单价为 20 元，若材料采购货款有 70% 在本季度内付清，另外 30% 在下季度付清，该企业预计资产负债表年末“应付账款”项目为（ ）元。

A. 18 000　　B. 16 000

C. 13 800　　D. 19 600

4. 下列预算不是在生产预算的基础上编制的是（ ）。

A. 材料采购预算

B. 直接人工预算

C. 销售及管理费用预算

D. 制造费用预算

5. 大华公司盈余公积提取比例为净利润的 20%，今年预计新增未分配利润 150 万元，支付给投资者的股利为 300 万元，所得税税率为 25%，则预计利润总额为（ ）万元。

A. 750　　B. 800

C. 650　　D. 880

（二）多选题

1. 下列关于零基预算和增量预算的说法，不正确的有（ ）。

A. 增量预算是以基期成本费用水平为基础编制的预算

B. 零基预算在编制费用预算时，不考虑以往会计期间发生的费用项目或费用数额

C. 零基预算可能导致无效费用开支项目无法得到有效控制

D. 增量预算不受现有费用项目的限制

2. 下列关于直接材料预算的说法，正确的有（ ）。

A. 采购应付价款 = 材料采购量 × 采购单价

B. 材料采购量计算原理类似于生产预算

C. 采购付现支出计算原理类似于销售收现原理

D. 生产需用量来自生产预算

3. 在编制预算时，需要划分固定部分和变动部分的有（ ）。

A. 销售费用预算　　B. 制造费用预算

C. 专门决策预算　　D. 管理费用预算

4. 某企业货款结算方式为：本月支付当月货款的 60%，支付上月货款的 30%，支付上上月货款的 10%，未支付的货款通过“应付账款”核算。已知 7 月份货款 30 万元，8 月份货款为 40 万元，9 月份货款为 35 万元，10 月份货款为 60 万元，则下列说法正确的有（ ）。

A. 10 月初的应付账款为 18 万元

B. 10 月初的应付账款为 14.5 万元

C. 10 月末的应付账款为 27.5 万元

D. 9 月份支付 36 万元

5. 对预算调整事项进行决策时，应当遵循的要求有（ ）。

A. 预算调整事项不能偏离企业发展战略

B. 预算调整方案应当在经济上能够实现最优化

C. 预算调整重点应当放在财务预算执行中出现的非重要的、非正常的、不符合常规的关键性差异方面

D. 预算调整重点应当放在财务预算执行中出现的重要的、非正常的、不符合常规的关键性差异方面

（三）判断题

1. 辅助预算包括经营预算和专门决策预算。（ ）

2. 弹性预算法所采用的业务量范围，一般来说定在正常生产能力的 90% ~ 130% 之间，或以历史

上最高业务量和最低业务量为其上下限。（ ）

3. 直接人工预算直接参加现金预算汇总，不需要另外预计现金支出。（ ）

4. 专门决策预算需准确反映项目资金投资支出与筹资计划。（ ）

5. 预计资产负债表中现金余额项目的期末数一定等于现金预算中的期末现金余额。（ ）

第六节 本章真题演练及综合练习答案与解析

一、真题演练答案速查表

所在节	题号	答案	题号	答案
第一节	C			
第二节	1	A	2	ABD
第三节	1	B	2	ACD
第四节	√			

二、本章综合练习答案与解析

（一）单选题

1. A【解析】企业内部各职能部门和企业基层单位的主要负责人不负责拟订预算目标或政策，故选项 A 错误。

2. B【解析】列表法下，可以直接从表中查到各业务量下的成本费用预算。

3. C【解析】某种材料采购量 = 某种材料当期耗用量 + 该种材料期末结存量 − 该种材料期初结存量 =2 000+500−200=2 300（千克），应付账款项目金额 =2 300×20×30%=13 800（元）。

4. C【解析】选项 A、B、D 都以预计生产量为基础。

5. A【解析】净利润 =（150+300）÷（1−20%）=562.5（万元），预计利润总额 = 净利润 ÷（1− 所得税税率）=562.5 ÷（1−25%）=750（万元）。

（二）多选题

1. CD【解析】选项 A、B 分别正确表述了零基预算法、增量预算法的特点。

2. ABCD【解析】本题 4 个选项均正确表述了直接材料预算。

3. ABD【解析】选项 C，专门决策预算无需考虑固定部分和变动部分。

4. ACD【解析】9 月份支付的货款 =35×60% + 40×30% +30×10% =36（万元），10 月初的应付账款 =35×40% +40×10%=18（万元），10 月末的应付账款 =60×40% +35×10%=27.5（万元），因此选项 A、C、D 正确。

5. ABD【解析】选项 A、B、D 均为调整预算需遵循的要求，选项 C 与选项 D 矛盾。

（三）判断题

1. √【解析】业务预算（经营预算）与专门决策预算又被称为辅助预算或分预算，财务预算又称为总预算。因此，本题的表述正确。

2. ×【解析】弹性预算法所采用的业务量范围，一般在正常生产能力的 70%~110% 之间范围波动。因此，本题的表述错误。

3. √【解析】工资做预算时一般都预计全部支付现金，因此直接人工预算表中的预计直接人工成本总额就是现金预算中的直接人工工资支付总额，不需要另外预计现金支出，可直接参加现金预算的汇总。因此，本题的表述正确。

4. √【解析】专门决策预算的要点是准确反映项目资金投资支出与筹资计划。因此，本题的表述正确。

5. √【解析】预计资产负债表中现金项目的期末数一定等于现金预算中的期末现金余额，这是预计资产负债表与现金预算之间的重要勾稽关系。因此，本题的表述正确。

第四章 筹资管理（上）

本章总括介绍了筹资管理的原则和方式等内容，其中筹资方式可用两个“3”表示，即债务筹资的 3 种方式和股权筹资的 3 种方式。在近 3 年考试中，本章内容所占分值平均为 7 分，一般以客观题的形式出现，题量平均为 6 题。本章考点需记忆的内容较多，特别是各种筹资方式的分类、特点，考生可借助表格等形式对筹资方式的优缺点进行比较，并通过练习熟练掌握相关知识点。

▼ 本章主要考点的题型、估计题量和所占分值一览表

主要考点	题型	估计题量	所占分值
①企业筹资的动机；②融资租赁筹资的特点；③发行公司债券和吸收直接投资的筹资特点；④以工业产权出资时的限制条件；⑤计算融资租赁的租金；⑥银行借款的种类、特点；⑦股权筹资和债务筹资的优缺点；⑧吸收直接投资的特点；⑨股东的权利、股票的分类以及定向增发的优势；⑩留存收益的性质、筹资特点	单选题	4 题	4 分
①发行公司债券筹资的特点；②吸收直接投资的出资方式；③融资租赁筹资和发行股票筹资的特点	多选题	1 题	2 分
①筹资动机的定义；②筹资的分类	判断题	1 题	1 分

▼ 本章知识结构一览表

筹资管理（上）	一、筹资管理的主要内容	（1）企业筹资的动机（★）：创立性动机；支付性动机；扩张性动机；调整性动机 （2）筹资管理的分类（★） （3）筹资管理的原则（★）：筹措合法；规模适当；取得及时；来源经济；结构合理
	二、债务筹资	（1）银行借款（★★★）：种类；程序；筹资特点等 （2）发行公司债券（★★★）：条件；种类；筹资特点 （3）融资租赁（★★★）：融资租赁与经营租赁的区别；租金的计算 （4）债务筹资的优缺点（★★）
	三、股权筹资	（1）吸收直接投资（★★★）：种类；方式；程序；筹资特点 （2）发行普通股股票（★★★）：股票的上市与发行；引入战略投资者 （3）利用留存收益筹资（★★★） （4）股权筹资的优缺点（★★★）

第一节 筹资管理的主要内容

考点1 企业筹资的动机（★）

考点分析

本考点经常出题，可能考查筹资动机与实际例子中财务决策的对应关系，考生应理解 4 个筹资动机的含义和特点，能够根据题目中的关键词，快速判断相关题目反映的筹资动机。

考点精讲

企业筹资的动机有创立性筹资动机、支付性筹资动机、扩张性筹资动机和调整性筹资动机 4 类。

（1）创立性筹资动机：企业设立时，为取得资本金并形成开展经营活动的基本条件而产生。

（2）支付性筹资动机：满足经营业务活动的正常波动所形成的支付需要而产生，解决这些超出维持正常经营活动的季节性、临时性的交易支付需求。

（3）扩张性筹资动机：企业因扩大再生产、经营规模的扩张以及对外投资而产生追加筹资的需求。

（4）调整性筹资动机：因调整资本结构而产生，通常不会增加企业的资本总额。

在实务中，企业筹资的目的可能不是单纯和唯一的，通过追加筹资，往往既满足了经营活动、筹资活动的资金需求，同时又达到了调整资本结构的目的。

典型例题

【例题·单选题】企业为了优化资本结构而筹集资金，这种筹资的动机是（ ）。（2016 年）

A. 创立性筹资动机

B. 支付性筹资动机

C. 扩张性筹资动机

D. 调整性筹资动机

【解析】调整性筹资动机是指企业因调整资本结构而产生的筹资动机。

【答案】D

考点2 筹资管理的分类（★）

考点分析

本考点内容很多，涉及筹资的众多子类型，考试时可能要求考生判断相关分类的依据或标准，或者按照某标准可将筹资分为哪些类别。

考点精讲

筹资按照不同标准，可划分为不同类别，其具体方式及特点如表 4-1 所示。

表 4-1 筹资的分类、具体方式及特点

分类标准	类别	具体方式	特点
取得资金的权益特性	股权筹资	吸收直接投资、发行股票、内部积累等	不用偿还本金，财务风险小，但付出的成本相对较高
	债务筹资	向金融机构借款、发行债券、融资租赁等	风险较大，但付出的成本相对较低
	混合筹资	发行可转换债券、认股权证等	兼具股权与债务筹资两者的性质，有一定的选择权
是否借助于金融机构来获得社会资金	直接筹资	发行股票、发行债券、吸收直接投资等	不需要通过金融机构，手续比较复杂，费用较高，但筹资领域广阔，可以直接利用社会资金
	间接筹资	银行贷款、融资租赁等	形成的主要是债务资金，筹资手续相对比较简单，筹资效率高，筹资费用较低
取得资金的来源范围	内部筹资	通过留存收益	筹资数额有限，筹资成本低
	外部筹资	发行股票、发行债券、取得商业信用、向银行借款等	向外部筹资大多需要花费一定的费用，提高了筹资成本
筹资资金的使用期限	长期筹资	吸收直接投资、发行股票、发行债券、长期借款、融资租赁等	用于形成和更新企业的生产和经营能力；可以是股权资金，也可以是债务资金
	短期筹资	利用商业信用、短期借款、保理业务等	用于企业流动资产和资金的日常周转，一般在短期内需要偿还

典型例题

【例题 1·判断题】直接筹资是企业直接从社会取得资金的一种筹资方式，一般只能用来筹集股权资金。（ ）（2016 年）

【解析】直接筹资，是企业直接与资金供应者协商融通资金的一种筹资活动，不需要通过金融机构来筹措资金，具体方式主要有发行股票、吸收直接投资、发行债券等，其中，发行债券筹集的是债务资金，而不是股权资金。

【答案】×

【例题 2·单选题】筹资分为直接筹资和间接筹资两种类型是按照（ ）。

A. 企业所取得资金的权益特性不同

B. 筹集资金的使用期限不同

C. 是否借助于金融机构来获取社会资金

D. 资金的来源范围不同

【解析】按企业是否借助于金融机构来获取社会资金，企业筹资分为直接筹资和间接筹资，所以选项 C 正确。

【答案】C

【例题 3·多选题】一般来说，外部筹资主要采用的方式有（ ）。

A. 股权筹资

B. 债务筹资

C. 间接筹资

D. 直接筹资

【解析】一般来说，企业最基本的筹资渠道为直接筹资和间接筹资。企业可从外部和内部两个来源获得筹资，外部筹资的主要方式是股权筹资和债务筹资。因此，选项 A、B 正确，选项 C、D 错误。

【答案】AB

考点3 筹资管理的原则（★）

考点分析

本考点的内容不多，不过很容易出现多选题，

要求考生判断具体实例属于哪项筹资管理原则。

考点精讲

筹资管理应遵循以下 5 个原则。

（1）筹措合法：遵循国家法律法规，合法筹措资金，维护各方面的合法权益。

（2）规模适当：依据企业的实际生产经营和发展的要求，科学合理地预测、安排资金的需求量。

（3）取得及时：合理安排筹资时间，不能过早筹到资金，造成浪费，又不能让所筹资金时间滞后，贻误资金投放的最佳时间。

（4）来源经济：从各种筹资渠道中选择经济、可行的筹资来源。

（5）结构合理：在优化资本结构时要综合考虑各种筹资方式的特点及其关系，要保持适当的偿债能力，避免出现财务危机。

误区提醒

在复习时，考生要对内容较多、容易出选择题的知识点从"正""反"两方面分别练习，具体到筹资管理的原则来说，考生应能够判断 5 个原则的具体内容，同时，要能够从具体实例中看出其具体体现的原则。

典型例题

【例题·多选题】下列各项中，属于企业筹资管理应当遵循的原则有（　）。（2012 年）

A. 依法筹资原则　　B. 负债最低原则

C. 规模适度原则　　D. 结构合理原则

【解析】企业筹资管理应当遵循以下 5 个原则：筹措合法、规模适当、取得及时、来源经济、结构合理。

【答案】ACD

本节考点回顾与总结一览表

本节考点	知识总结
考点 1 企业筹资的动机	企业筹资 4 动机：创立性动机、支付性动机、扩张性动机、调整性动机
考点 2 筹资管理的分类	筹资分类 4 标准：①取得资金的权益特性（股权筹资、债务筹资、混合筹资）；②是否通过金融机构（直接筹资、间接筹资）；③取得资金的来源范围（内部筹资、外部筹资）；④资金的使用期限（长期筹资、短期筹资）
考点 3 筹资管理的原则	筹资管理 5 原则：筹措合法、规模适当、取得及时、来源经济、结构合理

真题演练

1.【判断题】调整性筹资动机是指企业因调整公司业务所产生的筹资动机。（　）（2014 年）

2.【判断题】企业在初创期通常采用外部筹资，而在成长期通常采用内部筹资。（　）（2015 年）

3.【单选题】当一些债务即将到期时，企业虽然有足够的偿债能力，但为了保持现有的资本结构，仍然举新债还旧债，这种筹资的动机是（　）。（2015 年）

A. 扩张性筹资动机

B. 支付性筹资动机

C. 调整性筹资动机

D. 创立性筹资动机

第二节 债务筹资

考点4 银行借款（★★★）

考点分析

本考点经常在考试中出题，主要围绕银行贷款的种类（尤其是担保贷款）和保护性条款进行考查，通常以客观题的形式出题。考生应熟记重要的概念，如抵押贷款、质押贷款、保护性条款等，并了解其在实例中的具体体现。

考点精讲

银行借款是指企业向银行或其他非银行金融机构借入的、需要还本付息的款项，包括偿还期限超过 1 年的长期借款和偿还期限不足 1 年（包括 1 年）的短期借款。它的用途主要是为了企业购建固定资产和满足流动资金周转的需要。

1. 银行借款的分类

银行借款按照不同标准，可划分为不同类别，具体如图 4–1 所示。

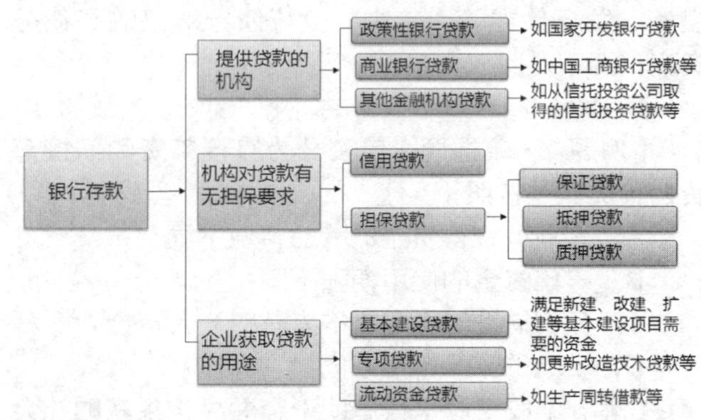

图 4–1 银行借款的种类

名师解读

对于担保贷款，要掌握抵押与质押的异同，它们的相同点是当债务人不能履行债务时，债权人有权利将此财产或财产权利进行折价或者以拍卖、变卖的价款优先受偿。不同之处是抵押不转移对财产的占有，而质押要转移对动产或财产权利的占有。

在抵押贷款中，抵押品是能够变现的资产，例如不动产、机器设备、交通运输工具等，依法有权处分的土地使用权，有价证券（股票、债券等）。

在质押贷款中，质押品的种类有：①信用凭证，例如汇票、支票、债券、存款单、提单等；②依法可转让的有价证券，如股份、股票等；③依法可转让的商标专用权、专利权、著作权中的财产权等。

2. 长期借款的保护性条款

长期借款的金额高、期限长、风险大，为了降低风险，债权人会在借款合同中附加各种保护性条款，这些保护条款包括以下 3 个方面。

（1）例行性保护条款：定期向提供贷款的金融机构提交公司财务报表；要求企业保持存货储备量；及时清偿债务等。

（2）一般性保护条款：要求保持企业的资产流动性；对企业非经营性的支出进行限制；对企业资本支出的规模进行限制；对公司再举债规模进行限制；对公司的长期投资进行限制。

（3）特殊性条款：借款的用途不能改变、要求公司的主要领导人购买人身保险、违约处罚条款等。

3. 银行借款筹资的特点

银行借款与其他债务筹资方式（如发行公司债券、融资租赁等）相比，其特点有筹资速度快、资本成本较低、筹资弹性较大、限制条款多、筹资数额有限等。

典型例题

【例题 1 · 单选题】下列筹资方式中，既可以筹集长期资金，也可以融通短期资金的是（　）。（2016 年）

A. 发行股票

B. 利用商业信用

C. 吸收直接投资

D. 向金融机构借款

【解析】银行借款、发行债券和融资租赁是债务筹资的 3 种基本形式，银行借款包括偿还期限超过 1 年的长期借款和不足 1 年的短期借款，选项 D 符合题意。

【答案】D

【例题 2 · 单选题】企业可以将某些资产作为质押品向商业银行申请质押贷款。下列各项中，不能作为质押品的是（　）。（2014 年）

A. 厂房

B. 股票

C. 汇票

D. 专利权

【解析】作为贷款担保的质押品，可以是汇票、支票、债券、存款单、提单等信用凭证；或者是依法可以转让的股份、股票等有价证券；或者是依法可以转让的商标专用权、专利权、著作权中的财产权等。厂房是不动产，不能作为质押品。

【答案】A

【例题 3 · 多选题】根据企业获取贷款的用途，银行借款可分为（　）。

A. 基本建设贷款

B. 专项贷款

C. 流动资金贷款

D. 担保贷款

【解析】根据企业获取贷款的用途，分为基本建设贷款、专项贷款和流动资金贷款；根据机构对贷款有无担保要求，分为信用贷款和担保贷款，选项 D 不是按企业获取贷款的用途进行的分类。

【答案】ABC

【例题 4 · 判断题】例行性条款是针对某些特殊情况的出现而在部分借款合同中列明的条款，只有在特殊情况下才能生效。（　）

【解析】例行性保护条款作为例行常规，在大多借款合同中都会出现，而不是出现在部分借款合同中的条款，只有在特殊情况下才能生效，所以题目表述是错误的。

【答案】×

考点5 发行公司债券（★★★）

考点分析

本考点需要记忆和理解的内容较多，考试中可能会围绕公司债券的偿还和筹资特点进行考查，题型以客观题为主。

考点精讲

根据我国《公司法》的规定，股份有限公司和有限责任公司，具有发行债券的资格。公开发行公司债券筹集的资金，必须用于核准的用途，不得用于弥补亏损和非生产性支出。

1. 公司债券的分类

公司债券种类很多，按照不同的标准，其分类不同，其含义如表 4-2 所示。

表 4-2 公司债券的分类及含义

分类标准	类别	含义
是否记名	记名公司债券	在公司债券存根簿上需要载明债券持有人的姓名及其他信息
	无记名公司债券	在公司债券存根簿上不载明持有人的姓名
是否能转换成公司股权	可转换债券	债券持有者可以在规定的时间内按规定的价格转换为发债公司的股票
	不可转换债券	不能转换为发债公司的股票
有无特定财产担保	担保债券	以抵押方式担保发行人按期还本付息，主要是指抵押债券。按抵押品不同，分为不动产抵押债券、动产抵押债券和证券信托抵押债券
	信用债券	仅凭公司自身的信用发行的、没有抵押品作抵押担保的债券

2. 公司债券的发行

公司债券发行包括作出发债决议、提出发债申请、公告募集办法、委托证券经营机构发售、交付债券、收缴债券款等程序。

在该发行方式下，发行公司需要与承销团签订承销协议。承销团由多家证券公司或投资银行组成，承销方式包括代销和包销两种。

（1）代销

代销指承销机构不承担发行风险，在约定期限内如果没有全部售出，余额可退还发行公司。

（2）包销

包销指先由承销团购入发行公司拟发行的全部债券，再由承销团出售给社会上的投资者，约定的期限内未能全部售出时，承销团负责认购余额。

3. 公司债券的偿还

债券的偿还方式主要有以下 3 种情形。

（1）提前偿还：债券还没有到期之前予以偿还。

（2）到期分批偿还：发行公司在发行同一种债券时依据不同编号或者不同发行对象的债券规定不同的到期日。这种偿还方式的发行费较高，但便于发行，有利于投资人挑选最合适的到期日。

（3）到期一次偿还：发行公司在债券到期日一次性还本付息，此种方式最为常见。

4. 公司债券的筹资特点

公司债券的筹资特点包括以下 4 点。

（1）一次筹资数额大。

（2）募集资金的使用限制条件少。

（3）资本成本较高。

（4）有利于提高公司的社会声誉。

典型例题

【例题 1·多选题】与银行借款相比，下列各项中，属于发行债券筹资特点的有（　）。（2013 年）

A. 资本成本较高

B. 一次筹资数额较大

C. 扩大公司的社会影响

D. 募集资金使用限制较多

【解析】债券筹资的特点包括：①一次筹资数额大；②募集资金的使用限制条件少；③资本成本负担较高；④提高公司的社会声誉。

【答案】ABC

【例题 2·判断题】信用债券是指以抵押方式担保发行人按期还本付息的债券。（　）

【解析】信用债券是仅凭公司自身的信用发行的、没有抵押品作抵押担保的债券，而担保债券是指以抵押方式担保发行人按期还本付息的债券，所以本题的表述错误。

【答案】×

【例题 3·多选题】根据规定，证券发行公司应与承销团签订承销协议，可选择的承销方式有（　）。

A. 代销

B. 招标

C. 柜台销售

D. 包销

【解析】承销团由多家证券公司或投资银行组成，承销方式包括代销和包销两种。

【答案】AD

考点6 融资租赁（★★★）

考点分析

本考点的内容较多，如融资租赁和经营租赁的比较，也涉及计算，如融资租赁租金的计算，一般在客观题中出题。考生应掌握融资租赁的原理、租金的计算，以应对可能出现的计算类题目。

考点精讲

1. 租赁的基本特征

租赁是指通过签订资产出让合同的方式，承租方通过支付租金，向出租方取得资产使用权的一种交易行为。它的基本特征有以下 3 点。

（1）所有权与使用权相分离。

（2）融资与融物相结合。

（3）租金分期支付。

2. 经营租赁和融资租赁

租赁分为经营租赁和融资租赁，两种租赁类型的区别如表 4-3 所示。

表 4-3 经营租赁与融资租赁的区别

对比项目	经营租赁	融资租赁
业务原理	融物的一种方式，没有融资特征	融物、融资形成一体
租赁目的	能够预防无形损耗风险，使用期是暂时性的	融通资金，添置设备
契约法律效力	中途经双方意向可撤销合同	合同不可以撤销
租金	设备使用费	包含了设备的价款
租赁标的	一般是通用设备	一般针对专用设备
租期	短	长（相当于设备经济寿命）
承租人	多个承租人在设备经济寿命周期内轮流租	往往是一个
灵活方便	比较明显	不明显
维修与保养	均由出租人负责	基本上是由出租人负责通用设备，由承租人负责专用设备

融资租赁有 3 种基本形式：直接租赁、售后回租和杠杆租赁，它们的含义与当事人如表 4-4 所示。

表 4-4 融资租赁的含义与当事人

租赁形式	含义	当事人
直接租赁	出租方根据承租方的要求购买设备后，直接租赁给承租方	出租方、承租方
售后回租	在承租方急需资金等情况下，承租方先把所属资产卖给出租方，然后又从出租方将资产的使用权租回来	出租方、承租方
杠杆租赁	在资产价值昂贵时，出租人投入资产价值的 20%~40% 的资金，其他的资金以该资产抵押担保给第三方（一般是银行）来获取	承租方、出租方和资金出借方

3. 融资租赁租金的计算

融资租赁每期租金包括以下 3 项内容。

（1）设备原价及预计残值：含设备购买时的买价、运输时发生的运输费、安装时产生的调试费、设备保险费，设备租赁期满后出售可得的收入。

（2）利息：租赁公司为承租企业购置设备垫付资金所应支付的利息。

（3）租赁手续费：租赁公司承办租赁设备所发生的业务费用和必要的利润。

典型例题

【例题 1 · 多选题】与发行股票筹资相比，融资租赁筹资的特点有（ ）。（2016 年）

A. 财务风险较小

B. 筹资限制条件较小

C. 资本成本负担较少

D. 形成生产能力较快

【解析】融资租赁的特点包括：①无需大量资金就能迅速获得资产（选项 D 正确）；②财务风险小，财务优势明显（相对于一次性购买）；③筹资的限制条件较少（选项 B 正确）；④能延长资金融通的期限；⑤资本成本负担较高（相对于其他债务筹资方式）。发行普通股股票属于股权筹资的一种，而与债务筹资相比，股权筹资的资本成本要高于债务筹资，因此选项 C 正确。选项 A，融资租赁筹资虽具有财务风险小的特点，但它属于债务筹资，需要定期支付租金，与发行股票筹资相比，其财务风险较高，不符合题意。

【答案】BCD

【例题 2 · 单选题】某企业于 2017 年 1 月 1 日从租赁公司租入设备一套，价值 50 万元，租期 5 年，租赁期满预计净残值 5 万元，期满设备归租赁公司，年利率 8%，租赁手续费每年 2%，租金每年年末支付一次。每年的租金为（ ）元。（*P/F*，10%，5）=0.620 9，（*P/A*，10%，5）=3.790 8。

A. 50 000　　B. 73 708

C. 90 000　　D. 123 708

【解析】每年租金 =[500 000−50 000×（*P/F*, 10%, 5）]÷（*P/A*, 10%, 5）=（500 000−50 000×0.620 9）÷3.790 8=123 708（元）。

【答案】D

【例题 3 · 多选题】下列各项不属于融资租赁特点的有（ ）。

A. 无融资特征，只是一种融物方式

B. 租期较短

C. 维修与保养全部由出租人负责

D. 租赁合同不可撤销

【解析】融资租赁的特点有：①结合了融资、融物的特点；②租期较长，相当于设备经济寿命的大部分；③专用设备的维修与保养多由承租人负责，通用设备多由出租人负责；④融资租赁合同不可撤销。

【答案】ABC

考点7 债务筹资的优缺点（★★）

考点分析

本考点需记忆的内容较多，考查方式也有多种，例如考查债务筹资和股权筹资的对比、债务筹资具体分类之间的比较等，一般出现在客观题中。

考点精讲

债务筹资的优点包括以下 5 点：①筹资速度较快；②筹资弹性大；③资本成本较低；④可以利用财务杠杆；⑤稳定公司的控制权。

债务筹资的缺点包括以下 3 点：①不能形成企业稳定的资本基础；②财务风险较大；③筹资数额有限。

典型例题

【例题 1 · 单选题】下列各种筹资方式中，筹资限制条件相对最少的是（　）。（2015 年）

A. 融资租赁　　B. 发行股票

C. 发行债券　　D. 发行短期融资券

【解析】企业运用股票、债券、长期借款等筹资方式，都受到相当多的资格条件的限制，如足够的抵押品、银行贷款的信用标准、发行债券的政府管制等。相比之下，融资租赁筹资的限制条件很少，所以选项 A 正确。

【答案】A

【例题 2 · 单选题】与股票筹资相比，下列各项中，属于债务筹资缺点的是（　）。（2014 年）

A. 财务风险较大　　B. 资本成本较高

C. 稀释股东控制权　　D. 筹资灵活性小

【解析】债务筹资的缺点包括，不能形成企业稳定的资本基础、财务风险较大、筹资数额有限。选项 B、C，都属于股权筹资的缺点；选项 D 不符合题意，银行借款属于债务筹资的一种，但它的筹资弹性大。

【答案】A

本节考点回顾与总结一览表

本节考点	知识总结
考点 4 银行借款	①银行借款的划分标准：按提供贷款的机构、按机构对贷款有无担保要求、按企业取得贷款的用途划分 ②长期借款包括 3 类保护性条款：例行性条款、一般性条款、特殊性条款 ③银行借款的筹资特点：筹资速度快、资本成本低、筹资弹性大、限制条款多、筹资数额有限
考点 5 发行公司债券	①公司债券筹集的资金不得用于弥补亏损和非生产性支出 ②公司债券的划分标准：按是否记名、是否能转换成公司股权、有无特定财产担保划分
考点 6 融资租赁	①经营租赁和融资租赁的区别：在业务原理、租赁目的、契约法律效力、租金等方面存在区别 ②融资租赁的基本形式：直接租赁、售后回租和杠杆租赁 ③融资租赁租金的构成：设备原价及预计残值、利息和租赁手续费
考点 7 债务筹资的优缺点	①债务筹资的优点：筹资速度较快；筹资弹性大；资本成本较低；可以利用财务杠杆；稳定公司的控制权 ②债务筹资的缺点：不能形成企业稳定的资本基础；财务风险较大；筹资数额有限

真题演练

1.【判断题】根据风险与收益均衡的原则，信用贷款利率通常比抵押贷款利率低。（　）（2011 年）

2.【单选题】下列各项中，不属于融资租赁租金构成内容的是（　）。（2013 年）

A. 设备原价

B. 租赁手续费

C. 租赁设备的维护费用

D. 垫付设备价款的利息

3.【单选题】与银行借款相比，下列各项中不属于融资租赁筹资特点的是（　）。（2012 年）

A. 资本成本低　　B. 融资风险小

C. 融资期限长　　D. 融资限制少

第三节 股权筹资

考点8 吸收直接投资（★★★）

考点分析

本考点的重点考查内容是工业产权筹资、特定债权筹资以及股东和发起人不得作价出资的项目等，一般在客观题中出题。

考点精讲

1. 吸收直接投资的种类

吸收直接投资包括吸收国家投资、吸收法人投资、合资经营、吸收社会公众投资，吸收直接投资的分类和特点如表 4-5 所示。

表 4-5　吸收直接投资的分类和特点

种类	含义	特点
吸收国家投资	代表国家投资的政府部门或机构将国有资产投入公司形成的资本	①产权属于国家；②资金的运用权和处置权受国家约束较大；③在国有公司中采用比较广泛
吸收法人投资	法人单位以其依法可支配的资产投入公司而形成的资本	①投资主体发生在法人单位之间；②持有目的是参与公司利润分配或控制；③出资方式灵活多样

续表

种类	含义	特点
合资经营	两个或两个以上的不同国家的投资者共同投资、共同经营、共担风险、共负盈亏、共享利益	①在中国境内，为中国法人；②形式为有限责任公司；③外方合营者的出资比例一般不低于25%；④合资经营期限一般项目为10～30年，最长可到50年，经国务院特批的可在50年以上；⑤合资经营企业的注册资本与投资总额之间应依法保持适当的比例关系
吸收社会公众投资	社会个人或本公司职工以个人合法财产投入公司而形成的资本	①参加投资的人员较多；②每人投资的数额相对较少；③投资目的是参与公司利润分配

2. 吸收直接投资的方式

吸收直接投资的出资方式包括以下5种。

（1）以货币资产出资：最重要的出资方式。

（2）以实物资产出资：以房屋、设备、材料等出资。

（3）以土地使用权出资：应适合企业、生产、经营、研发等活动的需要；地理、交通条件要适宜；作价公平、合理。

（4）以工业产权出资：以专有技术、商标权、专利权和非专利技术等无形资产出资。

（5）以特定债权出资：企业可将特定的债权转为股权的情形有如下5种：①上市公司依法发行的可转换债券；②金融资产管理公司持有的国有及国有控股企业债权；③企业实行公司制改建时，经银行以外的其他债权人协商同意，可以按照有关协议和企业章程的规定，将其债权转为股权；④国有企业的境内债权人将持有的债权转给外国投资者，企业通过债转股改组为外商投资企业；⑤按照《企业公司制改建有关国有资本管理与财务处理的暂行规定》，国有企业改制时，账面原有应付工资余额中欠发职工工资部分，在符合国家政策、职工自愿的条件下，依法扣除个人所得税后可转为个人投资；未退还职工的集资款也可转为个人投资。

3. 吸收直接投资的筹资特点

吸收直接投资的筹资特点主要包括：①能够尽快形成生产能力；②容易进行信息沟通；③资本成本较高；④公司控制权集中，不利于公司治理；⑤不易进行产权交易。

名师解读

股东或者发起人不得以特许经营权、劳务、自然人姓名、信用、商誉或者设定担保的财产等作价出资，这是《公司法》对无形资产出资方式的限制。

典型例题

【例题1·单选题】与发行股票筹资相比，吸收直接投资的优点是（　）。（2016年）

A. 筹资费用较低

B. 资本成本较低

C. 易于进行产权交易

D. 有利于提高公司声誉

【解析】吸收直接投资具有以下特点：①能够尽快形成生产能力；②容易进行信息沟通；③资本成本较高（选项B不符合题意）；④公司控制权集中，不利于公司治理；⑤不易进行产权交易（选项C不符合题意）。选项D不符合题意，发行股票投资的优点是增强公司的社会声誉。吸收直接投资不像发行股票要支付大量的发行费用给发行机构，故筹资费用较低，选项A符合题意。

【答案】A

【例题2·多选题】企业可将特定的债权转为股权的情形有（　）。（2014年）

A. 公司重组时的银行借款

B. 改制时未退还职工的集资款

C. 上市公司依法发行的可转换债券

D. 国有金融资产管理公司持有的国有企业债权

【解析】企业可将特定的债权转为股权的情形有5种，选项A与上文讲解中第③种情形相矛盾。

【答案】BCD

【例题3·多选题】下列各项中，属于工业产权的有（　）。

A. 专有技术　　B. 土地使用权

C. 商标权　　D. 专利权

【解析】工业产权通常是指专有技术、商标权、专利权、非专利技术等无形资产。

【答案】ACD

考点9 发行普通股股票（★★★）

考点分析

本考点的考查题型以客观题为主，主要围绕股东权利、股票分类出题，考生在复习时应熟记关于股票发行的分类，了解股票上市的暂停、终止和特别处理的具体情形。

考点精讲

1. 股票的特点和种类

股票的特点有4个：①永久性；②流通性；③风险性；④参与性。

股东的权利表现在5个方面：①公司管理权；②收益分享权；③股份转让权；④优先认股权；

⑤剩余财产要求权。

股票按照不同的标准，可分为不同的种类，具体类别及说明如表4-6所示。

表4-6 股票的种类及说明

分类标准	类别	说明
按股东权利和义务	普通股股票	优先股股票的优先权利主要表现在股利分配和取得剩余财产的优先权上
	优先股股票	
按票面是否记名	记名股票	向发起人、国家授权投资机构和法人发行的股票，应为记名股票；向社会公众发行的股票，可以为记名股票，也可以为无记名股票
	无记名股票	
按发行对象和上市地点	A股、B股、H股、N股和S股等	A股：注册地在内地，在境内上市，以人民币标明面值、认购和交易 B股：注册地在内地，在境内上市，以人民币标明面值，以外币认购和交易 H股：注册地在内地，在香港上市的 N股：注册地在内地，在纽约上市 S股：注册地在内地，在新加坡上市

2. 股票的发行方式

股票的发行方式有公开间接发行和非公开直接发行两种。

3. 股票上市的目的和条件

公司股票上市的目的有3个：①便于筹措新资金；②促进股权流通和转让；③便于确定公司价值。

我国《证券法》规定，股份有限公司申请股票上市，应当符合下列条件。

①股票经国务院证券监督管理机构核准已公开发行。

②公司股本总额不少于人民币3 000万元。

③公开发行的股份达到公司股份总数的25%以上；公司股本总额超过人民币4亿元的，公开发行股份的比例为10%以上。

④公司最近3年无重大违法行为，财务会计报告无虚假记载。

4. 股票上市的暂停

根据《证券法》的规定，上市公司有以下5种情形之一的，由证券交易所决定暂停其股票上市交易：①公司股本总额、股权分布等发生变化不再具备上市条件；②公司不按照规定公开其财务状况，或者对财务会计报告做虚假记载，可能误导投资者；③公司有重大违法行为；④公司最近3年连续亏损；⑤证券交易所上市规则规定的其他情形。

5. 股票上市的终止

上市公司有下列情形之一的，由交易所终止其股票上市交易：①未能在法定期限内披露其暂停上市后第一个半年度报告的；②在法定期限内披露了恢复上市后的第一个年度报告，但公司仍然出现亏损的；③未能在法定期限内披露恢复上市后第一个年度报告的；④恢复上市申请未被受理的或者未被核准的。

6. 股票上市的特别处理

上市公司出现以下6种财务状况或其他状况异常的，其股票交易将被交易所“特别处理”：①最近两个会计年度的净利润审计结果显示为负值的；②最近一个会计年度的股东权益审计结果显示其低于注册资本的；③最近一个会计年度的股东权益扣除注册会计师、有关部门不予确认的部分，经审计低于注册资本的；④最近一个会计年度的财产报告的审计报告，注册会计师出具无法表示意见或否定意见的审计报告的；⑤最近一年经审计的财务报告对上年度利润进行调整，导致连续两个会计年度亏损的；⑥财务状况经交易所或中国证监会认定为异常的。

7. 上市公司的股票发行

上市的股份有限公司在证券市场上发行股票包括公开发行和非公开发行两种。其中，公开发行又分为首次上市公开发行股票和上市公开发行股票；非公开发行即向特定投资者发行，也称为定向发行。

（1）首次上市公开发行股票（IPO）是指股份有限公司对社会公开发行股票并上市流通和交易。

（2）上市公开发行股票是指股份有限公司已经上市后，在证券市场上通过证券交易所对社会公开发行股票，分为增发和配股两种。其中，增发是指上市公司向社会公众发售股票的再融资方式，配股是指上市公司向原有股东配售股票的再融资方式。

（3）上市公司非公开发行股票（也叫定向募集增发）是指上市公司采用向特定对象以非公开方式发行股票的行为。发行对象可以是老股东和新投资者，但不超过10名，以境外战略投资者作为发行对象的，应当事先经国务院相关部门批准。

上市公司定向增发有以下3个优势。

①有利于引入战略投资者和机构投资者。

②有利于上市公司的市场化估值溢价，通过资本市场将母公司资产放大，从而提升母公司的资产价值。

③有利于集团企业整体上市，同时能够减轻并购的现金流压力，特别是资产并购型定向增发。

8. 引入战略投资者

战略投资者是指与发行人具有合作关系或有合作意向和潜力，与发行公司业务联系紧密且欲长期持有发行公司股票的法人。作为战略投资者的基本要求有以下3个方面。

①与公司的经营业务联系要紧密。

②投资目的要求是长期的，即要较长时期持有股票。

③要具有相当的资金实力，持股数量较多。

误区提醒

上市公司被交易所暂停上市、终止上市、特别处理是有区别的，其具体的原因也存在区别。当上市公司由于经营不善等原因，而出现净利润为负数、股东权益低于注册资本等情形，将被特别处理；当上市公司不按规定公布财务状况、出现重大违法行为等情形时，则将被暂停上市直至终止上市。考生在复习时，应关注这三者的区别，以免混淆。

典型例题

【例题1·单选题】与配股相比，定向增发的优势是（　）。（2016年）

A. 有利于社会公众参与

B. 有利于保持原有的股权结构

C. 有利于促进股权的流通转让

D. 有利于引入战略投资者和机构投资者

【解析】上市公司定向增发优势在于：①有利于引入战略投资者和机构投资者；②有利于利用上市公司的市场化估值溢价，将母公司资产通过资本市场放大，从而提升母公司的资产价值；③定向增发是一种主要的并购手段，特别是资产并购型定向增发，有利于集团企业整体上市，并同时减轻并购的现金流压力。

【答案】D

【例题2·单选题】下列各项中，不属于普通股股东拥有的权利是（　）。（2014年）

A. 优先认股权　　B. 优先分配收益权

C. 股份转让权　　D. 剩余财产要求权

【解析】选项A，优先认股权是公司增发新股时为保护老股东的利益而赋予老股东的一种特权，不单独为普通股股东所拥有；选项B，优先股的优先权利主要表现在股利分配优先权和分配剩余财产优先权上，不属于普通股股东的权利；选项C、D都属于普通股股东的权利。

【答案】B

【例题3·多选题】下列选项中，属于股票特点的有（　）。

A. 永久性　　B. 风险性

C. 营利性　　D. 流通性

【解析】股票的特点有4个：永久性、流通性、风险性、参与性。

【答案】ABD

【例题4·多选题】股份有限公司申请股票上市，应符合的条件有（　）。

A. 公司股本总额不少于人民币2 000万元

B. 公司最近3年无重大违法行为，财务会计报告无虚假记载

C. 公开发行的股份达到公司股份总数的25%以上

D. 股票经国务院证券监督管理机构核准已公开发行

【解析】选项A，股份有限公司申请股票上市，其股本总额不少于人民币3 000万元。

【答案】BCD

考点10 利用留存收益筹资（★★★）

考点分析

本考点主要考查留存收益筹资的特点，内容不多，考生可根据“筹资费用”“资本成本”“控制权”等关键词进行记忆。

考点精讲

利用留存收益筹资的特点有如下3个。

（1）不会发生筹资费用，资本成本较低（与普通股筹资相比较）。

（2）维持公司的控制权分布，不会改变公司的股权结构，不会稀释原有股东的控制权。

（3）筹资数额有限。

典型例题

【例题·单选题】下列关于留存收益筹资的表述中，错误的是（　）。（2014年）

A. 留存收益筹资可以维持公司的控制权结构

B. 留存收益筹资不会发生筹资费用，因此没有资本成本

C. 留存收益来源于提取的盈余公积金和留存于企业的利润

D. 留存收益筹资有企业的主动选择，也有法律的强制要求

【解析】选项B错误，留存收益的资本成本率，表现为股东追加投资要求的报酬率，其计算与普通股成本相同，不同点在于不考虑筹资费用。

【答案】B

考点11 股权筹资的优缺点（★★★）

考点分析

本考点内容虽然不多，但可能会与债务筹资相结合，考查股权筹资的特点。

考点精讲

股权筹资的优点主要有两个：①股权筹资是企业稳定的资本基础；②股权筹资是企业良好的信誉基础，同时也是其他方式筹资的基础和信用保障。

股权筹资的缺点主要有3个：①资本成本负担较重；②容易分散公司的控制权；③信息沟通与披露成本较大。

典型例题

【例题 1 · 单选题】下列各项中，与留存收益筹资相比，属于吸收直接投资特点的是（　）。（2015 年）

A. 资本成本较低　　B. 筹资速度较快

C. 筹资规模有限　　D. 形成生产能力较快

【解析】吸收直接投资的筹资特点包括：①能够尽快形成生产能力；②容易进行信息沟通；③资本成本较高；④公司控制权集中，不利于公司治理；⑤不易进行产权交易。留存收益的筹资特点包括：①不用发生筹资费用；②维持公司控制权分布；③筹资数额有限，所以选项 D 正确。

【答案】D

【例题 2 · 单选题】下列各种筹资方式中，最有利于降低公司财务风险的是（　）。（2015 年）

A. 发行普通股　　B. 发行优先股

C. 发行公司债券　　D. 发行可转换债券

【解析】企业采取股权筹资的财务风险较小。股权资本不用在企业正常营运期内偿还，没有还本付息的财务压力。优先股筹资的财务风险介于债券和权益之间。

【答案】A

【例题 3 · 多选题】与债务筹资相比，下列各项中属于股权筹资优点的有（　）。

A. 资本成本负担较轻

B. 是企业良好的信誉基础

C. 财务风险较小

D. 保持公司的控制权

【解析】股权筹资的优点包括：①是企业稳定的资本基础；②是企业良好的信誉基础，也是其他方式筹资的基础和信用保障。由于股权筹资的资本成本高于债务筹资，所以股权筹资的资本成本负担较重，选项 A 错误；容易分散公司的控制权属于股权筹资的缺点，选项 D 错误。

【答案】BC

本节考点回顾与总结一览表

本节考点	知识总结
考点 8 吸收直接投资	① 4 种吸收直接投资方式：吸收国家投资、吸收法人投资、合资经营、吸收社会公众投资 ②股东或发起人不得以劳务、信用、自然人姓名、商誉、特许经营权或者设定担保的财产等作价出资
考点 9 发行普通股股票	①股票的分类标准：按股东权利和义务、按票面是否记名、按发行对象和上市地点分类 ②股票的发行方式：公开直接发行、非公开直接发行 ③股票上市发行有 4 个条件，5 种暂停情况，4 种终止情形，6 种特别处理的情形，上市公司定向增发的 3 个优势 ④作为战略投资者的 3 个基本要求：与公司的经营业务联系要紧密、较长时期持有股票、持股数量较多
考点 10 利用留存收益筹资	3 个筹资特点：①资本成本较低；②维持公司的控制权分布；③筹资数额有限
考点 11 股权筹资的优缺点	①两个优点主要有：股权筹资是企业稳定的资本基础；股权筹资是企业良好的信誉基础 ② 3 个缺点：资本成本负担较重；容易分散公司的控制权；信息沟通与披露成本较大

真题演练

1.【单选题】下列各项中，不能作为资产出资的是（　）。（2013 年）

A. 存货　　B. 固定资产

C. 可转换债券　　D. 特许经营权

2.【单选题】与发行公司债券相比，吸收直接投资的优点是（　）。（2013 年）

A. 资本成本较低

B. 产权流动性较强

C. 能够提升企业市场形象

D. 易于尽快形成生产能力

3.【单选题】企业下列吸收直接投资的筹资方式中，潜在风险最大的是（　）。（2011 年）

A. 吸收货币资产　　B. 吸收实物资产

C. 吸收专有技术　　D. 吸收土地使用权

4.【单选题】与股票筹资相比，下列各项中，属于留存收益筹资特点的是（　）。（2013 年）

A. 资本成本较高　　B. 筹资费用较高

C. 稀释原有股东控制权　　D. 筹资数额有限

第四节 本章综合练习

（一）单选题

1. 为了满足经营业务活动的正常波动所形成的支付需要而产生的筹资动机是（　）。

A. 创立性筹资动机　　B. 支付性筹资动机

C. 扩张性筹资动机　　D. 调整性筹资动机

2. 按企业所取得资金的权益特性不同，可将筹

资分为（ ）。

A. 直接筹资和间接筹资

B. 内部筹资和外部筹资

C. 股权筹资、债权筹资和混合筹资

D. 短期筹资和长期筹资

3. 企业依据实际生产经营和发展的要求，科学合理地预测、安排资金的需求量。筹资规模既不能过大，造成资金的闲置浪费，又不能筹资不足，影响生产经营的正常运转的筹资管理原则是（ ）。

A. 筹措合法　　B. 规模适当

C. 取得及时　　D. 来源经济

4. 某企业为了取得银行借款，将其持有的存款单移交给银行占有，该贷款属于（ ）。

A. 信用贷款　　B. 保证贷款

C. 抵押贷款　　D. 质押贷款

5. 要求公司的主要领导人购买人身保险、借款的用途不能改变、违约处罚条款等描述的是（ ）。

A. 例行性保护条款　　B. 一般性保护条款

C. 特殊性保护条款　　D. 其他条款

6. 下列关于经营租赁的说法，正确的是（ ）。

A. 租赁设备的维修、保养由租赁公司负责

B. 融资融物于一身

C. 租期比融资租赁长

D. 租金包括设备价款

7. 下列关于吸收直接投资筹资特点的表述中，正确的是（ ）。

A. 有利于公司治理

B. 资本成本较低

C. 容易进行产权交易

D. 能够尽快形成生产能力

8. 如果某上市公司最近 2 个会计年度的净利润审计结果显示为负值，则该上市公司会被（ ）。

A. 取消上市资格　　B. “特别处理”

C. 终止上市　　D. 暂停上市

9. 下列筹资方式中，不需要考虑筹资费用的是（ ）。

A. 普通股　　B. 债券

C. 长期借款　　D. 留存收益

10. 下列各项中，不属于留存收益的筹资特点（与普通股筹资相比）的是（ ）。

A. 筹资数额有限

B. 筹资费用高

C. 不会稀释原有股东控制权

D. 资金成本低

（二）多选题

1. 下列关于筹资动机的表述中，正确的有（ ）。

A. 创立性筹资动机是指企业设立时，为取得资本金并形成开展经营活动的基本条件而产生的筹资动机

B. 支付性筹资动机是指为了满足经营业务活动的正常波动所形成的支付需要而产生的筹资动机

C. 扩张性筹资动机是指企业因扩大经营规模或对外投资需要而产生的筹资动机

D. 调整性筹资动机是指企业因调整资本结构而产生的筹资动机

2. 长期借款的一般性保护条款应用于大多数的借款合同，但根据具体情况内容会有所不同，属于该类条款内容的有（ ）。

A. 对借款企业流动资金保持量的规定

B. 借款企业定期向银行提交财务会计报告

C. 对资本支出规模的限制

D. 对支付现金股利和回购股票的限制

3. 相对于到期一次偿还债券来说，不是到期分批偿还债券的特点的有（ ）。

A. 发行费较高

B. 发行费较低

C. 便于发行

D. 是最为常见的债券偿还方式

4. 下列关于经营租赁与融资租赁的说法中，正确的有（ ）。

A. 融资租赁设备的维修、保养由承租企业负责

B. 经营租赁的租赁期较短，在合理的限制条件下承租企业可以中途解约

C. 经营租赁中，如果合同中止，出租资产由租赁公司收回

D. 融资租赁比较适用于技术过时较快的生产设备

5. 下列各项中，不属于股权筹资形成企业股份资金的筹资方式有（ ）。

A. 发行可转换债券　　B. 融资租赁

C. 利用留存收益　　D. 吸收直接投资

6. 下列各项中，属于吸收直接投资的特点的有（ ）。

A. 资本成本低

B. 企业控制权集中

C. 财务风险低

D. 有利于发挥财务杠杆作用

（三）判断题

1. 扩张性筹资动机兼具混合性筹资动机和调整性筹资动机的特性，同时增加了企业的资产总额和资本总额，也导致企业的资产结构和资本结构同时变化。（ ）

2. 债务筹资形成企业的债务资金，债务筹资的方式包括银行借款、发行债务、融资租赁、吸收直

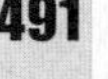

接投资 4 种基本形式。（ ）

3. 到期分批偿还债券比到期一次偿还债券发行费较高，但便于发行。（ ）

4. 融资租赁资产的融资期限一般长于借款期限。（ ）

5. 由两个或者两个以上的不同国家的投资者共同投资，创办企业，并且共同经营、共担风险、共负盈亏、共享利益的一种直接投资方式称为合作经营。（ ）

6. 优先股股东在股东大会上有表决权，在参与公司经营管理上不会受到任何限制。（ ）

第五节 本章真题演练及综合练习答案与解析

一、真题演练答案速查表

所在节	题号	答案	题号	答案	题号	答案
第一节	1	×	2	×	3	C
第二节	1	×	2	C	3	A
第三节	1	D	2	D	3	C
	4	D				

二、本章综合练习答案与解析

（一）单选题

1. B【解析】支付性筹资动机是指为了满足经营业务活动的正常波动所形成的支付需要而产生的筹资动机。

2. C【解析】按企业所取得资金的权益特性不同，企业筹资可分为股权筹资、债权筹资和混合筹资。

3. B【解析】题干所述为企业筹资管理的规模适当原则。

4. D【解析】质押要转移对财产的占用，且存款单可以作为贷款担保的质押品，所以选项 D 正确。

5. C【解析】本题所述为特殊性保护条款的内容。

6. A【解析】选项 B 为融资租赁的特点；选项 C 说法错误，经营租赁的租期是比融资租赁短；选项 D 说法错误，融资租赁的租金包括设备价款，而经营租赁的租金只是设备使用费，因此选项 A 正确。

7. D【解析】选项 A、B、C 与吸收直接投资的筹资特点矛盾，所以选项 D 正确。

8. B【解析】上市公司最近 2 个会计年度的净利润审计结果显示为负值的，该上市公司的股票将被交易所“特别处理”。

9. D【解析】留存收益的资本成本是不需要考虑筹资费用的，故选项 D 正确。

10. B【解析】选项 B 是普通股筹资的特点。

（二）多选题

1. ABCD【解析】选项 A、B、C、D 分别解释了 4 类筹资动机的概念，且表述均正确。

2. ACD【解析】选项 B 是例行性条款的内容。

3. BD【解析】选项 B 表述错误，到期分批偿还债券的发行费较高；选项 D 表述错误，到期一次偿还债券才是最为常见的债券偿还方式。

4. ABC【解析】选项 D 错误，经营租赁比较适用于技术过时较快的生产设备。

5. AB【解析】选项 A 属于混合筹资，选项 B 属于债务筹资，形成企业的债务资金。

6. BC【解析】选项 A 错误，吸收直接投资的资本成本较高；选项 D 描述的是债务筹资的特点。

（三）判断题

1. ×【解析】本题所述为混合性筹资动机。

2. ×【解析】债务筹资的方式包括银行借款、发行债务、融资租赁。吸收直接投资属于股权筹资方式。本题的说法错误。

3. √【解析】本题表述正确。

4. √【解析】融资租赁资产的物理寿命往往要比为购置设备而贷款的借款期限长得多，融资租赁的融资期限却几乎可接近其全部使用寿命期限，所以能够延长资金的融通期限。

5. ×【解析】本题所述投资方式为合资经营企业，而不是合作经营企业，本题的说法错误。

6. ×【解析】优先股股东在股东大会上无表决权，在参与公司经营管理上受到一定限制，仅对涉及优先股权利的问题有表决权。

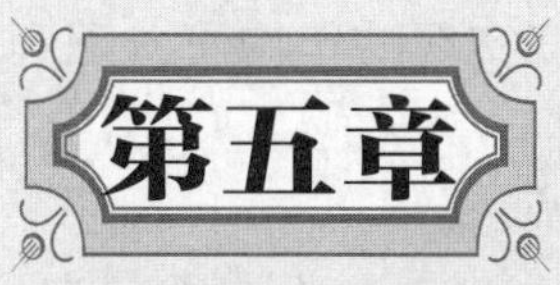

第五章 筹资管理（下）

本章是“财务管理”科目的重点章节。在近3年考试中，本章内容所占分值平均为14分，在各种题型中均会出题，题量平均为6题。本章内容涉及较多公式，需要计算大量数据，考生应熟悉资金需要量、资本成本、杠杆系数的计算过程，并通过概念掌握杠杆系数等术语的经济含义，同时，还应灵活掌握相关公式的变形。另外，本章内容可独立在客观题中出题，也具有很强的综合性，经常与本部分第10章“财务分析”的内容相结合进行考查。

▼本章主要考点的题型、估计题量和所占分值一览表

主要考点	题型	估计题量	所占分值
①认股权证的特点；②因素分析法、销售百分比法的公式；③经营性资产和经营性负债的内容；④计算银行借款、公司债券的资本成本率；⑤平均资本成本率涉及的权数；⑥资本结构的含义和特点；⑦公司价值分析法的特点	单选题	2~3题	2~3分
①可转换债券条款的内容；②认股权证的筹资特点；③经营杠杆系数的计算公式；④资本结构的影响因素	多选题	1题	2分
①可转换债券的基本性质；②不同筹资方式资本成本的比较；③资本成本率的定义；④留存收益的资本成本率	判断题	1题	1分
①计算不同筹资方式的资本成本率；②计算平均资本成本	计算分析题	1题	5分
①公司债券、普通股的资本成本率；②平均资本成本；③每股收益分析法的公式	综合题	1小题	5分

▼本章知识结构一览表

筹资管理（下）	一、混合筹资	（1）可转换债券（★★★）：分类、基本性质、基本要素、优缺点 （2）认股权证（★★）：分类、基本性质、筹资特点 （3）优先股（★★）：基本性质、分类、优缺点
	二、资金需要量预测	（1）因素分析法（★★） （2）销售百分比法（★★★） （3）资金习性预测法（★）：回归分析法、逐项分析法
	三、资本成本与资本结构	（1）资本成本的定义、作用与影响因素（★★） （2）计算个别资本成本（★★★）：银行借款资本成本、公司债券资本成本、融资租赁资本成本、普通股资本成本、留存收益资本成本 （3）计算平均资本成本、边际资本成本（★★） （4）经营杠杆、财务杠杆与总杠杆的含义与计算（★★★） （5）资本结构（★★★）

第一节 混合筹资

考点1 可转换债券（★★★）

考点分析

本考点一般在客观题中出现，可能会围绕可转换债券的特点与优缺点、转换比率的计算等内容出题。考生应熟记可转换债券的基本要素，理解赎回、回售的原理。

考点精讲

1. 可转换债券的分类、基本性质

可转换债券是公司普通债券与证券期权相组合的一种混合型证券。按照转股权能否与债券分离，可转换债券可以分为不可分离的可转换债券与可分离交易的可转换债券。

可转换债券具有证券期权性、资本转换性、能够赎回与回售3个基本性质。

（1）证券期权性：按约定的价格在事先约定的期限内购买股票。

（2）资本转换性：转换期没有转股，属于债权性质；转换成股票后，属于股权性质。

（3）能够赎回与回售：一段时期内股票价格连续高于转股价格并达到某一幅度，发债公司可赎回以保护其利益；一段时期内公司股票价格连续低于转股价格并达到某一幅度，债券持有人可回售以保护其利益。

名师点评

考生应掌握赎回和回售条款的原理，即发债公司在其股价高于转股价时，可能会选择赎回，即投资人无法以低价购买该公司股票；同理，投资人在发债公司股价低于转股价时，可能会选择回售，即不会以高价购买该公司股票，以避免损失。

2. 可转换债券的基本要素

可转换债券有8大基本要素，这些要素代表了可转换债券与普通债券最本质的区别，具体如表5-1所示。

表5-1　可转换债券的基本要素

基本要素	说明
标的股票	一般是发行公司自己的股票，或该公司的上市子公司等其他公司的股票
票面利率	可转换公司债券的利率不超过银行同期存款的利率水平，而普通公司债券的利率一般情况下都会高于银行同期存款利率水平
转换价格	将可转换债券转换为普通股时的每股普通股的价格
转换比率	转换比率＝债券面值/转换价格
转换期	可转换债券持有人能够行使转换权的有效期限
赎回条款（加速条款）	发债公司依照事先约定的价格买回未转股的可转换债券的条件规定，一般发生在一段时期内公司股票价格连续高于转股价格达到某一幅度时；该条款的目的是保护发行公司
回售条款	债券持有人有权按照事前约定的价格将债券卖回给发债公司的条件规定，一般发生在一段时期内公司股票价格连续低于转股价格达到某一幅度时；该条款的目的是保护债券购买人
强制性转换条款	在某些条件成立后，债券持有人无权要求偿还债权本金，必须将可转换债券转换为股票的条件规定

3. 发行可转换债券的基本条件

根据《上市公司证券发行管理办法》的相关规定，公司发行可转换债券应具备以下基本条件。

（1）最近3个会计年度连续盈利，最近3个会计年度加权平均净资产收益率平均不低于6%。扣除非经常性损益后的净利润与扣除前的净利润相比，以低者作为加权平均净资产收益率的计算依据。

（2）本次发行后，累计公司债券余额不超过最近一期期末净资产额的40%。

（3）最近3个会计年度实现的年均可分配利润不少于公司债券1年的利息。

4. 可转换债券的优缺点

可转换债券主要有3个优点：①筹资灵活性；②资本成本较低；③筹资效率高。

可转换债券主要有两个缺点：①存在不转换的财务压力；②存在回售的财务压力。

典型例题

【例题1·多选题】下列可转换债券条款中，有利于保护债券发行者利益的有（　）。（2016年）

A. 回售条款　　B. 赎回条款

C. 转换比率条款　　D. 强制性转换条款

【解析】可转换债券中设置赎回条款和强制性转换条款有利于保护债券发行者利益。选项A，回售条款有利于保护投资人利益；选项C，转换比率为债券面值与转换价格的比值，并不能保护债券发行者的利益。

【答案】BD

【例题2·判断题】可转换债券的持有人具有在未来按一定的价格购买普通股股票的权利，因此可转换债券具有买入期权的性质。（　）（2014年）

【解析】可转换债券的基本性质包括证券期权性、资本转换性以及可赎回与回售。

【答案】√

【例题3·单选题】某公司发行可转换债券，每张面值为100元，转换价格为每股4元，则该可转换债券的转换比率为（　）。

A. 25　　B. 20

C. 30　　D. 35

【解析】转换比率＝债券面值÷转换价格＝100÷4=25。

【答案】A

考点2　认股权证（★★）

考点分析

本考点中记忆性的内容较多，一般在客观题中出题，但也可能会与可转换债券或每股收益、市盈率等其他章节的知识相结合综合出题，因此考生应理解认股权证的基本原理，熟记其基本性质。

考点精讲

1. 认股权证的分类与基本性质

认股权证是一种证明文件，证明持有人有权在一定时间内按照约定价格认购该公司发行的一定数量的股票。

认股权证可分为：①认购权证（看涨权证）、认沽权证（看跌权证）；②美式认股权证（到期日前可随时提出履约要求）、欧式认股权证（只能在到期日当天履约）。

认股权证具有两个基本性质：①期权性；②是一种投资工具。

2. 认股权证的筹资特点

认股权证的筹资特点主要有以下3点。

（1）是一种融资促进工具：发行人给予投资人以约定价格认购公司股票的权利，并以契约方式进行。

（2）有助于改善上市公司的治理结构：只有上市公司的股价高于约定的股票转换价，投资人才有可能主动执行认股权证，因此可促进上市公司努力改善公司的治理结构，提升业绩，提高公司股票市价。

（3）有利于推进上市公司的股权激励机制：将公司的企业价值与管理者、重要员工的利益紧密结合。

典型例题

【例题1·单选题】下列各种筹资方式中，企业无需支付资金占用费的是（ ）。（2015年）

A. 发行债券　　B. 发行优先股

C. 发行短期票据　　D. 发行认股权证

【解析】发行债券、发行短期票据需要支付利息费用，发行优先股需要支付优先股的股利，这些都会产生资金占用费，发行认股权证不需要资金占用费，所以选项D正确。

【答案】D

【例题2·判断题】认股权证本质上是一种股票期权，它可以和普通股一样取得红利收入。（ ）

【解析】认股权证是指给予投资人在未来某个时期按约定价格购买股票的权利。其本质上是一种股票期权，属于衍生金融工具，具有实现股票期权激励和融资的双重功能。但是，它没有普通股应有的投票权和红利收入，而只是一种认购普通股的期权。因此，本题的表述错误。

【答案】×

考点3 优先股（★★）

考点分析

本考点一般在客观题中出题，考查有关优先股的基本知识，其中优先股的分类较多，可能会考查其分类标准及分类内容。

考点精讲

1. 优先股的概念和基本性质

优先股是指股份有限公司发行的具有优先权利、在某些方面优先于普通股的股份类型。它有以下3个基本性质。

（1）股息事先约定、相对固定。

（2）先于普通股分得公司的可分配利润；当公司进入清算程序时，先于普通股分得剩余财产。

（3）权利范围小。

2. 优先股的种类

优先股种类很多，按照不同的标准，其分类不同，具体内容如表5-2所示。

表5-2 优先股的分类

分类标准	类别	含义
股息率在股权存续期内是否调整	固定股息率优先股	股息率在存续期不作调整
	浮动股息率优先股	在公司章程中约定股息率调整方法
分红的强制性	强制分红优先股	只要公司有可分配税后利润，就必须向股东分红
	非强制分红优先股	没有强制性
未足额派发的股息是否累积到下一会计年度	累积优先股	未足额支付部分可累积到以后盈利年度
	非累积优先股	未足额支付部分在以后年度将不再补发
是否有权与普通股股东参加剩余税后利润分配	参与优先股	优先股持有人除了按规定的股息率获取股息外，还可参与剩余收益的分配
	非参与优先股	优先股股东不能参加固定股息之外的额外分红
是否可以转换为普通股	可转换优先股	在规定的时间内，按一定的转换比率将持有的优先股转换为普通股
	不可转换优先股	无权将优先股转换为普通股
是否有权要求公司回购优先股	可回购优先股	发行公司可按发行价加上一定比例补偿进行回购，发行公司要求赎回优先股的，必须完全付清股息
	不可回购优先股	不能要求公司回购

3. 优先股的优缺点

优先股兼具债券和股票的性质，因此其具有很多优点。

（1）有利于丰富资本市场的投资结构。

（2）有利于调整股权结构。

（3）有利于保障普通股收益和维持控制权。

（4）有利于降低财务风险。例如，企业在业绩不佳时，可选择不支付股利，以避免大量的资金流出。

优先股有以下两个缺点。

（1）优先股股息不是企业所得税的扣除项目，无法像债务筹资产生抵税效应，因此其资本成本相对于债务筹资方式要高。

（2）优先股股利支付相对于普通股固定，面临较大的支付压力。

本节考点回顾与总结一览表

本节考点	知识总结
考点1 可转换债券	① 3 个基本性质：证券期权性、资本转换性、赎回与回售 ② 8 个基本要素：票面利率、标的股票、转换价格、转换比率、转换期、赎回条款、回售条款、强制性转换调整条款 ③ 3 个优点：筹资灵活性、资本成本较低、筹资效率高 ④ 2 个缺点：存在不转换的财务压力、存在回售的财务压力
考点2 认股权证	① 2 种分类：认购权证、认沽权证；美式认股权证、欧式认股权证 ② 2 个基本性质：期权性；是一种投资工具 ③ 3 个特点：是一种融资促进工具，有助于改善上市公司的治理结构，有利于推进上市公司的股权激励机制
考点3 优先股	① 3 个基本性质：股息事先约定、相对固定；先于普通股分得公司的可分配利润、先于普通股分得剩余财产；权利范围小 ② 6 种分类 ③ 4 个主要优点和 2 个缺点

真题演练

1.【判断题】企业在发行可转换债券时，可通过赎回条款来避免市场利率大幅下降后仍需支付较高利息的损失。（　）（2012 年）

2.【多选题】下列各项中，属于认股权证筹资特点的有（　）。（2013 年）

A. 认股权证是一种融资促进工具

B. 认股权证是一种高风险融资工具

C. 有助于改善上市公司的治理结构

D. 有利于推进上市公司的股权激励机制

第二节 资金需要量预测

考点4 因素分析法（★★）

考点分析

本考点内容较少，可能会考查因素分析法的公式、特点和适用范围，考生应熟练运用该方法的公式进行计算。

考点精讲

因素分析法又称分析调整法，是在有关项目基期年度的平均资金需要量基础上，根据预测年度的生产经营任务以及资金周转加速的要求进行分析调整，从而预测出资金需要量的一种方法。该方法的公式如下。

资金需要量 =（基期资金平均占用额 - 不合理资金占用额）×（1± 预测期销售增减率）×（1- 预测期资金周转速度增长率）

因素分析法的特点是计算简便、容易掌握，但预测结果不太精确，通常适用于规格复杂、品种繁多、资金用量较小的项目。

误区提醒

因素分析法用于预测年度资金需要量，应注意的是，在第 10 章中，与之同名的方法用于财务分析，它可分为连环替代法和差额分析法。这两个知识点要区分开。

典型例题

【例题 1 · 单选题】甲企业本年度资金平均占用额为 3 500 万元，经分析，其中不合理部分为 500 万元。预计下年度销售增长 5%，资金周转加速 2%，则下年度资金需要量预计为（　）万元。（2013 年）

A. 3 000

B. 3 087

C. 3 150

D. 3 213

【解析】资金需要量 =（基期资金平均占用额 - 不合理资金占用额）×（1± 预测期销售增减率）×（1- 预测期资金周转速度增长率）=（3 500-500）×（1+5%）×（1-2%）=3 087（万元）。

【答案】B

【例题2·多选题】下列关于因素分析法特点的表述中，正确的有（　　）。

A. 这种方法能为筹资管理提供短期预计的财务报表

B. 这种方法预测结果精确

C. 这种方法通常用于品种繁多、规格复杂、资金用量较小的项目

D. 这种方法计算简便、容易掌握

【解析】选项A错误，能够提供短期预计财务报表的是销售百分比法；因素分析法计算简便、容易掌握，但预测结果不太精确，它通常用于品种繁多、规格复杂、资金用量较小的项目，因此选项B错误，选项C、D正确。

【答案】CD

考点5 销售百分比法（★★★）

考点分析

本考点是本节最重要的考点，一般以客观题的形式出现，但由于该考点的综合性很强，可以与预算、财务分析等知识结合出题，因此考生应熟练掌握该考点中涉及公式的计算。

考点精讲

1. 销售百分比法的原理

销售百分比法是按照某些资产、负债与销售收入之间存在稳定百分比关系的假设来预测企业外部资金需要量的一种方法。

使用销售百分比时，应首先明确经营性资产项目、经营性负债项目的范围，具体如下。

（1）经营性资产项目（敏感性资产）：库存现金、应收账款、存货等。

（2）经营性负债项目（敏感性负债）：应付票据、应付账款等项目，不包括短期借款、短期融资券、长期负债等筹资性负债（非敏感项目）。

2. 销售百分比法的公式

销售百分比法的基本公式如下。

外部融资需求量 = 增加的经营性资产 − 增加的经营性负债 − 增加的留存收益

$$外部融资需求量=\frac{A}{S_1}\times\Delta S-\frac{B}{S_1}\times\Delta S-P\times E\times S_2$$

其中，

增加的经营性资产 = 增加的收入 × 基期敏感资产占基期销售额的百分比 + 非敏感资产的调整数 = 基期敏感资产 × 预计销售收入增长率 + 非敏感资产的调整数

增加的经营性负债 = 增加的收入 × 基期敏感负债占基期销售额的百分比 = 基期敏感负债 × 预计销售收入增长率

增加的留存收益 = 预计销售收入 × 销售净利率（P）× 利润留存率（E）

典型例题

【例题1·单选题】根据资金需要量预测的销售百分比法，下列负债项目中，通常会随销售额变动而呈正比例变动的是（　　）。（2016年）

A. 应付票据　　B. 长期负债

C. 短期借款　　D. 短期融资券

【解析】随着销售额的变化，经营性资产项目将占更多的资金；同时，随着经营性资产的增加，相应的经营性短期债务也会增加。因此，通常会随销售额变动而呈正比例变动的是经营性资产和经营性负债。经营性负债项目包括应付票据、应付账款等项目，不包括短期借款、短期融资券、长期负债等筹资性负债。因此，本题选项A符合题意。

【答案】A

【例题2·单选题】某企业经营性资产和经营性负债占销售收入的百分比分别为50%和15%，计划销售净利率为10%，股利支付率为60%，如果预计该企业的外部筹资需要量为0，则该企业的销售增长率为（　　）。

A. 12.9%　　B. 20.3%

C. 18.4%　　D. 10.6%

【解析】假设基期销售额为S_1，预测期销售增长率为g，则销售额的增加$\Delta S=S_1\times g$，预测期销售额为$S_1\times(1+g)$。依据外部筹资需要量的计算公式，$50\%\times S_1\times g-15\%\times S_1\times g-S_1\times(1+g)\times10\%\times(1-60\%)=0$，解得：$g=12.9\%$。

【答案】A

考点6 资金习性预测法（★）

考点分析

本考点内容较多，涉及的公式也多，且具有一定的综合性，可以与预算等其他章节的知识一起出题，因此考生应引起重视，熟练掌握涉及公式的计算。

考点精讲

1. 资金习性预测法的原理

资金习性预测法就是根据资金习性预测未来资金需要量的一种方法。根据资金产销量与资金之间的密切程度，可以将资金区分为不变资金、变动资金和半变动资金，它们的含义和具体内容如表5-3所示。

表 5-3　资金的分类及具体内容

资金类别	含义	具体内容
不变资金	在一定产销范围内总额不受销量变动的影响而保持固定不变的资金	原材料的最低储备量；最低成品储备量；固定资产（厂房、机器设备等）占用的资金；为维持正常营业而占用的最低数额的现金等
变动资金	随产销量的变动而同比例变动的资金	外购件、直接构成产品实体的原材料等占用的资金；最低储备以外的现金、存货、应收账款等
半变动资金	受产销量变化，但不成同比例变动的资金	一些辅助材料占用的资金，可分解为不变资金和变动资金

2. 资金习性预测法的公式

资金习性预测法的公式为：

资金占用总额 = 不变资金总额 + 单位产销量所需变动资金 × 产销量

或者：$Y=a+bX$

上述公式中，参数 a、b 的计算方法主要有两种，具体如表 5-4 所示。

回归分析法和逐项分析法在实际使用时，有不同的特点，因此有不同的适用范围，具体表现如下。

（1）回归分析法考虑了各年的情况，因此测算结果一般比逐项分析法精确。

（2）逐项分析法只取最高点与最低点的值，因此，在实际应用中可能误差较大，最常用于分项预测。

误区提醒

$Y=a+bX$ 用于描述产销量与资金占用的关系，它与弹性预算法之公式法的公式 $y=a+bx$ 在外观上很像，但是两者在参数“Y”与“X”的大小写和具体含义上是不同的，因此，要将这两个知识点区分开来。

表 5-4　资金习性预测法

方法	公式	说明
回归分析法（回归直线法）	$a=\dfrac{\sum X^2\sum Y-\sum X\sum XY}{n\sum X^2-(\sum X)^2}$ $b=\dfrac{n\sum XY-\sum X\sum Y}{n\sum X^2-(\sum X)^2}$	注意 3 个问题：①根据实际情况判断资金需要量与营业业务量之间是否存在线性关系；②一般需分析 3 年以上的历史资料来确定 a、b 的值；③考虑价格等相关因素的变动情况
逐项分析法（高低点法）	$b=\dfrac{\text{最高收入时现金占用}-\text{最低收入时现金占用}}{\text{最高销售收入}-\text{最低销售收入}}$ a= 最高收入时现金占用 $-b\times$ 最高销售收入 或者 a= 最低收入时现金占用 $-b\times$ 最低销售收入	与现金占用对应的参数可能是收入，也可能是销量、产量等

典型例题

【例题·单选题】某公司 2016 年预计营业收入为 50 000 万元，预计销售净利率为 10%，股利支付率为 60%。据此可以测算出该公司 2016 年内部资金来源的金额为（　）。

A. 2 000 万元　　B. 3 000 万元

C. 5 000 万元　　D. 8 000 万元

【解析】内部资金来源（利润留存）是外部融资需求量公式的一个减项，预测期内部资金来源 = 预测期销售净利率 × 预测期销售额 ×（1- 股利支付率），因此，2016 年内部资金来源的金额 =10% × 50 000 ×（1-60%）=2 000（万元），所以答案应为选项 A。

【答案】A

名师点评

回归分析法的公式比较难记，考生可通过观察公式规律来辅助记忆，例如，求 b 的公式中的分子为：n 个 X、Y 的积和减去 X、Y 的和积，分母按照分子的规律，将 Y 换成 X 即可。其中，“积和”表示先算乘积然后求和，“和积”则相反。另外，还可将 $Y=a+bX$ 演变为一组方程：$\sum Y=na+b\sum X$，$\sum XY=a\sum X+b\sum X^2$，通过解方程的方法求出 a 和 b，再算出 Y 值。

本节考点回顾与总结一览表

本节考点	知识总结
考点 4　因素分析法	①公式：资金需要量 =（基期资金平均占用额 - 不合理资金占用额）×（1± 预测期销售增减率）×（1- 预测期资金周转速度增长率） ②特点：计算简便、容易掌握，但预测结果不太精确 ③适用范围：规格复杂、品种繁多、资金用量较小的项目
考点 5　销售百分比法	①明确经营性资产项目、经营性负债项目 ②外部融资需求量 = 增加的经营性资产 - 增加的经营性负债 - 增加的留存收益
考点 6　资金习性预测法	①资金的分类：不变资金、变动资金、半变动资金 ②公式：$Y=a+bX$，确定参数 a、b 的方法有回归直线法和高低点法

真题演练

【单选题】采用销售百分比法预测资金需求量时，下列各项中，属于非敏感性项目的是（　　）。（2014年）

A. 现金　　B. 存货

C. 长期借款　　D. 应付账款

第三节 资本成本与资本结构

考点7 资本成本的定义、作用与影响因素（★★）

考点分析

本考点的出题概率很高，一般在客观题中出现，其中资本成本的4个影响因素曾经连续几年出题，考生应熟记这些影响因素。

考点精讲

1. 资本成本的定义

资本成本是指企业为筹集和使用资本而付出的代价，包括筹资费、占用费两个部分。

（1）筹资费：在资本筹集过程中所付出的代价为筹资费，例如因公司债券、发行股票而支付的发行费，向银行借款而支付的借款手续费等。

（2）占用费：在资本使用过程中因占用资本而付出的费用是占用费，例如向股东支付的股利、向银行等债权人支付的利息等。

2. 资本成本的作用

资本成本的作用主要体现在以下4个方面。

（1）资本成本是比较筹资方式、选择筹资方案的依据。

（2）资本成本是衡量资本结构是否合理的重要依据。

（3）资本成本是评价投资项目可行性的主要标准。

（4）资本成本是评价企业整体业绩的重要依据。

3. 资本成本的影响因素

资本成本的影响因素主要有以下4个。

（1）总体经济环境状况：表现在国民经济发展水平、通货膨胀等方面。国民经济过热、通货膨胀持续高涨时，投资者投资的风险加大，对期望获得的报酬率就会偏高，筹资者的筹资资本成本就会提高；反之，则筹资资本成本降低。

（2）资本市场条件：资本市场缺乏效率，证券的市场流动性低，投资者变现就越难，投资者投资风险加大，期望报酬率就越高，因此筹资的资本成本就越高；反之，则筹资成本越低。

（3）企业经营状况和融资状况：企业经营风险、财务风险越高，就会导致企业总体风险水平高，那么投资者期望的报酬率就越高，企业筹资的资本成本就越大；反之，则筹资成本越低。

（4）企业对筹资规模和时限的需求：企业一次性需要筹集的资金规模越大、占用资金时间越长，企业所付出的资本成本就会越高；反之，则资本成本越低。

典型例题

【例题1·多选题】下列各项因素中，能够影响公司资本成本水平的有（　　）。（2012年）

A. 通货膨胀　　B. 筹资规模

C. 经营风险　　D. 资本市场效率

【解析】通货膨胀是总体经济环境状况的具体表现之一，它的高低影响筹资资本的成本，因此选项A正确；筹资规模与企业所付出的资本成本一般呈正相关关系，因此选项B正确；企业的经营状况、融资状况和企业经营风险是其总体风险的重要部分，企业总体风险与资本成本成正比，因此选项C正确；资本市场的效率高低影响证券的流动性，进而加大或降低投资者的投资风险，从而导致筹资的资本成本提高或降低，因此选项D正确。

【答案】ABCD

【例题2·单选题】下列各项中，属于资本成本的资金筹集费用的是（　　）。

A. 股利支出

B. 融资租赁的利息支出

C. 律师费

D. 借款的利息支出

【解析】资本成本就是筹集和使用资金付出的代价（包括资金的筹集费用和资金的使用费用），例如资金筹集过程中要发生手续费、发行费、公证费、律师费等资金筹集费，以及在使用资金的过程中会发生借款利息支出、股利支出、融资租赁的利息费用等资金使用费用。选项A、B、D是资金使用费，不是筹集费。

【答案】C

【例题3·判断题】企业筹得的资本付诸使用以后，不论投资报酬率高于还是低于资本成本，都表明所筹集的资本取得了较好的经济效益。（　　）

【解析】企业筹得的资本付诸使用以后，只有投资报酬率高于资本成本，才表明所筹集的资本取得

了较好的经济效益。因此，本题的表述错误。

【答案】×

考点8 计算个别资本成本（★★★）

考点分析

本考点基本上每年都会出题，且各种题型都可能出现，一般是直接考查银行借款、公司债券、融资租赁、普通股、留存收益等筹资方式的资本成本，与第 4 章的联系比较紧密，因此，在复习时，应结合相关筹资方式的含义、特点，理解其资本成本的计算。

考点精讲

1. 个别资本成本的概念和基本模式

个别资本成本是指单一融资方式的资本成本，通常用个别资本成本率比较各种筹资方式的优劣。

资本成本率计算有两种基本模式：一般模式和贴现模式。

（1）一般模式：初期的筹资费用往往作为筹资总额的一次性扣除项，该模式下资本成本的计算公式为：年资金占用费 ÷（筹资总额 - 筹资费用）= 年资金占用费 ÷[筹资总额 ×（1- 筹资费用率）]。

（2）贴现模式：筹资净额相等时的折现率应等于将债务未来还本付息或股权未来股利分红的折现值，即筹资净额现值 = 未来资本清偿额现金流量现值，即：资本成本率 = 所采用的折现率。

2. 计算个别资本成本

筹资分为债务筹资和股权筹资，这两个大类又可再进行细分，因此计算资本成本时可采用不同的计算公式，个别资本成本的计算公式如表 5-5 所示。

表 5-5 个别资本成本计算公式

筹资方式		公式	说明
银行借款	一般模式	$K_b=\dfrac{\text{银行借款年利率}\times(1-\text{所得税税率})}{1-\text{手续费率}}\times100\%=\dfrac{i(1-T)}{1-f}\times100\%$	K_b：银行借款资本成本率 i：银行借款年利率 T：所得税税率 f：手续费率 M：名义借款额
	贴现模式	$M(1-f)=\sum_{t=1}^{n}\dfrac{I_t(1-T)}{(1+K_b)^t}+\dfrac{M}{(1+K_b)^n}$	
公司债券	一般模式	$K_b=\dfrac{\text{票面年利息}\times(1-\text{所得税税率})}{\text{债券筹资总额}\times(1-\text{手续费率})}\times100\%=\dfrac{I(1-T)}{L(1-f)}\times100\%$	I：票面年利息 L：筹资总额（发行价格）
	贴现模式	发行价格 ×（1- 发行费用率）= 每期税后利息、面值的折现值之和	——
融资租赁		租赁设备金额的现值 - 残值的现值 = 每期租金的现值	只能按贴现模式计算
普通股	股利增长模型	$K_s=\dfrac{D_0(1+g)}{P_0(1-f)}+g=\dfrac{D_1}{P_0(1-f)}+g$	股票本期支付的股利为 D_0，未来每期股利增长速度为 g，股票市价为 P_0
	资本资产定价模型	$K_s=R_f+\beta(R_m-R_f)$	假设资本市场有效，股票市价等于其价值
留存收益	股利增长模型	$K_s=\dfrac{D_0(1+g)}{P_0(1-f)}+g=\dfrac{D_1}{P_0}+g$	不考虑筹资费用
	资本资产定价模型	$K=R_f+\beta(R_m-R_f)$	——

典型例题

【例题 1 · 判断题】因为公司债务必须付息，而普通股不一定支付股利，所以普通股资本成本小于债务资本成本。（ ）（2016 年）

【解析】投资者投资于股票的风险较高，所以相应地会要求较高的报酬率。从企业成本开支的角度来看，由于支付债务的利息还可以抵税，所以普通股股票资本成本会高于债务的资本成本。

【答案】×

【例题 2 · 单选题】某公司向银行借款 2 000 万元，年利率为 8%，筹资费率为 0.5%，该公司适用的所得税税率为 25%，则该笔借款的资本成本是（ ）。（2015 年）

A. 6.00%　　B. 6.03%

C. 8.00%　　D. 8.04%

【解析】该笔借款的资本成本率 =8% ×（1−25%）÷（1−0.5%）=6.03%。

【答案】B

【例题3·单选题】某企业发行了期限为5年的长期债券10 000万元，年利率为8%，每年年末付息一次，到期一次还本，债券发行费率为1.5%，企业所得税税率为25%，该债券的资本成本率为（ ）。（2014年）

A. 6% B. 6.09%

C. 8% D. 8.12%

【解析】该债券的资本成本率=年利息×（1-所得税税率）÷[债券筹资总额×（1-手续费率）]×100%=10 000×8%×（1-25%）÷[10 000×（1-1.5%）]×100%=6.09%。

【答案】B

【例题4·计算分析题】A公司拟添置一套市场价格为6 000万元的设备，需筹集一笔资金。现有3个筹资方案可供选择（假定各方案均不考虑筹资费用）。

（1）发行普通股。该公司普通股的β系数为2，一年期国债利率为4%，市场平均报酬率为10%。

（2）发行债券。该债券期限10年，票面利率8%，按面值发行。公司适用的所得税税率为25%。

（3）融资租赁。该项租赁租期6年，每年租金1 400万元，期满租赁资产残值为零。时间价值系数表如表5-6所示。

表5-6 时间价值系数表

K	（P/F，K，6）	（P/A，K，6）
10%	0.564 5	4.355 3
12%	0.506 6	4.111 4

要求：

（1）利用资本资产定价模型计算普通股资本成本。

（2）利用非折现模式（即一般模式）计算债券资本成本。

（3）利用折现模式计算融资租赁资本成本。

（4）根据以上计算结果，为A公司选择筹资方案。（2011年）

【答案】（1）普通股资本成本 $K_s=R_f+\beta(R_m-R_f)$ =4%+2×（10%-4%）=16%。

（2）由于不考虑手续费，债券资本成本=年利息×（1-所得税税率）÷[债券筹资总额×（1-手续费率）]×100%=债券筹资总额×（1-所得税税率）÷债券筹资总额×100%=年利率×（1-所得税税率）×100%=8%×（1-25%）×100%=6%。

（3）6 000=1 400×（P/A，K_b，6），（P/A，K_b，6）=6 000÷1 400=4.285 7。

根据（P/A，10%，6）=4.355 3，（P/A，12%，6）=4.111 4，可以得出（12%-K_b）÷（12%-10%）=（4.111 4-4.285 7）÷（4.111 4-4.355 3），所以 K_b=10.57%，即资本成本为10.57%。

（4）根据上述计算结果，发行债券的资本成本最低，因此A公司应选择发行债券的筹资方案。

【例题5·单选题】2016年1月1日，某公司平价发行普通股股票100万元（股数100万股），筹资费率3%。2016年年末，按面值确定的股利率为5%，预计股利每年增长10%，则该公司普通股的资本成本为（ ）。

A. 15.5% B. 13.4%

C. 13.1% D. 13%

【解析】普通股资本成本率=预计第一期股利÷股票发行总额+股利逐年增长率=[100×5%×（1+10%）]÷100+10%=15.5%。

【答案】A

【例题6·单选题】在不考虑筹款限制的前提下，下列筹资方式中个别资金成本最高的通常是（ ）。

A. 发行普通股 B. 留存收益筹资

C. 长期借款筹资 D. 发行公司债券

【解析】整体来说，权益资金的资金成本大于负债资金的资金成本；对于权益资金来说，由于普通股筹资方式在计算资金成本时还需要考虑筹资费用，所以其资金成本高于留存收益的资金成本，即发行普通股的资金成本应是最高的。

【答案】A

考点9 计算平均资本成本、边际资本成本（★★）

考点分析

本考点一般在客观题中出现，主要涉及1个计算公式、2种资本成本和4个权数标准，其中，权数标准经常在考试中出题，考生应熟记这些标准的名称和优缺点。

考点精讲

1. 平均资本成本的定义和计算公式

平均资本成本是指多种融资组合方式下的综合资本成本，反映企业资本成本整体水平的高低。它以各项个别资本在企业总资本中的比重为权数，对各项个别资本成本率进行加权平均，计算公式为：

$$K_w=\sum_{j=1}^{n}K_jW_j$$

式中 K_w 为平均资本成本；K_j 为第 j 种个别资本成本；W_j 为第 j 种个别资本在全部资本中的比重（权数）。

2. 个别资本权数价值的确定标准

个别资本价值的确定标准一般是根据账面价值、市场价值、目标价值等来确定的，这3个标准的含义、优点、缺点如表5-7所示。

表 5-7　个别资本权数的类型、含义及优缺点

权数类型	含义	优点	缺点
账面价值权数	以个别资本的报表账面价值为基础计算资本权数	可直接从资产负债表中得到数值，计算结果较稳定	不适合评价现时的资本结构
市场价值权数	以个别资本的现行市价为基础计算资本权数	可准确反映现时的资本成本水平，有利于进行资本结构决策	不容易取得市价数据，不适合反映未来的资本结构
目标价值权数	以各项个别资本预计的未来价值为基础计算资本权数	能准确反映期望的资本结构，能体现决策的相关性，能够与现时的资本市场环境状况结合起来，用于未来的筹资决策	一般选用市场价值的历史平均值，依赖于财务经理的价值判断和职业经验，具有一定的主观性

3. 边际资本成本的定义和计算公式

边际资本成本是企业追加筹资的资本成本，它是企业追加筹资的决策依据。边际资本成本的权数采用目标价值权数。

典型例题

【例题 1 · 单选题】下列方法中，能够用于资本结构优化分析并考虑了市场风险的是（　）。（2016 年）

A. 杠杆分析法

B. 公司价值分析法

C. 每股收益分析法

D. 利润敏感性分析法

【解析】资本结构优化分析的方法包括每股收益分析法、平均资本成本比较法和公司价值分析法。其中，每股收益分析法与平均资本成本比较法都是从账面价值的角度进行资本结构优化分析，没有考虑市场反应，也即没有考虑风险因素；而公司价值分析法，是在考虑市场风险的基础上，以公司市场价值为标准，进行资本结构优化。

【答案】B

【例题 2 · 计算分析题】甲公司 2015 年年末长期资本为 5 000 万元，其中长期银行借款为 1 000 万元，年利率为 6%，所有者权益（包括普通股股本和留存收益）为 4 000 万元。公司计划在 2016 年追加筹集资金 5 000 万元，其中按面值发行债券 2 000 万元，票面年利率为 6.86%，期限 5 年，每年付息一次，到期一次还本，筹资费用率为 2%；发行优先股筹资 3 000 万元，固定股息率为 7.76%，筹集费用率为 3%。公司普通股 β 系数为 2，一年期国债利率为 4%，市场平均报酬率为 9%。公司适用的所得税税率为 25%。假设不考虑筹资费用对资本结构的影响，发行债券和优先股不影响借款利率和普通股股价。

要求：

（1）计算甲公司长期银行借款的资本成本。

（2）假设不考虑货币时间价值，计算甲公司发行债券的资本成本。

（3）计算甲公司发行优先股的资本成本。

（4）利用资本资产定价模型计算甲公司留存收益的资本成本。

（5）计算甲公司 2016 年完成筹资计划后时平均资本成本。（2016 年）

【答案】

（1）长期银行借款资本成本 =6%×（1−25%）=4.5%。

（2）债券的资本成本 =2 000×6.86%×（1−25%）÷[2 000×（1−2%）]=5.25%。

（3）优先股资本成本 =3 000×7.76%÷[3 000×（1−3%）]=8%。

（4）留存收益资本成本 =4%+2×（9%−4%）=14%。

（5）平均资本成本 =1 000÷10 000×4.5%+4 000÷10 000×14%+2 000÷10 000×5.25%+3 000÷10 000×8%=9.5%。

考点10　经营杠杆、财务杠杆与总杠杆的含义与计算（★★★）

考点分析

本考点是必考内容，在各种题型中均可能出题，可能会让考生计算和分析 3 种杠杆的系数值、影响 3 种杠杆的因素、3 种杠杆系数之间的关系等，考生应理解它们的含义和计算原理，灵活掌握相关公式的计算。

考点精讲

1. 三大杠杆与风险的关系

企业所面临的风险包括系统性风险和非系统性风险，其中，非系统性风险是可分散风险，它的主要表现形式为经营风险和财务风险。其中，经营风险的大小用经营杠杆系数来衡量，而财务风险的大小用财务杠杆系数来衡量。非系统性风险又称为总风险，总风险的大小用总杠杆系数来衡量。

2. 经营杠杆

经营杠杆是指固定性经营成本使企业资产报酬（息税前利润）变动率大于业务量变动率的现象。衡量经营杠杆效应程度的指标常用经营杠杆系数（Degree of Operating Leverage，DOL），该系数是息税前利润变动率与产销业务量变动率的比值，其相关公式如表 5-8 所示。

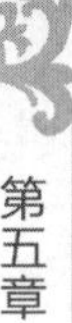

表 5-8 经营杠杆系数公式

项目	经营杠杆系数
定义公式	$DOL=\frac{\Delta EBIT}{EBIT_0}/\frac{\Delta Q}{Q_0}=\frac{息税前利润变动率}{产销业务量变动率}$
变形公式	$DOL=\frac{M_0}{M_0-F_0}=\frac{基期边际贡献}{基期息税前利润}$ $=\frac{EBIT_0+F_0}{EBIT_0}=1+\frac{基期固定成本}{基期息税前利润}$
说明	①基期固定成本 F_0 等于 0 时，DOL 等于 1 ②企业息税前利润＞0，则 DOL ≥ 1 ③只要存在固定性经营成本，DOL 总是大于 1

经营杠杆放大了市场和生产等因素变化对利润波动的影响。经营杠杆系数越高，表明资产报酬等利润波动程度越大，经营风险也就越大。

影响经营杠杆的因素有 4 个：①固定成本；②产品销售数量；③销售价格；④成本水平（单位变动成本和固定成本总额）。固定成本比重越高、成本水平（单位变动成本和固定成本总额）越高、产品销售数量和销售价格水平越低，经营杠杆效应越大，企业经营风险就越大；相反，则经营风险越小。

3. 财务杠杆

财务杠杆是指固定性资本成本使企业普通股收益（或每股收益）变动率大于息税前利润变动率的现象。衡量财务杠杆效应程度的指标常用财务杠杆系数（Degree of Financial Leverage，DFL），该系数是每股收益变动率与息税前利润变动率的比值，其相关公式如表 5-9 所示。

表 5-9 财务杠杆系数公式

项目	财务杠杆系数
定义公式	$DFL=\frac{普通股盈余变动率}{息税前利润变动率}=\frac{EPS变动率}{EBIT变动率}$
变形公式	$DFL=\frac{EBIT_0}{EBIT_0-I_0}=1+\frac{I_0}{EBIT_0-I_0}$ $=1+\frac{基期利息}{基期息税前利润-基期利息}$
说明	①基期利息等于 0 时，DFL 等于 1 ②基期利息不等于 0 时，DFL 大于 1

财务杠杆系数越高，普通股收益的波动程度越大，财务风险也就越大。

影响财务杠杆的因素有：①债务资本比重；②固定资本成本（利息）高低；③息税前利润。固定的资本成本（利息）越高、债务资本成本比重越高，息税前利润水平越低，则财务杠杆效应越大；相反，则财务杠杆效应越小。

4. 总杠杆

总杠杆是指由于固定经营成本和固定资本成本的存在，导致普通股每股收益变动率大于产销业务量的变动率的现象。衡量总杠杆效应程度的指标常用总杠杆系数（DTL，Degree of Total Leverage），该系数是普通股每股收益变动率与产销量变动率的比值，其相关公式如表 5-10 所示。

表 5-10 总杠杆系数公式

项目	总杠杆系数
定义公式	$DTL=\frac{普通股盈余变动率}{产销量变动率}=\frac{\Delta EPS}{EPS_0}/\frac{\Delta Q}{Q_0}$
变形公式	$DTL=DOL\times DFL=\frac{EBIT_0+F_0}{EBIT_0}\times\frac{EBIT_0}{EBIT_0-I_0}$ $=\frac{EBIT_0+F_0}{EBIT_0-I_0}=\frac{基期税后边际贡献}{基期税后利润}$
说明	①基期固定成本 F_0、基期利息等于 0 时，DTL 等于 1 ②基期固定成本 F_0、基期利息不同时等于 0 时，DTL 大于 1

总杠杆系数反映了经营杠杆和财务杠杆之间的关系，用于评价企业的整体风险水平。

不同类型的企业，其财务杠杆系数和经营杠杆系数有所不同。同一企业在不同的发展阶段，其财务杠杆系数和经营杠杆系数也有所不同。

总杠杆系数是经营杠杆系数和财务杠杆系数的乘积，因此，凡是影响经营杠杆和财务杠杆的因素都会影响总杠杆系数。

名师解读

当固定成本（*F*）=0，利息（*I*）=0，DOL=DFL=DTL=1，此时不存在经营杠杆、财务杠杆和总杠杆效应；当利息（*I*）≠ 0，DFL＞1，存在财务杠杆的放大效应；当固定成本（*F*）、利息（*I*）不同时等于 0，存在总杠杆的放大效应。

典型例题

【例题 1 · 多选题】下列各项因素中，影响经营杠杆系数计算结果的有（ ）。（2014 年）

A. 销售单价　　B. 销售数量

C. 资本成本　　D. 所得税税率

【解析】经营杠杆系数 = 基期边际贡献 ÷ 基期息税前利润，边际贡献 = 销售量 ×（销售单价 − 单位变动成本），息税前利润 = 边际贡献 − 固定性经营成本，因此，选项 A、B 会影响经营杠杆系数的计算结果。

【答案】AB

【例题 2 · 单选题】某企业某年的财务杠杆系数为 2.5，息税前利润（EBIT）的计划增长率为 10%，假定其他因素不变，则该年普通股每股收益（EPS）的增长率为（ ）。

A. 4%　　B. 5%

C. 20%　　D. 25%

【解析】根据公式“财务杠杆系数 = 每股收益增

长率 ÷ 息税前利润增长率”可知，每股收益增长率 = 财务杠杆系数 × 息税前利润增长率 =2.5×10% ×100% =0.25×100% =25%。

【答案】D

【例题 3 · 判断题】在企业承担总风险能力一定且利率相同的情况下，对于经营杠杆水平较高的企业，应当保持较低的负债水平，而对于经营杠杆水平较低的企业，则可以保持较高的负债水平。(　　)(2013 年)

【解析】总杠杆系数反映了经营杠杆和财务杠杆之间的关系，在总杠杆系数不变的情况下，经营杠杆系数与财务杠杆系数此消彼长。

【答案】√

【例题 4 · 单选题】某企业 2016 年的销售额为 1 000 万元，变动成本 500 万元，固定经营成本 300 万元，利息费用 20 万元，则 2016 年该企业的总杠杆系数为(　　)。

A. 1.90　　B. 2.78

C. 1.50　　D. 3.00

【解析】经营杠杆系数、财务杠杆系数的计算过程如下：

$$DOL=\frac{基期边际贡献}{基期息税前利润}=\frac{1000-500}{1000-500-300}=2.5$$

$$DFL=\frac{EBIT_0}{EBIT_0-I_0}=\frac{1000-500-300}{1000-500-300-20}=1.11$$

总杠杆系数 = 经营杠杆系数 × 财务杠杆系数 =2.5×1.11=2.78。

【答案】B

考点11 资本结构（★★★）

考点分析

本考点的出题概率很高，在各种题型中都可能出现，考查重点是影响资本结构的 7 个因素和优化资本结构的 3 种方法，考生应牢记这些因素的具体特征，熟练掌握资本结构优化的方法，并能结合实例判断企业应采取哪种方法。

考点精讲

1. 资本结构的定义和作用

资本结构是指企业资本总额中各种资本的构成及其比例关系。

资本结构是比较筹资方式、选择筹资方案的依据，是衡量资本结构是否合理的依据，是评价投资项目可行性的主要标准，是评价企业整体业绩的重要依据。在一定的条件下，使企业平均资本成本率最低、企业价值最大的资本结构就是最佳资本结构。

由于企业内部条件和外部环境的经常性变化，动态地保持最佳资本结构十分困难。因此，最佳资本结构只是存在于理论中。在实践中，企业结合自身实际情况适度负债经营时所确立的资本结构才是实际存在的目标资本结构。

2. 影响资本结构的因素

资本结构的影响因素有 7 个，具体如表 5-11 所示。

表 5-11　资本结构的影响因素

因素	说明
企业经营状况的稳定性和成长率	①在产销业务量稳定的情况下，企业可较多地负担固定的财务费用 ②在未来产销业务量增长率较高的情况下，企业可以采用高负债的资本结构，以提升权益资本的报酬 ③在产销业务量和盈余有周期性的情况下，要负担固定的财务费用，将承担较大的财务风险
企业的财务状况和信用等级	企业财务状况良好、信用等级高，债权人的投资风险就相对较小，愿意向企业提供信用，因此，企业会很容易获得债务资本
企业的资产结构	①企业如果拥有大量固定资产，主要通过长期负债和发行股票筹集资金。企业如果拥有较多流动资产，就会更多依赖流动负债筹集资金 ②如果企业资产适用于抵押贷款，则负债较多 ③如果企业以技术研发为主，则负债较少
企业投资人和管理当局的态度	企业股权集中，股东会比较重视企业控股权问题，企业会尽量避免普通股筹资以防止控股权稀释；稳健的管理当局往往会偏好选择低负债比例的资本结构
行业特征	①产品市场稳定的成熟产业可提高债务资本比重，发挥财务杠杆作用，因为经营风险低 ②高新技术企业的产品、技术、市场尚不成熟，经营杠杆系数大，经营风险高，应降低债务资本比重来控制财务杠杆风险
企业发展周期	①企业初创期，因为经营风险高，所以在资本结构安排上应控制负债比例 ②企业发展成熟期，因为产品产销业务量稳定和持续增长，经营风险低，此时可适度增加债务资本比重，发挥财务杠杆效应 ③企业收缩阶段，因为产品市场占有率下降，经营风险逐步加大，此时为了保持企业持续经营能力，减少破产风险，应逐步降低债务资本比重，保证现金流能够偿还到期债务
经济环境的税收政策和货币政策	①当所得税税率较高时，企业应充分利用债务资本的抵税作用来提高企业价值 ②国家执行紧缩的货币政策时，市场利率较高，此时企业债务资金的资本成本就会增大

3. 资本结构优化的方法

确定最佳资本结构的方法包括：①每股收益分析法；②平均资本成本比较法；③公司价值分析法，这 3 种方法的原理、指标、公式、决策原则等如表 5-12 所示。

表 5-12　资产结构优化方法相关知识

	每股收益分析法	平均资本成本比较法	公司价值分析法
原理	能够提高普通股每股收益的资本结构即合理	能够降低平均资本成本的资本结构即为合理	能够提升公司价值的资本结构即为合理
指标	每股收益无差别点	平均资本成本	——
公式	$\left[(\overline{\text{EBIT}}-I_1)\cdot(1-T)-DP_1\right]/N_1=\left[(\overline{\text{EBIT}}-I_2)\cdot(1-T)-DP_2\right]/N_2$	——	$K_s=R_f+\beta(R_m-R_f)$ $S=\frac{(\text{EBIT}-I)\cdot(1-T)}{K_s}$ $K_w=K_b\cdot\frac{B}{V}(1-T)+K_s\cdot\frac{S}{V}$ $V=S+B$
决策原则	①预期的产销业务量水平或预期息税前利润水平 > 每股收益无差别点时，选择财务风险较大的债务筹资方案 ②预期的产销业务量水平或预期息税前利润水平 < 每股收益无差别点时，选择财务风险较小的股权筹资方案	选择平均资本成本最低的方案	——
特点	从账面价值的角度进行资本结构优化分析，没有考虑市场反应、风险因素		考虑了市场风险，以公司市场价值为标准

典型例题

【例题 1 · 单选题】下列各种财务决策方法中，可以用于确定最优资本结构且考虑了市场反应和风险因素的是（　）。（2015 年）

A. 现值指数法

B. 每股收益分析法

C. 公司价值分析法

D. 平均资本成本比较法

【解析】每股收益分析、平均资本成本比较法都是从账面价值的角度进行资本结构的优化分析，没有考虑市场反应，也即没有考虑风险因素。公司价值分析法是在考虑市场风险基础上，以公司市场价值为标准，进行资本结构优化。选项 C 正确。

【答案】C

【例题 2 · 多选题】下列各项因素中，影响企业资本结构决策的有（　）。（2015 年）

A. 企业的经营状况

B. 企业的信用等级

C. 国家的货币供应量

D. 管理者的风险偏好

【解析】影响资本结构的因素包括：①企业经营状况的稳定性和成长率；②企业的财务状况和信用等级；③企业资产结构；④企业投资人和管理当局的态度；⑤行业特征和企业发展周期；⑥经济环境的税务政策和货币政策。

【答案】ABCD

【例题 3 · 单选题】下列关于最佳资本结构的表述中，错误的是（　）。（2014 年）

A. 最佳资本结构在理论上是存在的

B. 资本结构优化的目标是提高企业价值

C. 企业平均资本成本最低时资本结构最佳

D. 企业的最佳资本结构应当长期固定不变

【解析】从理论上讲，最佳资本结构是存在的，但由于企业内部条件和外部环境的经常性变动，动态地保持最佳资本结构十分困难，因此选项 D 说法错误。

【答案】D

【例题 4 · 单选题】出于优化资本结构和控制风险的考虑，比较而言，下列企业中最不适宜采用高负债资本结构的是（　）。（2012 年）

A. 电力企业　　B. 高新技术企业

C. 汽车制造企业　　D. 餐饮服务企业

【解析】高新技术企业的产品、技术、市场尚不成熟，经营杠杆系数大，经营风险高，应降低债务资本比重，控制财务杠杆风险。因此，选项 B 正确。选项 A、C、D 属于市场稳定的成熟产业，经营风险低，因此可充分发挥财务杠杆作用，提高债务资本比重。

【答案】B

【例题 5 · 计算分析题】乙公司是一家上市公司，适用的企业所得税税率为 25%，当年息税前利润为 900 万元，预计未来年度保持不变。为简化计算，假定净利润全部分配，债务资本的市场价值等于其账面价值，确定债务资本成本时不考虑筹资费用。证券市场平均收益率为 12%，无风险收益率为 4%，两种不同的债务水平下的税前利率和 β 系数如表 5-13 所示。公司价值和平均资本成本如表 5-14 所示。

表 5-13　不同债务水平下的税前利率 β 系数

债务账面价值 / 万元	税前利率	β 系数
1 000	6%	1.25
1 500	8%	1.50

表 5-14　公司价值和平均资本成本

债务市场价值 / 万元	股票市场价值 / 万元	公司总价值 / 万元	税后债务资本成本	权益资本成本	平均资本成本
1 000	4 500	5 500	（A）	（B）	（C）
1 500	（D）	（E）	*	16%	13.09%

注：表中的“*”表示省略的数据。

要求：

（1）确定表 5-14 中英文字母代表的数值（不需要列示计算过程）。

（2）依据公司价值分析法，确定上述两种债务水平的资本结构哪种更优，并说明理由。（2013 年）

【答案】

（1）A=6%×（1−25%）=4.5%；B=4%+1.25×（12%−4%）=14%；C=4.5%×（1 000÷5 500）+14%×（4 500÷5 500）=12.27%；D=[（EBIT−I）×（1−T）]÷K_s=[（900−1 500×8%）×（1−25%）]÷16%=3 656.25（万元）；E=1 500+3 656.25=5 156.25（万元）。

（2）债务市场价值为 1 000 万元时，公司总价值最大，平均资本成本最低，因此，债务市场价值为 1 000 万元时的资本结构更优。

本节考点回顾与总结一览表

本节考点	知识总结
考点 7　资本成本的定义、作用与影响因素	①资本成本的 2 个内容：包括筹资费用和占用费用 ②资本成本的 4 个作用：是比较筹资方式、选择筹资方案的依据；是衡量资本结构是否合理的重要依据；是评价投资项目可行性的主要标准；是评价企业整体业绩的重要依据 ③资本成本的 4 个影响因素：总体经济环境；资本市场条件；企业经营状况和融资状况；企业对筹资规模和时限的需求
考点 8　计算个别资本成本	①个别资本成本的 2 个计算模式：一般模式、贴现模式 ②银行借款、公司债券的资本成本可采用一般模式、贴现模式，但融资租赁的资本成本率只能按贴现模式计算；普通股、留存收益的资本成本采用股利增长模型和资本资产定价模型 ③留存收益不考虑筹资费用
考点 9　计算平均资本成本、边际资本成本	个别资本在总资本的比重（权数）的确定标准：账面价值权数、市场价值权数、目标价值权数 边际资本成本是追加筹资的决策依据，采用目标价值权数
考点 10　经营杠杆、财务杠杆与总杠杆	①经营杠杆系数用于度量经营杠杆效应，其等于息税前利润变动率 / 产销业务量变动率；经营杠杆放大了市场和生产等因素对利润的影响，其系数越高，经营风险越大；影响经营杠杆的因素有：固定成本、成本水平、产品销售量和销售价格 ②财务杠杆系数用于度量财务杠杆效应，其等于每股收益变动率 / 息税前利润变动率；财务杠杆放大了资产报酬变化对普通股收益的影响，其系数越高，财务风险越大；影响财务杠杆的因素有：债务成本比重、固定的资本成本支付额、息税前利润水平 ③总杠杆系数用于度量总杠杆效应，其等于普通股每股收益变动率 / 产销量变动率；同时存在固定性经营成本和固定性资本成本，就存在总杠杆效应；不同类型的企业、同一企业在不同的发展阶段，其财务杠杆系数和经营杠杆系数有所不同
考点 11　资本结构	①最佳资本结构下，企业平均资本成本率最低、企业价值最大 ②影响资本结构的 7 个因素：企业经营状况的稳定性和成长率；企业的财务状况和信用等级；企业资产结构；企业投资人和管理当局的态度；行业特征；企业发展周期；经济环境的税务政策和货币政策

真题演练

1.【判断题】其他条件不变动的情况下，企业财务风险大，投资者要求的预期报酬率就高，企业筹资的资本成本相应就大。（　）（2010 年）

2.【判断题】由于内部筹集一般不产生筹资费用，所以内部筹资的资本成本最低。（　）（2013 年）

3.【单选题】下列各项中，将会导致经营杠杆效应最大的情况是（　）。（2012 年）

A. 实际销售额等于目标销售额

B. 实际销售额大于目标销售额

C. 实际销售额等于盈亏临界点销售额

D. 实际销售额大于盈亏临界点销售额

4.【单选题】公司在创立时首先选择的筹资方式是（　）。（2012 年）

A. 融资租赁

B. 向银行借款

C. 吸收直接投资

D. 发行企业债券

第四节 本章综合练习

（一）单选题

1. 可转换债券的基本性质不包括（　）。

A. 证券期权性　　B. 资本转换性

C. 赎回与回售　　D. 筹资灵活性

2. 甲公司通过发行可转换债券筹集资金，每张面值为 2 000 元，转换比率为 40，则该可转换债券的转换价格为（　）元 / 股。

A. 20　　B. 25

C. 30　　D. 50

3. 甲企业上年度资金平均占用额为 3 100 万元，经分析，发现其中不合理部分 100 万元，预计本年度销售增长 15%，资金周转加速 3%，则本年度的预测资金需要量为（　）万元。

A. 2 473.5　　B. 3 000

C. 3 346.5　　D. 3 450

4. 甲公司 2015 年的经营性资产为 1 300 万元，经营性负债为 500 万元，销售收入为 1 400 万元，经营性资产、经营性负债占销售收入的百分比不变，预计 2016 年销售增长率为 10%，销售净利率为 15%，股利支付率为 65%，则 2016 年需要从外部筹集的资金为（　）万元。

A. 0.85　　B. 1

C. 0　　D. 10

5. 在财务管理中，将资金划分为变动资金、不变资金和半变动资金，并据以预测企业未来资金需要量的方法称为（　）。

A. 定额预测法　　B. 比率预测法

C. 资金习性预测法　　D. 成本习性预测法

6. 某企业取得 3 年期长期借款 150 万元，年利率 8%，每年年末付息一次，到期一次还本，借款费用率 0.3%，企业所得税税率 20%，则按一般模式计算该项借款的资本成本率为（　）。

A. 6%　　B. 6.02%

C. 5.83%　　D. 6.42%

7. 甲公司通过融资租赁的方式租赁一套设备，该设备价值 30 万元，租期 5 年，租赁期满时预计残值 1 万元，归租赁公司，每年租金 7 万元，则融资租赁资本成本率为（　）。

A. 4%　　B. 6.29%

C. 5%　　D. 3.29%

8. 下列选项中，属于个别资本成本从低到高排列的是（　）。

A. 普通股、债券、留存收益、长期借款

B. 长期借款、普通股、留存收益、债券

C. 长期借款、债券、留存收益、普通股

D. 债券、普通股、留存收益、长期借款

9. 在下列各项中，不能用于加权平均资金成本计算的是（　）。

A. 市场价值权数　　B. 目标价值权数

C. 账面价值权数　　D. 边际价值权数

10. 某公司经营风险较大，准备采取系列措施降低杠杆程度，下列措施中，无法达到这一目的的是（　）。

A. 降低利息费用

B. 降低固定成本水平

C. 降低变动成本

D. 提高产品销售单价

11. 某企业本期财务杠杆系数为 1.5，本期息税前利润为 450 万元，则本期实际利息费用为（　）万元。

A. 100　　B. 675

C. 300　　D. 150

12. 甲公司权益资金为 1 000 万元，息税前利润为 800 万元，债务资金为 500 万元，债务利率为 10%，普通股的资本成本为 12%，所得税税率为 25%，则在公司价值分析法下，该公司此时股票的市场价值为（　）万元。

A. 4 687.50　　B. 3 300

C. 2 850.12　　D. 2 900

（二）多选题

1. 构成可转换债券的基本要素有（　）。

A. 市场利率　　B. 票面利率

C. 标的股票　　D. 赎回条款

2. 可转换债券的下列说法中，正确的有（　）。

A. 转换价格越低，表明在既定的转换价格下能转换为普通股股票的数量越少

B. 设置赎回条款最主要的功能是强制债券持有者积极行使转股权

C. 设置赎回条款可以保护发行企业的利益

D. 设置回售条款可能会加大公司的财务风险

3. 下列关于认股权证筹资的表述中，正确的有（　）。

A. 它有助于改善上市公司的治理结构

B. 它有利于推进上市公司的股权激励机制

C. 它是一种融资促进工具

D. 它属于衍生金融工具

4. 采用销售百分比法预测资金需要量时，下列项目中不随销售收入的变动而变动的有（　）。

A. 应付票据　　B. 公司债券

C. 短期借款　　　　D. 现金

5. 下列表述中，属于资本成本作用的有（　）。

A. 是比较筹资方式、选择筹资方案的依据

B. 是衡量资本结构是否合理的依据

C. 是评价投资项目可行性的主要标准

D. 是评价企业整体业绩的重要依据

6. 在计算下列各项资金的筹资成本时，需要考虑筹资费用的有（　）。

A. 普通股　　　　B. 债券

C. 长期借款　　　　D. 留存收益

7. 下列各项中只能使用贴现模式计算资本成本的有（　）。

A. 发行普通股　　　　B. 融资租赁

C. 银行借款　　　　D. 发行债券

8. 账面价值权数的优点有（　）。

A. 资料容易取得

B. 计算结果稳定

C. 适合评价现时的资本结构

D. 能准确反映现时机会成本

9. 下列关于平均资本成本比较法的说法，正确的有（　）。

A. 能够降低平均资本成本的资本结构即为合理的资本结构

B. 没有考虑市场反应和风险因素

C. 侧重于从资本投入的角度对筹资方案和资本结构进行优化分析

D. 根据个别资本成本的高低来确定最优资本结构

10. 公司价值分析法下，影响权益资本市场价值的因素有（　）。

A. 息税前利润　　　　B. 利息

C. 所得税税率　　　　D. 权益资本成本率

（三）判断题

1. 可转换债券设置回售条款是为了强制债券持有者积极行使转股权，因此又被称为加速条款。（　）

2. 可转换债券的票面利率一般会低于普通债券的票面利率，还低于同期银行存款利率。（　）

3. 购买上市公司发行的认股权证后，权证持有人有权在一定时间内按照约定价格认购该公司发行的股票。（　）

4. 企业按照销售百分比法预测出来的资金需要量，是企业在未来一定时期资金需要量的增量。（　）

5. 销售百分比法在具体运用时，如果相关因素发生变动，就必须相应地调整原有的销售百分比。（　）

6. 资本成本即筹资费用，是指企业为筹集和使用资本而付出的代价。（　）

7. 边际资本成本是企业进行追加筹资的决策依据。筹资方案组合时，边际资本成本的权数采用目标价值权数。（　）

8. 当固定成本为零，单位边际贡献不变时，息税前利润的变动率应等于产销量的变动率。（　）

9. 经营杠杆本身并不是资产报酬不确定的根源，但是，经营杠杆放大了市场和生产等因素变化对利润波动的影响。（　）

10. 当预期息税前利润大于每股收益无差别点时，应当选择财务杠杆效应小的筹资方案。理由是该方案的资本成本低。（　）

（四）计算分析题

1. 甲公司2014年12月31日的简要资产负债表如表5-15所示（单位：万元）。假设甲公司2014年销售额为1 000万元，销售净利率为15%，利润留存率为20%。2015年销售额预计增长15%，同时公司有足够的生产能力，无需追加固定资产投资。

要求：计算外部融资需求量。

表5-15　甲公司资产负债表

资产	金额	与销售关系（%）	负债与权益	金额	与销售关系（%）
现金	60	6	短期借款	30	无
应收账款	300	30	应付账款	100	10
存货	80	8	预提费用	10	1
固定资产	10	无	公司债券	50	无
			实收资本	200	无
			留存收益	60	无
合计	450	44	合计	450	11

2. 乙公司2010~2015年历年产销量和资金变化情况如表5-16所示。

表5-16　产销量与资金变化情况表

年度	X：产销量 / 万件	Y：资金占用 / 万元
2010	500	100
2011	600	120
2012	510	103
2013	700	130
2014	580	110
2015	710	137

2016年预计销售量为800万件，请预测2016年资金需要量。

（五）综合题

1. 已知：甲、乙、丙3个企业的相关资料如下：

资料一：甲企业历史上现金占用与销售收入之间的关系如表5-17所示。

表5-17　现金与销售收入变化情况表　（单位：万元）

年度	销售收入	现金占用
2010	10 200	680
2011	10 000	700
2012	10 800	690
2013	11 100	710
2014	11 500	730
2015	12 000	750

资料二：乙企业2015年12月31日资产负债表（简表）如表5-18所示。

表5-18　乙企业资产负债表（简表）（单位：万元）

资产		负债和所有者权益	
库存现金	750	应付费用	1 500
应收账款	2 250	应付账款	750
存货	4 500	短期借款	2 750
固定资产净值	4 500	公司债券	2 500
		实收资本	3 000
		留存收益	1 500
资产合计	12 000	负债和所有者权益合计	12 000

该企业2016年的相关预测数据为：销售收入20 000万元，新增留存收益100万元；不变现金总额1 000万元，每元销售收入占用变动现金0.05元，其他与销售收入变化有关的资产负债表项目预测数据如表5-19所示。

表5-19　现金与销售收入变化情况表　（单位：万元）

年度	年度不变资金（a）	每元销售收入所需变动资金（b）
应收账款	570	0.14
存货	1 500	0.25
固定资产净值	4 500	0
应付费用	300	0.1
应付账款	390	0.03

资料三：1.丙企业2015年年末总股本为300万股，该年利息费用为500万元，假定该部分利息费用在2016年保持不变，预计2016年销售收入为15 000万元，预计息税前利润与销售收入的比率为12%。该企业决定于2016年年初从外部筹集资金850万元。具体筹资方案有两个：

方案1：发行普通股股票100万股，发行价每股8.5元。2006年每股股利（D_0）为0.5元，预计股利增长率为5%。

方案2：发行债券850万元，债券利率10%，适用的企业所得税税率为25%。

假定上述两方案的筹资费用均忽略不计。

要求：（1）根据资料一，运用高低点法测算甲企业的下列指标：①每元销售收入占用变动现金；②销售收入占用不变现金总额。

（2）根据资料二为乙企业完成下列任务：①按步骤建立总资产需求模型；②测算2016年资金需求总量；③测算2016年外部筹资量。

（3）根据资料三为丙企业完成下列任务：①计算2016年预计息税前利润；②计算每股收益无差别点；③根据每股收益无差别点法作出最优筹资方案决策，并说明理由；④计算方案1增发新股的资金成本。

2.某公司2016年计划生产单位售价为20元的产品。该公司目前有两个生产方案可供选择：方案1：单位变动成本为5元，固定成本为50万元。方案2：单位变动成本为4元，固定成本为80万元。

该公司资金总额为300万元，资产负债率为40%，负债的平均年利率为10%。预计年销售量为20万件，该企业目前正处于免税期。

要求：（计算结果保留小数点后四位）

（1）计算方案1的经营杠杆系数、财务杠杆系数及总杠杆系数。

（2）计算方案2的经营杠杆系数、财务杠杆系数及总杠杆系数。

（3）预测当销售量下降25%，两个方案的息税前利润各下降多少个百分比。

（4）根据以上资料对比两种方案的总风险。

第五节　本章真题演练及综合练习答案与解析

一、真题演练答案速查表

所在节	题号	答案	题号	答案	题号	答案
第一节	1	√	2	ACD		
第二节	C					
第三节	1	√	2	×	3	C
	4	C				

二、本章综合练习答案与解析

（一）单选题

1. D【解析】选项D，筹资的灵活性属于可转换债券的筹资优点，而不是基本性质。

2. D【解析】转换价格＝债券面值 ÷ 转换比率＝2 000÷40=50（元／股）。

3. C【解析】预测年度资金需要量＝（3 100−100）×（1+15%）×（1−3%）=3 346.5（万元）。

4. C【解析】2016年需要从外部筹集的资金 = 1 300×10%-500×10%-1 400×（1+10%）×15%×（1-65%）=130-50-80.85=-0.85（万元）。外部融资需求量为负数，因此不需要从外部筹集资金。

5. C【解析】本题所述为资金习性预测法。

6. D【解析】资本成本率 =8%×（1-20%）÷（1-0.3%）×100%=6.42%。

7. B【解析】30-1×（P/F，K_b，5）=7×（P/A，K_b，5），利用插值法，解得 K_b=6.29%。

8. C【解析】股利不能抵税，因此长期借款与债券的资本成本小于留存收益和普通股的。留存收益没有筹资费用，而普通股发行费用较高，因此普通股的资本成本大于留存收益的。

9. D【解析】计算平均资本成本使用的权数的确定基础包括账面价值权数、市场价值权数和目标价值权数3种。

10. A【解析】选项A，利息费用是影响财务杠杆的因素，不影响经营杠杆。

11. D【解析】1.5=450÷（450- 利息），解得利息 =150（万元）。

12. A【解析】权益资本市场价值的具体计算过程如下：

$$S=\frac{(\text{EBIT}-I)\times(1-T)}{K_s}$$

$$=\frac{(800-500\times10\%)\times(1-25\%)}{12\%}$$

=4 687.50（万元）

（二）多选题

1. BCD【解析】选项A，市场利率不是可转换债券的基本要素。

2. BCD【解析】选项A错误，根据公式“转换比率 = 债券面值 ÷ 转换价格”，即转换价格与转换比率（能转换为普通股股票的数量）呈反向变动。

3. ABCD【解析】本题4个选项描述正确。

4. BC【解析】短期借款、短期融资券、长期负债等筹资性负债属于非敏感性项目，而公司债券属于非经营性负债项目，都不会随销售收入的变动而变动。

5. ABCD【解析】4个选项均是资本成本的作用。

6. ABC【解析】企业利用留存收益筹资不会发生筹资费用，因此计算留存收益资本成本率时，不考虑筹资费用，其余3项资本成本的计算都需要考虑筹资费用。

7. AB【解析】银行借款资本成本、债券资本成本既可采用一般模式也可采用贴现模式计算，选项C、D不符合题意。

8. AB【解析】账面价值权数的优点是可直接从资产负债表中得到数值，计算结果也较稳定，选项A、B正确。

9. ABC【解析】选项D错误，在一定的条件下，使企业平均资本成本率最低、企业价值最大的资本结构就是最佳资本结构。

10. ABCD【解析】根据公式 S=[（EBIT-I）×（1-T）]/K_s，EBIT与权益资本的市场价值呈同向变动，利息、所得税税率、权益资本成本率与权益资本的市场价值呈反向变动。

（三）判断题

1. ×【解析】可转换债券赎回条款才被称为加速条款。因此，本题的表述错误。

2. √【解析】本题的说法正确。

3. √【解析】本题的说法正确。

4. ×【解析】按照销售百分比法预测出来的资金需要量，是企业在未来一定时期支持销售增长而需要的外部融资额。因此，本题的表述错误。

5. √【解析】在销售百分比下，如果相关因素发生变动，就必须相应地调整原有的销售百分比。

6. ×【解析】资本成本包括筹资费、占用费两个部分。因此，本题的表述不完整。

7. √【解析】本题的表述正确。

8. √【解析】根据公式：DOL=M_0/（M_0-F_0）= 息税前利润变动率 / 产销业务量变动率，当固定成本为0时，经营杠杆系数为1，则息税前利润变动率等于产销量变动率。

9. √【解析】本题的表述正确。

10. ×【解析】当预期的产销业务量水平或预期息税前利润水平大于每股收益无差别点时，应当选择财务风险较大的债务筹资方案。因此，本题的表述错误。

（四）计算分析题

1.【答案】

（1）从表5-15中可以得出敏感资产占基期销售额的百分比为44%，敏感负债与权益占基期销售额的百分比为11%。

（2）因为预计销售额增长15%，则2015年的销售额 =1 000×（1+15%）=1 150（万元），销售额增加了150万元，所以增加的资产 =44%×150=66（万元），增加的经营性（敏感性）负债 =11%×150=16.5（万元），增加的留存收益 =1 000×（1+15%）×15%×20%=34.5（万元），外部融资需求量 = 增加的经营性资产 - 增加的经营性（敏感性）负债 - 增加的留存收益 =66-16.5-34.5=15（万元）。

2.【答案】a 和 b 用回归直线分析法求出。根据表5-16，可得出 n=6，$\sum X$=3 600，$\sum Y$=700，

$\sum XY$=426 600，$\sum X^2$=2 200 600。

$$a=\frac{\sum X^2\cdot\sum Y-\sum X\cdot\sum XY}{n\sum X^2-(\sum X)^2}$$

$$=\frac{2\,200\,600\times700-3\,600\times426\,600}{6\times2\,200\,600-3\,600^2}$$

$$=19.129\,7$$

$$b=\frac{n\sum XY-\sum X\cdot\sum Y}{n\sum X^2-(\sum X)^2}$$

$$=\frac{6\times426\,600-3\,600\times700}{6\times2\,200\,600-3\,600^2}=0.162\,6$$

解得：Y=19.129 7+0.162 6X。

2016 年预计销售量 800 万件，即 X=800，则 2016 年资金需要量 Y=19.129 7+0.162 6×800=149.21（万元）。

（五）综合题

1.【答案】

（1）2015 年的销售收入最高，2011 年的销售收入最低，所以高点是 2015 年，低点是 2011 年。

①每元销售收入占用现金 =（750−700）÷（12 000−10 000）=0.025（元）。

②销售收入占用不变现金总额 =700−0.025×10 000=450(万元)，或=750−0.025×12 000=450(万元)。

（2）总资金需求模型。

①根据表 5−17 中列示的资料可以计算总资金需求模型中：

a=1 000+570+1 500+4 500−300−390=6 880，b=0.05+0.14+0.25−0.1−0.03=0.31，所以总资金需求模型为：Y=6 880+0.31X。

② 2016 资金需求总量 =6 880+0.31×20 000=13 080（万元）。

③ 2016 年需要增加的资金 =6 880+0.31×20 000−12 000=1 080（万元）。

2015 年外部筹资量 =1 080−100=980（万元）。

（3）① 2016 年预计息税前利润 =15 000×12%=1 800（万元）。

②增发普通股方式下的股数 =300+100=400（万股）。

增发普通股方式下的利息 =500（万元）。

增发债券方式下的股数 =300（万股）。

增发债券方式下的利息 =500+850×10% =585（万元）。

根据每股收益分析法的公式，

$$(\overline{\text{EBIT}}-500)\times(1-25\%)\div400$$

$$=(\overline{\text{EBIT}}-585)\times(1-25\%)\div300$$

解得：$\overline{\text{EBIT}}$ =840（万元）。

③ 2016 年息税前利润 1 800 万元大于每股收益无差别点的息税前利润 840 万元，故应选择方案 2（发行债券）筹集资金，理由是选择债券筹资方式可以提高企业的每股收益。

④增发新股的资金成本 =0.5×（1+5%）÷8.5+5%=11.18%。

2.【答案】

（1）方案一：

息税前利润 = 销售收入 − 变动成本 − 固定成本 =20×（20−5）−50=250（万元）。

经营杠杆系数 = 基期边际贡献 ÷ 基期息税前利润 =20×（20−5）÷250=1.2。

因为资产负债率 = 负债总额 ÷ 资产总额，所以负债总额 = 资产总额 × 资产负债率 =300×40%=120（万元）。

利息 =120×10%=12（万元）。

财务杠杆系数 = 基期息税前利润 ÷ 基期利润总额 =[20×（20−5）−50]÷[20×（20−5）−50−12]=1.050 4。

总杠杆系数 = 经营杠杆系数 × 财务杠杆系数 =1.2×1.050 4=1.260 48。

（2）方案二：

息税前利润 = 销售收入 − 变动成本 − 固定成本 =20×（20−4）−80=240（万元）。

经营杠杆系数 = 基期边际贡献 ÷ 基期息税前利润 =20×（20−4）÷240=1.33。

负债总额 = 资产总额 × 资产负债率 =300×40%=120（万元）。

利息 =120×10%=12（万元）。

财务杠杆系数 = 基期息税前利润 ÷ 基期利润总额 =[20×（20−4）−80]÷[20×（20−4）−80−12]=1.052 6。

总杠杆系数 =1.33×1.052 6=1.4。

（3）当销售量下降 25% 时，根据经营杠杆系数的定义公式：经营杠杆系数 = 息税前利润变动率 ÷ 产销量变动率，得出：息税前利润变动率 = 经营杠杆系数 × 产销量变动率，所以，方案一的税前利润下降 30%（1.2×25%），方案二的税前利润下降 33.25%（1.33×25%）。

（4）方案一的总杠杆系数是 1.260 48，方案二的总杠杆系数是 1.4，因此方案二的总杠杆系数更大，方案二的总风险大。

第六章 投资管理

本章是本门课程的重点章节。在近 3 年的考试中，本章内容所占分值较大，除了客观题外，在计算分析题或综合题中都有出现。对于本章内容，考生一定要充分重视，其中，应重点关注的内容包括现金流量的计算、各种投资决策评价指标的计算及应用、互斥投资方案的决策方法，以及证券价值、收益率的计算等。

▼ 本章主要考点的题型、估计题量和所占分值一览表

主要考点	题型	估计题量	所占分值
①项目现金流量的计算；②计算现值指数、静态回收期，内含报酬率的定义和特点；③证券资产投资的系统性风险；④利率和期限对债券价值的影响；⑤计算债券内含报酬率；⑥固定增长模式下股票价值的计算	单选题	2~3 题	2~3 分
①企业投资的分类；②营业现金净流量的计算；③投资项目财务评价指标的特点；④证券资产的五大特点	多选题	1 题	2 分
①企业投资的分类；②对净现值法的评价；③证券资产的特点；④市场利率对债券价格的影响	判断题	1 题	1 分
固定资产更新决策	计算分析题	1 题	5 分
①计算项目现金流量、净现值、年金净流量；②固定资产更新决策	综合题	1 小题	9~15 分

▼ 本章知识结构一览表

投资管理	一、投资管理的主要内容	（1）企业投资的作用、特点、分类（★） （2）投资管理的原则（★）
	二、投资项目财务评价指标	（1）项目现金流量（★★★） （2）财务评价指标的运用（★★★）：净现值（NPV）、年金净流量（ANCF）、现值指数（PVI）、内含报酬率（IRR）、回收期（PP）
	三、项目投资管理	（1）独立投资方案、互斥投资方案的决策（★★★） （2）固定资产更新决策（★★★）
	四、证券投资管理	（1）证券资产的特点、证券投资的目的（★★） （2）证券资产投资的风险（★★） （3）债券的价值、收益率（★★★） （4）股票的价值、收益率（★★★）

第一节 投资管理的主要内容

考点1 企业投资的作用、特点、分类（★）

考点分析

本考点要熟记的文字内容较多，其主要在客观题对企业投资的作用、特点和分类进行考查，其中，分类标准有 5 个，考试时可能要求考生判断分类标准和分类内容的对应关系。

考点精讲

1. 企业投资的作用

企业投资是指企业为获取未来收益而向一定对象投放资金的经济行为，它有以下 3 个方面的作用。

（1）投资是企业生存与发展的基本前提。

（2）投资是获取利润的基本前提。

（3）投资是企业风险控制的重要手段。

2. 企业投资的特点

与日常经营活动相比，企业投资管理的特点体现在以下 3 个方面。

（1）投资管理属于企业的战略性决策：企业的投资决策直接影响未来的经营发展全局，因此属于战略性决策。

（2）投资管理属于企业的非程序化管理：投资涉及企业的未来经营发展方向和规模等重大问题，具有一次性和独特性的特点，因此属于非程序化管理。

（3）投资价值的波动性大：投资标的物的未来收益不确定；投资标的物的变现能力较差；宏观因素时刻影响投资标的物资产的价值。

3. 企业投资的分类

企业投资可从不同的角度进行分类，如按投资的方式、投资的对象等标准，企业投资的分类及特点如表 6-1 所示。

表 6-1 企业投资的分类及特点

分类标准	类型	特点
投资活动与企业本身的生产经营活动的关系	直接投资	将资金直接投放于形成生产经营能力的实体性资产，直接谋取经营利润的企业投资
	间接投资	将资金投放于股票、债券等权益性资产
投资对象的存在形态和性质	项目投资	购买具有实质内涵的经营资产（包括有形资产和无形资产），形成具体的生产经营能力，开展实质性的生产经营活动
	证券投资	购买具有权益性质的证券资产，通过证券资产上所赋予的权利，间接控制被投资企业的生产经营活动，获取投资收益
投资活动对企业未来生产经营前景的影响	发展性投资	对企业未来的生产经营发展全局有重大影响
	维持性投资	为了维持企业现有的生产经营正常顺利进行，不会改变企业未来生产经营发展全局的企业投资
投资活动资金投出的方向	对内投资	在本企业范围内部的资金投放，用于购买和配置各种生产经营所需的经营性资产
	对外投资	向本企业范围以外的其他单位的资金投放
投资项目之间的相互关联关系	独立投资	各个投资项目之间互不关联、互不影响，也可以同时并存
	互斥投资	各个投资项目之间相互关联、相互替代，不能同时并存

名师解读

一个投资项目可能同时属于不同的分类项目。考试时可能会从“分类标准→类型”或“类型→分类标准”两个角度出题，考生应该从各种类型的定义出发，学会归纳，这样也能更准确地理解记忆各标准下的分类。

典型例题

【例题 1·判断题】某投资者进行间接投资，与其交易的筹资者是在进行直接筹资；某投资者进行直接投资，与其交易的筹资者是在进行间接筹资。（　）（2015 年）

【解析】直接筹资是企业直接与资金供应者协商融通资金的筹资活动；间接筹资是企业借助于银行和非银行金融机构而筹集的资金。直接投资是将资金直接投放于形成经营能力的实体性资产，直接谋取经营利润的企业投资；间接投资是将资金投放于股票、债券等权益性资产上的企业投资。

【答案】×

【例题 2·多选题】下列关于企业投资的作用和特点的说法中，正确的有（　）。

A. 投资是获取利润的基本前提

B. 投资有助于企业分散风险，稳定收益来源，降低资产的流动性风险、变现风险，增强资产的安全性

C. 企业控制风险的唯一手段是投资

D. 投资管理属于战略决策，一般是无法复制的

【解析】选项 C 错误，企业面临的风险有政策风险、市场竞争风险等，也有来自企业自身的风险。投资作为企业风险控制的重要手段，有助于减少相关风险对企业的冲击，保证企业所需资源的供应，保证生产经营能力得到充分使用，但并不是唯一手段。

【答案】ABD

【例题 3·多选题】按照企业投资的分类，下列各项中，属于发展性投资的有（　）。（2016 年）

A. 开发新产品的投资

B. 更新替换旧设备的投资

C. 企业间兼并收购的投资

D. 大幅度扩大生产规模的投资

【解析】发展性投资是指对企业未来的生产经营发展全局有重大影响的企业投资。发展性投资也可以称为战略性投资，如企业间兼并、合并的投资（选项 C），转换新行业和开发新产品的投资（选项 A），大幅度扩大生产规模的投资（选项 D）等。

【答案】ACD

【例题 4·多选题】下列说法中正确的有（　）。

A. 证券投资属于间接投资

B. 设备更新属于日常的例行性活动

C. 投资管理属于程序化管理

D. 互斥方案投资属于非相容性投资

【解析】选项 B，设备更新一般不会经常性地重复出现，因此属于非例行性活动；选项 C，投资属于非重复性的经济活动，对其进行管理属于非程序化管理。

【答案】AD

考点2 投资管理的原则（★）

考点分析

本考点在考试中主要以客观题为主，考查 3 个

投资管理原则和不同原则在实例中的具体体现，属于记忆性的内容，考生可根据关键字来进行记忆。

考点精讲

投资具有高风险、高收益的特点，企业应遵循以下 3 个原则进行投资管理，以有效管控投资风险，它们分别是可行性分析原则、结构平衡原则和动态监控原则。

（1）可行性分析原则：可行性分析是投资管理的重要组成部分。项目的可行性主要包括环境可行性、技术可行性、市场可行性和财务可行性等。项目可行性研究的正确与否、质量高低直接关系投资成败。在事前、事中和事后阶段，企业都应公正客观、实事求是反映项目的情况。

（2）结构平衡原则：合理匹配固定资金与流动资金，保证生产能力与经营规模相适应，协调投资进度和资金供应等。

（3）动态监控原则：对投资项目实施进程控制。

典型例题

【例题·单选题】下列不属于财务可行性分析内容的是（　）。

A. 净现值等项目经济效益指标的分析

B. 资金筹集和配置的分析

C. 项目收益与风险关系的分析

D. 投资项目形成的生产经营能力的分析

【解析】选项 D，投资项目形成的生产经营能力的分析属于技术可行性分析。

【答案】D

本节考点回顾与总结一览表

本节考点	知识总结
考点 1 企业投资的作用、特点、分类	①企业投资的 3 个作用：是企业生存与发展的基本前提；是获取利润的基本前提；是企业风险控制的重要手段 ②企业投资的 3 个特点：属于企业的战略性决策；属于企业的非程序化管理；投资价值的波动性大 ③企业投资的分类：直接投资、间接投资；项目投资、证券投资；发展性投资、维持性投资；对内投资、对外投资；独立投资、互斥投资
考点 2 投资管理的原则	① 3 个投资管理原则：可行性分析原则、结构平衡原则和动态监控原则 ②项目的可行性主要包括环境可行性、技术可行性、市场可行性和财务可行性

真题演练

【判断题】在投资项目可行性研究中，应首先进行财务可行性评价，再进行技术可行性分析，如果项目具备财务可行性和技术可行性，就可以作出该项目应当投资的决策。（　）（2011 年）

第二节　投资项目财务评价指标

考点3 项目现金流量（★★★）

考点分析

本考点在考试中出现的概率很高，且各种题型均可能出题，一般考查的重点是不同阶段项目现金流量的构成或计算公式，考生应准确掌握现金流量的计算，以免连带地造成净现值、现值指数等其他相关指标的计算错误。

考点精讲

1. 现金流量的定义、计算公式

现金流量是指一项长期投资方案引起的在未来一定期间所发生的现金收支。现金流量在投资分析中通常指的是现金净流量，其计算公式如下。

现金净流量 = 现金流入量 − 现金流出量

根据上述公式，现金净流量可能为正数，也可能为负数。

2. 不同投资阶段现金流量的构成与计算

投资项目从整个经济寿命周期来看，大致可以分为 3 个阶段：投资期、营业期、终结期，每个阶段的现金流量构成各不相同，具体如表 6-2 所示。

表 6-2　不同投资阶段的现金流量

阶段	现金流量构成
投资期	①包括长期资产投资和垫支的营运资金 ②垫支的营运资金 = 追加的流动资产扩大量 − 结算性流动负债扩大量
营业期	①不考虑所得税：营业现金净流量 = 营业收入 − 付现成本 = 营业利润 + 非付现成本 ②营业现金净流量 = 营业收入 − 付现成本 − 所得税 =（营业收入 − 付现成本）×（1− 所得税税率）+ 非付现成本 × 所得税税率
终结期	包括 3 部分：①固定资产变价净收入；②固定资产变现净损益的影响；③垫支营运资金的收回

名师解读

在上表中，营业收入一般等于投资项目的销售收入，付现成本是指不包括折旧、摊销、减值准备等的营业成本，非付现成本主要是固定资产年折旧费用、长期资产摊销费用、资产减值准备。

固定资产变现净损益对现金净流量的影响的计算公式如下。

固定资产变现净损益对现金净流量的影响 =（账面价值 − 变价净收入）× 所得税适用税率

其中，账面价值的计算分为以下两种情形。

①折旧已全部计提：账面价值 =（税法）净残值。

②折旧未全部计提：账面价值 =（税法）净残值 + 剩余未计提折旧。

根据账面价值与变价净收入的大小，固定资产变现净损益对现金净流量的影响有两种计算结果。

①账面价值 − 变价净收入 > 0：即发生处置净损失，可以抵减当期的所得税，少缴的所得税视同现金流入量。

②账面价值 − 变价净收入 < 0：即取得处置净收益，增加应纳税所得，增加现金流出。

典型例题

【例题 1 · 多选题】在考虑所得税影响的情况下，下列可用于计算营业现金净流量的算式中，正确的有（　）。（2015 年）

A. 税后营业利润 + 非付现成本

B. 营业收入 − 付现成本 − 所得税

C.（营业收入 − 付现成本）×（1− 所得税税率）

D. 营业收入 ×（1− 所得税税率）+ 非付现成本 × 所得税税率

【解析】营业现金净流量 = 营业收入 − 付现成本 − 所得税 = 税后营业利润 + 非付现成本 = 收入 ×（1− 所得税税率）− 付现成本 ×（1− 所得税税率）+ 非付现成本 × 所得税税率。

【答案】AB

【例题 2 · 单选题】甲公司对某投资项目的分析与评价资料如下：该投资项目适用的所得税税率为 25%，年税后营业收入为 625 万元，税后付现成本为 420 万元，税后营业利润为 55 万元。那么，该项目年营业现金净流量为（　）万元。

A. 55

B. 200

C. 255

D. 185

【解析】税后营业利润 =（营业收入 − 付现成本 − 非付现成本）×（1− 所得税税率）= 税后营业收入 − 税后付现成本 − 非付现成本 ×（1− 所得税税率），即 625−420− 非付现成本 ×（1−25%）=55，因此非付现成本 =200（万元）；年营业现金净流量 = 税后营业利润 + 非付现成本 =55+200=255（万元）。

【答案】C

考点4　财务评价指标的运用（★★★）

考点分析

本考点是每年几乎都会考查的内容，在各种题型中均可能出题，一般考查 6 大财务评价指标的计算和经济含义。考生应理解相关公式中的原理，通过表格等形式比较各种指标，并多加练习，理解它们的优缺点、适用范围。

考点精讲

在判断投资项目是否具有财务可行性时，通常需要采用 6 个专门的评价指标——净现值、年金净流量、现值指数、内含报酬率、静态回收期和动态回收期等。这些指标的相关内容如表 6-3 所示。

表 6-3　财务评价指标的相关内容

指标	公式	结果分析	优点	缺点
净现值	净现值 = 未来现金净流量现值 − 原始投资额现值	未来的现金净流量现值 ≥ 投资额现值，方案可行；未来的现金净流量现值 < 投资额现值，方案不可行	①适用性强，能基本满足项目年限相同的互斥投资方案的决策 ②能灵活地考虑投资风险	①所采用的贴现率不易确定 ②不适宜于独立投资方案的比较决策 ③有时不能对寿命期不同的互斥投资方案进行直接决策
年金净流量	年金净流量 = 现金净流量总现值 ÷ 年金现值系数	年金净流量大于零时，即每年平均的现金流入能抵补现金流出，方案的报酬率大于所要求的报酬率，方案可行；当小于零时，方案不可行	适用于期限不同的投资方案决策	①所采用的贴现率不易确定 ②不便于对原始投资额现值不相等的独立投资方案进行决策
现值系数	现值系数 = 未来现金净流量现值 ÷ 原始投资额现值	现值指数 ≥ 1，说明方案实施后的投资报酬率高于预期报酬率，方案可行；现值指数 < 1，方案不可行	用它来评价独立投资方案，可以消除原始投资额的差异，克服净现值指标的缺点	①所采用的贴现率不易确定 ②不便于对原始投资额现值不相等的独立投资方案进行决策

续表

指标	公式	结果分析	优点	缺点
内含报酬率	未来现金净流量现值－原始投资额现值=0	内含报酬率大于最低的投资报酬率时，投资方案可行；反之，则不可行	①反映了投资项目可能达到的报酬率，易于被高层决策人员所理解 ②反映各独立投资方案的获利水平	①计算复杂，不易直接考虑投资风险大小 ②互斥投资方案的原始投资额现值不相等时，有时无法作出正确的决策
静态回收期	累计现金净流量等于原始投资额时的年数	回收期越短，投资方案越好	①简单易用，便于计算、解释，直观反映收回投资的期限 ②成本低，对于规模小、重复性的投资可通过经验判断回收期 ③满足投资者对回收迅速项目的偏好，提高整体的流动性 ④不衡量利润，但能反映投资风险，是投资风险的指示器	①没有考虑货币的时间价值，不能计算出较为准确的投资经济效益 ②忽视回收以后的现金流量，不能保证公司权益价值最大化 ③可能促使企业急功近利，放弃具有战略意义的长期投资
动态回收期	累计现金净流量现值等于原始投资额现值时的年数			只考虑了未来现金净流量小于和等于原始投资额的部分，因而不能全面评估该项目的价值

典型例题

【例题 1·多选题】采用净现值法评价投资项目可行性时，所采用的贴现率通常有（　）。

A. 企业平均资金成本率

B. 市场利率

C. 投资者预期的最低投资报酬率

D. 投资项目的内含报酬率

【解析】贴现率的参考标准可以是：市场利率、投资者希望获得的预期最低投资报酬率、企业平均资本成本率。内含报酬率是投资方案实际可能达到的投资报酬率，它应当大于贴现率，才能使得方案的净现值大于 0。

【答案】ABC

【例题 2·单选题】下列各项中，其计算结果等于项目投资方案年等额净回收额的是（　）。（2011 年）

A. 该方案净现值 × 年金现值系数

B. 该方案净现值 × 年金现值系数的倒数

C. 该方案每年相等的净现金流量 × 年金现值系数

D. 该方案每年相关的净现金流量 × 年金现值系数的倒数

【解析】某方案年金净流量 = 该方案净现值 ×（1÷年金现值系数）= 该方案净现值 ÷（P/A，K，n）。

【答案】B

【例题 3·单选题】已知某投资项目的原始投资额现值为 100 万元，净现值为 25 万元，则该项目的现值指数为（　）。（2014 年）

A. 0.25

B. 0.75

C. 1.05

D. 1.25

【解析】净现值 = 未来现金净流量现值 − 原始投资额现值，因此未来现金净流量现值 = 原始投资额现值 + 净现值 =100+25=125（万元），现值指数 = 未来现金净流量现值 ÷ 原始投资额现值 =125÷100=1.25。

【答案】D

【例题 4·判断题】公司目前有两个投资额不同的备选方案，已测得：A 方案的净现值为 400 万元，现值指数为 1.16；B 方案的净现值为 300 万元，现值指数为 1.86，据此可以认定 A 方案较好。（　）

【解析】当各项目的投资额不等时，仅用净现值无法确定投资方案的优劣；现值指数法可以从动态的角度反映项目投资的资金投入与总产出之间的关系，可以弥补净现值法在投资额不同方案之间不能比较的缺陷，使投资方案之间可直接用现值指数进行比较。B 方案的现值指数大于 A 方案，因此，可以认定 B 方案较好。

【答案】×

【例题 5·单选题】某公司拟进行一项固定资产投资决策，设定折现率为 10%，有 4 个方案可供选择。其中甲方案的净现值率为 −12%；乙方案的内部收益率为 9%；丙方案的项目计算期为 10 年，净现值为 960 万元，（P/A，10%，10）=6.144 6；丁方案的项目计算期为 11 年，年等额净回收额为 136.23 万元。最优的投资方案是（　）。（2010 年）

A. 甲方案

B. 乙方案

C. 丙方案

D. 丁方案

【解析】选项 A，甲方案的净现值率为负数，不可行；选项 B，乙方案的内部收益率 9% 小于基准折现率 10%，也不可行；选项 C，丙方案的年等额净回收额（年金净流量）=960÷（P/A，10%，10）=960÷6.144 6=156.23（万元），大于选项 D 丁方案的年等额回收额 136.23 万元，所以本题的最优方案应该是丙方案，选项C正确。

【答案】C

【例题6·单选题】若甲投资方案在贴现率为16%时，净现值为338元，当贴现率为18%时，净现值为-22元，则甲方案的内含报酬率为（ ）。

A. 17.88%　　B. 16.04%

C. 7.32%　　D. 17%

【解析】IRR=16%+（18%-16%）×（338-0）÷[338-（-22）]=17.88%。

【答案】A

【例题7·判断题】利用内含报酬率法评价投资项目时，计算出的内含报酬率是方案本身的投资报酬率，因此不需再估计投资项目的资金成本或最低报酬率。（ ）

【解析】内含报酬率是方案本身的投资报酬率，但是判断一个投资方案是否可行，需要将其与事先给定的折现率（投资项目的资金成本或投资者预期最低报酬率）进行比较。

【答案】×

【例题8·单选题】某投资项目需在开始时一次性投资50 000元，其中固定资产投资45 000元，营运资金垫支5 000元，没有建设期。各年营业现金净流量分别为10 000元、12 000元、16 000元、20 000元、21 600元、14 500元，则该项目的静态投资回收期是（ ）年。（2016年）

A. 3.35　　B. 3.40

C. 3.60　　D. 4.00

【解析】截至第三年年末还未补偿的原始投资额=50 000-10 000-12 000-16 000=12 000（元），所以静态回收期=3+12 000÷20 000=3.6（年）。

【答案】C

本节考点回顾与总结一览表

本节考点	知识总结
考点3 项目现金流量	①现金净流量＝现金流入量－现金流出量 ②从整个经济寿命周期来看，投资项目分为3个阶段：投资期、营业期、终结期 ③投资期垫支的营运资金＝追加的流动资产扩大量－结算性流动负债扩大量 ④营业期营业现金净流量＝营业收入－付现成本（－所得税） ⑤终结期的现金流量包括固定资产变价净收入、处置固定资产净损失抵税和垫支营运资金的收回
考点4 财务评价指标的运用	①6个指标：净现值、年金净流量、现值指数、内含报酬率和回收期 ②净现值＝未来现金净流量现值－原始投资额现值 ③年金净流量＝现金净流量总现值 ÷ 年金现值系数 ④现值系数＝未来现金净流量现值 ÷ 原始投资额现值 ⑤未来现金净流量现值－原始投资额现值=0 ⑥累计现金净流量（现值）等于原始投资额（现值）时的年数

真题演练

1.【单选题】某公司新建一条生产线，预计投产后第一年、第二年流动资产需用额分别为40万元和50万元，结算性流动负债需要额分别为15万元和20万元，则第二年新增的流动资金额是（ ）。（2012年）

A. 5万元　　B. 15万元

C. 20万元　　D. 30万元

2.【判断题】净现值法不仅适宜于独立投资方案的比较决策，而且能够对寿命期不同的互斥投资方案进行直接决策。（ ）（2014年）

3.【单选题】下列各项因素，不会对投资项目内含报酬率指标计算结果产生影响的是（ ）。（2014年）

A. 原始投资额

B. 资本成本

C. 项目计算期

D. 现金净流量

4.【多选题】在其他因素不变的情况下，下列财务评价指标中，指标数值越大表明项目可行性越强的有（ ）。（2014年）

A. 净现值

B. 现值指数

C. 内含报酬率

D. 动态回收期

5.【单选题】某公司计划投资建设一条新生产线，投资总额为60万元，预计新生产线投产后每年可为公司新增净利润4万元，生产线的年折旧额为6万元，则该投资的静态回收期为（ ）年。（2015年）

A. 5　　B. 6

C. 10　　D. 15

第三节 项目投资管理

考点5 独立投资方案、互斥投资方案的决策（★★★）

考点分析

本考点的综合性很强，主要考查不同投资方案下适用的财务评价指标与方法，可能会与第二、五章等结合出题。

考点精讲

独立投资方案是指项目之间互不排斥，可以同时并存，方案决策相互独立。

互斥投资方案中，各项目之间互相排斥，不能并存，因此决策的实质在于选择最优方案。

在投资方案决策中，应根据原始投资额、项目寿命期等因素的影响程度，来选择适用的财务评价指标和方法，具体如表 6–4 所示。

表 6–4 投资方案决策方法与指标

项目		独立投资方案决策	互斥投资方案决策
决策类型		筛分决策	选择（或选优）决策
评价标准		方案的获利程度	方案的获利金额
项目寿命期相同	指标	内含报酬率	净现值
项目寿命期不同	方法	——	最小公倍数法
	指标	内含报酬率	年金净流量（年金成本）

名师解读

年金净流量法和最小公倍期数法计算的年金净流量是一致的。但是，最小公倍数法需比较的时间一般较长，换算过程比较麻烦。例如，对于寿命期分别为 5 年和 6 年的两个项目，需要以 30 年作为比较期间。因此，对于期限不等的互斥方案比较，可直接按原始期限的年金净流量指标决策。

典型例题

【例题 1·单选题】某企业拟进行一项固定资产投资项目决策，设定贴现率为 12%，有 4 个方案可供选择：其中甲方案的项目计算期为 10 年，净现值为 1 000 万元，资本回收系数 =0.177；乙方案的净现值为 – 15 万元；丙方案的项目计算期为 11 年，其年金净流量为 150 万元；丁方案的内含报酬率为 10%。最优的投资方案是（　）。

A. 甲方案

B. 乙方案

C. 丙方案

D. 丁方案

【解析】选项 B，乙方案的净现值小于零，不可行；选项 D，丁方案的内含报酬率小于贴现率，不可行。年金净流量 = 现金净流量总现值 ÷ 年金现值系数 = 现金净流量总现值 × 资本回收系数 = 1 000 × 0.177=177（万元）> 150（万元），即甲方案优于丙方案，选项 A 符合题意。

【答案】A

【例题 2·计算分析题】C 公司拟投资建设一条生产线，现有甲、乙两种投资方案可供选择，相关资料如表 6–5 所示。

表 6–5 甲、乙投资方案现金流量计算表 （单位：万元）

项目	建设期		投资期	
	0	1	2~5	6
甲方案				
固定资产投资	600	0		
无形资产投资	（A）	0		
息税前利润			156	156
折旧及摊销			112	112
调整所得税			（B）	*
净残值				*
现金净流量	- 620	0	（C）	289
乙方案				
固定资产投资	300	300		
现金净流量	*	*	266	

说明：表中“2~5”年终的数字为等额数。“*”代表省略的数据。

该公司适用的企业所得税税率为 25%。假定基准现金折现率为 8%，财务费用为零。相关货币时间价值系数表如表 6–6 所示。

表 6–6 相关货币时间价值系数表

n	1	2	3	4	5	6
（P/F，8%，n）	0.925 9	0.857 3	0.793 8	0.735 0	0.680 6	0.630 2
（P/A，8%，n）	0.925 9	1.783 3	2.577 1	3.312 1	3.992 7	4.622 9

要求：

（1）确定表 6–5 内英文字母代表的数值（不需要列出计算过程）。

（2）计算甲方案的总投资收益率。

（3）若甲、乙两方案的净现值分别为 264.40 万元和 237.97 万元，且甲、乙两方案互斥，分别计算甲、乙两方案的年等额净回收额，并根据计算结果进行决策。（2012 年）

【答案】

（1）A=620−600=20（万元）；B=156×25%=39（万元）；C= 税后营业利润 + 非付现成本 =（156−39）+112=229（万元）。

（2）甲方案的总投资收益率 =156÷620×100%=25.16%。

（3）甲方案的年等额净回收额 =264.40÷（*P*/*A*，8%，6）=57.19（万元），乙方案的年等额净回收额 =237.97÷（*P*/*A*，8%，5）=59.60（万元），乙方案的年等额净回收额＞甲方案的年等额净回收额，因此选择乙方案。

考点6 固定资产更新决策（★★★）

考点分析

本考点的综合性很强，一般要求考生根据题干描述判断是否更新固定资产，对计算的要求较高，难度也较大。其中，资产报废损益、资产报废损失抵税两个项目是重点和难点，需要结合机会成本的知识来确定金额，因此，考生应在复习时多做相关练习，理解其原理。

考点精讲

从决策性质上看，固定资产更新决策属于互斥投资方案的决策类型。因此，固定资产更新决策所采用的决策方法是净现值法和年金净流量法，一般不采用内含报酬率法。该类决策区分为寿命期相同和寿命期不同两种类型。

1. 寿命期相同的固定资产更新决策

对于寿命期相同的设备重置决策，一般采用净现值法进行决策。由于设备更新不改变生产能力，因此在决策时应选择现金流出总现值低者。

2. 寿命期不同的固定资产更新决策

对于寿命期不同的设备重置决策，一般采用年金净流量法进行决策。在决策时，应区分替换重置与扩建重置，两者的适用方法如表 6-7 所示。

表 6-7 替换重置与扩建重置的适用方法

项目	替换重置	扩建重置
考虑现金流入量变动	现金流入量不变，年金流出量越小的方案越好	现金流入量发生变化，年金净流量越大的方案越好
不考虑现金流入量变动	年金成本越小的方案越好	增加或减少的现金流入视作现金流出的抵减，年金成本越小的方案越好

其中，年金成本是指按年金净流量原理计算的等额年金流出量。计算年金成本时，应考虑的现金流量主要如下。

（1）新旧设备目前市场价值，即新设备的购价（原始投资额）、旧设备的重置成本或变现价值。

（2）新旧设备残值变价收入（视作现金流出的抵减）。

（3）新旧设备年营运成本，即年付现成本。年营业现金流入，视作年营运成本的抵减。

典型例题

【例题 1·单选题】一台旧设备账面价值为 20 万元，变现价值为 24 万元。企业打算继续使用该设备，但由于物价上涨，估计需增加经营性流动资产 2 万元，增加经营性流动负债 1 万元。假定所得税税率为 25%，则继续使用该设备初始的现金流出量为（　）万元。

A. 21　　B. 22

C. 23　　D. 24

【解析】继续使用旧设备时，丧失的旧设备变现价值视作其机会成本，其金额 = 旧设备变现价值 − 变现收益纳税 =24−（24−20）×25%=23（万元）。垫支营运资金 = 经营性流动资产 − 经营性流动负债 =2−1=1（万元）。继续使用该设备初始的现金流出量 =23+1=24（万元）。

【答案】D

【例题 2·计算分析题】甲公司拟投资 100 万元购置一台新设备，年初购入时支付 20% 的款项，剩余 80% 的款项下年初付清；新设备购入后立即投入使用，使用年限为 5 年，预计净残值为 5 万元（与税法规定的净残值相同），按直线法计提折旧。新设备投产时需垫支营运资金 10 万元，设备使用期满时全额收回。新设备投入使用后，该公司每年新增净利润 11 万元。该项投资要求的必要报酬率为 12%。相关货币时间价值系数如表 6-8 所示。

表 6-8 货币时间价值系数表

年份（*n*）	1	2	3	4	5
（*P*/*F*，12%，*n*）	0.892 9	0.797 2	0.711 8	0.635 5	0.567 4
（*P*/*A*，12%，*n*）	0.892 9	1.690 1	2.401 8	3.037 3	3.604 8

要求：

（1）计算新设备每年折旧额。

（2）计算新设备投入使用后第 1~4 年营业现金净流量（$NCF_{1\sim4}$）。

（3）计算新设备投入使用后第 5 年现金净流量（NCF_5）。

（4）计算原始投资额。

（5）计算新设备购置项目的净现值（NPV）。（2015 年）

【答案】

（1）年折旧额 =（100−5）÷5=19（万元）。

（2）$NCF_{1\sim4}$=11+19=30（万元）。

（3）NCF_5=30+5+10=45（万元）。

（4）原始投资额 =100+10=110（万元）。

（5）净现值 =30×（P/A，12%，4）+45×（P/F，12%，5）−100×20%−10−100×80%×（P/F，12%，1）=30×3.037 3+45×0.567 4−20−10−80×0.892 9=15.22（万元）。

【例题 3·计算分析题】乙公司是一家机械制造企业，适用的所得税税率为 25%。公司现有一套设备（以下简称旧设备）已经使用 6 年。为降低成本，公司管理层拟将该设备提前报废，另行购建一套新设备。新设备的投资于更新起点一次性投入，并能立即投入运营。设备更新后不改变原有的生产能力，但营运成本有所降低。会计上对于新旧设备折旧年限、折扣方法以及净残值等的处理与税法保持一致，假定折现率为 12%，要求考虑所得税费用的影响。相关资料如表 6-9 所示。

表 6-9　新旧设备相关资料　　（单位：万元）

项目	旧设备	新设备
原价	3 000	6 000
预计使用年限	12 年	10 年
已使用年限	6 年	0 年
净残值	200	400
当前变现价值	2 600	6 000
年折旧额（直线法）	400	560
年营运成本（付现成本）	1 200	800

相关货币时间价值系数如表 6-10 所示。

表 6-10　相关货币时间价值系数

期数（n）	6	7	8	9	10
（P/F，12，n）	0.506 6	0.452 3	0.403 9	0.360 6	0.322 0
（P/A，12，n）	4.111 4	4.563 8	4.967 6	5.328 2	5.650 2

经测算，旧设备在其现有可使用年限内形成的净现金流出量现值为 5 787.80 万元，年金成本（即年金净流出量）为 1 407.4 万元。

要求：

（1）计算新设备在其可使用年限内形成的现金净流出量的现值（不考虑设备运营所带来的营运收入，也不把旧设备的变现价值作为新设备投资的减项）。

（2）计算新设备的年金成本（即年金净流出量）。

（3）指出净现值法与年金净流量法中哪一个更适于评价该设备更新方案的财务可行性，并说明理由。

（4）判断乙公司是否应该进行设备更新，并说明理由。（2016 年）

【答案】

（1）新设备的现金流出量的现值 =6 000+800×（1−25%）×（P/A，12%，10）−560×25%×（P/A，12%，10）−400×（P/F，12%，10）=6 000−600×5.650 2−140×5.650 2 − 400×0.322 0=8 470.29（万元）。

（2）新设备的年金成本 =8 470.29÷（P/A，12，10）=8 470.29÷5.650 2=1 499.11（万元）。

（3）应当使用年金净流量法。因为新旧设备的尚可使用年限不同，净现值法不能评价寿命期不同的互斥项目，而年金净流量法克服了这一缺点。

（4）不应该更新。新设备年金成本 1 499.11 万元＞继续使用旧设备的年金成本（1 407.4 万元），新设备的年金成本高于旧设备，所以不应该更新。

本节考点回顾与总结一览表

本节考点	知识总结
考点 5　独立投资方案、互斥投资方案的决策	①独立投资方案一般采用内含报酬率法进行比较决策 ②互斥投资方案一般采用净现值法和年金净流量法，其中，净现值法只适用于投资项目寿命期相同的情形
考点 6　固定资产更新决策	①寿命期相同时，选择净现值大的方案 ②寿命期不同时，选择年金净流量法大的方案

真题演练

【单选题】某公司预计 M 设备报废时的净残值为 3 500 元，税法规定净残值为 5 000 元，该公司适用的所得税税率为 25%，则该设备报废引起的预计现金净流量为（　）元。（2015 年）

A. 3 125　　B. 3 875

C. 4 625　　D. 5 375

第四节 证券投资管理

考点7 证券资产的特点、证券投资的目的（★★）

考点分析

本考点主要围绕证券资产的5个特点、证券投资的4个目的出题，以客观题为主要考查方式。

考点精讲

1. 证券资产的特点

证券资产是企业进行金融投资所形成的资产，它具有以下5个特点。

（1）价值虚拟性：证券资产不能脱离实体资产而完全独立存在，其价值取决于契约性权利所能带来的未来现金流量。

（2）可分割性：证券资产可以分割为一个最小的投资单位，如一股股票、一份债券等。

（3）持有目的多元性：可能为了未来积累现金，可能为了获取转让收益，或者为了取得对其他企业的控制权。

（4）强流动性：体现在变现能力强，持有目的可以相互转换。

（5）高风险性：证券资产的投资收益受多方面因素影响，投资风险显著高于银行存款。

2. 证券投资的目的

证券投资主要有以下4个目的。

（1）分散资金投向，降低投资风险。

（2）利用闲置资金，增加企业收益。

（3）稳定客户关系，保障生产经营。

（4）提高资产的流动性，增强偿债能力。

典型例题

【例题1·多选题】下列各项中，属于证券资产特点的有（　）。（2013年）

A. 可分割性

B. 高风险性

C. 强流动性

D. 持有目的多元性

【解析】证券资产的特点包括：价值虚拟性、可分割性、持有目的多元性、强流动性、高风险性。

【答案】ABCD

【例题2·多选题】下列关于证券投资的说法，正确的有（　）。

A. 证券投资可分散资产，降低投资风险

B. 证券投资属于间接投资的一种

C. 证券投资的对象是实体性经营资产

D. 企业通过证券投资可影响和控制关联企业，保障生产经营的顺利进行

【解析】选项A、D正确，它们属于证券投资的目的；选项B正确，按投资活动与其本身的生产经营活动的关系，企业投资可以分为直接投资和间接投资，其中，间接投资是指将资金投放于股票、债券等证券资产上的投资；选项C错误，证券投资的对象是金融资产，它是一种权利性资产。

【答案】ABD

考点8 证券资产投资的风险（★★）

考点分析

本考点要记忆的内容较多，可概括为两大风险（细分为6种风险），考试时一般在客观题中出题，可能会要求考生判断某种实际情形反映的是哪种证券投资风险。

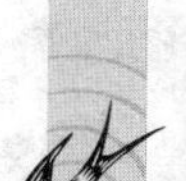

考点精讲

按风险性质的不同，证券投资风险可分为系统性风险和非系统性风险，这些风险还可进一步细分，其含义如表6-11所示。

表6-11 证券投资风险的类型及含义

风险类型		含义
系统性风险	价格风险	市场利率上升使证券资产价格普遍下跌的可能性
	再投资风险	市场利率下降造成的无法通过再投资而实现预期收益的可能性
	购买力风险	通货膨胀使货币购买力下降的可能性
非系统性风险	违约风险	证券资产发行者无法按时兑付证券资产利息和偿还本金的可能性
	变现风险	证券资产持有者无法在市场上以正常的价格平仓出货的可能性
	破产风险	证券资产发行者破产清算时投资者无法收回应得权益的可能性

典型例题

【例题·单选题】持续通货膨胀期间，投资人把资本投向实体性资产，减持证券资产，这种行为所

体现的证券投资风险类别是（　）。（2014 年）

A. 经营风险

B. 变现风险

C. 再投资风险

D. 购买力风险

【解析】购买力风险是指由于通货膨胀而使货币购买力下降的可能性。证券资产是一种货币性资产，通货膨胀会使证券投资的本金和收益贬值，名义报酬率不变而实际报酬率降低。如果通货膨胀长期延续，投资人会把资本投向实体性资产以求保值，对证券资产的需求量减少，引起证券资产价格下跌。

【答案】D

考点9 债券的价值、收益率（★★★）

考点分析

本考点是考试中出题频率较高的知识点，内容较多，难度较大，可能会考查债券期限、市场利率与债券价值的变动关系，或者要求计算债券价值、内部收益率等。在复习时，考生应理解债券的相关原理，多做涉及计算的练习题。

考点精讲

1. 债券的要素、发行方式

债券是发行者为筹集资金，依照法定程序向债权人发行的，在约定时间还本付息的有价证券。它的要素通常包括债券面值、票面利率和到期日。

债券的发行方式有以下 3 种。

（1）溢价发行：票面利率高于贴现率（市场利率），按超过债券票面价值的价格发行。

（2）折价发行：票面利率低于贴现率（市场利率），按低于债券票面价值的价格发行。

（3）平价发行：票面利率等于贴现率（市场利率），按票面价值的价格发行。

2. 债券的价值

债券的价值是指在债券投资上未来收取的利息和收回的本金的现值。只有债券价值大于其购买价格时，该债券才值得投资。

债券价值按照以下公式进行计算。

$$V_b=\sum_{t=1}^{n}\frac{I_t}{(1+R)^t}+\frac{M}{(1+R)^n}$$

根据债券价值的计算公式，当其他因素不变时，可得出以下结论。

（1）债券面值 M 越大（即利息 I 越大），债券价值越大；票面利率越大（即利息 I 越大），债券价值越大。

（2）贴现率（市场利率）越大，债券价值越小。对于溢价发行的债券，市场利率的变动会带来债券价值的更大变动，相反则带来更小的变动。对于溢价发行的债券，长期债券的价值远高于短期债券；对于折价发行的债券，长期债券的价值远低于短期债券，如图 6-1 所示。

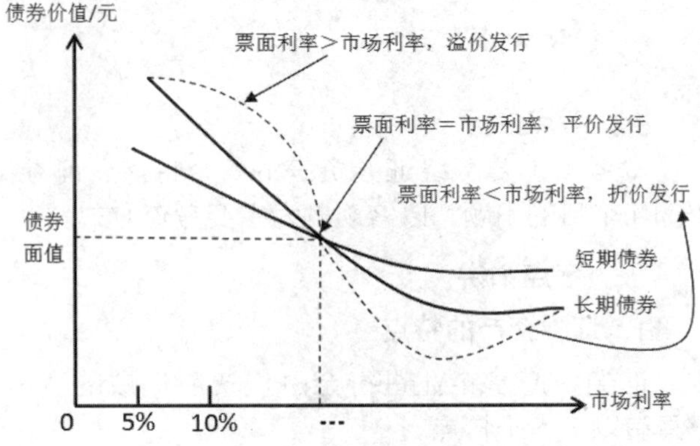

图 6-1 债券利率与债券价值的关系图

（3）债券期限越长，溢价债券的价值越高，折价债券的价值越低，债券价值偏离面值的程度趋于平稳，如图 6-2 所示。

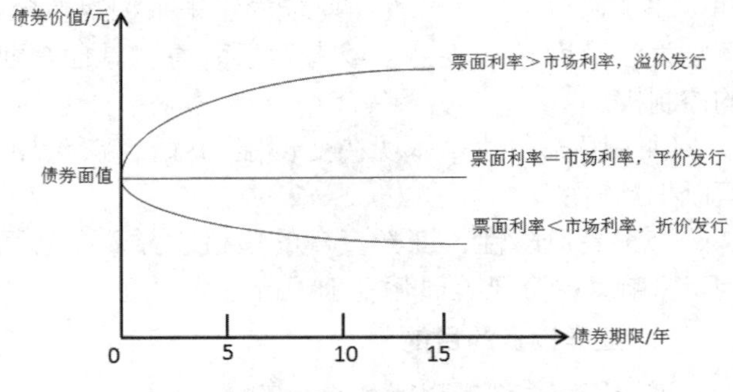

图 6-2 债券期限与债券价值的关系图

3. 债券的收益率

债券投资的收益是投资于债券所获得的全部投资报酬，其具体来源有 3 部分：①名义利息收益；②利息再投资收益；③价差收益（资本利得收益）。

债券的内部收益率，即债券投资项目的内含报酬率，是指按当前市场价格购买债券并持有至到期日或转让日所产生的预期报酬率。计算债券内部收益率的方法有以下两种。

（1）插值法

$V_b=\sum_{t=1}^{n}\frac{I_t}{(1+R)^t}+\frac{M}{(1+R)^n}$，令债券的内在价值 V_b 等于当前的购买价格 P_0，求得的贴现率即为该债券的内部收益率。

（2）简便算法

如果不考虑债券收益的时间价值，可用以下公式估算债券的内部收益率。

$$R=\frac{I+\frac{B-P}{n}}{\frac{B+P}{2}}\times 100\%$$

式中，P 表示债券的当前购买价格；B 表示债券面值；n 表示债券期限。

典型例题

【例题 1·单选题】市场利率和债券期限对债券价值都有较大的影响，下列相关表述中，不正确的是（　）。（2015 年）

A. 市场利率上升会导致债券价值下降

B. 长期债券的价值对市场利率的敏感性小于短期债券

C. 债券期限越短，债券票面利率对债券价值的影响越小

D. 债券票面利率与市场利率不同时，债券面值与债券价值存在差异

【解析】长期债券对市场利率的敏感性大于短期债券，市场利率越低，长期债券的价值远高于短期债券；市场利率较高，长期债券的价值远低于短期债券，选项 B 不正确。

【答案】B

【例题 2·单选题】债券内含报酬率的计算公式中不包含的因素是（　）。（2016 年）

A. 债券面值　　B. 债券期限

C. 市场利率　　D. 票面利率

【解析】债券的内部收益率，是指按当前市场价格购买债券并持有至到期日或转让日所产生的预期报酬率，也就是债券投资项目的内含报酬率。债券内含报酬率的计算取决于债券的面值、债券的期限以及票面利率 3 个因素。因此，选项 C 符合题意。

【答案】C

【例题 3·判断题】当票面利率与市场利率相同时，债券期限变化不会引起平价发行债券价值的变动。（　）

【解析】引起债券价值随债券期限的变化而波动的原因，是票面利率与市场利率的不一致。债券期限变化不会引起平价发行债券价值的变动，对于溢价或折价债券，才存在不同期限下债券价值有所不同的现象。

【答案】√

【例题 4·判断题】在债券持有期间，当市场利率上升时，债券价格一般会随之下跌。（　）（2016 年）

【解析】债券持有期间，如果市场利率上升，折现率也会上升，现值则会降低，所以债券的价格会下跌。

【答案】√

【例题 5·计算分析题】某投资者以 7 755 万元的价格购买甲公司债券作为长期投资（打算持有至到期日）。该债券的票面利率为 4.5%、3 年期、面值 8 000 万元，每年付息一次，到期还本。

要求：

（1）计算该债券的内部收益率。

（2）采用简便算法计算投资收益率。

【答案】

（1）7 755=8 000×4.5%×（P/A，R，3）+8 000×（P/F，R，3），通过插值法求得 R=5.64%。

（2）甲公司债券的投资收益率计算如下。

$$R=\frac{I+\frac{B-P}{n}}{\frac{B+P}{2}}\times 100\%=\frac{8\,000\times 4.5\%+\frac{8\,000-7\,755}{3}}{\frac{8\,000+7\,755}{2}}\times 100\%=5.61\%$$

考点10 股票的价值、收益率（★★★）

考点分析

本考点的内容较多，有一定的难度，在各种题型中均可能出题，可能会围绕股票的 3 种估价模式和 3 种内部收益率类型进行考查。

考点精讲

1. 股票价值的定义、估价模式

股票的价值是指投资于股票预期获得的未来现金流量的现值。股票的估价主要有 3 种情形。

（1）固定增长模式：$V=D_0\times(1+g)/(R_s-g)=D_1/(R_s-g)$。

（2）零增长模式：$V=D/R_s$。

（3）阶段性增长模式：对于阶段性成长的股票，需要分段计算，才能确定股票的价值，即股票价值 = 股利高速增长阶段的现值 + 固定不变或正常增长阶段的现值。

误区提醒

在股票估价模型中，应注意区分 D_0 与 D_1，D_0 中表示当前的股利，它与 V 在同一个会计期间，而 D_1 表示增长一期后的股利。在遇到计算题时，应仔细审题，看看题干中相关数据代表的是 D_0 还是 D_1。

2. 股票的收益率

股票投资的收益由股利收益、股利再投资收益、转让价差收益 3 部分构成。

股票的内部收益率是使得股票未来现金流量贴现值等于目前的购买价格时的贴现率，也就是股票投资项目的内含报酬率，它也有 3 种计算模式。

（1）固定增长模式：预期股利收益率 $R=D_1/P_0=[D_0\times(1+g)]/P_0$。

（2）零增长模式：$R=D/P_0$。

（3）阶段性增长模式：采用插值法求得净现值为 0 时的贴现率。

$$NPV=\sum_{t=1}^{n}\frac{D_t}{(1+R)^t}+\frac{P_t}{(1+R)^n}-P_o=0$$

典型例题

【例题 1 · 多选题】与股票内在价值呈反方向变化的因素有（　）。

A. 股利年增长率

B. 最近一次发放的股利

C. 投资必要报酬率

D. β 系数

【解析】根据公式 $V=D_0\times(1+g)/(R_s-g)$，股利年增长率 g、最近一次发放的股利 D_0 与股票价值呈同向变化，预期报酬率 R_s 与股票价值呈反向变化。根据资本资产定价模型：（某股票的必要收益率）$R=R_f+\beta\times(R_m-R_f)$，$\beta$ 与投资必要报酬率呈同向变化，因此 β 系数与股票价值也成反向变化。

【答案】CD

【例题 2 · 单选题】某投资者持有甲公司的股票，投资必要报酬率为 15%。预计甲公司未来 3 年的股利分别为 1 元、1.2 元、1.5 元。此后转为正常增长，增长率为 8%，则该公司股票的内在价值为（　）元。

A. 16.85　　B. 17.98

C. 25.91　　D. 24.19

【解析】股票价值 =1×（P/F，15%，1）+1.2×（P/F，15%，2）+1.5×（P/F，15%，3）+1.5×（1+8%）÷（15%−8%）×（P/F，15%，3）=1×0.869 6+ 1.2×0.756 1+ 1.5×0.657 5+1.5×（1+8%）÷（15%−8%）×0.657 5 =17.98（元）。

【答案】B

【例题 3 · 计算分析题】甲公司的每股股利为 2 元，当前该公司的股票价格为 20 元。假定市场预期该公司的股利将以 6% 的增长率持续增长。

要求：

（1）计算甲公司股票的预期股利收益率。

（2）计算甲公司股票的资本利得收益率。

（3）计算甲公司股票的内部收益率。

【答案】

（1）预期股利收益率 $=D_1/P_0=[D_0\times(1+g)]/P_0=[2\times(1+6\%)]\div 20=10.6\%$。

（2）资本利得收益率 $=g=6\%$。

（3）内部收益率 = 预期股利收益率 + 资本利得收益率 =10.6%+6%=16.6%。

本节考点回顾与总结一览表

本节考点	知识总结
考点 7　证券资产的特点、证券投资的目的	① 5 个特点：价值虚拟性、可分割性、持有目的多元性、强流动性、高风险性 ② 4 个目的：分散资金投向，降低投资风险；利用闲置资金，增加企业收益；稳定客户关系，保障生产经营；提高资产的流动性，增强偿债能力
考点 8　证券资产投资的风险	两种风险：①系统性风险（价格风险、再投资风险、购买力风险） ②非系统性风险（违约风险、变现风险、破产风险）
考点 9　债券的价值、收益率	①债券的要素：债券面值、票面利率和到期日 ②债券的价值是指在债券投资上未来收取的利息和收回的本金的现值。只有债券价值大于其购买价格时，该债券才值得投资 ③两种计算债券内部收益率的方法：插值法、简便算法
考点 10　股票的价值、收益率	①股票的价值是指投资于股票预期获得的未来现金流量的现值 ② 3 种股票估价模式：固定增长模式、零增长模式、阶段性增长模式 ③股票的内部收益率是使得股票未来现金流量贴现值等于目前的购买价格时的贴现率

真题演练

1.【判断题】证券资产不能脱离实体资产而独立存在，因此，证券资产的价值取决于实体资产的现实经营活动所带来的现金流量。（　）（2013 年）

2.【单选题】市场利率上升时，债券价值的变动方向是（　）。（2013 年）

A. 上升　　B. 下降

C. 不变　　D. 随机变化

3.【单选题】某投资者购买 A 公司股票，并且准备长期持有，要求的最低收益率为 11%，该公司本年的股利为 0.6 元 / 股，预计未来股利年增长率为 5%，则该股票的内在价值是（　）元 / 股。（2013 年）

A. 10.0　　B. 10.5

C. 11.5　　D. 12.0

第五节 本章综合练习

（一）单选题

1. 下列选项中，关于企业投资分类的说法错误的是（　）。

A. 项目投资中的资产包括有形资产和无形资产
B. 发展性投资对企业的发展全局具有重大影响
C. 对外投资只能是间接投资
D. 生产技术革新的投资属于维持性投资

2. 将企业投资区分为发展性投资和维持性投资所依据的分类标志是（　）。

A. 投资活动与企业本身的生产经营活动的关系
B. 投资对象的存在形态和性质
C. 投资活动对企业未来生产经营前景的影响
D. 投资活动资金投出的方向

3. 下列各项中，不属于投资项目现金流出的是（　）。

A. 固定资产投资　　B. 折旧与摊销
C. 无形资产投资　　D. 营运成本

4. 下列不适合作为财务可行性评价中，计算净现值的贴现率的参考标准是（　）。

A. 市场利率
B. 投资者希望获得的预期最低投资报酬率
C. 企业平均资本成本率
D. 投资项目的内含报酬率

5. 一般情况下，使某投资方案的净现值小于零的贴现率（　）。

A. 一定小于该投资方案的内含报酬率
B. 一定大于该投资方案的内含报酬率
C. 一定等于该投资方案的内含报酬率
D. 可能大于也可能小于该投资方案的内含报酬率

6. 下列关于投资方案回收期的说法中，错误的是（　）。

A. 用回收期指标评价投资方案时，回收期越短越好
B. 回收期法是一种比较保守的方法
C. 静态回收期的不足是无法计算出较为准确的投资经济效益
D. 动态回收期考虑了货币的时间价值，因此，它没有静态回收期具有的局限性

7. 互斥方案比较决策中，原始投资额相同且项目寿命期相同的多方案比较决策，适合采用的评价方法是（　）。

A. 净现值法　　B. 现值指数
C. 内含报酬率法　　D. 年金净流量法

8. 某公司刚刚支付的每股股利为2元，目前的股票价格为30元/股。若股东要求的投资报酬率为10%，在其他因素不变的情况下，该公司的年增长率应达到（　）。

A. 10%　　B. 6.67%
C. 3.13%　　D. 0

9. 某股票的未来股利不变，当股票市价低于股票价值时，则股票内含报酬率与投资人要求的最低报酬率相比（　）。

A. 较高
B. 较低
C. 相等
D. 可能较高也可能较低

10. 某投资者准备购买甲公司的股票，并且准备长期持有，要求的收益率需达到10%。甲公司今年股利为0.4元，预计未来股利将以7%的速度增长，则购买价格为（　）元时，该公司股票值得购买。

A. 14　　B. 15.26
C. 16.33　　D. 17.48

11. 某企业计划投资一个项目，初始投资额为120万元，年折旧率为10%，无残值，项目寿命期为10年，预计项目每年可获净利18万元，公司资本成本率为8%，则该项目动态投资回收期为（　）年。（P/A，8%，5）=3.992 7，（P/A，8%，6）=4.622 9

A. 4　　B. 5.01
C. 6　　D. 6.67

12. 下列属于证券投资非系统风险的是（　）。

A. 价格风险　　B. 再投资风险
C. 购买力风险　　D. 变现风险

（二）多选题

1. 发展性投资又称战略性投资，下列项目中属于发展性投资的有（　）。

A. 企业间兼并合并的投资
B. 开发新产品投资
C. 更新替换旧设备的投资
D. 转换新行业的投资

2. 下列关于营业现金净流量的表述中，正确的有（　）。

A. 营业现金净流量等于营业收入减去付现成本再减去所得税
B. 营业现金净流量等于营业收入减去营业成本再减去所得税
C. 营业现金净流量等于税后净利润加上折旧

D. 营业现金净流量等于税后收入减去税后付现成本再加上折旧引起的税负减少额

3. 下列各项中，其计算结果等于项目投资方案年金净流量的有（　）。

A. 该方案现金净流量总现值 × 资本回收系数

B. 该方案现金净流量总现值 × 年金现值系数的倒数

C. 该方案每年相等的现金净流量 × 年金现值系数

D. 该方案现金净流量总终值 × 偿债基金系数

4. 下列各项中，会对投资项目内含报酬率指标产生影响的因素有（　）。

A. 原始投资额　　B. 现金流量

C. 项目寿命期　　D. 设定贴现率

5. 下列关于投资项目评估方法的表述中，正确的有（　）。

A. 现值指数法克服了净现值法不能直接比较投资额不同的项目的局限性，它在数值上等于投资项目的净现值除以原始投资额

B. 动态回收期法克服了静态回收期法不考虑货币时间价值的缺点，但是仍然不能衡量项目的盈利性

C. 内含报酬率是项目本身的投资报酬率，不随投资项目预期现金流的变化而变化

D. 内含报酬率法不能直接评价两个投资规模不同的互斥项目的优劣

6. 下列关于项目投资决策的表述中，错误的有（　）。

A. 两个互斥项目的原始投资额不一样，在权衡时选择内含报酬率高的项目

B. 使用净现值法评估项目的可行性与使用内含报酬率法的结果是一致的

C. 使用现值指数法进行投资决策可能会计算出多个现值指数

D. 投资回收期主要测定投资方案的流动性而非盈利性

7. 对于两个投资方案，如果原始投资额不相同，彼此相互排斥，且计算期不同，此时不能采用（　）进行选优决策。

A. 净现值法　　B. 现值指数法

C. 年金净流量法　　D. 内含报酬率法

8. 与实体项目投资相比，证券投资具有的特点有（　）。

A. 证券资产的变现能力较强

B. 证券资产可分割为一个最小的投资单位

C. 证券资产可以脱离实体资产而独立存在

D. 证券投资只受市场风险影响

9. 下列关于证券投资的说法中，正确的有（　）。

A. 证券资产取决于契约性权利带来的未来现金流量

B. 证券投资的目的之一是利用闲置资金，增加企业收益

C. 市场利率的上升会导致债券价值的上升，市场利率的下降会导致债券价值的下降

D. 股票目前的购买价格，应等于按股票的内部收益率计算的未来现金流量现值

10. 下列因素中，与固定增长股票内在价值呈同方向变化的有（　）。

A. 最近一期支付的股利

B. 投资者要求的必要报酬率

C. 股利增长率

D. 内部收益率

（三）判断题

1. 投资管理属于程序化管理，有明显的规律性可遵循。（　）

2. 如果项目每年净现金流量相等，则计算内含报酬率所使用的年金现值系数等于该项目的动态回收期。（　）

3. 静态回收期指标需要一个主观的标准作为项目取舍的依据。（　）

4. A 企业投资 20 万元购入一台设备，无其他投资，投资期为 0，预计使用年限为 20 年，无残值。设备投产后预计每年可获得税后营业利润 4 万元，则该投资的静态回收期为 5 年。（　）

5. 对于互斥投资方案决策，最恰当的方法是净现值法。（　）

（四）计算分析题

1. 甲公司计划购入一台设备以增强其生产能力。现有A、B两个方案可供选择。

A方案：需投资200万元，使用寿命为5年，采用直线法计提折旧，5年后该设备的残值为零。甲公司预计使用寿命内每年的销售收入为120万元，每年的付现成本为40万元。

B方案：需投资240万元，采用直线法计提折旧，使用寿命也为5年，5年后残值收入为40万元。甲公司预计每年的销售收入为160万元，第1年的付现成本为60万元，以后随着设备折旧，逐年将增加修理费8万元，另外需垫支营运资金60万元。假定甲公司的所得税税率为25%，预期的现金流量在每年年末实现。

要求：

（1）计算 A、B 方案的现金流量。

（2）假定贴现率为 12%，计算甲公司 A、B 方案的净现值。

（3）计算A方案和B方案的PVI值。

（4）计算A方案的内含报酬率。

2. 甲公司正面临印刷设备的选择决策。它可以购买10台A型印刷机，每台价格10 000元，且预计每台设备每年年末支付的修理费为2 000元，A型设备将于第4年年末更换，预计无残值收入。另一个选择是购买11台B型设备来完成同样的工作，每台价格为8 000元，每台每年年末支付的修理费用分别为2 000元、2 500元、3 000元。B型设备需于第3年后更换，在第3年年末预计有600元/台的残值变现收入。

该公司此项投资的机会成本为10%；所得税税率为25%（假设该公司将一直盈利），税法规定的该类设备折旧年限为3年，按直线法计提折旧，残值率为10%；预计选定设备型号后，公司将长期使用该种设备，更新时不会随意改变设备型号，以便与其他作业环节相协调。

要求：分别计算采用A、B型设备的年金成本，并据此判断应购买哪一种设备。

3. 某公司发行票面金额为1 000元、票面利率为8%的3年期债券，该债券每年计息一次，到期归还本金，当时的市场利率为10%。

要求：

（1）计算该债券的理论价值。

（2）假定投资者在发行日以940元的市场价格购入该债券，准备一直持有至期满，分别用插值法和简便算法计算内部收益率。

（五）综合题

1. E公司拟投资建设一条生产线，行业基准折现率为10%，现有6个方案可供选择，相关的现金净流量数据如表6-12所示。

表6-12 方案的现金净流量表 （单位：万元）

年份	0	1	2	3	4	5	…	9	10	11	合计
方案A	−1 050	−50	500	450	400	350	…	150	100	50	1 650
方案B	−1 100	0	50	100	150	200	…	400	450	500	1 650
方案C	−1 100	0	275	275	275	275	…	275	275	275	1 650
方案D	−1 100	275	275	275	275	275	…	275	275	—	1 650
方案E	−550	−550	275	275	275	275	…	275	275	275	1 650
方案F	—	−1 100	275	275	275	275	…	275	275	275	1 650

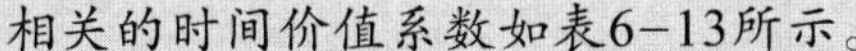
相关的时间价值系数如表6-13所示。

表6-13 货币时间价值系数表

t	（P/F，10%，t）	（P/A，10%，t）	（P/A，20%，t）	（P/A，24%，t）
1	0.909 1	0.909 1	0.833 3	0.806 5
10	0.385 5	6.144 6	4.192 5	3.681 9

要求：

（1）根据“各方案的现金净流量表”，分别确定下列数据。

① A方案和B方案的建设期。

② C方案和D方案的运营期。

③ E方案和F方案的项目计算期。

（2）根据“各方案的现金净流量表”，说明A方案和D方案的资金投入方式。

（3）计算A方案的静态回收期。

（4）计算E方案不包括建设期的静态投资回收期指标。

（5）计算C方案净现值指标。

（6）计算D方案内部收益率指标。

2. B公司目前生产一种产品，该产品的适销期预计还有6年，公司计划6年后停产该产品。生产该产品的设备已使用5年，比较陈旧，营运成本（人工费、维修费和能源消耗等）和残次品率较高。目前市场上出现了一种新设备，其生产能力、生产产品的质量与现有设备相同。虽然购置成本较高，但营运成本较低，并且可以减少存货占用资金、降低残次品率。除此以外的其他方面，新设备与旧设备没有显著差别。

B公司正在研究是否应将现有旧设备更换为新设备，有关的资料如表6-14所示。

B公司更新设备投资的资本成本为10%，所得税税率为25%；固定资产的会计折旧政策与税法有关规定相同。

表 6-14　B 公司项目决策资料　　（单位：元）

继续使用旧设备		更换新设备	
旧设备当初购买和安装成本	2 000 000	新设备购买和安装成本	300 000
旧设备当前市值	50 000		
税法规定折旧年限 / 年	10	税法规定折旧年限 / 年	10
税法规定折旧方法	直线法	税法规定折旧方法	直线法
税法规定残值率	10%	税法规定残值率	10%
已经使用年限 / 年	5 年	运行效率提高减少半成品存货占用资金	15 000
预计尚可使用年限 / 年	6 年	计划使用年限 / 年	6 年
预计 6 年后残值变现净收入	0	预计 6 年后残值变现净收入	150 000
年营运成本（付现成本）	110 000	年营运成本（付现成本）	85 000
年残次品成本（付现成本）	8 000	年残次品成本（付现成本）	5 000

要求：

（1）计算 B 公司继续使用旧设备的相关现金流出总现值。

（2）计算 B 公司更换新设备方案的相关现金流出总现值。

（3）计算两个方案的净差额，并判断是否应实施更新设备的方案。

第六节　本章真题演练及综合练习答案与解析

一、真题演练答案速查表

所在节	题号	答案	题号	答案	题号	答案
第一节	×					
第二节	1	A	2	×	3	B
	4	ABC	5	B		
第三节	B					
第四节	1	×	2	B	3	B

二、本章综合练习答案与解析

（一）单选题

1. C【解析】对外投资主要是间接投资，也可能是直接投资。

2. C【解析】按投资活动对企业未来生产经营前景的影响，企业投资可以划分为发展性投资和维持性投资。

3. B【解析】折旧与摊销并不会引起现金流出，所以不属于投资项目的现金流出。

4. D【解析】选项 D 不符合题意，若以内含报酬率为贴现率计算投资方案的净现值，净现值为 0，此时无法比较不同项目净现值的大小。

5. B【解析】在其他条件不变的情况下，贴现率越大，净现值越小，所以使某投资方案的净现值小于零的贴现率，一定大于该投资方案的内含报酬率。

6. D【解析】动态回收期和静态回收期的共同局限是只考虑了未来现金流量小于和等于原始投资额的部分，而没有考虑超过原始投资额的部分。

7. A【解析】对于互斥投资方案，一般采用净现值法和年金净流量法进行优选决策。项目寿命期相等时，采用净现值法决策。

8. C【解析】$V=D_0\times(1+g)/(R_s-g)=2\times(1+g)\div(10\%-g)=30$（元），解得 $g=3.13\%$。

9. A【解析】当股票市价低于股票价值时，投资人才愿意购买该股票，此时股票内含报酬率高于投资人要求的最低报酬率。

10. A【解析】甲公司股票的价值 $V_s=D_0\times(1+g)/(R_s-g)=0.4\times(1+7\%)\div(10\%-7\%)=14.27$（元）。如果股票价格小于其价值，则该股票值得购买，因此应选择选项 A。

11. B【解析】企业该项目每年的营业现金流 $=18+120\times10\%=30$（万元），$30\times(P/A,8\%,n)=120$，得出 $(P/A,8\%,n)=4$，按照插值法计算出 $n=5.01$（年）。

12. D【解析】非系统性风险是企业证券投资的特有风险，类型主要有违约风险、变现风险、破产风险，因此选项 D 正确。其余 3 个选项均为系统性风险，无法通过投资多元化的组合而避免。

（二）多选题

1. ABD【解析】选项 C 属于维持性投资，不会改变企业未来生产经营发展全局。

2. ACD【解析】营业成本等于付现成本加上非付现成本，而非付现成本可产生抵税效应，应视作现金流量的流入，构成营业现金净流量的一部分，所以选项 B 的描述错误。

3. ABD【解析】年金净流量 = 现金净流量总现值 ÷ 年金现值系数，选项 C 错误。

4. ABC【解析】设定的贴现率不影响内含报酬率，判断投资方案是否可行时，如果设定的贴现率小于内含报酬率，则该方案可行。

5. BD【解析】选项A错误，现值指数 = 未来现金净流量现值 ÷ 原始投资额现值。选项C错误，根据内含报酬率的计算公式，它是对未来现金净流量贴现得到的现值与原始投资额相等时的贴现率，因此预期现金流影响内含报酬率的大小。

6. ABC【解析】选项A错误，互斥决策以投资方案的获利数额作为评价标准，一般采用净现值和年金净流量指标；选项B错误，净现值指标与内含报酬率指标有时会不一致；选项C错误，现值指数（PVI）=（NPV + C）÷C，因此一个投资项目只对应一个现值指数；选项D正确，回收期指标以回收期的长短衡量方案的优劣，即主要考虑方案的流动性，缺点是不考虑回收期以后的现金流量，不能完整反映项目的价值。

7. ABD【解析】净现值法和年金净流量法均可用于互斥方案的选优决策，但是净现值指标受项目计算期的影响，因此当计算期不同时，应采用年金净流量指标。

8. AB【解析】选项C错误，证券资产不能脱离实体资产而完全独立存在；选项D错误，证券资产的投资收益受多方面因素影响，例如发行证券的公司的盈利状况、资本市场平均报酬率、宏观经济运行情况、投资者心理等。

9. ABD【解析】选项C错误，根据债券估价模型，市场利率与债券价值呈反向变动关系，市场利率的上升会导致债券价值的下降，市场利率的下降会导致债券价值的上升。

10. AC【解析】根据公式 $V_s=D_0\times(1+g)/(R_s-g)$，$D_0$、$g$ 与 V 同向变化，因此选项A、C正确；R_s 与 V 反向变化，选项B错误；内部收益率与股票内在价值并无直接关系，选项D错误。

（三）判断题

1. ×【解析】企业的投资决策往往不会经常性重复出现，一般只针对具体的项目，属于非程序化管理，需要管理层谨慎对待。

2. √【解析】本题表述正确。

3. √【解析】只有计算出来的回收期小于或等于投资者可接受的最长回收期，投资项目才被认为是优良的，因此具有较强的主观性。

4. ×【解析】年折旧额 =（20−0）÷20=1（万元），营业期内年现金净流量 =4+1=5（万元），静态回收期 =20÷5=4（年）。

5. ×【解析】净现值指标受投资寿命期的影响，年金净流量法是互斥方案最恰当的决策方法。

（四）计算分析题

1.【答案】（1）A、B方案现金流量的具体计算过程如表6−15和表6−16所示。

表6−15 A方案营业现金流量表 （单位：万元）

项目 \ 年份	1	2	3	4	5
营业收入	120	120	120	120	120
付现成本	40	40	40	40	40
折旧费用	（200−0）÷5=40	40	40	40	40
税前会计利润	40	40	40	40	40
所得税	10	10	10	10	10
税后会计利润	30	30	30	30	30
税后现金流量	70	70	70	70	70

表6−16 B方案营业现金流量表 （单位：万元）

项目 \ 年份	1	2	3	4	5
营业收入	160	160	160	160	160
付现成本	60	60+8=68	68+8=76	76+8=84	84+8=92
折旧费用	（240−40）÷5=40	40	40	40	40
税前会计利润	60	52	44	36	28
所得税	15	13	11	9	7
税后会计利润	45	39	33	27	21
税后现金流量	85	79	73	67	61

（2）A、B方案的净现值计算如下。

$$
\begin{aligned}
NPV_{A方案} &= \sum_{t=1}^{n}\frac{NCF_t}{(1+K)^t}-C \\
&= NCF\times(P/A,K,n)-C \\
&= 70\times(P/A,12\%,5)-200 \\
&= 52.34（万元）
\end{aligned}
$$

$NPV_{B方案}=85\times(P/F,12\%,1)+79\times(P/F,12\%,2)+73\times(P/F,12\%,3)+67\times(P/F,12\%,4)+161\times(P/F,12\%,5)-300=24.77$（万元）。

（3）A、B方案的现值指数计算如下：

$$
\begin{aligned}
NPV_{A方案} &= \frac{NCF\times(P/A,K,n)}{C} \\
&= \frac{70\times(P/A,12\%,5)}{200}=1.26
\end{aligned}
$$

$$NPV_{B方案}=\frac{300+24.77}{300}=1.08$$

（4）根据未来现金净流量相等时内含报酬率的公式：

$$(P/A,IRR,5)=\frac{200}{70}=2.857\,1$$

根据年金现值系数表，可查得：期数5，年金现值系数2.857 1对应的贴现率在20% ~ 24%之间。

$$\frac{IRR-20\%}{24\%-20\%}=\frac{2.857\,1-2.990\,6}{2.745\,4-2.990\,6}$$

$$IRR=20\%+(24\%-20\%)\times\frac{2.990\,6-2.857\,1}{2.990\,6-2.745\,4}=22.18\%$$

因此，该方案的内含报酬率为22.18%，高于最低投资报酬率12%，方案可行。

2.【答案】A型、B型设备为新设备，因此其购置支出即为原始投资额。

A型、B型设备的年金成本计算过程如表6-17和表6-18所示。

表6-17　A型设备的年金成本计算过程　　(单位：元)

年份	0	1	2	3	4	现值
现值系数	1	0.909 1	0.826 4	0.751 3	0.683 0	——
购置支出	-10 000	——				-10 000
税后修理费	——	-2 000×（1-25%）=-1 500				-4 754.85
税法折旧		10 000×（1-10%）÷3=3 000			——	
折旧抵税		3 000×25%=750				1 865.18
税法残值		——			10 000×10%=1 000	
残值损失抵税					1 000×25%=250	170.75
合计	——					-12 718.92
年金成本	——					12 718.92÷3.1699=4 012.40
10台A型设备的年金成本	——					4 012.40×10=40 124

表6-18　B型设备的年金成本计算过程　　(单位：元)

年份	0	1	2	3	现值
现值系数	1	0.909 1	0.826 4	0.751 3	——
购置支出	-8 000	——			-8 000
税后修理费	——	-2 000×（1-25%）=-1 500	-2 500×（1-25%）=-187 5	-3 000×（1-25%）=-2 250	-4 603.58
税法折旧		8 000×（1-10%）÷3=2 400			
折旧抵税		2 400×25%=600			1 492.08
残值流入		——		600	450.78
合计	——				-10 660.72
年金成本	——				10 660.72÷2.486 9=4 286.75
11台B型设备的年金成本	——				4 286.75×11=47 154.25

综上A设备的年金成本小于B设备的年金成本，因此应该购买A设备。

3.【答案】

（1）该债券的理论价值=1 000×8%×（P/A，10%，3）+1 000×（P/F，10%，3）=950.25（元）。

（2）设内部收益率为R，则940=1 000×8%×（P/A，R，3）+1 000×（P/F，R，3）。

当R=12%时，1 000×8%×（P/A，12%，3）+1 000+（P/F，12%，3）=903.94（元）。

当R=10%时，1 000×8%×（P/A，10%，3）+1 000×（P/F，10%，3）=950.25（元）。

采用插值法可得：（940-903.94）÷（950.25-903.94）=（R-12%）÷（10%-12%），解得：R=10.44%。

采用简便算法可得：R=[1 000×8%+（1 000-940）÷3]÷[（1 000+940）÷2]×100%=10.31%。

（五）综合题

1.【答案】

（1）①建设期指的是从建设起点到投产日的期间，A方案和B方案在第2年才投产，因此建设期均为1年。

②运营期是指从投产日到终结日的期间，C方案从第2年投产，因此运营期为10年（第2~11年）；D方案第1年即投产，因此运营期为10年（第1~10年）。

③E方案和F方案的项目寿命期均为11年。

（2）A方案的资金投入方式为分次投入，D方案的资金投入方式为一次投入。

（3）A方案的静态回收期=3+（1 050+50-500-450）÷400=3.38（年）。

（4）E方案不包括建设期的静态回收期=（550+550）÷275=4（年）。

（5）根据递延年金现值的计算公式，C方案净现值指标=275×（*P/A*，10%，10）×（*P/F*，10%，1）−1 100=275×6.1446×0.9091−1 100=436.17（万元）。

（6）275×（*P/A*，IRR，10）=1 100，即：（*P/A*，IRR，10）=4。查年金现值系数表，最接近4的是：（*P/A*，20%，10）=4.192 5，（*P/A*，24%，10）=3.681 9，通过插值法即可求得IRR，（24%−IRR）÷（24%−20%）=（3.681 9−4）÷（3.681 9−4.192 5），因此，IRR=21.51%。

2.【答案】

（1）旧设备每年的折旧额=200 000×（1−10%）÷10=18 000（元）。按税法规定，尚可使用年限（折旧年限）= 税法规定折旧年限－已经使用年限=10−5=5（年），因此折旧抵税的年份为1~5年。继续使用旧设备产生的现金流量如表6−19所示。

（2）每年折旧额=300 000×（1−10%）÷10=27 000（元），更换新设备的现金流量如表6−20所示。

（3）两个方案的相关现金流出总现值的净差额=更新方案－旧方案=475 070.475−430 562.95=44 507.525（元），即继续使用旧设备比较经济，而不应该更新。

表6−19 继续使用旧设备　（单位：元）

项目	现金流量	年份	现值系数	现值
丧失的变现收入（机会成本）	50 000	0	1	50 000
丧失的变现损失抵税（机会成本）	[（200 000−1 8000×5）−50 000]×25%=15 000	0	1	15 000
每年运行成本（税后）	110 000×（1−25%）=82 500	1~6	4.355 3	359 312.25
每年残次品成本（税后）	8 000×（1−25%）=6 000	1~6	4.355 3	26 131.8
每年折旧抵税	−18 000×25%=−4 500	1~5	3.790 8	−17 058.6
残值变现损失抵税	−（200 000×10%−0）×25%=−5 000	6	0.564 5	−2 822.5
合计	——	——	——	430 562.95

表6−20 更换新设备　（单位：元）

项目	现金流量	年份	现值系数	现值
购买和安装新设备	300 000	0	1	300 000
减少的营运资金投入	−15 000	0	1	−15 000
每年营运成本（税后）	85 000×（1−25%）=63 750	1~6	4.355 3	277 650.375
每年残次品成本（税后）	5 000×（1−25%）=3 750	1~6	4.355 3	16 332.375
折旧抵税	−27 000×25%=−6 750	1~6	4.355 3	−29 398.275
残值变现收入	−150 000	6	0.564 5	−84 675
残值变现收益纳税	[150 000−（300 000−27 000×6）]×25%=3 000	6	0.564 5	1 693.5
丧失的运营资金收回	15 000	6	0.564 5	8 467.5
合计	——	——	——	475 070.475

第七章 营运资金管理

本章是“财务管理”科目的重点章节。在近 3 年考试中，本章内容所占分值平均为 11 分，各种题型均可能出题，题量平均为 5 题。本章内容涉及较多计算公式，如确定目标现金余额的 3 种模型的公式及计算、计算应收账款的机会成本、计算最优存货量等，这些知识经常在主观题中出现。

▼ 本章主要考点的题型、估计题量和所占分值一览表

主要考点	题型	估计题量	所占分值
①融资策略的具体内容；②现金周转期的定义和公式；③应收账款机会成本的计算；④再订货点的计算、ABC 控制系统；⑤补充性余额；⑥短期融资券的发行条件和筹资特点	单选题	2~3 题	2~3 分
①现金周转期的计算公式；②现金持有量与成本之间的关系；③应收账款账户余额的模式；④商业信用筹资的优点	多选题	1~2 题	2~4 分
①营运资金的特点；②各种资金集中管理模式的定义；③存货管理的目标	判断题	1 题	1 分
①计算营运资金；②确定目标现金流量的存货模型；③计算放弃折扣的信用成本率；④经济订货基本模型、再订货点；⑤计算短期借款的相关指标；⑥判断筹资方案优劣	计算分析题	1 题	5 分
营运资金的计算	综合题	1 小题	1 分

▼ 本章知识结构一览表

营运资金管理	一、营运资金管理的主要内容	（1）营运资金的概念、特点与管理原则（★★） （2）流动资产投资策略（★★★） （3）流动资产融资策略（★★★）
	二、现金管理	（1）持有现金的动机（★★） （2）目标现金余额的确定（★★★）：成本模型、存货模型、随机模型 （3）资金集中管理模式（★） （4）现金周转期（★★★）：存货周转期、应收账款周转期、应付账款周转期 （5）现金收支管理（★★）
	三、应收账款管理	（1）应收账款的成本（★★） （2）信用标准与信用条件（★★★） （3）应收账款的监控（★★） （4）应收账款日常管理（★★）
	四、存货管理	（1）存货管理的目标（★） （2）存货的成本（★★★） （3）经济订货基本模型及其扩展（★★★） （4）保险储备（★★） （5）订货的控制系统（★）
	五、流动负债管理	（1）短期借款（★★） （2）短期融资券（★★） （3）商业信用（★★★） （4）流动负债的利弊（★）

第一节 营运资金管理的主要内容

考点1 营运资金的概念、特点与管理原则（★★）

考点分析

本考点主要考查营运资金的计算公式，另外，营运资金的分类、特点和管理原则的文字内容较多，可能会通过多选题的形式进行考查。

 **考点精讲**

1. 营运资金的概念和计算公式

营运资金是指一个企业投放在流动资产上的资金。营运资金的计算公式如下：

营运资金 = 流动资产 − 流动负债

营运资金的构成、特点与管理原则如表7-1所示。

表7-1 营运资金的构成、特点与管理原则

构成	分类标准	具体内容
流动资产	占用形态	货币资金、交易性金融资产、应收及预付款项、存货等
	所处生产环节	生产领域的流动资产、流通领域的流动资产和其他领域的流动资产等
流动负债	应付金额是否确定	应付金额确定的流动负债、应付金额不确定的流动负债（应交税费等）
	流动负债的形成情况	自然性流动负债、人为性流动负债（短期银行借款等）
	是否支付利息	有息流动负债、无息流动负债

2. 营运资金的特点

营运资金的特点是：①来源具有多样性；②数量具有波动性；③周转具有短期性；④实物形态具有变动性；⑤易变现性。

3. 营运资金的管理原则

企业营运资金的管理应该遵循以下4个原则：①保证合理的资金需求；②提高资金使用效率；③节约资金使用成本；④保持足够的短期偿债能力。

典型例题

【例题1·判断题】营运资金具有多样性、波动性、短期性、变动性和不易变现性等特点。（ ）（2015年）

【解析】营运资金一般具有如下特点：营运资金的来源具有多样性；营运资金的数量具有波动性；营运资金的周转具有短期性；营运资金的实物形态具有变动性和易变现性。

【答案】×

【例题2·单选题】下列各项中，可用于计算营运资金的算式是（ ）。（2009年）

A. 资产总额 − 负债总额

B. 流动资产总额 − 负债总额

C. 流动资产总额 − 流动负债总额

D. 速动资产总额 − 流动负债总额

【解析】营运资金是指流动资产减去流动负债后的余额，所以，营运资金 = 流动资产总额 − 流动负债总额。

【答案】C

【例题3·单选题】下列关于流动资产和流动负债的说法中，错误的是（ ）。

A. 流动资产具有占有时间短、周转快、收益高等特点

B. 企业拥有较多的流动资产，可在一定程度上降低财务风险

C. 流动负债又称短期负债，具有成本低、偿还期短的特点

D. 流动负债以应付金额是否确定为标准，可以分为应付金额确定的流动负债和应付金额不确定的流动负债

【解析】选项A不正确，流动资产具有占用时间短、周转快、易变现等特点而不具有"收益高"的特点；选项B正确，企业拥有较多的流动资产，可在一定程度上降低财务风险；选项C正确，流动负债又称短期负债，具有成本低、偿还期短的特点；选项D正确，流动负债以应付金额是否确定为标准，可以分为应付金额确定的流动负债和应付金额不确定的流动负债。

【答案】A

考点2 流动资产投资策略（★★★）

考点分析

本考点主要考查流动资产投资策略的两种类型以及制定相应策略应考虑的因素，一般在客观题中进行考查。

考点精讲

1. 流动资产投资金额的影响因素

流动资产投资金额的影响因素包括以下两项：

（1）经营上的不确定性：主要体现为销售额的稳定性与可预测性程度，销售额越不稳定，越不可预测，所需流动资产越多。

（2）风险忍受程度：企业管理政策越保守，流动性水平越高，则盈利能力越低。

2. 流动资产投资策略的类型

流动资产投资策略主要有两种类型：紧缩型和宽松型，企业需要考量业务需要的管理风格来确定选择哪种类型的策略。这两种类型在存货水平、风险程度等方面有明显的区别，具体如表7-2所示。

表7-2 流动资产投资不同策略的对比

比较项目	紧缩型	宽松型
流动资产 / 销售收入	比率值低	比率值高
流动资产持有成本	低	高
流动性	低	高
存货占用水平	低	高
应收账款信用政策	限制赊销	允许延迟付款
运营风险	高	低
收益水平	高	低

3. 制定流动资产投资策略的考虑因素

流动资产投资策略是企业的重大经营决策，直接影响收益和风险水平，因此在制定时，应十分谨慎，综合考虑各方面因素。涉及的具体因素如表7-3所示。

表7-3 制定流动资产投资策略的考虑因素

因素	说明
权衡资产的收益和风险	最优的流动资产投资规模是流动资产的持有成本与短缺成本之和最低时的流动资产占用水平
企业经营的内外部环境	如果债权人的意见受到重视，债务人一般容易取得较多流动资产
融资难易程度	如果融资比较困难，企业一般会采取紧缩的流动资产投资策略
产业因素	销售边际毛利较高的产业，由于增加的销售利润足以超过增加的应收账款成本，一般会采取宽松信用政策
行业类型	流动资产占用的行业特征较为明显。一般来说，商业零售行业相对于机械行业的流动资产占比要高
影响企业政策的决策者的态度	风险承受能力较强的决策者倾向于紧缩的流动资产投资策略，而保守的决策者更倾向于宽松的流动资产投资策略

典型例题

【例题1·单选题】下列流动资产融资策略中，收益和风险均较低的是（　）。（2016年）

A. 保守融资策略
B. 激进融资策略
C. 产权匹配融资策略
D. 期限匹配融资策略

【解析】流动资产的融资策略主要包括期限匹配融资策略、保守融资策略和激进融资策略。在保守融资策略中，企业通常以长期融资来源为波动性流动资产的平均水平融资，短期融资仅用于融通剩余的波动性资产。这种策略通常最小限度地使用短期融资，但由于长期负债成本高于短期负债成本，就会导致融资成本较高，收益较低。同时，如果长期负债以固定利率为基础，而短期融资方式以浮动或可变利率为基础，则利率风险可能降低。因此，这是一种风险低、成本高的融资策略。

【答案】A

【例题2·单选题】某公司在营运资金管理中，为了降低流动资产的持有成本、提高资产的收益性，决定保持一个低水平的流动资产与销售收入比率，据此判断，该公司采取的流动资产投资策略是（　）。（2014年）

A. 紧缩的流动资产投资策略
B. 宽松的流动资产投资策略
C. 匹配的流动资产投资策略
D. 稳健的流动资产投资策略

【解析】在紧缩的流动资产投资策略下，企业维持较低水平的流动资产与销售收入比率；在宽松的流动资产投资策略下，企业维持高水平的流动资产与销售收入比率。

【答案】A

【例题3·判断题】如果一个公司由财务总监主导公司决策，则该公司更有可能采用宽松的流动资产投资策略。（　）

【解析】基于所处的角度不同，生产主管为了满足生产的需要喜欢较高的原材料储备，销售主管更喜欢宽松的信用政策、较高的存货，而财务人员为了降低融资成本，通常倾向于较低的存货和应收账款水平。因此，财务总监主导决策的公司更有可能采用紧缩的流动资产投资策略。

【解析】×

【例题4·判断题】根据期限匹配融资战略，资金来源的期限与资产有效期的匹配应做到实际金额完全匹配。（　）

【解析】资金来源的期限与资产有效期的匹配，只是一种战略上的观念匹配，在实际中不可能做到实际金额完全匹配，例如，资产的有效期是不确定的，但资金的还款期是确定的，因此两者不可能匹配。

【答案】×

【例题5·单选题】某企业以长期融资方式满足固定资产、永久性流动资产和部分波动性流动资产的需要，短期融资仅满足剩余的波动性流动资产的需要，该企业所采用的流动资产融资战略是（　）。（2012年）

A. 激进融资战略
B. 保守融资战略
C. 折中融资战略
D. 期限匹配融资战略

【解析】固定资产、永久性流动资产和部分波动性流动资产由长期融资方式来解决，这是保守融资战略的特点。

【答案】B

考点3 流动资产融资策略（★★★）

考点分析

本考点相对流动资产投资策略，内容更多，需要理解的内容也更多，如不同融资策略下流动资产与流动负债的匹配关系。考生应掌握相关策略的含义、具体表现和风险程度，以应对可能出现的客观题。

考点精讲

1. 流动资产的分类

根据流动资产的需求是否基本稳定，流动资产可以分为永久性流动资产和波动性流动资产两大类，其含义如下。

（1）永久性流动资产：满足企业长期最低需求的流动资产，它的占有量一般相对稳定。

（2）波动性流动资产：因季节性或临时性的原因而形成的流动资产，其占用量随当时的需求而波动。

2. 流动负债的分类

与流动资产的分类相对应，流动负债可以分为临时性负债和自发性负债两大类，其含义如下。

（1）临时性负债（又称筹资性流动负债）：为了满足临时性流动资产需求而发生的负债，一般供短期使用，如银行短期借款等。

（2）自发性负债（又称经营性流动负债）：直接产生于企业持续经营中的负债，可供企业长期使用，如商业信用筹资、其他应付款等。

3. 流动资产融资策略的种类

按照资产的期限与资金来源期限的匹配程度，流动资产的融资策略可以划分为期限匹配融资策略、保守融资策略和激进融资策略。这 3 种策略的比较如表 7-4 所示，其中，自发性流动负债、长期负债以及权益资本是融资的长期来源，临时性流动负债是融资的短期来源。

表7-4　不同流动资产融资策略的比较

种类	表现	特点
期限匹配融资策略	①波动性流动资产 = 临时性流动负债；②非流动资产 + 永久性流动资产 = 权益资本 + 长期负债 + 自发性负债	风险、收益适中
保守融资策略	①波动性流动资产 > 临时性流动负债；②非流动资产 + 永久性流动资产 < 权益资本 + 长期负债 + 自发性负债	资金成本高，风险低、收益低
激进融资策略	①波动性流动资产 < 临时性流动负债；②非流动资产 + 永久性流动资产 > 权益资本 + 长期负债 + 自发性负债	资金成本低，风险高、收益高

典型例题

【例题 1 · 单选题】某公司用长期资金来满足非流动资产和部分永久性流动资产的需要，而用短期资金来源满足剩余部分永久性流动资产和全部波动性资产的需要，则该公司的流动资产融资策略是（　）。（2015 年）

A. 激进融资策略　　B. 保守融资策略

C. 折中融资策略　　D. 期限匹配融资策略

【解析】在激进融资策略中，公司以长期负债和权益为所有的固定资产融资，仅对一部分永久性流动资产使用长期融资方式融资。短期融资方式支持剩下的永久性流动资产和所有的临时性流动资产，选项 A 正确。

【答案】A

【例题 2 · 多选题】下列关于保守融资策略的说法中，正确的有（　）。

A. 收益与风险较低

B. 资本成本低

C. 长期资金大于永久性流动资产

D. 短期资金小于波动性流动资产

【解析】选项 B 说法错误，保守融资策略较多利用了长期融资方式，而长期负债成本高于短期负债成本，因此融资成本较高，收益较低。

【答案】ACD

本节考点回顾与总结一览表

本节考点	知识总结
考点 1　营运资金的概念、特点与管理原则	①营运资金 = 流动资产 − 流动负债 ②营运资金的 5 个特点：来源具有多样性；数量具有波动性；周转具有短期性；实物形态具有变动性；易变现性 ③营运资金的 4 个管理原则：保证合理的资金需求；提高资金使用效率；节约资金使用成本；保持足够的短期偿债能力
考点 2　流动资产投资策略	①流动资产投资策略的两种类型：紧缩型和宽松型 ②制定流动资产投资策略的考虑因素：权衡资产的收益和风险；企业经营的内外部环境；融资难易程度；产业因素；行业类型；影响企业政策的决策者的态度
考点 3　流动资产融资策略	①按需求是否基本稳定，流动资产可以分为永久性流动资产和波动性流动资产 ②按照资产的期限与资金来源期限的匹配程度，流动资产融资策略可以划分为期限匹配融资策略、保守融资策略和激进融资策略

真题演练

1.【判断题】如果销售额不稳定且难以预测，则企业应保持较高的流动资产水平。（ ）（2012 年）

2.【判断题】根据期限匹配融资战略，固定资产比重较大的上市公司主要应通过长期负债和发行股票筹集资金。（ ）（2010 年）

3.【单选题】某公司在融资时，对全部固定资产和部分永久性流动资产采用长期融资方式，据此判断，该公司采取的融资战略是（ ）。（2011 年）

A. 保守型融资战略

B. 激进型融资战略

C. 稳健型融资战略

D. 期限匹配型融资战略

第二节 现金管理

考点4 持有现金的动机（★★）

考点分析

本考点通常会围绕持有现金的 3 个动机，考查相关动机的定义和在实例中的具体体现等，一般只在客观题中出题，题量约 1 道。

考点精讲

企业持有现金是出于 3 种需求：交易性需求、预防性需求和投机性需求。

（1）交易性需求：企业为了维持日常周转及正常商业活动的需要而持有一定数额的现金。

（2）预防性需求：企业为了应付突发事件而持有一定数额的现金。一般来说，企业现金流量预测的准确程度越高、愿意承担风险的程度越高、筹措资金的能力越强，预防性资金的需求就越小。

（3）投机性需求：企业为了抓住突然出现的获利机会而持有一定数额的现金。

典型例题

【例题 1 · 多选题】下列属于交易性需要的支出有（ ）。

A. 到期还本付息

B. 支付工资

C. 缴纳税款

D. 支付股利

【解析】交易性需求是指企业为了满足维持日常周转及正常商业活动的需要而持有一定数额的现金，选项 A、B、C、D 均是日常发生的运营成本，即交易性需要的支出。

【答案】ABCD

【例题 2 · 多选题】下列各项中，决定预防性现金需求数额的因素有（ ）。（2012 年）

A. 企业临时融资的能力

B. 企业预测现金收支的可靠性

C. 金融市场上的投资机会

D. 企业愿意承担短缺风险的程度

【解析】企业预防性需求现金的多少，主要取决于以下 3 点：①企业预测现金收支可靠的程度；②企业愿意承担现金短缺风险的程度；③企业临时融资的能力。故选项 A、B、D 正确。选项 C 是决定投机性需求的因素。

【答案】ABD

【例题 3 · 多选题】企业应持有的现金总额通常小于交易性、预防性、投机性 3 种动机各自所需现金持有量的简单相加，其原因有（ ）。

A. 现金可在各种动机中调剂使用

B. 现金可在不同时点上灵活使用

C. 现金的存在形态可以多样化

D. 现金与有价证券可以相互转换

【解析】各种动机下持有的现金并不是专款专用的，当意外事件未发生时，为预防动机所准备的现金可用于交易动机、投机动机；在没有良好的投机机会时，为投机动机准备的现金也可用于交易动机；各种动机所需的现金一般不会同时处于支付的最高点，如交易动机所需现金处于最高点时，可用其他动机所准备的现金补充。

【答案】AB

考点5 目标现金余额的确定（★★★）

考点分析

本考点主要内容是确定最佳现金持有量的 3 大模型，它们出题的频率很高，各种题型均可能出题。

考点精讲

确定目标现金余额（最佳现金持有量）的模型主要有成本模型、存货模型、随机模型。

（1）成本模型：强调的是持有现金是有成本的，最优的现金持有量是使得现金持有成本最小化的持有量。

（2）存货模型：将存货经济进货批量模型原理用于确定目标现金持有量，其着眼点也是现金相关总成本最低。该模型的假设是企业的现金收入每隔

一段时间发生一次，现金支出则是在一定时期内均匀发生。

（3）随机模型：企业每天的现金净流量呈无一定趋势的随机状态，即呈不规则波动、无法准确预测，具有不确定性。

名师解读

考生应熟记这些模型的参数以及计算公式，同时应结合曲线图理解相关参数（自变量）与因变量（现金持有成本）的变动关系，以应对考试中出现的类似题目。

以上 3 大模型的比较如表 7-5 所示。

表 7-5 确定最佳现金持有量的 3 大模型比较

项目	成本模型	存货模型	随机模型
最佳现金持有量（C^*）	——	$\sqrt{2T\times F/K}$	——
最佳现金持有量下的现金相关成本	min（机会成本 + 短缺成本 + 管理成本）	交易成本 + 机会成本 =（T/C）$\times F+$（$C/2$）$\times K=\sqrt{2T\times F\times K}$	$R=(\frac{3b\times\delta^2}{4i})^{\frac{1}{3}}+L$
参数说明	——	C 为现金持有量；T 为一定期间内的现金需求量；F 为每次换回现金而出售的有价证券交易成本；K 为持有现金的机会成本率	R 为现金目标值；b 为现金与证券相互转换的成本；δ 为每日现金流量变动的标准离差；i 为以日为基础计算的现金机会成本；H 为最高控制上限；L 为最低控制下限；最高控制线 $H=3R-2L$
决策原理	以各项成本之和最低时的现金持有量为最佳现金持有量	机会成本与交易成本之和最小时的现金持有量为最佳现金持有量	现金持有量在 H、L 之间时不用控制；达到 H 时，按照“$H-R$”进行证券投资；达到下限 L 时，按照“$R-L$”变现有价证券
特点	——	不允许现金短缺	符合随机思想，适用于所有企业现金最佳持有量的测算，但测算结果比较保守

典型例题

【例题 1·单选题】某企业根据现金持有量随机模型进行现金管理。已知现金最低持有量为 15 万元，现金余额回归线为 80 万元。如果公司现有现金 220 万元，此时应当投资于有价证券的金额是（　）万元。（2016 年）

A. 65　　B. 95

C. 140　　D. 205

【解析】根据 $H=3R-2L$ 可以得出 $H=3\times 80-2\times 15=210$（万元）。当现金持有量为 220 万元时，应投资于有价证券的金额 =220−80=140（万元）。

【答案】C

【例题 2·多选题】运用成本模型确定企业最佳现金持有量时，现金持有量与持有成本之间的关系表现为（　）。（2013 年）

A. 现金持有量越小，总成本越大

B. 现金持有量越大，机会成本越大

C. 现金持有量越小，短缺成本越大

D. 现金持有量越大，管理总成本越大

【解析】在成本模型中，最佳现金持有量对应的现金相关成本 =min（机会成本 + 短缺成本 + 管理成本），其中管理成本属于固定成本，机会成本是正相关成本，短缺成本是负相关成本。选项 A 错误，选项 B 正确，现金持有量与机会成本呈正相关关系，现金持有量越小，机会成本越小、总成本越小；选项 C 正确，现金持有量与短缺成本呈负相关关系，现金持有量越小，短缺成本越大；选项 D 错误，管理成本与现金持有量的大小没有直接关系。

【答案】BC

【例题 3·单选题】在现金管理中，下列关于成本模型的说法中，不正确的是（　）。

A. 成本模型强调持有现金是有成本的，最优的现金持有量是使得现金持有成本最小的持有量

B. 现金的机会成本，是指企业因持有一定现金余额而丧失的再投资收益

C. 管理成本在一定范围内和现金持有量之间没有明显的比例关系

D. 现金持有量越少，进行证券变现的次数少，相应的转换成本越少

【解析】选项 D 说法错误，现金持有量越少，进行证券变现的次数越多，相应的转换成本就越大。

【答案】D

【例题 4·多选题】下列关于最佳现金持有量存货模式的表述中，正确的有（　）。

A. 现金的交易成本与现金的平时持有量成反比

B. 现金的机会成本与现金的平时持有量成正比

C. 机会成本与交易成本相等时的现金持有量是

最佳现金持有量

D. 存货模式的假定是现金流出量是不稳定的

【解析】选项 D 错误，存货模式假定现金的流出量稳定不变的，一般以 T 表示。

【答案】ABC

【例题 5·判断题】最高控制线到现金回归线的距离是现金回归线到最低控制线距离的 2 倍。（　）

【解析】根据题意有：$H-R=2(R-L)$，整理后得 $H=3R-2L$，即为随机模型中回归线的计算公式。

【答案】√

【例题 6·单选题】在确定最佳现金持有量时，成本模式和存货模式均考虑的因素是（　）。

A. 持有现金的机会成本

B. 固定性交易成本

C. 现金短缺成本

D. 现金保管费用

【解析】成本模式考虑的现金持有成本包括机会成本、管理成本和短缺成本，存货模式下考虑机会成本和交易成本。

【答案】A

考点6 资金集中管理模式（★）

考点分析

本考点涉及的题型一般为客观题，考试中会重点考查它们在定义、优缺点、适用范围上的区别。

考点精讲

资金集中管理有 5 大模式，这 5 大模式的对比如表 7-6 所示。

表 7-6 资金集中管理模式的对比

类型	含义	特点	适用范围
统收统支	企业的一切资金收入和支出都集中在集团资金管理部门（一般是集团总部的财务部门），各分支机构或子公司均不单独在银行设立账号	优点：降低资金成本、减少资金沉淀、监控现金收支、实现企业集团内部资金收支平衡，提高资金的周转效率 缺点：不利于发挥分支机构资金管理的积极性和经营的灵活性，加大了财务部门的工作量	规模较小的企业
拨付备用金	企业按照一定的期限统拨给所属分支机构和子公司一定数额的现金，备其使用，待各分支机构或子公司发生现金支出后，持有关凭证到企业财务部报销以补足备用金	灵活、易于操作	规模比较小的企业
结算中心	根据集团财务管理和控制的需要在集团内部设立的，为企业成员办理资金融通和结算业务	降低企业成本、提高资金使用效率	——
内部银行	将社会银行的基本职能与管理方式引入企业内部管理机制	将“企业管理”“金融信贷”和“财务管理”三者融为一体	责任中心较多的企事业单位
财务公司	在企业内成立经营部分银行业务的非银行金融机构，开展集团内部资金集中结算，为集团成员提供全方位金融服务	各子公司具有完全独立的财权，可以自行经营自身的现金，对现金的使用行使决策权	集团公司发展到一定水平后，由中国人民银行批准，作为集团公司的子公司而设立

典型例题

【例题 1·判断题】企业内部银行是一种经营部分银行业务的非银行金融机构，需要经过中国人民银行审核批准才能设立。（　）（2014 年）

【解析】内部银行是内部资金管理机构，无需经过中国人民银行审核批准。企业财务公司是一种经营部分银行业务的非银行金融机构，需要经过中国人民银行审核批准才能设立。

【答案】×

【例题 2·单选题】下列各项资金管理模式中，适合具有较多责任中心的企事业单位的是（　）。

A. 统收统支模式

B. 拨付备用金模式

C. 结算中心模式

D. 内部银行模式

【解析】内部银行是将社会银行的基本职能与管理方式引入企业内部管理机制而建立起来的一种内部资金管理机构，内部银行一般适用于具有较多责任中心的企事业单位。

【答案】D

考点7 现金周转期（★★★）

考点分析

本考点的出题概率很高，在考试中常以多选题的形式出现，一般会考查现金周转期的计算、影响因素等。

考点精讲

现金周转期是指从购买存货支付现金到销售存货收回现金为止这一期间的长度，其计算公式为：

现金周转期 = 存货周转期 + 应收账款周转期 − 应付账款周转期

根据上式，现金的周转过程主要涉及如下 3 个方面。

（1）存货周转期：企业对原材料进行加工，最终转变为产成品并将之卖出所需要的时间。其公式具体如下。

存货周转期 = 存货平均余额 ÷ 每天的销货成本

（2）应收账款周转期：产品卖出后到收到顾客支付的货款所需要的时间。其公式具体如下。

应收账款周转期 = 应收账款平均余额 ÷ 每天的销货收入

（3）应付账款周转期：从收到尚未付款的材料开始到现金支出之间所用的时间。其公式具体如下。

应付账款周转期 = 平均应付账款 ÷ 每天的购货成本

典型例题

【例题 1 · 多选题】下列管理措施中，可以缩短现金周转期的有（　）。（2016 年）

A. 加快制造和销售产品

B. 提前偿还短期融资券

C. 加大应收账款催收力度

D. 利用商业信用延期付款

【解析】现金周转期 = 存货周转期 + 应收账款周转期 − 应付账款周转期。选项 A 符合题意，加快制造和销售产品，会缩短存货周转期，从而可以缩短现金周转期；选项 B 不符合题意，提前偿还短期融资券，会缩短应付账款周转期，从而增加现金周转期；选项 C 符合题意，加大应收账款催收力度，会缩短应收账款周转期，从而可以缩短现金周转期；选项 D 符合题意，利用商业信用延期付款，会增加应付账款周转期，从而可以缩短现金周转期。

【答案】ACD

【例题 2 · 多选题】下列各项措施中，能够缩短现金周转期的有（　）。（2015 年）

A. 减少对外投资

B. 延迟支付货款

C. 加速应收账款的回收

D. 加快产品的生产和销售

【解析】现金周转期 = 存货周转期 + 应收账款周转期 − 应付账款周转期，如果要减少现金周转期，可以从以下方面着手：加快制造与销售产成品来减少存货周转期；加速应收账款的回收来减少应收账款周转期；减缓支付应付账款来延长应付账款周转期。

【答案】BCD

【例题 3 · 单选题】企业要购买原材料，并不是都是收到原材料的当天就立即付款，通常会有一定的延迟，这一延迟的时间段称为（　）。

A. 应收账款周转期　　B. 存货周转期

C. 应付账款周转期　　D. 现金周转期

【解析】现金的周转过程主要涉及存货周转期、应收账款周转期和应付账款周转期，其中，应付账款周转期是指从收到尚未付款的材料开始到现金支出之间所用的时间。

【答案】C

考点8 现金收支管理（★★）

考点分析

本考点包括现金的收款管理和付款管理，可能会考查具体措施的内容、表现等，一般在客观题中出现，需要考生熟记相关内容。

考点精讲

1. 现金的收款管理

收款管理应关注收款成本和收款浮动期。

（1）收款成本：包括浮动期成本、管理收款系统的相关费用（如银行手续费）以及第三方处理费用或清算相关费用。

（2）收款浮动期：从支付开始到企业收到资金的时间间隔。收款浮动期包括邮寄浮动期（支票从付方寄出至收方收到的时间间隔）、处理浮动期（接受方收到支票后的处理和存入银行的时间）、结算浮动期（银行系统进行支票结算所需的时间）。

一个高效的收款系统能够使收款成本和收款浮游期达到最小，同时保证与客户汇款及其他现金流入来源相关的信息的质量。

2. 现金的付款管理

付款管理的核心任务是在不损害企业信誉条件下，尽可能推迟现金的支出，即合理合法推迟付款。其方式有以下 7 种。

（1）使用现金浮游量：现金浮游量是指企业存款账户上存款余额和银行账簿上企业存款账户余额之间的差额，也就是企业和银行之间的未达账项。

（2）推迟应付款的支付：在不损害企业信誉的条件下，可运用供应方的信用期优惠，尽可能推迟现金（应付款）的支出。

（3）汇票代替支票：利用承兑汇票可以延期支付的特点，推迟现金实际支付时间。

（4）改进员工工资支付模式：企业通过设立专用于职工工资支付的工资账户，通过银行向职工支付工资。

（5）透支：企业可与银行共同商定透支限额，利用银行向企业提供的信用，开出大于活期存款余额的支票金额。

（6）争取现金流出与现金流入同步：现金流出与现金流入同步，可以降低交易性现金余额，又可

以降低转换成本。

（7）使用零余额账户：企业在银行开立一个主账户和多个子账户，只在主账户保持一定的安全储备，而子账户一般保持零余额。

典型例题

【例题·单选题】下列各项中，不属于现金支出管理措施的是（　）。（2010 年）

A. 推迟支付应付款

B. 提高信用标准

C. 以汇票代替支票

D. 争取现金收支同步

【解析】付款管理的核心是在不损害企业信誉的条件下，尽可能推迟现金的支出，其方式包括使用现金浮游量、推迟应付款的支付、汇票代替支票、改进员工工资支付模式、透支、争取现金流出与现金流入同步、使用零余额账户。选项 A、C、D 均属于现金支出的管理措施，而选项 B 属于应收账款的管理措施。

【答案】B

本节考点回顾与总结一览表

本节考点	知识总结
考点 4 持有现金的动机	3 大动机：交易性需求、预防性需求和投机性需求
考点 5 目标现金余额的确定	3 大模型：成本模型、存货模型、随机模型 ①成本模型中，最佳现金持有量是使机会成本、管理成本和短缺成本之和最小的金额 ②存货模型中，机会成本与现金持有量成正比例变动关系，交易成本与现金持有量成反比例变动关系 ③随机模型适用于所有企业现金最佳持有量的测算，它的前提是企业未来现金需求和收支不可预测，计算出的现金持有量比较保守
考点 6 资金集中管理模式	5 种模式：统收统支模式、拨付备用金模式、结算中心模式、内部银行模式、财务公司模式
考点 7 现金周转期	①现金周转期包括存货周转期、应收账款周转期和应付账款周转期 ②现金周转期 = 存货周转期 + 应收账款周转期 − 应付账款周转期
考点 8 现金收支管理	①收款管理应关注收款成本和收款浮动期 ②付款管理的 7 种方式：使用现金浮游量、推迟应付款的支付、汇票代替支票、改进员工工资支付模式、透支、争取现金流出与现金流入同步、使用零余额账户

真题演练

1.【单选题】某公司存货周转期为 160 天，应收账款周转期为 90 天，应付款周转期为 100 天，则该公司现金周转期为（　）天。（2014 年）

A. 30　　B. 60

C. 150　　D. 260

2.【判断题】在随机模型下，当现金余额在最高控制线和最低控制线之间波动时，表明企业现金持有量处于合理区域，无需调整。（　）（2011 年）

3.【单选题】在其他条件相同的情况下，下列各项中，可以加速现金周转的是（　）。（2013 年）

A. 减少存货量

B. 减少应付账款

C. 放宽赊销信用期

D. 利用供应商提供的现金折扣

第三节　应收账款管理

考点9 应收账款的成本（★★）

考点分析

本考点出题的概率较高，题型一般为客观题，主要考查应收账款成本的内容、应收账款机会成本的计算等，考生应牢记相关公式，多做练习，准确计算相关成本。

考点精讲

应收账款具有两个功能：增加销售和减少存货，在实现这两个功能过程中，需要付出相应的成本。具体而言，应收账款的成本包括机会成本、管理成本和坏账成本。

1. 机会成本

应收账款机会成本的计算公式有很多种变形，考试时应根据题目提供的参数进行计算。各种公式形式如图 7-1 所示。

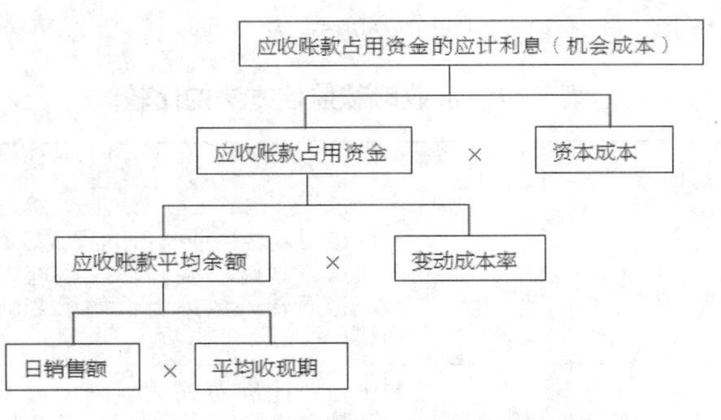

图 7-1 应收账款机会成本的基本公式

上述公式还可进行如下转化：应收账款机会成本＝日销售额 × 平均收现期 × 变动成本率 × 资本成本＝日变动成本 × 平均收现期 × 资本成本＝全年变动成本 ÷360× 平均收现期 × 资本成本。

2. 管理成本

应收账款的管理成本是指企业对应收账款进行管理所发生的费用支出，主要包括对客户的资信调查费用、收集各种信息费用、应收账款账簿记录费用、催收账款所发生的费用、其他用于应收账款的管理费用。

3. 坏账成本

应收账款的坏账成本，即因应收账款无法收回而给企业带来的损失。坏账成本一般与应收账款数量同方向变动，即应收账款越多，坏账成本也越高。坏账成本一般用下列公式测算：

坏账成本＝赊销额 × 预计坏账损失率

典型例题

【例题·单选题】某企业预计下年度销售净额为 1 800 万元，应收账款周转天数为 90 天（一年按 360 天计算），变动成本率为 60%，资本成本为 10%，则应收账款的机会成本是（　）万元。（2013 年）

A. 27　　B. 45

C. 108　　D. 180

【解析】应收账款占用资金的应计利息（机会成本）=1 800 ÷ 360 × 90 × 60% × 10%=27（万元）。

【答案】A

考点10 信用标准与信用条件（★★★）

考点分析

本考点的内容较多，主要包括信用标准、信用条件的定义，如何进行应收账款信用政策决策等，考试时各种题型都可出题，其中，信用政策决策很可能在计算分析题或综合题中出现。

考点精讲

1. 信用标准

信用标准是指信用申请者获得企业提供信用所必须达到的最低信用水平，通常以预期的坏账损失率作为判别标准。信用标准是客户获得企业商业信用所应具备的最低条件。

确定信用标准的方法有两种：定性分析法和定量分析法。

（1）定性分析法：比较常用的定性分析是通过“5C”系统来进行。所谓“5C”系统是指评估顾客信用品质的 5 个方面，即考虑客户的品质（Character）、能力（Capacity）、资本（Capital）、抵押（Collateral）与条件（Condition）。

（2）定量分析法：通常使用比率分析法，常用的指标有：流动性和营运资本比率（如流动比率、速动比率以及现金对负债总额比率）；债务管理和支付比率（如利息保障倍数、负债总额对资产总额比率）；盈利能力指标（如销售回报率、总资产回报率和净资产收益率）。

2. 信用条件

信用条件是销货企业要求赊购客户支付货款的条件，由信用期间、折扣期限和现金折扣 3 个要素组成，其中折扣期限和现金折扣称为折扣条件。

3. 信用政策决策

信用政策决策一般涉及信用期间和现金折扣的改变，在进行信用决策时，总的原则是比较改变前后的收益与成本。

信用期的确定可以分为以下 3 步：①计算不同信用期所带来的收益增加；②计算不同信用期所带来的成本增加；③确定信用期究竟多长为宜。

企业在确定给予顾客现金折扣时，应当比较、权衡折扣所带来的收益与成本，只有收益的增加大于成本的增加时，才是可行的。其方法是：先计算各方案的延期与折扣增加的收益，再计算各方案的成本增减变化，根据各方案得到所能增加的税前损益，最终确定最佳方案。

典型例题

【例题 1 · 判断题】企业采用严格的信用标准，虽然会增加应收账款的机会成本，但能扩大商品销售额，从而给企业带来更多的收益。（　）（2010 年）

【解析】如果企业执行过于严格的信用标准，将使许多客户因信用品质达不到所设的标准而被企业拒之门外，不利于企业市场竞争能力的提高和销售收入的扩大；采用严格的信用标准，同时可能降低赊销额，降低应收账款，从而减少应收账款的机会成本。

【答案】×

【例题 2 · 单选题】企业拟将信用期由目前的 30 天放宽为 60 天，预计赊销额由 1 000 万元变为 1 500 万元，变动成本率为 60%，风险投资的最低

报酬率为 10%，则放宽信用期后应收账款占用资金应计利息增加（　）万元。（一年按 360 天计算）

A. 15　　　B. 5

C. 10　　　D. 20

【解析】按照题意，原应收账款占用资金的应计利息 =1 000÷360×30×60%×10%=5（万元），放宽信用期后应收账款占用资金应计利息 = 1 500÷360×60×60%×10%=15（万元），放宽信用期后的应收账款占用资金应计利息增加额 =15−5=10（万元）。

【答案】C

【例题 3·计算分析题】B 公司是一家制造类企业，产品的变动成本率为 60%，一直采用赊销方式销售产品，信用条件为 *n*/60。如果继续采用 *n*/60 的信用条件，预计 2011 年赊销收入净额为 1 000 万元，坏账损失为 20 万元，收账费用为 12 万元。

为扩大产品的销售量，B 公司拟将信用条件变更为 *n*/90。在其他条件不变的情况下，预计 2011 年赊销收入净额为 1 100 万元，坏账损失为 25 万元，收账费用为 15 万元。假定等风险投资最低报酬率为 10%，一年按 360 天计算，所有客户均于信用期满付款。

要求：

（1）计算信用条件改变后 B 公司收益的增加额。

（2）计算信用条件改变后 B 公司应收账款成本增加额。

（3）为 B 公司作出是否应改变信用条件的决策，说明理由。（2011 年）

【答案】

（1）收益增加额 =（1 100−1 000）×（1−60%）=40（万元）。

（2）应收账款成本增加额 =（1 100÷360×90−1 000÷360×60）×60%×10%=6.5（万元），收账费用增加额 =15−12=3（万元），坏账损失增加额 =25−20=5（万元）。

（3）税前损益增加额 =40−6.5−3−5=25.5（万元）。由于税前损益增加额大于 0，因此可改变信用条件。

考点11 应收账款的监控（★★）

考点分析

本考点涉及 4 种应收账款监控模式，其中有一些公式和原理需要理解，虽然近 3 年考查的概率不高，但考生应引起重视，其中的账龄分析法可能与预算的相关知识结合出题。

考点精讲

应收账款 4 种监控方法的特点、用途各不相同，企业可根据实际情况选择其中一种或者多种方法综合运用。这些方法的比较如表 7-7 所示。

表 7-7　应收账款监控方法的比较

监控方法	用途	优点 / 缺点
应收账款周转天数	衡量收款时间	优点：反映企业整体的收款效率 缺点：不能明确表现账款拖欠情况，周转天数易受销售量变动趋势和季节性的影响
账龄分析表	确定逾期应收账款	优点：比周转天数更能揭示应收账款变化趋势 缺点：易受销售额变动的影响
应收账款账户余额模式	计划应收账款金额水平，衡量应收账款的收账效率，预测未来现金流	
ABC 分析法	监控重点对象客户	优点：加快收回应收账款，将收账费用与预期收益联系

在 ABC 分析法下，企业按照“抓重点、照顾一般”的原则对不同客户进行管理，催收的频率和途径有所不同，管理方法如表 7-8 所示。

表 7-8　ABC 分析法下客户的管理方法

客户类型	应收账款逾期比重	管理方法
A 类客户	大	多发措辞严厉的催款函、委派专人收款、委托代理机构收款或者提起诉讼
B 类客户	居中	多发信函或打电话催收
C 类客户	小	发出通知付款的信函即可

典型例题

【例题·多选题】动用应收账款余额控制模式进行应收账款管理可以发挥的作用有（　）。（2014 年）

A. 预测公司的现金流量

B. 预计应收账款的水平

C. 反映应付账款的周转速度

D. 评价应收账款的收账效率

【解析】企业可运用应收账款账户余额的模式来计划应收账款金额水平，衡量应收账款的收账效率以及预测未来的现金流，但不能反映应付账款的周转速度。

【答案】ABD

考点12 应收账款日常管理（★★）

考点分析

本考点的文字内容较多，涉及较多术语和分类，可能会考查分类标准对应的应收账款保理种类、保理资金的计算等，其中保理资金的计算曾在计算分析题中出现。

考点精讲

应收账款保理是指企业将赊销形成的未到期应收账款，在满足一定条件时转让给保理商，以获得流动资金。在实务中，应收账款保理有不同的操作方式，其分类及含义如表 7-9 所示。

表 7-9 应收账款保理的分类及含义

分类标准	种类	含义
有无追索权	有追索权保理	保理商只拿到销售合同的部分收款权，如果采购商最终没有履行合同的付款义务，保理商有权要求销售商偿还预付款
	无追索权保理	保理商将销售合同完全买断，并承担全部的收款风险
购货商是否知情	明保理	保理商和销售商需要将销售合同被转让的情况通知采购商，并签订保理商、销售商、采购商之间的三方合同
	暗保理	销售商不将债权转让情况通知客户，货款到期时仍由销售商出面催款，再向保理商偿还借款
保理商是否提供预付账款	折扣保理	销售合同到期前，保理商将剩余未收款部分先预付给销售商，一般不超过全部合同额的70%~90%
	到期保理	不管货款是否收到，保理商在合同到期时才向销售商支付货款

典型例题

【例题 1·判断题】在应收账款保理中，从风险角度看，有追索权的保理相对于无追索权的保理对供应商更有利，对保理商更不利。（ ）（2016 年）

【解析】有追索权保理即非买断型保理，指供应商将债权转让给保理商，供应商向保理商融通货币资金后，如果购货商拒绝付款或无力付款，保理商有权向供应商要求偿还预付的货币资金。因此，有追索权的保理对保理商有利，而对供应商不利。

【答案】×

【例题 2·单选题】在应收账款保理的各种类型中，由保理商承担全部收款风险的是（ ）。

A. 明保理　　B. 暗保理

C. 有追索权保理　　D. 无追索权保理

【解析】无追索权保理是指保理商将销售合同完全买断，并承担全部的收款风险。

【答案】D

【例题 3·计算分析题】A 公司是一家小型玩具制造商，2009 年 11 月份的销售额为 40 万元，12 月份销售额为 45 万元。根据公司市场部的销售预测，预计 2010 年第一季度 1 ~ 3 月份的月销售额分别为 50 万元、75 万元和 90 万元。根据公司财务部一贯执行的收款政策，销售额的收款进度为销售当月收款的 60%，次月收款 30%，第三个月收款 10%。

公司预计 2010 年 3 月份有 30 万元的资金缺口，为筹措所需资金，公司决定将 3 月份全部应收账款进行保理，保理资金回收比率为 80%。

要求：

（1）测算 2010 年 2 月份的现金收入合计。

（2）测算 2010 年 3 月份应收账款保理资金回收额。

（3）测算 2010 年 3 月份应收账款保理收到的资金能否满足当月资金需求。（2010 年）

【答案】

（1）2 月份的现金收入合计 =45×10%+50×30%+75×60%=64.5（万元）。

（2）3 月份应收账款保理资金回收额 =3 月份末应收账款 ×80%=[75×10%+90×(10%+30%)]×80%=34.8（万元）。

（3）3 月份应收账款保理资金回收额 34.8 万元大于 3 月份的资金缺口 30 万元，所以 3 月份应收账款保理收到的资金能够满足当月的资金需求。

本节考点回顾与总结一览表

本节考点	知识总结
考点 9 应收账款的成本	①应收账款的 3 大成本：机会成本、管理成本、坏账成本 ②应收账款机会成本 = 日销售额 × 平均收现期 × 变动成本率 × 资本成本
考点 10 信用标准与信用条件	①信用标准是客户获得企业商业信用所应具备的最低条件 ②确定信用标准的方法有两种：定性分析法（5C）和定量分析法 ③信用条件由信用期间、折扣期限和现金折扣 3 个要素组成
考点 11 应收账款的监控	4 种监控模式：①应收账款周转天数（衡量收款时间）；②账龄分析表（确定逾期应收账款）；③ ABC 分析法（监控重点对象）；④应收账款账户余额模式（预测未来现金流）
考点 12 应收账款日常管理	应收账款保理的 3 大分类：①有追索权保理、无追索权保理；②明保理、暗保理；③折扣保理、到期保理

真题演练

1.【单选题】企业在进行商业信用定量分析时，应当重点关注的指标是（ ）。（2010 年）

A. 发展创新评价指标

B. 企业社会责任指标

C. 流动性和债务管理指标

D. 战略计划分析指标

2.【单选题】信用标准是客户获得企业商业信用所具备的最低条件，通常表示为（　）。(2009年)

A. 预期的现金折扣率

B. 预期的坏账损失率

C. 现金折扣期限

D. 信用期限

3.【多选题】企业如果延长信用期限，可能导致的结果有（　）。(2009年)

A. 扩大当期销售　　B. 延长平均收账期

C. 增加坏账损失　　D. 增加收账费用

第四节 存货管理

考点13 存货管理的目标（★）

考点分析

本考点的内容较少，题型以客观题为主，难度不大，考生只需按照其中的关键字记忆相关内容。

考点精讲

存货是指企业在生产经营过程中为销售或者耗用而储备的物资，包括在途物资、原材料、燃料、半成品、产成品、库存商品、发出商品、委托加工物资、周转材料等。

企业存货管理的目标，就是要在保证生产经营需要的前提下，降低存货成本，以最低的存货成本保障企业生产经营的顺利进行，并在存货的各种成本与存货效益之间作出权衡，达到两者的最佳结合，实现收益最大化。

典型例题

【例题·判断题】存货管理的目标是在保证生产和销售需要的前提下，最大限度地降低存货成本。（　）(2013年)

【解析】存货管理的目标，可以用两个词概括，即“保证需要”和“降低成本”。

【答案】√

考点14 存货的成本（★★★）

考点分析

本考点的文字内容和公式较多，在历年的考试中出题频率很高，特别是经常在计算分析题中考查存货的相关成本。考生应熟记存货成本的计算公式，并在复习时多动手进行计算，以提高计算准确率和速度。

考点精讲

与持有存货有关的成本包括：取得成本、储存成本、缺货成本。存货成本的计算公式为：存货总成本＝取得成本＋储存成本＋缺货成本，其具体组成如表7-10所示。

表7-10　存货总成本的组成

成本类型		计算公式	参数说明	备注
取得成本	订货成本	$F_1+D/Q\times K$	F_1为固定性订货成本；D为存货年需要量；Q为每次进货量；K为每次订货的变动成本	固定性订货成本F_1包括采购机构的基本开支等；变动性订货成本（$D/Q\times K$）包括运输费、差旅费、通信费等
	购置成本	DU	U：存货单价	——
储存成本	固定储存成本	F_2	——	包括仓库租金、仓库折旧、仓库职工的固定工资等
	变动储存成本	$K_c\times Q/2$	K_c为单位变动存储成本	包括存货的保险费用、占用在存货上的资金利息、存货损耗等
缺货成本		TC_s	TC_s为缺货成本	包括停工损失、拖欠发货损失、丧失销售机会的损失、商誉损失等

在上表中，固定性订货成本与订货次数无关，变动性订货成本与订货次数成正比例关系；储存固定成本与存货占用量无关，储存变动成本与年平均存货占用率成正比例关系。

典型例题

【例题1·单选题】下列订货成本中属于变动性成本的是（　）。

A. 采购人员计时工资

B. 采购部门管理费用

C. 订货业务费

D. 预付订金的机会成本

【解析】订货业务费属于订货成本中的变动性成本，而采购人员计时工资和采购部门管理费用属于订货成本中的固定性成本；预付订金的机会成本属

于储存成本。

【答案】C

【例题2·单选题】下列各项中，不属于存货储存成本的是（ ）。（2012年）

A. 存货仓储费用

B. 存货破损和变质损失

C. 存货储备不足而造成的损失

D. 存货占用资金的应计利息

【解析】储存成本指仓库费用、保险费用、存货损耗、占用在存货上的资金利息等为了储存存货而发生的成本，选项A、B、D属于存货储存成本；选项C属于存货的缺货成本。

【答案】C

考点15 经济订货基本模型及其扩展（★★★）

考点分析

本考点的考查频率很高，经常在计算分析题中要求考生通过经济订货批量公式计算经济订货批量、存货总成本等，因此在本节的地位很重要。考生应熟悉相关公式中的参数，在复习时准确找到实例中的参数值，以便快速解题。

考点精讲

1. 经济订货基本模型的假设与公式

经济订货模型、保险储备的假设前提有7个：①存货总需求量是已知常数；②订货提前期是已知常数；③货物是一次性入库；④单位货物成本为常数，无批量折扣；⑤库存持有成本与库存水平呈线性关系；⑥货物是一种独立需求的物品，不受其他货物影响；⑦不允许缺货，即无缺货成本。

经济订货基本模型下，经济订货批量和存货总成本的计算分别如下。

经济订货批量 $EOQ=\sqrt{2KD/K_c}$

存货总成本 $TC=\sqrt{2KDK_c}$

从公式中可以看出，经济订货量与每次订货的费用、存货年需要量成正比，与单位存货储存费用成反比。

2. 经济订货基本模型的扩展

经济订货基本模型的扩展包括再订货点、陆续供应和使用模型等。

再订货点就是在提前订货的情况下，为保证库存存货用完时订货刚好到达，企业再次发出订货单时应保持的存货库存量。

存货陆续供应和使用模型下，设每批订货数为Q，每日送货量为P，则经济订货批量的计算如下。

经济订货批量 $EOQ=\sqrt{2KD/K_c\times P/(P-d)}$

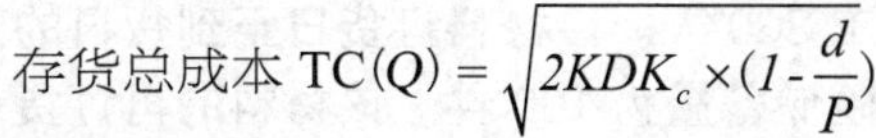

存货总成本 $TC(Q)=\sqrt{2KDK_c\times(1-\frac{d}{P})}$

典型例题

【例题1·单选题】基本经济订货批量模式所依据的假设不包括（ ）。

A. 一定时期的进货总量可以准确预测

B. 存货进价稳定

C. 存货耗用或销售均衡

D. 允许缺货

【解析】经济订货批量基本模式的基本前提包括：进货总量可准确预测、存货耗用或销售均衡、价格稳定、仓储条件不受限制、不允许缺货和市场供应充足等。

【答案】D

【例题2·多选题】根据存货陆续供应与使用模型，下列情形中能够导致经济订货量增加的有（ ）。

A. 存货需求量增加

B. 一次订货成本增加

C. 单位储存变动成本增加

D. 每日消耗量增加

【解析】根据存货陆续供应和使用的经济订货量公式，经济订货批量 $EOQ=\sqrt{2KD/K_c\times P/(P-d)}$，其中：$D$为存货年需要量，$K$为每次订货费用，$K_c$为单位变动储存成本，$d$为每日耗用量。可以看出，存货需求量增加、每次订货成本增加、每日消耗量增加都会使经济订货量增加，而单位变动储存成本增加会使经济订货量降低。

【答案】ABD

【例题3·计算分析题】某企业每年需耗用A材料45 000件，单位材料年存储成本20元，平均每次进货费用为180元，A材料全年平均单价为240元。假定不存在数量折扣，不会出现陆续到货和缺货的现象。

要求：

（1）计算A材料的经济进货批量。

（2）计算A材料年度最佳进货批数。

（3）计算A材料的相关进货成本。

（4）计算A材料的相关存储成本。

（5）计算A材料经济进货批量平均占用资金。

【答案】

（1）经济进货批量 $=(2\times45\ 000\times180\div20)^{1/2}=$ 900（件）。

（2）最佳进货批数 $=45\ 000\div900=50$（次）。

（3）相关进货成本 $=50\times180=9\ 000$（元）。

（4）相关存储成本 $=900\div2\times20=9\ 000$（元）。

（5）经济进货批量平均占用资金 $=900\div2\times240=$ 108 000（元）。

【例题4·单选题】某公司全年需用X材料18 000

件，计划开工 360 天。该材料订货日至到货日的时间为 5 天，保险储备量为 100 件。该材料的再订货点是（　）件。（2015 年）

A. 100

B. 150

C. 250

D. 350

【解析】再订货点 = 预计交货期内的需要 + 保险储备，预计交货期内的需要 =18 000÷360×5=250（件），因此，再订货点 =250+100=350（件）。

【答案】D

【例题 5 · 计算分析题】甲公司是一家制造类企业，全年平均开工 250 天。为生产产品，全年需要购买 A 材料 250 000 件，该材料进货价格为 150 元 / 件，每次订货需支付运费。订单处理费等变动费用 500 元，材料年储存费为 10 元 / 件。A 材料平均交货时间为 4 天。该公司 A 材料满足经济订货基本模型的各项前提条件。

要求：

（1）利用经济订货基本模型，计算 A 材料的经济订货批量和全年订货次数。

（2）计算按经济订货批量采购 A 材料的年存货相关总成本。

（3）计算 A 材料每日平均需用量和再订货点。（2014 年）

【答案】

（1）A 材料的经济订货批量

$=\sqrt{2\times500\times250\,000\div10}$ =5 000（件）。

全年订货次数 = 全年需求量 ÷ 经济订货批量 =250 000÷5 000=50（次）。

（2）A 材料的年存货相关总成本

$=\sqrt{2\times500\times250\,000\times10}$ =50 000（元）。

（3）A 材料每日平均需用量 =250 000÷250=1 000（件），再订货点 =1 000×4=4 000（件）。

考点16 保险储备（★★）

考点分析

本考点的内容不多，但公式较多，曾在计算分析题中进行考查，考生应掌握再订货点、缺货量等参数的计算。

考点精讲

按照经济订货量和再订货点发出订单后，如果需求突然大增或者订货的交货时间由于某种原因延迟，就会发生断货或者生产中断。为防止由此造成的损失，必须进行存货保险储备以备急需。相关公式如下。

再订货点 = 预计交货期内的需求 + 保险储备 = 平均交货时间 × 平均每日需要量 + 保险储备

与保险储备相关的总成本 = 缺货成本 + 保险储备的储存成本 = 每年订货次数 × 缺货数量 × 缺货概率 × 单位缺货损失 + 保险储备量 × 单位存货的年存储成本

典型例题

【例题 1 · 单选题】在交货期内，如果存货需求量增加或供应商交货时间延迟，就可能发生缺货。为此，企业应保持的最佳保险储备量是（　）。（2012 年）

A. 使保险储备的订货成本与持有成本之和最低的存货量

B. 使缺货损失和保险储备的持有成本之和最低的存货量

C. 使保险储备的持有成本最低的存货量

D. 使缺货损失最低的存货量

【解析】最佳的保险储备应该是使缺货损失和保险储备的持有成本之和达到最低。

【答案】B

【例题 2 · 多选题】建立存货保险储备的目的有（　）。

A. 在过量使用存货时保证供应

B. 在进货延迟时保证供应

C. 使存货的缺货成本和储存成本之和最小

D. 降低存货的储备成本

【解析】按照某一订货批量（如经济订货批量）和再订货点发出订单后，如果需求增大或送货延迟，就会发生缺货或供货中断，为防止由此造成的损失，就需要多储备一些存货以备应急之需，称为保险储备（安全存量）。

【答案】AB

【例题 3 · 多选题】确定再订货点，需要考虑的因素有（　）。

A. 保险储备量

B. 每天消耗的原材料数量

C. 预计交货时间

D. 每次订货成本

【解析】再订货点 = 预计交货期内的需求 + 保险储备 = 平均交货时间 × 平均每日需要量 + 保险储备，从公式可以看出，每次订货成本与再订货点无关。

【答案】ABC

考点17 订货的控制系统（★）

考点分析

本考点主要是文字内容，需记忆的内容较多，

其中，ABC 控制系统是重点考查的知识点，考生应熟悉不同分类下存货的特点。

考点精讲

存货的控制是对制造业或服务业生产、经营全过程的各种物品、产成品以及其他资源进行管理和控制，使其储备保持在经济合理的水平上。传统的存货控制系统分为定量控制系统和定时控制系统两种。其中，ABC 控制系统、适时制库存控制系统是主要的定时控制系统种类。

1. ABC 控制法

ABC 控制法将企业种类繁多的存货，依据其重要程度、价值大小或者资金占用等标准分为以下 3 大类，区分重点进行分类管理。

（1）A 类：品种数量占整个存货的 10%~15%，价值占全部存货的 50%~70%，应当重点监控、严格管理。

（2）B 类：品种数量占整个存货的 20%~25%，价值占全部存货的 15%~20%，采取一般控制管理。

（3）C 类：品种数量占整个存货的 60%~70%，价值占全部存货的 10%~35%，灵活管理。

2. 适时制库存控制系统

适时制库存控制系统又称零库存管理、看板管理系统、及时生产存货系统，是指当制造企业在生产过程中需要原料或零件时，供应商将原料或零件送来，当产品生产出来就被客户拉走。

适时制库存控制系统方式下，企业的库存持有水平可以大大下降，大大提高了企业运营管理效率。

典型例题

【例题·单选题】采用 ABC 控制法进行存货管理时，应该重点控制的存货类别是（ ）。（2013 年）

A. 品种较多的存货

B. 数量较多的存货

C. 库存时间较长的存货

D. 单位价值较大的存货

【解析】ABC 控制法就是把企业种类繁多的存货，按重要程度、价值大小或者资金占用等标准分为三大类：A 类、B 类、C 类。A 类存货应作为管理的重点，所以选项 D 正确。

【答案】D

本节考点回顾与总结一览表

本节考点	知识总结
考点 13 存货管理的目标	企业存货管理的目标，就是要在保证生产经营需要的前提下，降低存货成本，以最低的存货成本保障企业生产经营的顺利进行
考点 14 存货的成本	①与持有存货有关的成本包括：取得成本、储存成本、缺货成本 ②存货成本的计算公式为：存货总成本 = 取得成本 + 储存成本 + 缺货成本
考点 15 经济订货基本模型及其扩展	①基本模型：经济订货批量 EOQ= $\sqrt{2KD/K_c}$ ②扩展模型：经济订货批量 EOQ= $\sqrt{2KD/K_c \times P（P-d）}$
考点 16 保险储备	再订货点 = 预计交货期内的需求 + 保险储备 = 平均交货时间 × 平均每日需要量 + 保险储备 与保险储备相关的总成本 = 缺货成本 + 保险储备的储存成本 = 每年订货次数 × 缺货数量 × 缺货概率 × 单位缺货损失 + 保险储备量 × 单位存货的年存储成本
考点 17 订货的控制系统	① ABC 控制系统：将企业种类繁多的存货，依据其重要程度、价值大小或者资金占用等标准分为 A 类、B 类和 C 类 ②适时制库存控制系统：可大大降低企业的库存持有，提供企业运营管理效率

真题演练

1.【判断题】企业的存货总成本随着订货批量的增加而呈正方向变化。（ ）（2012 年）

2.【单选题】根据经济订货批量的基本模型，下列各项中，可能导致经济订货批量提高的是（ ）。（2011 年）

A. 每期对存货的总需求降低

B. 每次订货费用降低

C. 每期单位存货存储费降低

D. 存货的采购单价降低

第五节 流动负债管理

考点18 短期借款（★★）

考点分析

本考点是常考的知识点，一般会直接要求考生计算承诺费、借款实际利率等，从历年的考试看，该考点都是以客观题的形式出题，不过不排除其作为某小问出现在计算分析题或综合题中。

考点精讲

短期借款主要有经营周转借款、临时借款、结算借款、票据贴现借款、卖方信贷、预购定金借款和专项储备借款等。

1. 短期借款的信用条件

短期借款的信用条件包括信贷额度、周转信贷协定、补偿性余额、借款抵押、偿还条件、其他承诺等，其含义及说明如表 7-11 所示。

表 7-11 短期借款信用条件的含义及说明

项目	含义	说明
信贷额度	借款人与银行在协议中规定的允许借款人的最高限额	不具有法律约束力
周转信贷协定	银行从法律上承诺向企业提供不超过某一最高限额的贷款协定	有效期通常超过一年，但实际上贷款每几个月发放一次，所以具有短期和长期借款的双重特点
补偿性余额	银行要求借款企业按贷款限额或实际使用额保持一定百分比的最低存款余额	提高了借款的实际利率
借款抵押	企业以应收账款、存货、应收票据、债券等作为抵押品获取银行发放贷款	——
偿还条件	有到期一次偿还和在贷款期内定期（每月、季）等额偿还两种方式	——
其他承诺	提供财务报表、保持适当的财务水平等	——

2. 短期借款的成本

短期借款的成本主要包括利息、手续费等。短期借款成本的高低主要取决于贷款利率的高低和利息的支付方式。利息的支付方式主要包括收款法、贴现法和加息法。

不同付息方式下，短期借款的实际利率与名义利率大小关系不同，具体如表 7-12 所示。

表 7-12 实际利率与名义利率比较表

项目	计算方法	对比
收款法	实际利率 = 名义利率	实际利率 = 名义利率
贴现法	实际利率 = 名义利率 /（1−名义利率）×100%	实际利率 > 名义利率
加息法	实际利率 = 名义利率 ×2	实际利率 > 名义利率
补偿性余额	实际利率 = 名义利率 /（1−补偿性余额比例）×100%	实际利率 > 名义利率

典型例题

【例题 1·单选题】某企业从银行获得附有承诺的周转信贷额度为 1 000 万元，承诺费率为 0.5%，年初借入 800 万元，年底偿还，年利率为 5%。则该企业负担的承诺费是（　）。（2012 年）

A. 1 万元　　　　B. 4 万元

C. 5 万元　　　　D. 9 万元

【解析】该企业负担的承诺费 =（1 000−800）× 0.5%=1（万元）。

【答案】A

【例题 2·单选题】某公司向银行借款 100 万元，年利率为 8%，银行要求保留 12% 的补偿性余额，则该借款的实际年利率为（　）。（2015 年）

A. 6.67%　　　　B. 7.14%

C. 9.09%　　　　D. 11.04%

【解析】借款的实际比率 =100×8%÷[100×(1−12%)]=9.09%，选项 C 正确。

【答案】C

考点19 短期融资券（★★）

考点分析

本考点内容在考试中出现的概率较低，题型以单选题为主，可能考查短期融资券的分类标准和具体分类的对应关系。

考点精讲

1. 短期融资券的分类

短期融资券按不同标准可以有下列多种不同的分类。

（1）按发行人分类：分为金融企业的融资券和非金融企业的融资券。我国目前发行和交易的是非

金融企业的融资券。

（2）按发行方式分类：分为经纪人承销的融资券和直接销售的融资券。非金融企业发行融资券一般采用间接承销方式，金融企业发行融资券一般采用直接发行方式。

（3）按融资券的发行和流通范围分类：分为国内融资券和国际融资券。

2. 短期融资券的优缺点

发行短期融资券筹资有两个优点。

（1）筹资成本较低：相对于发行公司债券筹资而言，发行短期融资券的筹资成本较低。

（2）筹资数额比较大：相对于银行借款筹资而言，短期融资券一次性的筹资数额比较大。

发行短期融资券筹资的缺点是发行条件比较严格。必须是具备一定信用等级且实力强的企业才能发行短期融资券筹资。

典型例题

【例题·单选题】下列关于短期融资券的表述中，错误的是（　）。（2013年）

A. 短期融资券不向社会公众发行

B. 必须具备一定信用等级的企业才能发行短期融资券

C. 相对于发行公司债券而言，短期融资券的筹资成本较高

D. 相对于银行借款筹资而言，短期融资券的一次性筹资数额较大

【解析】相对于发行公司债券而言，发行短期融资券的筹资成本较低，所以选项C错误。

【答案】C

考点20 商业信用（★★★）

考点分析

本考点出题的概率很高，在各种题型都曾出现，其中放弃折扣的信用成本率的计算是考查的重点，考生应理解相关的公式原理，准确找出题干中相关参数值，从而快速解题。

考点精讲

1. 商业信用的概念与条件

商业信用是指企业在商品或劳务交易中，以延期付款或预收货款方式进行购销活动而形成的借贷关系。商业信用条件常包括以下两种：

（1）有信用期，但无现金折扣，如“*n*/60”表示必须在60天内按实际销售金额全额付款。

（2）有信用期和现金折扣，如“5/10，*n*/60”表示10天内付款享受现金折扣5%，如果放弃折扣，60天内必须付清全部款项。

2. 放弃现金折扣的信用成本

放弃现金折扣的成本的计算公式为：

放弃现金折扣的成本＝折扣百分比／（1－折扣百分比）×360／（付款期－折扣期）

上式中，放弃现金折扣的成本与折扣百分比、折扣期成正比，与付款期（即信用期）成反比。

3. 商业信用筹资的优缺点

商业信用筹资有3个优点：①容易获得；②企业有较大的机动权；③企业一般不用提供担保。

商业信用筹资有3个缺点：①筹资成本高；②容易恶化企业的信用水平；③受外部环境影响较大。

典型例题

【例题1·多选题】一般而言，与短期筹资和短期借款相比，商业信用融资的优点有（　）。（2014年）

A. 融资数额较大

B. 融资条件宽松

C. 融资机动权大

D. 不需提供担保

【解析】商业信用筹资的优点主要有：商业信用容易获得、企业有较大的机动权、企业一般不用提供担保。选项A不属于商业信用融资的优点，商业信用融资受外部环境影响较大，稳定性较差，当求大于供时，卖方可能停止提供信用。

【答案】BCD

【例题2·多选题】在确定因放弃现金折扣而发生的信用成本时，需要考虑的因素有（　）。（2011年）

A. 数量折扣百分比

B. 现金折扣百分比

C. 折扣期

D. 信用期

【解析】放弃折扣的信用成本率＝折扣百分比／（1－折扣百分比）×360/（信用期－折扣期），从公式中可知，放弃现金折扣的信用成本与折扣百分比、折扣期和付款期长短有关系，与货款额和折扣额没有关系，即与数量没有关系。

【答案】BCD

【例题3·单选题】某公司按照2/20，*n*/60的条件从另一公司购入价值1 000万元的货物，由于资金调度的限制，该公司放弃了获取2%现金折扣的机会，公司为此承担的信用成本率是（　）。（2010年）

A. 2.00%

B. 12.00%

C. 12.24%

D. 18.37%

【解析】放弃现金折扣的信用成本率＝2%÷（1－2%）×360÷（60－20）×100%＝18.37%。

【答案】D

【例题4·计算分析题】丙商场季节性采购一批商品，供应商报价为1 000万元，付款条件为“3/10，2.5/30，*N*/90”，目前丙商场资金紧张，预计到第90天才有资金用于支付，若要在90天内付款只能通过银行借款解决。银行借款年利率为6%，假设一年按360天计算。有关情况如表7-13所示。

表7-13　应付账款折扣分析表　　（单位：万元）

付款日	折扣率	付款额	折旧额	放弃折扣的信用成本率	银行借款利息	享受折扣的净收益
第10天	3%	*	30	*	（A）	（B）
第30天	2.5%	*	（C）	（D）	*	15.25
第90天	0	1 000	0	0	0	0

注：表中“*”表示省略的数据。

要求：

（1）确定表7-13中字母代表的数值（不需要列示过程）。

（2）指出丙商场应选择哪一天付款，并说明理由。（2016年）

【答案】

（1）A=1 000×（1−3%）×6%×80/360=12.93（万元）；

B=30−12.93=17.07（万元）；

C=1 000×2.5%=25（万元）；

D=2.5%÷（1−2.5%）×360/（90−30）=15.38%。

（2）应该选择在第10天付款，因为在第10天付款的收益最大。

【例题5·计算分析题】丙公司是一家汽车配件制造企业，近期的销售量迅速增加。为满足生产和销售的需求，丙公司需要筹集资金495 000元用于增加存货，占用期限为30天。现有3个可满足资金需求的筹资方案：

方案1：利用供应商提供的商业信用，选择放弃现金折扣，信用条件为“2/10，*n*/40”。

方案2：向银行贷款，借款期限为30天，年利率为8%。银行要求的补偿性金额为借款额的20%。

方案3：以贴现法向银行借款，借款期限为30天，月利率为1%。

要求：

（1）如果丙公司选择方案1，计算其放弃现金折扣的机会成本。

（2）如果丙公司选择方案2，为获得495 000元的实际用款额，计算该公司应借款总额和该笔借款的实际年利率。

（3）如果丙公司选择方案3，为获得495 000元的实际用款额，计算该公司应借款总额和该笔借款的实际年利率。

（4）根据以上各方案的计算结果，为丙公司选择最优筹资方案。（2013年）

【答案】

（1）放弃现金折扣的机会成本=2%÷（1−2%）×360÷（40−10）×100%=24.49%。

（2）应借款总额=495 000÷（1−20%）=618 750（元），借款的实际年利率=8%÷（1−20%）=10%。

（3）应借款总额=495 000÷（1−1%）=500 000（元），借款的实际年利率=12%÷（1−12%）=13.64%。

（4）方案2的成本最小，应该选择方案2。

考点21 流动负债的利弊（★）

考点分析

本考点一般出现在客观题，可能会直接考查流动负债的优缺点，或者与其他融资手段相结合进行考查。

考点精讲

流动负债的经营优势包括以下两点。

（1）容易获得，具有灵活性。短期借款一般比长期借款具有更少的约束性条款，可以使企业保持借款决策的灵活性。

（2）能够有效地满足企业季节性资金需要，是临时性的、季节性的资金需求融资的主要工具。

流动负债的经营劣势是需要持续地重新谈判或滚动安排负债，财务风险较大。

典型例题

【例题·多选题】下列关于流动负债的说法中，正确的有（　）。

A. 流动负债的主要经营优势包括容易获得，灵活性，能有效地为季节性信贷需要进行融资

B. 短期借款一般比长期借款具有更多的约束性条款

C. 流动负债是为流动资产中的临时性的、季节性的增长进行融资的主要工具

D. 流动负债的一个经营劣势是需要持续地重新谈判或滚动安排负债

【解析】选项B不正确，短期借款一般比长期借款具有更少的约束性条款。

【答案】ACD

本节考点回顾与总结一览表

本节考点	知识总结
考点 18 短期借款	①短期借款主要有经营周转借款、临时借款、结算借款、票据贴现借款、卖方信贷、预购定金借款和专项储备借款等 ②短期借款的信用条件包括信贷额度、周转信贷协定、补偿性余额、借款抵押、偿还条件、其他承诺等 ③利息的支付方式主要包括收款法、贴现法和加息法
考点 19 短期融资券	①分类标准：按发行人分类、按发行方式分类、按融资券的发行和流通范围分类 ②两个优点：筹资成本较低、筹资数额比较大 ③一个缺点：发行条件比较严格
考点 20 商业信用	①放弃现金折扣的成本 = 折扣百分比 /（1- 折扣百分比）× 360 /（付款期 - 折扣期） ② 3 个优点：容易获得；企业有较大的机动权；企业一般不用提供担保 ③ 3 个缺点：筹资成本高；容易恶化企业的信用水平；受外部环境影响较大
考点 21 流动负债的利弊	①两个经营优势：容易获得，具有灵活性；能够有效地满足企业季节性资金需要 ②一个经营劣势：需要持续地重新谈判或滚动安排负债，财务风险较大

真题演练

1.【单选题】某企业需要借入资金 60 万元，由于贷款银行要求将贷款金额的 20% 作为补偿性余额，故企业需要向银行申请的贷款数额为（ ）万元。（2009 年）

A. 75　　B. 72

C. 60　　D. 50

2.【单选题】下列关于短期融资券筹资的表述中，不正确的是（ ）。

A. 发行对象为公众投资者

B. 发行条件比短期银行借款苛刻

C. 筹资成本比公司债券低

D. 一次性筹资数额比短期银行借款大

3.【单选题】下列各项中，属于商业信用筹资方式的是（ ）。（2011 年）

A. 发行短期融资券

B. 应付账款筹资

C. 短期借款

D. 融资租赁

第六节 本章综合练习

（一）单选题

1. 下列有关流动资产的投资战略的说法中，错误的是（ ）。

A. 在紧缩的流动资产投资战略下，一个公司将维持低水平的流动资产 / 销售收入比率

B. 只要不可预见的事件没有损坏公司的流动性而导致严重的问题，紧缩的流动资产投资战略可能是最有利可图的

C. 对流动资产的高投资可能导致较低的投资收益率，但由于有较大的流动性，企业的运营风险较大

D. 在宽松的流动资产投资战略下，一个公司维持较高水平的流动资产 / 销售收入比率

2. 某企业拥有流动资产 160 万元（其中永久性流动资产 40 万元），长期融资 260 万元，短期融资 50 万元，则以下说法正确的是（ ）。

A. 该企业采取的激进融资战略

B. 该企业采取的保守融资战略

C. 该企业的风险和收益居中

D. 该企业的风险和收益较高

3. 企业持有现金的动机包括交易性需求、预防性需求和投机性需求，企业为满足交易性需求而持有现金，所需考虑的主要因素是（ ）。

A. 企业维持日常周转及正常商业活动

B. 企业临时融资能力

C. 企业对待风险的态度

D. 金融市场投资机会的多少

4. 运用成本模型计算最佳现金持有量时，下列公式中，正确的是（ ）。

A. 最佳现金持有量 =min（管理成本 + 机会成本 + 转换成本）

B. 最佳现金持有量 =min（管理成本 + 机会成本 + 短缺成本）

C. 最佳现金持有量 =min（机会成本 + 经营成本 + 转换成本）

D. 最佳现金持有量 =min（机会成本 + 经营成本 + 短缺成本）

5. 下列各项资金管理模式中，适用于企业规模较小企业的是（　）。

A. 财务公司模式　B. 拨付备用金模式

C. 结算中心模式　D. 内部银行模式

6. 下列各项关于现金周转期的表述中，正确的是（　）。

A. 加速支付应付账款可以减少应收账款周转期

B. 产品生产周期的延长会缩短现金周转期

C. 现金周转期一般长于存货周转期与应收账款周转期之和

D. 现金周转期是介于公司支付现金与收到现金之间的时间段

7. 假设某企业预测的全年销售额为 2 000 万元，应收账款平均收账天数为 45 天，变动成本率为 60%，资金成本率为 8%，一年按 360 天计算，则应收账款的机会成本为（　）万元。

A. 250　B. 200

C. 15　D. 12

8. 企业评价客户等级，决定给予或拒绝客户信用的依据是（　）。

A. 信用标准　B. 收账政策

C. 信用条件　D. 信用政策

9. 下列对信用期限的叙述，正确的是（　）。

A. 信用期限越长，企业坏账风险越小

B. 信用期限越长，表明客户享受的信用条件越优越

C. 延长信用期限，不利于销售收入的扩大

D. 信用期限越长，应收账款的机会成本越低

10. 以下成本中，属于固定储存成本的是（　）。

A. 仓库折旧

B. 存货资金的应计利息

C. 存货的破损和变质损失

D. 存货的保险费用

11. 在供货企业不提供数量折扣的情况下，影响经济订货量的因素是（　）。

A. 采购成本

B. 储存成本中的固定成本

C. 订货成本中的固定成本

D. 订货成本中的变动成本

12. 下列各项中，与再订货点无关的因素是（　）。

A. 经济订货量　B. 日耗用量

C. 交货日数　D. 保险储备量

13. 某零件年需要量 16 200 件，日供应量 60 件，一次订货成本 25 元，单位储存成本 1 元 / 年。假设一年为 360 天。需求是均匀的，不设置保险库存并且按照经济订货量进货，则下列各项计算结果中错误的是（　）。

A. 经济订货量为 1 800 件

B. 最高库存量为 450 件

C. 平均库存量为 225 件

D. 与进货批量有关的总成本为 600 元

14. 与短期借款筹资相比，短期融资券筹资的特点是（　）。

A. 筹资风险比较小

B. 筹资弹性比较大

C. 筹资条件比较严格

D. 筹资条件比较宽松

15. 某企业按照“5/10，*n*/60”的信用条件购进一批商品。若企业放弃现金折扣，在信用期内付款，则放弃现金折扣的机会成本为（　）。

A. 10%　B. 8.55%

C. 37.89%　D. 35%

（二）多选题

1. 下列关于营运资金的特点，说法正确的有（　）。

A. 营运资金的来源具有灵活多样性

B. 营运资金的周转具有短期性

C. 营运资金的数量具有波动性

D. 营运资金的实物形态具有变动性和易变现性

2. 营运资金的管理是企业财务管理工作的一项重要内容，营运资金的管理原则包括（　）。

A. 保证合理的资金需求

B. 提高资金使用效率

C. 节约资金使用成本

D. 保持足够的短期偿债能力

3. 下列关于流动资产投资战略的说法中，正确的有（　）。

A. 对于不同的产业和公司规模，流动资产与销售额的比率的变动范围非常大

B. 公司的不确定性决定了在流动资产账户上的投资水平

C. 如果公司管理是保守的，它将选择一个高水平的流动资产销售收入比率

D. 如果管理者偏向于为了产生更高的盈利能力而承担风险，它将以一个低水平的流动资产销售收入比率来运营

4. 在激进型流动资产融资策略中，长期融资用以支持（　）。

A. 固定资产

B. 全部永久性流动资产

C. 部分永久性流动资产

D. 部分波动性流动资产

5. 下列关于成本模型的说法中，正确的有（ ）。

A. 现金持有量越大，机会成本越高

B. 现金持有量越低，短缺成本越大

C. 现金持有量越大，管理成本越大

D. 现金持有量越大，收益越高

6. 按照随机模型，确定现金存量的下限时，应考虑的因素有（ ）。

A. 有价证券的每次转换成本

B. 企业借款能力

C. 短缺现金的风险程度

D. 企业每日现金流量变动的标准差

7. 下列关于随机模型的说法中，不正确的有（ ）。

A. 企业现金余额偏离现金回归线时，需要进行现金和有价证券的转换

B. 当现金余额达到上限时，则将部分现金转换为有价证券

C. 当现金余额下降到下限时，则卖出部分证券

D. 随机模型计算出来的现金持有量比较激进

8. 现行的资金集中管理模式包括（ ）。

A. 统收统支模式　　B. 结算中心模式

C. 内部银行模式　　D. 财务公司模式

9. 下列各项关于现金周转期的表述中，正确的有（ ）。

A. 减慢支付应付账款可以缩短现金周转期

B. 产品生产周期的延长会缩短现金周转期

C. 现金周转期一般短于存货周转期与应收账款周转期之和

D. 现金周转期是介于公司支付现金与收到现金之间的时间段

10. 下列关于信用条件的说法中，正确的有（ ）。

A. 增加的销售额大于应收账款、收账费用和坏账损失的增加额时，可延长信用期

B. 积极的收账政策是指增加应收账款投资和坏账损失

C. 信用条件由信用期间、折扣期限和现金折扣三个要素组成

D. 信用期间是指企业允许顾客从购货到付款之间的时间

11. 下列关于应收账款日常管理的表述中，正确的有（ ）。

A. 应收账款的日常管理包括对客户的信用调查和分析评价、应收账款的催收工作等

B. 企业对顾客进行信用调查的主要方法是直接调查法和间接调查法

C. 应收账款的保理可以分为有追索权保理和无追索权保理、明保理和暗保理

D. 到期保理是指保理商并不提供预付账款融资，而是在赊销到期时才支付，届时不管货款是否收到，保理商都必须向销售商支付货款

12. 应收账款保理对于企业而言，它的财务管理作用主要表现在（ ）。

A. 融资功能

B. 减轻企业应收账款的管理负担

C. 减少坏账损失，降低经营风险

D. 改善企业的财务结构

13. 下列属于存货的变动储存成本的有（ ）。

A. 存货占用资金的应计利息

B. 紧急额外购入成本

C. 存货的破损变质损失

D. 存货的保险费用

14. 缺货成本指由于不能及时满足生产经营需要而给企业带来的损失，它们包括（ ）。

A. 商誉（信誉）损失

B. 延期交货的罚金

C. 采取临时措施而发生的超额费用

D. 停工待料损失

15. 下列属于商业信用筹资的特点有（ ）。

A. 商业信用容易获得

B. 企业一般不用提供担保

C. 商业信用筹资成本高

D. 容易恶化企业的信用水平

（三）判断题

1. 营运资金的管理是指流动资产的管理。（ ）

2. 流动资产、流动负债以及两者之间的关系可以较好地反映企业的偿债能力。（ ）

3. 在随机模型中，一旦现金持有量偏离回归线，就应立即购入或出售有价证券。（ ）

4. 随机模型建立在企业的现金未来需求总量和收支可以预测的前提下，因此，测算的现金持有量比较保守。（ ）

5. 现金持有量控制的随机模式是建立在企业的现金未来需求量和收支不可预测的前提下，因此计算出来的现金量比较保守，往往比运用存货模式的计算结果小。（ ）

6. 计算应收账款占用资金应计利息时使用的资本成本，应该是企业等风险投资的最低报酬率。（ ）

7. 公司必须对应收账款的总体水平加以监督，因为应收账款的增加只会影响公司的流动性。（ ）

8. 在存货管理中，与持有存货有关的成本，只包括取得成本和储存成本。（ ）

9. 在计算经济订货批量时，如果考虑订货提前期，则应在按经济订货量基本模型计算出订货批量的

基础上，再加上订货提前期天数与每日存货消耗量的乘积，才能求出符合实际的最佳订货批量。（ ）

10. 建立保险储备的目的，就是为了防止需求增大而发生缺货或供货中断。（ ）

（四）计算分析题

1. 某商业企业估计在目前的营运政策下，今年销售将达180 000件。该公司只销售一种商品，商品销售单价为10元，销售的变动成本率为80%，资金成本为15%。目前的信用政策为n/30，即无现金折扣。由于部分客户经常拖欠货款，平均收现期为30天，坏账损失为1%。该公司的管理层准备改变信用政策，信用条件为n/60，预期影响如下：销售量增加36 000件；增加部分的坏账损失比率为4%；全部销售的平均收现期为60天，一年按360天计算，设存货周转天数保持90天不变。

要求：

（1）计算改变信用政策预期资金变动额。

（2）计算改变信用政策预期利润变动额。

2. C公司是一家冰箱生产企业，全年需要压缩机360 000台，均衡耗用。全年生产时间为360天，每次的订货费用为160元，每台压缩机持有费率为80元，每台压缩机的进价为900元。根据经验，压缩机从发出订单到进入可使用状态一般需要5天，保险储备量为2 000台。

要求：（1）计算经济订货批量。

（2）计算全年最佳订货次数。

（3）计算最低存货成本。

（4）计算再订货点。

3. 甲公司现在要从A、B两家企业中选择一家作为供应商。A企业的信用条件为“3/30，n/60”，B企业的信用条件为“1/20，n/30”。

要求：

（1）假如选择A企业作为供应商，甲公司在10~30天之间有一投资机会，投资回报率为40%，甲公司应否在折扣期内归还A企业的应付账款以取得现金折扣？

（2）如果甲公司准备放弃现金折扣，那么应选择哪家供应商？

（3）如果甲公司准备享受现金折扣，那么应选择哪家供应商？

（五）综合题

1. 某企业以往销售方式采用现金交易，每年销售100 000件产品，单价10元，变动成本率60%，固定成本为100 000元。企业尚有40%的剩余生产能力，为达到扩大销售目的，现准备给客户一定的信用政策。经过测试可知：如果信用期限为1个月，可以增加销售30%，平均的坏账损失率3%，收账费用20 000元；如果信用期限为2个月，可以增加销售40%，平均的坏账损失率为4%，收账费用为50 000元。假定资金成本率为15%。

要求：

（1）该企业应作出采用何种方案的决策？

（2）如果企业采用的信用期限为1个月，但为了加速应收账款的回收，决定使用现金折扣的办法，条件为“2/10，1/20，n/30”，估计将有50%的客户利用2%的折扣，20%的客户利用1%的折扣，坏账损失率下降到1%，收账费用下降到1万元。请作出是否采用现金折扣方案的决策。

2. 某公司计算年度耗用某种原材料600 000件，材料单价80元，经济订货批量为60 000件，订货点为1 500件。单位材料年持有成本为材料单价的30%，单位材料缺货损失20元。

在交货期内，生产需要量及其概率如表7-14所示。

表7-14 生产需要量及其概率

生产需要量/千克	1 300	1 400	1 500	1 600	1 700
概率	0.1	0.2	0.4	0.2	0.1

要求：为该公司确定企业保险储备量为多少比较合适？目前的订货点是否合适？

第七节 本章真题演练及综合练习答案与解析

一、真题演练答案速查表

所在节	题号	答案	题号	答案	题号	答案
第一节	1	√	2	√	3	B
第二节	1	C	2	√	3	A
第三节	1	C	2	B	3	ABCD
第四节	1	×	2	C		
第五节	1	A	2	A	3	B

二、本章综合练习答案与解析

（一）单选题

1. C【解析】流动性和风险性是反方向的变动关系，流动性越大，风险越低，所以选项C不正确。

2. B【解析】该企业的波动性流动资产=160−40=120（万元），大于短期融资50万元，所以该企业采取的是保守融资战略，这种战略的收益和风险均

较低。

3. A【解析】企业为满足交易性需求所持有的现金余额主要取决于企业维持日常周转及正常商业活动所需持有的现金额。

4. B【解析】在成本模型下，最佳现金持有量是机会成本、管理成本和短缺成本三者之和的最小值。

5. B【解析】选项A不符合题意，财务公司一般适用于企业集团等大型企业；选项C不符合题意，结算中心通常是企业集团内部设立的；选项D不符合题意，内部银行一般适用于具有较多责任中心的企事业单位。

6. D【解析】加速应收账款的回收可以减少应收账款周转期，选项A不正确；产品生产周期的延长会延长存货周转期，从而延长现金周转期，故选项B不正确；现金周转期，就是指介于公司支付现金与收到现金之间的时间段，也就是存货周转期与应收账款周期之和减去应付账款周转期，由此可知，选项C的说法不正确，选项D的说法正确。

7. D【解析】应收账款机会成本＝全年销售额 ÷360× 平均收账期 × 变动成本率 × 资金成本率＝2 000÷360×45×60%×8%=12（万元）。

8. A【解析】信用标准是企业评价客户等级、决定给予或拒绝客户信用的依据。

9. B【解析】信用期限是企业允许顾客从购货到付款之间的时间，或者说是企业给予顾客的付款期间，信用期越长，给予顾客信用条件越优惠。延长信用期对销售额增加会产生有利影响，与此同时应收账款、收账费用和坏账损失也会增加。

10. A【解析】固定储存成本与存货数量的多少无关，如仓库折旧、仓库职工的固定工资等，所以选项A正确。

11. D【解析】在供货单位不提供数量折扣的情况下，影响经济订货量的主要因素是一次订货成本和储存成本中的变动成本。

12. A【解析】再订货点 R= 平均交货时间 × 平均每日需求量 + 保险储备，从公式可以看出，再订货点与经济订货量无关。

13. D【解析】选项A正确，经济订货量＝$\sqrt{2\times25\times16\,200\div1\times60\div(60-45)}$=1 800（件）；最高库存量=1 800−1 800×（16 200÷360）÷60=450（件），选项B正确；平均库存量=450÷2=225（件），选项C正确；与进货批量有关的总成本＝$\sqrt{2\times25\times16\,200\times1\times(1-45\div60)}$=450（元），选项D错误。

14. C【解析】其中选项C和选项D相互矛盾，则答案应在选项C和选项D中产生。短期融资券筹资的优点主要有：筹资成本较低，筹资数额比较大，可以提高企业信誉和知名度。短期融资券筹资的缺点主要有：风险比较大，弹性比较小，发行条件比较严格。所以选项C正确。

15. C【解析】放弃现金折扣的机会成本 =[5% ÷（1−5%）]×[360 ÷（60−10）]=37.89%。

（二）多选题

1. ABCD【解析】本题4个选项正确描述了营运资金的特点。

2. ABCD【解析】本题4个选项正确描述了营运资金管理的原则。

3. ACD【解析】公司的不确定性和忍受风险的程度决定了在流动资产账户上的投资水平，所以选项B表述不完整。

4. AC【解析】在激进型流动资产融资策略中，企业以长期负债和权益为所有的固定资产融资，仅对一部分永久性流动资产使用长期融资方式融资。

5. AB【解析】与现金有关的成本包括持有成本（机会成本）、管理成本、短缺成本。持有量与机会成本成正比，与短缺成本成反比，管理成本不随持有量的变化而变化。

6. BC【解析】最低控制线L的金额取决于模型之外的因素，由现金管理部经理根据短缺现金的风险程度、企业借款能力、企业日常周转所需资金、银行要求的补偿性余额等因素确定。选项A是随机模型公式中的 b，选项D是随机模型公式中的 δ。

7. AD【解析】在随机模型下，当企业现金余额在上限和下限之间波动时，表明现金持有量处于合理的水平，无需进行调整，所以，选项A的说法不正确；随机模型建立在企业的现金未来需求总量和收支不可预测的前提下，因此，计算出来的现金持有量比较保守，所以，选项D的说法不完整。

8. ABCD【解析】4个选项均为现行的资金集中管理模式。

9. ACD【解析】产品生产周期的延长，会延长原材料和产成品在厂时间，不能尽快投入销售，加大了资金占用时间，增加了现金周转期，故选项B不正确。

10. ACD【解析】企业采取积极的收账政策时，一般会减少应收账款投资，减少坏账损失，但会增加收账成本。

11. ABD【解析】应收账款的保理可以分为有追索权保理和无追索权保理、明保理和暗保理以及折扣保理和到期保理，所以选项C的表述不正确。

12. ABCD【解析】本题的4个选项正确表述了应收账款保理的作用。

13. ACD【解析】存货的变动储存成本是指与存货数量相关的成本，包括存货占用资金的应计利息、存货的破损变质损失、存货的保险费用，而紧

急额外购入成本属于缺货成本。

14. ABCD【解析】本题4个选项均属于缺货成本。

15. ABCD【解析】本题4个选项正确表述了商业信用筹资的特点。

（三）判断题

1. ×【解析】营运资金的管理既包括流动资产的管理，也包括流动负债的管理。

2. ×【解析】偿债能力分为短期偿债能力和长期偿债能力，流动资产、流动负债以及两者之间的关系可以较好地反映企业的短期偿债能力，所以本题的说法不严谨。

3. ×【解析】题干中的说法太绝对，如果现金持有量在最高和最低控制线之间，则无需进行调整。

4. ×【解析】随机模型的前提是企业的现金未来需求总量和收支不可预测，因此，测算的现金持有量比较保守。

5. ×【解析】现金持有量控制的随机模式计算出来的现金量比较保守，往往比运用存货模式的计算结果大。

6. √【解析】应收账款占用资金应计利息属于应收账款信用期决策中的机会成本，其机会成本率为企业等风险投资的最低报酬率。

7. ×【解析】公司必须对应收账款的总体水平加以监督，因为应收账款的增加会影响公司的流动性，还可能导致额外融资的需要。所以本题的表述不正确。

8. ×【解析】与持有存货有关的成本，包括取得成本、储存成本和缺货成本，所以本题的说法不正确。

9. ×【解析】订货提前期对经济订货量的计算并无影响，仍可按原来瞬时补充情况下的经济批量订货，只不过是在达到再订货点时即发订货单订货即可。

10. ×【解析】建立保险储备是为了找出合理的保险储备量，使缺货损失和储备成本之和最小。既要考虑缺货损失的大小，又要考虑占用存货的机会成本。

（四）计算分析题

1.【答案】

（1）预期资金变动额

原先每日销售 =180 000 × 10 ÷ 360=5 000（元）。

原先应收账款资金占用 =5 000 × 30 × 0.8=120 000（元）。

新的信用政策每日销售 =（180 000+36 000）× 10 ÷ 360=6 000（元）。

新的信用政策应收账款资金占用 =6 000 × 60 × 0.8=288 000（元）。

增加应收账款资金占用 =288 000−120 000=168 000（元）。

存货周转率 =360 ÷ 90=4（次）。

原先存货资金占用 =180 000 × 10 × 0.8 ÷ 4=360 000（元）。

新的存货资金占用 =（180 000+36 000）× 10 × 0.8 ÷ 4=432 000（元）。

增加的存货资金占用 =432 000−360 000=72 000（元）。

改变信用政策预期总营运资金变动额 =168 000+72 000=240 000（元）。

（2）预期利润变动额

收益增加额 =36 000 × 10 ×（1−0.8）=72 000（元）。

坏账增加额 =36 000 × 10 × 4%=14 400（元）。

利息增加额 =240 000 × 15% =36 000（元）。

利润变动额 =72 000−14 400−36 000=21 600（元）。

2.【答案】

（1）经济订货批量 = $\sqrt{2\times360\,000\times160\div80}$ = 1 200（台）。

（2）全年最佳订货次数 =360 000 ÷ 1 200=300（次）。

（3）最低存货相关成本 = $\sqrt{2\times360\,000\times160\times80}$ = 96 000（元）。

最低存货总成本 =900 × 360 000+96 000+2 000 × 80=324 256 000（元）。

（4）再订货点 = 预计交货期内的需求 + 保险储备 =5 ×（360 000 ÷ 360）+2 000=7 000（台）。

3.【答案】

（1）如果甲公司不在 30 天内付款，意味着打算放弃现金折扣，放弃现金折扣的成本 =3% ÷（1−3%）× 360 ÷（60−30）× 100% =37.11%

由于 10 ~ 30 天运用这笔资金可得 40% 的回报率，大于放弃现金折扣的成本 37.11%，故不应该在 30 天内归还，应将这笔资金投资于回报率为 40% 的投资机会，赚取收益。

（2）放弃 A 企业现金折扣的成本 =37.11%，放弃 B 企业现金折扣的成本 =1% ÷（1−1%）× 360 ÷（30−20）× 100% =36.36% <37.11%，所以，如果甲公司准备放弃现金折扣，应该选择 B 企业作为供应商。

（3）当享受现金折扣时，放弃现金折扣的成本为“收益率”，“收益率”越大越好。根据第（2）问的计算结果可知，当甲公司准备享受现金折扣时，应选择 A 企业。

（五）综合题

1.【答案】

（1）不同方案下的成本、收益如表 7-15 所示。

表 7-15 不同信用期下的相关数据 （单位：元）

项目	现行收账政策	一个月的信用期	两个月的信用期
销售额	100 000×10=1 000 000	100 000×（1+30%）×10=1 300 000	100 000×（1+40%）×10 =1 400 000
边际贡献	1 000 000×（1−60%）=400 000	1 300 000×（1−60%）=520 000	1 400 000×（1−60%）=560 000
占用资金应计利息		1 300 000÷360×30×60%×0.15=9 750	1 400 000÷360×30×60%×0.15=10 500
坏账损失		1 300 000×3%=39 000	1 400 000×4%=56 000
收账费用		20 000	50 000
税前收益	400 000	520 000−9 750−39 000−20 000=451 250	560 000−10 500−56 000−50 000=443 500

结论：应采用一个月的信用期。

表 7-16 采用现金折扣后的相关数据 （单位：元）

项目	一个月的信用期	享受折扣	差额
销售额	1 300 000	1 300 000	
应收账款平均余额	1 300 000÷360×30=108 333.33	（1 300 000×50%÷360×10）+（1 300 000×20%÷360×20）+（1 300 000×30%÷360×30）=65 000	−43 333.33
占用资金应计利息	10 8333.33×60%×15%=9 750	65 000×60%×15%=5 850	−43 333.33×60%×15%=−3 900
坏账损失	39 000	1 300 000×1%=13 000	−26 000
收账费用	20 000	10 000	−10 000
折扣		1 300 000×2%×50%+1 300 000×1%×20%=15 600	15 600
税前收益	451 250	520 000−5 850−13 000−10 000−15 600=475 550	24 300

（2）是否采用现金折扣的决策

采用现金折扣后的相关数据如表 7-16 所示。结论：采用现金折扣可以节约成本，所以较好。

2.【答案】

交货期内的平均需求 =1 300×0.1+1 400×0.2+1 500×0.4+1 600×0.2+1 700×0.1=1 500（件），年进货次数 =600 000÷60 000=10（次）。

（1）当保险储备为 0 时：

缺货成本 =10×（1 700−1 500）×0.1×20+10×（1 600−1 500）×0.1×20=6 000（元），储存成本 =0，与保险储备相关的总成本 =6 000+0=6 000（元）。

（2）当保险储备为 100 件时：

缺货成本 =10×（1 700−1 500−100）×0.1×20=2 000（元），储存成本 =100×80×30%=2 400（元），与保险储备相关的总成本 =2 000+2 400=4 400（元）。

（3）当保险储备为 200 件时：

缺货成本 =0，储存成本 =200×80×30%=4 800（元）。

从上面的计算可以看出，当保险储备为 100 件时，缺货成本与储存成本之和最低。因此，该企业保险储备量为 100 件比较合适，即含保险储备的订货点 = 交货期内的平均需求 =1 500+100=1 600（件），目前的订货点 1 500 件偏低，应调整为 1 600 件才合适。

成本管理

本章属于“财务管理”这门课程的重要章节。在近 3 年考试中，本章内容所占分值平均为 13 分，各种题型均可出题。其中，量本利分析、成本差异、责任中心业绩评价指标是常考知识点，涉及较多公式和计算，经常出现在主观题中。

▼ 本章主要考点的题型、估计题量和所占分值一览表

主要考点	题型	估计题量	所占分值
①成本管理的主要内容；②量本利分析的基本假设、基本公式，安全边际率的计算；③利润敏感系数的计算；④成本差异的计算，直接人工成本差异的分析；⑤作业成本法核算的特点；⑥成本中心的业绩评价指标；⑦内部转移价格的类型	单选题	3 题	3 分
①保本点计算公式的运用；②可控成本的条件；③非增值作业的判断	多选题	1 题	2 分
①单一产品量本利分析；②标准成本的分类及其特点；③作业成本计算法与传统成本计算法的区别	判断题	1 题	1 分
①变动制造费用成本差异；②利润中心、投资中心的指标	计算分析题	1 题	5 分
①量本利分析的基本原理、基本公式；②目标利润分析；③单位标准成本、直接人工成本差异、直接人工效率差异、直接人工工资率差异的计算	综合题	1 小题	5 分

▼ 本章知识结构一览表

成本管理	一、成本管理的主要内容	（1）成本管理的作用和目标（★） （2）成本管理的基本内容（★）
	二、量本利分析与应用	（1）量本利分析的含义、假设与基本原理（★★★） （2）量本利分析的具体运用（★★★）：保本分析、量本利分析图、安全边际分析、多种产品保本分析 （3）目标利润分析（★★★） （4）利润敏感性分析（★★★） （5）量本利分析在经营决策中的应用（★★）
	三、标准成本控制与分析	（1）标准成本的定义与分类（★） （2）标准成本的制定（★★★） （3）成本差异的计算（★★★）：成本总差异、直接材料成本差异、直接人工成本差异、制造费用差异
	四、作业成本与责任成本	（1）作业成本法概述（★） （2）责任中心与业绩评价指标（★★★）：成本中心、利润中心、投资中心 （3）内部转移价格的制定（★）

第一节 成本管理的主要内容

考点1 成本管理的作用和目标（★）

考点分析

本考点文字内容较多，虽然没有在考试中出现，但是关于成本管理的目标和内容可能在多选题中进行考查，因此考生仍需留意该考点。

考点精讲

1. 成本管理的作用

成本管理的作用主要体现在以下 3 个方面。

（1）成本管理可降低成本，为企业扩大再生产创造条件。

（2）成本管理可以增加企业利润，提高企业经济效益。

（3）成本管理能帮助企业取得竞争优势，增强企业的竞争能力和抗压能力。

2. 成本管理的目标

从成本管理活动所涉及的层面来看，成本管理的目标可以区分为总体目标和具体目标。

（1）总体目标：依据竞争战略而定。在成本领先战略下，追求成本的绝对降低；在差异化战略下，保证产品、服务等差异化的前提下，管理产品全生命周期的成本，实现成本的持续降低。

（2）具体目标：对总体目标的进一步细分，主要包括成本计算的目标（为内、外部信息使用者提供真实成本信息）和成本控制的目标（降低成本水平）。

典型例题

【例题 1 · 多选题】以下选项中，属于成本管理的作用的有（　）。

A. 通过成本管理降低成本，可以为企业扩大再生产创造条件

B. 可以增加企业利润，提高企业经济效益

C. 增强企业的竞争能力

D. 增强企业的抗压能力

【解析】成本管理的 3 个作用可以概括为：扩大再生产；提高经济效益；增强竞争能力和抗压能力。

【答案】ABCD

【例题 2 · 单选题】成本控制的目标是（　）。

A. 为外部信息使用者提供成本信息

B. 为内部信息使用者提供成本信息

C. 降低成本水平

D. 扩大经营规模

【解析】成本控制的目标是降低成本水平。选项 A、B 是成本计算的目标，选项 D 是成本控制的可能结果。

【答案】C

考点2 成本管理的基本内容（★）

考点分析

本考点的文字内容较多，其中关于成本核算、成本控制等内容可能在多选题中出题，考生应熟悉相关内容。

考点精讲

成本管理的基本内容有 5 项，具体如表 8-1 所示。

表 8-1 成本管理的基本内容

成本管理内容	定义	方法 / 原则	
成本规划	从总体上规划成本管理工作，为具体的成本管理提供战略思路和总体要求	—	
成本核算	对生产费用的发生和产品成本的形成所进行的会计核算	财务成本核算	历史成本计量，使用品种法、分批法、分步法、分类法、定额法等
		管理成本核算	使用历史成本、现在成本或未来成本，运用财务成本核算结果、变动成本法、作业成本法
成本控制	企业采取经济、技术和组织等手段降低成本或改善成本的一系列活动	①全面控制原则：成本控制要全部、全员、全过程控制；②经济效益原则：因推行成本控制而发生的成本，不应超过因缺少控制而丧失的收益；③例外管理原则：在成本控制中，对正常成本费用支出可以从简控制，而格外关注各种例外情况，并及时进行信息反馈	
成本分析	利用成本核算，结合有关计划、预算和技术资料，应用一定的方法对影响成本升降的各种因素进行科学的分析和比较，了解成本变动情况，系统地研究成本变动的因素和原因	对比分析法、连环替代法和相关分析法等	
成本考核	定期对成本计划及有关指标实际完成情况进行总结和评价，对成本控制的效果进行评估	实施成本领先战略的企业应主要选用财务指标；实施差异化战略的企业大多选用非财务指标	

典型例题

【例题·单选题】成本控制要将注意力集中在不同寻常的情况上，体现了成本控制的（ ）

A. 经济效益原则

B. 全面控制原则

C. 例外管理原则

D. 满足资金需求原则

【解析】成本控制有3个原则：全面控制原则、经济效益原则和例外管理原则，题干所述内容体现了例外管理原则。选项D，属于营运资金的管理原则。

【答案】C

本节考点回顾与总结一览表

本节考点	知识总结
考点1 成本管理的作用和目标	①3个作用：降低成本，为企业扩大再生产创造条件；增加企业利润，提高企业经济效益；帮助企业取得竞争优势，增强企业的竞争能力和抗压能力 ②成本管理的目标分为总体目标和具体目标
考点2 成本管理的基本内容	①5大内容：成本规划、成本核算、成本控制、成本分析和成本考核 ②成本控制3个原则：全面控制原则、经济效益原则和例外管理原则 ③成本考核指标可以是财务指标，也可以是非财务指标

真题演练

【单选题】在企业的日常经营管理工作中，成本管理工作的起点是（ ）。（2014年）

A. 成本规划

B. 成本核算

C. 成本控制

D. 成本分析

第二节 量本利分析与应用

考点3 量本利分析的含义、假设与基本原理（★★★）

考点分析

本考点是量本利分析的基础知识，其中有很多公式、指标，考试时一般会直接要求计算相关公式中的某个指标的值，因此，考生应理解其中的原理，并能准确判断题干中给出的参数及其数值。

考点精讲

1. 量本利分析的含义与假设

量本利分析主要基于以下4个假设前提：①总成本由固定成本和变动成本两部分组成；②销售收入与业务量呈完全线性关系；③产销平衡；④产品产销结构稳定。

2. 量本利分析的基本原理

相关关系式如下。

（1）利润 = 销售收入 − 变动成本 − 固定成本 = 销售量 ×（单价 − 单位变动成本）− 固定成本

（2）边际贡献总额 = 销售收入 − 变动成本

（3）单位边际贡献 = 单价 − 单位变动成本

（4）边际贡献率 = 边际贡献总额 / 销售收入

（5）变动成本率 = 变动成本 / 销售收入

（6）边际贡献率 + 变动成本率 =1

误区提醒

量本利分析涉及很多关系式，在复习时应注意各个参数的名称与换算关系，以免在计算时发生混淆，从而导致计算错误。

典型例题

【例题1·单选题】根据量本利分析原理，下列计算利润的公式中，正确的是（ ）。（2016年）

A. 利润 = 保本销售量 × 边际贡献率

B. 利润 = 销售收入 × 变动成本率 − 固定成本

C. 利润 =（销售收入 − 保本销售量）× 边际贡献率

D. 利润 = 销售收入 ×（1− 边际贡献率）− 固定成本

【解析】选项A错误，利润 = 安全销售额 × 边际贡献率；选项B错误，利润 = 销售收入 × 边际贡献率 − 固定成本；选项D错误，利润 = 销售收入 ×（1 − 变动成本率）− 固定成本。

【答案】C

【例题2·判断题】量本利分析假设总成本由固定成本、变动成本和半变动成本3部分组成。（ ）

【解析】量本利分析主要基于以下4个假设前提：总成本由固定成本和变动成本两部分组成；销售收

入与业务量呈完全线性关系；产销平衡；产品产销结构稳定。

【答案】×

【例题 3·单选题】某产品预计单位售价 12 元，单位变动成本 8 元，固定成本总额 120 万元，适用的企业所得税税率为 25%。要实现 750 万元的净利润，企业完成的销售量至少应为（ ）件。（2010 年）

A. 105　　B. 157.5

C. 217.5　　D. 280

【解析】根据公式：[销售量 ×（单价 − 单位变动成本）− 固定成本]×（1− 所得税税率）= 净利润，则有 [销售量 ×（12−8）−120]×（1−25%）=750（万元），解得销售量 =280（件）。

【答案】D

考点4 量本利分析的具体运用（★★★）

考点分析

本考点是每年考试必考的内容，各种题型均出过题目，所占分值较大。考试时，可能会考查量本利分析相关指标的具体计算，或者判断相关参数之间的变动关系。考生在复习时，应着重从计算入手，熟练掌握相关公式的计算和量本利分析的具体过程。

考点精讲

1. 保本分析

保本分析涉及较多公式，看上去很复杂，但它其实是量本利分析的特殊情形——盈亏平衡、利润为 0，即“销售量 ×（单价 − 单位变动成本）− 固定成本 =0”。相关公式如下。

（1）（保本）销售量 = 固定成本 /（单价 − 单位变动成本）

（2）（保本）销售额 =（保本）销售量 × 单价 = 固定成本 /（1− 变动成本率）= 固定成本 / 边际贡献率

（3）保本作业率 = 保本销售量 / 正常经营销售量 ×100%

> **名师解读**
>
> 考生在复习时要掌握各种分析的前提条件，这样有助于记忆和理解公式。例如，保本分析是量本利分析基本关系式的特殊情形和简化（利润为 0），且单价、固定成本均不变。

2. 量本利分析图

在基本的量本利分析图中，横坐标代表销售量，纵坐标代表收入和成本，其中销售收入线和总成本线的交叉点就是保本点，如图 8−1 所示即为基本的量本利分析图。在销售量不变的情况下，保本点越低（即总成本线向 *X* 轴方向接近），亏损区越小。

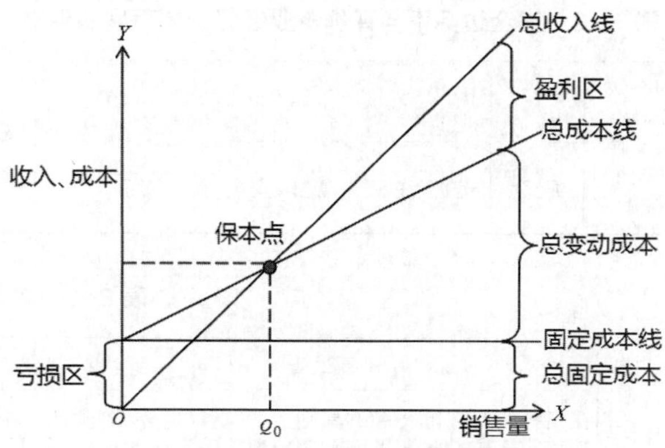

图 8−1 基本的量本利分析图

在边际贡献式量本利分析图（如图 8−2 所示）中，边际贡献随销量增加而扩大，当边际贡献与固定成本的值相等时（即在保本点），企业处于保本状态；当边际贡献超过固定成本后，企业进入盈利状态。

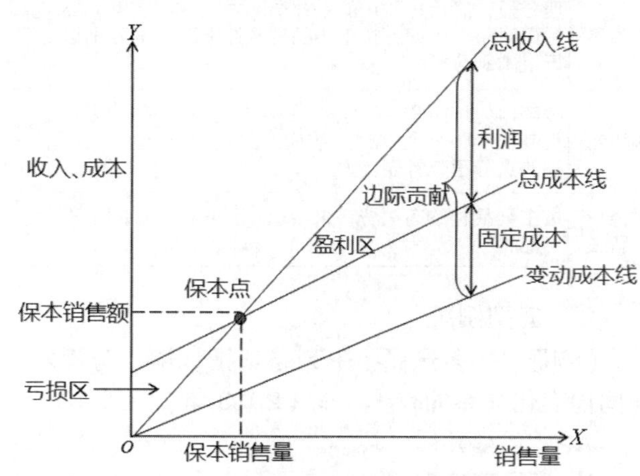

图 8−2 边际贡献式量本利分析图

3. 安全边际分析

保本点是企业的盈亏平衡点，也是企业经营的最低要求，低于保本点，企业的经营将出现亏损，企业将面临难以维持的局面。安全边际分析涉及的公式如下。

（1）安全边际量 = 实际或预计销售量 − 保本点销售量

（2）安全边际率 = 安全边际量 ÷ 实际或预计销售量 ×100%

（3）正常销售量 = 保本销售量 + 安全边际量，1= 保本销售量 ÷ 正常销售量 + 安全边际量 ÷ 正常销售量 = 保本作业率 + 安全边际率

安全边际率数值越大，企业亏损的可能性越小，经营越安全。西方企业评价安全程度的经验标准如表 8−2 所示，从表中可看出，安全边际率达到 30% 以上时即为安全状态。

表 8-2　安全边际率与评价企业经营安全程度的标准

安全边际率	10%以下	10%~20%	20%~30%	30%~40%	40%以上
安全程度	危险	值得注意	比较安全	安全	很安全

4. 多种产品保本分析

多种产品保本分析的方法主要有加权平均法、联合单位法、分算法、顺序法和主要产品法 5 种，其含义与公式如表 8-3 所示。

表 8-3　多种产品保本分析的方法

方法	含义	公式
加权平均法	在各种产品边际贡献的基础上，以各种产品的预计销售收入占总收入的比重为权数，确定企业加权平均的综合边际贡献率	加权平均边际贡献率 = ∑各种产品边际贡献 ÷ ∑各种产品销售额 ×100%= ∑（各种产品的销售比重 × 各种产品的边际贡献率） 综合保本点销售额 = 固定成本 ÷ 加权平均边际贡献率
联合单位法	事先确定各种产品间产销量比例的基础上，将各种产品产销实物量的最小比例作为一个联合单位，确定每一联合单位的单价、单位变动成本	联合单价 = ∑（各种产品的单价 × 产销量比中该产品的比例数字） 联合单位变动成本 = ∑（各种产品的变动成本 × 产销量比中该产品的比例数字） 联合保本量 = 固定成本 ÷（联合单价 − 联合单位变动成本）
分算法	将全部固定成本按一定标准在各种产品之间进行合理分配，确定每种产品应补偿的固定成本数额，然后再对每一种产品按单一品种条件下的情况分别进行量本利分析	固定成本分配率 = 固定成本总额 ÷ 各产品的分配标准合计 某产品应分配的固定成本数额 = 固定资产分配率 × 某产品的分配标准 某产品的保本销量 = 该产品应分配的固定成本数额 ÷（单价 − 单位变动成本）
顺序法	按照事先规定的品种顺序，依次用各种产品的边际贡献补偿整个企业的全部固定成本，直至全部由产品的边际贡献补偿完为止	—
主要产品法	按主要品种的有关资料进行量本利分析，视同于单一品种	

典型例题

【例题 1 · 多选题】下列各项指标中，与保本点呈同向变化关系的有（　）。（2013 年）

A. 单位售价

B. 预计销量

C. 固定成本总额

D. 单位变动成本

【解析】根据保本点的计算公式：保本销售量 = 固定成本 ÷（单价 − 单位变动成本），保本点与固定成本总额和单位变动成本成正比，与单价成反比。预计销售量与保本点销售量没有直接关系，所以选项 C、D 正确。

【答案】CD

【例题 2 · 单选题】某企业只生产甲产品，已知该产品的单价为 180 元，单位变动成本为 120 元，销售收入为 9 000 万元，固定成本总额为 2 400 万元，则企业的保本作业率为（　）。

A. 33%　　B. 67%

C. 80%　　D. 20%

【解析】保本销售额 =180×2 400 ÷（180−120）=7 200（万元），保本作业率 =7 200 ÷ 9 000 × 100%= 80%。

【答案】C

【例题 3 · 单选题】某产品实际销售量为 8 000 件，单价为 30 元，单位变动成本为 12 元，固定成本总额为 36 000 元。则该产品的安全边际率为（　）。（2016 年）

A. 25%　　B. 40%

C. 60%　　D. 75%

【解析】安全边际率 = 安全边际量 ÷ 实际或预计销售量 ×100% = 安全边际额 ÷ 实际或预计销售额 ×100%。安全边际量 = 实际或预计销售量 − 保本销售量。保本销售量 = 36 000 ÷（30 − 12）= 2 000（件）；安全销售量 = 8 000 − 2 000 = 6 000（件）。所以安全边际率 = 6 000 ÷ 8 000 × 100% = 75%。

【答案】D

【例题 4 · 判断题】因为安全边际是正常销售额超过盈亏临界点销售额的差额，并表明销售额下降多少企业仍不致亏损，所以安全边际部分的销售额也就是企业的利润。（　）

【解析】安全边际是正常销售额超过盈亏临界点销售额的差额，它表明销售额下降多少企业仍不致于亏损。安全边际部分的销售额减去其自身的变动成本后才是企业的利润。

【答案】×

考点5 目标利润分析（★★★）

考点分析

本考点是很重要的考点，是从量本利基本分析中引申出的内容，考试时一般直接要求计算目标利润分析公式中相关参数，各种题型都有可能出题。

考点精讲

与保本分析类似的，目标利润分析将量本利分析基本公式中的“利润”换成“目标利润”，即“销售量×（单价－单位变动成本）－固定成本＝目标利润”。由此，可演变出以下公式：

（1）目标利润＝（单价－单位变动成本）×销售量－固定成本

（2）目标利润销售量＝（固定成本＋目标利润）÷单位边际贡献

（3）目标利润销售额＝（固定成本＋目标利润）÷边际贡献率

典型例题

【例题1·单选题】某公司生产和销售单一产品，该产品单位边际贡献为2元，2014年销售量为40万件，利润为50万元。假设成本形态保持不变，则销售量的利润敏感系数是（　）。（2015年）

A. 0.60　B. 0.80　C. 1.25　D. 1.60

【解析】利润＝（单价－单位变动成本）×销售量－固定成本＝单位边际贡献×销售量－固定成本，固定成本=40×2−50=30（万元）。假设销量上升10%，变化后的销量=40×（1+10%）=44（万元），变化后的利润=44×2−30=58（万元），利润变化的百分比＝（58−50）÷50×100%=16%，销售量的敏感系数=16%÷10%=1.60，所以选项D正确。

【答案】D

【例题2·单选题】某企业只经营一种产品，单价2万元，单位变动成本1.2万元，固定成本总额800万元，2014年实现销售3 000件，利润1 600万元。企业按同行业先进的资金利润率预测2015年的目标利润基数，已知资金利润率为20%，预计企业资金占用额为10 500万元，则实现目标利润的销售量和销售额分别为（　）。

A. 2 100件，3 625万元

B. 3 625件，7 250万元

C. 7 250件，3 625万元

D. 2 100件，7 250万元

【解析】2015年的目标利润=10 500×20%=2 100（万元），目标利润销售量＝（固定成本＋目标利润）÷单位边际贡献＝（800+2 100）÷（2−1.2）=3 625（件），目标利润销售额＝目标利润销售量×单价=3 625×2=7 250（万元）。

【答案】B

【例题3·计算分析题】A电子企业只生产销售甲产品。2011年甲产品的生产与销售量均为10 000件，单位售价为300元/件，全年变动成本为1 500 000元，固定成本为500 000元。预计2012年产销量将会增加到12 000件，总成本将会达到2 300 000元。假定单位售价与成本形态不变。

要求：

（1）计算A企业2012年下列指标：①目标利润；②单位变动成本；③变动成本率；④固定成本。

（2）若目标利润为1 750 000元，计算A企业2012年实现目标利润的销售额。（2012年）

【答案】

（1）①目标利润=12 000×300−2 300 000=1 300 000（元）；②单位变动成本=1 500 000÷10 000=150（元）；③变动成本率=150÷300×100%=50%；④固定成本=500 000（元）。

（2）销售收入×（1−50%）−500 000=1 750 000（元），解得，销售收入=4 500 000（元）。

【例题4·综合题】戊公司只生产销售甲产品，该产品全年产销量一致。2013年固定成本总额为4 800万元，该产品生产资料如表8-4所示。

表8-4　2013年甲产品生产和销售资料

项目	产销量/万台	单价/元	单位变动成本/元
甲产品	17	500	200

经过公司管理层讨论，公司2014年目标利润总额为600万元（不考虑所得税）。假设甲产品单价和成本性态不变。为了实现利润目标，根据销售预测，对甲产品2014年四个季度的销售量作出如下预计，如表8-5所示。

表8-5　2014年度分季度销售量预测数　（单位：万台）

季度	一	二	三	四	全年
预计销售量	3	4	5	6	18

若每季末预计的产成品存货占下个季度的10%，2014年年末预计的产成品存货数为0.2万台。各季预计的期初存货为上季末期末存货。2013年第四季度的期末存货为0.2万台。根据以上资料，戊公司生产预算如表8-6所示。

表8-6　2014年生产预算表　　　（单位：万台）

季度	一	二	三	四	全年
预计销售量	*	4	5	6	*
加：预计期末产成品存货	（A）	0.5	*	0.2	0.2
合计	*	4.5	*	6.2	*
减：预计期初产成品存货	0.2	*	（C）	*	*
预计生产量	*	（B）	*	*	*

注："*"表示省略的数据。

要求：

（1）计算甲产品2013年的边际贡献总额和边际贡献率。

（2）计算甲产品2013年保本销售量和保本销售额。

（3）计算甲产品2013年的安全边际量和安全边际率，并根据投资企业经营安全程度的一般标准，判断公司经营安全与否。

（4）计算2014年实现目标利润总额600万元的销售量。

（5）确定表8-6中英文字母代表的数值（不需要列示计算过程）。（2014年）

【答案】

（1）甲产品2013年边际贡献总额=17×（500−200）=5 100（万元）；2013年边际贡献率=（500−200）÷500×100%=60%。

（2）甲产品2013年保本销售量=4 800÷（500−200）=16（万台）；2013年保本销售额=4 800÷60%=8 000（万元）。

（3）甲产品2013年安全边际量=17−16=1（万台）；2013年安全边际率=1÷17×100%=5.88%，安全边际率小于10%，经营安全程度为危险。

（4）目标利润下的销售量=（4 800+600）÷（500−200）=18（万台）。

（5）A=4×10%=0.4（万台）；B=4+0.5−0.4=4.1（万台）；C=0.5（万台）。

考点6 利润敏感性分析（★★★）

考点分析

本考点主要围绕敏感系数的计算和分析各因素对利润的影响程度进行出题，虽然近几年没有在考试中出题，但考生仍应对其引起重视，这类实用性较强的考点可能在主观题中出题。

考点精讲

1. 利润敏感性分析的定义

利润敏感性分析是研究量本利分析假设前提中的诸因素发生微小变化时，对利润的影响方向和影响程度。导致利润变动大的因素称为敏感因素，对利润产生较小影响的因素称为不敏感因素。

2. 敏感系数的计算

利润的敏感性通过敏感系数来衡量，该系数的计算公式如下。

敏感系数 = 利润变动百分比 ÷ 某因素变动百分比

典型例题

【例题1·单选题】假设ABC企业只生产和销售一种产品，单价100元，单位变动成本40元，每年固定成本500万元，预计明年产销量30万件，则单价的敏感系数为（　）。

A. 1.38　　B. 2.31

C. 10　　D. 6

【解析】预计明年利润=（100−40）×30−500=1 300（万元）。假设单价提高10%，即单价变为110元，则变动后利润=（110−40）×30−500=1 600（万元），利润变动百分比=（1 600−1 300）÷1 300×100%=23.08%，单价的敏感系数=23.08%÷10%=2.31。

【答案】B

【例题2·多选题】某企业只生产一种产品，当年的税前利润为20 000元。运用量本利关系对影响税前利润的各因素进行敏感分析后得出，单价的敏感系数为4，单位变动成本的敏感系数为−2.5，销售量的敏感系数为1.5，固定成本的敏感系数为−0.5。下列说法中，正确的有（　）。

A. 上述影响税前利润的因素中，单价是最敏感的，固定成本是最不敏感的

B. 当单价提高10%时，税前利润将增长8 000元

C. 当单位变动成本的上升幅度超过40%时，企业将转为亏损

D. 企业的安全边际率为66.67%

【解析】某变量的敏感系数的绝对值越大，表明变量对利润的影响越敏感，选项A正确；由于单价敏感系数为4，因此当单价提高10%时，利润提高40%，因此税前利润增长额=20 000×40%=8 000（元），选项B正确；单位变动成本的上升幅度超过40%，则利润降低率=−2.5×40%=−100%，所以选项C正确；因为经营杠杆系数=销售量的敏感系数=1.5，而经营杠杆系数=（$P-V$）Q÷[（$P-V$）$Q-F$]=Q÷[$Q-F$÷（$P-V$）]=Q÷（$Q-Q_0$）=1÷安全边际率，所以安全边际率=1÷销量敏感系数=1÷1.5=66.67%，选项D正确。

【答案】ABCD

考点7 量本利分析在经营决策中的应用（★★）

考点分析

本考点近几年未在考试中出题，但其具有很强的综合性，是量本利分析的实际使用，考生应熟悉相关指标的计算及其经济含义。

考点精讲

在经营决策中应用量本利分析法的关键在于确定"成本分界点"。成本分界点也称成本无差别点，就是当业务量在一定水平时，两个备选方案的总成本相等时的业务量。

总之，量本利分析在经营决策中的应用，目的就是找到能够提供最大限度的边际贡献，最大程度上弥补固定成本、利润最大的方案，这个方案即为最优方案。

典型例题

【例题·判断题】在经营决策中应用量本利分析法时，两个备选方案预期成本相同情况下的业务量叫作盈亏临界点。（ ）

【解析】在经营决策中应用量本利分析法时，两个备选方案预期成本相同情况下的业务量叫作成本分界点。盈亏临界点也叫保本点，是企业不盈不亏时的业务量。

【答案】×

本节考点回顾与总结一览表

本节考点	知识总结
考点3 量本利分析的含义、假设与基本原理	① 4个基本假设：总成本由固定成本和变动成本两部分组成；销售收入与业务量呈完全线性关系；产销平衡；产品产销结构稳定 ②基本原理：利润 = 销售收入 − 变动成本 − 固定成本 = 销售量 ×（单价 − 单位变动成本）− 固定成本
考点4 量本利分析的具体运用	①保本分析：销售量 ×（单价 − 单位变动成本）− 固定成本 =0 ②安全边际量 = 实际或预计销售量 − 保本点销售量 ③多种产品量本利分析的5种方法：加权平均法、联合单位法、分算法、顺序法和主要产品法
考点5 目标利润分析	①目标利润 =（单价 − 单位变动成本）× 销售量 − 固定成本 ②目标利润销售量 =（固定成本 + 目标利润）÷ 单位边际贡献 ③目标利润销售额 =（固定成本 + 目标利润）÷ 边际贡献率
考点6 利润敏感性分析	①敏感系数 = 利润变动百分比 ÷ 某因素变动百分比 ②影响利润的因素（程度从大到小）：单价、单位变动成本、销售量和固定成本
考点7 量本利分析在经营决策中的应用	①经营决策时，找到两个备选方案预期成本相同的业务量（即成本分界点），然后在一定业务量范围内，选择最优方案 ②经济决策的实质是利用量本利分析模型，找到利润最大的方案

真题演练

1.【**单选题**】下列关于量本利分析基本假设的表述中，不正确的是（ ）。（2015 年）

A. 产销平衡

B. 产品产销结构稳定

C. 销售收入与业务量呈完全线性关系

D. 总成本由营业成本和期间两部分组成

2.【**判断题**】根据基本的量本利分析图，在销售量不变的情况下，保本点越低，盈利区越小、亏损区越大。（ ）（2013 年）

第三节 标准成本控制与分析

考点8 标准成本的定义与分类（★）

考点分析

本考点主要考查理想标准成本和正常标准成本的区别，内容不多，难度不大，考生了解即可。

考点精讲

标准成本是指通过调查分析、运用技术测定等方法制定的，在有效经营条件下所能达到的目标成本。标准成本可分为以下两类。

（1）理想标准成本：是一种理论标准，理想标准成本是在最优的生产条件下，利用现有规模和设备能达到的最低成本。

（2）正常标准成本：正常情况下，企业经过努力可以达到的成本标准。

正常标准成本从具体数量上看，应大于理想标准成本，但又小于历史平均水平，实施以后实际成本更大的可能是逆差而不是顺差，是要经过努力才能达到的一种标准，因而可以调动职工的积极性。

通常来说，理想标准成本小于正常标准成本。由于理想标准成本要求异常严格，一般很难达到，而正常标准成本具有客观性、现实性和激励性等特点，所以，正常标准成本在实践中得到广泛应用。

典型例题

【例题·判断题】理想标准成本考虑了生产过程中不能避免的损失、故障和偏差，属于企业经过努力可以达到的成本标准。（ ）（2014 年）

【解析】正常标准成本考虑了生产过程中不能避免的损失、故障和偏差，属于企业经过努力可以达到的成本标准。

【答案】×

考点9 标准成本的制定（★★★）

考点分析

本考点经常出现在计算分析题和综合题中，所占分值较大，涉及较多的公式。由于标准成本由3个项目组成，因此在要先准确计算分项目的数值，然后才能得出正确的标准成本结果。

考点精讲

产品成本由直接材料、直接人工和制造费用3个项目组成，将各项目的标准成本汇总，即得到单位产品的标准成本。用公式表示如下。

单位产品的标准成本 = 直接材料标准成本 + 直接人工标准成本 + 制造费用标准成本 = ∑（用量标准 × 价格标准）

典型例题

【例题·单选题】下列各项中，属于“工时用量标准”组成内容的是（ ）。

A. 由于设备意外故障产生的停工工时

B. 必要的间歇或停工工时

C. 由于生产作业计划安排不当产生的停工工时

D. 由于外部供电系统故障产生的停工工时

【解析】工时用量标准是指企业在现有的生产技术条件下，生产单位产品所耗用的必要的工作时间，包括对产品直接加工工时、必要的间歇或停工工时，以及不可避免的废次品所耗用的工时等。选项A、C、D为意外或管理不当所占用的时间，不属于工时用量标准的组成内容。

【答案】B

考点10 成本差异的计算（★★★）

考点分析

本考点经常在主观题中出现，涉及很多关于成本差异的公式，可能会直接要求计算相关成本差异的数值，判断相关差异的负责部门。

考点精讲

1. 直接材料成本差异的计算

直接材料成本差异是指直接材料的实际总成本与实际产量下标准总成本之间的差异。该差异的计算公式如下。

直接材料成本差异 = 实际产量下实际成本 − 实际产量下标准成本 = 实际价格 × 实际用量 − 标准价格 × 实际产量下标准用量

2. 直接人工成本差异的计算

直接人工成本差异是实际直接人工成本与实际产量下标准直接人工成本之间的差额。

直接人工成本差异 = 实际总成本 − 实际产量下标准成本 = 实际工资率 × 实际人工工时 − 标准工资率 × 标准人工工时

3. 制造费用差异的计算

变动制造费用成本差异是指实际产量下实际发生的变动制造费用与实际产量下的标准变动制造费用的差异。可以分解为效率差异和耗费差异两部分。其计算公式如下。

变动制造费用成本差异 = 实际变动制造费用 − 实际产量下标准变动制造费用 = 实际工时 × 变动制造费用实际分配率 − 标准工时 × 变动制造费用标准分配率

4. 成本或费用差异的分析

成本差异中相关参数的制定涉及较多部门，因此在确认差异责任的归属时，应根据实际情况，确定主要责任部门，以便于及时进行改进。成本差异的分析表如表8-7所示。

表8-7 成本差异的分析表

差异类型		主要责任部门
价格差异	直接材料价格差异	采购部门
	直接人工工资率差异	劳动人事部门
	变动制造费用耗费差异	部门经理
用量差异	直接材料用量差异	生产部门
	直接人工效率差异	
	变动制造费用效率差异	

名师解读

另外，差异类型的名称中，带有“价格”“工资率”“耗费”“分配率”等字眼的与价格差异有关，带有“用量”“效率”“工时”等字眼的与用量差异有关。

名师解读

计算成本差异的公式很多，且参数的名称看上去很相似，考生应总结记忆公式的规律，避免在计算时混淆，导致计算错误。相关公式的比较如表8-8所示。其中，各项成本差异的计算公式可不用单独记忆，只需记住对应的用量差异和价格差异，将两者加总即可得出成本差异；只有计算固定制造费用成本差异时，才涉及预算产量，其他成本或费用差异涉及的是实际产量。

表 8-8　成本差异的公式

<table>
<tr><th colspan="2" rowspan="2">差异类型</th><th colspan="2">用量差异 / 能量差异</th><th rowspan="2">价格差异 / 耗费差异</th><th rowspan="2">差异分类</th></tr>
<tr><th>产量差异</th><th>效率差异</th></tr>
<tr><td colspan="2">直接材料成本差异</td><td colspan="2">标准价格 ×（实际用量 − 实际产量下标准用量）</td><td>（实际价格 − 标准价格）× 实际用量</td><td rowspan="3">用量差异、价格差异</td></tr>
<tr><td colspan="2">直接人工成本差异</td><td colspan="2">标准工资率 ×（实际人工工时 − 实际产量下标准人工工时）</td><td>（实际工资率 − 标准工资率）× 实际人工工时</td></tr>
<tr><td colspan="2">变动制造费用成本差异</td><td colspan="2">变动制造费用标准分配率 ×（实际工时 − 实际产量下标准工时）</td><td>（变动制造费用实际分配率 − 变动制造费用标准分配率）× 实际产量下实际工时</td></tr>
<tr><td rowspan="2">固定制造费用成本差异</td><td>两差异分析法</td><td colspan="2">标准分配率 ×（预算产量下标准工时 − 实际产量下标准工时）</td><td rowspan="2">实际固定制造费用 − 标准分配率 × 标准工时 × 预算产量</td><td>能量差异、耗费差异</td></tr>
<tr><td>三差异分析法</td><td>（预算产量下标准工时 − 实际产量下实际工时）× 标准分配率</td><td>（实际产量下实际工时 − 实际产量下标准工时）× 标准分配率</td><td>产量差异、效率差异、耗费差异</td></tr>
</table>

典型例题

【例题 1 · 单选题】下列因素中，一般不会导致直接人工工资率差异的是（　）。（2016 年）

A. 工资制度的变动

B. 工作环境的好坏

C. 工资级别的升降

D. 加班或临时工的增减

【解析】直接人工成本差异可分为直接人工工资率差异和直接人工效率差异两部分。其中，直接人工工资率差异是价格差异，其形成原因比较复杂，工资制度的变动（选项 A）、工资的升降级（选项 C）、加班或临时工的增减等（选项 D）都将导致工资率差异。选项 B，工作环境的好坏一般不会产生直接人工效率差异。

【答案】B

【例题 2 · 单选题】甲企业生产 A 产品，所需甲材料的标准价格为 100 元 / 千克，用量标准为 4.4 千克 / 件。本月投产 A 产品 5 000 件，共领用甲材料 20 000 千克，实际价格为 120 元 / 千克，则该材料的用量差异和价格差异分别为（　）元。

A. 400 000，−200 000

B. −200 000，200 000

C. −200 000，400 000

D. 200 000，400 000

【解析】甲材料的用量差异 =（实际用量 − 实际产量下的标准用量）× 标准价格 =（20 000−5 000×4.4）×100=−200 000（元）（节约），甲材料的价格差异 = 实际用量 ×（实际价格 − 标准价格）=20 000×（120−100）=400 000（元）（超支），成本差异 = 实际用量 × 实际价格 − 实际产量下的标准用量 × 标准价格 =20 000×120−5 000×4.4×100=200 000（元）（超支）。

【答案】C

【例题 3 · 计算分析题】B 公司生产乙产品，乙产品直接人工标准成本相关资料如表 8-9 所示。

表 8-9　乙产品直接人工标准成本资料

项目	标准
月标准总工时	21 000 小时
月标准总工资	420 000 元
单位产品工时用量标准	2 小时 / 件

假定 B 公司实际生产乙产品 10 000 件，实际耗用总工时 25 000 小时，实际应付直接人工工资 550 000 元。

要求：

（1）计算乙产品标准工资率和直接人工标准成本。

（2）计算乙产品直接人工成本差异、直接人工工资率差异和直接人工效率差异。（2012 年）

【答案】

（1）乙产品的标准工资率 =420 000÷21 000=20（元 / 小时）；乙产品直接人工标准成本 =20×2=40（元 / 件）。

（2）乙产品直接人工成本差异 =550 000−40×10 000=150 000（元），乙产品直接人工工资率差异 =（550 000÷25 000−20）×25 000=50 000（元），乙产品直接人工效率差异 =（25 000−2×10 000）×20=100 000（元）。

【例题 4 · 多选题】下列各项成本差异中，属于生产部门责任的有（　）。

A. 直接材料用量差异

B. 直接人工工资率差异

C. 变动制造费用效率差异

D. 变动制造费用耗费差异

【解析】直接材料用量差异、直接人工效率差异、变动制造费用效率差异的责任部门主要是生产部门。

【答案】AC

【例题5·计算分析题】乙公司生产M产品，采用标准成本法进行成本管理。月标准总工时为23 400小时，月标准变动制造费用总额为84 240元。工时标准为2.2小时/件。假定乙公司本月实际生产M产品7 500件，实际耗用总工时15 000小时，实际发生变动制造费用57 000元。

要求：

（1）计算M产品的变动制造费用标准分配率。

（2）计算M产品的变动制造费用实际分配率。

（3）计算M产品的变动制造费用成本差异。

（4）计算M产品的变动制造费用效率差异。

（5）计算M产品的变动制造费用耗费差异。（2014年）

【答案】

（1）M产品的变动制造费用标准分配率=84 240÷23 400=3.6（元/小时）。

（2）M产品的变动制造费用实际分配率=57 000÷15 000=3.8（元/小时）。

（3）M产品的变动制造费用成本差异=57 000−7 500×2.2×3.6=−2 400（元）（节约）。

（4）M产品的变动制造费用效率差异=（15 000−7 500×2.2）×3.6=−5 400（元）（节约）。

（5）变动制造费用耗费差异=15 000×（3.8−3.6）=3 000（元）（超支）。

【例题6·单选题】在两差异法下，固定制造费用的差异可以分解为（　）。（2009年）

A. 价格差异和产量差异

B. 耗费差异和效率差异

C. 能量差异和效率差异

D. 耗费差异和能量差异

【解析】在两差异法下，固定制造费用的差异可以分解为耗费差异和能量差异。

【答案】D

本节考点回顾与总结一览表

本节考点	知识总结
考点8 标准成本的定义与分类	①标准成本分为理想标准成本和正常标准成本 ②通常，正常标准成本大于理想标准成本，理想标准成本一般难以达到
考点9 标准成本的制定	①产品成本由直接材料、直接人工和制造费用三个项目组成，将各项目的标准成本汇总，即得到单位产品的标准成本 ②单位产品的标准成本=直接材料标准成本+直接人工标准成本+制造费用标准成本=Σ（用量标准×价格标准）
考点10 成本差异的计算	①直接材料成本差异、直接人工成本差异、变动制造费用成本差异都可分为价格差异和用量差异 ②直接材料价格差异的主要责任部门为采购部门，直接人工工资率差异的主要责任部门为劳动人事部门，用量差异的主要责任部门为生产部门

真题演练

1.【单选题】在标准成本管理中，成本总差异是成本控制的重要内容。其计算公式是（　）。（2013年）

A. 实际产量下实际成本－实际产量下标准成本

B. 实际产量下标准成本－预算产量下实际成本

C. 实际产量下实际成本－预算产量下标准成本

D. 实际产量下实际成本－标准产量下标准成本

2.【单选题】某公司月成本考核例会上，各部门经理正在讨论、认定直接人工效率差异的责任部门。根据判断，该责任部门应是（　）。（2011年）

A. 生产部门　　B. 销售部门

C. 供应部门　　D. 管理部门

第四节 作业成本与责任成本

考点11 作业成本法概述（★）

考点分析

本考点的内容较多，历年考试中，都会在客观题中对该考点，如对作业成本法的作用、分类等进行考查。

考点精讲

作业成本计算法与传统成本计算法相比，直接材料成本与直接人工成本都可以直接归集到成本对象，两者的区别集中在对间接费用（主要是制造费用）的分配上。作业成本计算法中，间接费用的分配对象不再是产品，而是作业。作业成本法很好地

克服了传统成本方法中对间接费用责任划分不清的缺点，使以往一些不可控的间接费用变为可控。

1. 作业的定义和分类

作业是指在一个组织内为了某一目的而进行的耗费资源动作，它是作业成本计算系统中最小的成本归集单元。按照层次，作业可以分为以下 4 类。

（1）单位作业：使单位产品收益的作业，如加工零件、产品检验等。

（2）批次作业：使一批产品收益的作业，如设备调试、生产准备。

（3）产品作业：使某种产品的每个单位都收益的作业，如工艺设计等。

（4）支持作业：除了以上 3 种作业以外的所有作业，如厂房维修、管理作业等。

2. 成本动因的概念

成本动因也称成本驱动因素，是指导致成本发生的因素，即成本的诱因。成本动因通常以作业活动耗费的资源来进行度量，如质量检查次数、用电度数等。在作业成本法下，成本动因是成本分配的依据。

3. 作业成本管理

作业成本管理是以提高客户价值、增加企业利润为目的，基于作业成本法的新型集中化管理方法。它包含两个维度的含义：成本分配观和流程观。

其中，流程观关注的是确认作业成本的根源、评价已经完成的工作和已实现的结果。流程价值分析关心的是作业的责任，包括成本动因分析、作业分析和业绩考核 3 个部分，其基本思想是：以作业来识别资源，将作业分为增值作业和非增值作业，将作业和流程联系在一起，确认流程动因，计量流程的业绩。

（1）增值作业就是那些顾客认为可以增加其购买的产品或服务的有用性，有必要保留在企业中的作业。增值作业必须同时满足下列 3 个条件：

①该作业导致了状态的改变；

②该状态的改变只能由该作业实现，不能由其他作业来完成；

③该作业使价值链中的其他作业得以执行。

（2）非增值作业是指即便消除也不会影响产品对顾客服务的潜能，不必要的或可消除的作业。如果一项作业不能同时满足增值作业的 3 个条件，就可断定其为非增值作业。

典型例题

【例题 1 · 多选题】作业成本管理的一个重要内容是寻找非增值作业，将非增值成本降至最低。下列选项中，属于非增值作业的有（　）。（2016 年）

A. 零部件加工作业

B. 零部件组装作业

C. 产成品质量检验作业

D. 从仓库到车间的材料运输作业

【解析】非增值作业，是指即便消除也不会影响产品对顾客服务的潜能，不必要的或可消除的作业。如果一项作业不能同时满足增值作业的 3 个条件，就可断定其为非增值作业。例如，检验作业（选项 C），只能说明产品是否符合标准，而不能改变其形态，不符合增值作业中的第一个条件（该作业导致了状态的改变）；从仓库到车间的材料运输作业（选项 D），可以通过将原料供应商的交货方式改变为直接送达原料使用部门从而消除，故也属于非增值作业。选项 A、B 均属于增值作业。

【答案】CD

【例题 2 · 单选题】下列成本项目中，与传统成本法相比，运用作业成本法核算更具有优势的是（　）。（2015 年）

A. 直接材料成本

B. 直接人工成本

C. 间接制造费用

D. 特定产品专用生产线折旧费

【解析】在作业成本法下，对于直接费用的确认和分配与传统的成本计算方法一样，而间接费用的分配对象不再是产品，而是作业活动。采用作业成本法，制造费用按照成本动因直接分配，避免了传统成本计算法下的成本扭曲，所以选项 C 正确。

【答案】C

【例题 3 · 判断题】在作业成本法下，成本动因是导致成本发生的诱因，是成本分配的依据。（　）（2012 年）

【解析】成本动因，亦称成本驱动因素，是指导致成本发生的因素，即成本的诱因。成本动因通常以作业活动耗费的资源来进行度量，如质量检查次数、用电度数等。在作业成本法下，成本动因是成本分配的依据。

【答案】√

【例题 4 · 单选题】作业成本法下间接成本分配的路径是（　）。

A. 资源→产品

B. 资源→部门→产品

C. 资源→作业→产品

D. 作业→产品

【解析】作业成本法下间接成本的分配路径是“资源→作业→产品”，选项 B 属于传统成本法计算下的间接成本分配路径。

【答案】C

考点12 责任中心与业绩评价指标（★★★）

考点分析

本考点在考试中经常出题，涉及三类责任中心（成本中心、利润中心和投资中心）及各自的评价指标，可能会直接考查相关指标的计算和适用范围等。

考点精讲

1. 成本中心

成本中心是指有权发生并控制成本的单位。成本中心具有以下特点。

（1）成本中心不考核收益，只考核成本。成本中心一般不会产生收入，通常只计量考核发生的成本。这是成本中心的首要特点。

（2）成本中心只对可控成本负责。可控成本是指成本中心可以通过采取一定的方法与手段使其按所期望的状态发展、控制的各种耗费。

可控成本应具备以下3个条件：该成本的发生是成本中心可以预见的；该成本是成本中心可以计量的；该成本是成本中心可以调节和控制的。

成本中心考核和控制主要使用的指标包括预算成本节约额和预算成本节约率。计算公式如下。

预算成本节约额＝预算责任成本－实际责任成本

预算成本节约率＝预算成本节约额÷预算成本×100%

2. 利润中心

利润中心是指既能控制成本，又能控制收入和利润的责任单位。利润中心有以下两种形式。

（1）自然利润中心：自然形成，直接对外提供劳务或销售产品以取得收入的责任中心。例如，分公司、分厂、事业部等。

（2）人为利润中心：人为设定的，通过企业内部各责任中心之间使用内部结算价格结算半成品内部销售收入的责任中心。例如，大型钢铁公司分成采矿、炼铁、炼钢、轧钢等。

利润中心采用利润作为业绩考核指标，利润指标具体分为边际贡献、可控边际贡献和部门边际贡献。它们的计算公式如下。

边际贡献＝销售收入总额－变动成本总额

可控边际贡献＝边际贡献－该中心负责人可控固定成本

部门边际贡献＝可控边际贡献－该中心负责人不可控固定成本

3. 投资中心

投资中心是指既能控制成本、收入和利润，又能对投入的资金进行控制的责任中心，如大型集团所属的子公司、分公司、事业部等。

投资中心主要采用投资报酬率和剩余收益等作为业绩考核指标。它们的计算公式如下。

投资报酬率＝营业利润÷平均营业资产

剩余收益＝经营利润－经营资产×最低投资报酬率

典型例题

【例题1·判断题】对企业和流程的执行情况进行评价时，使用的考核指标可以是财务指标也可以是非财务指标，其中非财务指标主要用于时间、质量、效率3个方面的考核。（ ）（2015年）

【解析】若要评价作业流程的执行情况，必须建立业绩指标，可以是财务指标，也可以是非财务指标，非财务指标主要体现在效率、质量和时间3个方面，如投入产出比、次品率、生产周期等。

【答案】√

【例题2·多选题】根据责任成本管理基本原理，成本中心只对可控成本负责，可控成本应具备的条件有（ ）。（2015年）

A. 该成本是成本中心可计量的

B. 该成本的发生是成本中心可预见的

C. 该成本是成本中心可调节和控制的

D. 该成本是为成本中心取得收入而发生的

【解析】可控成本是指成本中心可以控制的各项耗费，它应具备3个条件：①该成本的发生是成本中心可以预见的；②该成本是成本中心可以计量的；③该成本是成本中心可以调节和控制的，所以选项A、B、C正确。

【答案】ABC

【例题3·单选题】某企业内部乙车间是人为利润中心，本期实现内部销售收入200万元，销售变动成本为120万元，该中心负责人可控固定成本为20万元，不可控但应由该中心负担的固定成本10万元，则该中心对整个公司所做的经济贡献为（ ）万元。

A. 80　　B. 60

C. 50　　D. 40

【解析】部门边际贡献反映了部门为企业利润和弥补与生产能力有关的成本所做的贡献，它更多地用于评价部门业绩而不是利润中心管理者的业绩。该中心的边际贡献=200−120=80（万元），可控边际贡献=80−20=60（万元），部门边际贡献=60−10=50（万元）。

【答案】C

【例题4·单选题】下列各项中，最适用于评价投资中心业绩的指标是（ ）。（2012年）

A. 边际贡献　　B. 部门毛利

C. 剩余收益　　D. 部门净利润

【解析】对投资中心的业绩进行评价时，不仅要适用利润指标，还需要计算、分析利润与投资的关系，具体评价指标主要有投资报酬率和剩余收益等指标。

【答案】C

考点13 内部转移价格的制定（★）

考点分析

本考点内容较少，考试时主要围绕 4 种内部转移价格，在客观题中进行考查。考生应掌握这些转移价格的制定依据和前提条件。

考点精讲

内部转移价格是指企业内部有关责任单位之间提供产品或劳务的结算价格。内部转移价格的制定，可以参照以下 4 种类型。

（1）市场价格：以产品或劳务的市场现行价格作为计价基础。市场价格具有客观、真实的特点，能够同时满足分部和公司的整体利益，但是它要求产品或劳务有完全竞争的外部市场，以取得市价。

（2）协商价格：以正常的市场价格为基础。协商价格的上限是市场价格，下限是单位变动成本。

（3）双重价格：由内部责任中心的交易双方采用不同的内部转移价格作为计价基础。买卖双方可以选择不同的市场价格或协商价格，能够较好地满足企业内部交易双方在不同方面的管理需要。

（4）以成本为基础的转移定价：所有的内部交易均以某种形式的成本价格进行结算，当无法确定中间产品市场价格或劳务没有市场价格时，通常采用以成本为基础的转移价格。可选用完全成本、完全成本加成、变动成本、变动成本加固定制造费用这 4 种形式。

典型例题

【例题 1·单选题】以协商价格作为内部转移价格时，该协商价格的下限通常是（　）。（2016 年）

A. 单位市场价格

B. 单位变动成本

C. 单位制造成本

D. 单位标准成本

【解析】协商价格，即内部责任中心之间以正常的市场价格为基础，并建立定期协商机制，共同确定双方都能接受的价格作为计价标准。协商价格的上限是市场价格，下限则是单位变动成本。

【答案】B

【例题 2·单选题】作为内部转移价格的制定依据，下列各项中，能够较好地满足企业内部交易方案管理需要的是（　）。（2014 年）

A. 市场价格　　B. 双重价格

C. 协调价格　　D. 成本加成价格

【解析】采用双重价格，买卖双方可以选择不同的市场价格或协商价格，能够较好地满足企业内部交易双方在不同方面的管理需要。

【答案】B

【例题 3·判断题】只要制定出合理的内部转移价格，就可以将企业大多数生产半成品或提供劳务的成本中心改造成自然利润中心。（　）

【解析】题目所述情形可改造为人为利润中心，而自然利润中心是自然形成的，必须直接面对市场对外销售产品而取得收入。

【答案】×

本节考点回顾与总结一览表

本节考点	知识总结
考点 11 作业成本法概述	①在作业成本法下，成本动因是成本分配的依据；成本动因分为资源动因和作业动因 ②传统成本计算法下，间接成本的分配路径：资源→部门→产品；作业成本法下，间接成本的分配路径：资源→作业→产品
考点 12 责任中心与业绩评价指标	① 3 个责任中心：成本中心、利润中心和投资中心 ②可控成本的条件：可以预见、可以计量、可以调节和控制 ③责任中心业绩评价指标：成本中心——预算成本节约额、预算成本节约率；利润中心——边际贡献、可控边际贡献、部门边际贡献；投资中心——投资报酬率、剩余收益
考点 13 内部转移价格的制定	制定内部转移价格参照的 4 种价格类型：①市场价格；②协商价格；③双重价格；④以成本为基础的转移定价

真题演练

1. **【单选题】**下列关于成本动因（又称成本驱动因素）的表述中，不正确的是（　）。（2011 年）

A. 成本动因可作为作业成本法中成本分配的依据

B. 成本动因可按作业活动耗费的资源进行度量

C. 成本动因可分为资源动因和生产动因

D. 成本动因可以导致成本的发生

2. **【判断题】**作业成本计算法与传统成本计算法的主要区别是间接费用的分配方法不同。（　）（2016 年）

3. **【单选题】**在企业责任成本管理中，责任成

本是成本中心考核和控制的主要指标，其构成内容是（　）。（2013年）

A. 产品成本之和　　B. 固定成本之和

C. 可控成本之和　　D. 不可控成本之和

4.【多选题】下列各项指标中，根据责任中心权、责、利关系，适用于利润中心业绩评价的有（　）。（2011年）

A. 部门边际贡献　　B. 可控边际贡献

C. 投资报酬率　　D. 剩余收益

第五节　本章综合练习

（一）单选题

1. 下列选项中，不属于成本控制原则的是（　）。

A. 全面控制原则　　B. 例外管理原则

C. 历史成本原则　　D. 经济效益原则

2. 下列各项中，不能表示企业处于保本状态的是（　）。

A. 安全边际量 =0

B. 安全边际量 =1

C. 安全边际率 =0

D. 保本作业率 =100%

3. 某企业只生产一种产品，单价为50元，单位变动成本为25元，固定成本为50 000元，销售量为3 600件。下列选项中，不能使得目标利润达到或超过5万元的是（　）。

A. 固定成本降低至40 000元以下

B. 单价提高至53元以上

C. 销售量增加至4 000件以上

D. 单位变动成本降低至23元

4. 在目标值变动的百分比一定的条件下，某因素对利润的敏感系数越大，说明该因素变动的百分比（　）。

A. 越小　　B. 越大

C. 趋近于无穷大　　D. 趋近于无穷小

5. 在两差异法中，固定制造费用的能量差异是（　）。

A. 利用预算产量下的标准工时与实际产量下的实际工时的差额，乘以固定制造费用标准分配率计算得出的

B. 利用预算产量下的标准工时与实际产量下标准工时的差额，乘以固定制造费用标准分配率计算得出的

C. 利用实际产量下实际工时与实际产量下标准工时的差额，乘以固定制造费用标准分配率计算得出的

D. 利用实际制造费用减去预算产量标准工时乘以固定制造费用标准分配率计算得出的

6. 作为利润中心的业绩考核指标，“部门经理边际贡献”的计算公式是（　）。

A. 销售收入总额－变动成本总额

B. 销售收入总额－该利润中心负责人可控固定成本

C. 销售收入总额－变动成本总额－该利润中心负责人可控固定成本

D. 销售收入总额－变动成本总额－该利润中心负责人可控固定成本－该利润中心负责人不可控固定成本

7. 下列关于投资中心的相关表述中，不正确的是（　）。

A. 投资中心是指既能控制成本、收入和利润，又能对投入的资金进行控制的责任中心

B. 投资中心的评价指标主要有投资报酬率和剩余收益

C. 利用投资报酬率指标，可能导致经理人员为眼前利益而牺牲长远利益

D. 剩余收益指标可以在不同规模的投资中心之间进行业绩比较

8. 在下列各项内部转移价格中，既能够较好满足供应方和使用方的不同需求又能激励双方积极性的是（　）。

A. 市场价格　　B. 协商价格

C. 双重价格　　D. 成本转移价格

（二）多选题

1. 下列关于成本管理内容的说法中，正确的有（　）。

A. 成本控制是成本管理的核心

B. 成本核算是进行成本管理的第一步

C. 成本核算分为财务成本的核算和管理成本的核算

D. 成本考核的指标可以是财务指标，也可以是非财务指标

2. 成本分析的方法主要包括（　）。

A. 对比分析法　　B. 连环替代法

C. 相关分析法　　D. 综合分析法

3. 某企业只生产一种产品，单价20元，单位变动成本12元，固定成本为2 400元，满负荷运转下

的正常销售量为400件。下列有关说法中，正确的有（ ）。

A. 变动成本率为60%

B. 在保本状态下，该企业生产经营能力的利用程度为75%

C. 安全边际中的边际贡献等于800元

D. 该企业的安全边际率为25%

4. 关于基本的量本利分析图，下列说法正确的有（ ）。

A. 销售收入线与总成本线的交叉点为保本点

B. 当销售量大于保本点时，总收入线与总成本线交叉的区域为盈利区

C. 当销售量小于保本点时，总收入线与总成本线交叉的区域为亏损区

D. 总收入线与固定成本线之间的区域为变动成本

5. 根据量本利分析，下列选项中，可使保本点发生变动的有（ ）。

A. 降低单价　　B. 提高固定成本

C. 提高产销量　　D. 降低单位变动成本

6. 下列关于多种品种保本分析的叙述中，错误的有（ ）。

A. 加权平均法中，以各种产品的预计销售收入占总收入的比重为权数，确定企业加权平均边际贡献率

B. 联合单位法下，以各种产品产销实物量的最大比例作为一个联合单位

C. 在企业产品品种较多时，选择边际贡献占的比重较小的产品，将该产品视为单一品种

D. 分算法下，按照事先确定的各品种产品的销售顺序，依次用各种产品的边际贡献补偿整个企业的全部固定成本

7. 直接人工标准成本中的用量标准是指在现有生产技术条件下，生产单位产品需用的加工时间，包括（ ）。

A. 产品直接加工所用时间

B. 生产工人必要的休息和生理上所需时间

C. 必要的停工时间

D. 不可避免的废次品耗用的工时

8. 下列成本差异中，通常不属于生产部门责任的有（ ）。

A. 直接材料价格差异

B. 直接人工工资率差异

C. 直接人工效率差异

D. 变动制造费用效率差异

9. 下列关于增值成本和非增值成本的表述中，正确的有（ ）。

A. 执行增值作业发生的成本都是增值成本

B. 执行非增值作业发生的成本都是非增值成本

C. 增值成本不是实际发生的成本，而是一种目标成本

D. 增值成本是企业执行增值作业时发生的成本

10. 关于成本中心，下列说法中正确的有（ ）。

A. 成本中心是责任中心中应用最为广泛的一种形式

B. 成本中心不考核收入，只考核成本

C. 成本中心需要对所有成本负责

D. 责任成本是成本中心考核和控制的主要内容

（三）判断题

1. 保本销售额 = 固定成本 / 单位边际贡献，所以提高单位边际贡献可以降低保本销售额。（ ）

2. 在影响税前利润的因素中，固定成本是最敏感的，单价是最不敏感的。（ ）

3. 考虑了生产过程中不可避免的损失、故障和偏差的标准成本是理想标准成本。（ ）

4. 工资率差异属于价格差异，一般这种差异的责任不在劳动人事部门，生产部门更应对其承担责任。（ ）

5. 固定制造费用成本差异计算三差异法下的产量差异与效率差异之和，等于两差异法下的能量差异。（ ）

6. 某产品发生直接人工成本100万元，直接材料费用200万元，没有发生间接制造费用，则作业成本法和传统的成本计算法下计算的产品成本是一致的。（ ）

7. 作业成本法与传统成本法在处理直接费用时有区别，处理间接费用时没有区别。（ ）

8. 成本中心是指有权发生并控制成本的单位。成本中心一般不会产生收入，通常只计量考核发生的成本。（ ）

9. 可控成本和不可控成本的划分是绝对的，它们与成本中心所处的管理层级别、管理权限和控制范围大小无关。（ ）

10. 为了体现公平性原则，企业内部交易双方所采用的内部转移价格必须一致，否则将有失公正。（ ）

（四）计算分析题

1. 某企业甲产品单位工时标准为2小时/件，标准变动费用分配率为5元/小时，标准固定制造费用分配率为8元/小时。本月预算产量为10 000件，实际产量为12 000件，实际工时为21 600小时，实际变动制造费用与固定制造费用分别为110 160元和250 000元。

要求：计算下列指标。

（1）单位产品的变动制造费用标准成本。

（2）单位产品的固定制造费用标准成本。

（3）变动制造费用效率差异。

（4）变动制造费用耗费差异。

（5）两差异法下的固定制造费用耗费差异。

（6）两差异法下的固定制造费用能量差异。

2.D公司为投资中心，下设甲、乙两个利润中心，相关财务资料如下。

资料一：甲利润中心营业收入为38 000元，变动成本总额为14 000元，利润中心负责人可控的固定成本为4 000元，利润中心负责人不可控但应由该中心负担的固定成本为7 000元。

资料二：乙利润中心负责人可控利润总额为30 000元，利润中心可控利润总额为22 000元。

资料三：D公司利润为33 000元，投资额为20万元，该公司预期的最低投资报酬率为12%。

要求：

（1）根据资料一，计算甲利润中心的下列指标：

①利润中心边际贡献总额。

②利润中心负责人可控利润总额。

③利润中心可控利润总额。

（2）根据资料二，计算乙利润中心负责人不可控但应由该利润中心负担的固定成本。

（3）根据资料三，计算D公司的剩余收益。

第六节 本章真题演练及综合练习答案与解析

一、真题演练答案速查表

所在节	题号	答案	题号	答案
第一节	A			
第二节	1	D	2	×
第三节	1	A	2	A
第四节	1	C	2	√
	3	C	4	AB

二、本章综合练习答案与解析

（一）单选题

1. C【解析】成本控制原则主要有3个，即全面控制原则、经济效益原则、例外管理原则。

2. B【解析】选项B，安全边际量大于0，表示实际销售量大于保本销售量，因此企业不处于保本状态。

3. D【解析】选项D，单位变动成本降低至23元，目标利润=3 600×（50−23）−50 000=47 200（元）＜50 000元。

4. A【解析】敏感系数=目标值变动百分比÷参量值变动百分比，若目标值变动的百分比一定，敏感系数越大，说明该因素的变动幅度越小。

5. B【解析】选项A是三差异法下的产量差异，选项C是三差异分析法下的效率差异，选项D是固定制造费用成本差异的耗费差异。

6. C【解析】可控边际贡献也称部门经理边际贡献，可控边际贡献=边际贡献−该中心负责人可控固定成本=销售收入总额−变动成本总额−该中心负责人可控固定成本。

7. D【解析】剩余收益指标弥补了投资报酬率指标使局部利益与整体利益相冲突的不足，但由于该指标是一个绝对指标，因此难以在不同规模的投资中心之间进行业绩比较。所以，选项D的说法不正确。

8. C【解析】采用双重价格，买卖双方可以选择不同的市场价格或协商价格，能够较好地满足企业内部交易双方在不同方面的管理需要。

（二）多选题

1. ACD【解析】选项B，成本规划是进行成本管理的第一步。

2. ABC【解析】成本分析的方法主要有对比分析法、连环替代法和相关分析法。

3. ABCD【解析】变动成本率=12÷20×100%=60%，选项A正确；在保本状态下，销量=固定成本÷（单价−单位变动成本）=2 400÷（20−12）=300（件），企业生产经营能力的利用程度=300÷400×100%=75%，选项B正确；安全边际中的边际贡献=安全边际×边际贡献率=（400×20−300×20）×（1−60%）=800（元），选项C正确；安全边际率=1−75%=25%，选项D正确。

4. ABC【解析】选项D说法错误，总成本线与固定成本线之间的区域为变动成本，它随产量而呈正比例变动。

5. ABD【解析】选项C，安全边际量=实际或预计销售量−保本点销售量，提高产销量会使安全边际量增大，但不影响保本点。

6. BCD【解析】选项B错误，联合单位法下，以各种产品产销实物量的最小比例作为一个联合单位，确定每一联合单位的单价、单位变动成本；选项C错误，使用主要产品法时，应选择边际贡献占比重较大的主要产品，按其资料进行量本利分析；选项D错误，该描述是顺序法的特点。

7. ABCD【解析】4 个选项正确描述了直接人工标准成本中的用量标准。

8. AB【解析】直接材料的价格差异应由采购部门负责，直接人工工资率差异主要由劳动人事部门负责。

9. BC【解析】非增值成本是因非增值作业和增值作业的低效率而发生的作业成本，由此可知，选项 A 的说法不正确，选项 B 的说法正确；增值成本是企业以完美效率执行增值作业时发生的成本（或者说是高效率执行增值作业产生的成本），其是一种理想的目标成本，并非实际发生，选项 C 正确，选项 D 错误。

10. ABD【解析】成本中心只对可控成本负责，不负责不可控成本，所以，选项 C 的说法不正确。

（三）判断题

1. ×【解析】保本销售额 = 固定成本 / 边际贡献率，保本销售量 = 固定成本 / 单位边际贡献。所以，提高单位边际贡献可以降低保本销售量。本题中保本销售额的公式错误。

2. ×【解析】按敏感系数的绝对值由大到小的顺序排列，分别是单价、单位变动成本、销售量和固定成本，绝对值越大，意味着敏感性越强。

3. ×【解析】正常标准成本考虑了生产过程中不可避免的损失、故障和偏差等。

4. ×【解析】工资制度的变动、工人的升降级、加班等都影响工资率差异，一般这种差异由劳动人事部门承担责任，而不是生产部门。

5. √【解析】本题表述正确。

6. √【解析】本题表述正确。

7. ×【解析】作业成本法与传统成本法在处理直接费用时没有区别，两者的区别体现在处理间接费用方面。

8. √【解析】一般成本中心不能形成真正的收入，因此只衡量其投入的成本。

9. ×【解析】可控成本和不可控成本的划分是相对的。

10. ×【解析】采用内部转移价格并不强求各责任中心的转移价格完全一致，因此交易的各责任中心可以分别选用不同内部转移价格。

（四）计算分析题

1.【答案】

（1）单位产品的变动制造费用标准成本 =2×5=10（元）。

（2）单位产品的固定制造费用标准成本 =2×8=16（元）。

（3）变动制造费用效率差异 =（21 600−12 000×2）×5=−12 000（元）。

（4）变动制造费用耗费差异 =110 160−5×21 600=2 160（元）。

（5）两差异法下固定制造费用耗费差异 =250 000−10 000×2×8=90 000（元）。

（6）两差异法下固定制造费用能量差异 =（10 000×2−12 000×2）×8=−32 000（元）。

2.【答案】

（1）①利润中心边际贡献总额 =38 000−14 000=24 000（元）。

②利润中心负责人可控利润总额 =24 000−4 000=20 000（元）。

③利润中心可控利润总额 =20 000−7 000=13 000（元）。

（2）乙利润中心负责人不可控但应由该利润中心负担的固定成本 =30 000−22 000=8 000（元）。

（3）D 公司的剩余收益 =33 000−200 000×12％=9 000（元）。

第九章 收入与分配管理

本章是“财务管理”课程的重要章节。在近 3 年考试中，本章内容所占分值平均为 13 分，在各种题型中都可能出题。销售的预测和定价方法、股利分配理论是其中的重要内容，涉及较多计算，经常出现在综合题中，需要考生在理解相关知识的基础上，能根据题目具体信息，作出自己的分析和判断。本章中“纳税管理”一节内容涉及较多关于会计处理、增值税、企业所得税等中级会计实务、经济法中的考点，综合性较强，很有可能在综合题中考查考生对纳税筹划的综合判断和具体处理能力。

▼ 本章主要考点的题型、估计题量和所占分值一览表

主要考点	题型	估计题量	所占分值
①分配管理的内容；②销售预测分析的方法；③产品定价方法；④股利分配理论及以其为依据而制定的股利政策；⑤固定股利支付率政策的优点；⑥股利支付的形式、程序与特点；⑦股票分割的影响；⑧股票期权模式的定义	单选题	4 题	4 分
①各种股利政策的定义和特点；②股票股利的相关知识；③股票回购的方式；④纳税筹划的方法	多选题	1~2 题	2~4 分
①固定或稳定增长的股利政策的适用范围；②股利支付程序中各个时间点的定义和特点；③股票分割的作用；④业绩股票激励模式的特点和适用范围	判断题	1~2 题	1~2 分
①移动平均法及修正的移动平均法的公式；②目标利润法	计算分析题	1 题	5 分
①应用剩余股利政策；②产品定价方法的运用	综合题	1~4 小题	2~9 分

▼ 本章知识结构一览表

收入与分配管理	一、收入与分配管理的主要内容	（1）收入与分配管理的作用与原则（★） （2）收入与分配管理的内容（★★）
	二、收入管理	（1）销售预测分析的方法（★★★）：定性分析法、定量分析法 （2）产品的定价基础（★★★） （3）定价方法（★★★）：以成本为基础、以市场需求为基础 （4）价格运用策略（★）
	三、纳税管理	（1）纳税筹划的定义和原则（★）：4 个原则（合法性、系统性、经济性、先行性） 2 种方法（减少应纳税额、递延纳税） （2）纳税筹划的具体方法（★★） （3）不同环节的纳税管理（★★★）：筹资环节、投资环节、营运环节、利润分配环节、重组环节
	四、分配管理	（1）股利分配理论（★★★） （2）股利政策（★★★）：剩余股利政策、固定或稳定增长的股利政策、固定股利支付率政策、低正常股利加额外股利政策 （3）利润分配制约因素（★★★） （4）股利支付形式与程序（★★★） （5）股票分割与股票回购（★★★） （6）股权激励（★★）

第一节 收入与分配管理的主要内容

考点1 收入与分配管理的作用与原则（★）

考点分析

本节内容较少，出题概率也较小。考生主要掌握收入与分配管理的 3 个作用、4 个原则和净利润的分配顺序即可。

考点精讲

企业收入与分配管理的作用主要表现在以下 3 个方面：①集中体现了企业所有者、经营者与职工之间的利益关系；②是企业再生产的条件以及优化资本结构的重

要措施；③是国家建设资金的重要来源之一。

收入与分配作为一项重要的财务活动，应当遵循以下4个原则：①依法分配原则；②分配与积累并重原则；③兼顾各方利益原则；④投资与收入对等原则。

典型例题

【例题·多选题】在下列各项中，属于企业进行收益分配应遵循的原则有（ ）。（2007年）

A. 依法分配原则

B. 资本保全原则

C. 分配与积累并重原则

D. 投资与收益对等原则

【解析】企业进行收益分配应遵循的原则包括：依法分配原则、兼顾各方利益原则、分配与积累并重原则、投资与收益对等原则。

【答案】ACD

考点2 收入与分配管理的内容（★★）

考点分析

本考点的内容较简单，出题的概率不是很高，如果出题，题型一般是客观题，且主要围绕分配管理的顺序和具体规定出题。

考点精讲

收入与分配管理包括收入管理和分配管理两个方面的内容，其中，收入管理的主要内容是销售预测分析和销售定价管理。

公司分配管理的主要内容是弥补以前年度亏损、提取法定公积金、提取任意公积金、向股东（投资者）分配股利（利润），并应严格按照这一顺序进行分配。盈余公积金主要用于转增股本、弥补以前年度经营亏损，但不得用于以后年度的对外利润分配。

典型例题

【例题1·多选题】下列各项中，属于盈余公积金用途的有（ ）。（2015年）

A. 弥补亏损　　B. 转增股本

C. 扩大经营　　D. 分配股利

【解析】盈余公积金主要用于企业未来的经营发展，经投资者审议后也可以用于转增股本（实收资本）和弥补以前年度经营亏损。盈余公积不得用于以后年度的对外利润分配，所以选项A、B、C正确。

【答案】ABC

【例题2·单选题】下列净利润分配事项中，根据相关法律法规和制度，应当最后进行的是（ ）。（2014年）

A. 向股东分配股利　　B. 提取任意公积金

C. 提取法定公积金　　D. 弥补以前年度亏损

【解析】净利润的分配顺序依次为弥补以前年度亏损、提取法定公积金、提取任意公积金、向股东（投资者）分配股利（利润）。

【答案】A

本节考点回顾与总结一览表

本节考点	知识总结
考点1 收入与分配管理的作用与原则	①3个作用：集中体现了企业所有者、经营者与职工之间的利益关系；是企业再生产的条件以及优化资本结构的重要措施；是国家建设资金的重要来源之一 ②4个原则：依法分配原则；分配与积累并重原则；兼顾各方利益原则；投资与收入对等原则
考点2 收入与分配管理的内容	①收入管理的主要内容是销售预测分析和销售定价管理 ②分配管理的顺序：弥补以前年度亏损、提取法定公积金、提取任意公积金、向股东（投资者）分配股利（利润）

真题演练

【单选题】下列关于提取任意盈余公积金的表述中，不正确的是（ ）。（2012年）

A. 应从税后利润中提取

B. 应经股东大会决议

C. 满足公司经营管理的需要

D. 达到注册资本的50%时不再计提

第二节 收入管理

考点3 销售预测分析的方法（★★★）

考点分析

本考点的内容很多，涉及很多销售预测方法的分类、计算公式等，在各种题型均可能出题，在考试中出现的概率较高。

考点精讲

1. 定性分析法

定性分析法包括的具体方法有很多种，它们的

具体操作与优缺点如表 9-1 所示。

2. 定量分析法

销售预测的定量分析法有两大类方法、5 小类主要方法，它们的参数和计算方法的优缺点，具体如表 9-2 所示。

表 9-1 销售预测的定性分析法的具体操作与优缺点

方法		具体操作	优点	缺点	相同点
营销员判断法		由企业熟悉市场情况及相关变化信息的营销人员对市场进行预测、分析并得出结论	用时短、耗费少、比较实用、预测结果可实时修正	单纯靠营销人员的主观判断，具有较多的主观因素和片面性	适用于一些没有或不具备完整的历史资料和数据的事项，或无法进行定量分析的事项
专家判断法	个别专家意见汇集法	单个征求专家意见，汇集后综合分析	简单、易行，充分发挥专家潜力和优势	专家个人经验及主观因素影响较大，带有片面性	
	专家小组法	将专家分成小组，综合集体意见	发挥专家智慧	预测小组中专家意见可能受权威专家的影响，客观性较德尔菲法差	
	德尔菲法	专家匿名发表意见，只与调查人员联系，通过多轮次调查对问卷所提问题的看法，最后汇总成专家基本一致的看法	预测结果具有广泛的代表性，较为可靠	过程比较复杂，花费时间较长	
产品寿命周期分析法		对产品在不同寿命周期阶段的销售量变化趋势进行分析判断	可根据产品所处寿命周期，选择相适应的预测方法	——	

表 9-2 销售预测的定量分析法的公式与优缺点

方法			计算方法或公式	优点	缺点	适用情形
趋势预测分析法	算术平均法		计划期销售量预测值 = 各期实际销售量之和 ÷ 期数	计算简单	没有考虑到近期的变动趋势，导致预测值与实际值的误差较大	产品的销售比较稳定、波动不大，如没有季节性变化的粮油食品、日常用品等
	加权平均法		计划期销售量预测值 = ∑（各期实际销售量 × 权数）	已包含长期趋势变动，较算术平均法合理，计算方便	——	——
	移动平均法	一般公式	从 n 期的时间数列销售量中选取 m 期（m 数值固定，且 $m<n/2$）数据作为样本值，求其 m 期的算术平均数 $Y_{n+1}=\dfrac{X_{n-(m-1)}+X_{n-(m-2)}+\cdots+X_{n-1}+X_n}{m}$	——	代表性差	产品的销售量略有波动
		修正公式	$\overline{Y}_{n+1}=Y_{n+1}+(Y_{n+1}-Y_n)$			
	指数平滑法		Y_{n+1}：未来第 $n+1$ 期的预测值 Y_n：第 n 期预测值 X_n：第 n 期的实际销售量 a：平滑指数（一般在 0.3~0.7 之间取值） n：期数 $Y_{n+1}=aX_n+(1-a)Y_n$	比较灵活，适用范围广	选择平滑指数时有一定的主观随意性	——
因果预测分析法	回归直线法（最常用）		x：自变量；y：预测销售量 $b=\dfrac{n\sum xy-\sum x\sum y}{n\sum x^2-(\sum x)^2}$ $a=\dfrac{\sum y-b\sum x}{n}$	——	——	假定影响预测对象销售量的因素只有一个

典型例题

【例题1·单选题】下列销售预测分析方法中，属于定量分析法的是（　）。（2016年）

A. 专家判断法

B. 营销员判断法

C. 因果预测分析法

D. 产品寿命周期分析法

【解析】销售预测的方法主要包括定性分析法和定量分析法。定性分析法主要包括营销员判断法、专家判断法和产品寿命周期分析法；定量分析法一般包括趋势预测分析法和因果预测分析法。

【答案】C

【例题2·单选题】下列销售预测方法中，属于因果预测分析的是（　）。（2014年）

A. 指数平滑法

B. 移动平均法

C. 专家小组法

D. 回归直线法

【解析】选项A、B都属于趋势预测分析法；选项C属于销售预测的定性分析法；选项D，回归分析法是因果预测分析法中最常用的方法，它通过影响产品销售量的相关因素以及它们之间的函数关系，并利用这种函数关系进行产品销售预测。

【答案】D

【例题3·多选题】下列关于销售预测定量分析法的表述中，正确的有（　）。

A. 移动平均法由于只选用了最后几期数据作为计算依据，故代表性较差

B. 加权平均法下的权数选择应遵循“近小远大”的原则

C. 在实践中应用较多的是算术平均法

D. 回归直线法假定影响预测对象销售量的因素只有一个

【解析】选项B说法错误，对加权平均法下权数的选择应遵循“近大远小”的原则，这是由于市场变化较大，离预测期越近的样本值对其影响越大，而离预测期越远的则影响越小；选项C说法错误，加权平均法较算术平均法更为合理，计算也较方便，因而在实践中应用较多。

【答案】AD

【例题4·单选题】某公司2009~2016年的产品销售量资料如表9-3所示。

表9-3　2009~2016年的产品销售量

年份	2009	2010	2011	2012	2013	2014	2015	2016
销售量/件	4 310	4 200	4 500	5 400	5 500	4 800	4 850	5 100

假定该公司之前预计的2017年销售量为5 080件，选择4期作为样本，则用修正的移动平均法预测2017年的销售量为（　）件。

A. 3 850　　　B. 4 832.5

C. 5 045　　　D. 5 062.5

【解析】修正的移动平均法是一般移动平均法的特殊形式，因此需要先计算出在一般移动平均法下的预测销售量，即：

一般移动平均法下的预测销售量：

$$Y_{2016+1}=\frac{X_{2016-3}+X_{2016-2}+X_{2016-1}+X_{2016}}{4}$$

$$=\frac{5\,500+4\,800+4\,850+5\,100}{4}=5\,062.5（件）$$

修正的移动平均法下的预测销售量：

$$\overline{Y_{2016+1}}=X_{2016+1}+（X_{2016+1}-X_{2016}）$$

$$=5\,062.5+（5\,062.5-5\,080）=5\,045（件）$$

【答案】C

考点4　产品的定价基础（★★★）

考点分析

本考点主要考查产品的3种定价基础，内容不多，考生应熟记它们的定义和特点。

考点精讲

以成本为基础的定价方法，变动成本、制造成本和全部成本费用这3种成本可以作为定价基础。

（1）变动成本：包括变动制造成本和变动期间费用。其总额会随业务量的变动而变动，如直接材料、直接人工等。变动成本可以作为增量产量的定价依据，但不能作为一般产品的定价依据。

（2）制造成本：指企业为生产产品或提供劳务等发生的直接费用支出，一般包括直接材料、直接人工和制造费用。

制造成本只包括服务于生产而发生的各种费用（一般指生产车间费用），不包括企业销售费用、管理费用、财务费用这三大费用，这三大费用应作为期间费用，计入发生当月的损益之中。由于不包括各种期间费用，因此不能正确反映企业产品的真实价值消耗和转移。利用制造成本定价不利于企业简单再生产的继续进行。

（3）全部成本费用：企业为生产、销售一定种类和数量的产品所发生的所有成本和费用总额，包括制造成本和管理费用、销售费用及财务费用等各种期间费用。在全部成本费用基础上制定价格，既可以保证企业简单再生产的正常进行，又可以使劳动者为社会劳动所创造的价值得以全部实现。

典型例题

【例题·多选题】使用以成本为基础的定价方法时，可以作为产品定价基础的成本类型有（　）。（2012 年）

A. 变动成本

B. 制造成本

C. 全部成本费用

D. 固定成本

【解析】在企业成本范畴中，有 3 种成本可以作为定价基础，即变动成本、制造成本和全部成本费用。所以选项 A、B、C 正确。固定成本和变动成本相对应，虽然固定成本总额与变动成本总额构成总成本，但单独的固定成本并不能作为产品定价基础，所以选项 D 错误。

【答案】ABC

考点5 定价方法（★★★）

考点分析

本考点经常在考试中出题，涉及的方法、公式较多，考生应掌握相关方法的原理，熟悉公式中的参数，并在复习时多做涉及计算的练习题。

考点精讲

1. 以成本为基础的定价方法

以成本为基础的各种定价方法的原理相同，但公式和使用参数不同，具体如表 9-4 所示。

2. 以市场需求为基础的定价方法

以市场需求为基础的定价方法可分为两种，它们的公式和参数具体如表 9-5 所示。

表 9-4　以成本为基础的定价方法

<table>
<tr><th colspan="2">定价方法</th><th>公式</th><th>参数说明</th></tr>
<tr><td colspan="2">定价原理</td><td>单位产品价格 ×（1- 适用税率）- 单位成本 = 单位利润</td><td>——</td></tr>
<tr><td rowspan="2">全部成本费用加成定价法</td><td>成本利润率定价</td><td>单位产品价格 =[单位成本 ×（1+ 成本利润率）]/（1- 适用税率）</td><td rowspan="2">单位利润 = 单位成本 × 成本利润率 = 单位产品价格 × 销售利润率
单位成本 = 单位全部成本费用 = 单位制造成本 + 单位产品期间费用</td></tr>
<tr><td>销售利润率定价</td><td>单位产品价格 = 单位成本 /（1- 适用税率 - 销售利润率）</td></tr>
<tr><td colspan="2">保本点定价法</td><td>单位产品价格 = 单位成本 /（1- 适用税率）</td><td>单位利润 =0，单位（完全）成本 = 单位固定成本 + 单位变动成本</td></tr>
<tr><td colspan="2">目标利润法</td><td>单位产品价格 =(单位成本 + 单位利润)/(1- 适用税率）</td><td>单位利润 = 单位目标利润，单位成本 = 单位完全成本</td></tr>
<tr><td colspan="2">变动成本定价法</td><td>单位产品价格 =[单位变动成本 ×（1+ 成本利润率）]/（1- 适用税率）</td><td>不考虑固定成本
单位利润 = 单位变动成本 × 成本利润率
单位（完全）变动成本 = 单位变动制造成本 + 单位变动期间费用</td></tr>
</table>

表 9-5　以市场为基础的定价方法

定价方法	公式 / 原理	参数说明
需求价格弹性系数定价法	$E=\dfrac{\text{需求变动量/基期需求量}}{\text{价格变动量/基期单位产品价格}}=\dfrac{\Delta Q/Q_0}{\Delta P/P_0}$ $P=\dfrac{\text{基期产品价格}\times\text{基期销售数量}^{(1/\text{需求价格弹性系数的绝对值})}}{\text{预计销售数量}^{(1/\text{需求价格弹性系数的绝对值})}}=\dfrac{PQ^{\frac{1}{E}}}{Q^{\frac{1}{E}}}$	E：某种产品的需求价格弹性系数 ΔP：价格变动量 ΔQ：需求变动量 P：单位产品价格
边际分析定价法	根据微分极值原理，对“利润 = 收入 - 成本”求导数，可得：边际利润 = 边际收入 - 边际成本 =0，即边际收入 = 边际成本，此时利润最大，价格为最优价格	——

名师解读

以市场需求为基础的两种定价方法涉及的公式比较复杂，它们是财务管理与微积分、经济学等的结合物，掌握了其中的原理，对于理解知识点和提高做此类题目的准确性和速度，有很大帮助。

典型例题

【例题 1·单选题】W 公司生产甲产品，本期计划销售量为 10 000 件，目标利润总额 3 000 000 元，完全成本总额为 600 000 元，适用的消费税税率为 5%，则运用目标利润法测算的单位甲产品的价格为（　）元。

A. 378.95　　B. 352.63

C. 200　　D. 450

【解析】单位甲产品价格 =（目标利润总额 + 完全成本总额）÷[产品销量 ×（1- 适用税率）]=（3 000 000+600 000）÷[10 000×（1-5%）]=378.95（元）。

【答案】A

【例题2·单选题】下列各项产品定价方法中，以市场需求为基础的是（ ）。（2014年）

A. 目标利润定价法　　B. 保本点定价法
C. 边际分析定价法　　D. 变动成本定价法

【解析】产品定价方法主要有以成本为基础和以市场需求为基础的定价方法。其中，选项A、B、D属于以成本为基础的定价方法，而选项C属于以市场需求为基础的定价方法。

【答案】C

【例题3·单选题】某企业生产销售A产品，当销售价格为500元时，销售数量为4 500件；当销售价格提高到550元时，销售数量为3 900件，则A产品的需求价格弹性系数为（ ）。

A. −1.69　　B. −1.54
C. −1.46　　D. −1.33

【解析】需求价格弹性系数E=（需求变动量/基期需求量）/（价格变动量/基期单位产品价格）=[（3 900−4 500）÷4 500]÷[（550−500）÷500]=−1.33。

【答案】D

考点6 价格运用策略（★）

考点分析

本考点文字内容较多，但出题的概率不高，如果出题，可能会通过实例考查对应的价格运用策略。在复习时，考生需了解相关策略的含义以及具体的方法。

考点精讲

现实中，企业运用的价格策略种类很多，其中主要的策略如表9-6所示。

表9-6 主要价格策略的定义和形式

价格策略	定义	形式
折让定价	在一定条件下，以降低产品的销售价格来刺激购买者，从而达到扩大产品销售量的目的	①单价折扣：给予所有购买者价格上的折扣 ②数量折扣：购买数量越多，折扣越大 ③现金折扣：付款越快，折扣越大 ④推广折扣：对中间商积极开展促销活动所给予的一种补助或降价优惠 ⑤季节折扣：为鼓励购买者购买季节性商品所给予的价格优惠
心理定价	针对购买者的心理特点而采取的一种定价策略	①声望定价：企业按照其产品在市场上的知名度和消费者对其的信任程度来制定产品价格 ②尾数定价：给产品定一个零头数结尾的非整数价格或带有一定谐音的金额等，一般只适用于价值较小的中低档日用消费品定价 ③双位定价：向市场以挂牌价格销售时，采用两种不同的标价来促销，适用于市场接受程度较低或销路不太好的产品 ④高位定价：利用消费者“价高质必优”的心理，对某类商品制定较高价格，适用于优质产品，但不能弄虚作假、以次充好
组合定价	根据相关产品在市场竞争中的不同情况，使互补产品价格有高有低，或使组合售价优惠	①对于具有互补关系的相关产品，可以采取降低部分产品价格而提高互补产品价格，如便宜的整车与高价的配件等 ②对于具有配套关系的相关产品，可以对组合购买进行优惠，如买房与装修
寿命周期定价	根据产品从进入市场到退出市场的生命周期，分阶段确定不同价格	①推广期：需获消费者认同，采用低价促销 ②成长期：产品有一定知名度，采用中等价格 ③成熟期：高价促销，但必须考虑竞争者的情况，以保持现有市场销售量 ④衰退期：产品市场竞争力下降，销售量下滑，应降价促销或维持现价并辅之以折扣等其他手段，同时，积极开发新产品，保持企业的市场竞争优势

典型例题

【例题1·多选题】下列关于价格运用策略的说法中，不正确的有（ ）。

A. 单价折扣是按照购买数量的多少给予的价格折扣，目的是鼓励购买者多购买商品
B. 尾数定价适用于高价的优质产品
C. 推广期一般应采用高价促销策略
D. 对于具有互补关系的相关产品，可以降低部分产品价格而提高互补产品价格

【解析】单价折扣是指给予购买者以价格上的折扣，而不管其购买数量的多少，所以选项A不正确；尾数定价一般只适用于价值较小的中低档日用消费品定价，所以选项B不正确；推广期产品需要获得消费者的认同，进一步占有市场，应采用低价促销策略，所以选项C不正确。

【答案】ABC

【例题2·判断题】某产品标明“原价200元，现促销价100元”，这种标价法属于心理定价策略中的双位定价策略。（ ）

【解析】双位定价是指在向市场以挂牌价格销售时，采用两种不用的标价来促销的一种定价方法。

【答案】√

本节考点回顾与总结一览表

本节考点	知识总结
考点 3 销售预测分析的方法	①定性分析法：营销员判断法；专家判断法；产品寿命周期分析法 ②定量分析法：趋势预测分析法（算术平均法、加权平均法、移动平均法、指数平滑法）、因果预测分析法
考点 4 产品的定价基础	3 种定价基础：①变动成本：变动制造费用 + 变动期间费用；②制造成本：直接材料、直接人工和制造费用；③全部成本费用：制造成本 + 销售费用 + 财务费用
考点 5 定价方法	①以成本为基础的定价方法：全部成本费用加成定价法；保本点定价法；目标利润定价法；变动成本定价法 ②以市场需求为基础的定价方法：需求价格弹性系数定价法；边际分析定价法
考点 6 价格运用策略	4 种策略：①折让定价策略；②心理定价策略；③组合定价策略；④寿命周期定价策略

真题演练

1.【多选题】下列销售预测方法中，属于定性分析法的有（　）。（2010 年）

A. 德尔菲法

B. 营销员判断法

C. 因果预测分析法

D. 产品寿命周期分析法

2.【单选题】某公司非常重视产品定价工作，公司负责人强调，产品定价一定要正确反映企业产品的真实价值消耗和转移，保证企业简单再生产的继续进行，在下列定价方法中，该公司不宜采用的是（　）。（2011 年）

A. 完全成本加成定价法

B. 制造成本定价法

C. 保本点定价法

D. 目标利润定价法

第三节 纳税管理

考点7 纳税筹划的定义和原则（★）

考点分析

本考点的内容较少，可能以客观题的形式考查纳税筹划的 4 个原则，也可能通过实际案例，要求考生判断体现了哪个原则，出题方式比较灵活。

考点精讲

纳税筹划是指在纳税行为发生之前，在不违反税法及相关法律法规的前提下，对纳税主体的投资、筹资、运营及分配行为等涉税事项作出事先安排，以实现企业对财务管理目标的一系列谋划活动。其外在表现是降低税负和延期纳税。

纳税筹划必须遵循以下 4 个原则。

（1）合法性原则：按照合法程序开展纳税管理行为，履行纳税义务，才不会使纳税筹划与偷税、漏税等违法行为混淆。

（2）系统性原则：纳税筹划的实施效果取决于与投资、筹资、运营及分配策略配合的密切程度。在进行各税种的税务筹划时，要从整体税负着眼，考虑与之有关的其他税种的税负效应，综合衡量，力求整体税负最轻的方案，防止顾此失彼。

（3）经济性原则：是指在进行纳税筹划相关决策时，必须进行成本效益分析，使得纳税筹划实现的收益增加超过实施的成本。

（4）先行性原则：是指考虑税收因素应提前至企业的各项决策中，即纳税筹划的实施通常是在纳税义务发生之前，这样才能使得企业对各项经济活动的安排事先与税法看齐，从而减少不必要的应税行为，降低企业的税收负担。

典型例题

【例题·单选题】以下选项中，不属于纳税筹划原则的是（　）。

A. 系统性　　B. 合法性

C. 先行性　　D. 税负最小

【解析】纳税筹划需遵循 4 个原则——合法性、系统性、经济性、先行性，选项 D 不符合要求。

【答案】D

考点8 纳税筹划的具体方法（★★）

考点分析

本考点涉及较多需记忆并理解的知识点，纳税

筹划的方法有多种，在考试时可能会在客观题中直接考查各种方法的内容，或者在综合题中考查考生对税务案例体现的筹划方法的判断和理解。

考点精讲

进行纳税筹划，主要有以下两种具体方法。

1. 减少应纳税额

纳税筹划的首要目的是在合法、合理的前提下减少企业的纳税义务。

（1）利用税收优惠政策

利用税收优惠政策即凭借国家税法规定的优惠政策进行纳税筹划的方法，主要包括利用免税、减税、退税、税收扣除政策，税率差异，分劈技术，税收抵免等优惠要素进行实施。

（2）转让定价筹划法

转让定价，是指两个或两个以上有经济利益联系的经济实体为共同获取更多利润和更多地满足经济利益的需要，以内部价格进行销售（转让）活动。

2. 递延纳税

递延纳税是纳税人根据税法的规定可将应纳税款推迟一定期限缴纳。递延纳税虽不能减少应纳税额，但纳税期的推迟可以使纳税人无偿使用这笔款项而不需支付利息，对纳税人来说等于是降低了税收负担，纳税期的递延有利于资金的周转，节省了利息的支出。递延纳税一般通过采取有利的会计处理方法，包括选择存货计价方法和筹划固定资产折旧纳税。

典型例题

【例题1·多选题】纳税筹划可以利用的税收优惠政策包括（　　）。（2016年）

A. 免税政策　　　　B. 减税政策

C. 退税政策　　　　D. 税收扣除政策

【解析】纳税筹划可以利用的税收优惠政策包括免税政策、减税政策、退税政策、税收扣除政策、税率政策、分劈技术和利用税收抵免。因此，本题所有选项均符合题意。

【答案】ABCD

【例题2·多选题】下列关于纳税筹划的说法中，错误的有（　　）。

A. 纳税筹划的外在表现是降低税负和延期纳税

B. 在筹划企业所得税时，企业只需考虑所得税最小化，不用考虑其他税种

C. 递延纳税是指不按税法规定的时限履行纳税义务

D. 免税不属于减少应纳税额的一种方法

【解析】选项B，与纳税筹划的系统性原则相矛盾；选项C，递延纳税是在税法允许的范围内进行的；选项D，免税可达到减少应纳税额的目的。

【答案】BCD

考点9　不同环节的纳税管理（★★★）

考点分析

本考点内容较多，且涉及一些公式，在综合题中出现的概率较大。考生可联系会计实务、经济法的一些内容进行复习，特别要注意不同纳税筹划环节适用的具体方法。

考点精讲

1. 筹资环节的纳税管理

企业筹资包括内部筹资和外部筹资，对于不同的筹资方式，其纳税管理有所不同。

（1）内部筹资纳税管理

企业将内部筹资资金当作股利分配给股东时，股东需另外缴纳个人所得税，即承担了双重税负。而将资金留存在企业，则投资者可灵活安排资本收益的纳税时间，实现递延纳税。

（2）外部筹资纳税管理

权衡理论认为，负债企业的价值等于无负债企业价值加上抵税收益的现值，减去财务困境成本的现值。用公式表示如下。

$V_L=V_U+PV$（利息抵税）$-PV$（财务困境成本）

2. 投资环节的纳税管理

企业投资包括直接投资和间接投资，对于不同的投资方式，其纳税管理有所不同。

（1）直接对外投资纳税管理

直接对外投资时，企业可从企业组织形式、投资行业、投资地区和投资收益取得方式4个方面进行纳税管理。

（2）直接对内投资纳税管理

直接对内投资一般指企业购买长期性资产，如固定资产和无形资产。

（3）间接投资纳税管理

相对于直接投资，间接投资考虑的税收因素较少，但也有筹划的方法。例如，国债利息收入免征企业所得税，当可供选择债券的回报率较低时，可将其税后投资收益与国债收益相比，若小于国债收益，则可考虑选择投资国债。

3. 营运环节的纳税管理

企业的营运环节主要包括采购环节、生产环节和销售环节，会产生流转税纳税义务。

（1）采购环节纳税管理

采购环节主要涉及增值税，该环节的纳税管理主要以减少增值税负担为目标，关注点包括：增值税纳税人类型的选择；购货对象；结算方式；增值

税专用发票。

其中，选择增值税纳税人类型时，一般参考增值率指标，即“（不含税销售额 – 不含税购进额）/ 不含税销售额”，增值率高的企业适合成为小规模纳税人，增值率低的企业适合申请成为一般纳税人。增值率的具体数值与一般纳税人和小规模纳税人适用的税率有关，可分为以下 3 种情形。

①增值率 = 小规模纳税人适用税率 / 一般纳税人适用税率，此时的增值率也称为一般纳税人和小规模纳税人的无差别平衡点，企业选择成为一般纳税人或小规模纳税人的税负相当。

②增值率 > 小规模纳税人适用税率 / 一般纳税人适用税率，此时，企业选择成为小规模纳税人可减轻税负。

③增值率 < 小规模纳税人适用税率 / 一般纳税人适用税率，此时，企业选择成为一般纳税人较为有利。

（2）生产环节纳税管理

生产环节纳税管理一般围绕存货计价、固定资产计价和折旧、期间费用等方面进行纳税筹划。

（3）销售环节纳税管理

对销售环节进行纳税管理，主要考虑结算方式、促销方式两个方面的税收问题。

4. 利润分配环节的纳税管理

利润分配环节的纳税管理主要有所得税纳税管理和股利分配纳税管理两个部分。

5. 重组环节的纳税管理

企业重组包括企业法律形式改变、债务重组、股权收购、资产收购、合并和分立等，企业重组对企业影响巨大，重组过程中常常涉及流转税和所得税，因此，企业需对重组方面的纳税管理高度关注。

其中，在支付并购价款时，可采用股权支付和非股权支付两种。税法对不同的支付方式作了具体规定。

①股权支付：合并企业以其本身或控股企业的股权、股份支付合并对价。根据税法规定，当企业符合特殊性税务处理的其他条件，且股权支付金额不低于其交易支付金额的 85% 时，可以使用资产重组的特殊性税务处理方法，从而获得抵税收益，减轻纳税负担。

②非股权支付：合并企业以现金、银行存款、应收款项、本企业或控股企业股权和股份以外的有价证券、存货、固定资产、其他资产以及承担债务作为支付对价。对于合并企业，需确认被合并企业公允价值大于原计税基础的所得，并就此缴纳所得税，而且不能弥补被合并企业的亏损。此时，被合并企业的股东还需就资产转让所得缴纳个人所得税。

典型例题

【例题 1 · 单选题】根据财务公司对大华公司的分析可知，该公司无负债时的价值为 6 000 万元，利息抵税可以为公司带来 300 万元的额外收益现值，财务困境成本的现值为 200 万元，那么，根据资本结构的权衡理论，该公司有负债时的价值为（　）万元。

A. 5 900　　B. 6 100

C. 6 200　　D. 6 500

【解析】根据权衡理论，有负债时企业的价值 = 无负债时企业的价值 + 利息抵税的现值 – 财务困境成本的现值 = 6 000 + 300 – 200 = 6 100（万元）。

【答案】B

【例题 2 · 多选题】下列关于直接投资的说法中，正确的有（　）。

A. 企业为开发新技术、新产品、新工艺而发生的研究和开发费用，形成无形的资产的，按照无形资产成本的 50% 摊销

B. 公司制企业的股东面临双重课税

C. 企业连续持有居民企业公开发行并上市流通的股票不足 12 个月，其所取得的投资收益不属于免税收入

D. 分公司的亏损可以冲抵总公司利润

【解析】选项 A 错误，企业研发费用形成无形的资产，按照无形资产成本的 150% 摊销。

【答案】BCD

【例题 3 · 多选题】当一般纳税人适用的增值税税率为 17%，小规模纳税人适用 3% 的税率时，以下说法正确的有（　）。

A. 当企业的增值率大于 17.65% 时，选择成为小规模纳税人比较有利

B. 当企业的增值率小于 17.65% 时，选择成为小规模纳税人比较有利

C. 当企业的增值率小于 17.65% 时，选择成为一般纳税人比较有利

D. 当企业的增值率等于 17.65% 时，选择成为小规模纳税人比较有利

【解析】增值率 = 小规模纳税人适用税率 ÷ 一般纳税人适用税率 =3% ÷ 17%=17.65%，企业的增值率大于 17.65% 时，选择成为小规模纳税人比较有利；当企业的增值率小于 17.65% 时，选择成为一般纳税人比较有利；增值率等于 17.65% 时，两种增值税类型的税负相当。

【答案】AC

【例题 4 · 计算分析题】为适应技术进步、产品更新换代较快的形势，C 公司于 2009 年年初购置了一台生产设置，购置成本为 4 000 万元，预计使用

年限为 8 年，预计净残值为 5%。经税务机关批准，该公司采用年数总和法计提折旧。C 公司适用的企业所得税税率为 25%。2010 年 C 公司当年亏损 2 600 万元。

经张会计师预测，C 公司 2011 ~ 2016 年各年未扣除折旧的税前利润均为 900 万元。为此他建议，C 公司应从 2011 年开始变更折旧办法，使用直线法（即年限平均法）替代年数总和法，以减少企业所得税负担，对企业更有利。

在年数总和法和直线法下，2011 ~ 2016 年各年的折旧额及税前利润的数据分别如表 9-7 和表 9-8 所示。

表 9-7 年数总和法下的年折旧额及税前利润（单位：万元）

年度	2011	2012	2013	2014	2015	2016
年折旧额	633.33	527.78	422.22	316.67	211.11	105.56
税前利润	266.67	372.22	477.78	583.33	688.89	794.44

表 9-8 直线法下的年折旧额及税前利润 （单位：万元）

年度	2011	2012	2013	2014	2015	2016
年折旧额	369.44	369.44	369.44	369.44	369.44	369.44
税前利润	530.56	530.56	530.56	530.56	530.56	530.56

要求：

（1）分别计算 C 公司按年数总和法和直线法计提折旧情况下，2011~2016 年应缴纳的所得税总额。

（2）根据上述计算结果，判断 C 公司是否应接受张会计师的建议（不考虑资金时间价值）。

（3）为避免可能面临的税务风险，C 公司变更折旧方法之前应履行什么手续？（2011 年）

【答案】（1）在年数总和法计提折旧的情况下，2011~2015 年合计税前利润 2 388.89（万元），均不需要缴纳所得税，2016 年应缴纳所得税 = 794.44 × 25% = 198.61（万元），2011~2016 年应该缴纳的所得税总额为 198.61（万元）。

在直线法计提折旧的情况下，2011~2014 年不需要缴纳所得税，2015 年需要缴纳的所得税 =（530.56 × 5 − 2 600）× 25% = 13.2（万元），2016 年应缴纳所得税 = 530.56 × 25% = 132.64（万元），2011~2016 年应缴纳的所得税总额 = 13.2 + 132.64 = 145.84（万元）。

（2）由于 145.84 万元小于 198.61 万元，所以，应该接受张会计师的建议。

（3）C 公司应该提前向税务机关申请，取得税务机关的批准之后再改变折旧方法。

【例题 5 · 多选题】下列关于企业销售环节的税务管理，说法正确的有（ ）。

A. 企业在不能收回货款的情况下，可采用委托代销、分期收款等方式延缓纳税

B. 折扣销售、实物折扣、现金折扣销售方式的税负相同

C. 不同销售结算方式下纳税义务的发生时间不同

D. 现金折扣不能从销售额中扣减

【解析】选项 B 错误，折扣销售方式下，折扣额可从销售额中扣减，而实物折扣、现金折扣中不能扣减，因此税负不同。

【答案】ACD

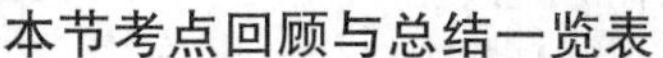

本节考点回顾与总结一览表

本节考点	知识总结
考点 7 纳税筹划的定义和原则	4 个原则（合法性、系统性、经济性、先行性）
考点 8 纳税筹划的具体方法	2 种方法：减少应纳税额（利用税收优惠政策、转让定价筹划法）、递延纳税
考点 9 不同环节的纳税管理	筹资环节、投资环节、营运环节、利润分配环节、重组环节的纳税管理

真题演练

【判断题】从纳税筹划的角度考虑，在通货膨胀时期，企业的存货计价适宜采用先进先出法。（ ）（改编自 2012 年真题）

第四节 分配管理

考点10 股利分配理论（★★★）

考点分析

本考点的出题概率很高，几乎每年都会有相关题目出现，题型一般为客观题。考试中主要围绕两种股利分配理论、股利相关论的 4 种类型、4 种股利政策进行考查，本考点涉及的内容很多，需要考生加强记忆和理解。

考点精讲

1. 股利无关理论

股利无关理论是建立在完全资本市场理论之上的，其包括以下假定条件。

（1）市场具有强式效率，没有交易成本，没有任何一个股东的实力足以影响股票价格。

（2）不存在任何公司或个人所得税。

（3）不存在任何筹资费用。

（4）公司的投资决策与股利决策彼此独立。

（5）股东对股利收入和资本增值并无偏好。

2. 股利相关理论

股利相关理论认为，企业的股利政策会影响股票价格和公司价值，其主要观点包括"手中鸟"理论、信号传递理论、所得税差异理论、代理理论 4 种，它们的具体内容如表 9-9 所示。

表 9-9　股利相关理论的具体内容

理论类型	内容
"手中鸟"理论	①用留存收益再投资带给投资者的收益具有很大的不确定性，并且投资风险将随着时间的推移进一步增大，因此，投资者更喜欢现金股利，而不大喜欢将利润留给公司 ②公司支付较高的股利时，公司的股票价格会随之上升，公司价值将得到提高
信号传递理论	在信息不对称的情况下，公司可以通过股利政策向市场传递有关公司未来获利能力的信息，从而影响公司的股价
所得税差异理论	由于普遍存在的税率和纳税时间的差异，资本利得收入比股利收入更有助于实现收益最大化目标，公司应当采用低股利政策
代理理论	股利的支付能够有效地降低代理成本，而且股利政策能对股东与管理者之间的代理关系形成约束，能够减缓管理者与股东之间的代理冲突

典型例题

【例题 1·单选题】厌恶风险的投资者偏好确定的股利收益，而不愿将收益存在公司内部去承担未来的投资风险，因此公司采用高现金股利政策有利于提升公司价值，这种观点的理论依据是（　）。（2016 年）

A. 代理理论

B. 信号传递理论

C. 所得税差异理论

D. "手中鸟"理论

【解析】"手中鸟"理论认为，用留存收益再投资给投资者带来的收入具有较大的不确定性，并且投资的风险随着时间的推移会进一步加大，因此，厌恶风险的投资者会偏好确定的股利收入，而不愿将收入留存在公司内部，去承担未来的投资风险。

【答案】D

【例题 2·单选题】某股利分配理论认为，由于对资本利得收益征收的税率低于对股利收益征收的税率，企业应采用低股利政策，该股利分配理论是（　）。（2015 年）

A. 代理理论　　B. 信号传递理论

C. "手中鸟"理论　　D. 所得税差异理论

【解析】所得税差异理论认为，由于普遍存在的税率以及纳税时间的差异，资本利得收益比股利收益更有助于实现收益最大化目标，公司应当采用低股利政策。一般来说，对资本利得收益征收的税率低于对股利收益征收的税率；再者，即使两者没有税率上的差异，由于投资者对资本利得收益的纳税时间选择更具有弹性，投资者仍可以享受延迟纳税带来的收入差异。

【答案】D

【例题 3·单选题】股利的支付可减少管理层可支配的自由现金流量，在一定程度上可以抑制管理层的过度投资或在职消费行为，这种观点体现的股利理论是（　）。（2011 年）

A. 股利无关理论

B. 信号传递理论

C. "手中鸟"理论

D. 代理理论

【解析】代理理论认为，股利的支付能够有效地降低代理成本。首先，股利的支付减少了管理者对自由现金流量的支配权，这在一定程度上可以抑制公司管理者的过度投资或在职消费行为，从而保护外部投资者的利益；其次，较多的现金股利发放，减少了内部融资，促使公司进入资本市场寻求外部融资，从而公司将接受资本市场上更多的、更严格的监督，这样便能通过资本市场的监督减少代理成本。

【答案】D

考点11　股利政策（★★★）

考点分析

本考点的出题频率很高，在各种题型中都曾考查过，内容主要围绕 4 种股利政策。考生应理解相关股利政策的理论依据，熟悉其内容，以便于在综合题中能够判断出与实例对应的股利政策，并在此基础上进行相关分析。

考点精讲

4 种主要的股利政策各具特点，适用于不同的阶段，具体内容如表 9-10 所示。

表9-10 不同股利政策特点对比

对比项目	剩余股利政策	固定或稳定增长的股利政策	固定股利支付率政策	低正常股利加额外股利政策
内容	有良好的投资机会时，根据目标资本结构，测算出投资所需的权益额，先从盈余中留用，然后将剩余的盈余作为股利来分配	将每年派发的股利额固定在某一特定水平或是在此基础上维持某一固定比率逐年稳定增长	将每年净利润的某一固定百分比作为股利分派给股东	事先设定一个较低的正常股利，每年除了按正常股利额向股东发放股利外，还在公司盈余较多、资金较为充裕的年度向股东发放额外股利
理论依据	股利无关理论（MM 理论）	“手中鸟”理论和信号传递理论	股利相关理论	“手中鸟”理论和信号传递理论
优点	留存收益优先保证再投资的需要，有助于降低再投资的资金成本，保持最佳的资本结构，实现企业价值的长期最大化	①有利于树立公司的良好形象，增强投资者对公司的信心，稳定公司股票价格 ②有利于投资者安排收入与支出	①股利的支付与公司盈余紧密配合 ②每年按固定的比例从税后利润中支付现金股利，从企业支付能力的角度看这是一种稳定的股利政策	①使公司在股利发放上有较大的灵活性和财务弹性，可根据每年的具体情况，选择不同的股利发放水平，以稳定和提高股价，进而实现公司价值的最大化 ②使那些依靠股利度日的股东每年至少可以得到虽然较低但比较稳定的股利收入，从而留住这部分股东
缺点	股利发放额每年随投资机会和盈利水平的波动而波动，不利于投资者安排收入与支出，也不利于公司树立良好的形象	①股利的支付与企业的盈利相脱节，可能导致企业资金紧缺，财务状况恶化 ②企业无利可分时，仍实施固定或稳定增长的股利政策，将违反《公司法》的规定	①由收益不稳导致股利的波动所传递的信息，容易成为公司的不利因素 ②容易使公司面临较大的财务压力 ③合适的固定股利支付率的确定难度大	①由于年份之间公司盈利的波动使得额外股利不断变化，造成分派的股利不同，容易给投资者收益不稳定的感觉 ②当公司在较长时间持续发放额外股利后，可能会被股东误认为“正常股利”，一旦取消，传递出的信号可能会使股东认为这是公司财务状态恶化的表现，进而导致股价下跌
适用范围	一般适用于公司初创阶段	通常适用于经营比较稳定或正处于成长期的企业，且很难被长期采用	适用于处于稳定发展并且财务状况也比较稳定的公司	适用于盈利随着经济周期而波动较大的公司或者盈利与现金流量很不稳定的公司

典型例题

【例题1·单选题】下列各项中，属于固定股利支付率政策优点的是（　）。（2016年）

A. 股利分配有较大灵活性

B. 有利于稳定公司的股价

C. 股利与公司盈余紧密配合

D. 有利于树立公司的良好形象

【解析】固定股利支付率政策的优点之一是股利与公司盈余紧密地配合，体现了“多盈多分、少盈少分、无盈不分”的股利分配原则。选项A、B，属于低正常股利加额外股利政策的优点；选项D，属于固定或稳定股利增长的股利政策的优点。

【答案】C

【例题2·单选题】下列股利政策中，根据股利无关理论制定的是（　）。（2014年）

A. 剩余股利政策

B. 固定股利支付率政策

C. 稳定增长股利政策

D. 低正常股利加额外股利政策

【解析】选项A的理论依据是股利无关理论，选项B、C、D的理论依据是股利相关理论。

【答案】A

【例题3·多选题】下列各项中，属于剩余股利政策优点的有（　）。（2015年）

A. 保持目标资本结构

B. 降低再投资资本成本

C. 使股利与企业盈余紧密结合

D. 实现企业价值的长期最大化

【解析】剩余股利政策的优点是：留存收益优先保证再投资的需要，有助于降低再投资的资金成本，保持最佳的资本结构，实现企业价值的长期最大化。剩余股利政策的缺陷是：若完全遵照执行剩余股利政策，股利发放额会随着投资机会和盈余水平的波动而波动。在盈利水平不变的前提下，股利发放额与投资机会的多寡呈反方向变动；而在投资机会维持不变的情况下，股利发放额将与公司盈利呈同方向波动。剩余股利政策不利于投资者安排收入与支出，也不利于公司树立良好的形象，一般适用于公司初创阶段。

【答案】ABD

【例题4·判断题】当公司处于经营稳定或成长期，对未来的盈利和支付能力可作出准确判断并具有足够把握时，可以考虑采用稳定增长的股利政策，增强投资者信心。（　）（2015年）

【解析】采用固定或稳定增长的股利政策，要求公司对未来的盈利和支付能力作出准确的判断。固

定或稳定增长的股利政策通常适用于经营比较稳定或正处于成长期的企业。

【答案】√

【例题5·多选题】下列各项股利政策中，股利水平与当期盈利直接关联的有（　）。（2014年）

A. 固定股利政策

B. 稳定增长股利政策

C. 固定股利支付率政策

D. 低正常股利加额外股利政策

【解析】选项A、B，固定或稳定增长股利政策的缺点之一是股利的支付与企业的盈利相脱节；选项C，固定股利支付率政策中，企业按净利润的固定百分比分派股利；选项D，低正常股利加额外股利政策中，公司事先设定一个较低的正常股利额，每年除了按正常股利额向股东发放股利外，还在公司盈余较多、资金较为充裕的年份向股东发放额外股利。综上，选项C、D符合题意。

【答案】CD

【例题6·单选题】固定或稳定增长的股利政策的缺点包括（　）。

A. 不利于公司树立良好的形象

B. 股利支付与盈利相脱离

C. 不利于投资者安排收入与支出

D. 股利派发缺乏稳定性

【解析】固定或稳定增长的股利政策的缺点包括：①股利支付与盈利相脱离；②在无利可分的情况下，若依然实施该股利政策，违反《公司法》规定。

【答案】B

考点12 利润分配制约因素（★★★）

考点分析

本考点内容较多，主要在客观题中出题，可能会考查相关因素的分类与具体情形。

考点精讲

制约利润分配的因素主要有4个，其具体分类和说明如表9-11所示。

表9-11 影响利润分配的因素及说明

影响利润分配的因素		说明
法律因素	资本保全约束	不能用资本（包括实收资本或股本和资本公积）发放股利
	资本积累约束	必须按照一定的比例和基数提取各种公积金，在进行利润分配时，一般贯彻“无利不分”的原则
法律因素	超额累积利润约束	由于资本利得与股利收入的税率不一致，如果公司为了避税而使得盈余的保留大大超过了公司目前及未来的投资需要时，将被加征额外的税款
	偿债能力约束	发放现金股利要考虑对偿债能力的影响
公司因素	现金流量	净收益不等于现金流量，要考虑各方面的影响
	资产的流动性	资产流动性差的公司往往支付较低的股利
	盈余的稳定性	一般来讲，公司的盈余越稳定，其股利支付水平也就越高
	投资机会	投资机会较多，适合于采用低股利支付水平的分配政策
		投资机会较少，有可能倾向于采用较高的股利支付水平
	筹资因素	公司筹资能力较强，就可能发放更多的股利
	其他因素	由于股利的信号传递作用，公司应该保持股利政策的连续性和稳定性，此外，利润分配政策还受到其他公司的影响，另外不同发展阶段、不同行业公司的股利支付比例会有所差异
股东因素	控制权	现有股东往往将股利政策作为维持其控制地位的工具，所以股东倾向于较低的股利支付水平
	稳定的收入	依赖现金股利维持生活的股东要求支付稳定的股利
	避税	高股利收入的股东出于避税的考虑往往倾向于低股利支付
其他因素	债务契约	债权人通常都会在债务契约、租赁合同中加入关于借款企业股利政策的限制条款
	通货膨胀	通货膨胀会带来货币购买力水平下降，导致固定资产重置资金不足，所以采取偏紧的利润分配政策

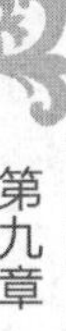

典型例题

【例题·单选题】下列关于股利分配政策的表述中，正确的是（ ）。（2010 年）

A. 公司盈余的稳定程度与股利支付水平负相关

B. 偿债能力弱的公司一般不应采用高现金股利政策

C. 基于控制权的考虑，股东会倾向于较高的股利支付水平

D. 债权人不会影响公司的股利分配政策

【解析】公司的盈余越稳定，其股利支付水平也就越高，因此选项 A 不正确；偿债能力弱的公司要多保留盈余，以备急需，一般采用低现金股利政策，所以选项 B 正确；基于控制权的考虑，股东会倾向于较低的股利支付水平，以保留较多的盈余，减少发行新股的可能性，以防止控制权稀释，选项 C 不正确；法律规定公司不能用资本发放股利，而且债权人通常会在债务契约、租赁合同中加入关于借款公司股利政策条款，因此债权人会影响公司的股利分配政策，所以选项 D 不正确。

【答案】B

考点13 股利支付形式与程序（★★★）

考点分析

本考点的内容较多，主要包括股利支付的 4 种形式与特点，以及股利支付程序中的 4 个关键时间点。其中，股票股利的影响是难点，考生应在理解的基础上记忆股票股利具体影响的内容。

考点精讲

1. 股利支付形式

股利支付形式包括现金股利、财产股利、负债股利、股票股利。

（1）现金股利：以现金支付的股利，它是股利支付最常见的方式。

（2）财产股利：以现金以外的其他资产支付的股利，主要是以公司所拥有的其他公司的有价证券，如公司债券、公司股票等，作为股利发放给股东。

（3）负债股利：以负债方式支付的股利，通常以公司的应付票据支付给股东，有时也以发放公司债券的方式支付股利。

（4）股票股利：公司以增发股票的方式所支付的股利。

股票股利对公司来讲，并没有现金流出，也不会导致公司的财产减少，而只是将公司的留存收益转化为股本。发放股票股利的影响如表 9-12 所示。

表9-12 股票股利的影响

不受影响的项目	会受影响的项目
每股面值	引起资金在所有者权益的内部各项目间增减变动，但股东权益总额不变
资本结构（资产总额、负债总额、股东权益总额均不变）	股票数量（增加）
股东持股比例	每股收益（下降）
盈利总额和市盈率不变时，股票股利发放不会改变股东持股的市场价值总额	每股市价（下降）

2. 股利支付程序

股利支付程序中，有几个关键时间点需要着重把握，如表 9-13 所示。

表 9-13 股利支付程序的关键时间点

时间点	事项
股利宣告日	公司董事会将股东大会通过本年度利润分配方案的情况以及股利支付情况予以公告
股权登记日（除权日）	有权领取股利的股东资格登记的截止日期，在除息日或者股利支付日之前购入的股票，无权领取本期分配的股利
除息日	股利所有权与股票本身分离的日期，即将股票中含有的股利分配权予以解除，在除息日当日及以后买入的股票不再享有本次股利分配的权利；我国上市公司的除息日通常是在登记日的下一个交易日
股利支付日	向股东发放股利的日期

典型例题

【例题 1·单选题】要获得收取股利的权利，投资者购买股票的最迟日期是（ ）。（2016 年）

A. 除息日 B. 股权登记日

C. 股利宣告日 D. 股利发放日

【解析】股权登记日即有权领取本期股利的股东资格登记截止日期。除息日即领取股利的权利与股票分离的日期；股利宣告日即股东大会决议通过并由董事会将股利支付情况予以公告的日期；股利发放日即公司按照公布的分红方案向股权登记日在册股东实际支付股利的日期。

【答案】B

【例题 2·单选题】下列各项股利支付形式中，不会改变企业资本结构的是（ ）。（2015 年）

A. 股票股利 B. 财产股利

C. 负债股利 D. 现金股利

【解析】发放股票股利对公司来说，并没有现金流出企业，也不会导致公司的财产减少，而只是将公司未分配利润转化为股本和资本公积，不改变公司股东权益总额，但会改变股东权益的构成，所以

选项 A 正确。

【答案】A

【例题 3·判断题】公司将其拥有的子公司的股票作为股利支付给股东，这属于股票股利。（ ）

【解析】根据股票股利的定义，它是企业以自身的股票发放股利，而财产股利是以现金以外的资产支付的股利，主要以公司拥有的其他公司（含子公司）的有价证券，如股票、债券等作为股利支付给股东。因此，本题描述的是财产股利的情形。

【答案】×

【例题 4·单选题】下列关于股利支付形式的说法中，不正确的是（ ）。

A. 财产股利和负债股利实际上是现金股利的替代

B. 发放股票股利会引起股东权益内部结构发生变化

C. 以公司所拥有的其他公司的债券支付股利，属于支付负债股利

D. 发放股票股利可能导致资本公积增加

【解析】选项 C 不正确，财产股利是以现金以外的其他资产支付的股利。负债股利是以负债方式支付的股利。公司所拥有的其他公司的债券属于公司的财产，以公司所拥有的其他公司的债券支付股利，属于支付财产股利。发行公司债券导致应付债券增加，导致负债增加，以发行公司债券的方式支付股利，属于支付负债股利。

【答案】C

【例题 5·单选题】确定股东是否有权领取本期股利的截止日期是（ ）。（2015 年）

A. 除息日　　B. 股权登记日

C. 股利宣告　　D. 股利发放日

【解析】股权登记日，即有权领取本期股利的股东资格登记截止日期。

【答案】B

考点14 股票分割与股票回购（★★★）

考点分析

本考点出题的概率很高，各种题型均可能出现，其中，股票回购前后相关指标的计算可能以综合题的形式进行考查。

考点精讲

1. 股票分割

股票分割又称拆股、股票拆细，即将一股股票拆分成多股股票的行为。股票分割与股票股利的比较如表 9-14 所示。

表9-14 股票分割与股票股利的比较

内容	股票股利	股票分割
相同点	①普通股股数增加（股票分割增加得更多） ②每股收益和每股市价下降（股票分割下降得更多） ③股东持股比例不变 ④资产总额、负债总额、股东权益总额不变 ⑤向市场和投资者传递公司发展前景良好的信号	
不同点	①面值不变 ②股东权益结构变化（股本增加、未分配利润减少） ③属于股利支付方式	①面值变小 ②股东权益结构不变 ③不属于股利支付方式

2. 股票回购

股票回购是指上市公司出资将其发行在外的普通股以一定价格购买回来予以注销或作为库存股的一种资本运作方式。股票回购与股票分割、股票股利的比较如表 9-15 所示。

表 9-15 股票回购与股票分割、股票股利的比较

比较内容	股票回购	股票分割	股票股利
股票数量	减少	增加	增加
每股市价	提高	降低	降低
每股收益	提高	降低	降低
资本结构	提高财务杠杆水平	不影响	不影响
控制权	巩固既定控制权或转移公司控制权	不影响	不影响

典型例题

【例题 1·单选题】下列各项中，受企业股票分割影响的是（ ）。（2015 年）

A. 每股股票价值　　B. 股东权益总额

C. 企业资本结构　　D. 股东持股比例

【解析】股票分割在不增加股东权益的情况下增加了股份的数量，股东权益总额及其内部结构都不会发生任何变化，变化的只是股票面值，所以选项 A 正确。

【答案】A

【例题 2·多选题】根据股票回购对象和回购价格的不同，股票回购的主要方式有（ ）。（2013 年）

A. 要约回购　　B. 协议回购

C. 杠杆回购　　D. 公开市场回购

【解析】股票回购的方式主要包括公开市场回购、要约回购和协议回购 3 种。

【答案】ABD

考点15 股权激励（★★）

考点分析

本考点文字内容较多，涉及股权激励的 4 种模

式，在考试中可能以客观题的形式进行考查。

考点精讲

股权激励是一种通过经营者获得公司股权的形式，使他们能够以股东的身份参与企业决策、分享利润、承担风险，从而勤勉尽责地为公司的长期发展服务的一种激励方法。

股权激励模式主要分为4种，各种模式的定义、优点、缺点和适用范围如表9-16所示。

表9-16 股权激励模式的定义、优点、缺点和适用范围

股权激励模式	定义	优点	缺点	适用范围
股票期权模式	公司赋予激励对象在未来某一特定日期内以预先确定的价格和条件购买公司一定数量股份的选择权	①降低委托代理成本 ②降低激励成本 ③锁定期权人的风险	①影响现有股东的权益 ②可能面临来自股票市场的风险 ③可能带来经营者的短期行为	适合那些初始资本投入较少、资本增值较快，处于成长初期或扩张期的企业，如网络、高科技等风险较高的企业等
限制性股票模式	公司为了实现某一特定目标，先将一定数量的股票赠与或以较低价格售予激励对象	在限制期间公司不需要支付现金对价，便能够留住人才	在企业股价下跌时，激励对象仍能获得股份，这样可能达不到激励的效果，并使股东遭受损失	处于成熟期的企业
股票增值权模式	经营者可按一定比例获得由股价上扬或业绩提升所带来的收益	易于操作，持有人在行权时，直接兑现股票升值部分，审批程序简单，不用考虑股票来源	①激励对象并非取得真正意义上的股票，激励的效果相对较差 ②公司需要提取奖励基金，现金支付压力较大	适合现金流量比较充裕且比较稳定的上市公司和现金流量比较充裕的非上市公司
业绩股票激励模式	激励对象在年末实现了公司预定的年度业绩目标，将获得公司给予的一定数量的股票，或一定数量的奖金来购买本公司的股票	激励公司高管人员努力完成业绩目标	①业绩目标确定的科学性很难保证，容易导致公司高管人员为获得业绩股票而弄虚作假 ②激励成本较高，可能造成公司支付现金的压力	适合业绩稳定型的上市公司及其集团公司、子公司

典型例题

【例题1·判断题】业绩股票激励模式只对业绩目标进行考核，而不要求股价的上涨，因而比较适合业绩稳定的上市公司。（ ）（2015年）

【解析】业绩股票激励模式只对业绩目标进行考核，而不要求股价的上涨，因而比较适合业绩稳定的上市公司及其集团公司、子公司。

【答案】√

【例题2·单选题】股份有限公司赋予激励对象在未来某一特定日期内，以预先确定的价格和条件购买公司一定数量股份的选择权，这种股权激励模式是（ ）。（2013年）

A. 股票期权模式　　B. 限制性股票模式

C. 股票增值权模式　　D. 业绩股票激励模式

【解析】股票期权是指股份公司赋予激励对象在未来某一特定日期内以预先确定的价格和条件购买公司一定数量股份的选择权。

【答案】A

本节考点回顾与总结一览表

本节考点	知识总结
考点10 股利分配理论	两大理论：股利无关理论（剩余股利政策）；股利有关理论（“手中鸟”理论、信号传递理论、所得税差异理论、代理理论）
考点11 股利政策	4种股利政策：剩余股利政策、固定或稳定增长股利政策、固定股利支付率政策、低正常股利加额外股利政策
考点12 利润分配制约因素	4大因素：①法律因素（资本保全约束、资本积累约束、超额累积利润约束、偿债能力约束）；②公司因素（现金流量、资产的流动性、盈余的稳定性等）；③股东因素（控制权、稳定的收入、避税）；④其他因素（债务契约、通货膨胀）
考点13 股利支付形式与程序	①4种形式：现金股利、财产股利、负债股利、股票股利 ②股票股利对每股面值、资本结构、股东持股比例没有影响 ③股利支付程序的4个关键时间点：股利宣告日、股权登记日、除息日、股利发放日
考点14 股票分割与股票回购	①股票分割会使股票面值变小，但股东权益内部结构不变 ②3种股票回购方式：公开市场回购、要约回购和协议回购
考点15 股权激励	4种股权激励模式：①股票期权模式；②限制性股票模式；③股票增值权模式；④业绩股票激励模式

真题演练

1.【判断题】代理理论认为，高支付率的股利政策有助于降低企业的代理成本，但同时也会增加企业的外部融资成本。（　）（2008 年）

2.【多选题】处于初创阶段的公司，一般不宜采用的股利分配政策有（　）。（2010 年）

A. 固定股利政策

B. 剩余股利政策

C. 固定股利支付率政策

D. 稳定增长股利政策

3.【多选题】下列关于发放股票股利的表述中，正确的有（　）。（2013 年）

A. 不会导致公司现金流出

B. 会增加公司流通在外的股票数量

C. 会改变公司股东权益的内部结构

D. 会对公司股东总额产生影响

4.【判断题】在股利支付程序中，除息日是指领取股利的权利与股票分离的日期，在除息日购买股票的股东有权参与当次股利的分配。（　）（2014 年）

5.【判断题】股票分割会使股票的每股市价下降，可以提高股票的流动性。（　）（2013 年）

第五节 本章综合练习

（一）单选题

1. 基于（　）的考虑，企业进行收益分配时，既要保证企业简单再生产的持续进行，又要不断扩大再生产。

A. 依法分配原则

B. 分配与积累并重原则

C. 兼顾各方利益原则

D. 投资与收益对等原则

2. 下列关于法定公积金的说法中，不正确的是（　）。

A. 可以用于弥补亏损

B. 主要目的是增加企业内部积累

C. 可以用于转增资本且不受限制

D. 可以用于转增资本但受限制

3. 下列方法中，专家意见可能受权威专家影响的专家判断法是（　）。

A. 产品寿命周期分析法

B. 个别专家意见汇集法

C. 专家小组法

D. 德尔菲法

4. 关于销售预测中的指数平滑法，下列表述错误的是（　）。

A. 采用较大的平滑指数，预测值可以反映样本值新近的变化趋势

B. 平滑指数大小决定了前期实际值和预测值对本期预测值的影响

C. 在销售量波动较大的时候，可选择较大的平滑指数

D. 进行长期预测时，可选择较大的平滑指数

5. 下列各项中，一般不作为以成本为基础的转移定价计价基础的是（　）。

A. 全部成本费用

B. 固定成本

C. 变动成本

D. 变动成本加固定制造费用

6. 某企业生产能力有剩余，下列选项中，可作为该企业增加生产量的定价依据，但不能作为一般产品定价依据的是（　）。

A. 制造成本　　B. 全部成本费用

C. 变动成本　　D. 期间费用

7. 某企业在选择股利政策时，以代理成本和外部融资成本之和最小化为标准。该企业所依据的股利理论是（　）。

A.“手中鸟”理论　　B. 信号传递理论

C. MM 理论　　D. 代理理论

8. 在下列股利分配政策中，能保持股利与收益之间一定的比例关系，并体现多盈多分、少盈少分、无盈不分原则的是（　）。

A. 剩余股利政策

B. 固定或稳定增长股利政策

C. 固定股利支付率政策

D. 低正常股利加额外股利政策

9. 企业投资并取得收益时，必须按一定的比例和基数提取各种公积金，这一要求体现的是（　）。

A. 资本保全约束　　B. 资本积累约束

C. 超额积累利润约束　　D. 偿债能力约束

10. 关于发放股票股利，下列说法不正确的是（　）。

A. 不会导致股东权益总额发生变化，但会导致股东权益内部结构发生变化，会增加普通股股数，减少未分配利润

B. 会引起企业现金流出

C. 可以降低公司股票的市场价格，促进公司股票的交易和流通，可以有效地防止公司被恶

意控制

D. 可以传递公司未来发展前景良好的信息，增强投资者的信心

（二）多选题

1. 下列关于收入分配的说法中，正确的有（ ）。

A. 企业的收入分配必须依法进行

B. 企业进行收入分配时，应当遵循投资与收入对等原则

C. 企业进行收入分配时，应当统筹兼顾

D. 企业进行收入分配时，应当正确处理分配与积累的关系

2. 下列关于公司净利润分配的说法中，错误的有（ ）。

A. 公司从税后利润中提取法定公积金后，经董事会批准，还可以从税后利润中提取任意公积金

B. 公司向投资者分配股利（利润）时，股份有限公司股东按照实缴出资比例分红

C. 法定公积金可用于弥补亏损或转增资本

D. 税后利润弥补亏损必须用当年实现的净利润

3. 预测对象的历史资料不完备时，可采用的分析方法包括（ ）。

A. 产品寿命周期分析法　B. 指数平滑法

C. 加权平均法　D. 德尔菲法

4. 下列关于趋势预测分析法的表述中，正确的有（ ）。

A. 加权平均法比算术平均法更为合理，在实践中应用较多

B. 指数平滑法实质上是一种加权平均法

C. 指数平滑法在平滑指数的选择上具有一定的主观随意性

D. 指数平滑法运用比较灵活，但适用范围较窄

5. 下列各项中，属于以市场需求为基础定价方法的有（ ）。

A. 目标利润法

B. 需求价格弹性系数定价法

C. 变动成本定价法

D. 边际分析定价法

6. 除了提升产品质量之外，根据具体情况合理运用不同的价格策略，可以有效地提高产品的市场占有率和企业的竞争能力。下面属于价格运用策略的有（ ）。

A. 折让定价策略　B. 组合定价策略

C. 寿命周期定价策略　D. 保本定价策略

7. 下列关于股利政策的说法中，错误的有（ ）。

A. 剩余股利政策的理论依据是股利相关理论

B. 固定或稳定增长的股利政策通常适用于经营比较稳定或正处于成长期的企业，且可以长期采用

C. 固定股利支付率政策容易给投资者带来公司经营状况不稳定的不良印象

D. 低正常股利加额外股利政策的优点之一是可以吸引依靠股利度日的股东

8. 下列属于制约股利分配的公司因素的有（ ）。

A. 控制权　B. 筹资因素

C. 盈余的稳定性　D. 资产的流动性

9. 发放股票股利会带来的变化有（ ）。

A. 未分配利润减少

B. 股本增加

C. 股数减少

D. 股东权益总额增加

10. 股票股利与股票分割的共同点包括（ ）。

A. 面值不变

B. 普通股股数增加

C. 股东权益内部结构不变

D. 每股市价下降

（三）判断题

1. 销售预测中的指数平滑法运用比较灵活，适用范围较广，但是在平滑指数的选择上具有一定的主观随意性。（ ）

2. 一般来说，采用指数平滑法预测销售量时，平滑指数的取值通常是在0.3~0.8之间。（ ）

3. 在以成本为基础的产品定价方法中，变动成本定价法确定的价格是最低销售价格。（ ）

4. 声望定价是一种根据消费者“价高质优”的心理特点实行高标价促销的方法。（ ）

5. 信号传递理论认为，在信息对称的情况下，公司可以通过股利政策向市场传递有关公司未来获利能力的信息，从而会影响公司的股价。（ ）

6. 剩余股利政策的优点是有利于保持最佳的资本结构，降低企业再投资的资金成本。（ ）

7. 股东为防止控制权稀释，往往希望公司提高股利支付率。（ ）

8. 发放股票股利可以促进公司股票的交易和流通。（ ）

9. 在除息日之前，股利权利从属于股票；从除息日开始，新购入股票的投资者不能分享本次已宣告发放的股利。（ ）

10. 股票分割不仅有利于促进股票流通和交易，而且有助于提高投资者对公司股票的信心。（ ）

（四）计算分析题

1. 甲公司2010~2014年产品实际销售量资料如表9-17所示。

表 9-17　甲公司 2010~2014 年产品实际销售量

年度	2010	2011	2012	2013	2014
销售量 / 吨	7 200	7 440	7 300	7 700	7 560

从2010~2014年，分别取W_1=10%，W_2=15%，W_3=20%，W_4=25%，W_5=30%。

要求：

（1）采用加权平均法预测该公司 2015 年的销售量。

（2）采用 3 期移动平均法预测该公司 2014 年和 2015 年的销售量。

（3）结合（2）的结果，采用修正的移动平均法预测该公司 2015 年的销售量。

（4）结合（2）的结果，取平滑指数 a=0.4，采用指数平滑法预测该公司 2015 年的销售量。

2. 某公司历年销售量和相关费用支出的关系如表9-18所示（销售量单位：吨，费用单位：万元），假设该产品的销量不受其他费用的影响。

表 9-18　某公司历年销售量和相关费用支出

年度	2008	2009	2010	2011	2012	2013	2014	2015
销售量	3 500	3 750	3 600	3 900	3 950	4 000	4 050	4 100
相关费用	100	105	106	108	110	112	120	125

预计2016年的相关费用为150万元。

要求：

（1）用算术平均法预测 2016 年的销售量。

（2）假设 2015 年预测销售量为 4 080 吨，用修正的移动平均法预测 2016 年的销售量（假设样本量为 3 期）。

（3）假设 2015 年预测销售量为 4 080 吨，平滑指数为 0.4，用指数平滑法预测 2016 年的销售量。

（4）用回归直线法预测公司2016年的产品销售量。

第六节　本章真题演练及综合练习答案与解析

一、真题演练答案速查表

所在节	题号	答案	题号	答案	题号	答案
第一节	D					
第二节	1	ABD	2	B		
第三节	×					
第四节	1	√	2	ACD	3	ABC
	4	×	5	√		

二、本章综合练习答案与解析

（一）单选题

1. B【解析】题干所述为分配与积累并重原则。

2. C【解析】企业用公积金转增资本后，法定公积金的余额不得低于转增前公司注册资本的 25%。

3. C【解析】专家小组法的缺陷是预测小组中专家意见可能受权威专家的影响。

4. D【解析】在销售量波动较小或进行长期预测时，可选择较小的平滑指数，选项 D 错误。

5. B【解析】企业成本中有 3 种成本可以作为定价基础，即变动成本、制造成本和完全成本。因此，选项 B 正确。

6. C【解析】题干所述产品适用采用变动成本作为定价依据。

7. D【解析】代理理论认为最优的股利政策应使代理成本和外部融资成本之和最小。

8. C【解析】题干所述为固定股利支付率政策。

9. B【解析】资本积累约束使公司必须按照一定的比例和基数提取各种公积金，在进行利润分配时，一般贯彻“无利不分”的原则。

10. B【解析】发放股票股利不需要向股东支付现金，不会导致现金流出。

（二）多选题

1. ABCD【解析】4 个选项正确描述了收入分配的原则。

2. ABD【解析】批准提取任意公积金的是股东会或股东大会，选项 A 错误；股份有限公司章程规定不按照持股比例分配的，可不按实缴出资比例分红，选项 B 错误；税后利润弥补亏损可以用当年实现的净利润，也可以用盈余公积，选项 D 错误。

3. AD【解析】选项 B、C 属于定量分析法，这类方法建立在预测对象有关资料完备的基础上。

4. ABC【解析】选项 D 错误，指数平滑法的适用范围较广。

5. BD【解析】目标利润法和变动成本定价法属于以成本为基础的定价方法。

6. ABC【解析】保本定价是一种产品定价方法，

并不是一种策略。

7. AB【解析】选项A错误，剩余股利政策的理论依据是股利无关理论，即如果企业没有剩余，则不派发股利，这样做不会对公司价值或股票价格产生任何影响；选项B错误，固定或稳定增长的股利政策只有在确信未来盈余不会发生逆转时才实施，因此很难长期采用。

8. BCD【解析】选项A属于股东因素，不属于公司因素。

9. AB【解析】发放股票股利不会改变股东权益总额，但会导致股东权益内部各项目发生变化。"未分配利润"项目减少数＝增加的股数×约定的价格，"股本"项目增加数＝增加的股数×股票面值。"未分配利润"项目减少数和"股本"增加数之间的差额记入"资本公积"项目。

10. BD【解析】股票股利与股票分割的共同点包括：①普通股股数增加；②每股收益和每股市价下降；③股东持股比例不变；④资产总额、负债总额、股东权益总额不变。

（三）判断题

1. √【解析】题干正确描述了指数平滑法的特点。

2. ×【解析】平滑指数的范围通常在0.3~0.7之间。

3. ×【解析】在以成本为基础的产品定价方法中，保本点定价法确定的价格是最低销售价格。

4. ×【解析】题干描述的是高位定价策略。

5. ×【解析】题干所述应为"在信息不对称的情况下"。

6. √【解析】剩余股利政策的优点是保持最佳的资本结构，实现企业价值的长期最大化。

7. ×【解析】公司支付较高的股利，会导致留存收益减少，加大发行新股的可能性，可能稀释控制权，因此，股东往往希望降低股利支付率。

8. √【解析】发放股票股利可以降低公司股票的市场价格，因此可以促进公司股票的交易和流通。

9. √【解析】在除息日，股票的所有权和领取股息的权利分离，股利权利不再从属于股票，所以在这一天购入公司股票的投资者不能享有已宣布发放的股利。

10. √【解析】股票分割会使每股市价降低，买卖该股票所需资金量减少，从而可以促进股票的流通和交易。另外，股票分割向市场和投资者传递"公司发展前景良好"的信号，有助于提高投资者对公司股票的信心。

（四）计算分析题

1.【答案】

（1）加权平均法下，2015年的预测销售量＝0.1×7 200+0.15×7 440+0.2×7 300+0.25×7 700+0.3×7 560=7 489（吨）。

（2）3期移动平均法下，2014年预测销售量＝（7 440+7 300+7 700）÷3=7 480（吨）。

2015年预测销售量＝（7 300+7 700+7 560）÷3=7 520（吨）。

（3）修正的移动平均法下，2015年预测销售量=7 520+（7 520−7 480）=7 560（吨）。

（4）指数平滑法下，2015年预测销售量=0.4×7 560+（1−0.4）×7 480=7 512（吨）。

2.【答案】（1）用算术平均法预测：2016年的销售量＝（3 500+3 750+3 600+3 900+3 950+4 000+4 050+4 100）÷8=3 856.25（吨）。

（2）移动平均法下，2016年的销售量＝（4 000+4 050+4 100）÷3=4 050（吨），修正后2016年的销售量=4 050+（4 050−4 080）=4 020（吨）。

（3）用指数平滑法预测，2016年的销售量＝0.4×4 100+（1−0.4）×4 080=4 088（吨）。

（4）根据公式，有$b=(n\sum xy-\sum x\sum y)/[n\sum x^2-(\sum x)^2]$=（8×3 27 550−886×30 850）÷（8×98 594−886^2）=23.24。

$a=(\sum y-b\sum x)/n$=（30 850−23.24×886）÷8=1 282.42。

将a、b代入公式，得出结果，即2016年的产品预测销售量为：$y=a+bx$=1 282.42+23.24x=1 282.42+23.24×150=4 768.42（吨）。

第十章 财务分析与评价

本章是“财务管理”课程学习的压轴章节。在近3年考试中，本章内容所占分值平均为10分，各种题型都可能出题，题量平均为4题。本章需熟悉的内容较多，例如财务分析的方法、各种财务指标的计算公式与经济含义、杜邦分析法的运用等，相关知识点的综合性很强，其可与预算管理、筹资管理等章节结合出题，考生需多加练习，熟练、准确地计算相关指标。

▼ **本章主要考点的题型、估计题量和所占分值一览表**

主要考点	题型	估计题量	所占分值
①比率指标的类型；②计算速动比率、资本积累率、总资产净利率	单选题	1~3题	1~3分
①应收账款周转率的经济含义；②存货周转率的经济意义	多选题	1题	2分
①财务分析的内容；②现金流量分析之净收益营运指数的经济含义；③上市公司特殊财务分析指标的经济意义	判断题	1题	1分
计算流动比率、存货周转次数、净资产收益率、净收益营运指数	计算分析题	1题	4~5分
应用因素分析法	综合题	1小题	8分

▼ **本章知识结构一览表**

财务分析与评价	一、财务分析与评价的主要内容与方法	(1)不同主体对财务分析信息的要求(★) (2)财务分析方法(★★)：比较分析法、比率分析法、因素分析法 (3)财务分析的局限性(★)
	二、基本的财务报表分析	(1)偿债能力分析(★★★)：短期偿债能力分析、长期偿债能力分析、偿债能力的其他影响因素 (2)营运能力分析(★★★) (3)盈利能力分析(★★★) (4)发展能力分析(★★★) (5)现金流量分析(★★★)
	三、上市公司财务分析	(1)上市公司财务分析指标(★★★)：每股收益、每股股利、市盈率、每股净资产、市净率 (2)管理层讨论与分析(★★)
	四、财务评价与考核	(1)杜邦分析法(★★) (2)沃尔评分法(★) (3)综合绩效评价(★★)

第一节 财务分析与评价的主要内容与方法

考点1 不同主体对财务分析信息的要求(★)

考点分析

本考点的内容不多，出题的概率不大，题型以客观题为主，主要围绕不同主体与财务分析的关系出题，考生只要弄清楚对应关系即可轻松解题。

考点精讲

财务分析信息的需求者主要包括企业所有者、债权人、企业经营决策者和政府等。出于不同利益考虑，各主体对财务分析信息的要求是不同的，具体如下。

（1）企业所有者：关心其资本的保值和增值状况，较为重视企业盈利能力指标，主要进行企业盈利能力分析。

（2）企业债权人：关注其投资的安全性，更为重视企业偿债能力指标，主要进行企业偿债能力分析，同时也关注企业盈利能力分析。

（3）企业经营决策者：关注、了解和掌握企业生产经营的各个方面，包括运营能力、偿债能力、获利能力及发展能力，主要进行全方面的综合分析，并关注企业财务风险和经营风险。

（4）政府：既是宏观经济管理者，又是国有企业的所有者和重要的市场参与者，兼具多重身份，因此政府对企业财务分析的关注点因所具有的身份不同而有所不同。

典型例题

【例题·判断题】在财务分析中，企业经营者应对企业财务状况进行全面的综合分析，并关注企业财务风险和经营风险。（　）（2012 年）

【解析】企业经营者必须关注、了解和掌握企业生产经营的各个方面，包括运营能力、偿债能力、获利能力及发展能力的全部信息，主要进行全方面综合分析，并关注企业的财务和经营风险。

【答案】√

考点2 财务分析方法（★★）

考点分析

本小节的内容较少，复习难度不大。考生应主要掌握财务分析的因素分析法，熟悉比较分析法和比率分析法的分类和具体指标的计算，并能指出财务分析 3 个主要方法应注意的问题。

考点精讲

财务分析方法主要有 3 种：比较分析法、比率分析法和因素分析法。

1. 比较分析法

根据比较对象的不同，比较分析法可分为以下 3 种。

（1）趋势分析法：与本企业历史比较。

（2）横向比较法：与同类企业比较。

（3）预算差异分析法：与预算数据比较。

其中，趋势分析法可采用以下方式。

①比较重要的财务指标：比较不同时期财务报告中的相同指标或比率，直接观察其增减变动情况及变动幅度，预测其发展趋势和发展前景。具体涉及以下两个指标。

a. 定基动态比率 = 分析期数额 / 固定基期数额 × 100%。

b. 环比动态比率 = 分析期数额 / 前期数额 × 100%。

②比较会计报表：将连续数期的会计报表金额并列起来，比较其相同指标在不同期间的增减变动金额和幅度，并以此判断企业财务状况和经营成果发展变化。

③比较会计报表项目的构成：以会计报表中某个总体指标作为 100%，计算出各组成项目占该总体指标的百分比，从而比较各个项目百分比的增减变动，并以此来判断有关财务活动的变化趋势。

2. 比率分析法

比率指标的类型主要有构成比率、效率比率、相关比率，它们的定义和具体实例如表 10-1 所示。

表 10-1　比率指标的类型、定义和具体实例

类型	定义 / 公式	实例
构成比率（结构比率）	某个各组成部分的数值 / 总体数值 ×100%，反映部分与总体的关系	①资产构成比率：流动资产 / 资产总额、固定资产 / 资产总额 ②负债构成比率：流动负债 / 负债总额
效率比率	所费 / 所得 ×100%，反映投入与产出的关系	成本利润率 = 利润 / 销售成本；销售利润率 = 利润 / 销售收入；资本金利润率 = 利润 / 资本金
相关比率	某个项目的数值 / 与其有关但又不同的项目的数值 ×100%，反映有关经济活动的相互关系	资产负债率 = 负债总额 / 资产总额 流动比率 = 流动资产 / 流动负债

3. 因素分析法

因素分析法是依据分析指标与其影响因素的关系，从数量上确定各因素对分析指标影响方向和影响程度的一种方法。该方法假定其他各因素都无变化，按顺序确定每一个因素单独变化所产生的影响。

因素分析法与本书第三部分第八章成本差异的计算有相通之处，其具体计算过程如表 10-2 所示。

表 10-2　因素分析法的计算过程

过程	连环替代法	差额分析法
假定	分析指标 Y 由相互联系的 A、B、C 三个因素相乘得出 报告期（实际）指标 $Y_1=A_1\times B_1\times C_1$ 基期（计划）指标 $Y_0=A_0\times B_0\times C_0$	
A 因素变动对 Y 指标的影响	$A_1\times B_0\times C_0-A_0\times B_0\times C_0$	$(A_1-A_0)\times B_0\times C_0$
B 因素变动对 Y 指标的影响	$A_1\times B_1\times C_0-A_1\times B_0\times C_0$	$A_1\times(B_1-B_0)\times C_0$
C 因素变动对 Y 指标的影响	$A_1\times B_1\times C_1-A_1\times B_1\times C_0$	$A_1\times B_1\times(C_1-C_0)$

以上 3 种财务分析方法在使用时都有一些需要注意的问题，具体如表 10-3 所示。

表 10-3 财务分析方法应注意的问题

财务分析方法	应注意的问题
比较分析法	①各期指标的计算口径必须保持一致 ②为使分析数据能反映正常的生产经营状况，应剔除偶发性项目的影响 ③应运用例外原则对某项有显著变动的指标做重点分析
比率分析法	①对比项目的相关性；②对比口径的一致性；③衡量标准的科学性
因素分析法	①因素分解的关联性；②因素替代的顺序性；③顺序替代性的连环性；④计算结果的假定性

典型例题

【例题 1 · 判断题】以某一时期的数值为固定的基期数值而计算出来的动态比率是环比动态比率。( )

【解析】环比动态比率是以每一分析期的数据与上期数据相比较计算出来的动态比率，而以某一时期的数值为固定的基期数值而计算出来的动态比率是定基动态比率。

【答案】×

【例题 2 · 单选题】下列比率指标的不同类型中，流动比率属于 ( )。(2014 年)

A. 构成比率　　B. 动态比率

C. 相关比率　　D. 效率比率

【解析】相关比率是以某个项目和与其相关但又不同的项目加以对比所得的比率。流动资产与流动负债具有相关性，通过对比两者可判断企业的短期偿债能力。

【答案】C

【例题 3 · 单选题】下列指标中，属于效率比率的是 ( )。

A. 流动比率

B. 资本利润率

C. 资产负债率

D. 流动资产占全部资产的比重

【解析】效率比率指标反映了所费和所得的比例，反映投入与产出的关系，如成本利润率、销售利润率、资本利润率等。

【答案】B

考点3 财务分析的局限性 (★)

考点分析

本考点文字内容较多，虽然没有在考试中出现，但有一定出题的可能性，可能会考查实例资料体现的财务分析某种局限。

考点精讲

财务分析在 3 个方面存在局限性，分别是资料来源的局限性、财务分析方法的局限性和财务分析指标的局限性。

1. 资料来源的局限性

财务分析在资料来源上有一定的局限性，具体表现在报表数据存在以下 5 个方面的问题。

(1) 时效性：报表数据主要用于评价以往的绩效，用于预测未来时可能不合理。

(2) 真实性：信息提供者为了迎合信息使用者对企业财务状况和经营成果的期望和偏好，可能提供与企业实际状况不符的财务报表信息。

(3) 可靠性：财务报表虽然是按照会计准则编制的，但不一定能准确地反映企业的客观实际。

(4) 可比性：会计准则允许不同的企业或同一个企业的不同时期可以根据具体情况采用不同的会计政策和会计处理方法，使其可比性存在问题。

(5) 完整性：报表本身提供的数据是有限的，可能无法满足信息使用者的需要。

2. 财务分析方法的局限性

前述 3 种财务分析方法存在一定局限性，具体表现在如下几个方面。

(1) 比较分析法：比较的双方可能可比性不足，为避免此种问题，应选择合理的比较基础，以作为评价本企业当前实际数据的参照标准。

(2) 比率分析法：一般为单个指标分析，综合程度较低；使用历史数据，提供的信息可能与决策不相关。

(3) 因素分析法：人为假定各因素的变化顺序，可能与事实不符。

3. 财务分析指标的局限性

财务分析指标的局限性包括：①财务指标体系不严密；②财务指标所反映的情况具有相对性；③财务指标的评价标准不统一；④财务指标的计算口径不一致。

典型例题

【例题 · 多选题】财务分析指标的局限性包括 ( )。

A. 财务指标体系不严密

B. 财务指标所反映的情况具有独立性

C. 财务指标的计算口径不一致

D. 财务指标的评价标准不统一

【解析】财务分析指标的局限性包括：①财务指标体系不严密；②财务指标所反映的情况具有相对性；③财务指标的评价标准不统一；④财务指标的计算口径不一致。

【答案】ACD

本节考点回顾与总结一览表

本节考点	知识总结
考点 1 不同主体对财务分析信息的要求	①所有者：主要关注企业盈利能力 ②债权人：主要关注企业偿债能力 ③经营决策者：关注企业的各个方面——偿债能力、营运能力、盈利能力和发展能力 ④政府：作为宏观经济管理者，国有企业的所有者和市场参与者，对企业的关注点因身份而异
考点 2 财务分析方法	①比较分析法：根据比较对象的不同，分为趋势分析法、横向比较法和预算差异分析法 ②比率分析法：主要通过构成比率、效率比率和相关比率 ③因素分析法：又分为连环替代法、差额分析法
考点 3 财务分析的局限性	①资料来源的局限性：报表数据的时效性、真实性、可靠性、可比性和完整性问题 ②财务分析方法的局限性 ③财务分析指标的局限性：财务指标体系不严密；财务指标所反映的情况具有相对性；财务指标的评价标准不统一；财务指标的计算口径不一致

真题演练

【判断题】财务分析中的效率指标，是某项财务活动中所费与所得之间的比率，反映投入与产出的关系。（ ）（2010 年）

第二节 基本的财务报表分析

考点4 偿债能力分析（★★★）

考点分析

本考点出题的概率很大，以单选题为主要考查形式，考查考生对偿债能力指标的计算能力，以及对这些指标的经济含义的判断。考生在复习时应多加练习，熟练掌握这些指标的计算过程。

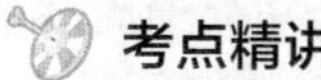

考点精讲

反映偿债能力的财务指标有很多，它们的公式和经济含义都需要掌握，具体如表 10-4 所示。

表 10-4 偿债能力财务指标

类别	指标	计算公式	指标说明
短期偿债能力	营运资金	流动资产 − 流动负债	营运资金 > 0，偿债风险小；营运资金 < 0，偿债风险大
	流动比率	流动资产 ÷ 流动负债	比率值越高，一般认为偿还流动负债的能力越强
	速动比率	速动资产 ÷ 流动负债	一般情况下，速动比率越大，短期偿债能力越强
	现金比率	（货币资金 + 交易性金融资产）÷ 流动负债	扣除了应收账款，最能反映企业直接偿付流动负债的能力
长期偿债能力	资产负债率	负债总额 ÷ 资产总额 ×100%	一般认为，资产负债率低于 50%，说明企业资产主要来源于所有者权益，财务比较稳健；资产负债率高于 50% 时，财务风险较大
	产权比率（资本负债率）	负债总额 ÷ 所有者权益 ×100%	一般认为，该比率越低，长期偿债能力越强
长期偿债能力	权益乘数	总资产 ÷ 股东权益	权益乘数越大，企业负债的程度越高；该比率越小，企业的负债程度越低，债权人权益受保护的程度越高
	利息保障倍数（已获利息倍数）	息税前利润 ÷ 全部利息费用	企业要维持正常偿债能力，利息保障倍数至少应大于 1（国际公认标准为 3），且比值越高，企业长期偿债能力越强

偿债能力的其他影响因素包括可动用的银行贷款指标或授信额度、资产质量、或有事项和承诺事项、经营租赁。

（1）可动用的银行贷款指标或授信额度：不在财务报表内反映，但可以随时增加企业的支付能力，提高企业偿债能力。

（2）资产质量：如果企业存在很快变现的长期资产，则会增加企业的短期偿债能力。

（3）或有事项和承诺事项：债务担保或未决诉讼等或有事项会降低企业偿债能力。

（4）经营租赁：企业经营租赁量比较大、期限比较长或具有经常性时，经营租赁实际上就构成了一种长期性筹资，会降低企业的偿债能力。

名师解读

偿债能力指标可细分为短期偿债能力指标和长期偿债能力指标，两类指标各有 4 个主要指标。在记忆相关指标的公式时，考生应掌握一些规律，例如短期偿债能力指标中的营运资金指标是绝对金额，有金额单位，其余 3 个指标是相对数指标，无金额单位，且计算它们的公式中，分母均为流动负债。

典型例题

【例题 1 · 单选题】若流动比率大于 1，则下列结论一定成立的是（　）。

A. 速动比率大于 1

B. 营运资金大于零

C. 资产负债率大于 1

D. 短期偿债能力绝对有保障

【解析】流动比率是流动资产与流动负债之比，若流动比率大于 1，则说明流动资产大于流动负债，因此营运资金 = 流动资产 - 流动负债＞ 0。

【答案】B

【例题 2 · 单选题】如果企业速动比率很小，下列结论成立的是（　）。

A. 企业流动资产占用过多

B. 企业短期偿债能力很强

C. 企业短期偿债风险很大

D. 企业资产流动性很强

【解析】速动比率是用来衡量企业短期偿债能力的指标，一般来说速动比率越高，反映企业短期偿债能力越强，企业的短期偿债风险较小；反之，速动比率越低，反映企业短期偿债能力弱，企业的短期偿债风险较大。

【答案】C

【例题 3 · 单选题】产权比率越高，通常反映的信息是（　）。（2015 年）

A. 财务结构越稳健

B. 长期偿债能力越强

C. 财务杠杆效应越强

D. 股东权益的保障程度越高

【解析】产权比率 = 负债总额 ÷ 所有者权益总额 ×100%，这一比率越高，表明企业长期偿债能力越弱，债权人权益保障程度越低，所以选项 B、D 不正确；产权比率高，是高风险、高报酬的财务结构，财务杠杆效应强，所以选项 C 正确，选项 A 不正确。

【答案】C

【例题 4 · 单选题】某公司 2014 年年初产权比率为 65%。若该公司年度末所有者权益为 5 000 万元，并使债权人投入的资金受到所有者权益保障的程度降低 5 个百分点，则该公司 2014 年年末的资产负债率为（　）。

A. 44.395%　　B. 41.18%

C. 70%　　D. 60%

【解析】产权比率越高，债权人投入的资金受到所有者权益保障的程度越低，“使债权人投入的资金受到所有者权益保障的程度降低 5 个百分点”，即产权比率提高 5 个百分点，2014 年年末产权比率 =65%+5%=70%。根据公式：产权比率 = 负债总额 ÷ 所有者权益 ×100%，年末的负债总额 = 5 000×70%=3 500（万元），年末资产总额 = 负债总额 + 所有者权益 =3 500+5 000=8 500（万元），资产负债率 =（负债总额 ÷ 资产总额）×100%= 3 500 ÷ 8 500×100%=41.18%。

【答案】B

【例题 5 · 判断题】负债比率越高，则权益乘数越低，财务风险越大。（　）（2009 年）

【解析】根据公式：权益乘数 =1 ÷（1- 资产负债率），权益乘数与资产负债率同向变动，负债比率越高，权益乘数越大，财务风险就越大。

【答案】×

【例题 6 · 多选题】下列各项因素中，影响企业偿债能力的有（　）。（2015 年）

A. 经营租赁　　B. 或有事项

C. 资产质量　　D. 授信额度

【解析】影响偿债能力的其他因素包括：可动用的银行贷款指标或授信额度；资产质量；或有事项和承诺事项；经营租赁，所以 4 个选项均正确。

【答案】ABCD

考点5 营运能力分析（★★★）

考点分析

本考点出题的概率很大，在考试中常以多选题的形式出现，考查考生对营运能力指标的计算能力，以及对这些指标的经济含义的判断。考生在复习时应多加练习，熟练掌握这些指标的计算过程。

考点精讲

反映营运能力的财务指标有很多，它们的公式和经济含义都需要掌握，具体如表 10-5 所示。

表 10-5 营运能力财务指标

指标	公式	指标说明
应收账款周转次数	销售收入净额 ÷ 应收账款平均余额	①销售收入数据使用利润表中的营业收入 ②应收账款应包括会计报表中“应收账款”和“应收票据”等全部赊销账款 ③应收账款应当是未扣除坏账准备的金额 ④应收账款最好使用多个时点的平均数，以减少季节、偶然等因素的影响
应收账款周转天数	计算期天数 ÷ 应收账款周转次数	
存货周转次数	销售成本 ÷ 存货平均余额	①存货周转率的高低与企业的经营特点有密切联系，应注意行业的可比性 ②存货周转率反映存货整体的周转情况，不能说明企业经营各环节的存货周转情况和管理水平 ③应结合应收账款周转情况和信用政策进行分析
存货周转天数	计算期天数 ÷ 存货周转次数	
流动资产周转次数	销售收入净额 ÷ 流动资产平均余额	一般情况下，该指标值越高，表明企业流动资产周转速度越快，利用越好
流动资产周转天数	计算期天数 ÷ 流动资产周转次数	
固定资产周转率	销售收入净额 ÷ 固定资产平均净值	该指标值越高，说明资产利用率越高，管理水平越好
总资产周转率	销售收入净额 ÷ 资产平均总额	一般情况下，该指标值越高，表明企业总资产周转速度越快，销售能力越强，资产利用效率越高

典型例题

【例题 1 · 多选题】下列各项中，影响应收账款周转率指标的有（ ）。（2016 年）

A. 应收票据　　B. 应收账款

C. 预付账款　　D. 销售折扣与折让

【解析】应收账款包括会计报表中“应收账款”和“应收票据”等全部赊销账款在内，因为应收票据是销售形成的应收款项的另一种形式，所以应收票据和应收账款会影响应收账款周转率，选项 A、B 正确。销售收入是指扣除销售折扣和销售折让后的销售净额，因此，销售折扣与折让也会影响应收账款周转率，选项 D 正确。

【答案】ABD

【例题 2 · 多选题】一般而言，存货周转次数增加，其所反映的信息有（ ）。（2014 年）

A. 盈利能力下降

B. 存货周转期延长

C. 存货流动性增强

D. 资产管理效率提高

【解析】存货周转次数是衡量和评价企业购入存货、投入生产、销售收回等各环节管理效率的综合性指标。一般来讲，存货周转速度越快，存货占用水平越低，流动性越强，存货转化为现金或应收账款的速度就越快，这样会增加企业的短期偿债能力及盈利能力。

【答案】CD

【例题 3 · 判断题】如果固定资产净值增加幅度高于营业收入增长幅度，则会引起固定资产周转速度加快，表明企业的运营能力有所提高。（ ）

【解析】固定资产周转率 = 销售收入净额 / 固定资产平均净值，如果固定资产净值增加幅度高于营业收入增长幅度，则会引起固定资产周转速度放慢，表明企业的运营能力有所降低。

【答案】×

考点6 盈利能力分析（★★★）

考点分析

本考点出题的概率很大，主要考查考生对盈利能力指标的计算能力和对盈利指标的综合运用能力。考生在复习时应多加练习，熟练掌握这些指标的计算过程。

考点精讲

反映盈利能力的财务指标有很多，它们的公式和经济含义都需要掌握，具体如表 10-6 所示。

表 10-6 盈利能力财务指标

指标	公式	指标说明
销售毛利率	销售毛利 ÷ 销售收入 ×100%	销售毛利率越高，表明产品的盈利能力越强；毛利率显著高于同业水平，说明公司产品附加值高，产品定价高
销售净利率	净利润 ÷ 销售收入 ×100%	销售净利率越高，企业的最终盈利能力越强
总资产净利率	净利润 ÷ 资产平均总额 ×100%	总资产净利率越高，表明企业资产的利用效果越好
净资产收益率	净利润 ÷ 平均所有者权益 ×100%	净资产收益率越高，说明投资带来的收益越高；越低，说明企业所有者权益的获利能力越弱

典型例题

【例题 1·单选题】假定其他条件不变，下列各项经济业务中，会导致公司总资产净利率上升的是（　）。（2013 年）

A. 收回应收账款

B. 用资本公积转增股本

C. 用银行存款购入生产设备

D. 用银行存款归还银行借款

【解析】根据公式“总资产净利率 = 净利润 / 平均总资产 ×100%”，选项 A、C 都是资产内部的此增彼减；选项 B 会引起所有者权益内部此增彼减。而选项 D 会使银行存款减少，从而使得总资产减少，总资产净利率上升。

【答案】D

【例题 2·计算分析题】丁公司 2015 年 12 月 31 日的资产负债表显示：资产总额年初数和年末数分别为 4 800 万元和 5 000 万元，负债总额年初数和年末数分别为 2 400 万元和 2 500 万元。丁公司 2015 年度营业收入为 7 350 万元，净利润为 294 万元。

要求：

（1）根据年初、年末平均值，计算权益乘数。

（2）计算总资产周转率。

（3）计算销售净利率。

（4）根据要求（1）、（2）、（3）的计算结果，计算总资产净利率和净资产收益率。（2016 年）

【答案】

（1）年初股东权益 =4 800−2 400=2 400（万元）；

年末股东权益 =5 000−2 500=2 500（万元）；

平均总资产 =（4 800 + 5 000）÷ 2=4 900（万元）；

平均股东权益 =（2 400 + 2 500）÷ 2=2 450（万元）；

权益乘数 =4 900 ÷ 2 450=2。

（2）总资产周转率 =7 350 ÷ 4 900=1.5。

（3）销售净利率 =294 ÷ 7 350 × 100%=4%。

（4）总资产净利率 =4% × 1.5=6%。

净资产收益率 =6% × 2=12%。

考点7 发展能力分析（★★★）

考点分析

本考点出题的概率很大，在考试中常以单选题、判断题的形式出现，考查考生对发展能力指标的计算能力，以及对这些指标的经济含义的判断。考生在复习时应多加练习，熟练掌握这些指标的计算过程。

考点精讲

反映发展能力的财务指标有很多，它们的公式和经济含义都需要掌握，具体如表 10−7 所示。

表 10−7　发展能力财务指标

指标	公式	指标说明
销售收入增长率	本年销售收入增长额 ÷ 上年销售收入 ×100%	销售收入增长率越高，表明企业销售收入的增长速度越快，企业市场前景越好
总资产增长率	本年资产增长额 ÷ 年初资产总额 ×100%	总资产增长率越高，表明企业一定时期内资产经营规模扩张的速度越快
营业利润增长率	本年营业利润增长额 ÷ 上年营业利润总额 ×100%	反映企业营业利润的增减变动
资本保值增值率	期末所有者权益 ÷ 期初所有者权益 ×100%	反映企业资本的运营效益与安全状况
资本积累率	本年所有者权益增长额 ÷ 年初所有者权益 ×100%	资本积累率越高，表明企业的资本积累越多，应对风险、持续发展的能力越强

典型例题

【例题 1·判断题】计算资本保值增值率时，期末所有者权益的计量应当考虑利润分配及投入资本的影响。（　）（2016 年）

【解析】资本保值增值率是指扣除客观因素后的所有者权益的期末总额与期初总额之比。该指标的高低，除了受企业经营成果的影响外，还受企业利润分配政策和投入资本的影响。

【答案】√

【例题 2·单选题】某公司 2012 年年初所有者权益为 1.25 亿元，2012 年年末所有者权益为 1.50 亿元。该公司 2012 年的资本积累率是（　）。（2013 年）

A. 16.67%　　B. 20.00%

C. 25.00%　　D. 120.00%

【解析】资本积累率 =（年末所有者权益 − 年初所有者权益）/ 年初所有者权益 ×100%=（1.5−1.25）÷ 1.25 × 100%=20%。

【答案】B

考点8 现金流量分析（★★★）

考点分析

本考点出题的概率很大，在考试中常以判断题的形式出现，偶尔也会出现在计算分析题中，考查考生对现金流量指标的计算能力，以及对这些指标的经济含义的判断。考生在复习时应多加练习，熟练掌握这些指标的计算过程。

考点精讲

分析现金流量的财务指标有很多，它们的公式和经济含义都需要掌握，具体如表 10-8 所示。

表 10-8 现金流量相关财务指标

类别	指标	公式	指标说明
获取现金能力	销售现金比率	经营活动现金流量净额 ÷ 销售收入 ×100%	反映每单位销售收入得到的现金流量净额，其数值越大，表明企业的收入质量越好，资金利用效果越好
	每股营业现金净流量	经营活动现金流量净额 ÷ 普通股股数	反映企业最大的分派股利能力，超过该指标，企业可能需要借款才能保证分红
	全部资产现金回收率	经营活动现金流量净额 ÷ 企业平均总资产 ×100%	全部资产现金回收率越大，说明利用资产创造的现金流入越多，企业获取现金能力越强
收益质量	净收益营运指数	经营净收益 ÷ 净利润	净收益营运指数越小，非经营收益所占比重越大，收益质量越差
	现金营运指数	经营活动现金流量净额 ÷ 经营所得现金	现金营运指数越小，以实物或债权形式存在的收益占总收益的比重越大，收益质量越差

典型例题

【例题 1·判断题】净收益营运指数是收益质量分析的重要指标，一般而言，净收益营运指数越小，表明企业收益质量越好。（　）（2013 年）

【解析】净收益营运指数越小，非经营收益所占比重越大，企业收益质量越差。所以，本题说法错误。

【答案】×

【例题 2·计算分析题】丁公司 2013 年 12 月 31 日总资产为 600 000 元，其中流动资产为 450 000 元，非流动资产为 150 000 元；股东权益为 400 000 元。丁公司年度运营分析报告显示，2013 年的存货周转次数为 8 次，销售成本为 500 000 元，净资产收益率为 20%，非经营净收益为 - 20 000 元。期末的流动比率为 2.5。

要求：

（1）计算 2013 年存货平均余额。

（2）计算 2013 年年末流动负债。

（3）计算 2013 年净利润。

（4）计算 2013 年经营净收益。

（5）计算 2013 年净收益营运指数。（2014 年）

【答案】

（1）存货周转次数 = 销售成本 ÷ 存货平均余额，因此 2013 年的存货平均余额 =500 000 ÷ 8=62 500（元）。

（2）流动比率 = 流动资产 ÷ 流动负债，因此 2013 年年末的流动负债 = 流动资产 ÷ 流动比率 =450 000 ÷ 2.5=180 000（元）。

（3）净资产收益率 = 净利润 ÷ 平均净资产，因此，2013 年净利润 = 平均净资产 × 净资产收益率 = 400 000 × 20%=80 000（元）。

（4）经营净收益 = 净利润 - 非经营净收益，因此，2013 年经营净收益 =80 000-（ -20 000 ）=100 000（元）。

（5）净收益营运指数 = 经营净收益 ÷ 净利润，因此，2013 年的净收益营运指数 =100 000 ÷ 80 000=1.25。

本节考点回顾与总结一览表

本节考点	知识总结
考点 4 偿债能力分析	①短期偿债能力指标：营运资金、流动比率、速动比率、现金比率 ②长期偿债能力指标：资产负债率、产权比率、权益乘数、利息保障倍数 ③影响偿债能力的其他因素：可动用的银行贷款指标或授信额度、资产质量、或有事项和承诺事项、经营租赁
考点 5 营运能力分析	① ×× 周转次数：应收账款周转次数、存货周转次数、流动资产周转次数 ② ×× 周转天数：应收账款周转天数、存货周转天数、流动资产周转天数 ③ ×× 周转率：固定资产周转率、总资产周转率
考点 6 盈利能力分析	盈利指标：①销售毛利率；②销售净利率；③总资产净利率；④净资产收益率
考点 7 发展能力分析	发展能力指标：①销售收入增长率；②总资产增长率；③营业利润增长率；④资本积累率；⑤资本保值增值率
考点 8 现金流量分析	现金流量相关财务指标：①净收益营运指数；②现金营运指数

真题演练

【多选题】在一定时期内，应收账款周转次数多、周转天数少表明（　）。（2013 年）

A. 收账速度快

B. 信用管理政策宽松

C. 应收账款流动性强

D. 应收账款管理效率高

第三节　上市公司财务分析

考点9　上市公司财务分析指标（★★★）

考点分析

本考点涉及的指标、公式很多，有些公式的参数需要在理解的基础上才能得出准确值。该考点出题频率很高，一般以客观题为主，主要考查上市公司财务分析指标的定义、计算和经济含义。

考点精讲

上市公司有其专用的财务指标，相关指标的计算较为复杂，具体如表 10-9 所示。

表 10-9　上市公司专用指标

指标		公式	经济含义
基本每股收益		归属于公司普通股股东的净利润 ÷ 发行在外的普通股加权平均数	每股收益反映了投资者渴望获得的最高股利收益，该指标值越大，一般表示该股票的投资价值越大
稀释每股收益	可转换公司债券	（归属于公司普通股股东的净利润 + 债券当期已确认为费用的利息、溢价或折价摊销等的税后影响额）÷（发行在外的普通股加权平均数 + 债转股的股数加权平均数）	
	认股权证、股份期权	归属于公司普通股股东的净利润 ÷（发行在外的普通股加权平均数 + 增加的普通股股数）	
每股股利		现金股利总额 ÷ 期末发行在外的普通股股数	每股股利越大，公司股本获利能力就越强
股利发放率		每股股利 ÷ 每股收益	股利发放率反映一家上市公司的股利发放政策，股利发放率较高的一般是绩优公司
市盈率		每股市价 ÷ 每股收益	反映市场上投资者对股票投资收益和投资风险的预期
每股净资产		期末净资产 ÷ 期末发行在外的普通股股数	每股净资产越高，企业发展潜力与其股票的投资价值越大，投资者所承担的投资风险越小
市净率		每股市价 ÷ 每股净资产	市净率较低的股票，一般投资价值较高；相反，则投资价值较低

典型例题

【例题 1 · 单选题】某公司 2016 年年初发行在外普通股股数 1 000 万股，3 月 1 日新发行 450 万股，11 月 1 日回购 150 万股。当年实现净利润 500 万元，则基本每股收益为（　）元。

A. 0.38

B. 0.37

C. 0.43

D. 0.5

【解析】发行在外普通股的加权平均数 = 期初发行在外普通股股数 + 当期新发普通股股数 × 已发行时间 ÷ 报告期时间 − 当期回购普通股股数 × 已回购时间 ÷ 报告期时间 =1 000+450 × 10 ÷ 12−150 × 2 ÷ 12=1 350（万股），基本每股收益 = 归属于公司普通股股东的净利润 ÷ 发行在外普通股的加权平均数 =500 ÷ 1 350=0.37（元）。

【答案】B

【例题 2 · 多选题】下列各项中，属于企业计算稀释每股收益时应当考虑的潜在普通股有（　）。（2011 年）

A. 认股权证

B. 股份期权

C. 公司债券

D. 可转换公司债券

【解析】目前，我国企业发行的潜在普通股主要有可转换公司债券、认股权证、股份期权等。

【答案】ABD

【例题 3·判断题】市盈率是反映股票投资价值的重要指标，该指标数值越大，表明投资者越看好该股票的投资预期。（ ）（2014 年）

【解析】市盈率的高低反映了投资者对股票投资收益和投资风险的预期，市盈率越高，意味着投资者对股票的收益预期越看好，投资价值越大。

【答案】√

【例题 4·判断题】通过横向和纵向对比，每股净资产指标可以作为衡量上市公司股票投资价值的依据之一。（ ）（2011 年）

【解析】利用每股净资产指标进行横向和纵向对比，可以衡量上市公司股票的投资价值，本题的说法正确。

【答案】√

【例题 5·判断题】市净率是每股市价与每股净利的比率，是投资者用以衡量、分析个股是否具有投资价值的工具之一。（ ）

【解析】市净率是每股市价与每股净资产的比率，是投资者用以衡量、分析个股是否具有投资价值的工具之一。

【答案】×

考点10 管理层讨论与分析（★★）

考点分析

本考点的内容较少，不过出题的频率不低，一般考查"管理层讨论与分析"信息披露的内容与原则，题型以客观题为主。

考点精讲

管理层讨论与分析，是上市公司定期报告中管理层对于本企业过去经营状况的评价分析以及对企业未来发展趋势的前瞻性判断，是对企业财务报表中所描述的财务状况和经营成果的解释，并从公司管理层的角度对企业经营中各种风险的揭示和未来发展前景的预期。

上市公司"管理层讨论与分析"主要包括以下两部分。

（1）报告期间经营业绩变动的解释：包括主营业务分析；资产、负债状况分析；现金流量的构成情况分析等。

（2）企业未来发展的前瞻性信息：行业竞争格局和发展趋势、公司发展战略、经营计划等。

我国管理层讨论与分析的披露，实行强制与自愿相结合的原则，即某些管理层讨论与分析信息必须披露，而另一些管理层讨论与分析信息鼓励企业自愿披露。

典型例题

【例题·单选题】我国上市公司"管理层讨论与分析"信息披露遵循的原则是（ ）。（2012 年）

A. 自愿原则

B. 强制原则

C. 不定期披露原则

D. 强制与自愿相结合原则

【解析】管理层讨论与分析信息大多涉及"内部性"较强的定性型软信息，无法对其进行详细的强制规定和有效监控，因此西方国家的披露原则是强制与自愿相结合，企业可以自主决定如何披露这类信息，我国也基本实行这种原则。

【答案】D

本节考点回顾与总结一览表

本节考点	知识总结
考点 9 上市公司财务分析指标	①上市公司专用指标：基本每股收益、每股股利、股利发放率、每股净资产、市净率 ②计算稀释每股收益时，应分别考虑所得税、时间权数来调整分子、分母
考点 10 管理层讨论与分析	①管理层讨论与分析的内容：报告期间经营业绩变动的解释；企业未来发展的前瞻性信息 ②管理层讨论与分析的披露原则：强制与自愿相结合

真题演练

1.【多选题】股利发放率是上市公司财务分析的重要指标，下列关于股利发放率的表述中，正确的有（ ）。（2012 年）

A. 可以评价公司的股利分配政策

B. 反映每股股利与每股收益之间的关系

C. 股利发放率越高，盈利能力越强

D. 是每股股利与每股净资产之间的比率

2.【判断题】上市公司盈利能力的成长性和稳定性是影响其市盈率的重要因素。（ ）（2010 年）

3.【多选题】上市公司年度报告信息披露中，"管理层讨论与分析"披露的主要内容有（ ）。（2010 年）

A. 对报告期间经济状况的评价分析

B. 对未来发展趋势的前瞻性判断

C. 注册会计师审计意见

D. 对经营中固有风险和不确定性的揭示

第四节 财务评价与考核

考点11 杜邦分析法（★★）

考点分析

本考点的出题概率不大，从历年考试看，一般在客观题中出现，考查杜邦分析法使用的指标及其经济含义。

考点精讲

杜邦分析法是利用各主要财务比率指标间的内在联系，对企业财务状况及经济效益进行综合系统分析评价的方法。

该体系以净资产收益率为起点，以总资产净利率和权益乘数为核心，重点揭示企业盈利能力及权益乘数对净资产收益率的影响，以及各相关指标间的相互影响作用关系。该体系涉及的公式如下。

净资产收益率 = 总资产净利率 × 权益乘数

总资产净利率 = 销售净利率 × 总资产周转率

净资产收益率 = 销售净利率 × 总资产周转率 × 权益乘数

典型例题

【例题·单选题】在上市公司杜邦财务分析体系中，最具有综合性的财务指标是（　）。（2010 年）

A. 营业净利率

B. 净资产收益率

C. 总资产净利率

D. 总资产周转率

【解析】净资产收益率是综合性最强的财务分析指标，是杜邦分析体系的起点和核心。

【答案】B

考点12 沃尔评分法（★）

考点分析

本考点在考试中出现的概率较小，如果出题，可能会考查沃尔评分法采用的财务指标和沃尔评分法的缺点等。

考点精讲

沃尔评分法采用 7 个财务比率——流动比率、产权比率、固定资产比率、存货周转率、应收账款周转率、固定资产周转率和自有资金周转率，分别给定各指标的比重，总和为 100 分；然后确定标准比率（以行业平均数为基础），将实际比率与标准比率相比，得出相对比率，将此相对比率与各指标比重相乘，得出总评分。

沃尔评分法的缺陷有以下方面。

（1）理论上：未能证明选择这 7 个财务指标的理由，以及每个指标所占比重的合理性。

（2）技术上：某一个指标严重异常时，会对总评分产生不合逻辑的重大影响，例如财务比率提高 100%，评分增加 100%，而缩小 50%，其评分只减少 50%。

鉴于沃尔评分法的缺陷，人们对该方法进行了改进，以适应现代社会的需要。改进前后该方法使用的指标和计算方法有所区别，具体如表 10-10 所示。

表 10-10　改进前后的沃尔评分法

对比项目	改进前	改进后
指标与比重	①流动比率（25%）；②产权比率（25%）；③固定资产比率（15%）；④存货周转率（10%）；⑤应收账款周转率（10%）；⑥固定资产周转率（10%）；⑦自有资金周转率（5%）	盈利能力指标：①总资产报酬率（20%）；②销售净利率（20%）；③净资产收益率（10%） 偿债能力指标：④自有资本比率（8%）；⑤流动比率（8%）；⑥应收账款周转率（8%）；⑦存货周转率（8%） 成长能力指标：⑧销售增长率（6%）；⑨净利增长率（6%）；⑩总资产增长率（6%）
评分公式	总评分 = Σ［指标比重 ×（实际比率 ÷ 标准比率）］	①Σ各指标的标准评分 =100 ②各指标的每分比率差 =（行业最高比率 − 标准比率）÷（最高评分 − 标准评分） ③各指标的调整分 =（实际比率 − 标准比率）÷ 每分比率差 ④总评分 = Σ（各指标的标准评分 + 各指标的调整分）
特点	将互不关联的财务指标按照权重予以综合联动，使得综合评价成为可能	①标准比率以本行业平均数为基础，对每个指标评分时，应规定其上限和下限，以减少个别指标异常对总分造成不合理的影响 ②给分不是采用“乘”的关系，而采用“加”或“减”的关系来处理

典型例题

【例题 1·多选题】在现在使用的沃尔评分法中，共计选用了 10 个财务指标，下列指标中没有被选用的是（　）。

A. 总资产报酬率　　B. 速动比率

C. 自有资本比率　　D. 资产负债率

【解析】现在使用的沃尔评分法共计选用了 10 个财务指标，分为 3 类，即盈利能力指标中的总资产报酬率、销售净利率、净资产收益率；偿债能力指标中的自有资本比率、流动比率、应收账款周转率、存货周转率；成长能力指标中的销售增长率、净利增长率、总资产增长率。

【答案】BD

【例题 2·判断题】在现代的沃尔评分法中，总资产报酬率的标准评分值为 20 分，标准比率为 5.5%，行业最高比率为 15.8%，最高评分为 30 分，最低评分为 10 分。A 企业的总资产报酬率的实际值为 10%，则 A 企业的该项得分为 24.37 分。（　）

【解析】根据现代的沃尔评分法，总资产报酬率每分比率的差 =（15.8%−5.5%）÷（30−20）=1.03%，A 企业的该项得分 =20+（10%−5.5%）÷1.03%=24.37（分）。

【答案】√

考点13 综合绩效评价（★★）

考点分析

本考点内容较多，在历年考试中以单选题为主进行考查，考查财务业绩定量评价指标及其分类。

考点精讲

综合绩效评价是综合分析的一种，一般是站在企业所有者（投资人）的角度进行的，旨在对企业特定经营期间的盈利能力、资产质量、债务风险、经营增长以及管理状况等进行综合评判。

企业综合绩效评价指标由 22 个财务绩效定量评价指标和 8 个管理绩效定性评价指标组成，具体如表 10−11 所示。

表 10−11　企业综合绩效评价指标

评价内容	财务绩效		管理绩效指标
	基本指标	修正指标	
盈利能力状况	净资产收益率 总资产报酬率	①销售（营业）利润率 ②盈余现金保障倍数 ③成本费用利润率 ④资本收益率	战略管理 发展创新 经营决策 风险控制 基础管理 人力资源 行业影响 社会贡献
资产质量状况	总资产周转率 应收账款周转率	①不良资产比率 ②流动资产周转率 ③资产现金回收率	
债务风险状况	资产负债率 已获利息倍数	①速动比率 ②现金流动负债比率 ③带息负债比率 ④或有负债比率	
经营增长状况	销售（营业）增长率 资本保值增值率	①销售（营业）利润增长率 ②总资产增值率 ③技术投入比率	

企业综合绩效评价计分有两个主要公式。

（1）企业综合绩效评价分数 = 财务绩效定量评价分数 ×70%+ 管理绩效定性评价分数 ×30%。

（2）绩效改进度 = 本期绩效评价分数 ÷ 基期绩效评价分数。绩效改进度大于 1，说明经营绩效上升；绩效改进度小于 1，说明经营绩效下滑。

典型例题

【例题·单选题】下列综合绩效评价指标中，属于财务绩效定量评价指标的是（　）。（2010 年）

A. 获利能力评价指标

B. 战略管理评价指标

C. 经营决策评价指标

D. 风险控制评价指标

【解析】财务绩效定量评价指标由反映企业盈利能力状况、资产质量状况、债务风险状况和经营增长状况 4 方面的基本指标和修正指标构成。选项 A 属于该类指标，而选项 B、C、D 均属于管理业绩定性评价指标。

【答案】A

本节考点回顾与总结一览表

本节考点	知识总结
考点 11 杜邦分析法	①以净资产收益率为起点，以总资产净利率和权益乘数为核心 ②净资产收益率 = 总资产净利率 × 权益乘数，总资产净利率 = 销售净利率 × 总资产周转率，净资产收益率 = 销售净利率 × 总资产周转率 × 权益乘数
考点 12 沃尔评分法	沃尔评分法采用 7 个财务比率：流动比率、产权比率、固定资产比率、存货周转率、应收账款周转率、固定资产周转率和自有资金周转率
考点 13 综合绩效评价	①综合绩效评价的 4 个内容：盈利能力状况、资产质量状况、债务风险状况、经营增长状况 ②绩效计分公式：企业综合绩效评价分数 = 财务绩效定量评价分数 ×70%+ 管理绩效定性评价分数 ×30%，绩效改进度 = 本期绩效评价分数 ÷ 基期绩效评价分数

真题演练

【单选题】某企业2007年和2008年的营业净利率分别为7%和8%，资产周转率分别为2和1.5，两年的资产负债率相同，与2007年相比，2008年的净资产收益率变动趋势为（　　）。（2009年）

A. 上升　　B. 下降
C. 不变　　D. 无法确定

第五节 本章综合练习

（一）单选题

1. 以下关于比率分析法的说法，不正确的是（　　）。

A. 构成比率又称结构比率，利用构成比率可以考查总体中某个部分的形成和安排是否合理，以便协调各项财务活动

B. 利用效率比率指标，可以考查企业有联系的相关业务安排得是否合理，以保障经营活动顺畅进行

C. 销售利润率属于效率比率

D. 相关比率是以某个项目和与其有关但又不同的项目加以对比所得的比率，反映有关经济活动的相互关系

2. 应用比率分析法进行财务分析时，应注意的问题不包括（　　）。

A. 对比项目的相关性

B. 对比口径的一致性

C. 剔除偶发性项目的影响

D. 衡量标准的科学性

3. 下列指标中，可用于衡量企业短期偿债能力的是（　　）。

A. 已获利息倍数　　B. 或有负债比率
C. 带息负债比率　　D. 流动比率

4. 企业大量减少速动资产可能导致的结果是（　　）。

A. 减少资金的机会成本

B. 增加资金的机会成本

C. 增加财务风险

D. 提高流动资产的收益率

5. 下列经济业务会使企业的流动比率变动的是（　　）。

A. 销售产成品

B. 购买原材料

C. 购买短期债券

D. 用库存商品对外进行长期投资

6. 下列关于资产负债率的说法，不正确的是（　　）。

A. 它是一个反映长期偿债能力的指标，计算时不需要考虑短期债务

B. 它可以衡量企业在清算时保护债权人利益的程度

C. 该比率越低企业偿债越有保证，贷款越安全

D. 它反映在企业总资产中有多大比例是通过借债来筹资的

7. 下列指标中，其数值大小与偿债能力大小同方向变动的是（　　）。

A. 产权比率

B. 资产负债率

C. 已获利息倍数

D. 应收账款周转次数

8. 下列有关盈利能力分析和发展能力分析的有关说法中，错误的是（　　）。

A. 企业可以通过提高销售净利率、加速资产周转来提高总资产净利率

B. 一般来说，净资产收益率越高，股东和债权人的利益保障程度越高

C. 销售收入增长率大于1，说明企业本年销售收入有所增长

D. 资本积累率越高，表明企业的资本积累越多，应对风险、持续发展的能力越强

（二）多选题

1. 下列财务比率不反映企业短期偿债能力的有（　　）。

A. 现金比率　　B. 资产负债率
C. 产权比率　　D. 利息保障倍数

2. 乙企业目前的流动比率为1.5，若赊购材料一批，将会导致乙企业（　　）。

A. 速动比率降低

B. 流动比率降低

C. 营运资本增加

D. 存货周转次数增加

3. 下列财务比率反映企业长期偿债能力的有（　　）。

A. 权益乘数　　B. 利息保障倍数
C. 应收账款周转率　　D. 资产负债率

4. 下列经济业务会影响到权益乘数的有（　　）。

A. 接受所有者投资

B. 购买固定资产

C. 可转换债券转换为普通股

D. 赊购原材料

5. 下列财务比率属于反映企业营运能力的有（ ）。

A. 应收账款周转率　　B. 流动比率

C. 固定资产周转率　　D. 总资产周转率

6. 下列经济业务会影响企业应收账款周转率的有（ ）。

A. 收回应收账款　　B. 销售产成品

C. 销售退回　　D. 偿还应付账款

7. 以下方法中，能够用来提高销售净利率的有（ ）。

A. 扩大销售收入　　B. 提高资产周转率

C. 降低成本费用　　D. 提高其他利润

8. 企业计算稀释每股收益时，应当考虑的稀释性潜在的普通股包括（ ）。

A. 股票期权

B. 认股权证

C. 可转换公司债券

D. 不可转换公司债券

9. 市盈率是评价上市公司盈利能力的指标，下列表述正确的有（ ）。

A. 市盈率越高，意味着期望的未来收益较之于当前报告收益就越高

B. 市盈率高意味着投资者对该公司的发展前景看好，愿意出较高的价格购买该公司股票

C. 成长性较好的高科技公司股票的市盈率通常要高一些

D. 市盈率过高，意味着这种股票具有较高的投资风险

10. 下列属于国有企业管理绩效定性评价内容的有（ ）。

A. 战略管理　　B. 财务控制

C. 行业影响　　D. 风险控制

（三）判断题

1. 比较分析法中的定基动态比率，是用分析期数额除以前期数额计算得到的。（ ）

2. 在财务分析中，将通过对比两期或连续数期财务报告中的相同指标，确定其增减变动的方向、数额和幅度，来说明企业财务状况或经营成果的变动趋势的方法称为比率分析法。（ ）

3. 在选择财务指标的比较标准时，同业标准是经常使用的标准，它一定有代表性，且一定具有合理性。（ ）

4. 用银行存款购置固定资产可以降低总资产周转率。（ ）

5. 2015 年甲公司实现净利润 100 万元，营业收入为 1 000 万元，平均所有者权益总额为 600 万元，预计 2016 年净利润增长 5%，其他因素不变，则该公司 2016 年净资产收益率为 17.5%。（ ）

6. 计算每股收益时，回购库存股将使每股收益增加，派发股票股利时将使每股收益降低。（ ）

7. 市盈率是股票每股市价与每股收益的比率，反映普通股股东为获取每股收益所愿意支付的股票价格。（ ）

8. 管理层讨论与分析是上市公司定期报告中管理层对于本企业过去经营状况的评价分析，是对企业财务报表中所描述的财务状况和经营成果的解释。（ ）

9. 我国中期报告中的“管理层讨论与分析”部分以及年度报告中的“董事会报告”部分，都是规定某些管理层讨论与分析信息必须披露，而另一些管理层讨论与分析信息鼓励企业自愿披露。（ ）

10. 现代沃尔评分法一般认为企业财务评价的内容按重要程度划分，依次是盈利能力、偿债能力、成长能力，它们之间大致可按 5 ∶ 3 ∶ 2 的比重来分配。（ ）

（四）计算分析题

1. D公司为一家上市公司，已公布的公司2016年财务报告显示，该公司2016年净资产收益率为4.8%，较2015年大幅降低，引起了市场各方的广泛关注，为此，某财务分析师详细搜集了D公司2015和2016年的有关财务指标，如表10-12所示。

表 10-12　相关财务指标

项目	2015 年	2016 年
销售净利率	12%	8%
总资产周转率（次数）	0.6	0.3
权益乘数	1.8	2

要求：

（1）计算 D 公司 2015 年净资产收益率。

（2）计算 D 公司 2016 年和 2015 年净资产收益率的差异。

（3）利用因素分析法依次测算销售净利率、总资产周转率和权益乘数的变动时 D 公司 2016 年净资产收益率下降的影响。

2. 甲公司2016年的净利润为2 000万元，支付的优先股股利为100万元，发放的现金股利为240万元；2016年年初发行在外的普通股股数为1 200万股，2016年5月1日按照20元的价格增发了120万股（不考虑手续费），2016年9月1日按照15元的价格回购了60万股（不考虑手续费）。2016年年初的股东权益总额为13 600万元，优先股股东权

益为4 000万元。2016年年初时已发行在外的潜在普通股如下。

（1）认股权证400万份，行权比例为2∶1，行权价格为12元/股。

（2）按照溢价20%发行的5年期可转换公司债券，发行额为480万元，票面年利率为6%，如果全部转股，可以转换60万股。2016年没有认股权证被行权，也没有可转换公司债券被转换或赎回。所得税税率为25%。2016年普通股平均市场价格为15元，年末市价为20元。

要求：计算2016年的以下指标：①基本每股收益；②每股净资产；③每股股利；④稀释每股收益；⑤市盈率；⑥市净率。

（五）综合题

E公司是一家上市公司，为了适应外部环境变化，拟对当前的财务政策进行评估和调整，董事会召开了专门会议，要求财务部对财务状况和经营成果进行分析。相关资料如下。

资料一：公司财务状况经营成果有关资料分别如表10-13和表10-14所示。

表10-13　财务状况有关资料　（单位：万元）

项目	2015年12月31日	2016年12月31日
股本（每股面值1元）	6 000	11 800
资本公积	6 000	8 200
留存收益	38 000	40 000
股东权益合计	50 000	60 000
负债合计	90 000	90 000
负债和股东权益总计	140 000	150 000

表10-14　经营成果有关资料　（单位：万元）

项目	2014年	2015年	2016年
营业收入	120 000	94 000	112 000
息税前利润	*	7 200	9 000
利息费用	*	3 600	3 600
税前利润	*	3 600	5 400
所得税	*	900	1 350
净利润	6 000	2 700	4 050
现金股利	1 200	1 200	1 200

说明："*"表示省略的数据。

资料二：该公司所在行业相关指标平均值：资产负债率为40%，利息保障倍数（已获利息倍数）为3倍。

资料三：2016年2月21日，公司根据2015年度股东大会决议，除分配现金股利外，还实施了股票股利分配方案，以2015年年末总股数为基础，每10股送3股。工商注册登记变更后公司总股数为7 800万股，公司2016年7月1日发行新股4 000万股。

资料四：为增加公司流动性，董事陈某建议发行公司债券筹资10 000万元，董事王某建议，改变之前的现金股利政策，公司以后不再发放现金股利。

要求：

（1）计算E公司2016年的资产负债率、权益乘数、利息保障倍数、总资产周转率和基本每股收益。

（2）计算E公司在2015年年末息税前利润为7 200万元时的财务杠杆系数。

（3）结合E公司目前偿债能力状况，分析董事陈某提出的建议是否合理并说明理由。

（4）说明E公司2014年、2015年、2016年执行的是哪一种现金股利政策？如果采纳董事王某的建议停发现金股利，对公司股价可能会产生什么影响？

第六节　本章真题演练及综合练习答案与解析

一、真题演练答案速查表

所在节	题号	答案	题号	答案	题号	答案
第一节	√					
第二节	ACD					
第三节	1	AB	2	√	3	ABD
第四节	B					

二、本章综合练习答案与解析

（一）单选题

1. B【解析】利用效率比率指标，可以进行得失比较，考查经营成果，评价经济效益，因此选项B不正确。

2. C【解析】比率分析法应注意的问题包括对比项目的相关性、对比口径的一致性、衡量标准的科学性。剔除偶发性项目的影响属于比较分析法应注意的问题。

3. D【解析】流动比率是流动资产除以流动负债的比率，是衡量短期偿债能力的指标，选项A、B、C都是衡量长期偿债能力的指标。

4. C【解析】企业大量减少速动资产可能导致

无法偿付债务，增加财务风险。

5. D【解析】流动比率是企业流动资产与流动负债之比，销售产成品、购买原材料、购买短期债券不会改变流动资产和流动负债；用库存商品对外进行长期投资、用银行存款购买无形资产减少了流动资产，不改变流动负债。

6. A【解析】资产负债率 =（负债总额 ÷ 资产总额）×100%，负债总额包括流动负债和非流动负债，流动负债实际上是短期债务，可以看出流动负债对资产负债率是有影响的，故选项 A 的说法错误。

7. C【解析】已获利息倍数（利息保障倍数）= 息税前利润总额 ÷ 利息支出，该指标越大，说明企业偿债能力越强。

8. C【解析】销售收入增长率大于 0，说明企业本年销售收入有所增长，选项 C 不正确。

（二）多选题

1. BCD【解析】企业短期偿债能力的衡量指标主要有营运资金、流动比率、速动比率和现金比率。

2. AB【解析】赊购原材料使流动资产和流动负债等额增加，所以营运资本不变，选项 C 错误；销售成本不变，存货增大会使存货周转次数降低，选项 D 错误。

3. ABD【解析】应收账款周转率反映企业的营运能力。

4. ACD【解析】选项 B 是资产内部此消彼长，不会影响到权益乘数。

5. ACD【解析】选项 B 是反映企业的偿债能力的指标。

6. ABC【解析】应收账款周转率 = 销售收入净额 ÷ 应收账款。销售产成品和销售退回会影响销售收入，进而影响企业应收账款周转率；收回应收账款会影响应收账款数额，进而影响应收账款周转率；选项 D 不会影响应收账款周转率。

7. ACD【解析】销售净利率 = 净利润 ÷ 销售收入，其中，净利润 = 销售收入 − 全部成本 + 其他利润 − 所得税费用。

8. ABC【解析】稀释性潜在普通股是指假设当前转换为普通股会减少每股收益的潜在普通股，主要包括可转换债券、认股权证、股票期权。

9. ABCD【解析】本题 4 个选项表述均正确。

10. ACD【解析】选项 B，财务控制不属于国有企业管理绩效定性评价内容。

（三）判断题

1.×【解析】比较分析法使用的指标有定基动态比率和环比动态比率，其中定基动态比率 = 分析期数额 ÷ 固定基期数额，环比动态比率 = 分析期数额 ÷ 前期数额。

2.×【解析】在财务分析中，将通过对比两期或连续数期财务报告中的相同指标，确定其增减变动的方向、数额和幅度，来说明企业财务状况或经营成果的变动趋势的方法称为比较分析法。

3.×【解析】财务分析的局限之一是财务指标的比较基础不统一，同业标准只具有一般性的指导作用，不一定合理，特别是对于多元化发展的企业，很难进行同业比较。

4.×【解析】用银行存款购置固定资产，流动资产减少，但是长期资产等额增加，所以资产总额不变，总资产周转率不变。

5. √【解析】净资产收益率 = 净利润 ÷ 平均所有者权益，所以，该公司 2016 年净资产收益率 =100×（1+5%）÷600×100%=17.5%。

6. √【解析】本题表述正确。

7.×【解析】市盈率是股票每股市价与每股收益的比率，反映普通股股东为获取 1 元净利润所愿意支付的股票价格。

8.×【解析】管理层讨论与分析的内容包括报告期间经营业绩变动的解释以及企业未来发展的前瞻性信息两部分内容，题目描述不完整。

9. √【解析】本题表述正确。

10. √【解析】本题表述正确。

（四）计算分析题

1.【答案】

（1）2015 年净资产收益率 =12% ×0.6×1.8=12.96%。

（2）2016 年净资产收益率与 2015 年净资产收益率的差额 =4.8% −12.96% =−8.16%。

（3）销售净利率变动的影响 =（8% −12%）×0.6×1.8=−4.32%。

总资产周转率变动的影响 =8% ×（0.3−0.6）×1.8=−4.32%。

权益乘数变动的影响 =8% ×0.3×（2−1.8）=0.48%。

2.【答案】

①发行在外的普通股加权平均数 =1 200+120×8÷12−60×4÷12=1 260（万股）。

归属于普通股股东的净利润 = 净利润 − 优先股股利 =2 000−100=1 900（万元）。

基本每股收益 =1 900÷1 260=1.51（元）。

②年末的股东权益 = 年初的股东权益 + 增发新股增加的股东权益 − 股票回购减少的股东权益 + 当年的收益留存 =13 600+20×120−15×60+（2 000−100−240）=16 760（万元）。

年末的发行在外的普通股股数 =1 200+120−60=1 260（万股）。

年末属于普通股股东的股东权益 = 年末的股东权益 - 优先股股东权益 =16 760-4 000=12 760（万元）。

年末的每股净资产 =12 760÷1 260=10.13（元）。

③每股股利 =240÷1 260=0.19（元）。

④增加的净利润 = 债券面值总额 × 票面年利率 ×（1- 所得税税率）= 债券发行额 ÷（1+ 溢价率）× 票面年利率 ×（1- 所得税税率）=480÷（1+20%）×6%×（1-25%）=18（万元）。

可转换债券转股增加的股数为 60 万股。

认股权证行权增加的股数 = 认股权证行权认购的股数 ×（1- 行权价格 ÷ 普通股平均市场价格）=400÷2×（1-12÷15）=40（万股）。

稀释的每股收益 = 归属于普通股股东的净利润 ÷ 稀释后的发行在外的普通股加权平均数 =（1 900+18）÷（1 260+40+60）=1.41（元）。

⑤市盈率 = 每股市价 ÷ 基本每股收益 =20÷1.51=13.25。

⑥市净率 = 每股市价 ÷ 每股净资产 =20÷10.13=1.97。

（五）综合题

【答案】

（1）2016 年：资产负债率 =[（90 000+90 000）÷2]÷[（140 000+150 000）÷2]×100%=62.07%（或：资产负债率 =90 000÷150 000×100%=60%）。

权益乘数 =[（140 000+150 000）÷2]÷[（50 000+60 000）÷2]=2.64（或：权益乘数 =150 000÷60 000=2.5）【注：由于题干中未明确相关资产的平均余额以期末数据代替，因此有两种算法。】

利息保障倍数 =9 000÷3 600=2.5。

总资产周转率 =112 000÷[（140 000+150 000）÷2]=0.77（次）。

基本每股收益 =4 050÷（6 000+6 000×30%+4 000×6÷12）=0.41（元 / 股）。

（2）财务杠杆系数 =7 200÷（7 200-3 600）=2。

（3）不合理。公司目前的资产负债率已经远超过行业平均资产负债率，且公司的利息保障倍数小于行业平均利息保障倍数 3，可见该公司偿债能力较差。如果再增发债券筹资，会进一步降低企业的偿债能力，加大企业的财务风险。

（4）2014 年、2015 年和 2016 年的现金股利相等，说明公司这 3 年执行的是固定股利政策。固定股利政策有利于树立公司的良好形象，增强投资者对公司的信心，稳定股票价格。如果公司采纳董事王某的建议而停发现金股利，可能会造成公司股价下降。

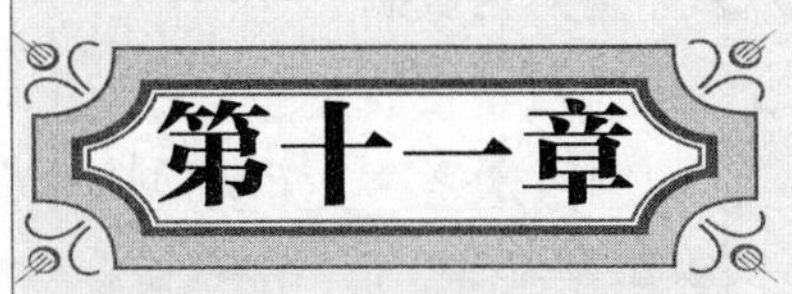

第十一章 跨章节综合题集训

计算分析题和综合题是“财务管理”考试中分值最大的题型，其综合性强，涉及的考点广且深，答题难度较大。计算分析题包括 4 题，每道题分值为 5 分，总分值为 20 分；综合题包括两题，第 1 题分值为 10 分，第 2 题分值为 15 分。其中每题均包含数量不等的小题，这两类题的总分合计为 45 分。

根据历年真题，除了第一章“总论”、第四章“筹资管理（上）”没有在综合题中出现，其他章节都可能在综合题中进行考查，且组合顺序不固定，如 2016 年的两道综合题分别是“8+9+10”（数字代表章数）、“5+6+7+8”，而在 2015 年则是“2+5”“8+9”。综合题的内容来源相对集中，一般为第五章至第十章。而在计算分析题中，一般是一道题考查某一章的内容，很少出现跨章节的题目。

近 3 年考试中跨章节的综合题在各章的分布如下表所示。

▼ 计算分析题和综合题章节分布一览表

章节	综合题的主要考点	涉及年份及题型
第二章 财务管理基础	应用资本资产定价模型	2015 年综合题（部分）
第三章 预算管理	编制生产预算	2014 年综合题（部分）
第五章 筹资管理（下）	应用每股收益分析法；计算普通股的资本成本率、平均资本成本；计算加权平均资产成本、财务杠杆系数、总杠杆系数	2014 年综合题（部分） 2015 年综合题（部分） 2016 年综合题（部分）
第六章 投资管理	计算项目现金流量、净现值、年金净流量；固定资产更新决策；计算股票的内在价值	2014 年综合题（部分） 2015 年综合题（部分） 2016 年综合题（部分）
第七章 营运资金管理	计算营运资金	2016 年综合题（部分）
第八章 成本管理	保本分析的基本公式、安全边际分析的基本公式、安全边际率指标的实际应用；计算单位标准成本、直接人工成本差异、直接人工效率差异、直接人工工资率差异；利润中心、投资中心考核指标的计算	2014 年综合题（部分） 2015 年综合题（部分） 2016 年综合题（部分）
第九章 收入与分配管理	应用剩余股利政策；应用全部成本费用加成定价法、变动成本费用加成定价法；发放股票股利前后财务数据的计算	2015 年综合题（部分）
第十章 财务分析与评价	应用因素分析法；偿债能力、上市公司特殊财务指标的计算	2016 年综合题（部分）

综合题集训

专题一：成本差异、目标利润法、保本分析

戊公司生产和销售E、F两种产品，每年产销平衡。为了加强产品成本管理，合理确定下年度经营计划和产品销售价格，该公司专门召开总经理办公会进行讨论。相关资料如下。

资料一：2014年E产品实际产销量为3 680件，生产实际用工为7 000小时，实际人工成本为16元/小时。标准成本资料如表11-1所示。

表 11-1 E 产品单位标准成本

项目	直接材料	直接人工	制造费用
价格标准	35 元 / 千克	15 元 / 小时	10 元 / 小时
用量标准	2 千克 / 件	2 小时 / 件	2 小时 / 件

资料二：F产品年设计生产能力为15 000件，2015年计划生产12 000件，预计单位变动成本为200元，计划期的固定成本总额为720 000元。该产品适用的消费税税率为5%，成本利润率为20%。

资料三：戊公司接到F产品的一个额外订单，意向订购量为2 800件，订单价格为290元/件，要求2015年内完工。

要求：

（1）根据资料一，计算 2014 年 E 产品的下列指标：①单位标准成本；②直接人工成本差异；③直接人工效率差异；④直接人工工资率差异。

（2）根据资料二，运用全部成本费用加成定价法测算 F 产品的单价。

（3）根据资料三，运用变动成本费用加成定价

法测算 F 产品的单价。

（4）根据资料二、资料三和上述测算结果，作出是否接受 F 产品额外订单的决策，并说明理由。

（5）根据资料二，如果 2015 年 F 产品的目标利润为 150 000 元，销售单价为 350 元，假设不考虑消费税的影响。计算 F 产品保本销售量和实现目标利润的销售量。

专题二：应用资本资产定价模型、加权平均资产成本、杠杆系数

巳公司是一家上市公司，该公司2015年年末资产总计为10 000万元，其中负债合计为2 000万元。该公司适用的所得税税率为25%，相关资料如下。

资料一：预计巳公司净利润持续增长，股利也随之相应增长。相关资料如表11-2所示。

表 11-2　巳公司相关资料

2015 年年末股票每股市价	8.75 元
2015 年股票的 β 系数	1.25
2015 年无风险收益率	4%
2015 年市场组合的收益率	10%
预计股利年增长率	6.5%
预计 2016 年每股现金股利（D_1）	0.5 元

资料二：巳公司认为2015年的资本结构不合理，准备发行债券募集资金用于投资，并利用自有资金回购相应价值的股票，优化资本结构，降低资本成本。假设发行债券不考虑筹资费用，且债券的市场价值等于其面值，股票回购后该公司总资产账面价值不变，经测算，不同资本结构下的债务利率和运用资本资产定价模型确定的权益资本成本如表11-3所示。

表 11-3 不同资本结构下的债务利率与权益资本成本

方案	负债 / 万元	债务利率	税后债务资本成本	按资本资产定价模型确定的权益资本成本	以账面价值为权重确定的平均资本成本
原资本结构	2 000	（A）	4.5%	×	（C）
新资本结构	4 000	7%	（B）	13%	（D）

注：表中“×”表示省略的数据。

要求：

（1）根据资料一，利用资本资产定价模型计算巳公司股东要求的必要收益率。

（2）根据资料一，利用股票股价模型，计算巳公司 2015 年年末股票的内在价值。

（3）根据上述计算结果，判断投资者 2015 年年末是否应该以当时的市场价格买入巳公司股票，并说明理由。

（4）确定表 11-3 中英文字母代表的数值（不需要列示计算过程）。

（5）根据（4）的计算结果，判断这两种资本结构中哪种资本结构较优，并说明理由。

（6）预计 2016 年巳公司的息税前利率为 1 400 万元，假设 2016 年该公司选择债务为 4 000 万元的资本结构，2017 年的经营杠杆系数（DOL）为 2，计算该公司 2017 年的财务杠杆系数（DFL）和总杠杆系数（DTL）。

专题三：净现值、年金净流量、普通股的资本成本率、平均资本成本

乙公司现有生产线已满负荷运转，鉴于其产品在市场上供不应求，公司准备购置一条生产线，公司及生产线的相关资料如下。

资料一：乙公司生产线的购置有两个方案可供选择。

A方案生产线的购买成本为7 200万元，预计使用6年，采用直线法计提折旧，预计净残值率为10%，生产线投产时需要投入营运资金1 200万元，以满足日常经营活动需要，生产线运营期满时垫支的营运资金全部收回，生产线投入使用后，预计每年新增销售收入11 880万元，每年新增付现成本8 800万元，假定生产线购入后可立即投入使用。

B方案生产线的购买成本为7 200万元，预计使用8年，当设定贴现率为12%时净现值为3 228.94万元。

资料二：乙公司适用的企业所得税税率为25%，不考虑其他相关税金，公司要求的最低投资报酬率为12%，部分时间价值系数如表11-4所示。

表 11-4　货币时间价值系数表

年度（n）	1	2	3	4	5	6	7	8
（P/F，12%，n）	0.892 9	0.797 2	0.711 8	0.635 5	0.567 4	0.506 6	0.452 3	0.403 9
（P/A，12%，n）	0.892 9	1.690 1	2.401 8	3.037 3	3.604 8	4.111 4	4.563 8	4.967 6

资料三：乙公司目前资本结构（按市场价值计算）为：总资本40 000万元，其中债务资本16 000万元（市场价值等于其账面价值，平均年利率为8%），普通股股本24 000万元（市价6元/股，4 000万股），公司今年的每股股利（D_0）为0.3元，预计股利年增长率为10%，且未来股利政策保持不变。

资料四：乙公司投资所需资金7 200万元需要从外部筹措，有两种方案可供选择：方案一为全部增发普通股，增发价格为6元/股；方案二为全部发行债券，债券年利率为10%，按年支付利息，到期一次性归还本金。假设不考虑筹资过程中发生的筹资费用。乙公司预期的年息税前利润为4 500万元。

要求：

（1）根据资料一和资料二，计算A方案的下列指标：①投资期现金净流量；②年折旧额；③生产线投入使用后第1~5年每年的营业现金净流量；④生产线投入使用后第6年的现金净流量；⑤净现值。

（2）分别计算A、B方案的年金净流量，据以判断乙公司应选择哪个方案，并说明理由。

（3）根据资料二、资料三和资料四：

①计算方案一和方案二的每股收益无差别点（以息税前利润表示）；②计算每股收益无差别点的每股收益；③运用每股收益分析法判断乙公司应选择哪一种筹资方案，并说明理由。

（4）假定乙公司按方案二进行筹资，根据资料二、资料三和资料四计算：①乙公司普通股的资本成本；②筹资后乙公司的加权平均资本成本。（2014年）

专题四：基本每股收益、可转换债券

大华公司是一家上市公司，2014年年初，公司计划投资一条3D打印机生产线，总投资额为1亿元。经有关部门批准，公司通过发行分离交易可转换公司债券、分两期进行筹资。第一期预计投资额为10 000万元，第二期预计投资额为1 000万元。

2014年1月1日，大华公司发行10万份股面值1 000元的债券，债券期限为5年，票面年利率为3%（如果单独发行一般公司债券，票面利率需要设定为7%），按年计息。同时每张债券的认购人获得公司派发的20份认股权证，权证总量为200万份，该认股权证为欧式认股权证，行权比例为2∶1，行权价格为20元/股。认股权证存续期为3年（即2014年1月1日到2016年12月31日），行权期为认股权证存续期最后5个交易日（行权期间权证停止交易）。假定债券和认股权证发行当日即上市。

公司2014年年末总股份为10亿股（当年未增资扩股），当年实现净利润40 000万元。预计认股权证行权期截止前夕，每股认股权证价格为1元。

要求：

（1）计算大华公司发行该附带认股权证债券比一般债券在2014年可节约的利息。

（2）计算2015年大华公司的基本每股收益。

（3）为促使权证持有人行权，股价应达到的水平为多少？假设公司市盈率维持在35倍的水平，基本每股收益应达到多少？

（4）说明利用发行分离交易可转换公司债券进行筹资，公司的筹资风险有哪些？

（5）说明公司为顺利实现第二次筹资计划，应采取哪些财务策略？

专题五：因素分析法、剩余股利政策

戊公司是一家上市公司，为了综合分析上年度的经营业绩，确定股利分配方案，公司董事会召开专门会议进行讨论。公司相关资料如下：

资料一：戊公司资产负债表简表如表11-5所示。

表11-5 戊公司资产负债表简表

（2012年12月31日）

（单位：万元）

资产	年末金额	负债和股东权益	年末金额
货币资金	4 000	流动负债合计	20 000
应收账款	12 000	非流动负债合计	40 000
存货	14 000	负债合计	60 000
流动资产合计	30 000	股东权益合计	40 000
非流动资产合计	70 000		
资产合计	100 000	负债和股东权益总计	100 000

资料二：戊公司及行业标杆企业部分财务指标如表11-6所示（财务指标的计算如需年初、年末平均数时使用年末数代替）；

注：表中“*”表示省略的数据。

资料三：戊公司2012年销售收入为146 977万元。净利润为9 480万元。2013年投资计划需要资金15 600万元。公司的目标资产负债率为60%，公司一直采用剩余股利政策。

表 11-6 戊公司及行业标杆企业部分财务指标（2012 年）

项目	戊公司	行业标杆企业
流动比率	（A）	2
速动比率	（B）	1
资产负债率	*	50%
销售净利率	*	（F）
总资产周转率（次）	*	1.3
总资产净利率	（C）	13%
权益乘数	（D）	（G）
净资产收益率	（E）	（H）

要求：

（1）确定表 11-6 中英文字母代表的数值。

（2）计算戊公司 2012 年净资产收益率与行业标杆企业的差异，并使用因素分析法依次测算总资产净利率和权益乘数变动对净资产收益率差异的影响。

（3）计算戊公司 2012 年度可以发放的现金股利金额。（2013 年）

专题六：净资产收益率、杠杆系数

甲公司2014年年销售额为100万元，变动成本70万元，全部固定成本和利息费用为20万元，平均资产总额为60万元，权益乘数为1.6，负债的年平均利率为8%，所得税税率适用25%。该公司在2015年拟改变经营策略，需追加投资50万元，此后该公司的固定成本将增加6万元，年销售额增长20%，并使变动成本率降低至60%。该公司以提高净资产收益率和降低总杠杆系数作为改变经营策略的标准。

要求：（1）计算 2014 年的净资产收益率、经营杠杆系数、财务杠杆系数和总杠杆系数。

（2）假定所需资金以追加实收资本取得，计算净资产收益率、经营杠杆系数、财务杠杆系数和总杠杆系数。

（3）假定所需资金以 10% 利率借入，计算净资产收益率、经营杠杆系数、财务杠杆系数和总杠杆系数。

（4）根据上述结果，为甲公司选择合理的方案。

专题七：资产收益率、资本成本、每股收益无差别点法、市净率

某公司2014年年终分配股利前（已提取盈余公积）的股东权益项目资料如表11-7所示（单位：万元）。已知该公司股票的每股现行市价为31元。

表 11-7 股东权益项目资料

项目	金额
股本——普通股（每股面值 2 元）	400
资本公积	2 300
盈余公积	130
未分配利润	270
股东权益合计	3 100

要求：

（1）计划按照股票面值发放 10% 的股票股利，发放股票股利之后，还计划发放现金股利，并且保持市净率不变，股票价格不低于 25 元 / 股，计算最多可以发放的现金股利数额以及每股股利的最大值。

（2）假设按照 1 : 2 的比例进行股票分割，保持市净率不变，计算股票分割后的每股面值、普通股股数和每股市价。

（3）假设按照 10 元 / 股的价格协议回购 25 万股，保持市净率不变，计算股票回购之后的每股市价。

（4）假设在不增加外部融资的情况下，2015 年的利息费用为 25 万元。2015 年需要增加 155 万元的外部融资额，可以增发债券（债券年利息 10 万元），也可以增发股票（5 万股），2015 年预计销售收入 6 000 万元，变动成本率为 60%，固定成本为 100 万元，根据每股收益无差别点的销售收入确定应该选择哪个融资方案。

（5）假设目前的债务资本为 1 550 万元，债务资本成本为 4%；证券市场线的斜率为 10%，截距为 2%，目前公司股票的 β 系数为 1.5，现在打算融资 350 万元，可以增加银行借款也可以增发新股，如果增加银行借款，借款利息率为 6%，由于财务风险加大，将使公司股票的 β 系数提高至 1.6；如果增发新股，公司股票的 β 系数仍然是 1.5。企业适用的所得税税率为 25%。计算两个方案筹资后的加权平均资本成本，并确定应该选择哪个融资方案。假设不考虑筹资手续费。

（6）假设 2015 年 4 月 10 日，该公司股票的开盘价为 9 元，收盘价为 8 元，均价为 8.5 元，2014 年每股股利为 0.2 元，预计 2015 年可以达到 0.3 元，根据这些资料计算股票的本期收益率。

专题八：营运资金、债券资本成本、存货周转率、应收账款周转率、流动资产周转率

甲公司2015年销售收入为1 000万元，销售净利率为10%，股利支付率为70%，2015年12月31日的资产负债表（简表）如表11-8所示（单位：万元）。

表 11-8 资产负债表（简表）

资产	期末余额	负债及所有者权益	期末余额
货币资金	160	应付账款	160
应收账款	140	应付票据	120
存货	300	长期借款	240
固定资产	400	实收资本	200
无形资产	200	资本公积	360
		留存收益	120
资产总计	1 200	负债及所有者权益合计	1 200

公司现有生产能力已经达到饱和，2016年计划销售收入达到1 200万元，为了实现这一目标，公司需新增设备一台，需要40万元资金。假定公司流动资产与流动负债各项目随销售额同比率增减。2016年销售净利率和股利支付率与2015年一致，企业所得税税率为0。2015年年末的资本结构为长期负债240万元，权益资金为680万元，长期负债的资本成本为5%，权益资本成本为15%。

要求：

（1）计算 2016 年需增加的营运资金。

（2）计算 2016 年需增加的资金数额。

（3）计算 2016 年需要对外筹资的资金量。

（4）如果发行普通股筹资所需资金，发行费率为发行价格的 15%，计算普通股的筹资总额。

（5）假设普通股发行价格为 8 元 / 股，计算发行的普通股股数。

（6）假设 2016 年对外筹资的资金是通过按溢价 20% 发行期限为 5 年、年利率为 10%、面值为 1 000 元、每年年末付息的公司债券解决，发行费率为 5%。在考虑时间价值的情况下，计算发行债券的资本成本。

（7）如果发行债券使权益资本成本提高 5%，而增发普通股时权益资本成本仍为 15%，则应选择哪种筹资方式？

（8）假设企业 2015 年的营业成本为 900 万元，计算本年的存货周转率、应收账款周转率和流动资产周转率。

已知：（P/A，6%，5）=4.212 4，（P/A，6%，5）=4.100 2，（P/F，6%，5）=0.747 3，（P/F，7%，5）=0.713 0。

专题九：必要收益率、期望值、标准差和标准离差率、营业现金净流量

已知某上市公司的资产总额为4 000万元，其中：普通股股本2 800万元（每股面值10元），长期借款1 000万元，留存收益200万元。长期借款的年利率为8%，该公司股票的β系数为2，整个股票市场的平均收益率为8%，无风险报酬率为4%。该公司适用的所得税税率为25%。

公司拟通过追加筹资投资甲、乙两个投资项目。有关资料如下。

（1）甲项目固定资产原始投资额为600万元，经测算，甲项目收益率的概率分布如表11-9所示。

表 11-9 甲项目收益率的概率分布

经济状况	概率	收益率
繁荣	0.5	30%
一般	0.3	20%
萧条	0.2	12%

（2）乙项目固定资产原始投资额为1 200万元，建设起点一次投入，无筹建期，完工后预计使用年限为5年，预计使用期满残值为零。经营5年中，每年销售量预计为50万件，销售单价为20元，单位变动成本为6元，固定经营付现成本为160万元。

（3）乙项目所需资金有A、B两个筹资方案可供选择。A方案：发行票面面值为90元、票面年利率为12%、期限为6年的公司债券，发行价格为100元；B方案：增发普通股40万股，假设股东要求的报酬率在目前基础上增加2个百分点。

（4）假定该公司筹资过程中发生的筹资费可忽略不计，长期借款和公司债券均为年末付息，到期还本。

要求：

（1）计算追加筹资前该公司股票的必要收益率。

（2）计算甲项目收益率的期望值、标准差和标准离差率。

（3）计算乙项目每年的营运成本和息税前利润。

（4）计算乙项目每年的营业现金净流量。

（5）计算乙项目的内含报酬率。

（6）分别计算乙项目 A、B 两个筹资方案的个别资本成本（债券按一般模式计算）。

专题十：销售百分比法、债券价值、债券资本成本

F公司为一上市公司，有关资料如下。

资料一：

（1）2015年度的营业收入（销售收入）为10 000万元，营业成本（销售成本）为7 000万元。2016年的目标营业收入增长率为100%，且销售净利率和股利支付率保持不变。适用的企业所得税税率为25%。

（2）2015年度相关财务指标数据具体如表11-10所示。

表 11-10　2015 年度相关财务指标数据

财务指标	应收账款周转率	存货周转率	固定资产周转率	销售净利率	资产负债率	股利支付率
实际数据	8	3.5	2.5	15%	50%	1/3

（3）2015年12月31日的比较资产负债表（简表）如表11-11所示。

表 11-11　F 公司资产负债表　（单位：万元）

资产	2015年年初数	2015年年末数	负债及所有者权益	2015年年初数	2015年年末数
现金	500	1 000	短期借款	1 100	1 500
应收账款	1 000	（A）	应付账款	1 400	（D）
存货	2 000	（B）	长期借款	2 500	1 500
长期股权投资	1 000	1 000	股本	250	250
固定资产	4 000	（C）	资本公积	2 750	2 750
无形资产	500	500	留存收益	1 000	（E）
合计	9 000	10 000	合计	9 000	10 000

（4）根据销售百分比法计算的2015年年末资产、负债各项目占销售收入的比重数据如表11-12所示（假定增加销售无需追加固定资产投资）。

表 11-12　2015 年年末资产、负债占销售收入的比重

资产	占销售收入比率	负债和所有权益	占销售收入比率
现金	10%	短期借款	—
应收账款	15%	应付账款	—
存货	（F）	长期借款	—
长期股权投资	—	股本	—
固定资产（净值）	—	资本公积	—
无形资产	—	留存收益	—
合计	（G）	合计	20%

说明：表11-13中用"—"表示省略的数据。

资料二：2016年年初该公司以970元/张的价格新发行每张面值1 000元、3年期、票面利息率为5%、每年年末付息的公司债券。假定发行时的市场利息率为6%，发行费率忽略不计。部分时间价值系数如表11-13所示。

表 11-13　时间价值系数

i	$(P/F,i,3)$	$(P/A,i,3)$
5%	0.863 8	2.723 2
6%	0.839 6	2.673 0

要求：

（1）根据资料一计算或确定以下指标。

①计算 2015 年的净利润。

②确定表 11-11 中用字母表示的数值。

③确定表 11-12 中用字母表示的数值。

④计算 2016 年预计留存收益。

⑤按销售百分比法预测该公司 2015 年需要增加的资金数额（不考虑折旧的影响）。

⑥计算该公司 2016 年需要增加的外部筹资数。

（2）根据资料一及资料二计算下列指标。

①发行时每张公司债券的内在价值。

②新发行公司债券的资金成本。

专题十一：责任成本管理指标、上市公司特殊财务分析指标

戊公司是一家以软件研发为主要业务的上市公司，其股票于2013年在我国深圳证券交易所创业板上市交易。戊公司有关资料如下。

资料一：X是戊公司下设的一个利润中心，2015年X利润中心的营业收入为600万元，变动成本为400万元，该利润中心负责人可控的固定成本为50万元，由该利润中心承担的但其负责人无法控制的固定成本为30万元。

资料二：Y是戊公司下设的一个投资中心，年初已占用的投资额为2 000万元，预计每年可实现利润300万元。投资报酬率为15%。2016年年初有一个投资额为1 000万元的投资机会，预计每年增加利润90万元。假设戊公司投资的必要报酬率为10%。

资料三：2015年戊公司实现的净利润为500万元，2015年12月31日戊公司股票每股市价为10元。戊公司2015年年末资产负债表相关数据如表11-14所示。

表 11-14　戊公司资产负债表相关数据　（单位：万元）

项目	金额
资产总计	10 000
负债总计	6 000
股本（面值 1 元，发行在外 1 000 万股）	1 000
资本公积	500
盈余公积	1 000
未分配利润	1 500
所有者权益合计	4 000

资料四：戊公司2016年拟筹资1 000万元以满足投资的需要。戊公司2015年年末的资本结构是

该公司的目标资本结构。

资料五：戊公司制定的2015年度利润分配方案如下：（1）鉴于法定盈余公积累计已超过注册资本的50%，不再计提盈余公积；（2）每10股发放现金股利1元；（3）每10股发放股票股利1股，该方案已经股东大会审议通过。发放股利时戊公司的股价为10元每股。

要求：

（1）根据资料一，计算X利润中心的边际贡献、可控边际贡献和部门边际贡献，并指出以上哪个指标可以更好地评价X利润中心负责人的管理业绩。

（2）根据资料二：①计算接受新投资机会之前的剩余收益；②计算接受新投资机会之后的剩余收益；③判断Y投资中心是否应该接受该投资机会，并说明理由。

（3）根据资料三，计算戊公司2015年12月31日的市盈率和市净率。

（4）根据资料三和资料四，如果戊公司采用剩余股利分配政策，计算：①戊公司2016年度投资所需的权益资本数额；②每股现金股利。

（5）根据资料三和资料五，计算戊公司发放股利后的下列指标：①未分配利润；②股本；③资本公积。（2016年）

综合题集训参考答案与解析

专题一：

【答案】

（1）①单位标准成本=35×2+15×2+10×2=120（元）。

②直接人工成本差异=实际工时×实际工资率－实际产量下标准工时×标准工资率=7 000×16−3 680×2×15=1 600（元）。

③直接人工效率差异=（实际工时－实际产量下标准工时）×标准工资率=（7 000−3 680×2）×15=−5 400（元）。

④直接人工工资率差异=（实际工资率－标准工资率）×实际工时=（16−15）×7 000=7 000（元）。

（2）单位产品价格=单位成本×（1+成本利润率）÷（1−适用税率）=（200+720 000÷12 000）×（1+20%）÷（1−5%）=328.42（元）

（3）单位产品价格=单位变动成本×（1+成本利润率）÷（1−适用税率）=200×（1+20%）÷（1−5%）=252.63（元）

（4）由于额外订单价格290元高于单位产品价格252.63元，故应接受这一额外订单。

（5）保本销售量×（350−200）−720 000=0，解得：保本销售量=4 800（件）。

实现目标利润的销售量×（350−200）−720 000=150 000，解得：实现目标利润的销售量=5 800（件）。

专题二：

【答案】

（1）必要收益率=4%+1.25×（10%−4%）=11.5%。

（2）股票的内在价值=0.5÷（11.5%−6.5%）=10（元）。

（3）由于内在价值10元高于市价8.75元，所以投资者应该购入该股票。

（4）A=4.5%÷（1−25%）=6%。

B=7%×（1−25%）=5.25%。

C=4.5%×2 000÷10 000+11.5%×8 000÷10 000=10.1%。

D=5.25%×4 000÷10 000+13%×6 000÷10 000=9.9%。

（5）新资本结构更优，因为加权平均资产成本更低。

（6）2016年的税前利润=1 400−4 000×7%=1 120（万元）。

2017年财务杠杆系数（DFL）=1 400÷1 120=1.25。

2017年总杠杆系数（DTL）=经营杠杆系数×财务杠杆系数=2×1.25=2.5。

专题三：

【答案】

（1）

①投资期现金净流量NCF_0=−（7 200+1 200）=−8 400（万元）。

②年折旧额=7 200×（1−10%）÷6=1 080（万元）。

③生产线投入使用后第1~5年每年的营业现金净流量$NCF_{1\sim5}$=（11 880−8 800）×（1−25%）+1 080×25%=2 580（万元）。

④生产线投入使用后第6年的现金净流量NCF_6=2 580+1 200+7 200×10%=4 500（万元）。

⑤净现值=−8 400+2 580×（P/A,12%,5）+4 500×（P/F,12%,6）=−8 400+2 580×3.604 8+

4 500×0.506 6=3 180.08(万元)。

(2)A方案的年金净流量=3 180.08÷(*P*/*A*,12%,6)=3 180.08÷4.111 4=773.48(万元);B方案的年金净流量=3 228.94÷(*P*/*A*,12%,8)=3 228.94÷4.967 6=650(万元)。A方案的年金净流量大于B方案的年金净流量,因此乙公司应选择A方案。

(3)

①(EBIT−16 000×8%)×(1−25%)÷(4 000+7 200÷6)=(EBIT−16 000×8%−7 200×10%)×(1−25%)÷4 000,解得EBIT=4 400(万元)。

②每股收益无差别点的每股收益=(4 400−16 000×8%)×(1−25%)÷(4 000+7 200÷6)=0.45(元)。

③该公司预期息税前利润4 500万元大于每股收益无差别点的息税前利润4 400万元,所以应该选择财务杠杆较大的方案二。

(4)

①乙公司普通股的资本成本=0.3×(1+10%)÷6+10%=15.5%。

②筹资后乙公司的加权平均资本成本=15.5%×24 000÷(40 000+7 200)+8%×(1−25%)×16 000÷(40 000+7 200)+10%×(1−25%)×7 200÷(40 000+7 200)=11.06%。

专题四:

【答案】

(1)2014 年可节约的利息 =10 000×(7%−3%)=400(万元)。

(2)2015 年公司的基本每股收益 = 净利润 ÷ 总股数 =40 000÷(10×10 000)=0.4(元)。

(3)为促使权证持有人行权,股票价格应当大于或等于市价。(市价 −20)×100=1×200,解得市价 =22(元 / 股)。

市盈率维持在 35 倍的水平,根据公式:市盈率 = 每股市价 ÷ 每股收益,即 35=22÷ 基本每股收益,解得基本每股收益 =0.63(元)。

(4)发行分离交易的可转换公司债券进行筹资,公司面临的筹资风险是:如果未来股票价格低于行权价格,认股权证持有人不会行权,公司就无法完成股票发行计划,无法筹集到第二期资金。

(5)为顺利实现第二次筹资计划,应采取的财务策略是:发挥生产项目的效益,最大限度提升公司经营业绩;改善公司的社会公众形象以及公司与投资者的关系,努力提升公司股价的市场表现。

专题五:

【答案】

(1)A=30 000÷20 000=1.5,B=(30 000−14 000)÷20 000=0.8,C=9 480÷100 000×100%=9.48%,D=100 000÷40 000=2.5,E=9.48%×2.5=23.7%,F= 总资产净利率 ÷ 总资产周转率 =13%÷1.3=10%,G=1÷(1−50%)=2,H=13%×2=26%。

(2)戊公司 2012 年净资产收益率与行业标杆企业的差异 =23.7%−26%=−2.3%,行业净资产收益率 =13%×2=26%,总资产净利率的不同引起的差额 =(9.48%−13%)×2=−7.04%,权益乘数的不同引起的差额 =9.48%×(2.5−2)=4.74%,总体差异 =−7.04%+4.74%=−2.3%。

(3)需要的权益资金 =15 600×40%=6 240(万元),可以分配的股利 =9 480−6 240=3 240(万元)。

专题六:

【答案】

(1)所有者权益 = 资产 ÷ 权益乘数 =60÷1.6=37.5(万元);负债 =60−37.5=22.5(万元);负债年利息 =22.5×8%=1.8(万元);息税前利润 =100−70−(20−1.8)=11.8(万元);边际贡献 =100−70=30(万元)。

净资产收益率 =(100−70−20)×(1−25%)÷37.5=20%。

经营杠杆系数 = 基期边际贡献 ÷ 基期息税前利润 =30÷11.8=2.54;财务杠杆系数 = 基期息税前利润 ÷(基期息税前利润 − 基期利息)=11.8÷(11.8−1.8)=1.18;总杠杆系数 = 基期边际贡献 ÷(基期息税前利润 − 基期利息)=30÷(11.8−1.8)=3。

(2)息税前利润 =120×(1−60%)−(20+6−1.8)=23.8(万元)。

边际贡献 =120×(1−60%)=48(万元)。

净资产收益率 =[48−(20+6)]×(1−25%)÷(37.5+50)×100%=18.86%。

经营杠杆系数 =48÷23.8=2.02;财务杠杆系数 =23.8÷(23.8−1.8)=1.08;总杠杆系数 =48÷(23.8−1.8)=2.18。

(3)息税前利润 =120×(1−60%)−(20+6−1.8)=23.8(万元)。

边际贡献 =120×(1−60%)=48(万元)。

净资产收益率 =[48−(20+6)−50×10%]×(1−25%)÷37.5×100%=34%。

经营杠杆系数 =48÷23.8=2.02,财务杠杆系数 =23.8÷(23.8−1.8−50×10%)=1.4,总杠杆系数 =48÷(23.8−1.8)=2.18。

(4)采用借入资金时,净资产收益率比 2014 年高,且总杠杆系数降低,因此选择该方案。

专题七:

【答案】

(1)假设最多可以发放的现金股利数额为 *X* 万

元，目前的普通股股数 =400÷2=200（万股），每股净资产 =3 100÷200=15.5（元/股），市净率 =31÷15.5=2。

发放股票股利之后的股数 =200×（1+10%）=220（万股），发放 X 万元现金股利之后的股东权益 =3 100−X，每股净资产 =（3 100−X）÷220。

市净率 =25÷[（3 100−W）÷220]=2

解得：X=350（万元）

每股股利的最大值 =350÷220=1.59（元/股）。

（2）股票分割后的每股面值 =2÷2=1（元/股），普通股股数 =200×2=400（万股），每股净资产 =3 100÷400=7.75（元/股），每股市价 =7.75×2=15.5（元/股）。

（3）股票回购之后的每股市价 =2×（3 100−10×25）÷（200−25）=32.57（元/股）。

（4）假设每股收益无差别点的销售收入为 Y 万元，[Y×（1−60%）−100−25−10]÷200=[Y×（1−60%）−100−25]÷（200+5）。

解得：Y=1 337.5（万元）＜6 000 万元，因此应该选择增发债券的融资方案。

（5）筹资后的资本总额 =1 550+3 100+350=5 000（万元），银行借款的筹资成本 =6%×（1−25%）=4.5%，借款之后的权益资本成本 =2%+1.6×10%=18%。

加权平均资本成本 =1 500÷5 000×4%+350÷5 000×4.5%+3 100÷5 000×18%=12.68%。

增发新股之后的权益资本成本 =2%+1.5×10%=17%，加权平均资本成本 =1 550÷5 000×4%+（3 100+350）÷5 000×17%=12.97%＞12.68%。

结论：应该选择增发债券的融资方案。

（6）本期收益率 =0.2÷8×100%=2.5%。

专题八：

【答案】

（1）2016 年的流动资产增长率 = 流动负债增长率 = 销售收入增长率 =（1 200−1 000）÷1 000×100%=20%。

2016 年增加的营运资金 = 增加的流动资产 − 增加的流动负债 =（160+140+300）×20%−（160+120）×20%=64（万元）。

（2）2016 年需增加的资金数额 =64+40=104（万元）。

（3）2016 年需要对外筹资的资金量 =104−1 200×10%×（1−70%）=68（万元）。

（4）筹资总额 =68÷（1−15%）=80（万元）。

（5）发行普通股股数 =80÷8=10（万股）。

（6）1 000×（1+20%）×（1−5%）=1 000×10%×（P/A，K_b，5）+1 000×（P/F，K_b，5），通过插值法，解得 K_b=6.63%。

（7）筹资后的长期资金总额 =240+680+68=988（万元）。

增发普通股筹资后的平均资本成本 =240÷988×5%+748÷988×15%=12.57%。

发行债券后的平均资本成本 =240÷988×5%+68÷988×6.63%+680÷988×（15%+5%）=15.44%，因此，应采用增发普通股筹资。

（8）年末存货 =300×（1+20%）=360（万元），应收账款 =140×（1+20%）=168（万元），货币资金 =160×（1+20%）=192（万元），存货周转率 =900÷[（300+360）÷2]=2.73，应收账款周转率 =1 200÷[（140+168）÷2]=7.79，流动资产周转率 =1 200÷[（300+140+160+360+168+192）÷2]=1.82。

专题九：

【答案】

（1）追加筹资前该公司股票的必要收益率 =4%+2×（8%−4%）=12%。

（2）甲项目收益率的期望值

=0.5×30%+0.3×20%+0.2×12%=23.4%。

甲项目收益率的标准差

$$=\begin{bmatrix}(30\%-23.4\%)^2\times0.5+(20\%-23.4\%)^2\times0.3\\+(12\%-23.4\%)^2\times0.2\end{bmatrix}^{\frac{1}{2}}$$

$$=7.16\%$$

甲项目收益率的标准离差率 =7.16%÷23.4%=0.31。

（3）乙项目每年的营运成本和息税前利润：

乙项目每年的折旧额 =1 200÷5=240（万元）。

乙项目每年的营运成本 = 固定营运成本 + 变动营运成本 =（240+160）+50×6=700（万元）。

乙项目每年的息税前利润 =50×20−700=300（万元）。

（4）乙项目每年的营业现金净流量 = 息税前利润 ×（1−25%）+ 折旧 =300×（1−25%）+240=465（万元）。

（5）乙项目的内含报酬率：

NPV=−1 200+465×（P/A，i，5）=0，即（P/A，i，5）=2.580 6，通过插值法，解得乙项目的内含报酬率 =27.09%。

（6）A 追加筹资方案的个别资本成本 =[90×12%×（1−25%）]÷100=8.1%。

B 追加筹资方案的个别资本成本 =12%+2%=14%。

专题十：

【答案】

（1）① 2015 年的净利润 =10 000×15%=1 500（万元）。

②应收账款周转率＝营业收入 ÷[（年初应收账款＋年末应收账款）÷2]=10 000÷[（1 000+A）÷2]=8，解得A=1 500（万元）。

存货周转率＝营业成本 ÷[（年初存货＋年末存货）÷2]=7 000÷[（2 000+B）÷2]=3.5，解得 B=2 000（万元）。

固定资产周转率＝营业收入 ÷[（年初固定资产净值＋年末固定资产净值）÷2]=10 000÷[（4 000+C）÷2]=2.5，解得 C=4 000（万元）。

由于资产负债率 =50％，因此负债总额＝所有者权益 =10 000÷2=5 000（万元），D=5 000−1 500−1 500=2 000（万元），E=5 000−2 750−250=2 000（万元）。

③ F= 存货占销售收入比率 =2 000÷10 000×100％ =20％；G= 各项敏感性资产占销售收入比率之和 =10%+15％ +20％ =45％。

④ 2016 年的预计留存收益 =10 000×（1+100％）×15％ ×（1−1/3）=2 000（万元）。

⑤ 2016 年需要增加的资金数额 =10 000×（45％ −20％）=2 500（万元）。

⑥ 2016 年需要增加的外部筹资数额 =2 500−2 000=500（万元）。

（2）①发行时每张公司债券的内在价值 =1 000×5％ ×（P/A，6％，3）+1 000×（P/F，6％，3）=50×2.673 0+1 000×0.839 6=973.25（元）。

②新发行公司债券的资金成本 =1 000×5％ ×（1−25％）÷970×100％ =3.87％。

专题十一：

【答案】

（1）X 公司边际贡献 =600−400 = 200（万元）；

可控边际贡献 =200−50=150（万元）；

部门边际贡献 =150−30=120（万元）；

可控边际贡献可以更好地评价利润中心负责人的管理业绩。

（2）①接受新投资机会之前的剩余收益 =300−2 000×10%=100（万元）；

②接受新投资机会之后的剩余收益 =（300+90）−（2 000+1 000）×10%=90（万元）；

③由于接受投资后剩余收益下降，所以 Y 不应该接受投资机会。

（3）每股收益 =500÷1 000=0.5（元 / 股）；

市盈率 =10÷0.5=20（倍）；

每股净资产 =4 000÷1 000=4（元）；

市净率 =10÷4=2.5（倍）。

（4）①资产负债率 =6 000÷10 000×100%=60％；

2016 年投资所需要权益资本数额 =1 000×（1−60％）=400（万元）；

②现金股利 =500−400=100（万元）；

每股现金股利 =100÷1 000=0.1（元）。

（5）由于该公司是在我国交易上市的公司，所以按照我国股票股利的发放规定，按照股票面值（每股 1 元）来计算股票股利价格。

①发放股利后的未分配利润 =1 500+500−100（现金股利）−100（股票股利）=1 800（万元）；

②发放股利后的股本 =1 000+100（股票股利）=1 100（万元）；

③股票股利按面值发放，故不影响资本公积科目，所以发放股票股利后的资本公积仍为 500 万元。